LEXIKON

DER TOURISMUS-WIRTSCHAFT

Idee, Zusammenstellung:
Günter Schroeder

Herausgeber und Verlag:
TourCon Hannelore Niedecken GmbH, www.tourcon.de

Vertrieb:
TourCon Bestellservice PressUp GmbH
Postfach 700629, D-22006 Hamburg,
Tel.: 040-41 448-448, Fax: 040-41 448-499,
E-Mail: vertrieb@pressup.de

VORWORT

VORWORT

Seit Erscheinen der 3. Auflage hat sich der Tourismus als Wirtschaftszweig wiederum lebhaft weiterentwickelt. Immer neue Zielregionen und Freizeitangebote werben um den Reisenden. Die Folgen des Tourismus werden differenziert diskutiert, seien sie durchaus problematisch, wo Massentourismus ungehindert auf lokale Kulturen oder die Umwelt trifft, oder aber segensreich, wo er hilft, Wertvolles zu erkennen und zu pflegen.
Die großen Themen unserer Zeit bilden sich im Touristkgewerbe exemplarisch ab: Globalisierung durch den Druck, sich den Fremden zu öffnen, ihnen international kompatible touristische Angebote zu machen und die Wohlstandschance, mit allen Risiken, zu ergreifen; Informatisierung durch die für Werbung, Wettbewerb, Buchung usw. längst unverzichtbar gewordenen Technologien; Tertiärisierung durch den Dienst des Menschen am Menschen in der vielfältigsten Form, was den Weg in die Dienstleistungszukunft moderner Ökonomien weist. Die Branche bleibt zugleich höchst sensibel für die Sorgen und Empfindungen der Menschen, was sich zuletzt in Zusammenhang mit den Ereignissen des 11.9.2001 bewiesen hat.
Rechtzeitig zur ITB 2002, liegt die 4. Auflage des Lexikons der Tourismuswirtschaft vor. Inzwischen zunehmend ein Standardwerk der Branche, ist die Neuauflage vollkommen überarbeitet und modernisiert worden.
Mitgearbeitet haben wieder zahlreiche Fachleute aus allen Touristikbereichen. Anregungen zur Erweiterung kamen von Lesern, aus Lehrveranstaltungen bei verschiedenen Fachhochschulen, Berufsakademien und Berufsschulen, durch Studenten und Auszubildende, aus den Redaktionen der FVW International und Travel Talk und nicht zuletzt durch die Autoren selbst.
Gegenüber der 1. Auflage in 1991 hat sich die 4. Auflage mehr als verdoppelt mit jetzt über 5000 Begriffen und Kürzeln aus der Tourismuswirtschaft und dem mit ihr zusammenarbeitenden Verkehrswesen, die dem Leser in allgemein verständlicher Form beschrieben werden.
Neben der durchgehenden Aktualisierung prägen die Neuauflage wesentliche Erweiterungen auf den Gebieten des Tourismus, bei Fremdenverkehr / Inlandstourismus und Hotelwesen, bei Urlaubs- und Geschäftsreisen, sowie dem, immer stärker werdenden IuK - Einsatz in Beratung und Verkauf.
Hinzugekommen sind verstärkt Tabellen und Grafiken, mit denen der Überblick verbessert werden soll. Touristische Fachsprache in dieser Form wird nicht länger ein Buch mit 7 Siegeln bleiben.
Dem Leser sollen besonders die verschiedenen Schwerpunktbeiträge empfohlen werden, die den Nachschlageteil um einige grundlegende Zusammenhänge ergänzen.
Der Autor dankt an dieser Stelle den mitwirkenden Experten der Branche für ihre wertvolle Zuarbeit. Ganz besonderer Dank richtet sich an die Mitautoren:

Stefan Hintz, Leiter des Travel Managements bei der Firma New Yorker Jeans GmbH und vorher zuständig für Business Travel bei FIRST / Braunschweig in Hauptsache für die Bereiche Business Travel und Touristische Informationstechnologie.

Ronald Claaßen, Diplom Betriebswirt (FH), Leiter Marketing und Vertrieb beim Tourismusverband Havelland für Deutschland-Tourismus und Ausbildung.

Anne-Claire Schroeder, Ass. jur., die Rechtsbegriffe und Europathemen bearbeitet hat.

Kritisch begleitet worden sind die Autoren von **Dirk Rogl,** stellvertretend für die Kompetenz der Gesamtredaktion der FVW International. Mit seinen Korrekturen und Anregungen wurde eine zusätzliche Qualitätssicherung eingebaut.

Freude bei der Lektüre und Nutzen bei der Anwendung wünscht allen Lesern

GÜNTER SCHROEDER
Autor

Verzeichnis ergänzender Abbildungen, Tabellen und redaktioneller Beiträge

AEK: Gemeinsamer Flugeinkauf 12

Airline-Allianzen:
Kritische Masse für Qualiflyer-Bündnis 16
Allianzen internationaler Fluggesellschaften ... 18/19

Agenturbetreuung: TUI und Thomas Cook haben die Nase vorn 14

Auslandsstudium: Auswahl europäischer tourismusorientierter Studiengänge 32

Berufsakademien: Berufsakademien mit tourismusorientierten Studienschwerpunkten 40

Berufsausbildung: Ausbildungsverhältnisse 41
Die Zahl der Azubis wächst 277

Börsenindex: Airdexx und Travdexx im Vergleich zum Euro Stoxx 50 für das Jahr 2001 15

Bonusprogramme: Die Bonusprogramme der Fluggesellschaften 48/49

Bundesverkehrswegeplan:
Investitionsstruktur 1991 bis 2012 55

Business Travel:
Top 5 im deutschen Business Travel 56
Globale Ketten im Business Travel 56

CRM/Customer Relationship Management:
Marketing/Vertrieb/Service 69
Datenfluss für das CRM-System 70
Softwareanbieter 70

CRS/computergestütztes Reservierungssystem:
Die Standleitung wird gekappt .... 72 bis 75
Welche Airline ist in welchem CRS papierlos buchbar? 102

Deutschland-Tourismus:
Bundesländer, Bilanz, Prognose 89
Inlandsmarketing im Aufbruch 90
Artbezeichnung von prädikatisierten Tourismusgemeinden 254/255
Städtekooperationen – wer sie sind, was sie wollen, wie sie sind 305/306

E-Ticket: Welche Airline ist in welchem CRS papierlos buchbar? 102

Euro: Die Euro-Kurse 105

Fachhochschulen: Fachhochschulstudiengänge des Tourismus bzw. FH 112/113

Fachpresse: Touristische Fachpresse 114

Fähren: Top Ten der Fährredereien im Jahr 2000 ... 115

Ferienflug:
Ferienflugkapazitäten Sommer 2002 119
Konzerncarrier auf dem Vormarsch 200

Flugreise:
Marktanteile des Weltluftverkehrs der Passage 16
Steuern und Gebühren im Flugreiseverkehr 124/125
Die 30 größten Flughäfen der Welt 126
Die Freiheiten im internationalen Luftverkehr 130
Iata-Codes nach Namen und Codes geordnet 173
IBE – Booking Engines für Linienflüge 183
Die 50 größten Airlines der Welt 214

Fremdenverkehr:
Tourismus und/oder Fremdenverkehr? 132/133

Gesundheit: Gesundheit und Tourismus 146/147

Hotelklassifizierung:
Kategorien der deutschen Hotelklassifizierung .. 163
Hotelbetriebsarten nach TIN 164/165
Bettenarten nach TIN 166
Lage der Zimmer nach TIN 166/167
Verpflegungsarten nach TIN 167

Internet: Neue Top Level Domains 87
Booking Engines für Linienflüge 183

Job und Karriere: Notizen 190

Kreuzfahrten:
Zahlen für den deutschen Kreuzfahrtmarkt 201
Reisedauer von US-Passagieren 202
US-Kreuzfahrer, Passagierzahlen in Millionen 202
Weltkreuzfahrtenmarkt und seine Entwicklung .. 202

Pauschalreisen: Vertriebsstrukturen für Veranstalter-Reisen 2000/01 .... 248 bis 250

Reiseanalyse RA: Urlaubsformen 352
Allgemeine Urlaubsmotive 2001 353
Urlaubsreise-Kennziffern 354
Urlaubsziele 354
Organisation, Verkehrsmittel, Ausgaben, Dauer. 358

Reisebüros: Top 5 im Privatkundengeschäft 270
Der deutsche Reisevertrieb nach Sparten 270
Top Ten im deutschen Reisevertrieb 271
GfK-Reiseklima-Indikator zu geplanten Reiseausgaben 273
Tarifbindung durch Tarifverträge 316
Das neue Teilzeitgesetz 318
Mit TRX automatisiertes Fulfilment 339

Reisemessen: Foren für Fachleute, Regionalmessen für Touristiker etablieren sich 267
Reisemessen in Deutschland 274

Reiseveranstalter: Die größten Veranstalter, Marktanteile am Umsatz 2000/2001.............276
Europas Top-Ten-Veranstalter, Umsatz in Euro....276
Reiseziele im Veranstalter-Markt........................278
Zeitpunkt des Reiseantritts bei den ersten und zweiten Urlaubsreisen 2000........................278
Urlaubsreiseziele nach Reiseanalyse 2001.........279
Europas größte Reisekonzerne..........................321
Marktanteile der Konzerne................................323

Software:
Übersicht Branchen-Software................298 bis 301

Tarifbindung durch Tarifverträge:......................316
Tariflicher Urlaubsanspruch in ausgewählten Branchen...................................351

Teilzeit: Das neue Teilzeitgesetz........................318

Thomas Cook: Beteiligungsverhältnisse............321
Europas größte Reisekonzerne..........................321
Auslastungssteuerung mit Revenue Management......................................322
Steuerungselemente des Revenue Management......................................323
Marktanteile der Konzerne................................323
Branding-Prozess..323

Tourismusmuseum: Womit reiste die Königin von Saba?.......................................331

Touristik: Wachstumsprognose 2010................339

Touristische Fachsprache:
Mit (Fach-) Sprachkompetenz Karriere machen..333

Travel-Management-Konzept:
Aufgaben eines globalen Travel Management....337

Trinkgeld:
Wie bei allen traditionellen Einrichtungen blickt das Trinkgeld auf viele Väter zurück.............340 bis 342

Universitäten: Mit Tourismusschwerpunkt.........349

Urlaub: Urlaubsformen...................................352
Allgemeine Urlaubsmotive 2001.........................353
Urlaubsreise-Kennziffern.................................354
Urlaubsziele...354
Organisation, Verkehrsmittel, Ausgaben, Dauer.358

Webhosting: Leistungsmerkmale der Anbieter...367

Wellness-ABC..369

Weltkulturerbe:
Deutschland jetzt mit 25 Stätten vertreten..........371

Wettbewerb: Entwicklung eines Begriffes..........373

World of TUI: Markenarchitektur der Preussag...257
Marktanteile der Konzerne................................377
Europas größte Reisekonzerne 377

Schroeder – Lexikon der Tourismuswirtschaft
4. überarbeitete und erweiterte Auflage

TourCon Hannelore Niedecken GmbH, Hamburg

Druck: Müller Druckerei AG, Bremerhaven

ISBN 3-9803236-9-2

ANREGUNGEN UND KOMMENTAR

Liebe Leser,

auch mit dieser Ausgabe ist eine erhebliche Ausweitung und Modernisierung einhergegangen. So ist jetzt eine Größenordnung von über 5.000 Begriffen und Kürzeln erreicht worden mit dem Ziel der weitgehend klaren und eindeutigen Definierung zur Wissensübernahme und Einsatz sowie Nutzen in der Praxis. Da wir jedoch nicht als Besserwisser gelten möchten, bitten wir Sie ganz herzlich bei Auffassungsunterschieden, neuerer Aktualität oder weil Sie ganz einfach Begriffe oder Themenbereiche vermissen, mit uns Verbindung zu halten; am besten unter dem Stichwort Schroeder Lexikon, 4. Auflage via E-Mail oder über das Internet an die u.a. Adressen.

GÜNTER SCHROEDER
Autor

E-Mail: feedback@tourcon.de
Internet: www.tourcon.de

ABKÜRZUNGEN im Überblick

Abk.	Abkürzung
afrik.	afrikanisch
amerik.	amerikanisch
anl.	anlässlich
arab.	arabisch
ausl.	ausländisch
aut.	automatisch
bek.	bekannt
bes.	besonders
Beschr.	Beschränkung
bez.	bezüglich
Bez.	Bezeichnung
brit.	britisch
Bsp.	Beispiel
bzw.	beziehungsweise
christl.	christlich
d.h.	das heißt
dt.	deutsch
ehem.	ehemalig
eig.	eigentlich
elektr.	elektrisch
engl.	englisch
etc.	et cetera
€	Euro
europ.	europäisch
e.V.	eingetragener Verein
ev.	evangelisch
evtl.	eventuell
ff.	folgende
folg.	folgende
franz.	französisch
gebr.	gebräuchlich
geogr.	geografisch
Ges.	Gesellschaft
ggfs.	gegebenenfalls
griech.	griechisch
i.d.R.	in der Regel
i.d.Z.	in diesem Zusammenhang
i.e.S.	im engeren Sinne
inkl.	inklusive
insbes.	insbesondere
inzw.	inzwischen
ital.	italienisch
i.w.S.	im weiteren Sinne
jap.	japanisch
kath.	katholisch
km/h	Kilometer pro Stunde
lat.	lateinisch
m	Meter
med.	medizinisch
mind.	mindestens
Mio.	Millionen
Mrd.	Milliarden
nat.	national
norweg.	norwegisch
o.	oder
o.a.	oder andere
o.ä.	oder ähnliche
öff.-rechtl.	öffentlich-rechtlich
österr.	österreichisch
p. a.	per anno
qm	Quadratmeter
rd.	rund
resp.	respektive
röm.	römisch
san.	sanitär
schott	schottisch
selbst.	selbstständig
sm	Seemeilen
span.	spanisch
spez.	speziell
sog.	so genannt
staatl.	staatlich
stat.	statistisch
Std.	Stunde
t	Tonne
techn.	technisch
türk.	türkisch
u.	und
u.a.	und andere, unter anderem
u. Ä.	und Ähnliches
usw.	und so weiter
u.U.	unter Umständen
u.v.a.	und viele andere
v.	von
v.a.	vor allem
ven.	venezianisch
vorw.	vorwiegend
wiss.	wissenschaftlich
zeitl.	zeitlich
zw.	zwischen
z.T.	zum Teil
zzt.	zurzeit

A

A: Neben F und P die Tarifbezeichnung im Flugticket für First Class.

AAA: American Automobile Association, weltweit größter Automobilclub; verleiht zur Hotelklassifizierung „Diamanten", z.B. fünf Diamanten für Ritz-Carlton in Laguna Niguel südl. von Los Angeles. → ACE, → ADAC, → AVC, → AvD

AAAVyT: Asociación Argentina de Agentes de Viajes y Turismo, argentinischer Reisebüroverband.

AACC: Airport Associations Coordinating Council, von 1972 – 1991 Dachorganisation der drei Flughafenverbände Weaa, Aoci und Icaa, Sitz: Genf. Interessenvertretung auf internationaler Ebene, bei Konferenzen der Icao offiziell zugelassen. 1991 durch Aaci abgelöst. → Aaci, → Aoci, → Icaa, → Icao, → Weaa

AAC e.V.: Arbeitskreis Aktiver Counter, Frankfurt/M., 1981 gegründete Fachvereinigung von Reisebüromitarbeitern. Seine Aufgaben sind Kontaktpflege untereinander (Informationsaustausch), Verbesserung des Informationsflusses durch direkte Kontakte zu den Leistungsträgern, Weiterbildung in kleinen Gruppen, Kontakte zu Kollegen im Ausland. AAC ist Träger des Touristik Stammtisch Frankfurt (TSF), eines geselligen Treffs für Reisebüroexpedienten.

Aachener Tourismus Studien (ACTS): Studentischer Arbeitskreis am geografischen Institut der RWTH Aachen. ACTS ist Mitglied bei Futurista und versteht sich als interdisziplinärer Arbeitskreis, der sich mit der vernetzten Problematik tourismusspezifischer Themen beschäftigt. → Futurista

Aaci: Airports Association Council International, seit Januar 1991 Nachfolgeorganisation des AACC. Ziele des neuen Zusammenschlusses verschiedener Flughafengesellschaften sind u.a. die Förderung der Zusammenarbeit zwischen den verschiedenen zivilen Flughäfen, deren Interessenvertretung gegenüber offiziellen Gremien und Behörden sowie die Ausarbeitung von Strategien und Maßnahmen für Sicherheit, Umweltschutz und effiziente Flugleitsysteme. Zentrale ist Genf. → AACC

Aaco: Arab Air Carriers' Organisation; Zusammenschluss der arabischen Linienluftverkehrsgesellschaften zwecks Zusammenarbeit und fortschreitender Liberalisierung, gegr. 1966 in Beirut.

Aadvantage: Bonusprogramm von American Airlines. → Bonusprogramm, → Frequent Flyers/Travellers

Aafra: Association of African Airlines, gegr. 1968, Sitz: Nairobi/Kenia; abgelöst durch Afraa. → Afraa

AAGG/DB: Ehemaliger Arbeitsausschuss der Gesamtgemeinschaft deutscher DER-Vertretungen mit DB-Lizenz, nahm die Interessen der DB/DER-Agenturen gegenüber DB und DER wahr. Dieser Sonderausschuss behandelte alle Fragen des Bahnverkehrs sowie die Zulassungsrichtlinien der DB-Agenturen. Ab 1995 Händlerorganisation, die ihre Interessen gegenüber DB und DER formulierte. Seit 1. Oktober 1997 Umbenennung in RBB (Reisebüro-Bahn-Beirat der DER-Vertretungen). → DB-Agenturen, → DER, → RBB

AAO: Additional Authorized Operator. → Additional Driver

Aapa: Association of Asia Pacific Airlines mit Sitz in Makati/Philippinen. Zusammenschluss der asiatisch-pazifischen Linienfluggesellschaften.

AAR: Association of American Railways, Verband der US-amerikanischen Eisenbahnen, Interessenvertretung mit dem Ziel, die Anteile der Zugreisen am Gesamtverkehr zu erweitern.

AAS: Agency Accreditation Service, Sitz: Frankfurt/M., Iata-Einrichtung für die Bearbeitung der Anträge von Reisebüros zur Erteilung einer Iata-Lizenz und Verwaltung aller Reisebüros mit Iata-Lizenz im Rahmen der Bestimmungen der Iata-Resolution 814. → Iata-Resolution 814, → Joint Council

Abacus CRS: Gemeinschaftsunternehmen von Fluggesellschaften im asiatisch-pazifischen Raum, ursprünglich gegründet von Cathay Pacific, Singapore Airlines und Thai Airways, nach Austritt von Thai hat die Abacus Holding folgende Anteilseigner: Worldspan, ANA, Cathay Pacific, China Airlines, Eva Airways, Garuda Indonesia, Dragon Airlines, Malaysia Airlines, Philippine Airlines, Royal Brunei Airlines, Silk Air und Singapore Airlines. A. wird seit 1988 in enger Verbindung mit Pars aufgebaut, beteiligt an Worldspan mit eigenem Rechenzentrum in Singapur. Kooperationsvertrag mit Amadeus. 1998 Wechsel von A. von Worldspan zu Sabre und Gründung von Abacus International. → Abacus International, → CRS, → Pars, → Worldspan

Abacus International: Mit Sitz in Singapur, 1998 durch die Abacus International Holding und Sabre gegründetes Unternehmen. Sabre hält 35%, die Abacus Holding 65%. Das Unternehmen ist frei von Verpflichtungen, die die Holding gegenüber Worldspan eingegangen war. Seit November 2000 wurde Infini, das gemeinsame CRS von A. und ANA, eingegliedert. → Abacus CRS, → Infini, → Sabre

ABB: Allgemeine Beförderungsbedingungen, Spielart von AGB im Bereich der Beförderungsverträge. Soweit sie im Linienverkehr aufgestellt werden, gelten einschränkend die für die jeweilige Beförderungsart einschlägigen Gesetze, so z. B. PBefG. ABB sind meist von verschiedenen Schutzvorschriften des AGBG befreit (§ 23 AGBG). Die ABB der Verordnung über die Allgemeinen Beförderungsbedingungen für den Straßen- und O-Bus-Verkehr sowie den Linienverkehr mit Kraftfahrzeugen vom 27. 2. 1970 gelten zwingend, ohne dass es der Einbeziehungsvereinbarung der Parteien bedarf. Nach der Verordnung sind die Verkehrsunternehmen befugt, besondere Beförderungsbedingungen zu erlassen. Hierauf ist das AGBG mit Ausnahme des § 2 AGBG anwendbar. → AGB, → AGBG

ABC-Charter: Advanced Booking Charter, Tarifart für Nordatlantik-Gruppenflugreisen seit 1972. Hinsichtlich Vorausbuchung, Zahlung, Teilnehmerzahl und Mindestaufenthalt im Zielland bestanden spezielle Voraussetzungen. A. wurde 1987 durch NAC abgelöst. → ABC-Gemeinschaft, → NAC-Charter

ABC-Gemeinschaft: Gemeinschaft zur Vermarktung des ABC bzw. NAC-Flugtarifs über den Nordatlantik. Die Gemeinschaft bestand über viele Jahre aus den Reisebüroketten ABR, DER und Hapag-Lloyd Reisebüro unter Federführung des DER. Neuorientierung ab 1989: ABR und Hapag-Lloyd Reisebüro waren zum Ausscheiden bereit, eine neue ABC-Gemeinschaft von DER und TUI mit je 50% Anteilen sollte gebildet werden, wobei die Abwicklung beim DER bleiben sollte. Das Bundeskartellamt hat Ende 1990 sowohl die neue als auch die Weiterführung der ursprünglichen Arbeitsgemeinschaft untersagt. → ABC-Charter, → NAC-Charter

ABC-Inseln: Aruba, Bonaire und Curaçao in der Karibik gehören zu den „Inseln unter dem Winde“.

ABC International: Von OAG herausgegebene Nachschlagewerke sind u.a. der „World Airways Guide”. Das Blaue Buch beinhaltet internationale und inländische Flugdaten für die City Pairs A–M. Das Rote Buch umfasst die Fortsetzung der Flugdaten N–Z und den Tarifteil mit sämtlichen Normal- und Excursionstarifen. Der „Worldwide Hotel Guide” bietet detaillierte Angaben über vielfältige Hotels weltweit. Der „Passenger Shipping Guide” wird monatlich aktualisiert und beinhaltet umfassende Informationen über den internationalen Passagierschiffsverkehr. Alle Nachschlagewerke sind wichtige Hilfsmittel zur Kundenberatung. Neben den gedruckten Produkten bietet OAG u.a. Pocket Flight Guide, Automated Routings Connection Service ARCS, Cargo Data, Flight Atlas, MAX, Mobile, Rail Guide und Timetables, teilweise als elektronische Medien, an. → Airimp, → Ultra Switch

Abenteuerurlaub: Form des Aktivurlaubs, bei der strapaziöse Wanderungen (zu Fuß, mit dem Fahrrad oder Boot usw.) mit ortskundigem Führer durch organisierte Unterkunft, Gepäcktransport usw. ergänzt werden; häufig durch Wüsten, Hochgebirge oder als Survival-Training (Überlebenstraining) mit abgestuften Anforderungen an die körperliche Belastbarkeit der Teilnehmer. Weitere Reiseleistungen betreffen vor allem die Absicherung von Krankheitsfällen.

Abfahrtsfrequenz: Anzahl der regelmäßig aufeinander folgenden Abfahrten eines Liniendienstes in einer bestimmten Zeiteinheit (im Flugverkehr zumeist auf eine Woche bezogen).

Abfertigung im Flugverkehr: Findet unmittelbar vor Beginn des Fluges am Flughafenschalter der Luftverkehrsgesellschaft statt und ist nur bis zum Ablauf der Meldeschlusszeit möglich. Die A. ist notwendig zur Ermittlung der tatsächlichen Anzahl der Fluggäste sowie der Anzahl und des Gewichtes der Gepäckstücke; bereits weit gehend elektronisch automatisiert. Abfertigung/Check-in ist auch im Hotel möglich. → Check-in, → Chip-in, → Etix

Abgaben: Leistungen, die eine öffentl. Körperschaft kraft ihrer Finanzhoheit von Steuerpflichtigen erheben kann. A. werden für einen bestimmten Zweck erhoben, während Steuern im allgemeinen keine direkte Gegenleistung haben. Als Beispiele gelten die Tourismusabgabe oder die Kurtaxe. → Steuern

Abhilfeverlangen: Entspricht der Mängelanzeige, verbunden mit der Aufforderung an den Veranstalter, die Mängel zu beseitigen. Beim A. ist eine Fristsetzung zwingend erforderlich, wenn der Reisende zur Selbsthilfe greifen oder den Reisevertrag wegen erheblichen Mangels kündigen will. Die Einhaltung einer Frist ist jedoch nicht erforderlich, wenn der Reiseveranstalter ernsthaft und endgültig die Erfüllung verweigert. Ebenso, wenn durch ein besonderes Interesse des Reisenden sofortige Abhilfe geboten ist, z.B. wenn der Reiseveranstalter mangels örtlicher Beauftragung schwer erreichbar ist und daher dessen Abhilfe zu spät käme. Wie bei der Mängelanzeige sollte auch das A. möglichst schriftlich oder zumindest unter Zeugen gestellt werden. Es ist an den örtlichen Reiseleiter oder an den Reiseveranstalter zu richten. Bis zur Abhilfe hat der Reiseveranstalter die mit der Abhilfe verbundenen Kosten (Telefon, Taxikosten etc.) zu tragen. → Mängelanzeige

Abkommen über Indossofreiheit: Begriff aus dem Luftverkehr, zwischen Fluggesellschaften dauerwirkende Vereinbarung über die Befreiung der Genehmigungspflicht für die Übertragung von Transportleistungen (z.B. bei Änderung einer Flugbuchung, die den Wechsel auf eine andere Fluggesellschaft veranlasst). → Endorsement

Abkommen von Chicago: → Chicagoer Abkommen

ABL: Kürzel für alte Bundesländer.

Able: Reservierungssystem der ANA (All Nippon Airways). → Abacus CRS, → Infini

Aboriginal/Aborigines: Australische Ureinwohner. Von Seiten der australischen Behörden wird versucht, die A. in das Tourismusgeschäft zu integrieren. So werden z.B. Flüge zum Stamm der Tiwi angeboten, denen man beim Fischen, Jagen oder Kochen über die Schulter schauen kann. Für A. sind bestimmte Territorien in Australien reserviert, Nicht-A. dürfen diese nicht betreten.

ABR: Amtliches Bayerisches Reisebüro, gegründet 1910. Zu den Gründern des ABR gehörten die königl. bayerischen Staatsbahnen, der Norddeutsche Lloyd, die Bayerische Handelsbank und die Reisebüroorganisation Thomas Cook & Son. Mit dem erstmals zugesprochenen Verkaufsrecht für Eisenbahnfahrkarten zu Originalpreisen außerhalb von Bahnhöfen kam das Wort „amtlich" in den Firmennamen. Mitbegründer der Touropa und der TUI. Gesellschafter waren mit 55% DB - Deutsche Bahn, 45% DER Deutsches Reisebüro. Mit über 80 Filialen in Bayern und Thüringen vorübergehend Zweigniederlassung des DER. Gehört inzwischen zur Rewe-Handelsgruppe. → DER, → Rewe-Handelsgruppe

Abres: Ehemaliges von ABR entwickeltes vollautomatisches Hotelreservierungssystem über Start mit über 400 angeschlossenen Hotels in allen deutschen Großstädten und Feriengebieten. Buchung über Tour-Maske, sofortiger Ausdruck und automatische Abrechnung der DER-Hotelgutscheine. Mit Wirkung vom 31. 12. 1991 eingestellt. → Tour-Verfahren

Abrufarbeit: Form der Teilzeitbeschäftigung. Bei A. sind Lage und Dauer der Arbeitszeit vom Arbeitsanfall im Betrieb abhängig. Der Arbeitnehmer wird je nach betrieblichem Bedarf zur Arbeitsleistung herangezogen. Der Arbeitnehmer befindet sich, sofern er die Arbeit aufnehmen will, in einer ständigen Bereitschaft zur Arbeitsaufnahme. A. ist typischerweise für die Abdeckung von Bedarfs-, Saisonspitzen oder Kampagnen vorgesehen. → Teilzeitbeschäftigung

Abruf-Fax: Ermöglicht das Abrufen von Telefaxen von anderen Faxgeräten. Die Gebühren trägt hierbei der Anrufer. → Fax on Demand, → Fax Polling

ABRV: Allgemeine Bedingungen für die Reiserücktrittskosten-Versicherung, maßgebend für den Versicherungsschutz. A. werden nach § 23 AGBG auch ohne Kenntnisnahme des Kunden Vertragsbestandteil. → AGBG, → Reiserücktrittskosten-Versicherung, → Reiseversicherungen

ABS: Avalanche Ballon Secutem, Lawinenrettungsballon, der in den Deckel eines Spezialrucksacks integriert ist und bei allen Tiefschneeunternehmungen eingesetzt werden kann.

Absatz: Unter A. versteht man alle Maßnahmen des Unternehmens, die darauf abzielen, die erstellten Güter oder Dienstleistungen zu verwerten. So gesehen umfasst der A. sowohl den Vertrieb als auch den Verkauf. In der Marktwirtschaft muss jedes Unternehmen nach den Erfordernissen des Absatzmarktes geführt werden, um seine Produkte auch verkaufen zu können. Im Reiseverkehr gibt es eine große Differenzierung des Angebotes, von billigen Campingflügen über Clubreisen bis zu teuren Luxusreisen, um den unterschiedlichen Interessen der Konsumenten gerecht zu werden.

Abschreibung: Ausdruck der Wertminderung eines Vermögensgegenstandes. Dabei werden die Anschaffungs- und Herstellungskosten des Anlagevermögens auf die Jahre der voraussichtlichen Nutzungsdauer verteilt. Durch Abnutzung, Veralterung, technische oder wirtschaftliche Überholung findet ständig eine Wertminderung von Wirtschaftsgütern statt. Diese Wertminderung wird jeweils in der Bilanz berücksichtigt. Die tatsächliche Wertminderung ist ein Kostenfaktor, der steuerlich geltend gemacht werden kann. Wenn diese Kosten im Preis eingebracht werden, ist die Basis für die Neuanschaffung gegeben. Ein Reisebüro kauft sich einen neuen Computer und hat nun die Möglichkeit, die Wertminderung in den nächsten drei Jahren steuerlich geltend zu machen. → Bilanz

Abschwung: Der A. ist gekennzeichnet durch Nachlassen der Investitionsneigung, Entspannung/Entlassungen auf dem Arbeitsmarkt, sinkende Preise und rückläufige Einfuhren. Eine Rezession liegt nach üblicher Definition dann vor, wenn mindestens zwei Quartale mit rückläufigem Bruttoinlandsprodukt aufeinander folgen. → Aufschwung, → Konjunktur

Abta: 1. Association of British Travel Agents, britischer Reisebüroverband, dem die meisten der britischen Reisebüros und Reiseveranstalter angeschlossen sind.

2. Austrian Business Travel Association, Verband österreichischer Firmenreisestellen. Partner des VDR. → VDR

ABtBR: Allgemeine Bedingungen für die Versicherung von touristischen Beistandsleistungen und Rücktransportkosten. → Kundengeldabsicherung, → Sicherungsschein

AB-Tix: Ticketloses Fliegen mit Air Berlin für Nur-Flug-Gäste; Buchung über deren Service Center.

Abwertung: → Aufwertung

Abwracken: Bezeichnung für die sachgemäße Verschrottung eines Schiffes in einer Werft.

Acac: Arab Civil Aviation Council, gegr. 1965, Sitz: Rabat/Marokko. Diese Luftverkehrsorganisation ist für die Koordination der internationalen Zivilluftfahrtbedingungen im arabischen Raum zuständig.

Acav: Associació Catalana d'Agències de Viatges; katalanischer Reisebüroverband; einer der beiden span. Reisebüro- und Veranstalterverbände. Sitz in Barcelona. Mitglied beim Ectaa.

Acca: Air Charter Carriers Association, Verband europäischer Charterfluggesellschaften, die Liniencarriern nahe stehen. Interessenvertretung gegenüber der Öffentlichkeit und den Behörden, insbes. bei der EU in Brüssel. 1971 in Rovaniemi, Finnland, gegründet, Sitz ist Anif/Österreich. → Iaca

Access: Darunter ist der Zugriff auf die Daten der angeschlossenen Leistungsträger zu verstehen. Je nach CRS gibt es unterschiedliche Access-Arten; gleiche Begriffe z. B. Multi Access, Direct Access oder Total Access werden nicht immer für gleiche Verbindungsarten verwendet.

Direct Access ist die Möglichkeit, aus dem Inhouse-Reservierungssystem eines Leistungsträgers oder Veranstalters aktuelle Informationen abzufragen. Man erhält z. B. nach Verfügbarkeitsanzeigen echte und aktuelle Angaben des angefragten Partners. Die dann folgende Buchung wird nach Abschluss des PNR per Teletype Message als Buchung an das System des Direct-Access-Partners weitergegeben. Die auf Grund der vorher angezeigten Verfügbarkeit getätigte Buchung muss vom System akzeptiert werden. Das bedeutet, dass man bei über Direct Access getätigten Buchungen auch wirklich eine Buchungsgarantie hat. Bei Direct Access gibt es folgende Funktionen:

- Flugplananzeigen,
- Verfügbarkeitsanzeigen,
- Fluginformationen,
- Tarifinformationen,
- sonstiges Informationsmaterial.

Complete Access: Dabei wird die Buchung nach Verfügbarkeitsanzeige noch während des Buchungsvorgangs im Reservierungssystem des Complete-Access-Partners aufgebaut und nicht erst wie beim Direct Access nach Abschluss des PNR. Complete Access bietet die Vorteile von Direct Access, wobei hier direkt (ohne Teletype Messages) im System des Complete-Access-Partners gebucht wird.

By-Pass-Funktion: Da mit Direct Access nur eine begrenzte Anzahl von Transaktionen in das Format des Zielsystems übersetzt werden kann, müssen die nicht übersetzbaren Transaktionen im Format des betreffenden Systems eingegeben werden (By-Pass). Dabei wird dem Format des betreffenden Partners eine „1", der Airline Code und ein Schrägstrich vorangestellt (z. B. 1VA/).

Direct Link bezeichnet die Möglichkeit, Informationen anderer Systeme abzufragen.

Total Access: EDV/CRS-Begriff für bestimmte Netzverknüpfungen. Beim T.A. wird mit den Transaktionen des Total-Access-Partners in dessen System gearbeitet. → Total Access

Accommodation: Unterbringung, Übernachtung, Beherbergung von Gästen.

Accountable Transaction: Abrechnungspflichtige Transaktion, Bezeichnung für jedes Standardverkehrsdokument oder Standardverwaltungsformular, welches in einer vorgeschriebenen Periode ans BSP zur Abrechnung gemeldet werden muss. → BSP

ACE: Auto Club Europa, drittgrößter deutscher Automobilclub; Träger sind die Gewerkschaften. → AAA, → ACV, → ADAC, → AvD

ACE International: Association for Conference and Events, internationaler Verband der Kongress-Manager, gegr. 1971 in Cambridgeshire, Großbritannien. Mitglieder sind vor allem britische, aber auch ausländische Kongressleiter und Leistungsträger im Kongresswesen. Ziele sind die Kontaktaufnahme bzw. der Gedankenaustausch zwischen Kongressveranstaltern und Leistungsträgern, die Förderung der Ausbildung für Einsteiger (Seminarangebot) und die Erhaltung eines hohen Standards der Leistungen. Angebot einer kostenlosen Stellenbörse.

ACH: Airline Clearing House, Abrechnungsstelle für die Fluggesellschaften untereinander. → Iata-Clearing-House

Achat: → TQ3 Travel Net

ACI: Airports Council International; internationale Flughafenbehörde, Sprecherin der Flughäfen; in 1991 als Nachfolgeorganisation von AACC und Icaa gegründet mit Sitz in Genf/Schweiz. Zweck des Verbands ist die Förderung der Mitgliederflughäfen und Zusammenarbeit mit Partnern in der Luftfahrtbranche. Zu dieser Non-Profit-Organisation gehören rund 550 internationale Flughäfen und deren Verwaltungen in 165 Ländern, die weltweit über 1450 Flughäfen betreiben.

ACM: Agency Credit Memo, wird von einer Fluggesellschaft ausgestellt, um einem Agenten einen bestimmten Betrag zu erstatten. Eine Belastung erfolgt über ein ADM. → ADM

Acriss: Association of Car Rental Industry System Standard, Organisation mit Sitz in London, die sich u.a. die Vereinheitlichung von Codes, Vouchern, Klassifizierungen usw. im Mietwagenbereich, speziell zur Erleichterung der Darstellung in Computer-Reservierungssystemen, zur Aufgabe gemacht hat. → Rent-a-car

Acta: 1. Association of Cyprus Travel Agents; Zyperns Reisebüroverband mit Sitz in Nicosia. Mitglied beim Ectaa.

2. Alliance of Canadian Travel Association, Verband kanadischer Reisebüros und Reiseveranstalter.
3. Associazione Cultura Turismo Ambiente, gemeinnütziger Verein, der Fachleute aus verschiedenen Bereichen koordiniert, die auf multidisziplinäre Weise für einen Tourismus arbeiten, welcher mit Kultur, Umwelt und lokalen Resourcen vereinbar ist.

Acte: Association of Corporate Travel Executives, internationaler Geschäftsreiseverband

Actoa: Air Charter Tour Operators of America, Berufsvereinigung der Charterflugreisenveranstalter in den USA.

ACTS: → Aachener Tourismus Studien (ACTS)

ACV: Automobil-Club Verkehr Bundesrepublik Deutschland. Sitz in Köln. Service rund um die Uhr für Autoreisende. → AAA, → ACE, → ADAC, → AvD

AD: Agency Discount. Auf Antrag erhalten Iata-Agenten auf Beförderungspreise der Luftverkehrsgesellschaften von Iata geregelte Ermäßigungen. AD 75 entspricht einem Preisnachlass von 75%.

ADAC: Allgemeiner Deutscher Automobil Club, mit fast 13,6 Mill. Mitgliedern der zweitgrößte Automobilclub der Welt. Vielfältiges Angebot wie z.B.
• Straßenwacht und Pannenhilfe (bundeseinheitliche Rufnummer der Pannenhilfe: 01802-22 22 22)
• Schutzbriefe,
• Touristische Beratung. → Show-Your-Card

ADAC Tour Service Reisetip: Zusammen mit der Firma Infoscreen bietet der ADAC seit Mai 1997 dieses kostenlose Informationsprogramm für deutsche Tourismusgemeinden an. Der wöchentlich wechselnde Reisetip wird jeweils am Mittwoch und Donnerstag auf Bildschirmen in U- und S-Bahnstationen in derzeit acht deutschen Großstädten ausgestrahlt. Er dauert in der Regel 20 Sekunden und wird alle 10-15 Minuten wiederholt.

Adapter: Zwischenstecker für elektrische Kleingeräte wie Rasierapparate, Haartrockner u.a. zum Ausgleich unterschiedlicher Spannungswerte (in USA z.B. 110 Volt).

Additional Authorized Operator (AAO): → Additional Driver

Additional Driver: Bezeichnung eines zusätzlichen Fahrers bei Mietwagenbuchungen. Insbesondere bei Anmietung innerhalb der USA wird ein Aufschlag für mehrere Fahrer erhoben, um auch für sie zusätzlichen Versicherungsschutz zu gewährleisten.

Add-on: → Anstoßflugpreis

ADFC: Allgemeiner Deutscher Fahrrad-Club, Sitz: Bremen; vertritt die Interessen der Alltags- und Freizeitradler und setzt sich für die Förderung des Radfahrens und die stärkere Nutzung des Fahrrades in Alltag und Freizeit ein. Die Geschäftsstellen und Info-Läden bieten den Mitgliedern eine Beratung rund ums Fahrrad an. Im Mitgliedsbeitrag des ADFC ist eine Haftpflicht- und Rechtsschutzversicherung für Radfahrer, Fußgänger und Nutzer des ÖPNV enthalten.

AD Flight: Kostenfreies Angebot der Flughäfen, um den Reisenden mit grafisch aufbereiteten Radarbildern über die aktuelle Position ankommender Flugzeuge zu informieren. Finanzierung durch eingeblendete Werbebilder.

Ad-hoc-schedule: Eine Abweichung vom normalen Flugplan durch Streichung oder zusätzliche Einsetzung eines Flugzeugs.

Ad-hoc-Verkehr: Ursprung des Charterflugverkehrs; Messe-, Incentive-, Kreuzfahreraustausch-, Fußballflüge usw.

ADL: Arbeitsgemeinschaft Deutscher Luftfahrtunternehmen, Bonn. Mitglieder sind die deutschen Fluggesellschaften Aero Lloyd, Air Berlin, Condor, Germania, Hapag-Lloyd und LTU. Über 50% aller Flugreisen des grenzüberschreitenden deutschen Quellverkehrs erfolgen auf Flügen der ADL. ADL als Interessenvertretung ist mit verkehrspolitischen, technischen und wirtschaftlichen Themen befasst. ADL ist ehemaliges Mitglied im Präsidium der deutschen Touristikwirtschaft, jetzt im BTW und war einer der Träger des Planungsbüros Luftraumnutzer. → BTW, → Planungsbüro Luftraumnutzer

ADM: Agency Debit Memo wird von einer Fluggesellschaft ausgestellt, um Agenten mit einem bestimmten Betrag zu belasten. Eine Erstattung erfolgt über ein ACM. → ACM

Administrator: Netzwerkverwalter mit uneingeschränkten Zugriffsrechten. Der A. ist für die Betreuung und Pflege eines installierten Netzwerkes verantwortlich, er kann z.B. Expedienten im Start-System an- oder abmelden.

Adonet: Association des Offices Nationaux Etrangers de Tourisme. Verband ausländischer Fremdenverkehrsämter in Frankreich, deutsches Mitglied ist die DZT. → DZT

ADP: Aeroports de Paris, Gesellschaft zur Koordinierung der Pariser Passagierflughäfen Orly und Charles de Gaulle (CDG).

ADSL: Asymmetrical Digital Subscriber Line, A. ermöglicht eine schnellere Datenübertragung mittels Kupferkabeltechnologie. Das Verfahren ist 30- bis 40-mal schneller als ISDN. → ISDN

ADT: Atlantic Daylight Time; atlantische Sommerzeit (USA/Kanada).

ADV: Arbeitsgemeinschaft Deutscher Verkehrsflughäfen. Sitz: Stuttgart. Der 1947 gegründete ADV ist Dachorganisation der deutschen Verkehrsflughäfen und hat u.a. folgende Aufgaben: Wahrnehmung der gemeinsamen Belange der deutschen Verkehrsflughäfen und Verkehrslandeplätze, die Beratung von Behörden des Bundes und der Länder bei der Vorbereitung und Durchführung von Gesetzen und sonstigen Bestimmungen und Maßnahmen. → Planungsbüro Luftraumnutzer

Advanced Seat Reservation (ASR): Fluggastbuchung mit vorheriger Platzreservierung. Bei einigen Fluggesellschaften erhält man sofort nach Anfrage eine feste Sitzplatznummer zugewiesen, bei anderen wird der Sitzplatzwunsch (Raucher/Nichtraucher, Fenster/Gang) für den Check-in vorgemerkt.

Advantis Canada: → Gemini

ADZ: Allgemeine Deutsche Zimmerreservierung der DZT; entstand durch Kooperation zwischen Dehoga, DFV und DRV; wurde 1977 in der alten Form aufgelöst. Die vom BMWi veranlasste Umorganisation bezweckte eine Zentralisierung der Tourismusförderung bei der DZT. → Bundesministerium für Wirtschaft und Technologie BMWi, → DZT

AEA: Association of European Airlines, Zusammenschluss europ. Iata-Luftverkehrsgesellschaften mit Sitz in Brüssel, gegr. 1973 in München. Deutsches Mitglied ist die Lufthansa (seit 1973). AEA vertritt ihre Mitglieder gegenüber den supranationalen Organisationen wie Ecac, EU und Icao. Vorläufer war das Joint Research Office von Air France, KLM, Sabena, Swissair, das auf Empfehlung des Straßburger Europarates 1954 zum Earb umgewandelt wurde. AEA erhebt in regelmäßigen Abständen Passagierzahlen und veröffentlicht diese in ihrer Verkehrsstatistik. → Earb, → Ecac, → EU/EG/EWG, → Freiheiten der Luft, → Icao, → Verkehrsrechte

Aedave: Asociación Empresarial de Agencias de Viajes Españolas; einer der beiden span. Reisebüro- und Veranstalterverbände mit Sitz in Madrid. Mitglied beim Ectaa.

AEG: Das Allgemeine Eisenbahngesetz von 1951 enthält die grundlegenden Bestimmungen für alle Eisenbahnen hinsichtlich der Personenbeförderung. → EVO

AEK: Kürzel für Arbeitskreis Europäischer Kooperationen; Gegr. 2002 von den zum RTK-Verbund gehörenden Kooperationen AER, RTK, TSS und Schmetterling-Reisen sowie von Best-Reisen. Gemeinsamer Flugeinkauf durch Bündelung der Iata-Flugumsätze der angeschlossenen Kooperationen. (siehe Grafik auf dieser Seite)

Äquatortaufe: Passagiere, die zum ersten Mal im Leben den Äquator überqueren, „müssen" sich der Ä. unterziehen. Die Taufe wird vom Herrscher der Meere in Begleitung seines Hofstaates vorgenommen. Ein Spektakel, das sich ungebrochener Beliebtheit erfreut; auch unter der Bezeichnung Linientaufe bekannt. → Polartaufe

Ärmelkanal: Meeresenge zwischen Großbritannien und Frankreich, Verbindung des Atlantik mit der Nordsee; beträchtlicher Fährverkehr, z.B. Calais–Dover. → Kanaltunnel (Eurotunnel)

Aeroflot: Ehemals staatl. sowjetische Fluggesellschaft, seit 1989 Iata-Mitglied. Geht auf die 1921 gegründete sowjetisch-deutsche Gesellschaft Duruluft zurück und wurde 1932 in A. umbenannt. Nach der Auflösung der Sowjetunion haben die einzelnen Mitgliedsländer der Gemeinschaft Unabhängiger Staaten (GUS) die auf ihren Gebieten stehenden Flugzeuge verstaatlicht und die Flughafeneinrichtungen nationalisiert, allerdings ohne rechtliche Grundlage. A. ist 1994 in eine Aktiengesellschaft umgewandelt worden. Die Mehrheit gehört mit 51,17%

der russischen Regierung, der Rest wurde an die Mitarbeiter verkauft. Soll mit Sibir Airlines fusionieren.

AETR: frz., Accord Européen Relatif au Travail des Équipages des Véhicules Effectuant des Transports internationaux par route. Europäisches Übereinkommen über die Arbeit des im internationalen Straßenverkehrs beschäftigten Personals. Das AETR schafft Regelungen hinsichtlich der Lenk- und Ruhezeiten im grenzüberschreitenden Verkehr zu Nicht-EG bzw. Nicht-EWR-Staaten (=Drittländer in der VO EWG 3820/85). Dabei handelt es sich vor allem um die alten und neuen osteuropäischen Staaten. Praktisch wurden alle wesentlichen Bestandteile der EG-Sozialvorschriften in das AETR übernommen.

AEVO: Ausbildereignungsverordnung, Verordnung über die berufs- und arbeitspädagogische Eignung für die Berufsausbildung in der gewerblichen Wirtschaft.

AFCAC: African Civil Aviation Commission, gegr. 1969 in Addis Abeba, Sitz: Dakar/Senegal. Diese Luftverkehrsorganisation ist für die Koordination des afrikanischen Luftverkehrs zuständig.

Affinity Charter: Sonderflugreise zu ermäßigtem Preis für Affinitätsgruppen, deren Mitglieder derselben Vereinigung, Körperschaft, Firma, Gesellschaft oder anderen Gemeinschaften angehörten, deren Hauptzweck nicht das Reisen war. Keine öffentliche Werbung; inzwischen entfallen.

Afraa: African Airlines Association, Organisation afrikanischer Linienluftverkehrsgesellschaften. Ziel ist die Durchsetzung einer einheitlichen afrikanischen Luftverkehrspolitik zusammen mit der Icao. Vorgängerorganisation war Aafra. → Aafra, → Icao

Afta: Projekt der sechs Asean-Länder Thailand, Malaysia, Singapur, Indonesien, Philippinen und Brunei, eine Wirtschaftsgemeinschaft analog Nafta. Ziel ist die Verwirklichung einer Asean Free Trade Area in Form einer Freihandelszone ab 2008. → Nafta

AG: (Aktiengesellschaft), Kapitalgesellschaft, die ein in Aktien zerlegtes Grundkapital hat und für deren Verbindlichkeiten nur das Gesellschaftsvermögen haftet (§1 AktG). An der Festlegung des Gesellschaftsvertrages (Satzung) müssen sich mindestens fünf Personen beteiligen. Mindestnennbetrag des Grundkapitals sind 50.000 €. Die Mitgliedschaft in der Gesellschaft und der Anspruch auf einen Teil des Ertrages (Dividende) wird durch den Besitz von zumindest einer Aktie festgelegt. Bei der Hauptversammlung ist jeder Aktionär nach Maßgabe seines Kapitalanteils (Aktienbesitzes) stimmberechtigt und nimmt an der Wahl des Vorstandes und des Aufsichtsrates teil. Diese Unternehmensform wird vor allem bei größeren Unternehmen (z.B. Fluglinien, großen Reiseveranstaltern) angewendet, da die Aktionäre nicht direkt an die Gesellschaft gebunden sind. → Aktien, → Kapitalgesellschaft, → Unternehmensform

AGB: Allgemeine Geschäftsbedingungen, „das Kleingedruckte", sind für eine Vielzahl von Verträgen vorformulierte Vertragsbedingungen, die von einem Vertragspartner gestellt worden sind, ohne im Einzelnen ausgehandelt zu sein. Sie gehen in den Vertrag allerdings nur insoweit ein, wie der Vertragspartner, der sie stellt, ausdrücklich oder durch deutlichen Aushang darauf hinweist, dass sie gelten sollen, wie der andere Vertragspartner (Kunde) die Möglichkeit hat, von ihrem Inhalt in zumutbarer Weise Kenntnis zu nehmen, wie sie eindeutig, ohne überraschende Klauseln und ohne unangemessene Benachteiligung des anderen sind und wie dieser mit ihrer Geltung mindestens konkludent einverstanden ist. In der Praxis häufig, z.B. als Allg. Reisebedingungen (ARB), Allg. Beförderungsbedingungen (ABB), Allg. Verkaufsbedingungen (AVB).

AGBG: Gesetz zur Regelung des Rechts der Allgemeinen Geschäftsbedingungen (AGB-Gesetz) vom Dezember 1976. Verbraucherschützendes Gesetz gegen die ausufernde Praxis, Kunden durch unabänderliche, die Schutzfunktionen des Gesetzes aushöhlende allgemeine Vertragsklauseln (AGB) unangemessen zu benachteiligen. Daneben aber auch Schutz von Unternehmen vor missbräuchlicher Verwendung von AGB. Durch das AGBG-Änderungsgesetz 1996 (seit Juli 1996 in Kraft), das die EG-Richtlinie über missbräuchliche Klauseln in Verbraucherverträgen umgesetzt hat, bietet das AGBG jetzt auch Schutz vor Klauseln in Verbraucherverträgen. Im Wege der Schuldrechtsreform Integration des AGBG in das BGB. → AGB, → BGB

AG China: Zielgebietsarbeitsgemeinschaft, die sich die Aufgabe gestellt hat, die Probleme des expandierenden China-Tourismus gemeinsam zu lösen. Mitglieder sind u.a. Airtours und Studiosus Reisen. 1992 erfolgte die Namensänderung in Arbeitsgemeinschaft für China-Tourismus. Aus dem bis dahin losen Gremium wurde ein eingetragener Verein.

Agenda: Merkbuch; Tagesordnung bei Konferenzen, Meetings u.Ä.

Agenda 21: Umfangreiches globales Aktionsprogramm für das 21. Jahrhundert. Es wurde auf dem Umweltgipfel von Rio 1992 von über 70 Staaten verabschiedet. In 40 Kapiteln sind detaillierte Handlungsaufträge an die einzelnen Akteure für eine nachhaltige Entwicklung formuliert. Auch in den Nachfolgekonferenzen spielt Tourismus und dessen Entwicklung eine zentrale Rolle. → Nachhaltige Regionalentwicklung, → Umweltpreis, → Viabono

Agent: Reisemittler; Mittler für Dienstleistungen an Dritte auf Provisionsbasis, Handelsvertreter, z.B. Iata-Agent = Passageverkaufsagent, der ordnungsgemäß zur Abrechnung innerhalb des BSP zugelassen wurde. → BSP, → Reisebüros, → Reisemittler

Agent-Code: Ist der Iata-Code, der jeder anerkannten Niederlassung eines Agenten zugeteilt wird.

Agenturen: Handelsvertreter, die an Endkunden in fremden Namen und auf fremde Rechnung Beförderungs- und touristische Leistungen von Reiseveranstaltern und touristischen Leistungsträgern vermitteln. → Reisebüros, → Verkaufslizenzen

TUI UND THOMAS COOK HABEN DIE NASE VORN
Agenturbetreuung der fünf größten Veranstalter

Veranstalter	Zahl der Außendienstler	Reisebüros im Fremdvertrieb	Umsatzgröße für aktive Betreuung
TUI	35[1)]	8.250	160.000 €
Thomas Cook	49[2)]	12.882[3)]	150.000 €[4)]
Rewe-Pauschaltour.	17	9.600	k. A.
FTI	28[5)]	10.821	ab 50.000 €
Alltours	13[6)]	9.772	ab 75.000 €

Fremdvertrieb aus FVW-Dokumentation Deutsche Veranstalter 2001, FVW 31/01. 1) Plus etwa 200 Mitarbeiter in Telefonzentren. 2) Plus 74 Mitarbeiter in sieben Service-Centern. 3) FVW 10/01, S. 38. 4) 25.000 € bei Bucher und CFI. 5) Plus ein Verkaufsleiter und zwei Innendienstbetreuer. 6) Davon sechs telefonische Betreuer, drei im Schulungsteam, vier in der Verwaltung.

Agenturvertrag/Handelsvertretervertrag: Regelt das Verhältnis des Handelsvertreters zu seinem Geschäftsherrn, d.h. auch das des Reisebüros zum Beförderungsunternehmer oder zum Reiseveranstalter im Pauschalreiseverkehr (gesetzl. geregelt in §§ 84 ff. HGB). Zu den Pflichten des Handelsvertreters gehört, sich um die Vermittlung bzw. den Abschluss von Geschäften im Namen des Geschäftsherrn zu bemühen. Der Geschäftsherr hat dem Handelsvertreter alle erforderlichen Unterlagen und Informationen zur Verfügung zu stellen. Der Handelsvertreter erhält vom Geschäftsherrn für den Abschluss bzw. die Vermittlung von Geschäften eine erfolgsabhängige Provision. Den Ersatz seiner Aufwendungen kann der Handelsvertreter i.d.R. nicht verlangen. Eine zusätzliche Delkredereprovision kann der Handelsvertreter verlangen, wenn er ausnahmsweise für den Erfolg des vermittelten Geschäftes einzustehen hat (Risikoübernahme). Reisebüros werden von Beförderungsunternehmen und Reiseveranstaltern regelmäßig zur Einziehung des Reisepreises ermächtigt. Hierfür kann der Handelsvertreter vom Geschäftsherrn eine Inkassoprovision verlangen. Zur Abdeckung der hieraus und aus Pflichtverletzungen von Reisebüromitarbeitern entstehenden Risiken werden in Agenturverträgen die Stellung von Bankbürgschaften, Vertrauensschadenversicherung oder eine Patronatserklärung zu Gunsten der Geschäftsherren vereinbart. → Bankbürgschaft, → Handelsherr/Geschäftsherr, → Handelsvertreter, → Patronatserklärung, → Vertrauensschadenversicherung

Agglomeration: Im Handel entsteht A. durch räumliche Zusammenballung mehrerer Handelsunternehmen. Bekannt sind branchengleiche und -ungleiche A. Regionale Bereiche werden damit attraktiver (z.B. Fußgängerzonen), Einzugsgebiete werden erweitert. Die höchste Reisebürodichte wird in der A. von Großstädten registriert.

AGM: Iata Annual General Meeting, jährlich zusammentretende Generalversammlung der Iata-Mitgliedsgesellschaften auf Präsidentenebene. → Iata

Agora: Marktplatz einer antiken griech. Stadt, auf dem sich das öffentliche Leben abspielte.

AGT: Arbeitsgemeinschaft Touristik, studentische Arbeitsgemeinschaft an der Fachhochschule Worms, Fachbereich Verkehrswesen/Touristik.

AgV: Arbeitsgemeinschaft der Verbraucher, Bonn; privater Verbraucherverband, zum größten Teil aus Bundesmitteln finanziert, setzt sich zusammen aus einer Vielzahl verschiedener Verbände, Länderverbraucherzentralen und interessierter Gruppen wie Gewerkschaften, Frauenverbände u.a. Wichtigstes Thema ist der Schutz der Verbraucher bei Umwelt-, Rechts- und Wirtschaftsfragen. Im Tourismus tritt die AgV verstärkt in Fragen der ARB, der Pauschalreisen, deren Bezahlung und der Haftung zum Wohle des Verbrauchers öffentlich in Erscheinung. → ARB, → EG-Pauschalreiserichtlinie, → EU-Richtlinie über Pauschalreisen

AH & LA: American Hotel & Lodging Association, über 90 Jahre alte Vereinigung der US-Beherbergungsbetriebe mit mehr als 13.000 Mitgliedsbetrieben. → IH & RA

Aichet: Association Internationale du Centre des Hautes Études Touristiques, internationaler Verband der Tourismuswissenschaften in Aix-en-Provence, Frankreich. Im Vordergrund steht die Förderung der Tourismusforschung. Aichet verfügt über ein Informationszentrum mit einem Bestand von über 33.000 Werken, er zählt Mitglieder aus mehr als 24 Ländern.

AICR: Amicale Internationale des Sous-Directeurs et Chefs de Réception des Grands Hôtels. → Amicale

Aida: 1. Kurzfassung der geltenden psychologischen Regeln für einen Werbekontakt:

- Attention (Aufmerksamkeit erzeugen)
- Interest (Interesse wecken durch mehr Information)
- Desire (Wünsche wecken)
- Action (Handlungsentscheidung)

Häufig bei Urlaubsanzeigen oder Prospekten, in Verkaufsgesprächen und Werbebriefen systematisch angewandt.

2. Clubschiffe „Aida", Kreuzfahrtschiffe der P & O Princess Cruises für Cluburlaub auf dem Meer → Clubschiff

AIEST: Association Internationale d'Experts Scientifiques du Tourisme, Bern; Internationale Vereinigung wissenschaftlicher Tourismusexperten. Das offizielle Organ der AIEST die „Zeitschrift für Fremdenverkehr", wird von den Forschungsinstituten St. Gallen und Bern vierteljährlich gemeinsam herausgegeben. → Fremdenverkehr

AIIC: Association Internationale des Interpretes de Conférence, internationaler Verband der Konferenzdolmetscher, wurde 1953 in Paris gegründet und ist heute mit über 2300 Mitgliedern in 73 Ländern vertreten (Stand: November 2001). Die Mitglieder sind qualifizierte Konferenzdolmetscher. Die deutsche Region hat 190 Mitglieder. Sie dolmetschen bei mehrsprachigen Sitzungen, die regional, national oder weltweit veranstaltet werden.

AIP: 1. Agency Investigation Panel, der ehemalige Agenturenüberprüfungsausschuss der Iata/AISP, der aus Vertretern der Mitglieder eines bestimmten Gebietes (Area) bestand, von Zeit zu Zeit durch den Agentenverwaltungsrat (Agency Board) festgesetzt wurde und Aufgaben wahrnahm, die ihm vom Agentenverwaltungsrat zugeteilt wurden, hat seine Tätigkeit am 3.10.1990 beendet. Nachfolgeorganisation ist das ASO (Agency Service Office).

2. Aeronautical Information Publication, Luftfahrthandbuch. → AISP, → ASO, → Iata, → Icao

AIPC: Association Internationale des Palais de Congrès, Internat. Vereinigung der Kongresszentren, Sekretariat in Brüssel.

AIR: Ehem. Arbeitsgemeinschaft Incentive-Reisen Oberursel/Taunus seit 1983, Zusammenschluss einer Gruppe von Reisebüros, Veranstaltern und Spezialisten zu einer Fördergemeinschaft für Incentive-Reisen. Ziele: Förderung der Idee und des Absatzes von Incentive-Reisen, einheitliche Regelung von Haftungsfragen, Reisevertrag, steuerliche Behandlung der Produkte beim Abnehmer u.a. (inzwischen aufgelöst).

Airail Partners: Kooperation zwischen der Deutschen Bahn, Lufthansa und dem Flughafen Frankfurt/Main. Start des Pilotprojekts auf der Strecke Frankfurt–Stuttgart am 1. März 2001. Lufthansa-Passagiere können weltweit Zugfahrten unter LH-Flugnummer zwischen dem Frankfurter Flughafen und dem Stuttgarter Hauptbahnhof buchen. Das Gepäck

Airdexx und Travdexx im Vergleich zum Euro Stoxx 50 für das Jahr 2001

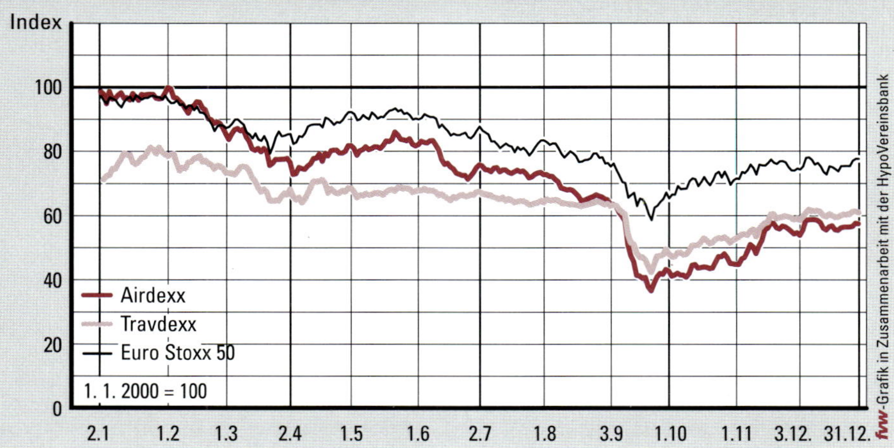

wird für den gesamten Reiseweg, auch für Weiterflüge ab Frankfurt, aufgegeben. Darüber hinaus erhält der Kunde Bordkarten für alle Anschlussflüge. Miles-&-More-Mitglieder erhalten die übliche Meilengutschrift.

Airbus: 1. Marke der Flugzeuge von Airbus Industrie (Verkehr und Militär), 1970 unter französischer, deutscher, britischer und spanischer Beteiligung gegründetes Unternehmen der Luftfahrtindustrie mit Sitz in Blagnac bei Toulon, Frankreich. Vermarktungsorganisation von Eads und Bae. Man unterscheidet die zweistrahligen Kurz- und Mittelstreckenflugzeuge A-300, A-310 und A-320 sowie die Langstreckentypen A-330 (zweistrahlig) und A-340, A-380 (vierstrahlig). Der kleinste Airbus, der A-318 mit 107 bis 129 Sitzen und einer Reichweite zwischen 2750 und 6000 km, hatte im Januar 2002 seinen Jungfernflug. Geplant ist für das Jahr 2006 der Großraumjet A-380 mit 555 Sitzen.

2. Bezeichnung für den Pendeldienst im US-Kurzstreckenflugverkehr zwischen zwei Flughäfen mit vereinfachter Abfertigung.

Air Carrier: → Carrier

Airdexx: Aktienindex börsenotierter europäischer Fluggesellschaften, herausgegeben von der FVW International und der Hypovereinsbank (siehe Grafik auf Seite 15). → Aktienindex, → Börse, → Travdexx

Kritische Masse für Qualiflyer-Bündnis

Europas Allianz-Carrier 2000

Allianzen	Passagiere auf Linienflügen	Haupt-Drehkreuze
Star Alliance 1)	80.565.047	diverse
Oneworld 2)	69.204.527	diverse
Skyteam	67.011.563	diverse
Qualiflyer	56.599.844	diverse

Qualiflyer-Carrier	Passagiere auf Linienflügen	Haupt-Drehkreuze
Swissair (CH)	14.238.413	Zürich
Turkish Airlines (TR)	11.512.893	Istanbul
Sabena (B)	10.738.229	Brüssel
TAP Air Portugal (P)	5.417.802	Lissabon
Air Liberté (F)	3.601.667	Paris-Orly
Crossair (CH)	2.977.754	Basel
AOM French Airlines (F)	2.760.981	Paris-Orly
LOT (PL)	2.340.919	Warschau
Air Littoral (F)	1.537.612	Nizza
PGA Portugalia (P)	933.815	Lissabon
Volare (I)	539.869	Mailand-MXP

1) ohne Tyrolean Airways 2) ohne Aer Lingus
Quelle: Iata World Air Transport Statistics

Nordamerika bestimmt Weltmarkt

Marktanteile des Weltluftverkehrs in der Passage

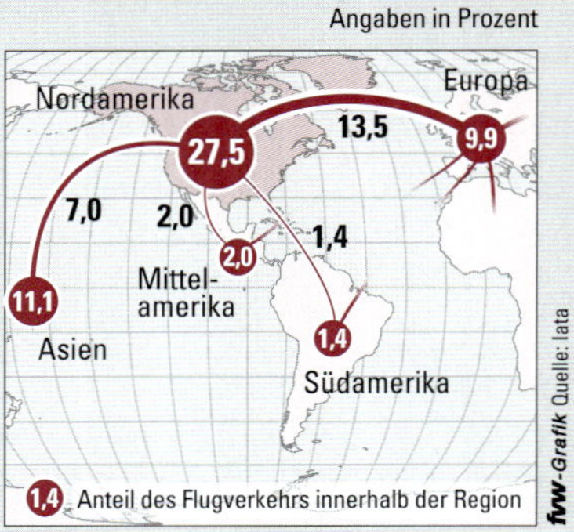

Airfoil: Tragflächenflugzeug, das unter Ausnutzung des Bodeneffekts knapp über ebenen Oberflächen fliegen kann.

Airimp: Kürzel für ATC/Iata Reservations Interline Message Procedures. Offiziell eingeführt am 1.4.1956. Dieses Codesystem wurde von ATC (Air Traffic Conference of America) und Iata zusammengestellt. Es hat den Zweck, Buchungs- und Reservierungsmitteilungen einheitlich, unmissverständlich, einfach und wirtschaftlich zu gestalten. Die Anwendung für A. ist im ABC World Airways Guide nachzulesen, z.B. Three Letter Codes (Location Identifiers Coding of Cities/Airports).

Airline-Allianz: Kooperation nationaler Fluggesellschaften zum Bedienen weltweiter Netzwerke; häufig mit Code Sharing und gegenseitiger Anerkennung ihrer Bonusprogramme. Derzeitige Allianzen: KLM/Northwest, Star Alliance, Oneworld und Skyteam. Zum Wettbewerbs- und Verbraucherschutz existieren Auflagen der EU-Kommission gegenüber den Allianzen, die im Wesentlichen eine Reduzierung auf eine bestimmte Slot-Anzahl vorsehen. → Slots

Airline Code Number: Jeder Fluggesellschaft ist eine Codenummer zugeordnet, z.B. Lufthansa 220 oder SAS 117.

Airline Codes: → Two Letter Code

Airline Deregulation Act: → Deregulation, → Liberalisierung im Luftverkehr

Airline-Nettoumsatz: Begriff aus der Erlös- und Leistungsabrechnung im Business Travel = Net Flown Revenue. Formel: NFR = Bruttoumsatz – Standardprovision

Airline-Portal: → Portal

Airline-Prefix-Nummer: → Three Letter Codes

Airpässe: Rundreisecoupons, die von verschiedenen Fluggesellschaften auf ihren Streckennetzen angeboten werden. Die Anzahl der Flugcoupons kann vorher bestimmt werden. Dabei ist zu beachten, dass die Tickets meistens nur im Ausland ausgestellt werden dürfen und oftmals nur im Zusammenhang mit internationalen Flugscheinen der jeweiligen oder der kooperierenden Fluggesellschaft gültig sind.

Airplus: Lufthansa Airplus, führender Anbieter von Kartensystemen und internetgestützten Business-to-Business-Lösungen mit den Geschäftsbereichen Business Travel Management, E-Payment Solutions und Customer Care Solutions. Betreut rund 25.000 deutsche und internationale Unternehmen. (Stand: November 2001). → B2B

Airport-City-Züge: Reisezüge der DB, fuhren von Köln, Mannheim und Ludwigshafen zum Flughafen Frankfurt/M. Diese sog. Tagesrandverbindungen verkehrten seit Fahrplanwechsel 27.5.1990, inzwischen abgelöst durch LH-Airport-Express. → Airail Partners, → LH-Airport-Express

Airport Fee: → Airport Surcharge

Airport Handling Agent: Durch BSP autorisierter Agent. Wird von einer Fluggesellschaft berechtigt, in deren Namen Flugscheine auszustellen. → BSP

Airport Surcharge: Flughafengebühr bei Anmietung eines Mietwagens in den USA.

Air Sea Agreement: Abkommen zwischen Luftverkehrsgesellschaften und Reedereien zwecks gegenseitiger Anerkennung und Austauschbarkeit von Passage-Beförderungsdokumenten.

Air Sea Travel: Kombination von Linienflugreisen und Kreuzfahrten, dokumentiert in der Resolution 53 der Iata, ermöglicht bei vollständigem Round Trip Ermäßigungen. → Iata, → Iata-Resolutionen, → Round Trip (RT)

Air Shuttle: Pendelluftverkehr zwischen zwei Orten mit hohem Verkehrsaufkommen. Buchung, Abfertigung und Bordservice sind hierbei vereinfacht.

AIS: Amadeus Information System, steht für das zentrale Amadeus-Informationssystem, z.B. über Länder- oder spezielle Airline-Informationen, Service und Neuerungen. → GGAMADE

AISC: Association Internationale des Skål-Clubs, Generalsekretariat in Torremolinos. 1934 von F. Volckaert in Paris ins Leben gerufener Zusammenschluss von Skål-Clubs, in denen sich Führungskräfte touristischer Berufe zu freundschaftlicher Zusammenarbeit begegnen. → Skål-Club

AISP: Airline Industry Settlement Plan, Betreibergesellschaft des Bank Settlement Plan (BSP) in Deutschland, Sitz: Frankfurt/M. Zusammenschluss von Iata- und Non-Iata-Fluggesellschaften mit dem Ziel, ein zentrales Abrechnungssystem für von Reisebüros verkaufte firmenneutrale Flugtickets zu organisieren. → BSP

AIT: Alliance Internationale de Tourisme, Sitz: Genf, Zusammenschluss von 54 Automobil- und Touring-Clubs, bekannt durch Hotelklassifizierung. → OTA

Aital: International Association of Latin American Air Transport, Organisation aller lateinamerikanischen Luftverkehrsgesellschaften, Sitz: Bogota/Kolumbien. Aital ist die letzte Gründung eines regionalen Luftverkehrsverbands. Gründungsmitglieder waren: Iata, Aerolineas Argentinas, Varig. Hauptaufgaben sind Tarif- und Ratenpolitik.

AIVFC: Association Internationale des Villes Francophones de Congrès, internationale Vereinigung französischer Kongressstädte.

AJT: Fachverband für touristische Aus- und Weiterbildung, 1980 urspr. in Heilbronn und unter dem Namen Aktion Junge Touristik gegründeter gemeinnütziger Verein zur touristischen Aus- und Weiterbildung (bundesweit Kompaktseminare in verschiedenen Bereichen der Tourismusbranche), Sitz: Köln. Weitere Ziele sind der Austausch bzw. die Kooperation mit anderen Branchenverbänden und Seminaranbietern, der Aufbau einer Informationsstelle für Aus- und Weiterbildung. AJT strebt die Einrichtung eines unabhängigen Fachverbandes für touristische Aus- und Weiterbildung an, Mitglied bei Futurista. → Futurista

Akad: Akademikergesellschaft für Erwachsenenfortbildung mit Sitz in Stuttgart. Im Verbund mit einem Fernstudium und Seminaren kann der Abschluss zum/zur Diplom-Betriebswirt/-in FH erlangt werden.

Akklimatisation: Anpassung an ein neues Klima.

Akkulturation: Zeitlich verzögerte Übernahme kultureller Elemente aus der Kultur bzw. Ferienkultur der Gäste in die Kultur der Bereisten.

AKP-Staaten: Afrika, Karibik und Pazifik, Entwicklungsländer, deren Fremdenverkehr durch die EU-Staaten gefördert werden soll. → EU/EG/EWG, → Lomé-Abkommen

Akropolis: In Griechenland Burgberg mit einer Stadtanlage oder einem heiligen Bezirk, z.B. in Athen.

Akte: Arbeitskreis Tourismus und Entwicklung, Basel, appelliert für einen Tourismus mit Einsicht. → Tourismus mit Einsicht (TME)

ALLIANZEN

ALLIANZEN
internationaler Fluggesellschaften

Der Luftreiseverkehr vollzog in den vergangenen 20 Jahren eine starke Wandlung. Waren in den 70er Jahren die meisten Fluggesellschaften in Staatsbesitz und hatten somit häufig eine Monopolstellung, so veränderte sich der Markt durch die Liberalisierung der Luftverkehrswege in den 80er und 90er Jahren.

Durch die staatliche Verbindung war man lange Zeit an strenge Regulierungen gebunden. Erst nach der durch die USA im 1978 eingeleiteten Politik des Open Sky (offener Himmel) waren die Fluggesellschaften frei in der Festlegung von Preisen, Strecken und Flughafeneinrichtungen und mussten sich nunmehr lukrative Routen und damit eigene Marktanteile im freien Wettbewerb sichern. Durch den Wegfall des Systems der einheitlichen Beförderungstarife und der Möglichkeit zu Niedrigtarifen auf bestimmten Strecken wurde der Wettbewerb um die wachsende Zahl von Touristen und Geschäftsreisenden verschärft.

Die Fluggesellschaften begegneten dieser neuen Konkurrenzsituation mit internationalen Allianzen. Als erste Fluggesellschaften schlossen 1993 die amerikanische Northwest Airlines und die niederländische KLM eine transatlantische Allianz.

Nach weiteren Zusammenschlüssen von Fluggesellschaften in der Star Alliance (1997), Qualiflyer Group (1998), Oneworld (1999) und Skyteam (2000) wird der heutige globale Luftverkehrsmarkt von den Verbunden von Fluggesellschaften beherrscht.
Die Vorteile dieser Kooperationen liegen u.a. in den aufeinander abgestimmten Flugplänen und dadurch kürzeren Umsteigezeiten, gemeinsamen Vielflieger-Programmen sowie der gemeinsamen Nutzung der Lounges der Allianzpartner. Natürlich lassen sich hierbei auch enorme Kosten einsparen. Flugstrecken können zusammengelegt, die Auslastungen dadurch erhöht werden. Flughafeneinrichtungen lassen sich gemeinsam nutzen, und durch erweiterte Bonusprogramme lassen sich die Kunden enger an die Allianzen binden.

Natürlich birgt diese Konzentration Gefahren für kleine, unabhängige Fluggesellschaften und auch für die

Passagiere. Steigende Preise könnten bei marktbeherrschenden Allianzen die Folge sein. Auch zukünftig ist mit Zusammenschlüssen von weiteren Fluggesellschaften zu rechnen, auch bemühen sich die bereits bestehenden Allianzen um Erweiterungen. Die Qualiflyer Group wurde im Februar 2002 aufgelöst.

STEFAN HINTZ
Braunschweig, im Januar 2002

Übersicht der derzeitigen Allianzen

KLM/Northwest Airlines

gegründet: 11. Januar 1993

Slogan: „Wings"

Star Alliance

gegründet: 14. Mai 1997

Slogan: „The Airlines Network for Earth"

- United Airlines
- Lufthansa
- All Nippon Airways
- Air Canada
- Thai Airways
- Varig
- SAS
- Air New Zealand
- Singapore Airlines
- Mexicana
- Austrian Airlines Group
- BMI British Midland

Qualiflyer Group

gegründet: 1998, aufgelöst: 2002

Slogan: „Flying European Style"

- Swissair (bis 31. März 2002)
- TAP Air Portugal
- Turkish Airlines
- LOT Polish Airlines
- Air Europe
- Air Littoral
- AOM
- Belair (ehem. Balair)
- Crossair
- Portugalia
- Volare Airlines
- DAT Delta Air Transport

Oneworld

gegründet: 1. Februar 1999

Slogan: „Oneworld Revolves around You"

- American Airlines
- British Airways
- Qantas
- Cathay Pacific
- Iberia
- Aer Lingus
- Finnair
- Lan Chile

Skyteam

gegründet: 22. Juni 2000

Slogan: „Caring more about You"

- Delta Air Lines
- Air France
- Aeromexico
- Korean Air
- CSA Czech Airlines
- Alitalia

Aktien: Verbriefen Anteile am Grundkapital einer Aktiengesellschaft. Der Aktionär erwirbt mit einer Aktie Miteigentum an der Gesellschaft. Beispiel für Unternehmen aus der Tourismusbranche an der Börse ist die Deutsche Lufthansa. → AG

Aktienindex: Ein Index ist ein statistisches Hilfsmittel, mit dem Veränderungen gegenüber einem früheren Zeitpunkt sichtbar gemacht werden. Den Ausgangszeitpunkt nennt man Basisjahr. Ein A. beschreibt die Veränderung der Einzeltitel und gibt über die aktuelle Stärke Auskunft. Im DAX, dem Deutschen Aktienindex, sind die 30 wichtigsten deutschen Aktientitel enthalten. Der A. in den USA heißt Dow Jones, der in Japan Nikkei. → Airdexx, → Börse, → Travdexx

Aktionsplan der EU zur Förderung des Tourismus: Anfang 1993 vom EU-Ministerrat eingeführter Dreijahresplan zur Festlegung der Schwerpunkte im Rahmen der Aktivitäten der EU im Tourismus. Mit einem Etat von 18 Mill. ECU sollte die zwischenstaatliche Zusammenarbeit gefördert werden (z.B. gemeinschaftliche Fremdenverkehrsstatistik, Entzerrung der Ferienzeiten etc.). Die Interessen des Tourismus sollen bei der Entwicklung der verschiedenen Unionspolitiken weiterhin vertreten werden (Umwelt, Landwirtschaft, Regionalpolitik etc.), beteiligt sind auch die Efta-Staaten (die Schweiz ausgenommen). → Efta, → EU/EG/EWG, → Maastrichter Vertrag

À la carte: Zusammenstellung einer Speisefolge nach Wahl aus einer Speisekarte. → Menu

À-la-carte-Küche: Im traditionellen Hotelgewerbe gehört zur À-la-carte-Küche folgende Besetzung:

- 1 Küchenchef
- 1 Partiechef und 3 Commis für den Saucier
- 1 Partiechef und 3 Commis für den Gardemanger
- 1 Partiechef und 3 Commis für den Entremetier
- 1 Partiechef und 1 Commis für den Tournant
- 1 Partiechef und 1 Commis für den Patissier

Zum Gesamtpersonalbestand bei der À-la-carte-Küche eines guten Hotels oder Kreuzfahrtschiffes gehören ca. 40 Personen.

Al Andalus Expreso: Spanischer Nostalgiezug der Luxusklasse. Er führt in der Regel einen Unterhaltungs-, einen Bar- und ein bis zwei Restaurantwagen mit. Die Waggons sind wertvoll ausgestattet; es gibt zwei Duschwagen. Die Fahrt mit dem AAE führt von Sevilla oder Madrid als Rundreise über Córdoba und Granada und wird in Deutschland als mehrtägige Pauschalreise angeboten. → Renfe

Alcazar: Name des 1993 geplanten Projekts über den Zusammenschluss zwischen den mittelgroßen Fluggesellschaften KLM, Austrian Airlines, SAS und Swissair. Ziel der Kooperation war der Ausbau eines globalen Streckennetzes, um gegenüber großen Fluggesellschaften eine verstärkte Marktposition zu erreichen. Die vier Partner-Airlines sollten eigenständige Tochtergesellschaften einer Holding-Gesellschaft mit dem Namen European World Airlines werden. Ende 1993 scheiterte jedoch das Projekt an der Kritik über den daraus resultierenden Personalabbau, an der Uneinigkeit über die Orte der Hauptdrehscheiben sowie am Mangel einer passenden gesellschaftsrechtlichen Form der Kooperation (z.B. wurde in der Schweiz keine Änderung der nationalen Luftverkehrsgesetze möglich, nachdem die Bevölkerung am 6.12.1992 den EWR-Vertrag abgelehnt hatte).

Alex: Reservierungssystem der Icelandair; Partner von Amadeus.

ALI: Additional Liability Insurance, Haftpflichtzusatzversicherung, erhöht die Haftpflichtdeckungssumme für Personen- und Sachschäden bei Mietwagenreservierungen.

All Brands: Galileo-Tool, das Reisebüros die Abfrage der Hotels aller Marken innerhalb einer bestimmten Hotelkette mit Hilfe des Two Letter Code ermöglicht. → Galileo

Allgäuer Gespräche: Zum sanften Tourismus finden seit 1985 an verschiedenen Orten Gespräche mit wechselndem Teilnehmerkreis, den verschiedensten Umweltgruppen, Kommunen und Reiseveranstaltern statt. Thema der fünften Allgäuer Gespräche in Kochel am See, veranstaltet von der Naturfreundejugend Deutschlands und dem Deutschen Naturschutzring, war die Einführung eines europaweiten Gütesiegels. → DNR

Allgemeine Ausstellungen: → Messetourismus

Allgemeine Beförderungsbedingungen: → ABB

Allgemeine Geschäftsbedingungen: → AGB

Allgemeine Geschäftsbedingungen für den Mietomnibus: Die vom Bundesverband Deutscher Omnibusunternehmer (BDO) empfohlenen Allgemeinen Geschäftsbedingungen streben eine ausgewogene Verteilung der Haftungsrisiken an. Das gilt besonders für die Fälle, in denen das Busunternehmen unverschuldet daran gehindert ist, seine Leistungen zu erbringen. Für den KOM-Führer besonders wichtig ist § 10 „Verhalten des Bestellers und der Fahrgäste". Die Allgemeinen Geschäftsbedingungen für den Mietomnibusverkehr gelten nicht „automatisch", d.h., sie werden nur Vertragsbestandteil, wenn sie der Busunternehmer seinem Angebot und vor allem seiner Auftragsbestätigung zu Grunde legt und der Besteller (Vertragspartner) sie akzeptiert. Die Allgemeinen Geschäftsbedingungen für den Mietomnibusverkehr sind speziell zugeschnitten auf die Fälle, in denen ein Busunternehmer nur mit der Durchführung einer Beförderung beauftragt wird. Das bedeutet, er vermietet seinen Bus (mit Fahrer) nur zur Fahrt im reinen Mietomnibusverkehr nach § 49 Abs. 1 PBefG. Wird außer der reinen Beförderung auch nur eine weitere Dienstleistung von nicht ganz untergeordneter Bedeutung in den Gesamtpreis (Pauschalpreis) einbezogen (z.B. Mittagessen, Bootsfahrt, Übernachtung u.a.), gilt das Reisevertragsrecht. Das Busunternehmen wird dann als Reiseveranstalter angesehen, und die Allgemeinen Geschäftsbedingungen für den Mietomnibusverkehr gelten nicht. Für diesen Fall wurden von anderen Verbänden spezielle Allgemeine Geschäftsbedingungen veröffentlicht.

Allgemeine Luftfahrt: Technische Bezeichnung für den Privatflugverkehr; neben dem Linien- und Ferienflugverkehr (Charter-) der dritte Teilnehmer am Flugverkehr.

Allianz pro Schiene: Am 14. Juni 2000 in Frankfurt gegründeter Verein mit dem Leitmotto: „Mehr Verkehr auf mehr Schiene". → Fahrgastverband Pro Bahn

All-inclusive: Touristische Urlaubsangebote, die alle Kosten vor Ort beinhalten. Sie sollten mindestens Vollpension, Tischgetränke, Unterhaltung sowie mehrere Sportangebote umfassen. → Pauschalreisen

Allotment: Die nach Verkaufsgesichtspunkten regelmäßig ohne Garantiebelegung für mittel- und langfristige Dauergeschäfte reservierte Kapazität, z.B. auf Linienflügen, Ferienflügen, Kreuzfahrtschiffen, in Hotels. → Kontingent

All-Suite-Hotels: Häuser, die ausschließlich Suiten-Hotelzimmer mit mehr Raum-Angebot und weniger Restaurant- und Konferenzeinrichtungen als Hotels üblicher Art besitzen; die Preise sollen nicht wesentlich über denen für normale Hotelzimmer liegen. Die meisten internationalen Hotelgruppen folgen diesem Trend. Nach Dehoga ist bei dieser Kategorie wesentlich, dass zu jedem Schlafraum auch ein Wohnraum angeboten wird. A. sind von ihrem Leistungsangebot her Vollhotels, die vornehmlich in Städten anzutreffen sind. Das Service-Angebot umfasst eine Gastronomie, die sich auch an Gäste wendet, die nicht übernachten.

Alpa: Air Line Pilots Association, amerikanischer Pilotenverband.

Alpenbahnen: Alpen überquerende Eisenbahnstrecken, z.B. Gotthard-Bahn, Brenner-Bahn, Semmering-Bahn, Arlberg-Bahn.

Alpenforschungsinstitut: Das Alpenforschungsinstitut (AFI) wurde 1993 als private Forschungseinrichtung in der Rechtsform einer gemeinnützigen GmbH als Reaktion auf die Unterzeichnung der Alpenkonvention im Jahre 1991 und die Konferenz für Umwelt und Entwicklung in Rio de Janeiro von 1992, insbesondere Chapter 13 der Agenda 21, gegründet. Sitz ist Garmisch-Partenkirchen. Das AFI koordiniert alljährlich das ITB-Wissenschaftszentrum mit Vorträgen aus Forschnung, Praxis und Ausbildung sowie Fachkongresse. → Alpenkonvention

Alpen-Initiative: Im Feb. 1994 von der Schweizer Bevölkerung in einer Volksabstimmung durchgesetzte Initiative zum Schutz der Alpen vor dem Transitverkehr. Damit soll bis 2003 der Güterverkehr mit Lastkraftwagen von einer Schweizer Grenze zur anderen auf die Schiene verlagert werden. Die Durchsetzung dieser Initiative widersprach dem 1992 von der Berner Regierung mit der EU unterschriebenen Alpen-Transitvertrag, der die freie Fahrt für 28 Tonnen schwere EU-LKWs garantieren sollte. → Neat

Alpenkonvention: Am 7. November 1991 unter Initiative der Internationalen Alpenschutzkommission Cipra unterzeichnetes Übereinkommen zum Schutz der Alpen. Vertragspartner sind die sieben Länder des Alpenraumes (Österreich, Frankreich, Deutschland, Italien, das ehemalige Jugoslawien, Liechtenstein und die Schweiz) sowie die EU. Monaco trat der Konvention auf Grund eines Zusatzprotokolls bei. Das ehemalige Jugoslawien wurde durch Slowenien ersetzt. Die Konvention trat am 9. März 1995 in Kraft. Die A. stellt ein umweltverträgliches Wirtschaften und Handeln aller Beteiligten in den Mittelpunkt. Dafür vorgesehen sind acht Arbeitsgruppen, die sich mit folgenden Bereichen befassen: Naturschutz, Raumplanung, Berglandwirtschaft, Tourismus, Verkehr, Bergwald, Energie und Bodenschutz. → Alpenforschungsinstitut, → Cipra

Alpen-See-Express (ASE): Dieser Turnus-Sonderzug von deutschen Städten zum Süden war bewirtschaftet und führte Schlaf-/Liegewagen und Clubwagen. Ab 1990 erfolgte in Zusammenarbeit zwischen DB, TUI und der DER-Direktion eine Zusammenlegung der drei Zugsysteme TUI-Ferien-Express, Alpen-See-Express und Autoreisezug in der Relation Bozen/Verona ab Hamburg und Düsseldorf. → Autoreisezug (ARZ), → Mitläuferverkehr, → Urlaubsexpress

Alpenstraße: Die Deutsche Alpenstraße von Lindau über Füssen nach Berchtesgaden geht zurück auf den ersten Teilabschnitt Inzell–Berchtesgaden von

1938, der ursprünglichen sog. Queralpenstraße. Für Urlauber und Wochenendausflügler ein sehr beliebtes Tourismusgebiet entlang der Berge, Seen und Schlösser. Diese sog. Touristen-Transversale ist nicht – wie zunächst geplant – durchgängig befahrbar. Schloss Linderhof und Wieskirche sind bes. Höhepunkte auf dieser Strecke.

Alpentransversale: Tunnelprojekt unter dem Gotthardmassiv im Bündner Oberland (Schweiz); die A. soll künftig den Verkehr nach Südeuropa entlasten.

Alpha 3: Reservierungssystem der Air France; Partner von Amadeus.

Alta Via: Höhenwanderweg in den ligurischen Bergen. Ausgangspunkt bei Ventimiglia am Meer, verläuft meist entlang der Wasserscheide zwischen Ligurischen Meer und Poebene, durchquert die Seealpen und den Ligurischen Apennin und endet nach 440 km in Ceparana bei La Spezia in der Nähe des Meeres.

Altbuchungen: Bei Buchung von Flügen und Pauschalreisen sind Preiserhöhungen bzw. Erhöhung von Zuschlägen z.B. für Sicherheit dann zulässig, wenn diese mehr als vier Monate vor Abflug erfolgten. Der Kunde muss dabei spätestens drei Wochen vor Abreise informiert werden; gilt auch für Kreuzfahrtbuchungen. → Neubuchungen

Alternative Kosten: → Opportunitätskosten

Altersteilzeit: Schafft Anreize für ältere Arbeitnehmer, nur noch 50% der Normalarbeitszeit zu arbeiten und dabei 70% der vollen Bezüge und 90% der gesetzlichen Rente zu erhalten. Die Arbeitnehmer müssen älter als 58 Jahre alt sein und in den letzten fünf Jahren mindestens 1080 Kalendertage sozialversicherungspflichtig gearbeitet haben. Im Gegenzug muss das Unternehmen einen Arbeitsplatz für einen neuen und jungen Mitarbeiter schaffen.

AMA: Academy for Management Assistants mit Sitz in Lippstadt. Ausbildung zum Internationalen Hotel- und Touristikassistent. Fünf Semester werden als Vollzeitstudium in Lippstadt absolviert, ein Praxissemester findet in Großbritannien und ein weiteres in Spanien statt.

Amadeus: Amadeus Global Travel Distribution, ein 1987 von Air France, Iberia, Lufthansa und SAS gegründetes Computerreservierungssystem (CRS). Die Zentrale von Amadeus befindet sich in Madrid, das Trainings- und Entwicklungszentrum in Nizza, das Datenverarbeitungszentrum in Erding bei München. Reisebüros und Reisestellen in Deutschland haben über Start Zugriff auf Amadeus und damit auf weltweite Reiseangebote in den Bereichen Flug, Hotel und Mietwagen. Das weltumspannende A.-Netzwerk (Amanet) stellt die Verbindung zwischen Anbietern und Nutzern her. Es umfasst 15 Computergruppen in Europa, Nordamerika und Asien. Das Leistungsspektrum von Amadeus wird durch eine speziell für die Bedürfnisse des Reisebüros entwickelte Software ergänzt, die Marketing-, Verkaufs- und Reservierungsfunktionen unterstützt. Außer Linienflügen bietet A. auch Hotelreservierungen und Mietwagen im In- und Ausland an. Heute ist A. eine an der Börse notierte Gesellschaft. 23,36% ihres Kapitals gehören Air France, Iberia und Lufthansa halten je 18,28% (Stand: August 2001). A. hält Anteile von 34% an der Start Amadeus GmbH.

Amadeus Air: Bietet die Darstellung von Flugplänen, Verfügbarkeiten, Fluginformationen und Sitzplänen. → Access

Amadeus Calculator: Bietet vielfältige Funktionen zum Kodieren, Dekodieren und Berechnen (z.B. das Kodieren und Dekodieren von Städten, Flughäfen, Ländern oder Fluggesellschaften vom kompletten Namen in den Two oder Three Letter Code oder umgekehrt und das Berechnen von Zeitdifferenzen zwischen Lokalzeit und Reisezielortszeit).

Amadeus Cars: Ermöglicht die weltweite Reservierung von Mietwagen bei allen großen Mietwagenanbietern.

Amadeus Fares: Bietet die flexible Tarifabfrage und Preisberechnung mit Best-Buy-Funktionen, Amadeus Value Pricer, Amadeus Uni Fares.

Amadeus Hotels: Amadeus-Nutzer haben Zugriff auf alle namhaften Hotelketten, deren Hotels weltweit zur Verfügung stehen.

Amadeus Online Hilfe: Amadeus stellt ein englischsprachiges Online-Hilfesystem zur Verfügung. Mit dem Transaktionscode „HE" kann zu vielen Themen und zu allen Amadeus Funktionen sowie allen Transaktionscodes Hilfe angefordert werden.

Amadeus Pro: Reisebüro-Management-System von Amadeus, entwickelt aus Tams. Das benutzerfreundliche Software-Produkt wird auf Start-PC eingesetzt und unterstützt Marketing-, Verkaufs- und Reservierungsfunktionen. Mit neu entwickelter Benutzeroberfläche und Maus-Unterstützung werden die Fehlermöglichkeiten minimiert. → Tams

Amadeus Pro Tempo: Ist eine grafische Benutzeroberfläche von Amadeus. Das Software-Produkt wird auf Start-PC mit Betriebssystem Windows (95/98/NT/2000) eingesetzt und unterstützt Marketing-, Verkaufs- und Reservierungsfunktionen.

Amadeus Rail: Erlaubt Bahnbuchungen im USA-Geschäft und in einigen europäischen Ländern.

Amadeus Ticketing: Erlaubt die Flugscheinausstellung über das Amadeus-System. Für Start-Märkte erfolgt das Ticketing über das Start-Ticketing-Verfahren (Tick) als OPATB / OPTAT für herkömmliche Tickets sowie E-Tickets (Etix und ETKT). Weitere Leistungsbelege sind über die Verfahren NT, Manu, MCO ausstellbar; Erstattungen erfolgen generell über das REF-Verfahren. → ATB, → Etix, → Manu, → MCO, → NT-Verfahren, → OPATB-Tickets, → OPTAT-Tickets, → REF

Amadeus Travel Choice: Reisemanagement-Tool von Amadeus. Berücksichtigt bei jeder Reservierung die hinterlegten Reiserichtlinien (Mitgliedsnummern, Hotelsicherheiten, Vielflieger-Nummern sowie Speisen- und Sitzplatzwünsche) der Firmenkunden.

Amadeus Uni Fares: Konzept von Amadeus zur Veröffentlichung von Discounted Fares (ermäßigte Tarife im Gegensatz zu Published Fares). Der Begriff Uni Fares fasst vier Discounted-Fares-Produkte zusammen: Amadeus Negotiated Fares zur automatisierten Verteilung von ausgehandelten Tarifen, Amadeus Dynamic Discounted Fares (in Pilotierung), ATPCO Private Fares (nicht im deutschen Markt) und ATPCO Negotiated Fares, automatisierte Eingabe nur für Airlines durch Airline Tariff Publishing Company.

Amadeus Value Pricer: Automatisiert die Tarifsuche in Amadeus und die Überprüfung der Verfügbarkeit. Dieser automatische Flugpreisexperte überprüft mehr als hundert alternative Reiseoptionen, ermittelt die günstigsten Tarife sowie die bequemste Reiseroute und bereitet die Buchung vor.

AMA/Wintertourismus: Stuttgarter Messeverbund von Auto und Motorradausstellung (AMA) und Wintertourismus. Seit 1990 ist neben dem Schneetourismus das Angebot von Sonnenzielen zum Überwintern ein zweiter Bestandteil des Wintertourismus-Angebots dieser Messe. → CMT

Ambiente: Umwelt; Atmosphäre. Für die Entscheidung des Reisepublikums zu Gunsten eines Reiseziels ist das A. oft von gleich hoher Bedeutung wie Qualitäts- und Leistungsstandard.

Amco: Automatische MCO. → Emco, → MCO

American Breakfast: Erweitertes kontinentales Frühstück mit Schinken, Eiern, Pfannkuchen, Fruchtsäften usw.

American Express: Kurz: Amex. Weltweit einer der führenden Anbieter für Geschäfts- und Urlaubsreisen sowie Finanzdienstleistungen. Aufgeteilt in die drei Geschäftsbereiche:
American Express Travel Related Services, Express Bank und Financial Advisors. Gegründet 1850 von den Herren Butterfield, Wells und Fargo als Transportunternehmen in Buffalo im US-Bundesstaat New York. Neben Transport entwickelte sich A. zum Finanzdienstleister, unterstützt durch Erfindungen wie die American-Express-Geldanweisung in den 70er Jahren des 19. Jahrhunderts und die Entwicklung der American Express Travelers Cheques im Jahr 1891 sowie ein Reiseunternehmen, das bereits Anfang des 20. Jahrhunderts zu den großen Anbietern im Geschäft mit Schiffsreisen über den Atlantik gehörte. In Deutschland besteht seit 1998 die Partnerschaft zwischen A. und Reiseland mit einem bundesweiten Filialnetz.

American Express European Corporate Travel Index (Ecti): Quartalsweise veröffentlichte statistische Auswertung der Preisentwicklung des Geschäftsreisemarktes von American Express.

American Plan: → AP

American Society of Travel Agents (Asta): US-Reisebüroverband. → Asta

Amicale: Freundschaftskreis der Empfangsdirektoren und Empfangschefs der führenden Hotels Europas (AICR). → AICR

AMK: Ausstellungen-Messen-Kongresse GmbH, Berliner Messegesellschaft; u.a. Veranstalter der ITB, der weltgrößten Tourismusmesse. Firmiert seit Juli 1993 als Messe Berlin GmbH. → ICC, → ITB

AMR: Holding der American Airlines.

Amsterdamer Vertrag: Am 2.10.1997 von den EU-Mitgliedstaaten unterzeichnet und am 1.5.1999 in Kraft getreten. Der AV sieht eine Stärkung des Europa-Parlaments im institutionellen System der Gemeinschaft vor und damit zugleich den Ausbau der demokratischen Legitimation der EG insgesamt. Des Weiteren wurden weite Teile der Justiz und Innenpolitik sowie des Schengen-Besitzstandes vom Maastrichter Vertrag in den EG Vertrag übertragen. Verbesserung der außenpolitischen Handlungsfähigkeit der EU im Rahmen der Außen- und Sicherheitspolitik. Betonung der Bürgernähe durch Neueinführung des Titels „Beschäftigung", der eine bessere Koordination der nationalen Beschäftigungspolitiken und gemeinsame Pilotprojekte ermöglichen soll. Neu ist auch die Möglichkeit der Sanktionierung von Mitgliedstaaten, die die in Art. 6 Abs.1 EUV enthaltenen, die EU begründenden rechtsstaatlichen und demokratischen Grundsätze missachten. → EU/EG/EWG, → Maastrichter Vertrag, → Schengener Abkommen

Amtrak: National Railroad Passenger Corporation, Gesellschaft zur kommerziellen Nutzung von Anlagen und Diensten der Eisenbahnen für den Personenverkehr in den USA, gegr. 1970. A. ist die bedeutendste Eisenbahngesellschaft der USA und verbindet vor allem im Fernverkehr die Metropolen.

Anat: Asociatia Nationala a Agentiilor de Turism; rumänischer Reisebüroverband mit Sitz in Bukarest. Mitglied beim Ectaa.

Ancot: Associazione Nazionale Comuni Termali Italiana; nationaler Verband der ital. Thermalorte.

Andbook: Internet-Portal von Accor, Le Méridien und Hilton International mit Zugriff auf deren weltweit angeschlossene Partnerhotels.

Angebot: Güter oder Leistungen werden auf einem dafür bestimmten Markt zum Verkauf dargeboten. Je größer die angebotene Menge ist, desto geringer ist der Preis und umgekehrt. Der Preiskampf der Fluglinien um größere Marktanteile führt zu immer billigeren Angeboten an Flugreisen.

Animateur/in: Interne, meistens ca. zweiwöchige Ausbildung bei verschiedenen Reiseveranstaltern. Gewünschte Qualifikationen sind Fremdsprachenkenntnisse und eine positive Ausstrahlung, Mindestalter 18 Jahre. Sehr gute Möglichkeiten bestehen für Bewerber, wenn sie z.B. eine Trendsportart gut beherrschen oder schon im Verkauf gearbeitet haben. A.e sind oft rund um die Uhr beruflich eingebunden.

Animateur-Assistent (Freizeit-/Sportbetreuer): Nach den im EU-Berufsprofil beschriebenen beruflichen Anforderungen übernimmt der A.A. die Unterhaltung von Touristen (meist Gruppen jedes Alters) durch die Planung und Durchführung von Spielen und anderen Freizeitaktivitätsprogrammen. Voraussetzung für die Berufsausübung ist der vertraute Einsatz mit den entsprechenden Freizeit- bzw. Sporteinrichtungen und ihrer Instandhaltung. Kenntnisse mindestens einer Fremdsprache werden meist vorausgesetzt. → Sedoc

Animation: Gästebetreuung, die darauf ausgerichtet ist, den Gast zu aktivieren und ihn für bestimmte Tätigkeiten (z.B. Sport, Exkursionen) zu motivieren mit dem Ziel, ihm Erlebnisse zu vermitteln. Animationsteams arbeiten insbesondere in Clubanlagen. A. wurde maßgeblich durch Club Méditerranée geprägt. → Cluburlaub

Anlassreisen: Sind Besuchs-, Kongress- oder ähnliche Reisen, die zu einem bestimmten touristischen (Besuch eines Festspiels) oder geschäftlichen (Kongress) Zweck durchgeführt werden.

Anleihen: (Obligationen) sind Rentenpapiere, die eine Geldforderung des Inhabers gegenüber der ausgebenden Stelle verbriefen und mit einem festen Satz verzinst werden. A. werden von Bund, Ländern, Gemeinden, Unternehmen und Banken ausgegeben und dienen der Finanzierung von Projekten.

Anmeldung und Reservierung: Das Angebot des Kunden zum verbindlichen Vertragsabschluss und die Annahme des Vertrags durch den Reiseunternehmer. Telefonische Anmeldungen und Buchungen sind in gleicher Weise rechtsverbindlich. Zu Beweiszwecken sollte eine telefonische oder sonst formlose Reiseanmeldung schriftlich bestätigt werden.

Annullierung/Stornierung: Bedeuten die Aufhebung des geschlossenen Vertrags durch Anfechtung, Rücktritt, Kündigung. Insbesondere kann der Reisende vor Reisebeginn jederzeit vom Reisevertrag zurücktreten, § 651 i BGB. Im Übrigen gelten die allgemeinen gesetzlichen Vorschriften. → Aufhebungsvertrag, → Stornokosten

ANS: Arbeitskreis Neue Städtetouren, Zusammenschluss von Stadtreisenteams. Neben den gewöhnlichen touristischen Informationen bietet ANS Einblicke in historische, kulturelle, politische, wirtschaftliche und soziale Bedingungen der Städte. ANS versteht sich als Wegbereiter für umwelt- und menschenfreundliches Reisen, hat Stadtspaziergänge und Stadtspiele, Rundfahrten mit öffentlichen Verkehrsmitteln, Fahrrad- oder auch Bootstouren im Programm und richtet seine Angebote an Gruppen jedes Alters, besonders an Schulklassen.

Anschließerwerbung: Form der Verbundwerbung, bestehend aus einem Träger und einer Anzahl werblich angeschlossener Partner. → Verbundwerbung

Anschlussfahrschein: Fahrschein, der zu einem bereits vorhandenen Fahrschein für eine anschließende Strecke nachgelöst wird.

Anschlussflüge: Sie dienen als Zubringerflüge für den Europa- und Interkontinentalverkehr. In Deutschland zu den Verkehrsflughäfen Hamburg, Düsseldorf, Köln, Frankfurt, Stuttgart und München.

Anschlusskabotage: Bezeichnung für die Durchführung innerstaatlicher Verkehre durch ausländische Busunternehmer im Anschluss an eine Beförderung im Rahmen des Pendelverkehrs oder im Rahmen einer sog. Besetzteinfahrt. Die Liberalisierung in der EU ab 1993 ermöglicht Busreisen mit eigenen Fahrzeugen innerhalb eines anderen EU-Staates mit in anderen EU-Staaten aufgenommenen Fahrgästen. A. gilt auch für andere Verkehrsunternehmen. → EU/EG/EWG, → Freiheiten der Luft, → Kabotage, → Liberalisierung

Anstoßflugpreis: Preisberechnungsfaktor im Iata-Tarifwesen; Anwendung nur dann, wenn kein vom Ausgangs- zum Bestimmungsort gültiger Durchgangstarif veröffentlicht ist. Mit der Einführung des neuen Währungssystems werden die Anstoßtarife in der Lokalwährung der Anstoßorte erfasst und veröffentlicht. Für Konstruktionszwecke werden diese in Lokalwährung gezeigten Anstoßtarife mit der anwendbaren Iata Rate of Exchange (ROE) in NUC umgerechnet. Zur Konstruktion eines Durchgangstarifs von dem Anstoßort wird der in Lokalwährung gezeigte Anstoßbetrag genommen, um einen Durchgangstarif in Lokalwährung zu konstruieren. Falls notwendig, kann der so erzielte Durchgangstarif mit der anwendbaren ROE in NUC umgerechnet werden. Zur Konstruktion eines Durchgangstarifs zu einem Anstoßort wird der in NUC veröffentlichte Anstoßbetrag benutzt, um einen NUC-Durchgangstarif zu konstruieren. → Add-on, → Durchgangstarif, → NUC, → ROE

Answerback: Bestandteil der Sabre-Software. Ermöglicht den Fluggesellschaften, eine Buchungsbestätigung in Form eines Buchungscodes zurückzugeben. → Record Return

Antarktis: Bezeichnung für die Land- und Meeresgebiete um den Südpol. → Arktis

Antipoden: Griech. „Gegenfüßler", Bewohner des auf der Erdkugel gegenüberliegenden Erdteils.

Antiquitäten: Erfreuen sich als Reiseandenken großer Beliebtheit. Da die meisten Länder für deren Ausfuhr keine oder nur eingeschränkte Erlaubnis erteilen, empfiehlt es sich, vor dem Kauf zuverlässige Informationen einzuholen.

ANVR: Algemene Nederlandse Vereniging van Reisbureaus, Verband der Reisebüros und -veranstalter in den Niederlanden.

Anwender: Fachbezeichnung für einen Computerbenutzer.

Anwenderprogramme: Software, die die Speicher- und Rechenfunktionen des Computers für konkrete Anwendung in Buchhaltung, Textverarbeitung, Datenverwaltung und -übertragung usw. nutzbar macht; Ergänzung zum Betriebssystem. → Betriebssystem

Anzahl Pauschalreisen: → Pauschalreisen-Anzahl

Anzahlung: Nach ständiger höchstrichterlicher Rechtsprechung kann bei Vertragsabschluss eine geringe Anzahlung auf den Reisepreis (meist bis 10%) verlangt werden. A. hierüber hinaus oder vollständige Vorauszahlung darf nur verlangt werden bei Aushändigung solcher Reisepapiere, die die Ansprüche des Kunden gegen die Leistungsträger verbriefen, z.B. Flugscheine, Hotelgutscheine usw. Der auf die EU-Pauschalreiserichtlinie zurückgehende neue § 651 k Abs. 4 BGB fordert bei Übersteigen der Anzahlung von 10 bis 15 % oder 250 € die Übergabe eines Sicherungsscheines, nach dem im Fall der Insolvenz Reisepreis und Rückreiseaufwendungen versichert bzw. durch Bankversprechen abgedeckt werden. → Kundengeldabsicherung, → Sicherungsschein

AOC: Airline Operators Committee, Vereinigung der Stationsleiter der einzelnen auf den jeweiligen Flughäfen vertretenen Luftverkehrsgesellschaften als Interessenvertretung gegenüber Flughafengesellschaften hinsichtlich Versorgung, Passagierabfertigung u.a.

AOCI: Airport Operators Council International, seit 1947 Interessenvertretung der privaten und behördlichen Eigner oder Träger von öffentlichen Flughafenbetrieben in den USA.

AOG: Aircraft on Ground; bedeutet bei Fluggesellschaften, dass das Flugzeug erst nach vorheriger Instandsetzung wieder eingesetzt wird.

AOL: America Online, US-Online-Anbieter mit Sitz in Dulles/Virginia, heute AOL-Time Warner, bietet Internet-Zugang, Home Banking, News, Entertainment, Shopping-Angebote sowie E-Mail, Telegramme, Chat und die Möglichkeit der Erstellung einer eigenen Homepage.

AP: 1. American Plan, Leistungsangebot der Hotels mit Übernachtung und Vollpension, z.B. vor Antritt und nach Beendigung einer Kreuzfahrt.

2. Abk. für Airport = Flughafen.

Aparthotel: Nach Dehoga ist das A. ein Hotelbetrieb mit beschränkten Dienstleistungen und der Verpflichtung, die vorhandenen Wohnungen und Zimmer hotelmäßig zu nutzen. → Dehoga

Apartment: Ferienwohnung; eine Wohneinheit mit einem oder mehreren Räumen und Küche.

Apec: Asian-Pacific Economic Cooperation. Dieser asiatisch-pazifischen Wirtschaftskooperation sind die wichtigsten Wirtschaftsmächte der Region angeschlossen. Apec wurde 1989 auf amerikanische und japanische Anregung in Canberra/Australien gegründet. Gründungsmitglieder waren USA, Kanada, Australien, Neuseeland, Japan, Südkorea, Thailand, Singapur, die Philippinen, Malaysia, Indonesien und Brunei. China, Taiwan und Hongkong wurden 1991 neu aufgenommen. 1997 kamen dazu: Peru, Russland und Vietnam. Die angeschlossenen Staaten vertreten mehr als die Hälfte des Weltbruttosozialprodukts. Ziel ist die Koordinierung der wirtschaftlichen Zusammenarbeit im Wesentlichen in den Bereichen Handel, Investitionen und Energie. → Afta, → Nafta

AP-Element: Adress-and-Phone-Element. Pflichtbestandteil eines PNR. → PNR

Apex-Tarife: Advance Purchase Excursion Fare, Tarifkonzept der Iata von 1971 für Individualreisende mit Linienmaschinen unter der Auflage einer längerfristigen Vorausbuchung, festgelegter Mindestaufenthaltsdauer im Zielland; Saisontarifunterschiede. Super-Apex mit zusätzlichen Tarifvorteilen, bekannt als Holiday-Tarif. → Holiday-Tarif

Apis: Advanced Passenger Information System, wird im weltweiten Luft- und Schiffsverkehr mit den USA eingesetzt, um die Passdaten der Passagiere bereits zum Zeitpunkt der Abreise an die US-Einreisebehörden zu übermitteln. Wurde zuerst im Passagierverkehr zwischen Australien und Neuseeland eingesetzt.

Apollo: Ursprüngliches US-Reservierungssystem von Covia als Software-Hersteller. Beteiligt waren: Alitalia, British Airways, KLM, Swissair, United Airlines, US Air. Heute vollständig im Besitz von Galileo. → CRS, → Galileo, → Gemini

APP: Accident Protection Package, Reduzierung der Selbstbeteiligung für Schäden am Mietwagen.

Application: Anwendungsbestimmungen für einen bestimmten Tarif.

Application Sharing: Gemeinsames Bearbeiten einer PC-Anwendung von verschiedenen Rechnern aus. Die Anwendung läuft auf einem Rechner und wird vom anderen mitbenutzt. A.S. ist ein Leistungsmerkmal von Videokonferenzsystemen.

Apron: Begriff aus der Luftfahrt für Flughafenvorfeld.

APT: Airline Passenger Tariff, wird von SAS und Swissair in zwei Ausgaben herausgegeben: 1. Fares – mit weltweiten Tarifen und Sondertarifen sowie Währungs- und Anwendungsbestimmungen der Sondertarife, erscheint monatlich. 2. Rules – enthält die Ticketing- und Berechnungsregeln für Normal- und Sondertarife sowie allgemeine Ermäßigungen, erscheint vierteljährlich.

Aqua: Automated Quality Users Assurance. A. ist eine von der US-Firma Aspi entwickelte Software, die bei Flugbuchungen in Amadeus ständig überprüft, ob die auf Wartelisten befindlichen Buchungen verfügbar oder die gewünschten Sitzplätze frei geworden sind. Man unterscheidet den Fare Buster, der die günstigste Preisvariante zu den gebuchten Flugverbindungen angibt, den Space Buster, der zyklisch kontrolliert, ob Plätze frei werden, und den Seat Buster, bei dem der gewünschte Sitzplatz ständig nach Verfügbarkeit überprüft wird. Als Weiterentwicklung von A. gibt es den First Quality Manager (FQM). → Queue

Aquabus: Schiffsverbindung auf der Themse mit Katamaranen (Auslegerbooten) zwischen City Terminal, Charing Cross und Londoner Flughafen, City Airport (ehem. Docks). Von hier Flugverbindung u.a. nach Paris, Brüssel und Amsterdam.

Aquädukt: Antike römische Bogenwasserleitung; oftmals in zwei oder drei übereinander liegenden Rinnen wurde das Wasser von den Bergen in Bassins geleitet, z.B. Segovia, Spanien.

ARA: Antirassistischer Arbeitskreis, Berlin, dem u.a. Journalisten, Tourismusexperten und Ethnologen angehören. Er sieht seine Aufgabe in der Bekämpfung von Diskriminierung und Rassismus im Tourismus und Verhalten von Touristen in der Dritten Welt; Erfassung und Vernetzung von positiven Projekten und Widerstandsgruppen; Länderstudien zu Nepal, Tibet, Indien; Öffentlichkeitsarbeit und Seminare. ARA war Mitglied der Arbeitsgemeinschaft Tourismus mit Einsicht. → Tourismus mit Einsicht (TME)

ARB: Allgemeine Reisebedingungen werden als unverbindliche Rahmenbedingungen und Konditionsempfehlung für Pauschalreisen vom Deutschen Reisebüro und Reiseveranstalter Verband (DRV) ausgesprochen. Grund für die Konditionsempfehlung ist die relative Lückenhaftigkeit der §§ 651 a-k BGB hinsichtlich der Regelung der Vorauskasse, Preis- und Leistungsänderungsvorbehalten, zur Umbuchung und zu den Rücktrittsvorbehalten des Reiseveranstalters. Die ARB regeln daher insbesondere Zeitpunkt und Art der Reisepreiszahlung, Umfang der zu erbringenden Leistungen, Rücktritt durch den Kunden, Rücktritt und Kündigung durch den Reiseveranstalter, Gewährleistungsansprüche, Beschränkung der Haftung und Verfahrensvorschriften.

Arbeitsgemeinschaft: → Arge

Arbeitsgemeinschaft Lateinamerika: Seit 1982 setzt sich die Arbeitsgemeinschaft Lateinamerika für die Förderung des Tourismus nach Lateinamerika ein.

Arbeitsgemeinschaft Touristik (AGT): An der Fachhochschule Worms 1979 gegründeter Verein, Hauptaufgaben sind die Ergänzung des Studiums durch Kontakte zur touristischen Praxis sowie die Vertiefung der Zusammenarbeit mit anderen touristischen Arbeitsgemeinschaften. Die AGT ist Mitglied bei Futurista. → Futurista

Arbeitsgruppe: Zeitlich befristeter Zusammenschluss mehrerer Personen zur Lösung einer Aufgabe, auch Projektgruppe genannt. Im Gegensatz zum Team kommen die Teilnehmer meistens aus der gleichen Fachdisziplin.

Arbeitskreis TIP Würzburg: Tourismus-Ideen-Praxis, studentische Arbeitsgemeinschaft der Universität Würzburg. Die TIP-Mitglieder kommen aus verschiedenen Studienrichtungen wie z.B. Wirtschaftswissenschaften, Kunstgeschichte, Jura, Geografie und

Pädagogik. Ziel ist die Entwicklung „touristischer Ideen für die Praxis" sowie die Durchführung konkreter Aufgaben vor allem zur Aufwertung des Fremdenverkehrs in der Stadt Würzburg. TIP ist Mitglied bei Futurista. → Futurista

Arbeitskreis Tourismus und Entwicklung: Tourismuskritischer Zusammenschluss, bestehend aus Entwicklungsorganisationen, Hilfswerken und Fachleuten der Tourismuswirtschaft (1977 in Basel gegründet). Er befasst sich mit den Auswirkungen des Tourismus auf Entwicklungsländer und den Alpenraum und bietet Informationen an, die die Reisenden zu mehr Schonung der Umwelt und des Lebensraumes der Einheimischen anregen sollen. Der Arbeitskreis Tourismus und Entwicklung war Mitglied beim Arbeitskreis Tourismus mit Einsicht.

Arbeitsspeicher: Auch RAM (Random Access Memory) genannt. Der A. ist ein temporärer Speicher, dessen Inhalt beim Ausschalten des Computers oder bei einem Neustart gelöscht wird. Während der Arbeit mit Programmen werden Dateien im A. zwischengelagert. → RAM

Arbeitsstättenzählung: → Reiseverkauf in Deutschland

ARC: Airlines Reporting Corporation führt in den USA das Agenturprogramm für die in der ATA zusammengeschlossenen Luftverkehrsgesellschaften durch. Dies umfasst u.a. alle Tätigkeiten von der Festlegung der Auswahlkriterien für die Zulassung von Agenturen bis hin zur Abrechnung der verkauften Beförderungsdokumente über den ASP. → ATA

Arcef: Association des Représentants des Chemins de Fer Etrangers en France, Verband der Vertreter ausländischer Eisenbahnen in Frankreich, Sitz: Paris. Deutsches Mitglied ist die Deutsche Bahn. → UIC

Archipel: Meeresteil, der mit vielen Inseln besät ist, z.B. Bismarck-A., Inselgruppe im westl. Pazifik. Der Bismarck-A. umfasst die Admiralitäts-Inseln, Neu-Pommern, Neu-Mecklenburg, Neu-Hannover und Neu-Lauenburg.

Archivierung: Zur Datensicherung empfiehlt sich eine regelmäßige A. von Daten. Die A. erfolgt durch Kopieren von Dateien auf andere Datenträger wie z.B. CD-ROM und Zip-Disketten. → Back-up

Arge: Kurz für Arbeitsgemeinschaften von Privatpersonen, Unternehmen, oft auch Kommunen zur Erreichung eines gemeinsamen Ziels, ohne Kompetenzen ausschließlich an ein Mitglied abzugeben. A.n unterliegen meist den Regeln über die Gesellschaft bürgerlichen Rechts (GbR), §§ 705ff. BGB. U.a. Arge Lateinamerika, Arge Südliches Afrika, Arge Australien, Arge Rhein, Arge Oper- und Festspielreisen. → ASA

Arge ALP: Arbeitsgemeinschaft der Alpenländer, Sitz: Innsbruck. Zusammenschluss zur grenzüberschreitenden Zusammenarbeit zwischen den Alpenregionen der Schweiz, Österreichs, Italiens und Deutschlands auf den Gebieten Verkehr, Umweltschutz, Raumordnung und Landwirtschaft; Kultur, Wissenschaft und Sport; Gesundheitswesen, Sozial- und Familienpolitik; Wirtschaft (Arbeitsgruppe Tourismus). Konferenzen, Seminare, Öffentlichkeitsarbeit und Mitwirkung bei der Erarbeitung der Alpenkonvention. Ziel ist die Bewältigung des Fernstraßen-Schwerverkehrs, die Verlagerung des Güterschwerverkehrs von der Straße auf die Schiene. → Alpenkonvention, → Cipra

Arge Flugeinkauf: Arbeitsgemeinschaft Flugeinkauf zum gemeinschaftlichen Charterflugeinkauf, der über den Einzelbedarf einer Gesellschaft oder Gruppe hinausging. Z.B. der seit 1973 von TUI getätigte Flugeinkauf auch für ITS; war aus Wettbewerbsgründen vom Kartellamt immer wieder neu zu genehmigen. 1990 wurde eine erneute Genehmigung untersagt, die TUI/ITS-Flugleitstelle stand damit zur Auflösung an.

Arge Karibik: Arbeitsgemeinschaft Karibik: Die Arbeitsgemeinschaft entstand 1988. Im März 1990 bekam der Zusammenschluss den Namen Arbeitsgemeinschaft Karibische Inseln. Seit 1993 eingetragener Verein. Zur A. gehören Fremdenverkehrsämter, Reiseveranstalter, Hotels, Schifffahrts- und Fluggesellschaften.

Aris: Reservierungs- und Informationssystem von Airtours, Frankfurt/M., eigens für diesen IT-Reiseveranstalter entwickeltes System, an das auch die regionalen Büros angeschlossen sind. Aris übernimmt Reservierungen direkt beim Leistungsträger, es werden Flugscheine und Reiseunterlagen ausgedruckt und, beim IT-Paket bes. wichtig, individuelle Reisebausteine eingebucht.

ARK: Aktion zur Rettung des Kulturerbes, gemeinnütziger Verein, der sich in die Dienste der Unesco gestellt hat. Von J.P. Koch 1988 in München gegründet. → Unesco, → World Heritage Convention

Arkadien: Herzlandschaft des Peloponnes im alten Griechenland; nach griech. Sage das ländlich-sorgenfreie, dichterische Schäferland.

Arktis: Bezeichnung für die um den Nordpol liegenden Land- und Meeresgebiete. → Antarktis

Arosa: Neue Produktreihe von Seetours für Hochsee- und Flusskreuzfahrten. Marketing-Partnerschaft mit dem gleichnamigen schweizerischen Wintersportort.

Arrival Gate: Ankunftsflugsteig. → Departure Gate

Arta: Association of Retail Travel Agents; US-Vereinigung der Einzelhandelsreisebüros.

Art Cities in Europe: 1992 gegründeter Städtemarketing-Verbund mit 45 Mitgliedern in Europa, offen für Städte ab 80.000 Einwohnern mit vielfältiger, international vermarktbarer Kultur. Neben der Kooperation mit Veranstaltern stellen sie auch selbst touristische Produkte zusammen. → Städtekooperationen

ASA: Arbeitsgemeinschaft Südliches Afrika, gegr. 1988 in Frankfurt und erstmals anlässl. der Indaba in Johannesburg vorgestellt. Vereinigung der regelmäßig Südafrika-Programme ausschreibenden Reiseveranstalter mit den Carriern SAA und Lufthansa. Ziele sind Stärkung und Ausbau des Reisebürovertriebswegs.

Asae: American Society of Association Executives, Gemeinschaft von US-Verbandsfunktionären, sog. Entscheidungsträgern.

Asata: Association of South African Travel Agents, südafrikanischer Reisebüroverband.

ASC: Airport Service Charge. → Airport Surcharge

ASD: Der Arbeitsmedizinische und Sicherheitstechnische Dienst der Berufsgenossenschaft für Fahrzeughaltungen. Dieser Dienst betreut Betriebe mit bis zu 30 Arbeitnehmern.

Asean: Association of Southeast Asian Nations, gegr. 1967; Staatenbund; Wirtschaftsvereinigung, der folgende Länder angehören: Singapur, Malaysia, Thailand, Indonesien, Philippinen und Brunei. Eine der Hauptaufgaben ist die Förderung des Incoming-Tourismus. Das Jahr 1992 wurde zum Visit Asean Year erklärt. Aseanta ist der regionale Zusammenschluss der Reiseindustrieverbände, denen ihrerseits private Unternehmen angehören.

ASI: Amadeus Start International, Tochterunternehmen zu gleichen Teilen von Amadeus und Start zur Koordinierung und Förderung der Auslandsinteressen, Sitz: Frankfurt/M.

ASO: Agency Service Office. Nach Neueinführung der Iata-Resolution 814 hat diese Institution die Aufgaben des AIP (Agency Investigation Panel) übernommen. → AIP

Asor-Übereinkommen; Accord Relatif aux Services Occasionnels Internationaux de Voyageurs par Route Effectués en Autocar, 1982 entstandene Einigung zwischen der EU, den Efta-Staaten (außer Island) und der Türkei, regelt die Personenbeförderung mit Omnibussen im grenzüberschreitenden Gelegenheitsverkehr, nicht jedoch im Linien- oder Pendelverkehr. Damit wird die innerhalb der EU erfolgte Liberalisierung auf weitere europäische Staaten ausgedehnt. Nach Abschluss des EWR gilt das Asor-Übereinkommen weiterhin gegenüber der Schweiz und der Türkei. → Efta, → EWR, → Fahrtenblatt EU/Asor

ASP: 1. Area Settlement Plan, Flugscheinausstellungs- und Abrechnungsverfahren, wird nur in den USA durchgeführt, analog Bank Settlement Plan (BSP).

2. Application Sharing Provider, gemeinsames Bearbeiten einer PC-Anwendung von verschiedenen Rechnern. Leistungsmerkmal von Videokonferenz-Systemen. → BSP

ASR: 1. Arbeitskreis selbstständiger Reisebüros, gegr. 1976, Sitz: Frankfurt/M. Firmiert heute als ASR Bundesverband mittelständischer Reiseunternehmen. Zielsetzungen des ASR sind:

- Erhalt und Ausbau des Mittelstandes im Reisebüro- und Reiseveranstaltergewerbe
- Moderne Betriebsführung und Verbesserung der Betriebsergebnisse
- Intensiver Dialog und Erfahrungsaustausch zwischen den Mitgliedsbetrieben durch Erfa-Gruppen, die innerhalb eines Kollegenkreises gleich strukturierter Unternehmen regelmäßig zusammentreffen
- Abschluss von Rahmenverträgen mit Vorteilen für die Mitglieder
- Verbesserte Altersversorgung aller Mitglieder und deren Angestellte
- Berufliche Information und Bildung auf allen Ebenen
- Beratung und Information in allen gewerblichen Fragen
- Kontinuierliche Nachwuchsförderung.

Mitgliederstand August 2001: 1320 ordentliche und 180 außerordentliche Mitglieder. 1998 wurde die Umbenennung in BMR (Bundesverband mittelständischer Reiseunternehmen) von der Mehrheit der Mitglieder abgelehnt.

2. Advanced Seat Reservation. Automatische Sitzplatzreservierung bei Linienflügen.

→ Advanced Seat Reservation (ASR), → BTW

AST: Anruf-Sammeltaxi, das AST ist ein bedarfsgesteuertes und flächendeckend eingesetztes Verkehrsmittel, das den herkömmlichen Linienbus ergänzt. Einstieg der Fahrgäste nur an gekennzeichneten Abfahrtstellen, Ausstieg jedoch an beliebigen Stellen im Zielgebiet, z.B. vor der eigenen Haustür. Fahrten werden nur nach vorheriger Anmeldung der Fahrgäste bei der AST-Zentrale und mit entsprechend gekennzeichneten Fahrzeugen des Taxigewerbes durchgeführt. Der Fahrgast bezahlt einen Festpreis; Defizite werden durch Städte, Gemeinden oder Verkehrsbetriebe ausgeglichen.

Asta: American Society of Travel Agents, weltweiter Reisebüroverband, gegründet 1931 als American Steamship and Tourist Agents Association, Hauptsitz: Washington, Chapter Deutschland in Frankfurt/M., Mitgliederzahl weltweit über 26.000, Stand: August 2001.

ATA: 1. Air Transport Association of America, Industrieverband der US-Luftverkehrsgesellschaften mit Sitz in Washington. Mitglieder sind die amerikanischen Linien-Luftverkehrsgesellschaften.

2. Association of Travel Agents, Malta; maltesischer Veranstalterverband, in dem die Mehrzahl der 140 einheimischen Reiseveranstalter/-mittler organisiert sind.

ATB: 1. Automated Ticket and Boarding Pass, verbindet Flugschein und Bordkarte auf einem Computerdokument. Es ist ein Kombinationsdokument, das aus Flugschein (links) und Bordkarte (rechts) besteht, der Magnetstreifen auf der Rückseite enthält wichtige Daten für weitere Funktionen (z.B. Check-in). Der ATB erleichtert den Fluggesellschaften und Agenturen die Abwicklung. Ein gültiges ATB-Dokument hat folgende Bestandteile:

- Agent Coupon
- Passenger Receipt
- Entsprechende Anzahl an Flight Coupons
- Bei Kreditkartenverkauf ein Charge Form, das mit Unterschrift des Kunden bei der Agentur verbleibt
- Bei Umschreibungen ein Audit Coupon, der mit dem Ursprungsdokument zur Abrechnung eingereicht wird
- Flugscheinhülle (Cover)

2. Austrian Travel Business, Touristikmesse (Incoming-Workshop) in Wien, bei ungeraden Jahreszahlen außerhalb Wiens. Veranstalter: Österreich Werbung. → ATB2-Drucker, → Etix

ATB2-Drucker: Automatic Ticket Boarder, neue Generation von Ticketdruckern mit zwei verschiedenen Druckemulationen zum Ausdruck aller im Reisebüro anfallenden Dokumente (keine Applikationsdrucke wie z.B. Word, Excel) wie z.B. ATB-Tickets, Reisebestätigungen, Bahnfahrkarten, Versicherungsdokumente usw. → ATB

ATBR: → Diplom-Betriebswirt BA, → Studentischer Arbeitskreis Tourismus an der Berufsakademie Ravensburg

ATC: 1. Air Traffic Conference of America, Interessenvertretung der US- und kanadischen Luftfahrtunternehmen.

2. Air Traffic Control, Flugsicherung, Flugleitstelle.

3. Australian Tourist Commission, nationale australische Tourismusbehörde.

4. Air Travel Card, Kreditkarte für die Leistungen der Luftverkehrsgesellschaften und Iata-Reisebüros. → Airimp

ATE: Arbeitskreis Trekking- und Expeditionstourismus, 1993 gegründeter Zusammenschluss von Spezialreiseveranstaltern. Ziel ist die Vertretung der Interessen von Spezialveranstaltern insbes. gegenüber Reisebüros in Fragen von Provision und Sortimentspolitik sowie gemeinschaftliche Tourprojekte. Gemeinsame Verhaltensrichtlinien sind z.B. das Verbot rassistischer bzw. sexistischer Aussagen in Katalogen und die Gestaltung von umweltfreundlichen Reisekonzepten. Langfristig soll das ATE-Logo zum Gütesiegel für Kunden werden.

ATF: 1. Asean Tourism Forum, organisiert u.a. die Reisemesse Travex (Travel Exchange) sowie die ATC-Asean Tourism Conference; gemeinsame touristische Werbeanstrengungen sind geplant.

2. Automated Tariff Filing, Tarifdatenbank im Flugverkehr der Reed Travel Group, London. → Asean

Athener Abkommen: Das A.A. von 1974 regelt international die Fährschiffpassagenhaftung. Es gilt in folgenden Ländern: Großbritannien, Jemen, Tonga, Liberia, Spanien, Argentinien, Bahamas, GUS-Staaten, Polen und ehemals in der DDR. In der Bundesrepublik noch nicht als Gesetz in Kraft getreten. Das Gesetz sieht bis zum Beweis des Gegenteils ein Verschulden des Beförderers oder seiner Verrichtungsgehilfen vor, wenn bei einer Fährschiffspassage folgende Schäden eintreten: Tod oder Körperverletzung eines Reisenden bzw. Verlust oder Beschädigung von Kabinengepäck durch Schiffbruch, Zusammenstoß, Strandung, Explosion, Feuer oder Mängel am Schiff. Bei Verlust oder Beschädigung von anderem Gepäck wird das Verschulden unabhängig von der Ursache vermutet. → Zweites Seerechtsänderungsgesetz

Atis: Anerkannte Tourist-Informationsstelle. Eine vom Deutschen Tourismusverband (DTV) anerkannte Tourist-Informationsstelle ist eine Serviceeinrichtung, die in erster Linie für Gäste touristische Dienstleistungen erbringt. Die Anerkennung durch den DTV erfolgt unabhängig von der jeweiligen Bezeichnung und Rechtsform. Auf Beschluss der Geschäftsführerkonferenz des DTV vom März 1999 müssen bestimmte Mindestvoraussetzungen erfüllt sein. Kriterien wurden hinsichtlich der Lage, des barrierefreien Zugangs, der technischen Ausstattung, der Leistungen, der Öffnungszeiten und des Personals aufgestellt. Die Antragstellung erfolgt über den jeweils zuständigen DTV-Mitgliedsverband oder einen zugehörigen touristischen Regionalverband. Der DTV vergibt die Anerkennung für einen Zeitraum von drei Jahren. Sie wird durch eine Urkunde und ein weißes i auf rotem Grund in der TI sichtbar gemacht. → DTV

Atlantik: Der zwischen Europa und Afrika im Osten und Amerika im Westen gelegene Teil des Weltmeeres, bedeckt über ein fünftel der Erdoberfläche.

Atlasländer: Die Maghrebstaaten Marokko, Algerien und Tunesien.

ATM: Arabian Travel Market, alljährlich stattfindende Reisemesse in Dubai.

Atma: Asian Travel Marketing Association, der Tourismusverband der ostasiatischen Länder mit nunmehr zwölf Mitgliedern (Japan, Südkorea, Macau, Philippinen, Taiwan und Thailand sowie die Carrier ANA, China Airlines, Eva Air, Royal Brunei Airlines und Asia Select Touristik und ANA World Tours). Früher: East Asia Travel Association. → Eata

ATO: Airport Ticket Office, Flughafenbüro einer Fluggesellschaft.

Atoll: Ringförmiges Korallenriff in tropischen Meeren, umschließt eine seichte Lagune. → Lagune

ATPCO: Airline Tariff Publishing Company. Größte unabhängige Datenbank für Flugtarife, Sitz Washington. Gründete zusammen mit der Iata die Flugtarifdatenbank All Fares. Das Government Filling System dient zur Überwachung der Entwicklung der Flugtarife weltweit, die in bilateralen Luftverkehrsabkommen geregelt sind. Enge Zusammenarbeit mit CRS-Betreibern.

Aufbaustudium im Tourismus: In Deutschland bieten verschiedene Hochschulen die Möglichkeit, sich nach einem i.d.R. abgeschlossenen Studium und/oder praktischer touristischer Erfahrung spezifisch weiterzuqualifizieren. Zu beachten sind die unterschiedlichen Zulassungsvoraussetzungen und Bewerbungsverfahren. Weiterbildungsmöglichkeiten bieten sich u.a. in:

- Berlin, Freie Universität
- Bielefeld, Universität
- Dresden, Europäisches Institut für postgraduale Bildung an der TU Dresden e.V.
- Eberswalde, Fachhochschule
- Frankfurt/M., Philosophisch-Theologische Hochschule Sankt Georgen
- Heilbronn, Hochschule für Technik und Wirtschaft (FH)
- München, European Business College Munich

Aufhebungsvertrag: Die Vertragspartner können den geschlossenen Reisevertrag durch vertragliche Abrede wieder aufheben. Dies geschieht einverständlich, im Gegensatz zum Rücktritt und der Anfechtung (einseitige Willenserklärung durch einen Vertragspartner). → Annullierung/Stornierung, → Rücktritt

Auflösung: Bezeichnet die wiedergegebene Darstellungsgenauigkeit. Je höher die A. ist, desto detaillierter ist die Darstellung. Bei Druckausgaben wird die A. in dpi angegeben, bei Bildschirmausgaben in Pixel.

Aufschwimmen: Flutungsvorgang für Schiffe, die im Baudock entstehen; statt Stapellauf. Das Baudock wird geflutet, wobei der ganze Rumpf des Schiffes jedwede Bodenhaftung verliert und dem Element Wasser übergeben wird. → Stapellauf

Aufschwung: Der A. ist gekennzeichnet durch ein Steigen der Investitionstätigkeit, steigende Nachfrage nach Arbeitskräften, steigende Preise und höhere Einfuhren. Ein Sinken der Arbeitslosenzahlen bewirkt eine Zunahme der Kaufkraft, da die Personen mehr Geld zur Verfügung haben, und dies bewirkt eine höhere Nachfrage nach Gütern und Dienstleistungen. → Abschwung, → Dienstleistungen, → Güter, → Konjunktur

Aufwand: Aufwendungen bezeichnen im Rechnungswesen die Ausgaben eines Unternehmens für die während einer Abrechnungsperiode verbrauchten Güter, in Anspruch genommenen Dienstleistungen und öffentlichen Abgaben, die in der Erfolgsrechnung den Erträgen gegenübergestellt werden (Werteverbrauch). Zu unterscheiden ist zwischen Betriebsaufwand, der für die betriebliche Leistung anfällt, und neutralem Aufwand. → Erfolg, → Ertrag

Aufwertung: Bewirkt eine Veränderung der Wechselkurse. Wird die eigene Währung aufgewertet, erhöht sich die Kaufkraft gegenüber ausländischen Währungen. Ausländische Waren werden durch die A. beim Einkauf billiger. Gleichzeitig verteuert sich für Ausländer der Einkauf von deutschen Waren und der Aufenthalt in Deutschland, da die Ausländer für ihre Währungseinheit weniger Euro erhalten. Abwertungen einer Währung zeigen die umgekehrte Wirkung. Sie verteuern für das abwertende Land die Importe und verbilligen seine Exporte. Reisen in ein Land mit schwacher Währung sind daher besonders günstig.

Auma: Dem Ausstellungs- und Messe-Ausschuss der Deutschen Wirtschaft, Köln, als dem Bundesverband der deutschen Messewirtschaft gehören Verbände und Organisationen der ausstellenden und besuchenden Wirtschaft sowie Messe- und Ausstellungsgesellschaften an. Er vertritt die Interessen der Aussteller, Besucher und Veranstalter von Messen und Ausstellungen in der Bundesrepublik Deutschland und informiert und berät Messeinteressierte aus dem In- und Ausland. → Messen, → Messetourismus

Ausbildungswege im Tourismus/Fremdenverkehr: → Aufbaustudium im Tourismus, → Berufsausbildung im Hotel- und Gaststättengewerbe, → Berufsausbildung im Verkehrswesen, → Diplom-Betriebswirt (FH), → Diplom-Kaufmann (FH), → European Business School (EBS), → Hotelberufsfachschulen, → Hotelfachschulen, → Tourismusstudium

Ausbooten: Übergang oder Ausschiffung von großen Passagierschiffen auf Reede auf kleinere Barkassen, Tender oder Schaluppen mit wenig Tiefgang, mit denen Schiffspassagiere an Land gebracht werden. → Reede, → Tender

Ausflaggen: Darunter ist die Löschung eines Schiffes aus dem deutschen Schiffsregister und die anschließende Eintragung in das Schiffsregister eines anderen Landes zu verstehen. Gründe des Ausflaggens:

- Senkung der hohen Personalkosten
- Wegfall der Sozialabgabenpflicht
- Schiffsbesetzungs- und Ausbildungsordnung (SBAO)
- strenge deutsche Sicherheitsvorschriften
- steuerliche Vorteile
- Wechselkursschwankungen.

Durch A. ergibt sich ein größeres Kabinenangebot auf Frachtschiffen. Die Reedereien sind nicht mehr durch deutsches Gesetz gezwungen, eine bestimmte Mannschaftsstärke einzuhalten. Damit werden Kammern frei für Passagiere. → Billigflaggen-Länder, → Frachtschiffsreisen, → Zweitregister

Ausflügler: Für statistische Zwecke des internat. Reiseverkehrs hat die World Tourism Organization (WTO) wie folgt definiert: Ausflügler sind vorübergehende Besucher, die nicht wenigstens eine Nacht im Besuchsland verbringen (einschließlich Teilnehmer an Kreuzfahrten). → Ausflugsverkehr

Ausflugsbus: Die Bezeichnung Zwei-Sterne-Ausflugsbus war bis Mitte 1998 der GBK-geschützte Begriff der Gütegemeinschaft Buskomfort. Ab Mitte 1998 ersetzt durch die neue Bezeichnung Standard-Class. → GBK, → Klassifizierung der Reisebusse

Ausflugsfahrten: Nach PBefG (§ 48 Abs. 1) Fahrten, die der Unternehmer mit Kraftomnibussen oder PKW nach einem bestimmten, von ihm aufgestellten Plan und zu einem für alle Teilnehmer gleichen und gemeinsam verfolgten Ausflugszweck anbietet und ausführt. Die Fahrt muss wieder an den Ausgangsort zurückführen. Die Fahrgäste müssen im Besitz eines für die gesamte Fahrt gültigen Fahrscheines sein, der die Beförderungsstrecke und das Beförderungsentgelt ausweist. Bei Ausflugsfahrten, die als Pauschalfahrten ausgeführt werden, genügt im Fahrschein die Angabe des Gesamtentgelts anstelle des Beförderungsentgelts. Bei Ausflugsfahrten ist es unzulässig, unterwegs Fahrgäste aufzunehmen. Von der Genehmigungsbehörde können jedoch für Einzelfälle oder für benachbarte Orte Ausnahmen erteilt werden. → PBefG

Ausflugsverkehr: Dazu zählt der Spaziergang im nahen Erholungsgebiet ebenso wie der Ganztagsausflug (ohne Übernachtung). Ausflüge werden das ganze Jahr über unternommen. Die Ausgaben für Ausflüge verteilen sich parallel zur Einwohnerzahl auf die verschiedenen Bundesländer. → Tagesausflugsverkehr

Ausgabegeräte: Dienen zur Darstellung von im Computer gespeicherten Daten. Häufigste A. sind Drucker, Bildschirm, Lautsprecher. → Eingabegeräte

Ausgaben: Geldausgänge; gesamter Geldabfluss eines Unternehmens innerhalb eines Zeitabschnitts. → Einnahmen

Ausgeschriebener Busreiseverkehr: Reisen eines Busunternehmens, die in einem Katalog bzw. Prospekt ausgeschrieben sind. Es sind in der Regel Ausflugsfahrten nach § 46 PBefG. Der Busunternehmer tritt hier als Reiseveranstalter auf.

Aushilfskräfte: Aushilfstätigkeit: → Teilzeitbeschäftigung

Auslandsnotruf: Der ADAC unterhält eine Reihe von A.-Stationen, die allen hilfesuchenden Reisenden zur Verfügung stehen. Die Stationsliste ist über den ADAC oder das Presse- und Informationsamt der Bundesregierung erhältlich. → ADAC

Auslandsschutzbrief: Versicherungs- und Dienstleistungspaket, das zunächst von Automobilclubs v.a. für Mitglieder angeboten wurde. Zunehmend bieten Reiseversicherer und andere Unternehmungen den Service zum Schutz bei Krankheit, Unfall, KFZ-Schäden und anderen Notfällen im Ausland an.

Auslandsstudium: Weltweit bieten Hochschulen tourismusorientierte Studiengänge oder -schwerpunkte an. Häufig werden Studiengebühren erhoben; die Zulassungs- und Bewerbungsbedingungen variieren. Vergleichsweise problemlos für den Studenten ist die Teilnahme an einem Austauschprogramm seiner deutschen Hochschule (siehe auch die Tabelle auf der folgenden Seite).

Auslastungsgrad: Ausnutzungsgrad; Messgröße für das Verhältnis der tatsächlichen zu einer möglichen Inanspruchnahme eines Produktionspotenzials, z.B. einer Bus-, Hotel-, Schiffs- oder Flugzeugkapazität. → Sitzladefaktor

Auslaufen: Bezeichnung für das Verlassen eines Hafens durch ein Schiff.

Ausschiffen: Bezeichnung für das Von-Bord-gehen der Passagiere am Ende ihrer Reise. → Einschiffen

Ausschließlichkeitsbindung: Mit diesem Begriff bezeichnete man die von TUI und NUR praktizierten Vertriebsbindungen in Agenturverträgen. Nach dieser A. durften z.B. die der TUI zugerechneten Fremd-reisebüros keine Reisen von NUR oder ITS

Auswahl europäischer tourismusorientierter Studiengänge

Hochschule	Land	Studiengänge (Abschlüsse)	Studienschwerpunkte	Regelstudienzeit
Landbouw-universiteit Wageningen (Uni)	Niederlande	Landschaftspflege (Dipl.-Ing.), (M.A.), (B.B.A.)	Tourismus	5 Jahre
		Haushalts- und Verbrauchswissenschaften (Dipl.-Ing.), (M.A.), (B.B.A.)	Freizeit und Tourismus	5 Jahre
		Umgebungswissenschaft (Dipl.-Ing.), (M.A.), (B.B.A.)	Tourismus	5 Jahre
Hoheschool Nijmegen (FH)	Niederlande	Sozialarbeit, Kulturelle und gesellschaftl. Bildung (Dipl.-Sozialarb.(FH))	Erholung und Tourismus	4 Jahre
International Management Center Krems	Österreich	Tourism Management and Leisure and Industry (Mag. oec. (FH))	Internat. Tourismus- u. Freizeitwirtschaft	8 Semester inklusive 2 Praxissemester
FH-Studiengang der Wirtschaftskammer Wien	Österreich	Tourismus-Management oder Hospitality Management (Mag. oec (FH))		7 Semester inklusive 1 Praxissemester
Universität Innsbruck	Österreich	Sozialwissenschaft Berufsbegleitender Aufbaustudiengang	Tourismus	2 Jahre
University College of Kalmar	Schweden	Tourism Management oder Economics/ Marketing		6-8 Semester
Hochschule St. Gallen	Schweiz	Wirtschaftswissenschaften, Volkswirtschaft (Lic. oec.)	Tourismus, Verkehrswirtschaft	8 Semester inklusive 2 Praxissemester
European University Antwerpen	Belgien	Betriebswirtschaft im Tourismus, Hotel- und Gaststättenwesen		5 Jahre
European University Mondriol	Spanien	International Hospitality and Tourism Management (M.B.A.), (B.B.A.)		5 Jahre
UCE S.A. Vevey	Schweiz	Management in Leisure and Tourism (B.B.A.)		8 Semester
IHTTI School of Hotel Management Basel	Schweiz	International Hospitality and Tourism Management (B.B.A.)		6 Semester
Ecole Hoteliere de Lausanne	Schweiz	International Hospitality Management (Schweizerisches Diplom FH)		4 Jahre
Hotel- u. Touristikfachschule Chur	Schweiz	Hospitality Management		6 Semester
Glion Hotel School Bulle en Gruyére	Schweiz	Hospitality Management (B.B.A.)		7 Semester inklusive 2 Praxissemester

verkaufen. Außerdem waren bestimmte Mindestumsatzklauseln für die Reisebüros bindend, die den Großveranstaltern eine Vorzugsverkaufsposition vor den kleineren Veranstaltern erzwangen. Im Mai 1988 wurde diese Art Vertriebsbindung vom Bundeskartellamt für unwirksam erklärt. Auch der Kartellsenat des Berliner Kammergerichts hatte Vertriebsbindungen dieser Art für nicht statthaft erklärt und mit seinem Beschluss zur Aufhebung vom 7. 2. 89 die Anordnung des Bundeskartellamtes bestätigt. Letzte Instanz in dieser Auseinandersetzung war der Bundesgerichtshof, der die Sache am 25. 9. 1990 zur erneuten Verhandlung an das Kammergericht zurückverwiesen hatte. Das Ergebnis eines neuen Verfahrens nach Art. 85 des Vertrages über die Europäische Union (EU) brauchte nicht abgewartet zu werden. Die großen Reiseveranstalter TUI und NUR Touristic hatten selbst deren Auflösung angekündigt. Mit Wirkung vom 1.11.1994 wurde Vertriebsliberalisierung beschlossen. → Gesetz gegen Wettbewerbsbeschränkungen (GWB), → Vertriebsliberalisierung

Ausschreibung, europaweite: Seit dem 1. Januar 1993 ist die EU Realität: Wenn ein Auftrag eine Größenordnung von € 400.000,– überschreitet, muss er europaweit ausgeschrieben werden. Busunternehmer sind einmal davon als Auftragsnehmer betroffen, z.B. dann wenn eine Stadt oder Gemeinde Beförderungsleistungen im freigestellten Schülerverkehr ausschreibt oder wenn von öffentlichen Verkehrsbetrieben Leistungen an Auftragsunternehmer vergeben werden sollen. Busunternehmer sind als Auftraggeber, z.B. beim Kauf von KOM, dann betroffen, wenn sie Linienverkehr auf der Basis eigener Genehmigungen durchführen.

Ausschuss für Fremdenverkehr und Tourismus: Inzwischen umbenannt in Ausschuss für Tourismus. Eigenständiger Parlamentsausschuss des Deutschen Bundestages für Tourismus und Fremdenverkehr ab der Legislaturperiode 1990/91, der den vorherigen Unterausschuss abgelöst hat. Mit dieser Aufwertung zum V. können Initiativen direkt ins Plenum des Parlaments eingebracht werden. Organisatorische Unterstützung erfolgt durch ein eigenes Ausschusssekretariat. Wesentliche Aufgaben des V. sind aus der Integration Ostdeutschlands in die Bundesrepublik und die Realisierung des Europäischen Binnenmarktes erwachsen. → Bundesministerium für Wirtschaft und Technologie BMWi

Außenhandel: Umfasst die wirtschaftlichen Beziehungen zwischen verschiedenen Volkswirtschaften. Vom Binnenhandel unterscheidet sich der A. dadurch, dass er politische Grenzen überschreitet und deshalb der Einflussnahme der Wirtschaftspolitik der einzelnen Staaten ausgesetzt ist. → EU/EG/EWG, → Harmonisierung, → Liberalisierung

Außenmarketing: Entwicklungsziel ist die Positionierung einer verkaufsfähigen touristischen Marke. Zum A. der Reisegebiete gehören Marktforschung, Öffentlichkeitsarbeit, Aufbau der Corporate Identity, effektive Werbung und aktive Verkaufsförderung. → Corporate Identity (CI), → Innenmarketing, → Marketing-Mix

Ausstellungen: → Messetourismus

Auswärtiges Amt (AA): Innerhalb der Bundesregierung liegt die Federführung für Fragen des Tourismus beim Bundesminister für Wirtschaft. Soweit dem Auswärtigen Amt Erkenntnisse über besondere Gefährdung für deutsche Auslandsreisende vorliegen, werden diese an den Bundesminister für Wirtschaft, Referat II A 2, mit der Bitte um Unterrichtung der in Frage kommenden Organisationen weitergeleitet. In einzelnen Fällen unterrichtet das Auswärtige Amt die Öffentlichkeit auch direkt durch Pressemitteilungen oder die Ausgabe von Merkblättern für Reisen in besonders gefährdete Gebiete. Ein vom Auswärtigen Amt und dem Deutschen Reisebüro und Reiseveranstalter Verband eingerichteter Arbeitskreis hat u.a. die Aufgabe, in den Zielländern deutscher Touristen die Zusammenarbeit zwischen den Zielgebietsreiseleitungen und den deutschen diplomatischen Vertretungen in Fällen von Passverlust, schwerer Erkrankung, Verhaftung o. Tod sowohl von Einzelreisenden als auch Pauschal-/Gruppenreisenden zu verbessern. → Bundesministerium für Wirtschaft und Technologie BMWi

Autobahnen: Fernverkehrsstraßen mit geteilter, gegenverkehrsfreier Fahrbahn und kreuzungsfreien Übergängen, die ausschließlich Kraftfahrzeugen vorbehalten sind. In einigen Ländern ist die Benutzung der A. gebührenpflichtig, z.B. in Frankreich, Schweiz, Italien.

Autobahnnotruf: A.-Säulen sind in bestimmten Abständen entlang der Autobahn installiert, um im Bedarfsfall Polizei- oder Hilfsdienste anzufordern, zentraler Notruf des Versicherungsgewerbes.

Autobahnraststätten: Die zu den A. gehörenden Einrichtungen wie Tankstellen, Autoservice, Gastronomiebetriebe und Erfrischungskioske sowie die sanitären Einrichtungen stehen allen Verkehrsteilnehmern offen. Sie gehören als Autobahnnebenbetriebe zur Tank & Rast, Bonn, die diese Betriebe finanziert, verwaltet und verpachtet und unterliegen einer spez. Versorgungspflicht. Der Service ist rund um die Uhr sichergestellt.

Autobahn Tank & Rast: → Tank & Rast

Automatenaufstellung: Dafür ist häufig die Einholung einer bau- bzw. gewerbeordnungsrechtlichen Genehmigung erforderlich. Im Übrigen als Vertrag zwischen Aufsteller und Betreiber des Aufstellungsplatzes (z.B. Gastwirt) untypischer, zivilrechtlicher Vertrag mit Elementen der Miete.

Automatisierung: Unter A. wird ein Prozess verstanden, in dessen Verlauf fortschreitend die Erfüllung von im Unternehmen gestellten Aufgaben auf technische Systeme übertragen wird.

Auto-Package-Tour: Vom Reiseveranstalter ausgearbeitete Streckenvorschläge für die mit privatem PKW unternommene Urlaubsreise, bei der nur die Unterkünfte (und mögl. Fähren) entlang der Strecke gebucht werden. Hauptanbieter ist ADAC Reisen. Ursprung vor 35 Jahren durch Fast-Reisen mit Skandinavien-Touren. Varianten sind die offene Tour mit oder ohne ausgearbeitete Strecke, Hotelgutscheine ohne festes Datum; Themenreisen, wie die Parador-es-Tour in Spanien oder mit Wohnanhänger oder Campmobil durch die USA. → ADAC, → Teilpauschalreisen

Autoput: Stark befahrene, mautpflichtige Autostraßenverbindung zwischen Österreich und Griechenland über das ehem. Jugoslawien. Gesamtlänge: 1180 km.

Auto-Reiseruf: Zu bestimmten Zeiten sendet der Deutschlandfunk den A.R. In dringenden Fällen fordert er unter Angabe des Namens, des KFZ-Typs und -Kennzeichens sowie des vermuteten Aufenthaltsortes Reisende auf, Kontakt mit der Familie oder anderen Stellen aufzunehmen.

Autoreise-Schutzbrief: Verkehrsserviceversicherung für Risiken im Zusammenhang mit der Panne oder dem Unfall eines Kraftfahrzeuges.

Autoreisezug (ARZ): Umbenannt in DB-Autozug. → DB-Autozug GmbH

Autoreisezug DER: Autoreisezüge des DER fuhren als Tagesreisezüge und führten einen bewirtschafteten Gesellschaftswagen mit; weitere Angebote waren Reiseleitung, Musik und eine Spielecke für Kinder. A.e DER wurden seit 1963 eingesetzt. 1989 sind diese eigenständigen Angebote wegen Unwirtschaftlichkeit aufgegeben worden. Sie werden seitdem entweder im Mitläuferverkehr der DB integriert oder in DB-Regie weiterbetrieben. → Mitläuferverkehr

Autoreisezug-Versicherung: Sachversicherung für Kraftfahrzeuge, die im Autoreisezug befördert werden.

Autovermietung: Autovermietfirmen bieten weltweit alle Arten von Mietwagen für Selbstfahrer an, direkt oder über Reiseveranstalter/-mittler, u.a. Avis, Hertz, Europcar Interrent, Sixt, Alamo. Die Firmen bieten i.d.R. vergünstigte Wochenendtarife für ihre Fahrzeuge an. → Rent-a-car

Avalkredit: Auch Avalbürgschaft; besondere Form der Kreditgewährung, bei der die bürgende Bank erklärt, für eine Verbindlichkeit ihres Kunden im Falle seiner Zahlungsunfähigkeit einzustehen. Der begünstigte Kunde erhält das im Geschäftsverkehr wichtige bedingte Zahlungsversprechen seiner Bank, das es ihm erlaubt, auf die Sicherheitsleistung oder Hinterlegung von Geld- oder Sachwerten bei seinen Geschäftspartnern zu verzichten. → Bankbürgschaft

Avatar: Auch Lingubot: Virtueller Einkaufsberater im Internet, von dem der User mit Hilfe einer grafisch animierten Dialog-Software automatisch geführt wird und so kommunizieren und bestellen kann.

AvD: Automobilclub von Deutschland, zweitgrößter deutscher Automobilclub inkl. Deutscher Camping-Club DCC (korporatives Mitglied). → ACE, → ADAC, → AVC, → DCC

AVE: Alta Velocidad Espanola, der spanische Hochgeschwindigkeitszug verkehrt seit dem Frühjahr 1992 auf der Strecke Madrid–Sevilla. Die Fahrzeit hat sich um vier auf weniger als drei Stunden verkürzt, ab 2002 auch auf der Strecke Madrid–Barcelona. → Bullet Train (Tokaido Sanyo Shinkansen), → ICE-Intercity Express, → Renfe, → TGV

AVP: Agent's Validator Plate, Druckplatte für die Ticketausstellung mit dem Namen, Sitz und der Iata-Agenturnummer des Reisebüros.

AVR: Allgemeine Bedingungen für die Versicherung von Reisegepäck 1980. → ABRV, → ABtBR, → Gepäckbeförderung (Reisegepäck), → Reisegepäckversicherung, → Reiseversicherungen

Award: Die Belohnung oder Prämie, die man für das Meilensammeln erhält, wie z.B. Freiflüge, Upgrades, Gratisübernachtungen oder auch Erlebnisprämien (z.B. eine Stunde im Flugsimulator) und Sachbelohnungen. → Bonusprogramm, → Frequent Flyers/Travellers

Award Ticket: → Prämienticket

Axess: Reservierungssystem von JAL (Japan Airlines), basiert auf dem Jalcomsystem; kann japanische Schriftzeichen auf dem Bildschirm wiedergeben.

Axs Control/axs-res: Abflug- und Reservierungssystem der schweizerischen Atraxis für Fluggesellschaften, u.a. für SAA South African Airways.

AZP: Abrechnungszentrale Personenverkehr der Deutschen Bahn in Kassel.

B

B2B: Aus dem Englischen: „Business to Business“, bezeichnet eine Vertriebs- und Marketingstrategie zwischen gewerblichen Anbietern, z.B. Reiseveranstalter und Reisebüro. → B2C, → C2C, → E-Commerce

B2C: Aus dem Englischen: „Business to Customer“, bezeichnet eine Vertriebs- und Marketingstrategie zwischen gewerblichen Anbietern auf der einen und privaten Konsumenten auf der anderen Seite, z.B. Reisebüro und Privatkunde. → B2B, → C2C, → E-Commerce

Bachelor of Tourism (CCI): → Tourismusfachwirt/in (IHK)/Bachelor of Tourism (CCI)

Backbord: Bezeichnung für die linke Schiffsseite in Fahrtrichtung. → Steuerbord

Backhaul-Check: Bei der Berechnung von Flugpreisen muss die Streckenführung auf einen Mindestpreis hin überprüft werden. Durch den B. soll eine Unterschreitung des veröffentlichten Durchgangstarifs z.B. durch die Ausstellung zweier Oneway-Tickets verhindert werden.

Backlog: Rückstau eines nicht termingerecht abgeflogenen Aufkommens auf Grund fehlender Beförderungskapazität.

Backoffice: Abteilungsbereiche ohne Kundenkontakt wie Buchhaltung und Rechnungswesen.

Backoffice System (BOS): EDV-Lösungen für alle im Back Office des Reisebüros anfallenden Arbeiten, z.B. in Buchhaltung und Rechnungswesen. Software für das BOS wird per PC oder Intranet vor Ort im Reisebüro angeboten (dezentrale Lösung). Möglich ist auch die Übertragung dieser Arbeiten an Service-Rechenzentren wie T-Systems, die gegen Gebühr die Dienstleistung übernehmen (zentrale Lösung). Auch die Kombination zentral/dezentral wird für das BOS eines Reisebüros angeboten. → Derdata Informationsmanagement

Backpack: Bezeichnung für einen großen Wanderrucksack.

Backpackers: Rucksack-Reisende und für sie eingerichtete Hotels; in Australien entstandene Unterkunftsform, die speziell die Rucksack-Reisenden anspricht und ihnen preiswerte Übernachtungsmöglichkeiten anbietet.

Backup: Das Erstellen von Sicherheitskopien von Computerdateien bezeichnet man als B. Eine regelmäßige Datensicherung auf zusätzliche Speichermedien wie z.B. CD-ROM ist empfehlenswert, um eine hundertprozentige Datensicherheit zu gewährleisten.

Bad: 1. Kurzbezeichnung für einen staatlich anekannten Kurort mit natürlichen Heilquellen.

2. Computerprogramm des Staatsbades Bad Salzuflen zur Vereinfachung des Verwaltungsablaufs.

Badearzt: Durch regionale Ärztekammer zuerkannte Zusatzqualifikation für Ärzte der Allgemeinmedizin oder Gebietsärzte. Voraussetzung ist die Teilnahme an einem Grundkurs und Fortbildungskursen sowie eine einjährige praktische Arbeit im Ort der geplanten Tätigkeit.

Badges: Anstecker, die bei Fachmessen dazu dienen, bestimmte Personengruppen einheitlich zu kennzeichnen bzw. ihre Zuordnung zu Einkäufern, Presse oder Ausstellern zu erleichtern. B. in Form von Namensschildern dienen meist zur Kennzeichnung des Standpersonals und zur leichteren Kontaktaufnahme durch die Besucher.

BA-Diplom-Betriebswirt: Die Berufsakademie Ravensburg arbeitet im dualen System mit Ausbildungsbetrieben zusammen. Sie schließt ab u.a. mit dem BA-Diplom-Betriebswirt, Fachrichtung Fremdenverkehrswirtschaft. → Diplom-Betriebswirt BA

Baedeker: Marke für Reiseführer, ursprüngliche Schreibweise: Bädeker. Berühmt geworden mit der im eigenen Verlag in Koblenz erschienenen „Rheinreise von Mainz bis Cöln“ 1835 der vorausgegangenen Klein'schen Ausgabe. Der Karl Baedeker Verlag gehört heute zur Mair-Gruppe, die im Wesentlichen Verlagserzeugnisse für Touristik und Verkehr herausgibt und ihren Hauptsitz in Ostfildern/Kemnat hat.

Bäderstatistik: Seit 1947 wurden vom Deutschen Bäderverband die wichtigsten statistischen Daten über die Entwicklung des Kurverkehrs und des Tourismus in den staatlich anerkannten Heilbädern und Kurorten erfasst und dokumentiert. Die B. war eine wichtige Ergänzung der amtlichen Fremdenverkehrsstatistik. Die Datenerhebungsmethode wich von der amtlichen Beherbergungsstatistik ab und war speziell auf Heilbäder und Kurorte zugeschnitten. Seit 1999 können die erforderlichen Daten wegen der veränderten Struktur des Deutschen Heilbäderverbandes (ehemals Deutscher Bäderverband) nicht mehr verbindlich erhoben werden. → Beherbergungsstatistik, → DHV

Bädertherapie: Therapeutische Methoden mit Meer- oder Salzwasser. → Balneologie, → Thalassotherapie

Bäderverband: → DBV

Baggage Allowance: Zulässiges Freigepäck. → Freigepäck, → Gepäckbeförderung (Reisegepäck)

Baggage Claim: Gepäckausgabe auf Flughäfen.

Baggage Label: Gepäckaufkleber; B.-Tag ist der Gepäckanhänger. → Gepäckbeförderung (Reisegepäck)

Bagtrac: Computersystem mit Rechnern in Paris und Atlanta, bei dem die Daten aller weltweit fehlgeleiteten Gepäckstücke zusammenlaufen und verglichen werden. Das Airline Computer Tracing System erfasst in einer zweiten Stufe den Inhalt der Gepäckstücke und vergleicht seine Daten mit denen der Fluggesellschaften. Die genannten Systeme tragen zur schnelleren Rückführung des verlorenen Gepäcks bei.

Bahnbus: Von DB mit eigenen oder angemieteten Omnibussen betriebener Straßenlinien- und Gelegenheitsverkehr im Nahverkehrsbereich. → GBB, → ÖPNV

Bahn-Card: Im Oktober 1992 von der DB eingeführte Jahreskarte, die zum Kauf von Bahnfahrkarten mit 50-prozentiger Ermäßigung auf dem gesamtdeutschen Eisenbahnnetz (auch im ICE) berechtigt. Man unterscheidet die Basiskarte für Einzelreisende zwischen 23 und 59 Jahren (Bahn-Card für die Zweite Klasse und Bahn-Card First für die Erste und die Zweite Klasse). Weitere Versionen der Bahn-Card: für Senioren (ab 60 J.), Junioren (18-22 J.), Teens (12-17 J.), Kinder (4-11 J.), Ehepartner (Zusatzkarte) und Familien (Ehepaare, auch Elternteile, mit mindestens einem Kind). Die Bahn-Card gilt ein Jahr von jedem beliebigen Tag an bis zum Ablauf des gleichen Monats des folgenden Jahres und ist nicht übertragbar. Ab 2002 gelten die neuen PEP-Tarife. Die B. gewährt dann eine Ermäßigung von 25% bei einem reduzierten Verkaufspreis. → Bahnreform, → DB - Deutsche Bahn AG, → PEP

Bahnhof: Man unterscheidet folgende Arten von Banhnhöfen:

- Kopf- oder Sackbahnhof: Hauptgleise enden stumpf.
- Durchgangsbahnhof: Hauptgleise gehen durch den B. hindurch.
- Trennungsbahnhof: eine Bahnlinie zweigt am Empfangsgebäude ab.
- Inselbahnhof: der B. ist von den Hauptgleisen inselartig eingeschlossen.
- Turm- oder Brückenbahnhof: die durchlaufenden Bahnlinien liegen nicht auf einer Höhe, sondern kreuzen sich auf Brücken.

Bahnhof-Check-in: → Check-in

Bahnhof live: Kostenfreie Kundenzeitung der Deutschen Bahn. Erscheint im Zweimonatsrhythmus zunächst in sechs Regionalausgaben für die Städte Berlin, Frankfurt/M., Hamburg, Hannover, Düsseldorf und München und wird in den Bahnhöfen an Fahrgäste und Bahnhofsbesucher verteilt.

Bahnhofsmission: Kirchliche Einrichtung auf allen größeren Bahnhöfen in Deutschland zur Betreuung hilfsbedürftiger Reisender.

Bahnreform: Am 1.1.1994 in Kraft getretene Bahnstrukturreform, mit dem Ziel, die Deutsche Bahn bis zum Jahr 2003 zu privatisieren. In der ersten Stufe der B. wurden die Unternehmensbereiche Personenfernverkehr, Personennahverkehr, Güterverkehr, Bahnhöfe und Fahrweg der DB in fünf Aktiengesellschaften umgewandelt. In der 2. Stufe der B. wurde das Unternehmen Deutsche Bahn gesellschaftsrechtlich als mehrstufiger Konzern unter der Führung einer Holding ausgestattet. → DB - Deutsche Bahn

Bai/Bay: Größere Bucht eines Seegebietes.

Bakschisch: Almosen; wird in arab./afrik. Ländern im Gegensatz zum Trinkgeld unabhängig von erbrachter Leistung gefordert. → Trinkgeld

Ballermann: Ballermann 6; span. Balneario 6. Bekannteste der Verpflegungsbuden an der Platja de Palma am Strand von El Arenal, Mallorca. Sandstrand und eine Ansammlung gleichförmiger Hotels, Bier- und Schinkenstraßen, Diskos und Rotkreuz-Stationen bilden die Bühne für das erlebnishungrige Publikum. Symbol für billigen, unkomplizierten Partytourismus.

Balneologie: Bäderkunde; balneologische Therapien sind Bäder- und Trinkkuren zum Zweck der Normalisierung, Koordination und Synchronisation von Körperfunktionen.

Baltic Train: Ehemaliger Urlaubsexpressreisezug von Ameropa, Viertageverbindung von Berlin über Vilnius, Riga und Tallinn nach St. Petersburg mit Schlafwagen. Inzwischen eingestellt.

Bankbürgschaft: Bankenzahlungsversprechen. Im Verhältnis Reisebüro zum Reiseveranstalter werden zur Sicherung der Pflichten aus dem Agenturvertrag häufig B.n, ggf. als Avalbürgschaft/-kredit, gestellt (alternativ zu Vertrauensschadenversicherungen). Im Verhältnis Reiseveranstalter zum Reisekunden nach § 651 k BGB gesetzliche Alternative zur Insolvenzschutzversicherung durch Versicherungsabschluss. Der Reiseveranstalter hat dem Kunden durch Übergabe eines Sicherungsscheines (von der Bank ausgestellte Bestätigung) einen unmittelbaren Anspruch gegen die Bank zu verschaffen. → Avalkredit, → Insolvenzschutzversicherung, → Sicherungsschein, → Vertrauensschadenversicherung

Bankett: I.e.S. die Festtafel, i.w.S. das Festmahl mit bester Küche, erlesenen Getränken, perfekter Bedienung und dekorativer Ausstattung der Tafel.

Bankgarantie: Für Refinanzierungsgeschäfte der Banken bürgen die Schuldner mit einer sogenannten B. Der Inhaber der B., der an den Darlehensvereinbarungen der Banken partizipiert, kann diese am Fälligkeitstag in bares Geld umwandeln. Während es in den USA und in England für den privaten Handel mit Bn. eine eigene Börse gibt, ist der Handel mit Bn. in Deutschland untersagt. → Börse, → Wertpapiere

Bank Holiday: Feiertag in England, der im Gegensatz zum Public Holiday nicht gesetzlich festgelegt ist. Ursprünglich nur Feiertag der Banken und Bankbediensteten, wird er auch im Geschäftsverkehr meist beachtet; z.B. Ostermontag, 2. Weihnachtsfeiertag. → Public Holiday

Baptisterium: Christliche Taufstätte als selbstständiges Bauwerk oder Anbau einer Kirche, z.B. B.n in Florenz und Pisa.

Barbecue: Grillparty im Freien mit Geselligkeit und Tanz. Häufig Programmbestandteil bei Karibik-Kreuzfahrten.

Bare Boat Charter: Anmietung eines Schiffes/Bootes oder einer Yacht auf Zeit, ohne Besatzung, Verpflegung und Treibstoff.

Bargain Finder: Unter dem CRS Sabre bietet B.F. die Möglichkeit, eine bestehende Reservierung auf den niedrigsten verfügbaren Tarif umzubuchen. → Best-Buy-Funktion

Barig: Board of Airline Representatives in Germany, gegr. 1947, Sitz: Frankfurt/M., Interessenvertretung der in Deutschland vertretenen Fluggesellschaften zur Wahrnehmung und Koordinierung gemeinsamer Interessen. Im Januar 1993 hat sich die Fama der Organisation angeschlossen. → Fama

Barig-Rate: Umrechnungsrate bei Flugtickets ausländischer Flugstrecken, die in Deutschland ausgestellt werden; wird monatlich neu ausgegeben. → Barig

Barock: Kunstrichtung vom Ausgang des 16. bis Mitte des 18. Jhs., ausgehend von Italien. Hauptmerkmale sind kraftvoll bewegte Formen und kurvige Linienführung in Grundriss und Aufbau, z.B. Petersplatz in Rom, Schlösser in Würzburg und Versailles.

Barter Agreement: Gegenseitigkeitsabkommen; Tausch-/Kompensationsvereinbarung zwischen Partnerfirmen, bei der Leistungen nicht in Geld oder Währung ausgeglichen werden, sondern durch z.B. Schiffs-/Flugpassagen in vereinbartem Gesamtwert.

Basa: Bahnselbstanschlussanlage, internes Telefonnetz der DB, betrieben von Arcor (Vodafone), mit Rückkauf durch DB jetzt zuständig Arcor DB Telematik. Das Netz umfasst alle Zugfernleitungen, Stellwerke, Zugbeeinflussungssysteme und die gesamte Unternehmenskommunikation.

Basar: Kurzfrist-Buchungssystem der TUI in Start. In einem einzigen Schritt liefert das System das noch verfügbare Hotelangebot, verbunden mit dem passenden Flug.

Basilika: Große, rechteckige Kirche, die durch Säulenreihen in ein Mittelschiff mit erhöhter Decke und zwei oder vier niedrigere Seitenschiffe unterteilt ist – im Unterschied zur Hallenkirche mit gleich hoher Decke in Mittelschiff und Seitenschiffen.

Baud: Einheit der Übertragungsrate, z.B. bei Modems.

Bauernhof: Nach Dehoga ein landwirtschaftlicher Erwerbsbetrieb, z.B. Grünland-, Viehzucht- oder Winzerbetrieb (Voll- und Nebenerwerbsbetriebe). → Ferien auf dem Bauernhof

BAV: 1. Bundesaufsichtsamt für das Versicherungswesen: Wurde 1901 durch Reichsgesetz gegründet und durch Bundesgesetz vom 31.7.1951 neu errichtet, Sitz: Berlin. Das BAV untersteht dem Bundesfinanzminister. Es übernimmt die Zulassung und Überwachung der privaten und ihnen gleichgestellten Versicherungsunternehmen (im Tourismus interveniert es z.B. für die Erteilung oder Absage der notwendigen Genehmigung zur Gründung von Kundengeldabsicherungsträgern). → Kundengeldabsicherung

BAV: 2. Bundesverband der Autovermieter Deutschlands: Interessenvertretung des Autovermietergewerbes in der Öffentlichkeit, Sitz: Düsseldorf.

Bayous: Flussarme des Mississippi, die sich vom Hauptstrom trennen und direkt den Weg zum Golf nehmen. Damit verliert der Mississippi seine imposante Breite, z.B. zwischen Memphis und Vicksburg und bei New Orleans.

Bay TM: Bayern Tourismus Marketing; mit der Gründung der B. wurde der Bayerische Tourismusverband BTV aufgelöst. Nachfolger als Wirtschaftsverband ist jetzt die Bay TM, mitfinanziert durch Landesmittel.

B & B: Abkürzung für Bed and Breakfast, d.h. Übernachtung mit Frühstück. → Bed and Breakfast

BBI: Kürzel für Flughafenprojekt Berlin-Brandenburg International, geplanter Baubeginn 2003.

BCA: → Booking Class Alignment (BCA)

BCSD: → Bundesvereinigung City- und Stadtmarketing Deutschland

BDE: Ehemals Bundesverband Deutscher Eisenbahnen, Sitz: Köln, Spitzenverband der nicht bundeseigenen Eisenbahnunternehmen, der Seilbahn- und Schleppliftunternehmen sowie diverser Kraftverkehrsbetriebe. Inzwischen integriert in VDV. → VDV

BDEF: Bundesverband Deutscher Eisenbahnfreunde.

BDO: Bundesverband Deutscher Omnibusunternehmer, seit 2000 mit Sitz in Berlin, wurde 1980 als eigenständige Vertretung des privaten Busgewerbes gegründet. Über ihre Landesverbände sind bundesweit ca. 5600 private Unternehmen Mitglied. Vertretung der gewerbepolitischen Interessen auf nationaler und internationaler Ebene. Zentrale Anliegen: Erhaltung und Verbesserung eines leistungsfähigen öffentlichen Personennahverkehrs zu akzeptablen Fahrpreisen auch außerhalb der Ballungsräume, Sicherung der Existenzgrundlagen der Unternehmen im Reiseverkehr, vor allem unter den Rahmenbedingungen des Europäischen Binnenmarktes nach 1992. → BTW

BDÜ: Bundesverband der Dolmetscher und Übersetzer, Sitz: Bonn, vertritt die Interessen aller Berufsangehörigen, die auf Grund ihrer fachlichen Qualifikation die Mitgliedschaft erwerben können. Der BDÜ wirkt im parlamentarischen Raum auf die einschlägige Gesetzgebung ein. Hauptziele sind der gesetzliche Schutz der Berufsbezeichnungen „Dolmetscher“ und „Übersetzer“, die gesetzliche Regelung der Berufsausübung, die Vereinheitlichung des Prüfungswesens, die Sicherung des Leistungsniveaus seiner Mitglieder und die Verdeutlichung des Berufsbildes gegenüber der Öffentlichkeit. Mitglied der internationalen Dachorganisation FIT. → FIT

BDV: 1. Bund Deutscher Verkehrsvereine, gegr. 1902; Nachfolger war der DFV (heute DTV). 2. Bundesverband Deutscher Vertriebsfirmen, München, gegr. 1967, Anbieter sog. Werbe- oder Kaffeefahrten/Verkaufsfahrten. Diese Vertriebsfirmen bedienen sich der Direktvertriebsmethode. Als Rahmen dient ein subventioniertes touristisches Programm. In den überwiegenden Fällen tritt die Vertriebsfirma als Reiseveranstalter auf. → DFV, → Kaffeefahrten

Bearbeitungsgebühr (BAG): Pauschalgebühr, die z.B. nach Änderung einer Buchung mit der Begründung von zusätzlichem Zeit- und Arbeitsaufwand dem Kunden berechnet wird. Für bestimmte Leistungen verlangen manche Veranstalter bzw. Reisebüros die Zahlung einer BAG zusätzlich zum veröffentlichten Preis.

Beaufort-Skala: Vom Internationalen Meteorologischen Komitee in Paris anerkannte Windstärkenskala neben der Windgeschwindigkeitsbemessung in Knoten, Meilen/Stunde, km/Stunde und Meter/Stunde; Sie wurde 1806 von dem engl. Admiral und Kartografen Sir Francis Beaufort eingeführt. Die B.-Skala reicht urspünglich von Windstärke 0 (Windstille) bis 12 (Orkan), wurde mittlerweile auf 17 erweitert (dies entspricht der Geschwindigkeit der tropischen Orkane). Sie wird z.B. für Segelwetterberichte von Rundfunkanstalten an Fischer oder Freizeitsegler benutzt.

Beauty Farm: → Schönheitsfarm

Bed and Breakfast: Preisgünstiges Übernachtungsangebot mit Frühstück bei Einheimischen in englischsprachigen Ländern.

Bedarfsluftverkehr nach festen Abflugzeiten: Im Sinne der Luftfahrtstatistik bezeichnet diese Flugart den Anforderungsverkehr, der nach Flugplan, jedoch ohne Beförderungspflicht durchgeführt wird. → Linienflugverkehr

Bed Brief(ing): Engl., Anforderungsprofil für die Konzernzentralen und planerische Vorstufe zum Hoteleinkauf.

Bedienungsgeld: Teil der Entlohnung im Hotel- und Gaststättengewerbe neben Festgehalt, freier Verpflegung und Unterkunft, sowie zusätzlich vereinnahmtem Trinkgeld (Tip). B. gehört neben dem Verkaufspreis von Speisen und Getränken sowie der MwSt zur Kalkulation des Abgabepreises. B. ist auch leistungs- und umsatzabhängig. Empfänger sind meist die Beschäftigten mit direktem Kundenkontakt. → Trinkgeld, → Tronc-Verteilung im Gastgewerbe

Beförderungsklasse: Sie richtet sich bei den verschiedenen Verkehrsträgern nach dem Grad des Reisekomforts und Bordservice. B. ist die Klasse, in der der Passagier tatsächlich befördert wird. Z.B. LH mit drei Traditionsklassen: First, Business und Economy, DB: Erste und Zweite Klasse. → Class Codes

Beförderungspflicht: → Grundpflichten

Beförderungsvertrag: Die Beförderung von Personen ist Gegenstand eines B.; dieser ist Werkvertrag im Sinne der §§ 631 ff. BGB. Er verpflichtet den Verkehrsträger zur ordnungsgemäßen Beförderung ans Reiseziel, den Fahrgast zur Entrichtung des Beförderungsentgelts. Der B. kommt üblicherweise durch den Verkauf eines Fahrausweises zustande und unterliegt den vom Verkehrsträger geschaffenen Allgemeinen Beförderungsbedingungen. Für die Beförderung mit bestimmten Verkehrsmitteln gelten gesetzliche Sonderregelungen, so die EVO und §§ 453 ff. HGB, das LuftVG und das PBefG. → ABB, → EVO, → PBefG

Beherbergungsbetriebe: Die Merkmalseinteilung für gewerbliche Beherbergungsbetriebe und Gästezimmer in der Bundesrepublik Deutschland wurde gemeinsam vom damaligen Deutschen Fremdenverkehrsverband (DFV), Deutschen Hotel- und Gaststättenverband (Dehoga), Deutschen Reisebüroverband (DRV) und dem damaligen Deutschen Industrie- und Handelstag (DIHT) erarbeitet.

Beherbergungsgewerbe: Nach Dehoga gehören dazu folgende Betriebsarten: Hotel, Hotel Garni, Hotelpensionen/Pensionen, Fremdenheim, Gasthof, Motel, Aparthotel, Kurhotel, Kurheim. → Aparthotel, → Fremdenheime und Pensionen, → Gasthöfe, → Hotel, → Hotel Garni, → Hotelpension/Pension, → Kurheim, → Kurhotel, → Motel

Beherbergungsstatistik: Von den statistischen Ämtern des Bundes und der Länder durchgeführte Statistik. Die B. erfasst die Zahl der Ankünfte und Übernachtungen sowie bei Gästen aus dem Ausland das Herkunftsland in Beherbergungsbetrieben, die über neun oder mehr Betten verfügen. Die B. ist ein wichtiger Indikator für die Entwicklung und die Struktur des Tourismus im Inland (Inlandskonzept).

Beherbergungsvertrag: Der zwischen Gast und Unterkunftsbetrieb geschlossene Vertrag, der diesen zur Gewährung von Unterkunft (Zimmer sowie Heizung, Beleuchtung, Bedienung) und jenen zur Leistung des Entgelts verpflichtet. Beim B. handelt es sich um einen Mietvertrag mit teilweise zusätzlichen, atypischen Leistungen, d.h. um einen gemischten Vertrag aus miet- und z.T. dienst-, werk- und kaufvertraglichen Elementen. Es gilt im Übrigen die Gastwirtshaftung nach §§ 701 ff. BGB. Nach Dehoga wird der B. auch als Gastaufnahmevertrag bezeichnet und beinhaltet folgende Regelungen:

1. Der Gastaufnahmevertrag ist abgeschlossen, sobald die Zimmerbestellung vom Beherbergungsbetrieb angenommen ist.

2. Der Gastwirt/Hotelier/Vermieter ist verpflichtet, das reservierte Zimmer zur Verfügung zu stellen. Andernfalls hat er dem Gast Schadenersatz zu leisten.

3. Der Gast ist verpflichtet, den vereinbarten oder betriebsüblichen Zimmerpreis für die Vertragsdauer zu entrichten. Dies gilt auch, wenn das Zimmer nicht in Anspruch genommen wird. Bei Nichtinanspruchnahme sind die vom Gastwirt eingesparten Aufwendungen sowie die Einnahmen aus anderweitiger Vermietung des Zimmers anzurechnen.

4. Der Gastwirt ist nach Treu und Glauben gehalten, nicht in Anspruch genommene Zimmer nach Möglichkeit anderweitig zu vergeben.

Behindertenreisen: Von überwiegend gemeinnützigen und wenigen privaten Spezialveranstaltern teilweise mit Spezialverkehrsmitteln durchgeführte Ausflüge und Urlaubsreisen. Die begleitenden Betreuer sind seelisch und körperlich auf die Bedürfnisse der Behinderten eingeübt und den spez. Anforderungen gewachsen. Bestimmte Verkehrsmittel verfügen über Spezialeinrichtungen, z.B. für Rollstuhlfahrer, sowie bes. Ausstattung der sanitären Einrichtungen, z.B. DRK-Busse. Große und mittlere Veranstalter in der Bundesrepublik wickeln in der Regel Reisen für behinderte Gäste innerhalb ihres regulären Programms nach individueller Anfrage ab.

Beiboot: Zu einem größeren Schiff gehörendes kleines Ruder-, Segel- oder Motorboot mit einer Tragfähigkeit von meist 2 bis 3 Personen, z.B. als Rettungsboot eingesetzt oder auch zum Ausbringen des Ankers bzw. für den Verkehr mit dem Land.

Beirat für Tourismusfragen: Der B. wurde 1977 beim Bundesminister für Wirtschaft konstituiert, und seine Aufgabe ist es, den Bundesminister für Wirtschaft in Fragen der Tourismuspolitik zu beraten und durch gutachterliche Stellungnahmen zu unterstützen. Neben den Vertretern der Tourismuswirtschaft, der kommunalen Spitzenverbände und Organisationen sowie Verkehrsträgern gehören dem Beirat Vertreter der Verbraucherverbände, der Presse und der Gewerkschaften an. → Bundesministerium für Wirtschaft und Technologie BMWi

Beitrittsbonus: Willkommensfreimeilen bei Bonusprogrammen der Airlines, die man für den Beitritt zu einem Vielfliegerprogramm erhält. → Bonusprogramm, → Frequent Flyers/Travellers

BEJ: Bundesarbeitsgemeinschaft Evangelischer Jugendferiendienste e.V., evangelische Fachstelle für Tourismusfragen mit Sitz in Berlin; gegründet 1968. Die B. zählt 23 institutionelle sowie drei Fördermitglieder (Stand: Oktober 2001) aus den Bereichen Kirchliche Ämter, Werke und Verbände, Reisedienste mit eigener Rechtsfähigkeit. Sie übernimmt Aufgaben im Bereich Aus- und Fortbildung, setzt sich für die Informationsbeschaffung und -verbreitung in Tourismusfragen ein, vertritt evangelische Interessen im Reisebereich und führt Projekte im nichtkommerziellen Unterkunftsbereich durch. Auf ihre Initiative hin entstanden 1988 das Modellprojekt zur Internationalen Jugendarbeit „Intertreff" und 1989 die Informationszentrale „Eurokontakt". → Eurokontakt

Bellcaptain: Im Hotelservice in USA der Hausdiener, der Aufträge entgegennimmt und an Gepäckträger, Taxi u.a. weitergibt. Der Bellboy hat auf Weisung des Concierge Botendienste auszuführen; Bellhop ist der Gepäckträger.

Belly Load: Buchungsanfragen, die den Frachtraum eines Flugzeugs betreffen, wie z.B. Übergepäck,

Fahrradbeförderung, Tiere und Transport von Rollstühlen.

Belt: Schmale schiffbare Durchfahrt zwischen verschiedenen Meeresteilen, Meerenge.

Benchmarking: (engl. Benchmark – Bezugsmarke/Bezugspunkt, Benchmark Figure – Eckwert/Ausgangszahl/Vergleichszahl) Verfahren, mit dem die eigenen Produkte und Dienstleistungen kontinuierlich an denen der Branchen- oder Marktführer gemessen werden. Im Vordergrund steht dabei die Wettbewerbsposition im Vergleich zu den Mitbewerbern, weniger die Optimierung der unternehmensinternen Leistung. Auch einfach als Konkurrenzbeobachtung bekannt.

Benutzeroberfläche: Die B. dient zur Erleichterung der Kommunikation zwischen dem Anwender und dem Programm. Im Gegensatz zu DOS-Versionen, bei denen man kurze englische Befehle eingeben musste, sind die heutigen Bn. menügesteuert. Alle Anweisungen lassen sich per Mausklick auf Icons oder die Menüsteuerung aufrufen.

Benzingutscheine: Ehemalige Berechtigungsscheine zum Bezug einer bestimmten Menge verbilligten Kraftstoffs im Ferienland. Z.B. Italien förderte damit den Autotourismus. Außer dem Sonderpreis für Benzin enthielt ein Carnet manchmal noch Gutscheine für Mautgebühren, Reparatur- und Abschleppdienst. B. sind KFZ-gebunden, also nicht übertragbar. → Carnet de Passage

Bergbahn: Selbstständig betriebene Bahn, dient vorwiegend dem Tourismus, z.T. auf Saison beschränkt (Standseilbahnen, Zahnradbahnen, Schwebebahnen).

Bergfahrt: Die Fahrt stromauf in der Binnenschifffahrt; stromab: Talfahrt. → Talfahrt

Bergführer: Eine mit den Gefahren des Bergtourismus besonders vertraute, ortskundige Person, die Bergwanderer gegen Entgelt auf Bergwanderungen begleitet. Der B. kann direkt oder durch Vermittlung örtlicher Hotels, Reisebüros oder Fremdenverkehrsstellen unter Vertrag genommen werden; er benötigt eine behördliche Zulassung und unter-

Berufsakademien mit tourismusorientierten Studienschwerpunkten

Berufsakademie	Studiengang (Abschluss)	Studienschwerpunkte	Regelstudienzeit
BA Berlin	Tourismusbetriebswirtschaft (Dipl.-Betriebswirt/in (BA))	Betriebswirtschaft, Volkswirtschaft, Recht, Wahlfächer wie Eventmarketing	3 Jahre
Ba Lübeck	Betriebswirtschaftslehre Schwerpunkt Tourismus (Dipl.-Betriebswirt/in (BA))	Reisemittler/-veranstalter, Fremdenverkehr, Kur- und Bäderwesen, Hotellerie und Gastronomie	3 Jahre
BA Ravensburg	Tourismusbetriebswirtschaft (Dipl.-Betriebswirt/in (BA)), nach dem 2. Ausbildungsjahr: (Wirtschaftsass. (BA))	Reiseveranstaltung/-vermittlung, Hotel- und Gastronomiemanagement, Destinations- und Kurortemanagement, Messe- und Kongressmanagement	3 Jahre
BA Sachsen Breitenbrunn	Tourismuswirtschaft (Dipl.-Betriebswirt/in (BA))	Hotelmanagement, Reiseveranstaltung, Kurbäder-, Zielgebietsmanagement, Veranstaltungsmanagement u.a.	6 Semester
Leibnitz-Akademie Hannover	Betriebswirtschaftslehre Fachrichtung Touristik (Dipl.-Betriebswirt/in (BA))	Allgemeine Betriebswirtschaft, Touristikbetriebslehre, Volkswirtschaft, Wirtschaftsrecht	3 Jahre

steht einer gesteigerten zivil- und strafrechtlichen Sorgfaltspflicht.

Bergungskosten: Begriff aus der Versicherungsbranche, betrifft die Kosten, die nach einem Unfall zur Deckung der Ausgaben für Suchaktionen nach Verletzten bzw. Toten und deren Transport entstehen.

Bermuda II: Luftverkehrsabkommen zwischen den USA und Großbritannien aus dem Jahr 1977 entsprechend den Open-Sky-Verträgen. Ausgenommen waren allerdings die großen Flughafen London-Heathrow und -Gatwick mit folgenden Einschränkungen: Nur zwei namentlich benannte Airlines dürfen von dort aus in die USA fliegen, die Zahl der Flüge und die Passagierkapazität sind limitiert, die anzufliegenden Städte in den USA und die beiden Verkehrsministerien müssen die Flugpreise genehmigen. → Open Sky, → Chicagoer Abkommen

Berninabahn: 1910 fertig gestellte elektrisch betriebene Linie der Rhätischen Bahn von Chur nach Pontresina, von dort über den Berninapass ins Puschlav und weiter zum italienischen Städtchen Tirano. Eine besondere Aufwertung erfuhr die B. durch die Einführung des Bernina-Express im Jahr 1973. → Bernina-Express

Bernina-Express: Der Zug verkehrt zwischen Chur (Schweiz) und Tirano (Italien). In viereinhalb Stunden überquert er das südliche Alpenmassiv mit der Berninagruppe. Besonderheit der Strecke ist, dass die Bahn die Passhöhe von 2253 Metern ohne Tunnel überwindet. → Berninabahn

Berufsakademien: Einrichtungen des tertiären Bildungsbereichs, die Abiturienten in Kooperation mit Wirtschaftsunternehmen ausbilden, ein Studium mit Lehrvertrag. Die vermittelten Abschlüsse wie z.B. Diplom-Betriebswirt (BA) stehen vergleichbar neben berufsbefähigenden Abschlüssen an Fachhochschulen. → Diplom-Betriebswirt BA

Berufsakademiestudium des Tourismus: Zulassungsvoraussetzungen für das Studium an der Berufsakademie (BA) sind die fachgebundene bzw. allgemeine Hochschulreife und ein Ausbildungsvertrag mit einem Betrieb. Häufig stellen die Akademien den Bewerbern eine Liste kooperierender Unternehmen zur Verfügung. Die dreijährige Ausbildung nennt sich dual, weil das Konzept einen regelmäßigen Wechsel von Praxisphasen im Betrieb und Studienphasen an der BA vorsieht. Der Studierende erwirbt den Abschluss Dipl. Betriebswirt/in (BA) (siehe Tabelle Seite 38).

Berufsausbildung im Hotel- und Gaststättengewerbe: → Fachkraft im Gastgewerbe, → Fachmann/-frau für Systemgastronomie, → Hotelfachmann/-frau, → Hotelkaufmann/-frau, → Restaurant-Personal

Berufsausbildung im Verkehrswesen: → Kaufmann/-frau für den Verkehrsservice, → Kaufmann/-frau im Eisenbahn- und Straßenverkehr, → Luftverkehrskaufmann/-frau, → Schifffahrtskaufmann/-frau, → Servicekaufmann/-frau im Luftverkehr, → Verkehrsfachwirt/in, → Verkehrsflugzeugführer/in

Berufsgenossenschaften: Sind als öffentlich rechtliche Körperschaften Träger der sozialen Unfallversicherung. B. werden nach den Sparten Gewerbe, Landwirtschaft und See unterschieden. Mitglieder

Ausbildungsverhältnisse

	in 1000			Veränderung zum Vorjahr in %		
	1997	1998	1999	1997	1998	1999
Deutschland insgesamt	1622,0	1657,8	1698,1	+ 1,9	+ 2,2	+ 2,4
Gastgewerbliche Berufe gesamt	72,1	78,1	85,4	+ 7,5	+ 8,3	+ 9,3
darunter						
· Fachkraft/-gehilfe im Gastgew.	4,2	5,4	6,4	+ 23,5	+ 28,6	+ 18,5
· Hotelfachmann, - kaufmann/frau	26,7	27,8	29,5	+ 3,5	+ 4,1	+ 6,1
· Koch/Köchin	28,6	31,8	35,8	+ 11,7	+ 11,2	+ 12,6
· Restaurantfachmann/-frau	11,5	12,3	13,7	+ 5,5	+ 7,0	+ 11,4
Verkehrsberufe gesamt	11,9	12,9	14,6	+ 6,3	+ 8,4	+ 13,2
· Reiseverkehrskaufmann/-frau	8,2	8,3	9,2	./. 0,4	+ 0,5	+ 10,8
Touristische Berufe gesamt	72,1	78,1	85,4	+ 7,5	+ 8,3	+ 9,3

Quelle: Statistisches Bundesamt

sind alle Unternehmer, die regelmäßig Versicherungspflichtige beschäftigen, mit Ausnahme des Bundes, der Länder, der Bundesanstalt für Arbeit, der Gemeinden u. Gemeindeverbände, die selbst Träger der Unfallversicherung sind. Insbesondere sind zu nennen: BG-Binnenschiffahrt, BG-Straßen, BG-U-Bahnen und Eisenbahnen, BG-Nahrungsmittel und Gaststätten.

Berufskraftfahrer-Ausbildungsordnung: „Berufskraftfahrer" ist ein staatlich anerkannter Ausbildungsberuf. Ausbildungsschwerpunkte sind: Technische Kenntnisse, Straßenverkehrsrecht, Verkehrssicherheit und Fahrtechnik, Verhalten nach Unfällen, Arbeits- und Sozialrecht, Arbeitsschutz, Unfallverhütung, Arbeitshygiene und Umweltschutz. Die Ausbildung erfolgt an den Lernorten Betrieb und Berufsschule. Nach etwa 18 Monaten findet eine Zwischenprüfung statt, nach drei Jahren die Abschlussprüfung. Zum 1. August 2001 trat eine neue Ausbildungsverordnung für Berufskraftfahrer mit erweiterten Inhalten in Kraft. Durch eine Initiative des WBO startete zum 1. September 2001 in Baden-Württemberg ein Modellversuch, bei dem Jugendliche schon mit 18 Jahren eine qualifizierte Ausbildung zum Berufskraftfahrer machen und den Busführerschein erwerben können. Ob man ausgebildeter Berufskraftfahrer ist oder nicht, ist u.a. wichtig bei Berufsunfähigkeit. → Berufskraftfahrer/in, → WBO

Berufskraftfahrer/in: Offiziell anerkannter Ausbildungsberuf im Verkehrswesen. Die dreijährige Ausbildung wird im dualen System angeboten und schließt mit einer Prüfung vor der IHK ab.

Beschäftigungsgesellschaften: Von der Bundesanstalt für Arbeit finanzierte Einrichtungen, unter deren Dach zur Vermeidung von Massenentlassungen Arbeitnehmer für öffentliche Aufgaben eingesetzt werden. B. wurden Anfang der 80er Jahre mit dem Niedergang der Stahlindustrie in Luxemburg und Saarland bekannt. Sie wurden zur Sanierung der dortigen Industriegelände eingesetzt; später in der ehem. DDR zur Verbesserung der Infrastruktur und im Umweltschutz.

Besetzteinfahrt mit anschließender Leerrückfahrt: Dabei fährt der Bus mit einer Reisegruppe ins Ausland und kehrt anschließend leer wieder zum Ausgangsort zurück. → Leereinfahrt mit anschließender Besetztausfahrt

Best-Buy-Datenbank: Von Nira Verwaltungsgesellschaft, Hannover, entwickelt. Beteiligen können sich alle Consolidators und Other Agents, die Flugtickets auf Netto-Basis an Reisebüros verkaufen sowie Fluggesellschaften mit Direktverkauf an Reisebüros.

Best-Buy-Funktion: Damit lässt sich über EDV-Systeme der jeweils günstigste verfügbare Preis für die gewünschten Reiseleistungen ermitteln. Anwendung von B.n z.B. im CRS Galileo oder Amadeus bei Flugtarifen; auf Best-Buy-Tarif wird auf Wunsch automatisch umgebucht. Im Internet ermöglichen verschiedene Systeme den Zugriff auf die günstigsten Preise mehrerer Online-Anbieter. → Amadeus, → Bargain Finder, → CRS, → Galileo

Best Choice DB: Im Rahmen der Counter-Software Kurs 90 der Deutschen Bahn Programm zur Ermittlung des jeweils günstigsten Fahrpreises. → Kurs 90

Best Choice für Schiffsfahrscheine: → DER-Schiffsfahrscheine über Start

Best of Africa: Veranstalterkooperation aus Deutschland, Österreich und der Schweiz mit dem Zielgebiet Afrika; u.a. mit Karawane Studienreisen.

Best of the Alps: Zehn Traditionsferienorte in den Alpen vermarkten sich unter dieser Dachmarke in den USA und Fernost. In B. sind Urlaubsorte aus Österreich, der Schweiz, Frankreich und Deutschland zusammengeschlossen. Sie präsentieren sich als Ganzjahresreiseziele.

Bestravel: Reiseangebots- und Informationssystem mit Best-Buy-Funktion für touristische Leistungen von Start-Amadeus. Die Software läuft unter Start Comfort. Kataloge von 25 Veranstaltern und 9000 Hotels sind im Bestand (Stand Oktober 1999). Entwickelt von dem inzwischen von Start-Amadeus übernommenen Unternehmen Bestravel. Umbenennung in Touristic IT. → Start Comfort

Besucher: Für die Statistik des internationalen Reiseverkehrs hat die WTO folgende Definition vorgenommen: Besucher sind Personen, die ein Land besuchen, in dem sie nicht ihren gewöhnlichen Aufenthalt haben, unabhängig vom Grund des Aufenthaltes mit Ausnahme der Ausübung einer vom Besuchsort aus entlohnten Beschäftigung. Diese Definition beinhaltet:

• Touristen, d.h. vorübergehende Besucher, die wenigstens eine Nacht und weniger als ein Jahr in einem Besuchsland verbringen; ihr Besuchszweck kann wie folgt beschrieben werden:

a) Freizeit (Erholung, Urlaub, Gesundheit, Studium, Religion und Sport);

b) geschäftliche Tätigkeit, Familie, Mission, Versammlung.

• Ausflügler, d. h. vorübergehende Besucher, die keine Übernachtung im Besuchsland verbringen (einschließlich Teilnehmer an Kreuzfahrten). Ausflügler sind nach dieser Definition also keine Touristen.

Besucherlenkung: Grundlage ist eine räumliche Funktionstrennung von Bereichen intensiver touristischer Nutzung bis hin zu Sperrräumen unter Berücksichtigung ihrer Sensibilität. B. wird erreicht durch den gezielten Infrastrukturausbau hinsichtlich Lage, Qualität und Kapazität, eine geeignete Öffentlichkeitsarbeit und ggf. auch Zwangsmaßnahmen wie Ge- und Verbote.

Betriebsergebnis: Betriebserfolg; im Rechnungswesen wird dafür die Differenz zwischen Gesamterlös und Gesamtaufwand des betrieblichen Leistungsprozesses ermittelt. Das B. stellt eine wichtige Messgröße zur Beurteilung der Ertragskraft eines Betriebes dar; es wird getrennt vom Unternehmensergebnis ermittelt.

Betriebspflicht: → Grundpflichten

Betriebssystem: Grundlegendes Programm (Software), das für jeden Computer erforderlich ist, um seine Rechnerfunktionen und Speicherkapazität nutzbar zu machen. Das B. verwaltet einerseits das technische Grundgerät des Computers (Hardware), um z.B. die Arbeit von Zentraleinheit und Peripheriegeräten zu koordinieren, und verwaltet, koordiniert und steuert andererseits die weitere Software in Form von Anwenderprogrammen. Schließlich hat das B. umfangreiche Hilfsfunktionen bei der Dateiverwaltung, Diskettenformatierung usw. → Anwenderprogramme

Betriebsverfassungsgesetz: Das B. regelt die Mitbestimmungs- und Mitwirkungsrechte der Arbeitnehmer/innen an Entscheidungen auf Betriebsebene. Auch die Wahl, Amtszeit, Organisation und Geschäftsführung ist im B. geregelt. Darüber hinaus sind auch Art und Ausmaß der Mitbestimmungs- und Mitwirkungsrechte des Betriebsrats in sozialen, personellen und wirtschaftlichen Fragen geregelt. Das B. gehört zum kollektiven Arbeitsrecht und größenteils zum öffentlichen Recht.

Betriebsvergleich: Instrument zur Ermittlung betriebswirtschaftlicher Kennzahlen eines Betriebes, die im wesentlichen aus Bilanz, Gewinn- und Verlust-Rechnung und betrieblicher Statistik abgeleitet werden und deren systematischen Vergleich. Der interne B. erfasst die Daten desselben Betriebes über einen bestimmten Zeitraum, hauptsächlich zu den Vorjahresdaten. Beim externen B. werden diese Daten mit Kennzahlen anderer Betriebe gleicher Größenordnung/Struktur verglichen, sowohl regional als auch überregional. Der B. dient der Analyse und damit der Beurteilung eines Unternehmens, i.d.R. mit dem Ziel, die Rentabilität durch Anpassung seiner Strukturen zu verbessern. Der B. gehört zur betriebswirtschaftlichen Beratung der Verbände; durchgeführt von Rechenzentren. → Reisebürospiegel, → Rentabilität, → Stärken-Schwächen-Profil

Betriebsvergleich IFH: Durch Nennung von Struktur-, Umsatz-, Leistungs- und Kostenzahlen, Netto-Renditen und Betriebsergebnissen können Reisebüros eigene Stärken und Schwächen in der jeweiligen Vergleichsgruppe erkennen und die Wirtschaftlichkeit bewusst steuern. 1993 nahmen erstmals rd. 1000 Betriebsstätten, darunter 50% Kettenbüros, an der von DRV und ASR mit Bundesmitteln finanzierten Gesamtstatistik teil, die vom Kölner Institut für Handelsforschung (IFH) erhoben wird.

Betriebswirt (staatl. geprüft) Reiseverkehr/Touristik: Zweijähriges Weiterbildungsangebot mit touristischer Ausrichtung. Voraussetzungen für die Zulassung sind eine abgeschlossene Ausbildung im Wirtschaftssektor und Berufspraxis. Anbieter sind u.a.

- Fachschule Tourismus, Cochem
- Reiseverkehrsakademie, Düsseldorf
- Staatl. Schule für Betriebswirtschaft, Friedrichshafen
- F+U Akademie für Touristik, Heidelberg
- Fachschule für das Gaststätten- und Hotelwesen, Leipzig
- Fachschule für Betriebswirtschaft, Lübeck
- Wirtschaftsfachschule für Fremdenverkehr und Tourismus, Kall
- Fachschule für Tourismus, Rodalben
- Wilhelm-Knapp-Fachschule für Tourismus, Weilburg

Bett & Bike: Initiative des ADFC, dem sich bundesweit mehr als 1200 fahrradfreundliche Gastbetriebe angeschlossen haben. Sie bieten Abstellräume für das Fahrrad, ein erweitertes Radlerfrühstück und Informationen zur Radroute. Generell sind Gäste auch für nur eine Nacht willkommen. → ADFC

Bewegungstherapie: Heilbehandlung durch Kur- und Krankengymnastik mit Hilfe von Bewegungsbädern, Unterwassergymnastik und -massage sowie Gesundheitssport.

Bewirtungsvertrag: Der Vertrag, unter dem der Wirt seine Gäste mit Speisen und Getränken bewirtet, stellt sich als Werklieferungsvertrag dar, auf den die Vorschriften des Kaufrechts im BGB Anwendung finden.

BfA: Bundesversicherungsanstalt für Angestellte, Sitz: Berlin, Körperschaft des öffentlichen Rechts.

BFS: Bundesanstalt für Flugsicherung, Sitz: Frankfurt/M. Diese Bundesbehörde wurde 1953 durch Gesetz installiert und mit den Aufgaben der Sicherung der Luftfahrt, Flugverkehrskontrolle mit Bewegungslenkung, Flugberatung, Flugalarm-, Flugfernmelde- und Flugnavigationsdienst betraut; ab 1993 privatisiert und umbenannt in DFS, verbleibt jedoch in Bundesbesitz. → DFS, → Planungsbüro Luftraumnutzer

BFU: Bundesstelle für Flugunfalluntersuchung; hat die Aufgabe, Unfälle und schwere Störungen beim Betrieb von Luftfahrzeugen in Deutschland zu untersuchen und deren Ursache zu ermitteln. Sitz in Braunschweig.

BGB: Bürgerliches Gesetzbuch; entstanden August 1896, Grundlage des Zivilrechts. Geregelt werden hier u.a. die Grundfragen der tourismusrelevanten Vertragsverhältnisse, ausführlich im Reisevertragsrecht der §§ 651 a-m. Die Konkretisierung der Leistungspflichten erfolgt dann über AGB/ARB und den jeweils mit dem Reisekunden geschlossenen Einzelvertrag.

BHC: → Backhaul-Check

Biassed Display: Unter dieser Bezeichnung sind bei den CRS die Displays (Bildschirmausgaben) nach Marketinggesichtspunkten der Betreiber aufgebaut und nicht neutral dargestellt. → Unbiassed Display

Biennale: Im Zweijahresrhythmus stattfindende Festspiele, Aufführungen oder Ausstellungen, z.B. Film-Biennale in Venedig.

Bierlieferungsvertrag: Aus verschiedenen Vertragstypen kombiniert. Neben Elementen des Kaufrechts (regelmäßige Getränkebestellung) und des Miet-/Pachtrechts (Schankräume von der Brauerei) sind häufig Elemente des Darlehens entscheidend; auf Grund dieses sog. Brauereidarlehens erhält der Gastwirt Kreditmittel, z.B. für die Gaststätteneinrichtung von der Brauerei gegen Bezugsverpflichtung. Die Getränkeabnahme tilgt zugleich laufend das Darlehen.

BIG: Billets Individuels de Groupes, Veranstalterangebote mit der Bahn für Einzelreisen zu Sondertarifen.

Big Apple: In USA werblich geprägter Spitzname für New York/Manhattan.

Big Easy: In USA werblich geprägter Spitzname für New Orleans.

Bigt: Billett International Groupe Travailleur, Bahnreiseangebote im Gastarbeiterverkehr von DER und Wasteels.

Bilanz: Ein auf einen bestimmten Zeitpunkt (Geschäfts- oder Kalenderjahr) bezogener Gesamtabschluss des Rechnungswesens eines Unternehmens. In der B. werden die Aktiva (Vermögenswerte) den Passiva (Eigen- und Fremdkapital) gegenübergestellt.

Bildtelefonieren: Kommunikationsart, bei dem die Teilnehmer nicht nur akustisch miteinander kommunizieren, sondern auch in direktem Blickkontakt miteinander stehen. Bildtelefonverbindungen werden im ISDN über Videokonferenz-Systeme oder über ein spezielles Bildtelefon realisiert.

Bildungsreisen: Der Begriff ist nicht klar abgegrenzt gegenüber den Studienreisen. Im 19. Jh. konnten klassische Bildungsreisen mehrere Monate dauern. Sie boten eine Möglichkeit, echte Bildung zu erweitern und, die Zeit zur Betrachtung in Muße. Moderne B. dauern bei gedrängtem Besichtigungsprogramm meist nicht länger als zwei Wochen. Ganz allgemein werden heute eher Reisen mit dem Ziel der Weiterbildung (z.B. Sprachen, Informatik) als B. bezeichnet. → Studienreisen

Bildungsurlaub: Der größte Teil der abhängig beschäftigten Bevölkerung hat Anspruch auf Bildungsurlaub bei Fortzahlung des Arbeitsentgelts und der Sozialabgaben durch den Arbeitgeber. Trotz Inanspruchnahme von Leistungen des Tourismus wird der B. nicht dem Tourismus zugerechnet.

Bildungswerk der Omnibusunternehmer: Unter Übernahme und Erweiterung des Fortbildungsangebotes des AJO – Arbeitskreis Junger Omnibusunternehmer des WBO gegründet. Das bundesweit angebotene Fortbildungsprogramm orientiert sich an aktuellen Fragen und Problemen des Busgewerbes zu den Bereichen:

- Management und Führungsverhalten
- Betriebswirtschaft
- Arbeits- und Sozialrecht
- Marketing und Öffentlichkeitsarbeit
- Mitarbeiterschulung für u.a. Busfahrer, Reiseleiter
- EDV und neue Medien

→ WBO

Billigflaggen-Länder: Zunehmend seltener melden Reedereien ihre Kreuzfahrtschiffe in westlichen Industrieländern an. Die Registrierung der Schiffe in B. erfolgt aus betriebswirtschaftlichen Gründen. Länder mit weniger strengen Vorschriften, mit einem sog. Offenen Register, im internationalen Sprachgebrauch auch FoC-Flag of Convenience oder Gelegenheitsflagge, sind z.B. Liberia, Panama usw. → Ausflaggen

Billigflüge: Eine breite Angebotspalette und hohe jährliche Zuwachsraten im Touristik- und Geschäftsreiseverkehr kennzeichnen im Zuge der Liberalisierung in Europa und weltweit die Märkte. Nicht ausgenutzte Kapazitäten der Fluggesellschaften haben Niedrigpreise zur Folge. Billigflüge gewinnen am Weltmarkt immer mehr Bedeutung. Das geltende

Recht sieht im Iata-Verbund und dessen angeschlossenen Agenturen eine Preisbindung vor; damit dürfte der Graumarkt keine eigentliche Existenzberechtigung haben. In der Regel lässt sich auch festlegen, dass der höhere Gesamtpreis für das Ticket mehr Komfort und Service bedingt. Oftmals erweist sich die Suche nach dem geeigneten Ticket als Zeit raubend und schwierig, deshalb lohnt vor der Buchung ein Preisvergleich. Allerdings kann der Preis nie das einzige Kriterium bleiben, ebenso bedeutend sind die Wahl der Fluggesellschaft, die Gültigkeit der Tickets, der Service sowie Interlining und Stornobedingungen, Maschinentyp u.ä. Fluggesellschaften, die B. anbieten, werden Low Fare Airlines genannt. → Graumarkttickets, → Interlining, → Liberalisierung im Luftverkehr, → Low Fare Airline

Billing and Settlement Plan: → BSP

Billing and Settlement Plan Committee: → BSPC

Billing Period: Abrechnungszeitspanne des BSP, über die eine Abrechnung erstellt wird; sie kann aus einer oder mehreren Meldeperioden bestehen. Der Zeitraum wird vom BSP-Komitee (BSPC) festgelegt. → BSP, → BSPC

Bingo: 1. Beliebtes Lottospiel; auf Kreuzfahrtschiffen ist B. fester Bestandteil der Unterhaltung.

2. Business International Nongovernmental Organizations, multinationale Organisationen. Diese Gruppe stellt den größten Teil der internat. Kongresse.

Binnenmarkt: Wirtschaftsraum, in dem überall gleiche Bedingungen für den Kapital-, Dienstleistungs- und Warenverkehr herrschen und in dem jeder Bürger Wohn- und Arbeitsort frei wählen kann. Der Europäische Binnenmarkt ist zum 1. Januar 1993 verwirklicht worden.

Binnenschifffahrt: Personen- und Güterschifffahrt auf bundesdeutschen Flüssen, Seen und Kanälen; die Weiße Flotte (Personenschifffahrt) besteht aus mehr als 800 Fahrgastschiffen; Gesamtkapazität: bis zu 225.000 Personen. Rd. 15 Mill. Menschen sind alljährlich zu Gast an Bord dieser Schiffe auf kurzen Ausflugsstrecken oder mehrtägigen Kabinenschiffsreisen. Saison von Ostern bis Herbst. → KD, → Mittelständische Personenschifffahrt

Binnenverkehr: Verkehr innerhalb des eigenen Netzes; Ausgangs- und Zielpunkt liegen innerhalb der Staatsgrenzen. Gegensatz: Transitverkehr. → Transit

Bioklima: Nach dem Deutschen Bäderkalender wird bei der Luftschicht, in der der Mensch lebt, wie folgt unterschieden: thermisch schonend, reizschwach, reizmild, reizmäßig, reizkräftig; aktinisch reizschwach, reizmild, reizmäßig, reizkräftig.

Biosphärenreservat: Hat das Ziel, Natur zu schützen sowie Kulturlandschaften zu pflegen und nachhaltig zu entwickeln. Durch Forschung in diesen Regionen sollen neue Wege für ein Zusammenleben von Mensch und Natur entwickelt, erprobt und beispielhaft umgesetzt werden. Das deutsche Netz der B.e ist Teil eines weltweiten Netzes, das gegenwärtig 300 Gebiete in 75 Ländern umfasst. Zum Teil wurden Besucherzentren eingerichtet.

Biotop: Lebensraum, Lebensstätte. Von einer Lebensgemeinschaft oder einer bestimmten Organismenart besiedelter Raum innerhalb eines Ökosystems, durch physikalische und chemische Faktoren gekennzeichnet und dadurch zur Besiedlung für bestimmte Lebewesen geeignet.

Bistro: Angebots- und Informationssystem des Instituts für Freizeitanalysen (IFF) mit 375 Katalogen von 142 Veranstaltern, ausführliche Beschreibungen von 11.900 Hotels, (Stand: Oktober 1999) Ähnlichkeitssuche, Counter-Memos, Reisewunschmaske und Gesamtpreisberechnung (Stand September 1999), mit Schnittstellen zu Start, Merlin und Galileo. → Tourmanager

Bistrobus: Doppelstöcker mit den Annehmlichkeiten eines Speisewagens. Auf der oberen Ebene bietet er in Schlafsesseln Platz für 50 Personen, unten befindet sich das Bistro mit vier Tischen, 16 Sitzplätzen und der Bordküche.

Bistrowagen: Gastronomiekonzept von Mitropa und DB mit Selbstbedienung, kleiner Auswahl an Speisen und Getränken bei nur einem Servicemitarbeiter. → Bordrestaurant

BIT: Borsa Internationale del Turismo, Internationale Tourismusmesse in Mailand; findet jedes Jahr im Februar statt.

Bits: Bureau International du Tourisme Social, internat. Büro für Sozialtourismus, Sitz: Brüssel.

Blackout Date: Allgemein: Ausschlusszeit. Termine bei Prämienflügen, zu denen Freiflüge nicht gebucht werden dürfen (oft zur Hochsaison). Jedes Bonusprogramm arbeitet mit Ausschlussdaten. → Bonusprogramm, → Frequent Flyers/Travellers

Blaue Europa-Flagge: Umweltzeichen, das seit 1987 jeweils für ein Jahr an vorbildliche Urlaubsorte und Sportboothäfen in allen EU-Staaten verliehen wird. Die Kampagne um die B. setzt sich aus einem Wettbewerbs- und einem Informationsteil zusammen. Die am Wettbewerb beteiligten Urlaubsorte haben bestimmte Kriterien hinsichtlich Wasserqualität, Abwasser, Strandqualität und Strandverwaltung sowie Umweltinformation am Urlaubsort zu erfüllen. Die beteiligten umweltorientierten Sportboothäfen erfüllen u.a. Kriterien hinsichtlich des Hafens und seiner Umgebung, Ausrüstung und Einrichtungen im Hafen sowie Umweltinformation für Wassersportler. Um alle Teilnehmer über den Verlauf der Initiative zu unterrichten und Anregungen zu weiterem Umwelthandeln zu geben, werden Umweltinformationsveranstaltungen durchgeführt. Von den 10.000 Stränden der EU haben 1461 im Jahr 1994 rückwirkend für 1993 eine Blaue Europa-Flagge erhalten. 1990 wurde die Initiative erstmals auch für Orte an Flüssen und Seen durchgeführt. → DGU - Deutsche Gesellschaft für Umwelterziehung, → FEEE - Foundation for Environmental Education in Europe

Blauer Fink-Ordner: Länderinformation/-briefe zur Vorbereitung und Durchführung von Auslandsreisen, dreibändiges Werk in loser Blattform mit ständiger Aktualisierung, erscheint im Verlag Fink, Kümmerly + Frey, Stuttgart. → Länderbrief

Blaues Band: Auszeichnung für das jeweils schnellste Schiff in Nordatlantikfahrt zwischen Europa und Nordamerika. Seit 1998 wird der Rekord zwischen den 2942 sm entfernten Ambrose Light und Bishop's Rock von der dänischen Katamaran-Fähre „Cat-Link V“ der dänisch-deutschen Reederei Scandlines mit zwei Tagen, 17 Stunden, 59 Minuten mit einer Durchschnittsgeschwindigkeit von 41,2 kn gehalten. Nach den deutschen Passagierschiffen „Bremen“ und „Europa“ hatte 1952 die „United States“ das Band mit einer Reisezeit von drei Tagen, zehn Stunden und 40 Minuten erhalten.

BLD: Berufsverband der Luftfahrt in Deutschland, Sitz: Düsseldorf. Ziel ist die Interessenvertretung der in der nichtstaatlichen Luftfahrt beschäftigten Berufsluftfahrer (Cockpit-Besatzungen) und Führungskräfte. Mitwirkung bei behördlichen und gesetzgeberischen Maßnahmen in der Luftfahrt und der Flugsicherheit.

Blinder Passagier: Person, die sich ohne gültiges Ticket an Bord eines Schiffes oder Flugzeugs schmuggelt und erst auf der Reise entdeckt wird oder sich stellt.

Blindflug: Bezeichnet das Fliegen nach Instrumenten bei Nebel- bzw. Schlechtsichtlagen.

Blizzard: Schneesturm in den USA und Kanada.

BLND: Bei Flugbuchungen Abkürzung für sehbehinderten Passagier. → Airimp, → SSR

Blockcharter: → Pro Rata Charter, → Teilcharter

Blocked Space Code-Share: → Allotment

Block-Police: Versicherungsscheine vom Block, die von Geschäftsstellen der Versicherer, den Abschlussagenten, aber auch von Reiseveranstaltern und Beförderungsunternehmen bereitgehalten und nach Eintragung weniger Daten ausgehändigt werden.

Blockzugbildung: Bezeichnung der DB bei IC/EC-Zügen für die räumliche Trennung der Waggons in Blöcke mit Erster und Zweiter Klasse und Zugrestaurant. → EC/EC-Netz, → Flügelzug, → IC-Intercity

Bluetooth: Schnurlose Verbindung verschiedener Kommunikationsgeräte. Übertragung erfolgt mittels Funkverbindung.

Blue Train (Bloutrein): Komfortabler Zug, der Kapstadt und Pretoria in Südafrika miteinander verbindet. Die Fahrt über 1608 km beansprucht etwa 25 Stunden. Der Fahrpreis beinhaltet drei Mahlzeiten, es steht ein Gesellschaftswagen zur Verfügung. Der BT durchquert die Weinanbaugebiete nahe Kapstadt und erreicht weiter nördlich die frühere Diamantenstadt Kimberley und kurz vor dem Ziel Johannesburg. Es gibt für diesen Zug ein eigenes Reservierungsbüro in Johannesburg.

BMIS: Reporting-System der DB für elektronische Großkundenabonnements (GKT). Hierbei werden sämtliche Reisedaten gespeichert und können nach folgenden Merkmalen ausgewertet werden: Umsatz Gesamtkunde, Umsatz ausgewählter Unternehmensteile, Umsatz nach Tarifangeboten, Streckenauswertungen, Nutzung von Tarifangeboten auf definierten Strecken und Umsatz der beteiligten Firmenreisebüros oder Verkaufsstellen. → GKA - Großkundenabonnement, → GKT

Boarding Card/Boarding Pass: Bordkarte zum Einsteigen in Flugzeuge und auf Schiffe.

Boarding Pass: Engl. für Bordkarte. Er wird meist am Flughafen, direkt am Abfertigungscounter der Airlines und gegen Vorlage des Flugtickets ausgestellt. Die Bordkarte enthält die Sitznummer des Passagieres, der sie beim Einsteigen ins Flugzeug vorzeigt. Mit dem neuen ATB Verfahren ist die Bordkarte jedoch schon im Ticket enthalten. → Abfertigung im Flugverkehr, → ATB, → Ground Handling

Boarding-Haus: Angebotsform am heimischen Wohnungsmarkt für „Privat auf Zeit wohnen“; gemeint ist die Bereitstellung von Apartments für Geschäftsleute, die beruflich bedingt über einen längeren Zeitraum Arbeitsplatz und -ort wechseln müssen. Büroservice ist meist angegliedert.

Boarding House: Das engl. B. entspricht bezüglich der Möglichkeit des längeren Anmietens von Wohnraum der deutschen Pension, erlaubt darüber hinaus jedoch auch die Aufstellung eigener Möbel. Eine komplette Küche sowie andere beherbungsspezifische Einrichtungen und Dienste können in Anspruch genommen werden. Nach Dehoga wendet sich das Angebot des BH meist an Langzeitnutzer im urbanen Umfeld. Die Zimmer sind von ihrer Ausstattung her an privaten Wohnungen ausgerichtet. Der Service schwankt von sehr geringem Angebot bis hin zu einem hotelmäßigen Room Service. → Pension/Hotelpension

Boarding Time: Zeit, zu der mit dem Einsteigen der Passagiere ins Flugzeug begonnen werden kann.

Bodendienste: Bodenabfertigung im Flugverkehr. → Abfertigung im Flugverkehr, → Ground Handling

Bodensee-Werbung: → Internationale Bodensee-Werbung

Bodenverkehrsdienste: Bodenabfertigung im Flugverkehr. → Abfertigung im Flugverkehr, → Ground Handling

Bö: Plötzlich auftretendes Stärkerwerden des Windes von nur kurzer Dauer. Man unterscheidet die „schwarze Bö", gewitterähnlich, ohne elektrische Entladung und die „weiße Bö", die aus heiterem Himmel kommt und nur am Aufschäumen des Wassers erkennbar ist.

Böfa: Börse für Alleinreisende, Sitz: Hamburg. Ihr Zweck ist die Verbesserung der Situation Alleinreisender u.a. durch Zusammenführung reiseinteressierter Einzelpersonen.

Boeing: 1916 gegründetes amerikanisches Unternehmen der Luftfahrtindustrie mit Sitz in Seattle, USA. Hersteller der Flugzeugtypen B-727, B-737, B-747, B-757, B-767. 1997 Übernahme von McDonnell-Douglas → McDonnell-Douglas

Börse: Ist der Marktplatz für Wertpapiere. Der Börsenhandel findet an bestimmten Orten (in der Bundesrepublik Deutschland sind dies Berlin, Bremen, Düsseldorf, Frankfurt, Hamburg, Hannover, München und Stuttgart) und zu bestimmten Zeiten statt. Es gibt auch Börsen für Devisen und Waren. → Aktienindex, → Devisen, → Wertpapiere

Börsengang: Nach der Festlegung der mit dem B. angestrebten Ziele erfolgt die Gründung oder Umwandlung der Unternehmensform in eine AG. Anschließend wird ein Emissionskonzept entwickelt. Das Ziel des B. ist in erster Linie die Kapitalbeschaffung. Mit diesem neuen Kapital kann das Unternehmen dann z.B. in neue Technologien und Systeme investieren, die einen Wettbewerbsvorteil ermöglichen.

BO Kraft: Betriebsordnung Kraftverkehr, Verordnung für den Betrieb von Kraftfahrunternehmen im Personenverkehr. Diese Verordnung gilt für Unternehmen, die Fahrgäste mit Kraftfahrzeugen (Omnibus, Taxi, Mietwagen) befördern, soweit sie den Vorschriften des PBefG unterliegen. → PBefG

Bonität: Begriff für die wirtschaftliche Leistungsfähigkeit einer Person oder Firma, die einen Kredit in Anspruch nehmen möchte. Maßstab für die Kreditgewährung ist die Kreditwürdigkeit. Dabei werden bestimmte Anforderungen an die persönliche Integrität und die wirtschaftliche Lage des Kreditnehmers gestellt. Im Reisegeschäft ist die Vergabe von Verkaufslizenzen (Beförderungsgesellschaften, Reiseveranstalter) meist abhängig von bestimmten Voraussetzungen hinsichtlich Gestellung einer Bankbürgschaft, Beschäftigung von Fachpersonal und Prüfung der Bonität. → Verkaufslizenzen

Bonusprogramm: Im Tourismus Instrument von Unternehmen zum Zweck der Kundenbindung. Bei Fluggesellschaften werden den Mitgliederfluggästen Vorteile meist in Form von freien bzw. vergünstigten Flugmeilen oder anderen Leistungen (Hotelübernachtungen, Autovermietung) gewährt. Heute bieten viele Tourismusunternehmen (z.B. Fluggesellschaften, Veranstalter) sog. Payback-Systeme auch mit branchenfremden Unternehmen.

Booking Class Alignment (BCA): Buchungsklassenharmonisierung. Abgleichen unterschiedlicher Buchungsklassen der Fluggesellschaften innerhalb der Airline-Allianzen.

Bootshaus: 1. Schuppen zum Schutz der im Wasser liegenden Yacht.

2. Klubhaus eines Wassersportvereins.

Bootsstationen: Warteplätze bei Rettungsbooten im Notfall.

Bootsurlaub: Bootstouren mit dem Hausboot heißt geruhsam reisen auf Flüssen und Kanälen; bevorzugte Gebiete sind die schiffbaren Wasserwege in Frankreich, in den Niederlanden, in Großbritannien, Irland und Deutschland. Es ist kein Führerschein erforderlich.

Bora: Kalter Nordoststurm an der Adria.

Bord-Akkreditiv: Kann bei längeren Kreuzfahrten eröffnet werden. Dabei wird dem Schiff ein bestimmter Betrag angewiesen, über den der Fahrgast an Bord jederzeit verfügen kann.

Bordkarte: → Boarding Pass

Bordpreise: Preise für Fahrkartenkäufe in Zügen der Deutschen Bahn.

Bordrestaurant: Speisewagen der DB, in der Ersten Klasse wird das Essen auch am Platz serviert.

Bordshops: Einkaufsmöglichkeiten an Bord vorwiegend für Verbrauchsgüter des gehobenen Bedarfs wie Drogerieartikel, Freizeitmoden, kulinarische Besonderheiten, Schmuck und Andenken.

BONUSPROGRAMME

Die BONUSPROGRAMME der Fluggesellschaften

Um in einem immer stärker umworbenen Markt konkurrieren zu können, wurden bereits vor 20 Jahren in den USA die ersten Vielflieger-Programme entwickelt. Dort gilt American Airlines als Erfinder dieser Programme und ist heute mit rund 38 Millionen Mitgliedern weltweit Marktführer. In Europa fiel der Startschuss erst 1993 mit dem Wegfall der letzten Schranken im europäischen Luftraum und der Liberalisierung des Luftverkehrs 1997. Seitdem ist es jeder Airline mit Firmensitz innerhalb der EU möglich, jeden Flughafen in der EU anzufliegen. Als Folge des Übergangs vom regulierten Markt zum freien Wettbewerb in der EU haben die europäischen Fluggesellschaften als gezielte Marketingmaßnahme die Kundenbindungsprogramme eingeführt. In Deutschland wurden die Vielflieger-Programme erst seit 1993 zugelassen. Seitdem erfreut sich das am 1. Januar 1993 gestartete Lufthansa-Bonusprogramm Miles & More mit derzeit ca. 4,8 Millionen Mitgliedern großer Beliebtheit. Lufthansa hat sich entschieden, durch eine jährliche pauschale Versteuerung den geldwerten Vorteil der Freiflüge abzugelten.

Mittlerweile bieten nahezu alle europäischen Fluggesellschaften die Möglichkeit, die abgeflogenen Meilen zu sammeln, und stellen für einen bestimmten Kontostand Prämien in Aussicht. Weltweit gibt es derzeit rund 100 unterschiedliche Bonusprogramme.

Die Mitgliedschaft ist in der Regel kostenlos. „Gesammelt" werden können nicht nur die Meilen der Fluggesellschaft, bei der man sich angemeldet hat, sondern auch Meilen bei allen anderen Fluggesellschaften der jeweiligen Airline-Allianz.

Punkte werden gutgeschrieben für die Anmeldung, Flüge je nach Reiseklasse und -zone sowie Sitzklasse (Upgradings), Partnertickets, Hotelaufenthalte oder Mietwagenmiete, neuerdings auch auf wenigen Strecken der Deutschen Bahn.

In den USA ist das Prinzip der Bonusmeilen weiter ausgeprägt als in Europa. Dort erhält man mittlerweile Meilengutschriften für den Einkauf bei bestimmten Supermarktketten oder für das Bezahlen mit einer von einer Airline herausgegebenen Kreditkarte (pro Dollar eine Meile).

Als einzulösende Prämien gibt es z.B. Freiflugtickets, Sach- oder Erlebnisprämien, wie z.B. eine Flugsimulationsreise mit einer Boeing B-747.

Die Bonusprogramme der Hotels funktionieren in der Regel wie die Vielflieger-Programme der Airlines. Treue wird auch hier bei mit der Gutschrift von Punkten belohnt, die die Hotels mit bestimmten Privilegien, wie z.B. Zimmer-Upgrades, kostenloser Minibar-Nutzung oder verlängertem Check-out, belohnen.

Die wichtigsten Fluggesellschaften und ihre Bonusprogramme

Air Canada	Aeroplan
Air France	Fréquence Plus
Alitalia	Mille Miglia Club
All Nippon Airways	ANA Mileage Club
Austrian Airlines	Lufthansa Miles & More
American Airlines	AAdvantage
British Airways	Executive Club
British Midland	Diamond Club
Cathay Pacific	The Club Marco Polo
China Airlines	Dynasty Flyer
Continental Airlines	One Pass
Delta Air Lines	SkyMiles
Deutsche BA	BonusPlus
Emirates	Finest in the Sky
Finnair	Plus
Iberia	Iberia Plus
Japan Airlines	JAL Mileage Bank
KLM	Flying Dutchman
Korean Air	Skypass
Lufthansa	Miles & More
Northwest Airlines	World Perks
Qantas	Frequent Flyer
SAS	Euro Bonus
Singapore Airlines	KrisFlyer
South African Airlines	Voyager
Thai Airways	Royal Orchid Plus
United Airlines	Mileage Plus
US Airways	Dividend Miles
Varig Brazilian Airlines	Smiles

STEFAN HINTZ
Braunschweig, im Januar 2002

Boss (Business Opportunities Sourcing System): Von der kanadischen Regierung finanzierte Datenbank, die den Zugang zu Informationen über touristische Leistungsangebote Kanadas ermöglicht (z.B. Veranstaltungen, Sehenswürdigkeiten, Hotels, Transportmittel etc.). Diese Informationen sind derzeit über Gemini, Apollo und Sabre abrufbar. Geplant sind der Anschluss an Amadeus, Galileo, die Erstellung einer Liste der kanadischen Verkehrsbüros weltweit und die Bereitstellung von weiteren allgemeinen Reisedaten über das Land (Einreise- und Zollbestimmungen, Bank- und Währungsinformationen, Notdienste, Einkaufstipps etc.).

Botel: Kurzwort aus Boot und Hotel. Ein stillgelegtes Schiff, das als schwimmendes Hotel benutzt wird. → Hotelschiffe

BR: British Rail, staatl. Eisenbahn des Vereinigten Königreichs von Großbritannien und Nordirland. Seit April 1994 privatisiert.

Branchenfremder Vertrieb: Vermarktung von Reiseprodukten über andere Kanäle als die üblichen Fachreisebüros, z.B. Langzeitversuche an den Schaltern der Bundespost, über Lebensmittelsupermärkte, über Filialen bekannter Kaffeeröster und Tankstellen. Zum BV kann man auch den Absatz über den Versandhandel rechnen.

Brand/Branded Goods: Marke, Warenzeichen; Sorte. Branded Goods (Products) ist der engl. Fachausdruck für Markenartikel; in der Marktforschung speziell im Zusammenhang mit dem Markenbewusstsein seitens der Verbraucher gebräuchlich.

Bravo: British Reservations Added Value Operation; nationales elektronisches Touristikreservierungssystem der BTA zur weltweiten Buchung von Unterkünften, Restaurants, Unterhaltung und Transport in Großbritannien. → BTA

Break-even Point: Stellt die Gewinnschwelle dar. Er gibt jenes Umsatzvolumen an, bei dem die Erlöse gerade die fixen und variablen Kosten decken, d.h. der neutrale Bereich weder mit Gewinn noch Verlust erreicht ist. Ab hier beginnt die Gewinnzone.

Brenta-Kanal: Wasserstraße entlang der prächtigen Villen des ital. Baumeisters Andrea Palladio (1508-1580) zwischen Venedig und Padua (30 km Länge); beschauliche Fahrten mit der Barke „Burchiello".

Briefing: Einsatzbesprechung, Flugbesprechung; inzw. gängiger Begriff für mündliche Absprache/Informationsausgabe vor dem Veranlassen einer Maßnahme.

Browser: Von engl.: „to browse" = blättern oder schmökern. Zugangsprogramm für die Benutzung des World Wide Web im Internet. Damit ein Anwender auf eine bestimmte Seite des Internets zugreifen kann, gibt er deren Adresse in seinen B. ein. Dieser stellt die Verbindung zu dem Server her, der die Daten nun zuschickt. Aufgabe des B. ist es nun, diese Daten zu interpretieren und sie als Text, Bild, Video- oder Tonsequenz darzustellen. Inzwischen bieten die B. immer mehr zusätzliche Funktionen, wie beispielsweise E-Mail-Dienste, FTP, Plug-in-Fähigkeiten und Newsgroup-Reader. → FTP, → Newsgroups, → Plug-ins, → World Wide Web

BRT/BRZ: Die Größe eines Schiffes wird in Bruttoregistertonnen/-raumzahl ausgedrückt. Die Registertonne ist ein Raummaß und entspricht 2,83 cbm. Die BRT umfasst mit gewissen Ausnahmen den gesamten umbauten Raum eines Schiffes und gilt als Maß für die Größe. Das Verhältnis zwischen Passagierzahl und BRT/BRZ ist ein Indiz für Komfort: je größer die Tonnage gegenüber der Anzahl der Passagiere, desto mehr Platz steht den Fahrgästen zur Verfügung. Bei Neubauten wird der Begriff BRZ eingeführt. Hierbei wird der gesamte umbaute Raum eines Schiffes ohne die bisher üblichen Ausnahmen eingemessen und das Ergebnis mit einem Zahlenfaktor multipliziert. Die Vermessung von Schiffen ist insofern wichtig und notwendig, als diese Größenangaben das Maß für die Berechnung von Hafenliegegebühren, Kanalpassagen etc. sind.

Brücke: In der Schifffahrt die Kommandobrücke, von der aus ein Schiff geleitet wird.

Brückenoffiziere: Verantwortlich für die Navigation und Steuerung eines Schiffes. → Brücke

Brunch: Kombination aus Breakfast und Lunch als Büfett für Spätaufsteher; bes. beliebt zum Wochenende.

Bruttoinlandsprodukt (BIP): Im Unterschied zum Bruttosozialprodukt (BSP) nimmt das BIP nicht die per saldo aus der übrigen Welt empfangenen Erwerbs- und Vermögenseinkommen eines Landes auf. Die Entwicklung des BIP dient als Wachstumsindikator. Die Umstellung von BSP auf BIP in der Statistik erfolgte in der Bundesrepublik Deutschland 1993, nachdem die USA und Japan bereits umgestellt hatten. BIP misst die Produktion von Waren und Dienstleistungen in einem Wirtschaftsgebiet unmittelbar und harmoniert besser mit weiteren wichtigen Konjunkturanzeigern wie Produktion, Auftragseingang, Umsatz und Beschäftigtenzahl. → Bruttosozialprodukt

Bruttopreise: Beim System der B. werden vom Produzenten unverbindliche Endverbraucherpreise empfohlen. → Nettopreise

Bruttosozialprodukt: Das B. ist ein Maß für die wirtschaftliche Leistung einer Volkswirtschaft und entspricht dem Wert aller Güter und Dienstleistungen, die während einer bestimmten Periode (i.d.R. ein Kalenderjahr) produziert werden. → Bruttoinlandsprodukt (BIP)

BSP: 1. Kürzel für Bruttosozialprodukt.

2. Billing and Settlement Plan; Abrechnungsverfahren der Fluggesellschaften mit den Reisebüros (Iata-Agenturen) in der Bundesrepublik. BSP bedeutet für Iata-Agenturen durch die einheitliche Abrechnung der Flugscheine über ein Rechenzentrum sowie zentrales Inkasso durch eine Clearing-Stelle eine wesentliche Vereinfachung. Die BSP Airline ist zur Teilnahme am BSP-Abrechnungsverfahren zugelassen. BSP Area ist das Land oder die Gruppe von Ländern, in denen ein BSP operiert. BSP Panel ist der BSP-Ausschuss, der aus allen Iata-Mitgliedern besteht, die planmäßige Flugdienste in das Land/Gebiet eines BSP unterhalten und/oder dort ihre Verkehrsdokumente durch Agenten ausstellen lassen, sowie Non-Iata-Luftverkehrsgesellschaften, die am BSP teilnehmen. Beim BSP werden die nachfolgenden Abkürzungen sehr häufig verwendet:

- AAL Agentenabrechnungsliste
- AAS Agency Accreditation Service
- ACM Agency Credit Memo
- ADM Agency Debit Memo
- AISP Airline Industry Settlement Plan
- AVP Agent's Validator Plate
- BSP Billing and Settlement Plan
- CANX Canceled, ungültige Reisedokumente
- CCCF Credit Card Charge Form
- CIP Carrier Identification Plate
- CK Check Digit
- CRS Computer Reservation and Ticketing System
- EBT Excess Baggage Ticket
- HOT Hand-Off-Tape
- LVG Luftverkehrsgesellschaft
- MD Miscellaneous Document
- MPD Multiple Purpose Document
- OPATB Off Premise Automated Ticket and Boarding Pass
- OPTAT Off Premise Transitional Automated Ticket
- SCNR Stock Control Number (OPATB)
- SVD Standardverkehrsdokument
- SVF Standardverwaltungsformular
- TC Transportation Credit
- TDNR Ticket Number
- UATP Air Travel Card/Air Plus Card
- UTP Unit Transaction processed

→ AISP, → Iata

BSP-Airline: Ist eine Luftverkehrsgesellschaft, die am Billing and Settlement Plan (BSP) teilnimmt. → BSP

BSP-Area: Land oder Gruppe von Ländern, die am Billing and Settlement Plan (BSP) teilnehmen. → BSP

BSPC: Billing and Settlement Plan Committee; wird aus Vertretern von Mitgliedsfluggesellschaften des BSP zusammengesetzt. → BSP

BSP Panel: BSP-Ausschuss, der aus allen Iata-Mitgliedern besteht, die planmäßige Flugdienste in das Land oder Gebiet eines BSP unterhalten und dort ihre Verkehrsdokumente durch Agenten ausstellen lassen, sowie Non-Iata-Carriern, die am BSP teilnehmen. → BSP, → Non-Iata-Carrier

BSR: Bankers´ Selling Rate, offizieller Bankverkaufskurs für Währungen in Deutschland als Grundlage der Flugpreisberechnung. → Barig-Rate

BTA: British Tourist Authority, Britische Tourismuszentrale. → Bravo

BTC: Baltic Sea Tourism Commission, Sitz in Norrköping/Schweden. Mitglieder: Polen, St. Petersburg und Kaliningrad, Estland, Lettland und Litauen sowie die westlichen Länder Finnland, Schweden, Dänemark, Norwegen und Deutschland. Die BTC hat 150 Mitglieder (Stand Oktober 2001) aus zehn Ländern, Tourismusämter, Flug- und Bahngesellschaften, Fähren, Hotels, Veranstalter und Reisebüros, die sich unter anderem gemeinsam auf Messen präsentieren. Ihr Ziel ist es, den Tourismus in die und in der baltischen Region zu präsentieren. So wurden z.B. mehrere „Kultur-Routen" aus dieser Region zusammengestellt.

BTF: International Brussel Travel Fair; Reisemesse für Fachbesucher, alljährlich in Brüssel.

BTG: Bildungszentrum für Tourismus und Gastronomie, Sitz in Husum. Eine Einrichtung der Wirtschaftsakademie Schleswig-Holstein in Lübeck mit u.a. Vorbereitung auf das Iata-Diplom und Touristikfachwirt/in mit anerkanntem IHK-Abschluss.

BTI: Business Travel International. Weltweiter Verbund von Geschäftsreisebüros zur Betreuung von Unternehmen mit internationalem Reiseaufkommen. Deutsches Mitglied ist Euro Lloyd Reisebüro, Köln mit bundesweitem Filialnetz. Gesellschafter Kuoni Reisen Holding, Zürich.

BTL: Bolsa de Turismo de Lisboa, erster Reisemarkt in Lissabon im Jan. 1989.

BTM: Berlin Tourismus Marketing, Marketingorganisation zur Förderung des Berlin-Tourismus.

BTS: Bus-Touristik-Service, überregionaler Zusammenschluss von Busunternehmen zum gemeinsamen Einkauf und zur Produktvermarktung. → Kooperation

BTW: Bundesverband der deutschen Tourismuswirtschaft mit Sitz in Berlin. Sprecher der Tourismusindustrie in Deutschland. Er wurde 1995 mit dem Ziel gegründet, die Interessen der Tourismusindustrie gegenüber Politik, Wirtschaft und Öffentlichkeit in Deutschland, Europa und international zu vertreten. Zu den Mitgliedern des BTW zählen sowohl große Unternehmen als auch Verbände der Branche. Dabei reicht das Spektrum von Leistungsträgern im Incoming und Outgoing bis hin zu den Komplementärbereichen. Der BTW ist sowohl auf deutscher als auch auf europäischer Ebene Gesprächspartner bei Politik und Verwaltung. Als unternehmerisch ausgerichteter Dachverband nimmt er die wirtschaftlichen, die sozialpolitischen und die ideellen Interessen der Tourismusindustrie wahr. Ziel der Branchenpolitik des BTW ist es, Gegenwart und Zukunft der Tourismusindustrie zu sichern und deren Ansehen zu fördern. Ab 2003 Beitritt zum BDI Bundesverband der Deutschen Industrie. → DRV, → Gesprächskreis Tourismusindustrie

BTX: Bildschirmtext, frühere Bezeichnung des Online-Dienstes der Deutschen Telekom, seit 1995 Bestandteil von T-Online.

Buchung: Feste Reservierung einer touristischen Leistung (Abschluss eines Vertrages). → Anmeldung und Reservierung

Buchung auf Warteliste: Ist eine Mischung aus einer Selektion und einer zeitverzögerten Buchung. Sie wird angewandt, wenn der Kunde – z.B. auf Grund eines ausgebuchten Zielgebietes – nur einen Bedingungskorridor vorgibt (z. B. von ... bis zu einem maximalen Preis von ...). Es handelt sich hierbei um ein einseitiges Vertragsangebot durch den Kunden, das bis zu einem vorher festgelegten Datum Gültigkeit besitzt. Wird innerhalb des definierten Zeitraums eine passende Leistung gefunden, wird die Buchung auf Warteliste je nach Buchungsart als Buchung, Festoption oder Verfallsoption bestätigt. Kann bis zum Gültigkeitszeitraum keine passende Leistung gefunden werden, wird das Angebot nach Überschreitung dieses Datums nichtig.

Buchung on Request: Funktion, bei der die verbindliche Buchung der touristischen Leistung zu dem Zeitpunkt vorgenommen wird, zu dem für die gewünschte Leistung wieder Leistungskontingente zur Verfügung stehen. Es handelt sich hierbei um ein einseitiges Vertragsangebot durch den Kunden, das bis zu einem vorher festgelegten Datum Gültigkeit besitzt. Nach Überschreitung dieses Datums wird das Angebot nichtig.

Buchungsanfrage: Über eine bestimmte touristische Leistung zu einem festen Termin mit Prüfung der Verfügbarkeit, aber ohne Reservierung der Leistung.

Buchungsklasse: Für eine Verkehrsgesellschaft ist die Buchungsklasse der Parameter zur ertragsorientierten Steuerung der Kapazitätsausnutzung in der Buchungsphase, z.B. bei Lufthansa gab es bis 1990 fünf B.n: First, Business und drei in Economy; seit 1990 kann Lufthansa mit Hilfe der EDV bis zu 30 Preisklassen steuern. → Class Codes

Buchungsklassenharmonisierung: → BCA

Buchungsmaske: Über eine B. lassen sich über sog. Eingabefelder formularartig buchungsrelevante Daten eingeben.

Buchungssteuerung: Begriff für ertragsorientierte Auslastung bei den Leistungsträgern.

Buchungs- und Reservierungssysteme (elektronisch): → CRS

Bucket Shops: Nicht lizenzierte Reisemittler in Großbritannien, die Flugscheine mit Preisnachlässen verkaufen.

Budget: Ist ein Finanzplan für eine bestimmte Zeitperiode. In einem B. werden die voraussichtlichen Einnahmen den vorhersehbaren Ausgaben gegenübergestellt. Zu unterscheiden sind Budgets privater und öffentlicher Haushalte. In diesem Sinne wird vor allem von dem B. des Bundes, der Länder und Gemeinden gesprochen.

Bürgschaft: Vertrag, durch den sich der Bürge gegenüber dem Gläubiger eines Dritten (des sog. Hauptschuldners) verpflichtet, für die Erfüllung einer Verbindlichkeit des Hauptschuldners einzustehen. → Bankbürgschaft, → Hauptschuldner

Bürokaufmann/-frau: → Kaufmann/-frau für Bürokommunikation

Bürotel: Hotel, das entsprechend den besonderen Bedürfnissen von Geschäftsreisenden eingerichtet ist. Ziel ist es, mit Hilfe von Computeranschluss, Sekretariats- und Dolmetscherservice Büroarbeit zu ermöglichen.

Büfett-Breakfast: Reichhaltiges Büfett-Frühstück mit Selbstbedienung zur Auswahl, im Übernachtungspreis eingeschlossen oder – wie bei den meisten US-Hotelgruppen – extra zu zahlen.

Buga: Bundesgartenschau. → Gartenschau

Bugstrahlruder: Kreuzfahrt- und Fährschiffe neuerer Bauart haben zum besseren Manövrieren ein

Bugstrahlruder, das mit Wasserdüsen oder Propeller das Schiff zur Pier oder von der Pier drückt.

Bullauge: Rundes Kabinenfenster auf Schiffen.

Bullet Train (Tokaido Sanyo Shinkansen): Japanischer Hochgeschwindigkeitszug, der die 1069 km zwischen Tokyo und Fukuoka in nur fünf Stunden und 57 Minuten zurücklegt. Die Strecke führt vom weltweit größten und geschäftigsten Bahnhof in Tokyo in östliche Richtung über Nagoya, Kyoto und Hiroshima bis nach Fukuoka auf der Insel Kyushu. Insgesamt verbinden vier Shinkansen-Linien die vier Hauptinseln und stehen in Konkurrenz zum Flugzeug. Einzelne Zugfahrkarten für den B. können nur in Japan erworben werden, es bietet sich u.U. der Kauf eines Rail Pass beim japanischen Fremdenverkehrsamt an. → AVE, → IC-Intercity, → TGV

BUND: Bund für Umwelt- und Naturschutz Deutschland, bundesweit organisierter Umweltschutzverband mit Sitz in Bonn. Er zählt über 150.000 Mitglieder und ist in allen Bundesländern mit Kreis- und Ortsverbänden vertreten. Zu seinen Themen gehört auch die Belastung des Naturhaushaltes durch Freizeitaktivitäten. Seine Aufgaben sieht er u.a. in der Entwicklung von Formen eines umwelt- und sozialverträglichen Tourismus wie auch in der Entwicklung von Konzepten für eine Umweltverträglichkeit im Bereich des Sports. BUND war Mitglied im Arbeitskreis Tourismus mit Einsicht. → Tourismus mit Einsicht (TME)

Bundesanstalt für Flugsicherung: → BFS

Bundeseisenbahnvermögen: Die Zusammenführung der Sondervermögen des Bundes Deutsche Bundesbahn und Deutsche Reichsbahn hat diesen neuen Begriff entstehen lassen. Mit der am 1. Januar 1994 in Kraft getretenen Bahnstrukturreform ist die jahrzehntelange Teilung auch auf dem Gebiet des deutschen Eisenbahnwesens endgültig beendet worden. Die Neugliederung der Eisenbahn des Bundes hat damit gleichzeitig ihren Anfang genommen und als wichtigsten Schritt die Herauslösung der eigentlichen Eisenbahnaufgaben und deren Organisierung in handelsrechtlicher Form bewirkt. Verblieben sind neben diesem von der Deutschen Bahn wahrgenommenen unternehmerischen Bereich Restaufgaben, die der öffentlichen Verwaltung obliegen und auch nach der Privatisierung weiterhin von dieser auszuführen sind, wie Versorgung der Beamten, Liegenschaften der Bahn, Verwertung von Grundbesitz sowie Dienststellen in acht Städten; B. ist die Restbehörde der Bahn. → DB - Deutsche Bahn, → DBH, → DR - Deutsche Reichsbahn, → Regionalisierung des Nahverkehrs

Bundesforum Kinder- und Jugendreisen: Das Bundesforum Kinder- und Jugendreisen ist die Fachorganisation für den Bereich des Kinder- und Jugendreisens. In ihm zusammengeschlossen sind bundesweite Dachverbände, Träger und Vereine, die gemäß den Leitlinien des bisherigen Bundesforums von November 1996 Qualitätskriterien für Kinder- und Jugendreisen zu Grunde legen.

Bundesgartenschau: → Gartenschau

Bundesministerium der Justiz: Auf dem Gebiet des Tourismus ist die Abteilung I, Referat I B2 zuständig für das Reisevertragsrecht.

Bundesministerium für Ernährung, Landwirtschaft und Forsten: Für Landtourismus und Urlaub (Ferien) auf dem Bauernhof ist Referat 513 zuständig. Aufgaben des Referats: besondere Angelegenheiten der Gesellschaft im ländlichen Raum, Nebenerwerbslandwirtschaft sowie Angelegenheiten der Freizeit und Erholung.

Bundesministerium für Familie, Senioren, Frauen und Jugend: Das Referat 213 ist zuständig für Familienforschung, Demografie, Freizeitpolitik, Familienerholung, Statistik, familiengerechte Verbraucherpolitik. Es ist organisatorisch der Abteilung 2 des Ministeriums Familienpolitik angegliedert. Schwerpunktaufgaben sind:

- Koordinierung der Freizeitpolitik der Bundesregierung
- Grundsatzfragen von Freizeit, Erholung und Tourismus
- Freizeitpolitische Maßnahmen im Hinblick auf den Urlaub
- Bundeswettbewerbe „Familienferien"
- Zusammenarbeit mit und Förderung von Organisationen im Freizeitbereich
- Öffentlichkeitsarbeit im Freizeitbereich; Maßnahmen zur Information über Freizeit- und Urlaubsmöglichkeiten, insbesondere für Familien
- Freizeitforschung
- Grundsatzfragen der Familienerholung
- Förderung von Bau und Einrichtung von Familienferienstätten
- Zusammenarbeit mit den Bundesländern im Bereich der Familienerholung und mit den Arbeitskreisen für Familienerholung
- Internationale Zusammenarbeit im Bereich der Familienerholung

Bundesministerium für Wirtschaft und Technologie BMWi: Die Zuständigkeit und damit Federführung des Tourismus liegt beim Bundesminister für Wirtschaft, Abteilung II: Mittelstandspolitik, Dienstleistungswirtschaft, Forschung und Technik, Bildungspolitik. Unterabteilung II D ist zuständig für Grundsatzfragen der Mittelstandspolitik, freie Berufe,

Dienstleistungen, Bildungs- und Tourismuspolitik. Das für die Tourismuswirtschaft und Tourismusförderung zuständige Referat II A 5 befindet sich seit 1993 in Berlin. Hauptaufgaben der Tourismuspolitik sieht das BMWi darin, die notwendige Infrastruktur und gezielte Rahmenbedingungen zu schaffen. Dies beinhaltet allgemein die Senkung der Steuer- und Abgabenbelastung, die Beseitigung von Wettbewerbsverzerrungen sowie den Abbau bürokratischer Hemmnisse. Die volkswirtschaftlich bedeutende Tourismusbranche ist in die allgemeinen Förderprogramme, z.B. ERP- und Regionalförderungsprogramme einbezogen und darüber hinaus im Bundeshaushalt mit Mitteln für die allgemeine Leistungssteigerung der Fremdenverkehrswirtschaft und für Zuwendungen an die DZT berücksichtigt. Tourismuspolitische Ziele im engeren Sinne sind:

- Qualitätsverbesserung bei Produkten
- Verbesserung von Aus- und Weiterbildung
- Erleichterung bei Strukturverämderungen, z.B. durch neue Technologien
- Mehr Nachhaltigkeit im Tourismus
- Unterstützung beim internationalen Marketing für „Deutschland als Reiseland“.

→ Beirat für Tourismusfragen, → BVS, → DSF, → DZT, → Öffentliche Investitionsförderung, → Treuhandanstalt

Bundesministerium für wirtschaftliche Zusammenarbeit und Entwicklung (BMZ): Das Referat 202, Arbeitsgruppe Touristeninformation Dritte Welt ist zuständig für Touristeninformation und Qualifizierung des Dritte-Welt-Tourismus. Es unterstützt im Rahmen entwicklungspolitischer Arbeit auch auf dem Sektor des Ferntourismus eine Palette von Informations- und Qualifizierungsmaßnahmen. → DSE, → GTZ

Bundesministerium für Verkehr, Bau- und Wohnungswesen (BMVBW): Das B. ist zuständig für folgende Arbeitsbereiche: Luft- und Seeverkehr, Straßen- und Binnenschifffahrtsverkehr. Seiner Aufsicht unterliegen u.a. die Deutsche Bahn, das Luftfahrtbundesamt und die Bundesanstalt für Flugsicherung. Mit Beginn der Liberalisierung im europ. Luftverkehr fungiert das B. nur noch eingeschränkt als Genehmigungsbehörde für die Gewährung von Tarifen, Sondertarifen und Provisionsabweichungen an Reisebüros durch die Fluggesellschaften. U.a. speziell:

1. Verkehrspolitische Grundsatzabteilung (A), Referat A 11: Internationaler Verkehr I: Bilaterale Verkehrsbeziehungen; Völkerrecht, Entwicklungshilfe (Koordinierung internationaler und nationaler Fragen des Tourismus).

2. Abteilung Luft- und Raumfahrt (LR): Alle Angelegenheiten der Luftfahrt und des Weltraumrechts, soweit das Bundesministerium für Forschung und Technologie nicht zuständig ist. Referat LR 12: Luftverkehr I - Fluglinienverkehr, allgemeine Angelegenheiten des Luftverkehrs; Referat LR 13: Luftverkehr II - Luftfahrtpolitik, gewerblicher Gelegenheitsverkehr (Charter). Nach B. sind Linien- und Ferienflugverkehr (Charter) gleichberechtigt – bis hin zur Slot-Vergabe. → BFS, → LBA, → Liberalisierung im Luftverkehr

Bundesstelle für Flugunfalluntersuchung: → BFU

Bundesverband der Deutschen Tourismuswirtschaft: → BTW

Bundesverband der Gästeführer: Von den städtischen Fremdenführern gegründete Verband hat seinen Sitz in Köln. Mitglieder sind die bundesdeutschen qualifizierten Gästeführer. Der Verband vertritt deren Interessen gegenüber den Behörden und der Öffentlichkeit mit u. a. einheitlichem Berufsbild und strebt eine Verbesserung ihrer wirtschaftlicher Stellung an. → FEG

Bundesvereinigung City- und Stadtmarketing Deutschland: BCSD, 1996 gegründete Interessenvertretung für den Informationsaustausch von Stadtmanagern von 130 Städten in Deutschland. → Städtekooperationen

Bundesverkehrswegeplanung: Zur B. gehören das Schienennetz der Deutschen Bahn, die Bundesfernstraßen, die Bundeswasserstraßen und die Luftverkehrswege. Zur Koordinierung der Aufgaben von Verkehrssicherheit, regionaler Erschließung, bedarfsgerechtem Ausbau, Energieeinsparung und Umweltschutz sowie der hierzu nötigen Planungen und Investitionen hat die Bundesregierung den Bundesverkehrswegeplan 1991-2012 erstellt (siehe nebenstehende Tabelle). → Funktionsbereiche der Transportleistungen, → Wegsicherung

Bund-Länder-Ausschuss Fremdenverkehr: → Bund-Länderausschuss Tourismus

Bund-Länder-Ausschuss Tourismus: Auf Regierungsebene befassen sich 16 Ministerien der Bundesländer mit Einzelfragen des Tourismus. Gemeinsam interessierende Tourismusangelegenheiten von Bund und Ländern werden von dem bei der Bundesregierung federführenden Bundesministerium für Wirtschaft und Technologie und den Tourismusreferenten der Länder im B. beraten. Länderübergreifend wird die Förderung des Wassertourismus angeregt, ebenso 2002 die öffentliche Förderung des Internationalen Jahres des Ökotourismus.

Burghotel: Gastronomie- oder Hotelbetrieb, der ganz oder teilweise in historischen Gebäuden geführt wird. Ausstattung und Standard der B. sind sehr unterschiedlich.

Bus: 1. Verkehrsmittel, das eingesetzt wird im

- öffentlichen Personennahverkehr: Stadtbus, Überlandbus
- im Reiseverkehr

Als Reiseverkehrsmittel durch größere Mobilität und überschaubarere Größe der Reisegruppen Bahn und Flugzeug überlegen, solange die Anforderungen an das Reiseverkehrsmittel nicht nur auf die Distanzüberwindung zwischen Abfahrts- und Zielort beschränkt ist.

2. Die Bezeichnung „Ein-Sterne-Bus" war bis Februar 1997 ein RAL-geschützter Begriff der Gütegemeinschaft Buskomfort. Ab 1.1.1995 ersetzt durch die neue Bezeichnung Transport Class. Ab dem 1.3.1997 ersetzt durch die neue Bezeichnung „Tourist-Class".
→ GBK, → Klassifizierung der Reisebusse, → ÖPNV, → RAL

INVESTITIONSSTRUKTUR 1991 – 2012

Auf der Grundlage des Bundesverkehrswegeplans 1992 sowie des 1. Bundesschienenwegeausbaugesetzes und des 4. Fernstrassenausbauänderungsgesetzes

	BVWP '92 Gesamtinvestitionen 1991–2012		BVWP '85 Gesamtinvestitionen 1986–1995 (nur alte Bundesländer)	
	Mrd. DM	**%**	**Mrd. DM**	**%**
1. Schienennetz DB/DR[1]	213,6	39,7	35,0	27,8
2. Bundesfernstrassen	209,6	38,9	50,1	39,7
3. Bundeswasserstrassen	30,3	5,6	8,0	6,4
Zwischensumme	**453,5**	**84,2**	**93,1**	**73,9**
4. Luftfahrt	[2]	[2]	2,3	1,8
5. GVFG-Finanzhilfen[4]	82,6	15,3	27,8	22,0
6. Übrige Investitionen	2,7	0,5	2,9	2,3
Summe	538,8	100,0	126,1	100,0

davon: Investitionen für Neu- und Ausbau bzw. Hauptbautitel Strassenbau

	Mrd. DM	% von Gesamt	% von Neu- u. Ausbau	Mrd. DM	% von Gesamt	% von Neu- u. Ausbau
1. Schienennetz DB/DR	118,3	22,0	48,8	25,6	20,3	45,5
2. Bundesfernstrassen[3]	108,6	20,2	44,7	26,2	20,8	46,5
3. Bundeswasserstrassen	15,7	2,9	6,5	4,5	3,6	8,0
Summe	242,6	45,1	100,0	56,3	44,7	100,0

1) Allgemeine und streckenbezogene Investitionszuschüsse des Bundes auf Basis »Status-quo-Bedingungen« des Rechtsstatus der Bahnen

2) Investitionen des Bundes in die Flugsicherung entfielen ab 1993 durch Privatisierung

3) Hauptbautitel (BAB-Erweiterung und -Neubau, Bundesstraßenneubau) jeweils mit Grunderwerb-Bedarfsplaninvestitionen

4) Finanzhilfen nach dem Gemeindeverkehrs-Finanzierungsgesetz für den öffentlichen Personennahverkehr und den kommunalen Straßenbau

Busbahnhof: Busbahnhöfe oder Zentrale Omnibusbahnhöfe (ZOB) sind Knotenpunkte im ÖPNV-Netz, an denen zwischen verschiedenen Omnibuslinien umgestiegen werden kann. Meist befinden sie sich in Stadtzentren oder in der Nähe von Bahnhöfen, um ein einfaches Erreichen der Ziele der Mehrzahl der Fahrgäste zu ermöglichen. Baulich bestehen sie meist aus mehreren Bussteigen mit entsprechenden Serviceeinrichtungen (Unterstände, Fahrgastinformation). Oftmals sind dort auch Verpflegungs- und Einkaufsmöglichkeiten sowie Servicebüros der Verkehrsunternehmen zu finden. In letzter Zeit kommen gerade für Stadtbussysteme sogenannte „Rendezvous-Punkte" in Mode, bei denen die Busse alle an einem Mittelbahnsteig halten, um problemloses Umsteigen zu ermöglichen.

Busreisen: Bei typischen B. umfasst der Leistungsumfang mehr als bloßen Transport und Unterkunft. Typische B. sind: Festspiel-, Rund-, Städte- und Studienreisen sowie Kurzurlaubsreisen. Sie werden von Busreiseveranstaltern in eigenen Programmen ausgeschrieben oder im Mietomnibusverkehr den Vorstellungen einer geschlossenen Gruppe entsprechend zusammengestellt. → Festspielreisen, → Kurzreisen/Kurzurlaubsreisen, → Mietomnibusverkehr, → Rundreisen, → Städtereisen, → Studienreisen

Bustourismus: Bei der Haupturlaubsreise ist der B. entsprechend der Marktentwicklung mitgewachsen und liegt in den vergangenen Jahren konstant bei ca. 10%. Gleichzeitig ist der Markt im Wandel begriffen. Während die Ferienzielreise stagniert, erreicht der B. dort seine Zuwachsraten, wo er mit qualitativ hochwertigen Angeboten neue Kundenschichten gewinnen kann. Als klassisches Verkehrsmittel für den Zweit- oder Mehrfachurlaub kommen bei typischen Busreiseangeboten Komfort und Bequemlichkeit des Busses dem Erholungs- und Erlebnisbedarf des Reisegastes entgegen. → Ferienzielreisen, → Haupturlaubsreise, → Reiseanalyse (RA), → Verkehrsmittel

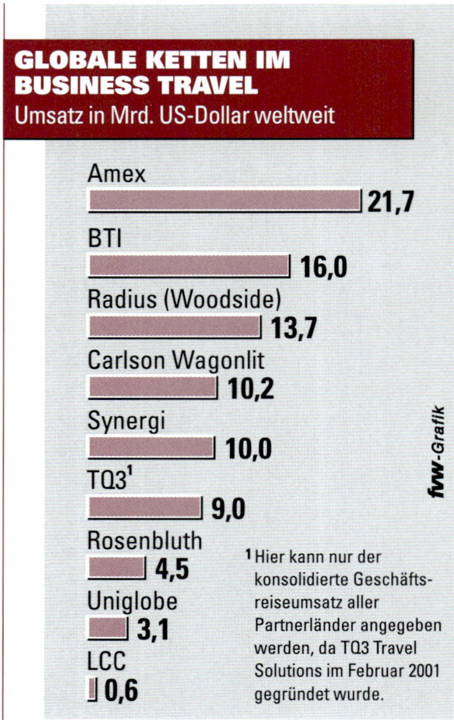

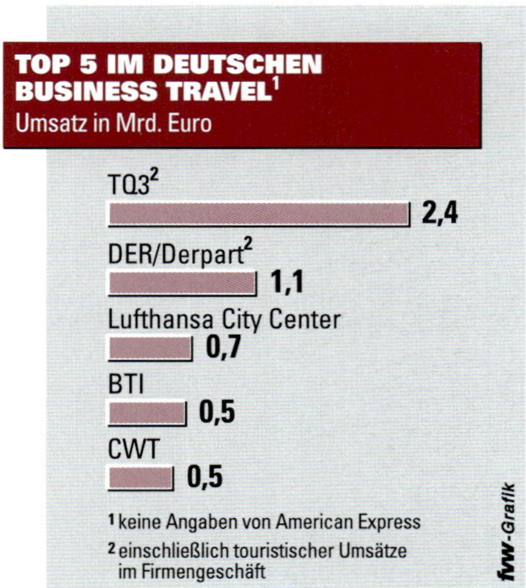

Buschenwirtschaft/Besenwirtschaft: → Straußwirtschaft

Business Charter: Individuelle Anmietung eines Geschäftsreiseflugzeugs von einer oder mehrerer Personen. Anbieter finden sich an vielen Flughäfen und bieten ihre Dienste u.a. Top-Managern, Künstlern oder Spitzensportlern an. Wesentlicher Vorteil des B.C. ist die Erreichbarkeit auch von Flugplätzen, die mit Linienverbindungen nicht oder nur schwer erreicht werden können. → Mitflugzentralen, → Taxi-Airlines

Business Travel: Nach DRV-Vertriebsdatenbank Firmenreisedienste, somit Reisebüros/Dienstleister, die überwiegend Dienstreise- und Geschäftsreisekunden bedienen und Implants wie Betriebsstellen eines Firmenreisedienstes in den Geschäftsräumen eines Unternehmens, für das Geschäftsreisen abgewickelt werden. → Reiseverkauf in Deutschland

BVCD: Bundesverband der Campingwirtschaft in Deutschland, Sitz Joachimsthal. Der Nachfolgeverband von BCD und NDVC wurde im November 2000 gegründet und vertritt rund 2600 Campingplätze in Deutschland.

BVS: 1. Bundesanstalt für Vereinigungsbedingte Sonderaufgaben, ab Januar 1995 Rechtsnachfolgerin der Treuhandanstalt. Sie soll die nicht erledigten Aufgaben der Privatisierung, der Abwicklung und der Vertragskontrolle abschließen.

2. Bestandsverwaltung und Verbrauchskontrolle von automatischen Standardverkehrsdokumenten. Der Agent kann dabei online die benötigte Menge an Dokumenten bei der Druckerei bestellen. → Treuhandanstalt

Bypass-Funktionen: → Access

Byzantinische Kunst: Stand im Dienste des Oströmischen Reiches und der Kirche (5. Jh. bis 1453). Heute fast ausschließlich in der Kirchenarchitektur erkennbar; vorwiegend überkuppelte Zentralbauten (Hagia Sophia in Istanbul, San Vitale in Ravenna). Weitere Kennzeichen sind Mosaikkunst und Tafelmalerei (Ikone). Letztere wurde von den Balkanländern und Rußland übernommen und weitergeführt.

C

C: Neben D, J und Z die Tarifbezeichnung im Flugticket für Business Class.

C2C: Englisches Wortspiel, „Customer to Customer", bezeichnet eine Marketingstrategie, bei der Privatleute als Anbieter und Nachfrager in Austauschbeziehungen stehen. Meist tritt hierbei ein gewerblicher Partner auf, der die beiden Marktteilnehmer zusammenführt, z.B. Auktion oder Börse. → B2B, → B2C, → E-Commerce

CAA: 1. Civil Aviation Authority, englische Luftfahrtbehörde. Ist beratend für die englische Regierung bei Luftfahrtausgaben tätig.

2. Canadian Automoblie Association, kanadischer Automobilclub

CAB: Kurzform für Taxi in USA.

CAB: Civil Aeronautics Board, Luftverkehrsbehörde der USA, die 1978 für die Einleitung und Durchführung der Liberalisierung im Luftverkehr zuständig war. Nach Auflösung 1984 im Rahmen der Deregulation gingen die weiteren Aufgaben auf das DOT (Department of Transportation, das US-Verkehrsministerium) über. → Deregulation

Cabin Attendants: Oder Cabin Crew, engl. Bezeichnung für das Servicepersonal auf Passagierflugzeugen. → Flugbegleiter

Cabin Steward: Zimmerkellner auf Kreuzfahrtschiffen.

Café: Gastronomiebetrieb mit Kaffeeausschank als Hauptumsatzträger. Das Angebot umfasste ursprünglich nur Heißgetränke wie Kaffee, Tee usw. und Kuchen, Torten und Gebäck. Heute bieten die meisten Betriebe auch kleine Zwischenmahlzeiten an.

Cafeteria: Gastronomiebetrieb, der grundsätzlich auf Selbstbedienung eingestellt ist und nur ein begrenztes Angebot an Speisen und Getränken anbietet. Der Gast bedient sich entlang einer Auswahltheke, an deren Ende sich die Kasse befindet; Tische und Stühle sind bereitgestellt.

Calculator: Engl., 1. Rechner, Rechenmaschine, Rechentabelle. 2. Amadeus Service Funktion, mit der ohne Unterbrechung des Buchungsvorgangs Reisezeiten berechnet, Three Letter Codes entschlüsselt sowie Orte, Länder und Fluggesellschaften kodiert werden können.

Call Center: Internes oder externes Unternehmen, bietet Service-Leistungen in der Telekommunikation, wie z.B. Bestellannahme, Reservierung, Einrichtung oder Übernahme von Vertriebsaufgaben für Dienstleistung, Industrie und Handel. Man unterscheidet das aktive C. mit Telefonmarketing und Akquisition vom interaktiven C., das ankommende Gespräche per Sprachsteuerung in die gewünschte Abteilung weiterleitet oder Serviceinformationen weitergibt.

Calling Card: Verschiedene Gesellschaften bieten Telefonkarten für den internationalen Gebrauch an. Nach der Wahl einer gebührenfreien Telefonnummer des Kartenanbieters wird der Nutzer zur Eingabe eines Codes aufgefordert. Im Anschluß wird die gewünschte Verbindung hergestellt. Die Telefonate werden per Rechnung bezahlt.

Campanile: Freistehender Glockenturm ital. Kirchen, z.B. San Marco in Venedig.

Campingflüge: Voraussetzung zur Nutzung der preiswerten planmäßigen Ferienflüge war die Buchung einer Pauschalreise, bestehend aus Flug und Unterkunft. Auch Unterkunft auf gewerblich betriebenen Campingplätzen erfüllte die Voraussetzung einer Flugpauschalreise. Inzwischen durch Liberalisierung im Luftverkehr nicht mehr üblich. → Liberalisierung im Luftverkehr, → Pauschalreisen

Campingplatz: Umzäunte Fläche, die als Campingplatz offiziell ausgewiesen ist. C.e werden von einem Platzhalter betrieben und stehen zum Wohnen in Zelten oder Wohnwagen jedermann offen. C.e verfügen über hygienische und hauswirtschaftliche Einrichtungen, Liegewiesen, Spielplätze und je nach Standort über Schwimmbäder, Tennis- und Golfplätze sowie Einkaufsmöglichkeiten. Sie sind nach ihrer Ausstattung kategorisiert. Der Platzhalter hat die aufgenommenen und übernachtenden Personen in ein Fremdenverzeichnis einzutragen und ist über die Anzahl der Übernachtungen gegenüber dem Stat. Bundesamt berichtspflichtig. Nach Definition des Stat. Bundesamtes gelten Gelände, auf denen zur Beherbergung Wohnwagen und Zelte bereitstehen, nicht als C., sie sind als Ferienwohnung anzusehen. → Fewo - Ferienwohnung, → Klassifizierung der Campingplätze

Campingtourismus: Freizeitwohnen in beweglichen Unterkünften und Wohngelegenheiten. Hinsichtlich Standort und Aufenthalt unterscheidet man

- Feriencamping in landschaftlich schöner Lage, zwischen ein und drei Wochen
- Tourismuscamping an verkehrsgünstigen Standorten, zwischen ein und drei Tagen
- Wochenendcamping in Naherholungsgebieten, regelmäßig zwei Tage.

Nach Unterkunftsart unterscheidet man
- Zelt
- Faltanhänger
- Wohnmobil (Motorcaravan)
- Wohnwagen (Caravan)
- Wohncontainer
- Mobilheim

→ DCC, → Mobilheime, → Naherholung/Naherholungsverkehr, → Wohnmobil, → Wohnwagen

Campingvertrag: Beim C. handelt es sich um einen Mietvertrag mit zusätzlichen, atypischen Leistungen, vergleichbar dem Beherbergungsvertrag, mit dem Unterschied, dass die Mietsache kein Raum, sondern ein Geländestück ist. Außerdem gilt regelmäßig mangels Gastwirtseigenschaft des Campingplatzinhabers nicht die verschärfte Gastwirtshaftung nach § 701 ff. BGB. → Beherbergungsvertrag

Canadian Pacific: Transkontinentalzug, der von Küste zu Küste Kanadas viereinhalb Tage benötigt. Ausgangs- oder Endpunkt der Fahrt ist Halifax in Nova Scotia, von dort führt die Strecke über Montreal, Winnipeg, Edmonton und Jasper bis nach Vancouver in British Columbia. Insgesamt werden dabei etwa 6000 km zurückgelegt. Buchungen in Deutschland erfolgen bei der Generalvertretung der kanadischen Eisenbahngesellschaft VIA-Rail, Canada Reise Dienst (CRD), in Hamburg.

Cancellation: Annullierung, Stornierung, z.B. eines Vertrags zwischen Leistungsträger und Veranstalter und/oder Reisemittler. → Annullierung/Stornierung, → Stornokosten

Cancellation Fee: → Stornokosten

Candlelight Dinner: Festliche Abendmahlzeit bei Kerzenschein; wird vielfach in historischen Gebäuden veranstaltet.

Canyoning: Von touristischen Veranstaltern angebotene Abenteuersportart mit Klettern in Felsspalten und Abseilen in Schluchten.

Caravan: Sammelbezeichnung für mobile Unterkünfte, die entweder von Automobilen gezogen werden oder selbst über einen Motor verfügen. Man unterscheidet:

1. die eigentlichen C.-Wohnanhänger unterschiedlicher Bauweise, Größe und Ausstattung mit Wohn-, Koch- und Schlafeinrichtungen.

2. Reisemobile, auch Campingbus oder Motor-C., mit fest eingebauter oder herausnehmbarer Wohn-, Koch- und Schlafeinrichtung; KFZ-Gewicht von 2,4 Tonnen aufwärts.

3. Mobilheime, deren Beweglichkeit auf Grund ihrer Größe stark eingeschränkt ist. → Mobilheime, → Wohnanhänger, → Wohnmobil

Caribsky: Airline-Allianz der Fluggesellschaften der Karibik: Liat, Winair, Air Caribes, Trans Island Airways (TIA), Carib Aviation, Tyden Air und CAT.

Carina: Reservierungssystem der ANZ (Air New Zeeland); mit CRS Sabre über Direct Access gekoppelt. → Direct Access, → Sabre

Carlson Wagonlit Travel: CWT, einer der größten Geschäftsreisenanbieter weltweit. CWT gehört zu je 50% der franz. Accor-Gruppe (mit Hotellerie, Reisebüros und Autovermietung) und Carlson Companies (mit Hotellerie, Reise- und Marketingunternehmen) aus Minneapolis/USA. 1994 legten beide Firmen ihre Reisebüroaktivitäten zu der globalen Geschäftsreisemarke CWT zusammen. Die Gründung dieser internationalen Reisebürounternehmen, also sowohl die europäische Wagonlit Travel als auch die amerikanische Carlson Travel Network, gehen auf das 19. Jh. zurück. Das franz. Unternehmen wurde 1872 als Compagnie Internationale des Wagon-Lits gegründet und mit seinen Luxuszügen bekannt. Accor ist seit 1990 Mehrheitsaktionär; 1994 wurde der Firmenname in Wagonlit Travel geändert. 1888 gründete Ward Forster in Florida das Reisebüro Ask Mr. Forster, das 1979 von Curt Carlson erworben wurde und seit 1990 unter dem Namen Carlson Travel Network firmierte.

Car Master: Mietwagenreservierungsprogramm unter Galileo, ermöglicht einen einfachen Zugriff auf zahlreiche Mietwagenanbieter weltweit und vielfach sofortige Bestätigung der Buchung auch zu Sondertarifen über Inside Links und Inside Availability. → Galileo, → Inside Links

Car Rental: → Rent a car

Car Sharing: Hierbei wird von mehreren Personen gemeinsam ein Auto genutzt. I.d.R. erwirbt eine Organisation (Verein, Genossenschaft o.ä.) ein oder mehrere Autos und stellt diese ihren Mitgliedern, die kein eigenes Auto besitzen dürfen, zur Verfügung. Rein rechnerisch gesehen teilen sich 10 bis 15 Personen ein Auto. Dieses Modell ist auch unter der Bezeichnung Sta(d)tauto oder Stadtteilauto bekannt.

Car Sharing bei der DB: Produkt der DB in deutschen Ballungszentren, beginnend in Berlin, zusammen mit verschiedenen C. Partnern zum bundesweit einheitlichen Preis für Bahn-Card- und Netz-Card-Inhaber. → Bahn-Card, → Car Sharing, → DB - Deutsche Bahn

Cars Plus: Mietwagenreservierungsprogramm unter Sabre mit sofortiger Buchungsgarantie. → Sabre

Carnet de Passage: Grenz- oder Zolldokument, für mehrere Länder gültig und berechtigt zu mehreren

Fahrten desselben Fahrzeugs ins Ausland. → Triptik, → Zollpassierschein

Carrera: Datenbank von Herzog HC, Frankfurt/M. mit Verbindung zu nationalen und internationalen Reservierungssystemen; Inhalte sind: Hotelgruppen, Einzelhotels, Mietwagenfirmen und andere touristische Gesellschaften. C. ist Leistungsträger in Start, über Start sind Reservierungen bei C. möglich. → Leistungsträger

Carrier: Gemeinhin die Fluggesellschaften (genauer: Air Carrier). C. steht auch für alle anderen Beförderungsunternehmen.

Carrier (Air) Identification Code: → Two Letter Code

Carriers Own Agent: → Other Agents

Carry-on Items: Engl. Bezeichnung für das Handgepäck, das während des Fluges mit in die Kabine genommen werden kann. → Handgepäck

Cash: Computer Aided Sales for Hotels; EDV-Programmpaket (Software) der Best-Western-Hotelgruppe.

Cash Flow: Kennzahl (geldliche Stromgröße), die den in einer Periode erwirtschafteten Zahlungsmittelüberschuss angibt. C. dient zur Beurteilung des finanziellen Ergebnisses eines Unternehmens, ist mithin Ausdruck der Innenfinanzierungskraft; wird für die Bewertung eines Unternehmens herangezogen. Eine vereinfachte C.-Rechnung wird nach folgendem Muster aufgestellt: Ergebnis der Gewinn- und Verlust-Rechnung (Bilanzgewinn/-verlust) zuzüglich Abschreibung zuzüglich außerordentliche Aufwendungen abzüglich außerordentliche Erträge. Der so ermittelte Betrag kann vom Unternehmen zur Eigenfinanzierung und/oder Schuldentilgung eingesetzt werden.

Cash Payment: Neben Barzahlung auch die Zahlung mit Scheck.

Casual: Bekleidungsempfehlung für den Abend; leger.

CAT: 1. City Air Terminal, Abfahrtspunkt der Flughafenbusse.
2. Clear Air Turbulence, Turbulenz in wolkenfreier Luft.

Catering: Versorgung mit fertigen Speisen durch spezialisierte Unternehmen, z.B. bei Flugzeugen, Bahn und Schiffen oder für Meetings und Kongresse; Begriff geht zurück auf die Stadtküche.

Cattec: Comité des Associations de Techniciens du Tourisme de l'Europe Communautaire, Sitz: Paris. Zusammenschluss der Verbände für Tourismusfachkräfte in der EU. Diese Organisation wurde 1990 auf der Lissaboner Tourismusmesse (BTL) von italienischen, spanischen, portugiesischen und französischen nationalen Verbänden für Tourismusfachkräfte gegründet. Ziel ist die Verbesserung der Leistungen im Reisebüro durch Ausbildung und Fortbildung. Angestrebt wird die Definierung eines Status für Reisebürofachkräfte in der EU sowie die Einführung einer beruflichen Ethik.

CBR: Caravan, Boot und Internationaler Reisemarkt, München; touristische Publikumsmesse mit angeschlossenen Fachbesucherteilen MRM (Modell-Reisebüro-München) und MPB (Münchner Partner Börse) für Kontakte zwischen Leistungsträgern, Reiseveranstaltern und Vertretern ihrer Agenturen. → MRM

CCCF: Credit Card Charge Form, ist auszufüllen, wenn ein Agent ein manuelles Flugdokument gegen Kreditkarte ausstellt.

CCH: Congress Centrum Hamburg wird von der Hamburg Messe und Congress betrieben. Diese Gesellschaft ist Mitglied der AIPC, der Icca und der GCB. CCH verfügt über 17 Säle, von denen der größte fast 3000 Plätze bei Reihenbestuhlung bietet. Mit Berlin zusammen gehört das CCH zu den größten Kongresskomplexen der Bundesrepublik Deutschland. → AIPC, → GCB, → ICC, → Icca

CDI: Collision Damage Insurance. → CDW - Collision Damage Waiver

CD-R: → CD-ROM

CD-ROM: Compact Disc - Read Only Memory. Platte zur Speicherung größerer Datenmengen (maximal 682 Megabyte). Man unterscheidet die CD-R (CD-Recordable, einmal bespielbar, aber nicht löschbarer CD-Rohling) und die CD-RW (CD-Read-Write, löschbarer und wiederbespielbarer Rohling). Die DVD (Digitale Versatile Disc) soll künftig die CD ablösen. Sie bietet eine erheblich größere Speicherkapazität.

CD-RW: → CD-ROM

CDW: Collision Damage Waiver; Auto-Haftpflichtversicherung, ähnlich Vollkasko ohne Selbstbeteiligung, bei Rent a Car in USA.

CEH: Conférence Européenne des Horaires des Trains Voyageurs, Konferenz europ. Eisenbahnverwaltungen. → EFK

Cemt: Conférence Européenne des Ministres des Transports, europäische Konferenz der Verkehrsminister. 1953 gegründete internationale Regierungsorganisation, bestehend aus den EU- sowie aus Efta- und außereuropäischen Staaten. Ziel ist die

Zusammenarbeit bzw. Koordinierung im innereuropäischen Verkehrswesen. Ihre Beschlüsse bleiben für die Mitglieder jedoch unverbindlich.

Cendant Corporation: C. ist auf das Hotel- und Autovermietgeschäft mit Days Inn, Ramada Inn und Howard Johnson sowie Avis Rent a Car spezialisiert, des Weiteren auf Schnellrestaurants und Immobilienvermittlung; seit 2001 Eigentümer des CRS-Betreibers Galileo International mit Hauptsitz in New York. → Galileo

CEO: Chief Executive Officer; Vorsitzender des Vorstands bzw. der Geschäftsleitung in angelsächsischen Unternehmen; Unternehmenschef-Position. Zunehmend auch in Deutschland gebräuchlich.

Certified Travel Manager: Berufsqualifikation der VDR-Akademie. Basis ist ein viertägiger Intensivkurs im Trainingszentrum für Führungskräfte der DB. Anschließend folgen zwei Aufbaukurse. Die Teilnehmer können dabei aus den Angeboten interne/externe Organisation, Reiserichtlinien, Steuern und Finanzen, Verhandlungen mit Leistungsanbietern, Veranstaltungsmanagement, Events, Incentives, Internationalisierung und Globalisierung sowie Internet für das Travel Management wählen. → VDR

CFL: Société Nationale des Chemins de Fer Luxembourgeois, nationale Gesellschaft der luxemburgischen Eisenbahnen.

CFO: Chief Financial Officer; entspricht dem Finanzvorstand in angelsächsischen Unternehmen.

Chalets: Schweizer Landhäuser, die auch an Touristen vermietet werden; Bezeichnung gilt auch in anderen französischsprachigen Ferienregionen.

Chancen-und-Gefahren-Analyse: Chancen und Gefahren ergeben sich aus der Gegenüberstellung der Trends in den verschiedenen Umwelten (z.B. ökologische und gesellschaftliche Umwelt, Konsumbedürfnisse) und den Eigenschaften der Angebote der eigenen Organisation. Eine C/G-Analyse ist Ausgangspunkt der Überlegung, wie auf Umweltentwicklungen zu reagieren ist. Sie gehört zur Ausgangsanalyse bei der Strategieentwicklung. → Stärken-Schwächen-Profil

Chapter: 1. Kapitel.

2. Regionale Niederlassung einer Vereinigung/eines Verbandes, z.B. Pata German Chapter

Chapter 11: Reorganisationsverfahren aus dem US-Konkursrecht, das unter der Aufsicht der US-Behörden für in Zahlungsunfähigkeit geratene Firmen eingeleitet wird. C. 11 ermöglicht den betroffenen Unternehmen, ihre Aktivitäten fortzusetzen, und schützt sie vor dem Vergleichsverfahren. Angestrebt wird die Verbesserung der finanziellen Lage durch Sanierung und die Rückzahlung der Schulden an die Gläubiger. Fand in der Tourismusbranche z.B. bei großen US-Fluggesellschaften (TWA, Continental Airlines) Anwendung. → Insolvenz, → Konkurs, → Vergleich

Charter: Vertrag über die Anmietung eines Fahrzeuges zu Lande, in der Luft oder zu Wasser, mit oder ohne Besatzung, zur Beförderung von Personen oder Gütern. → Bare Boat Charter, → Pro Rata Charter, → Teilcharter, → Vollcharter

Charter (Schiff): Von einem Seereisenveranstalter oder einer Interessengruppe gemietetes Schiff zur Vermarktung in eigener Regie. 1. als Vollcharter = ganz. 2. als Blockcharter = teilweise/gemeinsame Regie. → Bare Boat Charter, → Pro Rata Charter, → Teilcharter, → Vollcharter

Charter-Broker: Dienstleistungsunternehmer (Makler, Agent, Mittler) zwischen Leistungsträgern wie Fluggesellschaften und Reedereien einerseits und Reiseveranstaltern, Reisebüros und Incentive-Agenturen andererseits, eingeschaltet beim Zustandekommen von maßgeschneiderten Angeboten/Abschlüssen, in besonderen Fällen auch mit Hilfe von speziellen Computerprogrammen.

Charterflug: Begriff der Luftfahrtstatistik für „sonstige Charterflüge", wie Personen- und Frachtbeförderung im Tramp- und Anforderungsverkehr, wobei eine Einordnung in die üblichen Flugarten nicht möglich ist. Zum C. zählen auch die Flüge mit Affinitätsgruppencharter, Special-Event-Charter oder als Krankentransport über 5,7 t maximal zulässiges Startgewicht (MTOW = Maximum Take Off Weight). → Tramp- und Anforderungsverkehr

Charterflugverkehr: Nach Luftfahrtstatistik keine gesonderte Verkehrsart. Diese unterscheidet nach 1. Linienflugverkehr, 2. Gelegenheitsverkehr und 3. Überführungsflug. Da in Deutschland verkehrsrechtlich Flüge des planmäßigen Ferienflugverkehrs nur als Pauschalflugreisen angeboten werden können, werden Flüge, die ganz oder in Kontingenten an Reiseveranstalter vermietet (verchartert) werden, oft als „Charterflüge" bezeichnet. Auch Linienflüge können gleichermaßen verchartert werden. Für alle Flüge des gewerblichen Luftverkehrs gelten die gleichen Sicherheitsstandards sowie die anderen Vorschriften des Luftfahrtbundesamtes (LBA). → ABC-Charter, → Bedarfsluftverkehr nach festen Abflugzeiten, → Gelegenheitsverkehr, → Linienflugverkehr, → NAC-Charter

Charterline: Verkaufs- und Buchungssystem mit einheitlicher Plattform für die Geschäftsprozesse einer Charterfluggesellschaft, entwickelt von Lufthansa Systems. → LH Systems

Charterverkehr: Im Luftverkehr bedeutungsgleich mit Gelegenheitsverkehr (Nicht-Linienverkehr). Im Gegensatz zum Linienverkehr trägt hierbei der Vollcharterer das Auslastungsrisiko. → Ferienfluggesellschaften, → Gelegenheitsverkehr

Chat: Gesprächsraum der Internet-Anbieter für Diskussionsaustausch der Teilnehmer zur Abrundung ihres Online-Angebotes.

Check Digit: Ist eine Prüfziffer auf Flugscheinen, um die Richtigkeit einer Serie von Ziffern mathematisch zu überprüfen.

Check-in: Fluggastabfertigung am Boden. Bezeichnung gilt auch für die Anmeldung im Hotel oder bei Kreuzfahrtschiffen. → Abfertigung im Flugverkehr, → Check-in zu Hause, → Telefon-Check-in, → Vorabend-Check-in

Check-in Counter: Abfertigungsschalter.

Check-in Deadline: Letzte Möglichkeit des Eincheckens am Flugschalter.

Check-in-Zeit: Zeit des Gesamtvorgangs, dem sich der Passagier vor Abflug am Abfertigungsschalter der Fluggesellschaft zur Gepäckaufgabe, zum Empfang der Bordkarte sowie Passieren der Pass- und Sicherheitskontrollen unterziehen muss. C. auch vor der Fahrt mit Kreuzfahrtschiffen. → ATB, → Check-in

Check-in zu Hause: Service-Einrichtung für Condor-Kunden, die die Wartezeit an den Flughäfen abkürzt; mit Zubringerdienst TVS (Transfer Verbund System), der die Gäste abholt und durch die Sicherheitskontrollen begleitet. → Check-in

Check-out: Abfertigung nach dem Flug oder Abmeldung an der Hotelrezeption. → Abfertigung im Flugverkehr

Chefingenieur: Ranghöchster Techniker an Bord eines Schiffes.

Chefsteward: Er ist verantwortlich für alle Stewards und Stewardessen im Bedienungsbereich, er hat nach dem Einchecken für die Platzierung der Passagiere an den Tischen zu sorgen und ist in seinem Zuständigkeitsbereich Anlaufstelle für Wünsche und Beschwerden. → Maître d'Hôtel, → Steward/Stewardess

Chet: Association Internationale du Centre des Hautes Etudes Touristiques, internationaler Verband der Tourismuswissenschaften in Aix-en-Provence, Frankreich. Im Vordergrund steht die Förderung der Tourismusforschung.

Chiariva: Kürzel für Chiari und Sommeravia. Auf dem europ. Kontinent wurde das älteste Reisebüro 1878 in Mailand gegründet. Es organisierte die erste Gruppenreise rund um die Welt; noch heute bedeutend im Tourismus; u.a. Vertreter der KD in Italien. → KD

Chicagoer Abkommen: Abkommen von Chicago, genauer engl. Titel ist Convention on International Civil Aviation, deutsch: Abkommen über die internationale Zivilluftfahrt. 1944 nahmen 54 Staaten an der Icao-Konferenz teil, ohne die damalige UdSSR. Ziel der Konferenz war, analog der „Freiheit der Meere" eine einheitliche und weltumspannende Regelung für die internationale Zivilluftfahrt zu schaffen. Hintergrund war die Tatsache, dass im 2. Weltkrieg der regelmäßige Luftverkehr über den Nordatlantik Wirklichkeit geworden und für die Ausweitung dieses überzeugenden Verkehrsträgers kein natürliches Hindernis mehr gegeben war. Dem ausgehandelten Kompromiss stimmten 52 der 54 anwesenden Staaten zu. Weitere Abkommen wurden gebilligt wie z. B. die Transportvereinbarung International Air Transport Agreement, die die fünf Freiheiten des Luftverkehrs regeln. Außerdem wurde im Abkommen von Chicago die friedliche Regelung der Beziehungen unter den Vertragsstaaten auf dem Sektor der Zivilluftfahrt festgeschrieben. Das Abkommen setzt sich aus vier Hauptteilen und 95 Artikeln zusammen. Die endgültige Fassung wurde von der Icao-Konferenz 1954 in Montreal ratifiziert. → Freiheiten der Luft, → Icao

Child (CH): internationaler Iata-Code für Kinderpassagiere (von zwei Jahren bis einschließlich des vollendeten elften Lebensjahrs). Begleiteten Kindern werden im innerdeutschen Raum 50% und auf internationalen Strecken 10% des Erwachsenentarifs berechnet. Sie haben Anspruch auf einen eigenen Sitzplatz.

Chip Card: Reisende mit Handgepäck können mit Hilfe der C. am Chip-in-Automaten oder am Check-in Counter einchecken. Bei Reisenden mit Gepäck muss es auch mit elektronischem Ticket am Counter aufgegeben werden. In Frankfurt bereits mit Kofferaufgabestellen an den Chip-in-Automaten. → Abfertigung im Flugverkehr, → Boarding Card/Boarding Pass, → Check-in, → Chip-in, → E-Ticket, → Etix

Chip-in: Bezeichnung für Check-in ohne Ticket. Mit Hilfe der Chip Card ist es für Reisende mit Handgepäck möglich, sich mit Hilfe des Chip-in-Automaten einzuchecken. Beim Vorgang des Chip-in wird vom Terminal automatisch eine Bordkarte ausgedruckt. An einigen Flughäfen wird die Chip Card aber auch für das Boarding eingesetzt. → Abfertigung im Flugverkehr, → Boarding Card/Boarding Pass, → Chip Card, → Chip-in-Automat, → E-Ticket

Chip-in-Automat: Ein Terminal, das ein Einchecken mit Hilfe der Chip Card zulässt. Die Chip-in-Automaten stehen meist direkt am Gate oder in der Abflughalle. → Abfertigung im Flugverkehr, → Boarding Card/Boarding Pass, → Chip Card, → Chip-in

Chipkarte: Kreditkartengroße Speicherkarte – als intelligente Smart Card mit Rechnersystem ausgestattet – mit Funktionen im Rahmen der Autorisierung.

Chronohygiene: Begriff aus dem Kurwesen, er meint Bewusstsein für Körperrhythmik.

Chronomedizin: Begriff aus dem Kurwesen, der besagt, dass alles der natürlichen Körperzeit unterworfen ist und ideale und ungünstige Zeitpunkte hat.

Cicerone: Reiseführer. → Reiseführer

CIE: Consortium for International Education, Los Angeles, USA. CIE bietet ein ausgedehntes akademisches Studienreiseprogramm für amerikanische College-Studenten, Lehrer, Dozenten. Die Reisen werden im Stil eines Fortbildungsseminars unter Berücksichtigung spezifischer Interessen der einzelnen Colleges durchgeführt. Oft stehen Abschlussprüfungen am Ende der Reisen, die durch Europa, den Mittelmeerraum und Mexiko führen.

Cina: Commission Internationale de la Navigation Aérienne, durch das Pariser Luftverkehrsabkommen 1919 geschaffener ständiger Ausschuss zur Überwachung und Weiterentwicklung der Bestimmungen dieses Abkommens. Nachdem ihre Funktionen von der Icao übernommen worden waren, wurde die Commission 1948 aufgelöst. → Icao, → Pariser Luftverkehrsabkommen

CIO: Chief Information Officer; für Informations- und Kommunikationstechnologien zuständiges Mitglied von Vorstand/Geschäftsleitung in angelsächsischen Unternehmen.

CIP: 1. Commercial Important Person; Person, der im Geschäftsleben bestimmte Aufmerksamkeit entgegengebracht wird, wie z.B. Vorzug bei der Abfertigung im Servicebereich. C.s werden auch als Hons (Honourables) bezeichnet (bei Lufthansa: Honorary Pin Holder). → Frequent Flyers/Travellers, → VIP

2. Carrier Identification Plate; Kennzeichnungsplakette, die dem Agenten von einer Mitglieds-LVG zur Verfügung gestellt wird, um sie für die Ausstellung von Verkaufsdokumenten im BSP zu benutzen. → BSP, → LSG

CIPCE: Centre d'Information et Publicité des Chemins de Fer Européens, Informationszentrale der europäischen Eisenbahnen, Sitz: Rom.

Cipra: Commission Internationale pour la Protection des Régions Alpines, internationale Alpenschutzkommission, Sitz: Vaduz (Liechtenstein). Wurde auf Initiative des Europarats als Dachverband der Natur- und Umweltschutzverbände der Alpenländer gegründet. Mitglieder sind die Alpenländer Deutschland, Österreich, Schweiz, Italien, Liechtenstein, Frankreich und Slowenien. Ziel ist der Schutz und die Erhaltung der Alpenregion, insbes. gegen den Tourismus und den Schwerverkehr, durch Erarbeitung von Regelungen für den Landschaftsschutz und die Raumplanung. Workshops und Seminare. Mitglied bei der IUCN. → Alpenkonvention, → IUCN

Circle Trip (CT): Nach Iata-Beförderungsbedingungen Luftreise auf einer durchgehenden Rundflugstrecke mit gleichem Ausgangs- und Endpunkt. Die Wahl eines weiteren Verkehrsmittels ist möglich, wenn eine direkte, planmäßige Luftverbindung zwischen zwei Punkten nicht gegeben ist. Ermäßigter Rundreisetarif; er ist niedriger als die Summe der für die einzelnen Teilstrecken zu entrichtenden Beträge.

Cisalpino: Täglich verkehrender Zug zwischen Stuttgart, Zürich, dem Tessin und Mailand. Der C. hat zwei Wagenklassen, einen Bar-Speisewagen, Wickeltische und Kinderwagenstellplatz sowie Rollstuhlstellplatz und behindertengerechte Toiletten.

City-Bahn: Reisezug der Deutschen Bahn. Auf Strecken in Ballungs- und Verdichtungsräumen mit besonders hohem Verkehrsaufkommen werden neu gestaltete Fahrzeuge mit Großraumabteilen eingesetzt mit mehr Komfort als in der S-Bahn. Die C. bietet einen Mehrzweckraum für sperriges Gepäck, Fahrräder, Kinderwagen und Rollstühle. Sie fährt mindestens im 60-Minuten-Takt und verbindet z.B. Köln–Gummersbach und Hamburg–Stade.

Citybus: Zusatzangebot zum regulären ÖPNV mit dem Ziel, den Einkaufsverkehr vom PKW auf den ÖPNV umzulenken und so die Attraktivität des ÖPNV zu steigern. Der Citybus verbindet das Stadtzentrum mit den umliegenden Stadtteilen. Charakteristisch sind beispielsweise der dichte Takt mit guter Merkbarkeit, der Knotenpunkt zur Verknüpfung aller Linien, der Einsatz von kundenfreundlichen Bussen (Niederflurbussen) und ein durchgehendes Corporate Design. → ÖPNV

City Card: Durch den Kauf einer C.C. erhält man in vielen Städten Rabatte auf Museumsbesuche, Veranstaltungen und andere touristische Leistungen. Einige Karten erlauben zudem die kostenlose Benutzung von Bahn und Bus innerhalb der Stadtgrenzen.

City Check-in: Neues Stadtbüro-Konzept der Lufthansa mit umfassendem Informations- und Kommunikationsangebot, das den Bedürfnissen der Geschäfts- und Privatreisenden entgegenkommt. Abfertigungseinrichtung allerdings ohne Gepäckaufgabe; Ladenbüros gibt es bereits in allen von der Lufthansa angeflogenen deutschen Städten und in den wichtigsten Hauptstädten Europas. → Abfertigung im Flugverkehr

City Code: → Three Letter Codes

City Jet: Lufthansa-Eigenbezeichnung der Boeing B-737.

City Manager: Wurden erstmals in einem Modellprojekt in drei bayerischen Städten eingesetzt, die sich zunächst für die Dauer von zwei Jahren mit Problemen der Stadtentwicklung beschäftigen sollen. Im Wesentlichen geht es dabei um die Verbesserung der Lebensqualität in den Innenstädten, auch und besonders im Hinblick auf Freizeit- und Tourismusbelange. → BCSD

City Night Line: CNL, Nachtreisezug der DB auf den Strecken Dortmund/Köln/Bonn–Frankfurt/M.–Linz/Wien, Berlin/Dresden/Leipzig–Freiburg–Basel –Zürich und Hamburg/Hannover–Freiburg–Basel–Zürich, am Wochenende Verbindungen nach Norddeich; mit großen Zweibett-Schlafabteilen mit Garderobe, Tisch, zwei Stühlen sowie eigener Dusche/WC (De-luxe), Einbettabteilen mit Waschgelegenheit (Komfortkategorie), Zwei- oder Vierbettabteilen mit Waschgelegenheit (Economy) sowie speziellen Ruhesesseln. → Hotelzüge

City Pair: 1. Darstellung des Flugangebots zwischen zwei Städten; auch für die Verkehrsstatistik. 2. Bei RES-Start Information über bestehende Flugverbindungen zwischen zwei Orten mit verfügbarer Sitzplatzkapazität. → CPE, → RES (Reservierung)

City Pass: → City Card

City Soft: → Euro-Start, → German Soft

CIV: Convention Internationale Concernant le Transport des Voyageurs et des Bagages par Chemins de Fer. Im 19. Jh. geschlossener Staatsvertrag über den Eisenbahn-Personen- und Gepäckverkehr. Er bildet die Grundlage für den durchgehenden internationalen Personen- und Gepäckverkehr zwischen Europa, Asien und Afrika. → TCV

Civil Aviation Authority: → CAA

Class Codes: Klassendefinition als Abstufung des Leistungsangebots am Boden und an Bord eines Beförderungsmittels. Klassen sind die Qualitätsstufen des Produktes. Z. B. wird bei Fluggesellschaften die Abstufung für jedes Produktsegment vorgenommen nach Tarifklasse – Preis; Buchungsklasse - Reservierung; Sitzklasse – Kabinenausstattung; Serviceklasse – Service. Das unverwechselbare Gesamtprodukt einer Luftverkehrsgesellschaft wird durch die jeweilige Ausprägung dieser einzelnen Stufen und die Qualifikation für deren Inanspruchnahme gebildet.

Class Room Style: Sitzordnung vergleichbar dem Klassenzimmer, bevorzugt bei Seminaren und Schulungen. → Parliamentary Style

Clean Design: Bezeichnung für die strengen Umweltanforderungen von Det Norske Veritas (DNV), die mit der Indienststellung der beiden Hurtigruten-Schiffe „Trollfjord" und „Midnatsol" erfüllt werden, etwa beim Abwasser, beim Recycling oder bei der Wahl von umweltfreundlichen Materialien und Verfahren.

Clearing Bank: Inkassostelle des BSP. Zuständig für den Einzug von Zahlungen von Agenten, Überweisung der fälligen Beträge an die Luftverkehrsgesellschaften und Überwachung sowie Bericht hinsichtlich Zahlungsproblemen seitens der Agenten. → BSP

Clearing House: → Iata-Clearing-House

Clef d'Or: Internationale Vereinigung der Portiers, 1939 in Frankreich gegründet, nach dem Krieg konstituiert, Sitz: Paris. C. hat seinen Namen nach dem Zunftzeichen, zwei gekreuzten goldenen Schlüsseln. Ziele dieser Vereinigung sind die Interessenvertretung des Berufsstandes und insbesondere die Heranbildung des Nachwuchses, da Portier kein selbstständiger Lehrberuf ist.
→ Portier/Concierge

Clia: Cruise Lines International Association, nordamerik. Kreuzfahrtreedereien-Verband.

Closed Shop: 1. Der Versuch, sich im Produktions- oder Vertriebsbereich zum eigenen Vorteil zu zweit oder mit mehreren abzusprechen und anderen den Zugang zu den Gruppenvorteilen zu verwehren. 2. Als C.-Betrieb auch Bezeichnung für die verselbstständigte Auftragsbearbeitung in Rechenzentren. 3. Begriff für die Gruppe der geschlossenen elektronischen Vertriebssysteme. Bezeichnet generell Unternehmen mit Gewerkschaftszwang im anglo-amerikanischen Tarifsystem.

Clubschiff: Kreuzfahrtschiff mit clubähnlichem Ambiente. Die „Aida"-Clubschiffe bieten insbesondere jüngeren Menschen vielseitige Sport- und Unterhaltungsmöglichkeiten ähnlich einem Ferienclub. Es gibt keinen Kleiderzwang, kein Trinkgeld und keine festen Plätze im Restaurant. Ein weiteres C. ist die „Club Med 2".

Cluburlaub: Urlaubsart, die auf die Idee von G. Blitz mit dem ersten Clubdorf von 1950 auf Mallorca zurückgeht. Das Konzept berücksichtigt das Bedürfnis vieler Urlauber nach aktiver Erholung; neben den vielfältigen Sportangeboten und geselliger Animation gehört auch eine bestimmte Architektur zur Club-Philosophie. C. wird als Vollpauschalreise angeboten, z.B. von Robinson Club (TUI), Club Méditerranée und Club Aldiana (Thomas Cook). Kritiker beklagen den Getto-Charakter dieser Clubanlagen, die meist fern der gewachsenen Siedlungen in den Urlaubsländern liegen. → Animation, → GO

CMP und CMDP: Corporate Mileage Dividend Programs, Firmenförderungsprogramme der LH in den USA und Europa, die den teilnehmenden Firmen Bonusmeilen gutschreiben.

CMT: Internationale Ausstellung für Caravan-Motor-Touristik, Stuttgart, seit 1968 im Januar jeden Jahres.

CNL: → City Night Line

C & N Touristic: Am 1. November 1997 von Lufthansa und Karstadt gegründetes Unternehmen als Fusion von Neckermann (NUR) und Condor mit den Geschäftsfeldern Flug, Veranstalter, Hotel und touristischer Vertrieb mit Firmensitz in Kronberg/Taunus. In das Gemeinschaftsunternehmen wurden 90% der Anteile von Condor und NUR eingebracht. Die weiteren 10% verblieben bei den bisherigen Muttergesellschaften Lufthansa und Karstadt. Seit 2001 firmiert das Unternehmen unter Thomas Cook. → Thomas Cook, → Thomas-Cook-Konzern

Co-Branding: Begriff für ein Partnerschafts- und Lizenzsystem, bei dem Produkte von anderen Unternehmen unter eigenem Namen und Image vertrieben werden, z.B. Visa-Kreditkarte durch Noris-Verbraucherbank (eine Quelle-Tochtergesellschaft). → Brand/Branded Goods, → Kreditkarten

Cockpit: Pilotenkabine im Flugzeug.

Code of Best Practice: Regeln, Verhaltensstandards und Offenlegungspflichten, die zu einer guten Unternehmensführung gehören.

Code of Conduct: 1. Verhaltenskodex der EU-Wettbewerbsbehörde, der oligopolistisch geprägten Unternehmensgruppen auferlegt wird, die eine Kartellfreistellung erhalten haben. Am bekanntesten ist der Code of Conduct für CRS-Betreiber zur angebotsneutralen Darstellung der Angebote in ihren Systemen, wird überwacht von den Verkehrsministern der Länder und der EU-Kommission.

2. Reisemedizinischer Maßnahmenkatalog des DRV mit Vorbeugungsmaßnahmen und Vorsichtsmaßregeln zur Verhütung von Erkrankungen auf Reisen. → DRV, → EU/EG/EWG

Code-Share-Vereinbarung: Marketingvereinbarung zwischen Luftfahrtgesellschaften zur besseren Nutzung von Verkehrsrechten und Optimierung der Flugauslastung. Die C. erlaubt einer Fluggesellschaft den Verkauf einer Strecke unter der eigenen Flugnummer (Code), die sie jedoch nicht selbst in voller Länge mit eigenen Flugzeugen fliegt. Unter dem Vorzeichen der C. durchgeführte Flüge gelten als Direktflüge. Diese erscheinen bei den CRS an vorderer Stelle und werden damit erfahrungsgemäß vom Expedienten vorrangig verkauft. Eine C. besteht z.B. zwischen Lufthansa und United Airlines. Die Kostenaufteilung erfolgt durch kommerzielle Vereinbarungen der Fluggesellschaften untereinander. → CRS, → Pool

Codierung: Abkürzungssystem zur vereinfachten Darstellung, insbes. bei Telex-Information. Z.B. aus dem LH-Handbuch für Fernschreibverkehr: acct –account = Konto; avbl – available = verfügbar; grp –group = Gruppe; z.B. Hotelschlüssel: Alba = ein Zimmer mit Bett; Danid = vier Zimmer mit je einem Bett; Quai = Abholung vom Hafen.

Columbarium: Röm. und frühchristl. Gemeinschaftsgrabanlage, die im Aussehen einem Taubenschlag ähnelt.

com: Dieses Kürzel in der Internet-Adresse weist auf einen kommerziellen Anbieter hin und wird auch als Top Level Domain bezeichnet. Weitere Kürzel beschreiben Art oder Standort des Internet-Rechners: .edu (Universitäten und Bildungsinstitute in den USA), .net (Netzwerkbetreiber und Online-Dienste), .org (private, nicht kommerzielle Organisationen). Der Zusatz .de kennzeichnet ein deutsches Internet-Angebot. → Internet

Comecon: Council of Mutual Economic Aid, Rat für gegenseitige Wirtschaftshilfe (RGW), gegründet 1949, Sitz: Moskau; Wirtschaftsgemeinschaft des Ostblocks unter Führung der UdSSR. Im Unterschied zu seinem westlichen Gegenstück, der Europäischen Gemeinschaft (EG), leitete das Comecon seine Ziele nicht von einem einheitlichen geografischen Wirtschaftsraum ab und hatte keine übergeordnete juristische Instanz. Geschäfte zwischen einzelnen Comecon-Ländern wurden zu festgelegten Vertragspreisen in der künstlichen Währungseinheit des Transfer-Rubels abgewickelt. Die Wirtschaftsorganisation der früheren Ostblockstaaten hat sich 1990 in Budapest selbst aufgelöst. → EU/EG/EWG

Commercial Sabre: Elektronische Verbindung von Firmenkunden mit einer Sabre-Reiseagentur zum Überspielen von Buchungsdaten. → Sabre

Commission: Provisionsvergütung für Vermittlungsgeschäfte; Einkunftsart der Reisemittler. → Provision

Commission Caps: Provisionshöchstgrenzen für Reisemittler; die US-Fluggesellschaften differenzieren nach inner- und außeramerikanischen Strecken sowie Hin- und Rückflug. → Flat Fee, → Provision

Common Check-in: Fluggastabfertigung an jedem Flugschalter.

Communication Center: Firmendienst unter Einbeziehung der Neuen Medien und technischer Unterstützung wie Internet-Booking, E-Mail und Telefax.

Commuter Airline: Regionalfluggesellschaft. → Regionalluftverkehr

Company Profile: Eingabemaske unter Amadeus zur Erfassung von Firmendaten. → Customer Profile

Company Rate: → Corporate Rates

Compas: Computer Oriented Metering Planning und Advisory System, elektronisches Steuerungssystem in der Flugsicherung, das die Fluglotsen bei der Planung der Landungen unterstützt; C. kann helfen, die langen Warteschlangen zu vermeiden und den Treibstoffverbrauch zu reduzieren.

Complete Access: → Access

Complimentary Upgrade: Entgegenkommen eines Leistungsträgers oder Reiseveranstalters gegenüber einem Kunden in Form einer kostenlosen Aufwertung der gebuchten Leistung, z.B. beim Flug durch First anstatt Business Class bzw. Business anstatt Economy, bei der Kreuzfahrt z.B. durch eine Kabine auf einem höheren bzw. besseren Deck oder einer Außen- anstatt einer Innenkabine. C. Ticket steht für Freifahrtschein, C. Room für Gratiszimmer.

Computerreservierungssysteme: → CRS

Concierge: Beschließer. → Portier/Concierge

Concorde: Schnellstes Passagierflugzeug der Welt mit ca. 2000 km/h oder Mach 2 auf Transatlantikflügen. Seit 1976 im Einsatz. Geschwindigkeitsrekord 1990 auf der Strecke New York–London (5890 km) = 2 Std., 56 Min. C.s werden von British Airways und Air France geflogen. Nach einem tragischen Absturz im Juli 2000, bei dem 113 Menschen ums Leben gekommen waren, mussten die C. aus Sicherheitsgründen am Boden bleiben. Seit November 2001 fliegt die C. wieder planmäßig über den Atlantik.

Conditions of Carriage: Beförderungsbedingungen. → Iata-Beförderungsbedingungen

Confederación Española de Hoteles y Apartamentos Turísticos: Spanischer Hotel- und Ferien-Apartment-Verband, entstanden aus dem Zusammenschluss der spanischen Hotelverbände Feht und Zontur. → Feht, → Zontur

Confirm: Richtiger: Amadeus Confirm, CRS-Kooperation zwischen Sabre und Amadeus zur erleichterten Buchung von Hotels und Autovermietungen. Durch Joint Venture mit AMR besitzt Amadeus die Rechte, C. in Europa, dem Nahen Osten und Afrika aufzubauen. → Sabre

Congestion: Stauung; Kapazitätsengpässe beim Flugverkehr (in der Luft und auf dem Boden).

Conjunction Ticket: Verbindungsflugschein/Anschlussflugschein; nach Art. 1 der Iata-Beförderungsbedingungen muss für einen Fluggast bei mehr als vier Flugstrecken ein zusätzliches C. (oder mehrere) ausgestellt werden; es bleibt jedoch bei einem Beförderungsvertrag. → Iata-Beförderungsbedingungen

Connect: Umbrella-System für Reiseveranstalter zur Anbindung hauseigener Reservierungssysteme an die touristischen Reservierungssysteme Start-Toma und DCS Merlin. Entwickelt von Partners Software. → Umbrella-System

Connection Build: Bei Galileo im Linienflugbereich sucht C. nach den günstigsten Verbindungen für eine Reise und ermittelt die kürzeste direkte Verbindung unter allen möglichen Routen in der Datenbank bei max. vier Umsteigeverbindungen.

Connectivity: Bezeichnung für bes. hochwertige Verbindungen; bei den CRS mögliche technische Verbindung zwischen globalen Reisevertriebssystemen (z.B. zwischen Amadeus und Galileo). → CRS, → Galileo

Connexion by Boeing: Technik von Boeing zum Anschluss von Flugzeugen an das Internet via Satellit. Mit dieser Technologie können Fluggäste von 2002 an während des Fluges im Internet surfen, E-Mails senden und empfangen sowie Live-TV-Programme sehen.

Connex Regiobahn: Nach DB zweitgrößter Anbieter im Schienenpersonenverkehr in Deutschland. Neben Nahverkehrsnetzen werden auch seit 2002 Langstrecken bedient. Vorgängergesellschaft ist die Deutsche Eisenbahn-Gesellschaft, die 1898 gegründet wurde. C. gehört zum franz. Mischkonzern Vivendi. Connex und ist weltweit tätig u.a. mit Schnellzügen in Großbritannien und Australien sowie der U-Bahn in Stockholm.

Consolidator: 1. Der C. bündelt Umsatz; tritt als Großhändler auf (sog. Sammelladungsgemeinschaft); im Tourismus trifft der C. Sonderabkommen über Flüge, Hotelkapazitäten, Kreuzfahrten und

Mietwagen und gibt die eingekauften Plätze (Paxe) zu eigenen Preisen an seine Kunden ab.

2. Begriff im Luftverkehr, sog. Luftfrachtsammellader, der nicht als Agent der Luftverkehrsgesellschaften, sondern im Auftrag seiner Kunden als Frachtführer (Indirect Carrier) auftritt und den Sammelverkehr im eigenen Namen durchführt. In Iata-Resolution 810 festgelegt. Die Übertragung gleicher Funktionen auf die Personenbeförderung mit dem Ziel niedrigerer Tarife oder Raten bildet sich aus Wettbewerbsgründen immer stärker heraus. → Graumarkttickets

Content Provider: Unternehmen, die das Internet zum Verbreiten von Informationen, Werbung und Verkauf nutzen.

Continental Breakfast: Einfaches Frühstück, bestehend aus Kaffee (Tee, Kakao), Brötchen (Brot), Butter und Konfitüre, im Gegensatz zum American Breakfast. → American Breakfast

Contour: Backoffice-Programm für Reisebüros, Hersteller: Contour Reiseoffice, Uerdingen.

Contours: Ecumenical Coalition on Third World Tourism, ökumenische Koalition für den Tourismus in der Dritten Welt. Internationaler, in Bangkok ansässiger Zusammenschluss mehrerer ökumenischer Organisationen aus Afrika, Asien, Südamerika sowie aus dem Mittleren Osten und der Karibik. Contours befasst sich mit den Auswirkungen des Tourismus auf das Leben der Einheimischen in Dritte-Welt-Ländern, vertritt ihre Interessen, gibt verschiedene Publikationen heraus und war Mitglied beim Arbeitskreis Tourismus mit Einsicht. → Tourismus mit Einsicht (TME)

Convenience Foods: Fertiggerichtesysteme mit Mikrowellengeräten und Konvektomaten, ermöglichen schnelle Serviceleistung.

Convention: → Kongress

COO: Chief Operations Officer, für das laufende Geschäft zuständiges Mitglied von Vorstand/Geschäftsleitung in angelsächsischen Unternehmen.

Cooperative Advertising: Gemeinschaftswerbung mehrerer Unternehmen, einer Branche oder eines Verbandes.

Copyright: Urheberrecht.

Corda: Reservierungssystem von KLM, Galileo-Gesellschafter.

Corporate Cards: Kreditkarten für Firmenkunden.

Corporate Culture (CC): Die gemeinsame Philosophie aller Mitarbeiter, welche handlungswirksam ist und den Kontakt zum Kunden prägt. → Corporate Design (CD), → Corporate Identity (CI)

Corporate Design (CD): Zeichen, Schriftzug, Farbe oder Gestaltungsart, die das Unternehmen oder seine Produkte nach außen sichtbar kennzeichnen. Im engeren Sinne das Unternehmenslogo. Das C. muss konsequent genutzt werden und ist ein starkes Ausdrucksmittel der CI. → Corporate Culture (CC), → Corporate Identity (CI)

Corporate Governance: Verhaltensregeln für die Führung und Kontrolle börsennotierter Unternehmen in Deutschland.

Corporate Identity (CI): Öffentlichkeitswirkung sämtlicher Erscheinungsformen eines Unternehmens, z.B. in Design, Architektur, Werbestil sowie Unternehmensstil, Informationspolitik, Personal- und Serviceverhalten, Dienstleistungen usw. Von der Geschlossenheit eines attraktiven Erscheinungsbildes hängt die Überzeugungskraft eines Unternehmens oder einer Marke ab, vorausgesetzt, dass diese Qualität glaubhaft mit der Qualität der angebotenen Produkte oder Dienstleistungen korrespondiert und beide damit dauerhaft miteinander assoziiert werden können. Die Elemente der Unternehmensidentität strahlen kontinuierlich nach innen auf die Mitarbeiter und nach außen auf die Öffentlichkeit als besonderes Image aus.

Corporate Info Flyway: → Lufthansa Corporate Flyway

Corporate Rates: Sonderpreise/Ermäßigungen für Großabnehmer, wie Firmen und Organisationen, mit einer bestimmten Mindestabnahme von Hotelübernachtungen, Mietwagen, Flügen usw. Angeboten werden Quartals- oder Jahresabonnements. → GKA – Großkundenabonnement

Corporate Traveller: Selbstbuchungstool für Firmenmitarbeiter.

Costar: Cost Analysis Report, Management-Informationssystem der Reiseorganisation Thomas Cook. Damit können Sparpotenziale bei Firmenreisekosten in den wesentlichen Sparten Geschäftsreisen mit Flug, Bahn, Mietwagen und Hotel, Urlaubsreisen, Reiseschecks und Geldwechsel erfasst werden.

Cotal: Confederación de Organizaciones Turisticas de la America Latina; Latin American Confederation of Tourist Organizations. Aufgabe ist die Förderung des Tourismus nach Lateinamerika.

Cotasur: Comisión de Turismo de America del Sur, Lima, South America Travel Commission, im Februar 1989 auf Initiative der Foptur (Peruanisches Fremdenverkehrsamt) gegründet. Mitgliedsländer sind Argentinien, Bolivien, Brasilien, Chile, Ekuador, Kolumbien, Paraguay, Peru, Uruguay und Venezuela.

Wesentliche Aufgabe der C. ist die weltweite Vermarktung der genannten zehn Länder auf touristischem Gebiet. Die Aktivitäten der C. werden mit Hilfe der EU, der Weltbank, mit Geldern aus UNO-Fonds und des Fonds zur Integration Südamerikas finanziert. Ein Motto lautet z.B. „Südamerika – zehn Länder – ein Reiseziel“. → Foptur

Cottage: Engl. Bezeichnung für ein kleines Haus auf dem Lande oder auch für ein einfaches Ferienhaus.

Couchette: Liegebetten in den Liegewagen der Bahn; auch auf Schiffen anstelle von Liegesesseln.

Counter: Schalter für Beratung und Abfertigung in Hotel, Reisebüro usw.; Counter-Personal hat den direkten Kontakt zum Gast/Kunden.

Counter-Beirat: Groß- und Spezialveranstalter bestimmen oder wählen aus dem Kreis der Agenturen bestimmte mit dem Verkauf bestens vertraute Personen aus zwecks Optimierung der Zusammenarbeit zwischen Reisebüro und Veranstalter. Themenbeispiele des C.: Konditionen, Provisionen, Teilnahme und Kosten für Agenten-Info-Reisen, Beanstandungen usw. → Vertreterausschuss (VA), → Vertriebsgemeinschaft (VG)

Coupé: Französisch, 1. Wagenform; 2. Bahnabteil.

Coupon-Anzeige: Anzeigenwerbung mit eingedrucktem Rücksendeabschnitt zur Anforderung von weiterem Informationsmaterial oder Aufgabe von Bestellungen. Der Anzeigenrücklauf kann sowohl der Erweiterung der Kundenkartei dienen als auch bei entsprechender Kennzeichnung den Einschaltwert des Werbeträgers ermitteln.

CP: Continental Plan, Code für Leistungsangebot der Hotels mit Übernachtung und Frühstück.

CPE: City-Pair-Extended-Verfahren bei Amadeus; zuerst auf dem amerik. Markt eingeführt, jetzt auch auf europ. Märkten. Angebotsdarstellung im Flugbereich, in drei Gruppen gegliedert: 1. Direktflüge; 2. Umsteigeverbindungen mit zwei Nonstop-Flügen; 3. Umsteigeverbindungen mit drei Nonstop-Flügen. System ist außerdem nach Abflugzeiten geordnet. → Direct Flight, → Nonstop Flight

CPU: Central Processing Unit, der Prozessor als Zentraleinheit eines Computers. In dem Prozessor eines Computers werden das Rechen- und Steuerwerk, das für alle Berechnungen zuständig ist, und die Steuereinheit, die den Datenaustausch zwischen den Speicherkomponenten steuert, zusammengefasst. Umgangssprachlich auch Chip.

Crew: Besatzung eines Flugzeugs, bestehend aus 1. Cockpit Crew für die technische Durchführung und 2. Cabin Crew, verantwortlich für die Betreuung der Fluggäste. Bezeichnung gilt auch für Schiffsbesatzung.

CRM: Customer Relationship Management; Geschäftsstrategie zur Steigerung des Unternehmens-erfolgs durch Erhaltung, Erweiterung und Verbesserung der Beziehungen zwischen den Unternehmen und ihren Kunden. Als Instrumente die-

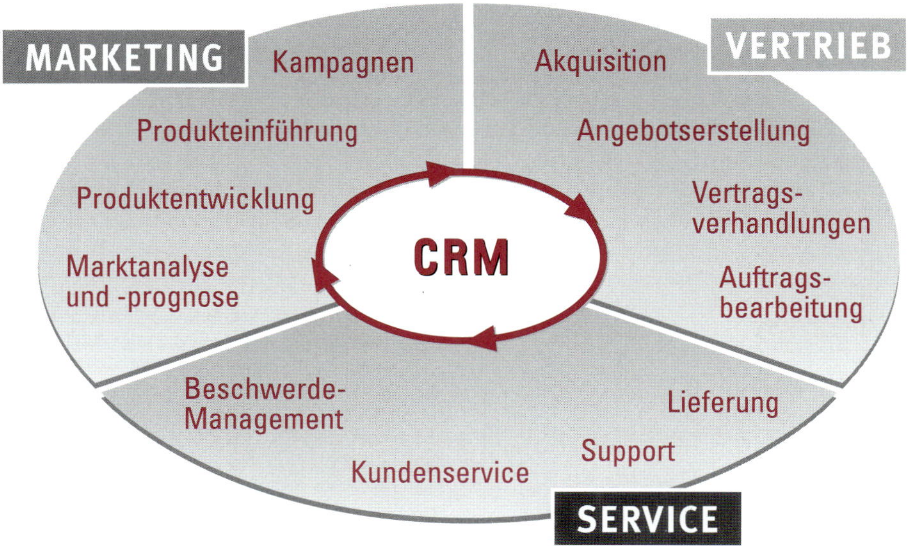

ANBIETER	INTERNET-ADRESSE
BroadVision	www.broadvision.com
Chordiant	www.chordiant.com
Datalex	www.datalex.com
DCS	www.merlinonline.de
Teradata a division of NCR	www.ncr.com
Oracle	www.oracle.com/de
Pivotal	www.pivotal.com
Siebel eBusiness	www.siebel.com
Siemens	www.sbs.siemens.com
start amadeus	www.startamadeus.de

ser Marktbearbeitung dienen neben den herkömmlichen wie Einsatz des Marketing-Mix und Kundenservice verstärkt Call Center, Data Warehousing, Websites und das interaktive Fernsehen sowie vielfältige Kundenbindungsprogramme. → One-to-One-Marketing

Cross Selling: Engl. Zusatzverkauf, vorzugsweise an die Stammkundschaft, etwa Geschäftskunden, die auch für Urlaubsreisen gewonnen werden.

CRS: Ein computergestütztes Reservierungssystem ist ein Computersystem, das u.a. Angaben über Flugpläne, verfügbare Sitzplätze, Flugpreise und zusätzliche Leistungen enthält und die Möglichkeit bietet, Buchungen vorzunehmen oder Flugscheine auszustellen, soweit abonnierten Benutzern einige oder alle Leistungen dieses Systems verfügbar gemacht werden. CRS haben ihren Ursprung in den USA und erhielten dort mit der Einführung der Deregulierung des Flugverkehrs ihre große Bedeutung. Nur Fluggesellschaften mit leistungsfähigen CRS waren in der Lage, schnell und effektiv mit Tarifänderungen auf Nachfrage und Wettbewerb zu reagieren. Brüssel schreibt den CRS-Betreibern und beteiligten Fluggesellschaften absolute Neutralität vor und setzt für Verstöße Sanktionen fest. Inzwischen bieten die globalen CRS über das Leistungsangebot im Linienflugbereich hinaus über Kooperationen und Vernetzungen ein Bündel von Leistungen an, z.B. Buchung von Hotelzimmern, Mietwagen, Pauschalreisen, Eisenbahn- und Schiffstickets usw. Diese auf die Fluglinien zurückzuführenden Systeme der Reisebüros werden gemeinhin als CRS (Computerreservierungssysteme) oder GDS (Globale Distributionssysteme) bezeichnet und grenzen sich somit von anderen touristischen Reservierungssystemen ab. → „Die Standleitung wird gekappt" auf den folgenden Doppelseiten

Cruise Director: Chef der Bordreiseleitung; auf Kreuzfahrtschiffen ist der C. der wichtigste Mann/die wichtigste Frau für Planung und Durchführung des ausgeschriebenen Programms; als Leiter/in verantwortlich für den Gesamtablauf, Moderator/in für die Abendprogramme und -ausflüge. C. untersteht dem Hotelmanager. Zu seinen Mitarbeitern gehören: Gästebetreuer, Tour-(Ausflugs-)Manager und der gesamte Entertainment-Bereich mit Künstlern, Musikern, Lektoren, Sport- und Fitness-lehrern usw. → Kreuzfahrten, → Reiseleiter

Cruiselive: Publikumsmesse für Kreuzfahrten und Fährtouristik, erstmals 2001 in Hamburg; Veranstalter: FVW International.

Cruise Match II: Für Reiseagenturen in den USA computergestütztes Buchungssystem für Kreuzfahrten der wichtigsten Reedereien sowie Direct Access zu diversen Reservierungssystemen. Direkter Zugriff auch für europäische Reiseveranstalter (Seetours seit 1995) und Reisebüros. → Cruise Vision

Cruise-only-Reisebüros: Reisebüros, die sich nach US-Vorbild auf den Verkauf von Seereisen spezialisiert haben.

Cruise Show: Passagierinformationssystem für Kreuz- und längere Fährfahrten auf CD-ROM.

Cruise Vision: PC-Version von Cruise Match II von Cruiseship Information Systems, Florida, mit optischer Verkaufshilfe in Bild und Farbe mit Decksplänen der Schiffe, Kabinenordnung und Routenkarten. → Cruise Match II, → Sabre-Vision

Cruising Speed: Engl. Ausdruck aus dem Flugsektor, bezeichnet die Reisegeschwindigkeit.

CSM (Convention Service Manager): Auch Konferenzkoordinator, ist beim Hotel- oder örtlichen Kongressbüro beschäftigt und hat die Aufgabe, der veranstaltenden Organisation während der Konferenz/Tagung in allen Belangen zu helfen. Der CSM steht in Verbindung mit sämtlichen Abteilungen des Konferenzhauses und bemüht sich um die technische Ausstattung, das Bankett oder die Auf- und Einteilung der Räume.

CST: Child Seat, Kindersitz als Zusatzausstattung bei Mietwagenreservierungen.

CT: → Circle Trip (CT)

CT Corps Touristique: Vereinigung offizieller ausländischer Vertreter für Fremdenverkehr und Eisenbahnen in der Bundesrepublik Deutschland, Frankfurt/M.

CTIP: Coalition für Travel Industry Parity. US-Reisebüroverband.

CTM: 1. California Travel Market, jährlich stattfindende Reisefachmesse für Kalifornien.
2. Certified Travel Manager → Certified Travel Manager

CTO: 1. Caribbean Tourism Organization, hervorgegangen aus CTA (Caribbean Tourism Association) und CTRC (Caribbean Tourism Research and Development Centers), amtliche Touristikorganisation der Karibik, Sitz: Bridgetown/Barbados, Auslandsvertretung: New York. Für die Vermarktung in Europa ist das CTO-Büro in London zuständig, Frankfurter Büro bei der Steigenberger Consulting. Hauptaufgabe ist die Vermarktung der karibischen Inseln als Ganzjahresziel.
2. City Ticket Office, Stadtbüro einer Fluggesellschaft, meist genutzt als Bezirksverkaufsleitung oder Niederlassung mit Reservierungs-, Akquisitions- und Buchhaltungsabteilung.
3. Cyprus Tourism Organization, zyprischer Fremdenverkehrsverband.

Cunard Line: Älteste Reederei im Liniendienst auf dem Nordatlantik. Mit seinem Raddampfer „Britannia" und deren Schwesterschiffen eröffnete Sir Samuel Cunard im Juli 1840 den ersten regulären Post- und Passagierdienst, und damit begann die Entwicklung des Transport- und Kommunikationswesens zwischen der Alten und der Neuen Welt. Seit 1998 firmiert C. als Cunard Seabourn mit u.a. der „Queen Elizabeth 2", dem letzten Oceanliner über den Atlantik, und ab 2003 der „Queen Mary 2", dem größten jemals gebauten Passagierschiff der Welt als Nachfolgerin der legendären „Queen Mary". Cunard Seabourn mit seinen Schiffen deckt die Luxuskategorie der Carnival Corp. ab. → Blaues Band, → Kreuzfahrten, → QE 2 – „Queen Elizabeth 2", → Transatlantik-Reisen

Curtis-C: Hoteleigenes zentrales Reservierungssystem der Radisson-SAS-Hotelgruppe.

Customer Driven Pricing: Bestimmung des Preises einer Leistung durch den Kunden. Im engeren Sinne ist das Geschäftsmodell von Priceline gemeint, wobei der Kunde einen Maximalbetrag für ein Flugticket nennt und Priceline anschließend verfügbare Kontingente ermittelt. Die in Deutschland nach diesem Prinzip tätigen Anbieter Tallyman und Ihrpreis.de haben ihr Geschäft im Jahr 2001 wieder eingestellt.

CRS-BETREIBER WANDELN SICH

Die STANDLEITUN

Der Vorreiter Sabre

Semi Automatic Business Research Environment, kurz: Sabre.

1960 Die ersten beiden Sabre-Computer standen in Briarcliff Manor, New York. Dort wurden zwei IBM 7090 aufgestellt, die pro Tag 84.000 Anrufe in der Reservierungszentrale von American Airlines verwalten konnten.

1964 Das System ist als Reservierungssystem fertiggestellt und vernetzt USA-weit die Verkaufsbüros von American Airlines mit den Zentralrechnern. 30 Prozent der Telefonistinnen werden eingespart.

1972 Sabre zieht nach Tulsa (Colorado) um und nutzt nun IBM-360-Rechner.

1976 Erstmals erhalten 130 US-Reisebüros Sabre-Terminals, vorwiegend in Orten, in denen American Airlines in starkem Wettbewerb mit anderen Fluggesellschaften steht. Eine Million Flugtarife sind im System gespeichert.

1983 Sabre wird international und expandiert nach Kanada.

1985 Easy Sabre ermöglicht Verbrauchern den Zugriff.

1986 Sabre führt das erste Yield-Management-System für Fluggesellschaften ein. Erste Terminals in Großbritannien.

1988 36 Mill. Tarife gespeichert.

1994 Einführung des Rail-Systems für den Hochgeschwindigkeitszug TGV in Frankreich.

1995 Die Programmierarbeiten für den Jahr-2000-Wechsel beginnen.

1996 Sabre wird zur eigenen Firma im AMR-Konzern, 18 Prozent der Aktien werden an der Börse platziert. Das Online-Reisebüro Travelocity geht ans Netz.

1998 Sabre migriert die Nutzer des asiatischen CRS Abacus in einer Adhoc-Aktion auf den eigenen Zentralrechner. Abacus war zuvor Worldspan-Partner.

1999 Der AMR-Konzern gibt die restlichen Sabre-Aktien an die eigenen Aktionäre weiter.

2000 Sabre beteiligt sich mit 51 Prozent an DCS, dem deutschen Betreiber des touristischen Reservierungssystems Merlin.

2001 (April) Der Betrieb des Rechenzentrums wird an EDS verkauft.

2001 (August) Umstellung von der traditionellen Mainframe-Technologie auf Himalaya-Server beginnt.

Die großen CRS-Betreiber lieferten sich jahrelang einen Wettlauf um wichtige internationale Märkte. Dabei ging es nicht nur um das einzelne Reservierungsterminal, sondern sie führten auch gleich ganze CRS zusammen.

wird gekappt

Der Vernetzer

Die Wurzeln von Worldspan liegen in den internen Reservierungssystememen von Delta Air Lines (1968) und Trans World Airlines (1971).

1976 Erste US-Agenturen erhalten Terminals für TWA-Pars.

1982 Erste Installationen von Datas II in US-Reisebüros.

1986 Northwest Airlines beteiligt sich mit 50 Prozent an Pars.

1988 Technische Kooperation zwischen Pars und Datas II.

1990 Pars und Datas II werden als Unternehmen fusioniert und in Worldspan umbenannt.

1991 DER-Link verbindet Dertour mit Worldspan. DER-Link wird zum Vorläufer von SMI (Structured Message Interface), mit dem Worldspan zahlreiche Computereinrichtungen von Reiseunternehmen an das eigene System anschließt.

1992 Neues Rechenzentrum in Atlanta.

1994 Die technische Zusammenführung der beiden CRS ist vollendet. Worldspan überschreitet die US-Grenze und gründet eine Niederlassung in Kanada. Kurz danach folgen erste Aktivitäten in Russland.

1995 Expedia wählt Worldspan als Internet Booking Engine.

1999 Vertrag mit Motorola über Reiseinformationen für Nutzer von Mobiltelefonen.

2000 Worldspan kauft eine Minderheitsbeteiligung an Datalex.

2001 Orbitz geht mit Worldspan als Booking Engine auf den Markt. Worldspan geht eine Kooperation mit Meta TV ein, um Buchungsfunktionalitäten für das interaktive Fernsehen zu entwickeln.

Worldspan ist die Nummer vier der großen CRS-Betreiber und der einzige, der nicht in eine Aktiengesellschaft umgewandelt und an die Börse gebracht wurde.

Nachdem die CRS ihren strategischen Auftrag für die Eigentümer-Fluggesellschaften erfüllt hatten, brachten die Airlines ihre Töchter an die Börse und machten Kasse. Die Ausnahme bildet Worldspan.

Ein wichtiger Schritt in der Geschichte der CRS: Die Agenten erhalten Terminals. Zuvor nahmen Airline-Mitarbeiter jede Reservierung von den Reisebüros per Telefon an. Die Agenten schrieben die Tickets per Hand.

CRS-BETREIBER WANDELN SICH

Die STANDLEITUNG wird gekappt

Der Interkontinentale

GALILEO
DEUTSCHLAND

Galileo International hat sowohl europäische als auch US-Wurzeln. Die Vorläufer waren Galileo und Covia, Betreiber des CRS Apollo.

1971 United Airlines richtet Apollo für die eigenen Reservierungsbüros ein.

1976 Apollo wird Agenten in Nordamerika und Japan zugänglich gemacht.

1986 Apollo wird als Tochtergesellschaft ausgegründet und Covia genannt.

1987 Focalpoint für Windows-PC kommt auf den Markt. British Airways, Swissair, KLM, Alitalia und Covia gründen Galileo als CRS in Europa mit Sitz in Swindon bei London. United gibt die Hälfte von Covia an die Galileo-Airlines ab.

1989 Covia und Air Canada vereinbaren den Aufbau von Gemini, einem CRS für Kanada. Fünf weitere europäische Airlines kaufen Minderheitsbeteiligungen an Galileo.

1990 Roommaster und Carmaster gehen bei Apollo in Funktion. Galileo nimmt den Betrieb auf.

1992 Die Eigentümer von Covia und Galileo vereinbaren, die Reservierungssysteme zu Galileo International zu verschmelzen.

1993 Im September wird das gesamte Galileo-System, das auf Großrechnern in Swindon läuft, nach Denver (Colorado) transferiert. Der Datentransfer dauert 41 Stunden. Zuvor waren für Apollo, Galileo und Gemini zunehmend gemeinsame Anwendungen programmiert worden, um die Zentralsysteme zusammenführen zu können und Programmieraufwand zu sparen.

1995 Galileo ermöglicht erstmals E-Ticketing für Reisebüros. Focalpoint 3.0 für Windows 3.1 wird für reisebüroeigene PC freigeschaltet.

1996 In den USA wird erstmals TCP/IP als Netzwerktechnologie eingesetzt. Erste grafische Oberfläche zum Buchen von Hotels und Mietwagen. Galileo geht in den Beta-Test für E-Tickets.

1997 Galileo wird in eine Aktiengesellschaft umgewandelt und an die Börse gebracht. Kürzel: GLC.

1998 Shepherd Systems, Marktführer für MIDT (Marketing Information Data Transfer), wird komplett übernommen.

1999 Weitere Aktien gehen an die Börse, sodass drei Viertel der Anteile im Umlauf sind. Galileo kauft die Firmen Object Space, Uniglobe Travel, Destinations.com, Stamps.com und Trip.com.

2000 Gründung des Telekommunikationsanbieters Quantitude, der auf Internet-Basis (TCP/IP) Virtual Private Networks (VPN) betreibt. Launch von XML Select und Galileo Wireless.

Die großen CRS-Betreiber lieferten sich jahrelang einen Wettlauf um wichtige internationale Märkte. Dabei ging es nicht nur um das einzelne Reservierungsterminal, sondern sie führten auch gleich ganze CRS zusammen.

Der Newcomer

start AMADEUS

Amadeus und das europäische Galileo wurden zur Abwehr der US-Airlines und US-Systeme erst spät gegründet.

1987 Amadeus wird von Lufthansa, Air France, Iberia und SAS gegründet. Antrieb für die Agenturen, im jeweiligen Heimatmarkt über das jeweils eigene Reservierungssystem der Airlines hinaus ein breiter angelegtes System zu bieten, ist Angst; Die US-Systeme sollen ihren Muttergesellschaften das Vertriebsfeld in Europa bereiten.

In Deutschland wird zunächst System One mit Sitz in Miami, das CRS der Texas-Airlines-Gruppe, als Amadeus One vermarktet. Damit gewinnt Amadeus Zeit für die Entwicklung des eigenen neuen Systems.

1989 Amadeus One ermöglicht erstmals die neutrale Anzeige verfügbarer Flüge nach den EU-Richtlinien. In diesem Jahr werden eine Million Flugbuchungen vorgenommen. Erste Sitzung des Travel Agency Advisor Board (Taab).

1990 Eröffnung des Amadeus-Rechenzentrums in Erding bei München.

1991 Amadeus Air wird eingeführt.

1992 Das neue Amadeus-System geht vollständig in Betrieb – inklusive Car und Hotel.

1993 Gründung von Amadeus América für den südamerikanischen Markt.

1995 Amadeus übernimmt System One, um endlich eine größere Präsenz im US-Markt zu erreichen. Dadurch wird Continental Airlines Miteigentümer an Amadeus.

1997 Einführung von www.amadeus.net für Online-Reisebuchungen (heute: www.amadeus.com).

1998 Alle System-One-Nutzer sind auf das Amadeus-System migriert.

1999 Amadeus führt den Euro als Währung ein. Amadeus wird in eine Aktiengesellschaft umgewandelt und eine Aktienminderheit an die Börse gebracht.

2000 Eine zweite Tranche Aktien kommt an die Börse. Derzeit halten Air France noch 23,36 Prozent, Iberia und Lufthansa je 18,28 Prozent der Anteile. Die übrigen 40,08 Prozent sind frei im

[N]achdem die CRS ihren strategischen Auf[t]rag für die Eigentümer-Fluggesellschaften [e]rfüllt hatten, brachten die Airlines ihre [T]öchter an die Börse und machten Kasse. [D]ie Ausnahme bildet Worldspan.

Ein wichtiger Schritt in der Geschichte der CRS: Die Agenten erhalten Terminals. Zuvor nahmen Airline-Mitarbeiter jede Reservierung von den Reisebüros per Telefon an. Die Agenten schrieben die Tickets per Hand.

Customer Focus: Unternehmenskonzept von ABB Asea Brown Boveri, Mannheim, beim Deutschen Patentamt geschützt. Dabei handelt es sich nicht nur um ein Reengineering-Programm, sondern daneben verbindet und integriert es auch die Neuausrichtung der Unternehmenskultur auf kundenorientierte Mitarbeiter mit Elementen wie Zeitorientierung, Total Quality Management und Optimierung des Einkaufs. Mit diesem Konzept wird das Gesamtunternehmensdenken auf die Bedürfnisse der Kunden ausgerichtet, um Produktivität, Motivation und Wettbewerbsfähigkeit zu steigern. → Qualitätsmanagement

Customer Profile: Von Amadeus bereitgestellte Datenbank, in der die Daten zu den Reisegewohnheiten und Reservierungswünschen der Stammkunden gespeichert werden können. Sie ermöglicht die automatische Übernahme der Kundenwünsche in die Flugbuchung. Hierbei wird zwischen drei Arten von Profilen unterschieden: das Traveller Profile für Privatkunden, das Company Profile für die Daten eines Unternehmens (Unternehmensprofil) und das Traveller Profile für personenbezogene Daten von Reisenden, die einem Unternehmen angehören. → Company Profile, → Traveller Profile

Customer Satisfaction Index (CSI): Start-Index zur Kundenzufriedenheit, wird auf der Grundlage von Umfragen eines Marktforschungsinstituts elfmal pro Jahr ermittelt. Bewertet werden System (Verfügbarkeit, Antwortzeiten), Helpdesk (Erreichbarkeit, Freundlichkeit, Dauer bis zur Lösung eines Problems), technischer Support (Beurteilung von Technikern), Training und Regionalbüros (Besuchshäufigkeit, Beratungsqualität).

Cutas: Hauseigenes Reservierungssystem der Cathay Pacific.

CVS: Convertable Seat, engl. Bezeichnung für einen verstellbaren Sitz auf Linienflügen.

Cytric: Buchungssoftware von I-FAO für Geschäftsreisen. → I-FAO

D

D: Neben C, J und Z die Tarifbezeichnung im Flugticket für Business Class.

D1: Mobilfunknetz der Telekom-Tochter T-Mobile, erreichbar unter den Vorwahlnummern 0160, 0170, 0171 und 0175. → Mobilfunk

D1-Travel Service: Serviceleistung unter dem Mobilfunknetz D1 in Kooperation mit Teragon Telematics zum Buchen von Hotels, Flugreisen, Bahntickets und Mietwagen sowie Auskunftserteilung zu Flug- und Bahneisen.

D1-Verkehrsinfo Service: Serviceleistung unter dem Mobilfunknetz D1 zur Information über die aktuellen Verkehrsmeldungen und Stauprognosen. → D1

D2: Mobilfunknetz von Vodafone, erreichbar unter den Vorwahlnummern 0162, 0172, 0173 und 0174. → Mobilfunk

D-8: Developing Eight, wurde von Vertretern von acht Staaten im Jahr 1997 gegründet. Dabei handelt es sich um folgende Länder: Türkei, Iran, Ägypten, Nigeria, Pakistan, Bangladesch, Malaysia und Indonesien. Nicht klar ist, ob der Staatenbund rein wirtschaftliche oder auch politische Interessen wahrnehmen soll. Langfristiges Ziel ist die Schaffung einer Freihandelszone. → Integration

DAAT: Donau-Alpen-Adria-Tour, Fernwanderweg (E6) mit einer Länge von mehr als 1000 km von Passau bis Rijeka/Adria.

DACH-Hotelzug: Gemeinsame Tochtergesellschaft von DB, ÖBB und SBB mit City-Night-Line-Nachtreisezügen auf den Strecken Dortmund–Frankfurt/ M. – Wien, Berlin/Dresden–Basel–Zürich und Hamburg –Basel–Zürich mit speziellen Ruhesesseln, Economy-, Komfort- und De-luxe-Abteilen. → City Night Line, → Hotelzüge

Dachmarkenstrategie: Langfristige Vertriebssteuerung für miteinander verbundene Produkte unter einer gemeinsamen Marke mit Hilfe der Schirmmethode, z.B. TUI-Produktfamilie. → World of TUI

DACH-Tagung: Treffen der Reisestellenverbände aus Deutschland (D), Österreich (A) und der Schweiz (CH). → VDR

Dachverband Tourismus: Ehemaliges Projekt zur Schaffung eines handlungsfähigen Dachverbandes der deutschen Tourismusindustrie, der der Bedeutung der beiden Bereiche Tourismus (außen) und Fremdenverkehr (innen) als Wirtschaftsfaktoren gerecht wird. Er löste die Tourismus- und Fremdenverkehrspräsidien ab. Die gesamte Tourismusindustrie, unter Einschluss der großen Verkehrs- und Leistungsträger Lufthansa, Deutsche Bahn und Reedereien in einem Dachverband gebündelt, könnte die Interessen dieser Dienstleistungsbranche gegenüber den nationalen und internationalen Behörden sowie der Öffentlichkeit wirkungsvoller vertreten; vergleichbar dem Handwerkerverband oder dem Bundesverband der deutschen Industrie. Dieses Projekt ist durch die Gründung des BTW Bundesverband der Deutschen Tourismuswirtschaft 1995 realisiert worden. → BTW

Damage Report: Bestätigung eines Carriers über eine Gepäckbeschädigung.

Dampflok: Die Antriebsmaschine der D. nutzt die Expansionskraft des Wasserdampfes zur Fortbewegung aus. → Lok

Dampfnostalgie: → Nostalgiereisen

Dampfschiff: Auch Dampfer, Abk. D oder SS (engl. Steam Ship). Ein durch Dampfmaschinen angetriebenes Schiff. → Schaufelraddampfer

Dardanellen: Meeresstraße, die das Marmarameer mit der Ägäis verbindet.

Darwin: Informations- und Reservierungssystem für das Destinationsmanagement der Firma Alphatron , seit 2000 Feratel. D. ist durch ein frei konfigurierbares Mandatenkonzept gleichermaßen in Orten, Regionen und auf Landesebene einsetzbar. Anwender sind u.a. die Marketingorganisationen in Berlin, Brandenburg und Mecklenburg-Vorpommern. → Feratel, → IRS

Data Base: Datenbank. → Datenbank, → Datenmanagement

Datas II: Computerreservierungssystem der Delta Air Lines, Fusion mit Pars zum CRS Worldspan. → Pars, → Worldspan

Datenbank: Engl.: Data Base, große in Dateien in einem Computer gespeicherte Menge von Daten, die von einem D.-Managementsystem verwaltet werden; Zusammenfassung von logisch zusammengehörenden Dateien, auf deren einzelne Datenelemente nach unterschiedlichen Kriterien zugegriffen werden kann. → Timatic

Datenfernübertragung: DFÜ, mit D. wird die Übermittlung von Dateien über große Entfernungen mit Hilfe von Modems bezeichnet. → Modem

Datenmanagement: Organisatorische und technische Planung, Verwaltung und Kontrolle der Datenverarbeitung von der Erhebung bis zur Entsorgung von Daten. → Datenbank

Datenschutz: Der im Bundesdatenschutzgesetz (BDSG) geregelte Schutz vor Missbrauch personenbezogener Daten (Einzelangaben über persönliche oder sachliche Verhältnisse einer bestimmten oder bestimmbaren natürlichen Person) bei der Datenverarbeitung zur Wahrung der Persönlichkeitsrechte Betroffener, insbes. des informellen Selbstbestimmungsrechtes. → Datensicherheit

Datensicherheit: In der betrieblichen Datenverarbeitung das Ergebnis aller technischen und organisatorischen Maßnahmen zum Schutz von Daten vor Verfälschung, Zerstörung und unzulässiger Weitergabe. Ziel ist die Gewährleistung der jederzeitigen Vollständigkeit und Korrektheit aller Daten.

Datenträger: Sammelbezeichnung für alle Speichermedien, auf denen Dateien dauerhaft abgelegt werden können. Übliche D. sind Disketten, CD-ROM und Festplatten.

Datumsgrenze: Der 180. Längengrad. Beim Passieren dieses Längengrades von West nach Ost wird ein Tag zweimal gezählt, von Ost nach West wird ein Tag überschlagen.

DAV: Deutscher Alpenverein; u.a. Betreiber einer Vielzahl von bewirtschafteten Berghütten, die mit Einschränkungen auch für Nichtmitglieder Tages- und Übernachtungsbewirtschaftung bereithalten. Auch Veranstalter von Bergsportreisen.

Da Vinci: Backoffice-Programm der Firma Bewotec.

Davits: Bezeichnung für die Kräne auf Schiffen, mit deren Hilfe die Rettungsboote bei Bedarf ausgeschwenkt werden können.

Daylight Saving Time (DST): Engl. Bezeichnung für die sog. „Sommerzeit", d.h. die gegenüber der Zonen- bzw. Standardzeit um meist eine Stunde vorverlegte Zeit während der Sommermonate. Die Sommerzeit wurde 1980 in Deutschland eingeführt, sie dient der besseren Nutzung des Tageslichtes.

DB - Deutsche Bahn: Abk. DB, mit der Vereinigung von Bundesbahn und Reichsbahn (DR); ab 1.1.1994 Umwandlung in eine Aktiengesellschaft, deren Aktien zu 100% im Besitz der Bundesrepublik sind. Sitz: Berlin. Privatwirtschaftlich geführtes Verkehrs- und Dienstleistungsunternehmen. Bundesweit verfügt die DB über mehr als 6000 Bahnhöfe. Das Streckennetz ist 37.500 km lang und in einem neuen Geschäftsbereich zusammengefasst. 1999 stand die Deutsche Bahn vor einer grundlegenden Strukturveränderung. Das Eisenbahnneuordnungsgesetz sah vor, die DB in einer zweiten Stufe der Bahnreform nunmehr in einen mehrstufigen Konzern mit selbstständigen Aktiengesellschaften unter dem Dach einer Management-Holding zu überführen. Das operative Geschäft wird seit 1999 von fünf Unternehmensbereichen für die Geschäftsfelder Fernverkehr, Nahverkehr, Güterverkehr, Fahrweg und Personenbahnhöfe wahrgenommen, die jeweils durch eine Führungsgesellschaft geleitet werden. Es sind dies:

- DB Reise & Touristik (bisher Geschäftsbereich Fernverkehr)
- DB Regio (bisher Geschäftsbereich Nahverkehr)
- DB Cargo (bisher DB Cargo)
- DB Netz (bisher Geschäftsbereiche Netz/Umschlagbahnhöfe)
- DB Station & Service (bisher Geschäftsbereich Personenbahnhöfe)

→ Bundeseisenbahnvermögen, → DBH, → DR - Deutsche Reichsbahn

DB-Agenturen: Reisebüros mit der Berechtigung zum Verkauf von Bahn-Fahrausweisen zu amtlichen Originalpreisen. Die Vergabe ist an folgende Voraussetzungen gebunden:

- kundenbezogenes Erscheinungsbild der Vertriebsorganisation
- Gewährleistung der Qualität des Verkaufs, Wirtschaftlichkeit und finanzielle Sicherheit der Geschäftsabwicklung
- Gleichbehandlung aller Interessenten.

DB-Autozug: Ist eine 100-prozentige Tochter der DB Reise & Touristik; ist verantwortlich für DB-Autozug und DB-Nachtzug. Von 17 Autozugterminals in der Bundesrepublik gehen Autoreisezüge nach 29 Zielorten in Deutschland, Frankreich, Italien und Österreich. DB-Nachtzüge fahren auf über 1600 Verbindungen mit Schlaf- und Liegewagen. Von den verschiedenen europäischen Eisenbahnverwaltungen wurde 1955 die Kombination von KFZ-Beförderung und KFZ-Insassenbeförderung mit Liege- oder Schlafwagen geschaffen. Früher bekannt unter Autoreisezug (ARZ). → Alpen-See-Express (ASE), → Autoreisezug DER

DB-Lizenzen: → Verkaufslizenzen

DB Reise & Touristik: DB-Unternehmen für den eigenständig operierenden und im Zuge der Bahnreform zur AG umgewandelten Geschäftsbereich Fernverkehr innerhalb der DB Holding. → DB - Deutsche Bahn AG

DB-Service-Store: Kioskkonzept der DB mit Verkauf von Reisebedarf und ausgewählten Fahrkarten.

DB-Städtereisen: Ameropa-Veranstalterprogramm für Bahn-Pauschalreisen.

DB Systems: Systemhaus der Deutschen Bahn, entsteht 2002 durch die Fusion der konzerneigenen Unternehmen TLC und IDG, betreibt Rechenzentren und Netzwerke, in erster Linie für den DB-Konzern.

DBC: → Denied Boarding Compensation (DBC)

DBH: Deutsche Bahn Holding, 1991 wurden nahezu alle Beteiligungen der DB und der DR in dieser Gesellschaft zusammengefasst. DBH war eine 100-prozentige Tochtergesellschaft der DB. Maßgebliche Touristikbeteiligungen wurden gehalten an:
- Ameropa
- DER mit ABR und Rominger Reisebüros
- Deutsche Touring
- DFO
- DVB
- Mitropa
- TUI

Anfang 1995 wurde die DBH aufgelöst, und alle Beteiligungen wurden auf die Deutsche Bahn übertragen.

DBV: 1. Ehemals Deutscher Bäderverband e.V. Er wurde 1998 in DHV umbenannt.

2. Deutscher Bahnkundenverband e.V. mit Sitz in Berlin. → DHV

D & C: Delivery & Collection, Zustellung/Abholung eines Mietwagens i.d.R. zum/vom Hotel.

DCC: Deutscher Camping-Club München. Fachverband für Caravan-, Motorcaravan- und Zelttou-risten. Nach Schätzungen des DWIF finden jährlich rund 44,8 Mill. Urlaubscampingübernachtungen und ca. 60 Mill. Übernachtungen auf Dauercampingplätzen in Deutschland statt. Einschließlich Dauercamping und kleinerer Anlagen schätzt das DWIF eine Gesamtzahl von rund 5000 Campingplätzen in Deutschland mit nahezu 800.000 Stellplätzen für Urlaubs- und Dauercamper. → Campingtourismus

D-Check: In der Flugüberholung steht D. für Detailkontrolle und -überholung. Es stellt das größte Wartungsereignis im Leben eines Jets dar und umfasst alles mit Zelle, Kabine und Systemen. LH übernimmt diesen Begriff, um analog dazu Verfahren und Prozesse im Unternehmen zu überprüfen und neue Technologien einzuführen mit den Zielen: verstärkte Mitarbeitereffizienz, höhere Kundenzufriedenheit und Steigerung des Unternehmenswertes durch erhöhte Wettbewerbsfähigkeit.

DCR: Messwert zum Vergleichen von Einsparungen von Flugkosten im Geschäftsreisemarkt, Differenz zwischen C-Klasse und realem Umsatz. Unabhängig davon, ob ein Unternehmen überwiegend Business oder Economy fliegt, wird die teurere Klasse als Vergleichswert genommen, weil sie als einziger Tarif relativ konstant ist und damit als revisionsfähig gilt. Begriff, der durch die Firma Steinberg & Partner geschützt ist.

DCS: Dillon Communication Systems, 1990 gegründete Reservierungssystemanbieter für Leistungsanbieter wie Reiseveranstalter, Ferienhausanbieter, Busreiseveranstalter und Ferienfluggesellschaften. 1992 wurde durch das Multi-CRS-System Robin eine Anbindung an das Start-System geschaffen. 1998 Übernahme von 51% des Software-Hauses Travel Management Systems (TMS), Vermarktung als Merlin Office. Seit dem 21. Juni 2000 ist Sabre mit 51% Mehrheitsgesellschafter von DCS. → Easylink, → Merlin, → Merlin Office, → Merlin.X, → Merlinweb, → Pennylane4u.de, → Robin, → Sabre

DDSG: Erste Donaudampfschifffahrtsgesellschaft, gegr. 1829, Sitz: Wien, nationale österreichische Donaureederei. DDSG-Donaureisen war bis 1992 auf den Kreuzfahrten- und Ausflugssektoren tätig, seit 1993 nur noch im Tagesausflugsdienst. DDSG-Cargo wurde 1993 an die Stinnes verkauft. Inzwischen aufgelöst.

Deadline: Schlusstermin, z.B. bei Anmeldungen zu einer Veranstaltung.

Deaf: Bei Flugbuchungen Bezeichnung für tauber Passagier. → Airimp, → SSR

Debitoren: Lat. Schuldner. Buchführungsbegriff für Abnehmer, die Güter oder Dienstleistungen auf Kredit bezogen haben; zu aktivieren in der Bilanz als Umlaufvermögen. → Kreditoren

Debriefing: Nachflugberatung bzw. Zusammentreffen der Besatzungsmitglieder nach einem Flug.

Decision Maker: Sog. Entscheidungsträger, leitende Personen mit Einfluss auf bestimmte Entscheidungen. → Multiplikatoren

Deck: Schiffsdeck, das den Schiffsrumpf abdeckt; auf größeren Schiffen Bezeichnung für die einzelnen Etagen. Der Preis für die Kabinenunterbringung steigt proportional zum jeweils höher gelegenen Deck.

Deckspassagiere: Passagiere, die auf einem Fährschiff keine Kabine in Anspruch nehmen.

Deckungsbeitrag: Eine positiver D. ist dann erreicht, wenn die Erträge Teile der Fixkosten und alle variablen Selbstkosten einer Leistung abdecken; ab dieser Schwelle trägt der Umsatz zur Kostendeckung bei. → Break-even Point

Deckungszusage: Begriff aus der Versicherungsbranche, bezeichnet die Vereinbarung, durch die vor dem endgültigen Vertragsabschluss bzw. vor Zahlung der Erstprämie ein vorläufiger Versicherungsschutz eintritt (auch vorläufige Deckungszusage genannt). Dieser Schutz gilt bis zur Entscheidung des Versicherers und des Versicherungsnehmers, den engültigen Vertrag abzuschließen oder abzulehnen.

Deflation: Gegenteil zur Inflation. → Inflation

DEG: Deutsche Investitions- und Entwicklungsgesellschaft, Sitz: Köln, bundeseigenes Finanzierungsinstitut. Die DEG fördert Investitionen der deutschen Wirtschaft in der Dritten Welt durch Beteiligungen an Unternehmen in Entwicklungsländern und/oder Gewährung langfristiger Darlehen. Von der DEG finanzierte Projekte sind in der Mehrzahl Joint Ventures, an denen ein deutsches Unternehmen als Finanz- und Technologiepartner und ein lokales Unternehmen im Investitionsland beteiligt sind. Die Rolle des deutschen Investitionspartners kann auch von einem Unternehmen aus einem anderen EU-Land übernommen werden. Z.B. als Projekte in Ägypten: Dar al Siaha, Kairo, Hotelschiff und SSH South Sinai Hotels, Heliopolis/Kairo. Nach ihren neuen Unternehmensgrundsätzen will die DEG nur noch solche Projektunternehmen finanzieren, die „gleichermaßen rentabel, umweltverträglich und entwicklungspolitisch sinnvoll" sind. Dazu wird eine Umweltverträglichkeitsprüfung (UVP) erstellt. → Umweltverträglichkeitsprüfung (UVP)

Degefest: Deutsche Gesellschaft für Förderung und Entwicklung des Seminar- und Tagungswesen, Waldbronn, 1984 als berufsständische Vereinigung gegründet. Erarbeitete zusammen mit IHK Koblenz das Berufsbild „Tagungsfachmann".

Dehoga: Deutscher Hotel- und Gaststättenverband, Bonn, Interessenvertretung des Gastgewerbes auf Bundesebene für die ideellen, beruflichen, wirtschaftlichen, steuerlichen, sozial- und tarifpolitischen Belange des deutschen Hotel- und Gaststättengewerbes. Ihm obliegt es, die Berufsbildung und wissenschaftliche Forschungsarbeit auf diesen Gebieten zu fördern und Öffentlichkeitsarbeit durchzuführen. Ist heute Mitglied des BTW Bundesverband der Deutschen Tourismuswirtschaft. → BTW

De-Hosting: CRS-Verhaltenskodex, der die Trennung der Rechnerzentrale einer Fluggesellschaft von deren Reservierungssystem vorsieht (Host = Zentralrechner; Host to Host = CRS-Rechner-Rechner-Verbindungen). → CRS

Dekapolis: Der griechisch-römische Städtebund umfasste zehn Städte im nördlichen Jordanien, Syrien und Palästina (1. Jh. v. Chr.). Neben Jerash zeigt Pella im Jordantal die bemerkenswertesten Altertümer aus der Zeit der Dekapolis-Städte.

Dekra: Deutscher Kraftfahrzeug-Überwachungsverein, Aufgabenstellung vergleichbar dem TÜV. Schwerpunkt auch in der Beratung und Zertifizierung im Bereich Qualitätsmanagement im Omnibusbetrieb. → TÜV

Delfi: Ehemaliges, vom Bundesverkehrsministerium ins Leben gerufene ÖPNV-Informationssystem im Internet. Wird heute z.T. unter dem neuen Projektnamen Wayflow weiterentwickelt. → Wayflow

Delkredere-Provision: Die D. ist eine zusätzliche Vergütung für Handelsvertreter (Reisemittler), die ein entsprechendes Ausfallrisiko übernehmen. → Agenturvertrag/Handelsvertretervertrag

Denied Boarding Compensation (DBC): Travel Voucher oder Reisegutschein. Entschädigungsleistung auf Grund der Überbuchung eines Fluges an einen Fluggast, der trotz eines gültigen Flugscheines und bestätigter Buchung nicht innerhalb einer bestimmten Zeit an seinen vorgesehenen Zielort befördert werden kann. Wird durch die Fluggesellschaft ausgestellt. → Voluntary Denied Boarding

Denied Boardings: Diejenigen Passagiere, die trotz bestätigter Reservierung wegen Überbuchung ihren Flug nicht antreten können. Je nach Verzögerung der Weiterbeförderung erhalten diese D. Entschädigungen in unterschiedlicher Höhe. → Denied Boarding Compensation (DBC), → Überbuchen

Depa: Abk. für engl.: Deportee Accompanied by an Escorty. Bei Flugbuchungen Abkürzung für eine Person, die einen Passagier begleitet. → Airimp, → SSR

Departure Gate: Ankunftsflugsteig. → Arrival Gate

Dependance: Nebengebäude, baulich selbstständiger Teil z.B. eines Hotels ohne Wirtschaftsräume wie Restaurant, Café o.ä.

Deposit: Akonto- oder Abschlagszahlung, Anzahlung auf die Gesamtsumme eines Reisevertrages, einer Hotelbuchung etc.

Depotsystem: Vertriebssystem, bei dem sich der Einzelhändler verpflichtet, das gesamte Angebot des Herstellers abzunehmen. Der Einzelhändler agiert als Kommissionär, d.h., er kauft und verkauft in eigenem Namen auf fremde Rechnung. Der Hersteller gewährt in Gegenleistung Gebietsschutz und unterstützt den Händler mit Marketing- und Schulungsmaßnahmen.

Depression: Beschreibt den Tiefstand einer Konjunktur und ist durch ungenügende Auslastung der Produktionsfaktoren, Arbeitslosigkeit, niedrige Einkommen, Stagnation der Einfuhren, sinkende Kaufkraft und langsames Wachstum des BIP gekennzeichnet. → Konjunktur

DER: Deutsches Reisebüro, Frankfurt/M., 1917 gegründet und 1918 in MER (Mitteleuropäisches Reisebüro) umbenannt. Auf Beschluss des Alliierten Kontrollrates musste der Name 1946 wieder abgelegt werden, seitdem heißt das Unternehmen DER.

Gesellschafter war die DB mit 100%. Gehört inzwischen zur Rewe-Handelsgruppe. → MER, → Rewe-Handelsgruppe

DER-Reiseakademie: Mehrtägige Produktschulungsveranstaltung, die von DER und Dertour speziell für ihre Expedienten organisiert wird. Voraussetzung für die Teilnahme ist das Erreichen von Mindestumsatzgrößen und eine aktive Beteiligung der Mitarbeiter im Verkauf. Ziel ist die Erhöhung der Buchungen durch Motivation und bessere Produktkenntnisse jeweils des Veranstalters, des Gastgeberlandes sowie der Sponsoren (diverse Leistungsträger).

DER-Schiffsfahrscheine über Start: Reservierung und Buchung von Schifffahrten. Mit Hilfe der automat. Preisberechnung zeigt das Start-System für die angefragte Fahrt grundsätzlich den günstigsten Tarif an, das sog. Best-Choice-Verfahren mit derzeit 19 angeschlossenen Reedereien für Fähren, KD-Ausflugsschiffen usw. Bei der Verschiedenheit der Tarifsysteme der einzelnen Reedereien bedeutet das für die Beratung eine große Erleichterung.

Derdata Informationsmanagement: Dienstleistungsunternehmen im Bereich EDV, bis 1991 zu 100% Tochtergesellschaft des DER, dann Ausgründung zu eigenständiger GmbH (59,9% DER, 40,1% Start), seit Februar 1998 eine Tochter von Lufthansa Systems. Systems hält 59,9% der Anteile, 40,1% verbleiben bei der Start Holding. Geschäftsbereiche: Reisebüromarkt, Firmendienst, Leistungsträgerabrechnung, Informationstechnologie, Software-Entwicklung und Rechnungswesen-Dienstleistungen. Clearing wurde von T-Systems übernommen. → BSP, → Reisebürospiegel, → Start Holding, → T-Systems

Derpart Reisevertrieb: Sitz: Frankfurt/M., 1979 gegründet als Kooperationsbasis für das mittelständische Reisebürogewerbe, Vertriebsverbund. Gesellschafter waren DER (inzwischen Rewe-Handelsgruppe) und über 200 Reisebüroinhaber zu gleichen Teilen. Das Leistungsangebot für diese Kooperation unterscheidet nach den Vertriebsalternativen Vertriebs- und Businessmanagement. → Kooperation, → Rewe-Handelsgruppe

Dertraffic-Schiffsfahrschein: International anerkanntes Originalreisedokument von über 100 Reedereien. → Voucher

Deregulation: Abbau von Wettbewerbsbeschränkungen durch Aufhebung bürokratischer Vorschriften. Prozess hin zur Liberalisierung in einem europ. Binnenmarkt ab 1993. Ursprünglich auf den Luftverkehr in den USA bezogener Fachbegriff, der die Aufhebung der zum Schutz des einst jungen Gewerbes geschaffenen Anordnungen und Reglementierung vorsah sowie die Entlassung der Luftverkehrsindustrie in den freien Wettbewerb. Bekannt als Airline Deregulation Act vom 1.11.1978. → EU/EG/EWG, → Liberalisierung im Luftverkehr

Desert Express: Touristikzug seit 1998 von Windhuk nach Swakopmund über 400 km als Bahnsafari durch Namibia.

Deskline: IRS – Produkt der Firma Tourist-Online, jetzt Feratel. D. hat ca. 180 Installationen in der Schweiz und ist in Rheinland-Pfalz im Aufbau. → Feratel, → IRS

Destination: 1. Raum (Ort, Region, Hotel), den der Gast als Reiseziel wählt. Er enthält sämtliche für einen Aufenthalt notwendigen Einrichtungen für Beherbergung, Verpflegung und Beschäftigung. Die D. ist das eigentliche touristische Produkt und die Wettbewerbseinheit.
2. Zielort, Bestimmungsort, Zielgebiet; bei Flügen und Schifffahrten der im Beförderungsvertrag genannte letzte Landeplatz.

Destinationsmanagement: Instrumentarium zur strategischen Entwicklung und Vermarktung von Innovation und ganzheitlich marktfähigen Kerngeschäften von Tourismusregionen im globalen Wettbewerb.

Destinationsmarketing: Marketing für eine Destination (Ort, Region, Land). D. setzt eine Zusammenarbeit aller touristischen Partner der Destination voraus. → Marketing-Mix

Deutsche BA: Deutsche BA Luftfahrtgesellschaft, Sitz: Flughafen München. Seit 1992 fliegt die D. im Linienverkehr auf innerdeutschen Strecken. Mit einer offensiven Preispolitik tritt sie in Konkurrenz zur Deutschen Lufthansa. Weiteres Geschäftsfeld ist der Charterflug. Gesellschafter waren die Deutsche BA Holding (65%), Commerzbank (19%) und Berliner Bank (16%). Seit 1.4.1989 alleiniger Gesellschafter Deutsche BA Holding, damit verbunden stärkere Einbindung in die British-Airways-Gruppe.

Deutsche Fachwerkstraße: Entstand aus der Idee, dem interessierten Besucher ein breites Spektrum historischer Tradition zu erschließen und so zum Erhalt und lebendigen Umgang mit fachwerkgeprägter Baukultur beizutragen. Der erste Abschnitt wurde im Jahr 1990 von Hann. Münden bis Alsfeld festgelegt. Inzwischen gibt es acht Regionalstrecken zwischen Elbe und Odenwald. Weitere Teilstrecken sind in Baden-Württemberg geplant. Sitz der gleichnamigen Marketingorganisation ist Fulda. → Touristikstraßen

Deutsche Gesellschaft für Freizeit: → DGF

Deutsche Gesellschaft für Reiserecht e.V.: → DGFR

Deutsche Gesellschaft für Tourismuswissenschaft: → DGT

Deutsche Hanse: → Hanse/Hansestädte

Deutsche Hotelklassifizierung: Seit 1996 bietet der Deutsche Hotel- und Gaststättenverband (Dehoga) die D. als bundesweit einheitliches Klassifizierungssystem an. Die Klassifizierung erfolgt auf freiwilliger Basis. Jeder Betrieb kann selbst entscheiden, ob und wie lange er sich an dem Verfahren beteiligen möchte. Auf Grund der Transparenz der Kriterien kann jeder Betrieb im Voraus ermitteln, in welche Kategorie er eingestuft werden wird. Beteiligen können sich alle konzessionierten Beherbergungsbetriebe mit mehr als acht Betten, also Hotels, Hotels Garni, Gasthöfe und Pensionen. Mit der organisatorischen Durchführung der D. haben die Landesverbände des Dehoga in der Regel eigens dafür gegründete Gesellschaften beauftragt. Die Beherbergungsbetriebe werden in fünf Sternekategorien eingeteilt:
★ Tourist
★★ Standard
★★★ Komfort
★★★★ First Class
★★★★★ Luxus
Die Kriterien der Hotelklassifizierung werden in regelmäßigen Abständen überarbeitet. → Dehoga

Deutsche Lufthansa (DLH): Ursprünglich entstanden 1926 nach Zusammenschluss der Deutschen Aero Lloyd mit der Junkers Luftverkehr als Deutsche Luft Hansa Aktiengesellschaft. Nationale Verkehrsfluggesellschaft der Bundesrepublik Deutschland. Eine der weltgrößten Iata-Fluggesellschaften. Nach dem Krieg als Luftag (AG für Luftverkehrsbedarf) am 6.1.1953 neugegründet. Umbenannt in Deutsche Lufthansa am 6.8.1954. Im Sinne der Verkehrswirtschaft ein gemischt wirtschaftliches Unternehmen. Seit Oktober 1997 vollständig privatisiert. Sitz der Hauptverwaltung ist Köln, die Werft ist in Hamburg, die Betriebsbasis in Frankfurt/Main ansässig.

Zahlreiche Beteiligungen im Tourismus wie Passage:
- Condor Flugdienst
- Lufthansa City Line
- Lauda Air

Touristik:
- Thomas Cook
- Lufthansa City Center

Vertriebssysteme:
- Amadeus Travel Distribution
- Start Holding

Catering:
- LSG LH Service/Sky Chefs

Deutscher Hotel- und Gaststättenverband: → Dehoga

Deutscher Museumsbund: Der Dach- und Fachverband der deutschen Museen, Sitz: Karlsruhe. Hauptaufgaben sind die Unterstützung der Museen bei der Gewährung ihrer finanziellen und personellen Grundvoraussetzungen sowie die Beratung zu Museumsfragen. Herausgabe der Zeitschrift „Museumskunde".

Deutscher Naturschutzring: Dachverband der deutschen Natur- und Umweltschutzorganisationen. → DNR

Deutscher Reisebüro und Reiseveranstalter Verband: → DRV

Deutscher Reisemonitor: Touristische Marktuntersuchung, erfasst seit 1988 auf der Grundlage von kontinuierlichen Repräsentativbefragungen die wichtigsten Kennzahlen des Reiseverhaltens der Deutschen. Er ist als Teil des Europäischen Reisemonitors mit den Kennzahlen der Reisemärkte aller anderen europäischen Länder vergleichbar. Organisiert von IPK München, ermittelt die Marktstudie die Summe aller Übernachtungsreisen der Deutschen. Der Reisemonitor befragt im Rahmen der Infratest-Studie „Mobility" täglich 150 Personen per Telefon. → Euromonitor

Deutscher Städtetag: 1905 in Berlin gegründet ist der D. ein freiwilliger Zusammenschluss von mittlerweile über 6000 Städten der Bundesrepublik Deutschland mit insgesamt 51 Mill. Einwohnern. Der D. hat die Aufgabe, die Interessen seiner Mitglieder gegenüber Regierungen und Parlamenten zu vertreten sowie seine Mitglieder zu beraten.

Deutsches Fremdenverkehrspräsidium: Ehemaliges Präsidium der Spitzenverbände des deutschen Fremdenverkehrs. Interessenvertretung der einzelnen angeschlossenen Verbände gegenüber Öffentlichkeit und Politik. Setzte sich zusammen aus DFV, Dehoga, DBV, DZT und DRV. Arbeitete projektbezogen. → DBV, → Dehoga, → DFV, → DRV, → DZT, → Tourismuspräsidium

Deutsches Grünes Kreuz: 1950 in der Bundesrepublik Deutschland gegründeter Verband zur Abwehr von Gefahren für Mensch und Umwelt, Sitz: Marburg/Lahn. Sein Anliegen ist die Gesundheitsvorsorge der Touristen, u.a. mit einem Computer-Impfprogramm, Hinweisen auf Infektionsrisiken und Ratschlägen für die Vorsorge gegen Erkrankungen im Urlaub, die nach Reisezielen geordnet über Disketten von Reiseveranstaltern und -büros zur Kundenberatung bezogen werden können. → Quarantäne, → Tropenkrankheiten

Deutsches Küstenland: Die Lüneburger Heide, die Nordsee, Schleswig-Holstein, Mecklenburg-Vorpommern, die Hansestädte Bremen, Hamburg, Lübeck und Rostock sowie die Upstalsboom Hotels + Freizeit haben sich zur Werbegemeinschaft D. K. vereint. Gemeinsam geworben wird in Italien und in den klassischen Binnenländern Tschechien, Österreich und Schweiz, zu denen das D. K. eine Kontrastlandschaft anzubieten hat (Slogan: Ferien von den Bergen). Unterstützt wird die Werbegemeinschaft durch die Deutsche Zentrale für Tourismus, die in den Zielländern Auslandsvertretungen unterhält. → DZT, → Werbegemeinschaft

Deutsches Kundenbarometer: Marktuntersuchung seit 1992 über Kundenorientierung und Wettbewerbsfähigkeit von Unternehmen und Organisationen in Deutschland, durchgeführt vom Emnid-Institut, Bielefeld, im Auftrag der Deutschen Marketing-Vereinigung, Düsseldorf, in Zusammenarbeit mit der Deutschen Bundespost Postdienst als Exklusivsponsor. In computergestützten Einzelinterviews über Telefon werden Kundenbeziehungen zu einer Vielzahl von Branchen und Unternehmen untersucht; aus der Tourismusbranche Reiseveranstalter und in- und ausländische Urlaubsregionen.

Deutsches Seminar für Tourismus DSFT: → DSFT

Deutsches Touristik-Institut (DTI): Gegr.: 1986, Sitz: Stockdorf/München, Fortbildungsinstitut mit Seminarveranstaltungen für Verkaufsmitarbeiter und Führungskräfte; Verkaufs- und Managementtraining, Rechtsseminare u.a., Organisation und Durchführung von Fernschulungskursen, Grundlagenforschung im Tourismus. Bekannt durch die seit 1984 alljährlich durchgeführte Reisebürostudie.

Deutsche Touring Gesellschaft: Linienbusgesellschaft der Deutschen Bahn (82,8%) und der Europäischen Reiseversicherung (17,2%). Vertreter Deutschlands bei Eurolines. → Eurolines

Deutsche Zentrale für Tourismus: → DZT

Devisen: I.e.S. auf fremde Währung lautende Guthaben bei ausländischen Banken. Sie sind Gegenstand des Devisenhandels. I.w.S. zählen dazu auch im Ausland zahlbare Wechsel und Schecks, die auf fremde Währung lauten. Ausländische Banknoten und Münzen gelten nicht als D., man bezeichnet sie als Sorten. D.-Bestimmungen sind Regelungen der Ein- und Ausfuhr der einheimischen Währung eines Landes. → Reisezahlungsmittel, → Sorten, → Zwangsumtausch

Devisenkurs: → Wechselkurs

DFO: Deutsche Fährgesellschaft Ostsee, 1998 umbenannt in Scandlines Deutschland, Sitz: Rostock, vertritt die Fährreederei auf dem deutschen Markt sowie auf dem europäischen Festland. → Scandlines

DFS: Deutsche Flugsicherung, Sitz: Frankfurt/M., privatisierte ehemalige Bundesanstalt für Flugsicherung. Hat die Aufgabe der Flugverkehrskontrolle und die Entgegennahme, Bearbeitung und Weiterleitung von Flugplänen, außerdem für die Planung, Errichtung und Inbetriebnahme aller für diese Zwecke notwendigen technischen Einrichtungen zuständig. → BFS

DFV: → DTV

DGF: Deutsche Gesellschaft für Freizeit, Sitz: Düsseldorf; Dachverband der im Freizeitbereich engagierten Spitzenverbände und Fachberater der Bundesregierung über das Ministerium für Familie, Senioren, Frauen und Jugend. → Bundesministerium für Familie, Senioren, Frauen und Jugend

DGFR: Deutsche Gesellschaft für Reiserecht, 1992 in Berlin gegründeter Verein zur Förderung der Entwicklung des deutschen und internationalen Reiserechts im Interesse der Wissenschaft und aller am Tourismus Beteiligten. DGFR organisiert wissenschaftliche Veranstaltungen, monatliche Fachpublikation „Reiserecht aktuell“.

DGT: Deutsche Gesellschaft für Tourismuswissenschaft. Sitz: Dresden. Aufgaben sind Förderung der Wissenschaft und Forschung im Tourismus, Weiterentwicklung der Lehre und Ausbildung für den akademischen Nachwuchs. Verleiht alljährlich auf der ITB Wissenschaftspreise.

DGU - Deutsche Gesellschaft für Umwelterziehung: Die Gesellschaft (Sitz: Hamburg) wurde von Pädagogen aus Schulen und Universitäten gegründet und verfolgt auf nationaler Ebene die Ziele, vorhandene Einrichtungen zur Umwelterziehung zu nutzen und Initiativen zu ihrer Verbreitung zu unterstützen. Auf Veranstaltungen und von ihr geförderten Seminaren und Tagungen sowie in Informationsgesprächen steht vor allem die Intensivierung der unmittelbaren Umwelterfahrungen von Kindern, Jugendlichen und Erwachsenen im Mittelpunkt. Die Gesellschaft ist Herausgeber und Förderer entsprechender Publikationen, Gutachten und Studien, sie fördert die internationale Zusammenarbeit, vor allem mit der Stiftung für Umwelterziehung in Europa (FEEE), deren deutscher Zweig die DGU ist. → Blaue Europa-Flagge, → FEEE - Foundation for Environmental Education in Europe

DHV: Deutscher Heilbäderverband, Sitz in Bonn. Die Gründung des DHV geht auf das Jahr 1892 zurück. Bis 1998 tätig als Deutscher Bäderverband (DBV).

Der DHV hat die Aufgabe, die gemeinsamen Interessen seiner Mitglieder insbesondere gegenüber den Parlamenten des Bundes und der EU, den zuständigen Ministerien sowie gegenüber Behörden, Sozialversicherungen und Kostenträgern, Verbänden und Organisationen auf Bundesebene wahrzunehmen. Er berät und unterstützt seine Mitglieder in Fachfragen und fördert Forschung und Ausbildung. Heute sind im DHV die Heilbäderverbände der Bundesländer, der Verband Deutscher Badeärzte, die Vereinigung für Bäder- und Klimakunde sowie die Sektion Deutscher Heilbrunnen und der Verband Deutscher Heilbrunnen-Großhändler Mitglieder. Über seine 15 Mitgliedsverbände vertritt der DHV

- ca. 300 hoch prädikatisierte Heilbäder und Kurorte mit ca. 16 Mill. Kurgästen und ca. 104 Mill. Übernachtungen im Jahr 2001,
- ca. 900 Badeärzte (Verband Deutscher Badeärzte,
- ca. 200 Mitglieder der wissenschaftlichen Vereinigung für Bäder- und Klimakunde,
- ca. 70 Heilbrunnen sowie ca. 50 Heilbrunnenhändler.

Diagramm: Übersichtliche Darstellungsform von in Abhängigkeit stehenden numerischen Werten. Geschäftsgrafiken mit der Darstellung von Umsätzen oder Verkaufszahlen werden normalerweise in der Form von D. dargestellt.

Die Falken: Sozialistische Jugend Deutschlands – Die Falken sind ein politischer Kinder- und Jugendverband, entstanden aus der sozialdemokratischen Arbeiterbewegung. Vorläuferorganisation in Deutschland 1904 die Sozialistische Arbeiterjugend. Kennzeichen und Zielsetzung: Gruppenarbeit und Durchführung von großen Ferienfahrten, z.B. Kinderrepublik Seekamp 1927 mit 4000 Teilnehmern, Kennenlernen von Demokratie und Selbstverwaltung zur Gestaltung einer demokratisch-sozialistischen Gesellschaft.

Dienstleistungen: Umfassen jene Wirtschaftsbereiche, in denen die wirtschaftliche Betätigung in der Erbringung bestimmter Leistungen besteht. D. werden auch als tertiärer Sektor der Wirtschaft bezeichnet. Dazu zählen der Handel, der Verkehr, der Fremdenverkehr, das Geld-, Kredit- und Versicherungswesen sowie Teilbereiche des Gewerbes.

Dienstleistungsbilanz: Exporte und Importe von Dienstleistungen werden in der D. aufgezeichnet. Zu den Dienstleistungen gehören: Ausgaben bzw. Einnahmen aus dem Reiseverkehr, Transport leistungen, Versicherungen, Patente, Ausgaben von Angehörigen ausländischer Streitkräfte im Inland. Die Exporte an Dienstleistungen überwiegen vor allem wegen der hohen Ausgaben im Reiseverkehr im Ausland. → Dienstleistungen, → Zahlungsbilanz

Dienstreisen: Diesen liegt i.d.R. ein unmittelbarer betrieblicher Anlass zugrunde. Sie beruhen überwiegend auf Verhandlungen mit Geschäftspartnern bzw. Kunden oder dienen der Durchführung eines Auftrages wie der Vorbereitung von Veranstaltungen oder von Objektausschreibungen in Katalogen. → Fachstudienreisen

Differenzierung: Abgrenzung des Angebots gegen über der Konkurrenz durch spezifische Eigenschaften (Unique Selling Proposition), ein spezielles Marketing (Unique Marketing Proposition) oder den Preis. Mit größer werdendem Angebot ist eine D. eine unabdingbare Voraussetzung, um auf dem Markt von den Konsumenten wahrgenommen zu werden. → Angebot, → Markt

digital: Arbeitsweise des Computers, der nur genau definierte Werte verarbeiten kann. Alle Informationen setzen sich in der digitalen Verarbeitung aus wahr oder falsch zusammen. Diese Signale lassen sich über Datenleitungen weitaus schneller transportieren, auch in vielfacher Menge parallel auf einer einzigen Leitung. Bekanntestes Beispiel ist die neue digitale Telefontechnik ISDN, die selbst auf einer Kupferkabelleitung alter Art die parallele und wesentlich schnellere Datenübertragung mehrerer Telefongespräche und EDV-Anwendungen erlaubt, allerdings dort keine Datentransfer-Geschwindigkeit wie bei der Nutzung von Glasfasern oder Breitbandkabeln ermöglicht. Das Gegenteil der digitalen ist die analoge Verarbeitung, bei der eine Größe innerhalb einer bestimmten Bandbreite beliebige Zwischenwerte annehmen kann. Die Umwandlung von analogen in digitale Anweisungen heißt Digitalisierung. → ISDN

Digitale Signatur: →Zahlungsverkehr und -verfahren

Digitales Zertifikat: →Zahlungsverkehr und -verfahren

DIHK: Deutscher Industrie- und Handelskammertag, ehemals DIHT. Sitz: Berlin. Er ist die Spitzenorganisation der deutschen Industrie- und Handelskammern. Im Rahmen der Geschäftsführung des DIHK gibt es ein Referat, das sich mit Fragen der Tourismuswirtschaft beschäftigt. Ebenfalls zum DIHK gehören ein Arbeitskreis Tourismuswirtschaft sowie ein Tourismusausschuss.

DIHT: → DIHK

DIN ISO 9000 ff.: DIN steht für Deutsches Institut für Normung., international anerkannte deutsche Normungsorganisation für Aufstellung und Definition von Normenvorschriften. Die DIN ISO 9000 ff. stellt eine internationale Normenreihe als Empfehlung zum Aufbau von Qualitätsmanagementsystemen dar. Da es ein universell geeignetes Qualitätsmanagement auf Grund unterschiedlichster Anforderungen nicht geben kann, muss es unternehmensindividuell angepasst werden. In der DIN ISO 9001 werden die Entwicklung, Produktion, Montage und Wartung zertifiziert, in der DIN ISO 9002 die Produktion, Montage und Wartung sowie in der DIN ISO 9003 die Endprüfung. → ISO, → Zertifizierung

Dinks/Dinkis: Double Income – No Kids, kinderlose Ehepaare mit zwei Einkommen, im Branchen-Jargon die bevorzugte, zahlungskräftige Zielgruppe für hochwertige Urlaubsreisen-Angebote.

Dinner Dancing: Hatte auf Passagierschiffen lange Tradition. Zwischen den einzelnen Gängen der Menüs spielte Musik zum Tanz. Heute noch üblich auf Cunards „Queen Elizabeth 2", dem einzigen und letzten Transatlantik-Liner.

Diplom-Betriebswirt BA: Dem FH-Diplom gleichgestellter Studienabschluss an Berufsakademien. → Berufsakademien

Diplom-Betriebswirt (FH): Akademischer Grad, der von verschiedenen Fachhochschulen nach erfolgreicher Beendigung eines tourismusorientierten Studiums verliehen wird. An einigen FH wird die Abschlussprüfung im Studiengang Tourismus abgelegt. Die Regelstudiendauer beträgt zumeist acht Semester einschließlich eines oder zweier Praxissemester, die der Studierende in Unternehmen absolviert. → Fachhochschulstudium des Tourismus

Diplom-Betriebswirt (FH) Fernstudium: → Fernlehrangebote im Tourismus

Diplom-Kaufmann (FH): Akademischer Grad, der von verschiedenen Fachhochschulen nach erfolgreicher Beendigung eines tourismusorientierten Studiums verliehen wird. Dieses Studium entspricht in Inhalt und Dauer etwa dem der Betriebswirte (FH) und kann an den genannten Hochschulen aufgenommen werden (siehe Tabelle auf der Seite 112). → Diplom-Betriebswirt BA, → Diplom-Betriebswirt (FH), → Fachhochschulstudiengang

Direct Access: Direkter Zugriff bei einem CRS auf das Reservierungssystem eines Leistungsträgers (Airline etc.); diese Rechner-Rechner-Verbindung eröffnet die Möglichkeit, Information über die Verfügbarkeit „bis zum letzten Platz" zu erhalten. → Access

Direct Flight: Flug zwischen zwei Orten mit der Möglichkeit der Zwischenlandung, jedoch ohne Umsteigen und unter Beibehaltung der Flugnummer. D. ist nicht notwendig ein Nonstop Flight. → Nonstop Flight

Directional Fare: Richtungsgebundener Flugpreis, d.h., der Tarif gilt nicht in beide Richtungen.

Direct Links: Bedeutet für die Reisebüros bei den CRS den Zugriff auf Informationen, die in den internen Reservierungssystemen von Leistungsträgern gespeichert sind. Flüge, Hotelzimmer, Mietwagen können bis zur Last Seat Availability (= die Letztverfügbarkeit von Kapazitäten) abgefragt und mit Buchungsbestätigung gebucht werden. → Access, → CRS, → Direct Access

Direct Mailing: Ist die häufigste Form der Direktwerbung als gezielte, durch Post zugestellte schriftliche Werbung. → Direktwerbung

Directory: 1. Adressbuch, Telefonbuch. Auch für Verzeichnis oder Gesamtprospekt, der z.B. über Hotels oder Ferienparks informiert. 2. Inhaltsverzeichnis der Daten auf Datenträgern wie z.B. Festplatte oder Diskette.

direkter Vertrieb: Vertriebssystem, bei dem der Verkauf der Produkte vom Leistungsträger oder Reiseveranstalter direkt an den Kunden erfolgt; auch: Direktvertrieb, Direktverkauf, Direktabsatz. → Call Center, → Eigenvermarktung, → Elektronischer Vertrieb, → Internet

Direktflug: → Direct Flight

Direktinkasso: Im Gegensatz zum Inkasso durch die Reisebüros bedeutet D. die Zahlungsabwicklung mit dem Kunden durch den Reiseveranstalter. Dadurch entfällt für das Reisebüro die Gestellung einer Bürgschaft oder einer Vertrauensschadenversicherung.

Direktorat D für Tourismus: Diese Stelle koordiniert seit Juni 1998 die Tourismusaktivitäten der EU-Kommission und löste damit die bis dahin zuständige Generaldirektion XXIII ab. → EU/EG/EWG

Direktstrecke: → Direct Flight

Direktveranstalter: Unter Verzicht auf Zusammenarbeit mit Reisebüros direkte Vermarktung zum Kunden.

Direktverbindung: → Direct Flight

Direktvertrieb: → Branchenfremder Vertrieb, → direkter Vertrieb, → Fremdvertrieb

Direktwerbung: Alle Formen der individuellen, nicht persönlichen werblichen Kommunikation zwischen Anbieter und Nachfrager, vorrangig durch Werbebriefe, Prospekte und Kataloge. D. dient nicht grundsätzlich dem Direktgeschäft, sondern kann daneben das Beratungsgespräch im Reisebüro durch „Vorverkauf" erleichtern, indem bestimmten Zielgruppen interessengerechte Informationen übermittelt werden. → direkter Vertrieb

Direttissima: Hochgeschwindigkeitsschienenstrecke Rom – Florenz über 262 km Länge. → TAV

Dirg: Zwischen Juni 1995 und Dezember 2000 war die Deutschland Informations- und Reservierungsgesellschaft (Dirg) von Bund und Ländern damit beauftragt, durch Systemkoordination und Bündelung der Marketingaktivitäten Deutschland flächendeckend buchbar zu machen. Dazu zählten die Beratung von Tourismusorganisationen bei der Einführung von IRS sowie die Etablierung buchbarer Angebote deutscher Ferienregionen und Städte. Zur Unterstützung des Buchungsgeschäfts brachte die Dirg eine jährliche Buchungsfibel heraus und brachte auch Marketingdienstleistungen für Reisebüros. 1999 wurde von der Dirg die Standardschnittstelle ISI zur Vernetzung touristischer Software verschiedener Hersteller freigegeben, so dass seit 2000 eine regions- und bundesländerübergreifende Zusammenarbeit auf vernetzter Basis möglich ist. Nach Auflösung der Dirg werden die Maßnahmen für den Reisebürovertrieb seit 2000 von der DZT durchgeführt. → DZT, → IRS, → ISI

Dirv: → VHIR

Diskobucht: Bucht in Grönland, deren vom Wetter begünstigte Häfen an der Südwestküste in den Monaten Juni bis September von Kreuzfahrtschiffen angelaufen werden.

Disneyland: Vergnügungspark der Walt Disney Corporation, wurde 1955 in Anaheim, Kalifornien, eröffnet; ab Mai 1998 ergänzt durch Tomorrowland. Ein zweiter Vergnügungspark in Orlando, Florida, bestehend aus Epcot (Experimental Prototype Community of Tomorrow) und dem Magic Kingdom, kam 1971 hinzu, 1988 am gleichen Platz die Disney MGM Studios. 1998 Eröffnung von Animal Kingdom als weiterem Themenpark (zweiter Park: 2002). In Tokio eröffnete Walt Disney Attractions 1983 seine erste Anlage im Ausland, 1992 eine weitere in Paris. 2001 Eröffnung von Disney's California Adventure. → Disneyland Paris, → Freizeitparks, → Themenparks

Disneyland Paris: Erster Vergnügungspark der Walt Disney Corporation in Europa, in Marne la Vallée, 32 km östlich von Paris. Eröffnung 1992 unter dem Namen Euro Disneyland (1994 in Disneyland Paris umgenannt). D.P. bietet mit fünf Themen/Ländern (Main Street USA, Fantasyland, Frontierland, Adventureland und Discoveryland), 39 Attraktionen, Paraden und Shows das ganze Jahr über Unterhaltung sowie Freizeitaktivitäten nach Jahreszeit (Golf, Tennis, Eislaufen, Radfahren, Fitnessclub etc.). Sechs Hotels, ein Bungalow-Campingplatz und ein modernes Kongresszentrum im Hotel New York. Neben dem bestehenden Freizeitgelände ist 2002 ein weiterer Themenpark eröffnet worden, der Walt Disney Studio Park mit Themen aus der Welt von Film und Fernsehen. → Disneyland, → Freizeitparks, → Themenparks

Distanzhandelsrichtlinie der EU: Umsetzung der Richtlinie in Deutschland durch das Fernabsatzgesetz. Schutzbereich des Gesetzes ist der Verbraucherschutz bei Fernabsatzverträgen, d.h. Verträgen über die Lieferung von Waren und Erbringung von Dienstleistungen, die zwischen einem Unternehmer und einem Verbraucher unter ausschließlicher Verwendung von Fernkommunikationsmitteln abgeschlossen werden.

Distributionspolitik: Ist der Grundsatz über den koordinierten Einsatz der Distributionsinstrumente, insbesondere die Wahl des Absatzkanals, die Zahl der Zwischenstufen und die Verteilung der Aufgaben in der Distribution. → Kommunikationspolitik

Diversifikation/Diversifizierung: Ausweitung eines bestehenden Produktprogramms auf benachbarte (ergänzende) Güter oder neue Produkte.

DJH: Deutsches Jugendherbergswerk. → Jugendherbergen

DMARS: Direct Multi Access Reservation System, Reservierungssystem der DNATA (Emirates) mit über 400 Terminals in der Golfregion. → DNATA

D-Nachtreisezug (D): Das verbleibende Nachtreisezugangebot der DB verkehrt mit nicht modernisierten Waggons und soll bis Ende 2002 auf DB-Nachtzug (NZ) umgestellt oder eingestellt werden. → NZ

DNATA: Dubai National Air Travel Agencies, Sitz: Dubai; Vertrieb für Emirates, die staatliche Fluglinie der Vereinigten Arabischen Emirate. → DMARS

DNR: Deutscher Naturschutzring, Dachverband der Deutschen Natur- und Umweltschutzorganisationen mit über 100 selbstständigen Organisationen, hat einen Entwurf zur Einführung eines Euro-Gütesiegels „Sanfter Tourismus" vorgelegt, eines Gütesiegels für umweltverträglichen und sozial verantwortlichen Tourismus mit Forderungen an Reiseveranstalter, Fremdenverkehrsbetriebe, -orte und -regionen. Vorbild für diese Öko-Auszeichnung ist der vom Umweltbundesamt vergebene „Blaue Umweltengel".

DO: Drop-off. Abgabeort und/oder -zeit bei Mietwagenreservierungen.

Dock: Anlegestelle für Schiffe. Auch Pier oder Kai genannt.

DOJ: Double Open Jaw. Doppelte Gabelreise im Iata-Luftverkehr (im Reiseantritts- und Umkehrgebiet), Ausgangsort der Hinreise und Ankunftsort der

Rückreise im Reiseantrittsgebiet und Ankunftsort der Hinreise und Abflugsort der Rückreise im Umkehrgebiet sind nicht identisch. → Gabelreise/Open Jaw (OJ)

Dolmen: Prähistorische, von Menschenhand gefertigte Grabkammern aus großen Steinblöcken. Ihre Entstehung wird auf ca. 2500 v. Chr. geschätzt. Sie befinden sich überwiegend in West- und Nordeuropa. In Nordwestafrika und Südindien gehören die D. in die vorchristliche Eisenzeit.

Dolmus: Sammeltaxi oder Minibus, ein wichtiges Verkehrsmittel in der Türkei. Dolmus, türk. für „voll", fährt erst ab, wenn auch der letzte Platz belegt ist, und lässt nach Bedarf aussteigen.

Dolphin: Reservierungssystem der Reederei P & O European Ferries zur Vereinfachung der Fährbuchungen.

Domain-Namen: Im Internet die unverwechselbaren Anschriften, die den Nutzer zu der gesuchten Homepage führen. Sorgt für die Zuordnung der numerischen IP-Adressen zu alphanumerischen URL-Adressen; besteht aus Top Level Domain (z.B. .de) und Second Level Domain, dem eigentlichen Namen. Für die Verwaltung deutscher Domains ist Denic zuständig.

Domestic Traffic: Inlandsverkehr, Binnenverkehr. → Binnenverkehr

Domizilschutz: Versicherung im Rahmen der Reisegepäckversicherung für Fahrten und Gänge am ständigen Wohnort des Versicherungsnehmers. → Reisegepäckversicherung

Donaubörse: → TGD

Dong-Fang-Hong-Klasse: „Der Osten ist rot"-Klasse bei Massenpassagierschiffen auf dem Jangtse in der VR China. Mit bis zu 2000 Passagieren vollgepackt bis zur fünften Klasse, erfüllt sie vorwiegend Beförderungsfunktionen.

Doppelbuchung: Für dieselben Passagiere doppelt vorgenommene Buchung für Flug, Hotel oder andere Leistungen. → Überbuchen

Doppeldecker: Urspr. alter Flugzeugtyp mit zwei übereinander angeordneten Tragflächen. Bezeichnet auch doppelstöckige Omnibusse und Doppelstockwagen der DB.

Doppelstädtereisen: Variante der Städtereisen mit längerer Zeitplanung. Hier ist der Bus das häufigste Beförderungsmittel, z.B. Wien/Budapest oder Rom/Florenz, per Flugzeug: Moskau/St. Petersburg. → Städtereisen, → Verkehrsmittel

Doppelwährung: VR China konfrontierte bis 1994 Touristen mit einer Doppelwährung. Die Bezeichnung für die allgemeine Währung ist Renmimbi (RMB), die Grundeinheit Yuan zu je 100 Fen. Als Devisenausländer tauschte der Tourist die entsprechenden Noten, die Foreign Exchange Certificates (FEC), für die die gleichen Geldeinheiten galten. In Freundschaftsläden, Ausländerhotels usw. wurden die FEC als alleiniges Zahlungsmittel akzeptiert; bei der Ausreise wurde einzig dieses FEC-Geld gegen Vorlage der Umtauschquittung zurückgetauscht. FEC sind 1994 ohne Zeitangabe für ungültig erklärt worden und werden auch von den Banken nicht mehr ausgegeben. Der Wechselkurs der Landeswährung Renmimbi wird seit Anfang 1994 täglich nach Angebot und Nachfrage neu festgesetzt.

Neue Top Level Domains

Wo kann man seine Adresse registrieren lassen, und was kostet es?

Domain	.info	.biz
Fristen	Sunrise Period für Inhaber von Marken- und Warenzeichen bis 27. August 2001, für alle anderen ab 12. September 2001	IP-Anspruchsdienst für Markeninhaber lief vom 21. Mai bis 6. August, Domain-Anmeldung bis 17. September 2001
Registrierstellen	alle Afilias-Registrare von Afilias Formulare unter www.afilias.info	alle von Icann akkreditierten .biz-Registrare (siehe Website). Formulare unter www.neulevel.biz
Kosten	für fünf Jahre: 100 bis 200 Euro für zwei Jahre: 80 bis 100 Euro	Anmeldegebühr 90 US-Dollar plus gegebenenfalls individuelle Zuschläge der Registrare
Beschränkungen	keine	nur für Unternehmen

Doppelzimmer: Zimmer mit zwei zusammenstehenden Betten oder einem großen Bett oder zwei Betten, die zusammengestellt werden können, für zwei Personen.

Dorfhotel: Ein umweltfreundliches Hotelkonzept der TUI für Sport- und Naturliebhaber sowie Familien mit Kindern.

Dormants: Ruhende oder vorübergehend nicht genutzte Streckenrechte von Fluggesellschaften. → Verkehrsrechte

Double Dipping: Doppeltes Bonus-Punktesammeln mit einem Flug durch Kooperation z.B. einer Airline mit einem Partner. Durch den Linienflug erhält der Kunde Bonuspunkte. Durch das kooperierende Hotel bekommt er zusätzlich für jeden Aufenthalt Statuspunkte auf seinem Konto gutgeschrieben. → Bonusprogramm, → Frequent Flyers/Travellers

Double-Schlafwagenabteil: → Schlafwagen

Dover: Weltgrößter Fährhafen, Verwaltung liegt in den Händen des Dover Harbour Board, 55.000 Schiffsbewegungen p.a., ca. 15 Mill. Passagiere, alle acht Min. Ankunft bzw. Abfahrt von Schiffen der P & O Stena Line und von Seafrance; Tragflügelboote (Jetfoil), Luftkissenfahrzeuge (Hovercraft). Nach Öffnung des Kanaltunnels (Eurotunnel) Ende 1994 erschwerte Wettbewerbsbedingungen für den Fährschiffsverkehr. → Kanaltunnel (Eurotunnel)

Download: Datentransfer bei Online-Verbindungen, wobei Daten von einem anderen PC oder einem Datennetz-Server in den eigenen PC geladen werden, um sie dort weiterzuverwenden. → Upload

Downtown: In den USA u.a. englischsprachigen Ländern Bezeichnung für Innenstadt, Stadtzentrum, Geschäftsviertel.

DPT: Deutscher Eisenbahn-Personen-, Gepäck- und Expressguttarif, gilt im jeweiligen Geltungsbereich als Basis der Beförderungsbedingungen.

Drachenfliegen: Von touristischen Veranstaltern angebotene Flugsportart, bei der der im Gurt hängende Pilot mit Hilfe von sog. Hängegleitern in der Luft steuern kann.

DR - Deutsche Reichsbahn: 1. Vor 1945 Zusammenfassung der im Reichsgebiet vorhandenen Strecken der elf Staatsbahnen des Deutschen Reiches, wie Badische, Bayerische, Hessische, Oldenburgische, Preußische, Sächsische, Württembergische, Main-Neckar, Mecklenburgische, Friedrich-Franz, Preußische Militär-Eisenbahnen und Reichsbahnen in Elsass-Lothringen.
2. Eisenbahnverkehrsträger der ehem. DDR, der alte Name wurde hier beibehalten, mit einem Streckennetz von 14.000 km. Verschmelzung mit DB nach der deutschen Wiedervereinigung. Ab Januar 1994 im Rahmen der Bahnstrukturreform als DB - Deutsche Bahn privatisiert. → DB - Deutsche Bahn

Drehkreuz im Luftverkehr: Geplantes und gezieltes Zusammenführen von Flugzeugen an einem Flughafen zum Zweck einer möglichst kurzfristigen Umverteilung der Passagiere auf ausgehende Flüge. Typisch für europäische D. sind die frühmorgendlichen Ankünfte von Interkontinentalflügen. Hauptdrehkreuze in der Bundesrepublik sind Frankfurt und München. → Hubs and Spokes

Dremod: Daten- und Rechenmodell „Schadstoffemissionen aus dem motorisierten Verkehr in Deutschland 1980–2010“.

DRF: Danmarks Rejsebureau Forening; Dänemarks Reisebüro- und Veranstalterverband mit Sitz in Frederiksberg. Mitglied beim Ectaa.

Driving License: → Führerschein

DRM: Dienstreise Management, von IBM für den Firmendienst in Reisebüros bzw. unternehmenseigenen Reisestellen entwickelt. Mit Hilfe der Software Travel & Safe wird die Reise vom Mitarbeiter des Unternehmens selbst am Bildschirm abgewickelt.

DRS: Deutscher Reisepreis-Sicherungsverein, Gemeinschaftsgründung 1994 von DRV, Europäischer Reiseversicherungs und der VVDG-Verlags- und Industrieversicherungsdienste (Springer-Konzern), der den von der EU vorgesehenen Kundenschutz vor Veranstalterinsolvenz bei gebuchter Pauschalreise gewährleisten soll. → EU-Richtlinie über Pauschalreisen, → Insolvenzschutzversicherung, → Kundengeldabsicherung

DRTV: Direct Response TV, direkter Vertrieb über den Fernseher. Test von ABR mit Direktverkauf von Urlaubsreisen über Privatfernsehen.

DRV: Deutscher Reisebüro und Reiseveranstalter Verband. Gegründet 1950 in Frankfurt am Main als Standesvertretung der Reisebüros, wo er noch heute seinen Sitz hat; die Geschäftsstelle befindet sich in Berlin. Der DRV nimmt die Interessen der deutschen Reisebranche wahr, vor allem der Reiseveranstalter (Produzenten von Pauschalreisen) und der Reisebüros (Reisemittler). Für seine Mitglieder erbringt der DRV Leistungen, die von einem modernen Wirtschaftsverband erwartet werden. Hierzu zählen insbes. folgende Aufgaben, die in der Satzung des Verbandes verankert sind:

- Feststellung der branchenüblichen Geschäftsbräuche, Ausarbeitung von Empfehlungen und Herausgabe von Ordnungswerken
- Bekämpfung unlauterer Geschäftsmethoden, um

das Ansehen des Gewerbes zu fördern und zu pflegen

• Gewährung von Rat und Hilfe in Rechts- und Steuerangelegenheiten für seine Mitglieder im Rahmen des Aufgabenbereiches des Verbandes

• Förderung der Wirtschaftlichkeit der Mitgliedsbetriebe durch Maßnahmen zur Verkaufsförderung bzw. Rationalisierung oder durch Betriebsanalysen

• Fortbildung der Fachkräfte und Förderung eines geeigneten Nachwuchses

• Durchführung von Schiedsgerichtsverfahren.

DRV Service betreibt den kommerziellen Teil der Verbandsarbeit, wie z.B. die Vermarktung von Seminaren.

Mitgliederstand im Jahr 2001: ca. 4260 ordentliche und 790 assoziierte Mitglieder. Ab 1998 geändert in Deutscher Reisebüro und Reiseveranstalter Verband, geführt von einem ehrenamtlichen Präsidenten, strukturiert in vier homogene Säulen:

Säule A: i.d.R. inhabergeführte Reisemittler

Säule B: konzerngebundene Reisemittler

Säule C: konzernungebundene Reiseveranstalter

Säule D: konzerngebundene Reiseveranstalter → BTW, → DRV-Service, → DRV-Tarifgemeinschaft, → Tourismuspräsidium

DRV Service: Tochtergesellschaft des DRV; die wirtschaftlichen Tätigkeiten erstrecken sich auf die Vorbereitung und Durchführung der Länder- und Jahrestagungen sowie die Veranstaltung von Seminaren, Fachstudienreisen und Dienstleistungen für Dritte. D. gibt Lehr- und Fachbücher heraus z.B. Fachkunde Bustouristik, Autor Wolfram Goslich, und erstellt Mitgliederausweise. → DRV

DRV-Tarifgemeinschaft: Diese Vereinigung hat ab 1991 die Arbeitgeberfunktion des DRV-Wirtschaftsverbandes übernommen und vertritt damit die Interessen der Reisebranche gegenüber den Gewerk-

Bundesländer: Positive Bilanz, vorsichtige Prognose

Bundesland	Ankünfte 2000 Mill.	Veränd. zu 1999 %	Übernachtg. 2000 Mill.	Veränd. zu 1999 %	Ankünfte 2001 Mill.	Veränd. zu 2000 %	Übernachtg. 2001 Mill.	Veränd. zu 2000 %
Baden-Württemberg	13,4	+ 3,2	39,2	+ 3,2	13,8	+ 3,0	40,3	+ 2,7
Bayern	22,8	+ 6,0	74,0	+ 4,4	23,5	+ 3,0	75,9	+ 2,5
Berlin	5,0	+20,0	11,4	+20,4	5,4	+ 7,0	12,2	+ 7,0
Brandenburg	3,0	+ 6,3	8,4	+ 5,3	3,7	+25,2	10,0	+19,2
Bremen	0,7	+ 5,3	1,3	+ 5,3	0,7	± 0	1,3	± 0
Hamburg	2,6	+ 1,2	4,8	+ 4,1	2,7	+ 2,1	5,0	+ 3,2
Hessen	9,8	+ 6,7	25,7	+ 6,8	10,1	+ 3,0[1)]	26,4	+ 3,0[1)]
Mecklenburg-Vorp.	4,3	+13,1	18,3	+16,9	4,6	+ 7,0	20,1	+10,0
Niedersachsen	10,6	+14,4	35,5	+ 8,6	9,6	- 9,2	33,0	- 6,9
Nordrhein-Westfalen	14,4	+ 2,5	36,6	+ 2,8	14,8	+ 3,0	37,7	+ 3,0
Rheinland-Pfalz[2)]	6,5	+ 6,2	19,2	+ 7,2	6,8	+ 4,2	19,8	+ 3,6
Saarland	0,6	+ 2,7	2,1	+ 4,4	0,7	+ 3,0[1)]	2,2	+ 3,0[1)]
Sachsen	5,1	+ 9,0	14,6	+ 8,0	5,4	+ 5,0	15,3	+ 5,0
Sachsen-Anhalt	2,2	+ 1,1	5,4	+ 0,8	2,2	+ 1,3	5,6	+ 3,0
Schleswig-Holstein	4,3	+ 3,2	20,9	+ 1,6	4,4	+ 2,3	21,0	+ 0,7
Thüringen	3,0	+ 0,8	8,9	+ 3,2	3,1	+ 3,6	9,2	+ 3,0
Gesamt	**108,3**	**+ 6,5**	**326,3**	**+ 5,9**	**111,3**	**+ 2,8**	**335,1**	**+ 2,7**

Quelle: Ergebnisse der FVW-Trendumfrage, abgeglichen mit Statistischen Landesämtern. 2001 = Prognose der Landesorganisation; bei Prozentangaben wie „drei bis fünf Prozent" wurde der Mittelwert (hier: vier Prozent) eingesetzt. Prozentuale Steigerungsraten in den Prognosen wurden auf den „offiziellen" Wert angewandt, der ggf. vom hochgerechneten Wert leicht abweicht.

1) Leichte Steigerung – aus statistischen Gründen wurde ein Zuwachs von drei Prozent unterstellt. 2) Rheinland-Pfalz bezieht anders als das Statistische Bundesamt auch Beherbergungsbetriebe unter neun Betten mit ein. Zur besseren Vergleichbarkeit wurden diese in der Tabelle nicht berücksichtigt.

INLANDSMARKETING

INLANDSMARKETING
im Aufbruch

Der Recherche- und Buchungsaufwand für eine Urlaubsreise im Inland ist verhältnismäßig hoch. Reisebüros als klassische Mittler haben ihre Kernkompetenz nach wie vor im Outgoing-Geschäft, und viele Reisebüro-Expedienten zeigen deutliche Wissenslücken in Bezug auf inländische Angebote. Dabei haben Unternehmen wie die im Jahr 2000 aufgelöste Deutschland Informations- und Reservierungsgesellschaft (Dirg) und die Deutsche Zentrale für Tourismus (DZT) das Inlandsmarketing gerade im Hinblick auf den Vertrieb professionalisiert. Die DZT steht jedoch vor dem Problem der wenig ausgeprägten Marktfähigkeit einiger deutscher Destinationen. Ohne den Kooperationswillen bedeutender Orts- und Regionalverbände sowie der Leistungsträger kann der Inlandstourismus nicht reibungslos funktionieren.

Die Gründe für die regionalen Marketingbarrieren sind seit Jahren bekannt. Die inhaltliche und personelle Verflechtung der meisten Marketing-Organisationen mit ihren öffentlichen Geldgebern, sprich Städten, Landkreisen oder Bundesländern, trägt nicht gerade zur konsequenten Marktorientierung bei. Der Wettbewerb um den Gast ordnet sich unter diesen Rahmenbedingungen Verwaltungsrichtlinien und/oder politischen Motivationen unter. Neben dem Organisationsvollzug leidet der Inlandstourismus gravierend unter der Zersplitterung des Angebotes. Die Tourismusverbände vermarkten häufig Reisegebiete mit geringer Fläche und Angebotsvielfalt. In diesen Fällen fehlen mangels privater und kommunaler Geldgeber die Finanzmittel für effizientes Destinationsmarketing. Das vorhandene Geld wird gern für Printmedien ausgegeben. Die bestehende Prospektflut auch innerhalb kleinster Regionen ist für die Gäste unzumutbar und torpediert in aller Regel die Bemühungen um ein regionales Markenprofil. Die Zusammenarbeit in Marketingverbunden und Werbegemeinschaften ist das Gebot für die Zukunft. Einige Städte und Urlaubsregionen haben diesbezüglich Maßnahmen zur Zufriedenheit ihrer Gäste und Vertriebspartner ergriffen.

Die seit einigen Jahren sichtbaren Anstrengungen der Deutschland-Touristiker im Bereich der Produktgestaltung sind erfreulich. Für die wachsende Zahl qualifizierter Pauschalangebote (z.B. Event- und Wellness-Reisen) müssen insbesondere die deutschen Regionalorganisationen ihren Vertrieb noch optimieren. Die Etablierung der computergestützten Informations- und Reservierungssysteme (IRS) mit Schnittstellen zu den gängigen Computerreservierungssystemen (CRS) im Reisebüro bereitet Probleme. Ausschlaggebend sind technische, personelle und/oder finanzielle Gründe. Widerstand kommt auch von den Leistungsträgern: Die von den Hoteliers zu entrichtenden Vermittlungsprovisionen zwischen 10 und 15 Prozent sollen und müssen öffentliche Haushalte entlasten, lassen sich aber nur langsam mit viel Überzeugungskraft durchsetzen. In dieser Thematik sind noch – regional unterschiedlich – Anstrengungen im Innenmarketing zu unternehmen.

Ein wesentliches Etappenziel wurde inzwischen erreicht: Der Inlandsurlaub ist in den Fokus deutscher Reiseveranstalter geraten. Verschiedene Städte und Regionen werden dank ihrer Präsenz in den Veranstalterkatalogen seit einigen Jahren verstärkt in den Reisebüros gebucht. Die Mehrzahl der Destinationsmanager, darunter mit steigender Tendenz betriebswirtschaftlich ausgebildete Hochschulabsolventen, packt das Thema Professionalisierung ernsthaft an und hat in den vergangenen Jahren mehr Gäste begrüßen können. Es wäre erfreulich, wenn sich die positive Entwicklung mit gleicher Dynamik fortsetzt.

RONALD CLAASSEN
Berlin, im Januar 2002

schaften in Tarifverhandlungen mit Verdi. Ab 1998 ist die Geschäftsführung der D. ausgegliedert und auf die Dachorganisation Vereinigung der hessischen Unternehmerverbände (VHU) und des Verbands der Metall- und Elektrounternehmen Hessen übertragen worden. Sitz in Frankfurt am Main. → DRV, → Verdi

DRV-Umweltauszeichnung: → Umweltpreis

Dry Lease/Dry Charter/Trockencharter: Vercharterung allein des Flugzeugs (ohne Besatzung) im Unterschied zu → Wet Lease/Wet Charter/Nasscharter.

DSB: 1. Danske Statsbaner, staatliche Eisenbahn des Königreichs Dänemark; Fährverkehr. Zusammen mit DFO wird die Strecke Puttgarden–Rødby bedient, die sog. „Vogelfluglinie" (19 km). Umbenannt in Scandlines. 2. Deutscher Schaustellerbund, Sitz: Bonn, Interessenvertretung DSB ist Mitglied im Deutschen Tourismusverband (DTV). → DFV, → Vogelfluglinie

DSE: Die Deutsche Stiftung für internationale Entwicklung mit ihrer Zentralstelle für Auslandskunde führte seit 1973 zusammen mit dem Studienkreis für Tourismus die inzwischen entfallenen entwicklungspolitischen und landeskundlichen Fortbildungsseminare für Reiseleiter von Fernreisen durch und unterstützte damit das BMZ. Das generelle Ziel dieses Engagements bestand in dem Versuch, die bei Fernreisenden vorhandenen Informationslücken über die aktuelle Situation in den Ländern der Dritten Welt schließen zu helfen. Damit sollte eine Voraussetzung geschaffen werden, bestehende Vorurteile zu den Themen Unterentwicklung, Entwicklungshilfe, Entwicklungspolitik und Dritte Welt auch im Rahmen einer Fernreise bewusst zu machen. → Bundesministerium für wirtschaftliche Zusammenarbeit und Entwicklung (BMZ)

DSF: → DSFT

DSFT: Deutsches Seminar für Tourismus in Berlin; dient der Weiterbildung der Beschäftigten in Verkehrsämtern, Reisebüros, bei Veranstaltern und im Gastgewerbe mit jährlich mehr als 60 Seminarprogrammen. Mitglieder des 1980 institutionalisierten Trägervereins sind die Spitzenorganisationen des deutschen Tourismus. Neubenennung seit Juni 2001 für das seit 1964 unter dem Namen DSF arbeitende Institut. → Bundesministerium für Wirtschaft und Technologie BMWi

DSG: Deutsche Service-Gesellschaft der Bahn, Sitz: Frankfurt/M., Zuständigkeitsbereich: Planung und Steuerung von Serviceleistungen in Zügen und an Bahnhöfen der DB. DSG ist ein Tochterunternehmen der DB und Nachfolgerin der Mitropa in Westdeutschland nach 1945. Frühere Bezeichnung: Deutsche Schlafwagen- und Speisewagen-Gesellschaft. Wird seit 1994 in ganz Deutschland wieder unter dem Namen Mitropa geführt. → Mitropa

DTC: Deutscher Touring Automobil Club mit Sitz in München. Pannenhilfe rund um die Uhr für Autoreisende.

DTI: Deutsches Touristik Institut, Stockdorf/München. → Deutsches Touristik-Institut (DTI)

DTM: Die Deutschland Tourismus Marketing GmbH wurde als Zwischenschritt zur Bündelung der Marketingaktivitäten für das Inland Ende 1996 gegründet. Die DTM initiierte die erste überregionale Marketingkampagne für Urlaub und Reisen in Deutschland. Schwerpunkte ihrer Tätigkeiten waren die Ausarbeitung von Pauschalangeboten für Endverbraucher und die Bewerbung des Deutschland-Urlaubs in Reisebüros. 1998 wurde die DTM mit Zustimmung des Bundes und der Länder in die DZT integriert. → DZT

DTV: Deutscher Tourismusverband, Bonn. Im DTV sind die meisten touristischen Organisationen in den Bundesländern und mehr als 6000 touristisch relevante Städte und Gemeinden organisiert. Der DTV versteht sich als zentraler Gesprächspartner der Bundesregierung, des Bundestages, der Parteien und anderer politischer Institutionen in tourismuspolitischen Fragen. Dabei hat er zum Ziel, den Tourismus in Deutschland als Wirtschaftsfaktor sowie als arbeitsplatzschaffende und arbeitsplatzsichernde Branche weiter zu stabilisieren und aufzuwerten. Er setzt sich dafür ein, dass die Tourismusförderung als öffentliche und auch länderübergreifende Aufgabe angesehen wird. Im Rahmen seiner Qualitätsoffensive für den Deutschland-Tourismus koordiniert und initiiert er Fort- und Weiterbildungsmaßnahmen. Der DTV definiert Qualitätsstandards und die Klassifizierung z.B. für private Anbieter und Campingplätze und sorgt für einheitliche Regeln, wie die Touristische Informations-Norm (TIN), Allgemeine Geschäftsbedingungen oder Musterverträge für Ferienwohnungen und -häuser. → DZT, → TIN

Dumpingpreise: Engl. für Unterbieten oder Verschleudern. Begriff stammt ursprünglich aus dem internationalen Handelsrecht. D. gehen auf eine Kalkulationsmethode zurück, bei der gewisse Kosten unberücksichtigt bleiben. Sie kommen oft dann zur Anwendung, wenn neue Märkte erschlossen werden sollen. Fluggesellschaften versuchen über extrem niedrige Preise Mitbewerber aus dem Markt zu drängen.

Dupes: Engl. Kurzform für Duplicate booking. → Duplicate booking

Duplicate booking: Doppelbuchung für ein und denselben Gast. → Doppelbuchung, → Dupes

Durchgangstarif: Punkt-zu-Punkt-Tarif; der für eine Flugreiseroute direkt aufgestellte Tarif im Iata-Tarifwesen (nur auf Direktstrecken), der meist niedriger als die Summe der Teilstreckentarife ist. Veröffentlichte D. haben grundsätzlich Vorrang vor einer möglichen Kombination von Einzeltarifen. → Anstoßflugpreis, → Iata

Duty-free/Duty-free Shop: Zoll- und steuerfreie Einkaufsmöglichkeit für Reisende mit gültigem Auslandsticket auf Schiffen, Flughäfen und in Flugzeugen. Das Warenangebot umfasst Tabakwaren, Spirituosen, Kosmetika und andere Konsum- und Luxusartikel. Der erste D. S. wurde in Shannon eingerichtet. Seit Wirksamwerden des grenzfreien Binnenmarktes in Europa hat diese Einrichtung ihre Berechtigung verloren. Ab 1. Juli 1999 wurde der abgabenfreie Verkauf eingestellt. Nur noch gültig bei Reisen in Drittländer.

DVB: 1. Gebräuchliche Abkürzung der Deutschen Verkehrs Bank. 2. Digital Video Broadcasting; neue TV-Norm zum digitalen Empfang via Antenne (DVB-T), Satellit (DVB-S) und Kabel (DVB-C). → Reisebank

DVWG: Deutsche Verkehrswissenschaftliche Gesellschaft, veranstaltet regelmäßig das Luftverkehrsforum in Frankfurt/M. mit derzeit aktuellen Themen wie Regelung der Slot-Vergabe, Erweiterung der Flugkapazitäten, Harmonisierung der Luftkontrolle. Herausgabe einer Schriftenreihe im Luftverkehr.

DWIF: Deutsches Wirtschaftswissenschaftliches Institut für Fremdenverkehr an der Universität München, gegr.: 1950; Forschungsinstitut für Auftragsforschungen im Fremdenverkehrsbereich, kein Ausbildungsinstitut. → Wirtschaftsfaktor Tourismus

DZG: Deutsche Zentrale für Globetrotter; eingetragener Verein mit Sitz in Berlin, 1974 von einigen engagierten Globetrottern gegründet.

DZT: Deutsche Zentrale für Tourismus, wirbt im Auftrag der Bundesregierung als offizielle Tourismusorganisation für das Reiseland Deutschland im Ausland. Dazu zählen die Entwicklung eines angebots- und erlebnisorientierten Marketing, die Bündelung und Optimierung aller Marketingaktivitäten und der flächendeckende Vertrieb in Wachstumsmärkten. Die DZT stützt sich auf eine enge Zusammenarbeit mit dem Deutschland-Tourismus sowie Partnern aus Wirtschaft und Verbänden. Mitglieder sind touristische Unternehmen, Landesmarketing-Organisationen und Verbände, deren Tätigkeiten von überregionaler Bedeutung sind. Zur Erfüllung Ihres Basisauftrags erhält die DZT Zuwendungen aus Mitteln des Bundes. Seit 1999 ist die DZT auch für das überregionale Inlandsmarketing zuständig. Aufgabe ist die nachfragegerechte Vermarktung von überregionalen Urlaubsthemen in Deutschland. Die Unternehmensziele der DZT sind:

- Steigerung des Reiseaufkommens
- Erhöhung der Deviseneinnahmen
- Stärkung des Wirtschaftsstandortes Deutschland
- Positionierung Deutschlands als vielfältiges und attraktives Reiseland. → Adonet

D-Zug: Im Auslauf befindliche Zuggattung der DB, zumeist für internationale oder saisonbedingte Zusatzzüge, früher klassischer Fernreisezug; ersetzt durch IR.

E

E: Die grüne Scheibe mit dem weißen E steht für „Europa“, sie sorgt für vereinfachte Grenzkontrollen. Man kann nach Vorzeigen dieser Scheibe die Grenzen in langsamer Fahrt passieren, sofern keine Stichprobenkontrolle vorgenommen wird. → Schengener Abkommen

EAE: European Air Express; deutsche Regionalfluggesellschaft, bietet Inlandsflüge; Interlining mit Lufthansa und Teilnahme am Vielfliegerprogramm Miles & More

E-Agent: Online verfügbares Galileo-Informationssystem für Expedienten mit Zugriff auf Informationen zu Zielgebieten, Einreisebestimmungen, Impfvorschriften und Wettervorhersage. → Galileo

Earb: European Airlines Research Bureau, 1964 auf Empfehlung des Straßburger Europarats gegründet mit dem Ziel, die Koordinierung des Linienflugverkehrs in Europa zu fördern. Earb löste das ursprünglich von Air France, KLM, Sabena und Swissair etablierte Joint Research Office ab. → AEA

Eastbound: Flugreisen in östlicher Richtung. → Westbound

Eastern & Oriental Express: Von J. B. Sherwood betriebener Luxuszug, verkehrt seit Oktober 1993 wöchentlich jeweils einmal auf der Strecke Singapur–Bangkok, Bangkok–Singapur. Der E & O, die Rekonstruktion eines Luxuszuges im Nostalgie-Look, fährt mit zwei Loks und 22 Waggons, darunter drei Speisewagen, Presidential Car, Salon- und Aussichtswagen, auf der 1943 km langen, landschaftlich reizvollen Strecke. Deutscher Vertrieb: Venice Simplon-Orient-Express, Düsseldorf. → VSOE

Easy 99: Hoteldatenbank für Reisebüros mit automatisierter Preis- und Vakanzabfrage für Nutzer von DCS Dillon. → Merlin

Easy Booking: Geschäftsreise-Buchungstool von Lufthansa Airplus. → Lufthansa Airplus

Easylink: Touristisches Reiseangebots- und Informationssystem für Merlin-Nutzer mit Best-Buy-Funktion. Die Online-Datenbanken Easy Last und Easy Info bieten eine umfangreiche, veranstalter-übergreifende Last-Minute-Datenbank sowie ein Hotelsuchsystem. Entwickelt von der Firma DCS. → DCS, → Merlin

Easyride: Schweizer Versuch zur ticketlosen Abrechnung von Fahrten im Nahverkehr durch SBB, Siemens und Schweizer Post; Erfassung erfolgt über Chipkarten mit GSM-Empfangsgeräten.

Easy Ticket: Angebot der Regionalfluggesellschaft Eurowings. Dabei können Linienflugtickets per Telefon gebucht werden, Zahlung kann mit Angabe der Kreditkartennummer erfolgen, Übernahme des vorbereiteten Tickets vor dem Einchecken am Flugscheinschalter.

Easy Travel: Online-Version für Reiseplanungen von Lufthansa Airplus. Das ehemalige Programm PC Reiseplaner wurde in E.T. umbenannt. Das Programm kann als Internet-Version eingesetzt oder in ein firmeneigenes Intranet eingebunden werden. Im ersten Fall greifen die Nutzer auf den Server bei Airplus zu, im zweiten Fall auf den des eigenen Unternehmens.

Eata: East Asia Travel Association, Dachverband der offiziellen Fremdenverkehrsbüros von Japan, Hongkong, Philippinen, Singapur, Südkorea, Thailand, Taiwan sowie von deren nationalen Fluggesellschaften, u.a. Deutschland-Vertretung in Frankfurt/M., ständiges Generalsekretariat in Tokio. Ziel der Eata ist im Wesentlichen die Tourismusförderung dieser ostasiatischen Regionen und Stärkung der Auslandsreiseströme in Eata-Länder. 1999 umbenannt in Asian Travel Marketing Association. → Atma

Ebit: Earnings before Interest and Taxes; BWL-Begriff/Bilanzwesen für das operative Ergebnis eines Unternehmens vor Zinsen und Steuern zum internationalen Vergleich der Geschäftsergebnisse von Unternehmen. Ebitda Earnings before Interests, Taxes and Depriciation and Amortization wie oben Geschäftsergebnis vor Zinsen, Steuern und Abschreibungen.

EBO: Eisenbahn-Bau- und -Betriebsordnung vom 8. Mai 1967, die den Bau und den Betrieb von regelspurigen Eisenbahnen des öffentlichen Verkehrs regelt, enthält technische Vorschriften über Bahnanlagen, Bahnbetrieb, Personal und Ordnung auf dem Gebiet der Bahnanlagen, zuletzt geändert durch das Gesetz zur Neuordnung des Eisenbahnwesens vom 27. Dezember 1993.

EBT: Excess Baggage Ticket, Standard-Übergepäckschein nur für Airport Handling Agents für Gepäck, das der Fluggast über die erlaubte Freigepäckmenge hinaus mitnehmen möchte. Die Gebühr wird am Flughafen per EBT kassiert. → Airport Handling Agent

E-Business: Oberbegriff für die elektronische Abwicklung von Geschäftsvorgängen, spez. über das Internet. Hierzu gehören E-Commerce (Vertrieb) und E-Procurement (Beschaffung), elektronische Marktplätze oder auch Customer Relationship Management (CRM), die Pflege der Kundenbeziehungen. → CRM, → E-Commerce

ECA: UN Economic Commission for Africa, Unterorganisation der Vereinten Nationen (UNO), unterstützt den Ausbau des Tourismus in Afrika durch die

Finanzierung von Gutachten und Studien, die als Basis für nationale Tourismusprojekte dienen können. → UNDP

Ecac: European Civil Aviation Conference, Europäische Zivilluftfahrtkonferenz, gegr.: 1954, Sitz: Paris. Ecac ist ein Regionalgremium der Icao. Der Organisation sind 38 europäische Staaten angeschlossen. Aufgabenschwerpunkte sind die Förderung der Entwicklung, Wirtschaftlichkeit und Koordinierung des europäischen Luftverkehrs sowie die Unterstützung der Ziele der Icao in Europa. Ihre Tätigkeit ist für ihre Mitglieder ausschließlich beratender Natur. → Harmonisierung, → Icao, → Liberalisierung im Luftverkehr

Ecatra: European Car and Truck Rental Association, europ. Mietwagen-Verband, Sitz: Düsseldorf.

ECE: UN Economic Commission for Europe, Unterorganisation der Vereinten Nationen (UNO), unterstützt den Ausbau des Tourismus in Europa durch die Finanzierung von Gutachten und Studien, die als Basis für nationale Tourismusprojekte dienen können. → UNDP

EC / EC-Netz: Eurocity, Zugsystem der Bahn. EC verkehren als schnelle Tages- und Nachtverbindungen zwischen über 200 europ. Städten. Den Reisenden wird ein bei allen am EC-Netz beteiligten Bahnen einheitlicher Qualitätsstandard geboten. Zugbildung mit ausschließlich klimatisierten Wagen der ersten und zweiten Klasse, Zugrestaurants; Grenzkontrollen ohne Zeitverlust im fahrenden Zug. Innerhalb der Bundesrepublik Deutschland ähnliches IC-Netz. → IC-Intercity

EC-Karte: Basis für Eurocheques und EC-Karten ist ein Girokonto. In vielen europäischen Ländern können Touristen mit EC und der dazu gehörigen Geheimzahl bezahlen oder sich an Geldautomaten bedienen. Die EC wird überall dort akzeptiert, wo das rot-blaue EC-Zeichen angebracht ist. Aus Sicherheitsgründen sollten EC und Eurocheques immer getrennt aufbewahrt werden. Scheckkartengarantie ist entfallen.

Eckpreis: Angebot mit einem Minimum an Basisleistungen; durch ergänzende Zusatzleistungen fällt der Endpreis zwangsläufig höher aus. Mit dem Mittel der Eckpreise dokumentieren Veranstalter ihre Leistungsfähigkeit. Für den touristischen Verbraucher (zur endgültigen Entscheidung seiner Urlaubsreise besorgt er sich durchschnittlich acht Kataloge) sind die Eckpreise von entscheidender Bedeutung.

Ecla: UN Economic Commission for Latin America, Unterorganisation der Vereinten Nationen (UNO), unterstützt den Ausbau des Tourismus in Lateinamerika durch Finanzierung von Gutachten und Studien, die als Basis für nationale Tourismusprojekte dienen können. → UNDP

ECLG: European Consumer Law Groups, europ. Verbraucherschutzgruppe, nimmt starken Einfluss auf die europ. Gesetzgebung hinsichtlich des Verbraucherschutzes bei Charterreisen, z.B. auf Richtigkeit und Vollständigkeit der Katalogangaben. → Kundengeldabsicherung, → Pauschalflugreiseverkehr, → Sicherungsschein

Ecodata: Von der EU unterstütztes internationales Kooperationsvorhaben zur Gründung einer Europäischen Tourismus-Umwelt-Datenbank (Zentrale in Athen). Hauptziele sind die Schaffung einer europaweiten Transparenz und Vergleichbarkeit von Reisezielen, die Analyse und Bewertung der Zusammenhänge zwischen Umweltsituation und Tourismus in den Ferienregionen, die Erstellung von Maßnahmenprogrammen zur Verbesserung der Situation vor Ort und die Schaffung von Grundlagen für ein erfolgreiches touristisches Umweltmarketing. Touristische Leistungsträger bzw. Anbieter sowie Touristen und verschiedene Organisationen bzw. Behörden bilden den Anwenderkreis der Umweltdaten, die einheitlich in 30 Ländern erhoben werden.

E-Commerce: Bezeichnet die Gesamtheit aller Marketingstrategien, die mit Hilfe elektronischer Medien auf Gewinn gerichtete Austauschprozesse von Waren und Dienstleistungen zum Ziel haben, z. B. Online-Shopping, den Handel via Internet. Mit Hilfe des Internet können sich Kunden über einen elektronischen Produktkatalog ihr Wunschprodukt aussuchen und eine Bestellung aufgeben. → B2B, → B2C, → C2C

Ecomost: European Community Models of Sustainable Tourism. Ziel dieses Ifto-Projektes ist es, Methoden und praxisnahe Instrumente für einen wirtschaftlich tragfähigen, künftige Generationen nicht belastenden Tourismus zu entwickeln. → Ifto

Econett: Wird derzeit vom WTTC zusammen mit IBM und mit Unterstützung der EU-Kommission, Generaldirektion XXIII (Tourismus), als „Mastergate zu Tourismus und Umwelt in Europa" mehrsprachig aufgebaut. Die zunehmende Fülle an Publikationen, Veranstaltungshinweisen, Kontaktadressen und Projektbeschreibungen ist vor allem für beruflich Interessierte eine wahre Fundgrube. Ecotrans wird für die Rubrik „Good Practise" die TIP-Informationen quer durch Europa entsprechend aufbereiten und zur Verfügung stellen. → Ecotrans-Service TIP, → WTTC

Economy Class: Bezeichnung für Touristenklasse (zumeist im Luftverkehr); bei vielen Beförderungsunternehmen nachgeordnete Klasse; in USA auch Coach Class. → Beförderungsklasse

Economy-Class-Syndrom: Auch Touristenklasse-Syndrom. Umgangssprachliche Bezeichnung für die Häufung von Thrombose-Fällen nach Langstreckenflügen.

ECO-Tour: Wird von der Naturfreunde Internationale, Wien, in Zusammenarbeit mit dem Deutschen Naturschutzring (DNR), Bonn, und dem Nederlands Instituut voor Volksentwikkeling en Natuurvriendenwerk (Nivon), Amsterdam, aufgebaut. Unterstützt wird das Projekt von der EU-Kommission, Generaldirektion XIII (Telekommunikation). Weitere Partner sind das Institut für Integrativen Tourismus und Freizeitforschung (IITF), Wien, und der Verein Ökologischer Tourismus in Europa (ÖTE), Bonn. Ab September 1998 sollte E. mit mehreren tausend Reiseangeboten zum zentralen Informationsdienst für die Urlaubsplanung aller Internet-Nutzer werden, die bei ihrer Reiseentscheidung auch an Umweltkriterien denken. Beherbergungsbetriebe, Urlaubsorte und -regionen, Reiseangebote und die besten Modelle aus zahlreichen Ländern werden dargestellt. In Verbindung mit dem Ecotrans-Service TIP können die Nutzer dann auch nachsehen, welchen Kriterienkatalog der Gasthof in Tirol, Mecklenburg-Vorpommern oder Dänemark erfüllt hat und welche Erfolge der Tourismusanbieter mit seiner neuesten Umweltmaßnahme erzielt hat. → Ecotrans-Service TIP

Ecotrans: Europ. Dokumentations- und Informationsnetz zum Thema Tourismus, Umwelt und regionale Entwicklung. Eco steht dabei für Umwelt/Ökologie und Trans für Informationstransfer. E. ist ein internationales Netzwerk von Fachleuten und Organisationen aus Tourismus und Umwelt. 1993 wurde der Verein E. im Rahmen der ITB Berlin gegründet. → Ecodata

Ecotrans-Service TIP: Das europäische Expertennetz E. baut mit Unterstützung der Deutschen Bundesstiftung Umwelt einen neuen Bildungs- und Informationsservice mit allen Umweltauszeichnungen im Tourismus, ausgewählten Preisträgern und erfolgreichen Umweltpionieren aus ganz Europa mit Kriterien und Schlüsselinformationen auf. Die Sammlung und Nutzung der Informationen für den TIP erfolgt in Zusammenarbeit mit einem breiten Partnernetz aus Fachleuten, Tourismus- und Umweltverbänden, dem Studentenverband Futurista, dem World Travel and Tourism Council und den Naturfreunden Internationale. Dabei gilt es, auch spezifische Interessen der Tourismus- und Umweltverbände zu berücksichtigen, die sich je nach eigener Aufgabenstellung mit dem Thema „Tourismus und nachhaltige Entwicklung in Europa" befassen und ihrerseits eine Arbeitshilfe durch den TIP erwarten. → Futurista

Ecpat: End Child Prostitution in Asian Tourism, internationale Organisation zur Bekämpfung der Kinderprostitution im Tourismus für den asiatischen Raum mit Sitz in Paris.

Ectaa: Group of national Travel Agent's and Tour Operators' Associations within the EU. → DRV, → EG-Groupement, → Liberalisierung, → UFTAA

Ecti: → American Express European Corporate Travel Index (Ecti)

ECTWT: Ecumenial Coalition on Third World Tourism, Bangkok; E. war Mitglied im Arbeitskreis Tourismus mit Einsicht. → Tourismus mit Einsicht (TME)

ECU: European Currency Unit, europäische Währungseinheit, die im Rahmen des europäischen Währungssystems 1979 geschaffen wurde; Kunstwährung. Die ECU diente nahezu ausschließlich als Buchgeld, nicht als Reisezahlungsmittel in der Bundesrepublik Deutschland. Sie wurde eingeführt als Bezugsgröße für die Leitkurse der am EWS teilnehmenden Ländern, diente außerdem als Finanzierungs- und Zahlungseinheit der EU-Notenbanken. Im Maastrichter Vertrag wurde festgelegt, dass der Wert der ECU dem des Euro entsprechen sollte. → Euro, → EWS Europäisches Währungssystem, → Maastrichter Vertrag

Edit: European Education and Training in Tourism, Studiengang zum Internationalen Touristikassistenten mit zweijähriger Ausbildung über allgemeine Kenntnisse in Wirtschaftsdisziplinen, Fachwissen in Tourismus- und Umweltpolitik, Reise- und Vertragsrecht etc. Kontakt über Wirtschaftsinstitut Angell, Freiburg. → Internationale(r) Touristikassistent(in)

EDS: 1. Eisenbahndienstsache, nicht mehr verwendeter Ausdruck für interne Post der DB, die mittlerweile mit der Deutschen Post AG befördert wird. 2. Electronic Data Systems Corp.; US-IT-Dienstleister; kooperiert mit Sabre und betreibt dessen Rechenzentrum. 2001 hat EDS von Swissair Atraxis übernommen. → AXS Control/AXS-RES

EEF: Europäischer Entwicklungsfonds, gewährt nicht rückzahlbare Zuschüsse und zinsbegünstigte Darlehen der EU an AKP-Staaten im Rahmen des Lomé-Abkommens. → AKP-Staaten, → EU/EG/EWG, → Lomé-Abkommen

Efco: European Federation of Camping Site Organizations, Verband Europäischer Campingplatzhalter, Sitz: Gloucester, England. Organisation zur Interessenvertretung der Caravan- und Campingplätze in Europa, zählt hauptsächlich Mitglieder aus den EU-Mitgliedsstaaten.

EFK: Europäische Reisezug-Fahrplankonferenz, hat die Regelung des internationalen Eisenbahn-Reiseverkehrs und die Behandlung von Fragen der Zollabfertigung und der Grenzkontrolle zum Ziel. → CEH

Efta: European Free Trade Association, Europäische Freihandelsgemeinschaft, 1960 in Kraft getreten, Sitz: Genf. Alle Mitgliedsländer (Finnland, Island, Norwegen, Österreich, Schweden und Schweiz) sind im Ministerrat, der dreimal jährlich tagt, gleichberechtigt vertreten. Ziele: Der Efta-Vertrag enthält ein Verbot von Ausfuhrzöllen und der Einführung von mengenmäßigen Einfuhrbeschränkungen; keine Bestimmungen über den Agrarsektor. Die Tourismusinteressen werden durch die ETC (Incoming) vertreten. Gemeinsamer Plan von Efta und der damaligen EG zur Bildung von EWR, Europäischer Wirtschaftsraum, geht auf die erste gemeinsame Ministerkonferenz 1984 in Luxemburg zurück. 1994 haben sich die Länder Österreich, Finnland und Schweden für den Beitritt zur EU ab 1995 entschieden. → ETC, → EU/EG/EWG, → EWR

EG-Binnenmarkt: → EU/EG/EWG

EG-Groupement: Groupement des Unions Nationales des Agences de Voyages de la CEE, Brüssel. Seit 1961 waren die nationalen Reisebüroverbände der EG-Mitgliedstaaten in dieser Organisation zusammengeschlossen. Der Vorsitz wechselte alle zwei Jahre. Die Geschäftsführung lag bei einem Generalsekretär mit Sitz in Brüssel. Ziel dieses Zusammenschlusses war die gemeinsame Bearbeitung von Fragen und Problemen aus dem EG-Bereich, von denen Reiseveranstalter und Reisebüros in der EG berührt wurden. → Ectaa

EG-Pauschalreiserichtlinie: Richtlinie des Rates der EG vom 13. Juni 1990 über Pauschalreisen zur Schaffung und Vereinheitlichung eines Verbraucherschutzrechtes auf dem Gebiet der Pauschalreisen. E. war bis 31.Dezember 1992 von den EG-Mitgliedsstaaten in innerstaatliches Recht umzusetzen. Der § 651 a-k BGB ist seit 1. November 1994 in Ausführung der Richtlinie geändert worden. Gestattet in Art. 8 den Mitgliedsstaaten, „zum Schutz des Verbrauchers“ strengere Rechtsvorschriften zu erlassen oder aufrechtzuerhalten. Umsetzung der E. in der Bundesrepublik mit Optimierung des Verbraucherschutzes durch Insolvenzschutzversicherung für Pauschalreisen, die nach dem 31. Oktober 1994 angetreten wurden. → EU-Richtlinie über Pauschalreisen, → Kundengeldabsicherung, → Pauschalreisen, → Sicherungsschein

EIB: Europäische Investitionsbank, gibt Darlehen für nationale und regionale Entwicklungsprogramme der EU an die AKP-Staaten; damit soll der Tourismus gestärkt werden und zur wirtschaftlichen Entwicklung beitragen. → AKP-Staaten

EIBTM: The European Incentive & Business Travel & Meetings Exhibition, bedeutendste europäische Fachmesse für Incentive- und Geschäftsreisen sowie Tagungen mit internationalem Publikum. Sie findet alljährlich im Mai in Genf statt und wird begleitet von Vorträgen und Seminaren.

Eigenkapitalhilfeprogramm (EKH): Hilfsprogramm der deutschen Bundesregierung auf dem Tourismussektor. Das EKH wurde für antragsberechtigte ERP-Darlehensnehmer, also förderungsfähige Existenzgründer und Unternehmer aus der ehem. DDR, ins Leben gerufen. Die Förderungsmittel erfüllen Eigenkapitalfunktion; Privatpersonen können damit zusätzliche „risikotragende“ Mittel zur Verstärkung der Eigenkapitalbasis bereitgestellt werden. Anträge werden über die Hausbank oder die Deutsche Ausgleichsbank in Bonn gestellt. → ERP-Mittel

Eigentouristik: Bezeichnung für den Marktauftritt von Reisebüros/Reisemittlern als Eigenveranstalter durch Zusammenstellung von einzelnen Leistungselementen zur Pauschalreise und deren Vertrieb durch Katalogausschreibung bzw. Angebot für geschlossene Gruppen mit Spezialreisen oder zu besonderen Zielen. → Eigenvermarktung, → Insolvenzschutzversicherung, → Reiseveranstalter

Eigenveranstalter: Verkehrs-/Leistungsträger, der im Direktverkauf neben der Beförderung zusätzliche Leistungen wie Übernachtung, Rundreisen, Transfers u. a. anbietet. → Insolvenzschutzversicherung, → Reiseveranstalter, → Stopover-Programm

Eigenvermarktung: Direktvermarktung in- und ausländischer Fremdenverkehrsorganisationen mit ihren örtlichen, regionalen und nationalen Produkten mit Unterstützung der eigenen Buchungszentrale unter Ausschaltung der Reiseveranstalter; auch Eigenvertrieb, Eigenverkauf, Eigentouristik.

Eilzug: DB-Züge zur Bedienung mittellanger Strecken, halten nur an Stationen, die ein ausreichendes Fahrgastaufkommen haben. Nicht zuschlagspflichtig. E. wurde 1995 in Regional Express (RE) umbenannt.

Eingabegeräte: Sammelbegriff für alle Geräte in der EDV, über die Daten in den PC eingegeben werden können. Typische E. sind Tastatur, Maus und Scanner. → Ausgabegeräte

Einheitliche Garantiescheine: Einheitlicher Sicherungsschein. Einführung durch das zweite Reiserechtsänderungsgesetz, das am 1. September 2001 in Kraft trat. Ziel ist der bessere Schutz der Touristen vor Insolvenz der Reiseveranstalter. Nach bislang geltendem Recht mussten zwar Unternehmen auch sicherstellen, dass ihre Kunden bei Insolvenz zurückgeflogen und deren Kosten erstattet wurden, allerdings wurde diese Regelung durch interne Absprachen zwischen dem Reiseveranstalter und dessen Versicherung oft zu Lasten des Kunden umgangen. Durch die Einführung einheitlicher Garantiescheine soll die Insolvenzsicherung nunmehr grundsätzlich gewährleistet werden.

Ein-Kupon-Meilen (TPM): Teilbereich des Meilensystems; zwischen zwei Orten veröffentlichte Ticketed Point Mileages sind grundsätzlich in beiden Richtungen anwendbar und stellen in der Regel die kürzeste Flugstrecke dar. → Meilensystem

Einloggen: Anmelden bei einem Online-Dienst durch Angabe der Benutzerkennung und des Passwortes.

Einmalprämie: Begriff aus der Versicherungsbranche, im Gegensatz zur laufend zahlbaren Jahresprämie, Zahlung eines einmaligen Beitrages für ein nach Zeit und Höhe begrenztes Risiko.

Einnahmen: Geldeingänge; Zunahme des Geldmittelbestandes eines Unternehmens in einer Periode.

Einreisebestimmungen: Bestimmungen, die der Reisende für die regelrechte Einreise in andere Länder oder sogar für den kurzen Aufenthalt in Transitländern beachten muss: Vorlage eines gültigen Reisepasses mit oder ohne Visa, Besitz einer Rückfahr- bzw. Rückflugkarte, Gesundheitsbestimmungen (z. B. vorgeschriebene Impfungen, empfohlene Malariaprophylaxe etc.), Zoll- und Devisenbestimmungen (hier hat der Reisende eventuell auch Bestimmungen zu beachten, die in seinem Ausgangsland gelten, z. B. für die Ausfuhr von Devisen oder Gütern). → Visum

Einschiffen: Das An-Bord-Gehen zu Beginn einer Schiffsreise wird als E. bezeichnet. → Ausschiffen

Ein- und Ausschiffung: Abfertigungsvorgang vor dem Ablegen und nach Beendigung einer Schiffsreise.

Einwahlknoten: Verbinden Netz und Online-Teilnehmer. E. sind mit dem Telefonnetz verknüpft und werden bei Nutzung eines Modems aktiviert. → Modem

Einwegschlüssel: In modernen Hotels und auf neueren Schiffen werden die Schlösser der Zimmer-/Kabinentüren elektronisch gesichert. Der herkömmliche Schlüssel wird dabei durch eine Lochkarte ersetzt, der ein Code eingestanzt ist.

Einzelplatzbuchung im Charterflugbereich: → Eigenvermarktung, → Pauschalflugreiseverkehr, → Selbstvermarktung

Einzelunternehmen: Werden durch eine natürliche Person betrieben. Diese entscheidet alle internen Geschäftsangelegenheiten weit gehend frei. Der Unternehmensinhaber haftet auch unmittelbar mit seinem gesamten Vermögen für Schulden des Unternehmens. Diese Form ist besonders für kleine und mittlere Unternehmen geeignet. → Genossenschaft, → Kapitalgesellschaft, → Personengesellschaft, → Unternehmensform

Einzelversicherung: Versicherungsvertrag mit einem Versicherungsnehmer und einem Versicherten, im Gegensatz zur Kollektiv- und zur Gruppenversicherung.

Eisberg: Abgebrochenes Endstück des Inlandseises oder der Polargletscher, das im Meer schwimmt und mit nur etwa einem Siebtel seiner Größe über der Wasseroberfläche sichtbar wird. Gefahr besteht für die Schifffahrt bis ungefähr 40° Breite.

Eisbrecher: Schiff, das mit Hilfe starker Antriebsleistung die Schifffahrtswege von Eis freihält; Fähren erreichen das z.T. mit eigener Kraft, z.B. „Finnjet".

Eisernes Tor: Donaudurchbruch bei Orsova zwischen Banater und Ostserbischem Gebirge; in der Enge von Kasan wird der Strom auf 170 m eingeengt.

EITM: Europäisches Institut für Tourismusmanager, Bussy-St. Georges nahe Paris, bietet Ausbildung zum Tourismusmanager an in einem zehnmonatigen Intensivkurs à 30 Wochenstunden. Teilnahmebedingungen sind ein achtmonatiges Vorlaufstudium sowie Englisch- und Französischkenntnisse. Die Ausbildung wird u. a. von Accor (Hotelkonzern) und American Express unterstützt.

EKH: Eigenkapitalhilfeprogramm. → Eigenkapitalhilfeprogramm (EKH)

Elba: Travel-Management-Software der Firma Partners Software.

Electronic Ticket Tracker: In Deutschland verfügbares Galileo-Tool zur automatischen Identifizierung ungenutzter Flugcoupons von elektronischen Flugtickets. → Galileo

Electronic Travel Authority: ETA, ermöglicht die Beantragung eines elektronischen Visums für Australien über das Start-Amadeus-System. Nach Eingabe der erforderlichen Kundendaten wie Name, Passnummer, Nationalität usw. wird dann beim Einchecken bei an ETA teilnehmenden Fluggesellschaften geprüft, ob eine Visa-Genehmigung vorliegt.

elektronische Geräte im Flugverkehr: Können die empfindlichen Flugzeugsysteme stören. Zu den Geräten, die während des gesamten Fluges nicht benutzt werden dürfen, zählen Mobiltelefone, CB-Funkgeräte sowie Geräte und Spielzeug mit Fernsteuerung. Geräte, die zu bestimmten Zeiten während des Fluges benutzt werden dürfen, sind z. B. CD-Player, Mini-Disc-Player, CD-ROM-Player,

Laptops und Computerspiele. Sie können kurz nach dem Start (15 Minuten) bis kurz vor der Landung (bis das Zeichen für das Anlegen der Sicherheitsgurte aufleuchtet) verwendet werden.

elektronischer Vertrieb: Der Verkauf von Reiseprodukten wird überwiegend über elektronische Reisevertriebssysteme (CRS) gesteuert sowohl über direkten Vertrieb im Internet und Automaten in direktem Zugang des Kunden zu Buchungsmasken als auch im Vertrieb durch Reisebüros über die bekannten computergestützten Reservierungssysteme wie Start Amadeus, Galileo, Sabre u. a. → CRS, → Galileo, → Sabre, → Start Amadeus Vertrieb, → Worldspan

Elektronisches Geschäftsverkehrs Gesetz (EGG): Umsetzung der E-Commerce-Richtlinie (bis 2002), regelt vier zentrale Bereiche: das Herkunftslandprinzip (Beachtung der innerstaatlichen Vorschriften des EU-Mitgliedstaats, in dem der Diensteanbieter seine Niederlassung hat), die Formwirksamkeit elektronisch geschlossener Verträge, Informationspflichten des Betreibers elektronischer Dienste, Haftungsprivilegien für bestimmte Diensteanbieter (Provider).

elektronisches Ticketing: → E-Ticket

Elementarereignisse: Versicherungsspezifischer Begriff für Sturm, Hagel, Sturmflut, Hochwasser, Überschwemmung, Bergrutsch und Erdbeben.

Elite-Level: Einteilung von Seiten der Fluggesellschaften in gute und sehr gute Kunden. Der Status ist nicht nur von der Anzahl der geflogenen Meilen, sondern auch von der Buchungsklasse (Economy/Business) abhängig. → Bonusprogramm, → Frequent Flyers/Travellers

Elite-Status: → Elite-Level

EMA: Excess Mileage Allowance, Extrameilen, sie werden für bestimmte Streckenführungen gewährt. EMA können von den addierten TPM abgezogen werden, bevor man die Summe mit den MPM vergleicht, um einen evtl. anfallenden Meilenaufschlag (EMS) zu berechnen. Beschreibung der EMA im Deutschland-PT, Abschnitt C. → EMS, → MPM - Maximum Permitted Mileage, → PT, → TPM - Ticketed Point Mileages

E-Mail: Electronic Mail, elektronische Post oder Nachrichten werden als Datenbestand von einem zum anderen Computer übertragen. E-Mail ist heute einer der meistgenutzten Dienste im Internet. Die Zuordnung erfolgt über die Vergabe von Internet-Adressen.

Emco: Elektronische MCO, auch Amco, automatische MCO, ähnlich dem Etix-Verfahren ermöglicht die Emco die maschinelle Erfassung und Ausstellung von MCOs für Aufpreis oder Umbuchungsgebühren für elektronische Tickets. → Etix, → MCO

Emeca: European Major Exhibition Center Association, europäischer Messeverband. Ziel der Emeca sind die Förderung des Messestandortes Europa und der Erfahrungsaustausch zwischen europäischen Mitgliedsmessegesellschaften in technischer und administrativer Hinsicht.

Emission: Im engeren Sinne die Ausgabe von Wertpapieren (Aktien). Die E. erfolgt entweder auf direktem Weg oder durch Vermittlung von Banken.

Emissionen: Die von einer Anlage oder einem Produkt an die Umwelt abgegebenen Luftverunreinigungen, Geräusche, Strahlen, Wärme, Erschütterungen oder ähnliche Erscheinungen. → Immissionen, → Smog

Emitt: East Mediterranean International Travel & Tourism, internationale Tourismusmesse in Istanbul. Erstmals 1999.

Emnid: → TNS Emnid

Empfangschef im Hotel: Als Abteilungsleiter untersteht der E. dem Generaldirektor. Dem E. unterstehen das gesamte Empfangspersonal, die Portierloge (Concierge), die Reservierungs- und die Telefonabteilung. → Hausdame, → Portier/Concierge

EMS: 1. Extra Mileage Surcharge, Meilenaufschlag, der erhoben werden muss, wenn die TPM trotz anwendbarer Extrameilen höher sind als die MPM. Hierbei gilt die Formel TPM : MPM. Damit wird ein Prozentsatz berechnet, der den prozentualen Preisaufschlag auf den abgelesenen Durchgangstarif für den jeweiligen Sektor bildet. vier Stellen hinter dem Komma werden beachtet, das Ergebnis wird in Fünferschritten aufgerundet:

Ergebnis	Preisaufschlag
von 1.0001-1.0500	5%
1.0501-1.1000	10%
1.1001-1.1500	15%
1.1501-1.2000	20%
1.2001-1.2500	25%

1.2501 u. höher ist nicht gestattet.

2. Euro Mail Service, Kuriergepäck, Service der DB innerhalb Deutschlands und ins Ausland. Unter der Tel.-Nr. 0180-3 32 05 20 kann ein Kuriergepäckträger bestellt werden, der Koffer und anderes Gepäck aus der Wohnung abholt und von Haus zu Haus an den gewünschten Ort befördert. Das Gepäckticket wird zu einem Festpreis zusammen mit dem Fahrschein gekauft.→ EMA, → MPM - Maximum Permitted Mileage, → TPM - Ticketed Point Mileages

Emta: Eastern Mediterranean Tourist Association, Tourismusverband im östlichen Mittelmeer, 1993 anlässlich der WTM in London gegründet, Sitz: Kairo. Ihm gehören zunächst die Länder Ägypten, Israel und Türkei an. Ziele dieser Wirtschaftskooperation sind die Koordination des touristischen Marketings und der Aufbau der für den Tourismus notwendigen Infrastruktur unter Berücksichtigung des Schutzes von Natur, Umwelt und der kulturellen Sehenswürdigkeiten dieser Länder. → WTM

EN: → Euro Night

ENA: Europäischer Notfallausweis. Er wurde von der EU-Kommission in Zusammenarbeit mit den nationalen Gesundheitsministerien erarbeitet. In der Bundesrepublik gibt es ihn seit 1. Juli 1987. ENA ist ein auf freiwilliger Basis mitgeführtes Dokument, das für Arzt und Träger bei Unfällen oder medizinischen Notfällen von lebensrettender Bedeutung sein kann.

Endorsement: Engl. Fachausdruck aus dem Flugsektor. Bei Änderung einer Flugbuchung, dem Wechsel von einer Fluggesellschaft auf eine andere, ist eine Genehmigung (Endorsement) zwischen beiden Verkehrsgesellschaften erforderlich. Ohne diese ist die Übertragung des Flugtickets auf den neuen Carrier nicht möglich. → Abkommen über Indossofreiheit

Endorsement W aiver: Eine vertragliche Vereinbarung zwischen Fluggesellschaften, die eine gegenseitige Ticketakzeptanz vorsieht. → Endorsement, → Umschreibung

Englischer Service: Begriff aus der Gastronomie; beim E. S. werden die Teller auf einen beigestellten Service-Tisch gestellt. Der Kellner präsentiert zunächst dem Gastgeber die Hauptplatte, um dann für jeden Gast den Teller anzurichten und von rechts einzusetzen. Zum Nachservieren werden die Platten auf einem Rechaud (Wärmeplatte) auf dem Service-Tisch bereitgehalten. Zum E. S. gehören weiter das Kochen, Flambieren, Tranchieren und Filieren von Fleisch und Fisch sowie die Soßenzubereitung am Tisch. Dieser Service wird auch als Guéridon-Service bezeichnet, nach dem beigestellten Servicetisch = Guéridon. → Französischer Service, → Russischer Service

Enit: Ente Nazionale Italiano per il Turismo, Nationale Italienische Tourismusbehörde.

Enquête-Kommission: Organ des Deutschen Bundestages, das sich im Gegensatz zum Untersuchungsausschuss aus einem Kreis von Parlamentariern und Sachverständigen, hauptsächlich Universitätsprofessoren, zusammensetzt. Die Mitglieder werden im Einvernehmen der Fraktionen benannt und vom Präsidenten/Präsidentin berufen. Mit der E.K. hat sich der Bundestag einen eigenständigen Bereich der Begegnung mit der Wissenschaft geschaffen. Aufgabe der E.K. ist es, wichtiges Material zum aufgetragenen Thema zusammenzustellen und dadurch gesetzgeberische Entscheidungen über umfangreiche und bedeutsame Sachkomplexe vorzubereiten. Diese Arbeitsweise der E.K. wurde mit der kleinen Parlamentsreform von 1969 eingeführt. → Tourismus-Enquête

Enroute: Flug muss in einer globalen Richtung erfolgen; man muss auf der Route bleiben.

Enter: Alljährlich in Innsbruck stattfindende IT-Konferenz für Tourismusexperten aus Industrie, Politik und Forschung.

Entertainer: Unterhaltungskünstler, der Leistungen auf einem bestimmten Gebiet der Unterhaltung (Gesang, Tanz, Schauspiel, Conférence) erbringt. In USA werden E. gezielt ausgebildet.

Entgelt: Geldlicher Gegenwert; in der Kostenrechnung zu zahlender Gegenwert für beschaffte Waren bzw. erbrachte Dienst- oder Arbeitsleistungen oder der Anspruch auf Zahlung eines geldlichen Äquivalents für abgesetzte Güter bzw. erbrachte Dienstleistungen. E. ist auch Oberbegriff für Beschaffungsentgelt (-ausgabe) und Erlös. → Erlös, → Umsatz

Enthaftungserklärung: → Haftungserklärung

Entremetier: In der À-la-carte-Küche ist der E. für warme Beilagen zuständig. → À-la-carte-Küche

EP: 1. European Plan, Code für das Leistungsangebot der internationalen Hotels bei Übernachtung ohne Frühstück o. sonst. Verpflegung.

2. Extended Protection, Haftpflichtzusatzversicherung bei Mietwagen, erhöht die Haftpflichtdeckungssumme für Personen- und Sachschäden.

EPA: Elektronische Platzbuchungsanlage. Über diese Funktion können über Start Zugreservierungen der DB und von deren angeschlossenen europäischen Partnerbahnen für Einzelreisende und Gruppen mit bis zu 36 Personen für Sitzplätze, Schlaf- und Liegewagen vorgenommen werden, innerhalb Deutschlands auch Reservierungen für Autoreisezüge (ARZ), Rail & Road, Park & Rail.

Epcot-Center: 1982 eröffneter Themenpark, Bestandteil der Disney World in Florida, befasst sich mit Technik und Kultur verschiedener Länder. → Freizeitparks, → Themenparks

E-Plus: Mobilfunknetz der E-Plus Service als Tochterunternehmen des Netzbetreibers E-Plus Mobilfunk, erreichbar unter der Vorwahlnummer 0177. → Mobilfunk

ERA: European Regional Airlines Association. Organisation der Regionalfluggesellschaften in Europa, Sitz: Surrey/GB. Mit Stand vom November 2001 vereint die ERA 80 Fluggesellschaften, darunter sind u.a. Eurowings und Deutsche BA sowie über 130 sonstige Mitglieder (Flughäfen, Flugzeug- und Ausrüstungsherstellesowie andere Organisationen). → Regionalluftverkehr

erdgebundene Reisen: E.R. basieren auf der Anreise mit Bahn, Personenwagen und Bus in Abgrenzung zur Luft mit Flugreisen (Linie und Charter) und Wasser mit Hochsee- und Flusskreuzfahrten.

Eremitage: Einsiedelei. Pavillon in den Park- und Gartenanlagen des 18. Jh., auch kleines einsames Schloss, z.B. Eremitage in St. Petersburg; heute Museum und beliebtes Touristenziel.

ERF: Excess Reduction Fee, Reduzierung der Selbstbeteiligung für Schäden am Mietwagen.

Erfa-Gruppe: Kooperationsmodell; Zusammenarbeit von Reiseunternehmen durch regelmäßigen Erfahrungsaustausch zwecks Optimierung der Unternehmensergebnisse. → Kooperation

Erfolg: Im Rechnungswesen die Differenz zwischen Ertrag und Aufwand (Unternehmensergebnis).

Erfüllungsgehilfe: Der Leistungsträger ist im Verhältnis zum Kunden als Erfüllungsgehilfe (§ 278 BGB) des Reiseveranstalters anzusehen, mit der Folge, dass der Reiseveranstalter auch für ein Verschulden (Fahrlässigkeit und Vorsatz) des E. bei der Vertragserfüllung einzustehen hat.; z.T. gilt dies entsprechend auch für den Reisemittler. → Leistungsträger, → Reisemittler, → Reiseveranstalter

Ergänzungsfahrscheine: → Wechselverkehr

Ergänzungsluftverkehr: ADV definiert E. als Luftverkehr mit kleinen Verkehrsflugzeugen zwischen Verkehrsflughäfen auf Relationen, die wegen niedrigen Verkehrsaufkommens mit großen Flugzeugen nicht kostendeckend betrieben werden können. → ADV, → Commuter Airline

Ergänzungsstudium: → Aufbaustudium im Tourismus

Erholung: Wiederherstellung der körperlichen, geistigen und seelischen Leistungsfähigkeit nach vorhergehender Belastung. Sie ist notwendig zur Erhaltung der Gesundheit und kann am Feierabend, Wochenende, im Urlaub oder der Kur erfolgen. Innerhalb der E. unterscheidet man die verschiedenen Phasen in der Reihenfolge Entmüdung, Entspannung, Erholung. Vielfach ist ein Ortswechsel hilfreich, doch können je nach Bedarf schon bestimmte E.-Techniken am Wohnort wie Massagen, Bäder oder Spaziergänge diesem Zweck dienen. Bei Ortswechsel bieten sich als E.-Einrichtungen E.-Heime, Ferienlager, Tageserholungsstätten, Sanatorien und Kurkliniken an. Für Kinder, Jugendliche, Mütter und Senioren gibt es besondere E.-Einrichtungen.

Erholungsheim: Beherbergungsstätte, die nur einem bestimmten Personenkreis zugänglich ist (Vereins- oder Organisationsmitglieder, Betriebsmitglieder und deren Angehörige, von sozialen Einrichtungen Betreute) und in der Speisen und Getränke nur an Hausgäste abgegeben werden. → Sozialtourismus

Erholungsort: → Prädikatisierter Tourismusort

Erlebnis: Psycho-physisches Konstrukt, das einen Beitrag zur Lebensqualität darstellt und erst durch eigene Erfahrungen in der Umwelt entsteht. E.e sind Originalbegegnungen, Aktivitäten, Genüsse, die tiefer gehen als die gängigen Konsumerfahrungen. Sie entstehen durch Einmaligkeiten, Besonderheiten, zusätzliche Werte und die Einbettung in eine besondere Umgebung. → Erlebnisurlaub

Erlebnisgastronomie: Gastronomiekonzept, bei dem eine Symbiose aus Esskultur und Freizeitkonsum geschaffen wird. Dem Konzept zu Grunde liegt ein Konsumentenbedürfnis nicht nur nach Nahrungsaufnahme, sondern auch nach Erfüllung von Sehnsüchten, Zugehörigkeit und Glück. E. ist insbesondere in den USA und in London zu finden.

Erlebnisurlaub: Beim E. sucht der Urlauber seine Erholung weniger in der Entspannung als in der Auseinandersetzung mit ungewohnten körperlichen und geistigen Anforderungen in zumeist fremder Umgebung, im Unterschied dazu: Abenteuerurlaub. → Abenteuerurlaub

Erlös: Entgelt (Gegenwert) der am Markt abgesetzten Güter und erbrachten Dienstleistungen. Gesamterlöse sind die Summe sämtlicher Provisions- und sonstiger Erlöse während einer Rechnungsperiode.

Erlös- und Leistungsrechnung: Begriff aus der Betriebswirtschaft; z.B. für den LH-Konzern erfüllt sie drei Aufgaben:

- Berechnung und Darstellung der Passageerträge für Buchhaltung und Bilanz
- Abwicklung der Interline-Abrechnungen
- Bereitstellung von Mengen- und Ertragsdaten für das Management

ERP-Mittel: European Recovery Program, 1947 von den USA geschaffenes Hilfs- und Aufbauprogramm mit Geschenken und Krediten für die durch den Zweiten Weltkrieg zerstörten europäischen Länder (Westeuropa). Nach seinem Initiator, dem damaligen US-Außenminister G. K. Marshall auch Marshall-Plan genannt. Die bei der Bank deutscher Länder (heute Bundesbank) aufgelaufenen Mittel aus der Kredittilgung der deutschen Wirtschaft wurden 1953 in das Eigentum der Bundesrepublik Deutschland überführt und bilden seither das ERP-Sondervermögen des Bundes. Dieser Kapitalfonds dient heute mit Kreditgewährung durch Vorzugszinsen u.a. zur Förderung der mittelständischen Wirtschaft, zur Exportförderung von Anlagegütern in Entwicklungsländer sowie in jüngerer Zeit zur Umwandlung des DDR-Wirtschaftssystems in Marktwirtschaft und Heranbildung eines gesunden Mittelstandes. Im Tourismus u.a. zum Aufbau von mittelständischen Reiseunternehmen, Errichtung, Erweiterung, Umbau oder Modernisierung von Hotels, Pensionen und Gaststätten sowie Autobahnraststätten; Campingplätzen, Stadtrundfahrtbussen. Förderungsfähig sind auch Gemeinschaftsunternehmen (Joint Ventures). → Mittelstand

Ersatzperson: Kann jemand eine gebuchte Reise nicht antreten, so bietet ihm das Gesetz (§ 651 b BGB) bis zum Reisebeginn die Möglichkeit, dem Veranstalter eine Ersatzperson zu benennen, die statt seiner bereit ist, die Reise anzutreten. Dies kann der Veranstalter nur dann ablehnen, wenn die Ersatzperson den Reiseerfordernissen nicht genügt, z.B. wenn sie bei Jugendreisen die Altersgrenze überschritten hat oder wenn dem behördliche Anordnungen entgegenstehen, wie z.B. fehlendes Visum oder vorgeschriebenes Impfzeugnis.

Erscheinungsbild: → Corporate Identity (CI)

ERSP: Electronic Reservations Service Provider, Code für Lufthansa-Agenturen mit Website-Angeboten und automatisiertem Online-Verkauf. Der ERSP-Code muss gegen Gebühr bei der Iata beantragt werden. Für Buchungen mit diesem Code soll eine geringere Flat Fee gezahlt werden. → Flat Fee

Erstattungsgrenze: Begriff aus der Versicherungsbranche, prozentuale oder summenmäßige Begrenzung der Entschädigung.

ERTMS: European Rail Traffic Management System, Konzeption der europäischen Eisenbahnen zur Verbesserung der drahtlosen Betriebsleittechnik. Auf längere Sicht wird der Mobilfunk, möglicherweise auch die satellitengestützte Kommunikation, zusammen mit neuen Zugsteuerungs- und Sicherungsverfahren (ETCS) herkömmliche Signaltechnik ersetzen. → ETCS

Ertrag: Begriff aus dem Rechnungswesen für Wertzuwachs im Betrieb innerhalb eines bestimmten Zeitraumes, d.h., die von einem Unternehmen für die Produktion von Gütern und Dienstleistungen zugerechneten Einnahmen in einer Periode. Der Betriebsertrag entstammt der betrieblichen Leistungserstellung, andernfalls handelt es sich um den neutralen Ertrag.

ESAE: European Society of Association Executives, Sitz: Genf, europäische Vereinigung der Tagungsveranstalter mit 150 Mitgliedsverbänden. Aufgabe ist die Durchführung von Familiarization Trips in attraktive Kongressstädte, die den Mitgliedern neue mögliche Tagungsplätze bekannt machen sollen. → Familiarization Trip (Fam Trip)

ESM: Elektronische Schreibmaschine für EPA. → EPA

ESP: Emergency Sickness Plan, Reisekrankenversicherung.

Esterel: Nationales elektronisches Vertriebssystem in Frankreich von Air France; Zusammenarbeit mit Amadeus. → Amadeus

ETA: 1. Electronic Travel Authority. 2. Estimated Time of Arrival, voraussichtliche Ankunftszeit eines Fluges. → Electronic Travel Authority

Etagenhausdame: Sie untersteht der Hausdame eines Hotels und ist in größeren Betrieben für eine Hoteletage verantwortlich. Ihr unterstehen die Wäschebeschließerin, die Büglerin, die Näherin sowie die Garderobenfrau und das Zimmermädchen. → Hausdame

Etat: Auch Haushaltsplan oder Budget einer öffentlich rechtlichen Körperschaft (Bund, Länder oder Gemeinden). Dabei werden den geplanten Ausgaben die geplanten Einnahmen eines Haushaltsjahres, gegenübergestellt. Das Haushaltsrecht ist in den Artikeln 109 bis 115 Grundgesetz geregelt.

ETC: European Travel Commission; Zusammenschluss von nationalen Tourismusorganisationen europäischer Länder mit dem Ziel der Tourismusförderung nach Europa (Incoming-Funktion). Deutsches Mitglied ist die Deutsche Zentrale für Tourismus. Neben Marktforschung sowie Marketing-Werbe- und PR-Aktionen im Verbund mit der Industrie gehören auch die Durchführung von Kongressen, Workshops und Travel Marts sowie die Pflege von Kontakten zu anderen Organisationen zu den Aufgaben der ETC. → DZT, → Efta, → EU/EG/EWG, → Incoming-Tourismus

ETCS: European Train Control System, neu entwickeltes Zugsteuerungs- und Sicherungssystem der europäischen Eisenbahnen als übergeordnetes Betriebssystem für grenzüberschreitenden Hochgeschwindigkeitsverkehr im Rahmen des European Rail Traffic Management Systems (ERTMS). → ERTMS

ETD: Estimated Time of Departure, voraussichtliche Abflugzeit bei Flügen.

ETDC: European Travel Data Center → Euromonitor

ETFL: Estonian Association of Travel Agents; Estlands Reisebüroverband mit Sitz in Tallinn. Mitglied beim Ectaa.

ETI: → Europäisches Tourismus Institut GmbH (ETI)

E-Ticket: Elektronisches Ticket. Der Flugkunde erhält seine Bordkarte erst beim Check-in und ist somit vorab nicht im Besitz eines Tickets in Papierform. Die Authentifzierung erfolgt über fälschungssichere Ausweise wie Kreditkarte oder Kundenkarte. Auf der Basis von E-Tickets gibt es derzeit bereits einige City-Card-Projekte sowie Anwendung bei Skipässen und Dauerkarten. → AB-Tix, → Etix, → Ticketloses Fliegen

Etix: Rechtlich geschützte Marke des E-Tickets der Deutschen Lufthansa. Ticketing-Verfahren zur Erstellung von virtuellen Tickets ohne Ausstellung eines Dokuments auf Papier. Die persönlichen Daten werden hierbei elektronisch gespeichert und beim Einchecken aufgerufen. Hierzu wird eine persönliche Identifikation benötigt, z.B. die Mitgliedskarte eines Bonusprogrammes oder eine Kreditkarte. Für elektronische Tickets werden gegenüber herkömmlichen Flugscheinen zeitweise Rabatte gewährt. Elektronische Tickets werden auch für den ÖPNV, für Skipässe sowie bei mehreren Freizeiteinrichtungen genutzt. → ticketloses Fliegen

Etmal: Die von einem Schiff von Mittag eines Ortes bis zum Mittag des nächsten Ortes zurückgelegte Strecke in Seemeilen. Das Erraten des Etmals ist ein beliebtes Wettspiel an Bord.

ETTFA: European Tourism Trade Fairs Association, Zusammenschluss von zehn europäischen Tourismusmessen, Sitz: Brüssel. Mitglieder sind: BIT Mailand, BTL Lissabon, EIBTM Genf, Fitur Madrid, Holiday World Dublin, Holiday World Prag, Reiseliv Oslo, TTW Montreux, TUR Göteborg und WTM London. Ziel ist die Sicherung hochqualitativer Leistungen auf Messen und die Förderung des Messetourismus in Europa durch Kooperation zwischen Mitgliedern (z. B. gemeinsame Werbeaktionen bzw. Öffentlichkeitsarbeit, Standardisierung der Beschilderung in den Hallen oder der Farbkodierung auf Namensschildern für Aussteller, Besucher etc.). → Emeca

EU/EG/EWG: Durch den Schuman-Plan, der zum Grundgedanken hatte, die deutsche Produktion von Kohle und Stahl wegen seiner erheblichen militärischen und wirtschaftlichen Bedeutung unter internationale Kontrolle zu bringen, war der Auftakt zur Gründung der EGKS (Europäische Gemeinschaft für Kohle und Stahl) oder auch Montanunion im Jahre 1951 gemacht.

Im Jahre 1957 entstanden nachfolgend der Vertrag über die Europäische Wirtschaftsgemeinschaft (EWG) und die Europäische Atomgemeinschaft (EAG), die in Rom unterzeichnet wurden (Römische

Welche Airline ist in welchem CRS papierlos buchbar?

Galileo	Sabre	Start Amadeus	Worldspan
Air France	American Airlines	Air France	American Airlines
Alitalia	British Airways	Air Liberté	British Airways
American Airlines	Deutsche BA	Air Litoral	Deutsche BA
Austrian Airlines	Lufthansa	Austrian Airlines	Lufthansa
British Airways	United Airlines	British Airways	United Airlines
Crossair	US Airways	Crossair	US Airways
Deutsche BA		Deutsche BA	
Lauda		Eurowings	
Lufthansa		Lauda	
Swissair		Lufthansa	
TAP		Swissair	
Tyrolean		TAP	
United Airlines		United Airlines	
US Airways		*	
*			

Alle Angaben laut CRS
*Bei Galileo und Start war auch Sabena buchbar, eventuell ist Nachfolge-Airline ebenfalls per E-Ticketing buchbar.

Verträge) und am 1.1.1958 in Kraft traten. Unterzeichner aller drei Gemeinschaften waren Deutschland, Frankreich, Italien und die Benelux-Staaten. 1973 folgten GB, Irland und Dänemark, im Jahre 1981 erfolgte die Süderweiterung durch Griechenland und 1986 um Spanien und Portugal. 1986 wurde auch die Einheitliche Europäische Akte (EEA) verabschiedet. Diese trat 1987 in Kraft und hatte die Verwirklichung eines europäischen Binnenmarktes zum Ziel, der 1993 in Kraft trat.

Die vier Grundfreiheiten sind wesentlicher Bestandteil des Binnenmarktes (freier Warenverkehr, freier Personenverkehr bestehend aus Arbeitnehmerfreizügigkeit und Niederlassungsfreiheit, Dienstleistungsfreiheit und freier Kapitalverkehr). Die Unterzeichnung des Vertrags von Maastricht 1992 (Vertrag über die Europäische Union) stellte eine neue Stufe europäischer Integration dar, die neben der Schaffung der EU und der Umbenennung der EWG in EG die Verwirklichung einer Wirtschafts- und Währungsunion, die Einführung der Unionsbürgerschaft und die Stärkung der Rolle des Europäischen Parlaments durch Einführung des Verfahrens der Mitentscheidung brachte (siehe auch Maastricht-Vertrag).

Die EU als Dach beinhaltet die Säulen der drei Verträge (EG, EGKS, EAG) sowie die Gasp (gemeinsame Außen- und Sicherheitspolitik) sowie die verstärkte Zusammenarbeit in den Bereichen der Außen- und Sicherheitspolitik. 1995 fand die Erweiterung der EU um Schweden, Finnland und Österreich zum Europa der 15 statt. Seit 1995 gibt es eine Freihandelszone mit den drei baltischen Republiken Estland, Lettland, Litauen. Durch den 1999 in Kraft getretenen Vertrag von Amsterdam wurden etwa die Einwanderungs- und Asylpolitik, der freie Personenverkehr von Drittstaatsangehörigen sowie die justizielle Zusammenarbeit in Zivilsachen vergemeinschaftet. Im Bereich Gesundheit und Sicherheit der Arbeitnehmer wurden weitere Kompetenzen auf die EU übertragen (siehe auch Amsterdamer Vertrag). Darüber hinaus wurde das „Prinzip der Flexibilität" eingeführt, das einzelnen Mitgliedstaaten erlaubt, die Zusammenarbeit noch enger zu gestalten.

Im Rahmen der Gespräche um die weitere Erweiterung der EU (Osterweiterung) durch Tschechien, Polen, Ungarn etc. sowie langfristig die Türkei stellte sich die Frage der Handlungsfähigkeit einer EU mit einer Mitgliederzahl von bis zu 30 Mitgliedstaaten. Auf dem Gipfel in Nizza im Dezember 2000 einigten sich die 15 Mitgliedstaaten auf institutionelle Reformen wie die Fragen der Anzahl der Abgeordneten im Europäischen Parlament, die Mitglieder der Kommission und die Stimmgewichtung im Rat. Zurzeit befindet sich der Vertrag in der Phase der Ratifikation. Diese verläuft nicht unproblematisch, so dass Nachbesserungen geplant sind.

Organe der EU sind

- der Rat der Europäischen Gemeinschaft, gebildet aus Regierungsvertretern der Mitgliedsstaaten (Regierungschefs und Ressortminister); maßgebliches Organ für die Gesetzgebung der EG und die Repräsentation nach außen.
- die Kommission; sie besteht aus zurzeit 17 von den Regierungen der Mitgliedsstaaten entsandten weisungsunabhängigen Vertretern (Kommissaren); sie verfügt über Initiativ-, Exekutiv- und Legislativrechte vor allem auf den Gebieten des Wirtschaftsrechtes. Die Kommission vertritt die Interessen der Gemeinschaft v.a. gegenüber den nationalen Regierungen. Für die europäischen Belange des Tourismus war im Rahmen der Kommission die Generaldirektion XXIII zuständig. Ihr obliegen u.a. Koordination und Information der EG-Tourismuspolitik sowie Unternehmenspolitik, Handel und Sozialwirtschaft. Für Tourismusbelange ist seit Juni 1998 das Direktorat D zuständig.
- Das Europäische Parlament (EP), das aus direkt gewählten Abgeordneten der Mitgliedsstaaten besteht, doch bisher gegenüber den vorgenannten EG-Organen nur untergeordnete Legislativ- und Exekutivbefugnisse hat und für diese hauptsächlich beratend tätig wird. Zum EP gehört u.a. der Ausschuss für Verkehr und Tourismus.
- Der Europäische Gerichtshof (EuGH), der für die einheitliche Anwendung, Auslegung und Fortentwicklung des Gemeinschaftsrechts zuständig ist sowie für die Entscheidung von Streitigkeiten über die Rechtmäßigkeit von Handlungen der Mitgliedsstaaten und der Gemeinschaftsorgane.
- Der Rechnungshof, dessen Aufgabe darin besteht, die Ordnungsmäßigkeit und Wirtschaftlichkeit von Einnahmen und Ausgaben der Gemeinschaft zu überprüfen (Finanzkontrolle).

EU-Fahrerlaubnisrecht: Zum 1. Januar 1999 ist in Deutschland das EU-Fahrerlaubnisrecht in Kraft getreten. Damit gelten für KOM folgende Führerscheinklassen:

Klasse D: KOM mit mehr als acht Sitzplätzen außer dem Führersitz; hinter dem Kraftwagen darf ein Anhänger mit einer zulässigen Gesamtmasse von höchstens 750 kg mitgeführt werden.

Klasse D1: KOM mit 8 bis 16 Sitzplätzen außer dem Führersitz; hinter dem Kraftwagen darf ein Anhänger mit einer zulässigen Gesamtmasse von höchstens 750 kg mitgeführt werden.

Klasse D + E: Fahrzeugkombinationen, die aus einem Zugfahrzeug der Klasse D und einem Anhän-

ger mit einer zulässigen Gesamtmasse von mehr als 750 kg bestehen.
Klasse D1 + E: Fahrzeugkombinationen, die aus einem Zugfahrzeug der Klasse D1 und einem Anhänger mit einer zulässigen Gesamtmasse von mehr als 750 kg bestehen, sofern
• die zulässige Gesamtmasse der Kombination 12.000 kg und die zulässige Gesamtmasse des Anhängers die Leermasse des Zugfahrzeugs nicht übersteigen,
• der Anhänger nicht zur Personenbeförderung verwendet wird.
Natürlich setzt der Führerschein für die Klassen D und D1 den Führerschein für die Klasse B (das ist die alte Klasse 3) voraus. Dasselbe gilt für den Anhängerführerschein D + E und D1 + E: Er wird nur ausgestellt, wenn der KOM-Führer bereits den Führerschein D bzw. D1 besitzt.

EU-Richtlinie über Pauschalreisen: Für Reisen, die nach dem 31.10.1994 angetreten werden, ist der Verbraucherschutz durch das Gesetz zur Durchführung der E. weiter verbessert worden. Die gesetzlichen Vorschriften über den Reisevertrag gelten für Pauschalreisen, nicht aber für die reine Vermittlung einer einzelnen Reiseleistung wie Linienflug oder Ferienwohnung. Der Reiseveranstalter haftet für die Gesamtheit aller Reiseleistungen, die er in einem Prospekt anbietet, in eigener Verantwortung. Die sog. Vermittlerklausel, durch die früher Reiseveranstalter die Haftung auf die einzelnen Leistungsträger wie Beförderungsunternehmen oder Hotels abschieben konnten, ist grundsätzlich wirkungslos. → Insolvenzschutzversicherung, → Kundengeldabsicherung, → Sicherungsschein

EU-Tourismusförderung: →Direktorat D für Tourismus

EU-Tourismusstatistik: Wird ab 1997 viermal p. a. mit 25.000 Interviews vom Landesamt für Datenverarbeitung und Statistik in Nordrhein-Westfalen erhoben. Die EU verpflichtet die Bundesregierung, eine Erhebung aller Übernachtungsreisen an das Statistische Amt Eurostat in Luxemburg zu liefern.

Eurail-Fahrplan: Auswahl der besten europ. Städteverbindungen mit der Eisenbahn.

Eurailpass: Preisgünstige Netzkarte für Reisen auf den Bahnstrecken bestimmter Länder, zur Nutzung vieler Omnibuslinien und einiger Schiffahrtslinien Europas. Der E. kann erworben werden von Einzelreisenden und Gruppen von drei bis fünf Personen mit ständigem Wohnsitz außerhalb Europas, Marokkos, Tunesiens, Algeriens, der GUS-Staaten und der Türkei sowie Angehörigen der in Deutschland stationierten Streitkräfte der USA und Kanadas. → Interrail

Eurailspeed: Seit 1992 informiert der Weltkongress Eurailspeed im Dreijahresabstand über die weltweite Entwicklung moderner Bahntechnologie.

Euregio: Europäische Region. Grenzüberschreitender Zusammenschluss auf kommunaler und regionaler Ebene verschiedener europäischer Länder mit möglicher Teilnahme von Privatpersonen und Verbänden zum Abbau von Grenzproblemen und zur Förderung gemeinsamer Interessen, spez. Tourismus. Regionale Entwicklungsprogramme der EU in Form von Strukturfonds unterstützen die wirtschaftliche Entwicklung dieser Grenzregionen, z.B. Euregio Allgäu-Tirol-Vorarlberg.

Eurelios: Buchungssoftware für Firmenkunden der Euro Lloyd Reisebüro.

Euro: Ist der Name der Einheitswährung für die Mitgliedstaaten der EU. Im Juni 1989 legte der Europäische Rat von Madrid im Rahmen der Schaffung einer Wirtschafts- und Währungsunion den Plan zur Einführung einer einheitlichen Währung in drei Stufen vor. Die 1. Stufe begann am 1.1.1990 mit der Verpflichtung der Mitgliedstaaten, sich Konvergenzprogramme vorzulegen. Die 2. Stufe begann am 1.1.1994 und zielte auf die Konvergenz der Wirtschaftspolitiken der Mitgliedstaaten ab. Die dritte Stufe begann am 1.1.1999 und endete zum 31.12.2001 mit der unwiderruflichen Festlegung der Wechselkurse. Unmittelbar anschließend wurde der Euro als gemeinsame Währung eingeführt. Ab August 2001 enthielten die Winterkataloge der Reiseveranstalter 2001/2002 nur noch Preise in Euro. Im Dezember 2001 wurde der E. für den Karlspreis der Stadt Aachen vorgeschlagen. Im Maastrichter Vertrag Art. 111 EGV sind die Konvergenzkriterien, deren Erfüllung zur Teilnahme an der Währungsunion berechtigt, niedergeschrieben: (1) Die Inflationsrate darf nicht mehr als 1,5 Prozentpunkte über dem Mittelwert der drei Mitgliedstaaten mit der geringsten Inflation liegen. (2) Der durchschnittliche langfristige Nominalzinsatz darf um nicht mehr als zwei Prozentpunkte über dem entsprechenden Satz in den drei Mitgliedstaaten mit den niedrigsten Zinssätzen liegen. (3) Die nationalen Haushaltsdefizite dürfen drei Prozent des Bruttosozialprodukts nicht übersteigen. (4) Die öffentliche Verschuldung darf 60% des Bruttosozialprodukts nur übersteigen, wenn die entsprechende Entwicklung rückläufig ist. (5) Ein Mitgliedstaat darf seine Währung in den zwei Jahren vor der Überprüfung der Kriterien nicht abgewertet und die Bandbreite von +/- 2,25% gegenüber den anderen Währungen nicht überschritten haben. 1998 entschieden die Finanzminister der Mitgliedstaaten, welche Länder zur Teilnahme an der Währungsunion berechtigt sind. Der Euro wurde zunächst nur in zwölf Mitgliedstaaten eingeführt. Nicht dazu gehören Dänemark, Großbritannien und Schweden. → EU/EG/EWG, → Maastrichter Vertrag

Eurobolsa: Tourismusmesse nur für europäische Einkäufer, wird seit 1991 durchgeführt, jedes Jahr in einer anderen Stadt Mexikos. → Tianguis Turistico

Eurochambres: Vereinigung europäischer Industrie- und Handelskammern. → DIHT

Eurocontrol/Europäische Flugsicherungsbehörde: 1960 gegründete Organisation, Sitz: Brüssel, von mehreren europ. Staaten geschaffen, um aktuelle Probleme der Flugsicherung zu behandeln und im Luftraum über 7400 m eine von nationalen Beschränkungen unabhängige Verkehrslenkung durchzuführen. In Zukunft soll sie die nationalen auf zwölf Punkte in Europa verteilten Verkehrssteuerungszentralen koordinieren, z.B. Maastricht. Deutsches Mitglied ist die DFS, Deutsche Flugsicherung. Insgesamt 29 Mitglieder (Stand: November 2001). → BFS, → DFS, → Flugsicherung

Euro Disneyland: → Disneyland Paris

Euro-Gütesiegel „Sanfter Tourismus“: → DNR

DIE EURO-KURSE

EUR	1 € =
DEM	1,95583
BEF	40,3399
FIM	5,94573
FRF	6,55957
IEP	0,787564
ITL	1936,27
LUF	40,3399
NLG	2,20371
ATS	13,7603
PTE	200,482
ESP	166,386

Eurokontakt: 1989 auf Initiative der BEJ (Bundesarbeitsgemeinschaft Evangelischer Jugendferiendienste) entstandene Informationszentrale in Zusammenarbeit mit dem Deutschen Büro „Jugend für Europa“. Ihre Aufgabe besteht darin, Gruppen aus ganz Europa den Zugang zu Unterkünften der über 70 gemeinnützigen Träger der Jugend- und Sozialarbeit in Deutschland zu erleichtern. Der Aufbau der Infrastruktur wird aus dem Bundesjugendplan unterstützt.

Eurolines: Zusammenschluss der internationalen Busliniendienste von 14 europäischen Verkehrsunternehmen. Ihr Hauptziel ist es, ein europaweites Verkehrsnetz zu entwickeln. Die Deutsche Touring Gesellschaft ist der Vertreter Deutschlands in der Eurolines-Organisation. E. ist Mitglied der IRU. → Deutsche Touring Gesellschaft mbH, → IRU

Eurolining: → Eurolines

Euromonitor: Der European Travel Monitor erfasst kontinuierlich und länderweise vergleichbar die wichtigsten Reisedaten der Europäer. Dazu wird zweimonatlich in allen europäischen Ländern durch repräsentative Umfragen mit Hilfe einheitlicher Fragebögen die Reisetätigkeit im Hinblick auf Auslandsreisen abgefragt (Basis: computergestützte Telefonbefragung von rd. 400.000 Europäern ab 14 Jahren p. a. in 40 Ländern). Es werden alle Reisen ab einer Übernachtung erfasst. Die Untersuchung erhebt standardmäßig die Zahl der Reisen und Übernachtungen, der Reiseziele, -dauer, -kosten, -organisation, -monat und Verkehrsmittel, daneben detaillierte Daten zu Zielgruppen und Marketingregionen. Das European Travel Intelligence Center, Luxemburg, beauftragt in den einzelnen Ländern jeweils eines der führenden Meinungsforschungsinstitute mit der Durchführung der Untersuchung, die Auswertung der Ergebnisse erfolgt durch das European Travel Data Center. → Deutscher Reisemonitor, → GET-International

Euro Night: (EN) Nachtreisezug unter anderem auf den Strecken Hamburg Altona–Wien, Oostende–Wien und Amsterdam–Wien mit Sitz-, Liege- und Bettplätzen. Diese internationalen Nachtreisezüge fahren in Zukunft ausschließlich mit Wagenmaterial der ausländischen Nachbarbahnen. → Hotelzüge

Europabus (EB): → Eurolines

Europäische Landschaft des Jahres: Seit 1989 erklärt die internationale Präsidentenkonferenz der Naturfreundeverbände jeweils für zwei Jahre eine grenzüberschreitende, ökologisch wertvolle und gefährdete europäische Region zur Landschaft des Jahres. Die Landschaft des Jahres 2001/02 ist „das alte Flandern“ (B, F, NL). Die Naturfreunde wollen mit dieser Auszeichnung das Bewusstsein für den Wert der noch bestehenden Natur- und Kulturlandschaften besonders im Hinterland der Küste fördern und den Prozess der Umorientierung der Region in Richtung einer nachhaltigen Entwicklung für eine bessere Umwelt und Lebensqualität der Bevölkerung unterstützen. Die Region Böhmerwald/Sumava (A, CZ, D) wurde zur Landschaft des Jahres 1999/2000 ausgewählt.

Europäisches Reisebüro ERB: Holding als Nachfolgerin der ehemaligen Reisebüros der DDR-Gruppe, gliederte sich nach der Umwandlung in: Reisewelt (Reisebüro-Kette), Trend-Reisen (Outgoing-Veranstalter) und ERB-Tours (Incoming-Veranstalter). Vorübergehend im Besitz der Treuhandanstalt. Wurde 1992 von ITS übernommen, fungiert heute als deren Reisebüro-Kette Reisewelt-Europäisches Reisebüro.

Europäisches Tourismus Institut GmbH (ETI): An der Universität Trier, grenzüberschreitende Tourismusinitiative des Bundeslandes Rheinland-Pfalz, des Großherzogtums Luxemburg und der deutschsprachigen Gemeinschaft Belgiens in Zusammenarbeit mit der Universität Trier. ETI organisiert u.a. eine Repräsentativbefragung zu Reisebiografien über das langfristige Reiseverhalten der Deutschen. → Reisebiographien

Europa-Flagge: → Blaue Europa-Flagge, → DGU - Deutsche Gesellschaft für Umwelterziehung, → FEEE - Foundation for Environmental Education in Europe

Europakanal: Rhein–Main–Donau-Großschifffahrtsweg, Verbindung zw. Nordsee und Schwarzem Meer, durchgängig befahrbar seit 1994. Umweltpolitischer Problemabschnitt: Altmühltal.

EUROPAN: European Protected Areas Network. → Fönad

Europass: Preisgünstiges, unabhängiges Reisen mit Netzkarte für das gesamte DB-Schienennetz und bis zu vier weiteren europäischen Ländern einschließlich der DFO-Fährstrecken, der Europa-Buslinien „Romantische Straße“ und „Burgenstraße“ und der Tagesfahrten der KD für Personen mit ständigem Wohnsitz außerhalb Europas, der Türkei, der GUS-Staaten, Marokkos, Algeriens und Tunesiens. Der E. wird bei der DB als Incoming-Verkehr geführt.

Europa-Straße: Straßenverbindung (und z.T. Fährverbindung) über mehrere europ. Länder, wobei die örtlichen Autobahnen und Fernstraßen mit einbezogen werden. Die E. dient dem überregionalen Fernverkehr und verfügt über eine gehobene Ausstattung.

European Business School (EBS): Hessische Privathochschule in Oestrich-Winkel/Rheingau. Neben den traditionellen wirtschaftswissenschaftlichen Studiengängen, verbunden mit wechselnden Praktika, bietet EBS seit 1990 Management-Programme auf den Gebieten Touristik-, Hotel- und Luftfahrtmanagement.

European Manager of Tourism (EMT): Seit 1993 gibt es für Spitzenkräfte im Tourismus die Möglichkeit einer Ausbildung über je ein Semester in Frankreich, Spanien, Schottland und Österreich in der jeweiligen Landessprache. Der Ausbildungsschwerpunkt liegt in Frankreich auf einem Praktikum in der Touristik, in Spanien in der Entwicklung und Planung von Tourismusgebieten, in Schottland im Marketing und in Österreich im Hotel- und Restaurantmanagement. Für Österreich ist das ITM – Internationales Institut für Tourismus und Management – mit Sitz in Krems und Semmering zuständig. Weitere Ausbildungsstätten sind in Toulouse, Saragossa und Glasgow.

European-Timetable: Kursbuch der europäischen Bahn- und Schiffsverbindungen, zwölfmal jährlich herausgegeben von Th. Cook Publications. → Kursbuchstelle

European Tourism Management: Internationaler Studiengang, der von vier europäischen Tourismushochschulen in Großbritannien, Frankreich, den Niederlanden und der Bundesrepublik (Fachhochschule Heilbronn) angeboten wird. Um für die erwartete Internationalisierung der Tourismuswirtschaft in den 90er Jahren gerüstet zu sein, werden die Studenten in europäischem Recht, internationalem Marketing, Finanzmanagement, Tourismusplanung und Sprachen unterrichtet. Die einjährigen Kurse schließen mit einem Diplom ab. Zulassungsvoraussetzungen zu diesem Aufbaustudium sind ein abgeschlossenes Hochschulstudium mit wirtschaftswissenschaftlichem Schwerpunkt, berufliche Erfahrung im Tourismus sowie gute Kenntnisse in zwei Fremdsprachen. → Diplom-Betriebswirt BA

Eurosoft: IRS-Produkt der Firma Intours, jetzt Feratel. Installationen befinden sich in Deutschland, Luxemburg, den Niederlanden und Österreich. → Feratel, → IRS

Eurostar: Auch TGV Eurostar, Name des Hochgeschwindigkeitszuges, der seit Inbetriebnahme die Städte London (Waterloo), Paris (Gare du Nord) und Brüssel (Gare de Midi) in 3 Std. 15 Min. verbindet. E. entstand aus einer Kooperation zwischen den französischen (SNCF), den belgischen Eisenbahnen (SNCF und SCNB) und der British Rail über deren gemeinsame Filiale European Passenger Service (EPS). Der Zug besteht aus 18 Wagen (jeweils sechs und zehn Erste- und Zweite-Klasse-Wagen sowie zwei mit Bar ausgestatteten Wagen) und bietet insgesamt 794 Sitzplätze. Die Passagiere werden ähnlich wie Fluggäste behandelt (Pflichtreservierung, Gepäck-Einchecken, Einsteigen 30 Min. vor der Abfahrt, Sicherheitskontrollen beim Einchecken etc.). → Eurotunnel, → Le Shuttle

Euro-Start: Technische Plattform im Touristikbereich von Qivive. Mit Hilfe dieser Software lassen sich Übernachtungsangebote, touristische Zusatzleistungen und Pauschalen einpflegen, die dann auf dem elektronischen Marktplatz von Qivive präsentiert werden können. → Qivive

Eurotop: Informations- und Reservierungssystem für touristische Leistungen auf Basis digitaler Datenkommunikation; ISDN-Service für den Reisemarkt in Frankreich, Großbritannien und der Bundesrepublik Deutschland. Betreiber des gemeinsamen Projekts in Europa ist Eucom. → ISDN

Eurotrain: 1. Projekt eines europäischen Hochgeschwindigkeitszuges der Deutschen Bahn und der französischen SNCF.
2. Touristikzug des gleichnamigen fränkischen Bahnreiseveranstalters.

Eurotunnel: Verkehrsverbindung zwischen England (Großbritannien) und dem europäischen Festland mit zwei je 50 km langen Tunnelröhren, wobei 37 km unter Wasser liegen. Dieser Tunnel unter dem Ärmelkanal zwischen Folkestone (Dover) und Sangatte (Calais) dient als Eisenbahntunnel mit je 7,3 m Durchmesser für Huckepack- und Hochgeschwindigkeitszüge (die Fahrzeit zwischen London und Paris wird auf drei Stunden reduziert, die zwischen Brüssel und London auf 3 Std. 15 Min.). Eine dritte Tunnelröhre dazwischen mit einem Durchmesser von 4,5 m dient als Lüftungs- und Wartungstunnel. E. wurde am 6.5.1993 eingeweiht, die Inbetriebnahme erfolgte 1994. Neben dem TGV Eurostar, der ausschließlich Passagiere auf den Hochgeschwindigkeitsstrecken London–Paris–Brüssel befördert, übernimmt der Zug Le Shuttle den Pendelverkehr zwischen beiden Ufern sowohl für Passagiere als auch für Fahrzeuge und Fracht. → Eurostar, → Le Shuttle

Euro-Währungsvorteile: Gewinner Tourismus. Nach Erhebungen der Bayerischen Landesbank profitiert der Tourismus insbesondere von der Einführung des Euro, nachdem er naturgemäß stark mit dem Ausland verflochten ist. Von der Einführung der gemeinsamen europäischen Währung auf die Touristikbranche ausgehende Effekte sind demnach:

1. Die bisher bei den Reiseveranstaltern entstehenden Fremdwährungskosten entfallen. Auf bis zu 5% der Reisekosten werden die Aufwendungen für Wechselkurs- und Zinsrisiken sowie Wechsel- und Überweisungsspesen geschätzt. EU-weit ergibt sich so ein jährliches Einsparvolumen von rund vier Mrd. Euro. Diese Kosten entstehen bisher hauptsächlich dadurch, dass die Touristikunternehmen ihre Reisekapazitäten bereits 1 bis 1 1/2 Jahre im Voraus buchen und die Währungen absichern müssen.

2. Die europäischen Touristen sparen die bisher beim Devisentausch anfallenden Gebühren und Differenzen zwischen An- und Verkaufskursen der benötigten Devisen ein. Das Einsparpotenzial dürfte schätzungsweise bis zu 1,5 Mrd. Euro pro Jahr erreichen. Diese Entlastung der Reisekasse dürfte zum Großteil reinvestiert werden in Form von längeren oder teureren Reisen, verbunden mit zusätzlichen Umsätzen der Reisebranche.

3. Ein großer einheitlicher Währungsraum wird für Reisende aus Nicht-EU-Ländern attraktiver. Gerade die fernreisenden Europa-Touristen aus anderen Kontinenten besuchen meist mehrere Länder pro Urlaub und profitieren dabei von den künftig entfallenden Unannehmlichkeiten des Devisenumtausches.

4. Die Euro-Zone dürfte zusätzliche Investoren aus dem Nicht-EU-Raum anlocken, da sie sich zur weltweit führenden Tourismusregion entwickeln wird. Empfängt doch Euroland von außerhalb schon heute jährlich rund 90 Mll. Besucher und damit fast doppelt so viele Gäste wie die USA.

Profitieren wird letztendlich der Urlauber, weil dank der verbesserten Preistransparenz und dem dadurch verstärkten Anbieterwettbewerb in der Reisebranche die Einsparungen weitgehend an diesen weitergegeben werden.

Euto: European Union of Tourist Officers, Sitz: Genf, europäischer Dachverband der nationalen Berufsverbände der Kur- und Tourismusfachleute. Mitglieder sind automatisch auch alle Mitglieder des VDKF. Hauptanliegen des Verbandes sind Zusammenarbeit und fachlicher Gedankenaustausch. Euto ist kein Wirtschaftsverband. → VDKF

EVA: Elektronisches Fahrplan- und Verkehrsauskunftssystem der DB. Gespeichert sind alle Zugauskünfte aus dem Kursbuch der DB sowie der Bahnen Österreichs, Luxemburgs und der Niederlande. Auf Wunsch erhält der Reisende einen Ausdruck eines Reiseplans. → Delfi, → EVA-Plus

EVA-Plus: Erweiterung der elektronischen Fahrplan- und Verkehrsauskunft durch die Integration des gesamten deutschen ÖPNV. → Delfi, → EVA

Evangelischer Arbeitskreis Freizeit-Erholung-Tourismus: FET in der Evangelischen Kirche in Deutschland (EKD), Sitz: Hannover, wurde 1960 von der Synode der EKD eingesetzt. Ziel ist die Qualifizierung und Koordinierung der kirchlichen Arbeit auf dem Gebiet von Freizeit und Tourismus (Analyse der Entwicklung in der Freizeitforschung, Öffentlichkeitsarbeit etc.). Mitglieder sind acht landeskirchliche Einrichtungensowie 17 kirchliche Werke, Verbände und Institutionen, die im Bereich Tourismus und Freizeit aktiv sind.

Eventim: CTS Eventim, Vermarktungsfirma für Vertrieb von Eintrittskarten für Konzert-, Theater-, und Sportveranstaltungen; Buchungstool integriert in Merlin.X. → Merlin.X

Event-Marketing: Setzt einen Leistungsanbieter oder ein Produkt durch besonders öffentlichkeitswirksame Anlässe in Szene. Zu diesen Anlässen kommen verschiedene Kommunikationsinstrumente zum Einsatz. Einige Reisebüros führen für das breite Publikum z.B. Kindertage mit Animateuren durch bzw. veranstalten exotische Musikabende oder Lesungen. Reiseveranstalter organisieren bevorzugt für Expedienten kreative Aktionen und Veranstaltungen.

Event-Tourismus: Zeitlich gezielt auf ein Ereignis hin veranlasste Reisen wie Teilnahme an Kunst-, Musik- und Sportveranstaltungen.

Evergreen Air Center: Einer der größten Flugzeugparkplätze der Welt in der Wüste Arizonas. Auf diesem gesicherten Firmengelände können bei idealen klimatischen Bedingungen Fluggesellschaften ihre nicht mehr benötigten Maschinen parken.

EVI: Europäisches Verkehrsinstitut der Techn. Universität Dresden. Forschung und Beratung auf den Gebieten Verkehr, Telekommunikation, Freizeit und Tourismus.

EVO: Die Eisenbahnverkehrsordnung von 1938 enthält die grundlegenden Bestimmungen der Personenbeförderung für alle Eisenbahnen. → AEG, → Beförderungsvertrag

Evoya: Internetbasiertes Reisebüro-Portal von Sabre mit umfassenden CRS-Funktionalitäten sowie E-Commerce-Produkten.

EWG-Kontrollpapier: Nach der EWG-VO Nr. 684/92 ist beim Pendelverkehr mit Unterbringung, Kabotageverkehr und beim Gelegenheitsverkehr ein Kontrollpapier mitzuführen. Es besteht aus einem Fahrtenblatt und einer Sammlung der Übersetzungen des Fahrtenblatts ähnlich dem Asor-Kontrolldokument.

EWR: Europäischer Wirtschaftsraum. Durch Integration der EU-Staaten und der Rest-Efta-Staaten (außer Schweiz) am 1.1.1994 in Kraft getreten; damit Schaffung des größten gemeinsamen Marktes der Welt. Ziel ist eine größtmögliche Freizügigkeit im Austausch von Waren, Dienstleistungen, Personen und Kapital. Der Plan zum EWR geht auf die erste gemeinsame Ministerkonferenz der damaligen EG und der Efta von 1984 in Luxemburg zurück. → Efta, → EU/EG/EWG

EWS: Europäisches Währungssystem, das EWS war ein System fester, aber anpassungsfähiger Wechselkurse. Es wurde 1979 in Kraft gesetzt. Seine Regeln waren in einem Abkommen zwischen den am System beteiligten EG-Notenbanken festgelegt worden. Ziel des EWS war es, in der Gemeinschaft eine Zone monetärer Stabilität zu schaffen. Zwischen den Teilnehmerwährungen waren Leitkurse festgelegt, von denen die Wechselkurse nur um einen bestimmten Prozentsatz nach oben oder nach unten abweichen dürfen. Bei Erreichen der Schwankungsmargen waren die Zentralbanken zur Kursstützung verpflichtet. Ende 1996 nahmen bis auf Griechenland, Großbritannien und Schweden alle Unionsmitglieder am Wechselkursmechanismus teil. Mit Beginn der WWU ist ein reformiertes EWS in Kraft getreten, das sog. EWS II, bei dem der Euro Bindeglied des Systems ist. → WWU Wirtschafts- und Währungsunion, → Euro, → ECU

Excess Baggage: → Gepäckbeförderung (Reisegepäck), → Übergepäck

Exclusive Class: → GBK, → Klassifizierung der Reisebusse, → Luxus-Class

Excos: Extra Courtesy, bedeutet im Luftverkehr ein bes. Entgegenkommen gegenüber bestimmten Personenkreisen, wie z.B. Müttern mit Kleinkindern, Behinderten und Kranken.

Excursion Tarif: Internationaler Sondertarif im Iata-Tarifwesen, wird meistens mit folgenden Einschränkungen angeboten: Maximalaufenthalt zwei, drei oder sechs Monate, Mindestaufenthalt von sechs Nächten im Zielgebiet. Der Flug kann jederzeit kostenlos umgebucht oder umgeschrieben werden.

Executive Club: Bonusprogramm von British Airways, Deutsche BA wie auch Mitglieder von Oneworld. → Bonusprogramm, → Frequent Flyers/Travellers, → Oneworld

Existenzaufbauberatung: Allgemeine Beratung innerhalb von zwei Jahren nach Existenzgründung. Diese Existenzgründungshilfe, die nach der Gründung eines Reiseunternehmens einsetzt, soll sich mit wirtschaftlichen, organisatorischen und technischen Problemen der Unternehmensführung befassen und dazu beitragen, Schwierigkeiten in der Anlaufphase der Selbstständigkeit zu beseitigen.

Existenzgründungsberatung: Existenzgründungshilfe durch Verbände, IHK und Unternehmensberatungsbüros bei Neugründung, Betriebsübernahme oder tätiger Beteiligung an einem bestehenden Unternehmen. Die Beratung vor der Gründung eines Reiseunternehmens soll vor allem klären, ob und in welcher Weise die Pläne in wirtschaftlicher und technischer Hinsicht tragfähig sind. Der Beratungsbericht erleichtert den Zugang zu Krediten und Finanzierungshilfen.

Expedia: Virtuelles Internet-Reisebüro aus den USA. → Travelocity

Expedient: Bezeichnung für eine Fachkraft im Reisebüro, zuständig für die technisch-organisatorische Reisevorbereitung, wie Buchung, Verkauf von Fahrausweisen u.ä. → Kaufmann/-frau für Reiseverkehr und Touristik, → Reiseberater

Expedientenkarten: Servicekarten von Reiseveranstaltern und Leistungsträgern. Vertriebsbindungsinstrument mit z.T. erheblichen Vergünstigungen für Reisebüromitarbeiter.

Expeditionskreuzfahrten: → Expeditionstourismus

Expeditionstourismus: Tourismus, der in Anlehnung an Forschungsreisen in wenig erforschte Zielgebiete führt. Es handelt sich dabei meist um kleinere Reisegruppen, die, durch Vorträge und Informationsschriften vorbereitet, unter kundiger wissenschaftlicher Leitung auf Expeditionsreise gehen. Kritiker werfen dem E. vor, dem Ausverkauf bedrohter, schutzloser Völker Vorschub zu leisten. Expeditionskreuzfahrten führen mit spez. zu diesem Zweck gebauten oder umgerüsteten Schiffen (z.B. Eisbrechern) in Zielgebiete mit extremen Klimabedingungen, z.B. Nord-West-Passage oder zu den Polen.

Experts: Informations- und Motivationsprogramm der Lufthansa zur schnelleren Kommunikation mit den Reisebüros. Das Konzept konzentriert sich auf folgende Themenbereiche: Info: mit gezielten Informationen über Lufthansa, z.B. Geschäftsreiseangebote; Success: Informationen über berufliche und private Weiterbildungsmöglichkeiten durch Seminare und Workshops; Experience: Erfahrungsaustausch für die tägliche Arbeit, z.B. spezielle Flugangebote oder Peps; Fun: bietet u.a. Einkaufsmöglichkeiten im sog. Experts Shop.

Expo: Universal Exposition. → Weltausstellung

Export: Beschreibt die Ausfuhr von Gütern und Dienstleistungen eines Landes. → Import

Expressreservierung: Last-Minute-Reservierung bei der DB bis unmittelbar vor Abfahrt des Zuges. Die Plätze dafür sind besonders gekennzeichnet.

Expresszug: Projekt der DB, auf Strecken bis 300 km schnelle Nahverkehrsverbindungen zu schaffen. E. sollen zukünftig IR-Züge ersetzen.

externe Effekte: Entstehen bei der Produktion oder beim Konsum von Gütern und haben positive oder negative Auswirkungen bei unbeteiligten Dritten. Als Beispiel entsteht durch den Tagestourismus ein hohes Verkehrsaufkommen, welches negative Auswirkungen auf die Wohnqualität der Einheimischen hat.

externe Werbung: → innere Werbung

EZB: Europäische Zentralbank. Die E. führt seit 1999 die Geldpolitik der Eurozone alleinverpflichtet der Geldwertstabilität und unabhängig von Weisungen der Mitgliedsstaaten. Sitz der E. ist Frankfurt am Main. → Euro, → Maastrichter Vertrag

TRAVEL talk
Das junge Wochenmagazin für Reiseverkäufer
www.traveltalk.de
TravelTalk GmbH · Postfach 70 13 11 · 22013 Hamburg
Tel. 040/41 448-170 · Fax 040/41 448-179

F

F: in der Luftfahrt neben P und A Abkürzung für Erste Klasse. → First Class

F II: F Two, Free Ticket, Freiflugschein für Agenten (mit Status „Seats Available") bei Chartergesellschaften, das Ticket ist mit zwei parallel gezogenen Linien gekennzeichnet.

FAA: 1. DB-Fahrkartenverkauf aus Automaten für den Nahverkehr. 2. Federal Aviation Administration, Luftfahrtbundesamt der USA mit Sitz in Washington. → ÖPNV

Fachagentur für Seereisen: Gütesiegel für qualifizierte Reisebüros für den Verkauf von Schiffsreisen, unter Führung des Gerd Achilles Verlags, Hamburg (nach Auflösung des SPKD). Ursprüngliche Leitlinien zur Erlangung dieses Gütesiegels waren:
1. Das Reisebüro befasst sich überwiegend mit dem Verkauf von Reisen und den hiermit zusammenhängenden Dienstleistungen.
- Es ist für das allgemeine Publikum zugänglich.
- Es ist zu normalen Geschäftszeiten geöffnet.
- Es ist mit Beratungsplätzen ausgestattet.

2. Das Reisebüro beschäftigt mindestens zwei Fachkräfte, die über eine abgeschlossene Ausbildung als Reiseverkehrskaufmann/-frau oder eine dreijährige Tätigkeit im Reisebüro verfügen. Es muss der Nachweis erbracht werden, an Studienreisen auf Schiffen oder an seetouristischen Seminaren teilgenommen zu haben.
3. Es sind moderne, technische Einrichtungen vorhanden, z. B. Telefax, Start, Video.
- Das Reisebüro ist bereit, für Seereisen zu werben.
- Es hat Vertretungen von namhaften Veranstaltern und/oder Verkehrsträgern.
- Es ist andernfalls bereit, dem beratenden Notar einen Bonitätsnachweis vorzulegen.
- Es akzeptiert, dass die Berechtigung, den Namen „Fachagentur für Seereisen" zu führen, einer Überprüfung unterliegt.

Durch die Vergabe wird die Kompetenz für Seereisen bestätigt. Der Jahresbeitrag dient zur Mitfinanzierung gemeinsamer Werbung und Verkaufsförderungsaktionen für Kreuzfahrten und Fährschiffsreisen.
→ Seetouristik, → SPKD

Fachhochschulen: Bilden zusammen mit den Universitäten, Kunsthochschulen und anderen Fachhochschulen den Hochschulbereich. Es ist die besondere Aufgabe der Fachhochschulen, durch anwendungsbezogene Lehre eine Bildung zu vermitteln, die zu selbstständiger Anwendung wissenschaftlicher Methoden und künstlerischer Tätigkeiten in der Berufspraxis befähigt. Daneben werden an Fachhochschulen anwendungsbezogene Entwicklungsaufträge durchgeführt und wird der Wissenstransfer gefördert. → Diplom-Betriebswirt (FH), → Diplom-Kaufmann (FH)

Fachhochschulstudium des Tourismus: Voraussetzung für ein Studium an der FH ist mindestens die Fachhochschulreife. Häufig werden einschlägige Praxiserfahrungen bzw. ein Vorpraktikum vorausgesetzt. Oft bestehen auch Zulassungsbeschränkungen (NC). Der Praxisbezug steht beim F. im Vordergrund. Durch Austauschprogramme der Hochschulen können Studien- und/oder Praxiserfahrungen im Ausland gesammelt werden. Seit Beginn der 90er Jahre hat sich die Anzahl der tourismusorientierten Studiengänge in Deutschland stark ausgeweitet (vgl. Tabelle). → Fernlehrangebote im Tourismus

Fachkraft für Veranstaltungstechnik: → Berufsausbildung im Hotel- und Gaststättengewerbe

Fachkraft im Fremdenverkehrsamt: Nach den im EU-Berufsprofil beschriebenen beruflichen Anforderungen sind ihre Haupttätigkeitsbereiche der Empfang und die Information von Touristen auf lokaler bzw. regionaler Ebene sowie die Beratung über angebotene touristische Leistungen. Sie wirkt beim Aufbau von kulturellen Veranstaltungen und Freizeitprogrammen, beim Erstellen/Aktualisieren von Prospekten und Hotelverzeichnissen sowie ggfs. bei der Vermittlung/Buchung von touristischen Angeboten mit. Voraussetzung für die Berufsausübung ist die Beherrschung der üblichen Kommunikationsmittel inklusive EDV-Geräte sowie mindestens einer Fremdsprache. → Sedoc

Fachkraft im Gastgewerbe: Für den Lehrbeginn in dem anerkannten Ausbildungsberuf ist grundsätzlich keine bestimmte Vorbildung vorgeschrieben. Die Ausbildungsdauer beträgt zwei Jahre. Schwerpunkte der Ausbildung sind Service, Etage, Küche, Magazin und Empfang. Fachkräfte im Gastgewerbe arbeiten in unterschiedlichen Einsatzbereichen der Hotels, Restaurants, Motels, Gaststätten, Cafés, Bars, Discotheken sowie Kasinos, Mensen oder Verpflegungsdienstleistungsunternehmen (Party-Service). Berufliche Aufstiegschancen zum/zur Restaurant-, Hotel-, Systemgastronomiefachmann/-frau oder Hotelkaufmann/-frau bestehen nach einem weiteren Ausbildungsjahr. → Berufsausbildung im Hotel- und Gaststättengewerbe

Fachkraft im Hotel- und Gaststättengewerbe: Bbei der Ausbildung zur Fachkraft im Hotel- und Gaststättengewerbe handelt es sich meist um eine be-

Fachhochschulstudiengänge des Tourismus bzw. FH mit tourismusorientierten Schwerpunkten

Fachhochschule (FH)	Studiengänge (Abschlüsse)	Studienschwerpunkte	Regelstudienzeit	Spezielle Zulassungsvoraussetzungen, Besonderheiten
Internationale FH Bad Honnef	Tourismusmanagement, Hospitality Management,		8 Semester inklusive 2 Praxissemester und 1 Auslandsstudienjahr	Vorpraktikum 6 Wochen
	Luftverkehrsmanagement (BA-Diplom)		3 Jahre inkl. 2 Praxissemester	Vorpraktikum, Aufnahmeprüfung und Englischtest
FH Braunschweig/ Wolfenbüttel	Touristikmanagement (Dipl.-Kfm./ Kff.(FH))	Tourismus	8 Semester inkl. 2 Praxissemester	Nachweis: 26 Wochen Praktikum
FH Bremen	Angewandte Freizeitwissenschaft (Dipl.-Freizeitkonsulent (FH))	Tourismus	8 Semester inklusive 1 Auslandssemester	internationaler Studiengang, zwei dreimonatige Praktika
	Tourismusmanagement (Dipl.-Kfm./ Kff. (FH))	Tourismus	8 Semester inklusive 2 Auslandssemester	internationaler Studiengang, 12 Wochen Vorpraktikum
FH Deggendorf	Betriebswirtschaftslehre (Dipl.-Betriebswirt/in (FH))	Tourismusmanagement, Technische Betriebswirtschaft, Dienstleistungsmanagement u, a.	8 Semester inklusive 2 Praxissemester	
Internat. School of Management, Dortmund	Touristik- und Hotelmanagement (Dipl.-Betriebswirt/in (FH))	Touristische Wahlplichtfächer	8 Semester inklusive 2 Auslandssemester	
FH Gelsenkirchen, Standort Bocholt	Betriebswirtschaftslehre (Dipl.-Betriebswirt/in (FH))	Tourismus	8 Semester inkl. 2 Praxissem. und 1 Prüfungssemester	
Private FH Göttingen	Betriebswirtschaftslehre (Dipl.-Kfm./ Kff. (FH))	Internationales Marketing, Tourism and Travel Management u.a.	8 Semester	60 Wochen studienintegrierte Praktika, Existenzgründungsprogramm
FH Westküste (Heide)	Betriebswirtschaftslehre (Dipl.-Betriebswirt/in (FH))	zwei Schwerpunkte im Hauptstudium: 1. Tourismus 2. Marketing	8 Semester inklusive 1 Praxissemester und 1 Prüfungssemester	13 wöch. Grundpraktikum, Komb. Studium u. Lehre möglich (Bankkauffrau/mann)
FH Heilbronn	Tourismusbetriebswirtsch. (Dipl.-Betriebswirt/in (FH))	Reisewirtschaft, Hotelwirtschaft, Fremdenverkehrswirtschaft	8 Semester inklusive 2 Praxissemester	
	Betriebswirtschaftslehre (Dipl.-Betriebswirt/in (FH))	Kultur- und Freizeitmanagement, Marketing, Controlling, Sponsoring u.a.	8 Semester inklusive 2 Praxissemester	

Fachhochschulstudiengänge des Tourismus bzw. FH mit tourismusorientierten Schwerpunkten

Wirtschafts-FH für Tourismus am Berufskolleg Eifel (Kall)	(staatl. gepr. Betriebswirt für Tourismus)		4 Semester inkl. 10 Wochen Praktikum, danach 2 Semester Berufspraxis	
FH Kempten	Tourismus (Dipl.-Betriebswirt/in (FH))	Touristik, Hotellerie und Gastronomie	8 Semester inklusive 2 Praxissemester	mind. 6-wö. Vorpraxis, Auslandsaufenthalt im Stud.
AKAD-FH Lahr und Rendsburg (Dipl.-Betriebswirt/in (FH))	Betriebswirtschaft	Touristik	3 Jahre	für Berufstätige; Fernstudium mit Präsenzveranstaltungen, Studiengebühren, Studienbeg. jederz. mögl.
FH München	Tourismus (Dipl.-Betriebswirt/in (FH))	Touristik, Hotel- und Restaurantadministration	8 Semester inklusive 2 Praxissemester	Lehre oder 6-wö. Vorpraktikum, Auslandssem. mögl.
FH Schmalkalden	Betriebswirtschaftslehre (Dipl.-Betriebswirt/in (FH))	Tourismus	8 Semester inklusive 1 Praxissemester	
FH Stralsund	Leisure and Tourismus (B.B.A.)		8 Semester inkusive 1 Praxissemester	intern. Studiengang, Auslandssemester möglich
FH Harz, Wernigerode	Tourismuswirtschaft (Dipl.-Kfm/ Kff. (FH))	Touristikmanagement, Hotel- und Kongressmanagement, Destinationsmanagement u.a.	8 Semester inkusive 2 Praxissemester	
	International Tourism Studies (deutsch-englisch) (Dipl.-Kfm/ Kff. (FH))	s.o.	8 Semester inklusive 1 Auslandspraktikum und 2 Auslandssemester	
	Etudes Int. de Tourisme (deutsch-französisch) (Dipl.-Kfm/ Kff. (FH) u. Diplom der frz. HS Maitrise)	s.o.	8 Semester inklusive 2 Praxissemester und 2 Theoriesem. in Frankreich	
FH Wilhelmshaven	Tourismuswirtschaft (Dipl.-Kfm/ Kff. (FH))	Kommunaler Fremdenverkehr Hotellerie und Gastronomie, Reiseverkehrswirtschaft u.a.	8 Semester inklusive 2 Praxissemester	
FH Worms	Verkehrswesen/Touristik (Dipl.-Betriebswirt/in (FH))	Touristische Seminare im Hauptstudium, u.a. Reiseveranstalter, Hotellerie, Kongress- und Messewesen	8 Semester inklusive 1 Praxissemester	12 Monate Praktikum oder kfm. Ausbildung
Hochschule für Technik, Wirtschaft und Sozialwesen Zittau/Görlitz	Tourismus (M.A., B.B.A.)	Tourismuswirtschaft, Gastmanagement, Kulturmanagement, Freizeitwissenschaft	8 Semester inklusive 1 Praxissemester	Sprachausbildung in Polnisch und Tschechisch
FH der Wirtschaft Paderborn; Abt. Bergisch-Gladbach	Betriebswirtschaftslehre (Dipl.-Betriebswirt/in (FH))	Touristik	8 Semester	

rufliche Fortbildung im Anschluss an einen Ausbildungsberuf. Die Zugangsvoraussetzungen sind in der Regel eine abgeschlossene Ausbildung in einem der gastgewerblichen Berufe und ein Jahr entsprechende qualifizierte Tätigkeit oder vier Jahre qualifizierte Tätigkeit im Gastgewerbe ohne Berufsausbildung. Die Dauer der Ausbildung ist je nach Veranstalter unterschiedlich und außerdem abhängig von der Durchführung von Praktika. Sie variiert bei Vollzeitunterricht von einem halben bis zu einem Jahr, in Teilzeitform entsprechend länger.

Fachkundenachweis: Im Gegensatz zu anderen europäischen Ländern gibt es in Deutschland keine Berufszulassungsregelung für die Ausübung des Reisebüro- bzw. Reiseveranstaltergewerbes (d. h. bei Gründung eines Reiseunternehmens wird kein Studiennachweis oder Mindestgrad an Erfahrung in der Branche verlangt). Auf Grund der für die Führung eines solchen Unternehmens benötigten Fachkompetenz fordert der DRV eine minimale Fachkunderegelung z. B. in Form eines sog. Fachkundenachweises. Dieser würde dann als Voraussetzung für die Erteilung einer Gewerbeerlaubnis gelten. → Gewerbeanmeldung/Gewerbeordnung

Fachmann/-frau für Systemgastronomie: Für den Lehrbeginn in dem anerkannten Ausbildungsberuf

Touristische Fachpresse

Air Transport World
The Magazin of World Airline Management
Darmstadt, monatlich

ASR Aktuell
Mitgliederzeitung des ASR Bundesverband mittelständischer Reiseunternehmen
Frankfurt/M., alle 6 Wochen

Bus Aktuell
München, monatl. im Wechsel mit Omnibusrevue

Bus Blickpunkt
Bensheim, 12mal jährlich

Busplaner International
Fachzeitschrift für Busunternehmer und Reiseveranstalter, München, 10mal jährlich

Busplaner Tourist
Das Magazin für Reisen mit dem Bus, Staufen. 4mal jährlich

CIM Conference & Incentive Management
Darmstadt, 6mal jährlich

Events
Frankfurt, 4mal jährlich

FVW International
Fachzeitschrift für Touristik und Geschäftsreiseverkehr, Hamburg, 32mal jährlich

Geschäftsreisemarkt
Business Travel Management
News & Traveldepot, Frankfurt/M, 10mal jährlich

Gruppenreisen
Swisttal, 10mal jährlich

Heilbad und Kurort
Zeitschrift des Deutschen Heilbäderverbandes
Hamm, 1mal jährlich

Hotels und Tagungsstätten in Deutschland
Tagung-Schulung-Präsentation-Konferenz
Hamm, 1mal jährlich

Incentive Congress Journal
Hofheim/Taunus, 4mal jährlich

Incentives & Events
Hamm, 1mal jährlich

Omnibusrevue
In Kombination mit Bus aktuell, München, monatlich im Wechsel mit Bus Aktuell

RB Marketing
München, bis zu 4mal im Monat

Reisebüro Bulletin
Darmstadt, wöchentlich

Tourismus Journal
Zeitschrift für tourismuswissenschaftliche Forschung und Praxis, Lüneburg, vierteljährlich

TM Touristik Management
Darmstadt, monatlich

Touristik Aktuell
Wiesbaden, 51mal im Jahr

Touristik Report
Offenbach, 28mal im Jahr

Travel Talk
Das junge Wochenmagazin für Reiseverkäufer
Hamburg, wöchentlich

Travel Tribune
Frankfurt/M., wöchentlich

TW Tagungs-Wirtschaft/Convention Industry
Frankfurt/M., 7mal im Jahr

ist grundsätzlich keine bestimmte Vorbildung vorgeschrieben. Die dreijährige Ausbildung zielt vorrangig auf eine Tätigkeit in Gaststätten von Restaurantketten mit dem Ziel der Umsetzung eines standardisierten, zentral gesteuerten Gastronomiekonzepts. Fachleute für Systemgastronomie präsentieren und verkaufen Produkte, stellen die Einhaltung von Qualitätsstandards sicher, organisieren Arbeitsabläufe, planen den Personaleinsatz und bearbeiten Personalvorgänge. Außerdem befassen sie sich mit Kostenkontrollen, betrieblichen Kennzahlen, Marketingmaßnahmen und betreuen und beraten Gäste. → Berufsausbildung im Hotel- und Gaststättengewerbe

Fachmesse: Orientiert sich als thematisch gewichtete Absatzveranstaltung hauptsächlich am Fachbesucher, im Unterschied zur fachlich nicht gegliederten Universalmesse. → Messetourismus

Fachpresse: In Deutschland gibt es eine breite Palette touristischer Fachzeitschriften mit unterschiedlicher Zielgruppenorientierung (s. Tabelle Seite 112).

Fachschule für Touristik: Sitz: Rodalben/Rheinland-Pfalz, bietet berufsbegleitende Weiterbildung in dreijährigem Teilzeitunterricht mit Abschluss „Staatlich geprüfter Betriebswirt für Touristik". Weitere F. n befinden sich in Gerolstein bei Daun, Erfurt, Cochem, Lübeck und Weilburg.

Fachsortiment: Tiefes, umfassendes Sortiment eines Handelsbetriebs, der sein Angebot überwiegend auf ein Fachgebiet konzentriert. → Sortiment, → Sortimentsgestaltung/-politik

Fachstudienreisen: Studienreisen mit fachlichem Schwerpunkt unterschiedlicher Berufsgruppen. In der Reisebranche unentgeltliche oder verbilligte Informationsreisen für Mitarbeiter von Reisebüros und Reiseveranstaltern, die der beruflichen Fortbildung dienen und überwiegend betriebliches Interesse des Arbeitgebers voraussetzen. Soll eine F. steuerlich nicht als geldwerter Vorteil gewertet werden, müssen strenge Voraussetzungen erfüllt sein bis zur Teilnahmebestätigung als Nachweispflicht. → Dienstreisen, → Informationsreise

Fachwirt/in für die Messe-, Tagungs- und Kongresswirtschaft: Der Weiterbildungslehrgang ist durch das Bildungszentrum der IHK Potsdam entwickelt worden und wird von verschiedenen Bildungsträgern angeboten. Der F. arbeitet als Führungskraft im Veranstaltungsmanagement bzw. in der Planung, Organisation und Durchführung von Messen, Tagungen und Kongressen. → Fortbildungsangebote im Tourismus, → IHK

Fachwirt/in im Gastgewerbe (IHK): Weiterbildungsprüfung, die zur Familie Dienstleistungsfachwirt der IHK-Lehrgänge gehört. → Fortbildungsangebote im Tourismus, → IHK

Facility: Raum, Einrichtung; Hilfsmittel für die Durchführung von Veranstaltungen und Festarrangements. Bezeichnung auch für die Bereiche Sport, Spiel, Fitness in Hotels, auf Schiffen usw.

Faden: Längenmaß in der Nautik. 1 F. entspricht 1,82 Meter.

Fähren: Universelle Beförderungsmittel für Personenverkehr, PKW, Bus, Caravan, Campmobile, Bootstrailer u.a. mit umfangreichem Gepäck sowie für LKW als direkte und meist kürzeste Verbindung von Küste zu Küste. In der Nebensaison auch Kurzreisenprogramme mit Unterhaltung an Bord. In Europa sind mehr als 600 Fährdienste im Einsatz. Seit 1945 haben sich die Fährschiffe von der ersten bis zur heutigen vierten oder Jumbo-Generation entwickelt. → Jumbo-Fähren, → Kurzreisen/Kurzurlaubsreisen, → Pauschalreisen

EUROPÄER VORN

Top Ten der Fährreedereien 2000

Unternehmen	Kabinenbetten
P & O	16.173
Minoan Lines	14.669
Silja Line	14.522
Viking Line	13.308
DFDS Seaways	12.091
Stena Line	11.532
Tirrenia	11.164
Anek Lines	9.997
SNCM Ferryterrannee	9.066
Color Line	8.603

Quelle: Ship Pax Statistics 2001

fvw-Grafik

Fährschiffspassagenhaftung: → Zweites Seerechtsänderungsgesetz

Fährunternehmen: Unternehmungen, die mit eigenen Fähren bestimmte Fährverbindungen zwischen verschiedenen Ländern oder innerhalb eines Landes auf dem Meer, einem See oder Fluss unterhalten.

Fährversicherung: Sachversicherung für Kraftfahrzeuge, die mit einer Fähre befördert werden. → Zweites Seerechtsänderungsgesetz

Fahrgastschiff: Schiff mit Einrichtungen für mehr als zwölf Fahrgäste; muss den entsprechenden behördlichen Bestimmungen genügen. → Passagierschiffe

Fahrgastverband Pro Bahn: Am 28. März 1981 in Köln gegründete Interessenvertretung der Bahnreisenden mit ca. 5000 Mitgliedern (Stand: August 2001). → Allianz pro Schiene

Fahrkarte: Schein, der gegen Entgelt den Inhaber zur Benutzung von Verkehrsmitteln berechtigt. Die F. enthält die Bezeichnungen der Strecke, Zuggattung, des Preises, der Entfernung und Wagenklasse. → Ticket

Fahrplan/Flugplan: Übersicht über im Voraus festgelegte und veröffentlichte Fahrzeiten des Linienverkehrs zu Land, zu Wasser und in der Luft mit Ausgangs-, Halte- und Endpunkten. → ABC International, → Flugplan/Timetable, → Grundpflichten, → Kursbuch, → OAG

Fahrplanpflicht: → Grundpflichten

Fahrrad am Bahnhof: Fahrradverleih der DB an ausgewählten Bahnhöfen mit z.T. ganzjährigem Mietservice.

Fahrradtourismus: Neben der Fortbewegung auf dem Rad ist der Wechsel der Unterkunft typisches Merkmal. Beliebt sind Fahrten auf Radfernwegen z.B. entlang der Donau zwischen Passau und Wien. In Deutschland existieren rund 170 touristische Radfernwege mit etwa 35.000 km Strecke.

Fahrtenblatt EU/Asor: Das Fahrtenblatt stellt das Kontrolldokument im grenzüberschreitenden Personenverkehr gemäß Asor-Abkommen bzw. Verordnung Nr. 624/92 dar. Es enthält Angaben über das Fahrzeug, das Unternehmen, den Fahrer, die Anzahl der Fahrgäste, die Fahrtroute, eventuelle örtliche Ausflüge und Art des Verkehrsdienstes (Gelegenheitsverkehr, Pendelverkehr). Das Fahrtenblatt mit Übersetzungen muss grundsätzlich und vollständig mitgeführt werden. → Asor-Übereinkommen (Accord Relatif aux Services Occasionnels Internationaux de Voyageurs par Route effectués en Autocar), → EU/EG/EWG

Fahrt ins Blaue: Ausflugsfahrt mit Bus oder Bahn, bei der das Ziel für die Teilnehmer als Überraschung gedacht und diesen zunächst nicht bekannt ist.

Fahrverbot für LKW: Neben dem Sonntagsverbot gibt es für LKW ein weiteres Fahrverbot auf allen wichtigen Autobahnen an allen Samstagen zwischen dem 1. Juli und dem 31. August jeweils von 7 bis 20 Uhr.

Fakt: Freiburger Arbeitskreis für Touristik an der Akademie für Touristik Freiburg. → Futurista

fakultativ: Wahlfrei; dem eigenen Ermessen überlassen (Gegensatz: obligatorisch), z.B. ein in einem Pauschalarrangement nicht enthaltener Leistungsteil, der zusätzlich zu buchen und zu zahlen ist. → obligatorisch

fakultative Versicherung: Versicherung, die man freiwillig abschließen kann, wenn man keiner Versicherungspflicht unterliegt (z.B. Rentenversicherung bei Selbstständigen).

Fallreep: An die Bordwand gehängte schräge Treppe für den bequemen Übergang von einem Boot an Bord des Schiffes.

Fama: 1. Fachverband Messen und Ausstellungen, Nürnberg, Zusammenschluss von Messe- und Ausstellungsveranstaltern, die schwerpunktmäßig Regionalausstellungen, aber auch eine Reihe überregionaler Fachmessen durchführen. Seine Aufgaben sind die Mitarbeit in allen Fragen des Fachgebietes, die Zusammenarbeit mit allen am Messe- und Ausstellungswesen beteiligten Behörden, Instituten, Verbänden und der Fachpresse, die Beratung und Erteilung von Gutachten in Fachfragen, die Förderung des Messe- und Ausstellungswesens und die Schulung und Weiterbildung im Fachgebiet.
2. Foreign Airlines Management Association, 1969 in Frankfurt/M. gegründete Interessenvertretung der Spitzenrepräsentanten der in Deutschland vertretenen ausländischen Luftverkehrsgesellschaften. F. hat sich im Januar 1993 dem Barig angeschlossen. → Barig, → Messetourismus

Famab: Fachverband Messe- und Ausstellungsbau, Rheda-Wiedenbrück, ein Zusammenschluss der Fachunternehmen in der Bundesrepublik Deutschland auf dem Gebiet des Messe- und Ausstellungsbaus. Er arbeitet in allen Fragen des Fachgebietes mit den zuständigen Behörden, Messegesellschaften, Instituten, Verbänden und der Fachpresse zusammen, berät und erteilt Gutachten in Fachfragen der Messestandgestaltung. Famab-Mitglieder sind durch einen Servicering miteinander verbunden und unterstützen sich gegenseitig. → Messetourismus

Familiarization Trip (Fam Trip): Meist kostenfreie Informationsreise für Multiplikatoren (Reisebüroinhaber o. Expedienten) zum Kennenlernen und zur Markteinführung neuer Reise- und Tagungsangebote. → Fachstudienreisen, → Informationsreise

Familienerholung: Staatlich oder kommunal bezuschusster Sozialtourismus, der einkommensschwachen Familien mit drei oder mehr Kindern den gemeinsamen Urlaub ermöglichen soll. Die Förderung der Familienferienstätten variiert in Einzelheiten in den Bundesländern. Die im Rahmen der F. geförderten Urlaubsaufenthalte müssen primär in einer im jeweiligen Bundesland gelegenen Ferienstätte bzw. an einem als Familienferienort anerkannten Platz verbracht werden. → Sozialtourismus

Familienferienort: Staatlich geförderter Fremdenverkehrsort, der in besonderer Weise der Familienerholung dient. → Familienerholung, → Familiengerecht

Familiengerecht: Nach den vom DTV erarbeiteten Merkmalen für einen f. Urlaubsort sind folgende Voraussetzungen zu erfüllen: mindestens fünf Kleinkinderbetten, Kinderbeaufsichtigung, mindestens eine Gaststätte, die Kinderteller anbietet. Das Urlaubsangebot muss für eigene Schlafmöglichkeit im Zimmer der Eltern Kinderermäßigung vorsehen; ebenso Ermäßigungen bei Halb- bzw. Vollpension, nach Alter der Kinder gestaffelt. Ferner muss das als f. gekennzeichnete Urlaubsangebot ein Schwimmbad mit Nichtschwimmerteil und Planschbecken, markierte Wanderwege, Kinderspielplatz, besondere Kinderattraktionen (Kinderfeste, Märchenwald, Hobbykurse u.Ä.) beinhalten, ebenso die Nähe zu Wald, Fluss oder Seen oder anderen attraktiven Wanderzielen. Gefordert werden weiter eine zureichende Verkehrsverbindung, ein Postamt und ein Geldinstitut sowie medizinische Versorgung in zumutbarer Entfernung. → DTV

Familienheimfahrten von Bundeswehrangehörigen und Zivildienstleistenden: Kostenfreies Angebot der DB für Wehrpflichtige und Zivildienstleistende für eingetragene Strecken im Berechtigungs-/Dienstausweis. Keine Berechtigung für ICE. → Zivildienstreisen

Familotel: Zusammenschluss von mehr als 20 Hotels mit kinderfreundlichem Angebot. Die Kinderbetreuung durch geschultes Personal muss in den Hotels 35 Stunden pro Woche garantiert sein. Das Informationsbüro hat seinen Sitz in Amerang/Chiemsee.

Family Plan: Unterkünfte, bei denen Kinder kostenlos im Zimmer der Eltern übernachten können.

Fango: Mineralschlamm vulkanischen Ursprungs, der mit Wasser zu Brei verrührt für Packungen in der Kurmedizin verwendet wird.

Fantasia: Reservierungssystem der Qantas Airlines. Zur Vermarktung fungiert APD, Asia Pacific Distribution. APD/Fantasia ist an Sabre angeschlossen. → Sabre

Fare Break Point: Tarifberechnungspunkt, von dem aus mit anderen Tarifen kombiniert werden kann.

Fare Calculation Extension Sticker: Standardaufkleber für einen manuellen Flugschein, bei dem die Preisberechnungsspalte nicht ausreicht, um die gesamte Reiseroute aufzulisten.

Fare Quote System: Flugtarife und -bestimmungen im CRS im Unterschied zur Buchform von ABC (roter Teil) und OAG. → ABC International, → CRS, → OAG

Fast: Future Automated Screening for Travellers, biometrisches Identifikationssystem zur Vereinfachung der Grenzkontrollen, das sekundenschnell die Linien einer Hand erfasst und diese Daten zusammen mit den Passangaben per Satellit an das Reiseziel sendet. Bei der Ankunft können die Reisenden per Handauflegen auf einen Bildschirm die automatischen Kontrollen passieren.

Fast Pass: Passangebot von Disney in Florida, um lange Wartezeiten an den einzelnen Attraktionen zu verhindern. Touristen können eine Karte ziehen, auf der ihre persönliche Eintrittszeit angegeben ist. An einem separaten Eingang geht es dann später an den Warteschlangen vorbei.

Fast Track: Schnellere Abwicklung der Einreise in Frankfurt für Passagiere mit einer Transferzeit von 35 bis 45 Minuten.

Fax on Demand: Unter einer bestimmten Telefonnummer können vorher hinterlegte Text- und Grafik-informationen von einem Telefaxgerät mit Demand-Funktion abgerufen werden. → Sprachdialogsystem

Fax Polling: Unter einer bestimmten Telefonnummer kann der Anrufer aus einem beliebigen Pool vorher hinterlegter Text- und Grafikinformationen eine Auswahl treffen und diese von einem Telefaxgerät mit Demand-Funktion abrufen. → Sprachdialogsystem

FBMA: Food and Beverage Manager Association, Verband der Wirtschaftsdirektoren. → F + B Manager

F + B Manager: Food and Beverage Manager im Hotelbereich, auf Kreuzfahrtschiffen (Wirtschaftsdirektor). Als Leiter dieses Ressorts für den wirtschaftlichen Einsatz von Speisen und Getränken verantwortlich. → Food and Beverage

FCU: Fare Construction Unit; bis 30.6.1989 Tarifberechnungseinheit zur währungsneutralen Darstellung von Beförderungstarifen im Luftverkehr, diente der Berechnung/Konstruktion von nicht publizierten Passagetarifen in Lokalwährung und orientierte sich an der Reiseart; One Ways, direkte Hin- und Rückflüge, Rundreisen und Gabelflüge bestimmten den Flugpreis. Wurde inzwischen durch NUC ersetzt. FCU geht zurück auf FCU = Fare Calculation Unit. Diese basierte auf den Sonderziehungsrechten (SZR) des Internationalen Währungsfonds als stabile Tarifberechnungseinheit im internationalen Luftverkehr. Die Neueinführung wurde 1975 in Nizza von der Iata beschlossen, womit die bislang auf US-Dollar und Brit. Pfund beruhenden Basiswährungen entfielen. → Flugpreisberechnung, → NUC, → Währungsangaben

FDSV: Fachverband deutscher Sprachreise-Veranstalter, Stockstadt/M., Zusammenschluss wichtiger Sprachreiseveranstalter und Interessenvertreter zur Förderung des Gesamtarrangements, zzt. 15 Unternehmen, mit selbst auferlegten Richtlinien hinsichtlich der Sprachkurse; Qualitätsnormen. → Sprachreisen

FD-Zug: ehemaliger Fernexpress der DB, qualifizierter Schnellzug, der größere Strecken bediente und nur an Anschlussbahnhöfen und Knotenpunkten hielt; der Zug führte Wagen der 1. und 2. Klasse; zuschlagfrei. 1992 von Interregio und IC/EC abgelöst.

Fecto: → Federation of European Cities´ Tourist Offices

Federation of European Cities´ Tourist Offices: Fecto, 1991 gegründete Interessenvertretung für touristisch bedeutende europäische Städte mit über 100.000 Einwohnern mit 85 Mitgliedern aus 27 Nationen (Stand: August 2001). → Städtekooperationen

Feebased Pricing: Gebührensystem für Dienstleister und Informationsanbieter anstatt einer Provisionsvereinbarung. Bei Woodside Travel Trust (deutscher Partner ist FAO Travel, Frankfurt/M.) Umstellung der Abrechnung mit Firmenkunden für Geschäftsreisen auf Festpreis anstatt Provision. → Woodside Travel Trust Incorporation (WTT)

Feedback: Rückkoppelung, z.B. zum Abschluss eines erfolgreich durchgeführten Wettbewerbs mit Incentive-Reisen (Fotoalben zur Erinnerung u Ä.).

FEEE - Foundation for Environmental Education in Europe: Stiftung für Umwelterziehung in Europa. In Zusammenarbeit mit der Kommission der EU führt die Stiftung, deren deutscher Zweig die DGU ist, die Kampagne um die Blaue Europa-Flagge an den europäischen Stränden durch. Sportboothäfen und Strandgemeinden können mit der Flagge ausgezeichnet werden, wenn sie sich in besonderem Maß um den Umweltschutz und die Umweltinformation bemühen. → Blaue Europa-Flagge, → DGU - Deutsche Gesellschaft für Umwelterziehung

FEG: Fédération Européenne des Associations des Guides Touristiques, europ. Vereinigung der nationalen Verbände der Gästeführer, Sitz: Brüssel.

Feht: Spanischer Hotelverband, seit 1999 Zusammenschluss mit Zontur zu Dachverband Confederación Española de Hoteles y Apartamentos Turísticos. → Confederación Española de Hoteles y Apartamentos Turísticos, → Zontur

Feiertag: Arbeitsfreier Tag, meist auf Grund eines staatlichen oder kirchlichen Gebots neben den Sonntagen bzw. Wochenenden. Staatliche Feiertage haben feste Daten. F. werden gern zu Ausflügen oder Kurzurlaubsreisen genutzt. → Ausflugsverkehr, → Kurzreisen/Kurzurlaubsreisen

FEM: Fédération Européenne des Motels, Sitz: Bern, gegr. 1956, europ. Motelvereinigung.

Feratel: Feratel setzt die Systeme Eurosoft (von Intours), Darwin (von Alphatron) und Deskline (von Tourist-Online) ein. Gemeinsame Buchungsplattform der hauseigenen Incoming-Reservierungssysteme Darwin, Deskline und Eurosoft für Deutschland-Tourismus.

Ferie: Internationale Reise- und Tourismusausstellung, alljährlich in Kopenhagen.

Ferien: Seit dem Römischen Reich werden die Tage als F. bezeichnet, an denen das Gericht nicht zusammentrat. Mehrtägige oder -wöchige Arbeitspause oder schulfreie Zeit (an Schulen, Fachhochschulen, Universitäten, Gerichten, Theatern u.a.), auch Synonym für Urlaub. Von den drei Hauptferienzeiten Frühjahr (Ostern), Sommer und Winter (Weihnachten) sind die Sommerf. durch ihre Länge die bedeutendsten. Zur Entzerrung des Reiseverkehrs und für eine bessere Auslastung der Feriengebiete haben die Bundesländer eine Regelung vereinbart, nach der der Beginn der Schulferien länderweise unterschiedlich ist und sich von Jahr zu Jahr verschiebt. → Jahresfreizeit, → rollierendes System - Ferienordnung, → Urlaub

Ferien auf dem Bauernhof: Sammelbezeichnung für ein spezielles Urlaubsangebot bestimmter, in landschaftlich reizvollen Regionen gelegener landwirtschaftlicher Betriebe (Kost und Logis bzw. Ferienwohnungen). F. werden von über 20.000 Urlaubsbauernhöfen in der Bundesrepublik angeboten, ein Großteil davon mit dem von der DLG vergebenen RAL-Gütezeichen. F. erschließen kleinbäuerlichen Betrieben mit meist nur mäßigen agrarischen Produktionsbedingungen an industriefernen, aber landschaftlich reizvollen Standorten ein Zusatzeinkommen. Sie dienen speziellen Urlaubsansprüchen bestimmter Bevölkerungsgruppen (Familien mit Kindern, einkommensschwachen Schichten). Fachministerien, Bauernverbände und die DLG (Deutsche Landwirtschaftsgesellschaft) fördern diesen landwirtschaftlichen Betriebszweig.

Ferienclub: Angebot zum Urlaub innerhalb eines Clubdorfes, oft mit sportlicher Orientierung, z B. Club Méditerranée, Club Aldiana, Club Robinson. Typisches Freizeitangebot in F.: Animation. → Animation, → Cluburlaub

Feriendienst (Fedi): Der Feriendienst der Gewerkschaften der ehem. DDR verfügte über 710 eigene

Ferienheime und über 300 unter Vertrag stehende Privatunterkünfte und Hotels. Da auch die Betriebsgewerkschaftsorganisationen über 12.000 Ferieneinrichtungen verfügten, konnten jährlich 5,2 Mill. Gewerkschafter und Familienangehörige dort Ferien verbringen zum Selbstkostenpreis, durch Beitragsmittel subventioniert. F. firmierte seit Juli 1990 als Fedi - Feriendienst und musste Anfang 1991 Konkurs anmelden.

Feriendorf: Ansiedlung von Ferienhäusern, -bungalows, -wohnungen und -apartments, gehört als Beherbergungsbetriebe zur Einrichtung der Parahotellerie, entstand als Zwischenform von Hotel und Camping oder, wie z.B. in der Schweiz, kombiniert von Hotel und Chalet. F. eignen sich vor allem zum Familienurlaub. Mietfreies Wohnrecht kann von Mitgliedern bestimmter Time-Sharing-Holiday-Gesellschaften durch Kauf von Aktien erworben werden. → Parahotellerie, → Time Sharing

Ferienfluggesellschaften: Fluggesellschaften, die vorwiegend Reiseziele anfliegen, die Urlaubsziele der Deutschen sind. Sie übernehmen im Auftrag von Reiseveranstaltern die Beförderung von Pauschalflugreisenden im Bedarfsluftverkehr nach festen Abflugzeiten oder als Linienflüge. → ADL, → Ferienflugverkehr, → Touristischer Linienflug

Ferienflugverkehr: innerhalb der EU-Staaten erfolgt Beförderung im Bedarfsluftverkehr nach festen Abflugzeiten (Charter) oder als Linienflug. F. unterliegt zu Destinationen außerhalb der EU, sofern er als „Bedarfsluftverkehr nach festen Abflugzeiten" (Charter) durchgeführt wird, verkehrsrechtlich gewissen Beschränkungen und Auflagen, die auch von Ziel zu Ziel verschieden sind. → Ferienfluggesellschaften, → touristischer Linienflug

CONDOR BEHAUPTET DIE SPITZENPOSITION
Ferienflugkapazitäten Sommer 2002

	Sitzkapazität der Flotte	Betriebene Jets	Eingesetzte Flugzeugmuster
Condor 1)	11.145	50	A-320, B-757-200/-300, B-767
Hapag-Lloyd Flug 2)	6604	34	A-310, B-737-800
LTU 3)	6299	25	A-320/A-321, A-330, B-757
Air Berlin 4)	5067	28	B-737-400/-800
Aero Lloyd 5)	3702	19	A-320/A-321
Germania 6)	1152	8	B-737-300/-700
Sun Express 7)	1040	6	B-737-700/-800
Eurowings 8)	710	5	A-319
Hamburg International	444	3	B-737-700
Insgesamt	**36.163**	**178**	

1) Mehrere Jets der Flotte sollen außerhalb Deutschlands stationiert werden.

2) Ein Jet soll überwiegend ab Amsterdam fliegen. Ende 2001 waren zudem noch drei Boeing B-737-800 bestellt.

3) Die Sitzkapazität der Flotte wird wiederum verkleinert, zum kommenden Sommer um weitere 11,1 Prozent.

4) Per Ende 2001 waren bei Boeing noch sechs B-737-800 bestellt.

5) Eventuell wird noch kurzfristig ein Airbus A-320 die Flotte für die Sommersaison verstärken.

6) Zwei Boeing B-737-300, die länger vermietet worden sind, kehren zur Ferienflugflotte zurück.

7) Eventuell wird noch kurzfristig die Kapazität erhöht.

8) Außerdem werden Restkapazitäten von im Linienflug betriebenen BAe-146 verkauft.

Ferienhaus: Freistehendes Haus oder Reihenhaus, das jedermann zugänglich ist und in dem Gäste zum vorübergehenden Aufenthalt gegen Entgelt aufgenommen werden. Grundstück oder Grundstücksanteil sind der alleinigen Nutzung durch die Gäste für die Dauer ihres Aufenthaltes vorbehalten. Den Gästen stehen ein eigener Sanitärbereich und eine Kochgelegenheit zur Verfügung. In der Regel ist im Haus kein hotelmäßiger Service vorhanden.

Ferienheim: → Erholung, → Erholungsheim, → Sozialtourismus

Ferien-Macher: Unter dem Titel „Die Ferien-Macher – Das Jahrhundertbuch des Tourismus" beschreibt der frühere DRV-Präsident Otto Schneider die Geschichte der Tourismuswirtschaft. Er schildert Aufstieg, Erfolg und Scheitern der Menschen und Unternehmen, die im 20. Jahrhundert mit der Entwicklung der Pauschalreise aus einem Privileg für wenige ein Angebot für alle machten.

Ferienmesse: Internationale Reisemesse in Wien, alljährlich im Januar.

Ferienparks: Eine Kombination von Fewos, Bungalows o. Hotels und Urlaubsclub innerhalb der Parahotellerie. Man unterscheidet drei Formen der Übernachtung: 1. den Einzelbungalow, 2. das Apartmenthaus und 3. das Komforthotel mit Freizeiteinrichtungen. Touristisch sind zwei wesentliche Bedürfnisse mit dieser Konzeption zu befriedigen: a) längerer Urlaub im eigenen Ferienhaus, b) gleichzeitig möglichst große Erlebnisvielfalt und Bewegungsfreiheit. → Naturparks, → Parahotellerie

Ferienstraßen: → Touristikstraßen

Ferienzentrum: Großanlage für touristische Zwecke; oft mit integriertem Freizeitzentrum. Ein F. besteht aus einer geplanten Einheit von Apartments oder Bungalows, Geschäften, Bank, Post, Sporthalle, Schwimmbad/Wellenbad u.a., z.B. Weißenhäuser Strand/Ostsee. Dt. Ferienzentren haben ihren Ursprung in der staatl. Zonengrenzland-Förderung von 1965 (erhebl. Steuervorteile für private Anleger).

Ferienzielreisen: Nach dem PBefG (§ 48 Abs. 2) Reisen zu Erholungsaufenthalten, die der Unternehmer mit Kraftomnibussen nach einem bestimmten, von ihm aufgestellten Plan zu einem Gesamtentgelt für Beförderung und Unterkunft mit oder ohne Verpflegung anbietet und ausführt. Das Reiseziel muss für alle Teilnehmer gleich sein; die Teilnehmer sind an den Ausgangspunkt der Reise zurückzubefördern, wobei auf der Rückfahrt nur solche Reisende befördert werden dürfen, die der Unternehmer auch zum Reiseziel befördert hatte. Die Veranstaltung von F. ist genehmigungsbedürftig; im Gegensatz zum Linienverkehr besteht keine Beförderungs- und Betriebspflicht. → Linienverkehr/Bus, → PBefG, → Zielgebietsbusse

Ferienzielverkehr: Busreiseart, bei der sich die Leistung des Verkehrsmittels auf den bloßen Transfer zwischen Abfahrts- und ausgeschriebenem Ferienzielort beschränkt. Zum Leistungspaket gehören neben der Beförderung Unterkunft und gegebenenfalls verschiedene Verpflegungsformen. Ferienzielverkehre aus dem Quellenland Bundesrepublik führen vorrangig an die spanische Costa Brava und die italienische Adriaküste. → Zielgebietsbusse

Ferner Osten: Östliche Randgebiete der ehemaligen UdSSR. → Langstreckenverkehr, → Mittlerer Osten, → Naher Osten

Fernflug: Luftverkehr zwischen verschiedenen Kontinenten, meistens als Interkontinentalflug bezeichnet. → Langstreckenverkehr

Fernlehrangebote im Tourismus: Die Qualifizierungsmöglichkeiten reichen von der Vermittlung von Grundkenntnissen für eine Tätigkeit in der Tourismusbranche bis zum weiterbildenden Studium. Die Angebote sind kostenpflichtig und können i.d.R. berufsbegleitend wahrgenommen werden. Bekannte Anbieter für F. sind:

- AFW - Akademie für Fernstudium und Weiterbildung, Bad Harzburg
- AFW - Akademie für Fernstudium und Weiterbil dung, Berlin
- IST - Institut für Sport, Freizeit und Touristik, Düsseldorf
- Fernuniversität Hagen
- Touristisches Ferninstitut Falk, München
- Fernakademie Touristik, Münster
- Akad, Hochschule für Berufstätige, Stuttgart

Fernreisebus: Die Bezeichnung vier-Sterne-Fernreisebus war bis Mitte 1998 der GBK-geschützte Begriff der Gütegemeinschaft Buskomfort. Ab Mitte 1998 ersetzt durch die neue Bezeichnung First Class. → GBK, → Klassifizierung der Reisebusse

Fernreisen: Spezialprogramme von Reiseveranstaltern mit Flugreisen in außereuropäische Länder.

Fernweh: Häufige Triebfeder des Ferntourismus; sehnsüchtiges Verlangen nach der Fremde, dem Unterwegssein, weniger nach einem bestimmten Ziel. Die erträumte, erhoffte Flucht aus dem Alltag soll Gelegenheit zur Behauptung in schwierigem Umfeld oder zur Selbsterneuerung geben und helfen, das während des übrigen Jahres die Freiheit einschränkende berufliche oder private Korsett abzustreifen. Folgerichtig ist Fernweh auch kurz nach Ende eines erfüllten Urlaubs ein häufiges Phänomen.

Ferry-Flug: Gehört zur Kategorie der Überführungsflüge. Es wird unterschieden nach 1. gewerblich: Bereitstellungsflug von/zu einem Plan- oder Charterflug. 2. nichtgewerblich: Überführungsflug vom Hersteller oder von/ zu Instandhaltungsmaßnahmen.

Fespo: Ferien-, Sport- und Freizeitmesse, erstmals Januar 1991 in Zürich. Diese Publikumsmesse wendet sich an Aussteller aus den Bereichen Ferienregionen, Reisebüros und -veranstalter, Leistungsträger und sonst. touristische Institutionen.

Festoption: Reservierung einer touristischen Leistung (im engeren Sinne) mit automatisch einsetzender Verbindlichkeit nach einer festgesetzten Frist. Das Angebot gilt für eine bestimmte Frist und wird dann zu einer Buchung. → Verfallsoption

Festspielreisen: Busreiseart mit besonderer Zielgruppenorientierung. Qualitativ hochwertige Kurzreise, bei der neben einem Fernreisebus höchster Qualitätsstufe ein erstklassiges Hotel sowie Eintrittskarten und Transfer am Festspielabend zum Arrangement üblich sind. Als eine besondere Form der Städtereise erreicht sie ein anspruchsvolles Publikum. Je nach Reisedauer und Reiseziel gehören

Stadtrundfahrt und Sonderarrangements zum Reiseprogramm. Festspielreisen werden auch per Flug oder Bahn angeboten. → Kurzreisen/Kurzurlaubsreisen, → Städtereisen

Feuerschiff: Meist signalrot gestrichenes Schiff mit einem bestimmten Leuchtfeuersignal zur Kennzeichnung nautisch wichtiger Stellen. Z.B. vor großen Flussmündungen oder Riffs verankert, wie Elbe 1. rc. 25,3 Seemeilen seewärts von Cuxhaven; wurde zu Beginn des 19. Jh. als erstes Leuchtschiff ausgelegt. Bemannte Feuerschiffe werden inzwischen durch kleinere vollautomatisierte, fernüberwachte Miniaturschiffe ersetzt. → Leuchtfeuer

Fewo - Ferienwohnung: Beherbergungsart auf der Basis der Selbstverpflegung, überwiegend zum Familienurlaub genutzt. Nach Dehoga eine in sich geschlossene Einheit mit mehreren getrennten Räumen und notwendigen Nebenräumen wie Küche und Bad.

FIA: Fédération Internationale de l'Automobile. Internationaler Automobilverband, Sitz: Paris.

Fiavet: Federazione Italiana Associazioni Imprese Viaggi e Turismo; Italiens Reisebüro- und Veranstalterverband mit Sitz in Rom. Mitglied beim Ectaa.

Fict: Fédération Internationale de Centres Touristiques, internationaler Verband der touristischen Zentren, Sitz: Metz (Frankreich). Ziele sind die Pflege persönlicher Kontakte und menschlicher Beziehungen, der Erfahrungsaustausch, die Förderung der beruflichen Leistungen durch Zusammenarbeit und die Stärkung des Verständnisses zwischen Völkern durch den internationalen Fremdenverkehr. Mitglieder sind leitende Angestellte von Kurorten, Verkehrsvereinen bzw. -ämtern.

FIF: Forschungsinstitut für Freizeit und Tourismus, früher Forschungsinstitut für Fremdenverkehr, ist der Rechts- und Wirtschaftswissenschaftlichen Fakultät der Universität Bern angegliedert. Seine Anliegen sind: Humanisierung der Lebensverhältnisse im Alltag, Freizeit und Tourismus im Einklang mit Mensch und Natur, Vernetzte Betrachtung von Gesellschaft, Wirtschaft und Umwelt. FIF war Mitglied im Arbeitskreis „Tourismus mit Einsicht". → Tourismus mit Einsicht (TME)

Fijet: Fédération Internationale des Journalistes et Ecrivains du Tourisme, weltweite Vereinigung von Reisejournalisten, Sitz: Paris. Bundesdeutsche Mitgliedsorganisation ist ITMJ. → ITMJ

fiktiver Umkehrpunkt: → goldener Umkehrpunkt

File Key: Auch Record Locator, engl. Ausdruck aus dem Flugbereich. Nach Abschluss einer Buchung erteilt das Reservierungssystem automatisch einen F., mit dem die Buchung jederzeit identifiziert werden kann. Besteht aus einem sechsstelligen Buchstaben- und Zahlencode und wird auf dem Iata-Flugschein in der Spalte „Booking Ref" eingetragen. → CRS

Finca: Typisches spanisches Landhaus, z.B. auf Mallorca. Fincas werden verstärkt als Feriendomizile angeboten.

Finca-Ferien Mallorca: Vom Landschaftsministerium der Balearen und der EU unterstütztes Programm „Ferien auf dem Bauerngut". Die in der Asociation Agroturismo Balear zusammengeschlossenen Fincas, von denen einige Swimmingpool, Tennisplatz, Reitpferde und Mietfahrräder anbieten, liegen in bes. reizvollen Gegenden des mallorquinischen Inlands.

Fink-Ordner: → Blauer Fink-Ordner

Finnres: Reservierungssystem der Finnair; Partner von Amadeus.

FIR: Flight Information Region, Fluginformationsgebiet, z.B. FIR Athen ist mit seinem Fluginformationsdienst (FIS = Flight Information Service) und dem Flugalarmdienst (Alerting Service) zuständig für den Überflugverkehr von und nach Fernost, Inlandsflugverkehr und Flugverkehr vom Ausland nach Griechenland und in die Türkei. → Flugsicherung

Firmenabonnements: → Corporate Rates

Firmendienst: Spezialservice von Vollreisebüros für Wirtschaftsunternehmen, meist räumlich getrennt vom Counter für Publikumsberatung/-verkauf von Urlaubsreisen. Der F. ist auf die speziellen Reisebedürfnisse der Geschäftsreisen sowie Tagungen und Messen ausgerichtet; korrespondiert mit Firmenreisestellen. → Corporate Rates, → GKA - Großkundenabonnement, → Reisebüros, → Reisestelle

Firmenreisestelle: → Reisestelle

First: 1973 als nicht rechtsfähiger Verein durch regional führende Reisebürounternehmen gegründet mit dem Ziel, leistungsfähige Vollreisebüros als Fachgeschäfte zu profilieren. Der Anspruch, „führend in Reise, Service und Touristik" zu sein, führte zum Firmennamen First. 1976 wurde die First Reisebüro gegründet. Zu den Aufgaben gehörte seitdem auch die Übernahmen von und Beteiligungen an Reisebüros und Veranstaltern sowie deren wirtschaftliche Führung. Die Gründung der First Reisebüro Managemen als Franchise-Geber der Handelsmarke First Reisebüro, First Business Travel, Discount Travel und seit Januar 1995 First Conventions & Incentives wurde im Dezember 1992 vollzogen; Sitz: Düsseldorf. Ab 1995 zusätzlich First

Business Travel International als internationales Franchise-Unternehmen in Europa und Übersee. Seit 1. Januar 1998 wurde durch die bisherigen Gesellschafter zusammen mit der First Reisebüro die First Reisebüro Management (Holding) mit den vier Geschäftsbereichen First Reisebüro, Thomas Cook, First Business Travel und kaufmännischer Bereich gegründet. Gesellschaftsanteile hielten: BS&K-Gruppe 39,7%, TCT - Touristik Beteiligungsgesellschaft 20,8%, Hartmann-Gruppe 16,1%, Jonen 5,0%, Hamburger Abendblatt 6,7%, Menzel 8,3% sowie weitere Gesellschafter 3,4%. Seit 2000 Zusammenlegung des Filial- und Franchise-Systems First Reisebüro unter dem Dach der TUI Leisure Travel, einem Touristikunternehmen der World of TUI. 2001 wurde der Geschäftsreisebereich mit First Business Travel in TQ3 Travel Solutions integriert. → TQ3 Travel Solutions, → TUI Leisure Travel, → World of TUI

First Class: → Klassifizierung der Reisebusse

First Minute: → Frühbucherrabatt

First Quality Manager: FQM, Weiterentwicklung von Aqua als Qualitätssicherungssystem für schnellere Flugbestätigungen, Abgleich der Kundenprofile, Wartelisten- und Tarif-Check sowie Wunschplatzreservierung. → Aqua

First Travel Net: → TQ3 Travel Net

First Urlaubsfon: Direktvertrieb über Telefonverkauf von First, seit 1995 möglich. → First

FIT: 1. Foreign Individual Traveller, Einzelreisender, der seine Auslandsreise im Voraus buchte und bezahlte.

2. Führungsintensivtraining, achtwöchiges Seminar in Bensheim. Die ehem. Sommerakademie für Führungskräfte wurde seit 1989 jährlich von GBTV (Gesellschaft für Betriebswirtschaft in Touristik und Verkehr) organisiert.

3. Fédération de l'Industrie du Tourisme; Belgiens Reisebüro- und Veranstalterverband mit Sitz in Brüssel. Mitglied beim Ectaa.

4. Frauen im Tourismus, Vereinigung, die das Ziel hat, über die Schulung der eigenen Fähigkeiten zur Weiterentwicklung im Arbeitsbereich Führungsaufgaben zu übernehmen.

5. Expedientenangebote der Singapore Airlines, vergleichbar den LH-Pep-Flügen. → IT-Reisen, → PEP

Fitec: Fédération Internationale du Thermalisme et du Climatisme, internationale Bädervereinigung mit Sitz in Paris. Mitglieder sind die nationalen Bädervereinigungen aus 28 Nationen. Hauptschwerpunkt liegt im gesundheitspolitischen Bereich. → DBV

Fitnesscenter: Zusammenfassung von Einrichtungen wie Gymnastikraum, Sauna, Massage, Schwimmbecken etc. zur Förderung von Gesundheit und Leistungsfähigkeit.

Fitur: Institucion Ferial de Madrid, internationale Touristikfachmesse in Madrid, alljährlich im Januar.

Fiyto: Federation of International Youth Travel Organizations, Vereinigung internationaler Jugendreiseorganisationen, Sitz: Kopenhagen.

Fjell: Bezeichnung für die Hochflächen Skandinaviens oberhalb der Waldgrenze von 300-700m ü.M., gekennzeichnet durch Moose, Flechten und Sträucher.

Fjord: Langgestreckter, ins Landesinnere hineinragender Meeresarm.

FKA: Abk. für Fahrkartenausgabe der DB.

FKK: Freikörperkultur, FKK wurde zum Zweck eines naturnahen Lebens von F-Vereinigungen eingerichtet. Dachverband ist der Verband für Freikörperkultur. FKK-Bereiche an Badestränden; FKK-Badezeiten werden immer häufiger angeboten.

FKM: Die Gesellschaft zur freiwilligen Kontrolle von Messe- und Ausstellungszahlen, Köln, in der nahezu alle deutschen Messe- und Ausstellungsveranstalter vertreten sind, trägt durch vergleichbare und kontrollierte Daten über Besucher, Flächen und Aussteller zur Klarheit und Wahrheit im Messewesen bei. Die Daten werden im jährlich erscheinenden FKM-Bericht (Ausgaben in deutscher, englischer und französischer Sprache) veröffentlicht. → Messetourismus

Flächentarifvertrag: Regelt die Arbeitsbedingungen, Arbeitszeiten, Lohnfortzahlung u.a. Der F. garantiert, dass in den Unternehmen einer Branche innerhalb eines Tarifgebiets die gleichen Mindeststandards gelten und somit gleiche Ausgangsbedingungen gegeben sind. Ohne F. wäre die Gefahr von Sozialdumping gegeben.

Flag Carrier: Nationale Luftfahrtgesellschaft, die staatlich oder auch privat geführt werden kann.

Flagge: Zur Kenntlichmachung z.B. der Nationalität eines Schiffes zeigt ein Schiff seine Nationalflagge; Handelsflagge; Signalflagge zur Übermittlung von Nachrichten.

Flaggenwesen in der Seeschiffahrt: Das Führen einer Flagge ist im Völkerrecht geregelt; nur Schiffe, die in einem Staat der UN (Völkergemeinschaft) registriert sind, dürfen das Recht der Hochseeschifffahrt, den völkerrechtlichen Grundsatz der Freiheit der Meere, in Anspruch nehmen. In der Bundesrepublik ist das Flaggen- und Registerrecht im Wesentlichen durch zwei Gesetze geregelt, das Flaggenrechtsgesetz (Firg) und seine Durchführungsverordnungen sowie die Schiffsregisterordnung (SchRO). → Freiheit der Meere

Flaggschiff: 1. Repräsentativstes Schiff einer Reederei oder Flotte. 2. Führungsschiff eines Flottenverbandes mit Einsatzkommando, z.B. bei Großveranstaltungen wie „Rhein in Flammen", an der mehr als 60 Schiffseinheiten teilnehmen.

Flat Fee: 1. Stückvergütung, Provisionsmodell europäischer Linienfluggesellschaften mit umsatzunabhängiger Vergütung. Die Vergütung hängt von der Anzahl der verkauften Segmente ab. 2. Auch Pauschaltarif zur unbefristeten Nutzung des Internets. → Provision

Fleet: Bezeichnung für Kanal.

Fleiperverkehr: Kombinierte Beförderung von Personen mit Flugzeug und Eisenbahn.

Fliegen ohne Ticket: → ticketloses Fliegen

Flight Experts: Zusammenschluss aller Consolidator-Aktivitäten von TUI Business Travel zu F.E.

Flip Chart: Gestell mit großformatigem Papierblock zum Abreißen oder Umschlagen, als Tafelersatz bei Schulungen.

Floatel/Boatel: Wortbildung für schwimmendes Hotel, spez. Luxusjacht, z.B. Irish River Floatels auf dem Shannon.

Flotte: Gesamtheit der Handels- und Kriegsschiffe eines Staates; im engeren Sinne nur ein bestimmter Teil oder zu einem bestimmten Zweck zusammengestellte Schiffe. Bezeichnung gilt auch für die Gesamtheit der Schiffe einer Reederei oder der Flugzeuge einer Luftverkehrsgesellschaft.

Flügelzug: Bei der DB Aufteilen eines Zuges nach gemeinsamer Fahrt auf zwei verschiedenen Strecken; eingesetzt u.a. bei den ICE 2, ICE 3 und ICE-T.

Flüsterjets: Düsenflugzeuge (Linien und Charter), die bei steigendem Verkehrsaufkommen die strengen Lärmschutzbedingungen auf deutschen Flughäfen erfüllen/unterschreiten. Dabei kommt der Reduzierung der Lärmbelastung beim Start besondere Bedeutung zu. → Icao

Flugart: Nach Flugartengliederung des Statistischen Bundesamtes (StaBuA) unterscheidet man 1. Linienverkehr und linienähnlicher Verkehr, 2. Gelegenheitsverkehr (Nicht-Linienverkehr), 3. Überführungsflug. → Gelegenheitsverkehr, → Linienflugverkehr, → Überführungsflug

Flugbegleiter: Auch Kabinenpersonal; Bezeichnung für das Servicepersonal auf Passagierflugzeugen. Die Anzahl der F. ist abhängig vom Flugzeugtyp. → Steward/Stewardess

Flugdatenschreiber: → Flugschreiber

Fluggastrisiko: Das in der Unfallversicherungsprämie frei eingeschlossene Luftfahrtrisiko.

Fluggesellschaften: → Luftfahrtunternehmen

Flughafen: Nach Anhang 14 des Chicagoer Abkommens ein festgelegtes Gebiet zu Lande oder Wasser, eingeschlossen alle Gebäude, Anlagen und Einrichtungen, die entweder ganz oder teilweise für Start, Landung und Bergung von Luftfahrzeugen bestimmt sind. Nach LZO sind Flughäfen Flugplätze, die nach Art und Umfang des vorgesehenen Flugbetriebs einer Sicherung durch einen Bauschutzbereich nach § 12 des Luftverkehrsgesetzes bedürfen. Flughäfen werden genehmigt als:

- Flughäfen des allgemeinen Verkehrs (Verkehrsflughäfen),
- Flughäfen für bes. Zwecke (Sonderflughäfen).

Die Genehmigung eines Flughafens wird von der Luftfahrtbehörde desjenigen Landes erteilt, auf dessen Gebiet das Gelände liegt.
→ Chicagoer Abkommen, → LZO/LuftVZO

Flughafensteuern: Sammelbegriff der Luftfahrtunternehmen für Steuern, Gebühren oder Entgelte, die sie selbst oder ihre Fluggäste im Zusammenhang mit der Flugzeug- oder Fluggastabfertigung zu zahlen haben. Gegenwärtig werden unter diesem Begriff in der „Taxbox" des Flugscheins in Deutschland ausgewiesen: Luftsicherheitsgebühr (fluggastbezogen) sowie die variable Landegebühr bzw. das variable Landeentgelt (fluggastbezogen) der deutschen Flughäfen (auch PSC oder PFC). Nach den Anschlägen im September 2001 in New York wurden die Zusatzkosten für erhöhte Sicherheitsvorkehrungen als zusätzliche Flugsicherheitsgebühr auf die Passagiere umgelegt.

Flughafentransfer: → Flughafen-Zubringer-Service (FZS)

Flughafen-Zubringer-Service (FZS): Transferservice von der Haustür zum Flughafen, Mithilfe beim Gepäcktransport und Check-in, z.B. in Freiburg Airliner FZS.

Flugketten: Im Charter- oder Bedarfsflugverkehr (Ferienflugverkehr) vereinbaren die Fluggesellschaften mit den Reiseveranstaltern meist eine Anzahl von Abflügen in wöchentlichem Rhythmus zu bestimmten Zeiten mit der gleichen Flugnummer. F. sind auch bekannt unter der Bez. Kettenflüge.

STEUERN & GEBÜHREN

STEUERN & GEBÜHREN im Flugreiseverkehr

Abweichend von den Verfahren in anderen Staaten werden in der Bundesrepublik Deutschland spezielle Ein- oder Ausflugsteuern nicht erhoben. Dafür wird der touristische Flugreisende hier mit zwei verschiedenartigen luftfahrtspezifischen Gebühren konfrontiert.

Einerseits hat der Flugreisende indirekt mit der Zahlung des Preises für den Flugschein Flughafenentgelte zu entrichten, die auf Grund spezieller Entgeltordnungen von den deutschen Flughafenbetreibern erhoben werden und direkt von den Luftverkehrsgesellschaften zu zahlen sind.

Sämtliche gewerblichen Luftfahrzeugbetreiber haben nach diesen Entgeltordnungen sog. variable und fixe Entgelte zu entrichten. Variable Entgelte ergeben sich aus der Zahl der beförderten Passagiere, fixe Entgelte bemessen sich am zulässigen Abfluggewicht sowie den Lärmemissionen des Luftfahrzeuges, häufig aber auch nach Tageszeiten und grenzüberschreitendem/nicht grenzüberschreitendem Verkehr. Diese fluggastbezogenen Gebühren, Abgaben oder Entgelte werden auch als Passenger Service Charge (PSC) oder Passenger Facility Charge (PFC) bezeichnet. Abgrenzung und Definition sind international sehr unterschiedlich. Während beispielsweise in den USA die PFC auf Grund gesetzlicher Regelung für Investitions- oder Infrastrukturausbaumaßnahmen zusätzlich (in Höhe und Zeitraum beschränkt) vom Flughafen erhoben werden kann, dient in Deutschland die „variable Landegebühr“ oder das „variable Landeentgelt“ entsprechend den Icao-Standards der Deckung der mit der Abfertigung der Fluggäste verbundenen Aufwendungen, die beim Flughafenunternehmen anfallen. Seit 1996 sind die Luftfahrtunternehmen in Deutschland dazu übergegangen, diese Entgelte als PSC zu bezeichnen und sie gegenüber den Fluggästen im Flugschein (taxbox) als Teil von „Flughafensteuern“ auszuweisen, obwohl es sich lediglich um genehmigte Entgelte handelt.

Auf der anderen Seite werden von den Luftfahrtbehörden der Länder zum Teil direkt die sog. Luftsicherheitsgebühen erhoben. Diese werden fällig für die gemäß § 29c des Luftverkehrgesetzes erforderliche Durchsuchung der Passagiere sowie des von ihnen mitgeführten Gepäcks zum Schutz vor Flugzeugentführungen und Sabotageakten. Hierfür ist lt. dem Gebührenverzeichnis zur Kostenverordnung der Luftfahrtverwaltung in der Bundesrepublik Deutschland eine Rahmengebühr in Höhe von 4 bis 9,50 DM pro Passagier in Abhängigkeit von dem unterschiedlichen Personal- und Sachaufwand auf den einzelnen Flughäfen, von den räumlichen und baulichen Voraussetzungen und der Anzahl der zu kontrollierenden Fluggäste vorgesehen. Die Gebührenhöhe wird jeweils für jeden deutschen Flughafen einmal jährlich neu festgelegt und in den Nachrichten für den Luftfahrer veröffentlicht.

STEUERN & GEBÜHREN
im Flugreiseverkehr

Es wird angestrebt, diese Gebühren auch bei Charterflügen in die Kosten für den Flugschein mit einzubeziehen (bei Linienflügen bereits generelle Praxis), um den Passagier die umständliche Barzahlung beim Einchecken zu ersparen.

Es werden in den jeweiligen Gebührenordnungen der Flughäfen auch „Besonderheiten“ im Flugverkehr berücksichtigt. So sind z.B. keine Landegebühren zu entrichten für Notlandungen wegen technischer Störungen am Luftfahrzeug oder wegen ausgeübter oder angedrohter Gewaltanwendung — sofern der Flughafen nicht ohnehin planmäßiger Zielflughafen ist. Ausweichlandungen sind keine Notlandungen.

Hingegen ist der nach dem Höchstabfluggewicht des Luftfahrzeugs bemessene Teil der Landegebühr bereits bei einer Bodenberührung mit unmittelbar anschließenden Beschleunigen und Starten des Luftfahrzeuges fällig.

Die Belegung des Flugverkehrs mit Steuern oder Gebühren ist im internationalen Verkehr gängige Praxis. Auf Grund der Vielfältigkeit und aus Aktualitätsgründen können hier nicht alle Länder mit Ihren jeweiligen Steuern und Gebühren aufgezählt werden. Hingewiesen sei hier nur auf einige wenige Beispiele: So zahlt man z.B. in Ägypten eine Ausstellungs- und Dokumentgebühr, Argentinien erhebt u.a. eine Finanzsteuer, in Australien eine Lärmsteuer für alle Passagiere, die Sydney auf der Reise im Ticket eingetragen haben. Ekuador verlangt eine Regierungsbeförderungssteuer, Griechenland eine Flughafen-Entwicklungssteuer, die Republik Jemen einen Schulbuch-Beitrag, Nicaragua eine Hacienda-Steuer, Sao Tome und Principe erhebt eine öffentliche Hilfssteuer, und für Flugscheine in die Vereinigten Staaten von Amerika muss u.a. eine US-Einreisekontroll-Gebühr, US-Zollgebühr, Tier-/Pflanzen-Gesundheitsinspektionsgebühr (APHIS) und die Passenger Facility Charge bezahlt werden.

Lt. der Entscheidung des Bundesgerichtshofes müssen Fluggesellschaften nunmehr in der Werbung den Ticketpreis inklusive aller Sicherheits- und Passagiergebühren sowie Flughafensteuern ausweisen. Das Gericht beruft sich dabei auf die Tatsache, dass die Steuern und Gebühren zwangsläufig anfallen und vom Kunden an die Fluggesellschaft bezahlt werden müssen. Dadurch seien sie auch notwendiger Teil des Ticketpreises.

Nach den Terroranschlägen am 11. September 2001 in den USA haben die meisten Charter- und Liniencarrier weitere Zuschläge eingeführt, um die entstandenen Kosten für die erhöhten Sicherheitsvorkehrungen an den Kunden weiterzugeben. Einige Reiseanbieter und Fluggesellschaften hatten bereits Versicherungsgebühren eingeführt, um den Anstieg der Versicherungsprämien für ihre Flugzeuge auszugleichen. Ab dem Januar 2002 hat auch das Bundesinnenministerium die Flugsicherheitsgebühren an den deutschen Flughäfen erhöht, um den gestiegenen Aufwand für die Überwachung der Flughäfen abzudecken.

Stefan Hintz
Braunschweig, im Januar 2002

Fluglärm: In Deutschland wird intensiv über den F. durch den Neu- und Ausbau von Flughäfen, über Nachtflugverbote und die Novellierung des Fluglärmgesetzes diskutiert. Ziel des Bundesministeriums für Umwelt, Naturschutz und Reaktorsicherheit (BMU) ist es, die Fluglärmbelastungen auf höchstens 65 Dezibel am Tag und höchstens 55 Dezibel bei Nacht zu reduzieren.

Flugleitstelle: Bündelung von Flugeinkauf und -abwicklung einiger Reiseveranstalter zum gemeinsamen Einkauf und Ausgleich der Flugkapazitäten untereinander. Gemeinsame Bewältigung von Unregelmäßigkeiten, Insolvenzen bei gestrandeten Reisenden, Katastrophen. Durch Einkaufskonzentration entsteht schwer kontrollierbare Nachfragemacht. Laut Bundeskartellamt verstoßen F. gegen das GWB (Gesetz gegen Wettbewerbsbeschränkungen). → Gesetz gegen Wettbewerbsbeschränkungen (GWB)

Fluglinienverkehr: Im Sinne des Chicagoer Abkommens jeder planmäßige Luftverkehr, der mit Luftfahrzeugen die öffentliche Beförderung von Fluggästen, Post oder Fracht durchführt, im Unterschied zum Gelegenheitsverkehr. → Chicagoer Abkommen, → Gelegenheitsverkehr

Flugmeilen: → Qualiflying Miles

Flugpersonal: Personal, das sich während des Fluges an Bord der Maschine befindet. Im Allgemeinen sind dies: Pilot, Copilot, Funker, Chefsteward bzw. Chefstewardess sowie Stewards und Stewardessen. → Crew

Flugplanperiode: Man unterscheidet zwei Flugplanperioden: Sommer vom 1.4. bis 31.10. und Winter vom 1.11. bis 31.3. des Folgejahres, beide zusammen bilden das Flugplanjahr.

Flugplan/Timetable: Vm Voraus festgelegte und veröffentlichte Aufstellung aller Abflug- und Ankunftszeiten einer Luftverkehrsgesellschaft in einer bestimmten Flugplanperiode. F. werden zwecks Optimierung der Slots auf Iata-Flugplankonferenzen aufeinander abgestimmt und bedürfen der behördlichen Genehmigung. Die Angaben des F. sind nicht Bestandteil des Beförderungsvertrages. → Slots

Flugpreisberechnung: Grundlage für das Flugpreisberechnungssystem bildet die jeweilige Währung des Landes, in dem das Ticket beginnt. Wichtig für die Berechnung des Flugpreises sind neben der Reiseart (z.B. One Way, Round Trip) der Ort der Flugscheinausstellung und der Verkaufsort. Deshalb sind vor jeder Berechnung Reiseart und Verkaufsart zu klären. Es wird unterschieden nach den Verkaufsarten:

• Siti, für den Normalfall, • Soti, für die meisten vorausbezahlten Flugscheine (PTA),

Die 30 grössten Flughäfen der Welt

Beförderte Passagiere im Jahr 2000

1	Atlanta (ATL) + 2,7	80.162.407	16	Detroit (DTW) +4,6	35.535.080
2	Chicago (ORD) - 6,0	72.144.244	17	Houston (IAH) +6,7	35.251.372
3	Los Angeles (LAX) + 4,8	66.424.767	18	Newark (EWR) + 1,7	34.188.468
4	London (LHR) + 3,8	64.606.826	19	Miami (MIA) - 8,0	33.621.273
5	Dallas/Ft.Worth (DFW) + 1,1	60.687.122	20	Madrid (MAD) + 17,5	32.893.190
6	Tokio (HND) + 3,8	56.402.206	21	New York (JFK) +3,7	32.856.220
7	Frankfurt/Main (FRA) + 7,6	49.360.630	22	Hongkong (HKG) + 10,2	32.752.359
8	Paris (CDG) + 10,6	48.246.137	23	London (LGW) + 4,9	32.065.685
9	San Francisco (CFO)+ 1,8	41.040.995	24	Orlando (MCO) + 5,6	30.823.509
10	Amsterdam (AMS) + 7,7	39.606.925	25	St. Louis (STL) + 1,2	30.561.387
11	Denver (DEN) + 1,9	38.751.687	26	Bangkok (BKK) + 8,5	29.616.432
12	Las Vegas (LAS) + 9,0	36.865.866	27	Toronto (YYZ) + 4,1	28.930.036
13	Minneapolis (MSP) + 5,8	36.751.632	28	Singapur (SIN) + 9,8	28.618.200
14	Seoul (SEL) +10,1	36.727.124	29	Seattle (SEA) + 2,5	28.408.553
15	Phoenix (PHX) +7,4	36.040.469	30	Boston (BOS) + 1,3	27.412.926

Die Zahl nach der Flughafenkennung gibt die prozentuale Veränderung gegenüber 1999 an   Quelle: ACI

- Soto, Ticketkauf und -ausstellung im Ausland,
- Sito, eher der Ausnahmefall.

→ One Way (OW), → PTA, → Round Trip (RT), → Siti, → Sito, → Soti, → Soto

Flugrouten: In der Iata-Fachsprache auch Richtungscodes, Routings oder Global Indicators genannt, die Streckenführung eines Fluges vom Ausgangs- bis zum Zielort, innerhalb der Iata-Verkehrsgebiete. Bei Langstrecken kann es zwischen zwei Orten mehrere Streckenkombinationen geben, was sich auf die Preisberechnung auswirkt. Es gelten folgende Flugrouten bzw. Richtungscodes und ihre entsprechenden Kodierungen mit zwei Buchstaben: AP (Atlantik-Pazifik, zwischen TC2 und TC 3 über TC1), AT (Atlantik, zwischen TC1 und TC1/3 über Atlantik), EH (Eastern Hemisphere), PA (Pazifik, zwischen TC2 und TC1 über Pazifik), PO (Polarroute, über den Pol via Alaska), SP (Südpolarroute), TS (Transsibirienroute, via Moskau), WH (Western Hemisphere). → Richtungscodes

Flugrundreise: → Round Trip (RT)

Flugschein/Flugticket: Schein, der gegen Entgelt zur Beförderung mit Flugzeugen berechtigt. Er enthält im Wesentlichen den Namen der Luftverkehrsgesellschaft, die Strecke, das Flugdatum, den Preis, die Klasse und den Namen des Passagiers. Der F. dient als Passagebeförderungsdokument, Vertragsdokument zwischen Fluggast und der ausstellenden Luftverkehrsgesellschaft sowie als Versicherungsdokument für den vorgesehenen Flug. Er enthält Abrechnungs-, Aussteller-, Beförderungs- und Fluggastcoupon. → BSP

Flugscheinhinterlegung: Wenn der Kunde sein Flugticket bei der Reiseagentur nicht abholen kann oder wenn die Zeit für einen Postversand nicht ausreicht (z. B. bei Spätbuchungen), kann der Flugschein direkt am Flughafen, d. h. am Counter oder an einem Automaten der gewählten Fluggesellschaft, hinterlegt werden. → PTA, → TOD

Flugschreiber: Auch Flugdatenregistriergerät oder Black Box, elektrisches Gerät an Bord von Flugzeugen zur fortwährenden Aufzeichnung von Flugdaten (Geschwindigkeit, Höhe, Kurs, Luftdruck in der Kabine usw.) in feuer- und bruchsicherem Gehäuse, dient zur Rekonstruierung und Aufklärung von Flugunfällen.

Flugsegmente: Entstehen durch die Reservierung von Linienflügen mittels CRS. So besteht ein reservierter Flug von Hannover nach Los Angeles via Frankfurt aus zwei Fn. Anhand der F. werden Bonuszahlungen berechnet. So wird z.B. von Amadeus pro gebuchtem F., für das auch ein Ticket ausgestellt wurde, ein Incentive von 0,51 Euro gezahlt. 1999 wurde diese Incentive-Zählweise von „Booked Segments“ (gebuchte Segmenten) auf „Ticketed Segments“ (Segmente, für die ein Ticket ausgestellt wurde) umgestellt. Passivsegmente, die durch die Übernahme der Buchung aus einem anderen CRS entstehen, sollen nicht mehr honoriert werden.

Flugsicherheitsgebühr: Gebühr, die das Bundesverkehrsministerium auf Veranlassung der Bundesländer ab 1.7.1990 für den erhöhten Aufwand an Sicherheitsleistungen von Polizei, Überwachungsdiensten und Sprengstoffexperten auf bundesdeutschen Flughäfen erhebt. Diese Sicherheitsgebühr stößt sowohl bei den Fluggesellschaften, die aus ihrer gesamtschuldnerischen Haftung gegenüber den Länderregierungen heraus zur Abführung der Gebühr verpflichtet sind, als auch bei Reisebüros, Reiseveranstaltern und deren Verbänden auf rechtliche Bedenken.

Flugsicherung: Der Begriff beinhaltet den Flugverkehrskontrolldienst sowie Fluginformationsdienst und -alarmdienst eines Landes. Die Aufgaben der Flugsicherung, spez. Verkehrssteuerung als wesentlichste Aufgabe, nimmt in der Bundesrepublik Deutschland die DFS, Deutsche Flugsicherung GmbH, Frankfurt/M., wahr. → BFS, → DFS, → Eurocontrol/Europäische Flugsicherungsbehörde, → FIR

Flugsteig: → Gate

Flugunterbrechung: → Stopover

Flugverkehr: Der gesamte zivile, gewerbliche und militärische Luftverkehr auf bestimmten Flugsstraßen.

Flugzeit: Unter Flugzeit ist die reine Flugdauer zu verstehen, während die Reisezeit auch die Zeiten zum Umsteigen miteinschließt.

Fly-and-Cruise-Arrangement: Kombiniertes Kreuzfahrten-Angebot mit An- und Abreise per Flugzeug. Im Inklusivpreis sind die jeweils günstigsten Flugtarife enthalten, in fast allen Fällen auch der Transfer zwischen Flughafen und Schiff.

Fly and Drive: Kombinationsangebot aus Flug und Mietwagen; überwiegend genutzt bei individueller Urlaubsgestaltung oder Geschäftsreisen.

Fly and Meet: Unter diesem Stichwort werden auf deutschen Verkehrsflughäfen oder in der Nähe Konferenzräume angeboten. Der ADV gibt die Broschüre „Konferenzräume auf Flughäfen“ heraus. → ADV

Fly and Stay: Angebot der Lufthansa mit zusätzlichen Dienstleistungen wie Übernachtungen in Hotels, z.B. solchen, die der LH angeschlossen sind. → IT-Reisen

Fly Baggage: Service von Swiss (Swissair/Crossair), bei dem das Gepäck an bestimmten Schweizer Bahn- und Postbus-Stationen für den Rückflug aufgegeben werden kann. → Rail Baggage

Flying Dutchman: Bonusprogramm der KLM. → Bonusprogramm, → Frequent Flyers/Travellers

FNNPE: Föderation der Natur- und Nationalparke Europas, politisch unabhängige internationale Naturschutzorganisation zur Förderung der Kontakte zwischen den Parks sowie der internationalen Zusammenarbeit bei der Errichtung von neuen Parks, Sitz: Grafenau. Bildungsangebot, Vorträge, Diskussionen und Veröffentlichung der dreisprachigen Zeitschrift das „Europäische Bulletin – Natur und Nationalparke". FNNPE zählt derzeit 16 Mitglieder aus west- und osteuropäischen Ländern, darunter Fönad (Föderation der Natur- und Nationalparke Europas, Sektion Deutschland). → Fönad

Focalpoint: Galileo-Basisprodukt mit Systemzugriff via Standleitung zur Buchung von Flügen, Hotels und Mietwagen. → Focalpoint Net, → Galileo

Focalpoint Net: Galileo-Basisprodukt zur Buchung von Flügen, Hotels und Mietwagen über eine Internet-Verbindung; in Deutschland in den Versionen Comfort und Easy verfügbar. Mit F. Comfort sind zudem die Ticketing-Funktionen Satellite Ticket Printing (STP) in Firmenreisestellen und die Satellite-Ticket-Delivery-Office-Funktion (STDO) möglich. → Focalpoint, → Galileo, → STP

Föhn: Warmer, trockener Fallwind bes. in den nördlichen Alpentälern.

Fönad: Föderation der Natur- und Nationalparke Europas, Sektion Deutschland, Sitz: Grafenau. Ziel ist der Schutz der Natur, insbes. in den Natur- und Nationalparks sowie in Biosphärenreservaten in Deutschland. Entwicklung der Datenbank European (European Protected Areas Network), die einen Überblick über den jeweils aktuellen Stand der touristisch interessanten Angebote in den Schutzgebieten anbietet sowie Planungshilfen und Anregungen für Verbesserungen touristischer Angebote. → FNNPE

Förde: Bezeichnung für eine tiefer einschneidende Bucht an der Ostküste Holsteins, entspricht etwa dem Wort Fjord, z.B. Flensburger Förde.

Follow Me: Auf Flughäfen Leitfahrzeug, das Flugzeuge zur Abstellposition lotst.

Food and Beverage: Begriff aus dem Hotelwesen, kennzeichnet den Bereich Einkauf, Einsatz und Absatz von Nahrungsmitteln und Getränken. Kürzel: F + B. → F + B Manager

Foptur: Fondo de Promocion Turistica Peru, staatl. peruanisches Fremdenverkehrsamt. Innerhalb der SATC ist Foptur mit seinen Büros in Europa, USA und Japan für die Verkaufsförderung der Leistungen der Südamerika-Programme zuständig. → Cotasur, → SATC

Formal: Formelle Kleidung zu besonders festlichen Anlässen.

Formal Dinner: Festliches Essen zu einem bestimmten Anlass mit vorgeschriebener Garderobe; bei Kreuzfahrten zum Kapitänsempfang und Farewell Dinner; Wohltätigkeitsveranstaltungen (spez. in USA). → Welcome Dinner

Forschungskreis Tourismus-Management (FTM): An der Universität Trier 1992 gegründete Studentenarbeitsgemeinschaft. Projektdurchführung in verschiedenen Bereichen und Organisation von Symposien. FTM ist Mitglied bei Futurista. → Futurista

Fortbildungsangebote im Tourismus: Hierbei handelt es sich um meist nicht staatlich geprüfte Maßnahmen, mit denen die individuelle Berufsplanung unterstützt werden kann. Einige der Angebote werden nur von einem einzigen Anbieter durchgeführt, andere sind mittlerweile an mehreren Instituten zu buchen. Eine vergleichsweise große Auswahl an Lehrgängen bietet die IHK an. Dauer und Kosten sind sehr unterschiedlich. Beispiele für F. sind:

- Fremdenverkehrsplaner/in
- Gastronomie- oder Hotelbetriebswirt (HMA)
- ATA/Uftaa-Diplom
- Managementassistent/in Touristik
- Messehostess / Kongresshostess
- Tagungs- und Kongressfachkraft
- Touristikfachkraft → Berufsausbildung im Hotel- und Gaststättengewerbe, → Berufsausbildung im Verkehrswesen, → Fachwirt/-in für die Messe-, Tagungs- und Kongresswirtschaft, → Fachwirt/-in im Gastgewerbe (IHK), → IHK, → Qualitätsmanager/-in (IHK)/Tourismus, → Tourismusfachwirt/-in (IHK), → Tourismusfachwirt/in (IHK)/Bachelor of Tourism (CCI), → Veranstaltungsmanager/-in (IHK), → Wellnessmanager/-in (IHK)

Forum: 1. Marktplatz römischer Städte, zugleich Mittelpunkt des öffentlichen Lebens. 2. Öffentliche Diskussion von Experten mit unterschiedlicher Auffassung zu einem Themenkreis, bei der auch Teilnehmer aus dem Auditorium zu Wort kommen.

Forum Anders Reisen: Netzwerk zur Stärkung der kleinen Veranstalter und zur Verbesserung ihrer Kommunikation. Der Verband stellt sich die Aufgabe, die Idee eines nachhaltigen Tourismus praktisch und politisch zu vertreten.

Fotve: Fédération des Offices du Tourisme des Villes Européennes, europäischer Städteverband für Tourismus, gegr.: 1991 von 70 europ. Städten (u.a. Heidelberg) aus 13 Ländern, Sitz: Paris. Seine Hauptaufgaben sind die Vertretung der Interessen der Städte gegenüber der Politik sowie die gemeinsame Entwicklung von Marketing- und Vertriebsstrukturen. → Städtekooperationen

FP: → Family Plan

FPO: Fuel Purchase Option, Kauf der ersten Tankfüllung bei Mietwagen, normalerweise zu straßenüblichen Preisen.

FQM: → First Quality Manager

FRA: International bekanntes Kürzel für den Flughafen Frankfurt/Main. Besitzerin und Betreiberin des Frankfurter Flughafens ist Fraport → Fraport

Frachtschiffsreisen: Seereisenangebot auf Fracht- und Containerschiffen, sog. Kombischiffen. F. werden vorwiegend von Individualisten wahrgenommen, deren Motivation im Wesentlichen auf dem Freisein von gesellschaftlichen Zwängen beruht. Bei F. bestimmt die Ladung den Fahrplan; damit besteht vielfach Ungewissheit über den Tag der Abreise, die Zahl der anzulaufenden Häfen und die genaue Reisedauer. Während bei Stückgutfrachtern häufiger die Möglichkeit zu Landausflügen gegeben ist, geht es bei Reisen mit Containerschiffen mit kurzen Landaufenthalten eher präzise zu. Durch Um- und Ausflaggung hat sich das Kabinenangebot auf Frachtschiffen wieder erhöht. → Ausflaggen, → Kombischiffe

Franchise: Vertriebssystem, bei dem Marken- oder Know-how-Geber sowie F.-Nehmer rechtlich selbstständige Unternehmer sind. Der F.-Nehmer übernimmt gegen Entgelt den Namen des F.-Gebers auf Grund vertraglicher Vereinbarungen, die z.B. diverse Dienstleistungen in den Bereichen Marketing und Verwaltung beinhalten. Auch die Verpflichtung zum Bezug bestimmter Waren oder Dienstleistungen, deren Absatz nach genau festgelegten Marketing-Kriterien zur Wahrung eines einheitlichen Erscheinungsbildes zu erfolgen hat, kann Vertragsbestandteil sein. F. findet vorzugsweise bei Hotelketten und Fast-Food-Gruppen Anwendung, z.T. auch im Reisebüro-Gewerbe, z.B. Atlas, TUI. → Corporate Identity (CI), → Franchise-Vertrag, → TUI Urlaub Center

Franchisevertrag: Atypischer Vertrag mit wahlweise Elementen von Dienst-, Pacht-, Kauf- und Lizenzvertrag usw. Typischerweise Verlizenzierung eines Warenzeichens sowie Know-how zur begrenzten Benutzung (mit Auflagen) durch den Franchise-Nehmer.

Frankfurter Tabelle: Das Landgericht in Frankfurt/M., am Sitz zahlreicher Reiseveranstalter, hat aus der Vielzahl der Fälle um Minderung des Reisepreises wegen Reisemängeln, mit denen es befasst war, eine Tabelle von Regelsätzen für einen prozentualen Abschlag vom Gesamtpreis entwickelt. Die genannten Prozentsätze sollen einen unverbindlichen Anhaltspunkt für die Berechnung des Wertes einzelner mangelhafter Leistungen bei Pauschalreisen geben. → Minderung, → Pauschalreisen, → Reisemängel

Französischer Service: Begriff aus der Gastronomie. Hierbei werden die angerichteten Platten dem Gast von der linken Seite aus präsentiert, oder der Kellner legt mit dem Vorlegebesteck vor. Die Beilagen werden dabei gesondert gereicht. Serviceart wegen der schnellen Abwicklung besonders bei Festessen und Gruppen. → Englischer Service, → Russischer Service

Fraport: Kürzel und Markenzeichen für Frankfurt/Main-Airport; gegründet 1924 unter dem Namen Südwestdeutsche Luftverkehrs AG als Luftverkehrsdienstleister des alten Frankfurter Flughafens am Rebstockgelände. 1936 Inbetriebnahme mit „Rhein-Main“, dem Kern des heutigen Flughafens am Frankfurter Kreuz. F. ist Betreibergesellschaft des größten deutschen Flughafens mit Service-, Gastronomie- und Einkaufseinrichtungen. 1994 Eröffnung der Sky Line, einer Hochbahn, die die beiden Terminals miteinander verbindet. Die Umsteigezeit beträgt zwischen 35 und 45 Minuten. Anbindung besteht zu allen öffentlichen Verkehrsmitteln über 1999 in Betrieb genommenes Airail-Terminal mit integriertem Fernbahnhof und direkter Anbindung zum Terminal 1 mit ICE, IC- und EC-Verbindungen und Regionalbahnhof unter dem Terminal mit S-Bahn-Anschlüssen. 2001 Namensänderung von Flughafen Frankfurt/Main AG in Fraport Frankfurt Airport Services Worldwide. F. besitzt viele ausländische Beteiligungen wie z.B. an den Flughäfen Brisbane (Australien), Lima (Peru), Manila (Philippinen) und Hongkong. → Sky Line

Frauenhotel: Das erste F. auf dem europ. Kontinent wurde 1989 in Berlin eröffnet. Das Artemisia ist für Geschäftsfrauen sowie allein reisende Frauen und Frauengruppen gedacht.

Frauen-Reisebörse: Seit 1987 gibt es eine F., deren Zweck die Vermittlung passender Reisepartnerinnen ist. Damit soll Nachteilen wie Aufpreis für Einzelzimmer, Single-Tisch u.Ä. entgegengewirkt werden, jedoch auch der Möglichkeit einer Zufallsreisepartnerin mit anderen Interessen. Eine vergleichbare Reisebörse für Männer gibt es nicht.

Free Call: Für den Anrufer kostenfreie Rufnummern. Bisher Service 0130. Seit dem 1. Januar 1998 wurden diese Rufnummern auf Free Call 0800 umgestellt. → Toll Free

Die Freiheiten im internationalen Luftverkehr

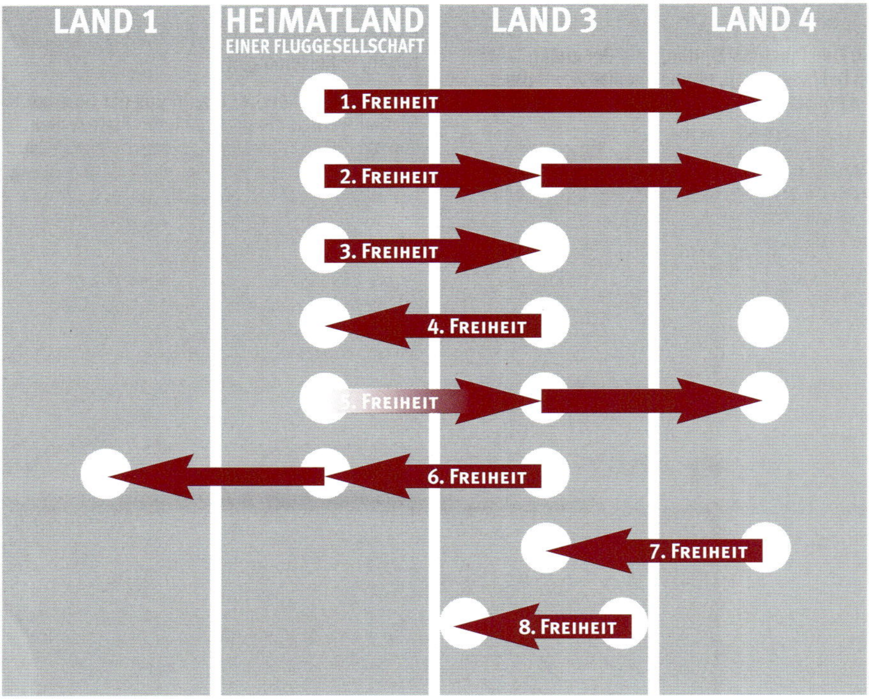

1. FREIHEIT: Das Recht, ein Land auf dem Weg in ein anderes zu überfliegen.

2. FREIHEIT: Das Recht zu einer technischen Zwischenlandung (Tanken, Reparaturen), ohne dass Passagiere, Fracht und Postsendungen be- und entladen werden dürfen.

3. FREIHEIT: Das Recht, Passagiere, Fracht und Post vom Heimatland in das Zielland zu transportieren.

4. FREIHEIT: Das Recht, Passagiere, Fracht und Post vom Zielland in das Heimatland zu transportieren.

5. FREIHEIT: Das Recht, Passagiere, Fracht und Post zwischen zwei Drittländern zu transportieren, wobei die Verbindung im Heimatland starten und enden muss.

6. FREIHEIT: Das Recht, Passagiere, Fracht und Post zwischen zwei Drittstaaten zu transportieren, wobei eine Zwischenlandung im Heimatmarkt der Fluggesellschaft erforderlich ist.

7. FREIHEIT: Das Recht, Passagiere, Fracht und Post zwischen Drittstaaten zu befördern, wobei keine Berührung mit dem Heimatland erforderlich ist.

8. FREIHEIT: Das Recht, Inlandsverkehr in einem Drittland zu betreiben (Kabotage).

Die Freiheiten eins bis fünf wurden von den Staaten in der Chicagoer Konferenz festgelegt. Mit dem zunehmenden Luftverkehr entwickelten sich erweiterte Flugstreckenvarianten, für die sich ohne festgeschriebene Definitionen weitere drei Freiheitsbezeichnungen eingebürgert haben.

Freelance: Unabhängiger; selbstständig. Im Tourismus Bezeichnung für Repräsentanzen, Vertretungen, die nicht ausschließlich an eine Firma/einen Leistungsträger gebunden sind, z.B. nicht fest angestellte Journalisten einer Zeitung oder Reiseleiter eines Reiseveranstalters u.a. Abrechnung auf Honorarbasis.

Freestyle Cruising: Konzept der NCL Norwegian Cruise Line, mit dem diese Reederei ihren Kunden flexible Gestaltung des Bordaufenthaltes bietet mit Freizügigkeit in der Wahl von Kleidung, Essenszeiten und Art des Restaurants sowie Auswahl aktiver Sportmöglichkeiten an Bord.

Freie Universität Berlin: Institut für Tourismus. → Aufbaustudium im Tourismus

Freigast: Engl.: Non Revenue Passenger. Fluggast, der weniger als 25% des normalen, anwendbaren Flugpreises bezahlt. Die Ermäßigung setzt i.d.R. eine herabgesetzte Buchungs- und Beförderungspriorität voraus. → Zahlgast

Freigepäck: → Gepäckbeförderung bei Atlantik-Flügen, → Gepäckbeförderung (Reisegepäck)

Freihafen: Gegenüber dem übrigen Land ist der Freihafen Zollausland; hier können von See unverzollt Waren eingeführt, verarbeitet, gelagert und wieder ausgeführt werden.

Freihandelszone: → Gemeinschaftsarten, Arten von Gemeinschaften im wirtschaftlichen Sinne

Freiheit der Meere: Dieser Grundsatz wurde 1941 in der Atlantik-Charta im Artikel 7 proklamiert. Er bedeutet in Kurzfassung den ungehinderten Zugang und die Befahrung der Weltmeere für Schiffe aller Nationen.

Freiheiten der Luft: Basis für die internationalen Verkehrsrechte im Luftverkehr sind die fünf Freiheiten der Luft, die in Chicago durch die Luftverkehrskonferenz definiert wurden. Die Icao-Konferenz mit dem Chicagoer Abkommen von 1944 wollte eine einheitliche und weltumfassende Regelung für die internationale Zivilluftfahrt aufstellen. Im Einzelnen lauten diese abgestuften Einflugrechte in die nationalen Lufträume (siehe Grafik Seite 128):

- Erste Freiheit: Recht, das Hoheitsgebiet des Vertragsstaates ohne Landung zu überfliegen.
- Zweite Freiheit: Recht zur nichtgewerblichen Zwischenlandung (technische Landung), z.B. für Kraftstoffaufnahme, Reparatur oder Personalwechsel, nicht jedoch zum Absetzen oder Aufnehmen von Fluggästen, Fracht oder Post.
- Dritte Freiheit: Recht, Fluggäste, Fracht und Post im Heimatstaat aufzunehmen und im Staatsgebiet des Vertragspartners abzusetzen.
- Vierte Freiheit: Recht, Fluggäste, Fracht und Post im Vertragsstaat aufzunehmen, um sie in den Heimatstaat zu befördern. Der Verkehr der dritten und vierten Freiheit wird auch als Nachbarschaftsverkehr bezeichnet.
- Fünfte Freiheit: Recht, Fluggäste, Fracht und Post zwischen zwei Vertragsstaaten außerhalb des Heimatstaates der Luftverkehrsgesellschaft zu befördern. Der Flug muss im Heimatstaat beginnen oder enden.

Erweitert wurden diese fünf Freiheiten der Luft durch drei Kombinationen, die offiziell allerdings nicht anerkannt sind:

- Sechste Freiheit: Kombination von Rechten der dritten und vierten Freiheit (Beförderung von einem Vertragsstaat über den Heimatstaat in einen anderen Vertragsstaat oder umgekehrt). Da es sich, bezogen auf den jeweiligen Vertragsstaat, um Verkehr nach oder von einem anderen (dritten) Staat handelt, wenn auch mit Zwischenlandung oder Umsteigen im Heimatstaat, besteht eine starke Ähnlichkeit zur fünften Freiheit.
- Siebte Freiheit: Recht zur Beförderung ausschließlich zwischen Drittstaaten, ohne Verbindung mit dem Heimatstaat der Luftverkehrsgesellschaft (in der Praxis des Linienverkehrs kaum anzutreffen).
- Achte Freiheit: Allgemein unter der Bezeichnung Kabotage bekannt, erlaubt die Beförderung von Fluggästen, Fracht und Post zwischen zwei oder mehreren Flughäfen desselben ausländischen Staates.

Diese Freiheiten im Luftverkehr lehnen sich an den 1941 in der Atlantik-Charta proklamierten Grundsatz der Freiheit der Meere an. → Chicagoer Abkommen, → Freiheit der Meere, → Freiheiten der Luft/Fünfte Freiheit, → Icao, → Kabotage, → Transit-Vereinbarung, → Transport-Vereinbarung, → UN-Seerechtskonferenz

Freiheiten der Luft/Fünfte Freiheit: Die fünfte der 5 Freiheiten der Luft ist im Rahmen der beschlossenen Liberalisierung weggefallen, Beschränkungen des Luftverkehrs sind aufgehoben. Bei der Schaffung eines gemeinsamen europ. Binnenmarktes ist seit 1993 allen Gesellschaften aus den Mitgliedsländern das freie Niederlassungsrecht zugestanden worden, Verkehrsrechte stehen uneingeschränkt zur Verfügung. Z.B. kann eine deutsche Fluggesellschaft auch Strecken zwischen Großbritannien und Frankreich bedienen. → Freiheiten der Luft, → Niederlassungsfreiheit

Freilichtmuseum: Museum kulturgeschichtlich wertvoller Bürger- oder Bauernhäuser, Werkstätten, Fabrikanlagen usw. Die Gebäude sind meist so aufgestellt, dass ihre ursprüngliche Zweckbestimmung kenntlich wird.

EIN ANLIEGEN...

TOURISMUS UND/ODER FREMDENVERKEHR ?

Nach wie vor ist der Begriff Tourismus nicht klar und endgültig definiert, vor allen Dingen nicht verbindlich abgegrenzt gegenüber den Begriffen Fremdenverkehr und Reiseverkehr. Bei den angegebenen Definitionen wurden deshalb die von Praxis und Wissenschaft umgangssprachlich und gewohnheitsmäßig gebrauchten Bezeichnungen übernommen. Grundsätzlich ist festzustellen, dass diese Begriffe synonym verwendet werden.

Nach Auffassung des Verfassers beschreibt Tourismus i.w.S. als Oberbegriff sowohl den Aus- und Einreiseverkehr eines Landes mit den Besuchszielen, die sich auf Freizeit mit Erholung, Urlaub, Gesundheit, Studium, Religion und Sport, sowie geschäftliche Tätigkeit, Familie, Mission und Versammlung gründen, als auch das Binnenreisegeschäft der Bewohner eines Landes. Tourismus i.e.S. kennzeichnet daneben im wesentlichen den grenzüberschreitenden Ferien- und Reiseverkehr mit Besuchern, die wenigstens eine Nacht und weniger als ein Jahr im Besuchsland verbringen.

Fremdenverkehr gehört nach dieser Definition zum Binnenmarkt und in die Region. Reiseverkehr bezieht sich auf die Art der Beförderung und die Verwendung der verschiedenen Verkehrsmittel.

Die großen nationalen und internationalen Organisationen bezeichnen alle Arten von hereinkommenden und hinausgehenden Reiseströmen als Tourismus. Das hat sich so eingebürgert. Allerdings ist auch in unserem jetzt größeren Deutschland die Bezeichnung Fremdenverkehr noch nicht aus dem Sprachgebrauch wegzudenken. Zu sehr haben sich die inländischen Gremien an diesen Begriff gewöhnt: Das ist nicht nur eine Generationsfrage. Nichtsdestoweniger ist eine Bereitschaft zum Umdenken dort festzustellen, wo sich eine Reihe von Fremdenverkehrsstellen zu Städte-Informationen (ehemaliges DDR-Vokabular) oder Tourismus- beziehungsweise Touristikstellen entwickelt hat. Meist erfolgt die Umbenennung gleichzeitig mit der Privatisierung. Der zunehmende Gebrauch z.B. der Bezeichnungen Gäste-Information, Gästeverkehr, Gästebetreuung und Gästeführer ist zu begrüßen. Der wenig freundliche Ausdruck Fremdenverkehr oder gar internationaler Fremdenverkehr wäre demnach nur noch ein Wortungetüm?

In jüngster Zeit erlebt die Branche jedoch grundsätzliche Festlegungen auf die Bezeichnung Tourismus. Beispiele auf politischer Seite für den Wandel finden sich bei dem bis 1990 so benannten Unterausschuss Fremdenverkehr, der bei der Regierungsbildung 1990 abgelöst wurde von dem dann installierten Vollausschuss für Tourismus und Fremdenverkehr, der wiederum in 1994 als eigenständiger Ausschuss bestätigt wurde; endgültig umbenannt inzwischen in Ausschuss für Tourismus des Deutschen Bundestages, in dem die verschiedenen Fraktionen ihre Repräsentanten entsenden. Diese sind jeweils in Arbeitsgruppen für Tourismus organisiert.

Bleibt die Statistik. Und hier hat bekanntlich die World Tourism Organization (WTO) im Juni 1991 in Ottawa eine allgemeine Definition für den Begriff Tourismus gefunden und verabschiedet, der sich das Statistische Bundesamt im wesentlichen angeschlossen hat. Nach dieser Definition bezeichnet der Begriff Tourismus die Aktivitäten von Personen, die sich an Orte außerhalb ihrer gewohnten Umgebung begeben und sich dort nicht länger als ein Jahr zu Freizeit-, Geschäfts- und anderen Zwecken aufhalten, wobei der Hauptreisezweck ein anderer ist als die Ausübung einer Tätigkeit, die vom besuchten Ort aus vergütet wird. Damit ist eine verbindliche Grundlage geschaffen, die eine Abgrenzung und Vergleichbarkeit hinsichtlich der Märkte, Regionen, Länder, Zeiträume und Kategorien ermöglicht.

Und wie erleben wir die weitere Entwicklung?

1995 wurden Tourismus- und Fremdenverkehrspräsidien in unserem Land aufgelöst und ein lange geforderter Bundesverband der Deutschen Tourismuswirtschaft (BTW) installiert, in dem jetzt sowohl die führenden nationalen Tourismusverbände als auch die bekannten Leistungsträger Mitglieder sind. Mit dem BTW ist ein starkes, schlagkräftiges Gremium entstanden mit Fachleuten, die auch politisch dem Tourismus ein größeres Gewicht verleihen können. Auch der DTV ist ab Januar 2002 dem Dachverband beigetreten.

Der BTW verfügt über ein Brüsseler Büro und hat somit die nötigen Vor-Ort-Möglichkeiten einer politischen Interessenvertretung für Europabelange realisiert.

Hat die Sprachverwirrung jetzt ein Ende?

Hier hat der DTV mit seinen Empfehlungen 2001 erheblich dazu beigetragen, eine einheitliche Bezeichnung für die touristischen Organisationen zu schaffen, um die unterschiedlichen Begriffe auf kommunaler und regionaler bis hin zur Landesebene zu beenden. Beispiele dazu sind

- Mosel Tourismus AG
- Rhön Tourismusverband
- Niedersachsen Tourismus GmbH.

Auch lässt sich so eine Standardisierte Domain im Internet für die Vielzahl der Servicestellen leichter realisieren.

Seit 1961 vergibt der DTV die Auszeichnung „Anerkannte Tourismus Informationsstelle", mit der dieser Dachverband sicher maßgeblich zur sprachlichen Vereinheitlichung beiträgt.

So wird sich wohl im weltweiten Kommunikationsumgang der Begriff Tourismus auf lange Sicht als gemeinsame Klammer statt Fremden- und Reiseverkehr in der Fachsprache durchsetzen.

„Tourismus braucht keiner. Ferien jeder."
Ferien statt Tourismus, wie seinerzeit von der Schweiz vorgegeben, ist wohl einzig von diesen auf Werbestrategien zugeschnitten, um Rückstände gegenüber früheren Zeiten wieder aufzuholen. Dieser Slogan impliziert weniger Aufklärung, als er spektakulär vom negativen Massentourismus mit seinen Folgen umlenkt und auf eine heile Welt, die Ferieninsel Schweiz, aufmerksam macht. Nostalgie verpflichtet.

Natürlich wird es langfristig Aufgabe und Verpflichtung der Verantwortlichen in Politik und Management bleiben, negative Images vom Tourismus und seiner massierten Ausprägung zu vermeiden wie u.a. Sextourismus, Kriminalität und Terrorismus und Sicherheit, Qualität und Umweltvorsorge bei Luft und Wasserreinheit, also umwelt- und sozialverträglichen Tourismus zu ermöglichen, der den Urlaubern Entspannung und Erholung bereitet.

Mehr und Ausführlicheres zum Thema ist unter folgenden Stichwörtern zu finden:

Tourismus, touristische Nachfrage, touristisches Angebot, Touristik, Touristen, Besucher, Massentourismus, Sanfter Tourismus, Urlaubsreisen, Individualreisen, Pauschalreisen, Incoming-Tourismus, Outgoing-Tourismus, Leistungsträger, Verkehrsmittel, Reiseveranstalter, Reisebüros, Reiseleiter, Urlaubsanspruch, Ferien, Berufsausbildung im Tourismus, Kaufmann/Kauffrau für Reiseverkehr und Touristik, Tourismusstudium, Tourismus mit Einsicht, WTO World Tourism Organization, WTTC, Wirtschaftsfaktor Tourismus, Reiseverkehrsbilanz, Tourismus-Präsidium, Bundesministerium für Wirtschaft und Technologie (BMWi), Dachverband Tourismus, Ausschuss für Fremdenverkehr und Tourismus, Fremdenverkehr, Fremdenverkehrsstellen, Fremdenverkehrsverband, Berufsausbildung im Hotel- und Gaststättengewerbe, Deutsches Fremdenverkehrspräsidium, Bund-Länderausschuss Tourismus, Kur- und Bäderwesen, Gastgewerbe, Gästeankünfte, Gästebetreuer, Gästeführer, Gästeinforma- tion, Tagesausflugsverkehr, Bundesverband der Deutschen Tourismuswirtschaft (BTW).

Günter Schroeder
Berlin, Januar 2002

Freischreiberklärung: Formular über den Verlust oder Diebstahl eines Flugdokuments. → Enthaftungserklärung, → Haftungserklärung

Freistellungsverordnung: Die Verordnung über die Befreiung bestimmter Beförderungsfälle von den Vorschriften des Personenbeförderungsgesetzes bezieht sich u.a. auf die Beförderung von Berufstätigen zu Baustellen, auf die Beförderung von und zu Gottesdiensten, auf die Beförderung von Kranken mit eigenen Fahrzeugen des Krankenhauses, auf die Beförderung von Kindergartenkindern. Der wichtigste Freistellungstatbestand ist die Beförderung mit Kraftfahrzeugen durch oder für Schulträger zum und vom Unterricht. Voraussetzung für die Freistellung ist immer, dass die Fahrgäste selbst kein Entgelt entrichten müssen.

Freizeitberater/in im Tätigkeitsfeld Urlaub/Tourismus bzw. Kur/Rehabilitation: Vor allem in Feriendörfern bzw. in Fremdenverkehrsorten einsetzbare Fortbildungsqualifikation. Über die Planung und Durchführung von Urlaubsaktivitäten (inkl. Animation im Breitensport) hinaus, hat der Freizeitberater die Anregung zur Geselligkeit und Kommunikation zwischen Urlaubern sowie die Beratung im Bereich Urlaubsplanung und -gestaltung als Aufgabe. Im Bereich Kur/Rehabilitation wird er ebenfalls auf die gesundheitsbezogene bzw. -gerechte Planung und Gestaltung von Freizeitaktivitäten vorbereitet, die z.B. in Kurorten, Gesundheitszentren, Sanatorien etc. angeboten werden.

Freizeit-/Sportbetreuer: → Animateur-Assistent (Freizeit-/Sportbetreuer)

Freizeitindustrie: Gilt als Sammelbegriff für alle freizeitbezogenen Produktions- und Dienstleistungsunternehmen.

Freizeitpädagogik: Die Vermittlung der sinnvollen Wahrnehmung von Freizeit und Urlaub; wird bes. bei der Ausbildung von Animateuren und Reiseleitern angewandt. → Animation, → Reiseleiter

Freizeitparks: Umzäunte Einrichtungen unter freiem Himmel, für deren Benutzung ein Eintrittsgeld erhoben wird. Sie dienen vorwiegend der touristischen Naherholung und werden meist von Familien mit Kindern oder Gruppen besucht. Neben bestimmten Attraktionen, die nur besichtigt oder erlebt werden, wird auch die Möglichkeit zu sportlicher Betätigung gegeben, z.B. in der perfektesten Form: Disney World in Florida. In Deutschland unter anderem Phantasialand bei Brühl/Rhld. und Europa-Park Rust. Auch manche Themenparks sowie Zoo-Anlagen, Vogelparks und Safariparks zählen zu dieser Gruppe. → Disneyland, → Themenparks

Fremdenführer: Örtlich eingesetzter Führer, der Besuchern die Sehenswürdigkeiten einer Stadt oder einer Stadt und/oder deren Umlandes nahe bringt. → FSR, → Local Guide, → Reiseleiter, → Sightseeing, → Stadtbilderklärer

Fremdenheime und Pensionen: Beherbergungsstätten, die jedermann zugänglich sind, in denen Speisen und Getränke aber nur an Hausgäste abgegeben werden. Nach Dehoga ist ein Fremdenheim ein Pensionsbetrieb einfacherer Art.

Fremdenverkehr: Gesamtheit aus Reiseverkehr und damit verbundenen Aufenthalten an fremden Orten zum Zweck der Erholung, Gesundheitspflege, der Geselligkeit, des Sports, politischer, beruflicher und wissenschaftlicher Kontakte. Der Fremdenverkehr hat sich zu einem wichtigen Wirtschaftszweig entwickelt. Als Dienstleistungssektor musste er ein differenziertes Informations- und Verteilungssystem aufbauen. Dieses stellt sich dar auf Ortsebene (Verkehrsämter, Verkehrsvereine, Kurverwaltungen, Betriebe von Heilbädern, Beherbergungsbetriebe, Vermieter von Ferienwohnungen, von Fremdenverkehr abhängige Betriebe, Reisebüros), auf Kreisebene (Kreisverkehrsämter, Kreisverkehrsvereine, Zweckverbände, Fremdenverkehrsgemeinschaften), auf Länderebene (Landesverbände, regionale Fremdenverkehrsverbände, regionale Bäderverbände, regionale Hotel- und Gaststättenverbände, Reisebüros und Verkehrsträger mit regionalem Bezug), auf Bundesebene (Deutscher Tourismusverband, Bundesfachverbände, Organisationen sowie Institutionen, überregionale Reiseveranstalter und Reisemittler, Verkehrsträger bzw. Unternehmen mit überregionalem Bezug) und auf internationaler Ebene (internationale Fremdenverkehrsorganisationen). Nach einer Definition (1954) von AIEST, resp. Hunziker und Krapf, ist „Fremdenverkehr der Inbegriff der Beziehungen und Erscheinungen, die sich aus dem Aufenthalt Ortsfremder ergeben, sofern durch den Aufenthalt keine Niederlassung zur Ausübung einer dauernden oder zeitweilig hauptsächlichen Erwerbstätigkeit begründet wird". Der Begriff Fremdenverkehr wird meist synonym (im Inland) zum Tourismus (grenzüberschreitend) gebraucht; er wird vielfach auch durch den Begriff Reiseverkehr ersetzt (siehe dazu auch „Ein Anliegen des Autors" auf der folgenden Doppelseite). → Tourismus

Fremdenverkehrsabgabe: Auf Grund kommunaler Satzung können Gemeinden für das Anbieten von Fremdenverkehrseinrichtungen Beiträge erheben. Im Gegensatz zu Kurbeiträgen werden hier jedoch Geldleistungen von denjenigen Unternehmen und freiberuflich Tätigen erhoben, die aus der geschaffenen touristischen Infrastruktur einen Vorteil ziehen können, wie z.B. Gastronomie, Einzelhandel und Ärzte. → Kurabgabe

Fremdenverkehrsausschuss: → Ausschuss für Fremdenverkehr und Tourismus

Fremdenverkehrsgebiet: Für den Fremdenverkehr geeignete oder durch ihn geprägte Landschaft mit einer Reihe von Fremdenverkehrsorten. Neben Beherbergungsbetrieben, anderen Freizeitwohnmöglichkeiten und Gastronomiebetrieben werden je nach Standort u.a. Kuranlagen, Bäder, Sportanlagen, Wanderwege sowie touristische Verkehrsmittel angeboten, z.B. Ausflugsschiffe, Bergbahnen, Skilifte usw.

Fremdenverkehrsgemeinschaften: → Fremdenverkehrsstellen

Fremdenverkehrsorganisation: → Tourismusorganisation

Fremdenverkehrsstellen: Auf kommunaler Ebene gehören dazu Verkehrsämter, Verkehrsvereine und Kurverwaltungen. Zusammen mit Unternehmen, Orts- und Kreisverbänden der Unternehmenszweige und Berufsgruppen gestalten diese das örtliche Fremdenverkehrsangebot und nehmen in Selbstverwaltung die Angelegenheiten auf Ortsebene wahr. Die kommunalen Fremdenverkehrsstellen unterstehen meist der unmittelbaren Verwaltung der Kommunen. Die Finanzierung dieser Stellen erfolgt aus dem kommunalen Haushalt bzw. bei Fremdenverkehrsvereinen aus Mitgliedsbeiträgen und Zuwendungen öffentlicher Mittel. Weiterhin existieren privatwirtschaftliche Organisationsformen. Aufgaben auf Ortsebene sind vor allem die Gestaltung einer dem Ort oder dem Kreis angepassten Infrastruktur, die Gewinnung von Gästen durch geeignetes Marketing, die Gästebetreuung vor Ort und die Zimmervermittlung. Auf regionaler Ebene haben sich darüber hinaus einzelne Gemeinden zur effektiveren Wahrnehmung der Fremdenverkehrsaufgaben zu Fremdenverkehrsgemeinschaften zusammengeschlossen. Auf Landesebene sind die Fremdenverkehrsgemeinden meist zu Landesfremdenverkehrsverbänden zusammengefasst. Gleiches gilt für Betriebe bzw. Orts- und Kreisverbände des Hotel- und Gaststättengewerbes. Außerdem vertreten sieben Landesbäderverbände die spezifischen regionalen Interessen ihrer Heilbäder und Kurorte. Diese Verbände sind in der Regel als eingetragene Vereine organisiert und finanzieren sich vorwiegend aus den Mitgliedsbeiträgen, die Fremdenverkehrsverbände teilweise auch aus Zuwendungen öffentlicher Mittel. Hauptaufgaben auf Landesebene ist das Marketing im weitesten Sinne für das Verbandsgebiet bzw. die Betreuung und die Beratung der Mitglieder. Darüber hinaus kooperieren die Verbände beratend mit den Landesregierungen und setzen sich bei anderen Spitzenorganisationen (DZT, DTV) für die Probleme der Region und der Mitglieder ein. In die Hoheit der Länder fallen vor allem die Förderung der touristischen Infrastruktur der Region, die Gewerbeförderung, die Förderung des Kurwesens und des Sozialtourismus. Weiterhin unterstützen die Länder Marketingmaßnahmen und Forschungsprojekte. Hierdurch gewinnen die Länder Einfluss auf die Fremdenverkehrspolitik in den Kommunen. Unter der bundeseinheitlichen Rufnummer 19433 (nach der jeweiligen Ortsvorwahl) können rd. 5000 FV-Ämter oder Büros für Tourismus, Stadtinformation oder Zimmernachweis angewählt werden. → DBV, → DTV, → DZT, → Kurverwaltung, → Verkehrsamt, → Verkehrsverein, → Zimmernachweis

Fremdenverkehrsverband: Als F. bezeichnet man den Zusammenschluss mehrerer FV-Organisationen zumeist auf Bundesländerebene. Daneben gibt es Zusammenschlüsse mehrerer privatwirtschaftlicher FV-Organisationen bundesländerübergreifend, wie z.B. Historic Highlights of Germany oder Wonderful Nine in Niedersachsen. F. unterhalten häufig auch kommerzielle Tochterorganisationen für Unterkunftvermittlung, Werbung und andere Gewerbetätigkeiten, weil sie als gemeinnützige Institutionen derartige Aufgaben nicht selbst wahrnehmen dürfen. → Historic Highlights of Germany, → Wonderful Nine

Fremdreisebüro: Selbstständiges, unabhängiges Reisebüro mit Agenturvertrag, im Gegensatz zur Eigenvertriebsstelle der Reiseveranstalter. Als F. wird dieses aus der Sicht der Veranstalter bezeichnet.

Fremdvertrieb: Absatzsteuerung über unabhängige, selbständige Reisebüros mit und ohne Agenturvertrag je nach Veranstalter und Leistungsträger. TUI und LTT vertrieben ursprünglich ihre Produkte überwiegend über Fremdvertrieb. → Branchenfremder Vertrieb, → direkter Vertrieb

Fréquence Plus: Bonusprogramm der Air France. → Bonusprogramm, → Frequent Flyers/Travellers

Frequent Flyers/Travellers: In der Luftfahrt Bezeichnung für Vielflieger, denen als Stammkunden oft Rabatttarife geboten werden. → Bonusprogramm, → Corporate Rates

Frequent-Flyer-Clubs: Werbe- und Marketinginstrument der Fluggesellschaften mit dem Ziel der Kundenpflege und Stammkundenbindung. → Bonusprogramm

Frequenz: Bedienungshäufigkeit; Anzahl der Flug-, Schiff-, Bahn- und Busdienste, die im Linienverkehr innerhalb eines bestimmten Zeitraums auf einer bestimmten Strecke durchgeführt werden.

Freundeskreis Alleinreisender: Sitz: Hamburg. Ziel ist die Förderung internationaler Begegnung und der Integration Benachteiligter (Behinderter, Älterer) sowie die Verbesserung der Situation der Einzelurlauber.

Frontoffice: Empfangsbereich im Hotel und auf Kreuzfahrtschiffen, mit dessen Personal der Gast bei Ankunft und Verabschiedung engen Kontakt hat, bei den Reisebüros mit Ladengeschäft der Kundenverkaufsraum. F. O. Manager = Empfangschef.

Frontoffice-System (FOS): Amadeus Reservierungs- und Verkaufssystem. → Tams

Frühbucherrabatt: Marketinginstrument der Leistungsträger und Reiseveranstalter, den Kunden über Preisnachlässe zum frühest möglichen Buchen einer Reise oder sonstigen Dienstleistungen zu bewegen zwecks Optimierung von Kapazitätsauslastung. → Last-Minute-Tickets und -Reisen

FSR: Förderverein zur Schulung von Reiseleitern, Sitz: Hagen. Hauptaufgabe ist die Schulung von Reiseleitern für Veranstalter mit Schwerpunkt Standort-/Studien- und Rundreiseleitung sowie Weiterbildungsseminare. Herausgeber des Handbuchs „Destination Reiseleitung“. → Fremdenführer, → Reiseleiter

FTE: Kürzel für Forschung und technologische Entwicklung im Rahmen der EU mit dem Ziel der europäischen Technologiegemeinschaft. Im Vordergrund der FTE-Politik der EU steht die Erhaltung und Stärkung der industriellen Wettbewerbsfähigkeit.

FTI: Frosch Touristik International; Sitz in München; einer der führenden deutschen Reiseveranstalter. Gesellschafter ist zu 100% die britische britische My Travel Group, vormals Airtours, mit Sitz in Manchester/Großbritannien. Die FTI-Unternehmensgeschichte begann 1981 mit der Gründung eines Spezialveranstalters für Sprachreisen. Zur FTI-Gruppe gehören die Veranstaltermarken:

- FTI Touristik
- LAL Sprachreisen
- Air-Maritime Seereisen
- Club Valtur (nur Verkauf und Marketing in D.)
- Fünf vor Flug (Last Minute)

sowie das Mietwagenprogramm

- Drive FTI

→ My Travel, → TVG

FTM: Forschungskreis Tourismusmanagement an der Universität Trier. → Futurista.

FTP: File Transfer Protocol, Verfahren zur Übertragung von Daten zwischen verschiedenen Rechnern. Dient vor allem dem Download. Weitere Internetdienste sind z.B. HTTP oder Telnet. → Download

F + U: Akademie für Touristik, Heidelberg, gemeinnützige Bildungseinrichtung für Fortbildung und Umschulung, bildet zum Touristikfachwirt und Betriebswirt Fachrichtung Touristik aus.

Führerschein, internationaler: Der i. F. berechtigt zum Führen von Kraftfahrzeugen außerhalb des Gebietes der Bundesrepublik Deutschland. Im Allgemeinen wird der i. F. nur noch in seltenen Fällen benötigt; für einige Staaten ist die Ausstellung eines i. F. jedoch anzuraten. Die Gültigkeit des i. F. beträgt drei Jahre. Für die Antragstellung sind ein Lichtbild, Personalausweis oder Reisepass und der deutsche Führerschein erforderlich.

Fünfte Jahreszeit: Sie beginnt am elften November und endet am Aschermittwoch. Das „närrische Treiben“ in den Hochburgen im Rheinland heißt im Raum Düsseldorf und Köln Karneval, in Mainz Fastnacht, im bayerisch-österreichischen Raum Fasching. Höhepunkte der närrischen Zeit sind der Donnerstag vor Aschermittwoch (Weiberfastnacht) sowie je nach Gegend der Rosenmontag oder Veilchendienstag. Touristisch genutzt von Reiseveranstaltern für Programmausschreibungen.

Fünf vor Flug: Last-Minute-Vertriebssystem von FTI und Flugbörse. → FTI

Fulfilment Service: Lager und Versand werden an spezialisierte Unternehmen vergeben, die die Abwicklung von Bestellungen veranlassen, Rechnungen schreiben und für Geldfluss sorgen. Im Tourismus: von Firmen angebotener Service, der die Internet-Reisebuchung mit dem Servicepaket eines Reisebüros kombiniert. Die Ausstellung der Flugscheine und Bahnfahrkarten, Umbuchungen, Rückgaben von Reisedokumenten, Unterstützung bei telefonischen Anfragen sowie Qualitätskontrolle aller Internetbuchungen wird übernommen. → OFS

Fulton, Robert: Der amerikanische Ingenieur F. baute 1807 den 160 t schweren Raddampfer „Claremont“ mit einer Wattschen Dampfmaschine und fuhr damit auf dem Hudson stromaufwärts. Mit dieser Entwicklung leitete F. das Ende der reinen Segelschifffahrt ein. Mit der Verdrängung der Segelschiffe durch die Dampfkraft wurde nicht nur eine revolutionierende Erhöhung der Leistungsfähigkeit des Land- und Wasserverkehrs erreicht, sondern vor allem eine Verbilligung des Transports von Personen und Gütern.

Funktionsbereiche der Transportleistungen: Wegsicherungs-, Beförderungs-, Abfertigungs- und Hilfsfunktionen. → Wegsicherung

Fun Ships: Bezeichnung für die Musikdampfer/ Kreuzfahrtschiffe in der Karibik, auf denen die US-Unterhaltungsindustrie bei leichter Muse zum Verweilen an Bord einlädt. Diese Vergnügungsdampfer bieten Unterhaltung à la Broadway mit Glamour-Shows. Bekannte Entertainer begeistern hier ein überwiegend verwöhntes US-Publikum. Daneben locken unzählige Spielautomaten, die sog. Einarmigen Banditen, sowie Roulette und Blackjack in jeder denkbaren Form. → Kreuzfahrten

FUR: Forschungsgemeinschaft Urlaub und Reisen, gegründet: Juli 1994 in Frankfurt/M., Sitz: Hamburg. Zweck des Vereins ist die Vorbereitung und Durchführung von Untersuchungen über das Reiseverhalten der Deutschen und deren Umsetzung in Marketingmaßnahmen. Nach dem Konkurs des StfT – Studienkreis für Tourismus, Starnberg – fungiert FUR als neutraler Träger der Nachfolgeuntersuchung der Reiseanalyse (RA). → Reiseanalyse (RA), → Urlaub + Reisen (U + R)

Fusion: Verschmelzung; Unternehmenszusammenschluss; die Vereinigung von zwei oder mehreren selbstständigen Unternehmen zu einer rechtlichen und wirtschaftlichen Einheit. Es gibt zwei Arten der F.: 1. Eines der sich vereinigenden Unternehmen bleibt bestehen. Das übrige oder die übrigen Unternehmen übertragen ihr Vermögen auf das fortzuführende Unternehmen. 2. Bei der Fusion durch Neubildung übertragen die fusionierenden Unternehmen ihre Vermögen auf ein dazu neu gegründetes Unternehmen. Im Tourismus sind beide Formen zu finden.

Futour: Zusammenschluss von Architekten und Verkehrsplanern, Forstingenieuren und Hotelberatern, Pädagogen und Psychologen, Geografen und Ernährungswissenschaftlern zur interdisziplinären Arbeit und Entwicklung umfassender ganzheitlicher Konzepte für einen umwelt- und sozialverträglichen Tourismus.

Futurista: Internationaler Dachverband studentischer Arbeitsgemeinschaften im Tourismus, der neben einer interdisziplinären Tourismusforschung Einfluss auf Qualität und Quantität der touristischen Ausbildung nimmt (z. B. durch Workshops, Symposien, Vorträge etc.), um verantwortungsvolle Führungskräfte für die Branche hervorzubringen. F. wurde 1992 in München gegründet. Mitglieder sind Arbeitsgemeinschaften von Berufsakademien, Fachhochschulen, Hochschulen und Universitäten. Der Name steht für die zukunftsorientierte (futur) Vereinigung internationaler Touristikstudenten (International Student Tourism Association = Ista).

FVA - Fremdenverkehrsamt: → NTO

FV - Fremdenverkehr: → Fremdenverkehr

FVV - Fremdenverkehrsverband: → Fremdenverkehrsstellen, → Fremdenverkehrsverband

FVW International: Zeitschrift für die Tourismuswirtschaft. Neben 27 Ausgaben und täglichen News im Internet publiziert der Marktführer der touristischen Fachzeitschriften jährlich fünf Spezialmagazine zu den Themen Hotel, Flug, Informationstechnologie, Schiff und Business Travel sowie die Dokumentationen „Deutsche Veranstalter in Zahlen", „Europäische Veranstalter in Zahlen" sowie „Reisebüro-Ketten und Kooperationen".

FVW Kongress Zukunft: jährlicher Kongress zu aktuellen Themen aus den Bereichen Touristik, Business Travel und Travel Technology.

FVW Preis Zukunft: Auszeichung der FVW International für Reisebüros mit innovativen Konzepten. Das „Reisebüro des Jahres" wird jährlich auf dem FVW Kongress Zukunft gekürt. In die Bewertung einfließen können beispielsweise neue Instrumente zur Kundenbindung, eine vorbildliche Service- und Beratungsqualität, neue Dienstleistungsangebote, die Einbindung Neuer Medien und Technologien in das Geschäftskonzept, überzeugende Konzepte zur Mitarbeiterqualifizierung und -motivation und neue Instrumente zur Ertragsverbesserung. Dotiert ist der Preis mit dem Gehalt eines Auszubildenden für ein Jahr, einer Urkunde, einer Trophäe sowie dem Gütesiegel „Reisebüro des Jahres". → FVW Kongress Zukunft

G

G7-Gruppe: Die Finanzminister und Notenbankchefs der USA, Japans, Deutschlands, Großbritanniens, Frankreichs, Italiens und Kanadas treffen sich regelmäßig als Vertreter der Gruppe der größten westlichen Industrieländer in wechselnden Gastländern. Zu ihren Aufgaben gehört die Koordinierung in den Bereichen
- Geldpolitik/Geldwertsstabilität,
- Haushaltspolitik/-stabilität,
- Wachstum und Handel.

Die G7-Gruppe, der Club der reichen Industrie-länder mit nur 12% der Weltbevölkerung bei 75% des Weltbruttosozialprodukts, ist aus der Gruppe von fünf Staaten (G5) 1985 hervorgegangen. Italien und Kanada traten ein Jahr später bei. Bei den Beratungen der G7 sind auch die Vertreter des Internationalen Währungsfonds (IWF), mit der Aufbereitung der geforderten Wirtschaftsdaten zugegen. Weltwirtschaftsgipfel.

G8-Gruppe: Seit 1993 werden zu den G7-Treffen auch Vertreter Russlands hinzugezogen. Daneben gibt es auch noch die G10-Gruppe, zu der neben den sieben wichtigsten Industrieländern noch Belgien, die Niederlande, Schweden, die Schweiz und als assoziiertes Mitglied Saudi-Arabien gehört. Der Name ist irreführend, da der Gruppe mehr als zehn Mitglieder angehören. → G7-Gruppe, → Weltwirtschaftsgipfel

Gabelflüge: Unterschiedliche Ankunfts- oder Abflugorte im Zielgebiet oder im Ausgangsland. → Open Jaw (OJ)/Gabelreise

Gabelreise/Open Jaw (OJ): Wird im Rahmen der Flugpreisberechnung im Wesentlichen wie ein Round Trip behandelt. → DOJ – Double Open Jaw, → Flugpreisberechnung, → OJ - Open Jaw Trip im Iata-Luftverkehr, → OOJ - Origin Open Jaw im Iata-Luftverkehr, → Round Trip (RT), → SOJ - Single Open Jaw, → TOJ - Turnaround Open Jaw im Iata-Luftverkehr

GAD: Die Gastronomische Akademie Deutschlands wurde 1959 in Bad Soden/Taunus gegründet. Ideenträger war Eugen Lacroix (1886-1964) und Walter Bickel (1882-1982). Die GAD ist eine ideelle und unabhängige Vereinigung. Sie tritt nach ihrer Satzung zur Förderung der Volksgesundheit und für die Erhaltung der Kochkunst und Tafelkultur ein. Mitglieder sind Ernährungswissenschaftler, Ärzte, Fachschriftsteller, Hoteliers, Restaurateure, Fachleute des Weinbaues und anderer spezifischer Sachgebiete. Fördernde Mitglieder unterstützen die Aktivitäten des G. Sie hat korrespondierende Mitglieder in vielen Ländern. Aktivitäten sind z.B. jährlicher literarischer Wettbewerb mit der Goldenen Feder als höchster Auszeichnung.

Gästeankünfte: International üblicher Begriff für stat. Zwecke zusammen mit der Anzahl der Übernachtungen (WTO).

Gästebetreuer: Fortbildungsqualifikation für Fachkräfte im Fremdenverkehr bzw. im Hotelgewerbe. Vermittlung von Fachkenntnissen in der Betreuung von Gästen z.B. in Hotels, Clubanlagen, Feriendörfern, Kur- und Fremdenverkehrsorten etc. Gelernt wird die Planung und Durchführung von Freizeitprogrammen (Spiele, Sport etc.) sowie ihre Werbung innerhalb der Ferienstätte.

Gästefragebogen: Durch individuelle Beurteilung ihrer Hotelgäste und Kreuzfahrer überprüfen beispielsweise Hotels und Kreuzfahrtreedereien, ob ihre Dienste den ausgeschriebenen Standards entsprechen; gefragt wird u.a. nach:

- Freundlichkeit der Mitarbeiter und deren Reaktion auf mögliche Probleme
- Sauberkeit und Instandhaltung der Zimmer
- Qualität und Frische bei Speisen und Getränken; Minibar-Auswahl

Gästeführer: Seit Mitte der 80er Jahre Bezeichnung für den früheren Fremdenführer. Abschluss nach dem G.-Lehrgang mit Kenntnissen der jeweiligen Stadt und/oder deren Umland sowie der Beherrschung von mindestens zwei Fremdsprachen zum Freiberuflichen Gästeführer für Touristik. → Bundesverband der Gästeführer, → Fremdenführer, → Sightseeing

Gästehaus: 1. Häufig nur Dependance eines Hotels etc.; Synonym für Pension.

→ Pension/Hotelpension

2. Wird vielfach von großen Firmen, Hochschulen und kirchlichen Einrichtungen zur Unterbringung von Betriebsangehörigen, Geschäftsfreunden und Besuchern unterhalten. Hierbei werden Verpflegungs- und Übernachtungsleistungen zu nicht gewerblichen Zwecken gewährt.

Gästeinformation: → Zimmernachweis

Gästezimmer: 1. Zimmer in Ferienregionen im privaten bzw. kleinen Pensionsrahmen mit familiärem Charakter und kleinem Frühstücks-/Restaurationsbetrieb. 2. G. auch in Messestädten zum Ausgleich vorübergehender Zimmerknappheit.

Gaff: Geographischer Arbeitskreis für Freizeit und Fremdenverkehr, Berlin, hat sich im Herbst 1985 konstituiert. Ein Teil seines geografischen Arbeitsfeldes ist der Tourismus als gesamtgesellschaftliches Phänomen. Er untersucht die wirtschaftlichen, sozialen und ökologischen Aspekte des Tourismus. Gaff war Mitglied im Arbeitskreis Tourismus mit Einsicht. → Tourismus mit Einsicht (TME)

Galileo: 1987 durch die Gründungsmitglieder British Airways, Swissair, KLM, Alitalia und Covia, der von United Airlines unter ihrem damaligen Namen Apollo gegründeten IT-Tochtergesellschaft. 1990 nahm G. seinen Betrieb auf. 1992 beschlossen die Eigentümer von Covia Partnership und Galileo die Zusammenführung beider CRS zu Galileo International. 1997 erfolgte die Umwandlung in eine Aktiengesellschaft. Das System bietet Reisebüros und Internet-Nutzern die Möglichkeit, Hotels, Mietwagen, Fähren und Eisenbahnen unter Zugriff auf Fahrplan-, Verfügbarkeits- und Preisinformation zu buchen. Seit Oktober 2001 ist G. eine Tochtergesellschaft der US-Holding Cendant Corporation, zu der die Marken Ramada, Travelodge, Super 8 und Days Inn sowie das nordamerikanische Avis-System gehören. G. bietet u.a. folgende Möglichkeiten:

• Galileo Availibility: Über dieses Display unter Galileo erhält man eine einmalige Auflistung der verfügbaren Plätze aller beteiligten Fluggesellschaften. Es ermöglicht den direkten Zugriff auf das Verfügbarkeitsdisplay des fluglinieneigenen Systems.

• Galileo Product Directory: Der elektronische Katalog für Reiseinformationen und -service unter Galileo bietet vielfältige Buchungsmöglichkeiten für zusätzliche Reisedienstleistungen.

• Galileo Relay Productivity Tools: Benutzeroberfläche unter Galileo zur Automatisierung und individuellen Anpassung von vorgegebenen Aufgaben. Über den Queue Manager lassen sich Aufgaben der Queue-Bearbeitung individuell erledigen. Über das Tool Booking File to Client File kann aus einer Buchung ein personenbezogener File erstellt werden, ähnlich den Customer Profiles unter Amadeus. Über Response Capture lassen sich Buchungsanfragen durch automatisches Kopieren und Einfügen von Galileo-Antworten optimieren.

• Galileo Sell: Buchungsmaske unter Galileo für Linienflüge aus einem Verfügbarkeitsdisplay mit der Flugroute ohne Neuanfang, durch den Short Cut lassen sich die Flugreservierungen optimieren.

→ Abacus CRS, → Amadeus, → Apollo, → Benutzeroberfläche, → Cendant Corporation, → CRS, → Customer Profile, → Queue, → Sabre, → Short-Cut

Game Lodge: Busch-Camp (kein Zoo), z.B. Mala-Mala-Lodge in Südafrika,. Ausgangspunkt für Tierwelt-Erkundungen.

GA-Mittel: Bund/Länder-Gemeinschaftsaufgabe; GA-Mittel sorgen für Verbesserung der regionalen Wirtschaftsstruktur und Infrastruktur und damit auch für Förderung des bundesdeutschen Fremdenverkehrs durch Schaffung und Sicherung von Arbeitsplätzen.

Gangway: Fluggasttreppe; Landungssteg zwischen Schiff und Kai.

Garantiefonds: Sicherungssystem in einigen europ. Ländern, mit dem Käufer von Pauschalreisen gegen den finanziellen Kollaps von Reiseveranstaltern oder Reisebüros abgesichert sind. Im Falle der Insolvenz erfüllt der Fonds aus den von den Mitgliedern erbrachten Beiträgen die finanziellen Verpflichtungen des zahlungsunfähig gewordenen Unternehmens. → Insolvenzschutzversicherung, → Kundengeldabsicherung, → SGR

Gardemanger: In der À-la-carte-Küche ist der G. für die kalte Küche zuständig. → À-la-carte-Küche

Gartenschau: (IGA) Internationale Gartenbauausstellungen, Bundes- und Landesgartenschauen sind gärtnerische Leistungsschauen mit wirtschaftlicher Zielsetzung. Das begleitende Freizeitangebot reicht von Blumenschauen über diverse Veranstaltungen, Spielanlagen und gastronomische Angebote bis hin zur Einrichtung von Ausstellungsbahnen, die ebenso wie die Gartenschauanlagen anschließend zumeist als Freizeiteinrichtungen weitergenutzt werden. Gartenschauen sind beliebte Ziele von Tagesausflügen oder Kurzurlaubsreisen. Bundesgartenschau 2001 in Potsdam unter dem Motto „Gartenkunst zwischen gestern und morgen".

GAST: 1. Gemeinschaft autofreier Schweizer Tourismusorte. Dem Zusammenschluss gehören u.a. Saas-Fee und Zermatt an. 2. Internationale Fachmesse für Gastronomie und Fremdenverkehr in Klagenfurt/Österreich.

Gastarbeitercharter: Im Luftverkehr Bezeichnung für Flüge des Gelegenheitsverkehrs im sog. Tramp- und Anforderungsverkehr. Diese Flugart kennzeichnet die Beförderung von Gastarbeitern (Migrant Worker) mit Familienangehörigen nach und von ihrem jeweiligen Heimatland. → Tramp- und Anforderungsverkehr

Gastaufnahmevertrag: → Beherbergungsvertrag

Gastgewerbe: Gesamtheit der gewerblichen Gaststätten und Beherbergungsbetriebe.

Gasthaus: Gaststätte ohne Übernachtungsmöglichkeiten.

Gasthöfe: Beherbergungs- und Verpflegungsstätten, die jedermann zugänglich sind; als Aufenthaltsraum steht lediglich der Gastraum zur Verfügung. Haupttätigkeit ist die Abgabe von Speisen und Getränken. Nach Dehoga sind Gasthöfe Beherbergungsbetriebe, denen ein Schank- oder Speisebetrieb angeschlossen ist.

Gast im Schloß Reisen: Sitz: Mannheim, Vereinigung der Burg- und Schlosshotels und historischen Herbergen.

Gastronomie: Gesamtheit der Gaststätten als Teil des Gastgewerbes. → Gastgewerbe

Gastronom (staatl. geprüft): Einjähriges Weiterbildungsangebot. Voraussetzungen für die Zulassung sind eine fachliche Ausbildung und Berufspraxis.

Gastschulaufenthalte: Besuch einer Schule in einem anderen Staat mit Unterbringung in Gastfamilien.

GAT: General Aviation Terminal, ein separater Abfertigungsbereich an Flughäfen für den Geschäfts-, Charter-, und Taxiflugverkehr sowie für Helikopterservice.

Gate: Flugsteig am Flughafen, an dem die Passagiere sich nach dem Check-in versammeln, bevor sie ins Flugzeug einsteigen.

GATE: Gemeinsamer Arbeitskreis Tourismus und Ethnologie. Sitz in Hamburg. Umsetzung ethnologischer und sozialverträglicher Konzepte im Tourismus. Information und Weiterbildung für Reisende und Mitarbeiter der Tourismusbranche. Rundbrief erscheint zweimal jährlich.

Gateway: 1. Einfahrt, Zugang. Im internationalen Luftverkehr Bezeichnung für Großflugplätze mit Fernstreckenverbindungen (Eingangstor zum jeweiligen Land). Für Kreuzfahrten in der Karibik wird Miami als Ausgangs- und Ankunftshafen ebenfalls als G. bezeichnet.

2. In der EDV Bezeichnung für einen Verbindungsrechner zwischen unterschiedlichen Systemen. → Drehkreuz im Luftverkehr, → Hubs and Spokes

Gatt: General Agreement on Tariffs and Trade, Allgemeines Zoll- und Handelsabkommen, 1947 mit der Zielsetzung gegründet, durch Abbau von Zoll- und Steuerhemmnissen Liberalisierung durchzusetzen. Über neue Feihandelsregeln soll weltweit mehr Wachstum erreicht werden. Nachfolgeorganisation ab 1994 ist die Welthandelsorganisation (WTO) in Genf. → Welthandelsorganisation - World Trade Organisation (WTO)

GAVL: Groupement des Agences de Voyages du Grand-Duché de Luxembourg; luxemb. Reisebüroverband mit Sitz in Luxemburg. Mitglied beim Ectaa.

GBB: Geschäftsbereich Bahnbus. Der bisher öffentlich-rechtlich organisierte GBB wurde Ende 1989 in handelsrechtliche Gesellschaften umgewandelt, um bessere Voraussetzungen für verschiedene Formen der Kooperation zu bieten und im Nahverkehr besser vor Ort planen zu können. → Bahnbus

GBK: Gütegemeinschaft Buskomfort, Böblingen-Hulb, wurde 1975 von Busunternehmen gemeinsam mit den Verbänden RDA, BDP und WBO sowie einigen Busherstellern gegründet. Ziel der Gütegemeinschaft ist eine qualitativ ausgeprägte und leistungsmäßig transparente Struktur des Busreisemarktes. Hierfür hat die Gütegemeinschaft ein Klassifizierungssystem zur Gütekennzeichnung von Reisebussen aufgestellt, verleiht entsprechende Gütezeichen und betreibt Verbraucherberatung nach Marketinggesichtspunkten. Ein weiteres Tätigkeitsfeld ist die Gemeinschaftswerbung für den Bus. Im Jahr 2000 gab es 521 Unternehmen mit 1156 klassifizierten Reisebussen. → Klassifizierung der Reisebusse

GbR: Gesellschaft des bürgerlichen Rechts (BGB-Gesellschaft § 705 BGB) ist die im Bürgerlichen Gesetzbuch geregelte Grundform der nicht rechtsfähigen Personengesellschaft. Beruht auf einem Gesellschaftsvertrag zwischen mindestens zwei Personen, der den Zweck der Gesellschaft bestimmt. Die G. endet grundsätzlich durch Ausscheiden eines Gesellschafters. → Unternehmensform

GCB: German Convention Bureau, zentrale Interessenvertretung und Marketingorganisation für das Kongressland Deutschland mit Sitz in Frankfurt/Main. Das GCB besteht seit 1973 und ist eine nicht-kommerzielle Organisation. Zu den mehr als 200 Mitgliedern zählen führende Hotels, Kongresszentren und -städte, Veranstaltungsagenturen und viele Dienstleister aus allen Bereichen der deutschen Tagungs- und Kongressbranche. Das GCB wirkt als Schnittstelle zwischen den Veranstaltern von Kongressen oder Tagungen und den Anbietern auf dem deutschen Tagungsmarkt. Seit 1995 veranstaltet das GCB den Kongressmarkt Meetings made in Germany in Bonn. Im September 2001 vollzog das GCB mit dem Beschluss einer neuen Satzung die Änderung der Rechtsform in einen eingetragenen Verein. Die Kooperation von GCB und DZT soll intensiviert werden. → DZT, → Meetings made in Germany, → Tagungsstätten

GDG: Gemeinschaft Deutscher Großmessen; in dieser Vereinigung sind die Messestädte Düsseldorf, Frankfurt/Main, Hannover, Köln und München zusammengeschlossen.

GDS: Global Distribution Systems, weltweite computergestützte Vertriebssysteme. → CRS, → Galileo, → Sabre, → Worldspan

Gebietsgemeinschaft: Kooperation mit dem Ziel, die interkommunale Zusammenarbeit zwischen den Tourismusgemeinden zu institutionalisieren. Entscheidend ist, dass die G. eine eindeutige landschaftsräumliche Geschlossenheit bzw. ein erkennbares Landschaftsprofil präsentiert. G. können sich wirkungsvoller als einzelne Tourismusgemeinden am touristischen Markt positionieren.

Gebirgsbahn: I.d.R. ganzjährig betriebene Bahn in gebirgigem, mitunter steil ansteigendem Gelände mit meist zahlreichen Tunnels, Dämmen und Stützmauern sowie Schutzeinrichtungen gegen Steinschlag, Lawinen und Schnee, z.B. Zugspitzbahn, Brenner-Bahn, Mont-Cenis-Bahn, Gotthard-Bahn.

Gebta: Guild of European Business Travel Agents, Zusammenschluss von auf Geschäftsreisen spezialisierten Reiseunternehmen fast aller europäischen Länder. Sitz in Brüssel.

Gelbes Lager: Umgangssprachliche Bezeichnung der Thomas-Cook-Gruppe. → Rotes Lager, → Thomas Cook

Gelegenheitsreiseveranstalter: Reiseveranstalter, die nur gelegentlich und außerhalb ihrer gewerblichen Tätigkeit Pauschalreisen veranstalten, wie z.B. Clubs, Vereine, Sozialeinrichtungen.

Gelegenheitsverkehr: 1. Im Luftverkehr: gemäß Luftfahrtstatistik gewerblicher Verkehr zur Beförderung von Personen, Fracht und Post, der nicht im Linienverkehr und linienähnlichen Verkehr durchgeführt wird. Zum Gelegenheitsverkehr zählen: Pauschalflugreiseverkehr, Tramp- und Anforderungsverkehr, Taxiflug, gewerblicher Rundflug, Schulflug und sonstige Flüge.

2. Im Busverkehr: In Abgrenzung zum Linienverkehr versteht das Personenbeförderungsgesetz (PBefG) hierunter den Verkehr von Mietfahrzeugen und Taxen, aber auch Ausflugsfahrten und Ferienzielreisen. → Ausflugsfahrten, → Ferienzielreisen, → Pauschalflugreiseverkehr, → PBefG, → Taxiflug, → Tramp- und Anforderungsverkehr

Gelenkbus: Nach dem Verbot von Omnibus-Anhängerzügen 1960 entwickelte die Omnibusindustrie ein Großraumfahrzeug, das aus einem Zugwagen und einem Anhänger bestand, die durch einen Faltenbalg fest miteinander verbunden waren. Ab Ende der 70er Jahre verlegte man den Motor ins Heck (Schubgelenkbus), um einen niedrigeren Wagenboden und eine gleichmäßigere Gewichtsverteilung zu erreichen. Gelenkbusse sind heute auf stark belasteten Linien insbesondere im Stadtverkehr nicht mehr wegzudenken, im Überlandverkehr werden sie in letzter Zeit vermehrt durch überlange Solofahrzeuge verdrängt.

Gemeinsamer Markt: → Gemeinschaftsarten, Arten von Gemeinschaften im wirtschaftlichen Sinne

Gemeinschaftsarten: Arten von Gemeinschaften im wirtschaftlichen Sinne:

- Freihandelszone, Bezeichnung für die Vereinigung mehrerer Staaten zu einem Zollgebiet, in dem Binnenzölle und Mengenbeschränkungen im Warenverkehr abgebaut werden. Allerdings können die Mitgliedsstaaten im Gegensatz zur Zollunion gegenüber Drittländern eigene, von den anderen Partnerländern abweichende Außenzölle erheben. Beispiele sind Efta und Nafta. Die Freihandelsbewegung gründet sich im Wesentlichen auf die Ideen der engl. Ökonomen des frühen 19. Jh. Adam Smith, David Ricardo und John Stuart Mill.
- Gemeinsamer Markt: keine Binnenzölle zwischen den Mitgliedstaaten, Schaffung eines gemeinsamen Zolltarifs (GZT). Zusätzlich besteht hier die Garantie der Mobilität der Produktionsfaktoren Arbeit und Kapital und ein Diskriminierungsverbot zwischen den Mitgliedstaaten, z.B. EWR, EGKS, EAG, EG.
- Wirtschaftsunion: wie der Gemeinsame Markt. Zusätzlich findet hier eine enge Abstimmung der Wirtschaftspolitik, d.h. der Fiskal-, Geld- und Sozialpolitik statt, z.B. EU, Luxemburg-Belgien.
- Zollunion: Verbot von Einfuhr- und Ausfuhrzöllen zwischen den verschiedenen Mitgliedstaaten und Verbot von Abgaben gleicher Wirkung. Daneben Schaffung eines GZT gegenüber Drittstaaten (gemeinsamer Außenzoll), z.B. zwischen Deutschland und der Türkei.

Gemeinschaftsflüge: Durch Code-Sharing-Abkommen zwischen Fluggesellschaften vereinbarte Strecken unter derselben Flugnummer; sie gelten als Direktflüge. Die kooperierenden Fluggesellschaften erhoffen sich mit dieser Marketing-Maßnahme finanzielle Vorteile. → Code-Share-Vereinbarung

Gemeinschaftslizenz: Für den grenzüberschreitenden Personenverkehr ist eine Gemeinschaftslizenz erforderlich. Ein Unternehmer, der die Kriterien der Berufszugangsverordnung für den Straßenpersonenverkehr erfüllt, erhält auf Antrag von seiner zuständigen Behörde die Originallizenz. Ebenfalls auf Antrag erhält er beglaubigte Kopien für jeden einzusetzenden Omnibus. Die Gemeinschaftslizenz gilt fünf Jahre und kann verlängert werden. Sie ist auf allen Fahrten mitzuführen.

Gemeinschaftsunterkunft: Zimmer mit mehr als fünf Betten für entsprechend viele Personen.

Gemini: Computerreservierungssystem (CRS) der Gemini Group Automated Distribution Systems

Toronto, für Air Canada und PWA (Holding der Canadian Airlines). G. kooperierte ab 1990 mit Covia und erhielt durch Vertrag Exklusivrecht zur Nutzung der Apollo-Software in Kanada. Im November 1993 wurde G. aufgelöst. Canadian Airlines wechselte zu Sabre. Nachfolgegesellschaft für Air Canada ist Advantis Canada, Winnipeg. → Apollo, → CRS, → Galileo

Generaldirektion XXIII: → EU/EG/EWG

Generaldirektor im Hotelbereich: Der geschäftsführende Direktor (engl. General Manager) einer Hotelgesellschaft bzw. -kette. Als oberster Manager bestimmt er die Marketing- und Personalpolitik sowie die Strategie in den Bereichen Public Relations, Ein- und Verkauf mit dem Ziel, möglichst hohe Auslastungsquoten und Gewinne zu erreichen. Ihm sind die Hoteldirektoren bzw. die Regionaldirektoren (bei Hotelketten) unterstellt.

Generalist: Bezeichnung für den Reiseveranstalter, dessen Angebotspalette ein breites Publikum anspricht durch die Vielfalt der angebotenen Reiseziele bzw. -länder, Reisearten (Badeurlaub, Städtereisen etc.), Unterkunftsformen, Verkehrsmittel etc.

Generalkonsulat: Die deutschen Generalkonsulate sind Auslandsvertretungen der Bundesrepublik mit entsandten Kräften im Unterschied zu den ortsansässigen Honorarkonsulaten. Neben den Aufgaben in den Bereichen Pass- und Visaerteilung, Rechts- und Amtshilfe etc. leisten sie im Einzelfall für Deutsche im Ausland auch Konsularhilfe. → Konsularhilfe

Genossenschaft: Zielt auf eine gemeinsame Förderung des Erwerbs und der Geschäfte der Mitglieder durch einen gemeinsamen Geschäftsbetrieb. Der Genossenschaftsvertrag legt den Zweck der G. fest. Geschichtlich gesehen haben sich G. aus Hilfsvereinen für Gewerbetreibende, Bauern und Konsumenten entwickelt. Heute kommt vor allem den landwirtschaftlichen Produktions-, Absatz- und Kreditgenossenschaften (Raiffeisenkassen) eine besondere Bedeutung zu, daneben aber auch den gewerblichen G. (Volksbanken) sowie den Konsumgenossenschaften. → Einzelunternehmen, → Kapitalgesellschaft, → Kreditgenossenschaft, → Personengesellschaft, → Unternehmensform

Gepäckbeförderung (Reisegepäck): Diese ist unterschiedlich nach Verkehrsträgern geregelt. Beim Ferienflug (Charter) gilt die Freigepäckgrenze bis 20 kg zzgl. Handgepäck pro Gast, auch bei Großraumflugzeugen. Beim Linienflug werden bis zu 20 kg Gepäck (Business und Erste Klasse 30 bzw. 40 kg) oder eine bestimmte Anzahl von Gepäckstücken pro Fluggast frei befördert, Handgepäck je nach Beförderungsklasse zusätzlich mit Gewichtsbegrenzung ohne Aufpreis. Was über die Freigepäckgrenze hinausgeht, kann gegen Aufzahlung als Übergepäck mit dem übrigen Reisegepäck aufgegeben werden. Bei Flügen in die USA, nach Kanada und bei innerdeutschen Flügen ist die Bemessungsgrundlage nicht das Gewicht, sondern die Anzahl der Gepäckstücke und deren Abmessungen (Piece Concept). Für die Beförderung von Sportgeräten bestehen Sonderbestimmungen. → Excess Baggage, → Piece Concept

Gepäckbeförderung bei Atlantik-Flügen: → Piece Concept

Gepäckmarke: Ist ein ausschließlich zur Identifizierung des aufgegebenen Gepäcks ausgestellter Schein, dessen Gepäckanhängeteil am aufgegebenen Gepäckstück befestigt und dessen Gepäckidentifizierungsteil dem Fluggast ausgehändigt wird.

Gepäckpool: Im Flugticket mit „PL“ abgekürzter Hinweis auf eine gemeinsame Gepäckabfertigung mehrerer Fluggäste.

Gepäcksuchsystem: Der überwiegende Teil der weltweit operierenden Fluggesellschaften ist an das EDV-System Worldtracer angeschlossen, das nach verlorenen Gepäckstücken der Flugreisenden sucht. Laut Lufthansa werden dadurch etwa 95% der Koffer innerhalb von maximal fünf Tagen wiedergefunden.

Gepäckträgerservice: Kann telefonisch beim DB-Service-Point odeer beim ICE- bzw. IC/EC-Team bestellt werden.

Gerichtsstand: Er nennt das jeweils zuständige Gericht. Ist als Vereinbarung in Verträgen insbes. im Kleingedruckten (AGB) nur unter Kaufleuten zulässig. Hier kann auch ein Schiedsgericht benannt werden. Im Übrigen gelten für die örtliche Zuständigkeit im Zusammenhang mit im Tourismus üblichen Verträgen die Regeln der Zivilprozessordnung (ZPO). → Reisevertrag/Reisevertragsrecht, → Schiedsgericht

Geringfügige Beschäftigung: Für diese Form der Arbeit bleibt der Arbeitnehmer grundsätzlich versicherungsfrei. Im Gegenzug müssen aber gewisse Bedingungen (maximale Wochenarbeitszeit von 15 Stunden, maximale Entlohnung von 325 Euro oder längstens zwei Monate Beschäftigung oder 50 Arbeitstage im Jahr) vorliegen. Die Arbeitgeber haben jedoch ab dem ersten Euro Arbeitslohn Pauschalbeiträge an die Krankenversicherung (10%) und die Rentenversicherung (12%) zu entrichten. → Sozialversicherungsbeiträge

German Convention Bureau: → GCB

Germanischer Lloyd: Gesellschaft für die Einstufung von Schiffen nach Größe, Bauart und Tragfähigkeit in bestimmte Gefahrenklassen. Diese Klassifizierungen bilden die Grundlage für die Einhaltung von Schiffssicherheitsstandards und die Versicherungsprämienregelung. → Zweites Seerechtsänderungsgesetz

German Rail Pass: Preisgünstiges, unabhängiges Reisen mit Netzkarte für das gesamte Schienennetz der DB, auf den sieben Omnibuslinien der Deutschen Touring wie auch auf den Linienschiffen der KD und den S-Bahnen zu den Flughäfen; für Personen mit ständigem Wohnsitz in Übersee. Der GRP wird bei der DB als Incoming-Verkehr geführt.

German Soft: Ehemaliges Informations- und Reservierungssystem für die Fremdenverkehrsregionen in Deutschland. Träger war Start, die damit regionalen Anbietern den bundesweiten Verkauf ihrer touristischen Leistungen ermöglichen soll. German Soft wurde nach dem Modell von Iris entwickelt, dem Informations- und Reservierungssystem in Schleswig-Holstein. Zusammen mit City Soft sollte ein umfassendes und flächendeckendes Angebot für den deutschen Fremdenverkehr angeboten werden. → Euro-Start

Gesamterlös: Summe sämtlicher Erlöse (bei Reisebüros: Provisionserlöse) und sonstiger Erlöse während einer Zeiteinheit/einer Rechnungsperiode.

Gesamtheit von Reiseleistungen: Nach gültiger Rechtsprechung müssen den Pauschalreisekunden zwei Hauptleistungen als Leistungsbündel angeboten werden. → Hauptleistungen

Geschäftsbesorgungsvertrag: § 675 BGB; G. ist jede entgeltliche und selbstständige Tätigkeit in fremdem Interesse. Um einen G. handelt es sich z.B. bei der Tätigkeit des Reisemittlers für den Reiseveranstalter. Der G. liegt hier den einzelnen Geschäften, die der Reisemittler stellvertretend für den Reiseveranstalter abschließt, zu Grunde. In der Regel beinhalten die zwischen Reiseveranstalter und -mittler geschlossenen Handelsvertreter-, Agentur-, Dienstverträge u.Ä. auch einen G., ohne dass dies allerdings ausdrücklich im Vertrag genannt werden müsste. Falls nicht schon ausdrücklich im Vertrag festgelegt, ist der Reisemittler dem Reiseveranstalter aus dem Geschäftsbesorgungsverhältnis zur Auskunft und Rechenschaftslegung verpflichtet, zur Herausgabe von allem, was er aus seiner Tätigkeit erlangt usw. Im Regelfall kommen auch G.e zwischen Kunde und Reisebüro zu Stande. → Agenturvertrag/Handelsvertretervertrag, → Reisemittler, → Reiseveranstalter

Geschäftsreisen: Alle Reisen, die aus beruflichen Gründen unternommen werden und steuerlich abgesetzt werden können. Sie werden also nicht aus privater Kasse finanziert. Nach LH-Angaben für deren internationales Linienaufkommen zählen dazu: 85% bei Inlandsflügen, 56% bei Europa-Flügen, 39% bei Interkontinentalflügen. Zu den Geschäftsreisenden zählen außer Unternehmern, Managern und leitenden Angestellten z.B. auch Firmenbesucher, selbstständige Vertreter, Techniker und Monteure im Außendiensteinsatz, Messe- und Kongressbesucher bzw. -teilnehmer und Profisportler.

Geschenkgutscheine: 1. Von Reisebüros ausgestellte G. berechtigen den Empfänger zu einer beliebigen Verwendung für touristische Leistungen innerhalb des ausstellenden Reisebüros oder innerhalb einer Reisebürokette zu einem vorab durch den Käufer festgelegten Betrag.

2. Werden von der Fahrkartenausgabe der DB ausgegeben. Berechtigen zum Kauf von Fahrscheinen aller Art, Zuschlägen, Reservierungsausweisen, ARZ-Beförderungsscheinen, Bahn-Cards oder Versicherungen. G. gelten fünf Jahre ab Ausgabetag. → Reisegutscheine

Geschützte Feiertage: Sie gelten im Unterschied zu den arbeitsfreien gesetzlichen Feiertagen de facto als Werktage. Mit ihnen wird die Glaubensfreiheit des einzelnen Staatsbürgers geschützt. Die Bundesländer bestimmen darüber, ob ein Tag als gesetzlicher Feiertag staatlich anerkannt oder nur als geschützter Feiertag definiert wird.

Gesellschaftsreisen: Im Handbuch „Die Gesellschaftsreise" (1961) wird sie von den Autoren Klatt und Fischer im Gegensatz zur Einzelreise wie folgt definiert: „Eine für eine Personenmehrheit nach festem Programm öffentlich ausgeschriebene, von einem Reiseleiter begleitete Reise längerer Dauer, in deren Preis mindestens Beförderung, teilweise - wenn nicht volle Verpflegung - Bedienungsgelder sowie alle anderen Abgaben eingeschlossen sind". Nach den Kriterien der Beförderung (Leistungsträger) sprechen die Autoren von Bahn-, Bus-, Flug- und Schiffsreisen. Die Art der Unterbringung führt zur Unterscheidung nach Hotel- und Zeltreisen, die Dauer und Art des Aufenthaltes nach Aufenthalts- und Rundreisen. Bei der Charakterisierung der Reisemotive wird nach Erholungs-, Bildungs- oder Kulturreisen und Pilgerreisen unterschieden. Die vier Jahreszeiten letztendlich brachten 1961 eine Aufteilung in Frühjahrs-, Sommer-, Herbst- und Winterreisen. Heute spricht man nur noch selten von G.n.. Reisen in der Gruppe werden nach dem Plan des Reiseveranstalters überwiegend als Pauschalreisen ausgeschrieben im Unterschied zu den Individualreisen. → Individualreisen, → Pauschalreisen

Gesetz gegen Wettbewerbsbeschränkungen (GWB): Regelt das sog. Kartellrecht. Ziel des GWB ist es, markt- und wettbewerbsverhindernde Verträge, Absprachen und abgestimmtes Verhalten von Unternehmen zu verbieten. Von Bedeutung war insbes. § 18 (Aufhebung von Ausschließlichkeitsbindungen):

1. Die Kartellbehörde kann Verträge zwischen Unternehmen über Waren oder gewerbliche Leistungen mit sofortiger Wirkung oder zu einem von ihr zu bestimmenden künftigen Zeitpunkt für unwirksam erklären und die Anwendung neuer, gleichartiger Bindungen verbieten, soweit sie einen Vertragsbeteiligten I. in der Freiheit der Verwendung der gelieferten Waren, anderer Waren oder gewerblicher Leistungen beschränken oder II. darin beschränken, andere Waren oder gewerbliche Leistungen von Dritten zu beziehen oder an Dritte abzugeben, oder III. darin beschränken, die gelieferten Waren an Dritte abzugeben, oder IV. verpflichten, sachlich oder handelsüblich nicht zugehörige Waren oder gewerbliche Leistungen abzunehmen, und soweit

a) dadurch eine für den Wettbewerb auf dem Markt erhebliche Zahl von Unternehmen gleichartig gebunden und in ihrer Wettbewerbsfreiheit unbillig eingeschränkt ist oder

b) dadurch für andere Unternehmen der Marktzutritt unbillig beschränkt oder

c) durch das Ausmaß solcher Beschränkungen der Wettbewerb auf dem Markt für diese oder andere Waren oder gewerbliche Leistungen wesentlich beeinträchtigt wird.

2. Als unbillig im Sinne des Absatzes 1 Buchstabe b ist nicht eine Beschränkung anzusehen, die im Verhältnis zu den Angebots- oder Nachfragemöglichkeiten, die den anderen Unternehmen verbleiben, unwesentlich ist. → Ausschließlichkeitsbindung, → Vertriebsliberalisierung

Gesprächskreis Tourismusindustrie: Gremium des BDI und des BTW; die Tourismusindustrie gehört mit ihrem Anteil von 8% an der gesamten wirtschaftlichen Leistung zu den überdurchschnittlich wachsenden Wirtschaftszweigen in Deutschland. Die Interessenlage der deutschen Industrie und der Dienstleister ist in weiten Teilen identisch. Drei Megatrends bestimmen das derzeitige Wirtschaftsgeschehen: Globalisierung, Informatisierung und die fortschreitende Tertiärisierung, wovon insbes. der Dienstleistungsbereich als Hoffnungsträger für neu zu schaffende Arbeitsplätze gesehen wird. Rund zwei Drittel der gesamtwirtschaftlichen Leistung werden bereits vom Dienstleistungsbereich erbracht und auch zwei Drittel der Beschäftigten in diesem Sektor registriert. Kommende Fusionen auch auf Verbandsebene zur Bestimmung der veränderten Wirtschaftskraft und Interessenlage sind denkbar.

Gesundheitsbestimmungen: → Einreisebestimmungen

Gesundheitsurlaub: Durch die 1989 eingeleitete Gesundheitsstrukturreform und die nachfolgenden Neuordnungsgesetze ist das Auslastungsniveau in den Kurorten bis Ende der 90er Jahre stark zurückgegangen. Im Unterschied zu den traditionellen Angeboten des Kurverkehrs gewinnen seit Mitte der 90er Jahre Wellness-Reisen an Bedeutung, bei denen die Gesundheitspflege im Mittelpunkt steht. Mit entsprechenden Programmangeboten konnten viele Kurorte zumeist erfolgreich neue Zielgruppen gewinnen. → Wellness-Urlaub

Gesundheitsvorsorge im Tourismus: Grundsätzlich sollte sich der Reisende einige Wochen vor Reisebeginn an den Hausarzt oder das Gesundheitsamt wenden. Vom Expedienten wird vor der Urlaubsreise eine verantwortungsbewusste Beratung erwartet. → Blauer Fink-Ordner, → Deutsches Grünes Kreuz, → Einreisebestimmungen, → Länderbrief, → Naturreiseapotheke, → Reiseapotheke, → TIM, → TIP-Info-Datenbank

Gesundheitsvorsorge im Tourismus: → folgende Doppelseite

GET-International: Gütegemeinschaft Europäischer Tourismusberater; Generalsekretariat in Küßnacht/Schweiz, deutsches Mitglied: IPK, München. → Euromonitor

Getthere.com: Ehemals Internet Travel Network, entwickelt Online-Booking-Programme schwerpunktmäßig für Geschäftsreisende, Mehrheitsgesellschafter ist Sabre.

Gewerbeanmeldung/Gewerbeordnung: Gem. § 14 der Gewerbeordnung erfolgt bei Neugründung eines Reiseunternehmens die Anmeldung beim zuständigen Gewerbeamt. Für Kapitalgesellschaften wie z.B. GmbH ist außerdem die Eintragung ins Handelsregister vorgeschrieben. → Lizenzierung

Gewerbefreiheit: Nach der Gewerbeordnung ist der Betrieb eines Gewerbes grundsätzlich jedermann gestattet. Erforderlich ist lediglich eine Anzeige der Gewerbeeröffnung bei der örtlichen Gewerbeaufsichtsbehörde. Eine etwaige Untersagung erfordert den Nachweis der Unzuverlässigkeit des Gewerbetreibenden oder der von ihm beauftragten Personen, insbes. bei Nichteinhaltung gesetzlicher Regeln des Sozial-, Arbeits-, Umweltrechts etc. → Gewerbeanmeldung/Gewerbeordnung, → Lizenzierung

Krankheit	Risikoregion	Übertragung
Aids sexuell übertragbare Krankheit	weltweit	ungeschützter Geschlechtsve Bluttransfusionen
Cholera schwere Darmerkrankung	subtropische und tropische Länder	Erreger in verunreinigtem Trinkwasser oder kontaminie Nahrung
Diphtherie	weltweit	Diphteriebakterien befallen d Schleimhäute im Mund, Rach Kehlkopf, Tröpfchen- und Sch infektion
Gelbfieber Virus-Tropenkrankheit	Afrika (zwischen 17° nördlicher und 17° südlicher Breite), Südamerika	Stich der infizierten Gelbfieb mücke
Hepatitis A infektiöse Leberentzündung des Typs A	v. a. Mittelmeerländer, subtropische und tropische Länder	Viren v. a. in verunreinigtem W und Essen
Hepatitis B infektiöse Leberentzündung des Typs B	weltweit	sexuelle Kontakte, direkter B kontakt (Transfusion) oder ve reinigte Spritzen
Kinderlähmung (Poliomyelitis) Viruserkrankung des Nervensystems	subtropische und tropische Länder	Polioviren in verunreinigtem W und Essen
Malaria Tropenkrankheit mit der größten Verbreitung	subtropische und tropische Länder, Mittelmeerländer	Stich der weiblichen Anophelesmücke
Typhus und Ruhr Infektionskrankheiten	warme Länder	Bakterien in Nahrungsmitteln ungewaschenes Obst, Speise Milch und Wasser
Wundstarrkrampf (Tetanus)	weltweit	Tetanusbazillen werden durch kleine Wunden in den Körper übertragen

Quelle: „Reisefieber“, Ausgabe 2001; Herausgeber: Bundeszentrale für gesundheitliche Aufklärung, Köln

…ptome	Inkubationszeit	Vorbeugung
	Ansteckung kann erst nach 3 Monaten festgestellt werden. Zwischen Ansteckung und Ausbruch der Krankheit vergehen oft 10 Jahre.	Kondome beim Geschlechtsverkehr
…schmerzen, Brechdurchfälle, starker …sigkeitsverlust. …liche Folgen: Austrocknung des Körpers, …slauf- und Nierenversagen. bei rechtzeiti- …Behandlung gute Überlebenschance	1 bis 5 Tage	Impfung wird in Deutschland nicht empfohlen, Vermeidung roher Nahrungsmittel, Wasser abkochen oder entkeimen, in Choleragebieten nicht in Flüssen baden
…mäßigem Fieber mit Schluckbeschwerden …ur schwersten, lebensbedrohlichen Vergif- … des Körpers …s 10% der Erkrankungen enden tödlich	2 bis 7 Tage	drei Grundimpfungen, später nur noch Auffrischungsimpfung (alle 10 Jahre, günstig ist Kombination mit Tetanusimpfung)
…- und Gliederschmerzen,Übelkeit, Erbre- …. mögliche Folgen: Leber- und Nieren- …digungen, Gelbsucht, Kreislaufstörungen, …ungen, ohne Behandlung in fast der Hälfte …Fälle tödlich	3 bis 6 Tage	Impfung
…tes Fieber, Beschwerden im Oberbauch, …kler Urin, Müdigkeit, Gelbsucht	ca. 15 bis 50 Tage	Vorbeugende Impfung (Schutz für 10 Jahre) und Kombinationsimpfstoff gegen Hepatitis A und B
…igkeit, Leistungsschwäche, Leber- …vellung, Gelenk- und Gliederschmerzen, …er, Übelkeit, Verdauungsstörungen und …sucht. Kann zur Leberzirrhose und Leber- …s führen.	ca. 50 bis 180 Tage	Hepatitis-B-Schutzimpfung
…ngs wie ein grippaler Infekt mit Fieber, …schmerzen, dann Durchfall, Erbrechen. …ger wird durch das Blut weitergeleitet. …Folgen sind Lähmungen, Gefährdung des …n- und Kreislaufzentrums, Muskel- …väche und Reflexstörungen.	1 bis 2 Wochen	Impfung
…chüben auftretendes hohes Fieber, Kopf- … Gliederschmerzen, Durchfall, Übelkeit, …virrtheitszustände und Krämpfe		Malariaprophylaxe: verschreibungspflichtiges Medikament abhängig von der bereisten Region
…us: Schwäche, Schmerzen, wochenlanges …es Fieber, Benommenheit, in schweren Fäl- …Darmblutung und Darmdurchbruch. Ruhr: …vere, z.T. blutig-schleimige Durchfälle	10 Tage bei Typhus 1 bis 7 Tage bei Ruhr	Typhus: Schluckimpfung (ca. 1 Jahr Schutz), Typhusimpfung mit einer Injektion (bis 3 Jahre Schutz)
…ermuskelanspannung, harte Anspannung …gesamten Muskulatur, schmerzhafte …npfe, Erschöpfung. …0% der Erkrankungen enden tödlich		drei Grundimpfungen, später nur noch Auffrischungsimpfung (alle 10 Jahre, günstig ist Kombinationsimpfstoff mit Diphtherie)

Gewichtigkeitsgrenze für Vereine: Derjenige Umsatz pro Jahr, für den Vereine keine Körperschafts- und Gewerbesteuer zu entrichten haben. → Schwarzgastronomie, → Schwarztouristik

Gewinn: Ist betriebswirtschaftlich gesehen der Überschuss der erzielten Beträge über die aufgewendeten Kosten (Material, Löhne, Zinsen für Fremdkapital, Abschreibungen). → Gewinn- und Verlustrechnung, → Verlust

Gewinn- und Verlustrechnung: ist ein Teil des Jahresabschlusses, der durch Gegenüberstellen der Konten Aufschluss über das Zustandekommen des Betriebsergebnisses geben soll. Das HGB schreibt in § 275 eine Mindestgliederung vor.

GfbV: Gesellschaft für bedrohte Völker, Göttingen, kämpft gegen Diskriminierung ethnischer Minderheiten in deren Ländern.

GfK: Gesellschaft für Konsumforschung, eines der weltweit führenden Marktforschungsunternehmen mit Sitz in Nürnberg; auch mit verschiedenen Projekten im Tourismus tätig.

GfM - Getas: Gesellschaft für Marketing-, Kommunikations- und Sozialforschung, Hamburg; gehört zur brit. AGB-Gruppe. 1986 entstanden durch den Zusammenschluss der 1945 in Hamburg gegründeten GfM (Ges. f. Marktforschung) und der seit 1957 in Bremen tätigen Getas (Ges. f. angewandte Sozialpsychologie). → Reiseanalyse (RA), → StfT, → Urlaub + Reisen (U + R)

GFN: Gesellschaft für Nebenbetriebe der Bundesautobahnen. → Tank & Rast

GfR: Gesellschaft für Reisevertriebssysteme. Beteiligungsunternehmen der Lufthansa. Die GfR arbeitet als Call Center und Fulfilment-Partner für Reiseveranstalter und Internet-Portale.

GGAMADE: Unter dieser Abfrage sind die AIS-Seiten (Amadeus Information System) in deutscher Sprache abrufbar. → AIS

Giants Causeway: Der „Damm der Riesen" liegt im Norden Nordirlands. Er besteht aus 40.000 sechseckigen Basaltsäulen.

Gimmicks: Engl., bezeichnet im Incentive-Jargon kleine Geschenke, mit denen versucht wird, die Motivation der Mitarbeiter einer Firma z.B. während eines Verkäuferwettbewerbes aufrechtzuerhalten.

GIT: Group Inclusive Tour, Gruppentarif für Pauschalreisen mit Linienflügen. Dabei sind alle Flugstrecken von den Teilnehmern gemeinsam zurückzulegen. Abweichungen bedingen Zuschläge. Die Mindestteilnehmerzahl liegt je nach Reise bei sechs oder mehr Personen. → IT-Reisen

Gîtes de France: Private Beherbergungseinrichtungen in Frankreich; G. können kleine Landhäuser, Wohnungen in Bauernhäusern wie auch Landsitze oder Mühlen sein. Diese preisgünstigen Einrichtungen befinden sich meist abseits der touristischen Wege.

Giveaways: Werbegeschenke.

GKA - Großkundenabonnement: 1. DB-Großkundenabonnement: Dieses spezielle Angebot der Deutschen Bahn richtet sich an Firmen, Verbände und Behörden, deren Mitarbeiter häufig mit der Bahn reisen. Die Fahrausweise werden vom Kunden zu beliebigen Fahrten selbst ausgestellt. Die Ersparnis beträgt 15%, 17,5% und 20%, je nach Wert des GKA

2. Euro-GKA: Fahrausweise des Euro-GKA werden für Strecken bestimmter Bahnen ausgegeben (derzeit Frankreich, Belgien im Transit und Schweiz). Die Fahrausweise dürfen nur

- von einem Abgangsbahnhof der DB nach einem Zielbahnhof im Ausland und
- von einem Abgangsbahnhof im Ausland nach einem Zielbahnhof der DB ausgestellt werden.

Für Strecken innerhalb des Bereichs einer beteiligten Bahn dürfen keine Euro-GKA-Fahrscheine ausgegeben werden. Ansonsten gelten die Bestimmungen des DB-GKA.

3. Lufthansa-GKA: Angebot ist eingestellt worden. → Corporate Rates, → GKT, → Miles & More

GKT: Weiterentwicklung des GKA, bei dem die Fahrscheine auf den Namen des Mitarbeiters über Start elektronisch gebucht und gleichzeitig über eine Kundennummer statistisch erfasst werden können. Zusätzlich zum GKT bietet die DB das Management-Informationssystem BMIS an, über das sämtliche Reisedaten registriert werden können. → BMIS, → GKA - Großkundenabonnement

Glacier-Express: Touristikbahnangebot in der Ost-West-Verbindung der Schweiz, er verbindet die Gletscher des Engadin mit denen des Wallis und die Bernina mit dem Matterhorn.

Gläserner Zug: Ein auf elektrifizierten Strecken in Deutschland, Österreich und der Schweiz eingesetzter Aussichtstriebwagen von 20,6 m Länge, der durch 72 Fensterscheiben den Blick auf die Landschaft freigibt. Erstmals 1935 auf der Eisenbahnausstellung in Nürnberg vorgestellt. Seit 1936 regelmäßig für Ausflugsfahrten im Einsatz.

Gläubigerschutz: G. betrifft alle Rechtsvorschriften und Maßnahmen zum Schutz des Gläubigers eines vertraglich fixierten Schuldverhältnisses. Im HGB findet sich Näheres zur persönlichen Haftung des Schuldners, Haftungssummen und Gesellschafterhaftung bei Aktienunternehmen. → Chapter 11

Glass Bottom Boat: Ausflugsschiff mit gläsernem Boden, das den Blick auf das Geschehen unter der Wasseroberfläche ermöglicht, häufig eingesetzt am Great Barrier Reef in Australien, in der Karibik oder auch in Florida.

Global Airline: Begriff für Luftverkehrsgesellschaften, die mit kombinierten Streckennetzen weltumspannende Verbindungen bieten, z.B. Kooperationsabkommen der Deutschen Lufthansa mit United Airlines, SAS, Thai Airways, Air Canada und Varig zur Star Alliance. → Code-Share-Vereinbarung, → Marketing Merger, → Mega-Carrier, → Star Alliance

Global Code Of Ethics for Tourism: Ethikkodex für Tourismus, 1999 durch die Welttourismusorganisation WTO erstellt. Der Kodex soll sowohl der Tourismusförderung und der Liberalisierung des Welthandels verpflichtet sein als auch dem Leitbild einer nachhaltigen Entwicklung und dem Schutz der Menschenrechte. Das Werk umfasst zehn Artikel, die Rechte und Pflichten für Zielgebiete, Regierungen, Veranstalter, Tourismusplaner, Reisebüros, Beschäftigte im Tourismus und die Urlauber darlegen. → WTO

Global Fares: Datenbank im Galileo-System; überprüft bei Buchung die günstigsten Flugpreise (Best-Buy-Funktion) und die damit verbundenen Tarifbedingungen, alle anfallenden Gebühren und das im Flugpreis enthaltene Höchstgewicht für Gepäck. → Best-Buy-Funktion, → Galileo

Global Indicators: → Flugrouten

Global To Do Winners Forum: In Österreich auf Initiative des Studienkreises für Tourismus und Entwicklung gegründetes Forum zur Entwicklung sozialverträglicher Tourismusprojekte.

Globalisierung: Meint dauerhafte weltumspannende Aktivitäten der Unternehmen und bedeutet, dass das Kapital jederzeit auf dem gesamten Globus zugreifen kann. Die außenwirtschaftlichen Verflechtungen über Handel und Direktinvestitionen haben in den letzten 20 Jahren zugenommen. Der Welthandel ist schneller gewachsen als die Weltproduktion, da immer mehr Staaten an den internationalen Austauschbeziehungen teilnehmen und seit 1990 viele neue Staaten durch Teilung entstanden sind. → EU/EG/EWG, → Integration, → Standortfaktoren

Globetrotter: Weltenbummler; notorischer Reisender.

GmbH: Gesellschaft mit beschränkter Haftung, ist eine rechtsfähige Kapitalgesellschaft mit beschränkter Haftung der Gesellschafter. Sie erfordert mindestens einen Gesellschafter und ein Stammkapital von 25.000 Euro und eignet sich besonders für mittlgroße Unternehmen, da eine starke persönliche Bindung der Gesellschafter vorliegt. → Kapitalgesellschaft, → Personengesellschaft, → Unternehmensform

GmbH & Co KG: Ist eine besondere Form der Personengesellschaft, in der eine Kapitalgesellschaft (in diesem Fall die GmbH) als Vollhafter (Komplementär) der KG auftritt. Ermöglicht eine Haftungsbegrenzung der Gesellschafter in Höhe des Grundkapitals der GmbH.

GMT: Greenwich Mean Time, mittlere Greenwich-Ortszeit, basierend auf dem Nullmeridian. → Ortszeit, → Weltzeit, → Zeitzone

GNR: Gruppe Neues Reisen, Sitz: St. Peter-Ording, gemeinnütziger Verein, der seit seiner Gründung 1978 ein Forum zum tourismuskritischen Gedankenaustausch bietet. Mitbegründer der ehem. Arbeitsgemeinschaft Tourismus mit Einsicht. → Tourismus mit Einsicht (TME)

GNV: Gesamtverband Verkehrsgewerbe Niedersachsen – Fachvereinigung Omnibus + Touristik; Sitz: Hannover.

GO: 1. Gentil Organisateur, interne Bezeichnung für den Animateur beim Club Méditerranée (CM), sorgt für die Freizeitgestaltung der Gäste nach vorgegebenem Konzept. GM, Gentil Membre, ist bei CM die interne Bezeichnung für den Gast im Club.
2. jährlich stattfindende internationale Touristikmesse in Brünn/Brno. → Animation, → Cluburlaub

Go as you please: Hotelscheckprogramm in Großbritannien mit offenen Hotelschecks für Übernachtung und Frühstück. Programm, bei dem nur die erste Nacht vorreserviert wird, danach Weiterreservierung nach Belieben des Gastes. → Voucher

Goldene Reisekutsche: Ehemals alljährlich vom Jaeger-Verlag seit 1969 vergebene Auszeichnung mit Gold-, Silber- und Bronzemedaillen für hervorragende Gestaltung touristischer Werbemittel.

Goldener Umkehrpunkt: Einsparung beim Kauf von Flugtickets auf legale Weise. Der kundige Iata-Agent konnte auf bestimmten Routen durch Festlegung eines fiktiven Umkehrpunkts die Verbilligung eines Tickets ermöglichen; seit 1990 über CRS. → Flugpreisberechnung, → NUC

Goldenes Horn: Hafenbucht von Istanbul, eine Bucht des Bosporus.

Goldenes Vlies: Nach griech. Sage das Fell des goldenen Widders, der Phrixos durch die Lüfte nach Kolchis trug; zurückgeholt von den Argonauten. Beliebtes Thema bei Kreuzfahrtprogrammen. → Kreuzfahrten

Golfreisen: Touristische Pauschalreisen, die den Reisenden zusammen mit Anreise und Unterkunft zusätzlichen Zugang zu Golfplätzen erlaubt. Als typische Begriffe aus diesem Bereich seien hier erwähnt:
• Abschlag (Teebox): Startraum für den ersten Schlag auf jeder Spielbahn
• Ass (Hole in One): Einlochen des Balles vom Abschlag aus mit einem Schlag.
• Bag: Schlägertasche
• Birdie: ein Schlag weniger als die Sollzahl für die jeweilige Spielbahn
• Bogey: ein Schlag mehr als die Sollzahl für die jeweilige Spielbahn
• Bunker: Hindernis aus Sand oder Gras
• Caddie: trägt die Schlägertasche (Bag) oder zieht den Caddie-Wagen
• Club: Sammelbegriff für Golfschläger
• Driver: der Schläger für den Abschlag
• Eagle: zwei Schläge weniger als die Sollzahl der jeweiligen Spielbahn
• Eisen: Schlägertyp mit flachem Kopf von Nummer 1 (weite Schläge) bis Nummer 9 (kurze Schläge) sowie Nummer 10 für ganz kurze Schläge
• Green: das kurzgeschnittene Grün rund um die Fahne
• Greenfee: Spielgebühr auf fremden Plätzen
• Handicap: System zum Vergleich der Spielstärken einzelner Spieler
• Par: angegebene Sollschläge für einzelne Spielbahnen
• Proshop: Verkaufsstätte für Golfausrüstung
• Putt: Schlag mit dem Putter auf dem Grün in Richtung des Lochs
• Rough: hohes Gras oder Wiese, von der aus der Ball sehr schwer zu spielen ist.

Golfstrom: Die für Europa lebenswichtige Strömung als Fortsetzung der nordäquatorialen Strömung. Der Aufstau im Golf von Mexiko verbindet sich beim Abfließen durch die Floridastraße mit dem Antillenstrom und setzt sich an der Küste der USA nach Norden bis Neufundland fort, wo die Strömung als Atlantikstrom bis zur europ. Küste gelangt. Dem Verlauf eines Zweiges des Golfstroms durch den Ärmelkanal und seines weiteren Weges nordwestlich der ostfriesischen Inseln sind die milden Winter dort mit mittleren Temperaturen im Januar und Februar von etwa +1°C zu verdanken.

Go Show: Flugreisender, der ohne Reservierung versucht, am Flughafen einen frei gewordenen Platz zu bekommen. Gilt auch für Hotelzimmer oder Kabinen. → No Show

Gotik: Stilbezeichnung für die hoch- und spätmittelalterliche Epoche der abendländischen Kunst (Architektur, Malerei, Bildhauerei). Beginn in Frankreich um 1150, in Italien um 1420 von der Renaissance abgelöst. Hielt sich in anderen Teilen Europas bis nach 1520. Hauptkennzeichen sind im Kirchenbau Spitzbogen, Kreuzrippengewölbe, Strebewerk und Maßwerkfenster, z.B. bei den Kathedralen von Chartres, Reims, Canterbury und den Domen von Magdeburg, Schwerin und Mailand.

GPRS: General Packet Radio Service, ist eine Mobilfunktechnik zur schnellen Datenübertragung. → UMTS

GPS: Global Positioning System, auf Satellitenortung basierendes globales Navigationssystem, das auch in Reisebussen und Mietwagen der Oberklasse zu finden ist.

Grachten: Wasserstraßen in niederländischen Städten, z.B. in Amsterdam die Prinsengracht, Keizersgracht. Grachtenrundfahrten sind Touristenattraktionen.

Grand Canyon: 350 km lange und 6 bis 30 km breite Schlucht in Arizona (USA). Der G. C. ist zum größten Teil zum Nationalpark erklärt und eine der meistbesuchten Touristenattraktionen der USA.

Grandhotel: I.d.R. Begriff für ein Hotel, das in seiner großzügigen baulichen Gestaltung, der Einrichtung seiner Räume und seiner technischen und sanitären Einrichtung den Durchschnitt der am Orte und in einem größeren, regionalen Umkreis befindlichen Hotels überragt. Das Grandhotel muss in einem für sich abgeschlossenen Hause betrieben werden, eine Zahl von mindestens 100 elegant eingerichteten Zimmern aufweisen und ein erstklassig geführtes Restaurant haben. Den Gästen sollen großzügig bemessene Gesellschaftsräume, Lese- und Schreibzimmer, Konferenzsäle, Ess- und Frühstücksräume zur Verfügung stehen. Das Personal des Grandhotels soll sich zum größten Teil aus Angestellten zusammensetzen, die Fremdsprachen beherrschen. → Hotel

Gratuity: Bei Kreuzfahrten in den USA Bezeichnung für Trinkgeld. → Trinkgeld

Graumarkt: Durch die Überkapazität vieler Fluggesellschaften, die nicht alle Plätze zu den offiziellen Tarifen füllen können, entsteht ein Angebot von Flugscheinen, die billiger sind als die vom Ministerium genehmigten Preise. Der Vertrieb erfolgt über vielfältige Wege, hauptsächlich über Consolidators. Diese untertarifierten Flugscheine sind zwangsläufig nur für die Dienste der ausstellenden Gesellschaft zu benutzen und unterliegen oftmals einschränkenden Konditionen (keine Umbuchung, keine Verlängerung, keine Streckenänderung etc.).

Beim Verkauf sind Reisebüros verpflichtet, die Kunden auf Umstände und Risiken aufmerksam zu machen, die mit der Benutzung dieser Flugscheine zu nicht genehmigten Preisen verbunden sind. → Flugpreisberechnung, → Iata

Graumarkttickets: Flugscheine, die unterhalb der Iata-Tarife verkauft werden. Ursprünglich basierte das Tarifsystem grundsätzlich auf der Genehmigung durch die Behörden (BMVBW) der einzelnen Staaten. Verstärkter Wettbewerbsdruck, hervorgehoben durch Überkapazitäten vieler Fluggesellschaften, führte zur Aufweichung der Preise. Der Vertrieb mit untertarifierten Flugscheinen musste in einer Grauzone stattfinden. Der Vertrieb läuft i.d.R. über spezielle Großhändler (Consolidators). An den Kunden werden sie nur durch Reisebüros verkauft, nicht von den Fluggesellschaften direkt. Im Gegensatz zu den festen Iata-Tarifen werden diese G. auf Nettobasis eingekauft und zum selbst kalkulierten Preis an die Kunden weitergegeben. Auf G. ist oft kein Preis angegeben. Im Allgemeinen akzeptieren die Reisebüros wegen der zusätzlichen Gebühren keine Zahlung per Kreditkarte. → Bundesministerium für Verkehr, Bau- und Wohnungswesen (BMVBW), → Consolidator, → Flugpreisberechnung, → Iata, → Iata-Agenturen

Great Barrier Reef: Längstes lebendes Korallengebilde der Welt vor Queensland, Australien (rd. 2000 km).

Great Circle: Bezeichnung für die Route Europa–Nordamerika zur Zeit der großen Transatlantik-Liner.

Great South Pacific Express: Seit 23. April 1999 entlang der australischen Ostküste (Caims–Brisbane–Sydney) fahrender Luxuszug der einheimischen Queensland Rail und der Londoner Orient-Express-Gruppe. Gebaut für maximal 90 Passagiere in 20 Waggons im edwardianischen Stil.

Green Globe: Der „grüne Globus“, länderübergreifendes Aktionsprogramm zur Reduzierung von tourismusinduzierten Umweltbelastungen. Umweltauszeichnung des WTTC. Das Programm deckt alle Bereiche der Reiseindustrie ab und liefert praktische Informationen über Müllmanagement, Resortentwicklung sowie die Nutzung alternativer Stromquellen und das Sparen von Wasser und Energie. Beitretende Unternehmen verpflichten sich zur Verbesserung umweltbedingter Praktiken nach den Rio-Richtlinien (1992). Anlaufstelle für Interessenten ist das Londoner Büro des WTTC. → WTTC

Green Leaf: Das „grüne Blatt“, Auszeichnung der Pata für umweltbewussten Tourismus. → Pata

Greyhound-Busse: Überlandbusse, die in den USA mit einem Streckennetz von 160.000 km rund 14.000 Städte verbinden. Für eine Vielzahl von Orten, die weder über einen Flughafen noch über eine Eisenbahnstation verfügen, sind sie das einzige öffentliche Verkehrsmittel im Liniendienst. Das Unternehmen wurde 1913 von C. E. Wickman gegründet. Generalagentur für Deutschland ist ISTS Intercontinental Reisen, München.

Großer-Belt-Tunnel: Nach dem Kanaltunnel zweitgrößtes Brücken- und Tunnelprojekt in Europa. Die 17 km lange Verbindung der Hauptinsel Seeland mit der Insel Sprogö wurde 1996 für den Eisenbahnverkehr freigegeben und verbindet damit die dänische Hauptstadt Kopenhagen mit dem europäischen Festland. → Eurotunnel

Großkundenabonnements: → Corporate Rates, → GKA - Großkundenabonnement

Großraumflugzeug: Bezeichnung für Flugzeuge mit großen Kapazitäten, die im Passagiertransport über zwei Mittelgänge verfügen, z.B. Boeing B-747 und B-767, Airbus A-300, DC 10, IL 86, Tristar und MD 11.

Großrechner: Großes Computersystem, an das mehrere Tausend Terminals angeschlossen werden können. Auch das Start-System wird über einen G. gesteuert.

Ground Handling: Engl. für Bodenabfertigungsdienstleistungen an Flughäfen. Seit 1991 (EU-Verordnung 82/91) dürfen im EU-Gebiet diese Leistungen nicht mehr ausschließlich von Flughäfen, sondern auch von den Fluggesellschaften durchgeführt werden.

Groundhostess: Auch Bodenstewardess, bezeichnet das weibliche Bodenpersonal am Flughafen, d.h. hauptsächlich die Counter-Kräfte (im Unterschied zur Bordhostess, die an Bord von Flugzeugen eingesetzt wird).

Grüner Koffer: Gütesiegel des ÖTE Ökologischer Tourismus in Europa für umweltverträglichen Tourismus. Bisher wurden nur die Kriterien zur Auszeichnung von Fremdenverkehrsorten ausformuliert. Längerfristig ist die Auszeichnung von Reiseveranstaltern und Beherbergungsbetrieben geplant. → Ökologischer Tourismus in Europa (ÖTE)

Grüner Pfeil: Dieses an Straßenkreuzungen angebrachte Verkehrszeichen erlaubt Kraftfahrern das Rechtsabbiegen auch bei roter Ampel. Vor dem Abbiegen muss angehalten werden, denn Fußgänger und Radfahrer haben immer Vorfahrt. Seit dem 1. März 1994 gilt das aus der ehem. DDR übernommene Verkehrszeichen für Gesamtdeutschland.

Grüne Versicherungskarte: Im grenzüberschreitenden KFZ-Verkehr geforderter Nachweis einer bestehenden KFZ-Haftpflichtversicherung.

Grundpflichten: Für den Betrieb des öffentlichen Verkehrs bestehen vier Grundpflichten: 1. Betriebspflicht – Im Linienverkehr die Pflicht zur ordnungsgemäßen Einrichtung und Aufrechterhaltung des Personenbeförderungsbetriebes nach PBefG. Im Vordergrund steht das Allgemeininteresse, allerdings unter Berücksichtigung der Rentabilität. 2. Fahrplanpflicht – Die Pflicht zu einem im Voraus festgelegten und veröffentlichten Fahrplan. 3. Beförderungspflicht – Im Linienverkehr ist nach PBefG der Beförderer im Rahmen der regelmäßigen Kapazitäten zur Beförderung verpflichtet, soweit seine Allg. Beförderungsbedingungen eingehalten werden. 4. Tarifpflicht – Die Pflicht eines im Voraus festgelegten und veröffentlichten Preisverzeichnisses, von Tarifeinheit und -gleichheit. → ABB, → Öffentlicher Verkehr, → ÖPNV, → PBefG

Gruppenreisedienste: Nach DRV-Vertriebsdatenbank spezialisierte Reisebüros, die zumeist für eine Kette oder Kooperation nahezu ausschließlich Gruppenreisen anbieten. → Reiseverkauf in Deutschland

Gruppenreisen: 1. Von Verkehrsträgern begünstigte Reiseform, bei der abhängig von der Gruppenstärke, Ermäßigungen oder die Anrechnung von Freipersonen gewährt werden.
2. Angebot der DB für mindestens sechs gemeinsam reisende Personen mit Ermäßigungen von 45%, 60% und 75% (Vorverkaufsfrist von 14 Tagen), abhängig von der Verfügbarkeit in den Zügen.

Gruppenversicherung: Versicherungsvertrag für Gruppen von Personen wie z.B. Berufsverbände oder Firmen, deren Mitglieder bzw. Mitarbeiter meist in den Genuss von vergünstigten Versicherungsleistungen kommen.

GSA: General Sales Agency, Generalvertretung für eine Reederei, eine Airline, einen Incoming-Veranstalter, eine Hotelgruppe o.Ä.

GSM: 1. Guest Service Measurement; Gästefragebogen von Walt-Disney-Hotels und -Resorts sowie deren Kreuzfahrtschiffen. → Gästefragebogen
2. Global System for Mobile Communication, gültiger Standard für den Mobilfunk der heutigen zweiten Generation.

GST: Goods & Service Tax oder Government Sales Tax, Verkaufssteuern in den USA, ähnlich einer Umsatzsteuer.

GSTAR: Von der Raumfahrtabteilung der General Electric gebauter Satellit zur Übertragung von Daten, Telefongesprächen und Fernsehsendungen. Eingesetzt seit September 1988. Damit wurden Buchungen von Übernachtungen, Restaurantplätzen und Konferenzräumen über den Weltraum möglich. Kunde dieser Satellitendienstleistung ist u.a. die Hotelkette Days Inns of America.

GT: Group Travel bedeutet im internationalen Luftverkehr, dass bestimmte Personengruppen unter besonderen Voraussetzungen preisgünstiger reisen. Preisermäßigung seitens der Carrier gibt es für 1. Angehörige der Fluggesellschaften, 2. Schiffsbesatzungen (GS), 3. Militärgruppen (GM), 4. Affinitätsgruppen (GA), 5. Common Interest Group Travel (CG) wie z.B. Gesellschaftsreisen zu sportlichen Veranstaltungen oder Studienreisen, 6. Inclusive Tours (GV) – Pauschalreisegruppen und 7. für frei zusammengestellte Gruppen, deren Antrag allerdings von der Iata genehmigt sein muss. → GIT

GTM: Germany Travel Mart, Incoming-Fachreisemarkt für Reisen in die Bundesrepublik Deutschland, Veranstalter ist die DZT. → DZT

GTZ: Deutsche Gesellschaft für technische Zusammenarbeit, Eschborn. Im Auftrag des BMZ (Bundesministerium für wirtschaftliche Zusammenarbeit) fördert die GTZ die technische Zusammenarbeit zwischen der Bundesrepublik Deutschland und den Partnerländern in der Dritten Welt in Form von Studien, Berichten und Gutachten. Zu den wichtigsten Instrumenten der deutschen Entwicklungspolitik gehört auch die Tourismusförderung. → Bundesministerium für wirtschaftliche Zusammenarbeit und Entwicklung (BMZ)

Guadalajara-Abkommen: Sog. Charterabkommen; Zusatzabkommen zum Warschauer Abkommen zur Vereinheitlichung von Regeln über die von einem anderen als dem vertraglichen Luftfrachtführer (Carrier) ausgeführte Beförderung im internationalen Luftverkehr. Gilt als Ergänzung zum Haftungsrecht, beschlossen im September 1961 von der Internationalen Luftprivatrechtskonferenz in Guadalajara (Mexiko). → Haager Protokoll, → Warschauer Abkommen (WA)

Guéridon-Service: → Englischer Service

Guest Ranch: → Ranch-Urlaub

Guest Relations Manager: Diese angloamerikanische Bezeichnung beschreibt bestimmte Angestellte in Luxushotels mit US-Management. Der GRM übernimmt die Sonderbetreuung der VIP-Kunden.

Güter: Sind bewegliche und unbewegliche materielle sowie immaterielle Mittel, die direkt (Konsumgüter) oder indirekt (Produktivgüter) der Befriedigung menschlicher Bedürfnisse dienen. → Dienstleistungen

Gütesiegel des VDR: Hotelzertifizierung nach festgelegten Qualitätskriterien und Online-Buchbarkeit durch den Geschäftsreiseverband VDR → VDR

Guten-Abend-Ticket: GAT, kontingentiertes Angebot der DB für Zugfahrten von 19 Uhr abends bis 3 Uhr morgens, samstags bereits ab 14 Uhr (Aufpreise für Fahrten von Freitag bis Sonntag) mit Zugbindung. Die Fahrscheine zum G. können nur an Verkaufsstellen erworben werden, die höchstens 30 Kilometer vom Abfahrtsbahnhof entfernt sind.

H

H: Tarifbezeichnung im Flugticket für Economy Class.

Haager Protokoll: Protokoll zur Änderung des Warschauer Abkommens von 1929. → Guadalajara-Abkommen, → Icao, → Warschauer Abkommen (WA)

Hängebrücke: Brücke, die an mindestens zwei festen Stützen ausgespannt ist. Die längste H. der Welt ist im April 1998 in Japan dem Verkehr übergeben worden. Sie misst 3911 m Länge, die Spannweite von Pfeiler zu Pfeiler beträgt 1991 m. Sie verbindet die Stadt Kobe mit der Insel Awaji. Das Bauwerk gilt als erdbebensicher.

Hafen: Der vor Seegang geschützte und mit einem Quai, Pier oder einer Mole ausgebaute Liegeplatz zur sicheren Be- und Entladung oder Reparatur der Schiffe. → Reede

Hafenabgaben, -gebühren, -gelder: Sind diejenigen Gelder, die ein Schiff dafür entrichtet, dass es einen Hafen mit seinen sämtlichen Anlagen, wie Einfahrt, Festmachen, Frischwasser- und Ölübernahme nutzt. Die H. werden bemessen nach der Größe eines Schiffes, nach BRT/BRZ. Der Reeder oder Veranstalter gibt diese Gebühren vielfach – separat ausgewiesen – an den Kunden weiter. → BRT/BRZ

Hafenagenten: Übernehmen die Versorgung und Betreuung von Schiffen in fremden Häfen. Die hierauf spezialisierten Agenturen reservieren Liegeplätze, organisieren Lotsen und Schleppereinsatz, übernehmen die Versorgung mit Treibstoff, Ersatzteilen, Wasser und Lebensmitteln. Darüber hinaus fungieren sie als Nachsendeadresse für Schiffs- und Passagierpost. In vielen Fällen werden auch Landausflüge sowie die Abfertigung zu- oder aussteigender Fahrgäste arrangiert.

Hafenbahnhof: Bahnstation in unmittelbarer Nähe der Schiffsanlege- bzw. -landeplätze zur direkten Abfertigung des Personen- und Güterverkehrs, z.B. Genua, Norddeich Mole.

Hafenkapitän: Von der Stadt bzw. Gemeinde beauftragte amtliche Person, die die Verwaltung eines Hafens übernimmt. Der Hafenkapitän weist den am Hafen angekommenden Yachten einen Liegeplatz zu und zieht das entsprechende Hafengeld ein, in kleineren Häfen auch Hafenmeister genannt. → Hafenabgaben

Haff: Flaches Gewässer, von der See durch Inseln oder einen Dünenstreifen getrennt, z.B. an den Küsten Pommerns und Ostpreußens. → Lagune

Haftung bei Pauschalreisen: Der Reiseveranstalter steht als Vertragspartner des Reisenden für die vertragsgemäße Erbringung der Leistung ein. Weicht die erbrachte von der vereinbarten Leistung ab, kann der Reisende Gewährleistungs- und Schadenersatzansprüche nach § 651 c bis f BGB geltend machen. Dies sind Abhilfe, Minderung, Kündigung oder Schadenersatz. Den Reiseveranstalter trifft allein das Risiko der Durchführung der Reise. Daneben kann er auch für Unfälle und sonstige Schäden während der Reise haften, soweit ihn hierfür ein Organisations- oder Aufsichtsverschulden trifft (§ 823 BGB). Eine Haftungsbeschränkung ist nur in den Grenzen von § 651 h BGB möglich. Der Reiseveranstalter haftet für das Verschulden seiner Erfüllungsgehilfen, insbesondere der Leistungsträger. → Erfüllungsgehilfe, → Frankfurter Tabelle, → Haftungsbeschränkung, → Kündigung, → Kundengeldabsicherung, → Leistungsträger, → Minderung, → Reisemängel, → Reiseveranstalter, → Reisevertrag/ Reisevertragsrecht, → Schadenersatz

Haftung bei Schiffspassagen: (See-, Fährpassagen und Beförderung auf Binnengewässern) → Zweites Seerechtsänderungsgesetz

Haftungsbeschränkung: Der Reiseveranstalter kann die Haftung für Schäden des Reisenden, die nicht Körperschäden sind, vertraglich auf den dreifachen Reisepreis beschränken (§ 651 h BGB). Das Recht des Reisenden auf Abhilfe, Minderung oder Kündigung (§§ 651 a–e BGB) fällt nicht hierunter. Sofern die Voraussetzungen eines Anspruchs auf Schadenersatz (§ 651 f BGB) vorliegen, haftet der Reiseveranstalter auf vollen Schadenersatz. Die Haftungsbeschränkung ist zulässig, soweit der Schaden des Reisenden weder vorsätzlich, noch grob fahrlässig herbeigeführt worden ist bzw. soweit der Reiseveranstalter für den dem Reisenden entstehenden Schaden allein wegen eines Verschuldens eines Leistungsträgers verantwortlich ist. Ein eigenes Verschulden des Reiseveranstalters darf für den Schaden nicht mitursächlich sein.

Haftungserklärung: In Zusammenhang mit verlorenen oder verlegten Flugscheinen oder anderen Transportdokumenten auszustellendes Formular. Mit Hilfe der H. kann ein Ersatzdokument beantragt werden. → Freischreiberklärung

HAI: Hotel Association of India, der indische Hotelverband; Interessenvertretung.

Halbpension: Beinhaltet ein Frühstück und eine warme Mahlzeit pro Tag in Hotel oder Pension. → MAP

Halbtax: Marke für das Pendant zur Bahn-Card der Schweizer Bahnen.

Hallenbetriebe: Zu diesem Leistungszweig gehören die Stadt-, Sport- und Mehrzweckhallen. Diese wieder sind vielfach Voraussetzung für Aktivitäten anderer Dienstleistungsunternehmen, z.B. im Messe- und Kongresswesen. Hallenbetriebe werden touristisch stark genutzt für Veranstaltungen wie Tagungen, Kongresse, Workshops, Ausstellungen, Sportveranstaltungen u.Ä. → Convention, → Messetourismus, → VDSM

Hallig: Kleine Wattinsel, die nicht eingedeicht und deshalb häufig von Flut bedroht ist. Wurten (Warften), also aufgeworfene Siedlungshügel als Hochwasserschutz, sind charakteristisches Merkmal, z.B. Hallig Hooge.

Hamam: Türkisches Bad mit Wasserdampf und exotischen Aromen. In Mitteleuropa werden oft normale Dampfbäder als H. bezeichnet.

Handel: Gehört im Rahmen der Volkswirtschaft zum Bereich der Distribution. Seine Aufgabe ist die eines Mittlers zwischen Produktion und Konsum. Ein typisches Beispiel aus der Tourismusbranche sind die Reisebüros oder die Handelsvertreter nach § 84 HGB. Der H. tritt in drei Erscheinungsformen auf: Einzelhandel, Großhandel, Außenhandel.

Handelsbilanz: Ist die Gegenüberstellung der Werte der Warenein- und -ausfuhr. Sind die Warenexporte größer als die Importe, so spricht man von einer aktiven Handelsbilanz. Im umgekehrten Fall liegt eine passive Handelsbilanz vor. → Zahlungsbilanz

Handelsblatt News am Abend: Erhalten Reisende der 1. Klasse im ICE und im Metropolitan der Deutschen Bahn und der Business Class der Lufthansa. → Metropolitan

Handelsgastronomie: Restaurants in Kaufhäusern wie Karstadt, Hertie, Kaufhof etc.

Handelsherr/Geschäftsherr: Hier der Reiseveranstalter oder Beförderungsunternehmer, für den Reiseagenturen, Reisebüros und sonstige Reisemittler als Handelsvertreter tätig werden. Im Reisegewerbe bestimmt der H. (Veranstalter) den Endverbraucherpreis einer Reise. Der Handelsvertreter ist an diesen Endpreis gebunden, darf ihn nicht unterschreiten und erhält auf diesen Provision. In jüngster Zeit wird der Handelsvertreterstatus von Reisebüros juristisch angezweifelt (Bundeskartellamt). Führt dieses zu einer Aufhebung des Handelsvertreterstatus, so müssen Reiseveranstalter ihren Reiseagenturen die Arrangements zum Nettopreis liefern und haben keinen Anspruch mehr auf Beachtung vorgegebener Endpreise (Wegfall der Preisbindung, erheblicher Wettbewerb zwischen den Reisebüros durch gegenseitige Preisunterbietung). → Handelsvertreter, → Preisbindung, → Rabattverbot beim Verkauf von Pauschalreisen, → Reisemittler, → Reiseveranstalter, → Verkaufslizenzen

Handelsmarken: Eigenmarken der Handelsorganisationen; dienen durch aktives Handelsmarketing vorwiegend der eigenen Unternehmensprofilierung. Sie werden ausschließlich in den angeschlossenen Ketten/Filialgeschäften angeboten. Handelsmarken fungieren meist als preisgünstigere Alternative zu den Markenartikeln und sind dem Preiswettbewerb entzogen; sorgen häufig für Verbesserung der Handelsspannen.

Handelsregister: Eine vom Amtsgericht für den jeweiligen Bezirk geführte öffentliche Aufzeichnung der Vollkaufleute, ihrer Firmen, ihrer Vertretungsverhältnisse und ggf. der Gesellschaftsverhältnisse.

Handelsvertreter: Reiseagenturen, Reisebüros und sonstige Reisemittler arbeiten regelmäßig als H. für einen oder eine Vielzahl von Reiseveranstaltern oder Beförderungsunternehmen usw. Auf Grund des Handelsvertreter- oder Agenturvertrages arbeitet der H. als selbstständiger Gewerbetreibender, der zwischen Kunde und Reiseveranstalter (Pauschal-)Reiseverträge vermittelt und abschließt, i.d.R. ohne selbst für Wirkungen und Erfolg des Reisevertrages verantwortlich zu sein. Gesetzliche Regelungen finden sich unter anderem in den §§ 84ff. HGB. → Agenturvertrag/Handelsvertretervertrag, → Reisemittler, → Reiseveranstalter

Handgepäck: Nach zzt. gültigen Sicherheitsbestimmungen ist in der Bundesrepublik dem Fluggast die Mitnahme von einem Stück Handgepäck erlaubt. Vor dem Einsteigen wird dieses kontrolliert. → Freigepäck, → Gepäckbeförderung bei Atlantik-Flügen

Handling Fee: Nicht eindeutig definierter Begriff als Synonym sowohl für Transaction als auch für Management Fee. Die Provision bleibt bei diesem Abrechnungsmodell beim Reisebüro.

Hanse/Hansestädte: Der Bund der Hanse bestand vom Mittelalter bis zum 17. Jh. und reichte mit über 90 Häfen und Reichsstädten von Flandern bis nach Reval. Der ursprünglich nur wirtschaftlichen Interessen dienende Bund erhielt durch die Kölner Konföderation vom 19. November 1367 auch politische Bedeutung. Der Hauptort Lübeck war Appellationsgericht für alle Hansestädte, die nach eigenem Lübischen Recht zu richten hatten. In den Hansetagen kamen die Ratsendeboten der Städte zusammen, um die Angelegenheiten des Bundes zu beschließen. Der Rückgang der Macht der Hanse begann mit dem Erstarken des Nationalbewusstseins, das viele der Hansestädte den Interessen der regierenden Fürsten unterordnete. Ein weiterer Grund war in der Entdeckung Amerikas zu suchen, welche den bisher dominierenden Ostsee-Westsee-Handel nun in überseeische Gebiete ausdehnte. Mit Beginn des 17. Jh. war der stolze und mächtige Städtebund der Hanse nur noch dem Namen nach ein Bündnis. Der Dreißigjährige Krieg brachte die völlige Auflösung. Der „Hansetag der Neuzeit" findet in regelmäßigen Abständen in jeweils wechselnden ehem. Hansestädten statt; der 8. „Hansetag der Neuzeit" 1988 in Köln. Diese Zusammenkünfte dienen überwiegend der Fremdenverkehrsförderung.

Hapag-Lloyd: Durch Fusion der beiden Reedereien Hamburg-Amerikanische Packetfahrt Actien Gesellschaft (Hapag) und Norddeutscher Lloyd (NDL) in 1970 entstanden. Hapag seit 1847 und NDL seit 1857 in der Seeschifffahrt tätig und Initiator der ersten Kreuzfahrten in Deutschland. Der Konzern verfügte neben der Linienschifffahrt und der Spedition seit der Fusion über eine breit gefächerte Palette von touristischen Aktivitäten in Marktführerschaft. Zusammengefasst waren diese in:
Hapag-Lloyd Flug
Hapag-Lloyd Geschäftsreise
Hapag-Lloyd Kreuzfahrten
Hapag-Lloyd Reisebüro
Nach Übernahme der H.L. durch die Preussag wurden diese Bereiche vorübergehend integriert in die TUI Group und gehören seit 2001 zur Dachmarke World of TUI. → Preussag, → World of TUI

Happy Hour: Cocktailstunde in Bars und Restaurants, in der Getränke verbilligt angeboten werden, meist vor dem Abendessen.

Hardcopy: Bildschirmausdruck. Mit H. ist es möglich, eine komplette Bildschirmseite auf einem Drucker auszudrucken. So ist die H. heute noch ein wichtiges Element im Reisebüro, um die Buchungen zu verwalten. In naher Zukunft soll hier das papierlose Büro Abhilfe schaffen.

Hardware: Sammelbegriff für alle für den EDV-Bereich benötigten Geräte. Zur H. zählen die einzelnen Bausteine, z.B. Drucker, Monitor, Bildschirm und Tastatur, aber auch einzelne Bauteile dieser Geräte wie Platine, Festplatte und Diskette. Im Gegensatz zur H. unterscheidet man die Software.

Harmonisierung: In Vorbereitung des EG-Binnenmarktes ab 1993 zeitliche Übergangsphase bis zur eigentlichen Liberalisierung und damit Feststellung eines einheitlichen Binnenmarktes. H. bedeutet: Schaffung einheitlicher Wettbewerbsbedingungen und -voraussetzungen in Rechts-, Steuerfragen u.a. für alle EG-Mitgliedsländer, z.B.

- Harmonisierung der Normen für Lizenzen
- Einheitliche Regelung der Flugdauer der Piloten
- Abbau der steuerlichen Unterschiede
- Harmonisierung von Reiserecht sowie Verbraucherschutz und Zulassungsbedingungen für Reisemittler. → Deregulation, → EU/EG/EWG, → Liberalisierung

Hatta: Hellenic Association of Travel and Tourist Agencies; griech. Reisebüroverband mit Sitz in Athen. Mitglied beim Ectaa.

Haupterwerbsreisebüro: Zu dieser Kategorie gehören alle Reisemittler, die im Haupterwerb als klassische Reisebüros mit mindestens einer Beförderungs- und einer Touristik-Hauptlizenz fungieren, wie auch Reisevertriebsstellen mit ausschließlich Touristik-Verkaufslizenzen. → Reisebüros, → Reisemittler, → Verkaufslizenzen

Hauptländer: Hauptsächliche Zielländer eines Reiseveranstalters oder einer Fluggesellschaft.

Hauptleistungen: Sind diejenigen Leistungen einer Pauschalreise, die als Mindestbestandteil einer solchen Reise erbracht werden, z.B. Unterkunft, Verpflegung, Transport, Transfer, Reiseleitung. Gemäß § 651 a, Abs. 1 BGB des Pauschalreisevertrages wird der Reiseveranstalter verpflichtet, dem Reisenden eine Gesamtheit von Reiseleistungen zu erbringen. Der Reisende ist verpflichtet, dem Reiseveranstalter den vereinbarten Reisepreis zu zahlen. Danach werden dem Pauschalreisekunden zwei Hauptleistungen als Leistungsbündel angeboten. Diese Leistungen müssen einander annähernd gleichwertig sein. Beispiele aus der Rechtsprechung für zwei Hauptleistungen:

- Beförderung und Unterkunft
- Unterkunft und Hobbykurs
- Unterkunft und Sport
- Beförderung und Mietwagen
- Kreuzfahrt mit Verpflegung
- Fly-and-Drive-Programme
- Unterkunft und Kunstführer
- Beförderung und Verkaufsveranstaltung (Werbefahrt)
- Segeltour und Skipper.

→ Leistungsträger, → Pauschalreisen, → Reiseveranstalter, → Reisevertrag/Reisevertragsrecht

Hauptschlüssel: Mit ihm lassen sich alle Schlösser zu den Gästezimmern eines Hotels öffnen. → Hausdame, → Pass Key

Hauptschuldner: Ursprünglicher Schuldner bei der Bürgschaft, z.B. als Darlehensnehmer, dem der Bürge zur Seite tritt, indem er sein Vermögen als zusätzliche Sicherheit anbietet. → Bürgschaft

Haupturlaubsreise: Bei der Beschreibung des Urlaubsreiseverhaltens werden bei der Reiseanalyse (RA) die Eckdaten jeder Urlaubsreise erfasst. Zusätzlich wird der subjektive Stellenwert jeder Reise erhoben. Die jeweils wichtigste Reise des vergangenen Jahres gilt als H. Nach RA 2001 für 2000 48,8 Mill. Für die H. 2000 beträgt der Anteil der Veranstalter-Reisen 48,5%. Sie sind definiert als Pauschalreise (aus dem Katalog eines Veranstalters) und/oder sonstige Buchung im Reisebüro. Der Anteil der Individualreisen beträgt dementsprechend 51,5% und beinhaltet die Buchung direkt beim Hotel/Vermieter. → Reiseanalyse

Hausboot: Meist komfortabel eingerichtetes Fahrzeug, das als Sommer-/Ferienwohnung dient. Es besteht aus einem Ponton, dem ein Aufbau oder Deckshaus aufgesetzt ist, z.B. liegen auf dem Dal-See bei Srinagar in Kaschmir H.e als Touristenunterkünfte. Zu jedem H. gehört eine Shikara, eine Gondel, ähnlich der venezianischen Gondel. In Kaschmir ist das H. ein Relikt aus der engl. Kolonialzeit, als nur dem Kashmiri Landbesitz erlaubt war. Engl. Bewohner erbauten zum Ausgleich schwimmende Häuser mit drei bis vier großen Doppelschlafzimmern mit Garderobe und Bad sowie Speisezimmer und Terrasse. In Frankreich und den Niederlanden dienen Hausboote häufig als Ersatz fester Wohnungen. In Nordamerika u.a. Ländern können Hausboote auch als langsame Rundreise-Fahrzeuge genutzt werden. → Beherbergungsbetriebe

Hausdame: Sie gehört zum Hotelpersonal, früher auch Beschließerin genannt. Sie untersteht dem Empfangschef oder seinem Stellvertreter. Ihr unterstehen die Abendhausdame, Etagendame, Zimmermädchen, Abendzimmermädchen, Hausdiener, Garderobiere, Reinigungspersonal, Wäschekammer und Schneiderei.

Haus des Gastes: Begegnungsstätte in Kur-, Erholungs- und Ferienorten, bietet Aufenthalts- und Veranstaltungsmöglichkeiten. Oft auch Sitz der jeweiligen Kurverwaltung. → Kurverwaltung

Hausmessen: Marketing-Veranstaltungen, mit denen Reiseveranstalter oder Reisebüros mit Schwerpunkt auf ihren eigenen Reiseveranstalter-Produkten – meist anlässlich neuer Katalogvorstellung – werben. Unterstützt werden sie dabei durch Repräsentanten der Zielgebiete und anderer Leistungsträger in Form einer Ausstellung oder eines Workshop. Angereichert werden diese Veranstaltungen für die Kundschaft durch Spiel, Spaß, Musikdarbietungen und meist Verlosung. H. dienen der Kundenbindung.

Hausordnung: Der Inhalt von Mietverträgen und Verträgen mit Elementen des Mietvertrags wird häufig mitbestimmt durch die H. als Zusammenfassung aller Regeln, die den Gebrauch der Mietsache mitbestimmen. Sie wirkt im Verhältnis zum Vermieter und der Mieter untereinander nur, wenn sie Vertragsbestandteil durch Kenntnisnahme und Einverständnis geworden ist.

Haus- und Wohnungstausch: In den Bereich der Parahotellerie gehört die Idee, Urlaubsinteressenten Haus- und Wohnungstausch nach Katalog anzubieten, z.B. Swiss Chalets über Interhome, Holiday Service mit 7000 Angeboten international. Eine erste Organisation wurde 1957 gegründet mit dem Ziel, Universitätsdozenten beim kurzfristigen Wechsel des Arbeitsplatzes die Wohnungssuche zu erleichtern. → Parahotellerie

Havarie: Große Havarie sind alle Schäden, die dem Schiff oder der Ladung oder beiden zum Zweck der Errettung beider aus einer gemeinsamen Gefahr von dem Kapitän oder auf dessen Geheiß vorsätzlich zugefügt werden, sowie auch die durch solche Maßregeln ferner verursachten Schäden, desgleichen die Kosten, die zu demselben Zweck aufgewendet werden. Große Havarie wird von Schiff, Fracht und Ladung gemeinschaftlich getragen. Alle nicht zur Großen Havarie gehörigen, durch einen Unfall verursachten Schäden und Kosten sind besondere Havarie; die besondere Havarie wird von den Eigentümern des Schiffes und der Ladung von jedem für sich allein getragen. Die Eigentümer der geretteten Werte sind den Eigentümern der verlorenen oder geschädigten Werte ausgleichspflichtig.

Hazienda: Bau im span. Kolonialstil, Vorbild für Hotelbauten u.a. im Süden der USA.

Headline Point: Bezeichnung des Ortes in der Kopfspalte eines Tarifhandbuches, von dem aus die Tarifpreise gelten. → Sideline Point

Hearing: Anhörung von Sachverständigen zu einem Thema, auch Podiumsdiskussion unter Mitwirkung der Teilnehmer.

Hedna: Hotel Electronic Distribution Network Association, Hotelorganisation, in der vor allem die großen Hotelketten Mitglieder sind. Interessenvertretung mit dem Ziel der verbesserten Darstellung der Hotelleistung in den CRS.

Heidelberger Fremdsprachen-Institut: Akademie für Sprachen, Wirtschaft und Touristik, unterhält Studiengänge in der Aus- und Weiterbildung u.a. zum Internationalen Touristikassistenten und Staatl. gepr. Betriebswirt/-in Touristik. → Internationale(r) Touristikassistent(in)

Heilbad: → Prädikatisierter Tourismusort

Heilbronner Weg: Beliebter Höhenwanderweg über den Allgäuer Hauptkamm. Seinen Namen erhielt er durch die finanzielle Patenschaft der Alpenvereins-Sektion Heilbronn.

Heilbrunnen-Betrieb: Es gelten folgende Voraussetzungen: natürliches Heilwasser durch Gewinnung am Quellort, Kennzeichnungsbestimmungen natürlicher Heilwässer bei Vermarktung (Beachtung des gesetzlichen Bestimmungen) und der Hinweis auf die Art der Abfüllung (naturbelassene Abfüllung).

Heilklimatischer Kurort: → Prädikatisierter Tourismusort

Heilquellen: Verfügen nach DBV über natürliche Heilmittel des Bodens, artgemäße Kureinrichtungen und entsprechenden Kurortcharakter. Sie sind verpflichtet zur Feststellung und Bekanntgabe der wissenschaftlich anerkannten Hauptheilanzeigen und Gegenanzeigen. → DEV

Heimarbeit in der Reisebranche: Mit zunehmender Vernetzung von Datensystemen haben Mitarbeiter in der Reisebranche die Möglichkeit, zu Hause mit dem Computer zu arbeiten und gleichzeitig fest in den Betrieb (Reisebüro/-Veranstalter/Leistungsträger) eingebunden zu sein. Durch flexible Arbeitsbedingungen werden auf diese Weise verstärkt neue Arbeitsplätze geschaffen. → Telecommuting

Heimweh: Sehnsüchtiges Verlangen nach der fernen Heimat, dem eigenen Zuhause, geliebten Menschen, das viele Reisende nach einer Phase neugierigen Entdeckens, mitunter aber bereits bei Reiseantritt befällt. Gefühle der Einsamkeit, Sinnlosigkeit und des Ausgeliefertseins können sogar zu depressiven Zuständen führen. Bei der Reiseleiterausbildung gehört verständnisvoller Umgang hiermit zu den wichtigsten psychologischen Fertigkeiten.

Heliport: Hubschrauberbasis o. Hubschrauber-Airport (New York, London etc.).

Helpdesk: Engl. aus dem EDV-Bereich, telefonischer Hilfsdienst zur schnellen Klärung von technischen Störungen bei Computern. Neben großen CRS-Anbietern, die den Reisebüros spezielle Anlaufstellen zur Verfügung stellen, bieten manche Reiseveranstalter und Leistungsträger auch eigene, direkt auf ihr Produkt bezogene EDV-Service-Leistungen an. → CRS

Hems: Spezialität dänischer Ferienhäuser; Schlafmöglichkeit auf einem offenen Zwischenboden, beliebt bei Kindern.

Hera: Heilbronner Reiserechtsarchiv, Forschungsprojekt im Fachbereich Touristikbetriebswirtschaft an der Fachhochschule Heilbronn. Das Archiv enthält eine umfangreiche Sammlung von Urteilen aus dem Bereich des Reiserechts.

Heritage Card: Kulturausweis für Irland-Touristen und Einheimische, der für ein Jahr freien Eintritt zu allen staatlichen Sehenswürdigkeiten der Republik Irland gewährt.

Hermes: Hardware-Kabelsystem, datentechnisches Übertragungsnetz für grenzüberschreitende EDV-Anwendung im Eisenbahnbereich. Mit H. kann z.B. RDS übertragen werden. → RDS

Hermes Touristik: Last-Minute-Veranstalter von Otto Reisen und Reiseland.

HGB: Handelsgesetzbuch, seit Mai 1897, regelt als Sonderprivatrecht wesentliche Teile des zwischen Kaufleuten geltenden Rechts (Kaufmannseigenschaft, Registereintragung, Firma, Vollmachten; Handelsvertreterschaft, Gesellschaften, Bilanzierungsrichtlinien, Sonderregeln für Handelsgeschäfte), ergänzt das BGB.

HGV: Hochgeschwindigkeitsverkehr, Schienenverkehr in Europa und weltweit mit Geschwindigkeiten über 200 km/h. Das europäische Hochgeschwindigkeitsnetz besteht neben den Neubaustrecken aus Ausbaustrecken (200 bis 250 km/h) und Ergänzungsstrecken (bis 200 km/h). Mit Hochgeschwindigkeitszügen können Entfernungen bis 1200 km in Tagesverbindungen und für Entfernungen bis 2500 km im Nachtreiseverkehr wettbewerbsfähig angeboten werden. → AVE, → Bullet Train (Tokaido Sanyo Shinkansen), → Eurostar, → ICE-Intercity Express, → ICE-Sprinter, → PBKA (Paris, Brüssel, Köln, Amsterdam), → TGV, → Transeuropäische Netze

High School Year: Angebot der Sprachreisenveranstalter von Schülersprachreisen vorwiegend in die USA, nach Kanada oder Australien; ähnliche Programme in europ. Ländern. Dabei besucht der Schüler für ein Jahr die Schule des Gastlandes, wird Mitglied der Gastfamilie und lebt in allen Belangen, Rechten und Pflichten wie ein einheimischer Jugendlicher seines Alters.

Hijacking: Amerik. Bezeichnung für die Entführung von Flugzeugen oder z.B. auch eines Kreuzfahrtschiffes („Achille Lauro"). Der Begriff entstand in der Prohibitionszeit in USA, wo bei Überfällen die Gangster ihrem Opfer befahlen: „Hands up high, Jack".

Hindenburgdamm: Verbindung vom Festland (Niebüll/Schleswig-Holstein) zur Insel Sylt. Die 11 km lange Eisenbahnstrecke besteht seit 1927. Weitere Verkehrsanbindungen durch Fähren und Flugzeuge.

Hinweispflicht: Der Reiseveranstalter oder das Reisebüro sind verpflichtet, den Kunden über die Pass- und Visabestimmungen, Impfungen und gesundheitliche Vorbeugemaßnahmen, die Abfahrts- und Ankunftszeiten, Zwischenstationen und Anschlussverbindungen sowie Name, Anschrift und Telefon der Vertretung des Reiseveranstalters vor Ort zu informieren. → Informationspflicht

HIP: High Intermediate Point, höher tarifierter Zwischenort innerhalb eines Sektors in der Flugtarifberechnung.

Hispaniola: „Klein Spanien", in zwei Staaten (Haiti und Dominikanische Republik) geteilte Insel in der Karibik. Nach Kuba zweitgrößte Antilleninsel. Hier landete Kolumbus 1492 auf seiner Entdeckungsreise in die Neue Welt. Ferienziel in den Tropen.

Historic Highlights of Germany: 1975 unter dem Namen Die historischen Zehn gegründete Werbegemeinschaft deutscher Städte. 13 Mitgliedsstädte: Augsburg, Bonn, Bremen, Erfurt, Freiburg, Heidelberg, Lübeck, Münster, Potsdam, Regensburg, Rostock, Trier, Würzburg. Max. 15 Mitglieder, Geschäftsstelle in Heidelberg. → Städtekooperationen

Historische Städte Deutschlands: → Historic Highlights of Germany

Hit: 1. Bezeichnung für einen erfolgreichen Zugriff auf eine Webseite im Internet.
2. Angebot der TUI als jeweilige Einzelleistungen. Man unterscheidet Hit-Flug, Hit-Bahn und Hit-Hotel.

HIT: Harzer Interessenverband für Touristik, Wernigerode bei der Fachhochschule Harz mit dem Abschluss Diplomkaufmann/-frau Fachrichtung Fremdenverkehr und Tourismus (FH).

Hobby-Ferienkurse: Werden in einer Vielzahl von Ferienorten angeboten, vom Malen und Töpfern bis zu Sprach- und Informatikkursen, meist mit Teilnahmebescheinigung und Nachweis der erlangten Fertigkeiten.

Hobby-Reisen: In der Branche auch unter dem Begriff Special Interest Tours geläufig. Reisen mit besonderen inhaltlichen Schwerpunkten (Sport, Kunst, Studien etc.). → Special Interest Tours, → Studienreisen

Hochkonjunktur: Die H. ist gekennzeichnet durch Vollbeschäftigung und Auslastung der Produktionsfaktoren, starkes Wirtschaftswachstum, Engpässe auf dem Arbeitsmarkt und hohe Kaufkraft. → Konjunktur

Hochsaison: Zeiten, in denen der größte Teil der Bevölkerung Haupturlaub macht; 1. Hauptferienzeit im Sommer und zu Ostern, 2. Skisaison im Winter.

Hodeo: Holiday Dates Exchange Operation, Informationssystem, mit dem die Abteilung Tourismus der Generaldirektion XXIII der EU-Kommission die Feriendaten aller Mitgliedsländer aufbereitet, um so zu einer zeitlichen Entzerrung der Touristenströme zu kommen. → EU/EG/EWG

Höchstversicherungssumme: Von Versicherungsunternehmen festgelegter Höchstbetrag der Versicherungssumme.

Höhere Gewalt: Liegt zu Grunde bei einem von Außen kommenden, keinen betrieblichen Zusammenhang aufweisenden, auch durch die äußerste, vernünftigerweise zu erwartende Sorgfalt nicht abwendbaren Ereignis. Im Fall von Unruhen, Bürgerkrieg, Epidemien, behördlichen Anordnungen und Naturkatastrophen im Zielgebiet kann sowohl der Veranstalter als auch der Kunde formlos vom Reisevertrag zurücktreten, sofern die Gefahr zum Zeitpunkt der Buchung nicht vorhersehbar war (§ 651 j BGB).

Höyfjellshotels: Norweg. Hochgebirgshotels abseits der Straßen, Familienbetriebe, die gewissen Auflagen unterliegen wie z.B. Lage im Hochgebirge, offene Kaminfeuer, tägl. Live-Tanzmusik; Kleidervorschriften für die Gäste.

Holding: 1. Im Wirtschaftsleben Dachunternehmen eines aus mehreren Einzelfirmen bestehenden Konzerns.
2. Im Luftverkehr spez. Bezeichnung für Warteschleife oder Warteraum; die Luftzone, in der Flugzeuge bis zur Landung kreisen.

Holiday Banking: → Urlaubskauf auf Raten

Holiday-Tarif: Im Luftverkehrstarifwesen auch als Super Apex der Iata-Fluggesellschaften bekannt. Der Kunde fliegt z.B. bei der Lufthansa in der Tourist Class der Linienmaschine zum Spartarif (bis zu 65% Ermäßigung des Normaltarifs). Dieser Sondertarif ist oft Grundlage für Programme von Reiseveranstaltern, z.B. DER in die USA und nach Kanada, in die Karibik, nach Süd- und Mittelamerika, Nahost/Afrika, Fernost und Australien. Wichtige Bedingungen des H. sind:
- Mindestaufenthalt 14 Tage, Höchstaufenthalt zwischen einem Monat und einem Jahr, je nach Destination
- Flugscheinkauf und Bezahlung innerhalb von 24 Stunden nach Buchung
- Stornierung, Reiseänderung sind vor bzw. nach Reiseantritt nur unter bestimmten Bedingungen oder gegen Gebühr möglich
- Kinderermäßigung je nach Flugziel und Alter zwischen 25 und 90%.

→ Apex-Tarife

Holiday World: 1. Reisefachmesse in Dublin, alljährlich im Januar.
2. Reisefachmesse in Prag, regelmäßig im Februar.

Holidex: Hauseigenes Reservierungssystem der Holiday-Inn-Hotelgruppe.

Holzklasse: 1. Umgangssprachliche Bezeichnung für die Economy Class im Flugverkehr.
2. Früher Dritte und Vierte Klasse bei der Eisenbahn. → Economy Class

Home Banking: Steuerung von Finanztransaktionen über den heimischen PC. Die direkte Verbindung zur Bank wird durch ein Modem hergestellt.

Homepage: Startseite eines Internet-Providers oder privaten Anbieters zur Darstellung seiner Organisation. Mitglieder von Online-Diensten können kostenlos auf entsprechende Einrichtungsprogramme zugreifen.

Home Service: Heimverkauf; zusätzliche Service-Leistung, bei der die Urlaubsberatung und der Reiseverkauf nach Absprache z.B. in der Wohnung des Kunden durchgeführt wird. → RVA

Home Shopping: Angebote verschiedener Online-Dienste. Einkaufen per Auswahl aus der Datenbank. Bequem bestellen von zu Hause aus. Bisher realisiert von großen Versandanbietern.

Homestay-Aufenthalte: Angebote der Sprachreisenveranstalter von Schülersprachreisen, bei denen das Zusammenleben mit einer einheimischen Familie des Gastlandes im Vordergrund steht. H.A. werden vorwiegend in den USA und Kanada angeboten.

HON: Honorable Person. Engl. Ausdruck aus dem Flugbereich, bezeichnet den Passagier, der in der exklusivsten Klasse reist und von den Fluggesellschaften mit entsprechender Aufmerksamkeit behandelt wird. In der Beförderungsklassenordnung der Airlines haben HON-Fluggäste Vorrang vor den VIPs. → VIP

Honorarkonsul: In 280 Städten der Welt gibt es neben den berufskonsularischen Vertretungen (Botschaften und Generalkonsulate) auch nebenamtliche Honorarkonsulate, die gegen Aufwandsentschädigung in sehr eingeschränktem Umfang konsularische Aufgaben wahrnehmen, z.B. Annahme und Weiterleitung von Anträgen. Da der H. die örtlichen Verhältnisse gut kennt, können sich Reisende in Notlagen ggfs. auch an ihn wenden. → Konsul, → Konsularhilfe, → Konsulat

Horeca: Hotel-Restaurant-Café; im internationalen Verband Horeca, dem weltweiten Zusammenschluss gastgewerblicher Verbände, sind über 30 Mitgliedsländer organisiert. Betreuung durch das Generalsekretariat in Zürich. Die 1949 gegründete Organisation verfolgt auf internationaler Ebene folgende Ziele:

- Förderung des Berufsstandes,
- Förderung der beruflichen Aus- und Weiterbildung,
- Erfahrungs- und Gedankenaustausch

Horizontale Kooperation: → Kooperation

Hospitality Suite: Hotelsuite für Empfänge und ähnliche Veranstaltungen.

Hospiz: Beherbergungsbetrieb im Eigentum einer kirchlichen oder karitativen Gemeinschaft.

Host: 1. Alle Internet-Daten liegen auf so genannten Host-Rechnern und werden durch das Netz miteinander verbunden, hierbei wird der angerufene Computer als H. bezeichnet.

2. Hauptcomputer in einem Netzwerk, auch Server genannt. → Server

Hostess: Betreuungsperson für Gäste und Kunden, z.B. bei Konferenzen, Messen oder Tagungen; an Bord von Flugzeugen (Stewardess), in Zügen/Bussen und auf Schiffen.

HOT: Hand Off Tape, bezeichnet Datenband oder -träger, welcher alle Teile der Ticketdaten oder anderer Verkaufsdokumente beinhaltet. Wurde in Übereinstimmung mit den Spezifikationen erarbeitet, wie sie separat als Data Interchange Specifications Handbook mit Genehmigung des BSPC vom Plan-Management publiziert wurden . → BSPC

Hotel: Beherbergungsstätte, die jedermann zugänglich und in der ein Restaurant vorhanden ist; daneben stehen weitere Aufenthaltsräume zur Verfügung. In der Beherbergung wird die Haupttätigkeit gesehen. Nach Dehoga sind Hotels Beherbergungsbetriebe mit angeschlossenem Verpflegungsbetrieb für Hausgäste und Passanten. Sie zeichnen sich durch einen angemessenen Standard ihres Angebots und durch entsprechende Dienstleistungen aus. Ein Hotel soll folgende Mindestvoraussetzungen erfüllen:

- 20 Gästezimmer,
- Ausstattung der Gästezimmer zu einem erheblichen Teil mit Bad/DU und WC,
- Hotelempfang.

Nach Aufenthaltsdauer der Gäste definiert Glücksmann Hotels nach den beiden Haupttypen als Familienhotel und Passantenhotel. Das Hotel in einem Ferienzentrum gilt danach als Familienhotel, das Bahnhofs- oder Flughafenhotel als Passantenhotel. → Beherbergungsbetriebe, → Dehoga

Hotelagent: Vermittler von Hotelplätzen oder Beherbergungskapazitäten spez. bestimmter Ferienregionen an Reiseveranstalter, Reisebüros.

Hotel auf Schienen: Neue Einrichtung zur Entschärfung der Übernachtungsengpässe während internat. Messen. H.s kommen auf Schienen zum entsprechenden Standort. Prototyp wurde erstmals vorgestellt während der IVA Hamburg 1988. Die Zimmer verfügen über hotelüblichen Komfort. → Hotelschiffe

Hotelausstellungen: Häufig finden Firmenpräsentationen in Hotels statt, deren Foyers und Bankettträume in spezielle Ausstellungsflächen umgestaltet werden. Möglichkeit, die auch für Fachausstellungen (Workshops) im Anschluss an Verbandstagungen genutzt wird. → Workshop

Hotelberufsfachschulen: Sind für die Dauer des Schulbesuchs berufsbildende Schule und Ausbildungsstelle zugleich. Der einjährige Besuch der Hotelberufsfachschule entspricht dem Berufsgrundbildungsjahr und wird auf eine spätere berufliche Ausbildung voll angerechnet. Nach erfolgreichem Abschluss besteht aber auch die Möglichkeit, in das zweite Jahr der dreijährigen Hotelberufsfachschule überzuwechseln. Private, staatlich anerkannte H. gibt es u.a. in

- Bad Reichenhall
- Bad Wiessee
- Bernkastel-Kues
- Neuötting-Alzgern
- München
- Wiesau

→ Berufsausbildung im Hotel- und Gaststättengewerbe, → Hotelfachschulen

Hotel-Check-in Counter: Schalter für die Fluggastabfertigung im Hotel → Abfertigung im Flugverkehr

Hoteldirektor: Der Leiter eines einzelnen Hotelbetriebes. In Hotelgesellschaften bzw. -ketten (auch Resident Manager) untersteht er dem Generaldirektor. Der Hoteldirektor verteilt die Aufgaben an die ihm unterstellten leitenden Angestellten. Sein Ziel ist es, möglichst hohe Auslastungzahlen und Gewinne zu erreichen, wobei er bei wichtigen Entscheidungen oft Anweisungen seines Generaldirektors bzw. andernfalls Vorbehalte des Inhabers zu berücksichtigen hat.

Hotelfachmann/-frau: Für den Lehrbeginn in dem anerkannten Ausbildungsberuf ist grundsätzlich keine bestimmte Vorbildung vorgeschrieben. Hotelfachleute müssen den Betriebsablauf überwachen, Veranstaltungen planen, genau kalkulieren und professionell organisieren können, dazu Waren bestellen, Gäste empfangen und betreuen und durch eine detaillierte Abrechnung mit Gästen und Reisebüros dazu beitragen, dass der Betrieb wirtschaftlich arbeitet. Der spätere Besuch einer Hotelfachschule erleichtert das Erreichen von Führungspositionen. → Hotelfachschulen

Hotelfachschulen: An H. kann der Abschluss des staatlich geprüften Betriebswirtes Fachrichtung Hotel- und Gaststättengewerbe (vier Semester) bzw. des staatlich geprüften Gastronoms (zwei Semester) erworben werden. Mit diesem Abschluss und entsprechender persönlicher Eignung sind Absolventen der Hotelfachschulen prädestiniert, Aufgaben im mittleren Management des Hotel- und Gaststättengewerbes wahrzunehmen. Eingeschlossen ist die Ausbildereignung nach der Aevo für die gewerbliche Wirtschaft. Zu den Hotelfachschulen in Deutschland gehören:

- Bavaria Hotelfachschule Altötting
- Steigenberger Hotelfachschule Bad Reichenhall
- Hotelfachschule Bad Wörishofen
- Staatliche Hotelfachschule für das Hotel- und Gaststättengewerbe Berlin
- Hotelfachschule Bernkastel-Kues
- Wirtschaftsfachschule für das Hotel und Gaststättengewerbe Dortmund
- Hotelfachschule Südliche Weinstraße Edenkoben
- Fachschule für das Hotel- und Gaststättengewer be Erfurt
- Staatl. anerkannte private Hotelfachschule Gar misch-Partenkirchen
- Hotelfachschule an der staatl. Gewerbeschule Gastronomie und Ernährung Hamburg
- Hotelfachschule Hannover
- Hotelfachschule Heidelberg
- Hotelfachschule Koblenz
- Hotelfachschule Leipzig
- Hotelfachschule Marburg
- Kommunale Hotelfachschule Pegnitz
- Fachschule für das Hotel- und Gaststättengewer be Saarbrücken
- Hotelfachschule Stadthagen

→ Berufsausbildung im Hotel- und Gaststättengewerbe, → Hotelberufsfachschulen

Hotel Features: Abk.: HF, engl., nähere Beschreibung des Hotels, z.B. Anschrift, Lage, Zimmerkategorien usw.

Hotelführer: → Hotelklassifizierung

Hotel Garni: Beherbergungsstätte, die jedermann zugänglich ist, in der nur Frühstück gegeben wird. Nach Dehoga Hotelbetrieb, der Beherbergung, Frühstück, Getränke und höchstens kleine Speisen anbietet.

Hotel Guide: Hotelverzeichnis, z.B. von Hotelketten mit genauer Beschreibung der einzelnen Häuser. → Directory

Hotelismus: Begriff, sowohl anerkennend als auch abfällig gebraucht für die mit Beginn des 20. Jh. zunehmende Tendenz, die großen Ozeandampfer im Stil der beliebten Kurhotels Europas zu bauen. Dabei spielten die Vielzweckräume eine zentrale Rolle. Atrienartige Palmengärten waren das strukturelle und dekorative Herzstück der neuen Schiffe. Urheber dieser Neuerung war A. Ballin, Direktor der Hapag, der in sein Flaggschiff „Amerika" ein Ritz-Carlton-Restaurant einbauen ließ. → Hapag-Lloyd

Hotelkaufmann/-frau: Für den Lehrbeginn in dem anerkannten Ausbildungsberuf ist grundsätzlich keine bestimmte Vorbildung vorgeschrieben. Die dreijährige Ausbildung findet meist in Groß- und Mittelbetrieben statt. Nach der Ausbildungszeit erfolgt eine Vertiefung der Fachkenntnisse an der Rezeption, im Service und in den kaufmännischen Betriebsbereichen. Hotelkaufleute koordinieren die Zusammenarbeit mit den Tourismusunternehmen, kalkulieren Betten und Einkäufe, führen die Geschäftsbücher und kümmern sich um das Zahlungs- und Kreditwesen. Sie befassen sich außerdem mit der Personalplanung. Der anschließende Besuch einer Hotelfachschule ermöglicht Führungspositionen. → Berufsausbildung im Hotel- und Gaststättengewerbe, → Hotelfachschulen

Hotelkette: Verschiedene Häuser, die unter gleichem Namen weltweit Gäste aufnehmen. Der Betreiber des jeweiligen Hauses zahlt Pacht an den Kapitalgeber (die Gesellschaft). Die Häuser werden in der Regel nach gleichem Konzept geführt. → Franchise

Die Kategorien der Deutschen Hotelklassifizierung

★★★★★ Luxus
Unterkunft für **höchste** Ansprüche

- Einzelzimmer 18 m^2, Doppelzimmer 26 m^2
- Suiten
- 24 Std. besetzte Rezeption mit Concierge-Bereich
- Alle Zimmer mit Dusche/WC, davon 80 % mit Bad/WC
- Hotelhalle mit Getränkeservice, Restaurant, Hotelbar
- Konferenz- und Bankettmöglichkeit

★★★★ First Class
Unterkunft für **hohe** Ansprüche

- Einzelzimmer 16 m^2, Doppelzimmer 24 m^2
- Alle Zimmer mit Dusche oder Bad/WC
- Frühstücksbüfett und Zimmerservice
- Bademantel auf Wunsch, Kosmetikspiegel, Fön
- Alle Zimmer mit TV-Anschluss
- Empfangshalle, Restaurant, Hotelbar

★★★ Komfort
Unterkunft für **gehobene** Ansprüche

- Einzelzimmer 14 m^2, Doppelzimmer 18 m^2
- 90 % der Zimmer mit Dusche oder Bad/WC
- Erweitertes Frühstück oder Frühstücksbüfett
- 12-stündig besetzte Rezeption, Telefon im Zimmer
- 70 % der Zimmer mit TV-Anschluss
- Restaurant

★★ Standard
Unterkunft für **mittlere** Ansprüche

- Einzelzimmer 12 m^2, Doppelzimmer 16 m^2
- 50 % der Zimmer mit Dusche oder Bad/WC
- Getränkeautomat
- Sitzgelegenheit pro Bett
- Tisch

★ Tourist
Unterkunft für **einfache** Ansprüche

- Einzelzimmer 8 m^2, Doppelzimmer 12 m^2
- Empfangsdienst
- Kontinentales Frühstück
- Fliess end Kalt-/Warmwasser
- Kofferablage
- Aufenthaltsraum

BETRIEBSARTEN NACH TIN

Aparthotel

Ein Aparthotel ist ein reiner Beherbergungsbetrieb, der meist keine Gastronomie anbietet. Sein Service beschränkt sich in der Regel auf die Reinigung und Pflege der Zimmer.

Apartment

Ein Apartment ist eine Ein- oder Mehrraum-Ferienwohnung, die in einer größeren Ferienwohnungsanlage liegt, in der Gemeinschaftseinrichtungen (z. B. Waschmaschine, Trockner) vorhanden sind und in der Serviceleistungen angeboten werden. Apartments werden in der Klassifizierung wie Ferienwohnungen behandelt, liegt der Schwerpunkt auf dem hotelmäßigen Service mit der zusätzlichen Möglichkeit der Selbstverpflegung, fällt die Klassifizierung in den Bereich des Dehoga. (siehe auch Zimmertypen)

Bauernhof

Ein Betrieb, auf dem das Einkommen in Haupt-, Neben- oder Zuerwerb aus der Produktion und dem Verkauf landwirtschaftlicher Produkte erwirtschaftet wird. Die Produktionszweige können sein: Tierhaltung (Rinder, Schweine, Geflügel, Schafe, Pferde), Pflanzenproduktion (Ackerbau, Grünland, Obst, Gemüse), Weinbau, Forstwirtschaft.

Biohof

Ein Hof, der kontrolliert nach der EU-Bio-Verordnung bewirtschaftet wird.

Campingplatz

Abgegrenztes Gelände, das jedermann zum Aufstellen von mitgebrachten Wohnwagen, Wohnmobilen oder Zelten zugänglich ist.

Feriendorf

Ferienanlage, Ferienpark u.ä. mit größeren Angebotskomplexen – über 50 Einzelhäuser oder Apartments – mit komplettem Freizeitangebot in Gemeinschaftseinrichtungen.

Ferienhaus

Ein Ferienhaus ist ein freistehendes haus oder ein Reihenhaus, das jedermann zugänglich ist und in dem Gäste zum vorübergehenden Aufenthalt gegen Entgelt aufgenommen werden. (siehe auch Zimmertypen)

Ferienwohnung

Eine Ferienwohnung ist eine abgeschlossene Einheit innerhalb eines Hauses, in dem zum vorübergehenden Aufenthalt Gäste gegen Entgelt aufgenommen werden. Den Gästen stehen ein eigener Sanitärbereich sowie eine Kochgelegenheit zur Verfügung. Die zum Objekt zugehörige Terrasse oder der Balkon steht den Gästen für die Dauer ihres Aufenthaltes zur alleinigen Nutzung zur Verfügung. (siehe auch Zimmertypen)

Gasthof

Beherbergungs- und Bewirtungsstätte, die jedermann zugänglich ist und keine zusätzlichen Aufenthaltsräume zur Verfügung stellt.

Hotel

Ein Hotel ist ein Beherbergungsbetrieb mit angeschlossenem Verpflegungsbetrieb für Hausgäste und Passanten. Es zeichnet sich durch einen angemessenen Standard seines Angebots und auch entsprechenden Dienstleistungen aus.
Ein Hotel sollte folgenden Mindestvoraussetzungen erfüllen:

- Es werden 20 Gästezimmer angeboten
- Ein erheblicher Teil der Gästezimmer ist mit eigenem Bad/Dusche und WC ausgestattet
- Ein Hotelempfang steht zur Verfügung

Hotel garni

Ein Hotel garni ist ein Hotelbetrieb, der Beherbergung, Frühstück, Getränke und höchstens kleine Speisen anbietet.

Jugendherberge

Beherbergungsstätte, in der überwiegend Jugendliche zu meist kurzfristigem Aufenthalt aufgenommen werden und in der Speisen und Getränke nur an Hausgäste abgegeben werden.

Kurheim

Das Kurheim ist ein in einem Heilbad oder Kurort gelegener Beherbergungsbetrieb, der die Merkmale der Pension bzw. des Gästeheimes aufweist.

Kurklinik

Beherbergungsstätte, die gemäß § 30 Gewerbeordnung als Krankenanstalt zugelassen ist. Sie steht unter ärztlicher Leitung und ständiger Aufsicht. Das Beherbergungsangebot entspricht den indikationstypischen Anforderungen (z.B. rollstuhlgerecht); indikationsbezogene Ernährungsangebote.
Beherbergungsbetriebe mit Kurmöglichkeiten: Beherbergungsbetrieb (Hotel, Gasthof, Pension), der über Kurmöglichkeiten verfügt, mit Behandlungsformen zur Erhaltung bzw. Wiederherstellung der Gesundheit in leichteren Fällen. Gegebenenfalls Zusammenarbeit zwischen therapeutischem Personal und Kurärzten.

Ländlicher Ferienhof

Ein Hof, auf dem die Hofanlage sowie die Gebäude nur noch touristisch und nicht mehr landwirtschaftlich genutzt werden.

Motel

Beherbergungsbetrieb, der den Anforderungen eines Hotels entspricht, darüber hinaus verkehrsgünstig liegt und über Parkplätze direkt vor dem Hause verfügt.

Pension

Beherbergungsstätte, die jedermann zugänglich ist und Speisen und Getränke an Hausgäste ausgibt.

Pension Garni/Gästeheim

Beherbergungsstätte, die den Anforderungen der Pension entspricht, jedoch keine Speisen, sondern höchstens Frühstück an Hausgäste ausgibt.

Privatvermieter/Privatzimmer

Beherbergungsstätte, die nicht erlaubnispflichtig (bis zu 8 Betten), jedermann zugänglich ist und in denen Gäste zum vorübergehenden Aufenthalt gegen Entgelt aufgenommen werden.
Empfehlung: Der im Deutschland-Tourismus leider immer noch häufig anzutreffende Begriff des Fremdenzimmers sollte durch Gästezimmer ersetzt werden.

Reiterhof

Ein Hof, auf dem regelmäßiges Reiten unter Anleitung Schwerpunkt des touristischen Angebotes ist.

Sanatorium

Beherbergungsstätte, die gemäß § 30 Gewerbeordnung als Krankenanstalt zugelassen ist. Das Beherbergungsangebot ist dem Gesundheitsauftrag des Hauses angepasst. In der Regel ärztliche Überwachung; diagnostische und therapeutische Angebote entsprechend den Indikationen.

Winzerhof

Weinbaubetrieb mit Weinvermarktung.

HOTEL NACH TIN

BETTENARTEN NACH TIN

Babybett

Ein mit Gitterstäben oder ähnlichem umgebenes Kinderbett.

Couchliege

Ein Möbelstück, das sowohl zum Sitzen als auch durch einfache Veränderungen für eine Person zum Schlafen geeignet ist. Es ist mit geringeren Maßen als den für Einzelbetten geltenden Mindestmaßen und aufgrund der variablen Bauweise mit eingeschränktem Komfort zu rechnen.

Doppelbett

Ein Bett für zwei Personen in der Größe von zwei Einzelbetten, i.d. R. bestehend aus geteilten Matratzen.

Doppelschlafcouch

Ein Möbelstück, das sowohl zum Sitzen als auch durch einfache Veränderungen für zwei Personen zum Schlafen geeignet ist. Es ist mit geringeren Maßen als den für Betten geltende Mindestmaßen und aufgrund der variablen Bauweise mit eingeschränktem Komfort zu rechnen.

Einzelbett

Ein Bett mit den Mindestmaßen 90 cm x 190 cm für eine Person.

Etagenbett

Betten, die übereinander angeordnet sind.

Kinderbett

Ein Bett, dessen Maße unter den für Einzelbetten geltenden Mindestmaßen liegen.

King-Size-Bett

Ein Bett mit einer einteiligen Matratze mit den Mindestmaßen 200 cm x 200 cm.
Queen-Size-Bett = Grand-Lit:
Ein Bett mit einer einteiligen Matratze mit den Mindestmaßen 150 x 200 cm.

Schrankbett

Eine Schlafgelegenheit, die bei Nichtbenutzung zur Wand hin geklappt werden kann. Es ist mit geringeren Maßen als den für Betten geltenden Mindestmaßen und auf Grund der variablen Bauweise mit eingeschränktem Komfort zu rechnen.

Zusatzliege

Eine zusammenklappbare Schlafgelegenheit, deren Maße zwar den für Einzelbetten geltenden Mindestmaßen entsprechen, bei der aber aufgrund ihrer variablen Bauweise mit eingeschränktem Komfort zu rechnen ist.

Zustellbett

Ein bewegliches vollwertiges Bett mit den für Einzelbetten entsprechenden Mindestmaßen, das bei Bedarf zusätzlich in ein Zimmer gestellt werden kann.

LAGE DER ZIMMER NACH TIN

Haupthaus

Das Haupthaus ist das Hauptgebäude eines Beherbergungsbetriebes.

Dependance

Die Dependance ist ein Nebengebäude eines Beherbergungsbetriebes, in dem die nicht zimmerbezogenen Hoteldienstleistungen nur eingeschränkt vorhanden sind. Das heißt z.B. Rezeption, Restaurant und eventuell auch der Frühstücksraum befinden sich im Haupthaus.

Seite

Der Zusatz „-seite“ beschreibt in Verbindung mit Orientierungspunkten oder Himmelsrichtungen, auf welche Seite des Beherbergungsbetriebes das Zimmer ausgerichtet ist. Aus dieser Angabe leitet sich jedoch nicht ab, dass man den entsprechenden Orientierungspunkt vom Zimmer aus auch sehen kann.

Blick

Der Zusatz „-blick“ beschreibt in Verbindung mit Orientierungspunkten die Lage eines Zimmers in Bezug auf den Ausblick vom Zimmer aus. Dabei muss der angegebene Orientierungspunkt üblicherweise von einem Fenster, einem Balkon oder einer Terrasse sichtbar sein.

Ruhig

Die TIN definiert folgende Anforderungen an eine ruhige Lage

- Das Haus liegt nicht in einer Flugschneise
- Schienenverkehr über 100 m entfernt
- Durchgangsstraße über 50 m entfernt
- keine länger anhaltende Lärmquelle im Umkreis von 100 m
- keine Lärmquelle im Haus, die das Zimmer erreicht (z.B. Musikbox)

Relevant für die Bewertung ist das Fehlen einer permanenten und/oder länger anhaltenden und mit hoher Lautstärke verbundenen sporadisch auftretenden Lärmquelle.

VERPFLEGUNGSARTEN NACH TIN

Diätküche/Schonkost

Von ausgebildeten Fachkräften z.B. Diätassistentin zusammengestellte Kost, die leichtverdaulich und magenschonend und/oder kalorienreduziert ist.

Englisches Frühstück/ American Breakfast

Erweiterung des kontinentalen bzw. erweiterten Frühstücks durch Eierspeisen, Speck, Toast.

Erweitertes Frühstück

Erweiterung des kontinentalen Frühstücks durch eine größere Auswahl an Brot, Wurst, Käse, Marmelade, gekochtes Ei, Fruchtsaft/säfte.

Frühstück

Es wird ein Frühstück, Kontinental/Standard, erweitertes Frühstück, American Breakfast oder Frühstücksbüfett angeboten.

Frühstücksbüfett

Möglichkeit, die Zutaten eines Frühstücks in Selbstbedienung auswählen zu können. Umfangreiches Angebot.

Halbpension

Frühstück und eine warme Mahlzeit täglich.

Koschere Kost

Nach den jüdischen Religionsgesetzen einwandfreie Speisen, z.B. sorgfältige Trennung von Speisen, die mit Milch oder Fleisch zubereitet werden.

Kontinental/Standard

Das Frühstück wird serviert, wenn nicht anders angegeben wird, und besteht aus: Brot/Brötchen, Butter, Marmelade, Tee/Kaffee/heiße Schokolade, auch zusätzlich Wurst und/oder Käse möglich.

Ohne Verpflegung

Es wird keine Verpflegung verabreicht.

Vegetarische Küche

Ausschließlich pflanzliche Kost (es gibt strengere und weniger strenge Formen), bei der strengen Form verzichtet man auf alle tierischen Produkte, also auch auf Eier und Milch.

Vollpension

Frühstück und zwei Mahlzeiten täglich, davon mindestens eine warme Mahlzeit.

Hotelklassifizierung, internationale; Es gibt keine einheitliche i. H., vielfach wird deshalb der Preis als Maßstab für die Qualität genommen. In Frankreich, Spanien etc. gibt es dagegen vom Staat erlassene Richtlinien zur H. (meist mit einem bis fünf Sternen je nach Kategorie). Verschiedene bekannte nationale und internationale Hotelführer benutzen eigene Klassifizierungen wie z.B.

- Michelin Hotel- und Restaurantführer
- Varta-Führer
- VIF, Die besten Hotels
- Institutional Investor,
- Schweizer Hotelier Verein
- Pro Bahn
- Gault Millau

Diese Hotelführer legen kein vollständiges Verzeichnis aller Hotels und Restaurants vor, sondern treffen eine gezielte Auswahl. Der Bewertung liegen international übliche Bewertungskriterien zu Grunde, die z.T. auf regelmäßigen Überprüfungen durch Inspektoren, wie auch auf den Erfahrungen der Gäste beruhen. Klasseneinteilung und Komfort z.B. bei Michelin: Großer Luxus und Tradition, Großer Komfort, Sehr komfortabel, Mit gutem Komfort, Mit ausreichendem Komfort, Bürgerlich, Hotel ohne Restaurant, Restaurant vermietet auch Zimmer. → Hotelklassifizierung der Urlaubshotels, → Kriterien der Hotelklassifizierung, → SHV-Schweizer Hotelier Verein

Hotelklassifizierung der Urlaubshotels: An Urlaubshotels werden von den Reiseveranstaltern meist eigene Maßstäbe gelegt, die nicht mit den landesüblichen Standards übereinstimmen müssen; bei TUI z.B. tragen nur ausgewählte Häuser das Select-Zeichen. → Kriterien der Hotelklassifizierung

Hotelklassifizierung Deutschland: Seit 1996 bietet der Deutsche Hotel- und Gaststättenverband (Dehoga) die H. D. als bundesweit einheitliches Klassifizierungssystem an. Die Klassifizierung erfolgt auf freiwilliger Basis. Jeder Betrieb kann selbst entscheiden, ob und wie lange er sich an dem Verfahren beteiligen möchte. Auf Grund der Transparenz der Kriterien kann jeder Betrieb im Vorhinein ermitteln, in welche Kategorie er eingestuft werden wird. Beteiligen können sich alle konzessionierten Beherbergungsbetriebe mit mehr als acht Betten, also Hotels, Hotels Garni, Gasthöfe und Pensionen. Mit der organisatorischen Durchführung der H. D. haben die Landesverbände des Dehoga in der Regel eigens dafür gegründete Gesellschaften beauftragt. Die Beherbergungsbetriebe werden in fünf Sternekategorien eingeteilt (siehe Seite 161):

*	Tourist
**	Standard
***	Komfort
****	First Class
*****	Luxus

Die Kriterien der Hotelklassifizierung werden in regelmäßigen Abständen überarbeitet. → Dehoga

Hotelmeister: Staatlich anerkannte Meisterprüfung im Hotelgewerbe. Voraussetzung für die Zulassung ist der Abschluss einer Berufsausbildung in einem anerkannten Ausbildungsberuf wie z.B. Hotelfachmann. Bewerber müssen außerdem eine unterschiedlich lange berufliche Erfahrung mitbringen. Nach bestandener Prüfung ist der Hotelmeister zur Ausbildung von Auszubildenden berechtigt.

Hotelpension/Pension: Nach Dehoga ist eine Hotelpension/Pension ein Betrieb, der sich von den Hotels durch eingeschränkte Dienstleistungen unterscheidet. Mahlzeiten werden nur an Hausgäste verabreicht. Die Bezeichnung Hotelpension ist häufiger in Städten zu finden.

Hotelreservierungsvertrag: Vertrag zwischen Reiseunternehmen und Hotelier über die verbindliche Belegung einer Mehrzahl von Zimmern mit Kunden des Reiseunternehmens. Gegenstand des Vertrages sind Anzahl und Art der Zimmer nebst Verpflegung und weiteren Leistungen. Ein eigenes Vertragsverhältnis zwischen Hotelier und Reisekunden kommt hierbei nicht zu Stande. Der Hotelier ist vielmehr – wie auch bei der Pauschalreise – als Leistungsträger Erfüllungsgehilfe des Reiseunternehmens. → Beherbergungsvertrag, → Option/Optionsvertrag

Hotelschiffe: Kabinen- und Kreuzfahrtschiffe werden zur Erweiterung der örtlichen Beherbergungskapazität auch stationär als Hotelschiffe genutzt, bes. in Nebensaisonzeiten, z.B. bei internat. Messen; waren auch bei Sportgroßereignissen, wie den Olympischen Spielen in Barcelona, Fußball-Europameisterschaft in Schweden und -Weltmeisterschaft in den USA eingesetzt. → Beherbergungsbetriebe

Hotelzüge: Nach dem internationalen Eisenbahnverband UIC ist für die nationalen Eisenbahnverwaltungen vorgesehen, die Nachtzüge mit drei neu definierten Wagenkategorien und einem Spezialser-vice auszustatten. Dazu gehören ein spezieller Service-Wagen mit Empfang, Aufenthaltsraum, Bar und Restaurantbereich in einem. Alle drei Klassen werden von einem Service-Team betreut. Zum Hotelangebot gehören: ein Wagen der Kategorie Luxus mit zwölf großräumigen, vollklimatisierten Abteilen, die jeweils mit zwei Betten und separaten Sitzgelegenheiten und Tisch ausgestattet werden sollen. Jedes der „Zimmer" des Doppelstockwagens wird eine eigene Dusche und WC besitzen sowie Telefon, Weckeinrichtung, Schaffnerruf,

Radio, Safe und Bar. Der Komfortwagen soll zwei Personen zu einem günstigen Preis Privatsphäre bieten. Im Vergleich zum Liegewagenabteil, in dem jetzt bis zu sechs Personen untergebracht sind, wird es im Doppelstockwagen 22 Abteile geben, die neben den zwei Betten auch eine Waschgelegenheit haben sollen. Im Sleeper-Wagen werden 68 Liegesessel mit Wadenstützen und Kopfhöreranschluss installiert. Einzelsitze trennen Kofferboxen zum Gang. Hotelzug Luna wurde mit dem Sommerfahrplan 1989 zwischen Münster und München-Ost als Nachtexpress mit je drei Liege- und Schlafwagen, einem Service-Wagen in der Zugmitte sowie einem Autotransportwagen probeweise eingesetzt. Hotelzug Talgo des spanischen Herstellers Talgo verkehrt im Nachtreiseverkehr u.a. auf den Strecken Madrid–Paris und Zürich–Barcelona, klimatisiert, ausgestattet mit Zweibettabteilen mit Dusche und geschlossener Toilette, Vierbettabteilen und Waschgelegenheit und Liegesessel (Sleeper), Service-Wagen mit Bar und Restauration für Frühstück. Seit 1992 verkehrt Talgo auch auf den Strecken Hamburg–Basel–Zürich, Wien–Frankfurt–Dortmund und Berlin/Dresden–Basel–Zürich. → City Night Line, → Dach-Hotelzug, → Liegewagen, → Neigezüge, → Pendolino, → Schlafwagen

Hotline: Speziell eingerichtete, oft unter Einsatz eines Bereitschaftsdienstes durchgehend nutzbare Telefonlinie zur Klärung von Notfallsituationen bzw. zur schnellen Erledigung bestimmter Vorgänge (z.B. bei dringenden Umbuchungen infolge des Ausfalls eines Leistungsträgers).

Hotrec: Committee of the Hotel and Restaurant Industry in the European Community. Zusammenschluss der Hotel- und Gaststättenverbände in den Ländern der Europäischen Gemeinschaft als Vertretung des Gastgewerbes. Deutsches Mitglied ist Dehoga. Hauptaufgabe der H. ist die Interessenvertretung dieses Wirtschaftszweiges gegenüber den Organisationen der EU. → Dehoga

Hotwire: Internet-Reiseportal von US-Fluggesellschaften mit speziellen Nego Fares, gegründet von America West, American Airlines, Continental, Northwest, United und US Airways. → Beyoo, → Orbitz

House Keeping: Hotelabteilung für Pflege, Reinigung und Ausstattung des Hauses und insbesondere der Zimmer. Das H. ist auch verantwortlich für frische Bettwäsche, Handtücher etc.

House Sitting: Kostengünstige Hausbetreuung und -sicherung gegen Wohnmöglichkeit bei Abwesenheit der Hausbesitzer.

Hovercraft: Luftkissenfahrzeug, das frei vom Wasserwiderstand mit Hilfe eines Luftpolsters frei über der Wasseroberfläche schwebend fährt. H. wurde vor allem im Fährbetrieb über den Ärmelkanal eingesetzt. Abfertigung von Passagieren und Fahrzeugen über Hovercraft-Terminal (Hoverport). Standorte waren Calais, Boulogne, Dover und Folkestone. Die letzten H. wurden Ende 2000 außer Dienst gestellt. → Hoverspeed

Hoverport: Ehemaliges Hovercraft-Terminal für die Abfertigung von Passagieren und Fahrzeugen z.B. von Hoverspeed; Standorte: Calais, Boulogne, Dover und Folkestone.

Hoverspeed: 1981 durch den Zusammenschluss der Reedereien Seaspeed und Hoverlloyd gegründeter Fährdienst. Schnellfähren für PKW und Passagiere mit Überfahrten auf den Strecken Oostende–Dover, Calais–Dover und Dieppe–Newhaven. Die Unternehmensgeschichte war eng verbunden mit dem Einsatz der Hovercraft-Luftkissenboote, die Ende 2000 außer Dienst gestellt worden sind. Zur Flotte gehören heute Katamaran-Autofähren (Seacat) und Einrumpf-Autoschnellfähren (Superseacat). → Hovercraft

HRS: 1. Hotel Reservation Service, Köln,
2. Hilton Reservierungsservice.

HSMA: Bis Anfang 1998 noch Hotel Sales & Marketing Association, dann Hospitality Sales and Marketing Association mit Sitz in Eschenlohe bei Garmisch-Partenkirchen. Die HSMA widmet sich der Förderung der Berufsinteressen ihrer Mitglieder durch Informations- und Erfahrungsaustausch.

HSH: The Norwegian Travel Trade Section; Norwegens Reisebüroverband mit Sitz in Oslo. Mitglied beim Ectaa.

HSMAI: Hotel Sales and Marketing Association International, internationale Vereinigung der Hotelverkaufs- und Marketing-Verantwortlichen, Sitz: Washington. Aufgabe der deutschen Sektion (HSMA) in Eschenlohe ist u.a. die Förderung des Berufsnachwuchses und der Meinungsaustausch unter den Mitgliedern. Die deutsche Sektion kooperiert mit DSFT zur Durchführung gemeinsamer Seminare für den Bereich Hotelmarketing. → DSFT, → HSMA

HSS-Fähren: Highspeed-Seaservice-Schiffe, Hochgeschwindigkeitsschiffe/-katamarane mit einer Aufnahmekapazität von rd. 1500 Passagieren und 375 PKW oder 100 PKW u. 50 Bussen/LKW. Erste Einsatzgebiete waren die Irische See und der Ärmelkanal.

HTU: ehemals Hapag Touristik Union. → World of TUI

Hubs and Spokes: Bezeichnet die Drehkreuze für den Luftverkehr, die sog. Umsteigebahnhöfe (Hubs = Naben, Spokes = Speichen). Geflecht aus Zubringer- und Langstreckenflügen zur Angebots- und Effizienzsteigerung. → Drehkreuz im Luftverkehr, → Gateway, → Mega-Carrier

Hütte: Beherbergungsstätte überwiegend für Angehörige bestimmter Vereine oder Jugendorganisationen (Wander-, Sportvereine). → DAV

Hundertwasser-Bahnhof: → Kultur- und Umweltbahnhof Uelzen

Hurrikan: Tropischer Sturm im Atlantik, der Orkanstärke von zwölf Beaufort (Bft) erreicht. Im Pazifik heißen Stürme dieser Stärke Taifune. Tropische Stürme ab acht Bft erhalten von den Meteorologen einen Namen. Hurrikane treten auf der Nordhalbkugel der Erde meist von Juli bis Oktober, auf der Südhalbkugel von Januar bis März auf. → Beaufort-Skala, → Orkan, → Wirbelsturm

Hurtigruten: Seit 1983 regelmäßige Abfahrten der Postdampfer-Linien mit festem Fahrplan entlang der norweg. Atlantikküste bis zum Nordkap. Beliebte Kreuzfahrten mit H. z.B. Zwölf-Tage-Seereisen von Bergen über Hammerfest, Nordkap nach Kirkenes und zurück auf der sog. Reichsstraße Nr. 1. Trotz Komfortverbesserung sind H. keine üblichen Kreuzfahrtschiffe, sondern bleiben in erster Linie Fracht-, Passagier- und Postschiffe zur Versorgung der Bevölkerung.

Hydrofoil: → Tragflügelboot

Hydrospeed: Wildwassersportart in den USA. Der Oberkörper liegt dabei auf einem Schwimmbrett aus Kunststoff. Selbst Wasserfälle und kleinere Schluchten können damit befahren werden. Zur weiteren Ausrüstung gehören Moltoprenanzug, Helm, Schwimmweste und Flossen.

Hypertext: Besondere Darstellungsform in Textdateien, die es ermöglicht, durch Mausklick auf bestimmte Worte Querverweise anzeigen zu lassen. Die Hilfefunktion der meisten Anwenderprogramme sind mit H. geschrieben.

I

Iaca: International Air Carrier Association; ein Zusammenschluss der Bedarfsluftverkehrsgesellschaften im Bereich der EU mit Sitz in Brüssel. Deutsche Mitglieder sind die wichtigsten deutschen Firmen des Chartersektors. Ziel ist die gemeinsame Interessenvertretung zur Sicherstellung der Belange des Ferienflugverkehrs gegenüber den europäischen Behörden. Vorgängerorganisation war die Iaca, International Air Charter Association, gegründet 1971 in Genf. → ADL, → Gelegenheitsverkehr

IACVB: International Association of Convention and Visitors Bureaus, Sitz: Washington DC (USA). Die IACVB zählt über 400 Mitglieder in mehr als 25 Ländern. Sie fördert den Kontakt zwischen den Mitgliedern sowie die Erhaltung hoher Standards im Kongressangebot (z.B. durch eigene Schulungsprogramme). IACVB erstellt Studien über die Tendenzen der Branche und setzt sich für den freien, ordnungsgemäßen Wettbewerb zwischen den Mitgliedern ein.

Iapa: International Airline Passengers Association, internationaler Zusammenschluss von Vielfliegern und Geschäftsreisenden weltweit zur Durchsetzung von Passagierinteressen. Sitz: Croydon (GB).

Iapco: International Association of Professional Congress Organizers, gegründet 1968, Sitz: Brüssel. Der Verband nimmt nur solche Mitglieder auf, die sich ausschließlich und hauptberuflich mit der Organisation von nationalen und internationalen Tagungen und Kongressen befassen. Deutsches Mitglied ist Interplan Kongress- und Besucherdienst, München. → Kongresstourismus

Iata: International Air Transport Association, internationaler Luftverkehrsverband mit Sitz in Genf und Montreal, 1945 in Havanna gegründeter Dachverband von Unternehmen des gewerblichen internationalen Linienluftverkehrs; 275 Mitglieder (Stand November 2001). LH ist seit 1955 Iata-Mitglied. Vorgängerorganisation war von 1919 an die International Air Traffic Association. Der Verband fungiert in drei Schwerpunkten: als Wirtschaftsverband, in der Tarifkoordinierung und erbringt mit Industry Services Dienstleistungen, die durch die teilnehmenden Firmen finanziert werden. Weitere Aufgaben sind die rechtliche und technische Koordination des internationalen Flugbetriebs; Kooperation mit Iaca. → AISP, → ASO, → BSP, → Iaca, → Iata-Agenturen, → Iata-Beförderungsbedingungen, → Iata-Resolutionen, → Iata-Verkehrsgebiete, → Icao, → Joint Council, → Vollreisebüro

Iata Clearing House: 1947 gegründete Iata-Einrichtung zur zentralisierten Abrechnung der Fluggesellschaften untereinander. Bei Flügen, auf denen sich mehrere Airlines die Strecke teilen, wird der volle Reisepreis erst an die Fluggesellschaft ausgezahlt, die den Reiseantritt übernimmt. Die dann unter den Airlines entstandenen gegenseitigen Ansprüche werden dem Iata C.H. gemeldet. Dieses übernimmt die Saldierung der Forderungen Soll und Haben und rechnet sie an die Airlines monatlich ab. Non-Iata-Fluggesellschaften haben auch Zugang zum Iata-Clearing-House-System. → Interlining

Iata-Fachkraft: Zur I. mit Iata/Uftaa-Diplom können sich Reisebüro-Mitarbeiter mit einem Schulungsprogramm im Selbststudium oder durch Kurse am Iata/Uftaa Authorized Training Center Germany fortbilden. Das Iata/Uftaa-Diplom wird von ASO anerkannt als Qualifizierungsmaßnahme für Reisebüros, die eine Iata-Lizenz anstreben. → Iata-Agenturen

Iata-Haftungsgemeinschaft (HG): Sicherungsmodell von Iata-Agenturen im DRV in einem Haftungszusammenschluss gegen Konkursausfall. → Bankbürgschaft, → Vertrauensschadenversicherung

Iata-Resolution 814: Resolution 814, Reso 814 behandelt die neuen Zulassungsbestimmungen für Iata-Agenturen in der Bundesrepublik Deutschland ab dem 3. Oktober 1990; zwei Übergangsbestimmungen regelten die besonderen Gegebenheiten auf dem Gebiet der ehemaligen DDR, die zeitlich bis zum 31.12.1992 begrenzt waren.

1. Bürogemeinschaft

Keine Bürogemeinschaft mit akkreditiertem Agenten oder anderem Reisebüro erlaubt.

2. Agency Services Manager (ASM)

Antragstellung beim ASM, vorgeschriebenes Antragsformular, finanzieller Status, ein Mitarbeiter.

3. STP-Stationen

Sie müssen ferngesteuert werden durch Kopfstationen eines akkreditierten Agenten.

4. Provisionszahlungen

a) Weitergabe von Provisionen an Endverbraucher nicht mehr grundsätzlich verboten,

b) Provisionszahlungen nicht mehr abhängig von Agenteninkasso,

c) bei unfreiwilliger Streckenänderung keine Provisionskürzung,

d) bei unfreiwilliger Transportklassenänderung Kürzung nicht verboten,

e) keine endgültige Provisionsablehnung für Agentur-Service-Leistungen verankert. Reso läßt deshalb Delkredere-Provisionsforderung zu.

Einzelheiten hinsichtlich der Fachkräfte, Bonität, Sicherheitsvorkehrungen und Automatisierung finden Sie unter → Iata-Agenturen. Mit I. gibt es keine von der Iata festgelegten Agenturprovisionen mehr; jede Fluglinie ist frei in ihrem Provisionsverhalten. → AAS, → Iata-Agenturen

Iata-AAS: → AAS

Iata-Agenturen: Sind an eine Lizenzierung durch die Iata gebunden. In Deutschland ist bislang nur Iata-Reisebüros der Verkauf von Linienflugtickets gestattet. Die Zulassungsbedingungen sind im Abschnitt D der Resolution 814 enthalten mit u.a. folgenden wesentlichen Kriterien:

1. Reisebüro

Das Reisebüro muss zum Zeitpunkt der Antragstellung

a) den Geschäftsbetrieb bereits eröffnet haben,

b) für das allgemeine Publikum zugänglich sein,

c) das ganze Jahr zu den normalen Geschäftszeiten geöffnet sein,

a) mit einem entsprechenden Hinweisschild gekennzeichnet sein,

b) im Handelsregister eingetragen bzw. eine Gewerbeanmeldung veranlasst haben.

2. Fachkräfte

Es muss sichergestellt sein, dass eine qualifizierte fachliche Beratung während der branchenüblichen Öffnungszeiten gewährleistet ist. Ein Nachweis darüber ist zu führen.

a) Fachkräfte mit abgeschlossener Lehrausbildung in einem Iata-Reisebüro zum Reiseverkehrskaufmann/frau, wenn das Datum der Prüfung zum Zeitpunkt der Antragstellung nicht mehr als zwei Jahre zurückliegt, oder

b) Fachkräfte, die Trainingskurse im Ticketing/Tarifierung bei einer Iata-BSP-Luftverkehrsgesellschaft oder anerkannten Institutionen innerhalb der letzten zwei Jahre absolviert haben bzw. das Iata/Uftaa-Standarddiplom besitzen. Eine vorausgegangene Tätigkeit von mindestens zwei Jahren in einem Reisebüro bis zum Zeitpunkt der Antragstellung ist nachzuweisen, oder

c) Fachkräfte, die mindestens zwei Jahre bei einem Iata-Reisebüro oder einer Iata/ BSP-Luftverkehrsgesellschaft im Ticketing/Tarifierungsbereich zum Zeitpunkt der Antragstellung tätig waren.

Für die Punkte a) bis c) sind spezifizierte Tätigkeitsnachweise beizufügen. Nur vom Agenturausschuss anerkannte Kurse/Diplome können akzeptiert werden.

3. Bonität

Der Antragsteller hat einen rentablen Geschäftsverlauf nachzuweisen. Zur Beurteilung der finanziellen Situation ist ein testierter Jahresabschluss des vorangegangenen Geschäftsjahres zusammen mit den Antragsunterlagen einzureichen. Bei Personengesellschaften oder Einzelkaufmann ist zusätzlich eine testierte Vermögensaufstellung der persönlich haftenden Gesellschafter bzw. Eigentümer einzureichen. Die Abrechnung mit den Luftverkehrsgesellschaften für die vereinnahmten Verkäufe erfolgt spätestens am 15. des Folgemonats. Da der Agent die Einnahmen aus den während dieser Frist für die Luftverkehrsgesellschaften getätigten Verkäufe treuhänderisch verwaltet, müssen die in Frage kommenden Gelder entsprechend abgesichert sein. Ist jedoch eine finanzielle Absicherung erforderlich, so wird dem Antragsteller Gelegenheit gegeben, eine Sicherheitsleistung in Form einer Bankbürgschaft oder einer vergleichbaren Absicherung bei der Iata zu hinterlegen. Die Bürgschaftshöhe wird, soweit erforderlich, dem geänderten Umsatz angepasst.

4. Sicherheitsvorkehrungen

Sicherheitsvorkehrungen müssen zum Zeitpunkt der Antragstellung getroffen sein, um jederzeit eine sichere Aufbewahrung von Flugdokumenten und vereinnahmten Geldern zu gewährleisten. Alle Zugänge zum Reisebüro müssen gegen Einbruch ausreichend gesichert sein (Sicherheitsschloss).

5. Automatisierung

Um der fortschreitenden Entwicklung im Rahmen der Automatisierung Rechnung zu tragen, hat ein Agent, der nicht mit den entsprechenden elektronischen Geräten für Flugscheinausstellung und Reservierung ausgestattet ist, bei manueller Flugscheinausstellung die Zusatzkosten für diese Abrechnung zu tragen. Die Anerkennung als Iata-Agentur erfolgt nach einem Prüfungsverfahren durch Abschluss eines Agenturvertrags. Seit Januar 1993 sind außerdem der Anschluss an mindestens ein BSP-fähiges CRS sowie ein einwöchiger Kursus zur Bedienung dieses Systems Voraussetzung für die Akkreditierung. In Deutschland waren 2001 rund 4800 Iata-Agenturen registriert. → AAS, → ASO, → BSP, → Joint Council, → Other Agents, → Vollreisebüro

Iata-AGM: → AGM

Iata-Beförderungsbedingungen: Einheitliche Regelung des Luftbeförderungsvertrags. Seit 1974 hat diese Regelung die heute gültige Fassung der in Honolulu vorgenommenen Überarbeitung. Sie hat jedoch nur empfehlenden Charakter, da nicht alle Regierungen zugestimmt haben.

Iata-BSP: → BSP

Iata-Codes: Siehe Tabelle auf Seite 173:
Nach Namen geordnet - Auswahl
Nach Codes geordnet - Auswahl

Nach Namen geordnet - Auswahl -

Adria Airways	JP
Aerolineas Argentinas	AR
Air Canada	AC
Air Dolomiti	EN
Air France	AF
Air Littoral	FU
Air New Zealand	NZ
Air One	AP
Alitalia	AZ
All Nippon Airways	NH
ALM	LM
America West Airlines	HP
American Airlines	AA
AOM French Airlines	IW
Ansett New Zealand	ZQ
Augsburg Airways	IQ
Austrian Airlines	OS
Azzura Air	ZS
Braathens	BU
British Airways	BA
British Midland	BD
Buzz	UK
Cathay Pacific Airways	CX
Cityflyer Express	FD
Condor	DE
Continental Airlines	CO
Crossair	LX
SN Brussels Airlines	SN
Delta Air Lines	DL
Deutsche BA	DI
EAE	M3
Easyjet	U2
Eurowings	EW
Finnair	AY
Go	OG
Iberia	IB
Japan Airlines	JL
Jet Airways	QJ
Kenya Airways	KQ
KLM	KL
KLM Cityhopper	HN
KLM Exel	XT
Korean Air	KE
Lauda Air	NG
LOT Polish Airlines	LO
Lufthansa	LH
Luxair	LG
Maersk Air	DM
Malaysia Airlines	MH
Martinair	MP
Northwest Airlines	NW
Qantas	QF
Regional Airlines	VM
Rheintalflug	WE
Ryanair	FR
SAS	SK
Singapore Airlines	SQ
South African Airways	SA
Spanair	JK
Sun Air	BV
Swiss	SR
TAP Air Portugal	TP
Thai Airways Int.	TG
Transavia Airlines	HV
Tyrolean Airways	VO
United Airlines	UA
US Airways	US
Varig	RG
Virgin Atlantic Airways	VS
Virgin Express	TV
VLM	VG
Widerøe	WF

Nach Codes geordnet - Auswahl -

AA	American Airlines
AC	Air Canada
AF	Air France
AP	Air One
AR	Aerolineas Argentinas
AY	Finnair
AZ	Alitalia
BA	British Airways
BD	British Midland
BU	Braathens
BV	Sun Air
CO	Continental Airlines
CX	Cathay Pacific Airways
DE	Condor
DI	Deutsche BA
DL	Delta Air Lines
DM	Mearsk Air
EN	Air Dolomiti
EW	Eurowings
FD	Cityflyer Express
FR	Ryanair
FU	Air Littoral
HN	KLM Cityhopper
HP	America West Airlines
HV	Transavia Airlines
IB	Iberia
IQ	Augsburg Airways
IW	AOM French Airlines
JK	Spanair
JL	Japan Airlines
JP	Adria Airways
KE	Korean Air
KL	KLM
KQ	Kenya Airways
LG	Luxair
LH	Lufthansa
LM	ALM
LO	LOT Polish Airlines
LX	Crossair
M3	EAE
MH	Malaysia Airlines
MP	Martinair
NG	Lauda Air
NH	All Nippon Airways
NW	Northwest Airlines
NZ	Air New Zealand
OG	Go
OS	Austrian Airlines
QF	Qantas
QJ	Jet Airways
RG	Varig
SA	South African Airways
SK	SAS
SN	SN Brussels Airlines
SQ	Singapore Airlines
SR	Swiss
TG	Thai Airways Int.
TP	TAP Air Portugal
TV	Virgin Express
U2	Easyjet
UA	United Airlines
UK	Buzz
US	US Airways
VG	VLM
VM	Regional Airlines
VO	Tyrolean Airways
VS	Virgin Atlantic Airways
WE	Rheintalflug
WF	Widerøe
XT	KLM Exel
ZQ	Ansett New Zealand
ZS	Azzura Air

Iata-Diplom: → BTG, → Iata-Fachkraft

Iatan: Iata-Network. Vertretung der Iata in den USA. Die Leistungen des I. für die Agenten sind die Vergabe der internationalen Iata-Nummer und die Iatan Travel Agents ID-Card. Die Ticketabrechnung geht über die ARC, die im Besitz der großen Fluggesellschaften ist. → ARC

Iata-Resolutionen: Einige Beispiele: Nr. 021-033 = Umrechnung von Währungen einschließlich Auf- und Abrundungen, Nr. 050-069 = Passagetarife. Nr. 115-116 = Verhalten gegenüber Nicht-Iata-Konkurrenz, Nr. 153 = Luft-/Seereisen (Air/Sea), Nr. 805 = BSP Bank Settlement Plan. Nr. 814 = Regelungen für Agenturzulassungen/Joint Council, Nr. 850 = Interline-Abkommen und -Abrechnung. → BSP, → Iata-Resolution 814

Iata Travel Settlement System: → ITSS

Iata/Uftaa-Trainingsprogramm: 1972 in Zusammenarbeit von Iata-Agenturen und Fluggesellschaften entwickelt mit dem Ziel, gemeinsam den Ausbildungsstand der Mitarbeiter zu verbessern. Das Diplom in Verbindung mit einer zweijährigen Berufspraxis wird als Zulassungsvoraussetzung für die Beantragung einer Iata-Agentur anerkannt. Koordinator dieses I. ist Lufthansa, die auch die Prüfung in Deutschland abnimmt. → Iata-Agenturen

Iata/Uftaa Authorized Training Center Germany: Die Schule für Touristik in Frankfurt/M. und Berlin bilden als deutsches Institut zur Iata-Fachkraft mit Iata/Uftaa-Diplom aus. Vorbereitungsseminare in Zusammenarbeit von I. und DRV.

Iata-Verbindungskonferenzen: Verbindungskonferenzen, diese gliedern sich für die Preisbildung zwischen den Konferenzgebieten

- TC 1-2/3 Nord-, Mittel- und Südatlantikrouten
- TC 2-3 zwischen Europa/Afrika und Naher Osten und Asien/Südwestpazifik
- TC 3-1 Nord-, Mittel- und Südpazifikrouten
- TC 1-2-3 für Rund-um-die-Welt-Route

in 57 Regionalkonferenzen (Subarea Agreements). Die Teilnahme an den Tarifbildungskonferenzen ist für die Fluggesellschaften freiwillig. Die erzielten Abschlüsse sind nur für die Mitglieder bindend, die an ihnen teilgenommen haben. Nach Deregulierung in den USA und fortschreitender Liberalisierung in Europa entfällt die Genehmigungspflicht durch die Regierungen (für Deutschland das BMVBW), und aus festen Tarifen sind freie Preise geworden.

Iata-Verkehrsgebiete: Der Iata-Luftverkehr wird in drei Verkehrsgebiete unterteilt. Für diese ist jeweils eine Verkehrs-/Gebietskonferenz zuständig (TC). Die Aufteilung lautet wie folgt: TC 1 - Traffic Conference 1 (Sitz: New York) umfasst Nord-, Süd- und Mittelamerika, Karibik, Hawaii und Grönland. TC 2 - Traffic Conference 2 (Sitz: Genf) umfasst Europa, Afrika, westlicher Teil Asiens/Naher Osten. TC 3 - Traffic Conference 3 (Sitz: Singapur) umfasst Asien, Australien, Neuseeland und Pazifische Inseln. Die geografischen Gebiete Europa und Nahost (TC 2) werden nachfolgend mit Iata-Resolution 012 und 012b näher definiert.

Danach umfasst: Iata-Europa (Iata-Resolution 012) Albanien, Algerien, Andorra, Azoren, Belgien, Bulgarien, Dänemark, Deutschland, Finnland, Frankreich, Gibraltar, Griechenland, Großbritannien, GUS-Staaten (westl. des Urals), Irland, Island, Italien, die Länder des ehem. Jugoslawien, Kanarische Inseln, Liechtenstein, Luxemburg, Madeira, Malta, Marokko, Monaco, Niederlande, Norwegen, Österreich, Polen, Portugal, Rumänien, San Marino, Schweden, Schweiz, Spanien, Tschechien, Türkei (europ. und asiat. Teil), Tunesien, Ungarn.

Iata-Nahost (Iata-Resolution 012b) Ägypten (VAR), Bahrein, Irak, Iran, Israel, Jemen, Jordanien, Kuwait, Libanon, Muskat, Oman, Qatar, Saudi-Arabien, Sudan, Syrien, Vereinigte Arabische Emirate, Nord- und Südjemen, Zypern.

Auf diesen Verkehrs-/Gebietskonferenzen der Iata erfolgt die Tarifbildung für Passage und Fracht durch die Fluggesellschaften auf Grund eingehender Analysen. Die Teilnahme an den Tarifbildungskonferenzen ist freiwillig. Die erzielten Abschlüsse sind nur für solche Mitglieder bindend, die an ihnen teilnehmen.

Nach Deregulierung in den USA und fortschreitender Liberalisierung in Europa entfällt die Genehmigungspflicht durch die Regierungen (in Deutschland das BMVBW), und freie Preise lösen die ehemals festen Tarife ab.

IAV: Ibero-Amerika-Verein, 1916 gegründet, ist ein Zusammenschluss von Freunden der iberischen und lateinamerikanischen Welt. Aufgabe ist die Förderung, Erweiterung und Vertiefung der deutschen Wirtschaftsbeziehungen zu den Ländern Südamerikas und der Karibik und hierbei besonders die Förderung des Tourismus. Alljährlich findet zum Gedenken an die Entdeckung Amerikas durch Kolumbus im Jahre 1492 am 12. Oktober der Ibero-Amerika-Tag statt.

Ibatur: Institut Balear del Turisme. Tourismusbehörde der Balearischen Inseln; Incoming-Tourismusförderung.

IBE: → Internet Booking Engine

IBfRD: International Bank for Reconstruction and Development, die Weltbank, ist seit 1968 auch an touristischen Projektfinanzierungen mit eigenem Ressort beteiligt. Die IBfRD gewährt einzelnen Staaten bzw. nationalen Entwicklungsbanken langfristig zinsbegünstigte Kredite (über 15 bis 20 Jahre), z.B. der deutschen KfW, Kreditanstalt für Wiederaufbau. Im Wesentlichen werden Infrastrukturmaßnahmen in Entwicklungsländern finanziert wie Verkehrswege, Flugplätze u.a. → Weltbank

Ibiza: Ursprüngliches Buchhaltungssystem der Lufthansa City Center. Von Hapag-Lloyd übernommen und von Lufthansa Systems weiterentwickelt, soll I. in Zukunft nicht nur für den Mid- und Backoffice-Bereich, sondern auch mit integrierten Buchungsfunktionen programmiert werden.

IBN: International Booking Network, computergesteuertes Buchungsnetz des internationalen Jugendherbergswerk (IYHF).

Ibta: International Business Travel Association, internationaler Dachverband der Reisestellenvereinigungen. → Reisestelle, → VDR

IBTM: → EIBTM

IBV: Internationaler Bodensee Verkehrsverein, Sitz: Konstanz. → Internationale Bodensee-Werbung

IC-Intercity: Reisezug der Deutschen Bahn. Zuschlagpflichtige IC-Züge bedienen zumeist im Stundentakt quer durch das Bundesgebiet die wichtigsten Städte. Korrespondenzbahnhöfe regeln die Umsteigemöglichkeiten von IC zu IC/ICE am selben Bahnsteig. Zusätzlich wechseln IC-Züge in den Korrespondenzbahnhöfen von den Stammlinien auf andere Linien über (Linientausch); außerdem ist hier das IC-Netz mit dem Interregio-Netz verknüpft. Der Flughafen Frankfurt ist in das IC-System im Stundentakt einbezogen. → EC / EC-Netz, → ICE-Intercity Express, → Interregio-Züge (IR)

IC-Airport-Express: → LH-Airport-Express

Icaa: International Civil Airports Association, weltweiter Flughafenverband zur Vertretung der Interessen der Zivilflughäfen auf internaternationaler Ebene, Sitz: Paris. Icaa hat zzt. 255 Mitglieder; nur nationale Flughafenvereinigungen sowie Flughäfen, die 632 Flughäfen in 96 Ländern betreiben. Ursprünglich als CAA 1962 in Paris gegründet.

Icao: International Civil Aviation Organisation, internationale Zivilluftfahrtbehörde, wurde 1944 in Chicago gegründet. Heutiger Sitz ist Montreal. Der Organisation sind 185 Mitgliedsstaaten angeschlossen. Ziele sind Förderung und Verbesserung der technischen Abwicklungsmöglichkeiten des Luftverkehrs und der Planung und Entwicklung des internationalen Luftverkehrs. Im Einzelnen beinhaltet dieser internationale Zusammenschluss auf dem Gebiet des Luftverkehrs eine weltweite Zusammenarbeit bei der technischen und kommerziellen Verwirklichung des Verkehrsvorganges. Es wurden wirksame Regelungen über die Sicherheit und Zuverlässigkeit des Luftverkehrs, Grundsätze für bilaterale und multilaterale Luftverkehrsabkommen gemäß den fünf Freiheiten der Luft sowie Standards über Flugregeln, Lizenzierung von Flugpersonal, Zulassung von Verkehrsflugzeugen, Fluglärm u.a. erlassen. → Ecac, → Freiheiten der Luft, → Iata, → Picao

Icao-Abkommen: Convention on International Civil Aviation, Abkommen von Chicago über die internationale Zivilluftfahrt. → Chicagoer Abkommen, → Transit-Vereinbarung, → Transport-Vereinbarung

ICC: Internationales Congress Centrum in Berlin, Organisation durch die Messe Berlin, durch Kempinski bewirtschaftet. Wesentlicher Bestandteil des Berliner Messegeländes, Teil des Veranstaltungsgeländes der ITB. → ITB

Icca: International Congress and Convention Association, Sitz: Amsterdam, internationale Kongress- und Tagungsvereinigung. Zu diesem Weltverband zählen u.a. Hotels und Kongresszentren, am Kongressgeschäft beteiligte Kongressreisebüros und Luftverkehrsgesellschaften. Deutsche Geschäftsstelle ist bei DER Kongress in Frankfurt/M. → Kongresstourismus

ICE - Intercity Express: Seit 1991 Hochgeschwindigkeits-Reisezug der Deutschen Bahn, Sondertarif. Auf neugebauten bzw. modernisierten Strecken kann dieser für den Hochgeschwindigkeitsverkehr vorgesehene Zug eine Geschwindigkeit von 250 km/h erreichen. Jeder Zug besteht aus zwei Triebköpfen und bis zu zwölf Mittelwagen in folgender Zusammenstellung:

- vier Erste-Klasse-Wagen, davon einer mit Telefonzelle,
- ein Service-Wagen mit Restaurant, Küche und Bistro,
- ein Zweite-Klasse-Wagen mit Service-Einrichtungen wie Behinderten-WC, Minibarabteil und Mutter-und-Kind-Abteil,
- sechs Zweite Klasse-Wagen.

Der Reisekomfort umfasst zugfreie Klimaanlage mit Deckenausblasung sowie Fußbodenheizung, Musikprogramme über Kopfhörer und Zugtelefone mit Magnetkarten, Videokarten. Diese Züge waren zunächst auf den Linien Hamburg–Würzburg–München und Hamburg–Frankfurt–Stuttgart–München eingesetzt.

→ EC / EC-Netz, → IC-Intercity, → ICE-M, → ICE-Sprinter, → Intercity Experimental

ICE 2: Mit Beginn des Sommerfahrplans 1998 eingeführter Flügelzug der Deutschen Bahn. Im Gegensatz zu den ICE-1-Zügen mit Antrieb von zwei Triebköpfen an den beiden Zugenden sind die ICE 2 Hochgeschwindigkeits-Triebwagenzüge für den Einsatz im Halbzug (ein Triebkopf mit sechs Wagen und einem Steuerwagen) oder im Langzug (zwei gekuppelte Halbzüge). Der Zug wurde von den Firmen Siemens, DWA und Adtranz geliefert. Eine Zugeinheit bietet zwischen 450 und 550 Sitzplätze. Zwei der I. fahren auf einer Stammstrecke zusammengekoppelt, und am Ende dieser Strecke setzen sie ihre Fahrt in zwei getrennte Richtungen fort, ähnlich dem früheren Kurswagensystem.

ICE 3: Hochgeschwindigkeits-Triebwagenzug, geliefert von der Arbeitsgemeinschaft ICE Siemens/Adtranz. Das Triebwagenkonzept bewirkt eine Verteilung der Antriebskräfte auf den ganzen Zug, d.h. die Hälfte der Achsen enthält einen eigenen Fahrmotor, somit entfallen nicht nutzbare Räume wie z.B. Triebköpfe. Vorgesehen ist der Einsatz des ICE 3 als Halbzug (zwei Endwagen mit sechs Wagen dazwischen) oder als Langzug (zwei gekoppelte Halbzüge). Die Mehrsystemvariante ist als ICE 3-M für den Einsatz auf internationalen Strecken bestimmt, so zum Beispiel in Deutschland, Österreich, der Schweiz, in Belgien, Frankreich und in den Niederlanden.

ICE-M: Fortentwicklung des ICE. Während dessen Triebköpfe nur für das Bahnstromsystem der DB konzipiert sind, können ICE-M-Triebköpfe bis zu vier verschiedene, nationale Stromsysteme in Europa benutzen. I. sind für den grenzüberschreitenden Hochgeschwindigkeits-Reisezugverkehr. → ICE 3, → ICE-Intercity Express, → ICE-Sprinter, → Intercity Experimental

ICE-Press: Farbige Online-Zeitung der Deutschen Bahn, in Kooperation mit dem Spiegel Verlag in Hamburg als kostenloser Service für Reisende der Ersten Klasse produziert. Nach dem täglichen Redaktionsschluss um 15 Uhr kann die Zeitung kurz darauf von mobilen Empfangsstationen direkt von dem Zentralrechner in Heidelberg durch das ICE-Zugpersonal abgerufen werden. Gegen 16 Uhr wird ICE-Press täglich außer samstags vom Zugpersonal auf Hochleistungslaserdruckern ausgedruckt und verteilt.

ICE-Sprinter: Reservierungs- und Zuschlagspflichtige Nonstop-Verbindung zwischen Frankfurt/M. und München sowie Berlin. Im Fahrpreis der Ersten Klasse sind Frühstück und Tageszeitung inbegriffen. → ICE - Intercity Express

ICE-T: ICE-Triebzug, Hochgeschwindigkeitszug der DB mit Neigetechnik; Spitzengeschwindigkeit 230 Kilometern pro Stunde. Seit 1999 auf der Strecke Stuttgart–Zürich, danach Ablösung des IC auf den Strecken zwischen Berlin–Leipzig–München und Dresden–Frankfurt–Saarbrücken. Den I. entwickelte das Konsortium ICNT der Deutschen Waggonbau (DWA), Duewag, Fiat und Siemens.

ICE TD: Dieselelektrischer Schnelltriebzug der Deutschen Bahn AG mit Neigetechnik. Im Einsatz seit dem Jahr 2000.

ICN: → Intercity Night

Icom: International Council of Museums, internationaler Museumsrat, Sitz: Paris. Nichtregierungsamtliche Dachorganisation der Museen und Museumsmitarbeiter zur Förderung der Ziele der Museumskunde und anderer Disziplinen, die die Führung von Museen betreffen; offizieller fachlicher Berater der Unesco in Museumsfragen. Mitglieder in 120 Ländern, darunter das deutsche Nationalkomitee Icom-Deutschland (München) sowie andere Museumsvereinigungen in verschiedenen Fachbereichen (z.B. Verkehrs- und Kommunikationswesen, Ethnografie etc.).

Icomos: International Council on Monuments and Sites, Internationaler Rat für Denkmalpflege, Sitz: Paris. Internationale nichtstaatliche Denkmalpflegeorganisation zum Schutz des architektonischen Erbes und zur Erhaltung von Denkmälern und Denkmalbereichen in ihrem historischen Kontext; dient als Gutachter der Unesco in Fragen des Weltkulturerbes. Deutsches Nationalkomitee in München → Unesco, → World Heritage Convention

ICPA: International Cruise Passengers Association, USA, internationaler Kreuzfahrerverband; Handbuch über Kreuzfahrten; „Cruising". → Klassifizierung der Kreuzfahrtschiffe, → Kreuzfahrten

IDFA: Zur Interessengemeinschaft Deutscher Fachmessen und Ausstellungsstädte, Essen, zählen Messegesellschaften in Berlin, Dortmund, Essen, Friedrichshafen, Hamburg, Karlsruhe, Nürnberg, Offenbach, Pirmasens, Saarbrücken und Stuttgart. 1952 gegründet, verbindet die IDFA-Gesellschaften das Ziel, Erfahrungen auszutauschen und Service-Verbesserungen für Aussteller und Besucher durchzusetzen. → Messetourismus

IDMA: International Destination Management Association, Sitz: München.

IEA: International Exhibitors Association, Nachfolgeorganisation der US Organisation National Trade Show Exhibitors Association. Hauptaufgabe ist die Förderung des Messe- und Ausstellungswesens in den USA.

Ifaa: International Flight Attendants Association, internationale Flugbegleitervereinigung, Sitz: Mainz. → Flugbegleiter

Ifalpa: International Federation of Air Line Pilot's Associations, internationale Vereinigung nationaler Pilotenverbände, Sitz: Chertsey (Großbritannien). Interessenvertretung der Piloten auf internationaler Ebene (über 100.000 Mitglieder weltweit) u.a. bei der Entwicklung internationaler Standards im Lufttransport, Kontakte zu Icao, Iata etc. Herausgabe der Zeitschrift „Inter Pilot". → Iata, → Icao

I-FAO: Anbieter von Internet-Anwendungen für Geschäftsreisende. Wichtigstes Produkt der Firma ist die Internet Booking Engine Cytric. Mitarbeiter von Unternehmen können mit dieser Software ihre Reisen weit gehend selbst buchen.

Ifatca: International Federation of Air Traffic Controllers Association, internationale Vereinigung der Flugbegleiterverbände, Sitz: Dublin.

IFE: Inflight Entertainment, Unterhaltungsprogramm auf Langstreckenflügen wie Filmvorführungen u.a. → Langstreckenverkehr

Ifes: International Federation of Exhibition Service, internationaler Verband der Stand- und Messebauunternehmen. → Messetourismus

Ifka: Institut für Freizeitwissenschaft und Kulturarbeit, Sitz: Bielefeld, hat sich die problembezogene Umsetzung und Nutzbarmachung wissenschaftlicher Erkenntnisse zum Ziel gesetzt.

IFPTO: International Federation of Popular Travel Organizations, Sitz: Paris.

Ifto: International Federation of Tour Operators; Sitz: Lewes, Großbritannien. In diesem internationalen Reiseveranstalterverband sind sowohl nationale Reisebüroorganisationen als auch einige Firmen Mitglieder. I. vertritt die speziellen Interessen der europ. Reiseveranstalter gegenüber den touristischen Zielländern, auch über die EU-Länder hinaus. Deutsches Mitglied ist der DRV. → DRV, → Reiseveranstalter

IFTTA: International Forum of Tourism and Travel Advocates, internationale Organisation von Juristen, mehrheitlich Anwälten, die mit Reiseverkehr und Tourismus befasst sind.

IGA: Internationale Gartenbau-Ausstellung. → Gartenschau

IGFR: Interessengemeinschaft freier Reisebüros.

IGP: Genossenschaftlich organisierte Interessengemeinschaft des Personenverkehrsgewerbes in Baden-Württemberg, Sitz: Böblingen-Hulb.
Die IGP hat derzeit folgende Aufgaben:

- zentrale Abrechnung der Schülerbeförderungskosten,
- zentraler Einkauf und Vertrieb eines busbezogenen Warenbedarfs,
- Werbemittelvertrieb des Gemeinschaftswerbeprogrammes Plus für Bus
- Versicherungsdienst mit Vermittlung von Versicherungsleistungen,
- Versorgungswerk.

→ WBO

IG Personenschifffahrt: Interessengemeinschaft, mittelständische Vereinigung Personenschifffahrt im Linien- und Ausflugsverkehr mit 65 Unternehmen und 140 Schiffen. → Binnenschifffahrt

IG Rivercruises: Interessengemeinschaft Flusskreuzfahrtreedereien, loser Verbund als übergeordnete Ansprechstelle für Behörden und Ministerien der Zielländer in Zoll- und Visafragen.

IGSR: Interessengemeinschaft Sanftes Reisen, Sitz: Hamburg. Ziel ist es, die negativen sozialen und wirtschaftlichen Auswirkungen des Tourismus auf Umwelt und Bereiste möglichst gering zu halten. Der Verein strebt einen Tourismus an, der Spaß macht, Erholung bietet und der für alle Beteiligten wirtschaftlich ergiebig ist. → sanfter Tourismus

IHA: Hotelverband Deutschland mit rund 800 Mitgliedshotels des mittleren und gehobenen Marktsegments. Der Verband mit Sitz in Berlin vertritt die Interessen seiner Mitglieder als Fachverband. Mit der Übernahme der Hotelarbeit auf Bundesebene seit 1. Januar 2001 repräsentiert er die Hotellerie und Beherbergung in Deutschland insgesamt gegenüber Regierung und Parlament auf Bundesebene, gegenüber der Öffentlichkeit sowie als Mitglied in Organisationen und Verbänden, insbesondere im Dehoga, in der DZT, im BTW, in der HOTREC und der IH & RA. → BTW, → DZT, → Hotrec, → IH & RA

IHK: Industrie- und Handelskammer, öffentlichrechtliche Vertretung der Industrie und des Handels. → Berufsausbildung im Hotel- und Gaststättengewerbe, → DIHK

IH & RA: International Hotel & Restaurant Association, der Weltverband der Hotellerie und Gastronomie mit Hauptsitz in Paris vertritt über 750.000 Betriebe in mehr als 150 Ländern. Er unterhält Regionalbüros in Hongkong und Mexiko. Deutsches Mitglied ist der Hotelverband Deutschland (IHA). → IHA

IHV: Internationale Hotelier-Vereinigung, europäischer Zusammenschluss von Einzelmitgliedern des Hotel- und Gaststättengewerbes, Sitz: Düsseldorf. Im Vordergrund stehen der überregionale Erfahrungsaustausch sowie die gemeinsame Werbung mit dem bekannten IHV-Zeichen, das für die Zuverlässigkeit und Solidität der Mitglieder bürgen soll. Eine weitere gemeinsame Aufgabe der Vereinigung ist die Verbesserung der Berufsberatung.

i - Information: 1. Informationsschalter an Flughäfen, Bahnhöfen, Fähr- und Kreuzfahrthäfen zur Erteilung fachlicher Auskünfte unterschiedlicher Art, z.B. Ankunfts- und Abfahrtszeiten, Verspätungen u.Ä. Im Hotel holt der Portier/Concierge auf Wunsch des Gastes die entsprechenden Informationen ein. 2. Abkürzung für Tourist-Information in Fremdenverkehrsorten.

IIT: Individual Inclusive Tour.

IITF: Institut für Integration Tourismus und Freizeitforschung. Sitz in Wien, mit den Aufgaben Bildung und Forschung, umsetzungsorientierte Regionalprojekte im Tourismus und Freizeitbereich.

ILA: Internationale Luftfahrt-Ausstellung. Erstmals 1909 in Frankfurt, vorübergehend in Hannover, findet die ILA seit 1992 alljährlich im wiedervereinigten Berlin statt.

Image: Das Bild, das sich eine Person, ein Gast oder eine Gruppe von einem Objekt, einem Produkt, einer Destination usw. macht. Das Image setzt sich aus objektivem Wissen und subjektiven Emotionen zusammen. Zu den Imagekomponenten gehören die Gastronomie, Natur, ökologische Maßnahmen bzw. Umweltsituation, Reisesicherheit, Transportangebote und Wetter. → Imagewerbung

Imagewerbung: Dient der Vermittlung eines Vorstellungsbildes von einer Destination oder einem Tourismusort. Durch die Positivierung des touristischen Angebotsprofils sollen Assoziationen geweckt werden. → Image, → Öffentlichkeitsarbeit

Immediate Family: Die unmittelbare, direkte Familie. Begriff für Sondertarife im Flugverkehr. Zur I.F. gehören Ehegatten, Kinder inkl. Adoptivkinder, Eltern, Geschwister, Schwiegereltern, Schwäger, Schwiegersohn und -tochter.

Immigration Office: Einwanderungsbehörde; in vielen Ländern (z.B. Australien) zuständig für die Ausstellung und/oder Überprüfung von Reisedokumenten, z.T. auch für Touristenvisa.

Immissionen: Einwirkung von Emissionen auf Menschen, Tiere, Pflanzen und Sachgüter. → Emissionen, → Smog

IMO: International Maritime Organization, die internationale Seeschifffahrtsorganisation wurde 1948 als Inter-Governmental Maritime Consultative Organization (Imco) gegründet und 1982 umbenannt. Aufgaben sind die Standardisierung von Sicherheit und Umweltschutz auf See. Als Unterorganisation der Vereinten Nationen mit Sitz in London zählt die IMO 158 Mitgliedstaaten und zwei assoziierte Mitglieder (Stand 2001). → Marpol

I-Mode: Japanisches Gegenstück zum WAP. → WAP

Impact: Reservierungssystem der britischen Eisenbahnen und der angeschlossenen britischen Fährschiffslinien.

Impftabelle für Fernreisen: Wird alljährlich vom ADAC zusammengestellt und veröffentlicht.

Implant-Reisebüro: Reisebüro-Filiale (Vollreisebüro) in einer Firma, exklusiv für deren Belange. Mitunter auch als Firmenreisestelle tätig. → Reisebüroketten, → Reisestelle, → VDR

Implementation Date: Datum, an dem das BSP-Verfahren in einem bestimmten BSP-Gebiet nach der Test- und Pilotphase in Kraft tritt. → BSP

Import: Beschreibt die Einfuhr von Gütern und Dienstleistungen in ein Land. → Export

Imprinter: Mechanisches Gerät, um manuell erstellte Dokumente gültig zu stempeln, in dem Informationen über Agent, Luftverkehrsgesellschaft und Datum eingedruckt werden. → AVP, → CIP

Inbegriffsversicherung: Versicherung von insgesamt begrifflich zusammengehörenden Sachen (z.B. Reisegepäckversicherung). → Reiseversicherungen

Inbound-Tourismus: Aus dem Ausland hereinkommender Tourismus, neue in den USA gebräuchliche und von der WTO empfohlene Bezeichnung, soll Incoming-Tourismus ersetzen. → Incoming-Tourismus, → Outbound-Tourismus

Incentive: Anreiz, Ansporn (aus lat. incinere = entzünden, anspornen, einen Anreiz geben).

Incentive-Reisen: Art der Belohnung für einen mit Erfolg abgeschlossenen Incentive-Wettbewerb für Einzelne oder Gruppen in einer Firma, meist Verkäufer oder Händler. Die Ausschreibung von I. stellt für Mitarbeiter und Absatzpartner einen starken psychologischen Anreiz zur Leistungssteigerung dar. I. werden zum größeren Teil dem Bereich Geschäftsreisen und weniger den Urlaubs- und Vergnügungsreisen zugerechnet. Incentive-Reisen haben im Verhältnis zu anderen Incentives den höchsten Status. → Incentive-Reisen-Besteuerung

Incentive-Reisen-Besteuerung: In einem Urteil vom 9.3.1990 hat der Bundesfinanzhof entschieden, dass ein Arbeitgeber, der die guten Leistungen seiner Mitarbeiter mit Incentive-Reisen honoriert, dafür i.d.R. Lohnsteuer abführen muss, mit der Begründung, dass Arbeitnehmer mit der Teilnahme an solchen Reisen einen „geldwerten Vorteil" und damit lohnsteuerpflichtigen Arbeitslohn erhalten, wenn ihnen ein Besichtigungsprogramm angeboten wird, das einschlägigen touristischen Gepflogenheiten entspricht, und der Erfahrungsaustausch zwischen den Arbeitnehmern demgegenüber zurücktritt. Es handelt sich nach diesem Urteil auch dann um steuerpflichtigen Arbeitslohn, wenn durch die Incentive-Reise beim Arbeitgeber eine Umsatzsteigerung und bei den Arbeitnehmern eine Erhöhung ihrer umsatzabhängigen Provisionseinnahmen bewirkt werden soll. Der Arbeitgeber kann die Lohnsteuer für solche Zuwendungen nach § 40 Abs. 2 Satz 1 des Einkommensteuergesetzes mit einem Pauschsteuersatz von 25 Prozent erheben. Dies allerdings nur, wenn es sich um eine Betriebsveranstaltung handelt, die allen Arbeitnehmern offen steht, die Teilnahme an ihr also keine Privilegierung einzelner Arbeitnehmer darstellt. → Incentive-Reisen

Incoming: Teil der Tourismuswirtschaft, der sich von der Destination aus mit der Akquisition, Beförderung und Betreuung (Beherbergung, Verpflegung, Unterhaltung usw.) des Gastes befasst. → Inbound-Tourismus, → Incoming-Tourismus, → Outgoing

Incoming-Agenturen: Reisebüros und -veranstalter, die ausländischen Reisemittlern und Gästen zur Information, Programmzusammenstellung, Ausländerbetreuung, Reiseleitung, Packageproduktion etc. zur Verfügung stehen.

Incoming Pool: Zusammenschluss von Incoming-Agenturen mit Leistungssträgern und öffentlichen Fremdenverkehrsstellen zur Vermarktung des Deutschland-Tourismus, vorwiegend in Städten und Regionen mit übergeordneter touristischer Bedeutung wie z.B. den Großstädten der Werbegemeinschaften. → Magic Ten – The German Cities

Incoming-Tourismus: Aus dem Ausland hereinkommender Tourismus, z.B. Einzel- und Pauschalreisen, die Ausländern in der Bundesrepublik Deutschland angeboten werden. Im I. sind sowohl Mittler als auch Veranstalter anzutreffen. Beide kooperieren mit Partnergesellschaften aus dem Herkunftsland der Touristen. I.d.R. offeriert ein Incoming-Büro folgende Leistungen: Hotelreservierungen, Rundfahrten (Bus), Transfers, Sightseeing, Schifffahrten, Reiseleitung u.a. → Inbound-Tourismus

Indaba: Seit 1983 alljährlich stattfindende Reisemesse in Südafrika.

Indian Pacific: Australischer Transkontinentalzug, der zwischen Perth und Sydney verkehrt. Für die Entfernung von 3960 Kilometern benötigt er etwa 65 Stunden. Der I.P. verbindet ein Reihe von Bergbaustädten im Landesinneren miteinander, darunter das Goldabbaugebiet Kalgoorlie. Spektakulär ist die Fahrt durch die Nullarbor-Ebene, in welcher der Zug die mit 462 Kilometern längste durchgehend gerade Eisenbahntrecke passiert. Betreibergesellschaft ist Rail Australia, die ihre europäische Vertretung in München hat.

Indikation: Ärztliche Diagnose, aus der sich ein bestimmtes Heilverfahren ergibt, z.B. für Erkrankung der Atmungsorgane Behandlung in Mineralheilbädern, in heilklimatischen Kurorten oder Seebädern. → Kur

Individualreisen: Einzelreisen, die selbst organisiert und individuell von den Reisenden zusammengestellt werden. Im Gegensatz zu den Veranstalterreisen beträgt ihr Anteil nach Reiseanalyse (RA) für 2000 51,5% bei der Haupturlaubsreise und beinhaltet die Buchung direkt beim Hotel/Vermieter.

Individual Travel: Werbegemeinschaft im Verbund von DB und LH mit Hotelgruppen. Ziel der Werbung: Verbreitung attraktiver und kostengünstiger Unterkunftsangebote und Rundreisevorschläge auf den Auslandsmärkten.

Indoor Recreation: Engl. Erholung zur Wiederherstellung der Arbeitskraft und Entwicklung der eigenen Persönlichkeit durch bewusste Freizeitgestaltung mit dem Schwerpunkt häuslicher Aktivitäten. → Erholung, → Outdoor Recreation

Industry Discount (ID): Flugpreisermäßigung für Angestellte der Luftverkehrsgesellschaften.

Infant (IN): Internationaler Iata-Code für Kleinkinder-Passagiere (unter zwei Jahren). Sie werden im innerdeutschen Raum kostenlos befördert und zahlen auf internationalen Flugstrecken 10% des Erwachsenentarifs. Kleinkinder haben keinen Anspruch auf einen Sitzplatz.

INFF: Informationsdatenbank Flug, Bezeichnung für eine Flugdatenbank aus dem Start-System. → Consolidator

Infini: Gemeinsames Reservierungssystem von ANA (60%) und Abacus International (40%). Seit November 2000 ins Abacus-System eingegliedert. → Abacus International

Inflation: Geldentwertung, die sich in einer Steigerung des Preisniveaus auswirkt. Das Gegenteil ist Deflation. Die Teuerungsrate, die ein festgelegter Warenkorb (Güter und Dienstleistungen) innerhalb eines bestimmten Zeitraumes erfährt, wird einem Basiszeitraum gegenübergestellt. → Inflationsrate

Inflationsrate: Die I. ist die prozentuale Veränderung des durchschnittlichen Preisniveaus der Volkswirtschaft. Deutschland gilt seit den 70er Jahren als ein Land mit geringer Inflationsrate. → Verbraucherpreisindex

Inflight Entertainment: Film- und Musikprogramme während eines Fluges. → IFE

Inflight Kit: Vor allem Passagiere der First und Business Class erhalten während des Linienfluges einige Bedarfsartikel für den Gebrauch an Bord. Der Inhalt reicht je nach Airline und Flugdauer von Augenkompressen, Lippenbalsam oder Gesichtsspray bis zu Zahnbürste, Rasierer, Schlafmaske und Socken.

Info: Start-Info-System-Datenbank mit aktuellen Informationen zu Start.

Info Flyway: → Lufthansa Info Flyway

informal: zwanglose Garderobe für den Abend.

Informationspflicht: Nach dem neuen Reisevertragsrecht (§ 161 a Absatz 5 BGB) ist der Veranstalter verpflichtet, den Kunden bis zu viermal zu informieren, und zwar im Prospekt, bei der Buchung, in der Reisebestätigung und rechtzeitig vor Beginn der Reise. → Reisevertrag/Reisevertragsrecht

Informationsreise: Fachlich ausgerichtete Reise zum Zweck des Kennenlernens von Einrichtungen, Produktionsstätten, Verfahren und Methoden, Kulturen, Land und Leuten und Umsetzung in verbesserte Beratung. Im Reisebüro-Alltag auch Info-Reise oder Fam Trip genannt. → Fachstudienreisen, → Familiarization Trip (Fam Trip)

Informative Pricing: Im Amadeus-System die Möglichkeit der automatischen Berechnung einer Reiseroute ohne Buchung.

Infox: Infox System Gesellschaft für Information, Werbung und Technik, Bonn, verschickt wöchentlich Informationsmaterial der Reiseveranstalter wie Reiseangebote, kurzfristige Sonderangebote, Reiseunterlagen, Tarife, Prospekte und Kataloge an alle vermittelnden deutschen Reisebüros. Bestellabwicklung über CRS und von Endkundenbestellungen aus dem Internet; Informationslogistik. → Fulfilment Service

Infrastruktur: Private und öffentliche Einrichtungen als Grundvoraussetzung für das wirtschaftliche Leben und Wirken, wie u.a. Straßen und sonstige Verkehrseinrichtungen, Energie- und Wasserversorgung. Im touristischen Bereich gleichbedeutend mit den Einrichtungen der Leistungsträger, wie Hotel-/ Gastronomiebetriebe, Busse, Eisenbahnen, Flugzeuge, Schiffe usw.

Infratest Burke: Marktforschungs- und Beratungsunternehmen. Innerhalb der Wirtschaftsforschung wird im Bereich Auto und Verkehr die Reisemarktuntersuchung Touristscope organisiert, die seit 1987 Reisevolumina und -strukturen erhebt. Die Mobility beobachtet kontinuierlich Bedarf und Nutzung der verschiedenen Verkehrssysteme. → Mobility, → Touristscope

Infratourist: Reisefachmesse in St. Gallen/ Schweiz spez. für Seilbahn-Unternehmen, mit Ausstellung und Tagungen.

Inhouse Meetings: Innerbetriebliche Veranstaltungen (bei Tagungs- und Kongressstudie der IPK nicht erfasst). → IPK, → Tagungsstätten

Inkasso: Grundsätzlich wird zwischen drei Inkassotypen unterschieden: Vollinkasso (Zahlungseinnahme komplett durch die Verkaufsstelle), Teilinkasso (anteilige Zahlungseinnahme durch die Verkaufsstelle) und Direktinkasso (Zahlungseinnahme komplett durch den Leistungsträger).

Inkassobüro: Mit der außergerichtlichen Beitreibung von Forderungen und Durchführung des gerichtlichen Mahnverfahrens kann ein I. beauftragt werden. Betriebswirtschaftlich sinnvolle Alternative zur firmeninternen Bearbeitung oder zur Anwaltsbeauftragung.

Innenmarketing: Entwicklungsziel ist die Schaffung eines touristischen Wir-Gefühls unter den Leistungsträgern und der Bevölkerung eines Reisegebietes. Durch I. soll die Akzeptanz der Bereisten für das Image und die touristischen Schwerpunkte ihrer Region (z.B. Kultur, Sport, Gesundheit) gesteigert werden. Angestrebt wird eine Zusammenarbeit sämtlicher Tourismusträger. Maßnahmen des I. sind z.B. Informationsveranstaltungen, Ideenbörsen und interne Wettbewerbe für Leistungsträger. → Außenmarketing, → Marketing-Mix

innere Werbung: Bestandteil und Instrument der Kommunikationspolitik, mit dem touristische Leistungsträger und Bevölkerung auf ein bestimmtes Verhalten eingestellt werden sollen, unter Anerkennung des Tourismus als wichtigem Wirtschaftsfaktor einer Region. Das Konzept soll das Bewusstsein der Bereisten unter Beibehaltung ihrer kulturellen Identität schärfen. I. wird vielfach auch als interne Werbung bezeichnet, im Gegensatz zur externen Werbung mit den Werbeanstrengungen nach außen zu Kunden und Vermittlern. → Innenmarketing

Innovationspreis der Deutschen Tourismuswirtschaft: Wurde 1999 vom Bundesverband der Deutschen Tourismuswirtschaft BTW ins Leben gerufen. Mit ihm werden jährlich Persönlichkeiten, Unternehmen oder Verbände ausgezeichnet, die der Tourismuswirtschaft als Vordenker und Wegbereiter ihre eigene innovative Prägung verliehen haben. → BTW

Inside Availability: Hochwertigste Buchungsfunktionalität innerhalb des Galileo-Systems zur Buchung von Flügen, Hotels und Mietwagen, über die Reisebüros auf das interne Reservierungssystem des jeweiligen Leistungsträgers zugreifen, wodurch sie den schnellsten Zugriff auf Flugvakanzen und Tarife einschließlich deren Anwendungsbestimmungen erhalten. → Galileo

Inside Links: Bei Galileo der Zugriff der Reisebüros auf Datenbank und Reservierungssystem der Hotels und Autovermietungen mit sofortiger Zimmer- bzw. Mietwagenbuchung und Erhalt der Reservierungsbestätigung.

Insolvenz: Zustand finanzieller Existenzbedrohung eines Schuldners bei Zahlungsunfähigkeit oder Überschuldung. Zur Abwendung einer I. wird vielfach eine außergerichtliche Sanierung des Unternehmens versucht. Zum 1.1.1999 ist die neue Insolvenzordnung in Kraft getreten, die die Vergleichs- und die Konkursordnung abgelöst hat. → Konkurs, → Vergleich

Insolvenzschutzversicherung: Kundenreiseversicherung gegen Ausfall von Reiseleistungen infolge von Zahlungsunfähigkeit oder Konkurs des Reiseveranstalters, des veranstaltenden Reisebüros oder Leistungsträgers mittels Sicherungsschein mit verbrieftem Anspruch gegen den Versicherer. → Informationspflicht, → Kundengeldabsicherung, → Reisevertrag/Reisevertragsrecht, → Sicherungsschein

Installation: Bevor ein Computerprogramm auf einem Rechner lauffähig ist, muss es auf der Festplatte eingerichtet werden. Häufig gibt es sog. Installationsdisketten, bei denen nach Anklicken eines Symbols das Programm automatisch auf das gewünschte System installiert wird.

Integration: Bedeutet in der Wirtschaft das Entstehen von Zusammenschlüssen mehrerer Staaten mit dem Ziel, ein gemeinsames Wirtschafts- oder Marktgebiet herbeizuführen. Die Vorteile größerer Absatzmärkte haben den Wunsch zu Zusammenschlüssen der einzelnen Volkswirtschaften immer stärker werden lassen. Man unterscheidet vier Phasen der Integration: In einer Freihandelszone vereinbaren die Mitglieder gemeinsame Zölle und Tarife untereinander, verfolgen aber eine eigenständige Politik gegenüber Importen aus Drittstaaten. Die Zollunion geht einen Schritt weiter, indem die Partner einen gemeinsamen Außenzoll auf Güter von außerhalb vereinbaren. Ein gemeinsamer Markt entspricht einer Zollunion mit einer freien Bewegung der Produktionsfaktoren Arbeit und Kapital. Eine Wirtschafts- und Währungsunion bedeutet die Einführung einer gemeinsamen Währung mit einer einheitlichen Geldpolitik und eine Koordinierung der Wirtschaftspolitik. → EU/EG/EWG

interaktiv: Fast alle heutigen Programme arbeiten interaktiv, d.h. alle Programmschritte werden im Dialog mit dem Anwender ausgeführt. Der Dialog findet i.d.R. über Menüauswahl oder Dialogboxen statt. → interaktives Fernsehen

interaktives Fernsehen: Wesentliches Merkmal ist die Rückkanalfähigkeit, die die Kommunikation mit dem TV-Sender ermöglicht. Anwendungsbeispiele sind die Buchung von Reisen oder das Abrufen von Filmen nach Wahl (Video on Demand). Der Fernsehzuschauer kann sich zukünftig sein Fernsehprogramm besser, individueller und auf seine Bedürfnisse ausgerichtet zusammenstellen.

Intercity Experimental: Vorläufer und Prototyp des späteren ICE für den Reisezugverkehr auf dem Hochgeschwindigkeitsnetz seit 1991. Auf der Neubaustrecke Fulda–Würzburg wurde von I.E. am 1.5.1989 ein Weltrekord mit 406,9 km/h aufgestellt. → ICE - Intercity Express

Intercity Night: Nachtreisezug der DB seit Mai 1994 auf den Strecken Berlin–Bonn und Berlin–München mit Liegesesseln oder Komfort-Schlafkabinen für ein bis zwei Personen; reservierungspflichtig. 1999 übernahm die Qualitätsmarke NZ (DB-Nachtzug) die Linien und das Waggonmaterial der ICN. → Dach-Hotelzug, → Hotelzüge, → NZ

Inter-Connex: Im Aufbau befindliche Zuggattung der privaten Connex Regionalbahn zur Übernahme des Interregio-Verkehrs der DB. Geplant ist für März 2002 der Einsatz von Fernzügen auf der Strecke Berlin–Rostock in Eigenregie. → Connex Regiobahn

Interflug: Name der staatlichen Fluggesellschaft der ehem. DDR mit Sitz in Berlin-Schönefeld. Bestand von 1958 bis 1991.

Interhansa: Ehemaliger Zusammenschluss der beiden deutschen Fluggesellschaften Deutsche Lufthansa, Köln, und Interflug, Ost-Berlin. Bei Gründung der Interhansa Service beteiligten sich die Gesellschaften mit je 50%. Nach der Wiedervereinigung aufgelöst.

Interhoga: Gesellschaft zur Förderung des Deutschen Hotel- und Gaststättengewerbes mit Sitz in Bonn und Berlin. Sie ist 2001 seit 50 Jahren im und für den Mittelstand im Gastgewerbe engagiert. Die I. ist Verleger der „Gastgewerblichen Schriftenreihe“ sowie von Fachbüchern und Software für das Gastgewerbe. Die bei der I. eingerichtete Leitstelle für Gewerbeförderungsmittel des Bundes informiert Existenzgründer und Unternehmen über die Möglichkeiten und Voraussetzungen einer finanziellen Förderung von Beratungen und prüft die eingereichten Anträge hinsichtlich möglicher Bundeszuschüsse. → Dehoga

Interhotel: Hotelkette mit 34 Hotels in Großstädten, Zentren des Reiseverkehrs und Erholungsgebieten der ehem. DDR, gegr. 1965, dem Ministerium für Handel und Versorgung unterstellte volkseigene Wirtschaftseinheit. I.s boten unterschiedlichen Hotelstandard; sechs dieser Hotels wurden vor 1990 vorwiegend als Ferienheime des FDGB (Freier Deutscher Gewerkschaftsbund) genutzt (z.B. Neptun, Warnemünde, und Panorama, Oberhof). Tochterfirma von I. war Interhotel Travel Service als Reiseveranstalter und -mittlerorganisation auf ehem. DDR-Gebiet. Ab 1988 war die Kette Mitglied des IHA. Seit 1990 Zusammenarbeit mit bundesdeutschen Touristikunternehmen. Vorübergehend unter Verwaltung der Deutschen Treuhandanstalt. Ab 1992 Interhotel, Berlin, Hotelgruppe mit 27 Häusern. → IHA

Interkontinental: Abgekürzt Interkont. Für diesen Begriff gibt es keine eindeutige Definition. Er wird überwiegend für Fernreisen bzw. außereurop. Destinationen gebraucht; bei der Lufthansa für die Verkehrsgebiete Nord- und Südamerika, Afrika, Naher Osten und Asien/Pazifik. → Iata-Verkehrsgebiete, → Langstreckenverkehr

Interline Agreement: Abkommen über gegenseitige Anerkennung von Transportdokumenten zwischen Luftverkehrsgesellschaften und Reedereien. → Interlining

Interliner: Gebräuchliche Bezeichnung für Mitarbeiter bei internationalen Fluggesellschaften.

Interline Transportation: Weiterflug mit einer anderen Fluggesellschaft. → Online Transportation

Interlining: Kooperation zwischen Fluggesellschaften zur gegenseitigen Unterstützung bei Wartung, Technik und Ticketing wie auch zur gegenseitigen Anerkennung von Transportdokumenten, z.T. mit gleichzeitiger Abstimmung der Flugpläne.

Internationale Bodensee-Werbung: Werbegemeinschaft für die Bodenseeregion. Mitglieder sind Tourismusorganisationen aus Deutschland, der Schweiz, Österreich und Liechtenstein (Internationaler Bodensee-Verkehrsverein); gemeinsame Werbung mit Präsentationen in Nordamerika und Japan.

Internationale Eifel-Ardennen-Werbung: Die nationalen Tourismusorganisationen von Belgien, Luxemburg, Frankreich und Deutschland werben gemeinsam für die Ferien- und Freizeitlandschaft Eifel-Ardennen unter dem Motto „Ferien ohne Grenzen". Dabei werden Fachleute und Konsumenten angesprochen.

Internationaler Fluglinienverkehr: Im Sinne des Chicagoer Abkommens der Luftverkehr, der durch den Luftraum über Hoheitsgebiete von mehr als einem Staat erfolgt. → Chicagoer Abkommen

Internationale Rhein-Werbegemeinschaft: Seit 1979 organisieren die Tourismuszentralen der Rhein-Anliegerstaaten Schweiz, Deutschland und Niederlande alle zwei Jahre einen Workshop auf dem Rhein. Zu der Rhine River Country Promotion werden Fachleute aus der nordamerikanischen Reiseindustrie und Journalisten eingeladen.

Internationale(r) Touristikassistent(in): Staatlich anerkanntes zweijähriges Ausbildungsangebot für Teilnehmer mit Hochschulreife. Neben dem tourismus- und betriebswirtschaftsorientierten Unterricht beinhaltet dieser von der EU finanziell unterstützte Studiengang ein Sprach- bzw. Auslandsaufenthaltsprogramm (z.B. mit den Partnerländern Frankreich, Spanien und Italien).

International Society of Meeting Planners: Wurde 1981 gegründet und vereint inzwischen Entscheidungsträger der Tagungswirtschaft aus über 90 Ländern. Die ISMP bietet für ihre 3000 Mitglieder Fortbildungsprogramme an und unterhält eine Bibliothek von Tagungsführern. Als erste Organisation entwickelte sie verschiedene Strategien für unterschiedliche berufliche Tätigkeiten:
- RMP: Registrated Meeting Planners
- CDS: Certified Destination Specialist
- CEP: Certified Events Planners

Internet: Lat. inter: zwischen, engl. net: das Netz, Oberbegriff für einen weltweiten Verbund von Computer-Netzen ohne eigene Informationsinhalte. Den Ursprung hat das I. in dem Ende der 60er Jahre eingerichteten Computernetz, das in den USA die Computer aus den Bereichen der Wissenschaft und des Militärs miteinander verbinden sollte. Ende der 80er Jahre weitete sich das I. weltweit aus, sodass Anfang der 90er Jahre eine weltweite Vernetzung von privaten PCs per Modem und Telefonanschluss entstand. Nach der Entwicklung des World Wide Web 1992 stieg die Zahl der Internet-Nutzer kontinuierlich an. I. bietet durch das standardisierte Übertragungsprotokoll TCP/IP die Grundlage für den Ausbau der sog. Datenautobahn bzw. des Information Superhighway. Durch die große Verbreitung bieten sich traditionellen Informations- und Medienanbietern Wachstumsmärkte an in Form von elektronischen Zeitschriften, Katalogen bis hin zu Videodiensten, Bildtelefon und direkter Datenkommunikation zwischen beliebigen Computern auf der ganzen Welt. → E-Mail, → TCP/IP, → TII, → World Wide Web

Internet Booking Engine: IBE, Buchungsmaske für das Internet, die eine Schnittstelle zu den Reservierungssystemen der Leistungsträger oder an CRS hat, Vakanzabfragen und gleichzeitige Buchung sind teilweise möglich. IBEs sind heute für alle Reisearten verfügbar (siehe Tabelle auf dieser Seite).

Interne Werbung: → Innere Werbung

Internorga: Internationale Fachmesse für Hotellerie, Gastronomie, Gemeinschaftsverpflegung, Bäckereien und Konditoreien alljährlich im März in Hamburg. Mit zuletzt 850 Ausstellern aus 20 Nationen ist die I. Hamburg die führende und größte europäische Fachmesse ihrer Art. Begleitet wird die I. von einem umfassenden Kongress- und Tagungsprogramm.

BOOKING ENGINES FÜR LINIENFLÜGE
Ausgewählte Anbieter

Anbieter	Web-Adresse	Produkt
Anixe	www.anixe.de	SMI Booking Engine
Datalex	www.datalex.com	Book It Consumer
Gradient	www.gradient.ie	Sabre-Res
Hitchhiker	www.hitchhiker.com	Negofare Interes
Interes	www.interes.com	Interes Engine
Ires	www.ires.net	Easyres
Proquest	www.proquest.de	Airquest
Ypsilon Net	www.ypsilon.net	Ypsilon Net

Interrail: Monatsticket ursprünglich für Jugendliche bis 25 Jahre auf Europas Schienenstrecken sowie in der Türkei und in Marokko. Inzwischen auch ohne Altersbeschränkung.

Interrail 26+: Seit Anfang Januar 1998 werden die Altersbeschränkungen des Interrail-Tickets durch die europäischen Bahnen aufgehoben. Hierbei gelten die Bestimmungen des Interrail-Tickets nun auch für Personen über 26 Jahre.

Interreg: Förderungsprogramm für die grenzüberschreitende Zusammenarbeit zwischen benachbarten Regionen innerhalb der EU (Zeitraum 1989-1993). Ein Teil des Budgets wurde Tourismusprojekten zugedacht, in denen auch nicht-EU-Staaten miteingeschlossen wurden (z. B. Zusammenarbeit zwischen den italienischen Regionen Friaul-Julisch-Venetien, Südtirol und Veneto sowie Österreich).

Interregio-Züge (IR): Reisezüge der Deutschen Bahn. I. ersetzen seit Fahrplanwechsel vom 25. Sept. 1988 schrittweise die bisherigen D-Züge und FD-Züge. Die im Zweistundentakt eingesetzten Züge bestehen nach Angaben der DB aus einer Schnellzuglok und fünf bis acht neu gestalteten, klimatisierten Wagen mit Bistro-Café (Selbstbedienung). Es gibt Spezialabteile für Eltern mit Kindern sowie für Schwerbehinderte. Zugtelefon und Schließfächer für das Handgepäck gehören zum Standard. Auf mittleren Entfernungen sind die I. zügige Verbindung zwischen den regionalen Zentren; Zubringer für die Fernstrecken. → D-Zug, → IC-Intercity

Interstate Transportation: Beförderung zwischen zwei verschiedenen Staaten. → Intrastate Transportation

Inter Tour Expo: Internationale Touristikfachmesse in Hongkong, erstmals 1986; jährlich.

Intourist: Reisebüro der ehem. UdSSR, gegr. 1929, Sitz: Moskau. Seine Aufgabe war die Förderung des Auslandsfremdenverkehrs der UdSSR. Im Zuge der Demokratisierung wurde 1991 die ehem. sowjetische Reisebehörde I. in eine AG umgewandelt. Es wurden vermehrt Tochtergesellschaften im Ausland gegründet.

Intours: Software zur Bewältigung der Aufgaben von Fremdenverkehrsbüros, entwickelt von der Firma Intours Partners, gehört inzwischen zu Feratel. → Feratel

Intranet: Firmeninterner Online-Dienst, der auf der Internet-Technologie basiert. Ermöglicht den Daten- und Informationsaustausch für geschlossene Benutzergruppen innerhalb eines Unternehmens. Auch Bildschirmkonferenzen werden durch das I. ermöglicht. → Internet

Intrans: Intelligent Travel Network System, ein Reisekatalog der Zukunft mit erlebnisorientierter, dreidimensionaler Darstellung von Reiseprodukten im sprachlichen Dialog mit „intelligentem" Computer. Zur Produktdarstellung wie Kreuzfahrtschiff, Hotel oder Freizeitpark stehen Technologien wie z.B. Virtual Reality (VR) zur Verfügung.

Intrastate Transportation: Beförderung innerhalb eines Staates. → Interstate Transportation

Inversion: Umkehrung, Versetzung; bei Inversionswetterlage liegt auf einer bodennahen Kaltluftschicht warme Luft auf. Dadurch wird die bodennahe Schicht mit Schadstoffen angereichert, es kommt zur berüchtigten Smog-Bildung. → Smog

Investition: Kapitaleinsatz für Produktionszwecke und damit langfristige Kapitalbindung zur Erzielung von Erträgen oder Einkommensverwendung für längerfristig nutzbare Güter. Investiert wird in Maschinen, Gebäude, Ausstattung von Arbeitsplätzen, Ausbildung. Z.B. eine Luftverkehrsgesellschaft kauft eine zusätzliche Passagiermaschine, um dem gestiegenen Personenaufkommen Rechnung zu tragen.

Investitionskredit: Der I. ist die typische mittel- und langfristige Objektfinanzierungsform für Fahrzeug-, Maschinen- und Geräteanschaffungen. I.d.R. langfristige, zielgerichtete Kapitalbindung zum Zweck der Erwirtschaftung zukünftiger selbstständiger Erträge durch das Objekt.

Invoice: Rechnung; Hinweis auf einem Ticket, dass es auf Rechnung ausgestellt ist, ansonsten ist Cash (Barzahlung) vermerkt.

Invoice Exchange: → IPM

Invoice Plus: Auf Microsoft Windows basierendes, nur in Deutschland verfügbares Front-/Midoffice-System, das jegliche Verkaufstransaktionen wie Ticketverkäufe, Umschreibungen oder Erstattungen als Buchhaltungsvorgang abbildet. Schnittstellen gewährleisten die Datenübertragung zu jedem Backoffice-System, z.B. Stinnes/Travel Basys, Bewotec/Jack oder Partners Software. → Galileo

IP-Adresse: Numerische Internet-Adresse eines Rechners. Anstelle der I. kann auch ein alphanumerischer Domain-Name eingegeben werden, der dieser Adresse fest zugewiesen ist. → Domain-Namen

IPK: Institut für Tourismusmarketing, ehem. Institut für Planungskybernetik, München; erstellt u.a. Datengrundbuch für Studien im Tourismus. Regelmäßige Untersuchungen: Deutscher Reisemonitor, alle zwei Monate; European Travel Monitor, alle zwei Monate, in Zusammenarbeit mit dem European Travel Intelligence Center; Kongressmarkt Europa, Incentive-Markt Europa, Veranstaltermarkt Europa, Flugmarkt Europa. → Deutscher Reisemonitor

IPM: Internet-Programmmanagement. Ehemaliges Programm von Lufthansa Airplus, in Firma Seals ausgegründet. Bietet das Programm Invoice Exchange an, einen Dienst, der den Versand von Rechnungen über das Internet mit Integration in die Computersysteme des Empfängers. Sitz: Neu-Isenburg.

Ires Internet Reservations: Internet-Reservierungssystem. Zusammenschluss von fast 500 Reisebüros zur Darstellung weltweiter Flüge von 750 Fluggesellschaften (Iata- und Consolidator-Tarife) im Internet (Stand September 1998). Online-Kunden können auch nach Flügen mit Maximalpreisgrenze suchen. Zukünftig soll das Angebot auch international in mehreren Sprachen und für verschiedene Währungen zugänglich sein. → Internet

Iris: 1. Internationales Reservierungs- und Informationssystem in Start, ermöglicht Buchung von Bahnfahrkarten im Iris-Verbund über DB-Modus für folgende Länder: Frankreich, die Schweiz, Italien, die Niederlande, Dänemark, Spanien, Portugal, Großbritannien. 2. Projektname eines flächendeckenden dezentralen Informations- und Reservierungssystems von Schleswig-Holstein Tourismus für Buchung von Ferien/Urlaubsprogrammen über Reisebüros. 1993 von Start erworben und für City-Soft/German-Soft-Angebote weiterentwickelt. 1998 Konkurs angemeldet. 3. Internationales Reservierungs- und Informationssystem von TUI über Start mit u.a. Einreisebestimmungen und aktuellen Zielgebietsinformationen, Merlin-Schnittstelle. 4. Hauseigenes Buchungs- und Reservierungssystem der Varig, Brasiliens Fluglinie. 5. Reservierungssystem von TUI, wird seit 1992 auf Grund seines modularen Aufbaus stetig ausgebaut und an die Bedürfnisse des Vertriebs angepasst. Für die Reisebüros setzt sich I. aus drei Systemen zusammen: 1. Agentursystem für bürointerne Steuerung, 2. Kundensystem mit kundenspezifischen Daten wie z.B. Direktinkasso, 3. Zentrales System „Beraten und verkaufen". Anwendung für TUI-Agenturen über Start, außerdem Merlin-Schnittstelle.

IRS: Informations- und Reservierungssystem. Im Markt touristischer Informations- und Reservierungssysteme (IRS) existierten in Deutschland bislang zwei primäre Problembereiche. Es gibt eine Vielzahl von unterschiedlichen Software-Lösungen mit unterschiedlichsten Funktionalitätsausprägungen, die alle für sich in Anspruch nehmen, ein IRS zu sein. Begrifflichkeiten wie Reservierung, Buchung, Option etc. werden von allen Beteiligten des Marktes benutzt, es bestehen aber keine allgemein gültigen begrifflichen und inhaltlichen Definitionen. Vor diesem Hintergrund ist von der Deutschland Informations- und Reservierungsgesellschaft (Dirg) ein Verfahrensstandard geschaffen worden, um den Leistungsumfang eines IRS besser zu beurteilen können. Der Standard ist Bestandteil der zweiten Auflage der TIN (publiziert ab 2000) und bildet durch seine eindeutigen Definitionen die Grundvoraussetzung dafür, dass unterschiedliche IRS sinnvoll und wirtschaftlich über Schnittstellen miteinander kommunizieren können. So wurde z.B. die Schnittstelle International Standard Interface (ISI) entwickelt. Der Verfahrensstandard besitzt in erster Linie zwei Inhalte: Er definiert zum einen, welche Funktionalitäten ein IRS aufweisen muss, um im Sinne des Verfahrensstandards als IRS zu gelten. Zum anderen definiert er diese Funktionalitäten eindeutig. → Feratel, → ISI, → Qivive, → Tiscover, → Tourisline

IRU: International Road Transport Union, Weltverband der Straßenverkehrsunternehmen sowie privatwirtschaftlicher Bahnen, Sitz: Genf; deutsches Mitglied ist der BDO. IRU befasst sich in verschiedenen Sektionen mit Fragen der Beförderung von Personen und Gütern. Im Rahmen eines sog. Comitée de Liaison wurden die EU-spezifischen Probleme vertiefend behandelt. → BDO, → EU/EG/EWG, → Harmonisierung, → Liberalisierung

IRV: 1. Interregionalverkehr, gehört neben Ergänzungsluftverkehr und Luftverkehr der dritten Ebene zum Regionalluftverkehr. 2. Internationaler Reiseleiter Berufsverband, Sitz: Zürich. → Regionalluftverkehr

Isar 2000: Buchungs- und Abrechnungssystem der Firma Isar Dienstreisen aus Mannheim. Kunden können hierbei Reisen über das Internet bestellen und Dienstreisen online abrechnen.

ISDN: Abk. für Integrated Services Digital Network. 1980 beschloss die damalige Deutsche Bundespost, ihr Datennetz von analogen auf digitalen Datenaustausch umzustellen. Seit 1989 werden ISDN-Leitungen angeboten. Jeder ISDN-Anschluss stellt gleich zwei Leitungen und drei Rufnummern zur Verfügung. Diese können beliebig den verschiedenen Endgeräten (PC, Telefax oder Telefon) zugeordnet werden. Zudem können die Daten viel schneller und zuverlässiger übertragen werden. Weiterhin bietet ISDN eine Reihe zusätzlicher Dienste an wie z.B. Anrufweiterleitung, Anklopfen (wenn die Anschlüsse besetzt sind, kann sich der Anrufer bemerkbar machen), Makeln (ein gerade geführtes Gespräch kann unterbrochen werden, um einen zweiten Anruf anzunehmen), Rückruf bei Besetzt (wenn der Zielapparat besetzt ist, kann veranlasst werden, dass dieselbe Rufnummer automatisch noch mal angewählt wird), Konferenzen mit mehreren Gesprächsteilnehmern und Nummernanzeige des ankommenden Gesprächs. Seit 1993 wird ISDN flächendeckend angeboten. → ADSL

ISI: International Standard Interface, Standardschnittstelle, die touristische Software verschiedener Hersteller miteinander verbindet, um Tourismusstellen elektronisch zu vernetzen bzw. Deutschland flächendeckend buchbar zu machen. Insbesondere Reiseveranstalter, Reisebüros und Online-Anbieter sollen mit Hilfe von ISI auf Orts- und Regionaldaten zugreifen. Die im Jahr 2000 aufgelöste Deutschland Informations- und Reservierungsgesellschaft (Dirg) hat ISI initiiert. Die Standardschnittstelle wurde 1999 für die Integration in moderne Windows-Systeme freigegeben und inzwischen von mehreren Firmen modifiziert und weiterentwickelt. → IRS

ISL: Institut für Seeverkehrswirtschaft und Logistik, Sitz: Bremen; führt nationales Schiffsregister. → Zweitregister

Islamische Kunst: Kunst der Völker, die sich zum Islam bekennen. Die I. kennt keine Kultbilder und verbietet figürliche Kunst an Kultstätten. Hauptleistungen liegen in Architektur (Alhambra in Granada), Kunsthandwerk wie Fayencen, Metallverarbeitung und Teppichknüpferei sowie Buchmalerei mit reicher pflanzlicher oder geometrischer Ornamentik, oft unter Einbeziehung der Schriftkunst. Wichtigste Aufgaben der Baukunst sind Moscheen, Mausoleen, Paläste und andere Profanbauten. Hauptmerkmale sind Spitzbogen und Hufeisenbogen; reicher ornamentaler Wandschmuck.

Island Hopping: Dt. Inselspringen, Reiseform, bei der man mehrere Inseln nacheinander per Linienflug bereist, typische Art des Reisens z.B. auf Hawaii oder in Indonesien.

ISM: 1. International Safety Management Code, Qualitätsmanagement-Code. Zertifizierung im Rahmen des internationalen Solas-Abkommens; ab Juni 1998 für alle Kreuzfahrtreedereien verbindlich. 2. International School of Management. → Solas-Bestimmungen, → Tourism an der International School of Management (ISM)

ISO: International Organization for Standardization, Unterabteilung der Vereinten Nationen mit der Aufgabe, Standardisierung von technischen Normen zu entwickeln; die zugehörige Luftfahrtabteilung Section Aéronautique hat ihren Sitz in Genf. Bezeichnung der Ländercodes durch ISO sowie ISO-Codes für Bundesstaaten/Provinzen in Übersee.

Isometrische Kontraktion: Muskelanspannung ohne Bewegung. Isometrische Übungen helfen, auf längeren Flügen mangelnde Bewegung auszugleichen. Z.B. Muskeln mit äußerster Kraft anspannen, ziehen, treten oder drücken bei ruhigem Durchatmen.

ISR: Internationales Seeschifffahrtsregister in der Bundesrepublik Deutschland, kurz: Zweitregister; seit Anfang 1989. → Zweitregister

IST: Institut für Sport, Freizeit und Touristik, Düsseldorf, bildet zum Touristikmanager und Freizeitmanager aus. Abschluss: (IST)-Diplom.

ISTG: Internationale Schlafwagen- und Tourismusgesellschaft (ehem. Internationale Schlaf- und Speisewagenges.) Sitz: Brüssel, Hauptdirektion: Paris. Ältestes und größtes Unternehmen dieser Art in Europa (erster internationaler Luxuszug war der berühmte Orient-Express). → Orient-Express

Isthmus: Landenge, z.B. der I. von Korinth, Predigtort des Apostel Paulus, beliebtes Touristikziel. Der Korinth-Kanal durchschneidet den I. → Korinth-Kanal

ISY: Informatiksynergie, hauseigenes computergestütztes Informationssystem der Schweizer Touristikunternehmen Hotelplan und Interhome zur Nutzung von Reservierungen und für das gesamte interne Rechnungswesen.

IT: 1. Inclusive Tour, spezielle Linienflugtarife für Veranstalterreisepakete.
2. Intelligent Ticketing, Gesamtprozess von der Flugbuchung bis zur Abrechnung und Datenauswertung ohne Papierausdruck.
3. Information Technology. → Etix, → IT-Reisen

ITA: 1. International Tourism Asia. Fachmesse seit 1999 in Hongkong; gemeinsam organisiert von ITB Berlin und Miller Freeman, Veranstalter von Fachmessen und Verlagsorganisationen der Reisebranche.
2. US-Software-Anbieter der Preisvergleichssystem für Flugreisen entwickelt; bei Orbitz im Einsatz. → Orbitz

Itaa: Irish Travel Agents Association; Irlands Reisebüroverband mit Sitz in Dublin. Mitglied beim Ectaa.

ITB: Internationale Tourismusbörse in Berlin, Veranstalter: Messe Berlin. Weltweit größte Touristikmesse im März jeden Jahres mit umfangreichem Rahmenprogramm für Fachbesucher, das traditionell zwischen Touristik-Experten-Foren (TEF) und den Special Meetings unterscheidet. Ab 1999 gibt es auf der ITB montags und dienstags den Fachbesuchertag. → AMK, → ICC

ITB-Wissenschaftszentrum: Umfangreiches Veranstaltungsprogramm durch themenbezogene Vorträge und Informationsaustausch zwischen Wirtschaft und Wissenschaft. Universitäten, Fachhochschulen, wissenschaftliche Institute und studentische Arbeitsgemeinschaften suchen bei der ITB in Berlin den Kontakt zur Tourismuswirtschaft. → Marshall-Haus

ITE: Institut zur Förderung des Tourismus in Europa, hat sich die Forschung, Bildung und Beratung zur Förderung und Integration des Tourismus in Europa zur Aufgabe gemacht, Sitz: Dresden.

Itinera: Tourismusfachmesse zum Thema Religion /Pilgerreisen, erste Veranstaltung 1990 in Ravenna, Italien, mit Symposien und Seminaren sowie Ausstellungen, Konzerten und Diskussionsrunden. → Religionsbedingter Tourismus

Itinerary: Fahrtroute, Reiseroute, Reiseplan, Reiseführer, Reiseprogramm.

Itinerary Pricing: Im Amadeus-System die Möglichkeit der automatischen Berechnung einer gesamten Reiseroute.

Itix: International Travel Industry Expo, Tourismusmesse findet alljährlich in Chicago(USA) statt; veranstaltet von der Interface-Gruppe. Seit 1989 nur für Fachbesucher.

It & Me: Motivation, Incentive Travel & Meetings Executive Show, seit 1973. Produktpräsentation nord-amerikanischer Incentive-Anbieter, findet in Chicago alljährlich Ende September statt und ist die größte Incentive-Messe weltweit.

ITMJ: Interessengemeinschaft Touristik- und Motor-Journalisten, Sitz: Köln, bundesdeutsche Mitgliedsorganisation der Fijet. → Fijet

Itos-Reisemittler: ISO Touristische Organisationssysteme; Backoffice-Programm der ISO Software Systeme. Zahlreiche Stammdatenfunktionen ermöglichen die Verwaltung von Kunden, Leistungsträgern, Provisionen, eigenen Agenturen und Expedienten.

Itos Veranstalter V10: ISO Touristische Organisationssysteme, Veranstaltersoftware der ISO Software Systeme GmbH. Bietet die Möglichkeit der Verwaltung von Angebotspaletten für kleinere und mittlere Veranstalter. Anbindung an eine Datenbank ist möglich.

IT-Reisen: Inclusive Tours, Einzel- oder Gruppenpauschalreisen (GIT), insbes. bei Flugpauschalreisen auf Sondertarifen der Linienfluggesellschaften basierend. Abweichend von der Regelform der Vollpauschalreise haftet hier im Verhältnis zum Kunden neben dem Reiseveranstalter (größter Anbieter Airtours, Frankfurt/M.) für den Linienflug die Fluggesellschaft bzw. andere Linientransportunternehmen. Regelmäßig können die I. individuell aus Linientransport und Unterkunft zusammengestellt werden, wobei für den Begriff der IT ein drittes Leistungselement, z.B. Transfer, Animation, Beiprogramm hinzutreten muss. → GIT, → Vollpauschalreisen

ITS: International Tourist Services Länderreisedienst, Reiseveranstalter mit Sitz in Köln, gegründet 1970 mit dem Ziel, Reisen für den Kundenkreis der Warenhäuser anzubieten. ITS ist einer der größten bundesdeutschen Reiseveranstalter. ITS gehörte zum Kaufhof-Konzern. Im März 1995 von Rewe Finanz, Köln, rückwirkend zum 1.11.1994 übernommen → Ausschließlichkeitsbindung, → Rewe-Handelsgruppe, → Vertriebsliberalisierung

Itsa: Interactive Travel Service Agency, internationaler Verband der Online-Reisebüros. → Online-Agenturen

ITSS: Iata Travel Settlement System, geplantes Clearing House der Iata zur Abrechnung von Hotel- und Mietwagenzahlungen.

IUADM: International Union of Doctor Motorists, internat. Verband motorisierter Ärzte, Sitz: Frankfurt/M.

IUCN: International Union for Conservation of Nature, Weltnaturschutzunion, Sitz: Fontainebleau (Frankreich). Ehem. IUPN (International Union for the Protection of Nature), wurde von der Unesco und der franz. Regierung zur Erhaltung der Natur und zu ihrer wissenschaftlichen Beobachtung gegründet. Durchführung von Projekten des WWF sowie Kooperation mit EU und anderen internationalen Umweltorganisationen. → WWF

IUOTO: International Union of Official Travel Organizations, Den Haag, 1925 konstituiert. Erster internationaler Tourismusverband (keine amtliche Organisation), dessen Mitglieder die nationalen Tourismusorganisationen waren. Nachfolgeeinrichtung ist WTO. → WTO

IWF: Internationaler Währungsfonds. Zusammen mit der Weltbank (IBRD) wurde der IWF 1945 unter dem Dach der Vereinten Nationen im US-amerikanischen Bretton Woods gegründet. Er sollte helfen, die Folgen des Zweiten Weltkrieges zu beheben. Sitz: Washington. Die Hauptaufgaben des IWF sind die Erleichterung der Zusammenarbeit ihrer Mitglieder in der Währungspolitik, die Förderung möglichst stabiler Wechselkurse, Förderung von Wachstum ohne Inflation und der freie Welthandel. → G7-Gruppe, → Weltbank

IYHF: International Youth Hostel Federation, internationale Jugendherbergsvereinigung. → Jugendherbergen, → YMCA/YWCA, → YMHA/YWHA

IZ3W: Informationszentrum 3. Welt, Freiburg, ein 1988 gegründeter Verein, der sich zum Ziel gesetzt hat, in der Öffentlichkeit Interesse für die Probleme der Dritten Welt zu wecken. Schwerpunkt seiner Arbeit liegt in der entwicklungspolitischen Bildungs- und Bewusstseinsarbeit im eigenen Land, IZ3W war Mitglied im Arbeitskreis Tourismus mit Einsicht. → Tourismus mit Einsicht (TME)

J

J: Neben C und D die Tarifbezeichnung im Flugticket für Business Class.

JAA: Joint Aviation Authorities, mit Sitz in Hoofdorp, Niederlande. Vereinigung europäischer Luftfahrtbehörden, gehört zur europäischen Zivilluftfahrtkonferenz Ecac. Greift unter anderem die politischen Empfehlungen der Luftverkehrssicherheit auf und leitet ihre praktische Umsetzung in die Wege. Deutsches Gründungsmitglied ist das Luftfahrt-Bundesamt LBA. Zur JAA gehören derzeit 20 Mitglieder und zwölf Kandidaten. → Ecac, → LBA, → Safa

Jack: Backoffice-Software für Reisebüros unter Windows der Firma Bewotec mit den Möglichkeiten der Abrechnung, Buchhaltung, Statistik und Direktmailings.

Jahr des Tourismus: Tourismusförderung für Deutschland als Reiseland auf Initiative des Bundesministers für Wirtschaft und Technologie; Motto des Jahres 2001: „Nix wie hin", unterstützt durch die Spitzenverbände der deutschen Tourismuswirtschaft mit Veranstaltungen und Aktionen.

Jahresarbeitszeit: J.-modelle definieren eine feste zu leistende Stundenanzahl pro Jahr. Die Arbeitszeit ist aber nicht gleichmäßig verteilt. In Phasen von hohem Arbeitsanfall arbeiten die Beschäftigten über die durchschnittliche wöchentliche oder monatliche Arbeitszeit hinaus. In Phasen von geringerem Arbeitsanfall „bummeln" die Beschäftigten Überstunden ab. Am Jahresende steht ein ausgeglichenes Zeitkonto. Vorteile für die Arbeitgeber sind der Wegfall von Überstundenzuschlägen und die relativ freie Verfügbarkeit über die Beschäftigten.

Jahresfreizeit: Gesamtheit der arbeitsfreien Zeit Berufstätiger im Laufe eines Jahres. Unter J. wird im Unterschied zur kürzeren Tagesfreizeit oder Wochenendfreizeit ein längerer, in der Regel mehrwöchiger Block freier Tage ein- oder auch mehrmals jährlich verstanden; auch bekannt als Jahresurlaub. → Ferien, → Urlaubsanspruch

Jakobsweg: Der Camino de Santiago ist Programmbestandteil bei Studienreisen durch Nordspanien; wurde 1984 vom Europarat in Straßburg mit dem Prädikat „Europäische Kulturstraße" ausgezeichnet. Traditioneller Pilgerweg, mit ca. 800 km auf span. Gebiet reicht er vom Pyrenäenpass bei Roncesvalles über Pamplona, die Provinzen Navarra und Kastilien, Burgos und Léon bis nach Santiago de Compostela in der Provinz Galizien. Mit Bus oder PKW kann die Strecke heute in einer Woche bereist werden. Das kulturhistorische Interesse steht dabei im Vordergrund. → Studienreisen

JAL Mileage Bank: Bonusprogramm der Japan Airlines. → Bonusprogramm, → Frequent Flyers/Travellers

James: Ehemaliges bayer. Reservierungssystem, vom Hotel- und Gaststättenverband entwickelt.

Japex: Jamaica Product Exchange, Tourismusmesse auf Jamaika seit 1989, zum Produkteinkauf; vorwiegend für europäische Reiseveranstalter.

Jatars: Reservierungssystem der JAT; Partner von Amadeus.

Java: Von der US-Firma Sun Microsystems entwickelte Computer-Programmiersprache, die Betriebssystem unabhängig arbeitet. Vom Server aus lassen sich die Java-Netzcomputer (Clients) beliebig einsetzen, z.B. als Datenerfassungsterminals, Kiosksysteme und Kassensysteme. → Kiosking

Jedermannsrecht: In Norwegen, Schweden und Finnland gilt für Einzelpersonen (nicht für Gruppen und Fahrzeuge) das sog. J., das den Aufenthalt und die Fortbewegung in der freien Natur regelt und dabei ein hohes Verantwortungsbewusstsein des Menschen gegenüber der Umwelt voraussetzt.

Jet Lag: Wirkung der Zeitverschiebung auf das körperliche Befinden bei Langstreckenflügen. Um seine negativen Auswirkungen zu reduzieren, empfiehlt es sich, die Zeiten von Aktivität und Ruhe schon einige Tage vor der Reise der Zeitzone des Reiseziels anzupassen. → Langstreckenverkehr, → Zeitzone

Jetstream: Starkwindbänder in der Tropopause (Grenzfläche über der Troposphäre in 11.000 m Höhe), meistens über dem Nordatlantik. Können zu erheblicher Beschleunigung der Fluggeschwindigkeit und damit Verkürzung der Reisezeit führen.

Jetway: Begriff der Firma Abex Corporation (USA) für eine schwenkbare und überdachte Fluggastbrücke auf Flughäfen.

JNTO: Japan National Tourist Office, Japanische Fremdenverkehrszentrale; Tourismusförderung.

Job Rotation: Arbeitsplatzwechsel, Arbeitsgestaltungsform, 1. Modell, bei dem weiterbildende Arbeitnehmer befristet durch Arbeitslose ersetzt werden. 2. Rotation eines Mitarbeiters innerhalb eines Unternehmens in einem bestimmten Zeitraum zwischen unterschiedlichen Arbeitsplätzen. Ziel ist die bessere Identifikation und Integration der Mitarbeiter mit ihrem Unternehmen durch die Kenntnis des kompletten Ablaufprozesses.

Job Sharing: Form der Teilzeitbeschäftigung, der Begriff stammt aus den USA und bedeutet dort, dass sich zwei oder mehrere Personen einen Arbeitsplatz zeitlich teilen und dabei gemeinsam die Verantwortung für die Erfüllung der jeweiligen Arbeitsaufgabe während der gesamten Arbeitszeit übernehmen. Job Sharer haben einen Arbeitsvertrag und garantieren die Besetzung dieses Arbeitsplatzes. Die Personen, die sich vorher zusammengefunden haben, stellen sich dem Auftraggeber gegenüber als Team dar und sind auch nur als Team zur Leistung der vereinbarten Arbeit verpflichtet. Bei Verhinderung eines Teammitgliedes sind die übrigen Teammitglieder verpflichtet, die geschuldete Arbeitsleistung zu erbringen (gegenseitige Vertretungspflicht bei Urlaub und im Krankheitsfall). → Teilzeitbeschäftigung

Job Ticket: Arbeitnehmern von Arbeitgebern unentgeltlich oder verbilligt überlassene Fahrkarten für Fahrten zwischen Wohnung und Arbeitsstätte als zusätzliche Leistung zum Arbeitslohn; eventuell steuerfrei. → ÖPNV

Joint Council: Auf Grund der Iata-Resolution 814 vorgesehener Agenturausschuss, der sich in der Bundesrepublik Deutschland zu zwei Dritteln aus Vertretern von BSP-Fluggesellschaften und zu einem Drittel aus Iata-Agenturen zusammensetzt.

Joint Joint Venture: Gemeinschaftsunternehmen mit mehr als zwei Partnern.

Joint Venture: Gemeinschaftsunternehmen; wie in den übrigen Wirtschaftszweigen, so auch in der Touristik die insbes. im ehemaligen Ostblock gebräuch-

job & karriere NOTIZEN

Internationaler Studiengang Tourismusmanagement an der Hochschule Bremen: achtsemestriger wirtschaftlicher Studiengang mit Schwerpunkt Tourismus inklusive eines einjährigen Auslandsaufenthalts mit Betriebspraktikum. Im Grundstudium werden betriebs- und sozialwissenschaftliche Grundlagen vermittelt. Die Spezialisierung auf Tourismus erfolgt dann im Hauptstudium. Für die erfolgreiche Absolvierung der Auslandssemester müssen in mindestens einer europäischen Fremdsprache gute Kenntnisse vorhanden sein. Abschluss: Diplom-Kaufmann (FH).

Internationaler Studiengang Angewandte Freizeitwissenschaft an der Hochschule Bremen: achtsemestriges Studium mit Auslandssemester und zwei dreimonatigen Praktika. Das Grundstudium vermittelt verhaltens- und wirtschaftswissenschaftliche, rechtliche und methodische Inhalte. Im Hauptstudium wählt der Student zwei der drei Schwerpunkte Reiseleitung/Gästebetreuung, Animation und Freizeitberatung sowie Infrastrukturplanung und Freizeitpolitik. Abschluss: Diplom-Freizeitkonsulent (FH). Nähere Informationen unter www.hs-bremen.de. Beide Studiengänge sind im ITB-Wissenschaftszentrum vertreten.

Bachelor-Studiengang Luftverkehrsmanagement an der Internationalen Fachhochschule Bad Honnef: Das dreijährige Studium schließt zwei Praxissemester ein. Studieninhalte sind Seminare und Vorlesungen zu Flughafenmanagement, Marketing Flughafengesellschaften, Luftverkehrspolitik, Slot Management, elektronische Märkte und internationales Recht. Abschluss: BA-Diplom. Aufnahmebedingungen: Fachhochschulreife/Abitur, Vorpraktikum, Aufnahmeprüfung sowie Englischtest. Tätigkeitsfeld der Studienabgänger sind Airlines und Flughäfen. Infos unter www.fh-bad-honnef.de.

Tourismusbetriebswirt an der Kölner Privathochschule Cologne Business School: Es stehen nur 25 Studienplätze zur Verfügung, daher ist eine frühzeitige Bewerbung wichtig um den Chancen zu erhöhen. Ausgewählte Bewerber müssen ein zweistufiges Auswahlverfahren absolvieren, das unter anderem einen Assessment Day vorsieht mit schriftlichen und mündlichen Prüfungen. Das dreijährige Vollzeitstudium, das auch zwei Auslandspraktika erfordert, schließt mit dem staatlichen englischen Diplom BA in Business ana Tourism. Infos unter www.cbs-uni.de.

liche Form der Gründung und Betreibung von Unternehmen (z.B. Hotels) zusammen mit einem ausländischen Partner, der z.B. Kapital und Know-how einbringt. An J.-Gesellschaften sind beide Partner in beliebiger Höhe beteiligt.

Ju 52: Historisches dreimotoriges Flugzeug; erbaut 1931 durch Hugo Junkers; war die Ju 52 das für Jahre in der Welt am weitesten verbreitete deutsche Verkehrsflugzeug. Noch heute werden nostalgische Flugreisen mit der Ju 52 für maximal 17 Personen, z.B. als Incentive, angeboten. → Incentive, → Tante Ju

Jugendherbergen: Übernachtungsmöglichkeiten für Jugendliche, Gruppen, Familien mit Kindern oder auch Erwachsene auf Wanderungen und Reisen; Begegnungsstätten für Menschen aus dem In- und Ausland. Sie können als Jugendbildungsstätten, Schullandheime, Erholungseinrichtung, Freizeithaus oder Kulturzentrum dienen. Die Jugendgästehäuser bieten hotelähnlichen Komfort. Speisen und Getränke werden nur an Hausgäste abgegeben. Das Deutsche Jugendherbergswerk, Träger der J., bietet über das Raumangebot hinaus Programme an für Hobby-, Abenteuer-, Familien- , Wander-, Radfahrer- und Reiseurlaub in deutschen und ausl. Jugendherbergen. In der International Youth Hostel Federation sind mehr als 50 nationale Verbände zusammengeschlossen. Weltweit gibt es etwa 5000 J. → YMCA/YWCA, → YMHA/YWHA

Jugendreisen: Auf die Zielgruppe Jugendlicher abgestimmtes bes. Reiseangebot kommerzieller Reiseveranstalter. Daneben gibt es ein umfangreiches Angebot von J. durch die Jugendverbände, das Jugendherbergswerk und gemeinnützige Jugendreiseorganisationen. Letztere haben sich auf bes. Zielgruppen (sozial Benachteiligte, Reiseunsichere u.a.) und bes. Angebotsformen und Inhalte (Sportprogramme, Gemeinschaftserleben u.a.) spezialisiert. Wichtige überregionale Veranstalter sind die Bundesarbeitsgemeinschaft Ev. Jugendferiendienste und die Bundesarbeitsgemeinschaft Kath. Jugendferienwerke, der Jugendreiseservice des Dt. Jugendherbergswerks sowie der Jugendfahrtendienst. → Eurokontakt

Jugendstil: Kunstrichtung ab ca. 1895, die neue Ausdrucksformen schuf; Betonung des pflanzlichen und abstrakten Ornaments in Kunstgewerbe und Architektur, z.B. Mathildenhöhe, Darmstadt.

Jugendtourist (JT): Jugendreisebüro der ehem. DDR, vermittelte jährlich über zwei Millionen Reisen an Jugendliche im Inland und eine halbe Million im Ausland. J. verfügte über zwei eigene Jugenderholungszentren, 19 J.-Hotels und etwa 250 Jugendherbergen. Ab Juli 1990 firmierte J. als Jugendtourist Reisedienst & Touristikservice. 134 Zweigstellen und Verkaufsfilialen in allen Ländern Ostdeutschlands. 1991 von ITS übernommen, fungierte J. als deren Reisebürokette. → ITS, → Reisewelt

Jumbo-Fähren: Fährschiffe, seit 1945 mit einer Kapazität von mehr als 500 Autos und 2000 Kojen (Betten). Kabinen mit DU/WC, Unterhaltung, Konferenzzimmer; Kreuzfahrtschiffcharakter.

Jumbo-Jet: Bezeichnung für Großraumflugzeug (i.d.R. B-747) mit einer Nutzlastkapazität von mehr als 100 t sowohl für Passage, Fracht als auch in kombinierter Form.

Jump-in: Transaktionscode für die Anmeldung im Amadeus-System, dem das Sign und der Duty Code (Berechtigungsklasse) folgen, z.B. „JI2704HI/GS". → Jump-out

Jump-out: Transaktionscode für das Abmelden im Amadeus-System. → Jump-in

Jungfernfahrt: Nennt man die erste Fahrt, die ein Schiff nach der Probefahrt unternimmt; Jungfernflug (Inauguration Flight) bezeichnet 1. den Erstflug auf einer bisher nicht bedienten Strecke, 2. den Erstflug eines neuen Flugzeugtyps, 3. den Erstflug eines neu vom Hersteller ausgelieferten.

Das ganze WISSEN:

Bitte freimachen

TourCon-Bestellservice
PressUp GmbH
Postfach 70 06 29
22006 Hamburg

fvw INTERNATIONAL
TourCon-Bücher mit der Kompetenz der FVW

K

Kabine: Zimmer, Wohnraum für den Fahrgast an Bord eines Schiffes. Man unterscheidet i.d.R.:

- Suiten,
- Zweibett- und Doppelbett-Kabinen (mit zwei unteren Betten),
- Doppelkabinen (zwei Betten übereinander),
- Außenkabinen (mit Fenster oder Bullaugen),
- Innenkabinen (mit künstl. Licht und Belüftung über Klimaanlage),
- Mehrbettkabinen außen,
- Mehrbettkabinen innen mit Mindestausstattung, diese dienen häufig zur günstigen Eckpreis-Gestaltung.

→ Eckpreis, → Suite

Kabotage: 1. Nach Brockhaus: Küstenschifffahrt, nach den Küstenschifffahrtsgesetzen vieler Länder der nationalen Flagge vorbehalten.

2. Beförderung im Binnenverkehr zwischen zwei oder mehreren Orten. Grundsätzlich den einheimischen Gesellschaften eines staatlichen Hoheitsgebietes vorbehalten.

3. Nach dem Vorbild des Seerechts auch im Luftrecht gültig – im Abkommen von Chicago (Transportvereinbarung) international geregelt – im Luftverkehrsgesetz § 23 nationaler Kabotagevorbehalt festgelegt.

4. Im Bereich der Busreisen ist Kabotage im Raum der EU bereits heute in eingeschränktem Maße möglich. Kabotageverkehre in Form von Rundfahrten mit geschlossenen Türen sind innerhalb der EU genehmigungsfrei. Die innerstaatliche Personenbeförderung durch Unternehmen, die keinen Unternehmenssitz oder eine Niederlassung in dem betreffenden Land haben, ist Ende Dezember 1997 durch die EU in einer neuen Verordnung (Nr. 12/98) geregelt. Ebenso sind derzeit Kabotagebeförderungen in Form von Sonderformen des Linienverkehrs (Schülerverkehr, Beförderung von Arbeitnehmern) zulässig. Diese Beförderungen können nur von Unternehmen durchgeführt werden, die im grenznahen Raum ansässig sind, und wenn die Gesamtstrecke der Beförderung nicht mehr als 50 km in beide Richtungen beträgt. → EU/EG/EWG, → Freiheiten der Luft, → Harmonisierung, → Liberalisierung

Käufermarkt: Begriff aus der Volkswirtschaftslehre. Bei den Angebots-Nachfrage-Relationen spricht man von einem Käufermarkt, wenn das Angebot größer ist als die Nachfrage. → Verkäufermarkt

Kaffeefahrten: → Werbefahrten

Kaffeeflüge: Neben Kaffeefahrten (Werbefahrten) mit dem Bus werden auch Verkaufsflüge in die USA veranstaltet. → Werbefahrten

Kahnhotel: Umgebauter Lastkahn mit wenigen Kabinen, Aufenthaltsraum, kleiner Kombüse. Den Gästen stehen Fahrräder zur Verfügung. Mit K. werden die beliebten Wasserstraßen der Niederlande, Frankreichs und Deutschlands befahren. Z.B. Fahrt auf dem Canal du Midi von Carcassonne nach Béziers. → Kreuzfahrten

Kaiserkanal: Der „große Kanal", im sechsten Jahrhundert angelegt, verbindet vier chinesische Flüsse und reicht bis kurz vor Peking; viel befahrene Wasserstraße. Neben den Jangtse-Kreuzfahrten und der Seidenstraße eines der bekanntesten Touristikziele Chinas; Programmpunkt einiger Reiseveranstalter.

Kajüte: Der Wohn-, Schlaf- und Kochraum der Besatzung auf gedeckten Schiffen/Yachten.

Kanal: 1. Künstliche schiffbare Wasserstraße. „Der Kanal" steht im allgemeinen Sprachgebrauch für den Ärmelkanal zwischen dem europ. Festland und Großbritannien, aber auch für den Nord-Ostsee-Kanal in Norddeutschland.

2. Datenkanal (Weg im Internet) und Radio/TV-Kanal (Frequenz).

Kanalinseln: 195 Quadratkilometer große Inselgruppe im Kanal vor der franz. Küste, besteht aus Jersey und Guernsey (Großbritannien) einschließlich der Inseln Alderney, Sark u.a. sowie aus den zu Frankreich gehörenden Roches Douvres und Îles Chausey.

Kanaltunnel (Eurotunnel): Verkehrsverbindung zwischen England und dem europäischen Festland mit zwei je 50 km langen Tunnelröhren, wobei 37 km unter Wasser liegen. Dieser Tunnel unter dem Ärmelkanal zwischen Folkestone (Dover) und Sangatte (Calais) dient als Eisenbahntunnel mit je 7,3 m Durchmesser für Huckepack- und Hochgeschwindigkeitszüge (die Fahrzeit zwischen London und Paris wird auf drei Stunden reduziert). Eine dritte Tunnelröhre dazwischen mit einem Durchmesser von 4,5 m dient als Lüftungs- und Wartungstunnel. → Eurotunnel

Kap: Ins Meer vorspringender Teil einer Küste, Landspitze, z.B. Kap Hoorn, Kap der Guten Hoffnung, Nordkap.

Kapazität: Aufnahmefähigkeit, Fassungsvermögen; Nutzungspotenzial; maximales Produktionsvermögen in qualitativer oder quantitativer Hinsicht in einer festgelegten Zeiteinheit.

Kapazitätserhebung im Beherbergungsgewerbe: Alle sechs Jahre durchgeführte Erhebung der Statistischen Ämter des Bundes und der Länder zur quantitativen und qualitativen Erfassung des Beherbergungsangebotes bei Betrieben mit neun oder mehr Betten.

Kapital: Nennt man in einer Volkswirtschaft die finanziellen Mittel (Geldkapital) und alle Sachmittel (Sachkapital), die einer Volkswirtschaft oder einem Unternehmen zur Leistungserstellung zur Verfügung stehen.

Kapitalbilanz: Ist die Gegenüberstellung der Kapitalbewegungen zwischen der Bundesrepublik Deutschland und dem Ausland, sofern sie nicht von der Bundesbank vorgenommen werden und nicht direkt Gegenleistungen für Güter und Dienstleistungen sind. → Zahlungsbilanz

Kapitalgesellschaft: Ist eine juristische Personen mit eigener Rechtspersönlichkeit. Die K. ist selbst Rechtssubjekt. Im Vordergrund der K. steht die Kapitalbeteiligung und nicht wie bei der Personengesellschaft die persönliche Mitarbeit einzelner Gesellschafter. Die Kapitaleinlage ist übertragbar. Für Schulden des Unternehmens haftet nur das Gesellschaftsvermögen. → AG, → Einzelunternehmen, → Genossenschaften, → GmbH, → Personengesellschaft, → Unternehmensform

Kapitalmarkt: Ist der Markt für langfristige Geldforderungen, die in Wertpapieren festgelegt sind. → Wertpapiere

Karawanserei: Unterkunft und Stapelplatz für Karawanen aus der Mehderzeit. K.n lagen eine Tagesreise voneinander entfernt, d.h. der Tagesleistung eines Kamels entsprechend, ca. 30 bis 40 km. Die Benutzung war kostenlos, Karawanen konnten sich bis zu drei Nächte dort aufhalten.

Karibisches Meer: Seegebiet zwischen den Kleinen Antillen, Haiti, Jamaika, Nicaragua, Costa Rica, Panama, Kolumbien und Venezuela mit Wassertiefen über 5000 m, bevorzugtes und einziges ganzjähriges Einsatzgebiet für Kreuzfahrtschiffe. → Kreuzfahrten

Kart: Start-Verfahren zum Verkauf von Eintrittskarten für Theater, Messen, Sportveranstaltungen u.Ä., Produktname: Start Ticket. → Qivive

Kartellbehörden: Ein Kartell ist der Zusammenschluss von rechtlich selbstständigen Unternehmen mit dem Hintergrund, den Wettbewerb auf bestimmten Märkten zu reduzieren oder auszuschalten. Die Bildung von Kartellen muss von den K. der EU, des Bundes oder der Länder auf Grundlage des Gesetzes gegen Wettbewerbsbeschränkungen (GWB, Kartellgesetz) genehmigt werden. Auf Ebene der EU ist die Europäische Kommission für Wettbewerbsfragen für die Überprüfung und Billigung von Kartellen zuständig, die sich über das Gebiet mehrerer Mitgliedstaaten erstrecken. Für Deutschland sind das Bundeskartellamt und der Bundeswirtschaftsminister und für Kartelle auf Landesebene sind die Landeskartellämter zuständig.

Kartensysteme: → Co-Branding, → Kreditkarten, → Kundenkarten in der Reisebranche

Karuso: Front,- Mid- und Backoffice-System des Karstadt-Konzerns. Seit Anfang 1998 Anbindung an Worldspan, Freischaltung auch für Amadeus. Karuso 2001 ist als Leistungsvergleichsystem angegliedert. → Karuso 2001, → Worldspan

Karuso 2001: EDV-Leistungsvergleichssystem von Karstadt unter Berücksichtigung von Zielgebiet, Termin und Dauer, Zimmerbelegung und Verpflegung, Hotelkategorie und Abflughafen, basiert auf den Daten von Bistro. Für 2001 war das Institut für Freizeitanalysen IFF (Bistro) Rohdatenlieferant. → Bistro

Katakomben: Unterirdische Grabanlagen, wurden seit der Antike über die frühchristliche bis zur frühmittelalterlichen Zeit angelegt. Sie bestehen aus einem Vorraum, von dem ein System von Gängen ausgeht, in deren Wänden die Beisetzung in übereinander eingehauenen Grabnischen erfolgte. Rom weist die vielfältigsten und bedeutendsten K. auf, sie wurden jedoch auch auf Sizilien, in Unteritalien, auf dem Balkan und im Orient angelegt.

Katamaran: Doppelrumpfschiff; neue Entwicklung bei den extrem großen Passagierschiffen. K.e sind als Fähr- und Flussschiffe bereits im Einsatz, z.B. „Mozart" der Deilmann-Reederei.

Kaufkraft: 1. Geldsumme, die dem Einzelnen (Verbraucher, Wirtschaftssubjekt) je Zeiteinheit zur Verfügung steht. Sie ergibt sich aus dem Einkommen zuzüglich aufgenommenem Kredit abzüglich zu tilgender Schulden. 2. K. des Geldes entspricht derjenigen Gütermenge, die mit einer Geldeinheit gekauft werden kann. Wird die Gütermenge durch Preissteigerung dabei kleiner, spricht man von sinkender Kaufkraft und umgekehrt.

Kaufmann/-frau für Bürokommunikation: Kaufmännische Grundausbildung unter anderem in der Reisebranche.

Kaufmann/-frau für den Verkehrsservice: Die dreijährige Ausbildung in dem anerkannten Ausbildungsberuf erfolgt im Wesentlichen im Ausbildungsbetrieb und in der Berufsschule und ist in den Schwerpunkten 1) Verkauf und Service oder 2) Sicherheit und Service zu absolvieren. Unter bestimmten Voraussetzungen ist eine Verkürzung der Ausbildungsdauer möglich. Nach abgeschlossener Berufsausbildung sind Kaufleute für Verkehrsservice in Verkehrsunternehmen oder Verkehrsverbünden beschäftigt. In örtlichen Service- und Verkaufsstellen, in Verkehrsmitteln oder Verkehrseinrichtungen üben sie ihren Beruf aus. → Ausbildungswege im Tourismus/Fremdenverkehr

Kaufmann/-frau für Reiseverkehr und Touristik: → Reiseverkehrskaufmann/Reiseverkehrskauffrau

Kaufmann/-frau im Eisenbahn- und Straßenverkehr: Die dreijährige Ausbildung in dem anerkannten Ausbildungsberuf erfolgt im Wesentlichen im Ausbildungsbetrieb und in der Berufsschule. Unter bestimmten Voraussetzungen ist eine Verkürzung der Ausbildungsdauer möglich. Nach erfolgreich abgeschlossener Berufsausbildung bieten sich unter anderem Einstiegsmöglichkeiten in den Bereichen Verkehrsdienst, Betriebsdienst und Verwaltungsdienst bei der Deutschen Bahn, bei anderen Eisenbahnunternehmen, bei privaten oder öffentlichen Verkehrsbetrieben oder bei gewerblichen Güterkraftverkehrsbetrieben. → Ausbildungswege im Tourismus/Fremdenverkehr

KD: Köln-Düsseldorfer Deutsche Rheinschifffahrt, Sitz: Köln. Auf dem Wege der Fusion übernahm 1957 die Kölner Gesellschaft (1826 als Preußische Rhein Dampfschiffahrtgesellschaft gegründet) die Düsseldorfer Reederei (1836 als Dampfschiffahrtsgesellschaft für den Nieder-Mittelrhein gegründet). Mit 15 Ausflugsschiffen und neun Kabinenschiffen ist die KD größte Flusspassagierschiffsreederei Deutschlands und Europas. Über 70 Anlegestellen an Rhein, Main und Mosel. Seit 1991 auch Kreuzfahrten auf der Elbe, seit 1994 auf der Donau. 1996 wurde das Kabinengeschäft in die KD Flußkreuzfahrten, Köln ausgegliedert. Hauptgesellschafter war mit über 90% die West LB. KD als AG betreibt nur noch die Ausflugsschifffahrt auf Rhein und Mosel, gehört zu nahe 100% zu Premicon, München. Die Kabinenschiffe gehören inzwischen zu Viking River Cruises. → Hotelschiffe

KdF: „Kraft durch Freude", eine 1933 gegr. nationalsozialistische Organisation, die für organisierte Urlaubs- und Freizeitgestaltung sorgte. Ein Reichsausschuss für Fremdenverkehr unterstand dem Ministerium für Volksaufklärung und Propaganda. Das Programm KdF bot staatl. organisierte Zug-reisen, Kreuzfahrten, Wanderungen u.Ä. zu niedrigen Preisen. Das Ende dieser Einrichtung kam mit dem Beginn des Zweiten Weltkrieges.

Kernkompetenz: Ein Verbund von Fähigkeiten und Technologien, die sich durch zeitliche Stabilität und produktübergreifenden Einfluss auszeichnen, bei Kunden einen Wert schaffen und nicht leicht imitierbar oder transferierbar sind. → Strategie

Kerosin: Leichtöl, Treibstoff für Flugzeug- und Raketentriebwerke.

KET: Kompetenzzentrum E-Business Touristik; Beratung und Schulung zur Integration des Internet. Getragen vom DRV, betreut durch die Fachhochschule Worms.

Kettencharter: → Flugketten

Kettenflüge: → Flugketten

Ketten- und Systemgastronomie: Ein Konzept, das sich im Wesentlichen auf betriebswirtschaftliche Erkenntnisse gründet: 1. Begrenztes Angebot an Speisen und Getränken, 2. abgestimmte Betriebsabläufe, 3. geschultes Personal, 4. konsequente Anwendung, Ausbau und Wachstum sowie Kontrolle dieser betriebswirtschaftlichen Methoden. Vielfach auf Catering-Basis. → Catering

Key Account: Begriff aus der Wirtschaft, Bezeichnung für Groß- oder Schlüsselkunden, d.h. Sammelbegriff für umsatzstärkste Kunden.

Key Account Ticket: Angebot der Deutschen Bahn für Geschäftsreisen im Ausland. GKT-Kunden erhalten über ihre Kundennummer bei grenzüberschreitenden Auslandsreisen nach Belgien, Dänemark, Luxemburg, Niederlande, Österreich und Polen eine Ermäßigung von 20%. Die Ermäßigung wird nicht für reine Binnenstrecken im Ausland gewährt. → GKT

Keys: Von span. Cayo = Insel; die mit Autobrücken verbundenen Inseln an der Südspitze Floridas; touristisch interessante Autoroute in den USA von Miami bis Key West (260 km).

KG: Kommanditgesellschaft (§ 161 I HGB). Bei der KG gibt es zwei Arten von Gesellschaftern: Komplementäre und Kommanditisten. Die Komplementäre haften in unbegrenzter Höhe für Schulden der Gesellschaft und haben in der Regel die Geschäftsführung inne. Bei den Kommanditisten beschränkt sich die Haftung auf ihre Vermögenseinlage im Unternehmen. → Kapitalgesellschaft, → Personengesellschaft, → Unternehmensform

Kibbuz: Selbst verwaltete Siedlung in Gemeinschaftsbesitz in Israel. 1909 wurde der erste Kibbuz mit acht Mitgliedern gegründet; heute gibt es bereits 250 Kibbuzim. 40 Prozent der landwirtschaftlichen Erzeugnisse werden im Kibbuz erzeugt. Ein Großteil der Gemeinschaftssiedlungen verfügt über moderne Produktionsstätten für Wirtschaftsgüter oder betreibt Kibbuz-Hotels oder ein Feriendorf.

Kickback: Begriff für unrechtmäßige Mengennachlässe, Rückvergütungen, auch höhere Provisionen, z.B. durch Fluggesellschaften an Reiseveranstalter /-mittler und Firmenkunden zur Sicherung von Wettbewerbsvorteilen. Vielfach werden unter diesem Begriff auch Schmiergelder verstanden.

Kinder und Jugendtourismus: Sammelbegriff für alle Aspekte des Reisens junger Menschen ohne Begleitung durch Erziehungsberechtigte. K. trägt dazu bei, Kinder und Jugendliche zur Selbstbestimmung zu befähigen und zur gesellschaftlichen Mitverantwortung und zu sozialem Engagement anzuregen. Zu den spezifischen Einrichtungen gehören Kindererholungszentren (Kiez), Jugendbildungsstätten, Schullandheime, Jugendherbergen, Kinderbauernhöfe und Jugendzeltplätze.

Kinobestuhlung: Sitzreihen ohne Tische mit Blick zum Redner. → Theater Style

Kiosking: Vertrieb über interaktive Automaten, zu deren Sortiment auch Reiseleistungen gehören.

KISLS: → Kommunikations- und Informationssystem Luftverkehrssicherheit

Klassendefinition der Fluggesellschaften: → Class Codes

Klassifizierung der Campingplätze: 1. Der DTV hat gemeinsam mit den Campingfachverbänden, insbesondere dem VCD, dem NDVC sowie dem ADAC in Anlehnung an die teilweise in den europäischen Nachbarländern bereits vorhandene Klassifizierung eine Klassifizierung für deutsche Campingplätze entwickelt. Analog zu den bereits bestehenden Einstufungsmodellen für Hotels, Privatzimmer und Ferienwohnungen werden ein bis fünf Sterne vergeben. Das für den Verbraucher transparent gestaltete System umfasst folgende Bereiche: Darstellung der Rezeption, Ausstattung der Sanitäranlagen und Bewertung von Stellplätzen und Gelände. Die Klassifizierungsbögen sind bei den Landescampingverbänden und dem VCD und NDVC erhältlich, diese führen auch die Klassifizierung durch. In den Gastgeberverzeichnissen sollte auf die Sterne-Ergebnisse für Campingplätze mit einem C (z.B. C ***) hingewiesen werden.

2. ECC - Europa Camping Caravaning, internationaler Führer, klassifiziert Campingplätze nach drei Komfortstufen: 1. einiger Komfort, 2. viel Komfort, 3. jeder Komfort. Er berücksichtigt dabei nicht nur deren Ausstattung, sondern auch den Zustand sowie die allgemeinen Umstände aus Lage und Umgebung. Er unterscheidet nach Platzarten: F - Ferienplatz, E - Etappenplatz, D - Dauercamper, K - Kurcamp sowie Wintercamp, FKK-Camp und Camp mit ebenem, befestigtem Stellplatz. → BVCD, → Campingplatz, → VCD

Klassifizierung der Hotels: → Hotelklassifizierung, → Kriterien der Hotelklassifizierung

Klassifizierung der Kreuzfahrtschiffe: 1. Seitens ICPA werden in den USA Kreuzfahrtschiffe nach den verschiedensten Gesichtspunkten untersucht und nach 20 Themen geordnet, z.B. Optik, Einrichtung, Zahlenverhältnis der Passagiere gegenüber der Besatzung, Sauberkeit, Komfort, Restaurant- und Kabinenservice, Küche, Programm usw. Höchstmögliche Punktzahl erhielt „Europa".

2. Vom größten deutschen Seereisenveranstalter, Seetours, wurde ein reedereiunabhängiges System mit fünf Klassen entwickelt, das die Qualität der Schiffe und der gebotenen Leistungen sowie die Attraktivität der Routen bewertet und mit dem Firmensymbol, dem gekrönten Seepferdchen, kennzeichnet.

3. Wichtiger Bewertungsmaßstab für die Qualität eines Schiffes ist grundsätzlich auch die Relation Passagier- und Besatzungszahl.

→ ICPA

Klassifizierung der Reisebusse: Die Sterne des Gütezeichen RAL Buskomfort können seit 1996 jährlich in fünf Stufen von der GBK – Gütegemeinschaft Buskomfort – verliehen werden. Dem jeweiligen Antrag muss ein von Dekra oder TÜV erstellter Prüfbericht zu Grunde liegen. Gleichzeitig hat sich der Busunternehmer zu verpflichten, für die Dauer der Klassifizierung seines Busses den ausgewiesenen Komfortstandard zu garantieren. Sie beträgt beim Fünf-Sterne-Bus (Luxus-Class) mindestens 90 cm Sitzabstand, beim Vier-Sterne-Bus (First Class) mindestens 83 cm Sitzabstand, beim Drei-Sterne-Bus (Komfort-Class) mindestens 77 cm Sitzabstand, beim Zwei-Sterne-Bus (Standard-Class) mindestens 72 cm Sitzabstand und beim Ein-Stern-Bus (Tourist Class) mindestens 68 cm Sitzabstand. Hinzu kommen Ausstattungsprogramme, die beim Vier-Sterne-Bus z.B. Klimaanlage, Miniküche, WC/Waschraum, Fahrgasttischchen an jedem Sitz und Fußrasten umfassen. Der Fünf-Sterne-Bus erweitert den Fahrkomfort und die Qualität durch zusätzliche Ausstattung, wie z.B. eine Leselampe pro Sitz, eine Gepäckablage (mindestens 20l/Reisegast), einen besser ausgestatteten Reiseleitersitz mit drahtlosem Mikrofon und eine umweltfreundliche Abfallbeseitigung mit Sortiermöglichkeit.

*	Tourist Class
**	Standard-Class
***	Komfort-Class
****	First Class
*****	Luxus-Class

→ GBK

Klassifizierung des Tourismus nach Farben: Freyer´s Tourismus-Konzeption Rügen unterscheidet die Touristenzielgruppen nach Farben:

- Blauen Tourismus mit allen wasserbezogenen Aktivitäten wie Segeln, Surfen, Yachtsport, Baden usw.,
- Weißen Tourismus mit Kur- und Bäderwesen, Kliniken, Gesundheitstourismus.
- Grünen Tourismus mit ökologiebezogenen Aktivitäten, Naturlehrpfade, Urlaub mit und in der Natur,
- Gelben Tourismus mit allen sonnenbezogenen Aktivitäten wie Erholung am Strand u.a.
- Roten Tourismus mit allen gruppen- und gesellschaftsbezogenen und sozialen Aktivitäten, Gruppenurlaub, Jugend- und Seniorenangeboten und internationalen Tourismus.

Klassifizierung für Ferienwohnungen, -häuser und Privatzimmer: Die Klassifizierung des DTV wurde 1994 entwickelt und nach ihrer zweiten Überarbeitung im Februar 1999 bundesweit umgesetzt. Sie ergänzt die Klassifizierung für gewerbliche Beherbergungsbetriebe, die als Deutsche Hotelklassifizierung durch den Deutschen Hotel- und Gaststättenverband (Dehoga) bzw. durch dafür gegründete Gesellschaften durchgeführt wird. Zur Kennzeichnung der Qualität privater Ferienunterkünfte hat der DTV auf die Sterne als international anerkannte Symbole zurückgegriffen. In den Gastgeberverzeichnissen sollte auf die Unterschiede zwischen Deutscher Hotelklassifizierung und der DTV-Klassifizierung deutlich hingewiesen werden. Dazu werden die Sterne-Ergebnisse der Ferienwohnungen und -häuser mit einem F (z.B. F ****), die der Privatzimmer mit einem P (z.B. P **) gekennzeichnet. Im Privatzimmerbereich können maximal vier Sterne vergeben werden. Die Gültigkeitsdauer der Klassifizierung gilt für drei Jahre und muss danach erneut durchgeführt werden. Die Durchführung der DTV-Klassifizierung liegt in der Hand der örtlichen Tourismusinstitutionen, die über 40.000 Quartiere bewertet haben. Die K. gewinnt lt. DTV an Bedeutung als Entscheidungskriterium im Buchungsverhalten der Gäste und soll ausgeweitet werden. Für das Jahr 2003 wird das Klassifizierungssystem erneut überarbeitet. → Klassifizierung der Hotels

Klassische Kreuzfahrt: Mehrtägige Schiffsurlaubsreise als Rundreise mit identischem Ausgangs- und Zielhafen. Diese ursprüngliche Kreuzfahrtenkonzeption wird auch heute noch weltweit am häufigsten von Seereisenveranstaltern angeboten. → Kreuzfahrten

Klassizismus: Kunststil mit Nachahmung klassischer, vor allem antiker Vorbilder im Geschmack der Zeit; Stilepoche von 1770 bis 1830, die hauptsächlich in der Baukunst ihren Ausdruck fand, z.B. Neue Wache, Berlin; Glyptothek, München.

Kleiner Grenzverkehr: Personenverkehr für Ortsansässige in benachbarten Zollgrenzzonen oder -bezirken, der durch zwischenstaatliche Abkommen geregelt ist. Vorteile und besondere Beschränkungen bestehen u.a. hinsichtlich Ein- und Ausfuhrbestimmungen sowie Arbeits- und Vergütungsvereinbarungen innerhalb des jeweiligen Wirtschaftsgebietes.

Klimaanlage: Technische Einrichtung zur künstlichen Regelung der Temperatur und Luftfeuchtigkeit in einem Raum bzw. Gebäude (Hotel etc.), unabhängig von den draußen bestehenden Wetter- und Temperaturbedingungen. Nahezu alle KFZ-Typen (Autos, Reisebusse), Schiffe und Flugzeuge können mit einer Klimaanlage ausgerüstet werden, wobei diese teilweise noch als Zusatzleistung bzw. als Luxus empfunden wird. Da alle öffentlichen Gebäude bzw. KFZ im Prinzip über eine Heizung verfügen, wird die Klimaanlage vor allem in Ländern und Regionen mit hoher Temperatur und Luftfeuchtigkeit besonders geschätzt (z.B. in tropischen Gebieten).

Klimatherapie: Heilbehandlung, die auf den speziellen Heilwirkungen der verschiedenen Klimaformen (See-Gebirgsklima) aufbaut.

Klimatypen: Bei der Beschreibung des Klimas heilklimatischer Kurorte, Kneippheilbäder und Kneippkurorte stuft der Deutsche Bäderkalender wie folgt ein: Tieflandklima; Mittelgebirgsklima, untere, mittlere, höhere Stufe; subalpines Klima; Hochgebirgsklima untere Stufe (am Alpenrand).

Kneippheilbad: → Prädikatisierter Tourismusort

Kneippkurort: → Prädikatisierter Tourismusort

Knoten: Geschwindigkeitsmaß bei der Schifffahrt, ein Knoten = eine Seemeile pro Stunde. Selten übersteigt die Höchstgeschwindigkeit eines Kreuzfahrtschiffes 21 Knoten. 1 KN = 1,857 km/h. → Meile

Know-how-Transfer: Know-how, Spezialwissen aus technischen oder betrieblichen Erfahrungen; K.-Transfer: dessen Vermittlung/Übermittlung durch Ausbildungs- und Fortbildungsmaßnahmen. Im Tourismus die Hilfe zum Aufbau der Infrastruktur oder der Marktwirtschaft in Entwicklungs- und Ostblockländern durch geschulte Fachkräfte. → Marktwirtschaft

Koch/Köchin: Für den Lehrbeginn in dem anerkannten Ausbildungsberuf ist grundsätzlich keine bestimmte Vorbildung vorgeschrieben. Die Ausbildungsdauer beträgt drei Jahre. Köche arbeiten im Küchen- und Service-Bereich von Hotels, Restaurants und Gaststätten und erarbeiten Speisepläne und Menüvorschläge, planen und organisieren den notwendigen Einkauf und die Zubereitung der jeweiligen Lebensmittel. Vorratswirtschaft und Lagerhaltung liegen auch in Ihrer Zuständigkeit. Je nach Engagement kann er/sie die Position des Küchenchefs erreichen. Auch die Fortbildung an einer Hotelfachschule ist denkbar. → Berufsausbildung im Hotel- und Gaststättengewerbe

Königsberg Express: Der ehemalige Hotelzug verband seit 1991 direkt die Städte Berlin und Kaliningrad (ehem. Königsberg) und bestand aus komfortablen Schlafwagen, Liegewagen, Speise- und Gepäckwagen. Ab 1994 führte er zudem einen Autotransportwagen mit. Die Zugfahrt war auch Bestandteil verschiedener Pauschalreisen in das nördliche Ostpreußen; Dampfsonderfahrten auf gleicher Route. Inzwischen eingestellt.

Kollektivversicherung: → Gruppenversicherung

Kolonialstil: Lateinamerikanische Kunst; Bau- und Möbelstil in den englischen Kolonien Nordamerikas im 19. Jh.

Kombi-Fährschiff: Fähren mit kombiniertem Passagier- und Frachtdienst.

Kombi-Lohn: Bei diesem Konzept wird das Einkommen in zwei Teile gesplittet. Ein Teil wird von den Unternehmen getragen, der zweite Teilerfolgt durch Zahlung staatlicher Hilfen (Arbeitslosengeld oder Sozialhilfe). Der K. soll die Attraktivität so genannter Billigjobs erhöhen, da keine Einkommensverluste zu erwarten sind und die Rückholung von Arbeitsplätzen aus Billiglohnländern gefördert wird. Außerdem wird es attraktiver, eher schlecht bezahlte Kurzzeitjobs (bis drei Monate) anzunehmen, ohne später eine niedrigere staatliche Unterstützung zu erhalten. → Lohn, → Lohnnebenkosten

Kombinierter Verkehr: Erreichen eines Zielortes mit verschiedenen in sich zusammenhängenden Verkehrsmitteln, z.B. Autoreisezüge, Trajektschiffe/Eisenbahnfähren.

Kombi-Schiffe: Frachtschiffe, die auch Passagiere mitbefördern. Der Fahrplan wird dabei durch die Ladung bestimmt. → Frachtschiffsreisen

Komfort-Class: → Klassifizierung der Reisebusse

Kommandowirtschaft: Abwertende Bezeichnung für zentrale Planwirtschaft unter Hervorhebung der quasi-militärischen, zentralgelenkten Entscheidungsstrukturen. → Planwirtschaft

Kommunikationsmittel: Information und Reservierung in der Reisebranche erfolgen hauptsächlich über die neuen computergestützten K. (CRS), überwiegend auch die sofortige Ausstellung der Reisedokumente. Für die Unternehmen selbst erfolgen die Verwaltungs- und Buchhaltungsvorgänge mit gleichem EDV-Einsatz. Personalcomputer (PC) als Endgerät für Reisevertriebssysteme eröffnen länderübergreifende Chancen, besonders im Hinblick auf die Liberalisierung auf dem europäischen Markt. → CRS, → Liberalisierung

Kommunikationspolitik: Ist der Grundsatz über den koordinierten Einsatz der Kommunikationsinstrumente, der Werbung, des PR, der Verkaufsförderung sowie des Verkaufs. → Distributionspolitik

Kommunikations- und Informationssystem Luftverkehrssicherheit: KISLS, zentrale deutsche Datenbank zur Überwachung der Luftverkehrssicherheit.

Kompatibilität: Von K. spricht man, wenn unterschiedliche Computer, Programme oder Gerätekomponenten zusammenpassen, d.h., wenn beide Einheiten dasselbe Ergebnis zeigen bzw. wenn beide problemlos miteinander kommunizieren können. Kann eine neue Version eines Computerprogramms Dateien der älteren Versionen lesen, so spricht man von aufwärtskompatibel; von abwärtskompatibel spricht man dann, wenn die ältere Version auch Dateien der neuen Version lesen kann.

komprimieren: Um mehr Speicherplatz auf den Datenträger zu bekommen, kann man Dateien oder Programme zusammenfassen und somit verkleinern. Man spricht i.d.Z. auch von „Packen".

KOM-Reise: Kraftomnibus-Reise, Buchungs- und Abrechnungssystem für Omnibusunternehmer und Reiseveranstalter.

Konferenzabteil: Im IC/EC für gemeinsam reisende Personen, die ein Abteil in der Ersten Klasse zur ausschließlichen Benutzung belegen. Das K. ist reservierungspflichtig. → Konferenzraum

Konferenzgebiet: Engl.: Traffic Conference Area (TC). Von der Iata für die Tarifgestaltung vorgenommene Zusammenfassung von Regionen

- TC 1 umfasst die Regionen Nordamerika, Zentralamerika und Südamerika, Hawaii und Grönland,
- TC 2 umfasst die Regionen Europa, Afrika, Nahost und westlicher Teil Asiens,
- TC 3 umfasst die Regionen Asien, Australien, Neuseeland und Pazifische Inseln.

→ Iata, → Iata-Verkehrsgebiete

Konferenzraum: 1. Service-Angebot in Hotels für die Durchführung von Tagungen oder Versammlungen. 2. Im ICE für gemeinsam reisende Personen, die ein Abteil mit Sondereinrichtung (ein großer Arbeitstisch, vier bewegliche Stühle, elektrische Schreibmaschine, Telefaxgerät mit Kopierfunktion, Schnurloses Telefon, Laptop-Steckdosen) zur ausschließlichen Benutzung belegen. Der K. ist reservierungspflichtig. Reservierbar bei Vorlage von mind. drei Fahrscheinen 1. oder 2. Klasse. → Konferenzabteil

Kongress: Engl. Convention, die Organisation dieser Zusammenkunft beginnt bereits weit im Vorfeld und wird meist von einem spezialisierten Veranstalter übernommen. Von der Suche nach Räumlichkeiten bis hin zum Versenden der Einladungen und Betreuung der Teilnehmer und Referenten erstrecken sich vor Beginn des K. die Aufgaben. Die technische Ausstattung muss geplant und organisiert werden. Diese beinhaltet Büro- und Tagungstechnik, Beschallungstechnik und Dolmetschertechnik. Während der Veranstaltung wird eine ständige Präsenz zur Betreuung bzw. Führung des Gesamtablaufes gewährleistet. Nach Beendigung des Kongresses werden die Daten und Vorträge aufgearbeitet und ggf. in einer Publikation zusammengefasst. → Convention, → Kongresshotel, → Kongresstourismus

Kongressfachkraft: Nach den im EU-Tätigkeitsprofil beschriebenen beruflichen Anforderungen sind ihre Haupttätigkeitsbereiche die Planung und Koordinierung, die Vor- und Nachbereitung sowie die Durchführung von Kongressen bzw. Tagungen. Die K. übernimmt den Aufbau des Rahmenprogramms (Freizeitgestaltung), die Aktualisierung von Hotelverzeichnissen sowie ggfs. die Vermittlung/Buchung von touristischen Angeboten. Voraussetzung für die Berufsausübung ist die Beherrschung der üblichen Kommunikationsmittel inklusive EDV-Geräte sowie mindestens einer Fremdsprache. → Sedoc

Kongresshostess: → Messehostess

Kongresshotel: Bietet Kongressteilnehmern Wohnen und Tagen unter einem Dach bei möglichst günstiger Verkehrsanbindung sowie Nähe zu Geschäftsleben und Kultur, z.B. Europas größtes Kongresshotel, Meridien Montparnasse (Paris), mit Kongress- und Konferenzsälen für 500 bis 3000 Personen und mit mehr als 1000 Hotelzimmern auf einer Gesamtfläche von 3500 qm, im Viertel Montparnasse, mit Verkehrsanbindung z.B. an TGV Atlantique. → Convention, → Kongresstourismus, → TGV

Kongresstourismus: Entsprechend der Bedeutung Europas mit Sitz einer Vielzahl von internationalen Organisationen findet auf diesem Kontinent der größte Teil der großen internationalen Kongresse statt (Paris vor London, Brüssel und Genf). Analog zum Messe- und Ausstellungstourismus gilt auch hier, dass neben der eigentlichen Kongresszeit die Vor- und Nachprogramme gern touristisch genutzt werden. Kongresse bedingen eine unabhängige und meist auf eigene Kosten finanzierte Teilnahme. Überwiegend kommen Fachleute zum Erfahrungsaustausch zusammen, um bei Vorträgen, Workshops oder Diskussionen neue Erkenntnisse zu gewinnen. → Convention, → Pre and Post Convention Tours

Kongress- und Tagungsangebot auf Flughäfen: Auf Flughäfen gibt es Kongressräume, überwiegend für Klein- und Mittelgruppen. Diese Standorte werden wegen der günstigen Verkehrsanbindung gesucht.

Konjunktur: Bezeichnet das Auf und Ab der wirtschaftlichen Entwicklung, gemessen am realen Bruttosozialprodukt (BSP). Der Konjunkturzyklus vollzieht sich in den Phasen Tiefstand, Aufschwung, Hochkonjunktur und Abschwung (Rezession). Konjunkturpolitik ist die Gesamtheit aller wirtschaftspolitischen Maßnahmen zur Abschwächung von Konjunkturschwankungen. → Bruttosozialprodukt

Konkurs: Gerichtliches Verfahren mit dem Ziel der Verwertung des vorhandenen Vermögens zahlungsunfähiger oder überschuldeter Personen und Unternehmen zur Befriedigung der Gläubiger. Sonderfall der Zwangsvollstreckung. Die Konkursordnung wurde zum 1.1.1999 durch die Insolvenzordnung abgelöst. Nach der neuen Insolvenzordnung können auch Verbraucher bei Überschuldung Insolvenz anmelden, sog. Verbraucherinsolvenz. Geregelt ist der Konkurs in der KO (Konkursordnung). Diese wurde mit Wirkung vom 1.1.1999 durch die Insolvenzordnung (InsO) abgelöst. → Insolvenz

Konsul: Der K. hat die Aufgabe, die Interessen des Heimatlandes besonders in Bezug auf Handel, Verkehr und Schifffahrt zu schützen und zu fördern, die Beachtung internationaler Verträge zu überwachen und Angehörigen des Heimatlandes sowie anderer befreundeter Staaten in ihren Angelegenheiten Rat und Beistand zu gewähren. In Notfällen können sich Urlaubsreisende an „ihren" Konsul wenden. Konsularabteilungen in Botschaften und Generalkonsulate sind zumeist auch für die Einreiseformalitäten (Visum) ihrer Länder zuständig. Man unterscheidet dabei zwischen „echten" Konsulaten (hauptamtliche Diplomaten) und Honorarkonsulaten (ehrenhalber ernannte Konsuln) mit oft überwiegend repräsentativem Charakter. → Honorarkonsul, → Konsularhilfe, → Konsulat

Konsularhilfe: Wird gewährt, „wenn die Notlage auf andere Weise nicht behoben werden kann" (§ 5 des Konsulargesetzes), d.h., jeder Bürger muss zunächst seine eigenen Möglichkeiten ausschöpfen, ehe er K. in Anspruch nimmt; die Konsularbeamten leisten in erster Linie „Hilfe zur Selbsthilfe“, z.B. nehmen sie Kontakt zu den örtlichen Behörden auf, haben diesen gegenüber jedoch keinerlei Weisungsbefugnis. Bereitschaftsdienste sind auch nach Dienstschluss an Abenden und Wochenenden telefonisch erreichbar. → Honorarkonsul, → Konsul, → Konsulat

Konsulat: Vom Heimatstaat zum rechtlichen Schutz seiner Staatsbürger im Ausland eingerichtete Dienststelle. → Honorarkonsul, → Konsul, → Konsularhilfe

Kontinentales Frühstück: Wird serviert und besteht aus Brot/Brötchen, Butter, Marmelade, Tee/Kaffee/heißer Schokolade, auch zusätzlich Wurst und/oder Käse möglich.

Kontingent: Teil einer Gesamtkapazität, die zeitlich befristet zugeteilt wird. → Allotment, → Option/Optionsvertrag

Kontrollturm: Engl. Tower, vom K. am Flughafen aus überwachen und koordinieren Fluglotsen die Flugbewegungen.

Konvergenz: Allmähliche Annäherung der Wirtschafts- und Währungspolitiken und der ökonomischen Grunddaten. Nach dem Maastrichter Vertrag ist die K. bei wichtigen volkswirtschaftlichen Größen wie Inflationsraten, Zinsen, Haushaltsdefiziten und Schuldenstand sowie auch Wechselkursstabilität eine wesentliche Voraussetzung für den Übergang in die Endstufe der Wirtschafts- und Währungsunion.

Konvergenzkriterien: Diese fordern von den Mitgliedsstaaten der EU im Maastrichter Vertrag niedrige Inflationsraten und Zinsen, stabile Wechselkurse und gesunde öffentliche Finanzen. → Euro, → Maastricht-Kriterien, → Maastrichter Vertrag

Konvertibilität: Bezeichnet die Umtauschbarkeit einer Währung zum jeweiligen Wechselkurs in eine andere. Harte Währungen sind konvertibel, während weiche Währungen nicht frei austauschbar sind. Bei Reisen in Länder mit hoher Inflationsrate, ist zu beachten, welche Modalitäten des Währungsumtausches am günstigsten sind.

Konzern-Carrier: Eigene Charterflugflotte der Reiseveranstalter zum Zweck der Stärkung ihrer Marktstellung (siehe Tabelle auf dieser Seite).

Kooperation: Zusammenarbeit; K. gehört zu den wichtigsten unternehmensstrategischen Maßnahmen der Touristikunternehmen, bes. im Hinblick auf den gemeinsamen europäischen Verkehrsmarkt seit 1993. Man unterscheidet die horizontale K. (zwischen Wettbewerbern der gleichen Branche) und die vertikale K. (zwischen Wettbewerbern unterschiedlicher Branchen). Beide dienen der Stärkung der Marktstellung. → Reisebürokooperation

Kooperationsfibel: Vom DRV herausgegebener Leitfaden für Reisebüros zur strategischen Neuorientierung des Unternehmens in einem geänderten Wettbewerbsumfeld.

Kopenhagener Kriterien: Der Europäische Rat von Kopenhagen definierte im Juni 1993 für die EU-Beitrittskandidaten die politischen und wirtschaftlichen Beitrittsvoraussetzungen:

- Institutionelle Stabilität als Garantie für demokratische und rechtsstaatliche Ordnung, für die Wahrung der Menschenrechte sowie die Achtung und den Schutz von Minderheiten,
- funktionsfähige Marktwirtschaft, Fähigkeit, die aus der Mitgliedschaft erwachsenden Verpflichtun-

Konzerncarrier auf dem Vormarsch

Die Flotten der Touristikkonzerne

Preussag

Airline (Nationalität)	Jets	Flugzeugtypen
Hapag-Lloyd Flug (D)	33	A-310, B-737
Britannia Airways (GB)	31	B-767, B-757, B-737
Corsair (F)	14	B-747, A-330, B-737
Britannia Airways (SWE)	8	B-767, B-757, B-737
Hapag-Lloyd Netherlands (NL)	2	B-737
White Eagle Aviation (PL)	2	B-737
	90	

Thomas Cook

Airline (Nationalität)	Jets	Flugzeugtypen
Condor (D)	38 *)	B-767, B-757
JMC Airlines (GB)	29	A-330, B-757, A-320
Condor Berlin (D)	12	A-320
Sun Express (TR)	6	B-737
	85	

*) Drei Boeing B-757-200 sind an die niederländische Dutchbird vermietet.
Quelle: FVW International

gen zu übernehmen und sich auch die Ziele der politischen Union sowie der Wirtschafts- und Währungsunion zu eigen zu machen.

Kopfbahnhof: Im Gegensatz zum Durchgangsbahnhof fahren beim K. oder Sackbahnhof die ankommenden Züge rückwärts wieder heraus, u.a. in Stuttgart und Frankfurt/Main. K.e entstanden im vergangenen Jh., als Privatbahnen mit ihren Gleisen von allen Seiten in das Stadtinnere fuhren.

Korinth-Kanal: Wasserstraße in Griechenland zwischen dem Golf von Korinth und Saronischem Golf, für kleine und mittlere Schiffe eine Abkürzung des Seeweges zur Türkei und zum Schwarzen Meer. → Isthmus

Korkengeld: Berechnet der Gastronomieunternehmer zum Ausgleich für entgangenen Umsatz, wenn der Gast bzw. Veranstalter eigene alkoholische Getränke mitbringt. Insbes. üblich im englischsprachigen Ausland in Lokalen ohne Alkohollizenz.

Kosten: Sind Werteinsätze zur Leistungserstellung. Im Allgemeinen unterscheidet man folgende Kostenarten: Materialkosten, Personalkosten und sonstige Kosten (Kapitalkosten, Miete, Abschreibungen, etc.)

KPT: Code für „Kempten“, im europ. Luftstraßennetz bedeutender Kreuzungspunkt; Funkfeuer der Bundesanstalt für Flugsicherung. Im UKW-Bereich Aussendung akustischer Signale als Kennung für Kempten; bei modernen Maschinen über Bordcomputer. → BFS

Kreditgenossenschaft: Hilfseinrichtungen zur Kreditversorgung von meist kleineren und kapitalschwächeren Kreisen. Besondere Bedeutung kommt ihnen im Bereich der Landwirtschaft (Raiffeisenbanken) und auf dem gewerblichen Sektor (Volksbanken), zu. → Einzelunternehmen, → Genossenschaften, → Kapitalgesellschaft, → Personengesellschaft, → Unternehmensform

Kreditkarten: Legitimationskarten, die den Inhaber zur bargeldlosen Bezahlung in solchen Geschäften, Hotels, Reisebüros, Autovermietungen u.a. berechtigen, die dem Kartensystem als Vertragsunternehmen angeschlossen sind. Der Kredit währt vom Kauf/ Inanspruchnahme einer Dienstleistung bis zur Abrechnung des Betrages vom Bankkonto des Karteninhabers. Auf dem bundesdeutschen Markt zunehmend, in USA bereits Massenzahlungsmittel. Die bekanntesten Kartenorganisationen sind American Express, Eurocard, Diners Club, Visa u.a. Auch touristische Leistungsanbieter (z.B. TUI, LTU u.a.) geben eigene K. aus. → Co-Branding, → Kundenkarten in der Reisebranche, → Reisezahlungsmittel

Kreditkarteneinzug: → Zahlungsverkehr und -verfahren

Kreditoren: Lat. Gläubiger. Buchführungsbegriff für Verbindlichkeiten aus dem Kauf von Gütern oder Dienstleistungen auf Kredit. K. sind in der Bilanz auf der Passivseite als Verbindlichkeiten aus Lieferungen und Leistungen aufzuführen. → Debitoren

Kreuzfahrerclubs: Kundenclubs von Reedereien bzw. Seereisenveranstaltern zur Kundenpflege und Stammkundenbindung. I. d. R. gegen Zahlung einer Aufnahmegebühr wird der Kunde Mitglied und erhält dafür Vergünstigungen und Extras wie Upgradings, Wartelistenpriorität, Preisentgegenkommen u.a. Bekannt sind folgende K.s.:

- Club der Kreuzfahrer von Neckermann Seereisen
- Columbus-Club von Transocean Tours
- Cruise World Society-Club von Epirotiki Lines
- Fjord-Club von Cunard
- Seetours-Club (ehemals Club Goldener Globus) von Seetours.

Kreuzfahrten: Schiffsurlaubsreisen, bei denen verschiedene Häfen angelaufen werden. Die Passagiere haben die Möglichkeit, an Landausflügen mit Besichtigungsprogrammen teilzunehmen. Das Arrangement schließt Übernachtung, Verpflegung sowie Unterhaltungsprogramme, Sport und Animation an Bord und häufig auch An- und Rückreise mit Flugzeug, Bus oder Bahn ein. K. werden auch von ande-

Bewegung in der Nische

Zahlen für den deutschen Kreuzfahrtmarkt

	Hochseekreuzfahrten			Flusskreuzfahrten		
	2000	1999	Veränderung	2000	1999	Veränderung
Passagiere	379.485	330.680	+ 14,7 %	187.270	138.706	+ 35 %
Passagiernächte	3.831.115	3.406.004	+ 12,5 %	1.365.647	1.042.788	+ 31 %
Umsatz in Mill. DM	1.460	1.291	+ 13,1 %	368	259	+ 42 %
Durchschn. Reisepreis in DM	3.848	3.905	- 1,5 %	1.967	1.865	+ 5,4 %
Durchschn. Tagesrate in DM	381	379	+ 0,5 %	269,50	248	+ 8,7 %
Durchschn. Reisedauer in Tagen	10,1	10,3	- 0,2 Tage	7,3	7,5	- 0,2 Tage
Durchschn. Passagieralter	50,9	52,6	- 1,7 Jahre	56,9	57,3	- 0,4 Jahre

Quelle: DRV

ren Verkehrsträgern und in Kombination angeboten. Zu unterscheiden sind:
- Klassische Kreuzfahrt,
- Turnuskreuzfahrt,
- Themenkreuzfahrt,
- Expeditions-/Erlebniskreuzfahrt,
- Windjammerkreuzfahrt,
- Flusskreuzfahrt.

Der Begriff „Kreuzfahrt" tauchte erstmals 1960 in einer Pressenotiz der Hanseatic (Hamburg-Atlantik-Linie) auch für Gesellschaftsfahrten oder Vergnügungsreisen auf und wurde dort als Abgrenzung zum Linien- bzw. Transatlantikverkehr gebraucht. → Expeditionstourismus, → Fly-and-Cruise-Arrangement, → Klassische Kreuzfahrt, → Kurzkreuzfahrten, → Landausflüge, → Themenkreuzfahrten, → Turnus, → Urlaubsreisen

Kreuzfahrtenbörse/-zentrale: Vermittler zwischen Reedereien, Seereisenveranstaltern und Kunden. Hier laufen sowohl die üblichen Belegungen als auch die Last-Minute-Verkäufe zu Sonderkonditionen zusammen. → Kreuzfahrten

Kreuzfahrten mit dem Flugzeug (Kreuzflüge): Pauschalarrangements für Flugrundreisen mit Besichtigungsprogrammen. Für diese Sonderprogramme werden oft auf geringere Passagierzahl umgerüstete Flugzeuge mit verbesserter Bordverpflegung eingesetzt. Die Besatzung bleibt auf der gesamten Strecke gleich.

Kreuzfahrtenzusammenarbeit: Folgende Formen der Zusammenarbeit können vereinbart werden: 1. Auf Agenturbasis. Gegen eine Verkaufsprovision vermarktet der Veranstalter eine Auswahl von Kreuzfahrtprogrammen. 2. GSA (General Sales Agency). Als Generalagentur betreibt der Veranstalter in voller Verantwortung die Vermarktung des Kreuzfahrtenprogramms einer Reederei innerhalb seiner Landesgrenzen. Dem Veranstalter steht meist ein Werbeetat zur Verfügung. Daneben erhält er erfolgsabhängig Provi-

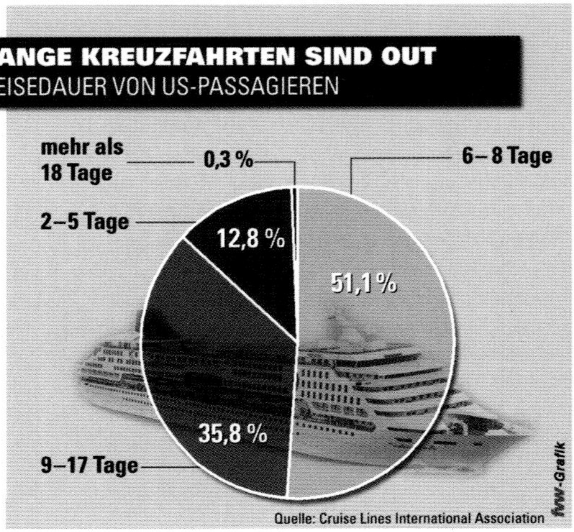

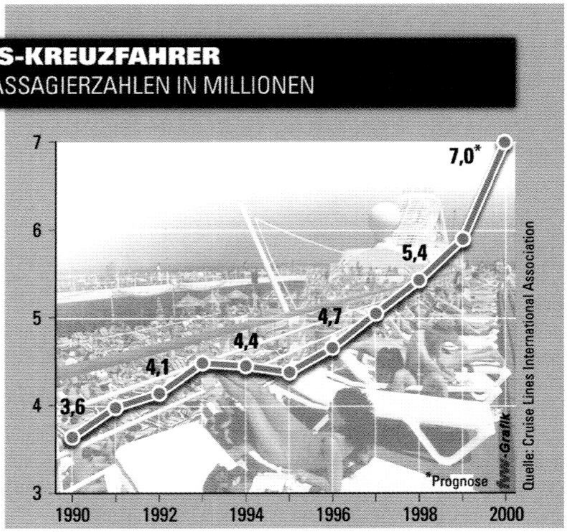

UNGEBROCHENES WACHSTUM
Der Welt-Kreuzfahrtenmarkt und seine Entwicklung

	2000	1999	1998	1997
Passagiere in Mill.	12,01	10,67	9,46	8,32
– davon Amerikaner	61 %	58 %	59 %	64 %
– davon Europäer	22 %	23 %	26 %	22 %
Kapazität in Kabinenplätzen („Berths")	255.133	231.802	217.783	202.025

Quelle: Ship Pax Informationsdienst

sion und Superprovision. 3. Blockcharter, Nettoratenarrangements. Damit übernimmt der Veranstalter die Verpflichtung zum Verkauf eines bestimmten Kontingents von Kabinen eines Kreuzfahrtenprogramms. Der Veranstalter übernimmt die Risikohaftung des Produktes und erhält meistens die Alleinverkaufsrechte. 4. Vollcharter. Dabei mietet der Veranstalter das ganze Schiff für eine oder mehrere Kreuzfahrten bzw. für eine ganze Saison. Er übernimmt damit das volle Risiko der Vermarktung in der vereinbarten Zeit. → Bare Boat Charter, → Charter, → Pro Rata Charter

Kreuztickets: Besondere Form der Linienflugticketausstellung, hierbei werden zwei Hin- und Rückflugreisen, die jeweils innerhalb einer Woche und somit ohne Wochendbindung stattfinden, miteinander kombiniert, so dass man zwei kostengünstigere Wochenendtarife bezahlt.

Kriseninformation durch das Auswärtige Amt: → Auswärtiges Amt (AA)

Kriterien der Hotelklassifizierung: Das Magazin „VIF – Die besten Hotels" in der Bundesrepublik Deutschland nennt folgende Kriterien bei
Fünf-Sterne-Hotels:

- Empfang: Rund um die Uhr besetzte Rezeption, Gepäckservice, Telefax, eigenes Buchungssystem.
- Zimmer: Rund um die Uhr Etagenservice mit Getränken und kalten Speisen. Zimmerfrühstück möglich, Aufräumservice mit Zwischenreinigung und abendlichem Bett-Aufdecken. Im Zimmer Durchwahltelefon, Farb-TV, Radio, Sitzgruppe,Schreibtisch, Kühlbox. Im Bad Make-up, Rasierspiegel, Seife, Duschgel, Duschhaube. Im Angebot EZ und DZ, Suiten und Apartments.
- Service-Angebot: Wäscherei, Reinigung, Schuhputzer.
- Zusatzangebote: Restaurants unterschiedlicher Art, mehrere Bars, meist auch Nightclubs, Salons, Tagungs- und Veranstaltungsräume mit technischen Einrichungen; bei Ferien- und Wochenendpauschalen auch im Stadthotel Swimmingpool, Sauna, Massage, Zeitungs-, Zigarettenkiosk, Friseur, Garage. Portierservice, Reisedienst, Flug-, Bahntickets, Autovermietung, Theaterkarten, Touristikinformation. Z.B. Vier Jahreszeiten und Bayerischer Hof, München.

Vier-Sterne-Hotels:
Diese Hotels haben alle mindestens ein, meist zwei Restaurants. Die Zimmer sind mit allem Komfort inkl. Farb-TV ausgestattet. Das Hotel bietet überdurchschnittliche Freizeiteinrichtungen. Z.B. Inselhotel, Konstanz; Maritim-Strandhotel, Lübeck-Travemünde. → Hotelklassifizierung

Kriterien zur Klassifizierung von Reisebussen: Die K. sind von der GBK Gütegemeinschaft Buskomfort verbindlich festgeschrieben und RAL-geschützt. Sie orientieren sich am modernen Komfort- und Bequemlichkeitsbedürfnis des Reisegastes. Zentrales Kriterium ist die Beinfreiheit, die mit zunehmender Reisedistanz möglichst großzügig bemessen sein sollte. Sie beträgt beim Fernreisebus (Luxus Class) mindestens 90 cm, beim Fernreisebus (First Class) mindestens 83 cm Sitzabstand, Reisebus (Komfort Class) mindestens 77 cm Sitzabstand, Ausflugsbus (Standard Class) mindestens 72 cm Sitzabstand, Bus (Tourist Class) mindestens 68 cm Sitzabstand. Hierzu treten umfangreiche Ausstattungsprogramme, die beim Fernreisebus z.B. Klimaanlage, Kühlbar, WC/Waschraum, Fahrgasttischchen an jedem Sitz und Fußrasten umfassen. → GBK, → Klassifizierung der Reisebusse, → RAL

KS: Kraftfahrerschutz, deutscher Automobilclub mit Funktionen vergleichbar denen des ADAC.

Küchenmeister: Staatlich anerkannte Meisterprüfung im Gastgewerbe. Voraussetzung für die Zulassung ist der Abschluss einer Berufsausbildung als Koch bzw. Fachgehilfe im Gastgewerbe sowie eine mind. fünfjährige Erfahrung als Koch oder eine siebenjährige als Fachgehilfe im Küchenbereich. Ohne eine solche Berufsausbildung wird eine zehnjährige Praxiserfahrung verlangt.

Küchenpersonal: → À-la-carte-Küche

Kündigung: Im Falle erheblicher Mangelhaftigkeit der Reiseleistungen während der Reise oder Unzumutbarkeit ihrer Fortsetzung für den Reisenden wegen eines wichtigen, dem Reiseveranstalter erkennbaren Grund, kann der Reisende die Kündigung erklären, wenn der Reiseveranstalter trotz Abhilfeverlangen den Mangel nicht behoben hat. Der Reisende ist dann vorzeitig zurückzubefördern und schuldet nur noch den Anteil des Reisepreises der mangelfreien Leistungen, sofern diese für ihn trotz Aufhebung des Vertrages noch von Interesse sind (§ 651 e BGB). Daneben hat der Reisende jedoch keinen Anspruch auf Minderung. → Frankfurter Tabelle, → Pauschalreisen, → Reisevertrag/Reisevertragsrecht

Küstenland-Werbegemeinschaft: → Werbegemeinschaft Deutsches Küstenland

Kuirskjellodden: Nördlichster Punkt Europas, vier Kilometer westlich vom Nordkap. → Nordkap

Kultur- und Umweltbahnhof Uelzen: Projekt der Deutschen Bahn und den Stadtwerken Uelzen zur Ausstattung des Daches des aus wilhelminischer Zeit stammenden Personenbahnhofes mit einer Solarstromanlage. Neue Bezeichnung: Hundertwasser-Bahnhof, benannt nach dem im Jahr 2000 gestorbenen Künstler Friedensreich Hundertwasser. → DB - Deutsche Bahn

Kulturhauptstadt Europas: 1983 wurde die Initiative Kulturhauptstadt Europas ins Leben gerufen. Mit einem reichhaltigen Kulturangebot sollten die Vielfalt und die Gemeinsamkeiten der europäischen Kulturen herausgestellt und langfristig ins Blickfeld gerückt werden. 1985 wurde Athen erste K. Porto und Rotterdam wurden 2001 zur K. ernannt. Bis 2005 stehen die weiteren Städte fest: 2002 Brügge und Salamanca, 2003 Graz, 2004 Genf und Lille. Ab 2005 tritt dann eine Regelung der EU in Kraft, die den Mitgliedsländern die Wahl einer Stadt selbst überlässt. Deutschland ist nach Berlin 1989 und Weimar 1999 im Jahr 2010 an der Reihe. Bremen, Karlsruhe und das Ruhrgebiet beabsichtigen eine Bewerbung (Stand 2001).

Kulturlandschaft: Durch menschliche Einwirkung umgewandelte Naturlandschaft. K. ist geprägt durch Vielfalt, Eigenart und Schönheit und dient sowohl der Naherholung als auch dem Tourismus. Die Kulturgeografie hat die Aufgabe der Erforschung der K. Durch die Kunst der Landschaftsgestaltung entstand im 17. Jahrhundert Preußisch-Arkadien, die K. von Schinkel und Lenné rings um die Inselstadt Potsdam. Eine maritime K. findet sich an der mecklenburgisch-vorpommerschen Ostseeküste in einer großräumigen baltischen Erholungszone. Diese geht zurück auf die Gründung des ersten deutschen Seebades 1793 durch den mecklenburgischen Herzog Friedrich Franz I in Heiligendamm bei Bad Doberan, fortgesetzt 1810 mit der klassizistischen Residenzstadt Putbus auf der Insel Rügen durch den Fürsten Malte zu Putbus mit dem Badehaus an der Goor. Dann im Umfeld der großen Städte Lübeck mit Travemünde und Rostock mit Warnemünde als Erholungsorte. Auf der Insel Usedom mit Heringsdorf setzte der Badebetrieb 1825 ein und führte dort zu den ersten Logierhäusern, den Vorläufern von Hotels und Pensionen.

Kulturmonat: Initiative der Kultusminister der Europäischen Union als Ergänzung zur Kulturhauptstadt Europas. Seit 1992 werden europäische Städte außerhalb der Union vornehmlich in Mittel- und Osteuropa für einen Monat zur Kulturstadt gewählt. Der erste Kulturmonat fand 1992 in Krakau statt. In den Folgejahren waren Graz (1993), Budapest (1994), Nicosia (1995), St. Petersburg (1996), Ljubljana (1997), Linz und Valetta (1998), Plovdiv (1999) sowie Basel und Riga (2001) Orte des Ereignises.

Kulturschock: Schreckhaftes Erleben der Andersartigkeit; häufiges emotionales Phänomen bei Auslandsaufenthalten, besonders wenn die Fremdsprache unzureichend beherrscht wird und wenn befremdende Konsum-, Essens- oder Kommunikationsgewohnheiten hautnah erlebt werden. Zu dem Gefühl von Fremdheit und Unverstandenheit kann verstärkend Heimweh hinzukommen. Um dies nicht zum ernsthaften Risiko für den Urlaubserfolg werden zu lassen, gilt es, bei Reiseunternehmen und -leitung Vorsorge zu treffen, Verständnis zu fördern und Ansprechbarkeit sicherzustellen.

Kulturstraße Europas: Prädikat, das der Europarat in Straßburg verleiht. → Jakobsweg

Kulturtourismus: Der Schwerpunkt der Reisegestaltung liegt in kulturellen Aktivitäten. Bei vielen Kulturreisen wird der Aspekt der Kommunikation mit der Umwelt, den Mitreisenden und den Gastgebern hervorgehoben. In Anbetracht der verschärften Wettbewerbssituation im Veranstaltergeschäft stellt der K. ein Instrument zur Differenzierung und Profilierung dar.

Kulturtourismusmanagement: Fernstudium für Berufspraktiker und Hochschulabsolventen an der Fernuniversität Hagen ab 1998 mit einer Mindeststudienzeit von zirka zwei Jahren.

Kumulrisiko: Begriff aus der Versicherungsbranche, bezeichnet die Häufung von Risiken (für Personen oder Sachen), die der Versicherer übernimmt.

Kundendienst: Dienstleistung, die dem Kunden versprochen wird, um dessen Kaufentscheidung zu fördern, zu Werbezwecken oder zur Unterstützung des Firmenimages; z.B. Abhol- oder Zustellservice, Kundenparkplätze bei den Reisebüros.

Kundengeldabsicherung: Für Reisen ab dem 1.11.1994 müssen Kundengelder vom Reiseveranstalter gegen Verlust abgesichert sein. Mit dem Gesetz über die Absicherung der Kundengelder im Fall der Insolvenz von Reiseveranstaltern (§ 651 k BGB) müssen diese durch Abschluss entsprechender Versicherungen oder Bankbürgschaften Rücktransport und Ersatz für nicht erbrachte Leistungen auch im Falle der Zahlungsunfähigkeit garantieren. Die in das deutsche Reiserecht übertragene EU-Pauschalreiserichtlinie schreibt ab November 1994 vor, dass für Pauschalreisen mit mehr als 24 Stunden Dauer, die eine Übernachtung einschließen, das Kundengeld versichert werden muss. Erfolgt eine Anzahlung (egal in welcher Höhe), muss diese abgesichert werden. Der Kunde muss vom Veranstalter einen Sicherungsschein erhalten. → Bankbürgschaft, → EU-Richtlinie über Pauschalreisen, → Insolvenzschutzversicherung, → Reisevertrag/Reisevertragsrecht, → Sicherungsschein

Kundenkarten in der Reisebranche: Werden vom Dienstleister bzw. Handelsunternehmen selbst ausgegeben im Unterschied zu Kreditkarten oder Co-Branding-Kreditkarten. Es gibt Kundenkarten mit und ohne Zahlungsfunktion. Als Marketinginstrument dienen diese Servicekarten der Kundenbindung, im Gegenzug erhält der Karteninhaber Servicevorteile. → Show Your Card

Kur: Die Kur in Heilbädern und Kurorten ist nach DBV eine komplexe, ärztlich geleitete Übungsbehandlung zur Vor- und Nachsorge (Prävention und Rehabilitation) und für geeignete chronische Krankheiten und Leiden eine kurative Behandlung im Rahmen eines notwendigen individuellen, lebenslangen Gesundheitsprogramms. Sie ist mit einem Orts- und Milieuwechsel verknüpft. → DBV

Kurabgabe: Auf Grund kommunaler Satzung können anerkannte Kurorte von allen Personen, die im Kurort vorübergehend Unterkunft nehmen bzw. Einrichtungen tatsächlich nutzen, einen Beitrag als Gegenleistung für die Nutzungsmöglichkeit der Heil- und Kureinrichtungen erheben.

Kurhaus: Unter seinem Dach befindet sich in der Regel das Verwaltungszentrum eines Kurortes, meist mit Veranstaltungssaal, Konversations-, Lese- und Fernsehräumen und Restaurationsbetrieben höherer Kategorie. Vielfach haben hier auch Verkehrsbüro, Zimmernachweis, Kartenvorverkauf u.ä. ihren Sitz, und gelegentlich ist auch das zentrale Kurmittelhaus angeschlossen. → Haus des Gastes, → Verkehrsbüro, → Zentrales Kurmittelhaus

Kurheim: Nach Dehoga ein in einem Heilbad oder Kurort gelegener Beherbergungsbetrieb, der die Merkmale der Pension bzw. des Fremdenheims aufweist. → Fremdenheime und Pensionen, → Pension/Hotelpension

Kurhotel: Nach Dehoga ein in einem Heilbad oder Kurort gelegenes Hotel. Dort muss im Bedarfsfall medizinische Versorgung gewährleistet sein sowie eine Diät verabreicht werden können. → Dehoga, → Prädikatisierter Tourismusort

Kurkarte: Ausweis zur Nutzung der örtl. Kureinrichtungen und -veranstaltungen, den der Kurgast nach Zahlung der Kurtaxe für die Dauer seines Kuraufenthaltes erhält.

Kurklinik: Spezialkrankenhaus zur kurmäßigen Behandlung mit Beschränkung auf bestimmte Heilanzeigen.

Kurlaub: Eigentl.: Kur-Urlaub. Kombination aus Gesundheitsurlaub und Erholungsurlaub, aus eigenem Antrieb oder auf ärztliche Anordnung.

Kurort: → Prädikatisierter Tourismusort

Kurierflüge: Begleitung von Kuriergepäck während eines Linienfluges als Angebot von Dienstleistungsunternehmen. Der Kurier darf nur Handgepäck mit an Bord nehmen.

Kuriergepäck: Angebot der DB als Haus-zu-Haus-Gepäckzustellung für Bahnreisende, die im Besitz eines gültigen Fahrscheines sind. Die Abholung und Zustellung des Gepäcks erfolgt an allen Werktagen. Man unterscheidet Normalgepäck (Max. Länge 1.50 m, Gurtmaß 3.00 m) und Sondergepäck (Max. Länge 2.50 m, Gurtmaß 3.00 m). → Postgepäck

Kurmittelhaus: → Zentrales Kurmittelhaus

Kurs 90: Zentralgesteuertes elektronisches Fahrkartenverkaufs- und Buchungssystem der DB; löste das Mofa-System ab. Terminals an allen wichtigen Fahrkartenschaltern, über Start in Reisebüros verfügbar.

Kursanatorium: Eine Beherbergungs- und Therapieeinrichtung, die als K. der Anerkennung durch eine höhere Gesundheitsbehörde bedarf. Seine Patienten sind i.d.R. nicht bettlägerig krank. Es verfügt über einfache diagnostische und therapeutische Ausstattung sowie ständige hauptamtliche ärztliche Betreuung und Pflegepersonal.

Kursbuch: Es stellt die Zusammenfassung aller für ein bestimmtes Verkehrsmittel gültigen Fahrpläne dar. Am bekanntesten ist das DB-Kursbuch, das in fünf Bänden veröffentlicht wird. Das K. enthält meist auch Benutzungshinweise inkl. des Übergangs auf andere Verkehrsmittel, Tarifauszüge, Beförderungsbedingungen u.ä. u.a. → European-Timetable, → Flugplan/Timetable, → Kursbuchstelle, → Overseas Timetable, → Wechselverkehr

Kursbuchstelle: Verkaufsstelle für ausländische Kursbücher am SSB-Bahnhof St. Gallen/Schweiz, Büro 224; einzige Bahngesellschaft in Europa mit dem Angebot gültiger Kursbücher aus aller Welt. K.-Bestseller sind Th. Cook Timetable, Overseas und European mit allen Bahn-, Bus- und Schiffsverbindungen auf fünf Kontinenten. → European-Timetable, → Kursbuch, → Overseas Timetable

Kurswagen: Durchlaufender Eisenbahnwagen, der Zügen verschiedener Linien angehängt werden kann und damit den Reisenden ohne Umsteigen an seinen Zielort bringt. Nur noch seltener Einsatz, da DB-Konzeption auf Ganzzüge zielt.

Kurtaxe/Kurbeitrag: → Kurabgabe

Kurtaxordnung (-satzung): → Kurabgabe

Kurverwaltung: Behörde in Heilbädern und Kurorten zur Verwaltung und Förderung des Kurbetriebes sowie zur Betreuung der Kurgäste. Leiter der K. ist der Kurdirektor.

Kurzkreuzfahrten: Kreuzfahrten von zwei bis vier Tagen, mit mindestens einer Übernachtung, im Unterschied zu Kreuzfahrten mit über fünf Tagen Dauer. → Kreuzfahrten, → Kurzreisen/Kurzurlaubsreisen

Kurzreisen/Kurzurlaubsreisen: Sie dauern zwei bis vier Tage, sind mit mindestens einer Übernachtung verbunden und werden häufig in Verbindung mit Wochenenden und Feiertagen unternommen. Bei organisierten K. ist der Bus das typische Verkehrsmittel. Neben einem festgelegten Programm können Ausflüge, Besichtigungen oder Stadtrundfahrten fakultativ angeboten werden. Sie müssen nicht im Reisepreis eingeschlossen sein; auf eine ständige Reiseleitung kann verzichtet werden. Nach Reiseanalyse RA 2001 unternahmen die Deutschen im Jahr 2000 über 50 Mill. K. → Kurzkreuzfahrten, → Reiseanalyse (RA)

Kurzstreckenverkehr: Zum K. gehören (nach Lufthansa) alle Strecken innerhalb Deutschlands sowie die nahen grenzüberschreitenden Flüge ins benachbarte Ausland. Beim Pauschalflugreiseverkehr werden alle Flüge bis zu den geografischen Eckpunktzielen Island, Portugal, Tunesien und Türkei zum K. gezählt.

KVDB: Kraftfahrervereinigung Deutscher Beamter, Automobilclub mit Funktionen vergleichbar ADAC.

L

Länderausschuss Fremdenverkehr: → Bund-Länderausschuss Tourismus

Länderbrief: Informationsservice bzw. Datenmaterial, das zu einem besseren Kenntnisstand der Expedienten über die Reiseziele dienen soll. Neben den allgemeinen Reisedaten (z.B. Einreise- und Zollbestimmungen, Bank- und Währungsinformationen, Notdienste, Einkaufstipps etc.) vermitteln die sog. Länderbriefe Informationen, die den Tourismus in den jeweiligen Reiseländern direkt oder indirekt beeinträchtigen können (z.B. politische, gesundheitliche und naturbedingte Gegebenheiten). In Deutschland sind der „Blaue Fink-Ordner" und das „TIM" (Travel Information Manual) die bekanntesten Nachschlagewerke. Regelmäßig, sogar mehrmals täglich aktualisierte Daten können jetzt auch über verschiedene Informationssysteme bzw. Software-Programme schnell abgerufen werden.

Länder Info: Länderinformation von Preuss Touristikinformation, Bonn, erscheint einmal jährlich im Februar.

Lagune: Seichtes, von Sanddünen umgebenes Gewässer innerhalb eines Atolls; Haff. → Haff

LAN: Abk. für Local Area Network; räumlich begrenztes Netz, in dem mehrere lokale Computer (z.B. innerhalb eines Gebäudes) miteinander verbunden sind. Das Netz besteht aus mindestens einem Server, Arbeitsstationen und evtl. Zusatzgeräten wie z.B. Drucker. → Server

Landausflüge: Geführte Busausflüge, die bei Kreuzfahrten in Zwischenhäfen zu den Sehenswürdigkeiten der Umgebung unternommen werden. L. sind i.d.R. nicht Leistungsbestandteil; fakultative Buchung erfolgt meist erst an Bord. → Kreuzfahrten

Landegebühr: Von den Flugzeughaltern für jede Landung an die Flughafenunternehmen zu entrichtendes Entgelt. Die L. bemisst sich nach dem höchsten in den Zulassungsunterlagen verzeichneten Abfluggewicht des Flugzeuges und im gewerblichen Luftverkehr zusätzlich nach der Zahl der bei der Landung an Bord des Flugzeuges befindlichen Passagiere. Sie ist i.d.R. vor dem Start zu entrichten.

Landesfremdenverkehrsverbände: → Fremdenverkehrsstellen

Landesgartenschau: → Gartenschau

Landschaftsschutzgebiete: Gebiete, die vorwiegend aus Gründen der Vielfalt, Eigenart und Schönheit der Landschaft geschützt sind. In L.n gelten meist Beschränkungen für gewerbliche Betriebe, beim Hausbau, bei Eingriffen in die natürlich gewachsene Landschaft. Nicht identisch mit Naturschutzgebieten, für die noch strengere Kriterien gelten (auch Tierschutz). → Naturschutzgebiete

Land/Schiffkombinationen: Pauschalangebote der Reiseveranstalter mit Land- und Schiffserlebnis in einem Urlaub durch Verknüpfung von Turnuskreuzfahrten mit einem entsprechenden Landarrangement.

Landungskarte: Ausweisersatz der örtlichen Behörden, um bei Kreuzfahrten in einem Hafen an Land gehen zu können. → Kreuzfahrten, → Landausflüge

Langstreckenverkehr: Dazu gehören (nach Lufthansa) alle internationalen Strecken über Europa und den Nahen Osten hinaus sowie einige Strecken nach Afrika. Beim Pauschalflugreiseverkehr werden alle Flüge über den Atlantik, nach Asien, Ost- und Westafrika zum L. gezählt.

Langzeitgäste: Engl. Long Stayings. Hotelgäste/Geschäftsreisende, die länger als 30 Tage zusammenhängend zu Vorzugspreisen übernachten.

Langzeiturlaub: Er beginnt bei sechs Wochen und dauert i.d.R. bis zu zwölf Wochen. Großveranstalter offerieren z.T. Sonderangebote wie zehn Wochen zum Acht-Wochen-Preis oder Sonderreisen, die eine festgelegte Dauer haben, nicht verlängert werden können und besonders preisgünstig verkauft werden. Häufig ist die Zusatzkrankenversicherung und die auf 30 kg erhöhte Freigrenze beim Gepäck als Extra bereits eingeschlossen.

Last-Minute-Tickets und -Reisen: Flug- und Pauschalreisenangebot, wird an kurzentschlossene Urlauber billiger als zum Katalogpreis abgegeben. Es handelt sich dabei um kurzfristig freie Plätze, deren Verkauf durch L. für bessere Auslastung sorgen soll. L'Tur ist Marktführer mit Vorausbuchungsfrist von 14 Tagen, LCC bietet neben L'Tur L. auch bei Linienflügen der Lufthansa als Pauschalreise, LCC mit Vorausbuchungsfrist für LH-Langstrecke sieben Tage, Europaziele dreiTage.

Lastschriftverfahren: → Zahlungsverkehr und -verfahren

Layover: 1. Übernachtung von Flugpassagieren, die wegen schlechter Witterung, Maschinenschadens o.Ä. auf Kosten der Fluggesellschaft einen Zwangsaufenthalt einlegen müssen. 2. Engl. Fachausdruck für Flugunterbrechung. → Stopover

LBA: Luftfahrtbundesamt. Sitz: Braunschweig, wurde durch Gesetz 1954 als Bundesoberbehörde für Aufgaben der Zivilluftfahrt eingerichtet. Das LBA sorgt für einen technisch und betrieblich geordneten Ablauf eines Fluges. Gründungsmitglied der Joint Aviation Authorities (JAA). Diese Behörde ist dem Bundesverkehrsministerium unterstellt. Aufgaben des LBA sind:

- Zulassung, Prüfung und Überwachung von Luftfahrtgeräten und ihrer Lufttüchtigkeit
- Erteilung der Erlaubnis für Luftfahrtpersonal mit Überprüfung ihrer Ausbildung
- Prüfungen und ärztlichen Untersuchungsstellen
- Prüfung des technischen, betrieblichen und finanziellen Zustandes von Luftfahrtunternehmen und Luftfahrtschulen
- Herausgabe von Flugsicherheitsmitteilungen und -empfehlungen. → Bundesministerium für Verkehr, Bau- und Wohnungswesen (BMVBW), → JAA

LBO: Landesverband bayerischer Omnibusunternehmer., München, seit 1946, größter Landesverband innerhalb des BDO; maßgebliche Mitgestaltung im BDO und in internationalen Gremien; vertritt die Interessen des privaten Omnibusgewerbes. → BDO

LCC: LH City Center, Franchise-Kette der LH. Veranstalter-Eigenmarke My Tour. →Lufthansa City Center

LDS: Lufthansa City Center Destination Services, ermöglicht den LCC die Entwicklung eigener touristischer Produkte wie etwa die Abwicklung von Gruppenreisen und individuellen Reiseprogrammen weltweit.

LDW: Loss Damage Waiver, Autodiebstahlversicherung bei Rent a Car in USA, Verzicht des Vermieters auf Forderungen bei Verlust des Fahrzeugs. → CDW - Collision Damage Waiver

Leader: 1991 gestartetes Programm zur Förderung der Landwirtschaft in der EU. Der Tourismus bildet eine Alternative für ländliche Regionen mit Entwicklungsrückstand. Gefördert werden z.B. Ausbildungsprogramme für Ferien auf dem Bauernhof.

Leasing: Mittel- und langfristige Objektfinanzierungsform, bei der die Leasing-Gesellschaft (Bank, Finanzierungsinstitut) das vom Leasing-Nehmer (Investor) ausgewählte Investitionsobjekt kauft und ihm gegen Zahlung monatlicher Leasing-Raten zur Nutzung überlässt. Dabei bleibt der Leasing-Geber/die Leasing-Gesellschaft Eigentümer des Investitionsobjektes. Bei schnelllebigen Objekten wie z.B. im EDV- und KFZ-Bereich hat sich L. mittlerweile bei vielen Unternehmen durchgesetzt, da der Nutzungsgedanke im Gegensatz zur herkömmlichen längerlaufenden Investition im Vordergrund steht. Ein besonderer Vorteil liegt in der steuerlichen Behandlung der Leasing-Raten als Betriebsausgaben.

Least Cost Router: Elektronische Geräte wählen automatisch die Telefongesellschaft an, die zum Zeitpunkt des Telefonanrufs für die gewünschte Tarifzone am günstigsten ist.

Lecture: Formeller Vortrag eines Fachreferenten mit möglichem Frage- und Antwortspiel.

Leereinfahrt mit anschließender Besetztausfahrt: Einfahrt in ein Land, mit einem leeren Bus durchgeführt, um dort eine Gruppe abzuholen.

Leif: Leipziger Institut für empirische Forschung, Forschungsinstitut mit Schwerpunkt in den neuen Bundesländern.

Leihkatalog: Im Hinblick auf die Umweltbelastung durch Papierverschwendung (als weiteres Ziel gilt auch die Verminderung hoher Druckkosten), die die Herstellung/Verteilung zahlreicher Reisekataloge zur Folge hat, wurde die Mehrfachbenutzung der Kataloge von einigen Veranstaltern versuchsweise eingeführt. Dabei wird der Kunde gebeten, den Katalog nach Benutzung an den Veranstalter zurückzuschicken oder dem Reisebüro zurückzugeben.

Leinpfad: An Kanal- und regulierten Flussufern zu finden. Vor der Erfindung der Dampf- und Motorschiffe wurden die Schiffe mit Tier- oder Menschenkraft entlang der Leinpfade gezogen. Heute z.T. beliebte Wander- und Radwege. → Treidelpfad

Leipziger Messe Touristik und Caravaning (T & C): Regionale Publikumsmesse jährlich im November, Veranstalter: Tele-Marketing Service (TMS).

Leistungsträger: 1. Von L.n spricht man im Zusammenhang mit Pauschalreisen, bei denen von einem Reiseveranstalter Einzelleistungen verschiedener rechtlich selbstständiger L. über die vom Veranstalter aus dem eigenen Unternehmen erbrachten Leistungen hinaus zum Pauschalarrangement zusammengefasst werden. L. sind demnach alle Beförderungsunternehmen, Hotels und Gastronomie, Veranstalter vor Ort usw. Vertragliche Beziehungen kommen dabei zwischen L. und Kunden regelmäßig nicht zu Stande, vielmehr ist der L. lediglich Erfüllungsgehilfe des Reiseveranstalters bei der Erfüllung der Gesamtreiseleistung. Die Rechtsprechung bejaht z.T. jedoch einen eigenen Anspruch des Reisekunden gegen den Leistungsträger (Beispiele im Einzelfall: Beförderungs- oder Beherbergungsunternehmen) aus Vertrag zu Gunsten Dritter unter Ausschluss von Einwendungen gegen den Veranstalter. 2. Im Zusammenhang mit Start sind L. die verschiedenen angeschlossenen Verkehrsträger und Reiseveranstalter als Leistungsanbieter. → Erfüllungsgehilfe, → Pauschalreisen

Leitbild: → touristisches Leitbild, → Unternehmensleitbild

Leitveranstalter: Hauptveranstalter im Sortiment eines Reisebüros.

Leitweg: Routing; Festlegung einer Flugstrecke mit möglichen Zwischenorten zwischen Ausgangs- und Bestimmungsort einer Flugreise, an denen der Flug ohne Mehrkosten unterbrochen werden kann. Im Tarif angegeben durch eine L.-Nr. oder durch einen globalen Richtungscode. L.-Karten dienen mit Bestimmung von Flugunterbrechungspunkten (Three Letter Codes) und Richtungscodes (Iata-Verkehrsgebiete) bei Luftverkehrsgesellschaften und Agenturen der Tariffestlegung einschließlich der zulässigen Abweichungen vom direkten Flugweg. → Iata-Verkehrsgebiete, → Richtungscodes, → Three Letter Codes

Lenk- und Ruhezeiten: Zum Schutze der Allgemeinheit und der KOM-Führer sind Vorschriften erlassen worden, welche die Lenk- und Arbeitszeiten begrenzen sowie Mindestruhezeiten vorschreiben. Es kommen zur Anwendung

- im nationalen und grenzüberschreitenden Linienverkehr bis 50 km Linienstrecke die Fahrpersonal-Verordnung
- im Linienverkehr über 50 km Linienstrecke und im Gelegenheitsverkehr die EWG-Verordnung Nr. 3820/85
- im grenzüberschreitenden Linienverkehr über 50 km Linienstrecke und im grenzüberschreitenden Gelegenheitsverkehr innerhalb der EU-Staaten die EWG-Verordnung Nr. 3820/85
- im grenzüberschreitenden Verkehr in Drittstaaten (Nicht-EU-Staaten), die das AETR-Übereinkommen unterzeichnet haben, das AETR-Übereinkommen
- im grenzüberschreitenden Verkehr zwischen den EU-Staaten, wobei jedoch ein oder mehrere AETR-Vertragsstaaten durchfahren werden, das AETR-Übereinkommen
- im grenzüberschreitenden Verkehr in Staaten, die weder EU noch AETR-Vertragsstaaten sind, die jeweiligen nationalen Vorschriften. → AETR

Leonardo: Förderungsprogramm der EU für die Berufsbildung Jugendlicher, Petra-Nachfolgeprogramm. Instrument für Schüler- und Lehrlingsaustausch. Weitere Schwerpunkte: Vermittlung von (berufsbezogenen) Sprachkenntnissen und intensive Zusammenarbeit mit Hochschulen und Betrieben zu Gunsten kleinerer und mittelgroßer Unternehmen. → Petra

Leserreisen: Eine Ausschreibungsart z.T. hochrangiger Touristikprodukte, die auf der Zusammenarbeit zwischen Zeitungsverlagen und Veranstaltern beruht. Die Verlage beabsichtigen damit die verstärkte Bindung der Leser an ihre Zeitung oder Zeitschrift; die Leser erwarten ihrerseits beste und preisgünstige Angebote. → Haftung bei Pauschalreisen, → Reiseveranstalter

Le Shuttle: Shuttle Service, seit Inbetriebnahme des Eurotunnels Pendeldienst zwischen Folkestone (bei Dover, Großbritannien) und Sangatte (bei Calais, Frankreich). In Hauptverkehrszeiten befördert L. im 20-Minuten-Takt PKW, LKW, Reisebusse und ihre Passagiere innerhalb von 35 Min. zwischen beiden Ufern. Die Fahrzeuge werden auf spezielle Bahnwaggons geladen. PKW- und Buspassagiere bleiben während der Durchfahrt in ihrem Fahrzeug sitzen; LKW-Fahrer reisen in einem Aufenthaltswagen. Der Markenname Le Shuttle als Bezeichnung für den Tunnelzug unter dem Ärmelkanal wurde 1998 auf Eurotunnel abgeändert. → Eurostar, → Eurotunnel

Letter of Intent: Absichtserklärung, mit der Unternehmen ihre zukünftige Zusammenarbeit in Aussicht stellen. → Memorandum of Understanding

Leuchtfeuer: Sie werden an Küsten und navigatorisch wichtigen Punkten des Fahrwassers unterhalten, z.B. durch schwimmende Leuchtfeuer auf Feuerschiffen, Leuchtbojen, Feuer an Land oder auf festem Grund. → Feuerschiff

Levante: 1. Das Morgenland, die östlich von Italien liegenden Mittelmeerländer, 2. I.e.S. die Küsten von Kleinasien bis Ägypten.

Leverage Buy-out: Unternehmensübernahme, Auskauf-Transaktion in den USA, bei der sich Top-Manager mit Investment-Firmen zusammenschließen, um in einem L.B. die Aktionäre auszuzahlen. Die dazu erforderlichen Gelder werden durch höchstmögliche Verschuldung der betroffenen Firma aufgebracht. Zur Verringerung der drückenden Schuldenlast werden von den neuen Managern/Eigentümern einzelne Betriebsteile verkauft.

LFV - Landesfremdenverkehrsverband: → DFV, → Fremdenverkehrsstellen

LH Airport-Express: Ehemaliger Zubringerzug auf der Rheinschiene zwischen den beiden Flughäfen Frankfurt und Düsseldorf, verkehrte mit Zwischenhalt in Bonn, Köln, Köln-Deutz und Düsseldorf sowie Frankfurt und Stuttgart (Hbf). Die Beförderung erfolgte nur mit einem gültigen Flugschein. Wurde im Mai 1993 eingestellt.

LH E-Commerce: E-Commerce-Tochter der Deutschen Lufthansa, betreut den Info Flyway und die Web-Seiten der deutschen Veranstalter von Thomas Cook. → Lufthansa Info Flyway

LHO: Landesverband Hessischer Omnibusunternehmer; Sitz in Gießen.

LH Systems: 1994 aus der Lufthansa Informationstechnik- und Software (LIS) hervorgegangenes LH-Beratungsunternehmen über den eigenen Konzernbereich hinaus. Zum 1.1.2001 wurde die Lufthansa Systems Group als Holding gegründet. Zum Unternehmensverbund, der in drei Geschäftsbereiche Airline, Aviation und Infrastructure gegliedert ist, gehören derzeit 17 eigenständige Tochterunternehmen (Stand: Dez. 2001).

Liberalisierung: In Westeuropa Schaffung eines einheitlichen Wirtschaftsraums durch Angleichung der unterschiedlichen Zoll- und Steuervorschriften. Die Übergangsphase zum europ. Binnenmarkt erfolgte über die Phase der Harmonisierung. → Deregulation, → EU/EG/EWG, → Harmonisierung, → Liberalisierung im Luftverkehr

Liberalisierung im Luftverkehr: In einer zweiten Stufe von den Verkehrsministern der EG beschlossenes Konzept zur Schaffung flexiblerer Flugpreise und größerer Konkurrenz im europäischen Luftverkehr, auch als Deregulierung bezeichnet. Bereits 1987 hatten sich die Verkehrsminister in einem ersten Schritt darauf geeinigt, den Zugang zu den heimischen Märkten auch ausländischen Fluggesellachaften zu eröffnen und flexiblere Flugtarife als die bisherigen, von der Iata detailliert festgeschriebenen zu genehmigen. Mit dem zweiten, 1990 beschlossenen Schritt wurden im Linienflugverkehr drei Tarifzonen mit Flexibilitätsmargen geschaffen:

- Normaltarif/Economy Class ohne Beschränkungen; 95 - 105% des zu schaffenden einheitlichen Tarifs
- Rabatt- oder Discount-Tarifzone für Rückflug- und Rundreisetickets; 80 - 94% des Economy-Class-Tarifs
- Super-Rabatt- oder Deep-Discount-Tarifzone für Mindestaufenthalts-, Apex-, Jugend-, Seniorentickets usw.; 30 - 79% des Economy-Class-Tarifs

Ab 1993 war eine automatische Genehmigungsregelung für Discount-Tarife und Streckenrechte durch die Verkehrsministerien der betroffenen Mitgliedsstaaten vorgesehen. Weiterhin waren Tarifausnahmen zu Gunsten der klassischen EG-Urlaubsländer zur Angleichung an Charterflugpreise vorgesehen sowie die Beschränkung der geschützten Marktanteile der jeweiligen nationalen Air Carrier zur Ermöglichung des Marktzugangs ausländischer und neuer Fluglinien. Schließlich sollten die Kapazitätsobergrenzen für den Bereich der fünften Freiheit des Luftverkehrs, für Flüge ohne Heimatlandberührung, angehoben werden. Eine völlige Preisfreigabe war allerdings auch von zukünftigen Liberalisierungsvorschriften nicht zu erwarten, um Sicherheitsstandards zu wahren und Verdrängungswettbewerb zu verhindern. In der dritten Stufe, zeitlich mit dem Beginn des EU-Binnenmarktes vom 1.1.1993, ist der gesetzliche Rahmen für die L. vollendet worden. Mit einheitlichen Zulassungsvorschriften können die Fluggesellschaften in der gesamten EU ihre Flugleistungen anbieten. Die dritte Stufe unterscheidet nur regelmäßige und nichtregelmäßige Flüge (Scheduled/Non-Scheduled). Da für die Zulassung keinerlei Unterschied mehr zwischen Linien- und Charterfluggesellschaften gemacht wird, bleibt es den Fluggesellschaften überlassen, wie sie die Strecken bedienen. Gleichzeitig ersetzt die freie Preisbildung die bisherigen, behördlich festgelegten Flugtarife. Für die Überprüfung durch die Behörden sorgt als Bezugsgröße ein sog. Grundpreis, der den niedrigsten voll flexiblen Flugpreis darstellt. Grundsätzlich werden vom europäischen Wirtschaftsrecht Subventionen wegen Wettbewerbsverzerrung ausgeschlossen. Als Folge des Übergangs vom regulierten Markt zum freien Wettbewerb in der EU werden sich für die Flugreisenden sicher große Vergünstigungen in Form von Preisnachlässen ergeben. Die Fluggesellschaften werden über gezielte Marketing-Maßnahmen in Form der Kundenbindungsprogramme und verstärkter Zusammenarbeit mit den Iata-Agenturen und Reiseveranstaltern sowie internen Kostensenkungsprogrammen eine Optimierung ihrer Marktposition suchen. Langfristig wird der Flugverkehr nach der Deregulierung in USA und der Liberalisierung in der EU eine weitere Entwicklung zwischen diesen Gebieten sowie mit dem ostasiatischen Wirtschaftsraum nehmen.
→ Carrier, → Deregulation, → Freiheiten der Luft, → Streckenrechte

Lieferfristenüberschreitung: Versicherungsspezifischer Begriff für z.B. verspätete Auslieferung von Gepäck erst nach Ablauf der sich aus dem Beförderungsvertrag oder aus den dem Beförderungsvertrag zu Grunde liegenden Beförderungsbestimmungen ergebenden Auslieferungsfrist zur Aushändigung an den berechtigten Empfänger.

Liegewagen: Kann auch als Sitzwagen verwendet werden, enthält bis zehn Abteile mit maximal je sechs Sitz- oder Liegeplätzen; in verschiedenen Verbindungen des In- und Auslands ist gegen geringen Aufpreis die Viererbelegung möglich. Gute Wärmedämmung, zwei WC, vier Waschräume mit fließend warmem und kaltem Wasser, Rasiersteckdose; jeder Reisende erhält ein weißbezogenes Kopfkissen und Wolldecke, keine Trennung nach Geschlecht. Zum Frühstück kann im Abteil ein schmaler Esstisch in Halterungen am Fensterbrett eingehängt werden. Ehemals bei der TUI als hauseigenes

Produkt (TUI-Ferien-Express) mit eigenem, komfortableren Wagenpark im Einsatz. War als Alpen-See-Express (ASE) unter Organisation durch das DER als weiteres Produkt für diverse andere Bahnreiseveranstalter im Markt. → Alpen-See-Express (ASE), → Autoreisezug (ARZ), → Urlaubsexpress

Life: Finanzierungsinstrument für europäische Umweltprojekte, wird von der Umweltgeneraldirektion (GD-XI) verwaltet. Ziel ist die Förderung einer nachhaltigen Entwicklung und Steigerung der Umweltqualität, der Schutz der Lebensräume und der Natur sowie die Förderung der Bildung, Ausbildung und Information etc.

Lifestyle: Bezeichnung für ein Wertmuster einer Personengruppe und ein gemeinsames Verhalten, das sich von anderen abgrenzt (Konsumverhalten, zwischenmenschliches Verhalten, Verhalten gegenüber Neuerungen etc.). Bei touristischen Produkten und Marken ist zu prüfen, inwieweit sie sich jeweils eignen, einen L. unterzubringen.

Liften: Abreißen eines Flugcoupons.

Light and Sound, Licht und Ton, Son et Lumière: Abendveranstaltung, bei der meist historische Objekte (Kathedralen, Moscheen, Pyramiden etc.) angestrahlt werden und musikalisch untermalt die entsprechende Baugeschichte erzählt wird.

Lingua Franca: Verkehrssprache meist für Handel und Seefahrt im Mittelmeerraum mit romanischem Wortgut, das mit arabischen Bestandteilen vermischt ist.

Linie: 1. Wasserlinie, 2. Form z.B. eines Schiffes, 3. Äquator, 4. Fluglinie oder Linienreederei auf einer bestimmten Route nach Fahrplan.

Linienähnlicher Verkehr: → Linienflugverkehr

Linienflugverkehr: Nach Luftfahrtstatistik Linienverkehr und linienähnlicher Verkehr. Linienverkehr ist jede öffentliche, zwischen bestimmten Landeplätzen eingerichtete regelmäßige Flugverbindung mit Beförderungspflicht für Personen, Fracht und Post, für die dem durchführenden Luftfahrtunternehmen eine Genehmigung erteilt wurde. Die Verkehrsgesellschaft trägt das Beschäftigungs- und Auslastungsrisiko. Als linienähnlichen Verkehr bezeichnet man den Bedarfsluftverkehr nach festen Abflugzeiten. → Bedarfsluftverkehr nach festen Abflugzeiten

Linienschifffahrt: Fahrplanmäßige Schiffsverbindung auf einer bestimmten Linie. Gegensatz: Trampschifffahrt. → Kreuzfahrten

Linientaufe: → Äquatortaufe, → Polartaufe

Linientausch: Als L. bezeichnet die DB bei IC/EC-Zügen den Wechsel in Korrespondenzbahnhöfen von Stammlinien auf andere Linien. → EC / EC-Netz, → IC-Intercity

Linienverkehr/Bus: Nach PBefG der regelmäßige Verkehr zwischern zwei Punkten mit Haltestellen; neben dem allgemein zugänglichen Verkehr gehören hierzu auch Berufsverkehr, Schulbusse u.a. Der L. unterliegt hinsichtlich Beförderungspflicht und -entgelt zahlreichen Auflagen. → Grundpflichten, → PBefG, → Sonderformen des Linienverkehrs

Linux: Abk. für Linus Torvalds' (der Entwickler) Unix; wörtl: Unix-Variante von Linus. Variante des Betriebssystems Unix für PC mit mindestens einem 386er Prozessor. 1991 von dem Finnen Linus Torvalds entwickelt, bietet L. die für Unix typischen Merkmale wie Multitasking und Multiuser-Betrieb.

Liquidation: Abwicklung der Geschäfte eines Unternehmens nach dessen Auflösung. → Insolvenz

Liquidität: Die Bereitschaft und Fähigkeit, jederzeit fristgerecht für alle betrieblich eingegangenen Zahlungsverpflichtungen aufzukommen. Da Investitions-, Finanz- und Abschreibungspolitik einen wesentlichen Einfluss auf die L. (flüssige Zahlungsmittel) eines Unternehmens ausüben, kann es zweckmäßig sein, einen L.-plan mit einer laufend aktualisierten Einnahmen-/Ausgabenübersicht zu erstellen. Zwischen L. und Rentabilität besteht ein enger Zusammenhang. → Rentabilität

Lirg: Local Interline Reservation Group, Frankfurt, Vereinigung der Airline-Verkaufsexperten mit direkter Verbindung zu den Reisemittlern.

LIS: 1. Lufthansa Informationstechnik- und Software, LH-Beratungsunternehmen über den eigenen Konzernbereich hinaus mit Angebot für Problemlösungen in Hotellerie, sowie Reiseveranstaltergewerbe und Fluggesellschaften, 1994 umbenannt in LH Systems. 2. Liability Insurance Supplement, Erhöhung der Haftpflichtversicherung bei Rent a Car in USA.

Literaturlandschaften: Verein zur Förderung von Literaturstätten und -landschaften in Deutschland, Sitz: Nordhorn. L. gibt jährlich ein Buch mit Reisevorschlägen zu interessanten Stätten aus der Welt der Literatur heraus. Die Beschreibungen werden ergänzt durch ein kulturelles Veranstaltungsverzeichnis.

Lizenzen: → Verkaufslizenzen

Lizenzierung: Lizenzierungsverfahren und Zulassungsbeschränkungen für die Gründung eines Reiseunternehmens bestehen auf Grund der Gewerbefreiheit in Deutschland nicht. Wie bei jedem anderen Gewerbe genügt die Anmeldung beim zuständigen Gewerbeamt. → Gewerbeanmeldung/Gewerbeordnung

Lloyd's: Committee of Lloyd's Underwriters in London, Gemeinschaft von Versicherungsunternehmern mit eigener persönlicher Verantwortung. Jedes Mitglied muss einen seinem Versicherungscharakter entsprechenden Beitrag bei Lloyd's hinterlegen. Überschüsse werden je nach der Höhe der Beteiligung jedes einzelnen Mitglieds jährlich ausgezahlt. Lloyd's als Gesellschaft dient seinen Mitgliedern lediglich mit der Abwicklung und Aufklärung von Seeunfällen sowie Informationen über die Schiffsbewegungen. Diesen Zwecken dienen auch die zahlreichen Publikationen wie Lloyd's List and Shipping Gazette, Lloyd's Weekly Casualty Reports, Lloyd's Shipping Index, Lloyd's Loading List, Lloyd's List Law Reports usw. → Kreuzfahrten, → Linienschifffahrt, → Trampschifffahrt

Lloyd's Register of Shipping: Britische Klassifikationsgesellschaft, gegründet 1760, seit 1949 vereinigt mit British Corporation of Shipping. Registrierung von Schifffahrt und Häfen. → Germanischer Lloyd

LMC: Last-Minute-Check-in. Ein Fluggast, der nach der regulären Check-in-Zeit noch von der Fluggesellschaft abgefertigt wird, auch unter Inkaufnahme von Verspätung.

Lobby: 1. Vorraum, Halle, Foyer im Hotel oder auf Schiffen, 2. Interessenvertretung gegenüber einer Regierung; Lobbyisten, Vertreter von Sonderinteressen einer Gruppe gegenüber Behörden.

Local Guide: Fremdenführer, Reiseleiter am Aufenthaltsort, Stadtführer, in der ehem. DDR Stadtbilderklärer. Er verfügt über spezielle Kenntnisse seines Einsatzortes. → Bundesverband der Gästeführer, → Reiseleiter, → Stadtführungen, → Tour Guide

Local Selling Fare (LSF): Der in der Landeswährung des Ausgangsflughafens publizierte Beförderungstarif im Linienluftverkehr.

Location Identifiers: Coding of Cities/Airports. → Three Letter Codes

Loch Ness: Unsterbliche Legende von „Nessie", dem Wassermonster, schottische Art der FV-Förderung; Loch ist die engl./schott. Bezeichnung für einen größeren See oder eine Meeresbucht.

Loco-Tarif: Bei DB Begriff für relationsbezogenen Fahrpreis im Personenverkehr.

Lodge: Unterkunftsart für Safariteilnehmer mit Gemeinschaftsanlagen, etwa Swimmingpool, Restaurant, Gesellschaftshalle usw.; Begriff von den USA übernommen für aufwendige Bungalows oder Landhäuser. → Safari

Logbuch: 1. Schiffstagebuch, in das alle nautisch wichtigen Ereignisse an Bord eingetragen werden. 2. Reservierungsbuch im Restaurant.

Log-in: Anmelden eines Benutzers in einem Computer mittels Benutzername, Passwort oder sonstiger Kennung. Auch als Jump-in bezeichnet. Gegenteil von Log-out. → Jump-in, → Log-out

Log-out: Abmelden eines Benutzers in einem Computer. Auch als Jump-out bezeichnet. Gegenteil von Log-in. → Jump-out, → Log-in

Logis: 1. Wohnraum für die Mannschaft an Bord eines Schiffes; das L. liegt entweder vorn unter der Back oder in den Deckshäusern hinten. 2. Unterkunft/Übernachtung im Hotel, in der Pension.

Logistik: Komplette Organisation der vielschichtigen täglichen Aufgabenstellungen in Handel, Industrie und Gewerbe, angefangen von der Beschaffung von Rohstoffen und Zulieferteilen über die eigentliche Produktion bis hin zur lückenlosen Distribution fertiger Produkte. Verstärkt kommen Systemlösungen für Arbeitsabläufe, Materialfluss und Warenbewegungen zum Einsatz. Da diese Abläufe fast immer mit Transportaufgaben verbunden sind, werden dazu alle Verkehrsträger benötigt, hohe Logistik-Anforderungen richten sich z.B. an Kreuzfahrtschiffe, Flugzeuge u.a. → Catering

Logo: Start-Schulungssoftware, hat das bis 1994 gültige Susy-Start-Unterrichtssystem abgelöst.

Lohn: Bezeichnet alle Formen des Arbeitseinkommens aus unselbstständiger Tätigkeit. Im Gegensatz dazu steht das Einkommen aus selbstständiger Tätigkeit (Gewinn) oder aus Kapitalbesitz (Zinsen).

Lohnnebenkosten: Sind die Sozialversicherungsbeiträge des Arbeitgebers (Renten-, Kranken-, Arbeitslosen- und Pflegeversicherung) und freiwillige betriebliche Sozialleistungen. L. sind also ein Bestandteil des Lohnes, der zurückgehalten wird (Deferred Payment) und erst im Bedarfsfall zur Auszahlung gelangt. Die L. belasten die Wettbewerbsfähigkeit in arbeitsintensiven Branchen sehr stark. → Sozialversicherungsbeiträge

Lok: Kurzform von Lokomotive, Fahrzeug der Eisenbahn mit eigener Antriebsanlage zum Zug und Schub antriebsloser Schienenfahrzeuge. Man unterscheidet Schnellzug,- Personenzug-, Güterzug- und Rangierlokomotiven.

Lomé-Abkommen: Nach der Hauptstadt Togos benannt, in der die EG und 46 Entwicklungsländer (sog. AKP-Staaten) ein umfangreiches Abkommen über wirtschaftliche Zusammenarbeit unterzeichnet haben. In den Abkommen I und II hat der Tourismus kaum Erwähnung gefunden. Lomé III Art. 86-90 nehmen ausdrücklich Bezug auf die Zusammenarbeit der AKP-Staaten mit EG-Ländern hinsichtlich des Tourismus, spez. mit Art. 97-100 Maßnahmenkatalog. Das 1990 erneuerte IV. Lomé-Abkommen zwischen EU und 69 AKP-Staaten behandelt die Zusammenarbeit im Bereich der Dienstleistungen und hier besonders auf dem Gebiet des Tourismus. → AKP-Staaten, → EU/EG/EWG

Londoner Club: Im Unterschied und Ergänzung zum Pariser Club der für alle Betroffenen zugängliche informelle Zusammenschluss von Gläubigerbanken zur Neuregelung des Schuldendienstes in Schwierigkeiten geratener Schuldnerländer, und zwar einschließlich der dortiger privaten Schuldner. Umgeschuldet werden hier zu vergleichbaren Bedingungen wie im Pariser Club ungesicherte Handelsforderungen und ungebundene Kredite. Die besondere Bedeutung gewinnt der Londoner Club durch die Wiederherstellung von Gläubigervertrauen und des Zuganges zu den privaten Kapitalmärkten. → Pariser Club

Long Haul: Langstrecke im Flugverkehr. → Langstreckenverkehr

Lost and Found: Fundbüro, an Bahnhöfen und Flughäfen Anlaufstelle für verlorengegangenes Gepäck.

Lotse: Bei schwierigen Passagen erhält ein Schiff einen nautischen Beirat. Der L. ist ein erfahrener Nautiker mit höchstem Patent und mit Spezialkenntnissen des Fahrwassers, auf dem er eingesetzt ist. Das Lotsenboot bringt den Lotsen von Land oder einem Lotsenversetzschiff an Bord des zu lotsenden Schiffes. Mit dem Lotsenfeuer wird bei Dunkelheit ein Lotse herbeigerufen; das Lotsensignal ruft den Lotsen mit Hilfe einer Lotsenflagge an Bord. Fluglotse analog im Flugverkehr. → Revierfahrt

Lounge: Komfortabler Aufenthaltsraum; Teil einer Hotelhalle; Gesellschaftsraum auf Passagierschiffen; VIP-Lounge auf Flughäfen für bevorzugte Fluggäste; ebenso DB-Lounges.

Low Budget Hotels: Engl. Bezeichnung für preisgünstige Übernachtungsmöglichkeiten, häufig ohne zusätzlichen Service wie z.B. Minibar und Telefon auf dem Zimmer, Rezeption und Restaurant.

Low Cost Airline: Geschäftssystem von Fluggesellschaften, mit dem grundsätzlich ein eigener Markt bedient wird, das allerdings auch mit anderen korrespondieren kann.

Low Cost Carrier: Fluggesellschaft, die nur Punkt-zu-Punkt-Verkehr bedient auf Basis von Electronic Ticketing; kein Transitverkehr. Fliegt zu geringsten Vertriebskosten.

Low Fare Airline: Low Cost Carrier, Fluggesellschaften ohne besonderen Service (z.B. keine Lounges, kein Bordmenü, keine Zeitungen, keine Bordkarten) und mit billigen Ticketpreisen. Preisvorteile werden auch durch Anflug kleinerer Flughäfen sowie die Fokussierung auf den Direktvertrieb erzielt.

Loyalty Program: Vielflieger- oder Stammkunden-Programm der Fluggesellschaften und Leistungsträger. → Bonusprogramm, → Frequent Flyers/Travellers

LSF: Local Selling Fare. → Local Selling Fare (LSF)

LSG: Lufthansa Service Sky Chefs. Catering-Unternehmen der Deutschen Lufthansa, das für die Versorgung der Flugzeuge mit Passagiermahlzeiten und anderen Bordutensilien zuständig ist. → Catering

LTO: Landesverband Thüringer Omnibusunternehmer; Sitz in Erfurt.

LTU: Lufttransport-Unternehmen GmbH & Co KG, Düsseldorf, Markenname LTU International Airways, gegründet 1955 in Frankfurt/M., seit 1961 in Düsseldorf, Ferienfluggesellschaft. Die im Lang- und Mittelstrecken-Ferienflugverkehr tätige LTU hatte mit kreativen Neuerungen wesentlichen Anteil an der Entwicklung des Flugtourismus. Neben der Airline betrieb die Gruppe Veranstalter, die in der Tochter LTU Touristik zusammengefasst waren: Meier's Weltreisen, Jahn Reisen, Tjaereborg, Transair, Smile & Fly, THR-Tours sowie Marlboro Reisen. Über die Hotelbeteiligungs- und Investitionsgesellschaft LTI International Hotels hielt die LTU Beteiligungen an Urlaubshotels und Incoming-Agenturen. Im Oktober 1998 kaufte die Swissair Group 49,9% der LTU-Anteile. Zum 1. Januar 2001 beteiligte sich die Rewe mit 40% an der Airline und übernahm die LTU Touristik komplett. Die Marken Transair, Smile & Fly und Marlboro Reisen wurden später eingestellt. THR-Tours, eine Marke für Individualreisen, verbleibt bei der LTU Touristik und wird als LTU plus relauncht. Im Zusammenhang mit dem Konkurs der SAir Group im November 2001 gehen deren LTU-Anteile treuhänderisch an die Stadtsparkasse Düsseldorf. Ende 2001 Genehmigung einer Bürgschaft des Landes Nordrhein-Westfalen für die LTU. → Rewe-Handelsgruppe

LTU Touristik University: Fach- und Fortbildungsveranstaltung der LTU mit ihren Agenturpartnern mit Fachvorträgen und angeschlossenem Travel Mart seit 1993.

L'Tur Tourismus: Last-Minute-Reiseveranstalter. Die TUI hält 46% der Anteile, 44% Firmengründer Karlheinz Kögel, und seit 2002 besitzt Thomas Cook 10%. 1987 in Baden-Baden gegründet.

Lüneburger Universitäts-Studentenkreis Touristik (Lust): Studentenkreis, dessen Hauptaufgaben in der Kontaktpflege zwischen Theorie und Praxis sowie in der Bekanntmachung der angebotenen Studiengänge besteht. Lust ist Mitglied bei Futurista und beim VDKF (Verband Deutscher Kur- und Tourismus-Fachleute). → Futurista, → VDKF

Luftfahrtbundesamt: → LBA

Luftfahrtgesellschaften: → Luftfahrtunternehmen

Luftfahrt-Unfallversicherung: Versicherung für Luftfahrtrisiken vom Ein- bis zum Aussteigen.

Luftfahrtunternehmen: Sind Unternehmen, denen die Betriebsgenehmigung zur Beföderung von Fluggästen im gewerblichen Luftverkehr nach der Verordnung (EWG) Nr. 2407/92 des Rates vom 23. Juli 1992 oder nach entsprechenden Vorschriften anderer Staaten erteilt worden ist.

Lufthansa (LH): → Deutsche Lufthansa (DLH)

Lufthansa Airplus: Service-Karten- und E-Business-Tochter der Deutschen Lufthansa. Bietet Lösungen für Reisevorbereitung, Abrechnung und Auswertung von Reisekosten. Kooperiert auch im Ausland mit Bankpartnern bei der Herausgabe von Firmenkreditkarten. → Easy Booking, → Easy Travel

Lufthansa Airport Center: Ehemaliges Vertriebskonzept der LH im Rahmen des LH-Partner-Konzepts mit dem Reisebüromittelstand. Neuerdings sind die L. Bestandteil des LCC-Konzepts. → Lufthansa City Center

Die 50 grössten Airlines der Welt

Beförderte Passagiere im Jahr 2000 (Angaben in 1000)

1	Delta Air Lines (1)	105 645
2	American Airlines (3)	86 313
3	United Airlines (2)	84 461
4	Northwest Airlines (4)	60 091
5	US Airways (5)	59 772
6	Lufthansa (8)	45 476
7	Continental (6)	44 811
8	All Nippon Airways (7)	43 460
9	Air France (9)	39 204
10	British Airways (10)	38 261
11	Japan Airlines (11)	33 857
12	Trans World Airlines (12)	26 392
13	Alitalia (13)	25 590
14	Iberia (14)	24 919
15	SAS (15)	23 240
16	Korean Air Lines (17)	21 938
17	Japan Air System (16)	21 021
18	America West Airlines (18)	19 944
19	Qantas (19)	17 815
20	Thai Airways (21)	17 392
21	Air Canada (20)	17 150
22	Malaysia Airline System (23)	16 592
23	KLM (22)	16 241
24	China Southern (24)	16 125
25	Singapore Airlines (26)	14 874
26	Swissair (27)	14 238
27	Alaska Airlines (25)	13 512
28	Saudi Arabian Airlines (28)	12 566
29	Ansett Australia (29)	12 512
30	Cathay Pacific (30)	11 844
31	Turkish Airlines (32)	11 513
32	Varig (31)	11 167
33	Sabena (33)	10 738
34	Aeromexico (34)	9 749
35	Mexicana (36)	8 801
36	China Eastern (35)	8 537
37	Air New Zealand (38)	8 152
38	Air China (39)	7 942
39	Canadian Airlines Intern. (37)	7 246
40	BMI British Midland (40)	7 098
41	Ryanair (49)	7 000
42	Olympic Airways (43)	6 691
43	Aer Lingus (42)	6 639
44	Iran Air (41)	6 426
45	South African Airways (47)	6 087
46	Finnair (44)	6 024
47	Hapag-Lloyd Flug (48)	6 021
48	Braathens (45)	5 995
49	Garuda (51)	5 928
50	Indian Airlines (46)	5 848

Die Zahl in Klammern gibt den Rang von 1999 an.

Quelle: Iata

Lufthansa City Center: Vertriebspartnerkonzept der Lufthansa City Center Reisebüropartner (LCR) mit Lufthansa als internationaler Dachmarke für 300 mittelständische Reisebüros in Deutschland und weitere 90 Reisebüros weltweit. Die Vertriebspartner der LCR firmieren mit ihrem Eigennamen und der Zusatzbezeichnung Lufthansa City Center (LCC), sind unternehmerisch unabhängig und bieten das komplette touristische Vollsortimentsangebot. Das Spartenkonzept der LCR umfasst den Bereich Touristik und Business Plus für Geschäftsreisen. → LCC

Lufthansa Corporate Flyway: Programm der Lufthansa-Tochter E-Commerce für Großkunden. Ermöglicht den Zugriff über die Internet-Technologie auf Amadeus, um von dort aus Linienflugbuchungen vornehmen zu können. Weiterhin kann der Stand des Miles-&-More-Kontos abgefragt werden.

Lufthansa Express: Ursprüngliches Niedrigpreiskonzept der LH mit einem Low-Cost-Produkt auf ausgewählten innerdeutschen Strecken.

Lufthansa Info Flyway: Von Lufthansa 1996 entwickeltes Multimedia-Produkt. Der Lufthansa Info Flyway bietet zahlreiche Informationen aus der Welt des Fliegens und Reisens, Flugangebote sowie Online-Buchungsmöglichkeiten für mehr als 700 Fluggesellschaften. Der Lufthansa Info Flyway ist im Internet unter www.lufthansa.com aufzurufen. → Lufthansa Corporate Flyway

Lufthansa Partner Tours: Gemeinsamer Marktauftritt der LH mit verschiedenen Spezialveranstaltern.

Lufthansa Passage Airline: Seit 1. April 1997 selbstständiger Bereich der Deutschen Lufthansa. Die Lufthansa Passage Airline wird geleitet von einem Bereichsvorstand mit sechs Ressorts: Netzmanagement und Marketing (gleichzeitig Sprecher), Vertrieb, Produkt und Service, Operations, Personal und Betriebswirtschaft.

Lufthansa-Ticket-Terminal: Service der Lufthansa zur Verkürzung der Abfertigungszeit durch die Ergänzung der Verkaufs- und Check-in-Schalter. Angesprochen werden v.a. Geschäftsreisende, Voraussetzung ist der Besitz eines ATB-Flugscheines. Reisende ohne Gepäck können am Automat direkt einchecken, möglich ist auch die Ausstellung bzw. Abholung von im Voraus bezahlten hinterlegten Tickets. → Check-in

Lufthoheit: Nach internationalem Recht steht jedem selbstständigen Staat die Lufthoheit über den über seinem Staatsgebiet liegenden Luftraum zu. Die Zustimmung zur Nutzung des bundesdeutschen Luftraums erteilt das Bundesverkehrsministerium. → Bundesministerium für Verkehr, Bau- und Wohnungswesen (BMVBW), → Freiheiten der Luft, → Verkehrsrechte

Luftkissenboot: → Hovercraft

Luftkorridor: Ehemals im Viermächteabkommen festgelegte Luftstraßen für den Flugverkehr von und nach Berlin.

Luftkurort: → prädikatisierter Tourismusort

Luft-Pool: Zusammenschluss von Versicherungsunternehmen zur gegenseitigen Rückdeckung von Großrisiken bei Flug- und Raumfahrtaktivitäten.

Luftrettungssystem: Um die Überlebenschancen schwer verletzter Unfallopfer zu verbessern, sind in Deutschland 33 Zivilschutzhubschrauber an 22 Stationen im Einsatz. Zusammen mit den neun Stationen der Bundeswehr und den 19 Stationen privater Organisationen, der ADAC-Luftrettung und deutschen Rettungsflugwacht hat das Luftrettungsnetz 50 Stationen. Im Notfall ist über die Notrufnummer 110 bzw. 112 die nächste Rettungsleitstelle zu erreichen.

Luftschiff: Zeppelin, Starrluftschiff, hat unter der Außenhaut ein Gerippe aus Leichtmetall. Als Füllgas dient heute das nicht brennbare Helium. Das Luftschiff bewegt sich aus eigener Kraft vorwärts.

Luftsicherheitspauschale: Von deutschen Behörden geforderte Gebühr für die fluggastbezogenen Sicherheitskontrollen auf deutschen Flughäfen sowie für anfallende Bearbeitungskosten. Während die L. bis Mai 1997 von den Passagieren direkt am Flughafen bezahlt werden musste, wird sie seitdem direkt vom buchenden Reisebüro berechnet. → Flugsicherheitsgebühr

Luftstraßen: Airways; von den Flugsicherungsbehörden festgelegte kontrollierte Lufträume, die auf genauen Luftstraßenkarten dargestellt sind; Unterstützung durch Bodennavigationshilfen. → Flugsicherung

Luftverkehr der dritten Ebene: → Third Level Operations

Luftverkehrsforum: → DVWG

Luftverkehrskaufmann/-frau: Luftverkehrskaufleute führen Planungs-, Organisations- sowie Kontrollaufgaben im Bereich der Beförderung von Passagieren und Frachten aus. Sie reservieren und verkaufen Flugpassagen oder Frachtraum, betreuen und fertigen Fluggäste und deren Gepäck ab. Zudem fertigen sie Flugzeuge ab, das heißt, sie stellen bei Be- und Entladung die notwendigen Dokumente aus und kontrollieren Im- und Exportpapiere. Aber auch Finanz- und Rechnungswesen sowie die Entwicklung von Marketing-Strategien gehören zu ihrem Aufgabenbereich. Einsatzgebiete sind Fluggesellschaften, Luftfracht- und Flughafengesellschaften sowie Abfertigungsagenturen. Dort können Luftverkehrskaufleute im technischen, fliegerischen oder administrativen Bereich sowie im Verkaufs- und Verkehrsbereich eingesetzt werden. → Ausbildungswege im Tourismus/Fremdenverkehr

Luftverkehrsstatistik/Luftfahrtstatistik: Zahlenmäßige Untersuchung des Luftverkehrs, herausgegeben vom Statistischen Bundesamt, Wiesbaden, Fachserie 8, Reihe 6.

Luftverkehrsunternehmen: Im Sinne des Chicagoer Abkommens jedes Luftbeförderungsunternehmen, das Flugverkehr anbietet oder betreibt. → Chicagoer Abkommen

LuftVG - Luftverkehrsgesetz: → ABB

Lunchbox: Sie enthält Sandwiches, Früchte, Getränke usw., wird bei Inlandskurzstreckenflügen ausgegeben; auch auf Kreuzfahrtschiffen üblich, wenn z.B. anlässlich von Landausflügen Mahlzeiten nicht an Bord eingenommen werden. L. gibt es auch als Restaurationsangebot im Außer-Haus-Verkauf.

Lusitanien: Ehem. röm. Provinz auf der Iberischen Halbinsel, entspricht etwa dem heutigen Portugal.

Lust: Lüneburger Universitäts-Studentenkreis Touristik; Arbeitsgemeinschaft im Bereich Fremdenverkehrsbetriebslehre mit Studenten der Fachbereiche Betriebswirtschaft und angewandte Kulturwissenschaften an der Universität Lüneburg. L. organisiert Vorträge, Seminare sowie Workshops und erstellt Marktanalysen und Fallstudien in Zusammenarbeit mit Dozenten und Firmen.

Lu's World: Kinderkonzept der Lufthansa, beinhaltet Kindermenüs und ein trendgerechtes Spielwarensortiment auf Lufthansa-Flügen.

Luxury Alliance: Seit 2000 Zusammenschluss der beiden Hotelorganisationen The Leading Hotels of the World und Relais & Châteaux. Angeschlossen sind ferner die Partner Crystal Cruises, Silversea Cruises, Oriental-Express Trains & Cruises und Abercrombie & Kent.

Luxusbus: Irreführende Bezeichnung für Reisebusse, mit welcher der Eindruck eines hohen Qualitätsstandards erweckt werden soll, da diese Bezeichnung mit keiner prüfbaren Leistungsbeschreibung korrespondiert. I.d.R. sind diese Busse umfangreich ausgestattet, werden jedoch mit 50 und mehr Reisegästen besetzt, was zu Lasten des Sitzabstandes und damit auf Kosten von Bequemlichkeit und Reisekomfort geht. → GBK

Luxus-Class: Ab Mitte 1998 Bezeichnung für den seit 1996 neuen Fünf-Sterne-Bus, L.C. erweitert den Fahrkomfort und die Qualität durch zusätzliche Ausstattung wie z.B. eine Leselampe je Sitz, eine Gepäckablage von mindestens 20 Liter je Fahrgast, ein drahtloses Mikrofon für den Reiseleiter sowie eine umweltfreundliche Abfallbeseitigung mit Sortiermöglichkeit. → GBK, → Klassifizierung der Reisebusse

Luxusreisen: In der Reiseanalyse der Forschungsgemeinschaft Urlaub und Reisen (FUR) werden diesem Segment Reisen zugerechnet, bei denen mehr als 4500 Euro pro Person ausgegeben wurden. 2000 erhöhten sich die Ausgaben der Deutschen für L. um 28% gegenüber dem Vorjahr.

LVG: Luftverkehrsgesellschaft.

LVV - Landesverkehrsverband: → DFV, → Fremdenverkehrsstellen

LZB: Kürzel für Linienzugbeeinflussung; dieses System übernimmt die Überwachung und Steuerung von Zügen der DB bei Geschwindigkeiten über 200 km/h; erfolgt über induktive Ströme in einem Kabel zwischen den Schienen.

LZO/LuftVZO: Luftverkehrs-Zulassungs-Ordnung. → Flughafen

M

M: Neben H und Y die Tarifbezeichnung im Flugticket für Economy Class (Touristenklasse).

Maastrichter Vertrag: Am 7.2.1992 in Maastricht (Niederlande) unterschriebener Vertrag zum Übergang der EG in die EU (Europäische Union). Der M. enthält keine ausgesprochene gemeinsame Tourismuspolitik, sondern fördert – unter Berücksichtigung des Subsidiaritätsprinzips – weiterhin die zwischenstaatliche Zusammenarbeit durch Gemeinschaftsaktionen (z.B. Vereinheitlichung der Statistik, Entzerrung der Ferienzeiten bzw. Reiseströme) sowie die Stärkung der Qualität und Wettbewerbsfähigkeit der europ. Fremdenverkehrswirtschaft und die Vertretung des Fremdenverkehrs im Rahmen der verschiedenen Poliltikbereiche der Union: z.B. in der Umweltpolitik (Auschreibung eines europ. Umweltpreises zur Sensibilisierung des Umweltbewusstseins der Touristen und Dienstleistungsbetriebe), im Verbraucherschutz (Verbesserung der Information und des Schutzes für Touristen bzw. Reisebürokunden), im Sozialtourismus (geplante Herausgabe eines europ. Behindertenreiseführers), in der Landwirtschaft, in der Regionalpolitik etc. → Aktionsplan der EU zur Förderung des Tourismus

Maastricht-Kriterien: Als Verfahren bei einem übermäßigen öffentlichen Haushaltsdefizit sehen Artikel 104 c des Maastrichter Vertrags/EGV und das Protokoll darüber Höchstgrenzen für das jährliche Defizit (3% des BIP) und für den Schuldenstand (60% des BIP) des öffentlichen Sektors eines Mitgliedstaates vor. Werden diese Grenzen überschritten, kann dies ein mehrstufiges Verfahren auslösen, das Sanktionen bis hin zu Geldbußen vorsieht.

Madi Travel Market: Touristische Fachmesse, die alljährlich in Prag stattfindet.

Mängelanzeige: Sie ist Voraussetzung für alle Ansprüche, die der Reisende nach dem Gesetz gegenüber dem Veranstalter geltend machen kann. Beansprucht der Reisende Minderung oder Schadenersatz, genügt die M. am Urlaubsort. Will er jedoch zur Selbsthilfe schreiten oder kündigen, muss er nicht nur die Mängel anzeigen, sondern auch Abhilfe verlangen und hierfür eine Frist setzen. Eine M. sollte möglichst schriftlich oder zumindest unter Zeugen gestellt werden. Mängel sind unverzüglich zu reklamieren, da eine verspätete M. zu geringerem Ausgleich führen kann.

Märchenstraße: Die Deutsche Märchenstraße führt auf den Spuren der Gebrüder Grimm von Hanau nach Bremen. Die Vermarktung im Rahmen des Fremdenverkehrs besorgt die Arbeitsgemeinschaft Deutsche Märchenstraße, Kassel. → Touristikstraßen

Maghreb-Staaten: Richtig: Arabische Maghreb-Union. Die nordafrikanischen Länder Algerien, Libyen, Marokko, Mauretanien und Tunesien haben sich 1989 zu diesem einheitlichen Wirtschaftsraum zusammengeschlossen. Vorrangige Ziele sind die Ausweitung des Handels innerhalb der angeschlossenen Staaten und die Errichtung eines gemeinsamen Marktes. Ein spez. Anliegen ist die Tourismusförderung.

Magic Cities Germany: Städtewerbegemeinschaft in Verbundkooperation mit Lufthansa und der Deutschen Bahn. Neun Mitglieder: Berlin, Köln, Dresden, Düsseldorf, Frankfurt/Main, Hamburg, Hannover, München, Stuttgart. Städte mit über einer halben Million Einwohner und einem internationalen Flughafen. → DZT, → Städtekooperationen, → Verbundwerbung

Magic Ten – The German Cities: → Magic Cities Germany

Magisches Viereck: Beschreibt die wichtigsten Ziele der Wirtschaftspolitik: Wirtschaftswachstum, Vollbeschäftigung, Geldwertstabilität, Zahlungsbilanzausgleich. Diese Ziele werden als M.V. bezeichnet, weil es nicht möglich ist, alle Ziele gleichzeitig in vollem Umfang zu verwirklichen. Geldwertstabilität führt zu einem Ansteigen der Arbeitslosigkeit, oder Wirtschaftswachstum kann zu einer unausgeglichenen Zahlungsbilanz führen. Die Politik versucht, einen Ausgleich zwischen den einzelnen Zielen herbeizuführen.

Maglev: Japanische Magnetschwebebahn, Konkurrent zum Transrapid, soll auf der 500 km langen Strecke zwischen Tokio und Osaka zum Einsatz kommen. M. hält den Geschwindigkeitsrekord mit 550 km/h, aufgestellt auf der Teststrecke westlich von Tokio.

Magnetschwebebahn: Beförderungsmittel, das sich mit Hilfe von Magnetfeldern schwebend über Metallschienen bewegt. Die japanische M. Maglev hält mit 550 km/h den Geschwindigkeitsrekord und löste damit den TGV mit 513,3 km/h ab. → M-Bahn, → Maglev, → TGV

Mailbox: Elektronischer Briefkasten, in dem Nachrichten für Systembenutzer gespeichert werden können. Beispielsweise bei Anrufbeantwortern als „elektronisches Notizbuch“. Hält Mitteilungen fest, die dann per Knopfdruck abgerufen werden können. M. sind benutzerspezifisch adressierbar und können durch Kennwörter gesichert werden.

Mailing: Versenden von Werbematerial an ausgewählte Haushalte.

Mail Order: Postversandauftrag; Einzelhandelsbetriebsform. Über unpersönliche Kommunikationsmittel wie Anzeigen, Kataloge, Telefonanrufe, Werbebriefe oder E-Mail wird der Kontakt hergestellt zwischen Verkäufer und Käufer. Unabhängig von der Ladenschlusszeit kann der Käufer in häuslicher Umgebung dann seine Kaufentscheidung treffen. Ein möglicher Nachteil könnte die fehlende körperliche Prüfung des Produkts sein. In der Reisebranche ist M. ein zusätzlicher Vertriebsweg der großen Reiseveranstalter mit bekannten Versandhäusern. Neben Katalogerstellung als Printmedium kann telefonisch über Call Center und über Internet bestellt werden. → Call Center, → Internet

Maison de la France (MDF): Das Französische Fremdenverkehrsamt, Sitz: Paris. M. ist eine teils staatlich, teils privat finanzierte Interessengemeinschaft mit der Aufgabe, den Tourismus aus dem Ausland nach Frankreich zu fördern (vergleichbar mit der DZT in Deutschland). Es besitzt 36 eigene Stellen in 26 Ländern (davon jeweils eine in Frankfurt/M. und in Berlin).

Maître d'Hôtel: Chefkellner im Hotel; Chef-/Obersteward auf einem Kreuzfahrtschiff, kurz Maître d', verantwortlich für den Servierbetrieb eines Restaurants mit Platzreservierung. → Chefsteward

Major: Engl. Fachausdruck aus dem Flugsektor, galt urspr. für die großen amerikanischen Fluggesellschaften, wird inzwischen auch allgemein für die großen Airlines weltweit verwendet.

Mallorca-Police: Kraftfahrzeug-(KFZ) Haftpflichtversicherung, die bei der Mietwagenbuchung auch in versicherungsmäßig wenig entwickelten Ländern bundesdeutsches Deckungsniveau bietet. → Reiseversicherungen

Management Fee: Ein Pauschalpreis für Dienstleistungen, die ein Reisebüro für ein Unternehmen erbringt. Bei der Management Fee werden genau wie bei der Transaction Fee die Provisionen und damit auch das Risiko einer Provisionskürzung an den Kunden weitergegeben. → Transaction Fee

Management-Vertrag: Der M. oder das Kontrakt-Management bezeichnet eine spezielle Form der Kooperation im Auslandsgeschäft. I.d.R. handelt es sich dabei um ein Unternehmen eines fremden (ausländischen) Wirtschaftsgebietes als „Contracting Firm", das Management-Know-how (ggf. auch mit der erforderlichen personellen Unterstützung) zur Verfügung stellt und andererseits die Partnerfirma aus dem Gastland („Managed Firm") die Direktinvestition übernimmt; üblich z.B. auf dem Hotelsektor. Eine solche Kooperation hat meist Projektcharakter, ist damit von begrenzter Dauer und überwiegend ergebnisorientiert.

Manifest: → Passagiermanifest, → Schiffsmanifest

Manipulation: Spezielle Form der Beeinflussung zum ausschließlichen Vorteil des Beeinflussenden mit Methoden, die für den Beeinflussten nicht durchschaubar sind. → Motivation

Mannheimer Akte: Bereits 1868 wurde der internationale Staatsvertrag der Rheinanliegerstaaten geschlossen zu Gunsten einer ungehinderten Schifffahrt auf dem Rhein. → Freiheit der Meere, → Freiheiten der Luft

Man spricht deutsch: Häufige Aufschrift an Restaurants und Geschäften an Orten des Massentourismus; spätestens seit dem Kinofilm des Kabarettisten Gerhard Polt von 1987 auch geflügeltes Wort für einen Tourismus, der weltweit das heimatlich Vertraute sucht und findet, z.B. Pizza, Wurstel con Krauti, „Bild"-Zeitung.

Manu: Buchungsmaske unter Amadeus zur Erfassung von manuellen Dokumenten wie z.B. MCOs. → Buchungsmaske, → MCO

Manuelle Police: Versicherungsvertrag, der handschriftlich ausgestellt wird.

MAP: Modified American Plan/Demi-Pension, Leistungsangebot der Hotels mit Übernachtung und Halbpension (Frühstück und Abendessen, in Europa Mittag oder Abendessen). → AP, → CP, → EP

Marge: Franz. für Spanne, Spielraum, Begriff für die Differenz zwischen An- und Verkaufspreis sowie Ober- und Untergrenze; auch Bezeichnung für den Aufschlag bei der Kalkulation der Reiseprodukte, zwischen Produktion und Vertrieb bzw. Groß- und Einzelhandel.

Margenbesteuerung: Die Sonderbesteuerungsform des Umsatzsteuergesetzes für Reiseleistungen, die im eigenen Namen unter Inanspruchnahme von Reisevorleistungen (Leistungen Dritter) an Endabnehmer erbracht werden. Typischer Anwendungsfall: Pauschalreisen. Sind alle Voraussetzungen nach § 25 UStG erfüllt,

- ist im Gegensatz zur Regelbesteuerung nur die Marge (als Differenz zwischen Reiseerlösen und Aufwendungen für Reisevorleistungen) als Besteuerungsgrundlage maßgeblich
- ist das Umsatzsteuerrecht des § 25 UStG (entsprechend Art. 26 der 6. EG-Richtlinie) vorrangig anzuwenden (lex specialis).

Steuerpflichtig sind Margen aus Reisevorleistungen im Gemeinschaftsgebiet. Ein Vorsteuerabzug entfällt für Reisevorleistungen mit der Folge, dass das

Steueraufkommen zwischen den Incoming-Staaten (Vorleistungen) und dem Ansässigkeitsstaat des Reiseveranstalters (Marge) geteilt wird. → Steuerbrief Touristik

Marina: Spez. Yachthafen mit Bootsstegen, Möglichkeit zur Übernahme von Brennstoffen, Strom, Wasser und Proviant. → Marina Park

Marina Park: Eine Variante der Sportaktivitäten auf Seereisen mit Kreuzfahrtschiffen bildet die ehemalige „Black Prince" bzw. die futuristische „Radisson Diamond" mit dem ausfahrbaren Wassersportzentrum im Schiffsheck „Marina Park". Dazu ankert das Schiff in einer ruhigen Bucht oder liegt bei ruhiger See auf Reede. Innerhalb einer Stunde ist die Anlage aufgebaut, und die Passagiere können unter Anleitung windsurfen, tauchen, Wasserski laufen, an Fallschirmen über das Wasser gleiten, fischen, segeln oder schwimmen.

Maris: Multi Access Reservation and Information System, ehem. Reservierungssystem von British Airways, Pan Am und Trans World Airlines über BTX. M. war ein Schalt- und Datenübermittlungssystem zwischen den Reisebüros als Nutzer und den CRS der angeschlossenen Luftverkehrsgesellschaften als Anbieter (zum 1.9.1990 von den Fluggesellschaften aufgekündigt).

Markenartikel: Produkte mit individueller Markierung. Sie sind gekennzeichnet durch gleichbleibende Qualität, durch intensive Verbraucherwerbung erzielten Bekanntheitsgrad und Marktgeltung sowie überregionale Verfügbarkeit. Man unterscheidet nach Hersteller- und Handelsmarken. M. werden als Haupt- und Zweitmarken angeboten. → Handelsmarken

Markenhotellerie: Nach Dehoga werden unter diesem Begriff die Unternehmen zusammengefasst, die gegenüber dem Gast mit einem einheitlichen Namen, Zeichen oder Design als produktbezogenem Identifikationsmittel auftreten, wobei Marke als Dachmarke interpretiert wird. M. setzt einen Bestand von mindestens fünf solcher Hotels (davon mindestens eines in Deutschland) voraus, z.B. Mövenpick Hotelgruppe.

Markenpolitik: Grundsatz, nach dem sich Unternehmen beim Aufbau und der Pflege der Marke richten. Er beinhaltet Aussagen über die Positionierung und die Profilierung sowie über die Zusammenarbeit mit anderen Marken. M. wird von Reiseveranstaltern und zunehmend auch von Destinationen betrieben.

Markenpräferenzen: Aus Marktuntersuchungen erfahren Reiseveranstalter, welches Markenverhalten vom Pauschalreisenden bzw. potenziellen Pauschalreisenden gezeigt wird, wie stark die Bindung des Kunden an Produkt oder Veranstalter ist und über welchen Zeitraum sie erhalten bleibt. Befragungen dieser Art ergeben verbindliche Aussagen über den Erfolg der Werbung und das Image eines Produktes.

Marketing: Eine abnehmerorientierte Unternehmensführung, die durch eine bessere Ausrichtung des Angebotes auf die Bedürfnisse des Kunden im Wettbewerb Erfolg erzielen will. Marketing bedeutet die Führung des Unternehmens/der Region/des Ortes vom Markt her. → Tourismusmarketing

Marketing Merger: Modell der Zusammenarbeit zwischen Fluggesellschaften. Diese Marketingfusion sieht vor, die Flugpläne der beteiligten Gesellschaften aufeinander abzustimmen, gemeinsame Tarife anzubieten und Flughafenterminals gemeinsam zu nutzen. Eine finanzielle Verflechtung ist bei diesem Modell nicht vorgesehen. → Global Airline

Marketing-Mix: Beim Reiseveranstalter umfaßt M. die Instrumente Produktpolitik, Distributionspolitik (Vertrieb), Preis- und Konditionenpolitik (Kontrahierungspolitik) und Kommunikationspolitik (Werbung, Verkaufsförderung, PR). Grundsätzlich gehört die Marktforschung nicht zu den M.-Maßnahmen, sondern stellt vielmehr die Vorarbeit für ein erfolgreiches Marketingkonzept dar. Auf dem hart umkämpften Reisemarkt müssen die Anbieter das gesamte Instrumentarium des Marketing im M. einsetzen, um die gewünschten Absatzziele zu erreichen. Der Einsatzerfolg basiert im entscheidenden Maße auf der Qualität, der Perfektion des Zusammenspiels. Daneben weist der M. auch eine quantitative Komponente auf, besonders in den Bereichen Distribution und Kommunikation. → Preis- und Konditionenpolitik

Marketingstrategie: Marktgerechte Umsetzung der Unternehmensstrategie. Die M. legt das Verhalten der Unternehmung auf dem Absatzmarkt fest, indem sie den Zielmarkt, die Differenzierung gegenüber der Konkurrenz, die Positionierung und den Einsatz der Marketinginstrumente grundsätzlich bestimmt. → Marketing-Mix

Markt: Ist in der Sprache der Wirtschaft jener Ort, auf dem Käufer und Verkäufer zusammentreffen. Auf Grund von Angebot und Nachfrage bildet sich der Marktpreis. I.w.S. kann man Reisebüros als Markt für Reisen aller Art bezeichnen. Im Reisebüro kommen Käufer und Verkäufer von Reisen zusammen. Weitere Märkte sind Internet und Messen/Ausstellungen.

Marktbeherrschung: Das Kartellrecht nennt drei Stufen der Monopolisierung: 1. Ein Unternehmen dominiert den Markt und hat entscheidenden Einfluss auf die Preise. 2. Ein Unternehmen hat eine marktbeherrschende Stellung inne, und es besteht die Aussicht, dass es den Wettbewerb endgültig für sich entscheiden wird. 3. Erreicht ein Unternehmen 33% Marktanteil, so tritt eine Marktbeherrschungsvermutung ein. Hier kann das Kartellamt schon dann eingreifen, wenn das Unternehmen einen anderen Veranstalter oder eine Reisebürokette übernehmen will. Bei einer Oligopolbildung tritt eine M. bereits dann ein, wenn drei Anbieter einen Marktanteil von zusammen 50% halten.

Marktforschung: Gewinnung und Auswertung von externen Marktinformationen (v.a. über das Verhalten und die Bedürfnisse der Konsumenten sowie über die Konkurrenz) und von internen Angebotsinformationen (Eigenschaften der eigenen Produkte) mit dem Ziel, Stärken und Schwächen sowie Chancen und Gefahren der eigenen Produkte auf dem Markt zu erkennen. M. kann quantitativ (mit Zahlenmaterial z.B. über Marktanteile) oder qualitativ (Motivforschung, Image-Untersuchung, Ursachenforschung) durchgeführt werden. → Image, → Produkt, → TNS Emnid

Marktnischenkonzept: Marktstrategie, die z.B. einem Reiseunternehmen die Möglichkeit bietet, sich mit all seinen Aktivitäten (Marketing-Mix) voll auf das von ihm ausgewählte Marktsegment zu konzentrieren. Die erforderlichen Finanzmittel für diesen Geschäftsbetrieb liegen wesentlich unter vergleichbaren Anstrengungen, die notwendig würden, den gesamten Markt abzudecken, wobei auch die Gewinnchancen positiv einzuschätzen sind. Nachteilig ist jedoch die zu einseitige Orientierung anzusehen. Diese Strategie erfordert deshalb permanente Beobachtung und Kontrolle der Zukunftsaussichten der angebotenen Produkte. → Marketing-Mix

Marktpotenzial: Gesamtheit möglicher Absatzmengen eines Marktes für eine bestimmte Produktgruppe oder Branche. M. bildet die Obergrenze für das Marktvolumen. → Marktvolumen

Marktsegment: Abnehmergruppen, die sich von anderen durch ihre Bedürfnisse und/oder ihre Reaktion auf den Einsatz von Marketinginstrumenten unterscheiden. Kriterien für die Segmentierung sind: Werthaltung, Motive und Neigungen, Lebensphasen. Klassische Segmentierungskriterien sind geografisch (z.B. Länder) oder soziodemografisch (Alter, Geschlecht etc.).

Marktvolumen: Menge oder Wert einer Produktgruppe oder Branche auf einem definierten Markt in einer Zeiteinheit. M. dient der Marktanteilsberechnung; meist nur Teil des Marktpotenzials. → Marktpotenzial

Marktwirtschaft: Wirtschaftsordnung, gekennzeichnet durch das Recht der Menschen auf Privateigentum an Produktionsmitteln, Wettbewerb, Konsum- und Gewerbefreiheit sowie freie Wahl des Berufes und des Arbeitsplatzes. Der Wirtschaftsprozess unterliegt keiner Steuerung, sondern wird dem freien Spiel der Marktkräfte überlassen.

Marpol: Maritime Pollution Convention, von der IMO vorgelegte Vorschrift zur Regelung der Abfallbeseitigung auf See. M. schreibt z.B. die Minimalabstände zum Festland für das Entladen von organischen Abfällen vor und verbietet u.a., Plastik und synthetische Stoffe im Meer zu entsorgen. Fäkalien und Abwässer müssen durch chemische Umsetzung keimfrei gemacht werden, bevor sie ins Wasser gelangen. → IMO, → Seetouristik

Marsha: Eigenes Reservierungssystem von Mariott International für Hotelbuchungen.

Marshall-Haus: Denkmalgeschütztes Haus auf dem Berliner Messegelände. Im M. war 1992 und 1993 das ITB-Wissenschaftszentrum untergebracht, das auf Initiative von Futurista e.V. eingerichtet wurde. → Futurista

Marshall-Plan: → ERP-Mittel

Mart: Forum/Zusammenkunft/Workshop/Fachmesse für Ein- und Verkäufer z.B. einer Touristikregion (z.B. Pata Travel Mart).

Maske: → Buchungsmaske

Massentourismus: Dieser Begriff ist im Wesentlichen durch zwei Phänomene geprägt: 1. die auf Grund des Wohlstands und stetig wachsender Einkommen hohe Reiseintensität bei Urlaubsreisen sowie Ausflügen breiter Bevölkerungskreise, 2. die massenhaft auftretenden Gruppen in immer größer konzipierten Beförderungsmitteln, wie Großraumflugzeugen, riesigen Kreuzfahrtschiffen und Fähren sowie in den Bettenburgen der Haupttouristikzentren. Vielfach wird schon der Markt der Pauschalreisen mit der negativen Verwendung des Begriffs M. belegt. → Mega-Ferienort, → Phoenix, → Reiseintensität, → sanfter Tourismus, → Tourismus mit Einsicht (TME)

Maßnahmenplanung: Im Marketing die jährliche Festlegung des Einsatzes der verschiedenen Marketinginstrumente.

Masterplan: Gesamtkonzeption, z.B. im Rahmen der Systemumstellung in der ehem. DDR zur Neuordnung der Tourismuswirtschaft.

Matching: Verfahren, mit dem sich die Linienfluggesellschaften der EG-Mitgliedsstaaten bis Ende der Sommersaison 1990 flächendeckend über einheitliche IT-Tarife geeinigt haben. Statt der bislang üblichen Preisabsprachen bestimmt die Heimfluggesellschaft (Home Carrier) den Preis von A nach B innerhalb Europas, und die Fluggesellschaft des Ziellandes stimmt diesem Tarif zu. Nur wenn die Preise der Fluggesellschaften für eine bestimmte Strecke identisch sind, ist auch gleichzeitig die Interline-Fähigkeit garantiert, d.h. der problemlose Wechsel von einer Fluggesellschaft zu einer anderen. → EU/EG/EWG, → Interlining

Matka: Internationale Reisemesse, alljährlich im Januar in Helsinki.

Mausoleum: Grabmonument, z.B. Engelsburg in Rom, ehem. Mausoleum des Kaisers Hadrian; Taj-Mahal in Agra.

Maut/Toll: Zoll; Straßen- und Autobahngebühr, Benutzungsgebühr z.B. für Gebirgsstrecken.

Maximalentfernungen: Teilbereich des Meilensystems; für jeden internationalen Direktflugpreis wird eine Maximalentfernung in Meilen veröffentlicht. Die Publikation erfolgt im Tarifteil neben dem Bestimmungsort zusammen mit dem globalen Richtungscode. Maximalmeilen für Durchgangstarife, die mit Anstoßflugpreisen errechnet wurden, sind im Handbuch „MPM" veröffentlicht. → Meilensystem

Maximum Mileage: → Restmeilen

Mayday: Gebräuchlicher Notruf im internat. Luftverkehr, entspricht dem SOS bei der Schifffahrt. M. wird aus dem franz. m'aidez = helft mir! hergeleitet. → SOS

MBA: Master of Business Administration, der MBA ist eine internationale und praxisorientierte General-Management-Ausbildung. Inhalte eines MBA-Studiums sind einmal die klassischen betriebswirtschaftlichen Fächer wie zum Beispiel Accounting, Finance, Operations Management und Marketing. Zudem legen die Schulen großen Wert auf die Persönlichkeitsbildung. MBA-Programme werden in ihrem Ursprungsland, den USA, an Business Schools angeboten, die meist an Universitäten angegliedert sind und in etwa dem wirtschaftswissenschaftlichen Fachbereich einer deutschen Universität entsprechen. In Europa findet die MBA-Ausbildung überwiegend außerhalb der normalen Universitäten an unabhängigen, privaten Business Schools statt, die häufig von Unternehmen gegründet wurden (etwa das IMD in Lausanne). Die MBA-Programme unterscheiden sich in Dauer, Form und Zielgruppe. Etwa 120 staatliche und private Hochschulen bieten in Deutschland ein MBA-Studium an (Stand 2001). Die Foundation for International Business Accreditation (Fibaa) hat sechs davon bis 2001 bescheinigt, dass ihr Angebot den internationalen Kriterien entspricht. Das European Business College in München bietet einen Studiengang Leisure & Tourism als MBA-Programm an. → Universitätsstudium mit Tourismusschwerpunkt

M-Bahn: Fahrerloses Magnetbahnsystem für den Nahverkehr; schnelle umweltfreundliche Verbindung zwischen dem Hauptterminal des Frankfurter Flughafens und dem Terminal Ost, dient seit 1994 als PTS (Passenger Transfer System). Nicht identisch mit ehemaliger Transrapid-M-Bahn-Probeanlage in Berlin. → Metromover

MCD: Moveable Class Devider, beweglicher Vorhang, der die Business- von der Economy-Klasse abtrennt.

McDonnell-Douglas: 1967 durch die Fusion der McDonnell Aircraft und der Douglas Aircraft gegründetes amerikanisches Unternehmen der Luftfahrtindustrie mit Sitz in St. Louis, USA. Bekannteste Typen sind die DC-8, DC-9 und DC-10. 1997 Übernahme durch Boeing.
→ Boeing

MCO: Miscellaneous Charges Order, nach Iata-Resolution 291 ein Umtauschdokument, kann ausgestellt werden über Beträge zur Deckung von spezifizierter Luftbeförderung in unlimitierter Höhe, von unspezifizierter Luftbeförderung mit Wertbegrenzung und von Dienstleistungen in Verbindung mit Luftbeförderung. Sie bestehen aus einem grünen Abrechnungscoupon, einem rosa Ausstellercoupon und aus einem oder zwei Wertcoupons. Man unterscheidet hierbei spezifizierte und unspezifizierte M.s. Die M. für spezifizierte Beförderung muss auf eine bestimmte Fluggesellschaft gezogen und auf eine Beförderungsart sowie -klasse beschränkt sein, den Namen des Fluggastes sowie Abflugs- und Bestimmungsort enthalten und die Flugpreisberechnungspunkte aufführen, d.h. unter Angabe von Verwendungszweck und Wert. Andererseits wird die M. ohne die o.g. Angaben für „unspezifizierte Beförderung" und andere Dienstleistungen bis zu einer maximalen Höhe von 350 USD ausgestellt. Die Ausstellung einer unspezifizierten M. erfolgt ausschließlich durch die Fluggesellschaften, spezifizierte M. hingegen können auch von Reisebüros ausgestellt werden. Inzwischen können M.s, ähnlich dem Etix-Verfahren, maschinell ausgestellt werden, als sog. Emco. → Emco

MCT: Minimum Connecting Time, die mindestens zu veranschlagende Zeit zum Umsteigen zwischen zwei Flügen. → Mindestübergangszeit

Meal Codes: → Special Meals

Medienkonvergenz: Beschreibt das Zusammenwachsen von Netzen und Übertragungswegen, von

Diensten und Informationen und von Darbietungsformen auf gemeinsamen Endgeräten.

Medienreisen: Begriff für Leser-, Hörer- und Zuschauerreisen, die mit Unterstützung eines Verlags- bzw. Rundfunk- und Fernsehanstalten veranstaltet werden. → Leserreisen

Medieval Banquet: Touristische Attraktion, die eine Mischung aus üppigem Mahl, Dichterlesung und Folklorekonzert in historischem Rahmen darstellt. M. wird u.a. auf Bunratty Castle nahe Shannon Airport (Irland) veranstaltet.

Medium Haul: Mittelstrecke im Flugverkehr. → Mittelstreckenverkehr

Medizintourismus: Reisen ins Ausland, die der medizinischen Behandlung dienen; entstanden nach den veränderten Zuzahlungspraktiken der bundesdeutschen Krankenkassen, z.B. für Zahnersatz.

Meetings made in Germany: Kongressmarkt, der seit 1995 vom German Convention Büro in Bonn veranstaltet wird. Er hat sich als bedeutende Fachmesse der Tagungsbranche etabliert. An Ausstellungsständen, in kostenfreien Workshops und kostenpflichtigen Seminaren können sich die Tagungsplaner alljährlich zu aktuellen Themen informieren. → GCB

MEG: Maritime Evaluations Group, Hampshire/ England. Bewertungs- und Klassifizierungsgesellschaft, die seit 1980 Kreuzfahrtschiffe prüft und jährliche Berichte über die gesamte Kreuzfahrtflotte der Welt herausgibt. Analog der Hotelklassifizierung werden bis zu fünf Sterne entsprechend einer Gesamtbewertung verliehen.

Mega-Carrier: Bezeichnung für Großfluggesellschaften. Sie entstanden in USA als Folge der Deregulierung und einsetzender Konzentration auf wenige Anbieter, z.B. American Airlines. Diese schufen sich große eigene Knotenpunkte, die als Drehscheiben und Umsteigebahnhöfe dienen. Inzwischen sind 90% des US-Aufkommens auf sechs Großfluggesellschaften konzentriert. In Europa wird eine ähnliche Entwicklung nach Einführung des EG-Binnenmarktes erwartet. → CAB, → Deregulation, → Hubs and Spokes, → Liberalisierung im Luftverkehr, → Massentourismus, → Wayports

Mega-Ferienort: Ferienzentren wie z.B. Cancun und Bays of Huatulco an der Pazifik-Küste. → Massentourismus

Mehr: Mondial Elektronische Hotelreservierung, Reservierungssystem der Mondial Reisen und Hotelreservierung in Düsseldorf; umfasst ca. 200 Hotels in Österreich. M-Hotels werden über Start-Toma-Verfahren reserviert.

Mehr Bahnen: Verband der privaten Bahngesellschaften; gegründet 2001 in Berlin. Ziel ist die Erweiterung des Verkehrs auf der Schiene und die Liberalisierung des Eisenbahnmarktes in Deutschland und Europa.

Mehrfrequenzwahlverfahren: MFV, im Gegensatz zum Impulswahlverfahren werden zur Übermittlung der am Telefon gewählten Zahlen verschiedene Frequenzen verwendet. → Pulse Dial

Mehrwertsteuer: → Umsatzsteuer

Meile: Nautische Meile (Seemeile = Knoten = 1,852 km). Statute Mile (engl. Landmeile im Luftverkehr = 1,60933 km). → Knoten

Meilenlimit: → MPM - Maximum Permitted Mileage

Meilensystem: Art der Flugpreisberechnung; Zweck des M.s ist es, im Flugschein aufgeführte Zwischenorte (Ticketed Points) innerhalb eines internationalen Durchgangstarifes zu bestimmen, an denen entweder eine Flugunterbrechung oder ein Transfer erfolgen kann. Es findet immer dort Anwendung, wo parallel zu einem veröffentlichten Flugpreis nur die Maximalmeilen und keine Leitwegnummer publiziert werden, oder wenn sowohl Maximalmeilen als auch ein Leitweg publiziert werden, letzterer jedoch die gewünschten Zwischenorte nicht berücksichtigt. Das M. gliedert sich in zwei Teilbereiche: 1. Ein-Kupon-Meilen (Ticketed Point Mileages, TPM), 2. Maximalentfernungen. → Ein-Kupon-Meilen (TPM), → Leitweg, → Maximalentfernungen, → MPM - Maximum Permitted Mileage

Meldezettel: Diesen haben die Gäste eines Beherbergungsbetriebes für polizeiliche oder statistische Zwecke auszufüllen. Seine Angaben hat der Beherbergungsunternehmer den Polizei- oder Erhebungsbehörden zu übermitteln bzw. in ein Fremdenverzeichnis einzutragen.

Meltemi: Bei Seglern gefürchteter Nordwind in der Ägäis, meist in den Kykladen oder zwischen den Inseln des Dodekanes.

Memorandum of Understanding: Vorvertrag; im Unterschied zum Letter of Intent wird hierbei der Bindungswille der Partner durch Festlegung auf den Rahmen des noch endgültig abzuschließenden Vertrages dokumentiert. → Letter of Intent

Menhir: Bis zu 20 m hohe vorgeschichtliche Steinsäule. In Reihen oder Kreisen stehend angeordnet, dienten sie kultischen oder astronomischen Zwecken.

Menu: Feste Speisefolge, die von der Restaurantküche vorgegeben ist, im Unterschied zum à-la-carte-Restaurant, das die Speisen nach den Wünschen der Gäste zubereitet. → À-la-carte-Küche

MER: Ehemaliges Mitteleuropäisches Reisebüro. Nach dem 1. Weltkrieg (1918) schlossen sich DER, die deutschen Staatsbahnen sowie die Bahnen Österreichs, Bulgariens und der Türkei zum MER zusammen. Sie veranstalteten bis zum Beginn des 2. Weltkriegs In- und Auslandsreisen. → DER

Mercado: Alljährlich stattfindende Tourismusmesse El Mercado in Südamerika.

Mercosur: Mercado Común del Sur, Gemeinsamer Markt der südamerikanischen Länder Argentinien, Brasilien, Paraguay und Uruguay; ab 1995 Zollunion.

Merger: Engl. für Fusion, Verschmelzung, Zusammenschluss. Mergers & Akquisitions steht für alle Aktivitäten des Unternehmenserwerbs einschließlich Beteiligungen und Fusionen. → Merger of Equals

Merger of Equals: Fusion unter Gleichberechtigten, z.B. auf dem Kreuzfahrtenmarkt mit leichter Kapitalmehrheit von P & O Princess Cruises mit 50,7% und Royal Caribbean Cruises zum weltgrößten Kreuzfahrtkonzern mit 41 Schiffen und fast 75.000 Betten. Gleichzeitig Bewerbung von Carnival um die P & O Anteile. Entscheidend wird das Votum der Kartellbehörden sein. → Fusion

Meridian: Längenkreis, Linie auf der Erdkugel, die durch die beiden Pole geht. Um die geografische Lage eines Ortes auf der Erdoberfläche genau bestimmen zu können, hat man die Erdkugel mit einem System von gedachten Meridianen (Großkreise) und Breitenkreisen, die parallel zum Äquator verlaufen, überzogen. Durch jeden Punkt der Erdoberfläche – außer Nord- und Südpol – verläuft somit ein Meridian und ein Breitenkreis.

Merlin: Online-Reservierungsverfahren der Firma Dillon Communication Systems (DCS), bietet die Möglichkeit, Leistungen von Reiseveranstaltern, Charterfluggesellschaften und Reiseversicherungen darzustellen und zu buchen. Die benötigte Software arbeitet unter Windows. Per Zusatzvertrag ist ein Zugriff auf Sabre möglich. → DCS, → Sabre

Merlin Office: Client-Server-Software für den Mid- und Backoffice-Bereich von Dillon Communications Systems (DCS) auf der Basis der TMS-Software. Über M. lassen sich Management-Informationen abrufen; zudem werden Funktionen zur Verkaufssteuerung integriert. Internetbasierte Version Merlin.X eingeführt. DCS gehört mit 50% zu Sabre. → DCS, → Merlin.X

Merlinweb: Internet-Buchungssystem für Endverbraucher, bestehend aus Internet Booking Engines für alle Leistungsträger und CRM-Funktionen. → Merlin

Merlin.X: Internetbasiertes touristisches Reservierungssystem für Reisebüros von DCS Dillon.

Merrit Segment: Mit M. kann bei der Buchung eines Fernfluges die Nichtverfügbarkeit eines kurzen Zubringerflugs überschrieben werden. Die Verknüpfung der Segmente verhindert, dass der Langstreckenflug storniert wird, während das kurze Segment verfügbar bleibt.

Messehostess: Auch Kongresshostess, Fortbildungsqualifikation im Messe- und im Kongresswesen. Die Messehostess ist v.a. für die Information, Kundenbetreuung und -beratung auf Messen zuständig sowie für die Erledigung von Verwaltungsarbeiten.

Messen: → Messetourismus

Messeschiff: Mit der „Europe" stellte die FF Floating Fair GmbH & Co KG mit Sitz in Hamburg das erste M. der Welt in Dienst. Das unter deutscher Flagge fahrende Schiff bietet auf acht Decks 35.000 Quadratmeter Nettoausstellungsfläche, 22 Konferenzräume, VIP-Lounge, TV-Sendestation, Hubschrauberlandeplatz, zwei Restaurants und unter anderem Post- und Bankservice. Der erste Expositionstrip mit den Themen Konsumgüter, Touristik, Elektronik, Boote und Bootszubehör sowie Caravans führte von Juli bis Oktober 1994 zu verschiedenen Mittelmeerhäfen.

Messetourismus: Besuche von Messen und Ausstellungen gehören zum Geschäftsreiseverkehr. Nach Definition des Zentralausschusses der Werbewirtschaft sind Messen Veranstaltungen mit Marktcharakter, die ein umfassendes Angebot eines oder mehrerer Wirtschaftszweige bieten. Sie finden im Allgemeinen in regelmäßigem Turnus am gleichen Ort statt. Auf Messen wird auf Grund von Mustern für den Wiederverkauf oder für gewerbliche Verwendung verkauft. Der Zutritt ist oft Fachbesuchern vorbehalten. Ausstellungen dienen der aufklärenden und werbenden Darstellung einzelner Wirtschaftszweige und stehen neben Fachbesuchern auch der Allgemeinheit offen. Allgemeine Ausstellungen sind Veranstaltungen, die sich aufklärend und werbend für bestimmte Wirtschaftsräume oder Wirtschaftsprobleme an die Allgemeinheit wenden. Ausstellungen können dem Verkauf dienen. Die Bundesrepublik Deutschland ist eines der bedeutendsten Messeländer der Welt mit ca. 75 internationalen Messen jährlich. Hierdurch kann das enorme Ungleichgewicht in der Reiseverkehrsbilanz gemildert werden. Die Vor- und Nachmessezeit wird spez. von Ausländern mit längerer Anreise touristisch genutzt. Im Unterschied zu Messen bilden Workshops o. Travel Marts Veranstaltungen, die der konkreten Geschäftsvermittlung zwischen Anbietern und Einkäufern dienen, und zu denen der Zugang meist nur angemeldeten Teilnehmern offensteht. → Geschäftsreisen, → Reiseverkehrsbilanz, → Travel Mart, → Workshop

Me-too-Veranstalter: Veranstalter, deren Produkte sich kaum von denen der Großveranstalter abheben, im Gegensatz zu Leitveranstaltern wie TUI; Neckermann u.a.

Metro: Bezeichnung für eine Untergrundbahn wie z.B. in Paris und Moskau.

Metromover: Erstes städtisches Nahverkehrssystem der USA in Miami mit vollautomatischen fahrerlosen Zügen.

Metropole: Bezeichnung für eine Hauptstadt oder Zentrum eines bestimmten Gebietes.

Metropolitan: Business-Zug der Deutschen Bahn, verbindet Köln und Hamburg mit Zwischenstopps in Düsseldorf und Essen.

Metrorapid: → Transrapid

MEZ: Mitteleuropäische Zeit. Ortszeit mit Bezugsmeridian 15. Längenkreis; gilt als Zonenzeit in der Bundesrepublik Deutschland, Belgien, Tschechien, Slowakei, Dänemark, Frankreich, Italien, Niederlande, Norwegen, Österreich, Polen, Schweden, Schweiz, Ungarn.

MFIP: Multi Functional Intelligent Printer, Sabre-Drucker, geeignet für alle Ausdrucke wie Tickets, Vouchers sowie Rechnungen. → Sabre

MFV: → Mehrfrequenzwahlverfahren

MHP: Multimedia Home Platform, Standard zum Empfang digitaler Fernsehprogramme, Rückkanalfähigkeit.

Mietkauf: Mittel- und langfristige Objektfinanzierungsform, bei der das Finanzierungsinstitut das Investitionsobjekt auf der Basis des mit dem Investor (M.-nehmer) abgeschlossenen Mietvertrages erwirbt. Innerhalb einer fest vereinbarten Mietzeit amortisiert der M.-nehmer über gleichbleibende monatliche Mietraten die gesamten Anschaffungskosten sowie die Finanzierungskosten. Ihm wird mit der ersten Mietrate die Mehrwertsteuer in Rechnung gestellt. Nach Ablauf der Mietperiode geht das Objekt automatisch, unwiderruflich und ohne weitere Zusatzzahlung in das Eigentum des Mietkäufers über. M. ist eine Finanzierungsalternative zu Investitionskredit und Leasing. Von besonderem Interesse ist M. bei möglicher Ausnutzung von Abschreibungsvorteilen und steuerlichen Vergünstigungen in förderungswürdigen Gebieten. Da es sich um ein Abzahlungs- oder Teilzahlungsgeschäft handelt, gelten die strengen Verbraucherschutzvorschriften des Verbraucherkreditgesetzes. → Investitionskredit, → Leasing

Mietomnibusverkehr: Nach PBefG die Beförderung von Personen mit Kraftomnibussen, die nur im Ganzen und in diesem Sinne angemietet werden und mit denen der Unternehmer Fahrten ausführt, deren Zweck, Ziel und Ablauf der Mieter bestimmt. Die Teilnehmer müssen ein zusammengehöriger Personenkreis und über Ablauf und Ziel der Fahrt einig sein. M. darf nicht auf öffentlichen Straßen und Plätzen angeboten werden. Im Gegensatz zum Ausflugs- und Ferienziel-Reiseverkehr ist das Zusteigen von Fahrgästen unterwegs erlaubt. → Ausflugsfahrten, → Ferienzielreisen, → PBefG

Mietvertrag: Durch den Mietvertrag, geregelt in §§ 535 ff BGB, verpflichtet sich der Vermieter gegenüber dem Mieter gegen Entgelt zur Gebrauchsüberlassung z.B. von Wohnungen oder Kraftfahrzeugen. Anders als im Pachtvertrag berechtigt der M. nicht zur Früchteziehung der Mietsache, d.h. zum Einbehalt von Erträgen der Sache. Soweit Ferienwohnungen, Hotelzimmer oder die Charter von Bussen, Schiffen, Flugzeugen usw. nicht im Falle von Pauschalreisen nach Reisevertragsrecht zu behandeln sind, gilt für sie im Verhältnis zu Einzelreisenden oder Reiseveranstaltern i.d.R. Mietvertragsrecht. → Pachtvertrag

Mietwagen: → Rent a Car

Mikrozensus: Repräsentative Stichprobenerhebung über die Bevölkerung und den Arbeitsmarkt im Rahmen der amtlichen Statistik, in die jährlich 1% aller Haushalte in Deutschland einbezogen sind. Bis 1990 wurden im M. innerhalb einer Unterstichprobe von 0,1% auch Angaben über die Urlaubs- und Erholungsreisen der Bevölkerung (mit fünf und mehr Tagen Dauer) erhoben. Diese Zusatzerhebung ist seit 1990 eingestellt.

Mileage Plus Program: Bonus-Programm von United Airlines. → Bonusprogramm, → Frequent Flyers/Travellers

Miles & More: Im Januar 1993 eingeführtes Bonus-Programm der Lufthansa. Bei jedem Flug werden dem reisenden Mitglied die geflogenen Meilen auf einem persönlichen Konto gutgeschrieben. Die gesammelten Meilen können gegen Prämien eingetauscht werden, die dann in Form von freien Flügen bzw. Leistungen der LH-Partner (Hotels, Autovermieter) eingelöst werden können (auf Familienangehörige übertragbar). Die Inanspruchnahme einer Miles-&-More-Mitgliedskarte ist sowohl für die Economy- als auch für die Business-Class- und First-Class-LH-Fluggäste vorgesehen. → Bonusprogramm, → Frequent Flyers/Travellers

Mille Meglia: Bonus-Programm der Alitalia. → Bonusprogramm, → Frequent Flyers/Travellers

Minderung: Sie tritt ohne Erklärung des Kunden immer dann kraft Gesetzes ein, wenn die Reise objektiv mangelhaft ist und der Reisende eine Anzeige der Mängel mit Abhilfeverlangen beim Veranstalter nicht schuldhaft unterlassen hat (§ 651 d BGB). Der Reisende schuldet dann nur noch den anteilig verminderten Reisepreis und kann den überzahlten Anteil zurückverlangen. → Frankfurter Tabelle, → Reisevertrag/Reisevertragsrecht

Mindestaufenthalt: Der minimale zeitliche Aufenthalt für einen Reisenden in seinem Zielgebiet, bevor er den Rückflug antreten darf. Ähnlich der Sonntag-Aufenthaltsregelung (Sunday Return Rule) zielt die Mindestaufenthaltsregelung darauf ab, dass Sondertarife hauptsächlich Urlaubern vorbehalten werden (z.B. im Gegensatz zu Geschäftsreisenden, die i.d.R. schon am selben Tag zurückfliegen müssen). Je nach dem geltenden Tarif wird der Mindestaufenthalt meist ab dem Antrittsdatum des Fluges oder ab dem Zeitpunkt der Ankunft im Zielgebiet gezählt. M. führt bei DB zum Sparpreis/Super-Sparpreis. → Sunday Return Rule (SU)

Mindestübergangszeit: Auch Minimum Connecting Time (MCT), bei Umsteigeverbindungen die minimale Zeitspanne, welche die Flugpassagiere zum Umsteigen brauchen. Die M. zwischen Flughäfen werden in den ersten Seiten des blauen ABCs aufgeführt.

Mineral- und Moorheilbäder: Die Behandlung in Mineral- und Thermalbädern ist so vielseitig wie die Zusammensetzung des Wassers. Beim Moor werden dessen physikalische, chemische und biologische Eigenschaften genutzt.

Minimum Connecting Time (MCT): → Mindestübergangszeit

Minimum-Meilen: Mindestanzahl von Meilen, die pro Flug gutgeschrieben werden. Standardeinheit bei vielen Vielflieger-Programmen sind 500 Meilen. → Bonusprogramm, → Frequent Flyers/Travellers

Mischkalkulation Reiserücktrittskosten-Versicherung: Verfahren zur Festlegung der Reiserücktrittskosten-Versicherung bei unterschiedlichen Stornokostensätzen einer Pauschalreise. → Reiserücktrittskosten-Versicherung

Misconnection: Fehlanschlussverbindung bei Linienflügen.

Mistral: Kalter, trockener Wind im Rhônetal/Frankreich, tritt vor allem im Winter auf.

Mitarbeiterunterrichtung: Auf unterschiedlichste Art werden Mitarbeiter über die Entwicklung ihres Unternehmens informiert. Dazu stehen die Medien Mitarbeiterzeitung, Intranet und wie bei der TUI ein eigenes Unternehmensradio für einen kontinuierlichen Informationsfluss in verschiedenen Sprachen zur Verfügung.

Mitfahrersparpreis: Gruppenfahrpreis für Bahnreisende von einer bis fünf Personen. Die erste Person bezahlt den vollen Fahrpreis, die zusätzlichen jeweils 50%, Kinder jeweils die Hälfte.

Mitfahrzentralen: In fast allen größeren Städten gibt es M., die gegen geringe Gebühren zwischen Autofahrern und Mitfahrinteressenten zu den unterschiedlichsten Zielen im Bundesgebiet und Ausland vermitteln. Überregional ist die Mehrzahl dieser Büros dem Verband Deutscher Mitfahrzentralen angeschlossen.

Mitflugzentralen: Diese Einrichtungen bieten Gelegenheit für Geschäftskunden und Touristen, auch Ziele anzusteuern die per Linienflug nicht ausgeschrieben werden. Abflugzeit und Kostenverteilung sind Verhandlungssache. Über eine Datenbank sind die gewünschten Abflugsorte und Anschriftenlisten der Piloten zu erfahren.

Mitläuferverkehr: Im DB-Sprachgebrauch Kooperationsmodell der DB mit Reiseveranstaltern und Touristikunternehmen. Es dient durch Zusammenlegung von bisher parallel verkehrenden Zugsystemen, verbunden mit einer gleichzeitigen Service- und Angebotsverbesserung für den Kunden, der Verbesserung der Wirtschaftlichkeit. → Alpen-See-Express (ASE), → Autoreisezug (ARZ), → Autoreisezug DER

Mitropa: Mitteleuropäische Schlafwagen- und Speisewagengesellschaft, 1914 gegründet, für das Gebiet Österreich-Ungarn und das Deutsche Reich. Ab 1929 nur noch auf deutschem Reichsgebiet. Danach zuständig für Bewirtschaftung in Zügen, auf Bahnhöfen und weitere Dienstleistungen in der ehem. DDR. Unter dem Namen Mitropa ab 1994 zuständig für den Gesamtbereich einschließlich DSG der Deutschen Bahn. → DSG

Mitropa Club Service: Ermöglicht die Vorbestellung von Speisen in Zügen und IC-Restaurants. → Mitropa

Mitt: Moscow International Travel & Tourism; jährlich in Moskau stattfindende Tourismusmesse.

Mittelmeer-Aktionsplan (MAP): Von 18 Mittelmeerländern und der EG unterstützte Organisation, die Konzepte gegen die Zerstörung des Mittelmeerraumes entwickelt. MAP wurde 1975 entworfen, Sitz ist Athen.

Mittelständische Personenschifffahrt: Interessengemeinschaft deutscher Ausflugsschifffahrtsunternehmen auf Flüssen, Seen und Kanälen; Abgrenzung gegenüber Staatsunternehmen und Kapitalgesellschaften. → Binnenschifffahrt

Mittelstand: Der Begriff kennzeichnete früher die Zugehörigkeit zur sozialen Schicht des Bürgertums;

in der heutigen Gesellschaftsstruktur verengt auf die Gruppe selbstständiger Erwerbstätiger, die meist selbst im Unternehmen mitarbeiten und das unternehmerische Risiko tragen. I.w.S. gehören zum M. Freiberufler, Gewerbetreibende und Landwirte; i.e.S. werden dem M. kleine und mittlere Unternehmen der Wirtschaftsbereiche Handel, Handwerk, Industrie, Verkehr, Hotel- und Gaststättengewerbe und andere Dienstleistungen zugeordnet.

Mittelstreckenverkehr: Nach Lufthansa gehören zum M. alle europäischen Strecken, soweit sie über das benachbarte Ausland hinausgehen sowie alle Strecken nach Nah- und Mittelost sowie Nordafrika. Beim Pauschalflugreiseverkehr werden alle Flüge zu den Kanaren, Madeira, Marokko, Zypern, Ägypten und Israel zum M. gezählt.

Mittlerer Osten: Nicht eindeutig festgelegter Begriff für den östlichen Teil der islamischen Welt. Als Länder des M. gelten in Abgrenzung zum Nahen und Fernen Osten die Länder Afghanistan, Pakistan, Indien, Nepal, Bhutan, Bangladesh und Sri Lanka. Besucht werden diese Länder im Wesentlichen anlässlich von Studienreisen. Der englische Ausdruck Middle East bezeichnet dagegen die Länder des Vorderen Orients, somit den Nahen Osten. → Ferner Osten, → Mittelstreckenverkehr, → Naher Osten, → Vorderer Orient

Mitwohnzentralen: Kurz- und mittelfristige Vermietung und Zimmertausch durch Agenturvermittlung; nach Mietdauer gestaffelte Provision. Häufig hervorgegangen aus Selbsthilfeeinrichtungen, daher meist mit niedrigeren Provisionssätzen als gewerbliche Makler.

Mixed Version: Kombiflugzeug für Passagier- und Frachtbeförderung.

MKRO: Ministerkonferenz für Raumordnung; Bund-Länder-Gremium, das u.a. gemeinsame Grundlagen für die Ausweisung und Gestaltung von Freizeit- und Erholungsgebieten sowie die Raumplanungs- und Umweltverträglichkeitserfordernisse großflächiger Freizeiteinrichtungen (Golfplätze, Freizeitparks, Skischaukeln) verabschiedet hat.

MNET: Das Marketing Network ist Bestandteil des Europäischen Information Super Highways und sichert eine schnelle Datenübertragung.

Mobile Home: Überdimensionaler Wohnwagen, der mit Spezialfahrzeugen oder Traktoren bewegt wird und auch als Dauerwohnung genutzt wird (USA). → Caravan

Mobile Terminals: Geräte zum EDV-gestützten Fahrscheinverkauf in Zügen.

Mobilfunk: Über den M. ist es möglich, drahtlose Ferngespräche per Übertragung mittels elektromagnetischer Wellen zu führen. Man unterscheidet die öffentlichen Funknetze wie z.B. schnurlose Telefone von den nichtöffentlichen Funknetzen (z.B. Betriebsfunk bei Taxiunternehmen). Häufigste digitale Funknetze sind D1-, D2- und E-Plus-Netz. → D1, → D2, → E-Plus, → GPRS, → UMTS

Mobilheime: Gehören zur Sammelbezeichnung Caravan; vergleichbar dem Wochenendhaus mit eigenen Standplatzbedingungen wie Mobilheimplatz, Wochenendplatz. → Campingtourismus, → Caravan

Mobilitätsbilanz: Anhand konkreter Reiseanlässe wie Berufs-, Einkaufs- oder Urlaubsverkehr wird ein Überblick über die Umweltauswirkungen der verschiedenen Verkehrsmittel gegeben. In Kooperation zwischen der Umweltstiftung WWF-Deutschland und der Deutschen Bahn wurde 1999 eine M. erstellt. Als Kriterien für die Entscheidung für den richtigen Verkehrsträger wurden der Energieverbrauch, der Ausstoß von Luft- und Klimaschadstoffen, die Reisekosten und der Zeitaufwand für eine Reise berücksichtigt. Anfahrtswege zum Bahnhof bzw. Flughafen wurden in die Analyse mit einbezogen. Im Vergleich mit dem PKW und dem Flugzeug schneidet die Bahn dabei oft als das umweltfreundlichste, sicherste und preiswerteste Verkehrsmittel ab. Im Güterverkehr wird die Bahn mit dem LKW und dem Binnenschiff verglichen. Auch hier zeigt sich der ökologische Vorteil des Schienenverkehrs. Mit Hilfe des projektbezogenen Computerprogramms „Reisen und Umwelt in Deutschland 1999" im Internet oder auf CD-ROM kann der Verbraucher die Auswirkungen seiner Mobilität auf die Umwelt berechnen und vergleichen. → Umwelt

Mobility: Seit 1991 untersucht Infratest Burke kontinuierlich den deutschen Reisemarkt im Fernverkehr. Erfasst werden alle Geschäfts- und Privatreisen, auch Eintagsreisen mit Reiseentfernungen von mindestens 100 km, und zwar unabhängig von Reisegrund, Verkehrsmittel, Zielort oder Reisedauer. Ziel ist die Analyse der Reiseströme innerhalb Deutschlands und ins Ausland sowie die Aufschlüsselung nach Verkehrsträgern. Als Untersuchungsmerkmale gelten u.a. der Wohnort als Ausgangspunkt der Reise, der Hauptreisezielort bei Inlands- und Auslandsreisen, Reisemonat, Reisegrund, die Verkehrsmittel und soziodemografische Daten der Reisenden. Befragt werden 31.000 Personen pro Jahr. Die Zusammenfassung der wichtigsten Daten steht im März des folgenden Jahres in Form von Tabellenbänden sowie auf Datenträgern zur Verfügung. Diese Studie dient z.T. als Datenbasis für den Touristscope und den Deutschen Reisemonitor. → Deutscher Reisemonitor, → Touristscope

Modem: Abkürzung des Fachbegriffs Modulator/Demodulator, bedeutet die Umwandlung von digitalen Computerdaten in Hochfrequenzsignale. Ein M. wandelt Computerdaten so um, dass sie telefonisch übertragen werden können, es verbindet damit den PC mit der Außenwelt und ermöglicht neue Formen der Arbeit zu Hause ebenso wie Datenverbindungen, Recherchen in Datenbanken oder Online-Diensten, Bestellungen oder auch elektronische Konferenzen.

Moderator: Mittler der Kommunikation. Seine Fähigkeiten liegen im Zuhören, Beobachten und Vermitteln. Bewährte Technik des Moderators ist u.a. Metaplan (Pinnwand-Technik).

Monatskarte: Der DB, ermöglicht beliebige Fahrten auf DB-Strecken für einen Monat. Man unterscheidet die persönliche, die übertragbare und die Schülermonatskarte. → Wochenkarte

Mondia: Ehemaliges integriertes Buchungs- und Informationssystem. Ziel war der Aufbau eines Reisemarktplatzes im Internet, wobei Reisebüros und mittelständischen Veranstaltern die Möglichkeit gegeben werden sollte, über ein umfassendes Angebot im Internet präsent zu sein. Firmiert seit 1999 unter dem Namen Mondia Electronic Business Solutions.

Monohull: Vergleichsweise schmale Einrumpfschiffe, die ihre Geschwindigkeit nicht nur der Form, sondern auch einer auffällig kräftigen Maschine verdanken.

Monsun: Bes. in Asien auftretender, von Regen begleiteter Wind, wechselt halbjährlich die Richtung, im Sommer landeinwärts, im Winter landauswärts.

Montgolfiere: Heißluftballon, Flüge mit einer M. sind in FV-Gebieten touristisches Angebot für Einzelpersonen und Gruppen.

Moorheilbäder: Kurorte mit Moor als natürlichem Heilmittel.

Moratorium: Zahlungsmoratorium; Stundung sämtlicher fälliger Schulden durch die Gläubiger. Ein M. wird dann eingeräumt, wenn die Gläubiger damit rechnen können, dass die Zahlungsschwierigkeiten des Schuldners nur von vorübergehender Art sind. → Insolvenz

Motel: Beherbergungsbetrieb für Kraftfahrer, wobei sich die KFZ-Ein- oder Abstellplätze nahe der Unterkunftsräume befinden; Anliegen der Gäste ist die schnelle Abfertigung. M.s liegen vorwiegend entlang der wichtigsten Verkehrsstraßen. Nach Dehoga ist das Motel ein Beherbergungsbetrieb, der durch seine Verkehrslage, seine Bauart und seine Einrichtungen besonders auf die Bedürfnisse des Autotourismus ausgerichtet ist. → Beherbergungsbetriebe

Motivation: Form der Beeinflussung zu positiver innerer Einstellung. Die Motivationsforschung beschäftigt sich mit dem Verhalten, insbes. seiner Begründung, Aktivierung und Zielausrichtung. Motivation steht hier im Gegensatz zur Manipulation. → Manipulation

Mountainbike (MTB): In den USA entwickelter Fahrradtyp, kam Anfang der 80er Jahre nach Europa. Gilt als innovatives Geländesportrad, aus dem mehrere Versionen entstanden sind. Darunter das All Terrain Bike (ATB), eine Straßenversion des MTB, und das Trekkingrad, ein Wander- und Freizeitrad mit Straßenkomfort (Abkömmling des MTB und ATB). Seit 1990 vom Weltradsportverband anerkannt, steht das MTB auch im Mittelpunkt organisierter Fahrradtouren bzw. Pauschalarrangements (Aktivurlaub).

MPD: → Multiple Purpose Documents (MPD)

MPG: Miles per Gallon = Meilen pro Gallone, amerikanische Verbrauchskennzahl, bezeichnet die Reichweite eines Mietwagens mit einer Gallone Treibstoff.

MPI: Ursprünglich Meeting Planers International, geändert auf Meeting Professionals International, US-Kongressverband mit über 9000 Tagungsveranstaltern als Mitglieder. Sitz: Congress Centrum Mannheim.

MPM - Maximum Permitted Mileage: Maximum Permitted Mileage, maximale Entfernung in Meilen zwischen Ausgangs- und Bestimmungsort für Durchgangstarife; wird auch als Meilenlimit bezeichnet. Diese Entfernung kann ein Passagier ohne Aufschlagzahlung abfliegen. Die Entfernungsangaben sind neben Flugpreis und Richtungscodes im PT aufgeführt. → PT

MRM: Modell-Reisebüro München, seit 1983 Bestandteil der Münchner Reisemesse CBR mit praktischen Lösungsangeboten für die tägliche Arbeit der Touristikfachleute, spez. der elektronischen Reisevertriebs- und Verwaltungssysteme.

MS/MV: Motor Ship/Motor Vessel. Diese Buchstabenkombinationen vor dem Schiffsnamen bezeichnen in der Personen-/Handelsschifffahrt den durch seinen Antrieb bedingten Schiffstyp: MS - Motor Ship und MV - Motor Vessel werden durch Dieselmaschinen angetrieben, GTS - Gasturbinenschiff, MTS - Motor Turbine Ship, SY - Segelyacht, MY - Motoryacht, MSY - Motorsegler/-segelyacht.

Münchner Tourismus Forum: Veranstaltungsreihe des Fachbereichs Tourismus der FH München in Zusammenarbeit mit der Europäischen Reiseversicherung, die sich mit aktuellen touristischen Fragen beschäftigt. Gedankenaustausch mit Experten aus Wissenschaft und Praxis.

MUISZ: Magyar Utazási Irodák Szövetsége; Ungarns Reisebüroverband mit Sitz in Budapest. Mitglied beim Ectaa.

Multi Access: → Access, → CRS, → Total Access

Multi-Channel-Mix: In Entwicklung befindliches Vertriebsmodell mit Verschmelzung von stationärem Vertrieb, Call Center, Fernsehen und Internet, um einen optimalen Service und Verkauf für den Kunden möglich zu machen; somit Integration aller möglichen Vertriebswege.

Multimedia: Bezeichnung für die kombinierte Nutzung von Informationen aus verschiedenen Medien, z.B. aus einem Standbild, bewegten Bildern, Ton und Texten. M. wird auch in der Reisebranche in vielfältiger Weise als Wachstumsmarkt betrachtet. Kennzeichen: grafische Oberfläche mit Fenstern (Windows) und bildhaften Symbolen. Einsatzmöglichkeiten sind animierte Informationsdarstellungen sowie Präsentationen.

Multimediashow: Produktpräsentation mit Hilfe mehrerer Medien, z.B. Sprache, Musik, Film, Dias etc. → Tonbildschau

Multioptionales Angebot: Angebot, das dem Konsumenten (Touristen) die Wahl zwischen verschiedenen, gleichzeitig konsumierbaren Erlebnissen ermöglicht. Der Konsument möchte M. A., um optimal seinen spontanen Bedürfnissen nachkommen zu können. Tatsächlich aber konsumiert er oft nur einen Teil der möglichen Erlebnisse.

Multiple Purpose Documents (MPD): Maschinelles BSP-Abrechnungsdokument mit einem Wertcoupon als Ersatz für manuelle MCO. MPD können für alle Leistungen verwendet werden, für die bisher MCO ausgestellt wurden. Künftig werden MPDs die MCO ersetzen. Die Abrechnung über BSP erfolgt durch die Einreichung des Audit Coupons. → BSP, → MCO

Multiplikatoren: Vereins- oder Verbandsfunktionäre, Personalleiter, Betriebsräte u.ä., die beruflich oder privat mit einer Vielzahl von ähnlich interessierten Einzelpersonen in Verbindung kommen, gelten als M.; Zielgruppe für die Werbung von Gruppenreisen. → Decision Maker

Multitasking: Gleichzeitiges Durchführen und Abarbeiten unterschiedlicher Anwenderprogramme bzw. unterschiedlicher Programmanforderungen in einem Anwenderprogramm; wird ermöglicht von M.-Betriebssystemen, z.B. Unix/Xenix und OS/2. Der Reisebüromitarbeiter kann mit M. z.B. gleichzeitig die Sitzplatzverfügbarkeit bei Beförderungsunternehmen prüfen, die Buchung beim Reiseveranstalter vornehmen und Kundendaten abfragen. → Anwenderprogramme, → Betriebssystem

Multiuser-Betrieb: Mehrplatzsystem; gleichzeitige Benutzbarkeit eines Computers (Rechners) durch mehrere angeschlossene Terminals im Gegensatz zu Multitasking. M. wird durch geeignetes Betriebssystem ermöglicht, z.B. Unix/Xenix → Betriebssystem, → Multitasking, → Terminal

Mundo Maya: Innerstaatliche Werbegemeinschaft in Lateinamerika (span., „Die Welt der Maya"). Gegr. 1991 von den fünf lateinamerikanischen Staaten Mexiko, Guatemala, Honduras, Belize, El Salvador. Zweck ist die gemeinsame Vermarktung dieser Länder, in denen einst die Maya siedelten, und Schutz des gemeinsamen kulturellen Erbes aus der Maya-Epoche.

Munzinger Archiv: Nachschlagewerk in vier Teilen: Personen, Länder, Chronik, Sport. Inhaltlich enthält der Teil Länder die Geo- und Grunddaten, Angaben zu Politik, Wirtschaft, Sozialem und Kultur. Das Internationale Handbuch Länder Aktuell bringt Kurzinformationen über alle Staaten der Welt, die wichtigsten Bündnisse, Vertragsgemeinschaften und Internationalen Organisationen. Das Hauptkapitel Wirtschaft beschreibt Währungen, öffentliche Finanzen, Konjunkturdaten, Produktionszahlen, Außenhandel und Verkehr. Aktualität wird erreicht durch wöchentliche Überarbeitung.

Museumsbahn: Überwiegend im touristischen Verkehr betriebene Bahnen, die im VDMT organisiert sind. → VDMT

Musicalreisen: Meist Busreisen, die die Eintrittskarte für ein Musical mit der Busfahrt und oft mit einem Hotelarrangement verbinden.

MyTravel: Neuer Konzernname der früheren Airtours Group, dem drittgrößten Reisekonzern Europas. Die Veranstaltermarken FTI, Ving, Spies und Tjaereborg in Skandinavien behalten ihre Namen. Umbenannt werden die Reiseboketten Going Places und die Fluggesellschaft. → FTI

N

Naca: National Air Carrier Association, Dachorganisation der US-Charterfluggesellschaften. Naca ist Mitglied in der Iaca. → Iaca

NAC-Charter: North Atlantic Charter, Nachfolgeangebot der ABC-Flüge bei Reisen über den Nordatlantik. Nur-Flug ohne Pauschalarrangement mit besonderen Auflagen hinsichtlich Vorausbuchung, Zahlung und Mindestaufenthalt; strenge Stornobedingungen, wird dem Gelegenheitsverkehr zugeordnet. Hauptanbieter ist das Deutsche Reisebüro in Frankfurt/M. → ABC-Gemeinschaft, → Tramp- und Anforderungsverkehr

Nachbarschaftsverkehr: Im Luftverkehr Kombination des Verkehrs der Dritten und Vierten Freiheit der Luft. → Freiheiten der Luft

Nachdiplomstudium (NDS): Wird Diplomabsolventen, die bereits in der Berufspraxis tätig sind, zur Ausbildungserweiterung an Schweizer Hochschulen angeboten. N. dauern meist zwei bis vier Semester und beginnen jährlich oder liegen berufsbegleitend an Wochenenden.

Nachhaltige Regionalentwicklung: Engl. Sustainable Development; vom Tourismus wird bei der N.R. ein schonender Umgang mit allen natürlichen Ressourcen erwartet und als Nachhaltigkeitsprinzip eine grundsätzliche Überprüfung hinsichtlich ökologischer, sozialer und kultureller Verträglichkeit aller touristischen und tourismuswirtschaftlichen Aktivitäten. Auf diese Weise wird der Bevölkerung der jeweiligen Regionen die Existenzgrundlage gesichert. Der Tourismus darf nicht seine eigene Grundlage zerstören.

Nachhaltiger Tourismus: Einjähriger Lehrgang des Berliner Bildungszentrums am Müggelsee, bei dem Basiswissen und praktische Fertigkeiten für Wander- und Reittouristik, Segel- und Surfsport, Event-Organisation, Gruppenbetreuung und die Methodik von Stadtführungen vermittelt werden. Ziel: Berufsweg für Reiseleiter, Stadtführer, Wanderleiter oder Führer auf Naturlehrpfaden. N.T. wird auch als Aufbaustudium an der Fachhochschule Eberswalde gelehrt. → Aufbaustudium im Tourismus

Nachtflugverbot: Richtiger: Nachtbetriebsbeschränkungen, an bundesdeutschen internat. Verkehrsflughäfen Start- und Landebeschränkungen. In München z.B. Start- und Landebeschr. von Düsenflugzeugen zwischen 22 Uhr und 6 Uhr. Zu den Ausnahmen gehören der Nachtflugpostdienst sowie bei Verspätungen Starts und Landungen im Linien- und Bedarfsluftverkehr. Angesichts der starken Zunahme des Luftverkehrs wird seitens des BMVBW erwogen, auf die Bundesländer einer Überprüfung und Lockerung einzuwirken, besonders um die Wettbewerbsfähigkeit des Standortes Bundesrepublik zu erhalten. → Bundesministerium für Verkehr, Bau- und Wohnungswesen (BMVBW)

Nacoa: National Association of Cruise-Only Agents, Verband von Reisebüros in USA, die sich auf die Vermittlung von Kreuzfahrten spezialisiert haben. → Kreuzfahrten

Nafta: North Atlantic Free Trade Association, zur Nordamerikanischen Freihandelszone haben sich die USA, Kanada und Mexiko zusammengeschlossen als Antwort auf die EU mit dem europäischen Binnenmarkt wie auch der wachsenden Wirtschaftskraft der ostasiatischen Länder. Die Nafta stellt den weltweit größten und einheitlichen Markt dar mit 360 Mill. Verbrauchern. → Afta

Naherholung/Naherholungsverkehr: Ausflüge mit Aufenthalt in Naherholungsgebieten, spez. rund um Ballungsgebiete, z.B. für die Bewohner der Großstadt München Ausflüge an die nahegelegenen bayer. Seen oder in die Voralpenregion. Zu dieser Form der Erholung gehören unabdingbar Spiel- und Sportmöglichkeiten, Wanderwege, Badeplätze und Parkplätze. Auch Ferien- und Naturparks sind für die Naherholung entwickelte Areale. → Naturparks, → Tagesausflugsverkehr

Naher Osten: Unter dieser Bezeichnung werden politisch-geografisch die außereuropäischen Länder am östlichen Mittelmeer gegliedert wie Türkei, Zypern, Syrien, Libanon, Israel, Jordanien, Palästina, Ägypten, Saudi-Arabien, Kuwait, Irak und Iran; der Tourismus ist in diesen Ländern z.T. hoch entwickelt. → Ferner Osten, → Mittelstreckenverkehr, → Mittlerer Osten, → Vorderer Orient

Nahverkehr: Beförderung von Personen im Schienenbahnverkehr mit Ausnahme der Bergbahnen, Verkehr mit Oberleitungsomnibussen, genehmigtem Linienverkehr mit Kraftfahrzeugen und Kraftdroschkenverkehr
a) innerhalb einer Gemeinde
b) wenn die Beförderungsstrecke nicht mehr als 50 km beträgt.
Der Begriff N. ist für Omnibusunternehmen im Hinblick auf die Gewährung des ermäßigten Umsatzsteuersatzes (7%) von Bedeutung.
→ ÖPNV

Naita: National Association of Independent Travel Agents, britischer Reisebüroverband mittelständischer Agenturen, im Wettbewerb zur Abta. → Abta

Name Change Controller: Automatisiertes Verfahren im LH-Reservierungssystem, das grundsätzlich Namensänderungen inkl. Name Update durch Agenten nicht mehr zulässt. Wird der Name trotzdem geändert, werden alle in diesem PNR gebuchten Segmente automatisch gestrichen.

Nasenbären: Bezeichnung für eine bestimmte Kategorie von Wohnmobilen, die ihren Spitznamen dem Alkoven verdanken, der meist das Fahrerhaus wie eine Nase nach vorn überragt. In diesem Teil des Fahrzeugs sind die Schlafplätze untergebracht. Die Fahrerkabine des Basisfahrzeugs bleibt erhalten, während auf den hinteren Teil des Fahrgestells ein Aufbau gesetzt wird, der in Wohnanhängertechnologie gefertigt ist (bekannt auch als Pick-up). → Campingtourismus, → Caravan, → Pick-up

Nationalparks: Meist großräumige Gebiete, die sich im Staatsbesitz befinden und dem Schutz der Natur dienen. Sie sind nur in beschränktem Umfang für den Tourismus offen und haben u.a. das Anliegen, naturschutzfachliche Inhalte der Bevölkerung zugänglich zu machen. N. wurden in den USA seit 1872 (Yellowstone National Park) und dann auch in anderen Ländern eingerichtet. Im Bundesgebiet gibt es 13 Nationalparks (Stand 2001), u.a. Müritz, Sächsische Schweiz und Bayerischer Wald. Pro Jahr werden rund 20 Mill. Besucher in den deutschen Nationalparkregionen gezählt. Der DTV setzt sich für eine effizientere und „sanfte" Vermarktung der deutschen N. ein.

Naturdenkmale: Einzelschöpfungen der Natur, die aus wissenschaftlichen, naturgeschichtlichen Gründen oder wegen ihrer Schönheit und Seltenheit unter Schutz gestellt werden.

Naturfreunde: In Stuttgart ansässiger eingetragener Verein, der sich seit seiner Gründung im Jahr 1895 für einen sozial- und umweltverträglichen Tourismus einsetzt (Umweltseminare, öffentliche Diskussionen, Teilnahme an Projekten wie z.B. „Soziales Reisen", „Soziale Pedale" etc.). Die Naturfreunde waren Mitglied im Arbeitskreis Tourismus mit Einsicht. → Sanfter Tourismus

Naturparks: Sie sind durch einen bestimmten Landschaftstyp geprägt, z.B. Heide. Sie dienen dem Naturschutz. Fauna und Flora können sich weit gehend ungestört entwickeln. Diese Areale sollen das ökologische Gleichgewicht fördern. Sie sind vorwiegend am Rand von Ballungsräumen gelegen. Zu den N., die auch zur Naherholung genutzt werden, zählen Naturschutzgebiete, Nationalparks und Feuchtgebiete, z.B. Naturpark Altmühltal mit 160 km langem Wanderweg (Treuchtlingen-Kelheim). → Biosphärenreservat, → Nationalparks, → Naturschutzgebiete

Naturreiseapotheke: Bei der biologischen Prophylaxe oder Behandlung von Reisekrankheiten haben sich folgende Medikamente bewährt:

- Immunglobulin(spritze) gegen Leberentzündung, die durch verunreinigtes Wasser und Essen auftreten kann
- Kohletabletten, getrocknete Heidelbeeren gegen Durchfälle
- Knoblauchkapseln bei Verstopfungen
- Präparate des Roten Sonnenhutes gegen Erkältungen
- Johanniskrautöl, Ringelblumensalbe und Kalziumtabletten bei Sonnenbränden
- Baldriankapseln und Melissentee bei Schlafstörungen auf Grund von Zeitverschiebungen
- Magnesiumpräparate können Wadenkrämpfe erfolgreich bekämpfen.

→ Reiseapotheke

Naturschutzgebiete: Gebiete, in denen aus Gründen des Naturschutzes (Schutz, Pflege und Entwicklung von Natur und Landschaft) der derzeitige Zustand erhalten oder die natürliche Entwicklung sich selbst überlassen bleibt mit dem Ziel, die Leistungsfähigkeit des Naturhaushaltes, die Nutzungsfähigkeit der Naturgüter, die Pflanzen- und Tierwelt sowie die Vielfalt, Eigenart und Schönheit von Natur und Landschaft als Lebensgrundlage des Menschen und als Voraussetzung für seine Erholung zu sichern. N. müssen fest umgrenzt ausgewiesen werden (etwa ein Drittel der Fläche der ehem. Bundesrepublik Deutschland). → Landschaftsschutzgebiete, → Nationalparks, → Naturparks

Naue: Umgebautes Transportschiff, das auf dem Vierwaldstättersee durch die Schifffahrtsgesellschaft des Vierwaldstättersees (SGV) an Reisegruppen verchartert wird. Durch Ausrüstung mit Grill, Sonnendach, Kühlschrank u.a. besonders für Parties auf dem See geeignet.

NAVC: Neuer Deutscher Automobil- und Verkehrsclub mit Sitz in München. 24-Stunden-Service für Autoreisende.

NBL: Kürzel für neue Bundesländer.

NBT: Niederländisches Büro für Tourismus, zuständig für die Förderung des Tourismus in und nach den Niederlanden. Hauptverwaltung in Leidschendam, Niederlande.

NBTA: National Business Travel Association, US-Verband der Travel Manager. Partner des VDR. → VDR

NCC: → Name Change Controller

Neat: Neue Eisenbahn-Alpentransversale, Projekt der Schweiz zur Umleitung des Nord-Süd-Schwerverkehrs von der Straße auf die Bahn. Dabei soll der kombinierte Verkehr an Bedeutung gewinnen durch Umstellung auf Großcontainer, die leicht vom Lastwagen auf den Güterwaggon umgeladen werden können, oder durch Bevorzugung des Huckepackverkehrs, bei dem die LKW per Bahn transportiert werden.

NE-Bahnen: Abkürzung für deutsche nicht bundeseigene Eisenbahnen.

Nebenerwerbsreisebüros: Reisevermittlungsstellen, deren Kerntätigkeit auf weiteren bekannten Erwerbsquellen beruht. → reisebüroähnliche Stellen, → Reisebüros, → Reisemittler

NEC: Non-Executive Chairman; vergleichbar dem Vorsitzenden eines deutschen Aufsichtsrats als Kontrollgremium eines Unternehmens.

Negotiated Fares: Vereinbarte Nettotarife zwischen Leistungsträgern wie Fluggesellschaften und Hotels sowie Reisebüroketten, Consolidators und Reiseveranstaltern, wobei die Reisebüros ihre Leistungsvergütung von Kunden/Firmenkunden bei Buchung von Geschäftsreisen erhalten.

Nehrung: Begriff im früheren Ost- und Westpreußen für Landzunge, z.T. aus hohen Dünen und Wanderdünen, trennt dort Haffs von der See (in Mecklenburg Bezeichnung Bodden statt Haff). → Haff

Neigezüge: Eisenbahnzüge, deren Wagenaufbau sich in Kurven zur Innenseite neigt. Die Neigetechnik ermöglicht um bis zu 40% schnellere Kurvenfahrten. Damit kann die Reisezeit auf kurvenreichen Strecken ohne Begradigungsmaßnahmen verringert werden. → Hotelzüge, → ICE-T, → Intercity Night, → Pendolino, → Regio Neitech

Nekropole: Antikes Gräberfeld, reich und repräsentativ ausgestaltete Sonderformen im altorientalischen und ägyptischen Bereich, z.B. Ur Theben.

NET: 1. Kurzform für Netzwerk. Im heutigen Sprachgebrauch jedoch häufig als Synonym für Internet verwendet. 2. Europäisches Netzwerk der Privatunternehmer im Tourismussektor, gemeinsames Projekt von Hotrec und Ectaa mit dem Ziel des gemeinsamen Auftritts der europ. Privatunternehmen im Tourismussektor. → Ectaa, → Hotrec, → Internet

Netrating: Unabhängige Institute ermitteln die Visits und Seitenaufrufe von Web-Seiten, z.B. Nielsen Netratings, MMXI Europe.

Netto PC: Management-Informationssystem von Lufthansa Airplus. Ermöglicht die Auswertung von Flugumsätzen nach Beförderungsklassen und individuellen Tarifgruppen der Fluggesellschaften. → Lufthansa Airplus

Nettopreise: Beim System der N. ist dem Produzenten die Vornahme von Preisempfehlungen an den Einzelhändler untersagt. Als Folge steht der Konsument unterschiedlichen Produktpreisen gegenüber. → Bruttopreise

Netz 21: Konzept der Deutschen Bahn für mehr Verkehr auf der Schiene. Unter anderem durch Neustrukturierung des Netzes in die drei Netztypen Vorrangnetz (ca. 10.500 km), Leistungsnetz (ca. 10.000 km) und Regionalnetz (ca. 21.000 km). Grundidee ist die möglichst weit gehende Entmischung der unterschiedlichen Verkehre auf der Schiene. Züge mit annähernd gleichem Tempo ermöglichen dichtere Zugfolgen als das Nacheinander von Zügen unterschiedlicher Geschwindigkeiten. Netz 21 wurde zum Fahrplanwechsel im Mai 1998 in einer ersten Realisierungsstufe auf den Strecken Hamburg–Ruhrgebiet–Stuttgart, Hannover–München und Berlin–Ruhrgebiet eingeführt. → DB - Deutsche Bahn

Netzbeitragsrechnung: Marketing-Strategie der Reiseveranstalter, im Wesentlichen im Konzernverbund mit vertikalen Strukturen, die Ertragsrechnung zu verbessern. Merkmal dieser N. ist es, die Produkte dann auch zu verkaufen, wenn sie vermeintlich nicht die Kosten decken, wenn dafür an anderer Stelle ein überproportionaler Ertrag entsteht. Beispielhaft gelten bei den Konzernen die Produkte, bei denen erhöhte Ausgaben ihrer Kunden in Restaurants und Bars oder durch Landausflüge entstehen, während die Beiträge für Unterbringung und Beförderung mäßig ausfallen.

Netz Card: DB-Angebot für beliebige Fahrten innerhalb Deutschlands auf den Strecken der DB und vielen Strecken der nicht bundeseigenen Eisenbahnen und Linien der regionalen Busgesellschaften der DB. Man unterscheidet persönliche N., übertragbare N und Monatsnetzkarten. Es kann eine Railplus-Zusatzkarte ausgestellt werden. → Railplus

Netzwerk: Durch Verbinden von mehreren Computern wird ein N. eingerichtet. Das Zusammenschließen von Computern und Terminals ermöglicht eine gemeinsame Nutzung von Peripheriegeräten wie z.B. Druckern oder auch den Austausch von Nachrichten von einer Systemeinheit zur anderen. Im Reisebüro trifft man immer dort auf ein eingerichtetes N., wo mehrere Terminals ihre Dokumente auf einen gemeinsamen Drucker erstellen.

Netzwerkadministrator: Für die Einrichtung, Pflege und Verwaltung von Netzwerken verantwortliche Person. Der N. hat uneingeschränkte Zugriffsrechte für alle Einstellungen, und nur er kann zusätzliche Teilnehmer an- und abmelden und den Benutzern bestimmte Rechte zuweisen oder auch entziehen.

Neuaufteilung der Meere: Vorläufer der jetzigen, dritten UN-Seerechtskonferenz (Jamaika 1982) waren die Haager von 1930 und die Genfer Seerechtskonferenz von 1958. Sie wurden bekannt durch die Festlegung auf eine sog. Dreimeilenzone für die Küstenländer. Dazu zählt die Freiheit der Meere, mit der im Wesentlichen die ungestörte Befahrung der großen Weltmeere gemeint ist. → Freiheit der Meere, → UN-Seerechtskonferenz

Neubuchungen: Preiserhöhungen für Flugpauschalreisen sind berechtigt, wenn Reiseveranstalter in den Geschäftsbedingungen ihres Katalogs den Eintrag „Preiserhöhung vorbehalten" vorgenommen haben. Mit diesem Passus ist die Bindung an den Katalogpreis aufgehoben, so der Endpreis der Pauschalreise genannt ist. Nicht vom Kunden, allerdings vom Konkurrenten bzw. Verbraucherverbänden kann eine Abmahnung erfolgen, wenn das vorgeschriebene Einlageblatt zu Berechnung des erhöhten Preises dem Katalog nicht beiliegt. → Altbuchungen

Neue Medien: Bezeichnung für die für Verarbeitung digitaler Informationen entwickelten elektronischen Medien wie z.B. digitales Video, Digital Audio Broadcasting (DAB), Multimediacomputer mit CD-ROM, Virtual Reality Computer und das World Wide Web im Internet.

Neun Live: Fernsehsender mit touristischem Verkaufsformat „Urlaubsreif", ehemals TM3.

Neutrales Ticketing: → NT-Verfahren

Newsgroups: Bezeichnung für Gruppen mit themenbezogenen Bereichen im Internet. So gibt es N., die sich z.B. mit Wissenschaften, mit aktuellen Diskussionsthemen oder auch mit touristischen Informationen befassen.

NEX: Narita Express Train, japanische Schnellzugverbindung zwischen dem Flughafen Narita und Tokio in nur 53 Min., weitere große Stationen sind Shinjuku, Ikebukuro sowie Yokohama. → Bullet Train (Tokaido Sanyo Shinkansen)

NGO: International Non-Governmental Organizations, zwischenstaatliche Organisationen, nicht auf Regierungsebene. Nichtregierungsorganisationen sind Verbände, an denen keine staatlichen Stellen beteiligt sind, z.B. die Umweltorganisation Greenpeace. Nach neuerer Lesart sind NGOs Organisationen, die sich für Umweltbelange oder Menschenrechte engagieren.

NHPNR: Non-Homogeneous PNR (Passenger Name Record) bedeutet im Amadeus-System die nicht gleichartige Buchung. Sie entsteht, wenn während des PNR-Aufbaus die Anzahl der gebuchten Plätze nicht in jedem Segment gleich ist oder nicht mit der Anzahl der eingegebenen Namen übereinstimmt. → PNR

Nichtreisende: Marktuntersuchungen weisen aus, dass ein Teil der bundesdeutschen Bevölkerung im Berichtszeitraum keine Urlaubsreise unternommen hat; z. B. RA für Sonderzählung 1997 = 16 Mill. Neben finanziellen Gründen spielen dabei vorwiegend gruppen- und persönlichkeitsspezifische Motive eine Rolle. Zirka zehn Millionen Personen waren noch nie im Urlaub. Viele fahren in Intervallen, also in mehreren Jahren nur einmal. Nichtreisende können in Nichturlauber und Urlauber zu Hause unterteilt werden. → Reiseanalyse (RA), → Reiseintensität

Niederlassungsfreiheit: Geregelt im EU-Vertrag auf der Grundlage des Vertrages über die Europäische Union im Kapitel 2 Artikel 52-58. Danach gibt es keine Einschränkungen für die Niederlassung von Staatsangehörigen aus EU-Staaten in einem anderen EU-Staat. Gleiches gilt für die Gründung von Agenturen, Zweigniederlassungen oder Tochtergesellschaften. Für EU-Fluggesellschaften gilt das Recht, sich in jedem beliebigen EU-Staat niederzulassen und von dort aus den Luftverkehr zu betreiben. Jede dieser Fluggesellschaften kann im Niederlassungsland Tickets einem Drittland verkaufen, allerdings unter der Voraussetzung, dass der Flug im Heimatland beginnt oder endet, mit dem Vorteil für den Fluggast, auch auf Flügen zwischen Drittländern nicht auf den gewohnten Komfort „seiner" Airline verzichten zu müssen.

Nightauditor: Nachtbuchhalter, er übernimmt die Abrechnung der Tageskassen, führt die Kassenbücher in allen Hotelabteilungen und wird im Nachtdienst ggfs. auch im Empfangsbereich tätig.

Nightmanager: Nachtmanager, er vertritt den Empfangschef bzw. -direktor in Groß- und Luxushotels und übernimmt dessen Verantwortung während des Nachtdienstes.

Nincentives: Abkürzung für Nature Incentives, von Cocos International. in Düsseldorf geprägter Begriff für umweltverträgliche Incentives, die mit einem aktiven Beitrag für die Naturerhaltung und Menschen in sozialer Not verbunden sind.

Nisi: Non-Iata Sales Intermediaries, Non-Iata-Reisebüros; Reisebüros, die noch ohne Iata-Zulassung sind. → Iata-Agenturen

NIT: Institut für Tourismus- und Bäderforschung in Nordeuropa, Sitz: Kiel. Marktforschungsinstitut, bekannt durch konzeptionelle Mitarbeit und Betreuung der Untersuchung Urlaub + Reisen. → Reiseanalyse (RA), → Urlaub + Reisen (U + R)

NKSC: Nationalkomitee der Deutschen Skål-Clubs, Generalsekretariat in München, 1953 gebildeter Zusammenschluss der deutschen Skål-Clubs. → AISC, → Skål-Club

NMC: National Marketing Company, regionale oder nationale Tochtergesellschaft eines weltweit operierenden Konzerns. NMC ist Bindeglied zum jeweiligen lokalen Markt. Ihre Funktionen liegen in Beratung, Schulung und Information ihrer Kunden und der Weiterleitung der Marktanforderungen an ihre zentrale Organisation.

NN: Normalnull, bezieht sich auf den Amsterdamer Pegel und entspricht etwa dem mittleren Meeresspiegel der Nordsee.

N.N.: Lat. nomen nescio = „den Namen weiß ich nicht"; gebräuchlich für eine noch zu bestimmende Person bei Vortragsprogrammen.

No Frills Carrier: Billigfluggesellschaften auf Linie, hauptsächlich für Geschäftsreisen. Bezeichnung für die Konkurrenten der staatlichen/privaten Flugunternehmen, die ohne „überflüssigen" Service, ihre reine Beförderung anbieten; mit Flughäfen abseits der bekannten Routen, wobei ein Transfer meist mit dem Bus vorgesehen ist.

No-Name-Produkte: Markenlose Produkte, die nur mit dem Aufdruck der Warengattung, ohne differenzierenden Markennamen, im Handel vertrieben werden, sie werden auch als „weiße Produkte" bezeichnet. Durch Verzicht auf Werbung und aufwendige Verpackung werden Marketingkosten eingespart. N. dienen als Wettbewerbs- und Preisinstrument gegenüber Handelsmarken und Markenartikeln. Die Idee der N. geht zurück auf ihren Erfinder Carrefour. → Handelsmarken, → Markenartikel

Non Homogeneous PNR: Eine Buchung, bei der die Anzahl der Namenselemente nicht mit der Platzanzahl aller Flugsegmente übereinstimmt, wird als nicht homogener PNR bezeichnet. Mit dieser Funktion können mehrere Personen mit unterschiedlicher Streckenführung gebucht werden. → PNR

Non-Iata-Carrier: Nicht der Iata angeschlossene Luftverkehrsgesellschaft, die damit nicht den Iata-Beförderungsvorschriften unterliegt. → Iata

Non Landing Cruises: Fährüberfahrten z.B. von der britischen Küste über den Kanal, wobei die Passagiere nicht von Bord gehen und somit das Unternehmen die „Entry Fees", also die Ausschiffungsgebühren, einspart. Angebote dieser Art werden verstärkt zum Einkauf zollfreier Waren genutzt.

Nonref: Non Refundable, bedeutet als Vermerk in einem Flugschein, dass der bezahlte Flugpreis bei Nichtantritt der Flugreise nicht erstattet wird. Häufig bei Sondertarifaktionen.

Non Revenue Passenger: Freigast. → Freigast

Nonstop Flight: Flug zwischen zwei Orten ohne Zwischenlandung. → Direct Flight

Norddeich Radio: Ehemalige Einrichtung der Deutschen Telekom Norden-Küstenfunkstelle. Ermöglichte Schiffspassagieren Ferngespräche mit dem Festland. Der Funkoffizier meldete die Verbindung via Satellit zum N.R. an, von dort wurde zum Teilnehmer verbunden.

Nordkap: Das N. ist 307 m hoch und liegt auf der norwegischen Insel Mageroy. Man vermutet hier den nördlichsten Punkt Europas. Dessen geogr. genaue Lage ist jedoch vier Kilometer weiter westlich bei Kuirskjellodden. Das N. ist ein beliebtes Ziel für Busrundfahrten und Schiffskreuzfahrten. → Kreuzfahrten, → Kuirskjellodden, → Rundreisen

Nordlicht: Polarlicht, Lichterscheinung in den Polarländern, durch Erdmagnetismus bewirkt, von magnetischen Stürmen begleitet.

Nord-Ost-Passage: Fahrtgebiet mit Expeditionscharakter für Spezialkreuzfahrten durch das Nordpolarmeer. Schifffahrtsweg vom nördl. Atlantik zum nördl. Pazifik längs der Nordküste Eurasiens bis zur Beringstraße.

Nord-Ostsee-Kanal: Verbindet die Ostsee mit der Nordsee, erspart den Umweg über Skagen und damit 250 Seemeilen (Länge: 98 km).

Nord-West-Passage: Um den Norden Amerikas herumführender, 6000 km langer Seeweg durch die Beringstraße, verbindet den Atlantik mit dem Pazifik. Von Amundsen (norweg. Polarforscher) 1903 bis 1906 mit einem Fischkutter ohne weitere Hilfsmittel ganz befahren. Fahrtgebiet für Spezialkreuzfahrten durch das nördliche Eismeer mit Expeditionscharakter. In West-Ost-Richtung von Nome (Alaska) über Grönland nach Halifax (Nova Scotia). → Expeditionstourismus

No Show: Nicht erscheinender Passagier o. Veranstaltungsteilnehmer trotz Reservierung. Nach Ablauf der vorgegebenen Meldezeit verliert der Passagier seinen Anspruch auf den reservierten Platz. Der Veranstalter bzw. Leistungsträger kann nach diesem Zeitpunkt solche Plätze an Passagiere auf Warteliste vergeben. Bei Veranstaltungen innerhalb der Reisebranche werden von N.s zunehmend No-Show-Gebühren verlangt. → Go Show, → Waiting List

Nostalgiereisen: Angebot der Deutschen Bahn für Fahrten mit historischen Zügen; Organisation und Vertrieb über das DB Museum in Nürnberg.

Notenbank: Mit dem Recht zur Ausgabe von Banknoten ausgestattete Bank; sie reguliert den Geld- und Kreditverkehr eines Landes durch Anpassung des Geldumlaufs an die Bedürfnisse der Wirtschaft. Im Zuge der Einführung des Euro haben die nationalen Notenbanken viele ihrer Rechte und Pflichten an die Europäische Zentralbank abgegeben. Die Notenbank in Deutschland heißt Deutsche Bundesbank, in Österreich Österreichische Zentralbank und in der Schweiz Schweizerische Zentralbank.

Notice of Irregularity: Ist eine an den Agenten gesandte Abmahnung des BSP, die ihn informiert, dass ein Fehler seinerseits in Zahlungsangelegenheiten festgestellt wurde. Nach vier Abmahnungen innerhalb zwölf aufeinanderfolgender Monate werden Zahlungsverzugsmaßnahmen eingeleitet, wobei die Iata-Zulassung des Agenten überprüft wird. → BSP

NPCA: National Parks and Conservation Association, Sitz: Washington. Organisation, die sich den Schutz der Reservate zur Aufgabe gemacht hat.

NS: Nederlandse Spoorwegen, Niederländische Eisenbahnen.

NTO: National Tourist Office, staatl. Fremdenverkehrsorganisation eines Landes mit Stützpunkten im Ausland, Kontaktstelle für alle tourismusrelevanten Fragen eines Landes, z.B. NTOM, National Tourist Office Malta, Frankfurt/Main.

NT-Verfahren: Neutrale Ticketing-Verfahren in Start Amadeus zur Ausstellung von reservierungsunabhängigen PNRs, die z.B. telefonisch bei der Fluggesellschaft oder über ein Fremdsystem vorgenommen worden sind. Häufig genutzt für Gruppenbuchungen oder ausgehandelte Tarife, die in Amadeus nicht automatisch berechnet werden.

NUC: Neutral Unit of Construction. Tarifberechnungseinheit zur währungsneutralen Darstellung von Beförderungstarifen im Luftverkehr (eingeführt am 1.7.1989): NUC - Local Selling Fare dividiert durch die jeweils gültige Iata Rate of Exchange für den US-Dollar. Wird viermal jährlich festgelegt. Da das neue System auf lokalen Währungen basiert, entscheidet auch die Verkaufsart über den Tarif. Dabei sind der Ort der Flugscheinausstellung und der Ort des Verkaufs im Flugschein einzutragen. → FCU, → Flugpreisberechnung, → Local Selling Fare (LSF), → ROE, → Siti, → Sito, → Soti, → Soto

NUR: NUR Touristic, 1965 in Frankfurt/Main als Neckermann und Reisen gegründet. Mit seiner Konzeption, die Prinzipien von großvolumigem Einkauf und Absatz auf das Reisegeschäft zu übertragen, wollte Firmengründer Josef Neckermann das Reisen „für jeden möglich machen". Als zweitgrößter deutscher Reiseveranstalter ist Neckermann Reisen Teil der Thomas-Cook-Dachmarke mit Sitz in Oberursel. Der Vertrieb erfolgt über eigene Konzernvertriebsstellen wie u.a. Karstadt und Hertie sowie durch Franchise-Reisebüros als steuerbarer Vertrieb durch Ketten-/Einzelbüros als freier Vertrieb. Nach Einführung der Vertriebsliberalisierung ab 1995 mit über 8000 Vertriebsstellen. Seit 1976 gehörte NUR Touristic zum Karstadt-Konzern, ab 1997 zur C & N Touristic und ab 2001 zu Thomas Cook. → Ausschließlichkeitsbindung, → C & N Touristic, → Thomas Cook, → Vertriebsliberalisierung

Nurvis: Hauseigenes elektronisches Reservierungssystem für Pauschalreisen der deutschen Veranstalter von Thomas Cook. → Thomas Cook

NWO: Verband Nordrhein-Westfälischer Omnibusunternehmen; Sitz in Langenfeld.

NZ: DB-Nachtzug. Qualitätsmarke der DB-Tochter DB-Autozug. Die Gesellschaft übernahm 1999 die Linien und das Waggonmaterial der DB-Züge. Von 2003 an ist NZ exklusive Nachtreisemarke im DB-Konzern.

O

OAA: Orient Airlines Association, aus dem 1966 in Manila gegr. OARB (Orient Airlines Research Bureau) hervorgegangen. Vorbild war AEA. Hauptaufgaben sind: Harmonisierung des gewerblichen Luftverkehrs, Schaffung gleicher Wettbewerbsbedingungen im Bereich der Mitgliedergesellschaften. Sitz ist Manila. Mitglieder sind die bekannten ostasiatischen Fluggesellschaften.

OAG: Official Airline Guides, Anbieter von Flughandbüchern für Agenten. → ABC International

Oase: Durch Grundwassernähe oder Quellen begünstigte Stelle mit reichem Pflanzenwuchs in Wüstengebieten; Sammelpunkt der Karawanenwege.

OAT: Open Travel Alliance mit der Zielsetzung einen Standard für ein Kommunikationsgerüst zu entwickeln, das den Dialog zwischen Nutzern via Internet vereinfachen soll. Gründungsmitglieder sind Airlines, Hotels und Mietwagenfirmen. Der OAT können zudem Unternehmen und Branchenverbände angehören.

OATG: Ehemalige Ostdeutsche Autobahntankstellengesellschaft. Damals hundertprozentige Tochtergesellschaft der Autobahn Tank & Rast.

Obelisk: Altägyptische Monumentform als Zeichen des Sonnengottes; hoher, vierkantiger, meist aus einem Stein geschnittener Pfeiler, der sich nach oben verjüngt und in einer pyramidenförmigen Spitze endet, O.e z.B. in Karnak, Rom, Paris, London, Instanbul.

Oberschwäbische Barockstraße: Von Ulm aus führt die O.B. in einem Rundkurs durch Oberschwaben mit seinen zahlreichen Barockkirchen und -klöstern. Die Hauptstrecke ist 300 km lang. Nebenrouten führen in die Schweiz und nach Vorarlberg, wo z.T. die gleichen Baumeister gewirkt haben. → Touristikstraßen

Obligationen: → Anleihen

Obligatorisch: Verbindlich; kostenmäßig vorgeschriebene Programmbestandteile. Gegensatz: fakultativ. → Fakultativ

Obligo: Im kaufmännischen Sprachgebrauch für Verpflichtung, Zahlungsverpflichtung, Verbindlichkeit.

O-Bus: Trolleybus, elektromotorisch betriebener Linienbus im ÖPNV, dessen Stromversorgung mittels Oberleitung erfolgt. → ÖPNV

Occupancy List: Belegungsliste zur Kontrolle der Kapazitätsauslastung bei Leistungsträgern. → Allotment, → Kontingent

OCT/Octi/Octic: Office Central des Transports Internationaux par Chemins de Fer, Zentralamt für den internationalen Eisenbahnverkehr, Sitz: Bern/ Schweiz, regelt Rechtsfragen für den Eisenbahntransport und bemüht sich um ein einheitliches Rechtssystem für den Eisenbahnverkehr.

Odeon: Theaterähnliches Gebäude der Antike für musikalische oder schauspielerische Aufführungen.

OECD: Organization for Economic Cooperation and Development, Organisation für wirtschaftliche Zusammenarbeit und Entwicklung. Vorläufer war die OEEC = Organization for European Economic Cooperation, gegr. 1948 in Paris mit dem Ziel, die Mittel aus dem Marshallplan (amerik. Wirtschaftshilfe zum Wiederaufbau) zu koordinieren. 25 Mitgliedsstaaten. Neben den europäischen Ländern gehören dazu: USA, Kanada, Japan. Ziel: Eine Politik zu fördern, die in den Mitgliedsländern ein größtmögliches Maß an wirtschaftlichem Wachstum und Beschäftigung, einen steigenden Lebensstandard und finanzielle Stabilität erreicht, um damit zur Entwicklung der Weltwirtschaft beizutragen. Fragen zur Entwicklung des Tourismus werden vom Tourismuskomitee des OECD behandelt.

öffentliche Güter: Güter, bei denen kein Ausschließungsprinzip gilt. Von Ö. G. können alle profitieren, auch diejenigen, die keinen Beitrag zu ihrer Produktion leisten. Dazu gehören Informationsleistungen und z.B. Bemühungen um die nachhaltige Entwicklung einer Destination. Voraussetzung für die Produktion dieser Güter sind Mechanismen, die den potenziellen Nutzerkreis zur Mitbeteiligung zwingen.

öffentliche Investitionsförderung: Sie richtet sich seit Vollendung der deutschen Einheit vor allem auf Starthilfen für gewerbliche Investitionen und auf Infrastrukturverbesserungen in Ostdeutschland. Unmittelbare Finanzhilfen enthalten die (steuerliche) Investitionszulage, der Investitionszuschuss nach der Gemeinschaftsaufgabe zur Verbesserung der regionalen Wirtschaftsstruktur, die zinsbegünstigten und zeitweise tilgungsfreien Darlehen aus den ERP-Programmen und dem Eigenkapitalhilfeprogramm.

öffentlicher Verkehr: Begriff aus der Verkehrswirtschaft. Ö.V. entspricht dem Verkehr mit Verkehrsmitteln in kommunaler, Landes- oder Bundesträgerschaft bzw. privater Trägerschaft, die nach ihrer Zweckbestimmung von jedermann gegen Entgelt oder frei benutzt werden können. Für den Betrieb des Ö.V. gelten die vier Grundpflichten. Im Gegensatz dazu: Individualverkehr (IV), meist motorisiert (MIV). → Grundpflichten, → Privater Verkehr

Öffentlichkeitsarbeit: Engl.: Public Relations (PR); Begriff, der alle Maßnahmen umfasst, die ein Unternehmen, eine Behörde oder ein Verband ergreift, um für seine Tätigkeit und Ziele in der Öffentlichkeit zu werben. Durch Ö. soll die Institution selbst, ihr Know-how, ihre Ziele und die Methoden ihrer Arbeit in den Mittelpunkt des öffentlichen Interesses gerückt werden. Im Bereich des Fremdenverkehrs steht im Gegensatz zum Marketing dabei nicht die Werbung für ein Produkt oder eine Produktpalette, sondern das Image einer Institution im Vordergrund. Man unterscheidet in der Ö. nach externer und interner Kommunikation. Mittel der externen Kommunikation sind vor allem Presse, Rundfunk und Fernsehen. Durch Pressemitteilungen und -konferenzen, Vorträge, Tagungen und persönliche Einladungen wird der Kontakt zu anderen Institutionen und politischen Entscheidungsträgern gepflegt. Die interne Kommunikation mit dem Ziel der Koordinierung und der Motivation der Mitglieder und Mitarbeiter erfolgt durch Information und Rückkoppelung, d.h. durch Rundschreiben, bei Tagungen, in Ausschusssitzungen und im persönlichen Informationsaustausch. → Marketing-Mix

ÖIE: Österreichischer Informationsdienst für Entwicklungspolitik; Verein, der seit 1979 als gesamtösterreichische Service- und Koordinationsstelle für entwicklungspolitische Informations- und Bildungsarbeit tätig ist. Zu seinen Zielen gehört u.a., Begegnungen mit Menschen der Dritten Welt und ihren Lebensformen anzuregen, die zum Abbau von Fremdenfeindlichkeit und eurozentrischer Haltung gegenüber Entwicklungsländern führen; kritische Einschätzung des Tourismus. ÖIE war Mitglied im Arbeitskreis Tourismus mit Einsicht. → Tourismus mit Einsicht (TME)

Öko-Audit-Verfahren: System zur Bewertung und Verbesserung des betrieblichen Umweltschutzes für Dienstleistungsunternehmen. Dazu besteht die EU-Verordnung 1836/93, die eine freiwillige Beteiligung gewerblicher Unternehmen an einem Gemeinschaftssystem für das Umweltmanagement und die Umweltbetriebsprüfung vorsieht. Die nach ISO zertifizierten Unternehmen können die bereits installierten Strukturen zur Beteiligung am Ö.A. nutzen. Reiseveranstalter, Reisemittler und vor allen Dingen Leistungsträger versprechen sich mit dieser Zertifizierung Image- und Marketing-Vorteile sowie grundsätzliche Kosteneinsparungen. → ISO

Ökobank: Genossenschaftsbank, die Kredite für Umweltvorhaben, Kultur-, Dritte-Welt-Förderung und alternative Unternehmen vergibt. Die Ö. wurde 1988 gegründet und hat ihren Sitz in Frankfurt/M. Seit 1994 bietet sie einen ökologisch ausgerichteten Umweltfonds an.

Ökobilanz: Umweltpolitischer Begriff, umfasst die beiden Säulen Vorsorge- und Verursacherprinzip. Eine Ö. enthält alle umweltrelevanten Wirkungen eines Produktes während seiner Entstehung, Nutzung und nach seinem Ende. Im Englischen Lifecycle Analysis. Aus der Umweltperspektive bilden Produkte den Großteil aller Emissionen, mit vorausgehenden, begleitenden und nachfolgenden Emissionen. Als erste Fluggesellschaft hatte Swissair die Auswirkungen ihres Anteils am Luftverkehr auf die Umwelt 1991 in Form einer Ö. vorgelegt. → Emissionen

Ökologie: Lehre von den Zusammenhängen oder Wechselwirkungen in der Umwelt. Jedes Lebewesen ist verbunden mit einer Vielzahl von Faktoren und eingebunden in Beziehungen und wechselseitige Einflüsse. Die so entstehenden Systeme sind nur schwer darstell- und damit vorstellbar. Es ist deshalb auch nicht einfach, Veränderungen des jeweiligen Ökosystems vorherzusehen, wenn Teile desselben verändert werden. Da heute der Mensch in die Lage versetzt ist, die Ökosysteme nachhaltig zu verändern, muss er ökologisch handeln lernen, d.h. seine Einwirkung auf Natur und seinen Lebensraum erkennen, beurteilen und entsprechend korrigieren. Ö. hat dabei die Aufgabe, alle umweltbezogenen Maßnahmen auf ihre Folgen hin abzuschätzen und zu beeinflussen. → sanfter Tourismus, → Tourismus mit Einsicht (TME)

Ökologischer Tourismus in Europa (ÖTE): 1991 von verschiedenen Umweltorganisationen (darunter dem Deutschen Naturschutzring und den Naturfreunden) gegründeter Verein, Sitz: Bonn. Der ÖTE tritt durch Informations-, Aufklärungs-, und Weiterbildungsveranstaltungen für einen umweltverträglichen und sozialverantwortlichen Tourismus in Europa ein. 1994 erstmalige Vergabe des Gütesiegels „Grüner Koffer" an Fremdenverkehrsorte. → Grüner Koffer, → Sanfter Tourismus

ökonomisches Prinzip: Prinzip der Wirtschaftlichkeit; bedeutet das Streben, mit den eingesetzten Mitteln den größtmöglichen Gewinn zu erzielen oder für einen feststehenden Gewinn die geringstmöglichen Mittel einzusetzen.

Ökosteuer: Seit dem 1. April 1999 gibt es in Deutschland mit der Ökosteuer eine neue Art von Steuer. Sie verteuert den Liter Kraftstoff für alle Verbraucher in vier Stufen jährlich um jeweils 3,07 Cent. Mit diesen Einnahmen versucht die Regierung die Sozialversicherungsbeiträge nicht weiter steigen zu lassen.

Ökosteuer für Touristen: Das Parlament der Balearen hat im Frühjahr 2001 die Einführung einer Ökosteuer beschlossen. Vorgesehen waren ab Oktober

2001 Zahlungen von durchschnittlich einem Euro je Tourist und Tag, wobei der genaue Betrag von der gewählten Unterkunft abhängen sollte. Auf Betreiben der Hoteliers wurde die Ö. zunächst gerichtlich ausgesetzt. Nach einer vorläufigen Entscheidung des Verfassungsgerichts in Madrid dürfen die Balearen-Inseln die vorgesehene Touristensteuer ab März 2002 kassieren. Mit dieser Ö. sollen Naturschutzgebiete eingerichtet sowie historische Stadtkerne und Häfen restauriert werden.

Ökotourismus: Form verantwortungsbewussten Reisens in naturnahe Gebiete, die negative Umweltauswirkungen und soziokulturelle Veränderungen zu minimieren sucht, zur Finanzierung von Schutzgebieten beiträgt und Einkommensmöglichkeiten für die lokale Bevölkerung schafft. Ö. ist also darauf angelegt, nicht nur die negativen Auswirkungen auf Natur und Umwelt zu vermeiden, sondern aktiv die Schutz- und Entwicklungsziele von Gebieten zu unterstützen. Die WTO und die United-Nations-Environment-Programme (Unep) haben 2002 zum Jahr des Ökotourismus ausgerufen. Die Kampagne in Deutschland lautet „Lust auf Natur" und beinhaltet z.B. einen Angebotskatalog und Veranstaltungskalender.

ÖPNV: Öffentlicher Personennahverkehr. Mit Bussen oder Schienenfahrzeugen durchgeführte genehmigte Linienverkehre und Schülerverkehre sowie der Schwerbehindertenbeförderung mit KFZ zu Einrichtungen, die der Betreuung dieser Personenkreise dienen, wobei der Beförderungsweg weniger als 50 km beträgt. Ca. 60% aller öffentlichen Buslinien werden von im BDO zusammengeschlossenen privaten Busunternehmen betrieben. → BDO, → Grundpflichten, → Öffentlicher Verkehr

ÖRV: Österreichischer Reisebüroverband, Sitz: Wien, gegr. 1961. Seine Aufgaben sind die Förderung und der Schutz der gewerblichen, der wirtschaftlichen sowie der Berufs- und Standesinteressen der Mitglieder. Ab 1995 als Reisebüro- und Reiseveranstalterverband fortgeführt mit jeweils eigenen Sektionen.

Österreichische Romantikstraße: Touristikstraße von Salzburg nach Wien mit landschaftlichen und kulturellen Höhepunkten im Salzkammergut, Mühlviertel, im Struden- und Nibelungengau und in der Wachau. → Romantische Straße

ÖTE: → Ökologischer Tourismus in Europa (ÖTE)

OEZ: Osteuropäische Zeit, Ortszeit mit Bezugsmeridian 30. Längenkreis, gilt als Zonenzeit in Bulgarien, Finnland, Griechenland, Rumänien, Türkei, Litauen, Lettland und Estland.

Offene Stadt: Gemäß Haager Abkommen von 1907 darf eine O.S. im Kriegsfall keine militärischen Objekte wie Truppen und Stellungen beherbergen, sich an keinen Kriegsanstrengungen beteiligen und wird daher von Kriegshandlungen ausgespart. Ursprünglich wurde unter O.S. ein unbefestigter Ort verstanden. Mit Zunahme moderner Waffensysteme ist darunter die „unverteidigte Stadt" zu verstehen. Im Zweiten Weltkrieg (1940) waren Paris, Brüssel und später auch Rom Offene Städte, 1991 war im ehemaligen Jugoslawien Dubrovnik mit seiner mittelalterlichen Altstadt O.S. → World Heritage Convention

Office-ID: Bürokennung, die jedem Amadeus Anwender zur Identifikation und zusätzlicher Sicherheit zugeordnet ist. Die Identifikation ist neunstellig alphanumerisch und besteht aus dem Drei-Letter-Code für den Standort des Büros, Kooperationskennung und -qualifier und einer Büronummer.

Offline: Beim Offline-Betrieb besteht keine gerätetechnische Verbindung, z.B. von einem Terminal zur Zentraleinheit einer Datenverarbeitungsanlage. Arbeiten wie Datenerfassung o.a. werden im Offline-Betrieb selbstständig vorgenommen. → Online

Offline Carrier: Fluggesellschaft, die in einer Stadt/Flughafen vertreten ist, ohne diese anzufliegen. Offline Office ist der Bürositz einer Fluggesellschaft in einer von ihr nicht angeflogenen Stadt. → Online Carrier

Off Season: Nebensaison oder Vor- und Nachsaison; meist die Zeit vor und nach den Schulferien. In dieser Zeit werben Veranstalter und Leistungsträger mit Preisnachlässen.

OFS: Online Fulfilment Service, im Juni 2001 gegründetes Service Angebot von u.a. I-FAO. → Fulfilment Service

oHG: Offene Handelsgesellschaft (§ 105 ff HGB) ist eine Personengesellschaft, bei der jeder der Gesellschafter mit seinem gesamten Vermögen für die Schulden des Unternehmens unmittelbar haftet. → Kapitalgesellschaft, → Personengesellschaft, → Unternehmensform

Oitaf: Organizzazione Internazionale Trasporti A Fune, Internationale Organisation für das Seilbahnwesen, Sitz: Rom. Vereinigung der Seilbahnunternehmer, Hersteller der Seilbahnanlagen (einschließlich Schlepplifte) und der Aufsichtsbehörden. Ziel ist die Förderung des technischen Fortschrittes im Seilbahnwesen sowie die Harmonisierung der nationalen Rechtsvorschriften (Vereinheitlichung der Seilbahnnormen im Bau, Betrieb sowie in der Instandhaltung und Kontrolle von Seilbahnen). → VDS

OJO - Open Jaw One Way Trip: Im Iata-Luftverkehr: Minimum Fare, Tarifeinheit für Mindestpreise für die einfache Flugstrecke beim Gabelflug.

OJ - Open Jaw Trip: Im Iata-Luftverkehr: Gabelreise, Ausgangsort der Hinreise und Ankunftsort der Rückreise im Reiseantrittsgebiet und/oder Ankunftsort der Hinreise und Abflugsort der Rückreise im Umkehrgebiet sind nicht identisch. Eingeschobene Reisen auf dem Land- oder Wasserweg auf Kosten des Fluggastes sind möglich.

OJR - Open Jaw Round Trip: Im Iata-Luftverkehr: Minimum Fare, Tarifeinheit für Mindestpreise beim Gabelflug.

OK, Okay: Bestätigung für feste Reservierung in einem Flug-/Schiffsticket.

Oktoberfest: Alljährlich stattfindendes Volksfest in München seit 1810. Großer Anziehungspunkt für in- und ausländische Touristen mit jährlich ca. sechs bis sieben Millionen Besuchern. Wird z.B. in den USA und Kanada imitiert. → Volksfeste

Okzident: Der Westen, das Abendland; der Westen Europas mit Mitteleuropa; dagegen: → Orient.

Oligopol: Begriff aus der Volkswirtschaftslehre. Beim Angebotsoligopol bestimmen nur wenige Anbieter den Gesamtmarkt. So stehen z.B. wenigen Charterfluggesellschaften eine Vielzahl von Reiseveranstaltern gegenüber. Umgekehrt verhält es sich beim Nachfrageoligopol.

Olympische Spiele: Sie haben ihren Ursprung in den berühmten altgriechischen Wettkämpfen, die alle vier Jahre in Olympia zu Ehren des Zeus stattfanden. Die neuzeitlichen O.S. wurden 1896 von Baron Pierre de Coubertin ins Leben gerufen. Seit 1924 gibt es neben den Olympischen Sommerspielen auch Winterspiele. In Deutschland fanden die O.S. 1936 in Berlin (Sommer) und in Garmisch-Partenkirchen (Winter) statt, 1972 in München. Generalagentur für Veranstaltungsprogramme in Deutschland ist DER, Frankfurt/M.

OMT: Organisation Mondiale du Tourisme, Welttourismusorganisation. → WTO

One Pass: Bonusprogramm der Continental Airlines. → Bonusprogramm, → Frequent Flyers/Travellers

One-to-One-Marketing: Marketing-Strategie, bei der die individuellen Wünsche und Bedürfnisse des Kunden durch Interaktion ermittelt werden, um mit diesen gesammelten Kundeninformationen maßgeschneiderte Leistungen anbieten zu können. → CRM

One Way (OW): Begriff aus dem Flugverkehr, Reise in nur einer Richtung im Gegensatz zu Round Trip (RT) für Hin- und Rückflug. → Flugpreisberechnung, → Round Trip (RT)

Oneworld: 1999 gegründete weltweite Luftfahrtallianz der Fluggesellschaften British Airways, American Airlines, Qantas Airways, Cathay Pacific, Iberia, Finnair, Lan Chile und Aer Lingus. (bis 31.5.2000 Canadian Airlines). Ca. 206 Mill. Fluggäste zu 682 Zielen (Stand 1999). → Skyteam, → Star Alliance, → Wings

Online: Direktverbindung durch eine gerätetechnische Koppelung, über welche Daten- und Steuerinformationen fließen, z.B. Direktbuchung über Start-BTX. → Offline

Online-Agenturen: Vertrieb der Produkte von Reiseveranstaltern und anderen touristischen Leistungsträgern durch Agenturen, die dafür Online-Dienste – insbesondere das Internet – nutzen. Kunden buchen dabei selbst über PC-Eingabemasken, WAP-/UMTS-Mobiltelefone oder andere Endgeräte. Bei echten Online-Agenturen erfolgen Vakanzabfrage und Buchung über CRS oder Internet direkt im Rechner des Leistungsträgers. Typisch für Online-Agenturen ist die Online-Buchung ohne Besuch im Ladenlokal oder das Nutzen herkömmlicher Medien wie Telefon und Fax. Kombinationen mit Call Centern und/oder stationären Reisebüros sind allerdings häufig anzutreffen. Qualitätssiegel mit Schwerpunkt Zahlungssicherheit werden von Trusted Shops (Gerling-Konzern) und dem TÜV vergeben. Nach DRV-Angaben verfügen Ende 2001 mehr als 70% der deutschen Reisebüros über eine eigene Website und zählen somit zu den O. → Internet, → Itsa, → Reisebüros, → Reiseverkauf in Deutschland

Online-Bewerbung: Verfahren, bei dem der Stellenbewerber die Möglichkeit hat, per E-Mail dem Unternehmen seine Bewerbungsunterlagen zuzusenden. Oft werden auf diesem Weg nur der Lebenslauf und das Bewerbungsanschreiben für einen ersten Eindruck über den Kandidaten erwünscht. Auch in der Tourismusbranche eingeführt.

Online Carrier: Fluggesellschaft mit Büro/Vertretung in einer von ihr angeflogenen Stadt/Flughafen, im Gegensatz zum Offline Carrier. → Offline Carrier

Online-Dienste: Leistungen, die über Kommunikationssysteme oder über das Internet rund um die Uhr verfügbar sind. Das Angebot umfasst die Möglichkeit, Bestellungen aufzugeben, Dateien auf den Computer zu laden, Überweisungen zu tätigen oder einfach mit anderen Teilnehmern zu kommunizieren.

Online Transportation: Weiterflug mit derselben Fluggesellschaft. → Interline Transportation

OOJ - Origin Open Jaw: Im Iata-Luftverkehr: einfache Gabelreise im Reiseantrittsgebiet; Ausgangsort der Hinreise und Ankunftsort der Rückreise im Reiseantrittsgebiet sind nicht identisch.

OPATB-Tickets: Bezeichnung für maschinelle Tickets die nicht im Durchschreibeverfahren, sondern Coupon-by-Coupon, d.h. jeder Coupon einzeln, bedruckt werden. → ATB

Open Date Ticket: Flugschein ohne Flugreservierung. Nur möglich bei Tarifen, die Buchung bei Ausstellung nicht zwingend vorschreiben.

Open Flight: engl. für einen nicht festgebuchten Flug.

Open Jaw (OJ)/Gabelreise: Wird im Rahmen der Flugpreisberechnung im Wesentlichen wie ein Round Trip behandelt. → DOJ - Double Open Jaw, → OJ - Open Jaw Trip im Iata-Luftverkehr, → OOJ - Origin Open Jaw im Iata-Luftverkehr, → Round Trip (RT), → SOJ - Single Open Jaw, → TOJ - Turnaround Open Jaw im Iata-Luftverkehr

Open Sky: Postulierter Grundsatz einer Wettbewerbspolitik des „offenen Himmels" in den USA in Anlehnung an die Transportvereinbarung des Chicagoer Abkommens. Ziel ist die Ausdehnung der Deregulation auf die bilateralen Luftverkehrsabkommen. → Chicagoer Abkommen, → Deregulation, → Freiheiten der Luft

Open-Sky-Politik: Politik des freien, offenen Himmels. Aus europäischer Sicht bedeutet O. für jeden Wettbewerber zu jedem Preis unbeschränkten Marktzugang. Als mögliche Gefahren werden dabei Verdrängungswettbewerb, geringere Sicherheitsbemühungen, Stilllegung unrentabler Strecken u.a. gesehen. Seit Januar 1997 durch Ministerratsbeschluss der Verkehrsminister alle Beschränkungen im Luftverkehr innerhalb der EU aufgehoben. Bislang war es nach Abkommen der Icao (Chicagoer Abkommen) und Iata ausschließlich bilaterale Sache, ausländischen Gesellschaften Verkehrs- und Beförderungsrechte zu festgesetzten Preisen im eigenen Land zu gewähren. → Chicagoer Abkommen, → Iata, → Icao, → Open Sky

operative Planung: Festlegung der Umsetzung einer Strategie für einen kurzfristigen Zeitraum (ca. ein Jahr). Dazu werden Ziele, Maßnahmen und Mittel fixiert.

Opodo: Online-Reisebüro europäischer Fluggesellschaften. → Hotwire, → Orbitz

Opportunitätskosten: Beschreiben den entgangenen Ertrag (Nutzen) der besten alternativen Verwendung der Mittel. Entscheidet sich eine Person für ein neues Auto und verzichtet dafür auf eine Urlaubsreise, dann beschreibt der entgangene Nutzen an Freizeit die O. der Urlaubsreise.

Optat-Tickets: Off Premise Transitional Automated Ticket. Offizielle Iata-Bezeichnung für maschinell erstellte Tickets, die in Reisebüros auf den Namen einer am BSP beteiligten Fluggesellschaft im Durchschreibeverfahren (carbonisiert) ausgestellt werden. Das Layout unterscheidet sich von dem der TAT-Tickets, die ausschließlich bei Fluggesellschaften verwendet werden.

optional: Auf Wunsch; nach freiem Ermessen zusätzlich zu buchende Leistungselemente, z.B. Landausflüge bei Kreuzfahrten. → Fakultativ, → Landausflüge, → Obligatorisch

Option/Optionsvertrag: Mit der Option verpflichtet sich der Hotelier (beim Hotelreservierungsvertrag), der Beförderungsunternehmer oder ein anderer Leistungsträger als Optionsgeber verbindlich gegenüber dem Reiseveranstalter als Optionsnehmer zur Bereithaltung des angebotenen Kontingents bis zu einem zuvor bestimmten Ausschlusstermin. Der Optionsnehmer kann innerhalb dieser Frist die Option annehmen, mit der Folge, dass die Buchung über das Kontingent entsteht. Nach erfolglosem Verstreichen der Frist erlischt die Option ohne weiteres. → Allotment, → Hotelreservierungsvertrag, → Kontingent

Opuv: Obligatorische Passagier-Unfall-Versicherung für Fluggäste, durch den jeweiligen nationalen Gesetzgeber festgelegt.

Orangerie: Gebäude einer barocken Schloss- und Parkanlage des 18. Jh.s, in dem im Winter Ziergewächse aus südlichen Ländern untergebracht wurden. Oft mit reich ausgeschmückten Festräumen, z.B. in Versailles; Sanssouci bei Potsdam.

Orbitz: Online-Reisebüro der fünf größten US-Fluggesellschaften. → Hotwire, → Opodo

Organisationshilfe: → Solidarhilfeabkommen

Orient: Der Osten, das Morgenland; Länder am östlichen Mittelmeer, Vorderasien. Für Amerikaner gilt auch der ostasiatische Raum als O. Gegensatz: Okzident. → Okzident

Orient-Express: Der erste internationale Luxuszug Train d'Orient fuhr am 5. Juni 1883 erstmals die Strecke Paris–Wien–Budapest–Belgrad–Sofia–Konstantinopel. Teilstrecken mussten noch mit Schiffen und Postkutschen zurückgelegt werden. Erst 1888 konnte Konstantinopel durchgehend mit der Eisenbahn erreicht werden. Die Belle Epoque bei den Eisenbahnen endete 1939. Eine Renaissance des Orient-Express begann 1976 mit zwei Versuchszügen des Betreibers. Venice Simplon-Orient-Express von Mailand und Zürich nach Istanbul unter dem Namen Nostalgie Istanbul-Orient-Express. Seit dieser Zeit werden regelmäßige Schienenkreuzfahrten mit den restaurierten Originalwagen zwischen Europa und Istanbul durchgeführt. Unter gleichem Namen, MV Orient-Express, unterhielt die gleiche Betreibergesellschaft eine Schiffs- bzw. Fährverbindung von Venedig über Griechenland in die Türkei im Wochenturnus. 2002 werden folgende Strecken angeboten: Paris über Budapest nach Istanbul und Istanbul über Wien nach Venedig als sechstägige Reisen; daneben stehen zwei- und viertägige individuelle europäische Kurzreisen auf dem Programm: von Venedig nach Rom, von Rom über Florenz nach Venedig, Venedig über Paris nach London, London über Paris nach Venedig und Venedig über Prag und Paris nach London sowie Venedig über Luzern und Paris nach London. → ISTG, → VSOE

Origin (O): Ausgangspunkt einer Flugreise.

Orkan: Große Temperaturunterschiede, die durch das Aufeinandertreffen kalter und warmer Luftmassen entstehen, bilden die Ursache für die Entwicklung von O.n. Für die verschiedenen Windstärken gelten folgende Bezeichnungen:

- Orkan bei Windstärke zwölf (über 118 km/h)
- orkanartiger Sturm bei Windstärke elf (103 bis 117 km/h)
- schwerer Sturm bei Windstärke zehn (89 bis 102 km/h)
- Sturm bei Windstärke neun (75 bis 88 km/h).

→ Beaufort-Skala

Ortszeit: Auch Local Time (LT); Bezeichnung für die in einem Land oder einer Ländergruppe geltende Uhrzeit, die auf der Fiktion beruht, dass an allen Orten des Landes oder der Ländergruppe der Sonnenhöchststand um zwölf Uhr mittags erreicht ist, obschon streng genommen nur die auf demselben Längengrad liegenden Orte dieselbe O. haben. Die Unterschiede in der O. spielen im interkontinentalen Luftverkehr eine große Rolle und werden im Verhältnis zur Weltzeit ausgedrückt. → GMT, → Weltzeit, → Zeitzone

OSI: Other Service Information, Eingabeformat zur Übermittlung von passagierbezogenen Informationen an die Fluggesellschaften.

OTA: 1. Organisation Mondiale du Tourisme et de l'Automobile, weltweite Vereinigung der Automobil- und Touring-Clubs, fördert zusammen mit AIT speziell den Automobiltourismus.

2. Open Travel Alliance mit der Zielsetzung, offene Schnittstellen für Buchungssysteme zu entwickeln, was den Dialog zwischen Nutzern via Internet vereinfachen soll. Gründungsmitglieder sind Airlines, Hotels und Mietwagenfirmen. Der OTA können zudem Unternehmen und Branchenverbände angehören. → AIT

OTD: Ocean Travel Development, britischer Kreuzfahrtreedereienverband, gegründet 1958 zur Förderung der Seereisen gegenüber dem Wettbewerber Luftfahrt, da 1957 zum ersten Mal die Anzahl der Flug- diejenige der Schiffspassagiere über den Atlantik überstieg. Darüber hinaus war die Entwicklung des Kreuzfahrtenprodukts als Alternative zum Transport von A nach B über den Atlantik ein vordringliches Anliegen. OTD war Vorgängerorganisation der heutigen PSA. → PSA

Other Agents: Agenturen oder Reisebüros mit Flugscheinverkauf ohne Iata-Lizenz. Diese können bilaterale Vereinbarungen mit einer oder mehreren Luftverkehrsgesellschaften treffen zum Verkauf von deren Tickets, sog. Carriers' Own Agents. Sie haben keine Verfügung über neutrale Tickets. Sie nehmen nicht am BSP-Abrechnungsverfahren teil. Unter Other Agents versteht man auch die reinen Touristikreisebüros, desgleichen solche, die als Unteragentur eines Vollreisebüros fungieren sowie u.U. auch die Reisestellen. → Iata-Agenturen, → Reisestelle

Otto-Konzern: Ist eines der führenden Versandhandelsunternehmen in Deutschland. Zur Gruppe Otto Freizeit und Touristik gehören unter anderem Otto Reisen mit Reisebüros sowie Veranstaltertätigkeit, die Reisebürokette Reiseland, Travel Overland Flugreisen, Travel Channel sowie FCB Freizeit Club Betreuung und Travelocity Europe als Gemeinschaftsunternehmen mit Tra-velocity.com im Internet-Vertrieb.

Outback: Bezeichnung für entlegene Regionen im Landesinnern Australiens (meist unbewohnbare Wüste).

Outbound-Tourismus: Der aus einem Land herausgehende Tourismus, neue in den USA gebräuchliche und von der WTO empfohlene Bezeichnung, soll Outgoing-Tourismus ersetzen. → Inbound-Tourismus, → Outgoing-Tourismus

Outdoor Recreation: Erholung, die in größerem Ausmaß mit außerhäuslichen Aktivitäten und bewusster Freizeitgestaltung in dafür geeigneten geografischen Räumen stattfindet; bei Veränderung durch Ortswechsel werden daraus Formen des Tourismus. → Erholung, → Indoor Recreation

Outgoing: Teil der Tourismuswirtschaft, der sich am Wohnort bzw. Ort der Unterkunft der Gäste mit der Gestaltung und Vermarktung von touristischen Produkten befasst. → Inbound-Tourismus, → Incoming, → Outbound-Tourismus, → Outgoing-Tourismus

Outgoing-Tourismus: Aus einem Land herausführender Tourismus. → Inbound-Tourismus, → Incoming-Tourismus, → Outbound-Tourismus, → Reiseverkehrsbilanz

Outplacement: Bezeichnet die Entlassung einer Führungskraft bei gleichzeitiger Vermittlung in ein anderes Unternehmen. O. ist in vielen Fällen ein Bestandteil des Arbeitsvertrages einer Führungskraft. Die Vorteile für das Unternehmen liegen im Imagegewinn und unter Umständen in der Vermeidung von hohen Abfindungszahlungen. Die Führungskraft vermeidet eine Phase der Arbeitslosigkeit und die damit verbundenen negativen Auswirkungen.

Outside Sales Agents: Freie Reiseverkäufer in den USA. Die Skala reicht vom freien Verkäufer eines Reisebüros bis zum unabhängigen Unternehmer, der auf eigene Rechnung Verträge mit Reisebüros oder Leistungsanbietern wie Luftfahrtgesellschaften und Reedereien abschließt. Status und erfolgsabhängige Entlohnung sind ähnlich denen des freien Handelsvertreters in Deutschland.

Outsourcing: Im übertragenen Sinn „von der Quelle weg". Bedeutet die Ausgliederung eines Unternehmenszweiges und die Überführung in ein eigenständiges Unternehmen. Ein Reiseunternehmen gliedert die Kundenbetreuung im Urlaubsland aus der eigenen Organisation aus und gründet ein eigenes Unternehmen, das im Urlaubsland ansässig ist, aber nur mit dem deutschen Reiseunternehmen zusammenarbeitet. Das deutsche Unternehmen kann somit Lohnkosten einsparen und Sozialstandards umgehen.

Overnight Kit: Kosmetikbeutel, den viele Fluggesellschaften auf freiwilliger Basis auf Anfrage zur Überbrückung an Passagiere ausgeben, deren Reisegepäck nicht am vorbestimmten Flughafen angekommen ist.

Overriding Commission: Superprovision, höherer Provisionssatz, wird gezahlt für Vermittlung über einen vereinbarten Umsatz hinaus. → Provision

Overseas Timetable: Kursbuch/Fahrplan der außereuropäischen Bahn-, Straßen- (Bus) und Schiffsverbindungen, sechsmal jährlich herausgegeben von Th. Cook Publications. → Kursbuchstelle

Overwing Exit: Ausgang über den Tragflächen eines Flugzeugs bei Gefahr; die Sitzreihen an dieser Stelle sind breiter als im übrigen Flugzeug.

OVZ: Kurz für Omnibus-Vermittlungszentrale, ihr Ziel ist die Vermeidung von Leerfahrten durch Informationsaustausch zwischen den einzelnen Teilnehmern; Sitz: Sandhausen bei Heidelberg.

Ozon: Bodennahes Ozon bildet sich unter Einfluss von Sonnenlicht aus Stickoxiden und Kohlenwasserstoffen, die überwiegend von Autoabgasen und der Verbrennung von Kohle, Öl und Gas herrühren. Das giftige Gas O. kann je nach Konzentration und Einwirkungsdauer die Gesundheit beeinträchtigen. Beobachtet werden vor allem Reizungen des Hals- und Rachenraumes, Augenbrennen wie auch Verschlechterung der Lungenfunktion. Verschiedene Bundesländer reagierten im Sommer 1994 mit Ozonalarm und verfügten ein Tempolimit auf den Bundesautobahnen. Bislang einmalig fand 1994 im Raum Heilbronn-Neckarsulm ein viertägiger Versuch zur Ozonforschung statt mit Verkehrs- und Produktionsbeschränkungen. Im Versuchsgebiet durften dabei nur Autos mit geregeltem Katalysator oder schadstoffarmen Dieselmotoren fahren. Wie einerseits das bodennahe Ozon in zu großen Mengen schädlich ist, so kann andererseits die partielle Schädigung der Ozonschicht der Erde bei zunehmendem Luftverkehr zu Klimaveränderungen führen.

P

P: Neben A und F die Tarifbezeichnung im Flugticket für First Class.

PAC: Passenger Agency Committee; zur Erleichterung der Iata-Konferenzarbeit 1968 gebildetes Spezialkomitee, zuständig für alle die Passageagenten angehenden Fragen (außer Provisionsfragen).

Pachtvertrag: Vertragliche Überlassung des Gebrauchs und des Genusses der Früchte einer Sache oder eines Rechts gegen Entgelt (§§ 581-597 BGB) im Unterschied zur Miete, die nur die Gebrauchsüberlassung von Sachen betrifft. Pachtsache kann auch ein Grundstück, Raum oder Gewerbebetrieb sein, dessen Gewinnerwirtschaftungsmöglichkeiten vom Vertrag mitumfasst werden. → Mietvertrag

Package: Für den Gast kombinierte Leistung mit organisatorischen, rechtlichen und sozialen Elementen, anderer Begriff für Pauschalreise.

Package-Tour: → Auto-Package-Tour

PAD: Passenger Available for Disembarcation; Fluggast auf Warteliste ohne Festreservierung, Beförderung nach Maßgabe freier Plätze. → Waiting List

PAE: Personal Accident and Effects. Insassenunfall- und Reisegepäckversicherung bei Mietwagenreservierungen.

PAI: Personal Accident Insurance, Insassenversicherung bei Rent a car in USA. → PEC

Paketboot: Bezeichnung für Postdampfer im Linienverkehr, insbes. zur Versorgung von Inseln.

Paketreisen: Von Paketreiseveranstaltern angebotene Leistungspakete für Busunternehmen, die nach Katalog oder auch als maßgeschneidertes Paket nach den Wünschen der Busreiseveranstalter zusammengestellt werden. Diese kaufen z.B. ein fertiges Paket mit Hotelunterkunft, Fährüberfahrt, Fremdenführung, Theater- oder Festivalkarten u.Ä. Die Funktion der Paketreiseveranstalter ist der der Großhändler vergleichbar. → VPR International, → Zielortreisearrangements

Paketreiseveranstalter: Im klassischen Sinne Großhändler, die Leistungen wie Hotelübernachtung, Verpflegung, Fährpassagen u.a. einkaufen, zu einem Arrangement („Paket“) schnüren und dann gebündelt zu Nettopreisen vorwiegend an Busreiseveranstalter oder Reisebüros mit Eigenveranstaltung verkaufen. In ihrer Funktion als Großhändler fallen die P. nicht unter die Bestimmungen des Reisevertragsrechts und müssen damit nicht die ansonsten vorgeschriebene Absicherung der Kundengelder bereitstellen. → Paketreisen

Palace on Wheels: Palast auf Rädern, Nostalgie-Luxuseisenbahnzug der Maharadschas, der durch Radschastan/Indien führt. Beliebte Programme sind die sieben-Tage-Bahnfahrt Delhi–Jaipur–Amber –Udaipur–Jaisalmer–Jodhpur–Bharatpur–Fatehpu-Sikhri–Agra oder – auf dem kürzeren Teil – von Udaipur zu den Wüstenstädten Jaisalmer und Jodhpur, der interessantesten Teilstrecke, in drei Tagen. Der Sonderzug ist aus Salonwagen zusammengestellt, die früher in Diensten der Maharadschas (Könige, Fürsten) fuhren.

Pampero: Heftiger, trocken-kalter Südwestwind aus den argentinischen Pampas nach den östlichen Küstengebieten.

Pan Am: Pan American World Airways, New York, einstiges Symbol US-amerikanischen Unternehmertums. Der Gründer der Airline, Juan Trippe, startete 1927 die zivile Luftfahrt mit Postflügen zwischen Key West in Florida und Havanna/Kuba und bestimmte über Jahrzehnte die US-Luftfahrtpolitik in Übersee. Als erster Carrier übernahm Pan Am 1958 die Boeing B-747 (Jumbo-Jet). Der Niedergang der Fluggesellschaft setzte mit dem zunehmenden Wettbewerb durch Deregulierung Ende der 70er Jahre ein. Weitere Stationen auf diesem Weg waren der Absturz eines Jumbos durch ein Bombenattentat über Schottland Weihnachten 1988 und die Verteuerung des Treibstoffs nach Ausbruch des Golfkriegs 1991 mit der Folge, dass das Unternehmen Vergleichsantrag unter Chapter 11 des US-Konkursgesetzes stellen musste. Die Überseestrecken wurden an Delta Air Lines verkauft, die Markenrechte für Pan Am sowie die damit verbundene Handels- und Service-Marken erwarb 1993 der ehemalige USTTA-Chef Charles Cobb, der auch den ruhmreichen Namen mit Charter- und Linienflügen wiederbeleben möchte. Seit Sommer 1996 gab es wieder Flugverbindungen von Miami aus nach New York, San Francisco, Los Angeles und Chicago. 1998 musste erneut ein Konkursantrag gestellt werden. Derzeit Name einer US-Flugschule.

Panama-Flagge: Eine der sog. Billigflaggen. → Billigflaggen-Länder

Panamakanal: Schiffahrtsweg zwischen Pazifik und Atlantik, touristische Attraktion bei Kreuzfahrten. Der Kanal hat auf einer Länge von 81 km drei Schleusen. Er verkürzt den Seeweg von New York nach Yokohama um fast 7000 Seemeilen. Die Verwaltung des Kanals liegt seit dem Jahr 2000 in Händen Panamas.

Panel: In der Markt- und Meinungsforschung ein bestimmter gleichbleibender Personenkreis, der über einen längeren Zeitraum hinweg zur gleichen Sache befragt wird, z.B. Nielsen-Haushaltspanel seit 1992; im Unterschied dazu: Verfahren in Form einer Zufallsstichprobe. → Deutscher Reisemonitor

Panel Discussion: Podiumsdiskussion, bei der die Teilnehmer der Gesprächsrunde am Podium unter Leitung eines Moderators ein zentrales Thema unter unterschiedlichen Gesichtspunkten oder gegensätzlichen Auffassungen oder Interessen behandeln. Dabei kann das Auditorium zur Meinungsabgabe aufgefordert oder zugelassen werden.

Pantanal: Buschwald im Mato Grosso, Brasilien, mit vielen Wasserläufen und Seen. Reiche Tierwelt, vor allem Vögel sowie Alligatoren und Wasserschweine. Die Brandrodungen im brasilianischen Buschwald/Urwald bedeuten für das Weltklima eine große Gefahr. P. ist 2002 durch Unesco zum Biosphärenreservat erklärt worden.

Pantheon: Allen Göttern geweihter antiker Tempel, z.B. P. in Rom; neuzeitlich: Tempel für herausragende Persönlichkeiten in Paris.

Pantry: Engl. für die Speisekammer bzw. Anrichte an Bord von Schiffen oder von Flugzeugen. Sie dient der Aufbewahrung von Geschirr und Lebensmitteln.

PAP: Paying Passenger, im Luftverkehr neben Pax gebräuchliche Abkürzung für Personeneinheit/Zahlgast.

Papas Point: Begriff in der Pilotensprache für eine geografische Position über dem Mittelmeer, auf der die Flugsicherungsgebiete von Marseille und Barcelona aneinander grenzen. Diesen (wegen Verspätungen) neuralgischen Punkt passieren alle Maschinen, die das nordöstliche spanische Festland und vor allem die Balearen ansteuern. → Flugsicherung

Parador: Haus der gleichnamigen überwiegend staatlichen Hotelgruppe in Spanien, meist in alten Herrenhäusern und Schlössern in landschaftlich reizvollen oder historisch interessanten Gebieten.

Paragliding: Touristische Extremsportart, ähnlich dem Drachenfliegen. → Drachenfliegen

Parahotellerie: Ergänzend zur traditionellen Hotellerie umfasst die P. vor allem Apartments, Ferienwohnungen, Privatzimmervermietung, Camping, Caravans, Jugendherbergen, Ferien- und Vereinsheime. Diese Betriebe werden oft als Nebenerwerbsbetriebe geführt.

parallele Schnittstelle: Verbindungsstecker, mit dem der Computer mit anderen Peripheriegeräten verbunden werden kann. Bei der P. S. werden die Daten parallel über acht Datenleitungen übertragen, im Gegensatz zur seriellen Schnittstelle, bei der der Datentransfer nacheinander stattfindet. → serielle Schnittstelle

Pariser Club: Informeller Zusammenschluss der wichtigsten internationalen Gläubigerstaaten zur Neuregelung des Schuldendienstes in Schwierigkeiten geratener Schuldnerländer. Umgeschuldet werden überwiegend kommerzielle Handelskredite, die von den Gläubigerländern zur Exportförderung und Kapitalmarktverbesserung mit staatlichen Garantien (in Deutschland durch das Hermes-Instrument des Bundes) versehen werden, daneben auch Entwicklungshilfedarlehen. In der Regel werden jahresweise Zahlungsverpflichtungen zu Marktbedingungen prolongiert, z.T. aber auch Schuldenerlasse ausgesprochen. → Londoner Club

Pariser Luftverkehrsabkommen: Convention Portant Réglementation de la Navigation Aérienne, in Paris am 13. Oktober 1919 als erstes multilaterales Abkommen zur Regelung des zwischenstaatlichen Luftverkehrs unterzeichnet; z.T. auch als Cina-Abkommen bezeichnet. Dieses Abkommen legt die Rechte und Pflichten der Vertragsstaaten im gegenseitigen Luftverkehr fest, ferner die Vorschriften für die Verkehrssicherheit, Hoheits- und Registrierungszeichen der Luftfahrzeuge, Verkehrszeichen im Luftverkehr, Bestimmungen für die Zollabfertigung im Luftverkehr, den Wetterdienst sowie die Zulassung von Piloten und Luftfahrtpersonal. Bis 1939 hatten 32 europäische Staaten das Abkommen anerkannt. Deutschland, Österreich und Ungarn gehörten nicht zu den Unterzeichnern, da diesen von den Siegermächten des ersten Weltkrieges, auf deren Initiative das Abkommen zurückging, die Gleichberechtigung im Luftverkehr versagt wurde. Das P.L. wurde zum Vorbild für das Chicagoer Abkommen, mit dessen Ratifizierung es obsolet wurde. → Chicagoer Abkommen, → Cina

Paristoric: Kunstwort für die Multivisionsschau zur 2000-jährigen Geschichte der Seine-Metropole. Darbietung in einem 40-minütigen Mix aus Bildern, Musik und Poesie, dargeboten u.a. auf einem 14 m hohen Bildschirm am Boulevard des Batignolles.

Park and Rail: Kombinationsangebot der Bahn mit IC/ICE und PKW; Grundgedanke ist die Durchführung eines logistischen Reiseablaufs durch Betreuung des Kunden vor und nach der eigentlichen Bahnfahrt; zielgruppenkorrespondierend zum Intercity; Problemlösung von A bis Z durch folgende Angebote:

- reservierter Parkplatz,
- dieser möglichst in unmittelbarer Nähe zum Gleis und Reisezentrum,

- günstige Parkgebühr,
- Partnerschaft mit Parkhäusern vor Ort,
- Buchung über DB-Fahrkarten-Ausgaben und Reisebüros.

→ FKA, → IC-Intercity

Park, Sleep and Fly: Programmangebot der Reiseveranstalter in deutschen Städten, beinhaltet Übernachtung vor und nach Ferienflügen und kostenlose Parkmöglichkeit für das mitgeführte Auto für zwei bis drei Wochen.

Parliamentary Style: Begriff aus dem Konferenz-Veranstaltungsbereich, parlamentarische Sitzordnung in Reihen oder in Gruppen an Tischen. → Kinobestuhlung, → Theater Style

Pars: Ehemaliges Computer-Reservierungssystem (CRS), gehörte zu TWA und Northwest Airlines; 7300 angeschlossene Agenturen in den USA. P. wurde als AG geführt, an der neben den Gründern auch Abacus mit ihren Gesellschaftern sowie die beiden kanadischen Fluggesellschaften Air Canada und Canadian Airlines Anteile hielten. Fusion mit Datas II zum CRS Worldspan. → Abacus International, → Datas II, → Worldspan

Partenreederei: Mitreederei; Schuldverhältnis im Seerecht, das sich aus der Vereinigung mehrerer natürlicher oder juristischer Personen ergibt, die ein ihnen gemeinsam nach Anteilen gehörendes Schiff zum Erwerb durch die Seefahrt für gemeinsame Rechnung und in gemeinschaftlichem Namen betreiben. → Reederei

Partikulierschiffer: Kapitän oder Schiffsführer, der zugleich Schiffseigner ist. Die Partikuliere spielen in der Rheinschifffahrt eine bedeutende Rolle. → Reederei

Partnerausschuss: → Vertreterausschuss (VA)

Partnerausschuss der TUI (PA): Mitglieder des früheren PA waren die gewählten Sprecher/Stellvertreter der regionalen Vertreter-/Vertriebsgemeinschaften. PA wurde im Mai 1993 von der TUI aufgelöst. Gleichzeitig mit neuer Vertriebsausrichtung wurde PA durch ein Beratungsgremium ersetzt. → Counter-Beirat, → TUI-Sachverständigenbeirat, → Vertreterausschuss (VA), → Vertriebsgemeinschaft (VG)

Partner Plus: Lufthansa-Vergütungsmodell, unter Berücksichtigung der Grundvergütung (Standardprovision), der Umsatzsteigerung (Volume Plus), der marktorientierten Förderung (Destination Plus) und der Innovations- und Servicebereitschaft (Value Plus). → Saspo

Passage: 1. Durchgang, Durchfahrt; 2. Schiffspassage, Bezeichnung für Fluss-, Fähr- oder Seeschiffsreise von A nach Hafen B im Gegensatz zu mehrtägigen Schiffsurlaubsreisen oder Kreuzfahrten mit mehr als zwei Anlaufhäfen; Flugpassage für Flugreise. Passagebüro ist die mit dem Verkauf von Schiffsfahrkarten oder Flugscheinen befasste Agentur bzw. Abteilung eines Reisebüros. Passageticket, -billett ist die Schiffsfahrkarte oder der Flugschein. Passagekontrakt/-vertrag ist der Personenbeförderungsvertrag.

Passagiermanifest: Im Luftverkehr namentliche Aufstellung aller an Bord befindlichen Fluggäste. → Schiffsmanifest

Passagierschiffe: Schiffe zur Personenbeförderung; alle Schiffe, die für mehr als zwölf Fahrgäste eingerichtet sind. Dazu zählen: Tages- und Kabinenschiffe, Seebäderschiffe, Kreuzfahrtschiffe, Musik- und Vergnügungsdampfer etc. P. unterscheiden sich von Frachtschiffen durch größere Aufbauten und Decks. Im Gegensatz dazu reine Frachtschiffe und Kombischiffe (Fracht plus wenige Passagiere). → Frachtschiffsreisen, → Kombi-Fährschiff, → Kreuzfahrten

Passat: Regelmäßiger, aus östlicher Richtung wehender Wind in den Tropen.

Passenger Expenses on Route: Auslagen eines Fluggastes z.B. für Hotel oder Mahlzeiten, die von der Fluggesellschaft erstattet werden.

Passenger Facility Charge: → PFC

Passenger Protection Plan: Kundensicherung bei Konkurs von Fluggesellschaften; PPP-Vorschlag der Ectaa zusammen mit Iata zur Insolvenzsicherung. → Ectaa

Passenger Service Charge: → PFC

Passenger Space Ratio: Passagier-Raum-Verhältnis auf Schiffen. PSR gibt den Platz an, der jedem Passagier durchschnittlich zur Verfügung steht; dabei dividiert man die BRT/BRZ des Schiffes durch die Anzahl der möglichen Passagiere. Ein Kreuzfahrtschiff mit 20.000 BRT, das 400 Passagiere aufnehmen kann, hat einen PSR von 50, was einen hervorragenden Wert ausmacht.

passive Buchungen: Entstehen durch passive Segmente, z.B. durch die Buchung von Consolidator-Tickets (Graumarkt-Tickets). Diese Reservierungen werden oftmals in Reservierungssystemen vorgenommen, auf die das ticketausstellende Büro keinen Zugriff hat, weil es z.B. ein anderes CRS-System benutzt. Um hierfür nun ein Ticket ausstellen zu können, müssen passive Segmente angelegt werden. Manche Reisebüros und CRS-Anwender werden jedoch von den Airlines beschuldigt, eine Überzahl an Scheinbuchungen mit fiktiven Kundennamen zu produzieren, um geringe CRS-Gebühren bezahlen zu müssen. Die Fluggesellschaften wollen diese P.B. künftig nicht mehr vergüten. → Graumarkttickets, → sassive Segmente

passive Segmente: Um Flugreservierungen von einem Reservierungssystem auf ein anderes zu übertragen, wird ein neuer PNR mit p.Sn. erstellt (z.B. bei Ticketausstellung durch Consolidator). → Consolidator, → PNR

Pass Key: Hauptschlüssel für alle Zimmer eines Hotels u.ä. → Hauptschlüssel

Pata: Pacific Asia Travel Association (früher Pacific Area Travel Association), gegr. 1952, Sitz: San Francisco, ab 1998 Bangkok, reicht geografisch von Pakistan über Neuseeland/Ozeanien bis zur Westküste der USA; Marketingorganisation zur Förderung des Tourismus in dieser Region, nichtkommerzielle Vereinigung. Mitglieder sind Regierungen, Luftverkehrsgesellschaften (LH seit 1962), Reedereien, Reiseveranstalter, Reisebüros, Hotels sowie weitere am Reiseverkehr beteiligte und interessierte Gruppen und Behörden, Organisationen und Einzelunternehmen. Separate Mitgliedschaft im German Chapter ist möglich. Pata German Chapter, Sitz: Frankfurt/M., ist zuständig für Deutschland. Die Pata führt im Frühjahr regelmäßig in einem ihrer Mitgliedsländer einen Travel Mart für Einkäufer aus der ganzen Welt durch. 1989 wurde in München erstmals ein europäischer Travel Mart organisiert.

Pâtissier: In der À-la-carte-Küche ist der P. für die Süßspeisen zuständig. → À-la-carte-Küche

Patronatserklärung: Sicherungsmittel bei Kreditgewährung oder Vertragsabschluss mit Tochterunternehmen oder Franchise-Nehmern. Das versprechende Unternehmen erklärt hierbei, jederzeit unbedingt für die Verpflichtungen aus dem Vertrag mit der Tochtergesellschaft oder dem Franchise-Nehmer einzustehen. In diesem Verhältnis ersetzt die P. auch im Reisegewerbe z.T. die sonst erforderlichen Bankbürgschaften oder Vertrauensschadenversicherungen. → Bankbürgschaft, → Vertrauensschadenversicherung

Pauschalflugreiseverkehr: Nach der gültigen Luftfahrtstatistik steht P. für Gelegenheitsverkehr, er bezeichnet die Beförderung von Pauschalreisenden im turnusmäßigen Nicht-Linienverkehr für gewerbliche Reiseveranstalter. → Gelegenheitsverkehr, → Pauschalreisen, → Reiseveranstalter

Pauschalreiseanteil: Bezeichnet denjenigen Teil der Gesamtreisen, der über Veranstalter abgewickelt wird. → Pauschalreisen

Pauschalreiseanzahl: Zur P. wurde in einer Markt- und Wettbewerbsanalyse von R. Hochreiter und U. Arndt folgende Formel entwickelt: Anzahl Pauschalreisen = Pauschalreisenanteil x Reiseintensität x Reisehäufigkeit x Bevölkerung über 14 Jahre. Nach RA für 2000 betrugen:

- Reiseintensität 75,9%
- Reisehäufigkeit 1,29
- Pauschalreisenanteil 31%
- Anzahl Pauschalreisen in Mill. 19,3
- Anzahl Urlaubsreisen in Mill. 62,2
- Gesamtbevölkerung über 14 Jahre in Mill. 63,8.

Errechnung der Anzahl der Pauschalreisen nach o.g. Gleichung für 2000:

0,31 x 0,759 x 1,29 x 63,8 = 19,3 Mill.

Nach diesem Rechenbeispiel wurden 2000 insges. 19,3 Mill. Pauschalreisen unternommen.
→ Pauschalreisen, → Reiseanalyse (RA), → Reisehäufigkeit, → Reiseintensität

Pauschalreisen: Sie entstehen aus der vom Reiseveranstalter (Produzent) vorgenommenen Bündelung von mindestens zwei Hauptreiseleistungen wie Beförderung, Unterbringung, Verpflegung, Besuchsprogramm, Animation, Transfer oder anderer Leistungen zu einem Arrangement. Als standardisiertes, vorgefertigtes Programm eignen sich P. zum Angebot in Katalogen. Sie unterliegen dem Reisevertragsrecht der §§ 651 a ff. BGB. Der Anteil der P. am Gesamtreiseaufkommen des bundesdeutschen Marktes lag nach RA für 2000 (aus dem Katalog eines Veranstalters) bei 31% – das entspricht 19,3 Mill. Pauschalurlaubsreisen (siehe auch Tabelle „Vertriebsstruktur für Veranstalter-Reisen 2000/01“ auf der folgenden Doppelseite).
→ Haftung bei Pauschalreisen, → Hauptleistungen, → Individualreisen, → IT-Reisen, → Leistungsträger, → Reiseanalyse (RA), → Reiseveranstalter, → Reisevertrag/Reisevertragsrecht, → Teilpauschalreisen, → Vollpauschalreisen

Pax/Paxe: Im Tourismus gebräuchliche Bezeichnung für Personeneinheit, abgeleitet von Passagier.

Pay as you fly: Lufthansa-Ticketing-Verfahren als Weiterentwicklung des Etix, basierend auf dem elektronischen Ticketing, das von Siemens entwickelt wurde; dabei verhandeln die Firmen direkt mit den Airlines über ein bestimmtes Flugkontingent. Ohne Einschaltung eines Reisebüros oder einer Reisestelle kann mittels Intranet auf die Flüge zugegriffen werden. Der Firmenmitarbeiter gibt dabei Flugdaten, Namen und Kreditkartennummer an, und er erhält dann seine Bordkarte am Ticketautomaten am Flughafen. → Etix

Payback: Rabattverein, verwaltet die Rabatte, die einem Kunden von P.-Partnerunternehmen in Form von Punkten gutgeschrieben wurden. Mitglieder aus der Tourismusbranche waren ursprünglich: Europcar und FTI Touristik. Die Zusammenarbeit von FTI mit P. wurde zum 31. Oktober 2001 beendet. Heute ist aus der Tourismusbranche nur noch Europcar vertreten. Für 2002 ist die Kooperation mit der Kreditkartenorganisation Visa avisiert.

Pay TV: Fernsehprogramme, für deren Empfang eine Gebühr bezahlt werden muss (zum Beispiel Premiere) und die nur mit einem Decoder sichtbar sind. Häufig bieten Hotels Pay per View an, eine Form des Pay-TV, bei dem nur das vom Sender abgerufene Programm vom Teilnehmer bezahlt werden muss, das er tatsächlich gesehen hat.

PBefG: Das Personenbeförderungsgesetz unterwirft jede entgeltliche oder geschäftsmäßige Beförderung von Personen mit Straßenbahnen, Omnibussen und Kraftfahrzeugen der Genehmigungspflicht. Der Genehmigung bedürfen ferner jede Erweiterung oder wesentliche Änderung des Unternehmens, die Übertragung der aus der Genehmigung erwachsenden Rechte und Pflichten sowie die Übertragung der Betriebsführung auf einen anderen (§§ 1 und 2 Abs. 2 PBefG). Von den Bestimmungen des PBefG sind Beförderungen mit dem PKW ausgenommen, wenn das Gesamtentgelt die Betriebskosten nicht übersteigt (§ 1 Abs. 2 PBefG). Ausgenommen sind des Weiteren die Beförderungen, die der Verordnung über die Befreiung bestimmter Beförderungsfälle von den Vorschriften des PBefG vom 30. August 1962 unterliegen. → Grundpflichten, → Öffentlicher Verkehr

PBKA (Paris, Brüssel, Köln, Amsterdam): Gemeinsam von den französischen, belgischen, deutschen und niederländischen Eisenbahnen geplante Strecke mit Hochgeschwindigkeitszügen. Der deutsche Streckenanteil beträgt jedoch nur 70 km an der gesamten Strecke. → TGV

PC: 1. Personal Computer, bezeichnet ein eigenständiges und abgeschlossenes System zur elektronischen Datenverarbeitung, das von einer oder mehreren Personen im privaten Bereich oder im Unternehmen genutzt wird. Wesentliches Merkmal ist die Möglichkeit der individuellen Konfiguration der Hard- und Software. Dadurch wird der Benutzer in die Lage versetzt, den PC seinen Bedürfnissen anzupassen (Betriebssystem, Software). Die Leistungsfähigkeit von heutigen Computern liegt bei mehreren Milliarden Operationen pro Sekunde. Die Computer der Zukunft werden spezielle Aufgaben selbstständig lösen können (künstliche Intelligenz), lernfähig sein und natürliche Sprache verarbeiten und wiedergeben können.

2. Personal Computing, individuelle Datenverarbeitung. → CPU

PCO: Professional Congress Organizer. Der professionelle Kongressorganisator arbeitet für den Kongressplaner vor Ort im Voraus und während der Veranstaltung. Er ist entweder als Inhouse- oder als freier PCO tätig. Ein Inhouse-PCO verkauft als Abteilung eines Kongresshauses die eigene Leistung; bei einer Zusammenarbeit mit dem externen oder freien PCO kann er sich um die technische Ausstattung, Auf- und Einteilung der Räume, Koordination der Abteilungen, den technischen Ablauf und die Beschilderung kümmern. Der freie PCO übernimmt Budgetierung, Drucksachen, Teilnehmer-Handling, Tagungsbüro und Rahmenveranstaltungen außerhalb des Hauses.

Peak Season/On Season: Gleichbedeutend mit Hauptsaison. → Off Season

PEC: Personal Effects Coverage, Gepäckversicherung bei Rent a Car in USA. → PAI

Pegasus: 1. Ehemaliges CRS von Canadian Airlines International; führte mit Reservec zur Fusion von Gemini.

2. Entwicklung einer einheitlichen Buchungsmaske für die DB für alle CRS in Anlehnung an das DB-eigene Programm Kurs 90. Unter P. soll es möglich werden, über Start-Terminals Fahrplan- und Tarifauskünfte für den gesamten Öffentlichen Personennahverkehr (ÖPNV) zu erteilen und kombinierte Tickets für DB-Züge und Nahverkehrsmittel auszustellen. → Gemini

Penalty: engl. für Strafe, im Linienflug steht P. für eine Gebühr, die im Fall von Umbuchung oder Stornierung bezahlt werden muss.

Pendelverkehre ohne Arrangement: Durchführung von Pendelverkehren mit Reisegästen, die lediglich die Beförderungsleistung, aber keine zusätzlichen touristischen Leistungen wie z.B. Hotel, Verpflegung oder Stadtrundfahrt gebucht haben.

Pendelverkehrsdienst: Verkehrsdienst, der bei mehreren Hin- und Rückfahrten von demselben Ausgangsort an den selben Zielort Reisegäste befördert, die zuvor in Gruppen zusammengefasst worden sind. Jede Reisegruppe, die die Hinfahrt gemeinsam ausgeführt hat, wird bei einer späteren Fahrt geschlossen an den Ausgangsort zurückgebracht. Die erste Rückfahrt zum Ausgangsort und die letzte Hinfahrt zum Zielort müssen im Pendelverkehrsturnus jeweils Leerfahrten sein. → Leereinfahrt mit anschließender Besetztausfahrt

Vertriebsstrukturen für Veranstalter-Reisen 2000/01

Veranstalter	Vertriebsstellen gesamt		Umsatz pro Vertriebsstelle	Fremdvertrieb (nicht eigene Agenturen)	
	Anzahl Reisebüros 2000/01	Differenz zu 1999/2000 (Anzahl)	Umsatz in DM 2000/01	Anzahl 2000/01	Differenz zu 1999/2000 (Anzahl)
TUI Deutschland [1]	9.600	0	930.104 *	8.250	- 134
Rewe Touristik [2]	11.000	-1.200	479.232 *	9.600	-1.350
Alltours [3]	9.936	156	169.000	9.772	110
Nazar Holiday	2.710	- 300	145.756 *	2.700	- 300
FTI-Gruppe [4]	11.772	- 560	144.232 *	10.821	- 356
Öger-Gruppe [5]	11.013	502	101.880 *	11.000	500
Schumann Reisen	1.050	200	61.429	1.047	200
Studiosus	6.901	0	59.147 *	6.900	0
Anton Graf Reisen [6]	856	0	56.160	850	0
Hapag-Lloyd Kreuzfahrten [7]	5.900	0	53.559 *	k.A.	k.A.
Gebeco	5.700	500	45.288 *	5.700	500
Kiwi Tours	320	-30	42.590	320	- 30
Unternehmensgruppe Eberhardt [8]	1.301	91	39.000	1.270	94
GTI Travel	4.916	234	35.679 *	4.916	234
NSA Norwegische Schiffahrts-Agentur	2.600	100	35.000	2.600	100
Schauinsland	3.339	339	30.488	3.338	339
Transocean Tours	3.385	273	29.859 *	3.385	273
Phoenix	10.095	576	28.727	10.095	576
Ameropa-Reisen	7.400	200	28.338 *	7.400	200
Inter Chalet	6.598	325	28.199	6.598	325
Ikarus Tours [9]	3.520	108	23.344	3.520	108
Lernidee	410	70	21.990	410	70
Olimar	10.820	680	20.740	10.819	680
Hauser Exkursionen	604	- 1	20.281 *	600	0
Novasol/Dansommer	9.000	1.000	19.184 *	9.000	1.000
Transorient Touristik	2.452	275	16.721 *	2.452	275
Frosch Sportreisen	329	- 704	14.572	329	- 704
Windrose	1.100	- 300	14.267 *	1.100	- 300
Canusa	3.887	428	13.930	3.880	428
Wikinger Reisen	2.275	46	13.180	2.272	47
Hafermann	2.642	- 289	12.535	2.638	- 289
Teambus	840	10	12.000	840	10
BG Tours	1.500	0	12.000	1.499	- 1
Fox-Tours Reisen [10]	1.650	50	11.394	150	- 50
Hansa Touristik	250	150	10.000	250	150
Plantours & Partner	1.750	150	9.146 *	1.750	150
Interhome	3.500	0	7.886 *	3.500	0
Attika	7.734	234	7.237 *	7.734	234
Island Tours	700	0	7.000	699	0
RUF Jugendreisen	4.200	417	6.794	4.200	417
DB Reise & Touristik	4.560	- 298	6.298	3.800	- 200
Olympia Reisen	6.000	0	5.383 *	6.000	0
Medina [11]	6.500	50	1.871	6.500	50
Stella Musical Reisen	4.230	330	1.020	4.230	330

EIGENVERTRIEB (eigene Reisebüros)		ANTEILE DER VERTRIEBSWEGE 2000/01 am Gesamtumsatz 2000/01 (in Prozent)		
Anzahl Reisebüros 2000/01	Differenz zu 1999/2000 (Anzahl)	Fremdvertrieb	Eigenvertrieb	Direktvertrieb
1.350	134	k.A.	k.A.	k.A.
1.400	150	78	21	1
164	46	k.A.	k.A.	k.A.
10	0	k.A.	k.A.	k.A.
951	-204	k.A.	k.A.	k.A.
13	2	97,4	2,6	0
3	0	72	10	18
1	0	96	2	2
6	0	70	23	7
k.A.	k.A.	k.A.	k.A.	k.A.
–	–	96	0	4
–	–	59	0	41
31	-3	79,7	20,3	0
–	–	100	0	0
–	–	90	0	10
1	0	98,3	1,7	0
–	–	97	0	3
–	–	95	0	5
–	–	100	0	0
–	–	95	0	5
–	–	91,4	0	8,6
–	–	49	0	51
1	0	94,7	5,3	0
4	-1	13	22	65
–	–	97	0	3
–	–	100	0	0
–	–	28	0	72
–	–	59	0	41
7	0	k.A.	k.A.	23
3	-1	46,4	5,3	48,3
4	0	85	15	0
–	–	84	0	16
1	1	90	0,5	9,5
1.500	100	1	39	60
–	–	10	0	90
–	–	33	0	67
–	–	92	0	8
–	–	96	0	4
1	0	64	35	1
–	–	78	0	22
760	-98	k.A.	k.A.	k.A.
–	–	95	0	5
–	–	95	0	5
–	–	15	0	85

Hinweis zum Verständnis der Tabelle:

Die in der Spalte „Umsatz pro Vertriebsstelle" mit einem * gekennzeichneten Werte wurden von der Redaktion auf Basis der Umsatzzahlen und der Gesamtzahl der Vertriebsstellen errechnet. Hierbei wurde nur der über Reisebüros erzielte Umsatz berücksichtigt, der Direktvertrieb wurde herausgerechnet.
Als Eigenvertrieb werden eigene Reisebüros, eigene Franchise-Systeme, eigene Flughafen-Counter und -Reisebüros sowie der Konzernvertrieb bezeichnet.
Die Reihenfolge in der Tabelle ergibt sich aus der Spalte „Umsatz pro Vertriebsstelle".

1) TUI Deutschland
Eigenvertrieb umfasst TUI Leisure Travel mit TUI Reise Center, First, Hapag-Lloyd Reisebüro, TUI Travel Star und Discount Travel. Die TUI macht keine Angaben über die auf die einzelnen Vertriebswege entfallenden Umsatzanteile. Da der Internet-Verkauf im Berichtsjahr immer noch relativ gering war, wurde davon ausgegangen, dass der gesamte Umsatz über den Reisebüro-Vertrieb erzielt wurde. Bei den 1350 angegebenen Agenturen im Eigenvertrieb handelt es sich um die voraussichtliche Anzahl zum Ende des Kalenderjahrs 2001.

2) Rewe Touristik
Der Eigenvertrieb umfasst DER, Derpart und Atlas Reisen.
Der Direktvertriebsanteil der Veranstalter liegt bei weniger als einem Prozent.

3) Alltours
Da der Veranstalter keine Angaben über die Umsatzanteile einzelner Vertriebswege macht, wurde bei der Berechnung des Durchschnittsumsatzes davon ausgegangen, dass alle Umsätze über Reisebüros erzielt wurden.
4) FTI-Gruppe
Da der Veranstalter keine Anga- ▶

Vertriebsstrukturen für Veranstalter-Reisen 00/01

ben über die Umsatzanteile einzelner Vertriebswege macht, wurde bei der Berechnung des Durchschnittsumsatzes davon ausgegangen, dass alle Umsätze über Reisebüros erzielt wurden. Der Eigenvertrieb umfasst 347 Franchise-Büros (Flugbörse, FTI Ferienwelt, Fünf vor Flug) und die eigene Kette Megatours (129 Büros). Auf FTI Ferienprofi als Kooperation mit 475 Büros hat FTI den geringsten Einfluss.

5) Öger-Gruppe
Eigenvertrieb sind Flughafenbüros.

6) Anton Graf Reisen
Berücksichtigt sind lediglich nennenswert aktiv buchende Agenturen.

7) Hapag-Lloyd Kreuzfahrten
Da das Unternehmen keine Angaben zu den Umsatzanteilen der einzelnen Vertriebswege macht, wurde bei der Berechnung des Durchschnittsumsatzes davon ausgegangen, dass alle Umsätze über Reisebüros erzielt wurden. Der Veranstalter betrachtet auch die Agenturen des TUI-Vertriebs als Fremdvertrieb.

8) Unternehmensgruppe Eberhardt
Eigenvertrieb umfasst Blum Holiday-Tours und TSS.

9) Ikarus Tours
Im Fremdvertrieb wird die Zahl der aktiv buchenden Agenturen mit 1918 (Vorjahr: 1824) angegeben.

10) Fox-Tours Reisen
Da TUI Leisure Travel mit 51 Prozent an dem Veranstalter beteiligt ist, greift Fox-Tours beim Eigenvertrieb auf TUI Leisure Travel zurück.

11) Medina
Im Fremdvertrieb wird die Zahl der aktiv buchenden Agenturen mit 700 (Vorjahr: 647) angegeben.

Nicht aufgenommen wurden Hirsch Reisen (Vertrieb über ein eigenes Reisebüro), Berge & Meer Touristik (keine Angaben, da 100 Prozent Direktvertrieb), Globalis Erlebnisreisen (kein Reisebüro-Vertrieb) sowie Thomas Cook, LTU plus und Seetours, die keine Angaben machten.

Pendolino: Markenname der Fiat-Bahnsparte für Neitechzüge. Zug mit Dieselantrieb, der entgegen den herkömmlichen Zügen vor den Kurven nicht abbremsen muss und auf bestehenden Streckenteilen in stetigem Tempo verkehren kann. Entsprechend seiner Geschwindigkeit neigt sich die gegenüber dem Fahrgestell in der Längsachse des Wagens drehbare Fahrgastzelle durch eine computergesteuerte Hydraulik. Der Name P. kommt von der Pendelbewegung, die seine Wagen in kurvenreichen Strecken ausführen. → Neigezüge

Pennylane4u.de: Internet-Plattform mit eigener Homepage für Reisebüros von DCS Dillon → DCS, → Merlin, → Merlinweb

Pension/Hotelpension: Nach Dehoga ein Betrieb, der sich von Hotels durch eingeschränkte Dienstleistungen unterscheidet. Mahlzeiten werden nur an Hausgäste verabreicht. Die Bezeichnung Hotelpension ist häufig in Städten zu finden. P. meist in ländlichen Gebieten. → Dehoga, → Hotel

Penthouse: Dachwohnung, Nebengebäude.

PEP: 1. Bei der Lufthansa für „persönlicher Einsatzplan“. Informationssystem im Rahmen des Crew-Management-Systems zur Unterstützung des Besatzungseinsatzes bei der Planung und Verwaltung des fliegenden Personals auf Lufthansa-Flügen.
2. Product Education Program/Produkterfahrungsprogramm, Marketing-Maßnahme von Luftverkehrsgesellschaften mit Vorzugstarifen für Mitarbeiter von Iata-Agenturen, meist zu betriebsarmen Zeiten. Der Lufthansa-PEP gilt jeweils für zwei Personen, Reisen können alle Mitarbeiter von Reisebüros mit Iata-Agentur plus eine weitere frei wählbare Person. Flüge der Kooperationspartner sind hierbei ausgeschlossen.
3. Preis- und Erlösmanagement im Personenverkehr. Interne Bezeichnung für die neue Tarifstruktur der Deutschen Bahn von Herbst 2002 an. → Tina

Pepe: Produkterfahrungsprogramm-España (Spanien), Vorzugstarif für Mitarbeiter von Iata-Agenturen. → PEP

Peripherie-Hardware: Zusätzlich an einen Computer angeschlossene Komponenten wie z.B. Drucker, Monitor, Maus und Modem.

Personengesellschaft: Nennt man den Zusammenschluss mehrerer Personen durch einen Gesellschaftsvertrag. Zu den P. zählt man die GbR (=BGB-Gesellschaft), KG und oHG. Im Gegensatz zur Kapitalgesellschaft haften hier die Gesellschafter (Komplementäre) persönlich mit ihrem Privatvermögen für Schulden des Unternehmens in unbegrenzter Höhe. → Einzelunternehmen, → Genossenschaften, → Kapitalgesellschaft, → KG, → oHG, → Unternehmensform

Personenkilometer (Pkm): Produkt aus der Anzahl der beförderten Personen und der mittleren Reiseweite.

Petra: Förderungsprogramm der EU für die Berufsbildung Jugendlicher, seit 1992 Petra II, ein wesentliches Instrument für Schüler- und Lehrlingsaustausche. Von diesem Programm profitierten auch Tourismusschulen in verschiedenen EU-Ländern. Petra-Nachfolgeprogramm ist Leonardo. → Leonardo

PEX: Purchase Excursion Fare, Sondertarif der Fluggesellschaften mit besonderen Reservierungsbedingungen.

Pfandbriefe: Sind von Hypothekenbanken ausgegebene festverzinsliche Schuldverschreibungen mit einer Sicherstellung auf Grundstücke, die zur Refinanzierung von Hypothekenkrediten dienen.

Pfannenstiel: Geografischer Begriff für das südliche Alaska. In dieses Gebiet führen siebentägige Kreuzfahrten mit den Anlaufhäfen Ketchikan, Juneau, Skagway, Sitka und Glacier Bay, einer großen, zum Nationalpark erklärten Bucht, in welche 200 Gletscher münden. → Kreuzfahrten

PFC: Passenger Facility Charge oder auch PSC, Passenger Service Charge, sind fluggastbezogene Gebühren, Abgaben oder Entgelte, die im Zusammenhang mit der Fluggastabfertigung von Flughafenunternehmern erhoben werden.

Pflichtimpfungen: Einige Staaten fordern zur Ein- oder Durchreise Schutzimpfungen, die vorab in einem internationalen Impfpass vermerkt werden müssen. → TIP-Info-Datenbank

Philoxenia: Jährlich stattfindende Touristikmesse in Saloniki; P. von (griech.) Gastfreundschaft.

Phoenix: Reservierungssystem der DER-Gruppe für Bausteinprogramme. Offizielles Buchungssystem der Weltausstellung Expo 2000 für Touristikbuchungen von Flug, Hotel und Mietwagen. Seit 2002 Phoenix BT als Weiterentwicklung durch DER Business Travel für Reservierung und Vorgangsverwaltung im Geschäftsreisebereich.

Picao: Provisional International Civil Aviation Organization, provisorische internationale Zivilluftfahrt-Organisation, Vorläufer der Icao, wurde vorübergehend konstituiert (1944 bis 1947). → Icao

Pick-up: Wohnmobile mit abnehmbarem Aufbau. Das Basisfahrzeug kann damit auch für andere Zwecke genutzt werden. → Campingtourismus, → Caravan

Pictogramm: Bildhafte, symbolische Darstellung von Gegenständen oder Sachverhalten (z.B. Verkehrszeichen, Hinweisschilder in Kaufhäusern, Hotels u.a. sowie zur Darstellung der einzelnen Sportarten).

Piece Concept: Der Stückzahltarif bei der Fluggepäckbeförderung findet Anwendung im internationalen Luftverkehr zwischen den USA und Kanada sowie im innerdeutschen Flugverkehr. Das P.C. besagt, dass abhängig vom bezahlten Tarif bzw. der gebuchten Flugklasse zwei Gepäckstücke und ein Stück Handgepäck befördert werden. Es gelten dabei folgende Volumens- und Gewichtsgrenzen: USA/Kanada: zwei Gepäckstücke je 32 kg, in der Business-Klasse jedes nicht größer als 158 cm (Länge + Breite + Höhe), in der Economy-Klasse beide Gepäckstücke nicht größer als 273 cm. Im innerdeutschen Flugverkehr sind zwei Gepäckstücke zulässig, jedes nicht größer als 170 cm. Das zulässige Gepäckgewicht liegt deutlich höher als bei Anwendung des Weight Concept. → Weight Concept

Pilgerfahrt: → religionsbedingter Tourismus

PIR: Property Irregularity Report, Bescheinigung der Fluggesellschaften zur Schadensregulierung für abhanden gekommenes oder beschädigtes Gepäck.

Pirmasenser Tourismusseminar: Ehemals Pirmasenser Fachkursus, alljährlich vom Tourismus- und Heilbäderverband Rheinland-Pfalz für die Fremdenverkehrspraxis veranstaltet. Wissenschaftler und Praktiker referieren über Konzepte, Fakten und Trends im Tourismus.

Piti: Professionals in Travel Inc, US-Verband für Expedienten als individuelle Mitglieder im Gegensatz zu Asta und Arta mit Firmen als Mitgliedern. Piti versteht sich als Service-Vereinigung.

Plan Ahead: Hotelscheckprogramm in Großbritannien mit festgebuchten Hotelschecks für Halbpension. Hierbei werden alle Hotels fest vorgebucht.

Planflug: Gemäß Luftfahrtstatistik wird unterschieden nach 1. Planmäßiger Flug: Nach Flugplan durchgeführter Flug im Linienflugverkehr und linienähnlichen Verkehr. 2. Planmäßiger Flug mit abweichender Streckenführung. → Linienflugverkehr, → Rerouting (RRT)

Plan Management (PM): Sitz in Genf, ist die Abteilung der Iata, die dem Agency Administrator für das verwaltungstechnische Management und die Entwicklung des BSP in den verschiedenen Ländern/Gebieten verantwortlich ist. Das P. ist zuständig für die Einführung von BSP, die weltweite Sicherstellung der BSP-Verwaltung, Beratung der LVG, Agenten-Clearing-Banken und Rechenzentren sowie den Einsatz neuer Techniken und Verfahren abzusichern. Vertretung durch einen örtlichen Manager in jedem BSP-Gebiet. → BSP, → Iata-Resolution 814

Planungsbüro Luftraumnutzer: Ehem. Zusammenschluss von Lufthansa, Arbeitsgemeinschaft Deutscher Verkehrsflughäfen (ADV) und Arbeitsgemeinschaft Deutscher Luftfahrtunternehmen (ADL) zur Bewältigung der Probleme des wachsenden Flugverkehrs. Zu den selbst gestellten Hauptaufgaben gehörte insbes. die Erarbeitung von Konzepten zur Neuordnung der deutschen und europäischen Flugsicherung und zum Abbau von Verspätungszeiten im Luftreiseverkehr. P.L. ist nicht mehr aktiv. → ADL, → ADV, → Flugsicherung

Planwirtschaft: Genauer: Zentrale Planwirtschaft; Wirtschaftssystem, in dem eine zentrale Planungsbehörde das gesamte Wirtschaftsgeschehen (Produktion und Verbrauch, Dienstleistungen) lenkt, gestaltet und kontrolliert. Ein umfassendes Zuteilungssystem ersetzt den freien Austausch von Gütern und Dienstleistungen über den Markt. Das Eigentum an Produktionsmitteln liegt fast ausschließlich in der Hand des Staates. → Marktwirtschaft

Plastikgeld: Unter P. wird der Markt der Kreditkarten verstanden. → Kreditkarten

Plato: Property Level Access Terminal, Reservierungssystem der Best-Western-Hotelgruppe.

PLP: Pay Later Plan, Kreditverkauf, Stundung.

Plug-ins: Meist kostenfreie Hilfsprogramme, die die Funktionalität eines Internet-Browsers erweitern. Sie ermöglichen beispielsweise Audio-Live-Übertragungen sowie das Telefonieren via Internet. → Browser

PNL: Engl. Passenger Name List, Passagierliste bei Linienflügen.

PNR: 1. Passenger Name Record bei Amadeus bezeichnet die Buchung für einen oder mehrere Kunden mit dem zugehörigen Datensatz wie Name, Flug-, Hotel- oder Mietwagensegment, Adresse oder Telefonnummer (AP-Element) und zusätzliche Informationen, sog. Remarks. Nach Abschluss des PNR erhält man einen Record Locator. 2. Point of No Return bezeichnet den vom Abflughafen am weitesten entfernten Punkt, von dem aus ein Luftfahrzeug mit der noch vorhandenen Kraftstoffmenge zum Ausgangsflughafen zurückkehren oder einen Ausweichflughafen anfliegen kann. → AP-Element, → Non Homogeneous PNR, → Record Locator, → Record Return

Point-to-Point-Dienste: Direktflüge in den USA, nach dem Vorbild von Southwest Airlines, niedrigpreisiger Linienverkehr.

Polarkreis: Geografische Grenzlinie der arktischen und antarktischen Polarzone; trennt den Polargürtel vom gemäßigten Gürtel.

Polarlicht: Nächtlich zu beobachtende Leuchterscheinung in den polaren Gebieten der Nord- (Nordlicht) und Südhalbkugel (Südlicht).

Polartaufe: Ihr werden Passagiere unterzogen, die zum ersten Mal auf einer Nordlandreise den Polarkreis überqueren; Feier, ähnlich der Äquatortaufe. Hier jedoch ernennen die örtlichen Götter Ägir und Ran die Passagiere zu Mitgliedern des Hofstaates. → Äquatortaufe

Police: Synonym für Versicherungsschein. Die Versicherungspolice ist eine vom Versicherer ausgestellte und unterzeichnete Urkunde über den Abschluss einer Versicherung.

politischer Tourismus: Repräsentation eines Landes, z.B. durch Teilnahme an politischen Konferenzen.

Poll: Regelmäßige Anfrage von einem Rechner, ob eine freie Leitung zu Start zur Verfügung steht.

polypolistische Konkurrenz: Situation auf dem Reisebüromarkt, bei der vielen Anbietern von Reisemittlerleistungen eine Vielzahl von Nachfragern gegenübersteht. Die Marktteilnehmer richten sich nach den gegebenen Marktleistungen.

Pool: Kooperationsabkommen zwischen Fluggesellschaften, die regelmäßig dieselbe Flugstrecke im Liniendienst bedienen, wobei der erzielte Gewinn bezogen auf die Frequenz geteilt wird. Die jeweilige Flugauslastung spielt bei der Gewinnverteilung keine Rolle; enthält Vereinbarungen über Beförderungspflichten und -rechte, z.B. Flugscheine des Pool-Partners zu akzeptieren. Im innereuropäischen und von Europa ausgehenden Flugverkehr sind diese Pool-Abkommen weit verbreitet. Von der Europ. Kommission bereits 1988 wegen ihrer wettbewerbshemmenden Wirkung stark eingeschränkt. → Interlining, → Linienflugverkehr

Poolen: Mehrere Mitglieder eines Meilenprogramms legen ihre Freimeilen zusammen, um eine Prämie zu erhalten. Ist jedoch bei den meisten Vielflieger-Programmen verboten. Bei US-Programmen ist es teilweise möglich. → Bonusprogramm, → Frequent Flyers/Travellers

Portal: 1. Umgangssprachlich für monumental gestalteten Eingangsbereich eines Gebäudes;
2. Zugang zum Internet mit den ersten Anlaufstationen zum Surfen im Netz, erleichtert durch thematisch geordnete Verzeichnisse von Web-Adressen. Über Suchmaschinen oder Kommunikationsdienste lassen sich aktuelle Informationen finden.

Portevo: Internet-Portal von Start Amadeus. P. bietet ein Online-Helpdesk, ein Bestellmodul und ein prozessoptimierendes Beratungsmodul für touristische Produkte. Außerdem bietet es den Zugang zu Start Web Basic. → Start Web Basic

Portier/Concierge: Ihm sind in Hotels folgende Mitarbeiter unterstellt: Hotel- oder Hausdiener, Pagen und Kommissionäre, Liftführer, Türsteher, Wagenmeister. Die Portiersloge befindet sich meist in unmittelbarer Nähe des Hoteleingangs, der Arbeitsplatz des P. ist der Portiersdesk, seine Arbeitsmittel sind die Telefone. Der Beruf des P. ist ein ausgesprochener Stehberuf. Er ist als „Sekretär des Gastes" rund um die Uhr für die Betreuung der Gäste, die Verwaltung der Zimmerschlüssel und die Vermittlung von Gütern und Dienstleistungen wie z.B. Verkehrsdienste, kulturelle Angebote (Theaterkarten etc.) sowie persönliche Dienste zuständig (in den USA nicht zu verwechseln mit dem Hotel Clerk, dessen Position weniger umfassend und verantwortungsvoll ist). → Clef d'Or

Ports: Ehemaliges CRS der Irish Ferries, Dublin, mit ihren Generalagenten, z.B. Geuther, Bremen.

POS: Point of Sale, Point of Purchase (POP), Verkaufsort aus Sicht des Händlers und Ort des Einkaufs aus Sicht des Verbrauchers. Beide Begriffe werden synonym angewendet und bezeichnen den Ort des Warenangebots, z.B. das Reisebüro. Marketing-Begriff für gezielte Verkaufsförderungsmaßnahmen (Kommunikationspolitik). → Marketing-Mix

Posh: Port Outward Starboard Home; Going Posh. Eine Redewendung, später eine Einbuchungsmöglichkeit bei Kreuzfahrten, die auf die ersten Dampfschiffreisen zwischen England und Indien zurückgeht. Sie bedeutete den Vorzug des Reisens auf der Schattenseite des Schiffes bei extrem hohen Temperaturen im Indischen Ozean. Diese Klasse konnte zu einer Zeit gebucht werden, als Klimaanlagen noch nicht bekannt waren. → Kreuzfahrten

Positionieren: Stationieren eines Flugzeugs auf einem bestimmten Flughafen als Ausgangsbasis für Charter- und Linienflüge.

Positionierung: Die P. gibt an, auf welchen Zielmarkt ein Unternehmen (eine Region) sich ausrichtet und mit welchen Eigenschaften es ein Produkt auszeichnet, um sich von den Wettbewerbern zu unterscheiden.

Positionierungsflug: Überführungsflug zu einer neuen Ausgangsbasis zur Aufrechterhaltung eines Flugumlaufs.

Positionsfahrt/Positionierungsfahrt: Überführungsfahrt eines Kreuzfahrtschiffes von einem Seegebiet in ein anderes, z.B. zum Saisonwechsel Herbst/Winter vom Mittelmeer in die Karibik.

Post: Praxisorientierter Studienkreis im Tourismus, in Kall/Eifel, bei der dortigen Wirtschaftsfachschule für Fremdenverkehr und Tourismus mit dem Abschluss nach zwei Jahren (inkl. Praxissemester) Staatl. gepr. Betriebswirt für Fremdenverkehr und Tourismus.

Postgepäck: Gepäckzustellung von der Postfiliale zur Hausadresse auch ohne DB-Fahrschein. Das P.-Ticket kann nur bei DB-Verkaufsstellen verkauft werden. → Kuriergepäck

Pousada: In Portugal staatlich geleitetes, meist in historischen Gebäuden eingerichtetes Hotel. P. bedeutet „Ort der Sammlung und Ruhe", vergleichbar dem spanischen Parador. → Parador

Pow Wow: Vollständige Bezeichnung: Discover America International Pow Wow; größte US-Touristikfachmesse, erstmals 1968; jedes Jahr in einer anderen Stadt der USA. Fachveranstaltung mit starkem Incoming-Charakter für die USA, bei der die Gesprächstermine im voraus fixiert werden. Veranstalter ist TIA. Erster europäischer Pow Wow im Oktober 1990 in Paris. Pow Wow ist in der Indianersprache „das große Palaver". → TIA

PPD: 1. Pattern/Persönlicher Einsatzplan/Daily im Rahmen eines Datenverarbeitungsprojekts bei LH. 2. Prepaid im Sinne des Verkaufs, bei Passagen vorausbezahlter Flugschein. → PTA, → TOD

PPP: → Passenger Protection Plan

PR: Public Relations, Öffentlichkeitsarbeit mit dem Ziel, Erscheinungsbild, Verhalten eines Unternehmens und Kommunikation im Sinne einer Corporate Identity abzustimmen und die Interessen des Unternehmens mit öffentlichen Interessen in Einklang zu bringen. → Corporate Identity (CI), → Öffentlichkeitsarbeit

prädikatisierter Tourismusort: Nach einer amtlichen Ordnungssystematik wird die staatliche Anerkennung als Kur- oder Erholungsort erteilt. Die relevanten Landesverordnungen und Durchführungsbestimmungen stützen sich auf Begriffsbestimmungen des DHV und DTV. Die Artbezeichnungen von prädikatisierten Tourismusorten sind Erholungsort, Heilbad, Heilklimatischer Kurort, Kneippheilbad, Kneippkurort, Kurort, Luftkurort, Seebad, Seeheilbad (siehe Tabelle auf folgender Doppelseite) .

Prämie: Beitrag des Versicherungsnehmers für die Gefahrtragung des Versicherers und für andere Leistungen, die dieser übernimmt.

Prämienpartner: Partner von Bonusprogrammen, bei denen man erworbene Freimeilen einlösen kann. → Bonusprogramm, → Frequent Flyers/Travellers

PRÄDIKAT

ARTBEZEICHNUNGEN VON PRÄDIKATISIERTEN TOURISMUSGEMEINDEN

Erholungsort

Die Artbezeichnung setzt voraus:

- Es gelten die Definitionen der vom Deutschen Heilbäderverband und Deutschen Tourismusverband herausgegeben Begriffsbestimmungen – Qualitätsstandards für die Prädikatisierung von Kurorten, Erholungsorten und Heilbrunnen. 11. Auflage, Oktober 1998.
- Landschaftlich bevorzugte und klimatisch begünstigte Orte oder Ortsteile mit geeigneten lufthygienischen Verhältnissen.

Heilbad

Die Artbezeichnung setzt für die Orte oder Ortsteile voraus: natürliche Heilmittel des Bodens, die sich nach wissenschaftlichen Erfahrungen und Erkenntnissen bei kurmäßiger Anwendung in der Kurortmedizin bewährt haben.

Artgemäße Kur- und Erholungseinrichtungen erfordern beim Heilbad

- Kurmittelhaus oder Kurmittelabteilungen (ggf. in Anbindung an eine Kur- oder Rehaklinik) unter kurärztlicher Leitung oder Aufsicht oder ein ärztlich geleitetes Zentrum für balneophysikalische Therapie mit Therapieeinheiten für Wannenbäder (mit Heilwasser oder Moor), Gasbäder, Thermotherapie mit Packungen, Kryotherapie, Massagen in den verschiedenen Formen, Hydrotherapie (z.B. nach Kneipp, Priesnitz, Felke u. Hauffe), Elektrotherapie in den verschiedenen Formen, Inhalationen und Ruheräume.
- Einrichtungen für Bewegungstherapie, Sporttherapie und Krankengymnastik, Gymnastikhallen und Räume für Gruppen- und Einzeltherapien, Gymnastikplätze im Freien, Bewegungsbäder (Hallenbäder) mit Therapiebecken für gezielte Bewegungstherapie im Wasser
- je nach Heilanzeigen: Trink- und Wandelhalle im Kurpark
- Übungsräume für Entspannungstherapien (wie autogenes Training, progressive Muskelrelaxation, Heilatmen, Yoga u.s.w.)
- Ruheräume in der Natur für Liegekuren
- Möglichkeiten für Ernährungstherapien, Diätangebote
- Sportangebote (z.B. Tennisplätze, Golfplätze, Anlagen für Wassersport bei örtlichen Voraussetzungen), u.a.
- Terrainkurwege, Freibäder u.a., Spiel- und Liegewiesen
- Schulungsräume für Vorträge, Seminare und Gruppengespräche zur Gesundheitsbildung, Diätberatung und -Schulung
- Lehrküche bei Heilbädern mit der Indikation Stoffwechselkrankheiten
- ausgedehnte Park- und Waldanlagen mit gekennzeichnetem Wegenetz
- Angebote für kreatives Gestalten z. B. in einem Haus des Kurgastes sind wünschenswert

Heilklimatischer Kurort

Die Artbezeichnung setzt für die Orte oder Ortsteile voraus:

1. Wissenschaftlich anerkannte und durch Erfahrung bewährte klimatische Eigenschaften (therapeutisch anwendbares Klima), die durch Klimastationen laufend überwacht werden
2. wissenschaftlicher Nachweis einer überdurchschnittlich guten Luftqualität
3. artgemäße Kureinrichtungen
4. artgemäßen Kurortcharakter
5. Feststellung der ärztlich erprobten und wissenschaftlich anerkannten Heilanzeigen und Gegenanzeigen

(ÜBERSICHT NACH TIN)

Kneippheilbad

Die Artbezeichnung setzt für die Orte oder Ortsteile voraus:

1. Wissenschaftlich anerkannte und durch Erfahrung bewährte klimatische Eigenschaften (therapeutisch anwendbares Klima) und eine entsprechende Luftqualität
2. artgemäße Kureinrichtungen
3. artgemäßen Kurortcharakter
4. Feststellung der wissenschaftlich anerkannten Hauptheilanzeigen und Gegenanzeigen
5. ein zehnjähriges unbeanstandetes Bestehen als Kneippkurort

Kneippkurort

Die Artbezeichnung setzt für die Orte oder Ortsteile voraus:

1. Wissenschaftlich anerkannte und durch Erfahrung bewährte klimatische Eigenschaften (therapeutisch anwendbares Klima) und eine entsprechende Luftqualität
2. artgemäße Kureinrichtungen
3. artgemäßen Kurortcharakter
4. Feststellung der wissenschaftlich anerkannten Hauptheilanzeigen und Gegenanzeigen

Kurort

Gebiet (Ort oder räumlich abgegrenzte Ortsteile), das besondere natürliche Gegebenheiten — natürliche Heilmittel des Bodens, des Meeres und des Klimas —, zweckentsprechende Einrichtungen und einen artgemäßen Kurortcharakter für Kuren zur Heilung oder Besserung chronischer Krankheiten, Rehabilitation sowie zur Prävention und Gesundheitsförderung aufweist.

Luftkurort

Die Artbezeichnung setzt für die Orte oder Ortsteile voraus:

1. Wissenschaftlich anerkannte und durch Erfahrung bewährte klimatische Eigenschaften (therapeutisch anwendbares Klima) und eine entsprechende Luftqualität (niedrigere Ansprüche als beim Heilklima-Kurort)
2. artgemäße Kureinrichtungen
3. artgemäßen Kurortcharakter
4. Feststellung der wissenschaftlich anerkannten Hauptheilanzeigen und Gegenanzeigen

Seebad

Die Artbezeichnung setzt für die Orte oder Ortsteile voraus:

1. Lage an der Meeresküste oder in deren unmittelbarer Nähe (Entfernung der Orts- oder Ortsteilmitte nicht mehr als 2 km vom Strand)
2. Überprüfung des Lage- und Witterungsklimas und der lufthygienischen Verhältnisse
3. artgemäße Kureinrichtungen
4. artgemäßen Kurortcharakter

Seeheilbad

Die Artbezeichnung setzt für die Orte oder Ortsteile voraus:

1. Lage an der Meeresküste oder in deren unmittelbarer Nähe (Entfernung der Orts- oder Ortsteilmitte nicht mehr als 2 km vom Strand)
2. wissenschaftlich anerkannte und durch Erfahrung bewährte klimatische Eigenschaften (therapeutisch anwendbares Klima) und eine entsprechende Luftqualität,
3. artgemäße Kureinrichtungen,
4. artgemäßen Kurortcharakter
5. Feststellung der wissenschaftlich anerkannten Hauptheilanzeigen und Gegenanzeigen.

Prämienticket: Auch Award-Ticket. Flugticket von Lufthansa Miles & More, welches nach Erreichen einer bestimmten Anzahl von Statusmeilen eingetauscht werden kann. → Frequent Flyers/Travellers, → Miles & More

Pre and Post Convention Tours: Vor- und Nach-Konferenz-Reisen im Zusammenhang mit einer Kongressveranstaltung, in der Reisebranche meist zur Vertiefung der Länderkenntnis. → Convention, → Kongresstourismus

Preboarding: Bezeichnet die bevorzugte Behandlung, früheres Einsteigen, das bestimmten Passagieren (VIPs, Kranke etc.) vor dem Abflug gewährt wird.

Preferred Availability: Galileo-Tool, das Reisebüros die gleichzeitige Abfrage aller Flüge von Fluggesellschaften eines Airline-Verbunds durch die Eingabe des Zwei-Letter-Codes der Allianz ermöglicht. → Galileo

Preis: Ist der in Geld ausgedrückte Wert einer von einem Betrieb erstellten Leistung, zu dem diese auf dem Markt angeboten wird. → Markt

Preisabstandsgebot: Vom Bundeskartellamt erlassene Maßnahme zum Schutz neuer Wettbewerber. Soll den Verdrägungswettbewerb von marktbeherrschenden Unternehmen unterbinden und verpflichtet diese zu einem angemessenen Preis oberhalb des niedrigsten Tarif des Newcomers. → Markt

Preisbindung: Als „vertikale Preisbindung" oder „Preisbindung zweiter Hand" bezeichnet sie die Verpflichtung von Wiederverkäufern, gelieferte Ware nur zu den vom Hersteller festgeschriebenen Preisen abzugeben. Die vertikale Preisbindung wurde 1974 durch Änderung des Kartellrechtes (vergl. Gesetz gegen Wettbewerbsbeschränkungen) grundsätzlich verboten. Ausnahmen vom Verbot der Preisbindung gelten neben dem Bereich der Verlagserzeugnisse für die Tarife im Linienverkehr. Faktische Preisbindungen entstehen durch das Verbot des Rabattgesetzes zur Gewährung skontoüberschreitender Preisnachlässe (Skonto ist als Preisnachlass bis zu 3% bei Barzahlung erlaubt) sowie durch das System des „Pauschalreisens nach Katalog" mit festgelegten Leistungen ohne praktische Abweichungsmöglichkeit.
→ Gesetz gegen Wettbewerbsbeschränkungen (GWB), → Linienverkehr/Bus, → Rabattverbot beim Verkauf von Pauschalreisen, → Tarif

Preiserhöhungen bei Pauschalreisen: → Altbuchungen, → Neubuchungen, → Viermonatsfrist

Preisindex Reisen: Seit 1969 berechnet das Statistische Bundesamt einen Reise-Preisindex, der sich an der Entwicklung der Pauschalreisenpreise orientiert und mit einem Anteil von 1,76% in den Gesamtindex eingeht (Preisbasisjahr 1995=100). Der Berechnung liegen die Katalogprogramme der führenden Reiseveranstalter zu Grunde. Ein neues Wägungsschema wird im Laufe des Jahres 2003 eingeführt (Basisjahr 2000=100). → Pauschalreisen, → Reiseveranstalter

Preisstabilität: Volkswirtschaftliche Größe, vorrangiges Ziel der Europäischen Zentralbank ist es, die P. des Euro zu gewährleisten, wie in Artikel 105 EGV festgelegt. Auch die wechselkurspolitischen Entscheidungen im Verhältnis zwischen dem Euro und anderen Währungen, die der Rat nach Art. 111 EGV treffen kann, müssen den Vorrang der P. respektieren. → Euro

Preis- und Konditionenpolitik: Die Gesamtheit aller Entscheidungen im Marketing-Mix, die der zielorientierten Gestaltung des Preis-Leistungs-Verhältnisses dienen. Das wichtigste Instrument ist die Preispolitik, ferner sind die Rabattpolitik und Zahlungsbedingungen von Bedeutung. → Marketing-Mix

Presidential Suite: Präsidenten-Suite, luxuriöse Mehrraumwohneinheit mit getrennten Wohn- und Schlafräumen, Empfangssalon, Privatbad und Küchenbar.

Presseinformationsreisen: Werden von Reiseveranstaltern und Tourismusverbänden organisiert, um Journalisten z.B. über neuartige Leistungen und Angebote zu informieren. P. bedürfen einer sorgfältigen Vorbereitung. Schon im Vorfeld sollte von den Organisatoren allgemein gehaltenes Grundlagenmaterial an die Teilnehmer versendet werden. Vor Ort ist die Bereitstellung einer Pressemappe mit Fotomaterial obligatorisch. → Familiarization Trip (Fam Trip)

Preussag: Touristik- und Dienstleistungskonzern mit Sitz in Hannover; gegründet 1923 als Energie- und Stahlkonzern. Umbau in den vergangenen Jahren zum jetzigen führenden Touristik- und Dienstleistungskonzern World of TUI. Zahlreiche Beteiligungen weltweit auf allen Wertschöpfungsstufen (siehe Übersicht Markenarchitektur der Preussag auf gegenüberliegender Seite). → World of TUI

Priceline: US-Internet-Agentur, Erfinder des Customer Driven Pricing, bei dem der Kunde vorab den Preis bestimmt und P. danach die Verfügbarkeit prüft.

Pride of Britain: Vereinigung zur gemeinsamen Vermarktung luxuriöser Landhaus- und Stadthotels und des Luxuszuges Royal Scotsman. Deutscher Anbieter ist Consul-Weltreisen, Düsseldorf. → Royal Scotsman

Primärer Sektor: Umfasst die Gewinnung materieller Güter unmittelbar aus der Natur (Land- und Forstwirtschaft, Bergbau, Fischerei, etc.). → Sekundärer Sektor, → Tertiärer Sektor

Markenarchitektur der Preussag

ALIGNMENT	ENDORSEMENT	DISCRETE BRAND
Starker inhaltlicher und optischer Bezug zwischen Dach- und Veranstalter-Marke.	Die unveränderte Veranstalter-Marke wird durch die Dachmarke verstärkt.	Die Veranstalter-Marke wird nicht in Bezug zur Dachmarke gesetzt.

Die Dachmarke des Preussag-Konzerns, World of TUI, ruht auf drei Markenblöcken, die in unterschiedlicher Nähe zur Master Brand stehen.

Welcome to the new World of TUI.

DEUTSCHLAND

	Alignment	Endorsement	Discrete Brand
VERANSTALTER	TUI	Airtours ● Wolters Reisen ● OFT Reisen ● Dr. Tigges/Gebeco Robinson ● Magic Life	L'Tur ● Eins-Zwei-Fly
VERTRIEB	TUI.de ● TUI Reise Center ● TUI 4U	HL Reisebüro ● First ● TQ3 ● Discount Travel	
FLUG	HL Flug		

GROSSBRITANNIEN

	Alignment	Endorsement	Discrete Brand
VERANSTALTER	Thomson	Just ● Portland Direct ● Skytours ● Free Style ● Crystal ● Jetsave ● Tropical Places ● Skydeals	Simply ● Magic ● Something ● Special Headwater
VERTRIEB	Lunn Poly	Travel House ● Callers Pegasus ● Sibbald Travel ● Team Lincoln	
FLUG	Britannia		

SKANDINAVIEN

	Alignment	Endorsement	Discrete Brand
VERANSTALTER	Fritidsresor ● Star Tour	Finnmatkat ● Atlas ● Prisma ● Hasse ● Sportresor ● Tema	
VERTRIEB	Fritidsresor ● Star Tour		
FLUG	Britannia		

NIEDERLANDE

	Alignment	Endorsement	Discrete Brand
VERANSTALTER		Arke ● Holland Int. ● Panta ● De Boer & Wendel ● FIT ● Isropa ● Zeetours Cruises	Kras
VERTRIEB		Arke ● Holland Int.	

BELGIEN

	Alignment	Endorsement	Discrete Brand
VERANSTALTER	Jet Air	VTB ● Sunjets ● Seagull ● Expert Tours ● VIP Selection	
VERTRIEB	TUI Travel Center		

ÖSTERREICH

	Alignment	Endorsement	Discrete Brand
VERANSTALTER	TUI	Gulet ● Touropa ● Magic Life ● Terra ● Robinson	Eins-Zwei-Fly
VERTRIEB	TUI Reise Center	TLR	

SCHWEIZ

	Alignment	Endorsement	Discrete Brand
VERANSTALTER	TUI	Imholz ● Robinson ● Magic Life	Vögele Reisen
VERTRIEB		Imholz	

POLEN

	Alignment	Endorsement	Discrete Brand
	TUI		Eins-Zwei-Fly

Priority Code: Den Priority Code benutzen Fluggesellschaften, um Vielfliegern oder anderen wichtigen Personen (VIPs) einen bevorzugten Service oder Bequemlichkeiten anzubieten. Die Lufthansa arbeitet mit solchen VIP-Nummern; z.B. Hons (Honourable Persons) werden bei der Abfertigung bevorzugt sowie bei Wartelisten auf ausgebuchten Maschinen an die erste Stelle gesetzt. → Frequent Flyers/Travellers, → VIP

Private Fares II: Nettotarifdatenbank unter Galileo, ermöglicht die Abfrage von zentral eingegebenen Nettotarifen. → Galileo

privater Verkehr: Verkehr mit Fahrzeugen im Privatbesitz ohne die für den öffentlichen Verkehr spezifischen Pflichten, auch als Individualverkehr geläufig. → Öffentlicher Verkehr

Privatinseln: Nahezu alle US-Reedereien bieten bei ihren ausgeschriebenen Kreuzfahrten (Fun Cruises) einen Ausflug/Aufenthalt als Reiseunterbrechung auf ihrer Privatinsel an. Das Konzept geht zurück auf NCL Norwegian Caribbean Line mit Besuch von Great Stirrup Cay in 1977 als Inselerlebnis mit allen Wassersportmöglichkeiten für die Passagiere in der Karibik. → Kreuzfahrten

Privatisierung: Überführung von Unternehmen oder Unternehmensbeteiligungen aus staatlichem in privates Eigentum mit dem Ziel, den Wettbewerb in einer Branche zu verstärken und Leistungen und Angebot zu verbessern und das staatliche Budgetdefizit zu verringern. → Bahnreform, → Bundeseisenbahnvermögen, → Treuhandanstalt

Privatquartier: Nichtgewerbliche Beherbergungsstätte mit einer Kapazität bis zu acht Betten. → Beherbergungsbetriebe

Privatvermieter: Beherbergungsstätte mit einer Kapazität von bis zu acht Betten, die nicht erlaubnispflichtig und jedermann zugänglich ist; Gäste werden zum vorübergehenden Aufenthalt gegen Entgelt aufgenommen.

Prix ITB Berlin: Internationaler touristischer Filmwettbewerb, wird seit 1982 von AMK organisiert. Ausgezeichnet werden je drei Beiträge der Sparten Filme (16 mm), Video-Filme und Spots und Clips mit je einem Goldenen, Silbernen und Bronzenen Kompaß. Neben künstlerischer Gestaltung, technischer Qualität, Text, Sprache und Musik ist vor allen Dingen der touristische Informationswert von ausschlaggebender Bedeutung. Erstmals zur ITB '92 auch für eine Tonbandkassette ausgeschrieben. → AMK, → ITB

Pro Bahn: → Fahrgastverband Pro Bahn

Probezeit: Jedes neue Arbeitsverhältnis beginnt mit einer P. Bei der Berufsausbildung/Lehre darf diese höchstens drei Monate betragen, bei einem Arbeitsverhältnis höchstens sechs Monate. Während dieser Zeit haben sowohl der Betrieb als auch der/die Auszubildende bzw. der Arbeitnehmer das Recht und die Pflicht, gewissenhaft zu prüfen, ob auf beiden Seiten die notwendigen Voraussetzungen für ein Erfolg versprechendes Ausbildungs- bzw. Arbeitsverhältnis gegeben sind. Während dieser Zeit kann das Arbeitsverhältnis jederzeit ohne Angabe von Gründen gekündigt werden. Hinsichtlich der Beendigung des Arbeitsverhältnisses gilt eine zweiwöchige Kündigungsfrist.

Processing Centre: Rechenzentrum des BSP, das die Verkaufsabrechnungen von Agenten erhält, Daten daraus entnimmt und verarbeitet sowie Abrechnungen an Agenten, Kreditkarteninstitute und LVGs verschickt und die Clearing Bank über die zu zahlenden Beträge der Agenten informiert. → BSP, → Clearing Bank

Processing Fee: Vergütungsmodell bei Geschäftsreisen für Firmen und Reisebüros. Basis für P. F. ist die Nutzung einer IBE sowie ein hoch automatisiertes Fulfilment ohne Beratungsleistung. Das Reisebüro erhält Gebühr für erbrachte Leistungen. Provision geht an die Firma. → Internet Booking Engine, → Provision

Product Tailoring: Im absatzpolitischen Instrumentarium behält die Preispolitik für den Reiseveranstalter einen hohen Rang. Das Konzept des PT besagt, dass sich der erzielbare Preis an der jeweiligen Zielgruppe orientiert und die Leistung dem erzielbaren Preis angepasst wird.

Produkt: P.e sind Leistungen, die geeignet sind, Bedürfnisse zu befriedigen und einen Nutzen zu erzeugen. Produkte bestehen aus einem physischen Teil (Hotel, Flugzeug usw.) und einem nicht physischen Teil (Image, Emotionen). Da die Produkte in ihrem physischen Teil immer auswechselbarer werden, kommt dem anderen Teil („Software-Teil") eine steigende Bedeutung zu.

Produktivität: Ist das bestimmende Verhältnis zwischen Produktionsergebnis und den eingesetzten Mitteln, das sagt, wie viele Personen für die Erstellung einer Mengeneinheit notwendig sind. Je weniger Personen für die Produktion erforderlich sind, umso höher ist die Produktivität. An der P. liest man die Ergiebigkeit des Wirtschaftsprozesses ab. Die Einführung von Computern zur Unterstützung von Buchungssystemen führte zu großen Produktivitätssteigerungen. → CRS

produzierter Verkehr: Gebräuchlich für Fährschiffsreisen, die als touristisches Paket angeboten werden. → Fähren

Profilierung: Die Auszeichnung eines Angebotes mit spezifischen Eigenschaften bzw. einem speziellen Image gegenüber dem Wettbewerb.

Profiliner: Heimverkäufer von Travelnet als selbstständige freie Handelsvertreter für die LCC Lufthansa City Center mit Koordinierungszentrale in Bochum seit 1997. Dieser mobile Reisevetrieb bietet ehemaligen Reiseverkäufern den Wiedereinstieg in den früheren Beruf; z.B. für Frauen nach dem Erziehungsurlaub. Heimverkäufer ohne fachliche Ausbildung und mit geringem Mindestumsatz heißen Smartliner.

Programmpartner: Partner, bei denen man im Rahmen von Bonusprogrammen Meilen sammeln kann, z.B. Fluggesellschaften, Hotels, Mietwagenfirmen, touristische Unternehmen, Kredit- und Telefonkartenunternehmen. → Bonusprogramm, → Frequent Flyers/Travellers, → Prämienpartner

Promenade: Auf Kreuzfahrtschiffen Rundweg um das gesamte Schiff. Das P.-deck liegt meist über dem Hauptdeck.

Property-Management-Systeme (PMS): In den USA Computersystem für Betrieb und Management im Hotel.

Propyläen: Torbauten oder Eingangshallen, die auf monumentale Bauanlagen zuführen, z.B. Akropolis, Athen.

Pro-Rata-Abkommen: Abkommen über Abrechnungsverfahren der Iata-Fluggesellschaften mit Clearing House in London. Hier werden Flugtickets, die mit verschiedenen Carriern abgeflogen wurden, anteilig abgerechnet. → Iata

Pro Rata Charter: Vertragsart zwischen Reederei/Charterfluggesellschaft und Veranstalter, bei der das Schiff/Fluggerät inkl. Besatzung und Service-Personal im Gegensatz zu Voll- und Blockcharter (Teilcharter) nicht gegen einen Festbetrag überlassen wird. Die Abrechnung erfolgt hierbei pro Rata, d.h., jede verkaufte Passage wird einzeln abgerechnet. Damit ist der Charterpreis abhängig von der tatsächlichen Auslastung. Das wirtschaftliche Risiko trägt in diesem Fall die Reederei/Fluggesellschaft. → Teilcharter, → Vollcharter

Prospektwahrheit: Die Rechtsprechung hat für die Katalogbeschreibung den Grundsatz der Prospektwahrheit und Prospektklarheit entwickelt. Der Prospekt des Reiseveranstalters muss richtige (zutreffende), vollständige (alle wichtigen Umstände müssen genannt sein) und klare Angaben enthalten. Die für den Reisenden wichtigen Informationen müssen dort abgedruckt sein, wo der Leser sie erwarten darf. Missverständliche Formulierungen und unvollständige Angaben oder bewusste Weglassungen gehen laut Rechtsprechung zu Lasten des Veranstalters.

Protection Booking: Zusätzliche Schutzbuchung zu einer Warteliste.

Protektionismus: Staatlich oder blockbehördlich verordnete Politik der Einfuhrbeschränkungen im Verbund mit dirigistischen Mitteln zum Schutz der einheimischen Produktion und Märkte im Gegensatz zur offenen Marktwirtschaft mit freiem Wettbewerb. Im Luftverkehr Behinderung von Wettbewerb durch Regulation. → Deregulation, → Liberalisierung

Provider: Engl. to provide: anbieten, bereitstellen. Der Service Provider stellt Dritten die Infrastruktur eines Netzes zur Verfügung, das er von Unternehmen wie der Deutschen Telekom mietet, damit diese ihren Dienst anbieten können. Ein spezieller Rechner an einem Zugangspunkt nimmt Telefonanrufe entgegen und verbindet den Kunden somit mit dem Internet. Von hier aus kann z.B. elektronische Post (E-Mails) verschickt werden und auf alle weiteren angebotenen Online-Dienste zugegriffen werden. Man unterscheidet solche, die lediglich den Netzzugang bieten, und Provider, die als Online-Dienste zusätzliche Informationen für ihre Mitglieder bereitstellen.

Provision: Vergütung aus Vermittlungsgeschäften mit Leistungsträgern und Reiseveranstaltern; Einkunftsart für Reisemittler. Engl. Begriff: Commission. Bei den verschiedenen P.-modellen der Veranstalter wird unterschieden nach

- Basisprovision
- Zusatzprovision (Umsatz-Block-Bonus)
- Staffelprovision (auf Steigerungsraten), auch als Leistungsprovision bezeichnet (bezogen auf Mehrumsatz).
- Flat Fee, Stückvergütung; umsatzunabhängig.

→ Flat Fee, → Overriding Commission

provisionsbereinigter Airline-Nettoumsatz: Begriff aus der Erlös- und Leistungsabrechnung im Business Travel = Net Net Flown Revenue (exkl. Zusatzprovision). Formel: NNFR = Bruttoumsatz – Standardprovision – Zusatzprovision

prozentuale Provision: Umsatzabhängige Vergütung, die von Leistungsträgern und Reiseveranstaltern an die Reisebüros gezahlt wird. → Flat Fee, → Negotiated Fares, → Provision

PSA: Passenger Shipping Association, britischer Kreuzfahrt- und Fährschiff-Reedereien-Verband; bis 1976 OTD. → OTD

Psara: Passenger Shipping Association Retail Agent, Spezialbüro für Schiffsreisenverkauf in Großbritannien; Aufnahmebedingungen sind Fachkenntnisse des Verkaufspersonals, Teilnahme an Seereisen-Seminaren, Mitgliedsbeitrag; Psara-Gütesiegel als Auszeichnung. Psara war Veranstalter der 1. European Seatrade Cruise Holidays Convention in London im Okt. 1989. → Fachagentur für Seereisen, → OTD, → PSA

PSC: Passenger Service Charge. → PFC

PSR: → Passenger Space Ratio

PT: Passagetarifwerk der Iata mit international gültigen Linienflugpreisen für alle Iata-Fluggesellschaften, das PTD enthält die Flugpreise für Strecken, die in der Bundesrepublik beginnen oder enden. Die in diesem Handbuch veröffentlichten Flugpreise und Anwendungsbestimmungen sind behördlich genehmigt und für Flugreisen verbindlich, damit maßgeblicher Bestandteil der Beförderungsbedingungen der Iata-Luftverkehrsgesellschaften. → Flugpreisberechnung, → Iata

PTA: Prepaid Ticket Advice, Rufpassage, Anweisung zur Ausgabe eines vorausbezahlten Flug- oder Fahrscheins an eine bestimmte Person, bei Luftverkehrsgesellschaften i.d.R. unter Verwendung einer MCO. → MCO

PTM: Peru Travel Mart, peruanische Reisefachmesse, wird seit 1987 vom peruanischen Fremdenverkehrsamt Foptur veranstaltet. → Foptur

Pub: In England Gaststätte, in der auf Grund einer Lizenz alkoholische Getränke konsumiert werden dürfen. Seit den Zeiten Oliver Cromwells heißen diese Trinkstätten Public Houses (Kurzform Pub). In früheren Zeiten nur für männliche Gäste. Das Ale oder Lager holen sich die Gäste beim Wirt, dem Publican, ab. Statt des kargen Pub Grub (Sandwiches oder Pasteten) werden zunehmend gepflegte Mahlzeiten angeboten.

Public Holiday: Gesetzlicher Feiertag in England im Gegensatz zum inoffiziellen Bank Holiday. → Bank Holiday

Public Relations: → Öffentlichkeitsarbeit

Pullman-Betten: Bezeichnung für übereinander angeordnete Betten in Reisezügen und auf Schiffen.

Pullman-Sessel: Verstellbare Liegesessel wie in Flugzeugen; preiswerte Ruhemöglichkeit (zur Nachtruhe) an Bord von Fährschiffen. Sie sind in einem größeren Raum in Reihen aufgestellt oder stehen auf Veranden.

Pullman-Wagen: 1. Nach dem Erfinder G. M. Pullman 1858 eingerichteter komfortabler Reisezugwagen (Schlaf- und Salonwagen) mit Bewirtung, Telegraf, Weinstube und Rasiersalon. 2. Bezeichnung für aufwendig eingerichtete Salonwagen, vielfach mit dreh- und verstellbaren Einzelsitzen.

Pulse Dial: Impulswahlverfahren (IWV), bei dem die einzeln gewählten Telefontasten durch eine bestimmte Anzahl gleichartiger Impulse übermittelt werden. Die heutigen Telefone haben die Möglichkeit, vom Pulswahlverfahren auf das Tonwahlverfahren umzuschalten. → Mehrfrequenzwahlverfahren

Punkt-zu-Punkt-Tarif: → Durchgangstarif

Purser/Purserette: Chef/Vorgesetzter der Kabinenbesatzung an Bord von Passagierflugzeugen; Zahlmeister/-in auf Passagierschiffen. → Zahlmeister

Q

Q: Qualitätssiegel der spanischen Tourismusbranche für eine standardisierte Service-Qualität.

Qantas Frequent Flyer: Bonusprogramm der Qantas. → Bonusprogramm, → Frequent Flyers/Travellers

QE 2 – „Queen Elizabeth 2": Einziger Oceanliner im klassischen Transatlantikdienst; Flaggschiff der Cunard Reederei zwischen Southampton und New York. → Blaues Band, → Transatlantikreisen

Qivive: Joint Venture auf Basis von Start Ticket . Beteiligt sind jeweils mit einem Drittel: Axel Springer Verlag, Deutsche Entertainment (Deag) sowie Start Amadeus. Reservierungssystem für Eintrittskarten zu Veranstaltungen unterschiedlichster Art im In- und Ausland. Dieser Geschäftsbereich erschließt Reisebüros und Vorverkaufsstellen die Möglichkeit der Buchung und des Ticketausdrucks für eine Vielzahl von Musik-, Sport-und Kulturveranstaltungen. Auch Messetickets können über Q. gebucht werden. Mit Q. soll ein multimedialer Marktplatz für Events und Freizeitangebote geschaffen werden. → Euro-Start

QTA: Quick-Tickets-Automaten. Tickethinterlegungsverfahren der Lufthansa, bei dem der Kunde mittels Identifizierung per Kredit- oder Kundenkarte sein Flugticket aus einem blau gekennzeichneten Automaten erhält. Das Abholen des Flugscheins am Schalter entfällt somit.

Qualiflyer Group: Ehemaliger Arbeitstitel einer geplanten Allianz der ehemaligen SAir-Group, AUA, Sabena und Delta Air Lines. Seit 1998 waren folgende Mitglieder in der Q.G. zusammengeschlossen: Swiss (als Nachfolgeorganisation der Swissair), DAT (bis Nov. 2001 Sabena), Crossair, TAP Air Portugal, LOT Polish Airlines, Air Europe, Air Littoral, Volare, Air Lib und LTU. Im Februar 2002 aufgelöst. Das gleichnamige Vielfliegerprogramm wollen die Partnerairlines auch künftig gemeinsam fortsetzen. → Oneworld, → Skyteam, → Star Alliance, → Wings

Qualiflying Miles: Flugmeilen, die man tatsächlich geflogen ist. Mit Q.M. erfliegt man sich einen Elite-Status. → Bonusprogramm, → Elite-Level, → Frequent Flyers/Travellers

Qualiflying Segments: Anhand der Q.S. (Flugmeilen oder Streckenabschnitte) werden die Elite-Levels der Vielflieger-Programme errechnet. → Bonusprogramm, → Elite-Level, → Frequent Flyers/Travellers

Qualität: Fähigkeit von Produkten, die in sie gesetzten Erwartungen des Konsumenten und Käufers zu erfüllen.

Qualitätsmanagement: Der Begriff bezeichnet ein ganzheitliches Beratungskonzept der Qualitätssicherung, das Produkte von der Entwicklung über die Lieferung an den Kunden bis hin zur Marktbeobachtung und zur Reklamation oder Rückerstattung begleitet. Damit sollen Fehler vermieden und Kosten für den Betrieb gespart werden. Mit den DIN/ISO-Normen 9000 besteht seit 1987 eine international anerkannte Normenreihe für Qualitätssicherungssysteme von Unternehmen mit industrieller Produktion wie auch für den Dienstleistungssektor. → ISO

Qualitätsmanager/-in (IHK)/Tourismus: Weiterbildungslehrgang der IHK. Der Q. untersucht anhand touristischer Qualitätsstandards den Service und das Angebot touristischer Einrichtungen und Betriebe und schlägt vor, welche Leistungen man wie verbessern muss. Der Einsatz erfolgt in touristischen Unternehmen, Institutionen, Verbänden, Vereinen, Hotels und in der Gastronomie. → Fortbildungsangebote im Tourismus, → IHK

Qualitätspolitik: Strategie, mit der eine Abgrenzung zur Konkurrenz und das erfolgreiche Bestehen im Wettbewerb durch die Produktqualität angestrebt wird. Davon abzugrenzen ist die Kostenführerstrategie. → Strategie

Qualitätssicherung/Qualitätsmanagement im Omnibusbetrieb: Qualität nach DIN ISO 8402 ist die „Gesamtheit aller Merkmale und Eigenschaften einer Dienstleistung, die sich auf die Fähigkeit bezieht, festgelegte oder stillschweigend unterstellte Anforderungen zu erfüllen". Unter der Qualitätssicherung im Omnibusbetrieb sind demnach die Maßnahmen zu verstehen, die sicherstellen, dass die Maßgaben der DIN ISO 9002 eingehalten werden und so die Dienstleistungen des Unternehmens (Reiseverkehr/Linienverkehr) den Anforderungen des Marktes entsprechen. Der Begriff Qualitätsmanagement ist der Ausdruck für eine ganzheitliche Umsetzung von Qualitätsmanagement in allen Bereichen des Unternehmens. Die erfolgreiche Einführung eines Qualitätssicherungssystems in einem Unternehmen wird nach außen durch ein Qualitätssiegel, das von einer unabhängigen Prüfkommission vergeben wird, kenntlich gemacht. Federführend im Bereich der Einführung von Qualitätsmanagement im Omnibusbetrieb sind der WBO und die GBK in Zusammenarbeit mit der Dekra. → GBK, → WBO

qualitatives Wachstum: Planungen und Vorschriften in verschiedenen Tourismusdestinationen sollen das Mengenwachstum des Tourismus begrenzen und über ein Q. W. das Niveau anheben, d.h. die Einnahmen je Besucher erhöhen. Auf Mallorca dürfen z.B. neue Hotels nur dann gebaut werden, wenn alte dafür abgerissen werden und sie teuren Vier-Sterne-Komfort bieten. Auf der Nordseeinsel Borkum werden seit Jahren keine neuen Ferienwohnungen oder Hotels gebaut. In einigen Destinationen sind die Bevölkerung und Umwelt nach einer Phase quantitativen Wachstums u.a. mit permanenter Zunahme des Verkehrs nicht weiter belastbar.

Quality Group: 1. Kooperation mittelständischer Reiseveranstalter und Leistungsträger mit gemeinsamem Provisionsmodell. Initiiert von Phoenix Reisen, Bonn. 2. Hotelgruppe weltweit, die in Deutschland und Europa durch die Choice Hotels vertreten wird.

Quality Manager: Service-Kraft von Neckermann Reisen, mit deren Einsatz der Reiseveranstalter Qualitätssicherung des Angebots garantieren will. Diese Q.M. sind beauftragt, regelmäßig Hotels, Autovermieter und Agenturen einer Inspektion zu unterziehen, Baustellenberichte zu überprüfen und zu aktualisieren sowie Sicherheitskontrollen in den Urlaubsgebieten durchzuführen. → NUR, → Thomas Cook

Quarantäne: Schutzmaßnahme gegen die Einschleppung von Seuchen, Isolierung und Beobachtung bei Verdacht auf gefährliche Krankheiten. Q.-Stationen befinden sich vor allem in Seehäfen. → Tropenkrankheiten

Quartier: Ehemals gebräuchlich für Wohnung und Nachtunterkunft, z.B. Privatquartier für Privatunterkunft bei nichtgewerblichen Beherbungsanbietern; daneben Bezeichnung für Stadtviertel, z.B. Quartier Latin, Stadtviertel in Paris.

Queenslander: Australischer Nobelzug, der im nordöstlichen Bundesstaat Queensland zwischen den Städten Brisbane und Cairns eingesetzt wird. Auf der knapp 1700 km langen Fahrt erleben die Reisenden die abwechslungsreichen Landschaften des Sunshine State; die Fahrt führt entlang der Meeresküste, durch Regenwald, hügeliges Farmland und Felswüsten. Die Unterbringung der Passagiere erfolgt in komfortablen Kabinen, für Abwechslung sorgen Cocktail-Bar, Lounge und Restaurant. Gebucht werden kann bei der Vertretung von Rail Australia in München.

Quellenländer: Länder, aus denen Gäste in ein Besuchsland einreisen (Incoming), im Gegensatz zu Zielländern oder Empfängerländern, in welche Touristen aus den Q. ausreisen (Outgoing).

Quelle-Reisen: Bot 1963 als erstes Unternehmen in der Bundesrepublik Katalogreisen an. Seit 1994 in Zusammenarbeit mit TUI eigenes Reiseveranstalterprogramm unter Reise Quelle mit Mail-Order-Katalogen (über Versandhandel). → Mail Order, → TUI

Quellverkehr: → Incoming-Tourismus

Queue: Ein von CRS bereitgestellter Speicher für buchungsbezogene Mitteilungen bei Linienflügen, zusätzlich als Terminkalender und elektronischer Briefkasten einsetzbar. Wartelistenbestätigungen oder Zeitenänderungen werden von den Fluggesellschaften mittels der Q. übermittelt. → Aqua, → Galileo, → Office-ID

Quick Shop: In Reisebüros Einrichtung von Selbstbedienungscounters für Touristikkunden, die keine Beratung benötigen.

Quorum: Die in der Satzung oder im Gesellschaftsvertrag einer Gesellschaft zur Beschlussfähigkeit der Gesellschafterversammlung vorgeschriebene Mindestzahl der vertretenen Stimmen oder Gesellschafter. Falls auch eine zweite Gesellschafterversammlung die genannten Voraussetzungen nicht erreicht, ist im Allgemeinen eine dritte Gesellschafterversammlung auch ohne Q. beschlussfähig.

R

R: Tarifbezeichnung im Flugticket für Concorde.

Rabatt: Ist ein Preisnachlass, den der Verkäufer dem Käufer aus besonderem Anlass gewährt. Anlässe für Rabattgewährung sind z.B. langjährige Geschäftsverbindungen (Treuerabatt), Bezug großer Mengen (Mengen-, Gruppenrabatt) und Lieferung an Wiederverkäufer (Wiederverkaufsrabatt). Am häufigsten kommt wohl der Rabatt für Gruppen zur Anwendung.

Rabattgesetz: Seit 25.7.2001 zusammen mit der Zugabeverordnung aufgehoben. Nach neuem Recht sind Zugaben und Rabatte in Deutschland für alle Unternehmen erlaubt. Grundsätzlich sind jedoch nach wie vor das allgemeine Irreführungsverbot sowie die Vorschriften über den Kundenfang und das Verbot von Preisabsprachen zu beachten.

Rabattverbot beim Verkauf von Pauschalreisen: Von einer möglichen Änderung des gültigen Rabattgesetzes aus dem Jahr 1933 sind Reisebüros, die in Funktion des Handelsvertreters Reisen vermitteln, nicht betroffen. I.d.R. bestehen zwischen Reiseveranstalter (Handelsherr) und Reisemittler (Handelsvertreter) vertragliche Abmachungen mit R., z.B. § 2 Ziffer 4 des TUI-Agenturvertrages. → Preisbindung

Rack Rate: Offizieller Preis bei Einzelhotels oder Hotelgesellschaften für ein Einzel-, Doppel- oder Mehrbettzimmer, wie er an der Rezeption und in den Zimmern aushängt.

Radaranlage: Das engl. Kurzwort Radar steht für Radio Detecting and Ranging, d. h. Funkermittlung und Entfernungsmessung. Ein elektronisches Navigationsinstrument, das zur Beobachtung, Vermessung sowie zur Ortsbestimmung von Flugzeugen und Schiffen und ihrer Umgebung verwendet wird. Dieses Verfahren wurde erstmals 1925 in den USA zur Ionosphärenforschung eingesetzt und basiert auf dem Prinzip einer elektrischen Echomethode (die gesuchten Objekte werden auf einem Bildschirm erfasst). Radaranlagen dienen im zivilen Transport zur Vermeidung von Kollisionen nachts oder bei schlechtem Wetter. Die Radarnavigation dient darüber hinaus zur Überwachung von Flugrouten, Wasserwegen und des Straßenverkehrs.

Raddampfer: Schiff mit einem Radpropeller, der seitlich (z.B. auf dem Rhein, KD-Dampfer „Goethe") oder am Heck des Schiffes (z.B. bei Mississippidampfern) angebracht ist. Früher häufig in flachen Gewässern eingesetzt. → Binnenschifffahrt

Radio-Nachrichten: Über die Deutsche Welle im Kurzwellenbereich sind R. rund um die Uhr im Ausland zu empfangen. Die genauen Frequenzen teilt die Deutsche Welle in Köln mit. Die Nachrichten des Deutschlandfunks sind auf Mittel- und Langwelle, z.T. auch auf UKW im europäischen Ausland zu empfangen. Auskunft über Termine und Frequenzen beim Deutschlandfunk in Köln.

Radreiseanalyse: Zahlen zum deutschen Fahrradtourismus werden vom ADFC jährlich auf der ITB vorgestellt. Untersucht werden z.B. die Länge der Reisen und die Art der Übernachtungen der Radurlauber. Weitere Themen sind der Pauschalreisemarkt und das vorhandene Infrastrukturangebot. → ADFC, → Reiseanalyse (RA)

Rafting: Floß-, Schlauchbootfahrt. → River Rafting

Rail and Cruise: Kombinationsangebot von Bahn (mit An- und Rückreise) und Kreuzfahrt, z.B. Urlaubsexpress bis zur Einschiffung in Venedig, Ancona oder Genua. → Kreuzfahrten, → Urlaubsexpress

Rail & Fly: Niedrig-Fahrpreis der DB für Einzelreisende und gemeinsam Reisende von zwei bis fünf Personen als Zubringer zu/von Flughäfen, auch Rail-&-Fly-Gepäckservice, nur gültig in Verbindung mit Flugticket, gültig ab einen Tag vor dem Hinflug bis zum Tag der Ankunft. Entspricht dem RIT-Tarif. → RIT

Rail and Road: Kombinationsangebot von DB und Europcar Interrent. Mietwagenangebot am Bahnhof und Buchung über DB und Reisebüros, auch vom ICE und IC aus. → IC-Intercity, → ICE-Intercity Express

Railaway: Veranstalter-Programm der Schweizerischen Bundesbahnen (SBB) mit Vorschlägen zu Ausflügen und Reisen in der Schweiz. → SBB

Rail Baggage: Service von Swissair (Crossair), bei dem aufgegebenes Gepäck innerhalb der Schweiz per Bahn und Postbus an den Bestimmungsort befördert wird. → Fly Baggage

Rail Master: Auf Windows basierendes Bahnprodukt von Galieo Deutschland. Verfügt über eine Vorgangsverwaltung zur Vereinfachung der Buchung von Bahnleistungen. Ermöglicht die Buchung aller Bahnangebote inkl. Autoreisezug, Fahrscheine Ausland, Kuriergepäck und dem Kontingentverfahren; seit 2001 für DB freigeschaltet. → Galileo

Railplus: Europäisches Angebot der DB, in Verbindung mit Bahn-Card bzw. Netz-Card, bei dem bei grenzüberschreitendem Verkehr eine Ermäßigung von 25% gewährt wird.

RAL: Deutsches Institut für Gütesicherung und Kennzeichnung, ehemals Reichsausschuss für Lieferbedingungen, 1925 Kuratorium der Wirtschaft. In dieser Dachorganisation für das deutsche Gütezeichen sind Gütegemeinschaften zusammengeschlossen, die bundesweit Gütezeichen für Verbrauchsgüter sowie im Dienstleistungsbereich vergeben. Gütezeichen sind nach RAL Wort- und/oder Bildzeichen, die als Garantieausweis zur Kennzeichnung von Waren oder Leistungen Verwendung finden, die die wesentlichen, an objektiven Maßstäben gemessenen, nach der Verkehrauffassung die Güte einer Ware oder Leistung bestimmenden Eigenschaften erfüllen. Gütezeichen werden bei den Gütegemeinschaften beantragt. → Ausflugsbus, → Bus, → Ferien auf dem Bauernhof, → Klassifizierung der Reisebusse

RAM: Abk. für Random Access Memory, dt.: Direktzugriffsspeicher. Bezeichnung für den Arbeitsspeicher eines PC, der in Form von Speicherchips im PC installiert ist. → Arbeitsspeicher

Ramadan: Der Beginn des Fastenmonats wird nach dem islamischen Mondkalender festgelegt und verschiebt sich jährlich um ca. zehn bis elf Tage nach vorne. Von Sonnenaufgang bis -untergang dürfen keine Getränke und Speisen eingenommen werden. In den Ferienhotels der islamischen Länder sind die Einschränkungen für Urlauber i.d.R. gering. 2001 begann der R. am 18. November.

Ramon: Last-Minute-Modul des Reisemanagers Online der Firma Tures.

Rampagent: Am Boden eingesetzter Flughafenangestellter, der das Flugzeug für den Abflug vorbereitet. Der R., dessen Auftrag sich früher auf die Bereiche Catering und Beladung beschränkte, übernimmt jetzt auch die technische Überwachung am Boden.

Rampenfinger: Ausdruck aus dem Flugbereich, bezeichnet die vorspringende röhrenartige Fußgängerverbindung zwischen dem Flugsteig (Gate) und dem Flugzeug. Fehlt der Rampenfinger, werden die Passagiere mit einem sog. Vorfeldbus vom Terminal bis zum Flugzeug gebracht.

RAN: Kurzform für Reiseanmeldung.

Ranchurlaub: Seit im Jahr 1882 ein erster Urlauber aus New York für zehn Dollar die Woche seine Ferien auf einer Guest-Ranch in North Dakota verbrachte, machte diese Idee bei vielen Ranchern Schule. Neben der Viehzucht waren mit den zahlenden „Dudes" (Städter, Faulpelze) bequem ein paar Dollars extra zu verdienen. Nach über 100 Jahren Ranchfieber in den USA haben sich inzwischen auch in Deutschland Reiseveranstalter auf den R.U. spezialisiert. Je nach Abenteuerlust kann der Urlauber zwischen Ranch Life pur auf einer echten Working oder Cattle Ranch und der eher gezähmten Variante einer Dude Ranch wählen. Bei Letzterer stehen die Pferde allein für den Urlauber bereit.

RA - Reiseanalyse: → Reiseanalyse (RA)

Rat der Europäischen Union: Auch Ministerrat. Dieser stellt die gesetzgebende Instanz der EU dar. Er setzt sich zusammen aus den zuständigen Ministern der Mitgliedsstaaten.

Rat & Tat Versicherung: Versicherung von touristischen Beistandsleistungen und Rücktransportkosten bei der Europäischen Reiseversicherung (ERV). → Reiseversicherungen

Rationalisierung: Umfasst die Bestrebungen, die der Verbesserung der Produktivität durch Erhöhung der Leistung bzw. Senkung der Kosten dienen. Die Leistung kann z.B. durch den Einsatz eines Computers erheblich verbessert werden. Die Kosten können durch einen Wechsel zu einem billigeren Anbieter gesenkt werden. → Automatisierung, → Produktivität

RBB: Reisebüro-Bahn-Beirat der DB-Agenturen, Arbeitsausschuss der Gesamtgemeinschaft deutscher DB-Agenturen mit DB-Lizenz nimmt die Interessen gegenüber DB wahr. Dieser Sonderausschuss behandelt alle Fragen des Bahnverkehrs sowie die Zulassungsrichtlinien der DB-Agenturen. Ab 1995 Händlerorganisation; vor dem 1. Oktober 1997 unter AAGG (Arbeitsausschuss der Gesamtgemeinschaft Deutscher DER-Vertretungen) bekannt. → AAGG/DB, → DB-Agenturen

RBE: Kurzform für Reisebestätigung.

RBS/SAP: Ehemaliges Stinnes-System, mittlerweile von Travelbasys vertrieben. Programm ist eine Kombination aus zwei Standardanwendungen mit weiteren zusätzlichen Ergänzungen. RBS als Bindeglied zwischen einem leistungsfähigen Verkauf und der in SAP geführten Finanzbuchhaltung eines Unternehmens realisiert RBS z.B. die Vorgangsverwaltung, bietet Statistiken und ermöglicht eine strategische Vertriebssteuerung.

RC-Element: → Remark

RDA: Richtig Internationaler Bustouristik Verband RDA. Reise-Ring Deutscher Autobusunternehmungen international, Köln, seit 1951, versteht sich als Interessengemeinschaft der Busreisenveranstalter und deren Vertragspartner. Aufgabe ist die Betreuung und Förderung der Interessen seiner Mitglieder bei der Ausübung des Autobusverkehrs, insbesondere des Touristikverkehrs. Nach Mitgliedern größter Tourismusverband. Bekannt besonders durch den alljährlich veranstalteten RDA-Workshop in Köln. → BDO, → BTW, → Tourismuspräsidium

RDS: Rail Distribution System, Software der Bahnen. Elektronisches System für Information, Reservierung, Ticketing und Abrechnung im Bahnvertrieb; statt DB-Modus im Start-System ein Euro-Bahn-Modus. RDS kann u.a. von Hermes übertragen werden. → Hermes

Receipt: Beleg, Quittung.

Rechenzentrum: 1. Bezeichnung der EDV-Abteilung innerhalb eines Unternehmens 2. Service-Unternehmen, das Aufgaben in der Datenverarbeitung wie z.B. Buchhaltung für andere Unternehmen übernimmt. → Derdata Informationsmanagement

Recht im Tourismus: Mit Wirkung vom 1.11.1994 sind die Vorschriften des neuen Reisevertragsgesetzes in Kraft getreten. Kern dieser Novellierung des Pauschalreiserechts ist die neu eingeführte Pflicht des Veranstalters, im Voraus vereinnahmte Kundengelder und die Rückreise des Kunden gegen seinen eigenen Konkurs abzusichern. → ABB, → Abhilfeverlangen, → AGB, → AGBG, → Agenturvertrag/Handelsvertretervertrag, → Allgemeine Beförderungsbedingungen, → Allgemeine Geschäftsbedingungen, → Annullierung/Stornierung, → Anzahlung, → ARB, → Aufhebungsvertrag, → Ausschließlichkeitsbindung, → Avalkredit, → AVR, → Bankbürgschaft, → Beförderungsvertrag, → BGB, → Campingvertrag, → Chapter 11, → Chicagoer Abkommen, → Datenschutz, → Denied Boarding Compensation (DBC), → DGFR, → ECLG, → Erfüllungsgehilfe, → Ersatzperson, → Flaggenwesen in der Seeschifffahrt, → Franchise-Vertrag, → Frankfurter Tabelle, → Freiheiten der Luft, → Gelegenheitsreiseveranstalter, → Gerichtsstand, → Gesamtheit von Reiseleistungen, → Geschäftsbesorgungsvertrag, → Gesetz gegen Wettbewerbsbeschränkungen (GWB), → Guadalajara-Abkommen, → Haager Protokoll, → Haftung bei Pauschalreisen, → Handelsherr/Geschäftsherr, → Handelsregister, → Handelsvertreter, → Hauptleistungen, → HGB, → Hotelreservierungsvertrag, → Iata-Resolution 814, → Informationspflicht, → Insolvenz, → Insolvenzschutzversicherung, → Kündigung, → Kundengeldabsicherung, → Lufthoheit, → Mängelanzeige, → Mallorca-Police, → Mietvertrag, → Minderung, → Option/Optionsvertrag, → Opuv, → Pachtvertrag, → Patronatserklärung, → Pauschalreisen, → PBefG, → Rabattverbot beim Verkauf von Pauschalreisen, → Rechtsharmonisierung, → Reiseabbruch, → Reisemängel, → Reiseveranstalter, → Reisevertrag/Reisevertragsrecht, → Schadenersatz, → Sicherungsschein, → Stornokosten, → Tarifvertrag, → Treuhandgesetz, → Veranstalterhaftung, → Verjährung, → Verkehrsrechte, → Warschauer Abkommen (WA), → Werkvertrag, → Zweites Seerechtsänderungsgesetz

Rechtschreibprüfer: Rechtschreibkorrekturprogramm, das häufig in einem Textverarbeitungsprogramm verankert ist und einen eingegebenen Text automatisch nach orthografischen Fehlern untersucht und ggf. korrigiert.

Rechtsharmonisierung: Im EU/EWR-Sprachgebrauch die Angleichung der nationalen Rechtsvorschriften der Mitgliedsstaaten zur Verwirklichung des Binnenmarktes (z.B. die EU-weite Festlegung des Mehrwertsteuer-Normalsatzes auf mindestens 15%, die Umsetzung der Insolvenzabsicherung für Reiseveranstalter etc.).

Reconfirmation: Im internationalen Langstreckenflugverkehr ist bei Fortsetzung des Fluges nach einer Unterbrechung oft die Rückbestätigung einer Festbuchung durch den Passagier bei der Fluggesellschaft erforderlich, ebenso vor Antritt des gebuchten Rückflugs. → Langstreckenverkehr

Record Locator: Sechsstelliger Buchungsschlüssel, der nach Abschluss eines PNR automatisch vergeben wird. → File Key

Record Return: Vereinbarung zwischen Amadeus und einer Fluggesellschaft. Nach Buchungsabschluss erhält Amadeus den Record Locator aus dem eigenen System der Fluggesellschaft, der aus der bestehenden Buchung heraus abgerufen werden kann. → Answerback

Recyclebare Werbung: Werbekonzeption, die darauf abzielt, Werbung für Produkte zu machen, die besonders kurzlebig sind und auf Grund ihrer ständig wechselnden Aktualität nicht geeignet sind für Werbemedien mit langen Vorlaufzeiten wie Print oder Funk (z.B. Restplätze). Unter Zuhilfenahme der Kommunikationstechnik wird die Werbung (Bilder, Daten, Animationen) zentral erfasst und auf beliebig viele Außenstellen (POS/POI) verteilt. Dies erfolgt mittels Medien wie Computermonitoren, die über das Telefonnetz miteinander verbunden sind und deren Bildschirminhalte durch spezielle Software ständig verändert werden können.

Reede: Geschützter Ankerplatz an einer Küste, der einen brauchbaren Ankergrund bietet. Auf Reede liegen heißt vor einem Hafen, in einer Bucht oder Flussmündung vor Anker liegen, wenn am betreffenden Ort kein Hafen vorhanden ist oder alle Plätze im Hafen besetzt sind. Für Landgang und Landausflüge werden Tenderboote eingesetzt. → Tender

Reederei: Erwerbsunternehmen zur Beförderung von Personen oder Gütern zu Wasser. Der Reeder ist Eigner von Schiffen, die dem Erwerb dienen.

Re-entry Permit: Wiedereinreisegenehmigung, Ein- und Durchreisebestimmung eines Landes. Über Bestimmungen bei Auslandsreisen informieren TIM und der Blaue Fink-Ordner, eine Loseblattsammlung in drei Bänden, sowie Länder Info, Länderinformationen der Preuss Touristikinformation, Bonn. → Blauer Fink-Ordner, → Einreisebestimmungen, → Länder Info, → TIM, → Visum

REF: Start-Amadeus-Verfahren zur maschinellen Erstattung (Rücknahme) von Standard-Verkehrsdokumenten (Tickets und MCO).

Refa: Verband für Arbeitsstudien und Betriebsorganisation, Darmstadt, 1924 wurde der Verband als Reichsausschuss für Arbeitsstudien gegründet. Die Arbeitgeberverbände und die Gewerkschaften unterstützten die Refa zur Förderung arbeitswissenschaftlicher Grundlagenforschung und zur Ausarbeitung von Richtlinien und Verfahren für die Durchführung von Arbeitsstudien, die in Ausbildungslehrgängen und Fachbüchern verbreitet werden.

Refund: Gutschrift/Erstattung nicht genutzter Flugtickets, Schiffs- und Bahnfahrkarten.

Refund Notice: Wird nach einer Erstattung eines manuellen als auch maschinellen Flugscheines ausgedruckt. Die R. besteht aus einer abreißbaren Seite mit Erläuterungen, der Airline Copy (Original), einer Kopie für die Agentur sowie einer Passenger Copy.

Regelbesteuerung: Die Umsatzsteuer (Mehrwertsteuer) nach den allgemeinen Vorschriften des Umsatzsteuergesetzes (UStG), im Gegensatz zur Margenbesteuerung. Umsatzsteuerbar sind Leistungsentgelte, die für Leistungen im Inland erzielt werden (Leistungsort). Nach der Besteuerungsgrundlage unterscheiden sich:

- Leistungsträger: Maßgeblich ist der Umsatz als Entgelt für erbrachte Leustungen
- Reisebüros: Soweit diese „im Namen und für Rechnung" eines Dritten (als Handelsvertreter) tätig sind, werden Provisionen oder eigene Regelaufschläge besteuert. → Margenbesteuerung

Regiebetrieb: In der öffentlichen Verwaltung eine von der übrigen Verwaltung auf Grund der wirtschaftlichen und technischen Aufgabenstellung getrennte Einheit ohne institutionalisierte Selbstständigkeit; bekannt bei gemeindlichen Versorgungsbetrieben. Faktisch inzwischen weit gehend durch Eigenbetriebe verdrängt. Im Handel ist R. ein Filialunternehmen innerhalb einer Kooperation, das in eigener Regie mittels Filialleiter unter Einschränkung der Selbstständigkeit geführt wird. Der R. entstand zur Sicherung von Standorten und zur Abrundung des Absatzgebietes; tendenziell findet auch hier Ablösung durch Privatisierung statt.

Region: Im Luftverkehr die Zusammenfassung nach Ländern unter geografischen, organisatorischen und tarifpolitischen Gesichtspunkten sowie bei der Icao für die Luftverkehrsstatistiken. Unterhalb der Region wurde eine weitere Unterteilung nach Subregionen vorgenommen. Dieser Icao-Definition haben sich lata und AEA zur Vergleichbarkeit internationaler Luftverkehrsstatistiken angeschlossen. → AEA, → lata

Regional-Bahn: Nahverkehrsmittel der DB, das auf örtlich unterschiedliche Gegebenheiten Rücksicht nimmt, z.B. Chiemgau-Bahn und Rangau-Bahn/ Bayern.

Regional Express RE: Beschleunigter Reisezug des linienbezogenen Regionalverkehrs mit Systemhalten, Reiseweite ca. 45 km. → Eilzug, → SPNV

Regionalisierung des Nahverkehrs: Ab Januar 1996 wechselte die Trägerschaft im Schienen-Personen-Nahverkehr (SPNV) von der DB auf die Bundesländer auf Grund der von der Bundesregierung beschlossenen Bahnreform. Regelung und Bestellung der Fahrleistungen liegen in einer Hand bei den Kommunalverbänden oder den Landesnahverkehrsgesellschaften der Bundesländer. Mit Umsetzung der EU-Richtlinie 1191/69 werden künftig auch Stadtverkehre ausschreibungspflichtig; Bewerber neben DB auch NE-Bahnen, Bahngesellschaften im Besitz von Privatpersonen, Kommunen und Bundesländern. → DB - Deutsche Bahn, → ÖPNV

Regionalluftverkehr: In Europa wird R. als Oberbegriff für verschiedene Bezeichnungen wie Ergänzungsluftverkehr und Luftverkehr der dritten Ebene verwendet. Eine klare Begriffsabgrenzung fehlt. Die ADV definiert R. als Luftverkehr mit kleinen Verkehrsflugzeugen zwischen verschiedenen Regionalflugplätzen sowie Regionalflugplätzen und Verkehrsflughäfen mit internationalem Luftverkehr. → Commuter Airline, → Ergänzungsluftverkehr, → Luftverkehr der dritten Ebene, → Third Level Operations

Regionalmessen für Touristiker: Sind Foren für Fachleute; organisiert als Messen oder Workshops zur Information und Einkauf für touristische Leistungsträger einerseits und Reiseveranstalter/ -mittler andererseits. Bekannt sind u.a. die Harz-Börse und die Workshops der Bus-Landesverbände anlässlich ihrer Jahrestagungen (siehe Tabelle auf gegenüberliegender Seite).

Regionals: Regionalfluggesellschaften in USA, Zubringer zu den Mega-Carriern. → Mega-Carrier

Regionalmessen für Touristiker etablieren sich

Foren für Fachleute

Berlin Pow Wow
Die 1999 ins Leben gerufene Messe findet am ersten Februarwochenende (zuletzt vom 1. bis 3. Februar 2002) statt und richtet sich an Wiederverkäufer von Firmen und Firmenreisediensten, Mice-Veranstaltern, Airlines und Veranstaltern. Ein Viertel der rund 1400 Besucher kommt aus dem Ausland. Veranstalter: Berlin Tourismus Marketing.

Buskompakt Halle
Zu der 2001 zum dritten Mal ausgerichteten Fachmesse wurden Busveranstalter aus ganz Deutschland eingeladen. Veranstalter: Halle-Tourist.

Freizeitbörse Sauerland
Zielgruppe der im April 2000 gestarteten Messe sind Leistungsträger und Verkehrsvereine, denen die Region vorgestellt wird. Die dritte Messe findet am 30. /31. März 2003 in Olsberg statt. Veranstalter: Touristikzentrale Sauerland.

Harz-Börse
Jeweils rund 70 Einkäufer und Aussteller treffen auf der 1990 gestarteten Messe zusammen. Veranstalter: Harzer Verkehrsverband.

Munich Destination Mart (MDM)
Der Einladung zum seit 1994 veranstalteten MDM folgten Anfang Juli 2001 rund 80 internationale Veranstaltungsprofis aus dem Kongress-, Tagungs- und Incentive-Bereich. Veranstalter: Fremdenverkehrsamt München.

Tage der Bustouristik Lippe
Seit 1996 werden Ende März Paket- und Busreiseveranstalter sowie Reisebüros aus den Niederlanden und Deutschland (2001 wurden insgesamt 42 Teilnehmer gezählt) im Rahmen von Rundfahrten und Hotelbesichtigungen informiert. Der nächste Tag der Bustouristik findet im Frühjahr 2003 statt. Veranstalter: Touristik-Marketing Kreis Lippe.

Tourismusmarkt Hessen
Nach dem Busmarkt 1998 und dem Tagungsmarkt 1999 wurden im Jahr 2000 beide Angebotssegmente zum Tourismusmarkt Hessen zusammengelegt. Die Zweitauflage ist für April 2002 in Wiesbaden geplant. Im Jahr 2000 wurden 70 Anbieter aus Hessen und 200 Tagungsentscheider und Busreiseveranstalter gezählt. Veranstalter: Hessen Touristik Service (HTS).

Travel 01 Thüringen
Vom 17. bis 19. August 2001 hatte dieser Workshop in Weimar Premiere mit einer Fachmesse und drei verschiedenen Info-Reisen. Angesprochen werden dabei wichtige Großveranstalter aus Deutschland und dem angrenzenden Ausland, Spezialanbieter mit Thüringen-affinen Programmen wie Wandern und Kultur sowie Busveranstalter. Teilnehmer bei der Premiere waren rund 50 Reiseveranstalter, davon 15 aus dem Ausland. Veranstalter: Thüringer Tourismus Gesellschaft (TTG).

Regional-Schnell-Bahn: Reisezugprodukt der Deutschen Bahn. Sie verbindet alle größeren Orte mit den nächsten Zentren und Fernverkehrsknoten. Taktverkehr mindestens alle zwei Stunden; hohe Reisegeschwindigkeit und systematische Verknüpfung mit den Buslinien erschließen die Region; eingesetzt bereits auf den Strecken Kiel–Eckernförde–Flensburg, Konstanz–Freiburg und Ulm–Freiburg.

Regio Neitech: Dieser künftige Dieseltriebzug mit Neigetechnik wird dem in Franken und in der Oberpfalz eingesetzten Pendolino, dem Dieseltriebzug VT 610 mit Fiat-Neigetechnik, nachfolgen. Das neue, von AEG entwickelte System hat komplett unter dem Wagenkasten im Drehgestell des Fahrzeuges Platz. Züge mit dieser neuen, prinzipiell aus der Rüstungsindustrie stammenden Technologie werden künftig in Baden-Württemberg und in Rheinland-Pfalz eingesetzt mit Verbindungen nach Nordrhein-Westfalen und Hessen. → Hotelzüge, → Intercity Night, → Neigezüge, → Pendolino

Regio Rail: Gesellschaft für Planung, Beratung und Projektmanagment, Mannheim. Führende Unternehmen aus dem Verkehrsbereich wie ABB, Alcatel SEL, Heitkamp und Linke-Hofmann-Busch wollen sich bei der Regionalisierung des Schienen-Personennahverkehrs mit der Gründung dieser Gesellschaft engagieren. Die neue Gesellschaft soll Landkreise und Kommunen in allen Fragen des öffentlichen Nahverkehrs beraten und Projekte von der Planung bis zur Ausführung begleiten. → SPNV

Regress: Begriff aus der Versicherungsbranche, bezeichnet den Rückgriff des Versicherers zum Schadenausgleich beim Schädiger.

Regulierung: Rechtlicher Rahmen der Wirtschaftstätigkeit, beschreibt zugleich die staatlichen oder vom Staat gebilligten Beschränkungen der Handlungs- und Verfügungsmöglichkeiten. Folgen der R. beim Verkehrsmarkt sind Wettbewerbsbeschränkung der Anbieter, Verteuerung von Leistungen, Behinderung des Strukturwandels und Verzögerung von Innovation. → Deregulation

Reichsstraße Nr. 1: Hurtigruten, täglicher Liniendienst auf dem Wasserweg entlang der norweg. Küste. → Hurtigruten

Re Instated Flight: Aufhebung einer vorherigen Annullierung eines Fluges.

Reiseabbruch: Abbruch einer Reise nach Reiseantritt. → Kündigung, → Reiserücktrittskosten-Versicherung, → Reiseversicherungen

Reiseanalyse (RA): Ursprünglich konzipiert und organisiert vom Studienkreis für Tourismus, Starnberg (StfT). Diese Untersuchung analysierte seit 1970 das Urlaubsgeschehen unter quantitativen und qualitativen Aspekten (die Durchführung der Erhebungsarbeiten für die RA lagen seit 1988 bei Basis Research in Verbindung mit GfM-Getas). Untersucht wurden das Urlaubsreiseverhalten des vergangenen Jahres, Reisemotive, Erfahrungen, Interessen und Einstellungen sowie Reiseabsichten, und erfasst wurden die Urlaubsreisen mit einer Dauer von mindestens fünf Tagen (dabei wurde nach Haupturlaubsreise, Zweit-, Dritt- sowie weiteren Urlaubsreisen unterschieden) sowie Kurzreisen. Die Befragung wurde seit 1970 jährlich im Januar für das vorangegangene Jahr durchgeführt, wobei pro Erhebung 6000 Personen befragt wurden. Sie war repräsentativ für alle deutschen Staatsangehörigen über 14 Jahre, die in Privathaushalten in der Bundesrepublik und Westberlin wohnten. Die Ergebnisse der Untersuchung wurden in vier Tabellenbänden mit soziodemografischen Zielgruppen, drei Tabellenbänden mit touristischen Zielgruppen und umfangreichem Berichtsband dargestellt. Die ersten Ergebnisse wurden im März anlässlich der ITB, Berlin, veröffentlicht, die Kurzfassung der RA im Juni. Geschäftsreisen sowie Kur- und Bäderreisen wurden von RA nicht untersucht. Auftraggeber und Förderer waren ca. 50 Organisationen und Verbände des in- und ausländischen Fremdenverkehrsgewerbes sowie Städte, Länder, Ministerien, Reiseveranstalter, Verkehrsträger und Verlage. Ausführliche Urlaubsreisedaten für Gesamtdeutschland wurden erstmals mit RA '90 vorgestellt. Nach der Auflösung des StfT in 1993 ist die RA zunächst von der Nachfolgeuntersuchung Urlaub und Reisen U + R abgelöst worden für 94 und 95. Träger waren der DRV und der Verlag Gruner + Jahr, Hamburg; getragen seit 1994 durch FUR. U + R wurde ab 1996 wieder ersetzt durch Reiseanalyse RA. Die Fragen werden im Januar an eine Stichprobe von über 7500 Personen gestellt. Die Auswahl der Befragungspersonen erfolgte nach dem Zufallsverfahren, die Interviews wurden persönlich geführt. Dabei hat Ipsos Deutschland, Hamburg, die Feldarbeit übernommen, das NIT Institut für Tourismus- und Bäderforschung in Nordeuropa, Kiel, betreut die RA wissenschaftlich und organisatorisch und ist zusammen mit Dr. Peter Aderhold, Kopenhagen, für die Auswertungsarbeiten zuständig. → FUR, → Urlaub + Reisen (U + R)

Reiseapotheke: Urlaubsreisende sollten die folgenden Medikamente und Verbandstoffe in ihrer Reiseapotheke mitführen:

- Pflaster verschiedener Größe
- Mullbinden, elastische Binden

- Scheren und Pinzette
- Fieberthermometer
- Desinfektionsmittel
- Insektenabwehrmittel
- Talkpuder
- Durchfallmittel

Um den bei Durchfällen auftretenden Verlust von wichtigen Mineralstoffen wieder auszugleichen, sollten folgende Stoffe in einem Liter abgekochten Wassers eingenommen werden:

- 3,5 g Natriumchlorid (Kochsalz)
- 2,5 g Natriumbicarbonat (Soda)
- 1,5 g Kaliumchlorid
- 20,0 g Glukose

Diese Mischung stellt jede Apotheke her; sie kann in wasserdichten Plastikbeuteln verpackt mitgenommen werden. (Bundeszentrale für gesundheitliche Aufklärung, Köln) → Naturreiseapotheke

Reiseausgaben: Dazu werden alle Kosten gerechnet, die im Zusammenhang mit der Urlaubsreise anfallen, beginnend mit z.B. dem Erwerb eines Reiseführers und einer Reiseapotheke über die eigentlichen Ausgaben für Fahrt, Unterkunft, Verpflegung bis zu den Nebenausgaben für Eintrittsgelder, Postkarten, Souvenirs. Nach Reiseanalyse RA 2001 lagen die durchschnittlichen R. im Jahr 2000 pro Person und Urlaubsreise bei 795 Euro.

Reisebank: Filialnetz mit Wechselstuben an markanten Stellen wie Bahnhöfen und Flughäfen und Reisevermittlung der Deutschen Verkehrsbank, 100%ige Tochtergesellschaft der DVB-Holding. → DVB

Reisebarometer: Marktuntersuchung durch das Leif im Auftrag von TMS Tele-Marketing-Service, Worms, mit Befragung von 1200 ostdeutschen Bundesbürgern über das zurückliegende Reiseverhalten und künftige Reiseabsichten. → Leif

Reisebegleiter: Im Unterschied zum Fremdenführer oder dem Reiseleiter wird von ihm kein Fachwissen über die besuchte Gegend verlangt (er soll jedoch mind. eine Fremdsprache beherrschen). Nach den im EU-Berufsprofil beschriebenen beruflichen Anforderungen übernimmt der Reisebegleiter den Empfang, die Begleitung und die Betreuung von Touristengruppen. Er vermittelt allgemeine Informationen über den Programmablauf sowie über weitere mögliche Ausflüge und Besichtigungen. Er gilt während der Reise auch als Mittelsmann zwischen dem Veranstalter und den Reisenden. → Fremdenführer, → Reiseleiter, → Sedoc

Reiseberater: In der Branche gebräuchliche, jedoch nicht offizielle Berufsbezeichnung (etwa wie Reisebüroexpedient), mit besonderem Hinweis auf die beratende Tätigkeit des Reisebürokaufmanns/Reiseverkehrskaufmanns beim Kunden. → Ausbildungswege im Tourismus/Fremdenverkehr

Reisebiographien: ETI-Marktuntersuchung über das längerfristige Urlaubsreiseverhalten der deutschen Bevölkerung über 14 Jahre. Dabei wurden in Westdeutschland 5000 und in Ostdeutschland 1000 nach dem Zufallsprinzip ausgewählte Personen persönlich im Haushalt befragt u.a. über Reiseziele seit der Kindheit, Reiseorganisation und Verkehrsmittel, Reiseerfahrung, -interesse und -absichten nach Zielgebieten, Gründe für zeitweiliges Nichtreisen, Landschaftspräferenzen etc. zur Erlangung von Rückschlüssen auf den bisherigen Reisestil und das zukünftige Reiseverhalten. → ETI

Reisebuchung online: Buchungsweg über das Internet mit steigender Akzeptanz. 4% der Deutschen haben im Jahr 2000 eine Urlaubsreise ganz oder teilweise über das Internet gebucht. 15% der Bevölkerung konnten sich vorstellen, zukünftig diesen Buchungsweg auszuprobieren (nach RA 2001).

reisebüroähnliche Stellen: Zu dieser Kategorie gehören die Reisebuchungsstellen in Banken, Verbrauchermärkten, Lotto/Toto-Annahmestellen, Omnibusunternehmen sowie sonst. Nebenerwerbsunternehmen. → Nebenerwerbsreisebüros, → Reisemittler

Reisebürofachkraft: Nach den im EU-Tätigkeitsprofil beschriebenen beruflichen Anforderungen sind ihre Haupttätigkeitsbereiche das Beraten, Buchen und Verkaufen von Pauschal-, Gruppen-, Individualreisen und dritter Leistungen (z.B. Mietwagen, Versicherungen) samt Ausstellen von Fahr- bzw. Flugscheinen sowie von Vouchers für verschiedene Unterkunftsarten (Hotel, Ferienwohnung etc.). Voraussetzung für die Berufsausübung ist die Beherrschung der üblichen Kommunikationsmittel inklusive EDV-Geräte sowie mindestens einer Fremdsprache. Die R. ist auch inkassobevollmächtigt. → Sedoc

Reisebüroketten: Reisebüro-Filialunternehmen oder -kooperationen. Es gibt 1. regionale Reisebüroketten wie die ehemaligen ABR, Rominger u.a., 2. bundesweite Reisebüroketten wie TUI Leisure Travel mit First und Hapag-Lloyd Reisebüro, TQ3 als Business Travel, DER, Karstadt u.a. Diese Filialbetriebe gehören zu den Hauptumsatzträgern; überwiegend als Vollreisebüro mit den Lizenzen für Iata, DB, TUI und/oder NUR Touristic als Leitveranstalter und andere Reiseveranstalter sowie Fachagentur für Seereisen. Kooperationen mit oder ohne Teilbeteiligungen (Derpart etc.) lassen im Gegensatz zu Filialunternehmen auch eigene Namen der Reisebüros

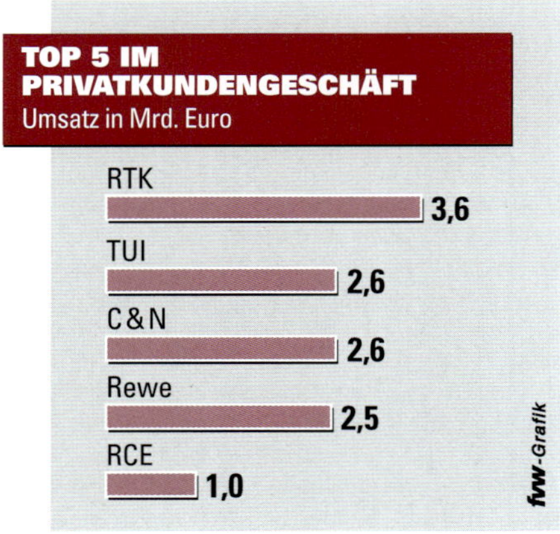

weiterbestehen. Dokumentation zum Marktvolumen der Reisebüroketten: jährliche Beilage „Reisebüro-Ketten und Kooperationen" der Fachzeitschrift FVW International. → Fachpresse

Reisebürokooperation: Zusammenschluss mehrerer Reisebüros zum Zweck besserer Einkaufskonditionen, höherer Provisionen und günstigerer Vermarktungsbedingungen für die eigenen Programme. → Kooperation

Reisebüros: Sind Handelsunternehmen, die touristische Leistungen von Reiseveranstaltern sowie Beförderungsleistungen von Verkehrsunternehmen verkaufen. In Ergänzung dazu bietet eine Vielzahl von Reisemittlern Versicherungsleistungen, Beherbergungs- und Verpflegungsleistungen, Visa- und Devisenbeschaffung, Geldwechsel und Eintrittskarten an, die i.d.R. im Zusammenhang mit Reisen nachgefragt werden. Reisebüros treten auch in eigener Regie mit Pauschalreiseangeboten als Reiseveranstalter auf. Zu den Reisebüros gehören unabhängige, selbstständige Vertriebsstellen, Eigenvertriebsstellen von Reiseveranstaltern, regionale oder bundesweite Reisebüro-Filialunternehmen oder -kooperationen, diversifizierte Abteilungen im Sortiment von Kaufhaus- und Warenhaus-Handelsunternehmen. Der Kategorie der klassischen Reisebüros werden folgende Merkmale zugeordnet: Vertrieb von Reiseleistungen als Haupterwerb und Zulassung zum Verkauf von Veranstalter- und Beförderungsleistungen; eine Abgrenzung findet zu den reisebüroähnlichen Stellen statt. → DB-Agenturen, → Fachagentur für Seereisen, → Haupterwerbsreisebüro, → Iata-Agenturen, → Leistungsträger, → Reiseanalyse (RA), → Reisebüroähnliche Stellen, → Reisebüroketten, → Reisemittler, → Verkaufslizenzen, → Vollreisebüro

Reisebürospiegel: Bringt die monatliche Umsatzentwicklung von Vollreisebüros; zusammengestellt vom Derdata-Rechenzentrum aus den Ergebnissen von über 1102 Fachreisebüros (Stand: September 2001) in Deutschland. Bei den Umsatzzahlen handelt es sich um abgerechnete, nicht um gebuchte Werte. → Derdata Informationsmanagement

Reisebüro-Studie: Gemeinschaftsuntersuchung deutscher Reiseveranstalter über den Vertriebsweg Reisebüro. Sie wird jährlich seit 1984 durchgeführt. Die Feldarbeit wird vom DTI durchgeführt; EDV-Auswertung durch die GfK Nürnberg. → Deutsches Touristik-Institut (DTI)

Reisebüroverordnung: Mit Ausnahme von Baden-Württemberg existieren in allen alten Bundesländern R. mit identischem Inhalt. Danach kann die jeweilige Kreisverwaltung Einsicht in die Geschäftsbetriebe der Reisebüros oder von Firmen/Leistungsträger-Vertretungen nehmen, um u.U. die Zuverlässigkeit der Gewerbetreibenden zu überprüfen. Die R. legt umfangreiche Buchführungs-, Aufzeichnungs- und Aufbewahrungspflichten für Geschäftsunterlagen und Inserate/Werbung fest.

Reisebus: Die Bezeichnung Drei-Sterne-Reisebus war bis Februar 1997 ein RAL-geschützter Begriff der GBK, der für Reisebusse verliehen werden konnte, die die festgeschriebenen Kriterien (z.B. 77 cm Sitzabstand) erfüllten. Seit dem 1.3.1997 durch die neue Bezeichnung Komfort-Class ersetzt. → GBK, → RAL

Reisebusfahrer: Busfahrer, der im Bereich der spezifischen Anforderungen der Busreise regelmäßig ge-

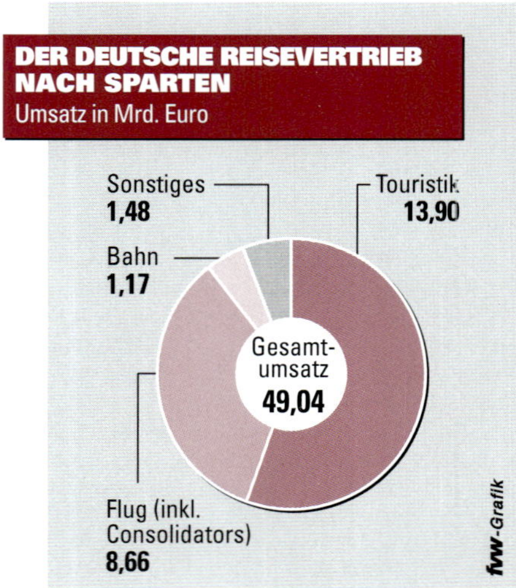

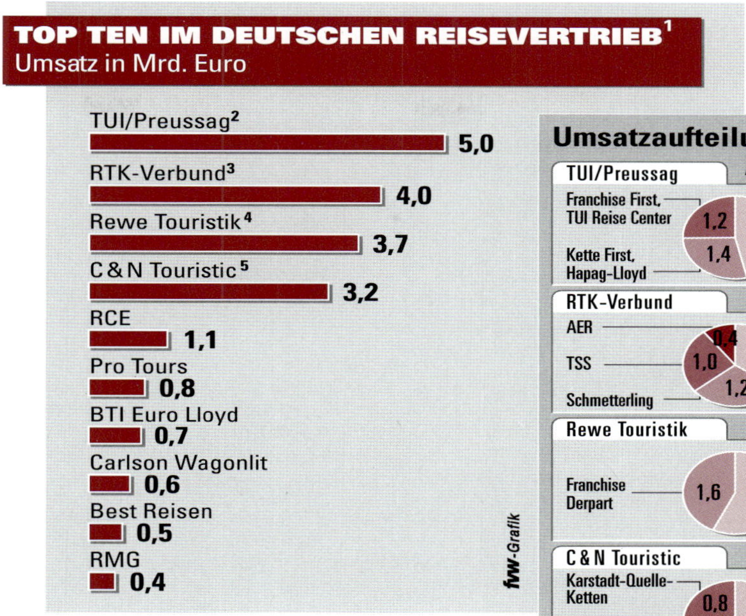

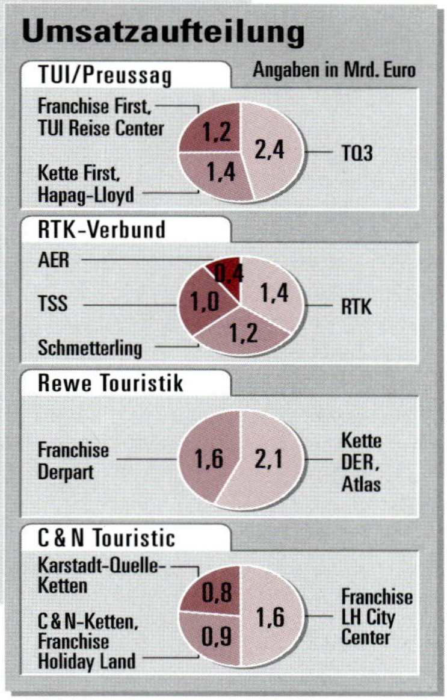

1 Keine Angaben vom FTI-Vertrieb mit geschätztem Umsatz von 1,1 Mrd. Euro (inklusive Kooperation) sowie der Geschäftsreisekette American Express, die 1999 0,6 Mrd. Euro Umsatz meldete.

2 Der Eigenvertrieb von TUI/Preussag ist organisatorisch nach TUI Leisure Travel und TUI Business Travel gegliedert.

3 Unter dem Dach des RTK-Verbunds operieren selbstständige Kooperationen.

4 Rewe Touristik hält über ihre Reisebüro-Kette DER 50 Prozent am Franchise Derpart.

5 Der Konzern firmiert Ende Juni 2001 um in Thomas Cook. Die Vertriebstöchter der Konzernmütter Karstadt Quelle und Lufthansa agieren unabhängig.

schult ist und über eine ausreichende Berufserfahrung (mindestens zwei Jahre) verfügt. Das GBK-Anforderungsprofil schreibt weiterhin regelmäßige Folgeschulungen (mindestens alle zwei Jahre) und die Grundkenntnisse einer Fremdsprache vor.

Reisedauer: Nach Angabe der Reiseanalyse RA 2001 liegt die durchschnittliche R. der Urlaubsreisen 2000 bei 13,8 Tagen.

Reisedevisenfonds: Der DDR-R. wurde im Dezember 1989 zwischen den Regierungen der Bundesrepublik Deutschland und der DDR vereinbart. Er sollte Reisenden aus der DDR den Umtausch von Mark (Ost) in DM ermöglichen. Die Mittel hierfür stellten die beiden Regierungen bereit. Diese Regelung, die DDR-Bürgern Westreisen erleichtern sollte, galt für eine Übergangszeit von zwei Jahren. Durch Einführung der Wirtschafts-, Währungs- und Sozialunion ab 1.7.1990 sind Bundesrepublik und DDR als eine Einheit zu sehen, damit war der R. überflüssig geworden.

Reiseeinnahmen: → Reiseverkehrsbilanz

Reiseentscheidung: Resultiert aus Teilentscheidungen, die sich auf Reisemerkmale beziehen und unterschiedlich bedeutsam sind. Generell fließen als Merkmale – das Zielgebiet, die Art des Urlaubs, der Preis, die Unterkunftsart, die Verkehrsmittel und die Reiseorganisation – in die Entscheidung mit ein. In den 70er Jahren hatte die Wahl des Zielgebiets die größte Bedeutung bei der R., heute hat der Preis an Gewicht gewonnen. → Urlaubsmotive

Reise-Erlebniscenter: Von World of TUI. Konzernrepräsentanz der Preussag im Herzen Berlins Unter den Linden, wo 1854 das erste deutsche Reisebüro gegründet wurde. Im Gegensatz zum herkömmlichen Reisebüro wird hier auf zwei Etagen mit 500 qm die gesamte Touristiksparte der Preussag sinnlich erlebbar – im Erdgeschoss mit SB-Terminals und im Obergeschoss mit vier Beratungscountern gezeigt. Die Mitarbeiter heißen Ferien-Scouts. → World of TUI

Reisefon: Das R. von Start Telematik bietet Endverbrauchern Last-Minute-Reiseangebote über den interaktiven Telefonweg. Anrufer steuern durch ihre Ansagen einen Sprachcomputer. Dieser greift auf Last-Minute-Angebote der Start-Info-Datenbank und den Reise-Shop in Datex-J zu. Anrufer, die sich für ein spezielles Angebot interessieren, können für die Buchung zwischen mehreren Reisebüros wählen (Auswahl nach Postleitzahl), die dann automatisch per Fax die Anfrage des Kunden erhalten. → elektronischer Vertrieb

Reiseführer: 1. Beschreibungen von Reisezielgebieten oder einzelnen Reisezielen in Form von Büchern und Broschüren, 2. Bezeichnung für Reiseleiter. → Reiseleiter

Reisegepäckversicherung: Versicherung für die zum persönlichen Bedarf auf der Reise mitgeführten Gegenstände. → Gepäckbeförderung (Reisegepäck), → Reiseversicherungen

Reisegutscheine: 1. Von Reisebüros ausgestellte R. berechtigen dem Empfänger zu einer beliebigen Verwendung für touristische Leistungen innerhalb des ausstellenden Reisebüros oder innerhalb einer Reisebürokette zu einem vorab durch den Käufer festgelegten Betrag.

2. für Fahrscheine im DB-Binnenverkehr werden in beliebiger Höhe von DB-Stellen ausgegeben. Die Geltungsdauer beträgt ein Jahr vom Ausstellungstag an. → Geschenkgutscheine

Reisehäufigkeit: Anzahl der jährlich unternommenen Reisen pro Reisendem; nach Reiseanalyse RA 2001 für 2000: 48,8 Mill. Urlaubsreisende mit 62,2 Mill. Urlaubsreisen, damit 1,29 Reisehäufigkeit. Das besagt, dass ein Urlaubsreisender im Jahr 2000 durchschnittlich 1,29 Reisen unternommen hat.

Reisehaftpflichtversicherung: Versicherung für Personen- und Sachschäden auf der Reise, soweit ein Versicherungsnehmer von einem Dritten auf Schadenersatz auf Grund gesetzlicher Haftpflichtbestimmungen privatrechtlichen Inhalts in Anspruch genommen wird. → Reiseversicherungen

Reiseintensität: Gemäß der Terminologie der RA ist unter Urlaubsreisenden derjenige Teil der bundesdeutschen Gesamtbevölkerung über 14 Jahre zu verstehen, der im Berichtsjahr mindestens eine Urlaubsreise über fünf Tage unternimmt; nach RA für 2000 75,9% R. bei einer Bevölkerung ab 14 Jahren von 63,8 Mill.

Reisejahr: In internationalen Reisestatistiken, der Bundes- und der Länderstatistik entspricht das Reisejahr dem Kalenderjahr. In Ganzjahreserhebungen und bei der Marktuntersuchung Reiseanalyse RA der FUR wird ebenfalls das Kalenderjahr als Reisejahr zu Grunde gelegt. Reisebüros und zahlreiche andere Unternehmen der Touristikbranche arbeiten ebenfalls mit dem Kalenderjahr. Bei den großen Reiseveranstaltern wird das Geschäftsjahr aus einer Winter- und einer Sommersaison zusammengefasst und zur Unterscheidung vom Reisejahr als Touristikjahr bezeichnet. Allerdings arbeiten kleine Veranstalter zum Teil auch mit dem Kalenderjahr. → Touris tikjahr

Reisekosten: Reisespesen, Kosten anlässlich einer Dienstreise (z.B. Hotel-, Mietwagen- oder Flugkosten), die der Teilnehmer gegen Beleg oder pauschal vom Arbeitgeber erstattet bekommt. Der Arbeitgeber kann diese Kostenerstattungen bei seiner jährlichen Steuererklärung geltend machen.

Reisekosten Öffentlicher Dienst: Für Behörden und Ämter entwickelte Software der Dr. Werner Schoss Beratung Informationssysteme. Abrechnung nach dem Bundesreisekostengesetz oder entsprechender Gesetze der Länder.

Reisekrankheiten: → Gesundheitsvorsorge im Tourismus

Reiseleiter: Für den Beruf des Reiseleiters gibt es noch kein gesetzlich festgelegtes Berufsbild. Eine Basisregelung der großen deutschen Reiseveranstalter sieht jedoch als Voraussetzung vor: abgeschlossene Lehre als Reiseverkehrskaufmann/ -kauffrau, Luftverkehrskaufmann, Hotelkaufmann oder Bürokaufmann, eine Fremdsprache perfekt und eine zweite ausreichend. Nach einer dreiwöchigen Ausbildung in einem „Großgebiet" folgt ein Training on the Job. Ein vom Tourismuspräsidium ausgearbeitetes Zertifikat für Reiseleiter, das seit 1990 nach Ablegung einer Prüfung ausgestellt wird, soll diesen die Tätigkeit im Ausland (speziell in der EU) erleichtern. Reiseleiter sind als Außenstelle des Veranstalters Ansprechpartner für die Urlauber. Sie können Reklamationen entgegennehmen, jedoch nicht anerkennen. Je nach Reiseart und Transportmittel unterscheiden sich Reiseleiter nach folgenden Aufgabenbereichen:

- Zielgebiet- oder Rundfahrten-Reiseleiter
- Studien-, Club- oder Busreiseleiter
- Reisebegleiter auf Kreuzfahrtschiffen

Zu den Aufgaben des R. gehören

- die technisch und organisatorisch reibungslose Abwicklung der Reise,

• umfassende Kenntnis der wichtigsten Aspekte und Objekte des Reiselandes und die Fähigkeit, diese zu vermitteln,

• Weckung und Erhaltung des Interesses bei den Reiseteilnehmern sowie Unterstützung der Eigeninitiativen,

• Erkennung und Lenkung gruppendynamischer Prozesse.

Man unterscheidet R., die als eigene R. des Reiseveranstalters auftreten (Arbeitnehmer oder arbeitnehmerähnlich mit monatlichem oder nach Einsatztagen bemessenem Entgelt) und freiberuflich-selbstständige R. bzw. Gewerbetreibende (Zielortreisebüros). Eine weitere Unterscheidung ist zu treffen zwischen dem Aufenthalts-/Standortreiseleiter (Local Guide) und dem Rundreiseleiter (Tour Guide), der die gesamte Reise begleitet. In bestimmten Ländern ist der Einsatz einheimischer Fremdenführer rechtlich vorgeschrieben (Silent Guide).

→ Cruise Director, → Fremdenführer, → Local Guide, → Silent Guide, → Stadtbilderklärer, → Studienreiseleiter, → Tour Guide, → Tourismuspräsidium

Reiseleiter-Zertifikat: Belegt die fachliche Qualifikation als Reiseleiter nach einer schriftlichen und mündlichen Prüfung. Prüfungsinhalt sind die Sachgebiete Länderkunde, Organisation, Tourismuskunde, Recht, Methodik und Didaktik der sozialen Kompetenz. Das R. ist von den verschiedenen Institutionen der Tourismuswirtschaft entwickelt worden. → BTW, → Tourismuspräsidium

Reiseliv: Internationale Reisefachmesse in Oslo, alljährlich im Januar.

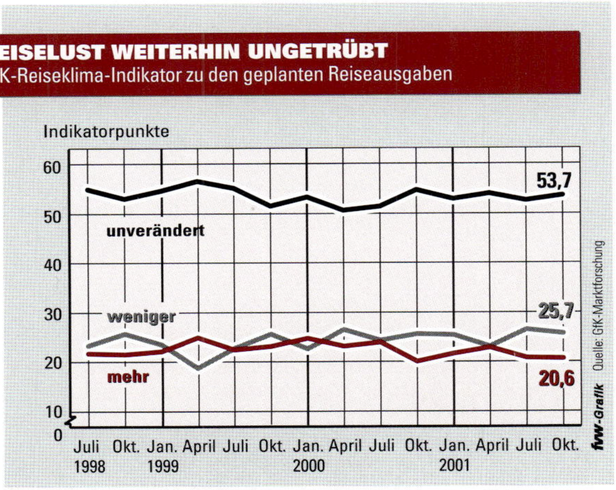

Reiselust: Mit vierteljährlichen Befragungen werden geplante Reiseausgaben der Bundesbürger repräsentativ von GfK erhoben; Ergebnisse sind Indikator für das künftige Reiseklima. → Übersicht GfK Reiseklima-Indikator → GfK, → Reiseausgaben

Reisemängel: Bezeichnung für Fehler in der Beschaffenheit der Reise oder das Fehlen von zugesicherten Eigenschaften der Reise gegenüber dem Zustand, der üblicherweise oder nach den vertraglichen Abmachungen zu bestehen hätte, mit den gesetzlichen Folgen wie Minderung, Kündigungsrecht, Abhilfeanspruch, Schadenersatzanspruch (§§ 651 c-h BGB). → Haftung bei Pauschalreisen, → Reisevertrag/Reisevertragsrecht

Reisemanagement: Bezeichnet die umfassende Betreuung der Firmenkunden und die Handhabung von deren gesamtem Reisebudget durch den Reisemittler mit Firmendienst einschließlich der Preisverhandlungen mit Leistungsträgern bis hin zu den Abrechnungen mit kumulierter Ausgabenübersicht und Anregungen zur Kosteneinsparung. R. unterscheidet sich damit von der reinen Buchungstätigkeit für den Kunden. → Firmendienst, → Reisestelle, → Travel Management

Reisemessen in Deutschland: Neben der ITB in Berlin als internationaler Messe wird alljährlich eine Reihe regionaler Publikumsmessen in Deutschland veranstaltet; z.T. mit Programm für Fachbesucher. → Schaubild mit Auswahl „Reisemessen in Deutschland" auf der folgenden Seite

Reisemittler: Selbstständige Handelsvertreter im Tourismus; Reisebüros, Agenturen, Verkaufs- und Buchungsstellen. Sie übernehmen für den Veranstalter von Pauschalreisen bzw. Anbieter von Beförderungs- oder Unterbringungsleistungen außerhalb einer Pauschalreise Verkauf/Buchung des jeweiligen Produktes, soweit sie nicht selbst zugleich Reiseveranstalter sind. Der Reisemittler im klassischen, vom Reiseveranstalter unabhängigen Sinne haftet für die von ihm vermittelte Reise gegenüber dem Kunden oder dem Veranstalter nur, wenn die Vermittlung selbst fehlerhaft war, für evtl. Reisemängel hat er dagegen nicht einzustehen. → Agenturvertrag/Handelsvertretervertrag, → reisebüroähnliche Stellen, → Reisebüroketten, → Reisebüros, → Reiseveranstalter

Reisemessen in Deutschland (Auswahl)

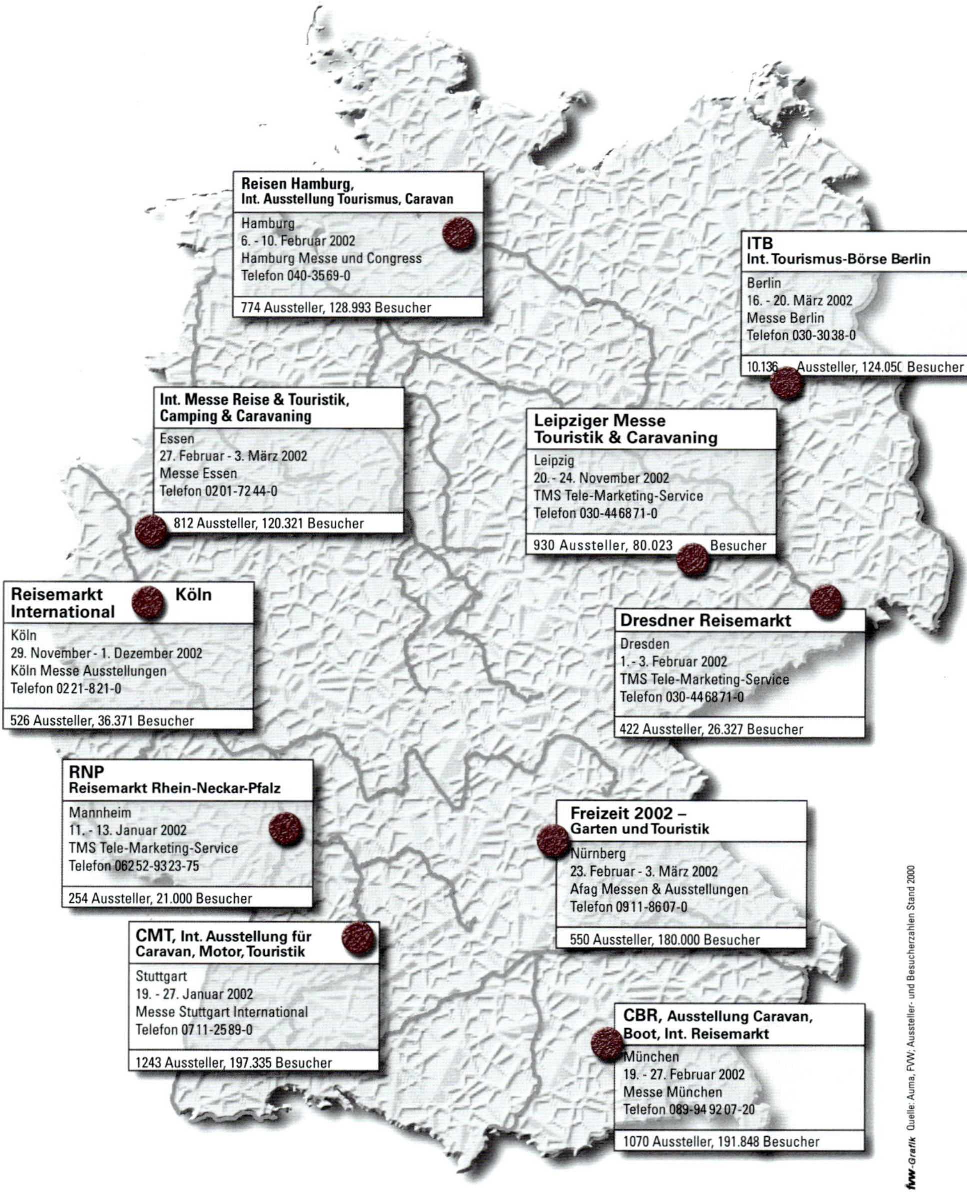

fvw-Grafik Quelle: Auma, FVW; Aussteller- und Besucherzahlen Stand 2000

Reisemobil: → Caravan

Reisemonitor: → Deutscher Reisemonitor

Reisemonitor des ADAC-Verlags: Seit 1995 jährliche repräsentative Mitgliederbefragung zu deren Reiseverhalten. Für den R. werden aus dem GfK-Haushaltspanel im Dezember eines Jahres sämtliche Haushalte befragt, zu denen ein ADAC-Mitglied gehört.

Reisemotive: → Urlaubsmotive

Reisenetz e.V.: Bundesarbeitsgemeinschaft unabhängiger Veranstalter von Jugendreisen, Jugendaustausch und neuen Städtetouren, Sitz: Berlin. Dieser Zusammenschluss von parteipolitisch und konfessionell nicht gebundenen Organisationen macht sich zur Aufgabe, den Kontakt mit Kultur und Bevölkerung sowie einen sozial- und umweltverträglichen Tourismus zu fördern.

Reisepass: Amtlicher Identitätsausweis; Dokument, das von ein- und ausreisenden In- und Ausländern beim Grenzübertritt vorzuzeigen ist. Im Unterschied dazu Personalausweis, der von manchen Grenzbehörden nicht anerkannt wird.

Reisepavillon: Bundesweit einzige Messe für umwelt- und sozialverträgliches Reisen. Der R. findet seit 1990 in Hannover statt und bietet dem Besucher Informationen rund um den Urlaub. Aussteller sind vor allem kleinere Nischenveranstalter, die nach ihrem Selbstverständnis das Marktsegment des sanften Tourismus bedienen. → sanfter Tourismus

Reisepreis-Sicherung: → Kundengeldabsicherung

Reiserecht aktuell: Publikation der DGFR. → DGFR

Reiserichtlinie: Grundlage für Geschäftsreisen der Mitarbeiter eines Unternehmens hinsichtlich Kosten und Reisekomfort. Abhängigkeit besteht von Seiten der Unternehmenskultur.

Reiserücktrittskosten-Versicherung: Versicherung gegen die finanziellen Folgen eines Rücktrittes von der Reise, von Mehrkosten bei Reiseabbruch sowie, soweit besonders versichertes Risiko, der pauschalierte Restwert einer Reise im Falle des Reiseabbruches. Seit 1988 ist die RRKV nicht mehr grundsätzlich Bestandteil aller Pauschalreiseangebote. Somit hat der Reisemittler den Kunden auf eine fehlende RRKV aufmerksam zu machen. → Reiseabbruch, → Reiseversicherungen, → Reisevertrag/Reisevertragsrecht, → Rücktritt

Reiseruf: Die ARD-Reiserufstelle in der Verkehrsredaktion des Hessischen Rundfunks nimmt unter der Telefonnummer 069-15 53 333 Reiserufe an, unter Telefonnummer 069-55 55 44 können Nachrichten abgerufen werden. In Autobahnraststätten hängen diese speziellen Reisenachrichten häufig am Schwarzen Brett. Reiserufe sind Hilfs- und Notrufe. Sie werden nur in dringenden Familienangelegenheiten, bei Krankheit, Unfall oder Tod naher Angehöriger sowie bei schwer wiegenden Schadensfällen gesendet. Reiserufe bedürfen vor ihrer Ausstrahlung der amtlichen Bestätigung durch Polizei, behandelnden Arzt oder Feuerwehr. Sie werden von der zentralen Stelle beim Hessischen Rundfunk an diejenigen Radiosender weitergeleitet, in deren Sendegebiet sich der/die Gesuchte vermutlich aufhält.

Reiseschecks: Weltweit bekannte und akzeptierte Zahlungsmittel. Sie werden von Banken und Sparkassen in bestimmten Nennwerten und verschiedenen Währungen ausgegeben und haben im Gegensatz zu Bargeld den Vorteil, dass sie bei Verlust oder Diebstahl noch auf der Reise ersetzt werden können. Auf Reisen in die USA ist z.B. die Mitnahme von US-Dollar-Reiseschecks, die überall als Zahlungsmittel für Waren und Dienstleistungen akzeptiert werden, üblich. Traveller Cheques wurden erstmals 1891 von American Express ausgegeben. → Reisezahlungsmittel, → Traveller Cheque

Reise-Shopping-Kanal: → Reiseverkaufsfernsehen

Reisesteckbrief: In den Reisekatalogen der Studienreisenveranstalter dem Reiseablauf vorangestellter kurzer, aussagekräftiger Bericht über Besonderheiten, die eine bestimmte Reise kennzeichnen, z.B. über etwaige Unzulänglichkeiten bei der Unterbringung, den Straßenverhältnissen und Fahrzeugen in touristisch kaum erschlossenen Zielländern sowie über besonders interessante Sehenswürdigkeiten.

Reisestelle: Vielfach haben Firmen für die Reisen ihrer Mitarbeiter eigene Reisestellen eingerichtet. Eine Reisekostenordnung legt meist die Reisebedingungen fest. Auf Grund größerer Kontingente können preislich vorteilhafte Abkommen mit Hotels, Autovermietern, Fluggesellschaften und der DB ausgehandelt werden, u.a. Großkundenabonnements. R. kooperieren oft eng mit Vollreisebüros, da z.B. allein diesen die Ausstellung von Flugtickets vorbehalten ist. → Corporate Rates, → Firmendienst, → GKA - Großkundenabonnement, → VDR, → VKON

Reise-Unfallversicherung: Versicherung gegen das Todesfall-, Invaliditätsrisiko während einer Reise. → Reiseversicherungen

Reiseveranstalter: R. ist, wer selbstständige Reiseleistungen aus dem eigenen Unternehmen und/oder von dritten Leistungsträgern zur Pauschalreise zusammenfasst. Der Reiseveranstalter

DIE GRÖSSTEN VERANSTALTER
Marktanteile am Umsatz 2000/2001 in Prozent

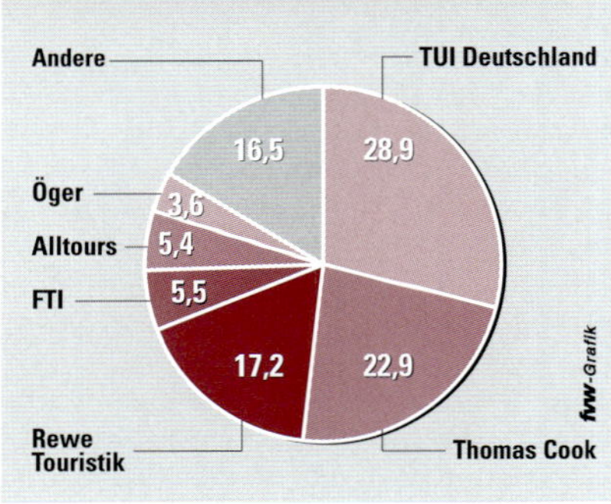

EUROPAS TOP-TEN-VERANSTALTER
Umsatz in Mrd. Euro

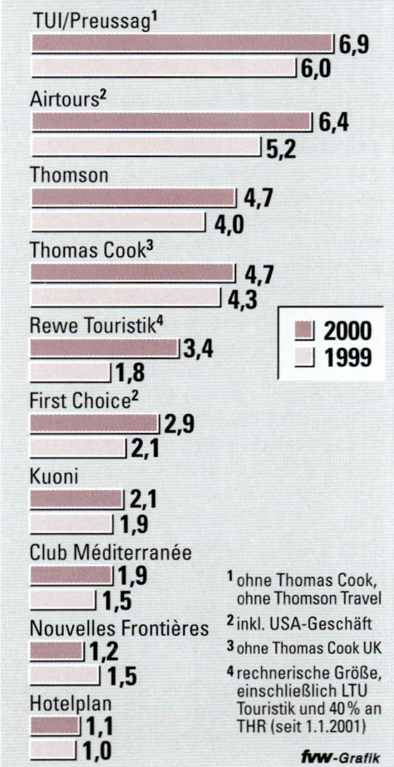

ist Vertragspartner des Pauschalreisekunden, der Organisator/Unternehmer einer Pauschalreise, der die Reise aus den einzelnen Leistungen zusammenstellt, diese standardisiert und sie als einheitliches Paket oder Arrangement direkt oder über Reisemittler dem Reisekunden zum Gesamtpreis anbietet, zumeist mit Hilfe von Reiseprospekten. → Haftung bei Pauschalreisen, → Hauptleistungen, → Kundengeldabsicherung, → Leistungsträger, → Pauschalreisen, → Reisebüros, → Reisemittler

Reiseverkauf in Deutschland: Für 2001 hat der DRV rund 20.000 Reisebüros/Agenturen registriert. Die Zählung gliedert sich in:

• Vollreisebüros	4942
• Touristische Reisebüros	7470
• Sonstige Buchungsstellen	4015
• Nebenerwerbsbüros	2106
• Business Travel	1233

→ DRV

Reiseverkaufsfernsehen: Auch TV-Reise-Shopping-Kanäle genannt; Vertriebsweg, um Urlaubsgefühle und Reiseverkauf mit Hilfe des Mediums Fernsehen über bewegte Bilder zu ermöglichen, im Gegensatz zum traditionellen Vertrieb über Reisebüros und ihren beratungskompetenten Mitarbeitern und langjähriger Kundenbindung. R. versteht sich selbst als ergänzender Vertriebsweg zum herkömmlichen Reisebüro. Ende 2001 sind folgende TV-Anbieter am Markt: TV Travel Shop, Neun Live (Fensterformat „Sonnenklar"), Liberty Channel

Reiseverkehrsbilanz: Gegenüberstellung der Reiseausgaben von Staatsangehörigen eines Landes im Ausland und den von einem Land aus dem Tourismus erzielten Einnahmen. Nach Angaben der Bundesbank erzielte die Bundesrepublik 2000 Einnahmen von 19,1 Mrd. DM, dagegen standen Ausgaben von 51,1 Mrd. DM, somit entstand ein Fehlbetrag von 32 Mrd. DM. Dieses Defizit geht zunächst zu Lasten des innerdeutschen Fremdenverkehrs, bedeutet andererseits jedoch

• einen Beitrag zur internationalen Arbeitsteilung (Rom-Vertrag)

• Hilfestellung bei der Entwicklung unterentwickelter Länder

• Kaufkraftstärkung der Reiseziellländer für deutsche Industrieprodukte

• Relativierung der hohen Überschüsse der Handelsbilanz in der Leistungs- und Zahlungsbilanz

Den Ausgleich einer negativen R. durch Anordnung von Devisen- und Reisebeschränkungen erzielen zu wollen ist marktwirtschaftlich abzulehnen (Bsp. Frankreich in den 70er Jahren). Dagegen ist eine Verstärkung des Ausländerbesuchsverkehrs durch Förderungsmaßnahmen im Fremdenverkehr eines Landes gesamtwirtschaftlich sinnvoller. → Messetourismus, → Reiseausgaben

Reiseverkehrskaufmann/Reiseverkehrskauffrau: Die dreijährige Ausbildung in dem anerkannten Ausbildungsberuf wird in der Fachrichtungen 1) Touristik oder 2) Kuren und Fremdenverkehr absolviert. Sie findet im Reisebüro, bei Reiseveranstaltern, Fremdenverkehrsämtern oder in Kurbädern statt. Voraussetzung ist mindestens der Hauptschulabschluss. Zu den beruflichen Tätigkeiten zählen:
- Informieren und Beraten der Kunden bzw. Gäste
- Vermitteln von Pauschalreisen bzw. Planen von Individual- oder Gruppenreisen
- Besorgen von Fahrkarten, Mietwagen, Eintrittskarten u.ä.
- Einkauf von Reisedienstleistungen bei Reiseunternehmen
- Planen und Durchführen von Veranstaltungen
- Verwaltungstechnische Abwicklung von Reisebuchungen
- Durchführen von Abrechnungsarbeiten
- Erledigen von Kur- und Fremdenverkehrsaufgaben, Betreuen von Kunden bzw. Gästen
- Bearbeiten von Reklamationen
- Mitwirken bei der Planung und Umsetzung verkaufsfördernder Werbemaßnahmen

Reiseverkehrskaufleute der Fachrichtung Touristik arbeiten für Reisebüros und Reiseveranstalter, Reiseverkehrskaufleute der Fachrichtung Kuren und Fremdenverkehr sind i.d.R. bei Tourist-Informationen und Kurverwaltungen beschäftigt. Aufstiegsmöglichkeiten bestehen innerhalb eines Büros als Teamleiter, Gruppenleiter und Supervisor und im kaufmännischen Bereich durch Spezialisierung im Ticketing, Marketing, in der Schulung oder Personalführung. Auch die Fortbildung zum Touristikfachwirt (IHK-Prüfung) oder das Ablegen des Iata/Uftaa-Diploms sind möglich. → Ausbildungswege im Tourismus/Fremdenverkehr, → Iata

Reiseverkehrsmittelnutzung: → Verkehrsmittel

Reiseversicherungen: Zu einem kompletten Reise- und Urlaubsschutz bei Pauschalreisen gehören die von der Versicherungswirtschaft zur Deckung besonderer Reiserisiken angebotenen Versicherungsarten wie
- Reisegepäck-Versicherung
- Reiseunfallversicherung
- Reisekrankenversicherung
- Reisehaftpflichtversicherung

Diese vier Versicherungsarten werden von führenden Anbietern dem Kunden in einem Paket angeboten. Der Komplettschutz kann erweitert werden um eine RRKV, falls diese nicht bereits im Pauschalpreis enthalten ist.
→ Insolvenzschutzversicherung, → Reiserücktrittskosten-Versicherung

Reisevertrag/Reisevertragsrecht: Pauschalreisen sind seit dem 1.10.1979 im Reisevertragsrecht des BGB §§ 651 a-m geregelt. Man spricht in diesem Sinne nur bei der Bündelung von Reiseleistungen, die typischerweise den Charakter der Reise ausmachen (Pauschalreise), von einem Reisevertrag. Eine Gewährleistungsregelung für Reisemängel findet sich in §§ 651 c-f, das Rücktrittsrecht des Kunden vor Reiseantritt in § 651 i, die Insolvenzschutzversicherung und der Sicherungsschein zu Gunsten des Kunden in § 651 k. Regelmäßig kommt der Reisevertrag mit einem Reiseveranstalter zu Stande, der z.B. auch ein Verein oder Zeitungsverlag sein kann. Denn nach der gesetzlichen Definition in § 651 a Abs. 1 BGB wird jeder, der eine Gesamtheit von Reiseleistungen bündelt und zum Gesamtpreis verkauft, automatisch zum Reiseveranstalter, gleichgültig, ob er gewerbsmäßig oder nur gelegentlich Reisen organisiert. Dieser schließt i.d.R. seinerseits Verträge mit dritten Leistungsträgern, die die vertragsmäßigen Leistungen an den Kunden erbringen, ohne ihrerseits mit dem Kunden in einem vertraglichen Verhältnis zu stehen; daher haftet aus dem Vertrag i.d.R. auch nur der Veranstalter für die von den Leistungsträgern verursachten Mängel. Im Rahmen des AGBG können die Details in allgemeinen

Die Zahl der Azubis wächst

Reiseverkehrskaufleute	1996	1997	1998	1999	2000
Ausbildungsverhältnisse	8259	8232	8337	9191	9864
Frauenanteil	85%		86%		87%
Prüfungsteilnehmer	3481	3607	3723	3379	3372
davon Prüfung bestanden	81,9%		83,8%		88,3%

Quelle: DIHK

Reisebedingungen geregelt werden, die den Reisekunden offen zu legen sind. Anbieter, die sich nicht an das Reisevertragsrecht halten oder andere Bestimmungen (z.B. Personenbeförderungsgesetz/PBefG) verletzen, werden unter Schwarztouristik zusammengefasst. → EU-Richtlinie über Pauschalreisen, → Informationspflicht, → Insolvenzschutzversicherung, → PBefG, → Schwarztouristik

Reisewelt: Reisewelt Europäisches Reisebüro, Berlin, ehemalige Reisebürokette der ITS, unter deren Dach in Ostdeutschland JT-Reisebüros und Palm-Touristik zusammengefasst waren. → Europäisches Reisebüro ERB

Reisezahlungsmittel: Zahlungsmittel, die zur Mitnahme auf Reisen, spez. Auslandsreisen geeignet sind wie:

- Sorten und Devisen
- Eurocheques
- Reiseschecks
- Kreditkarten. → Devisen, → Kreditkarten, → Reiseschecks, → Sorten

Reisezeit: Wesentliches Merkmal und Grundlage für die Gestaltung der Programmangebote aller am Reisemarkt Beteiligten ist die Saison. Diese wird von der Schulferienregelung der einzelnen Länder bestimmt. Durch Anreize bei Preis- und Programmangeboten o.Ä. versuchen die einzelnen Leistungsträger eine gleichmäßige Auslastung auf Vor- und Nachsaison auszudehnen (s. Tabelle).

Reiseziele: Nach Reiseanalyse RA 2001 für das Jahr 2000 gingen die meisten Urlaubsreisen ins Ausland = 70,7%. Im Inland blieben 29,3% (siehe Tabelle).

Reiseziele im Veranstalter-Markt

	in Mill.	Veränd. in %
Spanien	8,6	+ 1
- Balearen	4,0	
- Kanaren	2,7	
- Festland	1,9	
Deutschland	4,4	+ 14
Griechenland	2,8	+ 7
Italien	2,7	+ 1
Türkei	2,3	+ 30
Nordafrika	2,2	+ 21
USA/Kanada	2,0	- 9
Österreich	1,5	+ 31
GB/Irland/Skand.	1,4	- 9
Karibik/Mittelamerika	1,2	+ 26
Dänemark/Benelux	1,1	- 10

Reits: Real Estate Investment Trusts, Immobilien-Kapitalgesellschaften in den USA, die u.a. die internationale Hotellandschaft mitbestimmen, z.B. Starwood Lodging (Eigentümer der Westin- und Sheraton-Hotels), Patriot American.

Reklamation: → Reisemängel

Relation: Beziehung, Verhältnis. Im Verkehrswesen die Verbindung zwischen zwei Orten bzw. Regionen;

Zeitpunkt des Reiseantritts bei den 1. und 2. Urlaubsreisen 2000 (in Prozent)

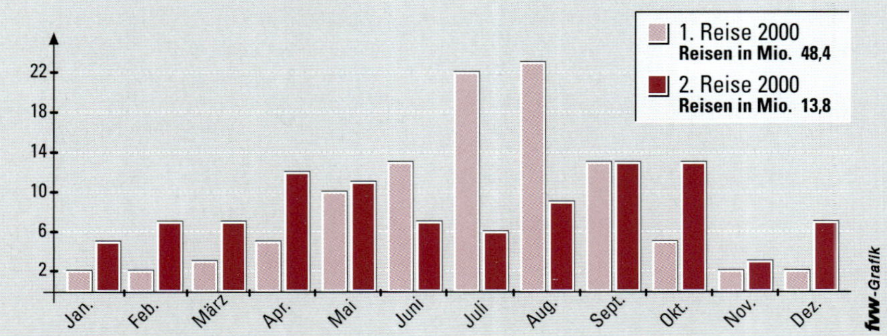

Quelle: Reiseanalyse 2001

Urlaubsziele

	1998	1999	2000	
	%	%	%	Mill.
Deutschland gesamt	29,6	29,0	29,3	18,2
Bayern	7,3	7,1	6,8	4,2
Mecklenburg-Vorpommern	3,7	3,7	3,8	2,4
Schleswig-Holstein	4,5	3,8	3,7	2,3
Niedersachsen	2,8	3,5	3,1	1,9
Baden-Württemberg	3,1	3,4	3,1	1,9
Nordrhein-Westfalen	1,7	1,5	1,8	1,1
Sachsen	1,3	1,2	1,2	0,8
Thüringen	0,7	1,0	1,2	0,8
Rheinl.-Pfalz/Saarland	1,1	1,2	1,1	0,7
Ausland gesamt	70,4	71,0	70,7	44,0
Spanien	14,2	14,7	14,2	8,8
Italien	9,3	9,6	9,3	5,8
Österreich	6,9	7,4	6,6	4,1
Frankreich	4,2	3,8	3,8	2,4
Griechenland	3,4	4,0	3,3	2,1
Ungarn	2,5	2,0	2,6	1,6
Skandinavien inklusive Island	3,4	3,0	3,7	2,3
Kroatien, Slowenien und ehemal. Jugoslawien	1,5	1,3	2,2	1,4
Andere europäische Länder	11,6	12,1	10,6	6,6
Türkei	3,6	3,2	4,7	2,9
Nordamerika	3,2	2,6	2,3	1,4
Karibik, Süd- und Mittelamerika	1,8	2,0	2,0	1,3
andere auss ereuropäische Länder	4,8	5,3	5,4	3,4

	1998	1999	2000
Basis: alle Urlaubsreisen (Mill.)	63,4	62,6	62,2

Quelle: RA 2001 (FUR, Hamburg)

im Schiffsverkehr das Fahrtgebiet zwischen zwei Küstenabschnitten mit mehreren Häfen. → City Pair

religionsbedingter Tourismus: Hierzu gehören Reiseanlässe wie Kirchentage der großen Religionen, lokale und regionale Kirchenfeste. Daneben nimmt der Besuch von Wallfahrtsorten im Rahmen der Reisen von Kirchengemeinden einen großen Raum ein, z.B. Pilgerfahrten nach Lourdes, Altötting oder ins Heilige Land.

Remark: Engl. für Bemerkung. Bei Flugbuchungen können in den PNR unter R.s frei wählbare Texte eingegeben werden. Man unterscheidet das RM-Element, dass es jedem, der den PNR öffnet, erlaubt, die Bemerkung zu lesen, von dem RC-Element, dass nur für Expedienten einer bestimmten Office-ID zu erkennen ist. → Office-ID, → PNR

Renaissance: Nachmittelalterliche, die Neuzeit einleitende Epoche. Um 1420 von Italien ausgehend, erfuhr die R. in den meisten europ. Ländern nationale Ausprägung. Bes. Merkmale sind Pflege der Naturwissenschaften, Entwicklung der Perspektive. Die Baukunst strebte nach klaren, rechnerisch zu bestimmenden Maßverhältnissen; Grundrisse vorw. aus Quadrat, Rechteck u. Kreis; Rundbogen, Tonnengewölbe, Kassettendecke. Profanarchitektur wird der kirchlichen Baukunst gleichgestellt. Aufnahme antiker Motive in Malerei und Plastik; gesteigerter Realismus. Die großen Meister der Zeit sind Leonardo da Vinci, Raffael, Michelangelo, Dürer, Holbein u.a.

Rendite: Ist der Gesamterfolg einer Kapitalanlage, die als tatsächliche Verzinsung des eingesetzten Kapitals gemessen wird. Man unterscheidet die Rendite bereits umlaufender Werte (Umlaufrendite) und die Rendite bei der Emission neuer Werte (Emissionsrendite). Bei Aktien errechnet sich die Rendite aus der ausgeschütteten Dividende und eingetretenen Kursgewinnen/verlusten, bezogen auf den Aktienkurs.

Renfe: Red Nacional de los Ferrocariles Espanoles, Nationale Spanische Eisenbahnen.

Rennsteig: Beliebte Wanderstrecke über den Kamm des Thüringer Waldes (120 km) von Hörschel an der Werra über Oberhof bis nach Blankenstein an der Saale.

Renoir: Reservierungssystem der Ramada-Hotels.

Rentabilität: Erfolg eines Unternehmens in einer Rechnungsperiode, bei dem der Gewinn zum Kapital und das Ergebnis zur erbrachten Leistung ins Verhältnis gesetzt werden. Zu unterscheiden sind

- Umsatz-R., Verhältnis Gewinn zum Umsatz
- Betriebs-R., Verhältnis Betriebsgewinn zum betriebsnotwendigen Kapital
- Eigenkapital-R., Verhältnis Reingewinn zum Eigenkapital
- Unternehmens-R., Verhältnis Reingewinn und Fremdkapitalzinsen zum Unternehmenskapital, auch geläufig als Gesamtkapital-R.

Rent a Car: Mietwagen; Kraftfahrzeug, das an Selbstfahrer vermietet wird; auch zur gewerbsmäßigen Beförderung von Personen.

Repeater: Wiederholungskunde bei Leistungsträgern, Reiseveranstaltern und mittlern, häufig Kreuzfahrtkunde, der „sein" Schiff gefunden und mindestens zwei Reisen auf demselben Schiff mitgemacht hat.

Reps: Branchenbezeichnung für Repräsentanten, d.h. Vertretungen ausländischer Unternehmen.

Rerouting (RRT): Auch Rerouted Flight, umgeleiteter Flug. Offizielle Bezeichnung lt. Luftfahrtstatistik: planmäßiger Flug mit abweichender Streckenführung.

Reservec: Reservierungssystem von Air Canada; fusionierte mit Pegasus zur Gemini. → Gemini

Reservhotel: Hotelreservierungssystem von Carrera, über das die angeschlossenen Häuser per CRS, Call Center und Internet gebucht werden können.

Reservierungsgebühr: 1. Für zusätzliche Service-Leistungen des Reisebüros können entsprechende R.n erhoben werden. In Anbetracht der Provisionskürzungen der Leistungsträger erheben Reisebüros heute teilweise R.n für die Ausstellung von Reisedokumenten.
2. Für Sitzplatzreservierungen der DB werden je Buchungsvorgang R.n erhoben. Der Sitzplatzanspruch erlischt 15 Minuten nach Abfahrt des Zuges. → Transaction Fee

Reservierungsleiter: Oft auch Verkaufsleiter genannt, er ist beim Reisebüro, -veranstalter, im Hotel oder auch im Verkehrsunternehmen für die Koordinierung, die Überwachung und für den ordnungsgemäßen Ablauf der Buchungen zuständig. Ferner übernimmt er Aufgaben im administrativen Bereich, evtl. auch im Training, in der Personalbedarfsplanung oder in der Kostenanalyse. Er beherrscht oft ein oder mehrere EDV-Reservierungssysteme.

Reservierungssysteme: R. für Verkehr und Touristik rationalisieren Reservierung und Buchung von Geschäfts- und Urlaubsreisen durch die Reisebüros; diese Systeme dienen den Wünschen der Endkunden, sind jedoch von den Leistungsträgern zur Bedienung und Vermittlung für die Reisemittler konzipiert. → CRS, → IRS

Reservierungsterminals: Einfache Terminals im Reisebüro, auf denen nur die Reservierungsfunktionen verfügbar sind. Im Gegensatz zu R. spricht man von Vollterminals. → Vollterminals

Reservision: Elektronisches Buchungskontrollsystem für kleinere und mittlere Fluggesellschaften von Lufthansa Consulting in Kooperation mit Thyssen Informatik Center. An Funktionalitäten stehen Management Reports, Online-Flugplanerstellung, Queue Management und Class Gating zur Verfügung.

Res-Iber: Reservierungssystem von Iberia, Gesellschafter von Amadeus.

Resinter: Kürzel für Reservierung International; Hotelreservierungssystem für die Hotelgruppen Sofitel, Novotel, Mercure, Ibis und Urbis.

Resolution: Entschließung; Beschluss.

Resort: Kleinstmögliche Form einer Destination. I.d.R. bietet ein Gebäudekomplex oder ein großes Hotel alle notwendigen Einrichtungen für einen Aufenthalt. Als Resort-Hotels werden oft Ferienhotels der gehobenen Kategorie bezeichnet. → Destination

RES (Rail Europ S): Zusatzkarte zur Senioren-Bahn-Card der DB, die eine Ersparnis von 30% in 20 Ländern ermöglicht. → Bahn-Card

RES (Reservierung): Fluggastbuchung in Start; Fluginformations- und Reservierungssystem.

Restanten: Abrechnung im Hotel- und Gastgewerbe nach effektiver Belegung (nicht nach vorher vereinbarten Verträgen) als Entgegenkommen des Leistungsträgers.

Restaurant: Form des Gastronomiegewerbes. Man unterscheidet zwischen klassischem À-la-carte-Restaurant als selbstständigem Betrieb und Hotelrestaurant, das einem Beherbergungsbetrieb angegliedert ist. Im klassischen R. werden die Speisen nach den Wünschen der Gäste zubereitet. Menüs werden nicht angeboten. Diese Betriebe mit relativ hohem Preisniveau können nur in größeren Städten oder Feriengebieten rentabel arbeiten. Durch Leistung erworbenes Renommee und die begehrten Auszeichnungen für gute Küche sind für ihren Erfolg von großer Bedeutung. Beim Hotelrestaurant kann wechselweise der gute Ruf des Hotels oder des Restaurants für höhere Frequenz und bessere Auslastung sorgen. Zug- und Schiffsrestaurants können beiden Formen zugeordnet werden.

Restaurantfachmann/-frau: Für den Lehrbeginn in dem anerkannten Ausbildungsberuf ist grundsätzlich keine bestimmte Vorbildung vorgeschrieben. Die Ausbildungsdauer beträgt drei Jahre. Der Beruf fordert neben kaufmännische Fähigkeiten Menschenkenntnis. Restaurantfachleute arbeiten im Service (nehmen Bestellungen auf und servieren), führen selbstständig eine Station bzw. einen bestimmten Bereich im Restaurant und planen und organisieren Veranstaltungen und Festlichkeiten mit. → Berufsausbildung im Hotel- und Gaststättengewerbe

Restaurantmeister: Staatlich anerkannte Meisterprüfung im Gastgewerbe. Voraussetzung für die Zulassung ist der Abschluss einer Berufsausbildung in einem anerkannten Ausbildungsberuf wie z.B. Restaurantfachmann (dieser muss außerdem eine fünfjährige berufliche Erfahrung nachweisen, vom Fachgehilfen im Gastgewerbe werden sechs Jahre Berufspraxis verlangt).

Restaurantpersonal: Dem Maître d'Hôtel obliegt als Restaurantdirektor die Oberleitung der Restaurantabteilungen. Er ist verantwortlich für die Organisation aller Sonderveranstaltungen und Bankette. Der Oberkellner ist für die Plazierung der Gäste und die Aufnahme der Bestellungen verantwortlich. Er ist der direkte Vorgesetzte des Chefs de Rang. Der Chef de Rang bearbeitet eine Station mit vier bis sechs Tischen. Seine Aufgabe ist das Servieren der Speisen und Getränke; seine Position entspricht etwa der eines Gesellen. Der Commis de Rang untersteht dem Chef de Rang und versorgt diesen mit allen Speisen und Getränken, die von den Gästen geordert wurden. Nach Ablegen der Prüfung wird der Kellnerlehrling Commis de Rang. Den Weinkellner trifft man häufig in größeren, anspruchsvolleren Restaurants in Frankreich und Italien an sowie auf Kreuzfahrtschiffen. Als Spezialkellner berät er die Gäste bei der Auswahl der Getränke. → Chefsteward, → Sommelier

Restmeilen: Sie können nur beim Kauf von First-Class- oder Business-Class-Tickets ausgeschöpft werden, nicht jedoch bei Sondertarifen oder Charterflügen. Maximum Mileage wurde von der Iata eingeführt, als die Anzahl der Direktverbindungen noch geringer war. Der Kunde zahlt dabei grundsätzlich die erlaubte Höchstmeilenzahl, tatsächlich fliegt er jedoch weniger als diese. Die Begründung liegt im Wettbewerb zwischen den Airlines. Zur Vermeidung von Wettbewerbsnachteilen werden die Tarife auf einer Meilenbasis berechnet, die zirka 20% über der tatsächlich geflogenen Strecke liegt, z.B. wird bei der Direktverbindung von Köln nach Hongkong der Preis für 8398 Meilen berechnet, die tatsächliche Routenlänge beträgt jedoch 5784 Meilen. Damit können bei voller Nutzung Abstecher mit Stopover in Rom, Athen, Kairo, Bombay, Delhi, Kalkutta, Katmandu, Dakar und Bangkok eingeplant werden. Bis auf einen Rest von nur sechs Meilen sind damit die insges. 2614 Restmeilen abgeflogen. → Iata, → Maximalentfernungen

Restplatzbörse (Kreuzfahrten): → Kreuzfahrtenbörse/-zentrale, → Last-Minute-Tickets und -Reisen

Restricted Articles: Engl. aus dem Luftverkehr, bezeichnet gefährliche Gegenstände bzw. Güter, die aus Sicherheitsgründen nicht ins Flugzeug mitgenommen werden dürfen (z. B. Gase unter Druck, Explosivstoffe, entflammbare Flüssigkeiten etc.). Die Fluggesellschaften sind verpflichtet, ihre Passagiere in den Beförderungsbedingungen auf diese verbotenen Gegenstände hinzuweisen.

Retailer: Einzelhändler; nicht direkt auf das Reisegewerbe übertragbarer Begriff. R. hat sich für Reisebüros als die letzte Stelle in der Anbieterkette eingebürgert. → Reisemittler, → Wholesaler

Retortenstation: Sportstation für Winterferien, die im Gegensatz zum Bergdorf und dessen Anbindung an das Sportgebiet den unmittelbaren Zugang von der Unterbringung zur Piste ermöglicht. Das bedeutet kürzeste Wege von den Studios, Apartments und Zimmern dieser Trabantenstadt über die Sperrholzverschläge mit den Skiausrüstungen zu den Liften. Angebot z.B. Thyon 2000 im Wallis.

Rettungsflug: Flug für einen medizinisch notwendigen und ärztlich angeordneten Transport zur Heimbringung eines Erkrankten bzw. Verunglückten.

Revalidation Sticker: Um umgebuchte Flüge auf dem Flugticket erkennbar zu machen, wurden R.S. auf das Ticket mit den neuen Flugdaten aufgeklebt. Seit dem 1.10.2000 dürfen die Sticker nicht mehr benutzt werden.

Revenue Passenger: → Zahlgast

Revier: Mündungsgebiet von Flüssen; Meeresbuchten.

Revierfahrt: Manöver, das der Kapitän fährt, um das Schiff auf engstem Raum an die Pier zu bringen (meistens mit einem Lotsen), z.B. im Hamburger Hafen. Für bestimmte Fahrstrecken ist zur Sicherheit die Bereitstellung einheitlicher ständiger Lotsendienste angeordnet.

Rewe-Handelsgruppe: 1927 in Köln als Revisionsverband der Westkauf-Genossenschaften gegründet; unter ihrem Dach gibt es die Geschäftsfelder Lebensmitteleinzel- und Großhandel, Fachmärkte und die Touristik. Zu den Rewe-Reiseveranstaltern gehören:
- ITS Reisen,
- Dertour,
- ADAC Reisen mit 51% durch Dertour und
- LTU Touristik (in 2001 übernommen) mit
  - Jahn Reisen,
  - Tjaereborg,
  - Meier´s Weltreisen.

Daneben ist Rewe mit 40% an der Fluggesellschaft LTU und deren Veranstaltermarke LTU plus beteiligt. Zum Vertrieb gehören die
- Atlas-Reisebüros,
- DER-Reisebüros und DER Business Travel sowie
- Derpart-Kooperationspartner.

Rezeption: Empfangsbüro, Aufnahme im Beherbergungsbetrieb.

Rezession: → Abschwung

Rhealys: Projektgesellschaft von Eisenbahngesellschaften aus Frankreich, Deutschland, Luxemburg und der Schweiz; gegründet im Jahr 2000. Die Umsetzung der geplanten grenzüberschreitenden Hochgeschwindigkeitsverbindungen zwischen diesen Ländern wird künftig durch R. geregelt. Die Strecken sollen ab 2006 in Betrieb genommen werden. Ziel der als AG gegründeten Projektgesellschaft ist es, die Reisezeiten zwischen Paris, Ostfrankreich, Deutschland, Luxemburg und der Schweiz erheblich zu verkürzen; z.B. angestrebte Fahrzeit auf der Strecke Frankfurt/M.–Paris drei Stunden 30 Minuten.

Rheingold: Einstiger und einziger deutscher Luxuszug, seit dem ersten Betriebsjahr 1928 in Köln beheimatet. Die ersten von sieben historischen Wagen sind im Jahr 2000 im Stil der 20-er Jahre neu aufgebaut worden. Der vollständige Zug soll 2002 fertig sein. Gründung der Rheingold-Salonzug.

„Rhein in Flammen“: Beleuchtungsveranstaltung am Rhein. Touristenattraktion in verschiedenen Abschnitten des Rheins, jährlich sechs Veranstaltungen jeweils samstags; z.B. am dritten Samstag im September im Tal der Loreley; bengalische Beleuchtung nahe dem viel besungenen Loreley-Felsen und den Burgen Katz und Maus, veranstaltet von den Schwesterstädten St. Goar und St. Goarshausen.

Rhein-Werbegemeinschaft: → Internationale Rhein-Werbegemeinschaft

RIC: Regolamento Internationale Carozze, internationaler Eisenbahnstaatsvertrag über die wechselseitige Benutzung der Personen und Gepäckwagen, Personen- und Gepäckwagenverband, regelt die wagentechn. Zusammenarbeit im grenzüberschreitenden Bahnverkehr, zuständig für Vereinbarungen bez. der Benutzung von Personen-, Gepäck- und Postwagen zwischen den beteiligten nationalen Eisenbahnverwaltungen. Die Europäische Wagenbeistellungskonferenz tritt einmal jährlich zusammen und legt für den Zeitabschnitt Mai bis Mai für alle internat. Züge die Beistellung der Stamm- und Kurswagen fest.

Richtlinie (RL): Im EU/EG/EWG-Sprachgebrauch ein genereller Rechtsakt, der der Umsetzung in nationales Recht der Mitgliedstaaten bedarf. Im Gegensatz zur Verordnung ist die RL nicht unmittelbar anwendbar. Als eines der ersten typischen Beispiele in der Tourismusbranche gilt die Pauschalreiserichtlinie. → EU/EG/EWG, → Verordnung (VO)

Richtungscodes: Sie bezeichnen in einem Zweibuchstabencode im internat. Linienluftverkehr den Leitweg (Routing) innerhalb der Iata-Verkehrsgebiete. Im PT sind die globalen Richtungscodes neben dem genehmigten Flugpreis und dem Meilenlimit aufgeführt. → PT

RIS: Reisenden-Informations-System, Projekt der DB zur Information des Bahnreisenden über Verspätungen vor oder während der Reise.

Risiko: Die zu versichernde Gefahr potenzieller Personen- oder Sachschäden.

Risikoperson: Person, in der sich eine versicherte Gefahr verwirklichen kann (z.B. erkrankter Angehöriger in der Reiserücktrittskosten-Versicherung; Unfallverletzter in der Reiseunfallversicherung). → Reiseversicherungen

RIT: Rail Inclusive Tours, Eisenbahnpauschalreisen, die mindestens noch die Unterkunft enthalten müssen sowie mit beliebig vielen anderen touristischen Leistungen erweitert werden können. Programm für Städtereisen. → Städtereisen

River Rafting: Fluss- und Wildwasserfahrten mit stabilen Schlauchbooten.

RM-Element: → Remark

RMS.: Royal Mail Ship; das Kürzel vor dem Schiffsnamen, z.B. „Lusitania", besagte, dass die britischen Ozean-Liner als lizenzierte Postdampfer eingesetzt waren.

Roadhouse: Einrichtung in Australien, bestehend aus Tankstelle, Ladengeschäft, Snack Bar und/oder Restaurant und Motel; Verkauf von Takeaways (Schnellgerichten), wichtig für Touristen/Mietwagenselbstfahrer an Sonntagen.

Roadshow: Branchenbegriff für Wanderausstellung. Mit dieser Werbe- und Verkaufsförderungsmaßnahme an verschiedenen Orten zur touristischen Absatzbelebung kommt man dem Kunden räumlich entgegen.

Robin: Veranstalteranschluss, 1991 entwickelt von DCS mit Schnittstellen zu anderen Reservierungssystemen, 2001 abgeschaltet. → DCS, → Merlin

ROE: Rate of Exchange; mit der Umstellung von FCU auf NUC beim Flugscheinkauf ist auch die ROE einem neuen Modus unterzogen worden. Der Kunde zahlt immer den günstigsten Preis für seinen Flugschein, wobei die Iata in Abständen von vier Wochen einen Umrechnungskurs für den US-Dollar in Landeswährung festlegt. → Flugpreisberechnung, → NUC

Rokoko: Baustil (sakral und profan), Endphase des Barock, von 1730 bis 1780, äußert sich besonders auf dem Gebiet der Dekoration: Kirchenkunst, Möbel, Tafelmalerei, Porzellan.

Rollbahn: Fachausdruck im Flugsektor, engl. auch Taxiway, der kurze Streckenteil zwischen dem Gate (Tor) und der Start- und Landebahn, häufig mit dieser verwechselt.

Rollende Raststätte: Straßenentlastender IC mit PKW-Beförderung auf der Strecke Berlin-Grunewald–Lehrte (bei Hannover).

rollierendes System – Ferienordnung: Der in der Bundesrepublik Deutschland gültigen Ferienordnung liegt das sog. r.S. zu Grunde. Dabei wechseln sich die Bundesländer mit früheren und späteren Ferienterminen in einem vertretbaren Rahmen ab. Zweck dieses Systems ist es, die Verkehrsströme zu und in den Urlaubsregionen zu entzerren und eine gleichmäßige Auslastung des dortigen Fremdenverkehrsangebots zu erreichen.

Rolling Stock: Rollendes Zugmaterial, in der Bahntechnik ist der R. S. ein wirtschaftlich hart umkämpfter Bereich. Bombardier/Adtranz aus Kanada ist mit einem Marktanteil von 23% führend, gefolgt von Alstom (u.a. TGV) mit 18% und Siemens (ICE) mit rund 16% (Stand 2001).

ROM: Read Only Memory, Speicherbaustein, der nur gelesen werden kann. Der Inhalt bleibt auch nach Abschalten des Computers erhalten. Entsprechend sind alle Funktionen eines Computers, die sofort nach dem Einschalten verfügbar sein müssen, z.B. Systemtest, Zeichenausgabe auf dem Bildschirm, in ROM-Bausteinen enthalten. In Reisebüros häufig als Compact Disc mit einer Speicherkapazität von 300.000 Katalogseiten zum Abruf. → CD-ROM

Romanische Kunst: Stilabschnitt der bildenden (meist sakralen) Kunst vom Beginn des 11. bis zum Beginn des 13. Jh. Die R.K. ist durch einen monumentalen Baustil gekennzeichnet. Hauptmerkmale sind der Rundbogen, körperhaft gegliederte, starke Mauern, ernster wuchtiger Innenraum, Monumentalplastik, z.B. Kirchen auf der Reichenau, Dom zu Speyer, St. Aposteln u.a. in Köln.

Romantik-Hotels: Kette von Beherbergungsunternehmen in historischen Gebäuden. → Hotelkette

Romantische Straße: Eine der ältesten und am meisten befahrenen deutschen Touristikstraßen, die eine Reihe sehenswerter Städte miteinander verbindet. Sie beginnt in Füssen und führt über Landsberg, Augsburg, Nördlingen, Dinkelsbühl, Rothenburg, Bad Mergentheim und Tauberbischofsheim nach Würzburg. → Touristikstraßen

Room Master: Bei Galileo Produktsystem, mit dem die Reisebüros weltweit bei den angeschlossenen Hotels reservieren und buchen können, über Inside Links oder Inside Availability mit Sofortbestätigung. → Inside Links

Room Night: Zähleinheit für Übernachtung bei der Statistik.

Room Service: Etagenservice im Hotel; Cabin Service auf Kreuzfahrtschiffen.Versorgung des Gastes mit Speisen und Getränken und anderen Dienstleistungen im Zimmer, im Gegensatz zur Selbstbedienung aus Minibar oder Automaten.

Ro-Pax-Fähren: Fährschiffdesign nach Wegfall der Duty-free-Einkaufsmöglichkeiten an Bord. Rollende (Ro) Ladung, mit vorrangigem Augenmerk auf den Güterverkehr, in Kombination mit Passagieren (Pax) bei Fährüberfahrten in Nord- und Westeuropa.

Ro-Ro-Fähren: Abkürzung für Roll-on-Roll-off-Fähren, bezeichnet eine direkte Auf- und Durchfahrtmöglichkeit auf dem Autodeck, wobei die Fahrzeuge im Heck des Schiffes an Bord fahren und es über eine Klappe im Bug wieder verlassen oder auch umgekehrt; wurde 1960 eingeführt. Gilt auch für Eisenbahnbeförderung. → Fähren

Rossia President Express: Ehemaliger sowjetischer Luxuszug des Staatspräsidenten, wird heute auf dem weit verzweigten Schienennetz Russlands und anderer GUS-Staaten touristisch genutzt und kann gechartert werden.

Rossija: Längster durchgehender Zuglauf der Welt, verkehrt auf der Strecke Moskau–Nowosibirsk–Irkutsk–Chabarowsk–Wladiwostok. → Transkontinentalbahn

Rotel Tours: „Das rollende Hotel", eine Erfindung des Reiseveranstalters Georg Höltl; Programmangebot für Rundreisen in Bussen mit Schlafkabinen im mitgeführten Anhänger.

rotes Lager: Umgangssprachliche Bezeichnung für Unternehmen, die dem Konzernverbund der World of TUI angehören und diesem nahe stehen. → gelbes Lager, → World of TUI

Round Table: Die Sitzordnung um einen zentralen Punkt, z.B. den runden Tisch, gewährleistet die Gleichrangigkeit der Teilnehmer.

Round the World: → RTW

Round Trip (RT): Flugreiseart vom Ausgangsort zum Umkehrort und zurück über eine beliebige Streckenführung, bei der für Hin- und Rückreise jeweils der gleiche ganzjährige One-Way-Tarif in derselben Klasse ab Ausgangsort anwendbar ist. RT-Fare ist der Flugpreis für Hin- und Rückflug.

Routenplaner: Geo-Informationsdienste für die Reiseplanung im Individualverkehr; verfügbar über CD-ROM, im Internet und zunehmend über mobile Dienste; R. bestehen aus Textbeschreibungen und interaktivem Kartenmaterial.

Routing: Festgelegte Streckenführung eines Fluges bzw.einer Schiffspassage, i.d.R. im Linienflugverkehr bzw. in der Linienschifffahrt.

Rovos Rail: Luxuszug im südlichen Afrika. U.a. mit einer Fahrt in zwölf Tagen über 6100 km von Kapstadt durch Simbabwe und Sambia bis in die tansanische Hauptstadt Daressalam. Dieser Nostalgiezug verfügt über das größte Streckennetz mit Fahrten von Pretoria und Kapstadt zum Krüger-Nationalpark und zu den Victoria-Fällen sowie nach Windhuk.

Royal Orchid Plus: Bonusprogramm von Thai Airways. → Bonusprogramm, → Frequent Flyers/Travellers

Royal Scotsman: Luxuszug in Großbritannien für geführte Bahnreisen durch die schottischen Highlands für max. 36 Fahrgäste. Er verfügt über neun Waggons mit Speise-, Schlaf- und Aussichtswagen mit kleiner Terrasse am Wagenende.

Royalty: 1. Engl. Begriff für Ertrags- oder Gewinnbeteiligung, 2. Begriff der Luftverkehrspolitik. Er bedeutet Ertragsbeteiligung im Luftverkehr, i.d.R. durch Ausnutzung von Rechten der fünften Freiheit, in Fällen, wo solche Rechte im Rahmen eines zweiseitigen Luftverkehrsabkommens nicht abgesichert sind; Freiheiten der Luft. 3. Lizenzgebühr; Tantieme. → Freiheiten der Luft

RRKV/RRV: Reiserücktrittskosten-Versicherung. → Reiserücktrittskosten-Versicherung, → Reiseversicherungen

RTG: Ruhrgebiet Tourismus Gesellschaft mit Sitz in Dortmund. Unternehmen für Werbung und Vermarktung des Ruhrgebiet-Tourismus und Förderung der Umwandlung der Industrie mit Eisen und Stahl zu einer Dienstleistungsgesellschaft.

RTW: Round the World Service, im Luftverkehr gebräuchliche Abkürzung für Flugdienste, die rund um die Welt führen. → Weltreisen mit dem Flugzeug

Rücktransportkosten: Kosten für den Rücktransport eines Verunfallten oder Erkrankten, soweit es medizinisch sinnvoll und vertretbar ist.

Rücktritt: Im Unterschied zur Kündigung bei Reisemängeln ist das Rücktrittsrecht nach § 651 i BGB das Recht, jederzeit und ohne Begründung vom Reisevertrag vor Reiseantritt zurückzutreten. Der Reiseveranstalter kann allerdings anstelle seines Reisepreises eine angemessene Entschädigung vom Zurücktretenden verlangen. Vom Reiseveranstalter kann erwartet werden, dass er den Schaden weitestgehend mindert und die frei gewordenen Plätze anderweitig vergibt. Der Urlauber hat die Möglichkeit, sich zusätzlich durch eine Reiserücktrittskosten-Versicherung abzusichern. Ein weiteres Rücktrittsrecht, verbunden mit einem Ersatzreiseanspruch, gibt der § 651 a bei Preiserhöhungen des Veranstalters. → Reiserücktrittskosten-Versicherung, → Reisevertrag/Reisevertragsrecht

Rückversicherung: Die Versicherung der vom Versicherer übernommenen Gefahr. Um sich im Schadenfall gegen eine eventuelle Übersteigung ihrer Leistungsfähigkeit zu schützen, lassen sich Versicherungsunternehmen bei anderen Versicherungsanstalten versichern.

Rufpassage: Buchung einer Flug- oder Schiffspassage, die der Fahrgast zwar veranlasst, deren Bezahlung jedoch von einem auswärtigen Einzahler (Sponsor) übernommen wird. → PTA, → Sponsor

Rules: Anwendungsregeln eines bestimmten Tarifs, z.B. Mindestaufenthalt oder Vorausbuchungsfrist.

Rundfahrten mit geschlossenen Türen: Einzelne Fahrten, die mit demselben Bus durchgeführt werden. Auf der gesamten Strecke wird dieselbe Reisegruppe befördert und auch wieder an den Ausgangspunkt zurückgebracht.

Rundreisen: Typische Busreiseart. R. dauern mindestens fünf Tage und führen zu verschiedenen Aufenthalts- und Besichtigungspunkten. Sie werden durch kundige Reiseleiter geführt. Ihre Reiseroute geht aus der Reiseausschreibung hervor; Nachtfahrten sind ausgeschlossen. Beschränkt sich eine Rundreise auf ein Zielgebiet, so kann sie auch nur hier stattfinden. An- und Abreise sind dann gesondert zu betrachten. → CT, → Ferienzielreisen, → Reiseleiter, → Sternfahrt, → Urlaubsreisen, → Zielgebietsbusse

Russischer Service: Begriff aus der Gastronomie. Der R.S. findet meist nur bei einer kleineren Anzahl von Gästen Anwendung, da hier die Hauptplatte nicht nur dem Gastgeber, sondern allen Gästen präsentiert wird. Diese Service-Art nimmt viel Zeit in Anspruch. → Englischer Service, → Französischer Service

RVA: 1. Reiseverkehrsakademie, Düsseldorf, Tourismus-Fortbildungsinstitut seit 1975 mit zweijähriger Vollzeitausbildung, Abschlussdiplom Staatl. geprüfter Betriebswirt. 1998 musste das Bildungsinstitut seinen Betrieb wegen Konkurs der GFS (Gemeinnützige freie Schulträgergesellschaft, Düsseldorf) einstellen. 2. Bezeichnung für Reiseverkehrsassistent. Nebenberufliche Verkäufer im Heimverkauf von Reisen. → Home Service

RVC: Rendez-vous Canada. Alljährlich stattfindende kanadische Tourismusmesse.

Ryokan: Traditionelles Hotel in Japan mit durchschnittlich 12 bis 15 Zimmern mit Bad. Die Zimmer sind mit Tatami-Matten und Futon-Matratzen ausgestattet. Die Mahlzeiten, japanische Gerichte, werden auf dem Zimmer serviert.

S

Sabbat: Wöchentlicher Ruhetag/Feiertag von Freitag- bis Samstagabend in Israel. Mit wenigen Ausnahmen sind am S. Geschäfte und Restaurants geschlossen.

Sabre: Semi Automatic Business Research Environment, CRS von American Airlines; gegr. 1959. S. gehört weltweit zu den größten Computerreservierungssystemen. 1998 wechselte Abacus zu S. Gleichzeitige Gründung von Abacus International. 2000 beteiligte sich S. mit 51% an DCS, dem deutschen Betreiber des touristischen Reservierungssystems Merlin. S. bietet folgende Zusatzmodule an:

- Sabre Navigator, bietet Online-Verbindungen zu den Datenbanken europ. Fährbetreiber.
- Sabre Report Manager, Verwaltungssystem unter S., checkt Provisionszahlungen, bietet tägliche Verkaufsstatistiken und erstellt automatische BSP-Berichte.
- Sabre Total Access ermöglicht den direkten Zugang zu den Datenbanken von Fluggesellschaften, Hotels, Autovermietungen, Reiseveranstaltern sowie Bahn- und Fährunternehmen.
- Sabre Tourlink, Online-Reservierungssystem unter Sabre, gewährt den Zugang zu den Reiseveranstaltern mit ausführlichen Reisebeschreibungen, Preisinformationen sowie zielortspezifischen Informationen, ermöglicht sofort bestätigte Buchungen.
- Sabre Travel Base, Buchhaltungs- und Verwaltungssystem.
- Sabre Dos, Version des Reservierungssystems Sabre, lauffähig auf dem Betriebssystem MS-DOS.
- Sabre Fax gestattet die direkte Übersendung von Nachrichten an Faxgeräte ohne vorherige Erstellung eines Ausdrucks.
- Sabre Mail Plus, Bereitstellung der E-Mail-Funktion durch S.
- Sabre Rail ermöglicht die Online-Reservierung und Fahrkartenausstellung für nationale und internationale Bahndienste. Sabre Rail Deutsche Bahn für den nationalen Bahnverkehr greift auf die Daten von Kurs 90 zu.
- Sabre Works, zusätzliches zur Textverarbeitung, Tabellenkalkulation oder Datenbankverwaltung.
- Sabre Export ermöglicht die Datenübertragung direkt von Sabre in Textverarbeitungs-, Kalkulationstabellen oder Datenbankdateien.
- Sabre Express, Buchungshilfe zur Automatisierung von Reservierungsprozessen für Mietwagen, Hotelzimmer und Linienflüge.

→ Abacus CRS, → Abacus International, → CRS, → DCS

Sabre-Vision: Gemeinschaftsprodukt von Sabre und Reed Travel Group auf CD-ROM, ermöglicht die bildliche Darstellung in den CRS-Bereichen Hotel und Kreuzfahrten. → CD-ROM

Sächsische Dampfschifffahrt Dresden: Betreibt seit über 160 Jahren Personenschifffahrt auf der Oberelbe. Sie verfügt über die älteste und größte Seitenraddampferflotte der Welt mit neun historischen Raddampfern, zwei modernen Salonschiffen und zwei kleineren Motorschiffen. Die Ausflugsfahrten führen in die Sächsische und Böhmische Schweiz sowie ins Sächsische Elbland (Meißen). Alljährliche Saisonhöhepunkte: traditionelle Dampferparade am 1. Mai, Dampfschifffest am dritten Augustwochenende.

Saeg: Statistisches Amt der Europäischen Gemeinschaften, führt Fremdenverkehrsstatistik der Mitgliedsländer. Harmonisierung der nationalen Statistiken ist angestrebt in Abstimmung mit WTO und OECD. → EU/EG/EWG, → OECD, → WTO

Säulen des Herkules: Vorgebirge an der Meerenge von Gibraltar, Merkpunkt für die Schifffahrt im Altertum.

SAF: Standard Administrative Form, abrechnungspflichtige Standardverwaltungsformulare des BSP, die von LVG oder Agenten ausgestellt werden, um Transaktionen des Verkaufs richtigzustellen, Verkaufsvorgänge zu komplettieren oder Verkaufsabrechnungen zu erstellen.

Safa: Safety of Foreign Aircraft. Lenkungsausschuss zur Überprüfung der Sicherheit ausländischer Luftfahrzeuge z.B. durch Erhöhung der Vorfeldkontrollen auf Flughäfen. → JAA

Safari: 1. Suaheli-Wort für Reisen. Im Tourismus gebräuchlich für Reisen durch Tierparks und Wildschutzreservate. Begegnung mit Tieren in freier Wildbahn. Ausgeschriebene Gruppenreisenarrangements durch afrikanische Landschaften mit Übernachtung in Lodges. 2. Ehemaliges Reservierungssystem der South African Airways (SAA). → Lodge

Safety of Live at Sea (Solas): → Sicherheitsübungen

Saft: Studentischer Arbeitskreis Fremdenverkehr Tourismus, Bocholt. Zweck des Vereins ist die akademische Tourismusforschung sowie die Erstausbildung, Weiterbildung und berufliche Vermittlung von Führungskräften in der privaten und öffentlichen Tourismuswirtschaft. S. arbeitet eng mit dem Fachbereich Wirtschaft der Fachhochschule Gelsenkirchen, Abteilung Bocholt, zusammen.

Sail- and Stay-Kreuzfahrt: Angebot auf dem Kreuzfahrtenmarkt, bestehend aus Kreuzfahrt und Hotelaufenthalt. Die Passagiere können das im Wo-

chenturnus rundreisende Schiff zu einem ein- oder zweiwöchigen Badeurlaub verlassen und anschließend zur Beendigung der Kreuzfahrt wieder an Bord gehen. Konzept, das vorwiegend im Mittelmeer und in der Karibik durchgeführt wird.
→ Kreuzfahrten

Saison: Im Tourismus Bezeichnung für die Hauptreisezeit; durch die Schulferienregelung im Sommer der Zeitabschnitt, in der die meisten Menschen Urlaub machen. Durch Abgrenzung zu Vor- und Nachsaison wird S. auch als Hauptsaison bezeichnet. Für ein Skigebiet ist der Winter als schneereiche Zeit Hauptsaison; für Bade- und Wandergebiete der Sommer.

Saisonarbeitskräfte: Arbeitnehmer, die ausschließlich bzw. überwiegend für die Zeiten mit besonders hohem Arbeitsaufwand eingestellt werden; üblich im Gastgewerbe in FV-Regionen oder auf Ausflugs- und Flusskreuzfahrtschiffen.

Saisonbetriebe: Betriebe, deren Leistungsumfang zeitlich regelmäßig starken Schwankungen unterliegen. S. sind im Sinne des Kündigungsschutzes gegenüber ihren Mitarbeitern ausgenommen, wo die Reduzierung der Beschäftigtenzahl als dringendes betriebliches Erfordernis angesehen werden kann.

Sales Tax: Staatlich erhobene Umsatzsteuer, z.B. auf den Mietwagenpreis in den USA, unterschiedlich je nach Bundesstaat.

Salsa: Im Aufbau befindliches internes Computerreservierungssystem der Star Alliance. → Star Alliance

Sammelfahrschein: Fahrschein der Deutschen Bahn für Gruppen im grenzüberschreitenden Verkehr.

Sammelvisum: Gemeinsames Visum, das einer Reisegruppe für ein Land mit Visumszwang erteilt wird. Das S. wird nur für kurze Zeit ausgestellt. → Sichtvermerk, → Visum

Sanatorium/Kurklinik: Beherbergungsstätte, die den § 30 Gewerbeordnung als Mindestvoraussetzung nach Beihilferecht erfüllt. Weitere Kriterien sind gesundheitsorientiert, ärztliche Überwachung, diagnostische und therapeutische Grundangebote für entsprechende Indikationen.

sanfter Tourismus: Der Begriff wird heute als Vorläufer eines umweltorientierten Tourismus beschrieben. Er bezeichnet Leitvorstellungen für eine alternative touristische Entwicklung und wurde vom Zukunftsforscher Robert Jungk 1980 geprägt. Im Kern bedeutet s. T., dass die freizeitorientierte Umweltgestaltung nur unter Beachtung der Schonung von Natur und Landschaft und der ortsansässigen Bevölkerung vollzogen werden kann. Verschiedene Reiseveranstalter bieten Touren an, die auf der Idee des s. T. basieren und mit wenig umweltbelastenden Reiseverkehrsmitteln durchgeführt werden.
→ Ökotourismus

SAP: South America Pass. → SATC

Saphir: Reservierungssystem der SN Brussels Airlines, inzwischen Galileo Belgien.

SAP R/3 Travel Management: Geschäftsreise-Buchungstool von SAP zur Integration in die Management-Lösungen des Software-Anbieters.

Sartoc: Southern Africa Regional Tourism Council, gegründet 1982, Sitz: Johannesburg. Vereinigung der Urlaubsregionen Komoren-Inseln, Botswana, Lesotho, Namibia, Südafrika, Malawi und Swaziland mit dem Ziel, den Tourismus in und zwischen diesen Ländern zu entwickeln und zu fördern. → Satour

Saspo: Simulations-, Abrechnungs- und Steuerungsprogramm. Lufthansa-Software, die die zu erwartenden LH-Provisionen nach dem Lufthansavergütungsmodell Partner Plus berechnet.

Sata: South Asia Tourism Association, Vereinigung touristischer Leistungsträger aus südasiatischen Ländern zur Förderung des Tourismus.

SATC: South America Travel Commission, Marketing-Organisation von zehn südamerikanischen Ländern zur Verbesserung des Incoming-Tourismus, auch zur Vereinheitlichung von Abrechnungsfragen, z.B. Entwicklung eines SAP, South America Pass, durch Brasilien zur problemlosen Buchung und Abrechnung von Südamerika-Reisen. → Cotasur, → Foptur, → Incoming-Tourismus

Satellitensystem Tourismus: Auf der Grundlage der volkswirtschaftlichen Gesamtrechnungen (VGR) aufbauendes, aber über sie hinausgehendes Berichtssystem zur Darstellung des Tourismus. Satellitensysteme stellen eine Erweiterung des herkömmlichen VGR dar. Sie bieten thematisch begrenzte Querschnittsdarstellungen gesellschaftlicher Teilbereiche, die in der herkömmlichen Inlandsproduktsberechnung der VGR nicht zusammenfassend dargestellt werden (z.B. Tourismus). Ein S.T. soll u.a. das Instrumentarium bieten zur Analyse der Frage nach der ökonomischen Bedeutung des Tourismus. An der methodischen Konzeption für ein S.T. wird auf internationaler Ebene zzt. sowohl bei der WTO als auch bei der OECD gearbeitet.

Satellite Ticket Printer: → STP

SAT: Studentische Arbeitsgemeinschaft Tourismus an der FH München, erarbeitet Studien mit Projektteams. → Studentische Arbeitsgemeinschaft Tourismus (SAT)

Satour: South African Tourism Board, Südafrikanisches Fremdenverkehrsamt. Hauptaufgabe ist die Förderung des Incoming-Tourismus (vergleichbar mit der DZT).

Satte: South Asia Travel Tourism Exchange, Touristikfachmesse; erstmals im September 1994 in Neu Delhi.

Sauna: Der Begriff bezeichnet sowohl das hölzerne Badehaus als auch die Verbindung von Dampfbad und Heißluftbad. Er kommt von dem finnisch-ugurischen Wort Suowuje, das eine in den Schnee gegrabene Grube bezeichnet, in der die Rentierhirten übernachteten oder bei Unwettern vor der Kälte Schutz suchten.

saurer Regen: Übersäuerung des Regens durch Schwefel- und Salpetersäure, die aus den Luftschadstoffen Schwefeldioxyd und Stickstoffoxyden entstehen. Saurer Regen hat gegenüber dem natürlichen Regenwasser einen um das 10- bis 20fache erhöhten Säuregehalt. Die Folgen sind z.B. Baumsterben, Schäden an Bauten und anderen Materialien. → Emissionen, → Immissionen, → Umwelt

Savia: Reservierungssystem der spanischen Reisebranche; über S. können spanische Reisebüros bei Iberia und Renfe (span. Eisenbahnen) buchen.

S-Bahn: Stadt-Schnellbahn der DB in Ballungsräumen. Bezeichnung geht zurück auf die elektrische Schnellbahn, die von der ehemaligen Deutschen Reichsbahn in Berlin betrieben wurde, und die spätere Stadtbahn. Die deutsche „Ur-S-Bahn" wurde 1882 fertig gestellt.

SBB: Schweizerische Bundesbahnen; ist an der Bodenseeschifffahrt beteiligt. → Railaway, → Verkehrsverbund Bodenseeschiffahrt

SB-Terminal: Selbstbedienungsterminal in der Reisebranche. Es besteht im Unterschied zum Automaten aus zwei Komponenten eines Automaten: der Eingabeeinheit und dem Belegausdruck wie z.B. ATB-Drucker, Bon-Drucker.

Scandlines: Am 21. Juli 1998 durch Fusion von DFO und Scandlines entstandene AG. Anteilseigner sind zu je 50% die Deutsche Bahn und das dänisches Transportministerium. Sie ist heute mit 43 Fähren auf 20 Fährlinien in Dänemark, zwischen Skandinavien und Deutschland sowie im Baltikum aktiv. Stand: Oktober 2001. Kooperationsverkehr im Verkehr nach Schweden ist die zu Stena Line gehörende Scandlines.

Scenic: Geschäftsreise-Buchungstool von Siemens, basierend auf Cytric von I-FAO.

Schadenersatz: Wird nur dann gewährt, wenn der Reiseveranstalter den Mangel oder die Schädigung auch zu vertreten hat (§ 651 f BGB), darüber hinaus in allen weiteren Verträgen bei schuldhafter Nichterfüllung, außerhalb von Vertragsverletzungen bei schuldhaften Eigentums-, Körperverletzungen u.Ä. Erforderlich ist auch hier eine Mängelanzeige bzw. ein Abhilfeverlangen gegenüber dem Reiseveranstalter. → Haftung bei Pauschalreisen, → Reisevertrag/Reisevertragsrecht

Schären: Bezeichnung für die zahllosen kleineren und größeren Inseln vor den skandinavischen Küsten; Schärengarten.

Schallmauer: Name für den hohen Luftwiderstand, der nach Erreichen der Schallgeschwindigkeit in der Luft entsteht (Mach 1 = 1.060 km/h). Nach Überwindung der Schallmauer ergibt sich der bekannte Überschallknall.

Scharniertreffen: Sie dienen der Kontaktanbahnung zwischen Kurgästen und Einheimischen auf bestimmten verbindenden Interessensgebieten wie Kunst- und Kulturgeschichte, Religion, Spiel und Sport. Bemühungen dieser Art fallen auch in den Bereich der Animation, bedingen also den Animator als Moderator zum guten Gelingen.

Schattenwirtschaft: Umfasst alle Bereiche, die durch das Bruttoinlandsprodukt nicht erfasst werden, etwa Hausarbeit, und alle Bereiche die mit Steuerhinterziehung verbunden sind, z.B. Schwarzarbeit. Schwarzarbeit ist für Saisonkräfte in der Tourismusbranche häufig anzutreffen.

Schaufelraddampfer: Durch Dampfmaschinen angetriebenes Schiff. Die Dampfmaschinen wirken dabei direkt auf die Antriebswelle von Schaufelrädern, die sich entweder an beiden Seiten oder am Heck eines Raddampfers befinden.

Schedule: Fahrplan; Tabelle. Im Luftverkehr steht Schedule(d) Flight für Linienflug. → Linienflugverkehr

Scheinbuchungen: → Passive Buchungen

Schengener Abkommen: 1985 nach dem luxemburgischen Ort Schengen benanntes Abkommen. Mitgliedsstaaten sind alle EU-Länder außer Großbritannien und Irland. Ziele des Abkommens sind der Abbau der Personen- und Warenkontrollen an den Binnen- und eine verschärfte Überwachung an den Außengrenzen. Nach dem Amsterdamer Vertrag 1997 soll das Schengener Abkommen nunmehr auf den Rest der EU ausgedehnt werden. → Einreisebestimmungen, → Visum

Schiedsgericht: Anstelle des Weges zu den ordentlichen Gerichten bei Rechtsstreitigkeiten wird häufig in Verträgen, auch durch AGB, die Zuständigkeit eines S. vereinbart; unter Nichtkaufleuten nur auf Grund schriftlicher Vereinbarung für einen konkreten Vertrag wirksam. → AGB

Schiffe sind weiblich: Diese Devise gilt in der Schifffahrt. Dafür gibt es jedoch keine plausible Erklärung. Ein Zusammenhang könnte mit der meist weiblichen Galionsfigur bestehen. Auch ein Schiff mit männlichem Namen wie z.B. „Maxim Gorki", ist danach die „Maxim Gorki".

Schifffahrt-Konferenz: Internationaler Zusammenschluss von Reedereien zur Regulierung der Beförderungsbedingungen und Frachtraten. → Regulierung

Schifffahrtskaufmann/-frau: Wegen der unterschiedlichen Anforderungen werden Schifffahrtskaufleute in der Fachrichtung Linienfahrt oder Trampfahrt ausgebildet. Schifffahrtskaufleute planen den Einsatz von Schiffen und Ladungen, bearbeiten und fertigen Frachtverträge an, arbeiten Fahrpläne und Frachttarife aus, prüfen Rechnungen und organisieren die Schiffsabfertigung und Klarierung. Sie arbeiten für Linienreedereien, Linienagenten, Trampreedereien oder Schiffs-/Befrachtungsmakler. Eine Weiterbildung z.B. zum Verkehrsfachwirt/-in Schifffahrt, Betriebswirt/in (staatlich geprüft), Fachkaufmann/-frau für Außenwirtschaft oder Marketing und Bilanzbuchhalter/-in ist möglich. → Ausbildungswege im Tourismus/Fremdenverkehr

Schiffsmanifest: Übersicht und Registrierung der Passagierpersonalien. Der Veranstalter oder die Reederei ist verpflichtet, für ein ausgehendes Kreuzfahrtschiff ein S. mit mehreren Kopien zu erstellen. Diese sind bestimmt für das Schiff, die Hafenagentur und die einzelnen Anlaufhäfen. Sie dienen der Kontrolle. → Manifest, → Passagiermanifest

Schiffsregister: Eine vom Amtsgericht des Heimathafens geführte Urkunde, die über die Eigentumsverhältnisse und Belastungen des Schiffes Auskunft gibt; öffentliches Register. Eintragung ist Vorschrift.

Schirokko/Scirocco: Warmer Wüstenwind im Mittelmeerraum aus Süd- bis Südost, vorwiegend im Frühjahr, vielfach verbunden mit großen Staub- und Sandwolken.

Schlafwagen: Das DB-Angebot umfasst unterschiedliche Komfortstufen und richtet sich vor allem an Geschäftsreisende sowie an Urlauber und Autoreisezug-Benutzer. Die Nachtreiseverbindungen sind so gestaltet, dass die Züge mit Schlafwagen in den späten Abendstunden abfahren und zu einer günstigen Zeit morgens am Ziel eintreffen. S. haben besonders ruhigen Lauf, Klimaanlage, WC, meist Dusche, kleine Küche für die Zubereitung des Frühstücks durch den Schlafwagenschaffner. Die Erste Klasse bietet Einbett- (Single) und Zweibettabteile (Double) an, im Binnenverkehr der DB außerdem ein kleines Einbettabteil (Special), die Zweite Klasse Dreibettabteile (T3), im Binnenverkehr auch ein kleines Zweibettabteil (T2). In Verbindung mit Fahrscheinen zum Mitfahrer-Fahrpreis, Spar- oder Super-Sparpreis können maximal zwei komplette Schlafabteile als Holiday-Abteil (Single, Double, T3, Special oder T2) erworben werden. → Double-Schlafwagenabteil, → Hotelzüge, → Liegewagen, → Mitropa, → Single, → Super-Sparpreis, → T2-Schlafwagenabteil, → T3-Schlafwagenabteil

Schlammbad: Balneologische Wärmeanwendung, der Körper wird dabei ganz oder teilweise mit einem Heilschlamm umgeben, dazu dienen Schlämme verschiedenster Art.

Schlepper: Wendiges Schiff mit starker Maschine zum Bugsieren oder Schleppen. S. werden z.B. eingesetzt, wenn ein Kreuzfahrtschiff das An- und Ablegen nicht mit eigener Kraft besorgen kann. → Revierfahrt

Schlepplift: Oder Schleppaufzug: Seilbahn, bei welcher der Benutzer mittels einer Schleppvorrichtung auf einer Schleppspur befördert wird. Bei Schleppliften wird nach hoher Seilführung (T-förmige Bügel über Trommeln mit aufgerollten Schleppseilen an einem umlaufenden Zugseil festgeklemmt, der Skifahrer lehnt sich gegen den Bügel und wird bergwärts geschleppt) und niederer Seilführung unterschieden (Schleppaufzug mit in Höhe der Benutzer geführtem Förderseil, an dem sich dieser entweder direkt oder mittels kurzer Schleppvorrichtungen festhält; auch Babylift oder Skikuli genannt, wird nur auf kurzer Distanz eingesetzt).

Schleuse: 1. Schleusenanlagen dienen der Überführung eines Schiffes von einem Gewässer in ein zweites mit anderer Höhe des Wasserspiegels (Kammerschleuse), z.B. Rheinschleuse bei Iffezheim, größte Doppelkammerschleuse Europas. 2. Bei der Luftschleuse dient eine Kammer mit zwei Türen der Überwindung von Druckunterschieden zwischen zwei Räumen.

Schlosshotel: → Burghotel

Schmalspurbahn: Bahn mit einer Spurbreite von weniger als 1435 mm.

Schneekanone: Gerät zur künstlichen Beschneiung von Skigebieten.

Schnellbahnnetz: → transeuropäische Netze

Schöner Tag: Genauer „Der schöne Tag", eintägige begleitete Ausflugsfahrten in Sonderzügen bzw. Sonderwagen in Regelzügen der DB sowie Sonderfahrten im Zugstamm von Regelzügen, häufig mit touristischem Rahmenprogramm für Einzelreisende und Gruppen. Veranstalter dieses DB-Angebots sind die Regionalbereiche Fernverkehr. Ab 1998 geändert in Bahn Tours Kurz- und Tagesreisen.

Schönes-Wochenende-Ticket: Angebot der DB für bis zu fünf gemeinsam Reisende Personen oder für ein Elternpaar bzw. einen Elternteil mit beliebig vielen eigenen Kindern bis einschließlich 17 Jahren. Das Angebot gilt außerhalb von Verkehrsverbunden in allen Nahverkehrszügen der DB an einem Tag (Samstag oder Sonntag) von 0 Uhr bis zum Folgetag 3 Uhr.

Schönheitsfarm: Meist in landschaftlich schöner Umgebung gelegener Kurplatz mit Bäder- und Massageeinrichtungen zu ästhetischer, körperlicher und seelischer Regeneration.

Schule für Touristik: Aus- und Weiterbildungseinrichtungen in Frankfurt/M. und Berlin; u.a. Seminare zum Tourismusfachwirt/-in IHK, Iata Foundation Diplom, Luft- und Reiseverkehrskaufmann (IHK)-Umschulung. Kooperation besteht mit SSI-Institut für Berufsausbildung mit gemeinsamen Programmen wie z.B. Online Travel Agent (IHK-Zertifikat). Daneben Verlag für Fachbücher.

Schulfahrten: 1. Geleitete Unterrichts- oder Erholungsfahrten mit hohen Ermäßigungen bei touristischen Leistungsträgern. 2. DB-Angebot für allgemein- und berufsbildende Schulen. Die Preise werden nach Fahrt (Zweite Klasse) und Arrangement individuell festgelegt. Im Fahrpreis enthalten sind Freiteilnehmer, die sich aus der Gruppengröße ergeben.

Schwarzgastronomie: Von Dehoga so bezeichnete Vereinsgastronomie, die durch den Status der Gemeinnützigkeit von Sportvereinen u.a. dem Berufsgastgewerbe Wettbewerbsnachteile einträgt. Bis zu einer bestimmten Gewichtigkeitsgrenze beim Umsatz haben Vereine keine Körperschafts- und Gewerbesteuer zu entrichten. Hinzu kommt eine ebensolche Gewichtigkeitsgrenze für die Zweckbetriebe hinsichtlich sportlicher und kultureller Veranstaltungen.

Schwarztouristik: Bezeichnung für selbst organisierte Gruppenreisen z.B. gemeinnütziger Organisationen, Kirchen, Volkshochschulen oder privater Gruppen ohne Einschaltung professioneller Reisemittler als Veranstalter im Sinne des geltenden Reiserechts und ohne die Vorgaben der Gewerbeordnung sowie der geltenden Gesetze einzuhalten. → Reisevertrag/Reisevertragsrecht

Schwimmweste: Aufblasbarer Schwimmkörper, der für den Notfall an Bord von Schiffen und Flugzeugen für jeden Passagier mitgeführt wird. Er verhindert das Überhängen des Kopfes ins Wasser und verfügt meist über automatisch einsetzende Leuchten sowie eine Signalpfeife. → Sicherheitsübungen

SCI: Service Civil International; Organisation mit weltweitem Angebot für Freiwillige mit gemeinnütziger Arbeit in Workcamps. Sitz ist Bonn. In der Regel sind Unterkunft und Verpflegung kostenlos, die Anreisekosten sind von den Teilnehmern selbst zu tragen. → Workcamp

Scotland Travel Fair: Touristikmesse in Glasgow mit internationalem Charakter.

Scratch Card: Magnetstreifenkarte, mit der sich ein Kunde bei einem Anruf in einem Call Center vorab identifizieren kann. Nachdem er seine S. C. durch ein entsprechendes Gerät am Telefon gezogen hat, werden seine persönliche Daten über einen Code an das Call Center übertragen. Somit ist der Mitarbeiter dort über alle notwendigen persönlichen Informationen vorab informiert. → Call Center

SD: Tarifbezeichnung im Flugticket für Studentenermäßigung.

Sea-Air-Interline Agreement: → Air Sea Agreement

Seat-only-Verkauf: Im Rahmen der EU-Liberalisierung Verkauf von Nur-Flugplätzen (Einzelplatzbuchung) direkt durch die Ferienfluggesellschaften über die Reisebüros, ohne Einschaltung von Reiseveranstaltern. → Pauschalreisen, → Selbstvermarktung

Seatrade Cruise Holidays Convention: Europ. Kreuzfahrtenkonferenz, 2001 in Hamburg. → CruiseLive

Seat selection chart: Sitzplantafel z.B. auf Flughäfen, auf der die genaue Sitzplatzkonfiguration eines Fluggerätes angeschaut werden kann.

Sedoc: Système Européen de Diffusion des Offres et des Demandes d'Emploi Enregistrées en Compensation Internationale, Verzeichnis der Berufstätigkeiten und Berufe im internationalen Ausgleich. Büro für amtliche Veröffentlichungen der Europäischen Union, Luxemburg. Vergleiche zwischen den Befähigungsnachweisen in den jeweiligen EU-Mitgliedsstaaten führten zur Ausarbeitung eines EU-Tätigkeitsprofils u. a. für manche Berufe im Tourismus- und im Gaststättengewerbe (z. B. Animateurassistent bzw. Freizeitsportbetreuer, Fachkraft im Fremdenverkehrsamt, Kongressfachkraft, Reisebegleiter, Reisebürofachkraft).

SEE: Bezeichnung für den Nordsee-Inselverkehr der DB.

Seebad: → prädikatisierter Tourismusort

Seeheilbad: → prädikatisierter Tourismusort

Seekrankheit: Med. Kinetose, tritt am häufigsten an Bord von Schiffen auf mit Gähnen und Ermattung über Kopfschmerzen, Schwindelgefühl und Schweißausbruch bis hin zu Übelkeit und Erbrechen. S. wird verursacht durch Störung des Gleichgewichtsorgans im Innenohr. Hilfreich sind u.a. Antihistaminika (Peremesin, Novomina, Marzin), Vitamin B6-Dinemhydrinate (Kaugummidragees Superpep), Cinnarizine (Stutgeron, Sanorania), TTS Scopolamin, ein Pflaster, das hinter das Ohr geklebt wird. In langsamer und gleich bleibender Dosierung werden seine Wirkstoffe aufgenommen. Dies hat den Vorteil, den ohnehin überreizten Magen nicht zu belasten. Als rein pflanzliches Produkt wird Zintona, ein Auszug aus der Ingwerwurzel, angeboten. Ein universelles Medikament ohne Nebenwirkungen gibt es noch nicht. Ein Hilfsmittel ohne Chemie ist das „Seeband", ein Armband für jeden Arm, dessen Wirkung auf Akupressur basiert.

Seemeile: → Meile

Seenotrettungsübung: → Sicherheitsübungen

Seerechtskonferenzen: Übereinkommen zur Entwicklung einer umfassenden Rechtsordnung für die Nutzung der Meere. S. in Den Haag 1930, Genf 1958 Freiheit der Meere/Drei-Meilen-Zone, Jamaika 1982 Freiheit der Meere/Drei-Meilen-Zone. → UN-Seerechtskonferenz

Seereise: So und nicht Kreuzfahrt nennen die Hurtigruten ihre ganzjährigen Schiffsreisen u.a. entlang der norwegischen Atlantikküste, bei der für die Passagiere nicht Vergnügen an Bord, sondern die Naturerlebnisse mit Stein, Eis, Sonne, Nebel, Wasserfällen und Meer im Mittelpunkt stehen. → Hurtigruten

Seetouristik: Oberbegriff aller möglichen Arten von Schiffsurlaubsreisen; Hauptsächlich gemeint sind die verschiedenen Kreuzfahrten wie → Clubschiff, → Expeditionskreuzfahrten, → Fun Ships, → klassische Kreuzfahrt, → Kreuzfahrten, → Kurzkreuzfahrten, → Themenkreuzfahrten, → Turnus, → Windjammer

Seikan-Tunnel: Längster Unterwassertunnel der Welt in Japan (ca. 54 km), wurde am 13.3.1988 in Betrieb genommen. Er verbindet die jap. Nordinsel mit der Hauptinsel.

Seilbahn: Nach der Definition des CEN (Europäisches Komitee für Normung) umfasst dieser Sammelbegriff Anlagen des Personenverkehrs, bei denen die Fahrgäste entweder in Fahrzeugen befördert oder mittels Schleppvorrichtungen gezogen werden, die durch ein oder mehrere Seile getragen und bewegt werden und die keine Aufzüge sind. Man unterscheidet zwischen den Standseilbahnen und den Seilschwebebahnen. → Seilschwebebahn, → Standseilbahn, → VDS

Seilschwebebahn: Luftseilbahn, bei der die Fahrzeuge von einem oder mehreren Seilen getragen werden. Man unterscheidet die Einseilbahn (die Fahrzeuge werden von einem sog. Förderseil gleichzeitig getragen und bewegt) und die Zweiseilbahn (die Fahrzeuge werden durch getrennte Seile oder Seilgruppen, als Tragseile und Zugseile bezeichnet, getragen und bewegt). Bei der Seilschwebebahn wird auch nach Pendelbahn (die Fahrzeuge verkehren zwischen den Stationen im Pendelbetrieb) oder Umlaufbahn (die Fahrzeuge verkehren in gleich bleibender Fahrtrichtung) unterschieden. Es wird eine größere Anzahl von Kabinen (für zwei bis zwölf Personen) oder Sesseln (vom Einer-, Dreier-, bis zum Sechsersessel) eingesetzt. → Seilbahn

sekundärer Sektor: Umfasst die Be- und Verarbeitung von Rohstoffen, Zwischen- und Finalprodukten. Dieser Bereich wird durch die Industrie und das Gewerbe repräsentiert. → primärer Sektor, → tertiärer Sektor

sekundärer Tourismus: Fahrten, die Besucher von ihren Urlaubsstandorten aus zu touristisch interessanten Zielen unternehmen.

Selbstbehalt: Begriff aus der Versicherungsbranche, auch Eigenbehalt genannt. Der Selbstbehalt bezeichnet die vertraglich festgesetzte, nicht rückgedeckte Summe, die der Versicherte im Schadenfall selbst zu tragen hat.

Selbstvermarktung: Auch Eigenvermarktung, Direktverkauf der Leistungsträger; spez. Einzelplatzverkauf der Charterfluggesellschaften zur Vermarktung nicht abgenommener Kontingente über Reisebüros. → Eigenvermarktung

Selective Access: Programm unter Galileo zur Verknüpfung von Buchungs- und Kundendateien. Das Programm unterscheidet autorisierte Nutzer und gestattet oder verwehrt Zugriffe auf vorher definierte Datenansichten. → Galileo

Self Check-in: → elektronisches Ticketing

Seminar: Schulungsmaßnahme für Gruppen (15 bis 20 Personen) zur Vertiefung von Fachwissen unter Leitung eines Experten.

Senator Card: Ein LH-Vielflieger, der innerhalb eines Jahres mehr als 150.000 Statusmeilen erreicht, erhält die Lufthansa Senator Card. → Frequent Flyers/Travellers, → Miles & More

Senior Citizens: Seniorenzielgruppe, der amerikanische Hotelorganisationen und andere Leistungsträger mit Spezialpreisen für Gruppen oder auch individuell entgegenkommen.

Seniorentarif: Ermäßigter Tarif der Leistungsträger zu bestimmten Zeiten für die Zielgruppe Senioren.

Senior Experten Service (SES): Ehrenamtlicher Dienst rüstiger Pensionäre auch aus der Tourismusbranche in Ländern der Dritten Welt, in ehemaligen

Ostblockländern und in den Neuen Bundesländern, Sitz: Bonn.

serielle Schnittstelle: Verbindungsstecker, mit dem der Computer mit anderen Peripheriegeräten verbunden werden kann. Bei der S. S. werden die Daten nacheinander übertragen, im Gegensatz zur parallelen Schnittstelle, bei der der Datentransfer über acht Datenleitungen parallel stattfindet. → parallele Schnittstelle

Sers: Ehemaliger Stuttgarter elektronischer Touristik Reservierungsservice, Mittelständischer Anbieterzusammenschluss am Start-System, u.a. mit Studiosus Reisen München.

Server: Computer in einem Netzwerk, der den angeschlossenen PCs Dienstleistungen und Daten zur Verfügung stellt oder die Verbindung mit zusätzlichen Geräten wie z.B. Drucken ermöglicht.

Service: Dienstleistung allgemein, Kundendienst in nahezu allen Bereichen des Tourismus vertreten, spez. im Hotel- und Gastronomiesektor mit Bedienung/Betreuung des Gastes. Zum Servicepersonal gehören i.d.R. Kellner, Tresenmann und die Mitarbeiter im Restaurant. → Restaurantpersonal, → Sommelier

Service 0180: Sprachmehrwertdienst der Deutschen Telekom zur Entgegennahme von Anrufen unter einer bundeseinheitlichen, standortunabhängigen Rufnummer, beginnend mit den Ziffern 0180.

Service 0190: Sprachmehrwertdienst der Deutschen Telekom zur gewerblichen Verbreitung privater Informationsdienstleistungen. Die Leistungen der Telekom beschränken sich auf die Bereitstellung der technischen Infrastruktur und auf die Abwicklung des Inkassos für die Informationsanbieter. Der Zugang zu den bereitgestellten Informationen erfolgt über die bundesweit einheitliche Rufnummer (0190) und über eine sechsstellige Rufnummer. Informationsangebote: Unterhaltung, Wetter, Finanzen, Sport, Gesundheit, Support und Service Hotlines.

Service 0800: Gebührenfreies Anrufen von z.B. Hotelzentralen und touristischen Leistungsanbietern. Hat inzwischen Service 0130 abgelöst.

Service Charge: → Bedienungsgeld

Servicekaufmann/-frau im Luftverkehr: Die Ausbildungsdauer in dem anerkannten Ausbildungsberuf beträgt drei Jahre. Mindestvoraussetzung ist die Mittlere Reife. Gute Leistungen besonders in Deutsch und Englisch werden erwartet. Die Auszubildenden sollten Spaß im Umgang mit Menschen und ein hohes Maß an Flexibilität haben. Eine Bereitschaft zum Schichtdienst ist erforderlich. Die erweiterten Dienstleistungen im expandierenden Luftverkehr erfordern einen umsichtigen, rundum qualifizierten Mitarbeiter mit Kenntnissen der organisatorischen Zusammenhänge auch über das eigene Unternehmen hinaus. Servicekaufleute im Luftverkehr sind in Unternehmen des Luftverkehrs tätig. Sie arbeiten im kundennahen Bereich von Luftverkehrs-, Flughafen- und Abfertigungsgesellschaften und sind hier wichtige Repräsentanten ihrer Betriebe. Sie beraten und betreuen Fluggäste am Boden sowie in der Luft. Ein Aufstieg zum Teamleiter ist möglich. → Ausbildungswege im Tourismus/Fremdenverkehr

SET-Kreditkarten: → Zahlungsverkehr und -verfahren

Setup: Engl. für etwas auslösen oder verursachen, bezeichnet bei EDV-Systemen das Installieren von Software. → Installation

Sextant: Winkelmessgerät, wird in der Navigation verwendet; mit dem S. misst der Seemann Höhe und Abstand von Sternen zum Zweck der geografischen Ortsbestimmung.

Sextourismus: Prostitutionstourismus, hauptsächlich in Ländern der Dritten Welt wie die Südostasiens, Afrikas und Lateinamerikas.

SFA: Studiengruppe Fremdenverkehr Allgäu an der Fachhochschule Kempten. → Studiengruppe Fremdenverkehr Allgäu (SFA).

SFS: Steht bei Start für Schiffsfahrscheine. SFS-Maske ermöglicht Buchungen und Ticketausdruck von Fähren.

SGR: Stichting Garantiefonds Reisegelden, Garantiefonds der niederländischen Reisebranche zur Kundengeldabsicherung mit vollständiger Produktdeckung aller Reisebüroleistungen.

Shaarp Plus: Sabre Hotels Automated Availibility and Reservations Program, Hotelreservierungssystem unter Sabre mit Beschreibung und Informationen über das entsprechende Hotel.

Shareholder Value: Ausrichtung einer Aktiengesellschaft an den Interessen von Aktionären und möglicher Investoren.

Shell Folder: Werbemittel, Faltblatt mit freiem Feld zur Textgestaltung; Vordruck der Verkehrsträger oder Fremdenverkehrsregionen mit einheitlichem Erscheinungsbild zur Angebotsformulierung der Reiseveranstalter.

Shinkansen: → Bullet Train (Tokaido Sanyo Shinkansen)

SHMF: Schleswig-Holstein-Musik-Festival. Das 1986 im Dom zu Lübeck eröffnete und alljährlich im Sommer stattfindende Festival entwickelte sich vom lokalen Versuch zu einem Medien- und Tourismusereignis von Rang.

SHO: Verband Schleswig-Holsteinischer Omnibusbetriebe; Sitz in Kiel.

Shongololo Express: Touristikzug mit einfacher Ausstattung. In Südafrika führt die Bahnreise von Johannesburg über Krügerpark, Durban, Bloemfontein, Port Elizabeth, Garden Route bis Kapstadt. In Namibia von Kapstadt über Upington, Windhuk bis nach Tsumeb, jeweils mit Tagesausflügen in Minibussen.

Shop in (the) Shop: Bezeichnung für optisch, organisatorisch und/oder räumlich abgesetzte Ladeneinheit in einem großflächigen Verkaufsraum. Zweck ist das Angebot eines besonderen Warensortiments, eines herauszustellenden Warenimages sowie die Darstellung und Vertrieb bestimmter Firmenkennzeichen und Marken. Im Tourismusgewerbe üblich als eigenständiger Reisebürobetrieb in Kaufhäusern, Autohäusern usw. sowie als Hilfe großer Reiseveranstalter bei ihrem Vertrieb über Fremdreisebüros mittels eigener Schalter, Gestaltung des Reisebüroraumes usw.

Shopping: Engl. Bezeichnung für Einkaufen. Im Tourismus wird der Begriff häufig für Kurzreisen mit dem Ziel des Einkaufens angewendet. Typische Einkaufsziele sind z.B. New York und Mailand.

Short Connection: Gebuchte Flugverbindung, die unter der vorgeschriebenen Mindestübergangszeit liegt. → MCT

Short Connex: Verkürzte Mindestübergangszeit bei Lufthansa-Umsteigeverbindungen in Frankfurt. Die Gepäckstücke der Passagiere erhalten einen besonderen Gepäckanhänger und werden nach der Landung in Frankfurt bevorzugt umgeladen. Bei Ankunft auf einer Vorfeldposition oder im Falle einer sehr kurzen Umsteigezeit wird der Passagier direkt vom Flugzeug abgeholt und an das Abfluggate seines Weiterfluges gebracht. Ziel ist, die Umsteigezeiten der S.C.-Verbindungen generell auf 35 Minuten zu verkürzen.

Short Cut: Arbeitserleichternde Tastenkombinationen eines Computers, die mehrere Arbeitsschritte nach Eingabe des S. automatisch ausführen. So lassen sich z.B. die Funktionstasten eines Computers frei belegen. Auch die tägliche Arbeit in den CRS lässt sich durch die Einrichtung von S. optimieren.

Short Haul: Kurzstrecke im Flugverkehr. → Kurzstreckenverkehr

Shoulder Season: Vor- und Nachsaison. → Offseason

Show Your Card: Ausweis des ADAC, mit dem ADAC-Mitglieder bei Reisen in Deutschland und elf anderen Ländern in Museen und Freizeitparks, in bestimmten Hotels und Restaurants, bei Mietwagenunternehmen und Fährbetrieben Preisnachlässe erhalten. Show Your Card hat der ADAC in Zusammenarbeit mit den großen europäischen Automobilclubs erstellt. Ein ähnliches Programm bietet der Club gemeinsam mit den beiden nordamerikanischen Automobilclubs AAA und CAA in den USA und in Kanada an. → AAA, → ADAC, → CAA

SHT: Schleswig-Holstein Tourismus Informations- und Vertriebs-GmbH mit Sitz in Kiel. Ehemalige Einrichtung der FV-Organisationen des Landes. Hauptaufgaben: Beratung der Fremdenverkehrsgemeinden, -kreise und -vereine beim Aufbau eines flächendeckenden Informations- und Reservierungssystems in Schleswig-Holstein (Iris) und Ausbau eines eigenen Buchungsprogramms. 1998 Konkurs angemeldet. → Iris

Shuffleboard: Deck-Unterhaltungsspiel auf Kreuzfahrtschiffen.

Shuttle: I.e.S. Weberschiff, im Tourismus für S.-Bus (Pendel- oder Zubringerbus) o.a. Zubringerdienste. S.-Busservice bezeichnet den Buspendelverkehr z.B. von und zu Flughäfen, zu Veranstaltungen (Kongresse, Messen). Der S.-Service im Liniendienst bezeichnet die Zubringerflüge der jeweiligen Fluggesellschaften zu den weiterführenden Flugverbindungen. Die S.-Flüge werden oftmals von kleinerem Fluggerät durchgeführt, auf dem Sitzplatzreservierungen erst beim Check-in möglich sind.

SHV-Schweizer Hotelier Verein: Ein seit 1979 praktiziertes Verfahren des SHV zur Hotelklassifizierung beinhaltet eine Selbstdeklarierung durch den jeweiligen Hotelier sowie eine nachfolgende Überprüfung durch den SHV. Der SHV-Test gewichtet Service-Leistungen mit 50%; Küchenleistungen bleiben unberücksichtigt. In fünfjährigem Rhythmus erfolgt eine Neueinstufung. Koordination der Hotelklassifizierung besteht mit Österreich bei annähernd gleichem Niveau. → Hotelklassifizierung

SIB-Service im Bahnhof: Ehem. Tochtergesellschaft der DSG. War zuständig für das Handels-, Gastronomie- und Dienstleistungsgeschäft in den Bahnhöfen der DB. Ziel war, die Bahnhöfe über ihre ursprüngliche Funktion hinaus mit attraktiven Kaufangeboten zu urbanen Geschäftszentren auszubauen. → DSG

Sicherheitsgurte: Bestimmte Omnibusse müssen mit Sicherheitsgurten ausgestattet sein. Zur Anlegepflicht:

• Fahrgäste in Omnibussen des Gelegenheitsverkehrs müssen, wenn der Sicherheitsgurte vorhanden sind, diese auch anlegen. Der KOM-Führer hat die Fahrgäste darauf hinzuweisen. Stattdessen genügen auch Aufkleber an den Sitzplätzen.

• Im Linienverkehr sowie im freigestellten Schülerverkehr besteht keine Anschnallpflicht.

• Für KOM mit Doppelzulassung (Linien- und Gelegenheitsverkehr) besteht bei Beförderung, bei denen stehende Fahrgäste zugelassen sind, keine Anlegepflicht. Führt derselbe KOM Gelegenheitsverkehr durch, besteht Anlegepflicht.

• Keine Anlegepflicht besteht für Betriebspersonal, das betreuungspflichtige Personen befördert und in KOM über 3,5 t beim kurzfristigen Verlassen des Sitzplatzes.

• Der KOM-Führer hat keine Kontrollpflicht und kann auch nicht belangt werden, wenn ein Fahrgast nicht angegurtet ist.

Sicherheitsübungen: Abhängig von der Dauer der Kreuzfahrt und Ankunft im ersten Anlaufhafen sind S. international absolut vorgeschrieben und finden meistens am ersten Seetag statt. Die Sicherheitsauflagen für Schiffe und Passagiere bestimmen das Anlegen der Schwimmwesten und Vertrautwerden mit den Rettungsbooten/-inseln. Vorschriften für den Alarmfall befinden sich in jeder Kabine mit Angabe des zuständigen Rettungsbootes. Der nächste Weg zur Musterstation = Sammelstelle ist durch Bildersprache kenntlich gemacht. Zeit und Umfang der Übung werden im Tagesprogramm ausgewiesen und auch über Lautsprecher bekannt gemacht, die akustischen Signale werden erklärt. Für die Besatzung sind laufend Rettungsübungen vorgeschrieben mit Unterweisung in der Handhabung von Rettungsbooten/-inseln, deren Ausrüstung und im Feuerlöschdienst. In kurzen Abständen werden auch die Rettungsboote ausgeschwenkt und zu Wasser gelassen. Im Ernstfall hat jedes Besatzungsmitglied seine vorgeschriebene Funktion. Sicherheitsübungen sind auch bei allen anderen Verkehrsmitteln, spez. beim Flugzeug, üblich.

Sicherheitszuschlag: Höhere Versicherungsprämien und Sicherheitskosten für die Fluggesellschaften nach den Terroranschlägen auf New York und Washington am 11.9.2001 zwingen die Reiseveranstalter und Kreuzfahrtreedereien bei Pauschalreisen zu Aufpreisen für die Kunden.

Sicherungsschein: Beim Abschluss des Reisevertrags einer Pauschalreise hat der Kunde Anspruch auf Insolvenzabsicherung durch den Reiseveranstalter. Dieses Dokument (Pleiten-Police) erhält der Kunde bereits bei der Anzahlung des Reisepreises (egal in welcher Höhe). → Kundengeldabsicherung

Sichtvermerk: Durch einen diplomatischen oder konsularischen Vertreter eines Staates in einen Reisepass eingetragener Vermerk mit Angabe der Gültigkeitsdauer, der dem Passinhaber den Zutritt zum betreffenden Staat erlaubt (Visum).

Sideline Point: Bezeichnung des Ortes in der Seitenspalte eines Tarifhandbuches, zu dem hin die Tarifpreise gelten. → Headline Point

Side Trip: 1. bezeichnet im engl. Veranstalterjargon ein zusätzliches Pauschalarrangement, das während einer Rundreise den Teilnehmern als Option angeboten wird.

2. In der Fachsprache des Flugtransports ein Abstecher abseits von der geplanten Reiseroute.

Sieben Schwaben: Touristische Arbeitsgemeinschaft der sieben schwäbischen Städte Esslingen, Fellbach, Ludwigsburg, Reutlingen, Sindelfingen, Stuttgart und Tübingen.

Sightseeing: I.e.S. Ortsbesichtigung; oft für geführte Stadtrundfahrten, welche zu den markantesten Teilen und Sehenswürdigkeiten einer Stadt und evtl. deren Umgebung führen. → Fremdenführer

Sightseeing per Taxi: Geführte Stadtrundfahrt per Taxi außerhalb der Busrundfahrtzeiten.

Sightseeing per Wasserlinienbus: Stadtrundfahrten z.B. auf Amsterdams Grachten (Canal Bus), in Paris auf der Seine (Batobus), in London auf der Themse (Busboote der London Thames Line).

Sigma: Galileo-Vertriebsgesellschaft in Italien. → Galileo

Signaturgesetz: Novelliert seit 22. Mai 2001, Umsetzung der europäischen Richtlinie für elektronische Signaturen, regelt die Sicherheitsinfrastruktur für die qualifizierte elektronische Signatur. Die Signatur basiert auf einem qualifizierten Zertifikat = elektronische Bescheinigung, mit der der Signaturschlüssel einer Person zugeordnet wird und die Identität dieser Person bestätigt wird. Die im BGB in Einzelfällen für die Rechtsverbindlichkeit von Rechtsgeschäften vorgesehene Schriftform kann in den gesetzlich bestimmten Fällen durch die elektronische Form ersetzt werden, wenn das elektronische Dokument mit einer qualifizierten elektronischen Signatur signiert ist. In diesen Fällen erfolgt eine Gleichstellung der elektronischen Signatur mit der handgeschriebenen Unterschrift.

Signet: Markenzeichen, wesentlicher Bestandteil des Erscheinungsbildes eines Unternehmens oder eines sonstigen Anbieters.

Silent Guide: Örtlicher, lizenzierter Fremdenführer, der im Gegensatz zum Local Guide meist schweigt, während der Reiseleiter erklärt; vorw. in Ländern der Dritten Welt. Der S.G. wird dem ausländischen Reiseleiter, der im betroffenen Land keine Arbeitserlaubnis hat, zur Seite gestellt, um den lokalen Gesetzen zu genügen und evtl. ergänzende Erklärungen zu geben.

Simoultaneous Change to PNR: Eine Fehlerantwort im Amadeus-System, die immer dann erscheint, wenn zwei Personen (z.B. im Reisebüro und bei einer Airline) gleichzeitig auf einen PNR zugreifen; die Person, die als Zweites versucht, den PNR abzuschließen, bekommt diese Fehlermeldung.

Single: Begriff für Einzelperson, Einzelzimmer oder -kabine. S. sind eine stark umworbene Zielgruppe im Tourismus. Single Room Supplement ist der Einzelzimmerzuschlag; dies gilt auch bei Kreuzfahrtschiffen.

Single-Schlafwagenabteil: → Schlafwagen

SIS: Schengener Informationssystem, dient zur Erfassung der polizeilichen Fahndungsdaten der beteiligten EU-Länder. → Schengener Abkommen

Sita: Société Internationale de Télécommunications Aéronautiques oder Airlines Worldwide Telecommunications and Information Services. 1949 von Luftverkehrsgesellschaften gegründete Genossenschaft, Sitz: Paris, die ein einheitliches, weltweites Nachrichtenverbindungssystem ausschließlich für den gewerblichen Luftverkehr betreibt. Über die Tochtergesellschaft Scitor Ausbau der Zusammenarbeit von TRS-Produkten (Travel Related Service) mit Reiseveranstaltern, Reisemittlern und Hotelketten.

Sitca: Secretaria de Integracion Turistica Centroamericana, Geschäftsstelle des seit 1965 bestehenden Tourismusrates Mittelamerikas. Unterorganisation der ständigen Konferenz der mittelamerikanischen Minister für Wirtschaft und Integration. Aufgaben sind: Belebung des Tourismus, Verbesserung der Infrastruktur und Koordinierung von gesetzlichen Bestimmungen (Zoll, Verkehr, Transport etc.), gemeinsame Werbung.

Site: Society of Incentive Travel Executives, Vereinigung der Fachleute auf dem Markt der Incentive-Reisen, gegründet 1973 in New York, German Chapter ab 1990. Zu den Aufgaben gehören die Förderung der weltweiten Kontakte zwischen Incentive-Planern in Unternehmen und Agenturen sowie Institutionen und Zulieferern im Prämien- und Incentive-Reisegeschäft sowie Organisation von Weiterbildungsveranstaltungen.

Siti: Sale Inside Ticket Inside Country of Commencement of Travel; steht beim Flugscheinverkauf für Verkauf und Flugscheinausstellung im Reiseantrittsland. Eine der Flugschein-Verkaufsarten, für die die Iata Abkürzungen vorschreibt, die auf dem Ticket in der Spalte „Origin/Destination" direkt nach den beiden Städtecodes einzutragen sind. → Flugpreisberechnung, → Iata, → Sito, → Soti, → Soto

Sito: Sale Inside Ticket Outside Country of Commencement of Travel. Bei dieser Verkaufsart wird ein Flugschein im Reiseantrittsland verkauft, jedoch in einem anderen Land ausgestellt. → Flugpreisberechnung, → Siti, → Soti, → Soto

Sitour: Salon International de Tourisme, erste internationale marokkanische Tourismusmesse in Casablanca (Januar 1989).

Sitzladefaktor: Verhältnis der ausgenutzten und verkauften Passagierkilometer (Meilen) zur angebotenen Kapazität; betriebswirtschaftliche Größe, Bilanz-Messzahl, wichtig für Wettbewerbsvergleich. Formel: PKT (verkaufte Passageleistung/Passagierkilometer) x 100 / SKO (angebotene Passageleistung/Seat-km-offerd-Kapazität) = SLF (Sitzladefaktor) in %.

SJD: → Die Falken

Skål-Club: Vereinigung von Führungskräften aller touristischen Berufe. Gründer der Bewegung war Florimond Volckaert, der erste Skål-Club entstand 1932 in Paris. Ziel der weltweiten Skål-Bewegung ist, „Freundschaft und Zusammenarbeit von Führungskräften touristischer Berufe zu stärken sowie den internationalen Tourismus zu festigen und das gegenseitige Verstehen der Völker zu vertiefen". 1934 wurde die Association Internationale des Skål-Clubs (AISC) in Paris gegründet. Seit dem ersten AISC-Kongress nach dem Zweiten Weltkrieg 1947 in Genf, Lausanne, Montreux (Schweiz) findet dieser jährlich an wechselnden Orten statt. Heute hat der Skål-Club mehr als 25.000 Mitglieder in fast 80 Ländern (Stand: August 2001) . → AISC, → NKSC

Skandinavien: Bezeichnung für das Gebiet Norwegens und Schwedens, i.w.S. werden auch Dänemark und Finnland zu Skandinavien gezählt; daneben auch Island und die Färöer-Inseln.

Skipass: Meist nicht übertragbare Mehrtagesberechtigungskarte zur Benutzung eines oder mehrerer miteinander verbundener Skilifte.

Skipper-Risiko: Versicherungsmöglichkeit in der Reiserücktrittskosten-Versicherung: Falls der Skipper den Versicherungsfall auslöst, können alle zurücktreten. → Reiserücktrittskosten-Versicherung

Skizirkus: Gruppe von Skigebieten einer Region (Tal, Berggruppe), die durch Liftanlagen, Pendelbusse oder günstige Verkehrswege miteinander verbunden sind. → Skipass

SKT (Studentenkreis Touristik): 1977 an der FH Heilbronn gegründete studentische Initiative. Hauptziele sind die Förderung der Kontaktpflege zur Branche und zu den Absolventen, die fachliche Arbeit in und mit der Touristik sowie Öffentlichkeitsarbeit. Der SKT ist u.a. Mitglied bei Futurista, bei dem VDKF (Verband Deutscher Kur- und Tourismus-Fachleute) und bei der HSMAI (Hotel Sales and Marketing Association International). → Futurista, → HSMAI, → VDKF

Sky Line: Vollautomatische führerlose Stelzenbahn, die die beiden Terminals des Frankfurter Flughafens verbindet. → M-Bahn

Sky Marshals: Bewaffnete Flugbegleiter; nach den Terroranschlägen am 11.9.2001 in den USA, bei denen vier Maschinen entführt worden waren, lassen die Fluggesellschaften zur höheren Sicherheit ihrer Flugpassagiere zusätzlich Bordpolizisten verdeckt mitfliegen, die auch im Notfall Entführer überwältigen. Ausgebildet werden diese von privaten Sicherheitsdiensten und Bundesgrenzschutz-GSG 9.

Skyphone: Bietet die Möglichkeit des Telefonierens während eines Fluges mit Hilfe von Bordantennen und Satelliten.

Skyteam: Airline-Allianz von Delta Air Lines, Air France, Korean Air, Aeromexico, CSA und Alitalia. → Oneworld, → Star Alliance, → Wings

Skytrax Research-Institut: Auf Fluggesellschaften spezialisiertes Marktforschungsunternehmen, das durch Passagierbefragungen über einen Zeitraum von neun Monaten die Qualität und den Service aller Fluggesellschaften beurteilt und die „Airline of the Year" auszeichnet.

SLH: Small Luxury Hotels, Hotelgruppe in USA mit 18 De-luxe-Hotels. Erstes europ. Hotel dieser Gruppe ist das Fünf-Sterne-Hotel Le Mirador am Genfer See. Folgende Kriterien sind zu erfüllen: Concierge, mind. ein renommiertes Restaurant, 24-Stunden-Zimmerservice mit Gourmet-Auswahl, Tageszeitungen, Limousine mit Chauffeur, Gesundheits- und Fitnesszentrum, Personal Computer, Telekonferenz-Möglichkeit, Kurierdienste sowie eine Reihe anderer personalisierter Leistungen.

Slots: Begriff für Start- und Landezeiten auf einem Flughafen für eine Luftverkehrsgesellschaft. Ebenso die flughafenabhängige Zahl von planmäßigen Starts und Landungen innerhalb eines best. Zeitabschnitts. Bezeichnung gilt auch für Ein- oder Überflugzeiten für bestimmte Luftraumgrenzen entlang des Flugweges, die zum Zweck der Verkehrsflusssteuerung von den Flugverkehrsdiensten zugeteilt werden. → Bundesministerium für Verkehr, Bau- und Wohnungswesen (BMVBW)

Smal: Suomen Matkatoimistoalan Liitto; Finnlands Reisebüroverband mit Sitz in Helsinki. Mitglied beim Ectaa.

Smart: Nationales Reservierungssystem in Dänemark, Norwegen und Schweden, u.a. mit SAS, dem Partner von Amadeus.

Smart Cards: 1. Elektronische Schlüsselkarten-Systeme bzw. Kreditkarten, die multifunktional Flugticket, Mietwagen-Nachweis, Hotelausweis, Zimmerschlüssel und Visum systemgerecht vereinen. 2. „Intelligente" Karten als übergreifende Klammern neuer Technologien wie CD-ROM, Mobilkommunikation und der Kombination von Fernsehgerät und Computer mit den beiden Hauptfunktionen Identifikation der nutzenden Person und Bezahlung. Bekannt sind bereits die Telefonkarte und die Krankenkassenkarte. Anwendungsmöglichkeiten in der Reisebranche sind in vielfältigem Test.

Smartliner: → Profiliner

Smart Rooms: Zimmerkategorie für Geschäftsreisende von ITT Sheraton mit analogem und digitalem Telefonanschluss, Fax, Drucker und Kopierer, großem Schreibtisch, ergonomischen Bürostuhl sowie umfangreichem Büromaterial.

Smiles: Bonusprogramm der Varig. → Bonusprogramm, → Frequent Flyers/Travellers

Smog: Das Wort entstand durch Zusammenziehung der englischen Wörter Smoke und Fog (Rauch und Nebel) und bedeutet die Ansammlung verschiedener Verbrennungsprodukte wie Flugasche, Ruß, Schwefeldioxyd und Motorabgase, die infolge von dichtem Nebel oder einer Kaltluftschicht nicht hochsteigen können (Inversionswetterlage). In Industriezentren und Großstädten kann es hierdurch zu Schädigungen von Menschen, Tieren, Pflanzen und Sachgütern kommen. → Emissionen, → Immissionen

SMTV: Salon Mondial Tourisme et Voyages, alljährlich stattfindende größte franz. internationale Fachmesse für Tourismus und Reisen in Paris seit 1975, mit Spezialschau „Thermalies".

Snack Bar: Imbissstube, bietet eine begrenzte Auswahl an Speisen und Getränken in Steh- oder Sitzbars an.

Snav: Syndicat National des Agents de Voyages, nationaler französischer Reisebüroverband, Sitz: Paris.

SNCB: Société Nationale des Chemins de Fer Belges, Nationale Gesellschaft der belgischen Eisenbahnen.

SNCF: Société Nationale des Chemins de Fer Francais, nationale Gesellschaft der französischen Eisenbahnen.

Soft Opening: Schrittweise inoffizielle Eröffnung von Hotels.

SOJ - Single Open Jaw: Einfache Gabelreise im Iata-Luftverkehr (im Reiseantritts- oder Umkehrgebiet), Ausgangsort der Hinreise und Ankunftsort der Rückreise im Reiseantrittsgebiet oder Ankunftsort der Hinreise und Abflugsort der Rückreise im Umkehrgebiet sind nicht identisch.

Solarium: 1. Liegefläche, auf der im Freien oder unter einem Glasdach Sonnenbäder genommen werden. 2. Einrichtung zur Körperbräunung mit Speziallampen; vielfach im Angebot von Sonnenstudios, Saunaanlagen und Bädern.

Solas-Bestimmungen: International Convention for the Safety of Life at Sea. → Sicherheitsübungen

Solidarhilfeabkommen: Seit 1970 durch Initiative des Bundeswirtschaftsministeriums (BMWi) und des DRV bestehendes Abkommen, welches bei Insolvenzen von Veranstaltern oder Luftverkehrsunternehmen für die Erfüllung von Verpflichtungen der Rückbeförderung der Urlauber auf freiwilliger Basis sorgt. Dem S. gehören alle maßgeblichen Veranstalter und Luftverkehrsgesellschaften an. Umbenannt seit Inkrafttreten der Kundengeldabsicherung in Organisationshilfe. → Bundesministerium für Wirtschaft und Technologie (BMWi), → DRV, → Garantiefonds, → Kundengeldabsicherung

Sommelier: Weinkellner, er stellt die Getränke-Empfehlungen zum Menü zusammen, berät die Gäste am Tisch bei der Wahl der Jahrgänge und Lagen und überprüft laufend die Qualität der Weine. → Restaurantpersonal

Sommerfrische: Die zweite Hälfte des 19. Jahrhunderts wird meist als Epoche der Baedeker- und Sommerfrischen-Reisen bezeichnet. In dieser Zeit mit Beginn des Tourismus prosperieren vielfältige Formen und Ziele des Reisens wie Heil- und Seebäder, Sommerfrischen, Wintersportplätze, Ausflüge und Wanderfahrten. Großbürgerliche Familien unternahmen längere Bade- und Erholungsreisen in die Schweiz, nach Ostende, an die Riviera; akademische Mittelständler pflegten ihre Bildungsreisen vorzugsweise nach Italien und Ägypten. Als Äquivalent dazu entstand die S. für die klein- und mittelbürgerlichen Schichten der Gesellschaft mit weitaus geringeren Aufwendungen, indem man sich dem

Übersicht Branchen-Software

Hersteller	Produkt
Abi-Software	Odin
Bewotec	Jack
BLS	Trasy
Bull	k. A.
Conet Consulting	Multi-CRS-Oberfläch David Gemeinkosten controlling Eacon
Contour	Contour Reiseoffice
CST Computer Systems Technology	Caesar
Derdata	Finance Manager Information Manager
Dietz	Travel Office
Dignos EDV	Highport
Globus Travel	Globus Travel
Gruber & Team	IVR
Hitchhiker Software	k. A.
HIT	Hit-Vas
Hofer	Travel-Profi
IFF	Bistro Bistro-Star
Inter Media Data	Tour Manager
Interes	Interes Engine
Intos	Tourmaster
Intours Partner	Regiosoft Eurosoft
Iso	Ocean Topix
Kohlenberg Software	Tour 32
Lange Software	LAS-Reisebüro
Lufthansa Systems	Ibiza
Momo Medien	Quick Hotel
MSE-IT	MSE-IT Maxi
Nexus Informations-Systeme	Win Tours
Partners Software	Part One Part Web
Poprawa & Reichardt	Fibu Net
PW & T Peter Weinig	PBS
Ratio Software	Ratio-WW
Riasoft	Topi Last Minute Info-System
Ric	Ric Reisebüro-Softw.
Siemens Business Services	CRM-Travel Scenic Workflow Optimizer

EISE-ÜROS	VERAN-STALTER	INTERNET	PLZ ORT	TELEFAX
	●	WWW.ABI-ODIN.DE	24872 GROSS RHEIDE	0 46 24-80 90 57
●		WWW.BEWOTEC.DE	51427 BERGISCH GLADBACH	0 22 04-9 25 24 44
●		WWW.B-L-S.COM	20097 HAMBURG	040-23 68 88 27
	●	WWW.BULL.DE	51114 KÖLN	0 22 03-305-16 99
●	●	WWW.CONET.DE	53773 HENNEF	0 22 42-93 93 93
●	●			
●		WWW.CONTOUR-REISEOFFICE.DE	47799 KREFELD	0 21 51-81 81 45
	●	WWW.CST-GERMANY.DE	63456 HANAU-STEINHEIM	0 61 81-65 91 25
● ●		WWW.DERDATA.DE	60424 FRANKFURT/MAIN	069-95 88 44 90
●	●	WWW.DIETZ-EDV-SYSTEME.DE	38110 BRAUNSCHWEIG	0 53 07-4 94 52
	●	WWW.DIGNOS.COM	82008 UNTERHACHING	089-61 08 94 75
	●	WWW.GLOBUSTRAVEL.COM	88048 FRIEDRICHSHAFEN	0 75 41-4 40 92
●		–	20095 HAMBURG	040-33 31 33 77
	●	WWW.HITCHHIKER.DE	60437 FRANKFURT/MAIN	069-5 07 03-111
	●	WWW.HIT-INFO.DE	66121 SAARBRÜCKEN	0 61 81-63 83 71
●	●	WWW.GSMTEAM.DE/TP	65205 WIESBADEN	0 61 22-7 69 05
	● ●	WWW.IFF-BISTRO.DE	44799 BOCHUM	02 34-9 71 14 99
●		WWW.TOURMANAGERONLINE.DE	88319 AITRACH	0 75 65-63 94
●	●	WWW.INTERES.COM	64283 DARMSTADT	0 61 51-3 07 40 11
	●	WWW.INTOS-GMBH.DE	60313 FRANKFURT/MAIN	069-28 03 56
	● ●	WWW.INTOURS.DE	88602 MESS KIRCH	0 75 75-92 10 91
	● ●	WWW.ISOGMBH.DE	90491 NÜRNBERG	09 11-9 95 94 29
	●	WWW.KOHLENBERG.COM	37627 STADTOLDENDORF	0 55 32-90 19 90
●		WWW.LANGESOFTWARE.DE	85386 ECHING	089-32 71 63 32
●	●	WWW.LHSYSTEMS.COM	65451 KELSTERBACH	069-69 69 59 59
●		WWW.QUICKHOTEL.DE	70794 FILDERSTADT	07 11-77 37 66 09
●		WWW.MSE-IT.DE	88427 OTTERSWANG	0 75 25-91 15 18
	●	WWW.WINTOURS.NET	82276 ADELSHOFEN	0 81 45-91 29
● ●	● ●	WWW.PARTNERS.DE	28759 BREMEN	04 21-65 59 62
●	●	WWW.POPRAWA-REICHARDT.DE	80469 MÜNCHEN	089-26 02 34 01
●	●	WWW.PWT2000.DE	91056 ERLANGEN	09 11-51 81-497
●	●	WWW.RATIO-SOFTWARE.DE	98584 EHINGEN	0 73 91-70 38 20
●		WWW.TOPI.DE	90537 FEUCHT	0 91 28-9 29 34 60
●		WWW.RIC-SOFTWARE.DE	01796 PIRNA	0 18 05-74 23 29
● ●	●	WWW.SBS.DE/TRANSPORTATION	60528 FRANKFURT/MAIN	069-66 82 11 86

Landleben zuwandte mit z.B. Sonntagsausflügen aufs Land, Aufenthalt in Sommerhäusern und Fahrten in einfache billige S.n abseits der belebten Zentren des Fremdenverkehrs. Mit Familienanschluss wohnte man als Sommergäste stets in gleichen Quartieren. Die Eisenbahn als Verkehrsmittel hat in dieser Zeit die Art der Feriengestaltung für breite Schichten der Bevölkerung erst ermöglicht. S.n als Standorte zur Entspannung von der Arbeit und Erholung sind um die Jahrhundertwende zum 20. Jh. vielfach die Vorläufer der späteren Luftkurorte, gefördert und beworben von Verkehrs-, Kur- und Verschönerungsvereinen.

Sommersaison: Innerhalb des Reisejahres die zusammenhängende Zeit von April bis Oktober. → Touristikjahr

Sommerzeit: Im Wesentlichen zur Energieeinsparung (Nutzung des Tageslichts) eingeführte Zeitverschiebung um eine Stunde.

Sonderformen des Linienverkehrs: Nach der EWG-Verordnung Nr. 684/92 zählen zu den Sonderformen des Linienverkehrs insbesondere

- die Beförderung von Arbeitnehmern zwischen Wohnung und Arbeitsstätte
- die Beförderung von Studenten zwischen Wohnung und Lehranstalt
- die Beförderung von Angehörigen der Streitkräfte und ihrer Familien zwischen Herkunftsland und Stationierungsort
- der Nahverkehr im Grenzgebiet

Linienverkehr bedeutet regelmäßige Beförderung. Die Regelmäßigkeit der Sonderformen des Linienverkehrs wird jedoch nicht dadurch berührt, dass der Ablauf wechselnden Bedürfnissen der Nutzer angepasst wird. Die Regelung der EWG-VO Nr. 684/92 stimmt im Wesentlichen mit §43 PBefG über Berufsverkehr, Schülerfahrten, Markt- und Theaterfahrten überein. → PBefG

Sonderzug: Bestellter Zug außerhalb des Regel-Fahrplanangebotes.

Sonstige Buchungsstellen: Reisevermittlungsstellen mit nur einer Hauptveranstalterlizenz, keine Verkehrsträgerlizenz; allerdings mit möglichen anderen Erwerbsquellen.

Sorten: Ausländische Banknoten und Münzen (vielfach fälschlich als Devisen bezeichnet). → Devisen, → Reisezahlungsmittel

Ubersicht Branchen-Software

Hersteller	Produkt	Reisebüros	Veranstalter	Internet
Start Amadeus	Finance Manager Information Manager	● ●		www.startamadeu
Team Reisen	Systeam	●		www.teamreisen.d
Tibos Software	Tibos	●		www.tibos.de
TMS	Merlin Office	●	●	www.tmssoft.de
Tour Service – GTS	k. A.	●	●	www.tourservice.
Touris Star	Touris Star		●	–
Tourismus & Congress	Carisma Travelnet	●	●	www.carisma.de
Toursoft Consulting & Vertrieb	k. A.	●	●	www.toursoft.de
Travel Basys	RBS/SAP	●		www.travelbasys.
Travel Shop	K & K Travel-Software	●	●	www.airlink.de
Tures Touristik Reservation	Ramon	●		www.tures.com
Victor	Victor Tour Victor Online		● ●	www.victorsoft.de
W & W	Turista VM Tourista RB	● ●	● ●	www.turista.de
WBS Blank Software	WBS Blank Software		●	www.wbs-blank.de
Zartmann Touristik Systeme	ZTS-EDV-Komplettlösung		●	www.zts.net
Ziel	Reise-Ziel	●	●	www.zieledv.de

Sortiment: Gesamtheit aller Waren, Dienstleistungen oder Rechte, die ein Handelsbetrieb Kunden und Interessenten im Laufe einer Periode anbietet. Im Reisebüro wird überwiegend die Auswahl von Veranstalterprogrammen als S. bezeichnet. → Sortimentsgestaltung/-politik

Sortimentsgestaltung/-politik: Mit Hilfe der S. trifft das Handelsmanagement die Entscheidungen über die Zusammensetzung des Sortiments. Dieses dient dem Einzelhändler auch zur Profilierung im Markt. S. bildet die Grundlage für die Kosten- und Ertragsrechnung im Handel sowie für eine Unternehmensstrategie, mit deren Hilfe z.B. im Reisebüromarkt eine Neuausrichtung von Geschäftsaktivitäten durchgesetzt wird. Abhängigkeit besteht u.a. in der Wahl der Betriebsform. → Marketing-Mix, → Sortiment

SOS: Save Our Souls; Notruf bei der Schifffahrt. Alle in der Nähe befindlichen Schiffe, die diesen Funkspruch hören, haben unverzüglich Kurs auf das zu rettende Schiff zu nehmen. → Mayday

Soti: Sales Outside Ticket Inside Country of Commencement of Travel, Verkaufsart, bei der der Flugschein im Reiseantrittsland ausgestellt wird, der Verkauf jedoch im Ausland erfolgt. Dies gilt für die meisten im Voraus bezahlten (Prepaid) Tickets. → Flugpreisberechnung, → Siti, → Sito, → Soto

Soto: Sales Outside Ticket Outside Country of Commencement of Travel. Bei dieser Verkaufsart liegen sowohl der Ticketverkauf als auch die Ausstellung außerhalb des Reiseantrittslandes. → Flugpreisberechnung, → Siti, → Sito, → Soti

Sozialtourismus: Spezielle Art der Erholung in Feriendörfern und ähnlichen staatlich geförderten Erholungseinrichtungen. Der Aufenthalt der Gäste wird von sozialen Einrichtungen bezahlt oder subventioniert. Der begünstigte Personenkreis sind Jugendliche, Mütter, alte Menschen u.a. ausgewählte soziale Schichten. → Erholung

Sozialversicherungsbeiträge: Arbeitnehmer und Arbeitgeber zahlen einen bestimmten Prozentsatz des Bruttolohns in die Sozialkassen ein. Die Beiträge betrugen im Jahr 2001 19,1% für die Rentenversicherung, 6,5% für die Arbeitslosenversicherung und 1,7% für die Pflegeversicherung. Der Beitrag zur Krankenversicherung ist von der gewählten Krankenkasse abhängig. Die Beiträge variieren zurzeit zwischen ca. 12,5 und 14,5%. Arbeitnehmer und Arbeitgeber zahlen jeweils zur Hälfte in die Sozialversicherung ein.

Sozialvorschriften im Straßenverkehr: Arbeitsschutzbestimmungen, Bestimmungen über die Arbeitszeit des Fahrpersonals im Straßenpersonen- und -güterverkehr.

soziodemografische Zielgruppenmerkmale: Bei sozialwissenschaftlichen Befragungen und Untersuchungen über die Gesamtnachfrage des Marktes nach Pauschalreisen wird nach fünf demografischen Gruppen unterschieden: 1. nach Altersgruppen (höchster Anteil bei Altersgruppe 40 bis 49 Jahre), 2. nach Einkommensgruppen (Grundlage ist das Haushaltsnettoeinkommen), 3. nach Berufsgruppen (Grundlage ist der Beruf des Haushaltsvorstands), 4. nach Regionen (nach Nielsen-Gebieten, z.B. Nielsen II = NRW), 5. nach Ortsgrößenklassen (ein Großteil der Pauschalreisenden kommt aus Großstädten mit mehr als 500.000 Einwohnern).

Gegenübergestellt werden:

- Pauschalreisende in den letzten drei Jahren in Mill. Paxe
- Pauschalreisenden-Anteil an der Gesamtbevölkerung in %
- Pauschalreisendenstruktur in %
- Bevölkerungsstruktur in %.

LZ Ort	Telefax
1348 Bad Homburg	0 61 72-91 19 99
0827 Berlin	030-7 87 57 05
8652 Deisslingen	0 74 20-92 99 50
1375 Leverkusen	02 14-85 52 47
9121 Heidelberg	0 62 21-61 68 68
6389 Wilhelmshaven	0 44 21-8 74 83
3113 Bonn	02 28-2 42 13 06
8535 Edingen-Neckarhausen	0 62 03-92 20 81
5472 Mülheim/Ruhr	02 08-49 15 87
9400 Kandern	0 76 26-97 02 56
9555 Lippstadt	0 29 41-31 00
5191 Wiesbaden	01 80-5 67 12 82
1277 Rutesheim	0 71 52-9 99 80 90
3067 Offenbach	069-80 08 35 15
4172 Neckarsulm	0 71 32-3 84 84
6215 Lichtenfels	0 95 71-30 30 00

Spa: Internationaler Begriff für Kur- und Badeort, Bezeichnung nach dem Kurort Spa bei Lüttich in Belgien. In englischsprachigen Ländern auch für Wannen/Becken mit Whirlpool.

Space Adventures: Dieses US-Unternehmen plant Pauschalreisen ins Orbit nach dem in 2001 gelungenen Erstflug des US-Bürgers Dennis Tito mit der russischen Raumkapsel Sojus zur internationalen Raumstation ISS.

Space Travel: Weltraumtourismus, zukünftige Form des Tourismus, laut Studie der Nasa und der Space Transportation Association (STA) können ab 2003 „suborbitale" Flugreisen möglich sein. Nach Einschätzungen von Experten, wird der Weltraumtourismus etwa zwischen 2015 und 2025 einsetzen. Im Jahr 1999 trugen sich ca. 6000 Interessenten gegen eine Gebühr in einer Liste des Veranstalters Thomas Cook ein, um eine Vorreservierung für eine Reise in den Weltraum sicherzustellen.

Sparpreis: Festpreisangebot der DB für Einzelreisende (Erwachsene oder Kind) und gemeinsam Reisende von einer bis fünf Personen. Der S. ist zur Hinfahrt längstens bis zu dem auf den ersten Geltungstag folgenden Montag bis 10 Uhr, zur Rückfahrt frühestens an dem auf den ersten Geltungstag folgenden Samstagen 3 Uhr gültig (maximal einen Monat) und beinhaltet alle IC-Zuschläge. Für die Benutzung eines ICE gibt es den S. mit ICE-Berechtigung.

Spartrip: Discount-Kette der Reise-Welt Europäisches Reisebüro, weit gehend beratungsfreies Reisebüro mit kurzfristigen Angeboten und günstigen Nur-Flügen. → ITS

Spaßbad: Badezentrum innerhalb eines Gesamtkomplexes aus vielfältigen Freizeiteinrichtungen, das weniger dem Schwimmen als dem Spaß am Baden und der Entspannung dienen soll.

Special Agent: Galileo-Tool für Kunden von Galileo-Geschäftsreisebüros zur Online-Buchung von Reisedienstleistungen. → Galileo

Special-Event-Reisen: Reisen zu besonderen Anlässen wie Messen, Sportveranstaltungen u.Ä. zu Sondertarifen, z.B. IT-Tarif beim Linienflug.

Special Handling Advice: Betreuungshinweise für bestimmte Fluggäste.

Special Interest Tours: Hobbyreisen/Touren, die in den üblichen Rundreiseprogrammen nicht enthalten sind, z.B. Bird Watching Tours, Jeepsafaris, Dampfeisenbahnfahrten usw., Veranstalterreisen der Spezialisten.

Special Meals: Über CRS ist es möglich, spezielle Essenswünsche bei Flugbuchungen auszuwählen. Folgende Meal Codes stehen dabei zur Verfügung:

AVML	Vegetarisch asiatisch
BBML	Babynahrung
BLML	Leichte Vollkost
CHML	Kinderessen
DBML	Diabetische Kost
FPML	Früchtemahlzeit
GFML	Glutenfreie Kost
HFML	Mahlzeit mit hohem Nährwert
HNML	Hindugerechte Mahlzeit
KSML	Koschere Mahlzeit
LCML	Reduktionskost
LFML	Cholesterinarme Kost
LPML	Proteinarme Kost
LSML	Natriumarme Kost
MOML	Moslemgerechte Mahlzeit
NLML	Laktosefreie Kost
PRML	Purinarme Kost
RVML	Rohkost
SFML	Fischgericht
VGML	Vegetarische Mahlzeit, rein vegetarisch
VLML	Vegetarische Mahlzeit mit Milchprodukten und Eiern

Special-Schlafwagenabteil: → Schlafwagen

sperriges Gepäck: Bei Ferienflügen sind s.G. sowie Übergepäck von mehr als 20 kg anmelde- und kostenpflichtig; ebenso Sportausrüstungen für Gruppen ab zehn Personen. Aus Platzgründen befördern einige Fluggesellschaften kein s.G., gleiches gilt für die Transferbusse von/zu Flughäfen.

Spezialreiseveranstalter: Neben den standardisierten Pauschalreisen zum Mittelmeer (Warmwassertourismus) und der Konzentration auf immer weniger Anbieter gewinnen die S. zunehmend an Bedeutung. Die Orientierung kann 1. thematisch, 2. geografisch oder 3. zielgruppenorientiert erfolgen. → Massentourismus

Spezialsortiment: Sortiment eines Handelsbetriebes, der sich auf wenige Produkte spezialisiert. → Sortiment, → Sortimentsgestaltung/-politik

SPFV: Schienenpersonen-Fernverkehr; wird von der DB eigenwirtschaftlich betrieben. Dazu gehören: ICE, IC, IR und Nachtzüge. Mitbewerber planen Einstieg in diesen Bereich. → Inter-Connex

SPKD: Seepassage-Komitee Deutschland, Hamburg, gegr. 1960. Interessengemeinschaft der Kreuzfahrt-, Fährschiffreedereien und Seereisenveranstalter zur Vermarktung von Seereisen, verlieh Gütesiegel „Fachagentur für Seereisen" an Reisebüros. Ende 1991 aufgelöst. → Fachagentur für Seereisen

Splitcharter: → Teilcharter

SPNV: Schienenpersonennahverkehr der Deutschen Bahn. → DB - Deutsche Bahn

Sponsor: Einzelperson oder Unternehmen als Förderer (Bürge) durch Vergabe von Geld oder Sachleistungen an einen meist sportlichen oder kulturellen Empfänger mit dem Ziel der Imagepflege zur längerfristigen Vorteilsnahme. Sponsoren treten auch bei Neueröffnungen von Reisebüros oder Veranstalter-Neugründungen auf zur Zahlung etwaiger Kautionsforderungen. S. ist auch derjenige, der eine Rufpassage bezahlt. → Rufpassage

Sportbetreuer: → Animateur-Assistent (Freizeit-/Sportbetreuer)

Sportgepäck: Zusätzlich zum Freigepäck pro Passagier befördern Ferienfluggesellschaften eine der nachfolgenden Sportausrüstungen bis max. 30 kg kostenlos: Fahrrad, Surfboard, Skier, Angel-/Tauchausrüstung, Flugdrachen, Kanu oder Faltboot.

Sport im Urlaub: Im Gegensatz zu den Sport-Urlaubsreisen (4,4%) liegt der Anteil des Sport bei den Urlaubsaktivitäten bei 22,6%, d.h. knapp jeder Vierte geht im Haupturlaub einer sportlichen Betätigung nach; insges. wird festgestellt, dass der Anteil der sportlich aktiven Urlauber mit zunehmendem Einkommen und Ausbildungsstand steigt. Wandern liegt in der Beliebtheitsskala bei 45,9%. Schwimmen ist mit 69,9% am beliebtesten. Dem Skisport kommt dabei nur geringe Bedeutung zu. → Wintersport

Sport-Spezialreisen-Veranstalter: Im Unterschied zu den sportlichen Aktivitäten im Urlaub wie Schwimmen, Wandern und Radfahren bringen S. verstärkt Programme auf den Markt, die eine intensive oder Hauptbetätigung in einer Sportart vorsehen. Hierzu wird vorwiegend der Zweit- oder Dritturlaub oder die Kurzurlaubsreise genutzt. Die S. bieten bevorzugt Kurse in den Sportarten Tennis, Golf, Segeln und Surfen an. → Kurzreisen/Kurzurlaubsreisen, → Urlaubsreisen

Sport- und Fitnesskaufmann/-frau: Der seit 2001 anerkannte Ausbildungsberuf für den Sport soll die Abläufe in Sportvereinen und -verbänden sowie Fitnesseinrichtungen professionalisieren. Die Ausbildungsdauer beträgt drei Jahre. Sport- und Fitnesskaufleute entwickeln Sport- und Bewegungsangebote, beraten Mitglieder bzw. Kunden und führen Veranstaltungen und Marketingaktionen durch. Sie koordinieren den täglichen Sportbetrieb und sind u.a. auch für die technische Ausstattung und Sicherheitsfragen verantwortlich. Die halbe Ausbildungszeit ist durch gemeinsame Kernqualifikationen inhaltsgleich mit den Ausbildungsberufen Kaufmann/-frau im Gesundheitswesen sowie Veranstaltungskaufmann/-frau.

Sport-Urlaubsreisen: Nach RA verbringen ca. zwei Mill. oder 4,4% aller Urlaubsreisenden ihren Urlaub ausschließlich sportorientiert. → Urlaubsreisen

Spouse Program: Sonderprogramm für Begleitpersonen bei Tagungen und Kongressen.

Sprachdialogsystem: Auch Sprachcomputer (Ansagegeräte), dienen zur automatisierten Entgegennahme von Telefonanrufen zur Entlastung von Telefonzentralen bei Routineanfragen, zur Bestellannahme, zur Information oder zur Buchung. Die Abwicklung erfolgt über ein Computersystem, das an ein Telefonnetz angeschlossen wird und die Anrufe mit natürlicher Stimme bearbeitet. Das deutsche Vivian/3-System kann auch an einen Operator durchstellen oder den Rückruf eines Kundenberaters veranlassen. Integriert werden können Fax on Demand, Fax Polling oder bei großen Datenmengen Text to Speech. → Fax on Demand

Sprachführer: Themenbezogene Lexika/Wörterbücher/Sprachhilfen für die in der Umgangssprache gebräuchlichsten Begriffe aus dem touristischen und gastgewerblichen Bereich.

Sprachreisen: Produkte von Spezialreisen-Veranstaltern, sie werden in Form von Pauschalreisen angeboten. Man unterscheidet nach Schüler- und Erwachsenen-Sprachreisen. Mit speziellen Jugendreisen-Angeboten bieten die S.-Veranstalter Ergänzung zum Fremdsprachenunterricht in den Schulen an. Exkursionen und Freizeitprogramme sind dabei stets Bestandteil. Bei den Erwachsenen-S. reicht das Angebot vom touristischen Aufenthalt mit sprachlichem Beiprogramm bis zum hochintensiven Einzeltraining.

Springer: Arbeitskraft, die abwechselnd an verschiedenen Arbeitsplätzen eingesetzt werden kann, um z.B. eine längere krankheitsbedingte Abwesenheit eines festen Mitarbeiters zu übernehmen.

SRF: Svenska Resebyraforeningen; Schwedens Reisebüroverband mit Sitz in Stockholm. Mitglied beim Ectaa.

SRS: Steigenberger Reservation Service, Service- und Marketingorganisation für rund 400 weltweit angeschlossene unabhängige Spitzenhotels.

SRV: Schweizerischer Reisebüro-Verband, Sitz: Zürich, gegr. 1928. Aufgaben ist der Zusammenschluss qualifizierter, in der Schweiz niedergelassener Reisebüros im Hinblick auf die Berufsförderung und die Wahrung der Mitgliederinteressen.

SSC: Semi Submersible Craft, halbtauchendes Fahrzeug (Katamaran), bedeutet bei SSC Radisson Diamond eine fünfmal höhere Stabilität als bei herkömmlichen Kreuzfahrtschiffen. → Marina Park, → Swath

SSI: Institut für Touristik, EDV, Wirtschaft und Sprachen, ursprünglich Sprach- und Sekretärinnen-Institut, München, bietet im Tourismus u.a. Ausbildung zum/zur Reiseverkehrskaufmann/-frau, zur Touristikfachkraft und zum Tourismusfachwirt (IHK) an; seit 1991 auch in Berlin.

SSL-Verfahren: → Zahlungsverkehr und -verfahren

SSR: Special Service Request, Eingabebefehl unter Amadeus zur Anfrage von zusätzlichen Dienstleistungen bei Linienflügen. Man unterscheidet die limitierten Bestätigungen, bei denen nur ein bestimmtes Kontingent verfügbar ist, und unlimitierte Bestätigungen, wie z.B. spezielles Essen, Anmeldung von blinden oder tauben Passagieren oder Rollstuhl an Bord.

STA: Start Travel Assistant. → Corporate Cards

Staatsbad: Von einem Bundesland ganz oder teilweise betriebener Badekurort.

Staatshaftung: 1. Ersatz- bzw. Schadensersatzansprüche gegen den Staat.

2. Haftungsgarantie bzw. Haftungsübernahme, z.B. übernimmt der Staat zur Aufrechterhaltung des Flugverkehrs die Haftung für Kriegs- und Terrorschäden bei Fluggesellschaften und Flughäfen.

Staatsquote: Beschreibt den Anteil der Staatsausgaben am Bruttoinlandsprodukt. Mit einer steigenden S. wird ein größerer Einfluss des Staates auf die wirtschaftliche Entwicklung verbunden. Die S. beinhaltet auch Ausgaben für Werbung, um den Bekanntheitsgrad einer Region oder eines Bundeslandes zu heben und Touristen anzulocken.

Staatszugehörigkeitskennzeichen: Begriff der Luftfahrt für internationale Ländercodes, die auf Grund nationaler Luftfahrtgesetzgebung und internationaler Abmachungen von jedem Luftfahrzeug gut erkennbar zu führen sind. Sie sind den amtlichen nationalen Zulassungskennzeichen voranzustellen. S. werden von der Icao registriert und den anderen Vertragsstaaten auf Verlangen mitgeteilt. Z.B. DE = Bundesrep. Deutschland, FR = Frankreich. → Icao

Stabilisatoren: Auf modernen Fähr- und Kreuzfahrtschiffen mittschiffs angebrachte Stabilisierungsflossen zur Verminderung der Schlingerbewegungen.

Stadtbilderklärer: In der ehem. DDR Bezeichnung für Stadt-/Fremdenführer. → Fremdenführer

Stadtbüro einer Fluggesellschaft (CTO): → CTO

Stadt Express SE: Reisezug des linienbezogenen Verdichtungsverkehrs mit Systemhalten, Reiseweite ca. 22 km.

Stadtführungen: I.d.R. werden S. durch haupt- oder nebenberufliche Mitarbeiter örtlicher Fremdenverkehrsvereine oder -ämter als öffentliche oder geschlossene Veranstaltung zu Fuß durchgeführt. In Ausnahmefällen wird diese Aufgabe vom Reiseleiter übernommen. Je nach Dauer der Führung und Interesse der Gruppe können eine Auswahl der markantesten Sehenswürdigkeiten oder eine themenbezogene Auswahl (z.B. römisches Trier) vorgenommen werden. → ANS, → Local Guide, → Reiseleiter

Stadtrundfahrten: → Sightseeing

Stadt Ticket: Angebot der DB zur Nutzung von öffentlichen Verkehrsmitteln einer Stadt, nur gültig bei Anreise mit der Deutschen Bahn (über 50 km) oder per Flugzeug. Das S. ist für mehr als 80 Städte erhältlich. Es ist nach der Fluganreise am Ankunftstag sowie am folgenden Tag gültig. Bei der Bahnanreise kann die Gültigkeit (maximal 48 Stunden) innerhalb von vier Tagen frei gewählt werden.

Städte-Forum Niedersachsen: 1999 gegründete Städtekooperation mit 16 Mitgliedern (Stand: August 2001): Braunschweig, Celle, Göttingen, Goslar-Hahenklee, Hannover, Hann. Münden, Hameln, Hildesheim, Lingen, Lüneburg, Oldenburg, Osnabrück, Papenburg, Stade, Verden (Aller), Wolfenbüttel. Offen für Mitglieder mit bestimmter Relation Gästezahl zu Einwohner, Infrastruktur und städtetouristisch geeignetem Stadtbild. → Städtekooperationen

Städte-Informationen: Informations- und Service-Zentren in allen Bezirks-, Kreis- und Kleinstädten touristisch relevanter Gebiete der ehem. DDR, nach dem jeweiligen Ort benannt, z.B. Dresden-Information, Erfurt-Information. Sie vermittelten Auskünfte, Prospekte, Stadtführungen, auch Übernachtungen, gastronomischen Service und Eintrittskarten für kulturelle Veranstaltungen.

Städte in Schleswig-Holstein: 1999 gegründete Städtekooperation mit acht Mitgliedern (Stand: August 2001): Bad Bramstedt, Flensburg, Glückstadt, Itzehoe, Kiel, Lübeck, Mölln, Schenefeld. → Städtekooperationen

Städtekooperationen: (siehe Übersicht auf folgenden zwei Seiten) → Bundesvereinigung City- und Stadtmarketing Deutschland, → Federation of European Cities' Tourist Offices, → Historic Highlights of Germany, → Magic Cities Germany, → Städte in Schleswig-Holstein, → Städte-Forum Niedersachsen, → Wonderful Nine

STÄDTEKOOPERATIONEN

Städtekooperationen wer sie sind, was sie wollen, wie sie arbeiten

ACHT AUF EINEN STREICH

KULTUR: ART CITIES IN EUROPE

Gründung: 1992.

Kontakt: Telefon 07531-9073-0, Telefax -5, E-Mail info @artcities.de, www.artcities.de.

Mitglieder: 45, davon 14 in Deutschland. Offen für Städte ab 80.000 Einwohnern mit vielfältiger, international vermarktbarer Kultur.

Jahresetat: eine halbe Million Euro. Quellen: Verkauf von Service-Paketen an Städte, Vermittlung von Tickets und Reisen, Sponsoren, Anzeigenverkauf, Joint Mailings.

Aufgaben: Förderung von Kulturtourismus. Bereitstellung touristischer Produkte. Ticket-Buchbarkeit über CRS. Vertriebs- und Medienpartnerschaften. Europäisches Qualitätslabel für Kulturangebote. Netz von Kultureinrichtungen, Städten, Veranstaltern, Medien. ITB-Halle für Kulturtourismus.

Kooperationen: Reisebüros (Tickets über Start Kart), Veranstalter, Hilton International (Sponsor), Kreditkartenfirmen, Kundenbindungsprogramme, Incentive-, Kongressveranstalter, Medien, Kulturvereinigungen.

STADTMARKETING: BCSD

Gründung: 1996.

Kontakt: Bundesvereinigung City- und Stadtmarketing Deutschland, Telefon 0841-9366-20, Telefax -22, E-Mail geschaeftsstelle@bcsd-online.de, www.bcsd-online.de.

Mitglieder: City- und Stadtmarketing-Organisationen aus rund 130 Städten.

Jahresetat: 35.000 Euro. Quelle: Erfa-Netzwerk-Arbeit.

Aufgaben: Interessenvertretung (Vitalisierung der Innenstädte), Informationsaustausch, Weiterbildung.

Kooperationen: Tagungsveranstalter, Stadtmarketing Austria.

GRENZENLOS: FECTO

Gründung: 1991.

Kontakt: Federation of European Cities' Tourist Offices (Fecto), Telefon 0033-380-5602-04, Telefax- 05, E-Mail fotve-fecto@planetb.fr, www.visiteuropeancities.com.

Mitglieder: 85 aus 27 Nationen, davon 13 in Deutschland. Offen für touristisch bedeutende europäische Städte über 100.000 Einwohner.

Jahresetat: 130.000 Euro. Quelle: Mitgliedsbeiträge.

Aufgaben: Interessenvertretung, Erfahrungsaustausch, Marktanalysen, Promotions-, Informations- und Buchungsprogramme.

Kooperationen: Art Cities in Europe, European Travel Commission (ETC), Fict. ➡

Tradition: Historic Highlights of Germany

Gründung: 1975 Die historischen Zehn, 1993 Historic Highlights of Germany.

Kontakt: Telefon 0 62 24-92 64-43, Telefax -69, info@ hhog.de, www.hhog.de.

Mitglieder: 13. Offen für weitere Städte – ab 100.000 Einwohner, Uni, historischer Stadtkern, bedeutende Geschichte, Kultur, Wissenschaft, Wirtschaft –, aber maximal 15 Mitglieder.

Jahresetat: 300.000 Euro. Quellen: Mitgliedsbeiträge, Projektförderung der DZT, Sachleistungen LH/DB.

Aufgaben: Förderung von Reisen, Tagungen und Kongressen durch gemeinsame Marktbearbeitung im Ausland (Hauptmärkte USA, Japan, Italien, Großbritannien, Deutschland), Aufnahme in Veranstalter-Kataloge, Vermarktung über Neue Medien.

Kooperationen: DZT, DB, LH, Ameropa, Japan Travel Bureau, Gullivers, Miki Reisen (alle Japan-Incoming), Favor Travel (China), Deutsche Touring, LH Italien.

Die Gross en: Magic Cities Germany

Gründung: 1955 Big Eight, 1990 Magic Ten durch Beitritt von Dresden und Leipzig, 1998 Magic Cities.

Kontakt: c/o DZT, Telefon 069-9 74 64-12 90, Telefax -130, E-Mail magic_cities@d-z-t.com, www.magic-cities.com

Mitglieder: 9. Städte mit über einer halben Million Einwohner und einem internationalen Airport.

Jahresetat: 225.000 Euro plus Sachleistungen LH/DB. Quellen: Mitgliedsbeiträge, Projektförderung der DZT.

Aufgaben: Steigerung des Reiseaufkommens und Bekanntheitsgrads der Städte, besonders im Bereich Kunst und Kultur, Messen und Kongresse, Know-how-Austausch, Stärkung der Position der Städte innerhalb des Deutschland-Tourismus. Hauptquellmärkte USA, Japan und China. Zudem Auftritt auf dem World Travel Market in London.

Kooperationen: DZT, DB, LH, Deutsches Seminar für Fremdenverkehr (Präsentationen für Reiseagenten).

REGIONALE KOOPERATIONEN

Städte in Schleswig-Holstein

Gründung: 1999.

Kontakt: c/o LTZ, Telefon 04 51-122-19 00, Telefax -12 02, E-Mail Marketing-hl@luebeck-tourismus.de.

Mitglieder: 8. Offen für Neuzugänge.

Städteforum Tourismus Niedersachsen

Gründung: 1999.

Kontakt: c/o Hannover Tourismus Service, Telefon 05 11-168-497 46, Telefax -497 09, E-Mail info@hannover-tourism.de, www.staedte-forum.de

Mitglieder: 16. Offen für weitere Partner.

The Wonderful Nine

Gründung: 1983.

Kontakt: c/o Hannover Tourismus Service, Telefon 05 11-168-497 46, Telefax -497 09, www.9staedte.de

Mitglieder: 9 (in Niedersachsen). Closed Shop.

Ohne Anspruch auf Vollständigkeit. Quelle: Angaben der Kooperationen.

Städtepartnerschaft: Abkommen zwischen Städten hauptsächlich verschiedener Nationalität mit dem Ziel, durch gegenseitiges Kennenlernen das Verständnis füreinander zu fördern, z.B. Hamburg/Bordeaux, Köln/Wolgograd.

Städtereisen: Städtetouren; beliebtes Touristikangebot, meist im Rahmen von Kurzurlaubsreisen, werden überwiegend an Wochenenden mit jeder Art von Verkehrsmitteln unternommen. Während der Woche überwiegt der Geschäftsreiseverkehr. 1. S. sind eine der typischen Busreisearten. Sie finden hauptsächlich nach den europ. Metropolen statt, im Inland z.B. Berlin, München, Hamburg, Köln u.a. 2. Im Schienenverkehr werden S. mit Hotelunterbringung in Bahnhofsnähe angeboten, Basis RIT; keine Reiseleitung. 3. Städte-Flugreisen auf IT-Basis für schnellere und weitere Beförderung; vielfach auch als Zweit- oder Dritturlaubsreise. S. werden angereichert durch eine Programmgestaltung, die z.B. Theater-, Konzert- oder Museumsbesuche o.Ä. vorsieht oder auf andere attraktive Freizeitangebote und verfügbare Fremdenverkehrseinrichtungen zurückgreift, auch in den Hotels. Vor Ort werden die Besucher meist von den Verkehrsvereinen betreut bzw. mit einem Gutscheinheft mit ermäßigten Eintrittspreisen/freiem Eintritt sowie einem Informationspaket versorgt. Sightseeing u.a. → Doppelstädtereisen, → Kurzreisen/Kurzurlaubsreisen, → RIT

Ständiger Arbeitskreis deutsch-deutscher Fremdenverkehr: Sollte dem unmittelbaren Erfahrungs- und Informationsaustausch zwischen den Fremdenverkehrsfachleuten der Bundesrepublik und der DDR dienen, auf westdeutscher Seite unter Federführung des damaligen DFV und auf DDR-Seite mit Repräsentanten des Ministeriums für Tourismus und Verkehr sowie des Reisebüros der DDR.

Stärken-Schwächen-Profil: Methode eines Denk- und Entscheidungsmodells zur Analyse der verschiedenen Unternehmensbereiche und deren Vergleich mit Gesamtmarkt und Wettbewerb. Das Schema dieser Methode ist bes. geeignet, Stärken und Schwächen aufzuzeigen, Schwächen abzubauen und Stärken in gezielten Strategien am Markt einzusetzen. S. kennt man auch unter der Bezeichnung Ressourcenanalyse.

Stätten der Reformation: Europäischer Tourismusverband, Sitz: Lutherstadt Eisleben. Der Verbund wurde 1994 mit dem Ziel gegründet, touristische Angebote mit reformationsgeschichtlichem Hintergrund zu entwickeln und bekannt zu machen.

Stammdaten: Hierunter fallen alle Daten innerhalb eines IRS, die zur Beschreibung des touristischen Angebotes sowie dessen Umfeld erforderlich sind. → IRS

Stammkunden-Abonnement: Jahresabonnement der DB, bei dem zwölf persönliche oder übertragbare Monatskarten zum Preis von zehn zu bekommen sind.

Standard Administrative Form: → SAF

Standard-Class: → Ausflugsbus, → Klassifizierung der Reisebusse

Standard Credit Card Charge Form (CCCF): Im BSP-Abrechnungsverfahren ist das CCCF dann auszufüllen, wenn ein Agent ein manuelles Standardverkehrsdokument gegen Kreditkarte ausstellt. Im maschinellen Ticket übernehmen Agenten- und Passagiercoupon die Funktion des CCCF mit automatischer Ausfüllung.

Standardlinienbus (Stlb), Standardüberlandlinienbus (Stülb): Bezeichnung für bestimmte, nach einem Baukastensystem normierte Busse, die im ÖPNV eingesetzt werden. → ÖPNV

Standard Reservation Alteration Sticker: Standardaufkleber für Flugschein, die zu benutzen sind, wenn Einzelheiten der Flugreservierung im Passagefeld des Flugcoupons geändert werden sollen.

Standard Traffic Documents: → STD

Standardverkehrsdokumente (SVD): Zu den S. gehören die Standardpassagierflugscheine und die MCO; diese werden innerhalb des BSP-Abrechnungsverfahrens den Iata-Agenten zur Ausstellung an Kunden zur Verfügung gestellt. Diese Dokumente können nur für Passagier-Flugtransport oder für transportbezogene Dienstleistungen ausgestellt werden. → BSP, → MCO, → UCCCF

Stand-by: Sondertarif, der unter bestimmten Bedingungen bei Leistungsträgern wie Fluggesellschaften, Reedereien und Hotels üblich ist. Eine feste Reservierung im Voraus ist dabei nicht möglich. Nach Maßgabe freier Plätze kann kurz vor Abflug eine bestimmte Kapazität zu Sonderkonditionen gebucht werden. Hotelgäste, die nach 22 Uhr eintreffen und vor 9 Uhr das Hotel wieder verlassen, können nach diesem Sondertarif Ermäßigung erhalten. Da der Einnahmeausfall für nicht verkaufte Flugsitze/Hotelzimmer/Schiffskabinen endgültig ist, gilt der Stand-by-Verkauf als Beitrag zur Deckung der Fixkosten. → Deckungsbeitrag, → Kreuzfahrtenbörse/-zentrale, → Last-Minute-Tickets und -Reisen

Stand-by-Betrieb: Eingeschalteter Zustand eines elektrischen Gerätes, das auf zu verarbeitende Kommandos wartet. Bekommt ein Drucker einen Druckbefehl durch den Computer, kann er ihn im S. sofort ausführen.

Standortfaktoren: Werden jene Faktoren genannt, die für die Standortwahl eines Unternehmens von großer Bedeutung sind. Für den Tourismus von besonderer Wichtigkeit sind die Lohnkosten, der Anschluss an das Verkehrsnetz, Belastungen durch Steuern und Abgaben und Erweiterungsmöglichkeiten (z.B. Vergrößerung der Hotelanlage).

Standseilbahn: Seilbahnform, bei der die Fahrzeuge durch ein oder mehrere Seile auf einer auf dem Boden befindlichen Fahrbahn bewegt werden. In der Regel verkehren zwei Kabinenfahrzeuge mit Rädern auf Schienen an einem Zugseil im Pendelbetrieb. → Seilbahn

Stapellauf: Klassische Werftmethode, ein neugebautes Schiff mit dem Heck voran zu Wasser zu lassen

Star: 1. Special Technology for Agents Rating, Bonitätsprüfung durch BSP, wonach die individuelle wirtschaftliche Lage der Iata-Agenturen die Bürgschaftsbelastung bestimmt; sechs Bonitätsklassen. 2. Special Telecommunication Action for Regional Development, elektronisches Kommunikationsnetz in Almeria/Spanien zur regionalen Eigenvermarktung touristischer Angebote. → BSP, → Eigenvermarktung, → Iata-Agenturen

Star Alliance: Im Mai 1997 unterzeichnete Vereinbarung zum globalen Zusammenschluss der Fluggesellschaften Lufthansa, United Airlines, SAS, Thai Airways und Air Canada zur Ausweitung des Streckennetzes. Mittlerweile sind zusätzlich folgende Fluggesellschaften Mitglieder: ANA, Varig, Air New Zealand, Singapore Airlines, Mexicana Airlines, Austrian Airlines, Lauda Air, Tyrolean Airlines und BMI British Midland. Rund 282 Millionen Fluggäste zu 815 Zielen (Stand 1999). → Oneworld, → Qualiflyer Group, → Skyteam, → Wings

Stark: → Studentischer Arbeitskreis (Stark)

Start: → Start Amadeus

Start Agent's Entry: Mit S. binden touristische Anbieter bis zu sechs individuell angepasste Internet Booking Engines (Last Minute & Later, Last Minute & Pauschalreisen, Pauschalreise-Angebotsvergleich, Flug/Hotel/Mietwagen, Schnäppchen-Flüge, Eintrittskarten) von Start Amadeus in ihre eigenständige Web-Präsenz ein. Speziell für Ketten und Kooperationen ist die Homepage der Zentrale der Ausgangspunkt. Die Partnerbüros bauen mit der dort integrierten Booking Engine ihre eigene Website zum E-Shop aus.

Start Agent's Exclusive: Ist ein Internet-Produkt von Start Media Plus. Es ermöglicht Reisebüros und Anbietern, mit eigenem Layout und eigener Adresse mit einer Homepage im Internet aufzutreten. → Homepage, → Internet, → Start Media Plus

Start Agent's Private: Mit S. stehen in zwei verschiedenen Layout-Varianten fünf standardisierte Internet Booking Engines zur Auswahl: Last Minute & Later, Last Minute & Pauschalreisen, Schnäppchen-Flüge, Flug/Hotel/Mietwagen und Eintrittskarten.

Start Amadeus: Buchungs-, Reservierungs- und Vertriebssystem für Reise und Touristik in der Bundesrepublik Deutschland. Gegründet 1971 als Studiengesellschaft zur Automatisierung für Reise und Touristik, die 1976 in die Start-Datentechnik für Reise und Touristik überging. Der Betrieb wurde Mitte 1979 aufgenommen. Der Gesellschafterkreis bestand von 1971 bis 1990 aus DB, Lufthansa, TUI mit je 25%, Hapag-Lloyd, ABR und DER mit je 8 1/3%. 16.165 Betriebsstellen sind mit 39.214 Start-PC an Start Amadeus angeschlossen. Im Ausland 2156 Stellen mit 6054 PC. (Stand: Dezember 2000). Im August 1990 wurde die Start-Datentechnik für Reise und Touristik in die Start Holding mit insgesamt vier Tochtergesellschaften überführt. Die Gesellschafter waren zu gleichen Teilen die Deutsche Bahn, die Deutsche Lufthansa und die TUI. Im Juni 1996 übernahm die LH die TUI-Anteile, im März 1997 nahm die Deutsche Bahn jedoch ihr Vorkaufsrecht auf die Anteile der TUI-Gesellschaftsanteile wahr. Von da an sind die LH und die Deutsche Bahn zu jeweils 50% Gesellschafter von Start. 1998 führt das Unternehmen die Start Holding, Start Informatik und Start Amadeus Vertrieb in eine GmbH zusammen. Nach außen hin tritt das Reisevertriebssystem stellvertretend für diese drei Unternehmen seitdem als Start Amadeus auf. Die beiden Tochtergesellschaften Start Ticket und Start Media Plus bleiben weiterhin bestehen. Die Start Amadeus gründete 1999 die Start Amadeus in Galway/Irland (heute Traventec), eine Tochtergesellschaft für Software-Entwicklungen. Im August 1999 genehmigte die EU eine Amadeus-Beteiligung an Start Amadeus in der mit Lutfhansa vereinbarten Höhe von 34%. Im Herbst 1999 zog das Start-Amadeus Rechenzentrum nach Erding bei München. Im Februar 2000 wechselte das Unternehmen seinen Standort und zog nach Bad Homburg. → Start Amadeus Vertrieb, → Start Informatik, → Start Media Plus

Start Amadeus Vertrieb: War bis 1998 für das Marketing und den Vertrieb aller Leistungen von Start Amadeus und Amadeus in Deutschland verantwortlich. An der S. waren zu 95% die Start Holding und zu 5% die Amadeus Global Travel Distribution mit Sitz in Madrid beteiligt. Zusammenlegung mit Start Holding und Start Informatik zur Start Amadeus. → Start Amadeus, → Start Holding, → Start Informatik

Start-BTX-RB: Reiseberatung, Frankfurt/M., Beratungsservice für Start/BTX-Verfahren, Konzeption und Pflege von BTX-Programmen für Reisebüros und Leistungsträger, Umbrella-Dienste. Gesellschafter waren Start-Datentechnik, Frankfurt/M. (75%) und Derpart Reisevertrieb, Frankfurt/M. (25%). Seit Dezember 1994 mit Start Telematik fusioniert. → Start Telematik

Start Cash: Start-Software, die die Möglichkeit zur bargeldlosen Zahlung mit EC-Karten ermöglicht. Start Cash selbst (mit Hardware) bietet die Möglichkeit des elektronischen Zahlungsverkehrs. Die Chipkarten können in Zukunft auch über die Hardware (Start Multi Card Board) gelesen werden.

Start Columbus: Im Februar 1999 entwickelter elektronischer Marktplatz zur Vermarktung lokaler und regionaler touristischer Leistungen; in Toma integriertes Buchungssystem für deutschen Fremdenverkehr.

Start Comfort: Die grafische Benutzeroberfläche des Start-Systems stellt die Plattform für alle Start Verfahren dar. Start Comfort präsentiert sich im Windows-konformen Design und ermöglicht ein komfortables Arbeiten mit den Start-Masken.

Start Finance Manager, SFM: Basierend auf dem Programm SAP R/3 von SAP, übernimmt das Programm mit den beiden Komponenten der Finanzbuchhaltung (RF) und Kostenrechnung (RK) die komplette Buchhaltung und den automatischen Zahlungsverkehr. Derdata und Start haben das Programm modifiziert. Es wird in zwei Versionen angeboten: 1. Oberfläche von R/3. 2. Oberfläche von Derdata/Start (im Hintergrund läuft aber R/3-Anwendung). Nur lauffähig auf Pentium-PC unter Windows 95/NT. → RBS/SAP

Start Holding: Am 1. August 1990 aus der Start Datentechnik für Reise und Touristik hervorgegangen. Vier deutsche Tochtergesellschaften waren bis 1998 an die S. angeschlossen: Start Amadeus Vertrieb , Start Informatik, Start Media Plus und Start Ticket . Die Deutsche Lufthansa, die Deutsche Bundesbahn und die TUI waren zu gleichen Teilen Gesellschafter der S. 1998 Zusammenführung der Tochtergesellschaften in die Start Amadeus. → Start Amadeus, → Start Amadeus Vertrieb, → Start Informatik, → Start Media Plus, → Start Ticket

Start in Berlin: Ehemaliges Gemeinschaftsunternehmen (Joint Venture) von Interflug, Reichsbahn (DR), Deutsche Lufthansa (LH), Deutsche Bundesbahn (DB) und Start mit Anteilen von je 20%, das als GmbH im Juni 1990 in Berlin gegründet wurde. Wesentlichste Aufgaben waren Aufbau und Betrieb eines Reisevertriebssystems mit Terminals in den Reisebüros für Verkauf und Buchung der verschiedenen Start-Leistungsträger-Angebote. Die Gesellschaft führt keine Geschäftstätigkeit mehr aus.

Start Informatik: War neben dem Betrieb des Start-Rechenzentrums und der Datenpflege auch zuständig für die Betreuung des Start-Netzes. Die S. gehörte zu jeweils 50 Prozent der Start Holding und der Amadeus Global Travel Distribution. 1998 in die Start Amadeus integriert. → Start Holding

Start Information Manager, SIM: Basierend auf dem Programm RBS von Derdata wurde das Programm als Management-Informationssystem entwickelt. Es liefert bürobezogene, kostenstellenbezogene, aber auch kettenbezogene Daten, die als Basis für ein Controlling und eine genauere Planung herangezogen werden können. Vollgrafische Oberfläche unter Windows 95/Windows NT. → RBS/SAP

Start-Info-System: Gibt Auskünfte über beliebig einstellbare touristische Informationen innerhalb einer geschlossenen Benutzergruppe oder für alle Reisebüros. Die Daten können von jedem, der über eine Agentur und Betriebsstelle verfügt, gegen eine Monatsmiete eingestellt werden.

Start Internet Booking Engines: Mit den Produkten Start Agent's Private, Start Agent's Exclusive und Start Solutions bieten S. der Reisebranche drei Varianten für den Auftritt im Internet an. → Internet, → Start Agent's Exclusive, → Start Agent's Private, → Start Solutions, → Internet Booking Engines

Start Media Plus: Betreibt das Reise- und Freizeitportal www.start.de und ist eine Tochtergesellschaft von Deutschlands führendem Reisevertriebssystem Start Amadeus. Bereits seit 1996 können Internet-Nutzer auf www.start.de touristische Angebote einfach und unkompliziert buchen. Besonderheiten von www.start.de liegen in der objektiven, neutralen Darstellung der Reisen verschiedener Veranstalter sowie der breiten Angebotspalette. Dazu gehören neben den Pauschalreisen von rund 30 renommierten Veranstaltern auch mehr als 300.000 tagesaktuelle Last-Minute-Angebote, 450 Airlines, zirka 190 Hotelgesellschaften, alle wichtigen Mietwagenunternehmen und Eintrittskarten für 8000 Veranstaltungen weltweit (Stand: Januar 2002). → Internet, → Start Agent's Exclusive, → Start Agent's Private, → Start Holding

Start Quality Index SQI: Start-internes Qualitätskennzahlensystem mit Prüfung von Verfügbarkeiten der Zentralrechner, Verbindung von Rechner und Reisebüro-PC, Service Center und Beschwerdemanagement.

Start Solutions: Mit S. bietet Start Amadeus Konzeption, Realisierung und Betrieb individueller E-Commerce-Plattformen für den Reisevertrieb an. Einer der Schwerpunkte liegt in der Entwicklung innovativer webbasierter Booking Engines auf der Basis des Start-Systems oder des Buchungssystems touristischer Anbieter. Bereits vorhandene oder weitere Software kann in die Gesamtkonzeption integriert werden.

Start Telematik: Im Bereich der Telekommunikation mit Reiseagenturen und Endverbrauchern bietet dieser Geschäftsbereich innovative Lösungen und Anwendungen. Basis sind Datex-J- bzw. Btx-Dienstleistungen im Tourismus, insbes. gehört dazu der neue „Qualitätscontainer Reise und Touristik" mit dem integrierten „Elektronischen Reisebüro". Die S. ist Ende 1996 in die Start Media Plus übergegangen. → Start Media Plus

Start Ticket: Reservierungssystem für Eintrittskarten zu Veranstaltungen unterschiedlicher Art im In- und Ausland. Dieser Geschäftsbereich erschließt Reisebüros und Vorverkaufsstellen die Möglichkeit der Buchung und des Ticketausdrucks für eine Vielzahl von Musik-, Sport-, und Kulturveranstaltungen. Auch Messetickets können über S. gebucht werden. Außerdem bietet die S. mit City Soft/German Soft und Euro-Start Reservierungssysteme für Tourismus und Freizeitwirtschaft in Deutschland und Europa an. → Euro-Start

Start Web Basic: Ermöglicht Internet-Zugang zum Start-System. Bietet alle Funktionen des Start Standard Access inkl. des Drucks von Flugtickets und Hotelgutscheinen auf Systemdrucker. Der Zugang erfolgt über das Start-Amadeus-Internet-Portal Portevo. → Portevo

Start Web Client: Internetbasierter Zugang zu dem CRS von Start Amadeus.

State Surcharge: Staatlicher Zuschlag auf den Mietwagenpreis in den USA, unterschiedlich je nach Bundesstaat.

Statusmeilen: Tatsächlich abgeflogene Meilen, die für die Erreichung eines Elitelevels zählen. Hierbei werden nicht die Bonusmeilen angerechnet, die man z.B. für die Anmietung eines Mietwagens der kooperierenden Fluggesellschaft erwirbt. → Bonusprogramm

Stauprognose: Sie wird jedes Jahr vom Bundesverkehrsminister vor allem anhand der Baustellenplanung und des Schulferienkalenders neu herausgegeben und erteilt Auskunft über die zu erwartenden Staus auf deutschen Straßen und Autobahnen in der Ferienzeit. Mit Hilfe dieser Planungshinweise können Autoreisende dem Stop and Go auf den Hauptautobahnreisestrecken entgehen. Auch Abfahrts- und Ankunftszeit sind damit individuell besser zu steuern.

STD: Standard Traffic Documents, Standardverkehrsdokumente, die dem Agenten innerhalb des BSP zur Verfügung gestellt werden. Diese Dokumente können für Passagierflugtransport einer LVG oder für transportbezogene Dienstleistungen, welche die LVG genehmigt hat, ausgestellt werden. Sie tragen keinerlei LVG-Identifizierung, bevor der Agent sie durch Gültigstempelung zugeordnet hat.

Steal: Start Tourism External Application Link. Schnittstelle in der Start-Buchungsmaske, mit direkten Verbindungen zu Anbietercomputern zur differenzierten Informationsübermittlung.

Steering Panel: Auch Steering Panel of the Billing and Settlement Plan; lokaler Ausschuss, dem verschiedene Kontroll- und Planungsfunktionen im örtlichen BSP obliegen, die in Übereinstimmung mit den Anweisungen und Anleitungen des BSP-Komitees stehen. → BSP

Sterne: 1. In Zusammenhang mit einem rechtlich geschützten Qualitätssymbol äußere Merkmale einer standardisierten Klassifizierung, die dem Verbraucher Auskunft über einen jeweiligen festgeschriebenen Minimalstandard geben; 2. Schmucksterne. Willkürlich, vor allem im Busgewerbe ohne den Zusammenhang zu einem Klassifizierungssystem verwandte in jeder Form und Zahl, die bewusst den Anschein eines derartigen Standards erwecken sollen. → GBK

Sternfahrt: Im Gegensatz zur Rundfahrt wählt der Busreiseveranstalter für die Unterbringung seiner Reisegäste ein zumeist qualitativ hochwertiges Hotel aus. Von dort werden Tagesfahrten zu den verschiedenen Reisezielen unternommen, die i. d. R. im Umkreis von 100 bis 200 km liegen.

Steuerbord: Bezeichnung für die rechte Schiffsseite in Fahrtrichtung. → Backbord

Steuerbrief Touristik: Steuerfachzeitschrift der Tourismuswirtschaft vom IWW - Institut für Wirtschaftspublizistik in Würzburg. Chefredakteur: H. Jürgen Henkel, Essen.

Steuern: Die von Bund und Ländern, ohne Anspruch auf Gegenleistung, auferlegten Zwangsabgaben. Die S. dienen neben der fiskalischen Einnahmengewinnung (wichtigste Einkunftsart der Gebietskörperschaften) als wirksames Mittel der Wirtschafts- u. Sozialpolitik. → Abgaben

Stewarding: Department Spülküche; Steward ist auch Leiter der Spülküche.

Steward/Stewardess: Bezeichnung für das Servicepersonal an Bord, Bedienung in den Restaurants oder Betreuung der Zimmer/Kabinen; Kabinen-, Tisch-, Deck-, Barsteward bzw. -stewardess; Flugbegleiter auf Passagierflugzeugen. → Chefsteward

StfT: Studienkreis für Tourismus, Starnberg, gegr.: 1961, ehemaliges fremdenverkehrswissenschaftliches Institut, organisierte seit 1970 alljährlich die Reiseanalyse (RA) und weitere Forschungsprojekte sowie Tourismustagungen. Er wurde 1993 aufgelöst. → FUR, → Reiseanalyse (RA), → Studienkreis für Tourismus und Entwicklung

Stift: Studiengruppe der Interessengemeinschaft Freizeit/Touristik, Fachbereich Sozialpädagogik, an der Fachhochschule Fulda.

Stille Gesellschaft: (§ 230 HGB) eine Sonderform der Gesellschaft, die dadurch entsteht, dass sich ein stiller Teilhaber an dem Unternehmen eines anderen mit einer Einlage beteiligt. Die S.G. ist keine Handelsgesellschaft, sondern eine reine Innengesellschaft. Der stille Gesellschafter tritt nach außen hin nicht in Erscheinung. Aus den in dem Unternehmen abgeschlossenen Geschäften wird allein der Inhaber berechtigt u. verpflichtet. Der stille Gesellschafter erhält einen Anteil am Gewinn und hat das Recht auf eine Abschrift der Bilanz sowie auf Einsicht in die Bücher und Geschäftspapiere. → Unternehmensform

Stin: Sabre Travel Information Network; kooperiert mit Reed Travel Group auf dem elektronischen Sektor seit Juli 1989. → ABC International, → Sabre-Vision

Stinnes-Data-Service: 1969 als eigenständiges Unternehmen aus der Stinnes AG hervorgegangen. Befasste sich mit leistungsfähigen Datenverarbeitungssystemen für den Bereich Touristik, Warenwirtschaftssystemen und Kassensystemen. Seit einem Management Buy-out im Jahr 1999 hat sich die S. auf Dienstleistungen rund um die Informationsverarbeitung konzentriert.

Stock: Anzahl der in einem Reisebüro vorrätigen Blanko-Tickets.

Stopover: Freiwillige Flugunterbrechung mit mindestens einer Übernachtung.

Stopover-Programm: Flugunterbrechung in Verbindung mit einem Landarrangement, z.B. Hotel und Besichtigungsprogramm. Vom Fluggast vorgenommene Reiseunterbrechung an einem Ort zwischen Ausgangs- und Bestimmungsflugplatz. → Eigenveranstalter

Stornierung: → Annullierung/Stornierung, → Cancellation, → Rücktritt, → Stornokosten

Stornokosten: 1. Beim Vertragsverhältnis Kunde-Reiseveranstalter: Im Verhältnis Kunde-Reiseveranstalter wird bei dem zulässigen Rücktritt vor Reisebeginn eine „angemessene Entschädigung" (§ 651 i BGB) fällig. Diese Stornokosten können bei entsprechender Vereinbarung, zumeist in den AGB, nach einem Pauschalsystem (Stornokostenstaffel) festgelegt werden. S. werden in Prozentsätzen vom Reisepreis errechnet. Je länger die Zeitspanne bis zum Reiseantritt ist, desto geringer ist der Stornokostensatz. Damit wird die Wahrscheinlichkeit des Wiederverkaufs der Reise berücksichtigt. Der Reisekunde kann gegen pauschal berechnete Stornokosten nicht einwenden, dass tatsächlich nur geringere oder keine Kosten entstanden seien. Die Stornostaffeln in AGB der Reiseveranstalter unterliegen gerichtlicher Nachprüfung.

2. Stornofolgen im Verhältnis Reiseveranstalter-Leistungsträger: Stornokosten werden fällig, wenn eine eingeräumte Frist zur Abmeldung überschritten wurde (meistens vier Wochen vor der Reise und Leistungsbereitstellung, z.B. von Hotelkontingenten). Der Leistungsträger stellt dem Veranstalter für die Ausschreibung einer Pauschalreise ein Kontingent mit Zahlungsplan bereit. Die Abstimmung über den Abverkauf erfolgt meist 90 Tage vor der Abreise. Wird das Kontingent innerhalb dieses Zeitraumes zurückgegeben, fallen keine Stornogebühren an. Ohne Stornierungskosten werden Kontingente weiter zur Verfügung gehalten, wenn der Leistungsträger eine weitere Verfügbarkeit auf eigenes Risiko ermöglicht. Reservierungsverträge zwischen Reisebüros und Hotels im Bezirk der IHK Koblenz können ohne weitere Rechtsfolgen storniert werden, sofern dabei eine mindestens vierwöchige Stornierungsfrist eingehalten wird. Dies entschied der 10. Senat des OLG Koblenz in einem Rechtsstreit zwischen einem Hotelier und einem britischen Reiseveranstalter. → AGB, → Annullierung/Stornierung, → Cancellation, → Leistungsträger, → Reiseveranstalter, → Rücktritt

STP: Satellite Ticket Printer, Multi-Dokumentendrucker, der in einer Firmenreisestelle gem. Iata-Resolution 814 installiert werden darf. Der Ausdruck der Flugbelege wird vom Iata-Reisebüro-Vertragspartner mittels Druckerzuordnung durch Leitungsübertragung der Druckdaten zum STP durchgeführt. Das Know-how ist meist beim Reisebüro, während die STP-Reisestelle den Ausdruck überwacht, entgegennimmt und an den Firmenkunden weiterleitet. → Implant-Reisebüro, → Reisestelle

STPB: Singapore Tourist Promotion Board, eine der DZT vergleichbare Organisation, die das Incoming nach Singapur fördert. Betreiber der Fremdenverkehrsämter von Singapur im Ausland.

Strandbenutzungsgebühr: Form der Kurabgabe, die auf Tagesgäste in Seeheilbädern, Seebädern und Küstenbadeorten fixiert ist. → Kurabgabe

Strandkorb: Symbol für Badeurlaub an den Küsten; ursprünglich als Schutz vor Wind und Sonne, um trotzdem die gesunde Seeluft zu genießen. Als Erfinder des S. in Deutschland gilt Wilhelm Bartelmann aus Rostock um 1882, allerdings sollen überdachte Strandkörbe in den Niederlanden schon 250 Jahre früher bekannt gewesen sein.

Straßenbahn/Tram: Die von Werner von Siemens in 1881 entwickelte erste elektrische S. der Welt befuhr die 2,45 km lange Strecke im heutigen Berliner Stadtteil Lichterfelde Ost. Allein in Berlin gibt es in 2001 noch 28 Tageslinien mit 371 Haltestellen, die auch touristisch genutzt werden.

Straßenbenutzungsgebühren: Werden in einigen Ländern wie z.B. Frankreich, Schweiz, Italien, Österreich, USA für die Benutzung von Autobahnen oder Autobahnabschnitten erhoben sowie bei Straßen, deren Bau und Unterhalt hohe Kosten verursacht (Mautstraßen).

Straßenhilfsdienst: Motorisierte Pannenhilfe, die von Automobilclubs eingerichtet wurde und die im Kulanzrahmen auch Nichtmitgliedern gewährt wird.

Strategie: Zielsetzung der S. ist, die Wettbewerbsfähigkeit des Unternehmens/der Destination zu erhalten und auszubauen. Sie gibt Auskunft, wie durch die Entwicklung und Nutzung von Kernkompetenzen nachhaltige Wettbewerbsvorteile erzielt werden sollen, wie sich das Unternehmen auf dem Markt profilieren soll und auf welchen Märkten es mit welchen Produkten präsent sein möchte. → Kernkompetenz

Straußwirtschaft: Vor allem in Süddeutschland verbreitete Art von Schankwirtschaften, deren Betriebszeiten saisonal begrenzt sind. Bekannt auch unter den Bezeichnungen Buschen-, Besen- oder Kranzwirtschaften. Neben Weinen aus meist eigenem Anbau werden vor allem ländlich-deftige Speisen angeboten. S. bedürfen keiner Schankerlaubnis.

Streckenfahrschein: Fahrschein für den Binnenverkehr ausländischer Bahnen, die in Deutschland ausgestellt werden können.

Streckennetzkarte Spanien: Angebot der Ferienfluggesellschaft Aero Lloyd als personengebundenes Jahresticket mit Nutzung aller Flüge von deutschen Abflughäfen und spanischen Ankunftshäfen dieser Fluggesellschaft. Diese Spanien-Card gewährt eine Reihe von Vorzügen.

Streckenrechte: → Freiheiten der Luft, → Slots, → Verkehrsrechte

Stromruckfähre: Fähre, die auf einem größeren Fluss verkehrt, indem sie die Strömung als Antrieb nutzt, z.B. Rheinfähren in Basel.

Studentische Arbeitsgemeinschaft Tourismus (SAT): 1971 gegründeter Zusammenschluss von Studenten des Studienganges Tourismus an der Fachhochschule München, will interessierte Studenten schon während des Studiums an konkrete Aufgaben und Problemstellungen des Tourismus heranführen. Vermittelt Praktikantenplätze und pflegt Kontakte zu Fachleuten und Experten. SAT ist Mitglied bei Futurista. → Futurista

Studentischer Arbeitskreis (Stark): An der Universität Bielefeld seit 1991 bestehender interdisziplinärer Treffpunkt für alle an Freizeit, Tourismus und Kultur Interessierten. Tourismusforschung, Organisation von Seminaren sowie Vermittlung von Kontakten und Durchführung von Projekten, Mitglied bei Futurista. → Futurista

Studentischer Arbeitskreis Tourismus an der Berufsakademie Ravensburg: ATBR bemüht sich u. a. um die Intensivierung der Kontakte zwischen Tourismuswirtschaft und Wissenschaft, Mitglied bei Futurista. → Futurista

Studiengruppe Fremdenverkehr Allgäu (SFA): An der Fachhochschule Kempten, ihre Ziele sind u. a. die Förderung der Kontakte zwischen Studenten und der touristischen Praxis, z. B. durch die Teilnahme an Messen, die Veranstaltung der Vortragsreihe „Touristik Forum Allgäu“ und Exkursionen zu Touristikunternehmen. Mitglied bei Futurista und beim VDKF (Verband Deutscher Kur- und Tourismusfachleute). → Futurista, → VDKF

Studienkreis für Tourismus und Entwicklung: Eröffnete sein Büro im März 1994 in Ammerland/Starnberger See. Gründungsmitglieder waren u. a. Hetzel, Studiosus, das Bildungswerk des DGB und das kath. Missionswerk Missio. Seine Schwerpunkte liegen in der Erarbeitung von Konzepten zur Optimierung touristischer Entwicklung im Sinne eines ganzheitlich orientierten, umwelt- und sozialverträglichen Tourismus (vor allem in den Entwicklungsländern). Der Verein übernimmt auf diese Weise die Arbeit des Referates Ferntourismus des ehem. Studienkreises für Tourismus sowie die Herausgabe der Sympathie-Magazine.

Studienkreis für Tourismus: → StfT

Studienreiseleiter: Bei Reiseleitern von Studienreisen handelt es sich meist um wissenschaftliche Fachkräfte, die bereits bei der Entwicklung der einzelnen Programme eingeschaltet werden, vorrangig Archäologen, Kunsthistoriker, Geografen, Ethnologen, Zoologen, Politikwissenschaftler u.a. Diese sind für die Führungen vor Ort und die abendlichen vorbereitenden Vorträge verantwortlich, in denen sie die Reiseeindrücke in ein Gesamtbild integrieren. Z.T. müssen sie mit nationalen Silent Guides der Zielländer kooperieren. → Reiseleiter, → Silent Guide, → Studienreisen

Studienreisen: Als Rundreisen durchgeführte Gruppenreisen mit limitierter Teilnehmerzahl, festgelegtem Reisethema und daran orientiertem Reiseverlauf unter qualifizierter Reiseleitung. Die nicht mehr aktive Arbeitsgemeinschaft Studienreisen (AS) formuliert das Konzept der S. wie folgt: Veranstaltung moderner Studienreisen, die den Kunden Kunst und Kultur sowie soziale und wirtschaftliche Verhältnisse der Zielländer nahe bringen. S. gehören zu den Spezialitäten des Tourismus, ihre Produzenten somit zu den Spezialveranstaltern. Eine S. ist mehr als der gängige Begriff „Klassische Bildungsreise". Charakteristisch für S. sind genaue Informationen über Kunst, Archäologie und Geschichte eines Landes sowie über Land, Leute, Wirtschaft, Politik und Sozialgefüge. → Studienreiseleiter

Studio: Apartment oder Suite in einem Beherbergungsbetrieb.

Stuttgart 21: Projekt eines unterirdischen Durchgangsbahnhofs in Stuttgart, der den bisherigen Kopfbahnhof ersetzen soll. Fernzüge sollen durch kilometerlange Tunnel die Durchgangsstation anlaufen. Der neue Bahnhof soll die Reisezeit sowohl im Regional- als auch im Fernverkehr erheblich verkürzen und den Flughafen sowie die künftige Messe über die ICE-Trasse anbinden.

Subareas: Der Linienluftverkehr hat eigene geografische Definitionen, darunter die sog. Subareas. Nach der Aufteilung in drei Konferenzgebiete (TC1, TC2 und TC3) gibt es eine weitere Aufteilung in vier Verbindungskonferenzen (für die Preisbildung zwischen den drei o. a. Gebieten), die wiederum in Regionalkonferenzen bzw. Unterregionen (Subareas) aufgeteilt sind. → Flugrouten, → Iata-Verkehrsgebiete, → Konferenzgebiet, → Verbindungskonferenzen (Iata)

Subcharter: Beim S. stellt der Charterer einen Teil der Kapazität (Flugzeug/Schiff) Dritten zur Verfügung. Das Vertragsverhältnis besteht dabei zwischen dem Charterer und seinem Kunden.

Subsidiaritätsprinzip: Mit dem S. will die EU einen bürgernahen Aufbau von unten nach oben sicherstellen und zentralistischen Tendenzen entgegenwirken. Die EU darf nur tätig werden, sofern und soweit die Ziele geplanter Maßnahmen auf der Ebene der Mitgliedsstaaten nicht ausreichend verwirklicht und daher wegen Ihres Umfangs oder ihrer Wirkungen besser auf Gemeinschaftsebene erreicht werden können.

Suez-Kanal: Kürzeste Verbindung von Europa nach Asien und Australien durch das Mittelmeer und den Suez-Kanal zwischen Port Said und dem Roten Meer (Verkürzung des Seewegs um 4500 Seemeilen). Länge 161 km, ägyptisches Hoheitsgebiet.

Suite: Kombination mehrerer Hotel- oder Kabinenräume (Wohnzimmer, Schlafzimmer, Konferenzzimmer, Sanitärräume). → Kabine

Sunburst: Hoteleigenes Reservierungssystem der Quality-International-Hotelgruppe.

Sund: In Skandinavien Meerenge zwischen dem Festland und einer Insel, z.B. Öresund.

Sunday Return Rule (SU): Auf innerdeutschen und innereuropäischen Strecken praktizierter Sondertarif im Luftverkehr. Der Passagier darf den Rückflug seiner Reise frühestens an dem nach dem Hinflug folgenden Sonntagmorgen um 00.01 Uhr antreten. Diese Regelung gilt unabhängig vom Anreisetag (z. B. bei Hinflug am Sonntag ergibt sich eine Aufenthaltsdauer von einer ganzen Woche). → Mindestaufenthalt

Sun Promotions: Spezialveranstalter für Expeditenten- und Airliner-Reisen. Sitz in Maintal.

Superprovision: → Kickback, → Overriding Commission, → Provision

Super-Sparpreis: Festpreisangebot der DB für Einzelreisende (Erwachsene oder Kind) und gemeinsam Reisende von eineinhalb bis fünfeinhalb Personen (Kinder zählen wie ein halber Erwachsener). Der S. ist gültig von Montag bis Donnerstag und Samstag. Zur Hinfahrt längstens bis zu dem auf den ersten Geltungstag folgenden Samstag bis 10 Uhr, zur Rückfahrt frühestens an dem auf den ersten Geltungstag folgenden Samstag ab 3 Uhr. Der S. ist nur mit ICE-Berechtigung zu erwerben.

Super Value: Mietwagenangebot von Avis für Ferien-/Urlaubsauto in Europa zum Inklusivpreis. S. V. schließt das gesamte Versicherungspaket und die lokalen Steuern ein, keine Kilometerbegrenzung. → Rent a Car

Supplement: 1. Zusatzleistung gegen Aufpreis, 2. spezielle Beilagen in Wirtschaftsmagazinen wie z.B. „Capital", „Wirtschaftswoche", u.a.

Supplemental/Supplement Carrier: Engl. Bezeichnung für Bedarfs- oder Charterfluggesellschaft. Gegensatz: Sked (scheduled), Linienfluggesellschaft.

Supranational: Weltweiter Verbund von internationalen Hotelketten, die Verkauf und Marketing gemeinsam über das Reservierungssystem Supros steuern. Supros hat Zugriff zu allen großen Airline-Reservierungssystemen wie Sabre durch Direct Connect und zu Apollo durch Inside Link. S. ist eine Non-Profit-Organisation, die von Hoteliers für Hoteliers geführt wird. In Deutschland überwiegend durch die Maritim-Hotelkette. → Apollo, → Sabre

Surface Sector: Eine Strecke zwischen Ankunfts- und Abflugsort, die mit Bodentransportmitteln zurückgelegt wird.

Surf & Rail: Internet-Angebot der Deutschen Bahn, bei dem der Kunde bei Online-Buchung Preisvorteile erhält. Das Aktionsangebot gilt auf über 900 Direktverbindungen und muss mindestens sieben Tage im Voraus gebucht werden.

Surfing: Wellenreiten. Wassersport, bei dem man stehend oder liegend auf einem Surfbrett auf den Wellen bzw. auf den Brandungswellen bis an den Strand reitet. Zu dieser Sportart gehören auch das Bellyboarding (auf dem Brett bäuchlings liegend), das Brandungsschwimmen und das Body Surfing (nur mit dem Körper, ohne Brett).

Survival-Training: Als Abenteuerreise angebotenes Überlebens- oder Wildnistraining in der freien Natur ohne technische Hilfsmittel.

SVD: Standardverkehrsdokumente im Luftverkehr. → Standardverkehrsdokumente (SVD)

Swath: Schiffstyp, Small Waterplane Area Twin Hall; Katamaran als neuer, überdimensionaler Ferienclub. Die Kabinendecks sind in den Rümpfen des Katamaran untergebracht, so dass für alle Passagiere Außenkabinen zur Verfügung stehen. → Kreuzfahrten

Swiss Air Lines: Kurz: Swiss. Nachfolgegesellschaft von Crossair/Swissair.

Swiss Contact '90: Bei diesem Hotel Travel Workshop in Zürich wurden erstmalig Hotelanbieter aus aller Welt mit der schweizerischen Reiseindustrie zusammengebracht; damit sollte einer zunehmenden Aufsplitterung in Länder-Workshops entgegengewirkt werden. Veranstalter ist TTW. → TTW

Swiss Romantic Tour: Touristische Strecke, die Grindelwald mit Zermatt, also die Jungfrau-Region im Berner Oberland mit dem Matterhorn im Wallis, verbindet, teils als Bahn- und teils als Alpenbusfahrt über rd. 160 km.

Symposium: Zusammenkunft, Versammlung von Experten zur Aussprache über Spezialthemen in Form einer Podiumsdiskussion. Fachlich interessierte Zuhörer sind bei der Diskussion zugelassen; mitunter ergänzt durch Fachausstellung/Workshop. → Workshop

Synergie: Mit dem Ziel optimaler Kapazitätsausnutzung, gegenseitiger Ergänzung und Rationalisierung belegter Begriff aus der Arbeits- und Organisationsforschung; bezeichnet allgemein das Zusammenwirken verschiedener Systemelemente zur Optimierung der Systemleistung. Synergieeffekte werden ausgenutzt, wenn Personen (Betriebsangehörige oder externe Gutachter) möglichst verschiedener Fachgebiete und Probleminstanzen gemeinsam die Lösung von Problemen betreiben. Synergieeffekte kommen auch bei der Diversifizierung von Produktpaletten und dem gezielten Erwerb von Konzernunternehmen aus einem Branchenmix zum Tragen.

System 2001: Best-Buy-Reservierungssystem von Neckermann und Karstadt als Modul des Computersystems Karuso. Das Programm fragt die Reisewünsche des Kunden ab (Personenzahl, Termin, Dauer, Preis und Zielort) und ermittelt aus der Datenbank des Systems das preisgünstigste Angebot. → Karuso

System One: Computer Reservierungssystem, ursprünglich im Besitz von Continental Airlines (ehem. Texas Air zusammen mit Eastern Airlines), Sitz: Miami/Florida. S.O. lieferte die Basissoftware für Start Amadeus, eines der weltweit führenden CRS. Ab 1995 Fusion mit Amadeus. S.O. wird zur nationalen Marketinggesellschaft für Amadeus in den USA. Inzwischen vollständig in Amadeus integriert. → Amadeus, → Start

T

T2-Schlafwagenabteil: → Schlafwagen

T3-Schlafwagenabteil: → Schlafwagen

TAA: → TourismusAusbildungsanalyse (TAA)

Taab: Travel Agency Advisory Board, internationaler europäischer Amadeus-Reisebürobeirat. → Vertreterausschuss (VA)

Table d'hôte: Gemeinsame Mahlzeit der Hotel- und Pensionsgäste zu einer bestimmten Mittags- und Abendzeit.

Tachoscheiben und Geschwindigkeiten: Tachoscheiben dürfen auch daraufhin ausgewertet werden, ob das Fahrpersonal gegen Bestimmungen der StVO verstoßen hat. Dies bedeutet, dass anhand der Scheiben die Einhaltung der Höchstgeschwindigkeiten kontrolliert werden kann.
Der Bund-Länder-Fachausschuss für Ordnungswidrigkeiten hat beschlossen, dass diese Kontrollen auf Verstöße des Kontrolltages und des jeweiligen Vortages beschränkt sollen.
Von der Zwei-Tage-Regelung kann allerdings abgewichen werden, wenn Geschwindigkeitsüberschreitungen von mehr als 20 km/h festgestellt werden!
Aufbewahrung

- ein Jahr als Nachweis für die Gewerbeaufsicht (EWG-VO 3821/85 und FPersV)
- zwei Jahre als Nachweis gemäß §16 ArbZG
- sechs Jahre als Nachweis für Kfz-Steuerbefreiung.

→ Busreisen

TACP: Travel Agents' Commission Programm. Dieses Provisionsrückerstattungssystem wurde 1984 von Holiday Inn entwickelt, um die Provisionsabrechnung an die Reisebüros über das hauseigene Reservierungssystem Holidex sicherzustellen.

TAD: Touristikakademie Düsseldorf, berufsbegleitende Fortbildungsstätte mit Abschluss Tourismusfachwirt (IHK).

Tag des Offenen Denkmals: Deutscher Beitrag zu den European Heritage Days, die 1991 vom Europarat ins Leben gerufen wurden. In Deutschland wurde der T. erstmals 1993 bundesweit gefeiert. In etwa 40 europäischen Ländern werden am zweiten oder dritten Wochenende im September Kulturdenkmäler geöffnet, von denen der größte Teil sonst nicht zugänglich ist. Führungen und Rahmenprogramme wie Demonstrationen alter Handwerkskunst, Werkstattbesuche bei Restauratoren oder historische Märkte tragen dazu bei, die Aufmerksamkeit auf die Denkmäler und das Thema Denkmalschutz zu lenken; in 2001 am 9. September mit dem Motto: „Schule als Denkmal" – „Denkmal als Schule" und dabei für Jugend und Denkmalschutz im Vordergrund. T. wird sehr stark auch touristisch genutzt mit Ausflügen und Besichtigungsprogrammen, z.B. in Bernau bei Berlin als Baudenkmal Bundesschule mit seiner wechselnden Bau- und Nutzungsgeschichte seit 1928 ursprünglich ausgeschrieben als Architekturwettbewerb vom Allgemeinen Deutschen Gewerkschaftsbund (ADGB) und gewonnen vom bekannten Bauhaus-Architekten Hannes Meyer.

Tagesausflugsverkehr: Reisen, die aus dem üblichen Wohn- und/oder Arbeitsumfeld hinausführen, weniger als 24 Stunden dauern bzw. keine Übernachtung einschließen und nicht zu den routinemäßig wiederkehrenden Ortsveränderungen beruflicher, sozialer oder freizeitorientierter Art gehören. → Ausflugsverkehr

Tagesrandverbindung: Bezeichnung für Städteverbindungen am Morgen und am Abend.

Tageszimmer: Tagsüber gemietetes Hotelzimmer, dessen Preis geringer ist als der übliche Übernachtungspreis. Angebote dieser Art findet man bevorzugt in Bahnhofs- oder Flughafennähe oder in Motels.

Tagungsfachfrau/Tagungsfachmann: Unter Mitwirkung der IHK Karlsruhe angebotene Fortbildungsqualifikation im nationalen und internationalen Messewesen. Schwerpunkt ist die Weiterbildung der Teilnehmer zur professionellen Veranstaltung von Tagungen und Kongressen.

Tagungsstätten: Nach Studie des IPK verfügt Westdeutschland über 3130 T., davon 2680 in Hotels (= 85%), 320 in Hallen und 130 in Universitäten/Fachhochschulen. Von den insges. 1,85 Mill. angebotenen Sitzplätzen entfallen 720.000 auf Hallen, 700.000 auf Hotels und 430.000 auf Universitäten/Fachhochschulen. → Convention, → GCB, → IPK

TAI: Travel Agents International, US-internationale Reiseagenturen, eine der führenden Touristik-Ketten.

Take Five: 1. Marketingzusammenarbeit der fünf Kölner Fünf-Sterne-Hotels Holiday Inn Crowne Plaza, Hyatt Regency, Dorint Hotel, Maritim und Ramada Renaissance zum gemeinsamen Ausbau des Tagungsgeschäfts im Wirtschaftszentrum West. 2. Hapag-Lloyd-Couponheftangebot auf Charterflugstrecken nach Spanien.

Take Off: Engl. für den Start eines Fluggerätes.

Take Off Clearance: Starterlaubnis eines Flugzeuges.

Talfahrt: In der Flussschifffahrt die Fahrt stromabwärts, Gegensatz: Bergfahrt. → Bergfahrt

Tall Stacks: Festival der hohen Schlote, erinnert an die Ära der Dampfschifffahrt des 19. Jh. und findet alle vier Jahre in Cincinnati auf dem Ohio statt mit den schönsten historischen Fluss- und Raddampfern.

Talon: 1. Gutscheinsystem; Pauschalurlauber haben mit diesen Gutscheinen freie Restaurantwahl. 2. Belegbon in der Gastronomie.

Tams: Travel Agency Management Systems, Amadeus-System als Instrument zur Optimierung der Beratungstätigkeit in den Reisebüros. Umfassendes System, das über die PC der mit Start ausgestatteten Reisebüros läuft, mit Frontoffice-System (FOS) als Reservierungs- und Verkaufssystem, Backoffice-System (BOS) als Verwaltungssystem und Travel Expense Management System (Tems), einem Management-System zur Erfassung der Reisekosten und zur Verwaltung und Abrechnung von Kundenbudgets. Die Fortentwicklung von Tams wird unter Amadeus Pro geführt. → Amadeus Pro, → CRS, → Tems

Tangentialreisende: Personen, die z.B. auf einer Reise zwischen zwei ausländischen Häfen einen deutschen Hafen anlaufen, ohne das Schiff zu verlassen.

Tank & Rast: Nachfolgegesellschaft der GFN, Gesellschaft für Nebenbetriebe der Bundesautobahnen, Sitz: Bonn. Autobahnraststätten sind Anlaufstellen für Reisebusse und Individualtourismus. Sie bieten neben dem Autoservice gastronomische Einrichtungen und Erfrischungskioske. T & R finanziert, verwaltet und verpachtet diese Betriebe. Planung und Bauausführung erfolgen gemeinsam mit dem BMVBW. Die ursprüngliche Autobahn Tank & Rast wurde am 9.2.1999 in eine GmbH und am 20.11.2000 in eine Kommanditgesellschaft umgewandelt. → Autobahnraststätten, → Bundesministerium für Verkehr, Bau- und Wohnungswesen (BMVBW)

Tante Ju: → Ju 52

Tapmatic: Reservierungssystem der TAP Air Portugal, Galileo-Gesellschafter.

Tarif: Die Gesamtheit aller für eine standardisierte Leistung, insbesondere Beförderung, und zur Berechnung der Preise maßgeblichen Bestimmungen. Binnentarife umfassen die Strecken eines einzelnen Verkehrsträgers, Wechseltarife die Strecken von mindestens zwei Verkehrsträgern und internationale T. die Strecken mindestens zweier Staaten. Zonentarife schaffen für alle innerhalb einer Entfernungszone gelegenen Entfernungen und Einheitstarife für sämtliche Entfernungen einheitliche Beförderungspreise. Zu diesen Basistarifen treten Zuschläge für die Benutzung besonderer Beförderungseinrichtungen sowie die mannigfachen Ermäßigungen, welche entweder auf dem Prinzip des Mengenrabattes oder auf dem Prinzip saisonaler Entzerrung oder auf sozialpolitischen Erwägungen beruhen. → Grundpflichten, → Verkehrsverbund

Tarifgemeinschaft: → DRV, → DRV-Tarifgemeinschaft

Tarifpflicht: → Grundpflichten

Tarifverbund: → Verkehrsverbund

Tarifvertrag: Grundlage ist eine Vereinbarung zwischen einem Arbeitgeberverband und einer Gewerkschaft. Der T. regelt Arbeitsbedingungen wie Lohn- und Gehaltshöhe, Arbeitszeit und -schutz, Urlaubszeit, Urlaubsgeld u.a. Der erste T. wurde 1873 für die Buchdrucker abgeschlossen. Insgesamt gibt es in Deutschland 38.000 gültige T. für rd. 25 Mill. Beschäftigte. Die T. sind im Tarifregister des Bundesministeriums für Arbeit und Sozialordnung eingetragen. I.d.R. werden T. für Branchen geschlossen, daneben gibt es für eine Vielzahl von Unternehmen Haustarifverträge. Die ausgehandelten Tarifbestimmungen werden von Arbeitgebern auch auf Mitarbeiter angewandt, die nicht den beteiligten Gewerkschaften angehören.
→ DRV, → Verdi

Tasa: Tour and Safari Association; Interessengemeinschaft des namibischen Tourismusgewerbes gegenüber Regierungsstellen. Tasa versteht sich als Kontaktstelle für die deutschen Reiseveranstalter.

Tarifbindung durch Tarifverträge

nach Betrieben und Beschäftigten in den alten Bundesländern; Angaben in Prozent

Branche	Beschäftigte	Betriebe
Bergbau, Energie, Wasser	97,8	94,5
Verarbeitendes Gewerbe (Metallindustrie u.a.)	88,8	68,7
Baugewerbe	95,3	83,7
Handel	81,	62,1
Private Dienstleistungen	76,5	52,9
Öffentlicher Dienst Sozialversicherung u.a.	94,6	75,5
Gesamt	84,0	61,6

Quelle: IAB, Betriebspanel, 3. Welle 1995

TAT (Transitional Automated Ticket): Engl. für per Computer erstelltes Ticket im Flugtransport. → ATB

TAV: Treno Alta Velocita, öffentlich-private Gesellschaft zur Planung, Finanzierung und Realisierung des italienischen HGV auf der Schiene. Neben den Strecken der Direttissima Rom–Florenz sowie Genua, Mailand, Venedig, Turin, Bari und Neapel auch Projekt Lyon–Turin im alpenquerenden Verkehr. → HGV, → TGV

Taverne: (Taberne, aus dem lat. Taberna = der Kaufladen, die Schenke). Bezeichnung für ein italienisches Wirtshaus, Schenke.

Tax-free: → Duty-free / Duty-free Shop

Taxi: Örtliches Nahverkehrsmittel (meist PKW), mit dem der Kunde ohne Vorausbuchung zu jeder Zeit an den von ihm gewünschten Ort befördert wird.

Taxi-Airlines: Fluggesellschaften, die Kunden ohne Vorausbuchung zu jeder Zeit an jeden Ort befördern.

Taxiflug: Nach Flugartengliederung des Statistischen Bundesamtes Beförderung von Personen, Fracht und Post im Gelegenheitsverkehr auf Einzelanforderung des Bestellers. Dazu zählen auch Flüge im Tramp- und Anforderungsverkehr mit Flugzeugen bis einschließlich 5,7 t, z.B. Krankentransporte zwischen verschiedenen Flugplätzen, ebenso Leer- und Bereitstellungsflüge. → Gelegenheitsverkehr, → Tramp- und Anforderungsverkehr

Taxiway: Auf Flughäfen die Rollbahn zur Startposition, meist parallel zur Start-/Landebahn.

Tax, Taxes: Zusätzlich zu dem Flugpreis anfallende Steuern, die von dem jeweiligen Abflugs- und Ankunftsland erhoben werden und beim Kauf des Flugscheins im Gesamtpreis mitberücksichtigt werden. → Steuern

TBZ: Tourismus-Bildungszentrum Bremen. Angebot von Seminaren und berufsbegleitenden Kursen für Fach- und Führungskräfte der Reisebranche.

T & C: Leipziger Messe Touristik und Caravaning.

TC: 1. Traffic Conference, Iata-Verkehrsgebiet. 2. Transportation Credit, Kreditkarten-Refund, bei Erstattung eines manuell ausgestellten Flugscheines gegen Kreditkarte muss ein TC ausgefüllt werden. → Iata-Verkehrsgebiete

TCAA: Transatlantic Common Aviation Area, geplante gemeinsame transatlantische Luftverkehrsregion zwischen dem US-Markt und dem EU-Binnenmarkt.

TCI: 1. Travellers Club International; Reiseclub für Geschäfts- und private Ferienreisende. Mitgliedschaft und Clubkarte sind mit der Zahlung einer einmaligen Aufnahmegebühr und des Jahresbeitrages zu erwerben. Leistung des TCI ist z.B. die volle Weitergabe von Hotelprovisionen an die Mitglieder. Dabei zahlt der Reisende den vollen Preis für Hotelübernachtung und erhält nach Einsendung des Vergütungsformulars an TCI 20% Rückvergütung (kein Rabatt). Das Unternehmen profitiert allein von den Mitgliedsbeiträgen. 2. Abk. für Telephone Check-in, telefonisches Einchecken bei Linienflügen. → Check-in, → Telefon-Check-in

TCP/IP: Die Datenübertragungsprotokolle Transmission Control Protocol (TCP) und Internet Protocol (IP) sind Grundlagen des Internet. Während TCP für den Auf- und Abbau der Verbindungen zuständig ist, übernimmt IP die Organisation und Adressierung der Daten. T. ist eine Art Vereinbarung darüber, wie im Internet oder in einigen anderen Netzwerken Daten ausgetauscht werden können.

TCSP: Tourism Council of the South Pacific, Südpazifik Tourismus Organisation, mit EG-Förderung 1986 gegründet. Zu ihren wesentlichen Aufgaben gehören die technische und praktische Hilfe bei der Erstellung touristischer Entwicklungspläne, bei der Ausbildung von Fachpersonal sowie der Förderung der Region als touristische Einheit.

TCV: Tarif Commun International pour le Transport des Voyageurs et des Bagages, gemeinsamer internationaler Tarif für die Bahnbeförderung von Personen und Reisegepäck; Ziel ist die formal einheitliche Gestaltung und die Abfertigungserleichterung. → CIV

TDY: Tour of Duty, Billigtarif, den Autovermieter US-Soldaten bei Vorlage einer Work Order einräumen.

T & E: Europäischer Verband für Verkehr und Umwelt. 1989 gegründete europäische Dachorganisation nichtstaatlicher Organisationen, die auf dem Gebiet Verkehr und Umwelt tätig sind. Zu den Mitgliedern zählen derzeit 38 nichtstaatliche Organisationen aus 20 Ländern (Stand: August 2001).

Teamer: Begriff für Betreuer von Kinderreisen; auch Reiseleiter bei Jugendreisen.

Team Lufthansa: Die seit 1996 unter diesem Namen bestehende Franchise-Kooperation mit ausgewählten regionalen Fluggesellschaften umfasst die Mitglieder Augsburg Airways, Cimber Air, Cirrus Airlines, Contact Air und Rheintalflug. Das T.L. verbindet Regionen untereinander und mit den großen Drehscheiben Frankfurt und München.

Teaser: Bezeichnet im Incentive-Bereich die Anreize, die vor einer Incentive-Reise der Einstimmung auf den Wettbewerb zwischen den beteiligten Verkäufern dienen.

Tecnoturistica: Salon Internacional de Tecnologia para la Industria Turistica y Foro Profesional del Turismo, Touristikfachmesse in Palma de Mallorca, erstmals 1985.

Tee Time: Abschlagzeit. Uhrzeit, zu der ein Golfspieler am 1. Abschlag die Golfrunde beginnt. Kann bei Buchung einer Golfreise vorab reserviert werden. → Golfreisen

TEE Rail Alliance: Kooperation zwischen der Deutschen Bahn, den Österreichischen Bundesbahnen und den Schweizerischen Bundesbahnen.

Teilcharter: Beim T., Split- oder Blockcharter mietet der Veranstalter nur ein bestimmtes Kontingent eines Schiffes, Flugzeuges u.a. → Pro Rata Charter

Teilinkasso: → Inkasso

Teilpauschalreisen: Teilweise organisierte Reisen (T.-Transport oder T.-Unterkunft). Gegenüber Vollpauschalreisen fehlen bei T. bestimmte Leistungselemente, z.B. bei Selbstfahrerreisen der Transport zum Urlaubsort, während die Zusammenstellung der übrigen Reiseleistungen noch immer ein Pauschalarrangement (mindestens zwei Leistungselemente) ergibt. → IT-Reisen, → Pauschalreisen, → Vollpauschalreisen

Teilzeitbeschäftigung: Der Begriff wurde erstmals im Arbeitsrecht durch das Beschäftigungsförderungsgesetz 1985 (BeschFG) definiert. Teilzeitbeschäftigte sind Arbeitnehmer, deren regelmäßige Wochenarbeitszeit kürzer ist als die regelmäßige Wochenarbeitszeit vergleichbarer vollzeitbeschäftigter Arbeitnehmer des Betriebes. Die Arbeitszeit kann sowohl täglich, wöchentlich, monatlich als auch jährlich kürzer sein als die Arbeitszeit eines Vollzeitbeschäftigten. Teilzeitarbeit ist dem Grundsatz nach keine flexible Arbeitszeitform. Sie ist eine Arbeitszeitverkürzung ohne Lohnausgleich. Bei der lohnsteuerlichen Teilzeitbeschäftigung unterscheidet man:

• kurzfristige Beschäftigung, wenn der Arbeitnehmer beim Arbeitgeber gelegentlich, nicht regelmäßig wiederkehrend beschäftigt ist und die Dauer der Beschäftigung 18 zusammenhängende Arbeitstage nicht übersteigt. Die Lohnsteuer wird mit einem Pauschsteuersatz von 25 % erhoben. Der Arbeitslohn darf während der Beschäftigungsdauer

Das neue Teilzeitgesetz

Seit Anfang 2001 gilt das neue Teilzeit- und Befristungsgesetz. Nicht nur für Eltern, die für die Kinderbetreuung Zeit brauchen, ist das Gesetz wichtig. Das Arbeitsministerium hat ermittelt, dass 38 Prozent der Vollzeitbeschäftigten ihre Arbeitszeit auch bei Einkommenseinbußen reduzieren würden.

Die Hauptpunkte des Gesetzes:

- Ein mindestens sechs Monate im Unternehmen beschäftigter Arbeitnehmer kann verlangen, dass seine vertraglich vereinbarte Arbeitszeit verringert wird. Aber: Der Betrieb muss in der Regel mehr als 15 Beschäftigte haben, unabhängig von der Anzahl der Auszubildenden.
- Der Arbeitnehmer muss angeben, ab wann und um wie viele Stunden er die Arbeitszeit verringern möchte. Auch die gewünschte Verteilung der Arbeitszeit soll er angeben. Das alles ist spätestens drei Monate vorher geltend zu machen.
- Der Arbeitgeber hat der Verringerung der Arbeitszeit zuzustimmen und ihre Verteilung entsprechend den Wünschen des Arbeitnehmers festzulegen, soweit betriebliche Gründe nicht entgegenstehen. Ein solcher liegt insbesondere vor, wenn die Verringerung der Arbeitszeit die Organisation, den Arbeitsablauf oder die Sicherheit im Betrieb wesentlich beeinträchtigt oder unverhältnismäßige Kosten verursacht.
- Die Entscheidung über die Verringerung der Arbeitszeit und ihre Verteilung hat der Arbeitgeber dem Arbeitnehmer spätestens einen Monat vor dem gewünschten Beginn der Verringerung schriftlich mitzuteilen.
- Der Arbeitgeber kann die festgelegte Verteilung der Arbeitszeit wieder ändern, wenn das betriebliche Interesse daran das Interesse des Arbeitnehmers an der Beibehaltung erheblich überwiegt. Der Arbeitgeber muss die Änderung spätestens einen Monat vorher angekündigt haben.
- Der Arbeitnehmer kann eine erneute Verringerung der Arbeitszeit frühestens nach Ablauf von zwei Jahren verlangen, nachdem der Arbeitgeber einer Verringerung zugestimmt oder sie berechtigt abgelehnt hat.

durchschnittlich 62 Euro je Arbeitstag nicht überschreiten, und die Beschäftigung muss zu einem unvorhersehbaren Zeitpunkt sofort erforderlich sein.

• Der Arbeitgeber kann unter Verzicht auf die Vorlage einer Lohnsteuerkarte bei Arbeitnehmern, die nur in geringem Umfang und gegen geringen Arbeitslohn beschäftigt werden, die Lohnsteuer mit einem Pauschsteuersatz von 20% des Arbeitslohns erheben. Eine Beschäftigung in geringem Umfang und gegen geringen Arbeitslohn liegt vor, wenn bei monatlicher Lohnzahlung der Arbeitslohn 325 Euro nicht übersteigt. → Abrufarbeit, → Altersteilzeit, → Jahresarbeitszeit, → Job Sharing, → Telearbeit

Telearbeit: Form der Teilzeitbeschäftigung. Bei der T. wird der Arbeitsplatz aus dem Betrieb heraus in die Wohnung des Arbeitnehmers verlagert. Die T. erlaubt, häusliche und berufliche Pflichten miteinander zu verbinden. Die Arbeitsleistung kann relativ zeitautonom erbracht werden. Der Arbeitnehmer kann T. ganz oder teilweise ausüben, also an einigen Tagen im Betrieb und an einigen Tagen zu Hause. Die Verteilung der T. erfolgt in der Regel betriebsbedingt, damit jederzeit Weisungen erfolgen können und ein direkter Zugriff auf die Arbeit möglich ist. → Teilzeitbeschäftigung

Telebox: Weltweiter Dienst der Telekom für elektronische Mitteilungen. Im internationalen Sprachgebrauch sind die elektronischen Briefkästen als Electronic Mailbox System bekannt. Die Mitteilungen der Absender werden in einen Arbeitsspeicher eingegeben, mit Adressen oder Adressenverteilern versehen und in die elektronischen Briefkästen der Empfänger geleitet.

Tele Cast: Programm zur Informationsverteilung per Satellit ausgestrahlter Fernsehprogramme. Über normale Empfangseinrichtungen (Breitbandkabelanschluss oder Satellitenschüssel) werden die in das Fernsehbild eingeblendeten Daten empfangen.

Telecommuting: Heimarbeit im Reisebürobereich, Heimarbeit im Firmengeschäft. In USA Projekt, das eine Veränderung der Arbeitswelt beschreibt. Voraussetzung ist eine Technologie mit Computern, Telefon und Modem, mit der vom Wohnsitz aus die übliche Bürotätigkeit erledigt werden kann. → Heimarbeit in der Reisebranche

Telefon-Check-in: Service Einrichtung bestimmter Airlines für Vielflieger, die nur mit Handgepäck reisen. Der Sitzplatz wird unter Angabe einer Identifikation telefonisch reserviert. Die Bordkarte wird später am Schalter gegen Vorlage der Identifikation ausgehändigt.

Telematik: 1. Kunstwort aus Telekommunikation und Automatik. 2. Projektbezeichnung für ein u.a. auf Mobilfunk und Satellitennavigation gestütztes Verkehrsleitsystem. Es soll künftig im Individualverkehr helfen, auf kürzestem Wege ohne Staus ans Ziel zu gelangen.

Teleshopping: Einkaufen via Online-Dienst oder Digitalfernsehen. Dabei kann man auf dem Terminal wie in einem Warenkatalog blättern oder das Produkt (auch Hotels) sogar per Film aus allen Perspektiven betrachten, es bei Gefallen bestellen und auf unterschiedliche Art (Kreditkarte, Abbuchung von einer ins Terminal eingeschobenen Geldkarte oder EC-Cash) bezahlen.

Tempolimit: Mit ihren Geschwindigkeitsbegrenzungen auf deutschen Straßen (Landstraßen 100 km/h, Ortsbereiche 50 km/h, daneben in geschlossenen Wohngebieten Tempo-30-Zonen) ist die Bundesrepublik das einzige europäische Land mit unverbindlicher Reisegeschwindigkeit von 130 km/h auf Autobahnen. In den übrigen europäischen Ländern liegt das Autobahntempolimit zwischen 90 km/h (Norwegen, Türkei) und 130 km/h (Österreich, Frankreich, Italien). Kritiker des T. auf deutschen Autobahnen argumentieren bei der Angleichung an die europäische Norm mit:

• erhöhter Verkehrssicherheit, weil die Unfallzahlen zurückgehen,
• Rückgang des Schadstoffausstoßes,
• mehr Mobilität, da die enormen Geschwindigkeitsunterschiede bei dichtem Verkehr häufig zu Stauungen führen,
• einheitlicher Regelung in den Ländern der EU.

Tempomat: Technische Einrichtung zur Regelung einer konstanten Geschwindigkeit.

Tempo-Tour: Geführte Europa-Tour per Bus, bei der in zwölf Tagen die Städte London, Paris, Luzern, Pisa, Rom, Florenz, Venedig, München, Bonn und Amsterdam besucht und besichtigt werden; Teilnehmer sind überwiegend US-Amerikaner.

Tems: Travel Expense Management System bei Amadeus. → Tams

TEN: Third World Tourism European Ecumenical Network. Das Netzwerk TEN soll eine bessere Koordination und Information unter den kirchlichen Stellen und Vertretern entwicklungspolitischer Organisationen aus europäischen Ländern, die sich mit dem Dritte-Welt-Tourismus befassen, gewährleisten. TEN wurde 1981 als Gegenstück zur Ecumenical Coalition on Third World Tourism (ECTWT) gegründet, es zählt ca. 20 europäische Mitglieder. TEN war Mitglied im Arbeitskreis Tourismus mit Einsicht. → ECTWT, → Tourismus mit Einsicht (TME)

Tender: Bordeigene Motorboote, meistens zwei bis vier, je nach Größe des Schiffes, mit denen Passagiere und Besatzung vom Schiff an Land und zurück befördert werden, wenn das Schiff auf Reede liegt. → Reede

Tented Camps: Bequeme Safari-Schlafzelte mit sanitären Einrichtungen. Bei begrenzten Hotelkapazitäten in Lhasa werden T. als Ausweichmöglichkeiten angeboten.

Terminal: 1. Endpunkt; im Luft- und Schiffsverkehr das Abfertigungsgebäude für Passagiere; Busterminal.2. An den Computer angeschlossenes Arbeitsplatz-Datensichtgerät (Bildschirm und Tastatur), mit dem Informationen vom Computer abgefragt und Texte und Befehle eingegeben werden können.

tertiärer Sektor: → Dienstleistungen, → Primärer Sektor, → Sekundärer Sektor

Textverarbeitung: Integration von Daten und Text unter Einbeziehung von Dateien und Datenbanken in der EDV.

TGA: Touristische Gemeinschaft der Alpenländer, Sitz: Zürich. In der TGA arbeiten Österreich, Italien, Deutschland (DZT) und die Schweiz als internationale Werbegemeinschaft zusammen mit dem Ziel der alpenländischen Gemeinschaftswerbung in Nordamerika. → DZT, → Werbegemeinschaft

TGD: Touristische Gemeinschaft der Donauländer. Internationale Werbegemeinschaft mit dem Ziel der Werbung für die gesamte Donauregion (Gebiet nach den Statuten von 50 km beidseitig der Donau) in Übersee. Alle zwei Jahre lädt die TGD Entscheidungsträger von Reiseveranstaltern aus Übersee und Europa zur Donaubörse ein, wo Aussteller aus den Mitgliedsländern Deutschland, Österreich, Ungarn, Slowakei, dem ehem. Jugoslawien, Bulgarien, Rumänien und Ukraine über ihre Angebote informieren, Kontakte knüpfen und Geschäfte abschließen. → DZT, → Werbegemeinschaft

TGV: Train à Grande Vitesse, franz. Hochgeschwindigkeitszug, verkehrt seit 1981 zwischen Paris und Lyon, benötigt für diese Strecke (512 km) genau zwei Std. Die in mehreren europ. Ländern geplanten oder im Bau befindlichen Hochgeschwindigkeitsstrecken sollen später zu einem europäischen Hochgeschwindigkeitsnetz zusammenwachsen. Damit soll der Eisenbahn auch im internationalen Verkehr gegenüber dem Flugzeug zu größerer Bedeutung verholfen werden. TGV-Atlantique auf den Strecken Paris–Nantes und Paris–Rennes–Brest erreichte einen Geschwindigkeitsweltrekord auf Schienen; auf der Atlantikstrecke zwischen Courtalain und Tours im Loiretal lag der Rekord bei 515,3 km/h (Mai 1990). Inzwischen eröffnet auch TGV Méditerranée nach Marseille und Montpellier den Betrieb auf. Das TGV-Netz wird über diese Strecken hinaus kontinuierlich ausgebaut, auch im Zusammenschluss mit den Hochgeschwindigkeitsnetzen von Deutschland, Belgien, den Niederlanden und Großbritannien (Eurotunnel). → Eurostar, → ICE-Intercity Express

Thalassotherapie: Bädertherapie unter Anwendung von Meerwasser, das 24 Stunden nach seiner Entnahme aus dem Meer verabreicht werden muss. → Bädertherapie

Thalys: Internationaler Hochgeschwindigkeitszug als Verbindung zwischen den Städten Köln, Paris, Brüssel und Amsterdam, wird von der Deutschen Bahn zusammen mit den Eisenbahngesellschaften von Frankreich (SNCF), Belgien (SNCB) und den Niederlanden (NS) betrieben. Der Zug ist 200 Meter lang, besteht aus zwei Triebköpfen und acht Mittelwagen mit Klimaanlagen.

Theater Style: Vortragsbestuhlung, Sitzreihen ohne Tische mit Blick zum Redner. → Kinobestuhlung

The Leading Hotels of the World: Über 70 Jahre alte Hotelkooperation mit Hauptsitz in New York City. In Deutschland sind 22 Häuser angeschlossen, weltweit über 300 in 68 Ländern. Hotels im Fünf-Sterne- und Superior-de-Luxe-Segment können sich für eine Mitgliedschaft bewerben. Die Zugehörigkeit wird nach einem erfolgreich abgeschlossenen Inspektionsverfahren für drei Jahre gewährt. Innerhalb dieses Zeitraums werden mindestens zwei zusätzliche Kontrollen durchgeführt. Die umfangreichen Prüfungen der Hotelanlage, sämtlicher Angebote und des Gästeservices erfolgen anonym.

Themenkreuzfahrten: Hierbei stehen Kreuzfahrten und Bordprogramm unter einem bestimmten Thema, z.B. auf den Spuren der Kelten nach Südwestirland. Diese Reise wird weit gehend als Seminarreise geführt mit wissenschaftlichen Fachkräften bzw. Lektoren. Weitere beliebte Themen sind z.B. Weinseminare, Musik-Festivals, Foto- und Videoseminare, wobei auch die Landausflüge themengerecht gestaltet werden. Auf dem US-Markt als Special Interest Cruises. → Kreuzfahrten, → Special Interest Tours, → Studienreisen

Themenparks: Bes. aufwendige Art der Freizeitparks mit gezielt konzipierten Einrichtungen, bei denen die einzelnen Themenbereiche räumlich abgegrenzt sind. Erstmals in den Disney-Parks; in der Bundesrepublik Deutschland bisher nur in einzelnen Bereichen von Freizeitparks angeboten, z.B. in Phantasialand: „Alt-Berlin“, im Europa-Park: die „italienische Stadt“. → Disneyland, → Freizeitparks

The Niche Cruise: US-Marketing-Bündnis für Schiffsreisen; deutsche Gründungsmitglieder sind KD und die Peter Deilmann Reederei.

The Pride of Africa: Dampfgetriebener Luxuszug, der von Kapstadt in Südafrika in zehn Tagen beispielsweise bis nach Daressalam, der Hauptstadt Tansanias, fährt. Möglich ist eine Fahrtverlängerung durch die Serengeti bis nach Nairobi in Kenia. Der Zug umfasst zwölf luxuriös eingerichtete Waggons, darunter Schlafwagen sowie ein Salon- und Panoramawagen. Je nach Streckenabschnitt wird der Zug von einer der drei Oldtimer-Lokomotiven gezogen.

Thermalbäder: Kurorte mit einer oder mehreren Thermen als natürlichem Heilmittel des Bodens.

Therme: 1. Heilwasser mit einer natürlichen Temperatur von mehr als 200 Grad. 2. Römische Badeanlage der Antike, meist prächtig ausgestattet, z.B. in Rom und Trier.

Third Level Operations: Begriff, der in den USA die Flugdienste mit kleinen Flugzeugen auf Nebenstrecken (Regionaldienste/Zubringerdienste usw.) umschreibt. Er ist nicht ohne weiteres auf deutsche Verhältnisse übertragbar und kann daher hier nur als eine andere Bezeichnung für Regionalverkehr verwendet werden. → Ergänzungsluftverkehr, → Luftverkehr der dritten Ebene, → Regionalluftverkehr

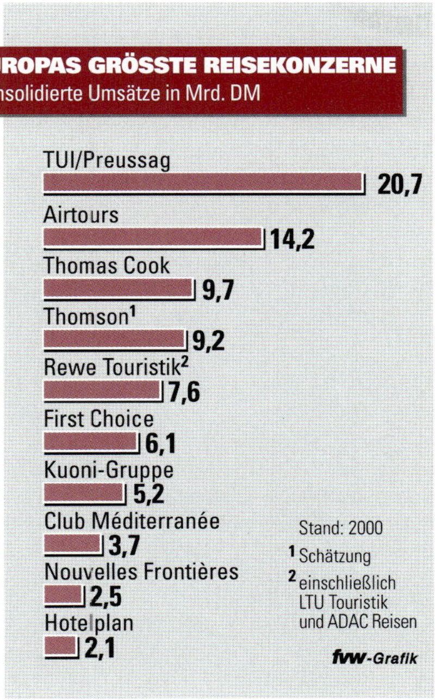

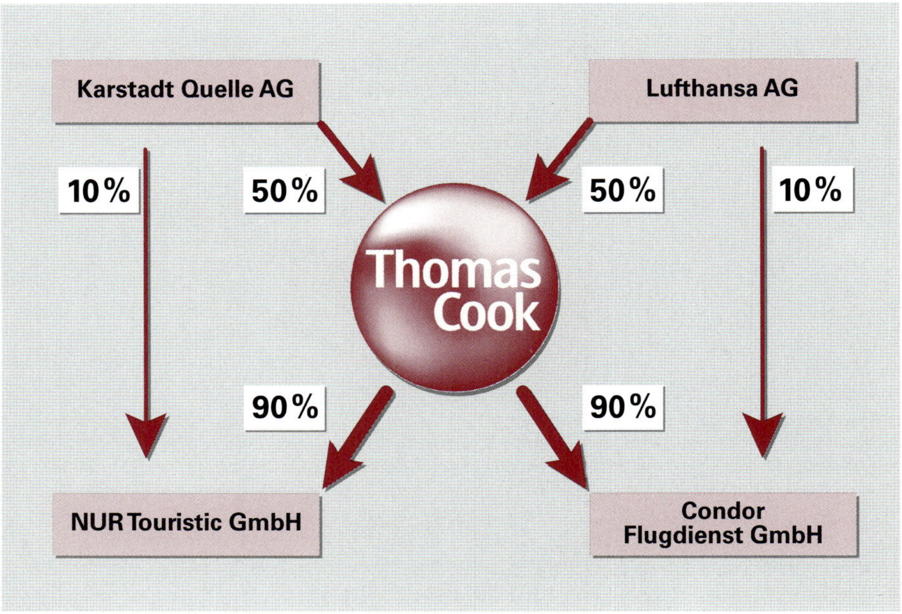

Thomas Cook Auslastungssteuerung mit Revenue Management

Rendite zählt

Die Gafik zeigt eine Nachfrageprognose von weit mehr als 100 Prozent. Deshalb kann die Buchungsklasse für günstige Produkte geschlossen und höherwertige Nachfrage bedient werden. Falls die Nachfrage schwächelt, würde auf die höhere Auslastung hingesteuert.

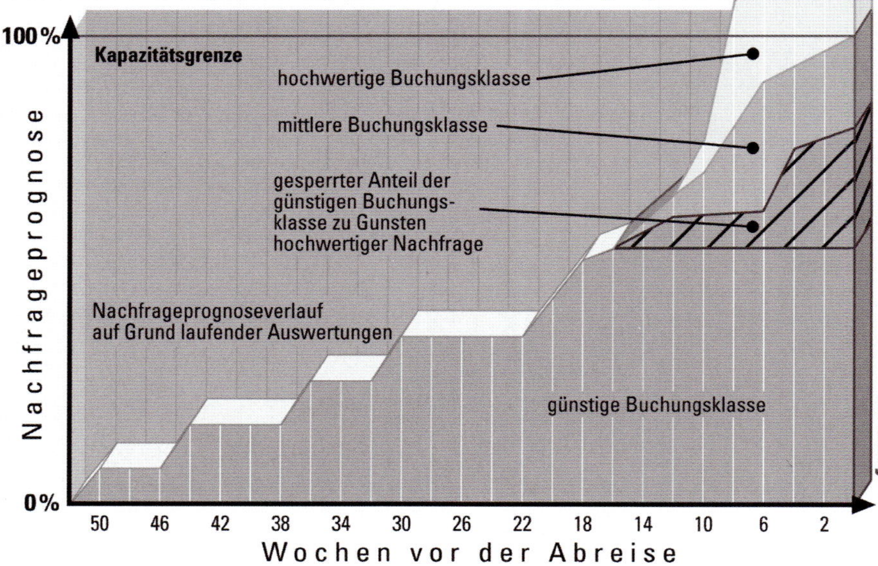

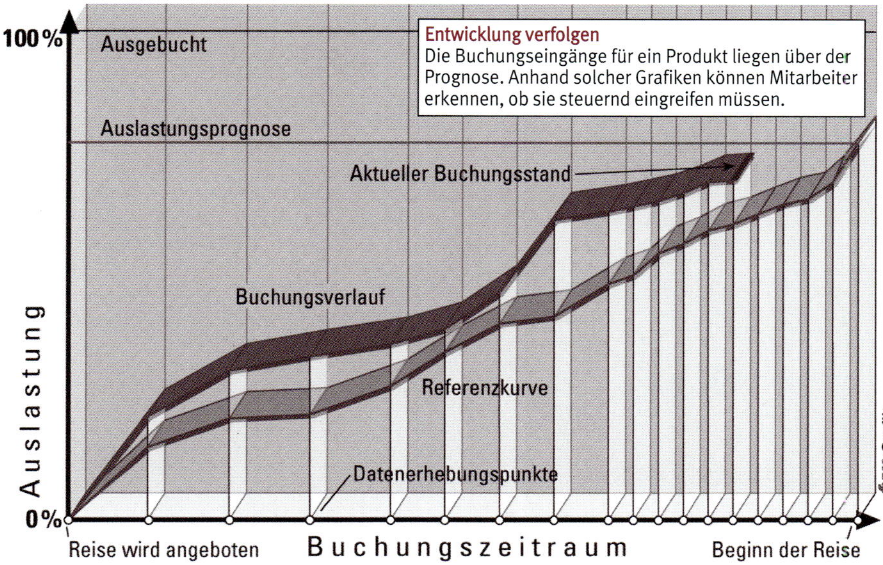

Entwicklung verfolgen

Die Buchungseingänge für ein Produkt liegen über der Prognose. Anhand solcher Grafiken können Mitarbeiter erkennen, ob sie steuernd eingreifen müssen.

Thomas Cook: Englischer Pionier der Reiseveranstaltung. 1841 organisierte er als erste Reiseveranstaltung eine Extrafahrt mit der Eisenbahn von Leicester nach Loughborough zu einer großen Kundgebung gegen den Alkoholmissbrauch. 1845 führte er seine erste große Vergnügungsreise in England durch, 1856 die erste große Rundreise auf dem Kontinent. T.C. richtete 1865 sein eigenes Büro in London ein, 1877 hatte er Büros in Europa, Amerika, Australien, im Nahen Osten und in Indien. Die Thos. Cook & Son Ltd wurde am 12. Juni 1924 gegründet.

Thomas-Cook-Konzern: 1992 wurde die Thomas Cook Group mit Sitz in London von der West LB im Verbund mit der LTU übernommen, der Geschäftsreisenbereich der Reisebürokette wurde allerdings bereits 1994 weiterveräußert an American Express. Bei der West LB/LTU blieben von der Thomas-Cook-Gruppe die Geschäftszweige Touristik, Sorten und Reisescheck. 1998 erwarb die Preussag über die Hapag Touristik Union (HTU), die Holding für die touristischen Aktivitäten von TUI und Hapag-Lloyd, 24,9% an Thomas Cook. 150 Thomas-Cook-Betriebsstellen wurden in die First Reisebüro Management eingegliedert. 1999 erhöhte Preussag über HTU den Anteil an Thomas Cook auf 50,1%. Nach Übernahme des Touristikgeschäfts von Havas Voyages und Thomas Cook in 2000 durch C & N Touristic erfolgte deren Integration in diesen zweitgrößten Reisekonzern Europas. Seit 2001 firmiert das gesamte Unternehmen unter dem Traditionsnamen Thomas Cook. In Deutschland gehören dazu Marken wie Neckermann Reisen, Condor, Air Marin, Aldiana, Bucher Reisen, Kreutzer Touristik, Terramar. → C & N Touristic

Thomas Morus Akademie: Katholische Akademie im Erzbistum Köln, der Name geht auf den früheren Lordkanzler Heinrich des VIII. zurück. T. M. wurde 1935 heiliggesprochen. Sie befasst sich u.a. mit Tourismusfragen.

BRANDING-PROZESS

MARKTANTEILE DER KONZERNE
Anteile am Gesamtumsatz 2000/2001 in Prozent

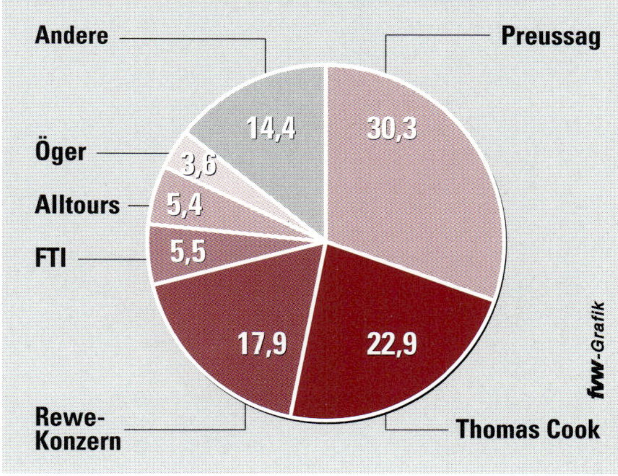

Steuerungselemente des Revenue Management von Thomas Cook

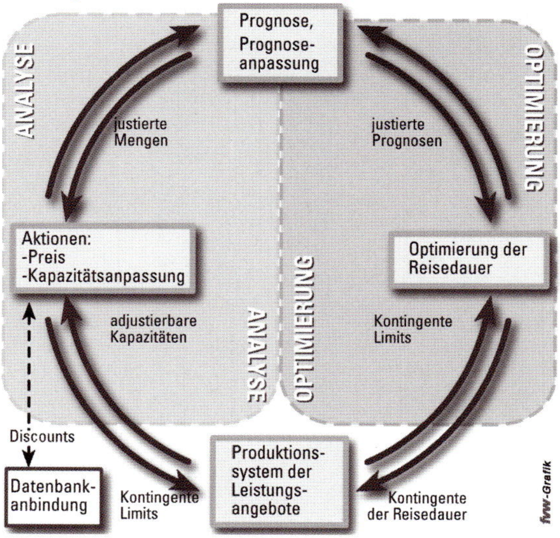

Three Letter Codes: 1. Drei-Buchstaben-Kürzel, dienen international zur Identifikation der Flughäfen/Städte (Location Identifiers Coding of Cities/Airports). Z.B. MUC = München, JFK = New York, J.F. Kennedy International Airport N.Y., USA. 2. T. lösen seit 1987 die Two Letter Codes für Luftfahrtgesellschaften ab, z.B. anstatt bisher LH (Deutsche Lufthansa) jetzt DLH. → Two Letter Code

Threshold Bonus: Zusätzlicher Meilenbonus für das Erreichen einer bestimmten Meilenanzahl am Jahresende. Wird häufig von US-Vielflieger-Programmen vergeben. → Bonusprogramm, → Frequent Flyers/Travellers

Throughfare: → Durchgangstarif

TIA: Travel Industry Association of America, Interessenvertretung der Reisebranche der USA. In dieser Organisation sind alle Bereiche des Tourismus vereinigt. Neben den ca. 1800 Mitgliedern gibt es noch rd. 30 regionale TIAs, die Interessen der jeweiligen Bundesstaaten vertreten. Kooperationspartner sind die Branchenverbände. Die vier Hauptaufgaben der TIA sind: 1. Interessenvertretung der Reisebranche gegenüber der Regierung. Diese Aufgabe wird vom Travel and Tourism Common Affairs Council, einer Unterorganisation der TIA, übernommen, die sich aus 33 verschiedenen Interessenvertretungen der Reisebranche zusammensetzt. 2. Erhebung der Daten der Branche und deren Darstellung in der Öffentlichkeit. Diese Aufgabe übernimmt das US Travel Data Center. 3. Nationales und internationales Marketing. Im internationalen Bereich steht der Pow Wow an erster Stelle, daneben weitere Aktivitäten. 4. Weiterbildung der Industrie. → Pow Wow

Tiac: Tourism Industry Association of Canada. Kanadischer Tourismusverband, organisiert seit 1998 die Tourismusmesse Rendez-vous Canada. → RVC

Tianguis Turístico: Internationaler Reisemarkt Mexikos, findet seit 1976 jährlich in Acapulco statt.

Tias-System: Buchungs- und Reservierungssystem der Qantas zusammen mit Australian Airlines und Ansett.

Tibs Baden-Württemberg: → Tourismus Service

Ticket: Flugschein, Fahrtausweis, Eintrittskarte; Ticketing ist der Vorgang der Ausstellung von Flugscheinen, Fahrtausweisen usw. → Fahrkarte, → Flugschein/Flugticket

Ticket Auditing: Steuerungsverfahren der Überwachung der Buchungsqualität, Consulting im Geschäftsreisebereich z.B. First bei Siemens, während die Wettbewerber DER, Hapag-Lloyd und Carlson Wagonlit Travel das operative Geschäft besorgen.

Ticketautomat: EDV-gesteuerter Automat, an dem der Kunde gegen Einführung einer bestimmten Kreditkarte oder Bargeld sein Ticket selbst ausstellen kann, z.B. mit Air Plus.

Ticket Designator: Engl. Ausdruck aus dem Flugverkehr, betrifft die Kennzeichnung einer Ermäßigung für bestimmte Personengruppen durch Code-Buchstaben, wie z.B.: CH (Kinderermäßigung), SD (Studentenermäßigung), ZZ (Jugendtarif), DL (Gastarbeiterermäßigung) oder AD (Agentenermäßigung für Iata-Agenten). Auf dem Flugticket wird die jeweilige Kennzeichnung im Feld „Fare Basis" hinter der Tarifbezeichnung (z.B. Y für Economy Class) daneben auch der Prozentsatz der Ermäßigung eingetragen. → AD

Ticketed Points: Zwischenorte, an denen entweder eine Flugunterbrechung oder ein Transfer erfolgen kann.

Ticket Exchange Notice: Formular für manuell ausgestellte Dokumente, die nicht über die Manu-Maske erfasst worden sind. → Manu

Ticket Fee: Gebühr für die Erstellung von Flugtickets und Bahnfahrkarten im Reisebüro. Anders als bei der Transaction Fee wird die T. pauschal erhoben. Bei Geschäftsreisen erfolgt seitens des Reisebüros keine detaillierte Abrechnung der Leistungen eines Reisebüros. Die Provision kann beim Unternehmen bleiben. → Transaction Fee

Ticketgroßhändler: Er fungiert als Tickethändler für die angeschlossenen Mitglieder oder Kunden (Reisebüros), um bei günstiger Marktsituation Billigtickets für Linienflüge zu erwerben oder auch um höhere Provisionen anbieten bzw. aushandeln zu können. Linienfluggesellschaften geben freie Kapazitäten unter Umgehung der Vorschriften und weit unter den vereinbarten Tarifen (Iata) zum Zweck der besseren Auslastung an den bekannten Graumarkt ab. → Consolidator, → Iata

Tickethinterlegung: → Flugscheinhinterlegung, → TOD

Ticketline: Ehemalige Marketing-Gemeinschaft von sechs Lufthansa City Centern für den Verkauf von Consolidator-Tickets für Non-Iata-Reisebüros.

Ticketloses Fliegen: Bei fast allen Carriern etablierte Möglichkeit des Fliegens ohne Ausstellung eines Papiertickets. Durch Eingabe der Buchungsnummer und Legimitation, z.B. durch Kreditkarte, erhält der Fluggast seine Bordkarte. → Etix

Ticketmaster: Programm unter Galileo, ermöglicht das vollautomatische Erstellen von Flugscheinen unter Heranziehung von individuellen Datenbanken, insbesondere aus dem Nettotarifbereich. → Galileo

Ticket Number Notification: Galileo-Tool zur Vereinfachung der Buchung von Flugsondertarifen durch automatische Übertragung der Ticketnummer zur Ausstellung. → Galileo

Ticketsoft: Start-Software für die Vermarktung von Veranstaltungen mit der Möglichkeit der Darstellung von Saalplänen.

Ticket-Splitting: Getrennter Ticketkauf, z.B. Ticketkauf für den Hinflug in Deutschland, Erwerb des Rückflugtickets aus Ersparnisgründen erst am Zielort.

Ticket-Stock: Anzahl der in einem Reisebüro vorrätigen Blanko-Tickets.

Ticket Terminal: Passagiere, die im Besitz eines ATB-Tickets sind (Magnetstreifenticket = Flugschein und Bordkarte in einem) und die nur mit Handgepäck reisen, können am T.T. selbst einchecken. → ATB

Ticketzentrale: → Consolidator, → Ticketgroßhändler

TID: Touristik-Kontakt, Handbuch für Touristik und Geschäftsreiseverkehr mit allen wichtigen Namen, Adressen, Fakten und Informationen aus der Reisebranche. Erscheint jährlich im Februar bei TourCon Hannelore Niedecken, Hamburg. 1962 als Touristischer Informationsdienst von Herbert G. Grix gegründet.

Tidal Basin: Gezeitenbassin in Washington, bes. zur Zeit der Kirschblüte im März und April beliebtes Touristenziel.

Tide: Sammelbegriff für die Gezeiten der Meere (Ebbe, Flut).

Tidenhafen: Hafen an einem Tidengewässer. Sein Wasserstand steigt und fällt mit den Gezeiten des Flusses oder der See. Weltgrößter Tidenhafen ist Rotterdam.

Tids: Travel Industry Designator Service, mit diesem Service-Angebot der Iata können Reiseagenturen ohne Iata-Zulassung durch Erwerb einer Tids-Nr. Fehlbuchungen und Missverständnisse bei unterschiedlichen Buchungen von Reiseleistungen vermeiden und Provisionen abrechnen.

TIE: Touristic Information Expert. Diese Preisangebots- und Preisdatenbank ist Grundlage des Reiseberatungs- und Informationssystems Bistro. → Bistro

TII: Tourismus Infos Internet, weltumspannendes Computernetz als Infomationssystem für den Endverbraucher, bietet touristisch relevante Informationen der Leistungsträger wie u.a. Bahn- und Fluggesellschaften. Die Erweiterung über Buchungen im Direktvertrieb ist geplant.

TIK: → Tourismus Interessen Kreis Dresden (TIK)

TIM: 1. Travel Information Manual, Handbuch der Luftverkehrsgesellschaften mit den Einreise-, Devisen- und Gesundheitsbestimmungen der einzelnen Länder.

2. Kurz für Time (früher SCH = Schedule Change), Begriff für alle geplanten Veränderungen gegenüber dem veröffentlichten Flugplan wie Zeitenänderungen, Reroutings, Cancellations usw. Durch TIM werden neue Planzeiten eingesetzt und auftretende Verspätungen dann gegen diese neuen Zeiten ausgewertet.

Timas: Reservierungssystem der Aer Lingus, Galileo-Gesellschafter.

Timatic: Informationsdatenbank; Start-Nutzern mit Iata-Agentur steht diese Einrichtung seit 1985 im Online-Anschluss zur Verfügung, Rechner in Atlanta/USA. Über Satellit gelangen die angefragten Informationen wie tagesaktuelle Angaben über Einreisebestimmungen, Pass, Visa, Zoll, Impfungen u.Ä. in das LH-Reservierungssystem und weiter zum Reisebüro. → Iata-Agenturen

Time Sharing Holiday: Wohn- und Nutzungsrechte an in- und ausländischen Immobilien (wie Ferienhäuser oder -wohnungen) in Form von Zeiteigentum. Grundbuchabsicherung meist auf Grund bestehender nationaler Gesetze nicht möglich.

Timetable: Fahrplan, Flugplan.

TIN: Touristische Informationsnorm, wurde 1992 eingeführt und stellt Regeln auf, wie in einem Informations- und Reservierungssystem (IRS) über das touristische Angebot informiert und wie mittels spezieller Auswahlkriterien auf dieses Angebot zugegriffen werden kann. Die TIN konzentrierte sich ursprünglich auf die Beschreibung der touristischen Infrastruktur und des Gastgewerbes. In der zweiten Auflage im Jahr 2000 wurde der Fokus auf die Funktionalitäten und die Rahmenbedingungen der technischen Buchbarkeit, die rechtlichen Rahmenbedingungen sowie auf den definitorischen Teil gelegt. Die überarbeitete TIN enthält daneben Hinweise für die Katalogerstellung, Zusammenstellung der notwendigen Informationen in der Legende von Gastgeberverzeichnissen, Muster für AGB für Veranstalter im deutschen Tourismus sowie Hinweise zum aktuellen Stand der Klassifizierungssysteme in Deutschland. An der Erstellung der zweiten Auflage hat die Deutschland Informations- und Reservierungsgesellschaft (Dirg) mitgewirkt. Die Dirg hatte mit der Vorlage der Dokumentation einer systemneutralen Schnittstelle (ISI) im Sommer 1999 den Grundstein für die Kompatibilität von IRS gelegt. Bei der neuen TIN handelt es sich um einen offenen, neutralen Standard, dessen Anwendung jeder Tourismusorganisation, den Anbietern verschiedener touristischer Leistungen und Software-Unternehmen frei zugänglich ist und unentgeltlich genutzt werden kann. Die TIN ist einmalig in Europa.

Tina: Ticketing Inland und Ausland, neue Reservierungsmaske der Deutschen Bahn mit integrierter Best-Price-Funktion und Vakanzprüfung in Verbindung des Preissystems ab 2002. → PEP

TIP: 1. Arbeitskreis TIP Würzburg, Tourismus-Ideen-Praxis.
2. Touristikinformationsprogramm. 1993 von der Europäischen Reiseversicherung übernommene Gesellschaft mit Informationen über diplomatische/konsularische Vertretungen, Impf- und Gesundheitsbestimmungen, Einreisebestimmungen, Devisenkurse, Währung, Reisewege und Fahrtkosten, Aufenthalt und Klima, Zollbestimmungen, Auskunftsstellen sowie Informationen für Geschäftsreisende. → Arbeitskreis TIP Würzburg

Tip: Trinkgeld. → Trinkgeld

TIP-Info-Datenbank: Touristikinformationsprogramme. Über Start und Galileo abrufbar, liefert TIP Informationen über Impfvorschriften, Visabestimmungen, Sicherheitshinweise, aktuelle Devisenkurse und andere wesentliche Reiseländerinformationen. → Länderbrief

Tiscover: Österreichischer Anbieter von Online-Buchungsplattformen. T. ist in Österreich und der Schweiz tätig und expandiert auch in Deutschland. Als Kooperationspartner von Start Media Plus hat T. Anfang 2001 www.deutschlandreise.de übernommen. Im Herbst 2001 ist das Unternehmen eine Kooperation mit der Bayern Tourismus Marketing Gesellschaft eingegangen und wurde Partner für den Internet-Auftritt www.bayern.by. T. bietet seinen Kunden auch Backoffice-Programme für das Destinationsmanagement an.

TMS: Travel Management Systems, ursprüngliches Mid- und Backoffice-System von LTR. Nach der Gründung im Jahre 1990 wurde T. im März 1998 mit 51% von der DCS übernommen. Heutige weitere Gesellschafter: Hebbel (33 1/3%) und Hans-Jürgen Beckmerhagen (15 2/3%). → DCS

TNS Emnid: Taylor Nelson Sofres Emnid, 1945 gegründetes Markt-, Media- und Meinungsforschungsinstitut mit Sitz in Bielefeld.

TO: Tour Operator, Reiseveranstalter. → Reiseveranstalter

TOD: Ticket on Departure, bedeutet, dass der Fluggast das hinterlegte Ticket am Flughafen übernimmt. Der Ausdruck der Flugscheindaten erfolgt bei EDV-Ticketing vor Abflug über Terminals am Flughafen, Eingabe vorab von der Iata-Agentur. Der Verkauf wird den Iata-Agenten gutgeschrieben. Von den Fluggesellschaften (z.B. der Lufthansa) wird für derart hinterlegte Tickets eine den zusätzlichen Arbeitsaufwand deckende Bearbeitungsgebühr erhoben.

Törggelen: Südtiroler gastronomisch-touristische Spezialität. Zu Volks- und Stimmungsmusik werden Speckplatten mit Fladenbrot und Kastanien serviert, dazu gibt es neuen Wein. Der Begriff kommt von Torggl, der Weinpresse. Beliebtes Thema für Busreisen.

TOJ - Turnaround Open Jaw: Im Iata-Luftverkehr: einfache Gabelreise im Umkehrgebiet; Ankunftsort der Hinreise und Abflugsort der Rückreise im Umkehrgebiet sind nicht identisch.

Toll Free: Buchungs- und Reservierungsleitung, kostenlos für den Anrufer unter einheitlicher Vorwahl; weltweiter Telefonservice zur Buchung von Hotelzimmern, Leihwagen, Flügen etc. Ab dem 1. Januar 1998 wurden diese Rufnummern auf Freecall 0800 umgestellt. → Freecall

Toma/BUS: Einheitliche Buchungsmaske bei Start für touristische Buchungen der Reiseveranstalter, erweitert über Buchungen von Busveranstaltern. Im Complete-Access-Verfahren haben Start-Nutzer direkten Zugang zu den wichtigsten Funktionen der Datenbank des jeweiligen Veranstalters. → Toma-Verfahren, → Tour-Verfahren

Toma-Verfahren: Tour-Operator-Maske in Start; Buchungsverfahren für Reiseveranstalter. Z.B. können im Unterschied zum bisherigen Tour-Verfahren bis zu 18 verschiedene Leistungen und bis zu 18 Personen gebucht werden. Weitere Neuerung: Es kann über drei Bildschirminhalte geblättert werden. → Tour-Verfahren

Tonbildschau: Audio-Vision als Kombination aus Ton und Bild; Hilfsmittel der Touristikunternehmen bei Verkaufsschulungen. T. gibt es in der Verbindung von Diaserien mit Tonbandbegleitung, mit Film oder auch mit Video oder auch als Videovorführung. → Multimediashow

Toni: Programm von Start/Amadeus zur Vereinfachung des Bahnfahrkartenverkaufs durch Listung von Fahrplänen und den noch verfügbaren Normal- und Sondertarifen.

T-Online Travel: Unternehmen für die Entwicklung, den Aufbau und Betrieb eines Online-Reisebüros im Internet. T-Online hält 75,1%, Thomas Cook und Preussag besitzen jeweils 12,45%.

Topas: Studentische Projekte an der Katholischen Universität Eichstätt, 1994 gegründete Arbeitsgruppe (Touristische Organisation Planung Ausführung von Studenten), die sich v.a. aus Geografiestudenten mit dem Schwerpunkt Freizeit, Fremdenverkehr und Umwelt zusammensetzt, hat den Kontakt zur Branche, die Praxisnähe und das Sammeln von Erfahrungen im Tourismus zum Ziel. Mitglied bei Futurista. → Futurista

Topix: Ist inzwischen das Bausteinreservierungsprogramm fast aller deutschsprachigen Thomas-Cook-Veranstalter (Condor, Neckermann, Kreutzer). Bietet folgende Funktionen: Einkauf von Leistungen, Kalkulation, Preisberechnung, Kontingentverwaltung, Buchung, Dokumentenerstellung, Fakturierung, Leistungsträgerabrechnung, Nachkalkulation, Ergebnisermittlung und Stammdatenverwaltung. → Thomas Cook

Top of Germany: Werbegemeinschaft; zusammen mit DZT wirbt diese Werbegemeinschaft auf Auslandsmärkten für Incoming in die norddeutschen Regionen und Städte. → Werbegemeinschaft Deutsches Küstenland

Topografie: Geografische Lage oder Ortsbeschreibung.

Total Access: EDV/CRS-Begriff für bestimmte Netzverknüpfungen. Beim Total Access wird mit den Transaktionen des Total-Access-Partners in dessen System gearbeitet. Die Übertragung der Buchung erfolgt noch während des Buchungsvorgangs. Manche Fluggesellschaften bezeichnen den Total Access auch als Multi Access. Multi-Access-Systeme sind Vermittlungssysteme, bei denen verschiedene Fluggesellschaften angewählt werden können. → Access

Totes Meer: Binnengewässer im Nahen Osten (Israel; Jordanien) mit extrem hohem Mineralgehalt, der z.B. das Tauchen auf Grund der Stoffdichte nicht zulässt. Die Mineralstoffe machten Kureinrichtungen zur Linderung der Schuppenflechte (Psoriasis) möglich (En Bokek).

Touchdown: Das Aufsetzen eines Flugzeugs auf der Landebahn.

Toura d/Or: Wettbewerb Internationaler Tourismusfilm des Studienkreises für Tourismus und Entwicklung zur Sensibilisierung der Öffentlichkeit für einen sozialverantwortlichen und umweltverträglichen Tourismus. → Studienkreis für Tourismus und Entwicklung

Tour & Travel Warsaw: Jährlich stattfindende führende polnische Tourismusmesse in Warschau; Nachfolge des Tour-Salon in Posen/Poznan.

Tourdata: Leverkusener IT-Dienstleister, ist darauf spezialisiert, die Geschäftsprozesse von Veranstaltern zu analysieren und sie beim Einsatz der Software Blank zu unterstützen. 51% der Anteile hält das Hamburger Software-Haus Dillon Communication Systems. 2002 zur AG umgewandelt.

Tour Guide: Rundreiseleiter, der eine gesamte Reise begleitet und sich vor Ort zusätzlich auf sog. Local Guides oder Silent Guides stützt. → Reiseleiter, → Silent Guide

Tourisline: Den Fokus ihrer Geschäftsaktivitäten legt Tourisline seit der Gründung 1998 auf den Aufbau von digitalisierten Inhalten und Technologie im internationalen Touristiksektor. Das Unternehmen bietet über Internet, WAP und Navigationssysteme weltweit rund 550.000 Übernachtungsmöglichkeiten an. Privatpersonen, Unternehmen und Reisebüros können über die entsprechenden Portale der T. auf diese Datenbank zugreifen. Das Angebot der verschiedenen Zimmeranbieter und Reiseunternehmen ist in der zentralen Datenbank gespeichert. T. tritt mit Leistungsträgern selbst in Kontakt und betreibt das Buchungsgeschäft z.T. über einen Call Center.

Tourism an der International School of Management (ISM): Sitz: Dortmund. Die Arbeitsgemeinschaft der ISM Studenten hat die Aufgabe, einen Ein- und Überblick in die Hotel- und Tourismusbranche z.B. durch Seminare, Kontaktaufnahme mit Unternehmen etc. zu ermöglichen. Mitglied bei Futurista. → Futurista

Tourism Focus: Vierteljährlich erscheinende Publikation der mit Tourismuspolitik befassten EU-Parlamentarier, die sich im Wesentlichen an Politiker und Fachleute richtet. → EU/EG/EWG

Tourismus: Reisen, Fremdenverkehr in größerem bis massenhaftem Ausmaß von Menschen aus allen Gruppen einer Gesellschaft zum Besuch bestimmter Orte (Urlaubsort, Kurort, Erholungsort) und Gebiete (Fremdenverkehrsgebiet, Feriengebiet) mittels bestimmter Dienstleistungen (Reisebüro, Reiseveranstalter, örtliche und regionale Fremdenverkehrsorganisationen, Verkehrsmittel, Gastgewerbe, Ferienanlagen usw.). Tourismus ist in den Industrienationen zum Bestandteil des Lebensstils und der Lebensbedingungen geworden. Er führt zu alljährlichen Wanderbewegungen von Millionen Menschen, die die meisten Länder der Welt erreichen (Massentourismus). Der Tourismus stellt einerseits einen erheblichen Wirtschaftsfaktor dar, bedeutet jedoch auch soziokulturelle Begegnung und Konfrontation zwischen Reisenden und Einheimischen. Dadurch werden vielerorts tief greifende Veränderungen ausgelöst. Abgesehen von Anstößen zur Verbesserung von Lebensbedingungen und der Infrastruktur in den Reiseländern bzw. Reiseregionen sind mit Tourismus durchaus Probleme verbunden:

Zerstörung der Natur durch touristische Infrastruktur und Übernutzung; Veränderung von sozialen Strukturen; Veränderung von soziokulturellen Traditionen insbes. durch Kommerzialisierung. Zwischen Tourismus und Landschaft, Kultur, Brauchtum bestehen erhebliche Zusammmenhänge: Werden die letzteren zerstört, schwindet die Attraktivität für den Tourismus. Daher muss Tourismuspolitik zu einem gewichtigen Teil auch Umwelt- und Kulturpolitik sein. Lit.: Kaspar „Der Tourismus – ein wichtiges Kultur- und Wirtschaftsphänomen". Nach der Definition von WTO und OECD bezeichnet Tourismus alle Reisen über mehr als 24 Stunden, die der Erholung, geschäftlichen oder Studienzwecken oder der Gesundheit dienen (siehe dazu auch „Ein Anliegen des Autors"). → Fremdenverkehr, → Massentourismus, → Sanfter Tourismus, → Touristen, → touristische Nachfrage, → Touristisches Angebot

Tourismus-Ausbildungsanalyse (TAA): Basierend auf einer deutschlandweiten Befragung von Juni 2000 bis Juni 2001 haben Studenten des Tourismus Interessen Kreis (TIK) an der Technischen Universität Dresden die Zufriedenheit der Tourismusstudenten mit ihren touristischen Bildungseinrichtungen analysiert. Befragt wurden insgesamt 1000 Personen an Universitäten, Fachhochschulen und Akademien. Die dargestellten Stärken-Schwächen-Profile geben den Durchschnitt aller Studentenmeinungen einer Einrichtungsart wieder; darüber hinaus werden die Ergebnisse für jede Bildungseinrichtung einzeln erläutert. Die Methodik der TAA wurde von einigen Professoren bemängelt und soll laut TIK bei Folgebefragungen noch verbessert werden. → TIK

Tourismusbarometer: Informationssystem zur Tourismusentwicklung in den neuen Bundesländern. Träger und Finanzier des Barometers ist der OSGV (Ostdeutscher Sparkassen- und Giroverband). Durchgeführt wird es vom DWIF (Deutschen Wirtschaftswissenschaftlichen Institut für Fremdenverkehr an der Universität München).

Tourismusbeirat: → Beirat für Tourismusfragen

Tourismusbewusstsein: Wahrnehmung bzw. Wertung des Tourismus durch die Bevölkerung. Das T. kann sich in engagiertem Handeln zu Gunsten des Tourismus oder auch in der Gleichbehandlung des Tourismus gegenüber anderen Branchen äußern.

Tourismus-Enquête: Von der Bundesregierung vergebene Forschungsaufträge zur Analyse der sozialökonomischen Bedeutung des Tourismus. Die Umsetzung der Ergebnisse soll zur Verbesserung der Voraussetzungen in der Tourismuspolitik beitragen (Enquête = Untersuchung). → Bundesministerium für Wirtschaft und Technologie (BMWi)

Tourismuserhebung: Repräsentative Stichprobenerhebung über das Reiseverhalten der deutschen Wohnbevölkerung. Die Erhebung wird seit dem Jahr 1999 zur Abdeckung der Verpflichtungen aus der Tourismusstatistikrichtlinie der EU vom Institut Geoplan, Aachen, im Auftrag des Statistischen Bundesamtes durchgeführt. In vier Wellen über das Jahr verteilt werden 10.000 gereiste Personen nach den von ihnen unternommenen Reisen (Urlaubs- und Erholungsreisen mit fünf und mehr Tagen Dauer, Kurzreisen, Dienst- und Geschäftsreisen) befragt. Die Ergebnisse werden in der Querschnittsveröffentlichung Tourismus in Zahlen des Statistischen Bundesamtes veröffentlicht. → Tourismus in Zahlen, → Tourismusstatistikrichtlinie

Tourismusfachwirt/-in (IHK): Die Industrie- und Handelskammern (IHKs) bieten seit 2001 diese neu entwickelte Weiterbildungsprüfung an. Die Prüfung ist eingebunden in die sog. Dienstleistungsfachwirt-Familie. Es handelt sich hierbei um eine zweistufige Weiterbildung für Dienstleister. Der zweite Teil der Weiterbildungsprüfung enthält die branchenspezifischen Qualifikationen. Inhalte sind z.B. Informationstechnologien, Qualitätsmanagement, Marketing-Controlling oder Medienmanagement. Erfolgreiche Prüfungsteilnehmer sind Allrounder. Sie übernehmen Führungsaufgaben in Destinationen und Tourismusorganisationen, in Freizeitanlagen und Erlebniswelten, bei Reiseveranstaltern und Reisevermittlern, in Kur- und Bäderbetrieben, bei Verkehrsträgern etc. → Ausbildungswege im Tourismus/Fremdenverkehr, → Fortbildungsangebote im Tourismus, → IHK, → Tourismusfachwirt/in (IHK)/Bachelor of Tourism (CCI)

Tourismusfachwirt/in (IHK)/Bachelor of Tourism (CCI): Weiterbildungslehrgang, der mit einem weltweit anerkannten Zeugnis abschließt. Er wurde mit Vertretern der Wirtschaft und der Tourismusverbände erarbeitet. → Fortbildungsangebote im Tourismus, → IHK

Tourismusgipfel: Jährlich stattfindende Veranstaltung auf Initiative des BTW mit Tourismusexperten, um national und international die große politische und wirtschaftliche Bedeutung des Tourismus hervorzuheben; 2000 im Rahmen der Expo in Hannover; 2001 in Brüssel mit Europa- und Sicherheitsfragen im Flugbereich sowie Krisenmanagement nach den Terroranschlägen in den USA.

Tourismus Interessen Kreis Dresden (TIK): An der Technischen Universität Dresden, Studentenarbeitsgemeinschaft für das Fachgebiet Tourismuswirtschaft. Hauptziele sind die Ergänzung des Studiums durch Projektarbeit bzw. Fachvorträge sowie die Integration von praxisnahen Themen. Mitglied bei Futurista. → Futurista, → TourismusAusbildungsanalyse (TAA)

Tourismus in Zahlen: Querschnittsveröffentlichung des Statistischen Bundesamtes, die auf über 300 Seiten Tabellen, Schaubilder und Fachartikel zu unterschiedlichen Aspekten des Tourismus enthält. T.i.Z. erscheint jährlich.

Tourismuskonzeption: Basierend auf einer Bestandsanalyse, formuliert meist ein externes Beratungsbüro in Zusammenarbeit mit dem Auftraggeber (Stadt, Gemeinde, Region) und der Bevölkerung, eine Leitidee zum Aufbau eines touristischen Images. Aus der Leitidee werden Entwicklungsziele abgeleitet, dann Strategien zu deren Umsetzung festgelegt. Zum Inhalt einer T. gehören auch die Benennung einzelner Maßnahmen und die Aufzählung von Angebotsbeispielen.

Tourismusmarketing: Marketing, das Unternehmen oder Destinationen auf dem touristischen Markt betreiben. Besonderheiten des touristischen Marketings sind die abstrakte Dienstleistung und der Konsum in einem emotionalen Bereich. → Marketing

Tourismus mit Einsicht (TME): Ehemalige Arbeitsgemeinschaft von Initiativgruppen und Organisationen aus entwicklungspolitischen, touristischen, kirchlichen, wissenschaftlichen, umwelt- und jugendpolitischen Bereichen, die für Veränderungen im Tourismus eintrat, im Wesentlichen gegen soziale Benachteiligung, kulturelle Zerstörungen und Schädigung der Natur in den Reiseländern. Dieser Kreis hatte sich anlässlich der ITB 1986 in Berlin zusammengeschlossen. Er vereinigte 28 tourismuskritische Vereinigungen aus elf Ländern. TME hat sich inzwischen aufgelöst mit der weitergehenden Forderung auf Reiseverzicht als Mittel eines umweltverträglichen Tourismus.

Tourismusorganisation: Aufbau- und ablauforganisatorisches System in einer Destination. T.n bewältigen kooperative Aufgaben im Tourismus bzw. legen die Zusammenarbeit der Tourismusträger fest. Zielsetzung der privaten oder staatlichen Institutionen ist die Förderung des Tourismus. Zu den T.n auf Ortsebene zählen beispielsweise Kurverwaltungen, Tourist-Informationen und Verkehrsvereine. → Kurverwaltung, → Verkehrsverein

Tourismuspräsidium: Richtig: Präsidium der deutschen Touristikwirtschaft. Ehemaliger Zusammenschluss der Verbände ADL, ASR, BDO, DRV und RDA; gegr. Februar 1989, Geschäftsführung war beim DRV, Frankfurt/M. Tourismuspräsidium war ein selbstständiges Gremium als Interessenvertretung des grenzüberschreitenden Tourismus im Hinblick auf Liberalisierung in Europa, im Unterschied zum Deutschen Fremdenverkehrspräsidium, das überwiegend Incoming-Funktion wahrnahm und sich selbst als Organ des deutschen Fremdenverkehrs verstand. Tourismuspräsidium wollte die Interessen der deutschen Touristikindustrie bündeln und diese gegenüber Öffentlichkeit und Politik vertreten. In 1995 aufgelöst nach Gründung des BTW. → ADL, → ASR, → BDO, → BTW, → DRV, → RDA

Tourismus Service: Wurde 1988 als TIBS Baden-Württemberg gegründet. Sie bietet Versanddienstleistungen, einen Call-Center-Service und Einführungsberatungen für das IRS an. Gesellschafter sind u.a der Tourismusverband Baden-Württemberg, Feratel media technologies und der Schwarzwald-Tourismusverband. → IRS

Tourismusstatistikrichtlinie: Der EU, verpflichtet die Mitglieder zur Erhebung statistischer Daten über den Tourismus. Sie betreffen zum einen Angaben aus der Beherbergungsstatistik zur Kapazität der Beherbergungsbetriebe sowie zu deren Nutzung (Zahl der Betriebe, Zimmer, Schlafgelegenheiten sowie Ankünfte und Übernachtungen von Gästen), zum anderen Angaben über das Reiseverhalten der Bevölkerung.

Tourismusstudium: Einige Fachhochschulen, Berufsakademien und Universitäten bieten tourismusorientierte Studiengänge an. An Fachhochschulen und Berufsakademien werden tourismusspezifische Kenntnisse und Methoden auf der Basis betriebswirtschaftlichen Know-hows vermittelt. Die Absolventen sollen nach entsprechender Einarbeitung in der Lage sein, Führungsaufgaben in der Tourismuswirtschaft zu übernehmen oder unternehmerisch tätig zu sein. Verschiedene Universitäten bieten Studienschwerpunkte zu Themen wie Tourismus, Umweltmanagement und Raumplanung an. → Diplom-Betriebswirt BA, → Diplom-Betriebswirt (FH), → Diplom-Kaufmann (FH)

Tourismus und Umwelt: → Umweltpreis

Tourismuswirtschaft: Die wirtschaftliche Bedeutung der Tourismusbranche in Deutschland wird durch die Anzahl der Beschäftigten, den Umsatz und die Steuereinnahmen charakterisiert. Die Gesamtzahl der Beschäftigten in den unmittelbaren und mittelbar dem Tourismus zugeordneten Bereichen (z.B. Einzelhandel, Verkehrsmittel) inklusive Teil- und Saisonarbeitskräften beträgt rund 2,8 Mill. Der Anteil der vom Tourismus abhängigen Arbeitsplätze an der Gesamtbeschäftigung in Deutschland liegt bei 8% (Stand 1999). Für 1999 wurde ein Umsatz von 275 Mrd. DM ermittelt. Dies entspricht einem Anteil von rund 8% am BIP. Durchschnittlich 2 bis 3% des touristischen Nettoumsatzes (ohne MwSt) fließen durch Gewerbesteuer, Grundsteuer und anteilige Lohn- und Einkommensteuer an die Kommunen zurück. → Bruttoinlandsprodukt (BIP)

Tourist Board/Tourist Office: Tourismusvertretung eines Landes (National Tourist Office/NTO), einer Region oder Stadt zur Förderung des Incoming-Tourismus. Auch geläufig unter Fremdenverkehrsamt oder Verkehrsbüro. → NTO

Tourist Class: → Klassifizierung der Reisebusse

Touristen: Für statistische Zwecke des internationalen Reiseverkehrs hat der WTO wie folgt definiert: T. sind vorübergehende Besucher, die wenigstens eine Nacht und weniger als ein Jahr im Besuchsland verbringen; ihr Besuchszweck kann wie folgt beschrieben werden: a) Freizeit (Erholung, Urlaub, Gesundheit, Studium, Religion und Sport), b) geschäftliche Tätigkeit, Familie, Mission, Versammlung. Nach Definition der OECD sind Touristen Personen, die sich mindestens 24 Stunden außerhalb ihres Wohnortes aufhalten zu beruflichen, vergnüglichen oder anderen Zwecken (außer Arbeit, Studium und Daueraufenthalt).

Touristenklasse: → Economy Class

Touristenklassesyndrom: → Economy-Class-Syndrom

Touristik: 1. gebräuchlich als Grund- und Bestimmungswort, z.B. in Flug-, See-, Schienen- und Straßentouristik oder Touristikbranche (z.B. T.-experte, T.-unternehmen). Der Begriff wird weit gehend gleichgesetzt mit Tourismus- bzw. Fremdenverkehrsgewerbe. 2. Software mit Stammdatenverwaltung, Auskunfts-, Reservierungs- sowie Buchungssystem mit Ticketing, Mailing und Rechnungswesen der Firma WBS Blank. → Tourismus, → Touristische Nachfrage, → Touristisches Angebot

Touristikassistent/-in (staatlich anerkannt): Berufsausbildung oder Umschulung, welche i.d.R. als zweijährige Vollzeitausbildung von privaten Akademien und Instituten angeboten wird. → Ausbildungswege im Tourismus/Fremdenverkehr

Touristikbahnen: Beförderungsmittel in Fremdenverkehrsregionen. → Kursbuch

Touristikfachkraft (SSI): Berufliche Vollzeitfortbildungsmaßnahme des Instituts für Touristik, München, mit SSI-Abschlusszeugnis. → SSI

Touristikfachwirt/-in: Lehrgang bei Akademien und Instituten überwiegend berufsbegleitend in Teilzeit. Aufnahmevoraussetzungen:

1. Eine mit Erfolg abgeschlossene Ausbildung als Reiseverkehrskaufmann/frau, Luftverkehrskaufmann/frau oder als Kaufmannsgehilfe/in im Hotel- und Gaststättengewerbe und eine weitere Berufspraxis von mindestens zwei Jahren oder

2. eine mit Erfolg abgeschlossene Ausbildung in einem sonstigen kaufmännischen oder verwaltenden Beruf und mindestens drei Jahre Berufpraxis oder

3. eine mindestens sechsjährige Berufspraxis. Abschluss ist eine schriftliche und mündliche Prüfung vor der Industrie- und Handelskammer (IHK). Schwerpunktmäßig arbeiten Touristikfachwirte in Reisebüros und bei Reiseveranstaltern. Sie übernehmen vor allem Führungsaufgaben. Die IHKs bieten ab 2001 eine neu entwickelte Weiterbildungsprüfung zum Tourismusfachwirt/in IHK an. → Ausbildungswege im Tourismus/Fremdenverkehr, → Fortbildungsangebote im Tourismus, → IHK, → Reiseverkehrskaufmann/Reiseverkehrskauffrau, → Tourismusfachwirt/-in (IHK)

Touristikhaftpflichtversicherung: Versicherung für aus touristisch bezogener Tätigkeit eines Veranstalters oder Vermittlers entstehende Schäden. → Reiseversicherungen

Touristikindustrie: Globalbegriff für alle am Dienstleistungsmarkt Tourismus beteiligten Unternehmen. → Travel Industry, → Wirtschaftsfaktor Tourismus

Touristik IT: → Bestravel

Touristikjahr: Bei den meisten Reiseunternehmen Geschäftsjahr mit der Laufzeit vom 1.11. bis zum 31.10. des Folgejahres.

Touristikmanagement im Fernstudium: Zwölfmonatiger Studiengang beim IST, Institut Sport, Freizeit und Touristik, Münster, mit Abschluss Tourismusmanager. → IST

Touristikmanager: Nicht geschützte Berufsbezeichnung. Die Ausbildung wird angeboten meist als Fernstudiengang von Privatschulen ohne staatl. Anerkennung und dauert berufsbegleitend rund 16 Monate.

Touristikmessen: Begriff sowohl für Fachmessen als auch reine Publikumsmessen.

Touristikreferent: Nicht geschützte Berufsbezeichnung. Die berufsbegleitende Ausbildung dauert i.d.R. 16 Monate und wird häufig über Fernstudium von Privatschulen ohne staatliche Anerkennung angeboten.

Touristikstraßen: Ferienstraßen mit thematischer, verkehrslenkender Kennzeichnung zu touristischen Zentren mit Sehenswürdigkeiten kultureller oder landschaftlicher Art, z.B. Oberschwäbische Barockstraße, Romantische Straße u.a.

WOMIT reiste die Königin von Saba?
WOHIN trug der fliegende Teppich Prinz Selim?
WARUM nahm Goethe sein Bett mit auf die italienische Reise ?

Nun, diese Fragen brennen uns nicht auf den Nägeln. Aber sicher haben auch Sie schon darüber nachgedacht, welche touristischen Wissensschätze in den diversen Privat-, Firmen- und öffentlichen Archiven schlummern mögen und wie man sie heben könnte. – Auch mich beschäftigt der Gedanke an die Einrichtung eines Tourismusmuseums seit langem. Und selbstverständlich haben sich sogleich weitere Fragen aufgedrängt:

WIE WÜRDE EIN SOLCHES MUSEUM AUSSEHEN?
WELCHE SCHWERPUNKTE SOLLTEN GESETZT WERDEN?
WEM KÖNNTE ES IN ERSTER LINIE VON NUTZEN SEIN?

Leider stießen bislang meine Gedanken und Fragen zu diesem Thema auf weniger Resonanz als erhofft. Für Beiträge und Zusendungen aus den verschiedenen Touristikunternehmen möchte ich mich jedoch an dieser Stelle noch einmal bedanken.
Erneute Überlegungen in dieser Richtung waren die Folge eines Besuches im Berliner Pergamon-Museum, wo mir aus dem babylonischen Schrifttum ein Vertrag über das Ausleihen eines Schiffes nebst Reisegeld für eine Geschäftsreise aus der Zeit des Königs Samsu-ditana (1625-1595 v. Chr.) ins Auge fiel.
Natürlich kann und will ich nicht ein Museum aufbauen, das sich mit den Zeugnissen einer jahrhunderte- oder gar jahrtausendealten Reisekultur beschäftigt. Mein Interesse gilt der Touristikentwicklung seit 1841 mit Thomas Cooks erster organisierter Reise und Johannes Romingers Gründung des ersten deutschen Reisebüros 1842.
Mein Aufruf geht in erster Linie an meine älteren Kollegen/innen in der Reisebranche und bereits aus dem aktiven Geschäft bzw. Dienst ausgeschiedenen ehemaligen Führungskräfte, mit denen ich zusammen die Idee und spätere Einrichtung des Tourismusmuseums vorzugsweise in Berlin realisieren möchte.

GÜNTER SCHROEDER
Berlin, im Januar 2002

Touristikzug: Reisezug der DB im Wesentlichen für Charterzwecke an Firmen, Verbände, Vereine, Clubs u.a. Mit 330 Sitzplätzen in Reise- und Clubwagen verfügt dieser Komfortreisezug über ein Bistro und Kinderabteil sowie Lounge und Foyer. Er ist europaweit einsetzbar.

Tourist-Information: Seit 2001 bundeseinheitliche Empfehlung des DTV für die Bezeichnung touristischer Organisationen auf Ortsebene. An die Bezeichnung anschließen soll sich der Ortsname. Zu den Aufgaben der TI gehören die Durchführung lokaler Marketing-Maßnahmen und diverse Service-Leistungen. Dazu zählen v.a. Angebotsgestaltung, Marktforschung und Zimmervermittlung bzw. generell Gästebetreuung. → Verkehrsamt

Touristische Nachfrage: Bei Betrachtung des Begriffs nach den Kriterien der Motivation oder Zielsetzung können im Wesentlichen folgende Tourismusarten unterschieden werden, nach Prof. C. Kaspar, St. Gallen:

- Erholungstourismus
  (z.B. Urlaubs- und Kurtourismus),
- kulturorientierter Tourismus
  (z.B. Bildungs- und Wallfahrtstourismus),
- gesellschaftsorientierter Tourismus
  (z.B. Verwandten- und Bekanntenbesuche),
- freizeitorientierter Tourismus
  (z.B. Erlebnisreisen und Sporttourismus von aktiv oder passiv am Sportgeschehen Beteiligten),
- wirtschaftsorientierter Tourismus
  (Geschäfts-, Kongress-, Ausstellungs- und Messetourismus) sowie
- politikorientierter Tourismus
  (z.B. im Zusammenhang mit politischen Veranstaltungen,Tourismus von Diplomaten).

→ Tourismus, → Touristen, → Touristik

touristische Reisebüros: Reisebüros mit Verkaufslizenzen von mindestens zwei Hauptreiseveranstaltern; keine Verkehrsträgerlizenz.

touristischer Linienflug: Früher: Ferienflug. Da die Dienste der vormaligen Charter Carrier mittlerweile häufig als Linienflüge verkehren, wird zunehmend der Begriff T.L. verwendet werden. → Ferienfluggesellschaften, → Ferienflugverkehr

touristische Routen: Die touristische Erschließung der deutschen Landschaften und kulturellen Sehenswürdigkeiten auf vorgegebenen Verkehrswegen begann mit der Gründung der Deutschen Alpenstraße. Mit der Erschließung und Zunahme des Individualverkehrs in den 60er Jahren wurde damit begonnen, durch Beschilderung Routen von besonderem touristischen Interesse bekannt zu machen. Eine Vielzahl von T. sind entlang von historischen Trassen angelegt worden, die bereits zur Römerzeit und später im Mittelalter wichtige Handels- und Heerstraßen waren.

Heute verlaufen die T. nur noch auf Teilabschnitten der historischen Trassen, z.B. die Straße der Kaiser und Könige oder die Straße der Romanik.

Neben T. mit kulturhistorischer Thematik gibt es die T. mit landschaftlichen Schwerpunkten wie Deutsche Alleenstraße oder lukullischer Art wie die Rheingau-Riesling-Route. In Deutschland gibt es rund 150 T. Laut DTV sind Ferienstraßen oder Touristikstraßen auf Dauer angelegte, genau bezeichnete Reiserouten auf Bundes- und Landesstraßen, die dem Reisegast thematisch abgegrenzte spezielle Attraktionen bieten. Grundsätzlich werden T. definiert als Ferienstraßen mit thematischer, verkehrslenkender Kennzeichnung zu touristischen Zentren mit Sehenswürdigkeiten kultureller oder landschaftlicher Art. → Alpenstraße, → DTV

Touristische Runde München: Auch Montagsrunde genannt, loser Zusammenschluss in München und Umgebung ansässiger Reise- und Fachjournalisten und Tourismusfachleute deutscher und internationaler Fremdenverkehrsverbände, Reiseveranstalter, Reisemittler und Institute. Die TRM findet einmal im Monat statt.

touristisches Angebot: Das T. setzt sich nach Angaben des Statistischen Bundesamtes aus den unterschiedlichsten Komponenten zusammen. Das ursprüngliche touristische Angebot umfasst natürliche Gegebenheiten wie geografische Lage, Klima, Topografie, Landschaftsbild, Vegetation, Tierwelt, soziokulturelle Verhältnisse wie Kultur, Tradition, Mentalität, religiöse und profane Bauten, Sprache, Gastfreundschaft sowie allgemeine Infrastruktur als Basis für den Tourismus. Zum abgeleiteten touristischen Angebot zählen Einrichtungen des Aufenthalts (z.B. der Beherbergung, Verpflegung und Unterhaltung, der erholungsmäßigen und sportlichen sowie der wirtschaftlichen Betätigung) und Einrichtungen der Vermittlung (Reiseagenturen, Verkehrsverein). Daneben gehört die touristische Infrastruktur zum Angebot. Bei dieser kann es sich um Einrichtungen handeln, die primär für den Tourismus erstellt worden sind, etwa Skilifte, Luftseilbahnen, Zahnradbahnen, Kureinrichtungen, oder um Infrastruktur, die nicht spezifisch fremdenverkehrsorientiert ist, aber trotzdem den Tourismus fördert, z.B. Schwimmbäder, Parkanlagen, Tennis- und Golfplätze, Wassersporteinrichtungen, Reitanlagen, Theater, Spielkasino etc. Weiterhin stellen auch Wirtschaftsbereiche dem

FACHSPRACHE

TERMINOLOGIE DER TOURISMUSWIRTSCHAFT ALS FACHSPRACHE

Mit (Fach-) Sprachkompetenz KARRIERE MACHEN

Für Sprache gilt generell: Begriffsbildung ist das zentrale Instrument menschlicher Erkenntnis. Dies zieht sich als roter Faden durch die Entwicklung des einzelnen Menschen wie der Menschheit als Ganzem, ist der Ursprung unserer heutigen Kultur und unseres Wohlstandes und ständigem Wandel und Entwicklung unterworfen.

Fachsprachen haben ihren Ursprung traditionell in den Wissenschaften und Künsten sowie in der arbeitsteiligen Wirtschaft. Sie werten das jeweilige Gebiet auf durch Förderung des Spezialistentums, ermöglichen Standardisierung und Theoriebildung, Fixierung und Weitervermittlung von Erkenntnissen. Motive für die Entwicklung von Fachsprachen sind Genauigkeit und Beschleunigung der Kommunikation, mitunter auch der Wunsch nach Exklusivität gegenüber Laien.

Die Fachsprache des Tourismus ist mit dem Aufkommen des organisierten, veranstalteten Reisens entstanden, in Deutschland schwerpunktmäßig seit den 1950er Wirtschaftwunderjahren. Sie hat sich weiterentwickelt in Systematik und Theorie durch das Entstehen der Fachausbildungsberufe, durch Fachhochschulen und Berufsakademien und setzt sich heute in der rasch wachsenden Zahl von Fach- und Branchenpublikationen fort.

Die heutige Fachterminologie von Reiseveranstaltern, -mittlern, Leistungsträgern, Fremdenverkehrszentralen oder Buchungssystemen ist hochspezialisiert, ein präziser Code für Fachleute in einem Geschäft, das mit und von täglicher vielfältiger Kommunikation auf allen Ebenen lebt. Dabei ist die touristische Fachsprache nicht zu verwechseln mit der Werbesprache, der sich die Branche in Katalogen bedient. Dort geht es um eine andere Zielgruppe und vor allem um Verpackung und Verlockung.

Die touristische Fachsprache selbst kennt keine zentral gesetzten Standards, sie lebt von der raschen, mitunter chaotischen Entwicklung der Branche und vor allem von ihren im Durchschnitt eher jüngeren, immer aber sehr beweglichen Akteuren. Diese bedienen sich keiner Geheimsprache, keines Slangs oder Mehrdeutigkeiten, und bei der Analyse ihrer Kommunikation geht es nicht um soziolinguistische Betrachtungen.

Die Fachsprache der Tourismusprofis definiert und typologisiert die Tourismusdienstleistungen, sie prägt die Fachausbildungen und später im Beruf die tägliche Kommunikation. Sie entwickelt sich mit dem Markt und seinen Medien rasch weiter, und sie zwingt den Akteuren Aktualität und Vertrautheit auf.

Die vielen Sparten des wachsenden Reisemarktes müssen Fantasie, Qualität und Liebe zum Detail mit Markt- und Kostenbewusstsein verbinden können. Länder und Regionen wetteifern mit ihren klassischen Reizen, aber auch mit Neuem wie dem Öko-, Event- oder Funsport-Tourismus. Der erfolgreiche Touristiker-Nachwuchs wird daher rasch und systematisch in diese Welt eintauchen und die Arbeits- und Kommunikationssprache der Profis für sich entschlüsseln.

Günter Schroeder
Berlin, im Januar 2002

Fremdenverkehr Dienstleistungen zur Verfügung, z.B. der Einzelhandel, obwohl sie hauptsächlich zur Versorgung der ansässigen Bevölkerung dienen. → Tourismus, → Touristen, → Touristik

touristisches Leitbild: Stellt in komprimierten Grundsätzen das Selbstverständnis und den Zukunftsentwurf einer Tourismusregion oder eines Tourismusortes dar. Das dem T. L. zugrundliegende Werte- und Zielsystem wird von einem breiten Grundkonsens aller Tourismusbeteiligten getragen. Die Funktionen des Leitbildes liegen v.a. in der Erhöhung der Handlungsbereitschaft der Tourismusakteure, der Standortbestimmung und Identitätsbildung sowie der Vermeidung von Fehl- und Doppelinvestitionen.

Touristscope: Marktuntersuchung, 1986 von Infratest zusammen mit Reiseveranstaltern und Fluggesellschaften entwickelt. T. untersucht kontinuierlich den deutschen Urlaubsreisemarkt mit allen langen (fünf Tage und mehr) und kurzen (zwei bis vier Tage) Urlaubsreisen mit den Merkmalen: Reiseziel, Reisedauer, Zielländer, Unterkunft, Verkehrsmittel, Organisationsform und -grad der Reise. Befragt werden Bundesbürger ab 14 Jahren im Westen telefonisch, im Osten persönlich. Den Auftraggebern DB und Reiseveranstaltern sowie gelegentlich LH und Bundesverkehrsministerium stehen die Ergebnisse nach Abschluss des Touristikjahres zur Verfügung. → Infratest Burke

Tourmanager: Touristisches Beratungsprogramm der Firma Inter Media Data in Aitrach. Das Programm bietet eine Auswahl von 247 Veranstalterkatalogen sowie Beschreibungen von 38.000 Hotels. → Bistro

Tourmaster: Internetfähiges Touristikprodukt von Galileo Deutschland zur Buchung der Angebote von Reiseveranstaltern, Mietwagenunternehmen, Reiseversicherungen, Ferienhausanbietern und Charterfluggesellschaften. → Galileo

Tournant: In der À-la-carte-Küche ist der T. der Vertreter des Partiechefs. → À-la-carte-Küche

Tour-Verfahren: Ursprüngliches Start-Buchungsverfahren für Reiseveranstalter. Wurde 1989 vom Toma-Verfahren abgelöst, das wesentlich erweiterte Anforderungen abdeckt. → Toma-Verfahren

Tower: Engl. Synonym für Kontrollturm. → Kontrollturm

TPM - Ticketed Point Mileages: → Ein-Kupon-Meilen (TPM), → Meilensystem

TQ3 Travel Net: Ehemals First Travel Net, Internet-Software von TQ3, ermöglicht das Buchen von Flugreisen durch den Kunden. Die Hinterlegung wichtiger Angaben im Persönlichkeitsprofil und die Einbindung der Reiserichtlinien einer Firma werden hierbei berücksichtigt. Seit 2001 wurde auch das ehemalige Hapag-Lloyd-Programm Achat integriert.

TQ3 Travel Solutions: Aus TUI Business Travel (Hapag-Lloyd Geschäftsreise), First Travel Management sowie der US-Firma Maritz Travel Company und der australischen Internet Travel gegründetes weltweit agierendes Geschäftsreiseunternehmen. TQ3 ist in drei Regionen untergliedert, wobei Amerika und die Emea-Region (Europa, Naher Osten und Afrika) jeweils einen Anteil von 45% und die Apac-Region (Asien und Pazifik) einen Anteil von 10% halten. Auf dem amerikanischen Kontinent deckt Maritz Travel 100% des Geschäftsanteils dieser Region ab. Die Emea-Region steht unter der Leitung von TUI Business Travel.

TQM: Total Quality Management, Zertifizierung nach DIN/ISO. → Qualitätsmanagement

Trac: Travel Commerce, wurde 1998 in Dortmund gegründet. T. ist ein technologischer Dienstleister und Plattformbetreiber für den Deutschland-Tourismus (Idestra.de). Das Unternehmen strukturiert sich seit 2001 um und baut seine Call-Center-Kapazitäten aus.

Traditionsschifffahrt: Genauer: Touristische T. bezeichnet den Betrieb von Museumsschiffen überwiegend unter Segeln und deren Nachbauten zu Urlaubs- und Freizeitzwecken mit und ohne Übernachtung an Bord. In Deutschland überwiegend verbreitet in den Küstenregionen Schleswig-Holsteins und Mecklenburg-Vorpommerns. T.T. ist auch bekannt unter Oldtimer-Segeln und Abenteuerkreuzfahrten. Jährlich wiederkehrende Ereignisse mit historischen Schiffen u.a. die Hanse-Sail vor Rostock oder die Barther Hafen- und Segeltage mit der Möglichkeit der eigenen aktiven Feriengestaltung.

Tragflügelboot: Motorgetriebenes Boot (engl. Hydrofoil) mit Tragflächen unterhalb seines Bodens. Bei der Fahrt hebt das Boot auf den Tragflächen leicht von der Wasseroberfläche ab. Es erreicht hohe Geschwindigkeit, eingesetzt u.a. im Rhein- und Donau- sowie im Malta-Verkehr und im Ärmelkanal.

Trainments: Schulungsangebot der Elvia Versicherung mit praxisorientierten Fernlehrgängen, bestehend aus Lehrbriefen.

Trajektschiff: Größere Fähre zur Beförderung von Eisenbahnzügen und Fahrzeugen über Seestrecken, z.B. Skandinavienfähre im Roll-on-Roll-off-Verfahren. → Ro-Ro-Fähren, → Vogelfluglinie

Traktion: Beförderung von Zügen oder Fahrzeuggruppen (Rangierbetrieb).

Trampschifffahrt: Im Gegensatz zur Linienschifffahrt unregelmäßige Schifffahrt nach Angebot und Frachtvertrag. → Linienschifffahrt

Tramp- und Anforderungsverkehr: Flugbeförderung von Personen oder Gütern in Gesamtladungen im Gelegenheitsverkehr für Dritte mit Flugzeugen über 5,7 t. Statistisch gehören dazu

- Gastarbeitercharter
- ABC/NAC-Charter
- Militärcharter
- Frachtcharter

und sonstige Charterflüge. T. mit Flugzeugen bis einschließlich 5,7 t gilt als Taxiflug/Taxiverkehr. → Taxiflug

Transaction Fee: Vergütungsmodell im Firmengeschäft, bei dem das Reisebüro pro Vorgang (z.B. Buchung, Umbuchung, Ticketausstellung) eine Gebühr vom Unternehmen erhält. Entsprechend der Management Fee werden auch bei der T. F. Nettotarife mit den Leistungsträgern (Fluggesellschaften, Hotels, Autovermietern) vereinbart, oder das Reisebüro gibt die Provisionen an das Unternehmen weiter. → Management Fee

Transatlantikreisen: Regelmäßiger Schiffstransatlantikdienst wird derzeit nur noch von der „Queen Elizabeth 2" (QE 2) unterhalten; ab 2003 Stapellauf der „Queen Mary 2" von Cunard Line mit 15 Decks für mehr als 2600 Passagiere für Reisen zwischen Southampton und New York. Gebaut wird die QM 2 im franz. Atlantikhafen Saint-Nazaire. → QE 2 – „Queen Elizabeth 2"

Transeuropäische Netze: Von der EU geplante grenzüberschreitende Verbindungen in den Bereichen Verkehr, Energietransport und Telekommunikation. Die Verknüpfung der Netze der EU-Staaten soll den freien Verkehr von Waren, Personen, Dienstleistungen und Kapital erleichtern und die internationale Wettbewerbsfähigkeit Europas verbessern. Vorrangig werden Verkehrsprojekte durchgeführt. Bis 2015 soll ein 30.000 km umfassendes Schnellbahnnetz aufgebaut werden; spez. die Kernstrecke zwischen Paris, London, Brüssel, Amsterdam und Köln. In 2001 war Paris–Köln in Betrieb.

Transfer: Personentransport zwischen verschiedenen Leistungsträgern, z.B. Hotel–Flughafen, Schiff–Bahnhof, meist Bestandteil der Pauschalreise. → Vollpauschalreisen

Transit: 1. Verkehr durch Drittländer auf dem Weg zum Zielort ohne Aufenthalt/Einreise in das Drittland.
2. Umsteigen von einem Flugzeug in ein anderes der gleichen oder einer anderen Fluggesellschaft zum Anschlussflug.

Transitraum: Meist exterritorialer Zwischenaufenthaltsraum am Flughafen für Transitpassagiere. Er darf erst zum Anschlussflug verlassen werden. → Transit

Transitvereinbarung: International Air Services Transit Agreement, Vereinbarung über den Durchflug im internationalen Fluglinienverkehr, kurz Transitvereinbarung, regelt die 1. und 2. Freiheit im internationalen Luftverkehr in Erweiterung des Abkommens von Chicago von 1944. → Chicagoer Abkommen, → Freiheiten der Luft, → Icao

Transkontinentalbahn: Eisenbahn, die einen Kontinent durchquert, z.B. Transsibirische Eisenbahn; nordamerik. Eisenbahnen, von der atlantischen zur pazifischen Küste.

Transmandschurische Bahn: Abzweig von der Hauptroute Moskau–Wladiwostok nach Süden bei Tarskaja–Harbin–Peking. Für die Gesamtstrecke von Moskau nach Peking ergeben sich nach bahnamtlichen Angaben 9001 km; Thomas Cook Overseas Timetable nennt 9025 km. → Transsibirische Bahn

Transmongolische Bahn: Östlich von Ulan-Udè zweigt die T. als zweispurige Bahnlinie von der Hauptroute südwärts in die Mongolei ab über Ulan-Bator nach Peking; die Strecke ist nicht elektrifiziert. Von Moskau auf dieser Verbindung nach Peking sind es 7865 km; ab Berlin ca. 9500 km.

Transnet Gewerkschaft GdED: Aus der Gewerkschaft der Eisenbahner (GdED) und der 1990 in der in der DDR gebildeten Gewerkschaft der Eisenbahner (GdE) hervorgegangene Organisation.

Transportvereinbarung: International Air Transport Agreement, Vereinbarung über die Internationale Luftbeförderung, kurz: Transportvereinbarung, postuliert die fünf Freiheiten der Luft in Erweiterung des Abkommens von Chicago von 1944. → Chicagoer Abkommen, → Freiheiten der Luft

Transrapid: Die bis zu 500 km/h schnelle Magnetschnellbahn schwebt durch ein elektromagnetisches Antriebssystem, ohne ihren Fahrweg zu berühren und wurde auf einer 31,5 km langen Teststrecke im Emsland erprobt. Als Ergänzung und Verbesserung des bestehenden Verkehrssystems sollte sie Bindeglied werden zwischen konventionellen schienengebundenen Verkehrsmitteln und dem Flugzeug. Anfang 2003 wird die 40 Kilometer lange Transrapid-Strecke den Flughafen Schanghai-Pudong mit dem Schanghaier Stadtzentrum verbinden. 1994 erfolgte die Baugenehmigung für die 283 km lange Strecke zwischen Hamburg und Berlin. Im Jahr 2000 wurde jedoch vereinbart, an Stelle der Strecke von Hamburg nach Berlin fünf Alternativstrecken zu untersuchen. Im Januar 2001 wurde eine Machbarkeitsstudie für die Anwendungsstrecken in Nordrhein-Westfalen von Dortmund über Essen nach Düsseldorf – der sog. Metrorapid – und in Bayern für die Flughafenanbindung München in Auftrag gegeben. Beide Strecken sollen gebaut werden. In den

USA wurden die Flughafenverbindung in Pittsburgh und die Strecke Washington–Baltimore für weitere Untersuchungen ausgewählt.

Transrapid privat: Ehemaliges Konzept der Thyssen AG, auf rein privatwirtschaftlicher Basis die Magnetschwebebahn-Trasse von Dortmund über Frankfurt, Ludwigshafen und Karlsruhe nach München zu betreiben.

Transsibirische Bahn: Abgekürzt Transsib. Einer der bekanntesten Langstreckenzüge, zwischen 1891 und 1903 erbaut, der seit 1916 über 9298 km Moskau mit Wladiwostok verbindet (längste Eisenbahnstrecke der Welt). Mit der Transsib begann die Besiedlung Sibiriens durch das damalige Russland.

Trassenpreise: Im Zuge der Bahnreform Anfang 1994 eingeführtes Teilsystem der neuen Trennungsrechnung innerhalb der Deutschen Bahn. T. werden vom neuen DB-Bereich Fahrweg allen Nutzern der DB-eigenen Schienenstrecken berechnet, auch den DB-Bereichen Fernverkehr und Nahverkehr sowie dritten Unternehmen, die mit eigenen Zügen die DB-Trassen benutzen wollen. Die Einführung der T. basiert auf EU-Vorschriften zur Harmonisierung des Wettbewerbs auf der Schiene in der EU und der damit verbundenen Abschaffung von Monopolen nationaler Bahngesellschaften zur Nutzung von Bahnstrecken. Ab 2001 ein neues lineares diskriminierungsfreies TDS ohne Mengenrabatte. → DB - Deutsche Bahn

Traumschiff: Die gleichnamige Fernsehserie mit den Schiffen „Vistafjord“, „Astor“, „Berlin“ und „Deutschland“ erzielte auf dem deutschen Markt noch nicht die erhoffte Werbewirksamkeit für Kreuzfahrten. Nach der auf der „Ocean Princess“ gedrehten „Loveboat“-Serie in den USA konnte dort dagegen eine starke Buchungsresonanz verzeichnet werden. → Kreuzfahrten

Travdexx: Aktienindex börsenorientierter Unternehmen aus den Segmenten Touristik, Hotelwesen und Travel Technologie in Europa, herausgegeben von der FVW International und der Hypovereinsbank. → Airdexx, → Aktienindex, → Börse

Travel Agency: Reisebüro. → Reisebüros, → Reisemittler

Travel-Agent-Ausweis: Beschäftigungsnachweis für Mitarbeiter von Reisebüros und Reiseveranstaltern. Der T. gilt als Firmenausweis und ist bei Inanspruchnahme von ermäßigten Flügen bei den Fluggesellschaften vorzulegen. Er gilt aber auch als Berechtigungsnachweis für Ermäßigungen anderer Leistungsträger. Wird vom ASR und vom DRV herausgegeben. → ASR, → DRV

Travelbase: Backoffice-System von Sabre.

Travel Consultant: Kunden-Einkaufsberater in der Touristikbranche, z.B. Funktion der Firmendienste bei Abrechnung der Fluggesellschaften mit Nettotarifen mit Buchungsgebühren unter Verzicht auf Reisebüroprovision in Abgrenzung zum Airline-Agenten.

Travel Education Center: Internet-Programm der Reisefachschule The Travel Education Center aus den USA. Über die bereitgestellte Internet-Site und unter Einsatz einer speziellen Software können angehende Reiseberater in einem virtuellen Klassenzimmer erlernen, wie Flüge oder Hotels gebucht werden können.

Travel Expense Management System (Tems): Amadeus-Management-System zur Erfassung der Reisekosten und zur Verwaltung und Abrechnung von Kundenbudgets. → Tams

Travel Industry: Dieser Begriff bezeichnet sowohl die Touristikbranche eines Landes als auch die Gesamtheit der Leistungsträger im Rahmen des Tourismus wie z.B. die Verkehrsträger (Flugzeug, Schiff, Bahn, Bus u.a.), Hotel- und Gastgewerbe, Reiseveranstalter und -vermittler, Autovermieter, Fachpresse u.a. → Wirtschaftsfaktor Tourismus

Travel Information System: Travel-Management-Software von OAG Worldwide. → OAG

Travelinside: Hotelbuchungssystem für Firmen, teilweise auch für Privatkunden.

Traveller: Bezeichnung für Alternativ- oder Rucksacktouristen. Sie lehnen den organisierten Tourismus ab. Ihr Ziel ist es, mit relativ wenig Geld unterwegs zu sein und Land und Leute aus anderer Perspektive kennen zu lernen.

Traveller Profile: 1. für Privatkunden (Unassociated Traveller Profile).
2. für personenbezogene Daten von Reisenden, die einer Firma angehören (Associated Traveller Profile).

Traveller Cheque: Reisescheck, weltweit akzeptiertes Zahlungsmittel; kann bei Verlust oder Diebstahl noch auf der Reise ersetzt werden. Erstmals 1891 von American Express ausgegeben. → Reiseschecks, → Reisezahlungsmittel

Travel Management: Von Unternehmen eingesetzte Kontrollinstanz im Dreiecksverhältnis von Unternehmen, Leistungsträgern und Reisebüros. T.M. dient der Erschließung neuer Wertschöpfungspotentiale sowie einer Prozessoptimierung durch Kombination von Service-Leistungen und Technik. (siehe Tabelle oben) → Reisemanagement, → Travel Manager

Travel Management Systems: → TMS

Travel Manager: 1. Beauftragter eines Unternehmens zur Überwachung der Reisekosten. Zu den wichtigsten Aufgaben gehören Buchungsabwick-

Entwicklung eines Travel-Management-Konzepts
Aufgaben eines globalen Travel Managements

Einheitliche Richtlinien	Einführung personenbezogener Kreditkarten	Konzentration Reisebüro-Ketten
▸ Festlegung „Reisestandards“ ▸ Gemeinsame Verantwortung von Reisendem und Vorgesetztem ▸ Reisemittelauswahl durch Vertragsreisebüro	▸ Wegfall Vorschuss führung ▸ Vereinfachung interner Abläufe ▸ Daten für Management-Informationssystem (MIS) für Einkaufsverhandlungen	▸ Durchsetzung Richtlinien ▸ Kostenreduzierung durch Reisemittelauswahl nach dem Wirtschaftlichkeitsprinzip ▸ MIS für den Einkauf
Einheitliche interne Prozesse/Verfahren	**Aufbau Reisekosten-Controlling**	**Weltweite Einkaufsvereinbahrungen**
▸ Kostenreduzierung (Synergieeffekte) ▸ MIS Reisekosten für Travel Management und Bereiche	▸ Sicherstellung und Nachweis der Einsparungspotentiale ▸ Begründung der Abweichung	▸ Bündelung ▸ Verhandlungen vor Ort ▸ Lieferantenreduzierung ▸ Internationale Verträge

Quelle: K. H. Jörk Unternehmensberatung

lung, Verhandlungsgespräche sowie Optimierung und Qualitätskontrolle. Zukünftig soll die Rolle des T. M. durch weitergehende Qualifikationen gestärkt werden.
2. gemeinsames Ausbildungsangebot der drei Reisestellenverbände Deutschlands, Österreichs und der Schweiz durch Weiterbildung zum T.M. in zwei bis drei je einwöchigen Schulungskursen an der Reisefachschule Aarau/Schweiz u.a. → DACH-Tagung

Travel Mart: Reisemarkt/-messe mit Informationsveranstaltungen, Workshops usw., z.B. WTM, London. → Mart, → Touristikmessen, → Workshop, → WTM

Travelnet: Vertriebskonzept von Lufthansa City Center mit freiberuflichen Reisevertriebsassistenten, die über persönliche Kontakte neue Kundengruppen gewinnen sollen. Der Kundenwunsch wird dann an T. oder an das dahinterstehende Reisebüro weitergeleitet. Das Reisebüro prüft die Verfügbarkeit über einen Anruf in einem Call Center und verschickt die Reisebestätigung. → Call Center

Travelocity: Durch Zusammenschluss Travelocity (Internet-Reisebüro von Sabre) und Preview Travel entstandene Internet-Agentur. Das Unternehmen gehört zu 70% zur AMR-Gruppe (Sabre) und zu 30% den Preview-Aktionären. Firmenzentrale: Fort Worth, USA. 2002 gründete T. zusammen mit der Otto-Handelsgruppe (Otto Freizeit und Touristik OFT) das Joint Venture Travelocity Europe. → Expedia

Travel Online: Touristisches Reservierungs- und Informationssystem im Internet der Firma Bewotec. Touristische Veranstalter können in einer Toma-ähnlichen Maske gebucht werden.

Travelpilot: Eektronischer Autoatlas, der das gesamte bundesdeutsche Straßennetz auf Compact Disc speichert. Daten und Bilder können von einem Bildschirm vor dem Armaturenbrett abgelesen werden.

Travel Policy Expert: Reiserichtlinien-Software von American Express Consulting Services; berücksichtigt sämtliche Regelungen, die auf Grund von Gesetzen, Richtlinien, Verwaltungsanweisungen und Rechtsprechung bei Dienstreisen zu beachten sind.

Travel Trend: Internationale Reisefachmesse, erstmals 1994 durchgeführt in Frankfurt/M. mit Sonderschauen und Workshops, sowohl für Fach- als auch für Privatpublikum, Europa Travel & Tourism Symposium mit Vorträgen zu tourismusrelevanten Themen. Neue Bezeichnung ist ab 1995 Travel Trade.

Travel Xact: Neuartiges internetbasiertes touristisches Buchungssystem für Reisebüros mit CRS-Anbindung von Bewotec.

Traviaustria: Datenservice für Reisen und Touristik, österreichisches Buchungs- und Reservierungssystem, gegründet 1987. Angeschlossen sind Austrian Airlines und andere österr. Reiseunternehmen wie Mondial, Blaguss, Verkehrsbüro. Im Rahmen eines europ. Computerverbundes von zehn Fluggesellschaften ist T. das nationale Vertriebssystem für Galileo. → CRS, → Galileo

Travicom: Buchungs- und Reservierungssystem bei British Airways, BA ist Gesellschafter bei Galileo. → CRS, → Galileo

Traviswiss: Schweizerisches Buchungs- und Reservierungssystem der Swiss. → CRS

Treidelpfad: Entlang der an Kanälen und Flussläufen führenden T. wurden in früherer Zeit mit Tier- oder Menschenkraft Schiffe gezogen (z.B. Wolgatreidler). → Leinpfad

Trekking: Bergwandern. Bei bestimmten organisierten T.-Reisen ist für den Gepäcktransport z.B. mit Pferden, Yaks, Kamelen, Trägern oder Begleitbus gesorgt. Nach Outdoor-Handbuch vom Conrad Stein Verlag: Wildniswandern. Wildnistouren sind mehrtägige Wanderungen mit Zelt und Rucksack in abgelegenen Naturräumen. Die Amerikaner nennen es Backpacking, die Neuseeländer Tramping.

Trem de Prata: Der brasilianische „Silberzug", ein Luxuszug mit Restaurant und Einzel- und Doppelkabinen, fährt seit 1994 regelmäßig auf der Strecke Rio de Janeiro–São Paulo.

Trend: Ausdruck oder Begleiteffekt einer generellen Kulturentwicklung. Im T. schafft sich die Kultur eine Möglichkeit, ihre verspürten Probleme besser in den Griff zu bekommen. Im Wellness-Trend äußert sich z.B. eine Sehnsucht nach Entlastung und Entspannung

Trendstudie RA: Diese Studie gibt Auskunft über langfristige Entwicklungen mit einer Einschätzung der touristischen Nachfrage in den nächsten zehn Jahren. Die Zahl der Urlaubsreisen kann danach bis 2010 noch deutlich wachsen. Mit den qualitativen Wachstumsmöglichkeiten sind allerdings Strukturveränderungen verbunden wie neue Zielgruppengewichtungen, z.B. über jüngere Senioren als Wachstumsmotor, andere Zielpräferenzen (mehr Fernreisen), kürzere Reisedauer. → RA - Reiseanalyse

Treuhandanstalt: Nach der Wende in der DDR auf Beschluss des DDR-Ministerrates errichtete bundesunmittelbare, rechtsfähige Anstalt unter Aufsicht von Bundesfinanz- und Bundeswirtschaftsministerium auf der Grundlage des DDR-Treuhandgesetzes durch Einigungsvertrag übernommen. Ihre Aufgabe, die volkseigenen Unternehmen (Kombinate, Genossenschaften usw.) gleichzeitig zu privatisieren und zu sanieren, endete zum Jahresende 1994. Verbliebene Tätigkeiten, z.B. in den Bereichen Liegenschaftsverwaltung, Vertragscontrolling, Privatisierung/Liquidierung verbliebener Betriebe, werden noch für eine Übergangszeit durch eigenständige Einheiten weitergeführt. Rechtsnachfolgerin der T. ist ab Januar 1995 die Bundesanstalt für Vereinigungsbedingte Sonderaufgaben (BVS). Weitere Nachfolgeorganisationen der Treuhand sind die TLG-Treuhand-Liegenschaftsgesellschaft, die mit der Verwertung der Agrarflächen beauftragte BVVG und die BMG-Beteiligungs-Managementgesellschaft für die Betreuung der vier noch bestehenden Management-Kommanditgesellschaften. → BVS

Treuhandgesetz: Gesetz zur Privatisierung und Reorganisation des volkseigenen Vermögens in der ehem. DDR. Es zielte darauf ab, so rasch und so weit wie möglich volkseigenes Vermögen zu reprivatisieren. Ein weiteres Ziel des Gesetzes war, die Wettbewerbsfähigkeit möglichst vieler Unternehmen herzustellen und damit Arbeitsplätze sowohl zu sichern als auch neue zu schaffen sowie Grund und Boden für wirtschaftliche Zwecke bereitzustellen. Den Bürgern der ehem. DDR sollte nach Möglichkeit ein verbrieftes Anteilsrecht am Volksvermögen eingeräumt werden.

Tri-City Alliance: Marketing-Verbund der US-Städte Las Vegas, San Diego und Phoenix zur gemeinsamen Werbung.

Trinkgeld: Freiwilliges Entgelt an Bedienungspersonal im Gastgewerbe (Hotels, Gaststätten, auf Schiffen) u.a. Die Zahlung von T. ist eine persönliche Form der Anerkennung für erhaltene Dienstleistungen. Sie wird nach Kulturkreisen, Ländern und Regionen sowie nach Leistungsträgern unterschiedlich gehandhabt. → Bedienungsgeld

Trinkhalle: Bewirtungsstätte mit begrenztem Getränkeangebot, Zeitschriften, Süßigkeiten und evtl. begrenztem Sortiment an Lebensmitteln. Der Verzehr findet nur z.T. an Ort und Stelle statt. Sitzgelegenheiten sind sehr selten.

Triple Room: Dreibettzimmer, auch Doppelzimmer mit Zusatzbett.

Trips: Terminorientiertes Reiseinformations- und Planungssystem, der Hoechst-Reisestelle und der ehemaligen Nixdorf gemeinsam entwickelte Software für Reisestellen von Firmen.

Triptik: Grenz- oder Zolldokument, für jeweils ein europäisches Land – ausgenommen Griechenland und Türkei – gültig; berechtigt zu mehreren Fahrten desselben Fahrzeugs in dieses Land. T. werden meist für Wasser- und Rennfahrzeuge genutzt. → Carnet de Passage, → Zollpassierschein

Triumphbogen: Im Altertum als Ehrenbogen für das siegreich in Rom einziehende Heer und dessen Führer errichtet, z.B. Titusbogen, Konstantinsbogen in Rom; Arc de Triomphe in Paris.

Trolley/Trolly: Transportwagen für lose Fracht und Gepäck.

Tronc-Verteilung im Gastgewerbe: Schüssel oder gemeinsame Kasse für vereinnahmte Trink- und/oder Bedienungsgelder, die zu einem bestimmten Zeitpunkt nach einem bestimmten Schlüssel auf die anspruchsberechtigten Mitarbeiter aufgeteilt werden. Der Begriff stammt aus Spiel-

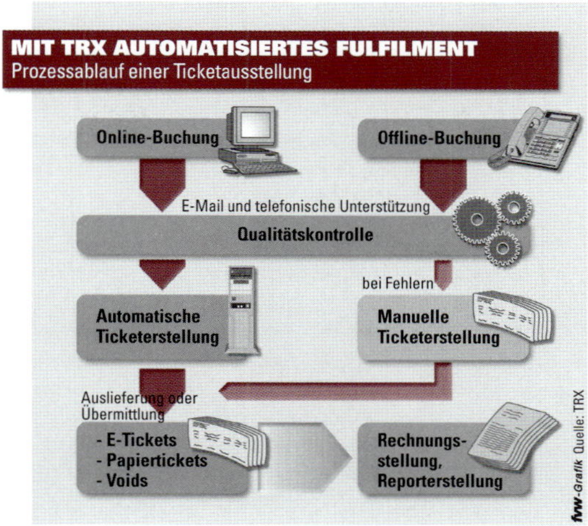

kasinos und steht dort für die Trinkgeldschüssel der Croupiers. → Bedienungsgeld, → Trinkgeld

Tropenkrankheiten: Überwiegend in warmen Zonen verbreitete Krankheiten, die oftmals durch mangelhafte Hygieneverhältnisse begünstigt werden. Dazu zählen Malaria, Gelbfieber, Cholera und Lepra. Nähere Hinweise gibt der Impfkalender für Fernreisen, herausgegeben vom ADAC. → Deutsches Grünes Kreuz, → Quarantäne

TRS: Territoriale Rekreationssysteme; geht zurück auf das Greifswalder Modell Rekreationsgeografie, bei dem Wechselspiel von Angebot und Nachfrage jedes TRS mit seiner Umgebung verbunden ist. Danach kann Umgebung nicht nur der unmittelbar benachbarte Bereich sein, sondern auch jeder entfernter gelegene Raum, von dem aus als Quellgebiet ein bestimmter Erholungsbedarf auf einen Ort oder eine Region als Zielgebiet gerichtet ist. Ausführlich behandelt von Prof. Dr. Bruno Benthien in „Geographie der Erholung und des Tourismus“.

Trust Center: → Zahlungsverkehr und -verfahren

Trust II: EDV-Buchungs- und Informationssystem bei SRS (ab Ende 1989), Vermarktung über neugegründete Trust International Hotel Reservation Services. Über den Reservierungsservice hinaus informiert T. über Verfügbarkeit von Hotelzimmern der SRS-Gruppe, Preise für Transfers und Sonderarrangements. T. speichert weltweit die Iata-Agenturen, arbeitet im Online-Verfahren und verknüpft die SRS-Hotels im Realtime-Verfahren mit den SRS-Reservierungsbüros. → Iata-Agenturen, → Online, → SRS

TRX: US-Fulfilment-Service-Unternehmen; Tochtergesellschaft von BCD-Holdings. TRX in Europa Tochtergesellschaft zusammen mit Kuoni und deren Geschäftsreise-Tochtergesellschaften BTI Central Europe für E-Logistik.

Tsavo: Größter Nationalpark Kenias, beliebtes Safariziel. → Safari

T-Systems: IT-Tochtergesellschaft der Deutschen Telekom; in 2001 Übernahme der BSP-Abrechnungen von Derdata; Entwicklung eigener Anwendungen für die Reiseindustrie.

TTG: Thomson Travel Group. → World of TUI

TTI: Travel & Tourism Intelligence, Marktforschungsinstitut, mit u.a. ihrer Studie „Wachstumsprognose 2010“, aus der hervorgeht, dass Deutschland der größte Quellmarkt für Auslandsreisen bleibt. → Wachstumsprognose 2010

T-Travel: → T-Online Travel

TTW: Travel Trade Workshop, touristische Fachmesse in Montreux, alljährlich im Oktober. → Swiss Contact '90

TUC: → TUI Urlaub Center

Türsab: Verband Türkischer Reisebüros und Agenturen, gegründet 1972, verfügt über mehr als 1900 Mitglieder und regionale Büros in zwölf Städten. Hauptsitz: Istanbul.

Wachstumsprognose 2010

Prozentuale Veränderungen jährlich

Quellgebiet	'85-'95	'95-'00	'00-'05	'05-'10
Europa/Mittelmeer	5,3	1,7	3,5	3,4
Nordamerika	3,6	6,7	5,1	5,0
Mittel-/Südamerika	5,1	6,5	7,1	6,3
Südostasien	10,1	7,9	5,8	4,8
Ostasien	13,9	8,6	3,9	8,2
Australien/Südafrika	5,6	5,6	6,0	6,2
Alle wichtigen Quellländer	5,5	3,4	4,4	4,4
Andere Quellländer	7,0	3,5	4,3	3,7

Quelle: Travel & Tourism Intelligence, International Tourism Forecasts to 2010

TRINKGELD

TRINKGELD

Angeblich ist der Hl. Nikolaus Patron und Veranlasser dieser Segnung zumindest für den Mittelmeerraum, wo er neben seiner Seel- auch für die Leibsorge im 4. Jh. bekanntgeworden ist. In Großbritannien, dem Mutterland des Reisens, besteht diese Sitte des „Tippings" seit dem 16. Jh., als ein Pensionsbesitzer einen Messingbehälter mit dem sichtbaren Zeichen „tip" aufstellte – to insure promptitude – und damit den Gästen einen Weg eröffnete, sich für den prompten Service erkenntlich zu zeigen. Eine andere Quelle spricht davon, dass vor der Einführung der Brief- und Paketpost in diesem Land diese vorzugsweise von Kutschern gegen ein Tip befördert wurde. Als Entschädigung erhielten die Vorgänger der Taxifahrer ein Tip – to insure personal service — als Ausdruck des Dankes für einen besonderen Dienst.

Unterschiedliche Gepflogenheiten in den Reiseländern bereiten bis heute den Geschäftsreisenden wie den Touristen weltweit Probleme, sich richtig und fair zu verhalten, wenn ihnen ein Ausgleich für besonderen Service in Hotel, Restaurant oder bei der Taxifahrt abverlangt wird. Bei Gruppenreisen wird sich der Reiseleiter immer um diese Frage des richtigen Verhaltens kümmern.

Bei einer Länderbetrachtung und ebenso beim Blick auf die verschiedenen Verkehrsträger lassen sich folgende Gepflogenheiten feststellen:
In den USA sowie ganz Nordamerika ist das Bedienungspersonal überwiegend auf die Zahlung eines vorgeschriebenen Trinkgelds angewiesen. Dienstleister wie u.a. Schiffsstewards, Hotelangestellte, Parkwächter erhalten nur geringen Grundlohn, in vielen Fällen gar kein Fixum, sodass sie allein von diesen Tips leben müssen. Nicht in die Preise der Dienstleistung einkalkuliert wie in den europ. Ländern, wird hier die Zahlung eines entsprechenden Trinkgelds in Höhe von 10 bis 15 % des Endbetrages erwartet.

Bei Kreuzfahrten in den USA wird grundsätzlich vorgeschrieben, wieviel Trinkgeld (Gratuity) Restaurantstewards, Bedienungshilfen und Kabinenstewards erwarten können. I.d.R. sind es 3 bis 5 US-Dollar p. P. und Tag. Diese Informationen werden in Form von Richtlinien bei den Buchungsunterlagen, über Kreuzfahrtkataloge, vom Kreuzfahrtdirektor bzw. über das Videosystem in der Kabine mehr oder weniger bestimmend bekanntgegeben. Branchenüblich wird auf die Getränkerechnung in der Bar 15 % aufgeschlagen.

Das Überreichen der Trinkgelder, sei es in einer Summe an den Kreuzfahrtdirektor zur Weiterleitung oder unmittelbar an die verschiedenen Dienstleister, ist dem Gast grundsätzlich selbst überlassen; die zeitliche Einteilung besagt üblicherweise, die Hälfte der Tips am Anfang/in der Mitte der Reise und den Rest am letzten Bordabend zu überreichen.

Natürlich gibt es Individualisten wie auch Volksgruppen, denen man nachsagt, dass ihnen die Trinkgeldfrage peinlich oder überflüssig vorkommt. Bislang sind allerdings Versuche fehlgeschlagen, diese Tip-Regelungen abzuschaffen, denn zur Tradition bei Schiffsreisen oder nostalgischen Einrichtungen der Dienstleistungsbranche gehört auch das enge Betreuungsverhältnis vom Steward zum Gast für das Gelingen einer erlebnisreichen und konfliktfreien Reise, und damit ist Trinkgeld Ausgleich für gute persönliche Bedienung und Betreuung.

Bei Kreuzfahrten in Europa sind es im Gegensatz zu vorgegebenen Beträgen in den USA deutlich kleinere Summen ohne Pro-

'ie bei allen traditionellen Einrichtungen blickt das inkgeld ebenfalls auf viele Väter zurück.

zentverhältnis zum Reisepreis. Bei Hapag-Lloyd heißt es über Trinkgelder: „Es bleibt Ihnen ganz individuell überlassen, wie und in welcher Weise Sie eine exzellente Leistung eines Mitarbeiters auf dem Schiff honorieren. Am besten, Sie entscheiden so, wie Sie es aus Erfahrung in renommierten Hotels gewohnt sind."

Allerdings wird hier der Gast allein gelassen oder überlässt diese ausgesprochen heikle Frage dem Bordpersonal; da auch die Reisebüromitarbeiter alles offen lassen, wird diese Entscheidung zur Zahlung endgültig bis zum Schluss der Reise hinausgezögert. Für Reiseunerfahrene und Newcomer also keine Hilfestellung im Vorfeld.

Anders und konkret wird der Kunde von Delphin See- und Flusstouristik zum Trinkgeldausgleich für das Bordpersonal geleitet: „Um die guten Leistungen des Personals zu honorieren, ist es üblich, der Kabinen-Stewardess und der Bedienung im Restaurant ein Trinkgeld zu geben. Pro Woche empfehlen wir € 15,- pro Gast, sowohl in der Kabine als auch im Restaurant. Bei einer zweiwöchigen Reise ergibt sich daraus ein Betrag von € 60,- pro Gast."

Getränke und Trinkgeld in einem Inklusiv-Reisepreis zeugen meist von Sonderangeboten, um den bekannten Katalogpreis nicht reduzieren zu müssen. In diesem Fall erhält das Bordpersonal diese Zuwendung direkt pauschal vom Reiseveranstalter.

Weiterhin besteht bei höherwertigen Kreuzfahrtschiffen die Möglichkeit der Trinkgeldvorauszahlung zur Weiterleitung an deren Personal.

Bei mehrtägigen Busreisen passiert es häufig, dass die Gruppe dem Fahrer und dem Reiseleiter ein Geschenk macht oder eine Sammlung veranstaltet, wobei man sich vorher auf einen bestimmten Betrag pro Person geeinigt hat.

Bei Bahnreisen ist höchst unüblich, dem Zugbegleiter für Hilfestellung ein Trinkgeld zukommen zu lassen; es sei denn, dass er für Service von Speisen und Getränken am Platz in Anspruch genommen wird. In diesem Fall wird das übliche Trinkgeld empfohlen oder eine Aufrundung.

Bei Flügen – Linie oder Charter – sind Trinkgelder für besondere oder zusätzliche Leistung nicht vorgesehen. Stewards/Stewardessen fungieren als Gastgeber und dürfen im Falle der Lufthansa Trinkgelder nicht annehmen. Bei Unkenntnis dieser Bestimmung wird vereinnahmtes Geld einer wohltätigen Organisation weitergeleitet.

Bei Reisen in Europa werden die üblichen Dienstleistungen wie Bedienung im Hotel/Restaurant, Taxifahrt oder Friseur mit 10 bis 15 % honoriert. In südeuropäischen Ländern sind Aufrundungen im Service auf den nächsten Zehner/Hunderter/Tausender üblich.

IN ASIEN „NICHT IMMER NUR LÄCHELN"

Vor allen Dingen ist Bedienen und Bedientwerden selbstverständlicher. In Malaysia, Singapore, Thailand oder Japan wird der Reisende mit guter Dienstleistung und einem natürlichen Lächeln verwöhnt.

Vier Beispiele aus dem Fernen Osten belegen, wie unterschiedlich auch in Asien die Gewohnheiten bezüglich einer Trinkgeldzahlung und wie wichtig auch eine Differenzierung von Bedienungs- und Trinkgeld ist.

In Japan gibt man kein Trinkgeld; hingegen wird in Hotels und Restaurants ein Bedienungszuschlag von bis zu 15 % erhoben.

In Thailand wird ein Bedienungszuschlag in Hotels/Restaurants von 10 % erhoben und ein zusätzliches Trinkgeld erwartet. ▶

TRINKGELD

Ohne Trinkgeld bleiben die Taxifahrer, wenn der Preis individuell ausgehandelt worden ist.

In Malaysia sind Trinkgelder nicht üblich, allerdings wird ein Bedienungszuschlag von 10 % von Hotels/Restaurants in Rechnung gestellt. Hier zählt ein freundliches Lächeln nach wie vor als Dank für zuvorkommenden Service.

In China gibt man grundsätzlich kein Trinkgeld, es könnte als Beleidigung aufgefaßt werden. Allerdings ist Trinkgeldzahlung von Pauschaltouristen für Reiseleiter und Bedienstete von Hotels und Restaurants bis zu € 5,- p. T. inzwischen eingespielt.

Für das Gelingen einer Gruppenreise sind ausgesuchte Reiseleiter von hohem Wert. Diese können angestellt sein beim Reiseveranstalter oder Leistungsträger oder als Selbstständige ihre Dienste anbieten.

In jedem Fall erwartet dieser Tour Guide im Rahmen eines Rundreisenprogramms ein angemessenes Trinkgeld von seinen Gästen. Immer ein gutes Vertrauensverhältnis vorausgesetzt, wird es über die Höhe keine Missverständnisse geben. Dabei ist zu berücksichtigen, dass neben der Anerkennung seiner Leistungen auch für ihn am Beispiel „Ägypten" Abgaben oder Untertrinkgelder anfallen, um eine reibungslose Organisation und ungestörte Besichtigungsabläufe zu garantieren.
Bedacht werden von ihm

- Bootsführer für Segelboot-Ausflüge
- Fährpersonal in Luxor und Minia
- Kutscher in Luxor und Edfu
- Busfahrer für Transfers und Ausflüge
- Kofferträger
- Überschuhverleiher in den Moscheen.

International wird Trinkgeld, Tip und Gratuity/Gratuité auch durch die Begriffe Largess bzw. Largesse, Perquisite oder Cumshaw ersetzt.

TRINKGELDBESTEUERUNG

Zurück nach Deutschland; hier hat der Bundesfinanzhof mehrfach zu diesem heiklen Thema Stellung bezogen. Grundsätzlich gilt anders als in vielen anderen Ländern, darunter auch EU-Staaten wie Italien, Spanien, Frankreich, Griechenland und Österreich, dass Trinkgeldeinnahmen von Kellnern als zusätzliches Entgelt für die erbrachten Dienstleistungen anzusehen sind und der Lohn- bzw. Einkommensteuer unterliegen.

Sie sind vom Arbeitgeber zu versteuern, soweit er Kenntnis von ihnen hat, bzw. vom Finanzamt zu schätzen, falls die Angaben des Steuerpflichtigen zur Höhe der erhaltenen Trinkgelder nach der Lebenserfahrung unglaubhaft sind.

Seit 1990 sind freiwillige Trinkgelder bis zu € 1.224,- p.a. steuerfrei. Die Finanzverwaltung unterstellt, dass die freiwilligen Trinkgelder mindestens 1 bis 2,5 % des getätigten Umsatzes ausmachen.

→ Bedienungsgeld, → Trinkgeld, → Tronc-Verteilung, → Gratuity, → Bakschisch, → Reiseleiter

GÜNTER SCHROEDER
Berlin, im Januar 2002

Tuesday: „If it's Tuesday, it must be Belgium" ist der sprichwörtlich gewordene Titel eines Films über US-Touristen, die Europa im Schnellverfahren besuchen.

TÜV: Technischer Überwachungsverein, zu seinen Aufgaben gehört u.a. die Überprüfung von Kraftfahrzeugführern und Kraftfahrzeugen gemäß StVZO (Straßenverkehrs-Zulassungsordnung). Zunehmend Engagement im Segment Qualitätssicherung in Neuen Medien, unter anderem Gütesiegel für Online-Reise-Shops des TÜV Süddeutschland.

TUI: Touristik Union International, Sitz: Hannover, 1968 als Zusammenschluss der vier Reiseveranstalter Hummel, Scharnow, Dr. Tigges und Touropa gegründet. Die Integration dieser großen Einzelveranstalter zu einem Dachunternehmen erfolgte mit dem Ziel, mit Einsparungen bei Verwaltungs-, Werbe- und Service-Kosten und durch größere Marktposition dieses Großunternehmens auch eine Verbesserung der Einzelunternehmen zu erreichen. In 2000 übernimmt die Preussag, inzwischen Muttergesellschaft der TUI, den britischen Großveranstalter Thomson Travel, erwirbt Anteile an dem französischen Veranstalter Nouvelles Frontières und führt diese in 2001 zur World of TUI zusammen. Mit großem Abstand ist TUI bundesdeutscher Marktführer und ebenso größter europäischer Reisekonzern. Bereits mit dem Winter 1990/91 hatte die TUI ihren Marktauftritt unter Verzicht auf die traditionellen Markennamen zu Gunsten von Zielgebietskatalogen und Spezialisten grundsätzlich verändert. Seit 1994 gehörte TUI mit je 30% zu Hapag-Lloyd und West LB sowie zu je 20% zu DB und der Quelle-Schickedanz-Gruppe; die Gesellschaftsanteile 1998 (DB/DER haben ihr Vorkaufsrecht nicht ausgeübt) betrugen 51,1% Hapag-Lloyd, 25% DB/DER und 24,9% West LB. Die Preussag wurde alleiniger Gesellschafter durch Übernahme der gesamten Anteile. Die TUI Deutschland umfasst die Veranstalter TUI, Eins-Zwei-Fly, Airtours International, Wolters und L'Tur (Beteiligung ab 2002 46%). → Ausschließlichkeitsbindung, → Preussag, → Vertriebsliberalisierung, → West LB, → World of TUI

TUI Leisure Travel: Zu diesem konzerneigenen Filialvertrieb gehören rund 600 eigene Reisebüros und 600 Franchise-Nehmer. Gesellschafter ist zu 100% die Preussag, Hannover. Zur Gruppe gehören im Einzelnen: First-Reisebüros, Hapag-Lloyd-Reisebüros, TUI Reise Center (Unitours), Discount Travel sowie der Franchise-Vertrieb über First-Reisebüros und TUI Reise Center. → First, → Hapag-Lloyd, → Preussag

TUI Profi Partner: Marktauftritt als Fachreisebüro für TUI-Produkte, Angebot an Reiseagenturen unter bestimmten Voraussetzungen hinsichtlich Lage, Qualifikation, Vertragslaufzeit, Produktidentifikation und Mindestumsatzkriterien. Im Gegenzug erfolgt seitens TUI erhöhte, vertraglich zugesicherte Marketing-Unterstützung.

TUI Reise Center: Franchise-Modell von TUI mit Reisemittlern. Bei der Lizenzvergabe wird auf einen geschlossenen Marktauftritt mit touristischer Ausrichtung geachtet. Die Einrichtung der Reisebüros ist einheitlich mit eigener Werbeaussage, Zusammenarbeit auch im Verwaltungsbereich (Backoffice).

TUI-Sachverständigenbeirat: Berufener Sachverständigenausschuss, der sich im Wesentlichen aus Mitgliedern des TUI-Vertriebs zusammensetzt, allerdings im Gegensatz zum vormalig gewählten Partnerausschuss ohne Mitspracherecht des Vertriebs. → Partnerausschuss der TUI (PA)

TUI Urlaub Center: Inzwischen umbenannt in TUI Reise Center. → TUI Reise Center

Tumulus: Vor- oder frühgeschichtliches Hügelgrab.

TUR: Schwedens internat. Touristik- und Reisemesse, Göteborg, Fachmesse, alljährlich im März.

Turbo: Buchungsmodul von Traviswiss, das sowohl Reisekombinationen nach dem Bausteinprinzip erlaubt als auch veranstalterübergreifend einheitliche Codes verwendet. T. wird von führenden Schweizer Veranstaltern genutzt.

Turboprop: Flugzeug mit Propellerturbinenantrieb (im Unterschied zu Hubkolbenmotoren bei normalem Propellerantrieb).

Turespaña: Instituto de Promocion del Turismo de España (vorm. Inprotur), nationale spanische Tourismusbehörde, koordiniert nach außen die Interessen aller autonomen Regionen Spaniens; Marketing auf Messen und Workshops; Betreiberin der spanischen Fremdenverkehrsämter im Ausland. → NTO

Turista: Software für Reiseveranstalter und Omnibusbetriebe der Firma W & W Systemberatung.

Turnus: Regelmäßige Wiederkehr, festgelegte Reihenfolge. Im Pauschalreiseverkehr: regelmäßige Abfahrtszeiten auf gleicher Route. → Alpen-See-Express (ASE), → Kreuzfahrten, → Urlaubsexpress

turnusmäßiger Nicht-Linienverkehr: Luftfahrtstatistischer Begriff für Gelegenheitsverkehr, speziell für Pauschalflugreiseverkehr. → ADL, → Gelegenheitsverkehr

TVG: Touristik Vertriebsgesellschaft. Zentrale der FTI-Partnermodelle mit Flugbörse, Fünf vor Flug, FTI Ferienwelt, FTI Ferienprofi, Allkauf Reisebüro, Megatours, Sport-Scheck Reisebüro.

TVS: Umbrella-System von ZTS Zartmann zum Anschluss an Start Toma und DCS Merlin. → Umbrella-System

TV-Verfahren: Touristische Vorgangsverwaltung, fasst alle Arbeitsschritte rund um eine touristische Buchung in einem einzigen Verfahren zusammen.

Twilight Express: Japanischer Luxuszug mit Schlaf-, Club- und luxuriösem Speisewagen, fährt je nach Saison bis zu viermal pro Woche von Osaka nach Sapporo und zurück, durchquert auf der Strecke Hokkaido–Honshu den mit 53,9 km längsten unterseeischen Tunnel der Welt. Vertrieb in Deutschland: Japan Travel Bureau GmbH, Frankfurt/M.

Twinbed Room: Hotel-Doppelzimmer mit zwei getrennten Betten.

Two Letter Code: Zur Identifikation der Fluggesellschaften ist weltweit ein Zweibuchstabenkürzel gültig (Carrier Identification Code). Ab 1987 hat die Umwandlung des Two Letter Codes in einen Three Letter Code begonnen. z.B. AA (AAL) = American Airlines, LH (DLH) = Deutsche Lufthansa.

TWOV: Transit without Visa, bezeichnet den Aufenthalt eines Reisenden im Transitbereich des Flughafens eines Drittlandes vor dem Umsteigen, wofür kein Visum erforderlich ist.

Typologische Aspekte der Reisenachfrage: Bei Marktuntersuchungen bestimmen entweder die Reiseanlässe oder die Reisemotivationen die Unterteilung in verschiedene Reisetypen. Nach Reiseanlässen kann man folgende Hauptkategorien unterscheiden: 1. Freizeittouristen, 2. Berufstouristen, 3. Gesundheitstouristen. Bei der Grundlage von Touristentypologien mit der Abgrenzung von Bedürfnissen und Motiven kennen wir drei wesentliche Auffassungen:

- Nach Prof. Dr. H. W. Opaschowski vom BAT Freizeit-Forschungsinstitut, Hamburg, die Unterscheidung nach acht grundlegenden Bedürfniskomplexen (z.B. Kompensationsbedürfnis).
- Prof. Claude Kaspar, Leiter des Instituts für Fremdenverkehr und Verkehrswirtschaft an der Hochschule St. Gallen, stellt sechs kategoriale Urlaubsbedürfnisse heraus (z.B. nach aktionsbetontem Erlebnis).
- Heinz Hahn, Geschäftsführer der ehem. StfT, Starnberg, gruppiert nach Verhaltensmerkmalen und fasst nach typischen Bedürfniskombinationen zusammen (z.B. der F-Typ, der ferne- und flirtorientierte Erlebnisurlauber).

U

UATP: Universal Air Travel Plan, die Koordinierungsstelle UATP gibt Air Travel-Kreditkarten aus; ca. 200 Fluggesellschaften sind dieser Institution angeschlossen.

U-Bahn: Subway, Underground, Metro, öffentliches Verkehrsmittel in Großstädten, das sich überwiegend in unterirdischen Tunnelsystemen bewegt. Bezeichnung geht zurück auf die stadteigene elektrische Untergrundbahn in Berlin. Zunächst 1902 als kombinierte Hoch- und Untergrundtrasse zwischen Warschauer Straße (Friedrichshain) und dem heutigen Ernst-Reuter-Platz (Charlottenburg) in Betrieb genommen. Erste elektrische U-Bahn in Europa war Londons Tube von 1890, dann folgten Budapest, Glasgow, Paris und schließlich Berlin. Größter U-Bahnhof Europas ist Les Halles in Paris. → ÖPNV

UBC: Union of Baltic Cities, Vereinigung der baltischen Städte zur Förderung u.a. des Tourismus in der Region. Derzeit 86 Mitglieder (Stand: Oktober 2001).

UCCCF: Universal Credit Card Charge, Start-Funktion mit Abrechnung von Flugscheinen mit Kreditkarte. UCCCF wird dann ausgefüllt, wenn ein Iata-Agent einen manuellen Standardpassagierflugschein (SVD) oder MCO gegen Kreditkarte ausstellt. Im maschinellen Ticket übernehmen Agent- und Passagiercoupon die Funktion des UCCCF. In solchem Fall wird es automatisch ausgefüllt. → Iata-Agenturen, → MCO, → Standardverkehrsdokumente (SVD)

UDB: → Union Deutscher Bahnhofsbetriebe (UDB)

Überbuchen: Hierbei wird das Buchungsangebot bewusst über die Anzahl vorhandener Plätze/Betten hinaus gestreut, um eine möglichst optimale/maximale Auslastung der Kapazität zu erzielen. Auf dem Flugsektor besteht die Erfahrung, dass Überbuchungen auf Grund von No Shows einem Wahrscheinlichkeitsfaktor von 1:10.000 unterliegen, d.h., dass nicht alle Käufer eines Tickets auch zum Flugtermin einchecken. Nach Vorschlag der EU-Verkehrskommission sollen die Fluggesellschaften auch ohne Vorliegen einer Regressforderung den Kunden einen erhöhten finanziellen Ausgleich zahlen für Linienflüge sowie für Charterflüge vom Reiseveranstalter (750 bis 1500 Euro, je nach Entfernung, Stand 2002). → Denied Boardings

Überführungsfahrt: → Positionsfahrt/Positionierungsfahrt

Überführungsflug: Gem. Luftfahrtstatistik der Flug zur Bereitstellung eines Flugzeuges an einem anderen Flughafen. Zu dieser Flugart werden Flüge ohne Personen- oder Frachtbeförderung gezählt, die unentgeltlich durchgeführt werden, z.B. Ferry- und Positionierungsflug. → Ferry-Flug, → Positionierungsflug

Überführungskosten: Begriff aus der Versicherungsbranche, bezeichnet die Kosten für die Überführung an den Heimatort im Todesfall.

Übergepäck: Engl. Excess Baggage, bezeichnet das das zulässige Freigepäck überschreitende Gepäck. → Excess Baggage, → Gepäckbeförderung bei Atlantikflügen

Überschallflugzeug: In der Zivilluftfahrt ist die Concorde zurzeit noch als einziges Verkehrsflugzeug im Einsatz, das die Schallgeschwindigkeit überwindet (die sowjetische Tupolew 144 wurde 1978 nach einem Unfall aus dem Verkehr gezogen). → Concorde

UEx: → Urlaubsexpress

Ufaa: Universal Fahrausweisautomat, Gerätetyp von Siemens, eingebauter PC mit Verbindung zum Start-Rechner. Kurzes Tippen auf ein Feld des Bildschirms (Touch Screen) genügt zur Dateneingabe und ermöglicht so die Erstellung von Bahnfahrkarten. → PC

UFI: Die Union des Foires Internationales (UFI), weltweiter Messeverband mit Sitz in Paris, wurde 1925 gegründet. Sie hat den Auftrag, Messen zu fördern und für eine ungehinderte internationale Beteiligung einzutreten. Das UFI-Signet für eine Veranstaltung ist ein Qualitätssiegel. Der UFI gehören 140 Mitgliedsgesellschaften in 57 Staaten mit 390 von der UFI anerkannten internationalen Veranstaltungen an. Die Bundesrepublik hat mit 85 von der UFI anerkannten Veranstaltungen weltweit einen großen Vorsprung vor allen anderen Ländern. → Messetourismus

UFO: Unabhängige Flugbegleiter Organisation.

Uftaa: Universal Federation of Travel Agents' Associations, gegr 1967 in Montreux; weltweiter Reisebüroverband mit Sitz in Brüssel. Deutsches Mitglied war der DRV bis 31.12.1988. Vorgängerin der Uftaa war FIAV, Fédération Internationale des Agences de Voyages.

Uhpa: Udruga Hrvatshik Putnickih Agencija; Kroatiens Reisebüroverband mit Sitz in Zagreb. Mitglied beim Ectaa.

UIA: Union of International Associations, Union Internationaler Verbände, Sitz: Brüssel. Unabhängige, nichtstaatliche Organisation mit dem Ziel, internationale Verbände durch Aktionen, Studien und Publikationen zu fördern (z.B. Entwicklung von Datenbanken, Veröffentlichung des „Yearbook of International Organisations", des „International Congress Calendar" oder der „Encyclopedia of World Problems and Human Potential"). Die UIA zählt ca. 250 Mitglieder aus 55 Ländern.

UIC: Union Internationale des Chemins de Fer, internationaler Eisenbahnverband, gegr. 1922, Sitz: Paris. Zusammenschluss europ. und einiger außereurop. Eisenbahnverwaltungen zum Zweck der Weiterentwicklung und Vereinheitlichung des Eisenbahnbetriebs sowie der Abstimmung von Fahrplänen.

UITP: Union Internationale des Transports = Internationaler Verband des öffentlichen Verkehrswesens, der UITP ist ein weltweiter Zusammenschluss von städtischen und regionalen Verkehrsunternehmen, deren Aufgabenträgern und Ausrüstern. Er wurde 1895 gegründet und sitzt heute in Brüssel. Der Verband vertritt über 2000 Mitglieder aus 80 Ländern. Ziel ist die Förderung eines besseren Verständnisses der Möglichkeiten des öffentlichen Verkehrs. Tätig ist man in den Bereichen Information, Forschung und Analyse aller Aspekte des öffentlichen Verkehrs wie z.B. Infrastruktur, Rollmaterial, Organisation und Management. Des Weiteren betreibt der UITP Lobbyarbeit auf internationaler Ebene bei Organisationen wie EU, UN und OECD.

Ultra Switch: Datenvermittlersystem von Thisco, das zwischen den Reservierungssystemen von Hotelgruppen und Luftverkehrsgesellschaften geschaltet ist. → CRS

UM: 1. Unaccompanied Minor, gegen Zahlung des vollen Erwachsenen-Reisepreises bieten Fluggesellschaften die Möglichkeit, unbegleiteten Kindern während des Fluges eine Begleitung zu stellen (jedoch unter der Bedingung, dass das Kind von einem Verwandten zum Abflughafen bis zur Abfertigung des Fluges begleitet und bei der Landung am Zielflughafen abgeholt wird).
2. Unlimited Mileage, unbegrenzte Freimeilen bei Mietwagenreservierungen.

Umbrella-Effekt: Bedeutet im Marketing die positive Beeinflussung, die neuen Marken die Marktdurchdringung erleichtert durch das gute Image bereits eingeführter Marken und das Zusammenfügen aller Produkte zu einer Markenfamilie.

Umbrella Organization: Dach- oder Spitzenorganisation.

Umbrella-System: Computersysteme zum gemeinsamen Anschluss kleiner und mittlerer Veranstalter an die touristischen Buchungssysteme Start Toma und DCS Merlin, von ZTS, Sers und Partners, früher auch von DCS Dillon (Robin). → Robin

Umbuchung: Änderung einer Reservierung, bei der Gebühren entstehen können (Umbuchungen werden im Flugverkehr meist nur dann kostenlos vorgenommen, wenn der Reservierung keine Ticketausstellung gefolgt ist). Beim Reiseveranstalter hängt diese Gebührenpflicht vielfach von den Vertragsbedingungen mit seinen Leistungsträgern ab. Er kann sie sonst auch unter der Begründung eines zusätzlichen Zeit- und Arbeitsaufwandes beim Kunden geltend machen. → Bearbeitungsgebühr (BAG), → Stornokosten

umgekehrte Pendelverkehrsdienste: Vom Grundsatz her entsprechen U.P. dem Pendelverkehr. Allerdings sind hier die erste Hinfahrt zum Abholen der Reisegäste und die letzte Rückfahrt zum Betriebssitz des Busunternehmers Leerfahrten.

Umlauf: Kreislauf, kostengerechter Einsatz von Verkehrsmitteln, z.B. umlaufender Hin- und Rückflug bei Flugpauschalreisen. U. dient der rationellen Verkehrssteuerung und damit der Ertragsoptimierung; auch Rundschreiben zur Information aller zuständigen Abteilungen eines Unternehmens oder einer Behörde.

Umsatz: Summe der in einer Periode verkauften Güter bzw. erbrachten Dienstleistungen, auch als Entgelt bzw. Erlös/Umsatzerlös bezeichnet; Begriff aus dem Rechnungswesen. Die Netto(umsatz)rendite bezieht sich im Gegensatz zum Betriebsergebnis nicht auf die Provisionserlöse, sondern auf den Bruttoumsatz.

Umsatzsteuer: Mehrwertsteuer, die Besteuerung von Lieferungen und sonstigen Leistungen, die ein Unternehmer im Inland gegen Entgelt im Rahmen seines Unternehmens ausführt. Für Leistungsträger, Reiseveranstalter und Reisebüros kommen unterschiedliche Besteuerungsformen zur Anwendung wie Regelbesteuerung, Margenbesteuerung. Ebenso unterschiedlich ist die Besteuerungsgrundlage definiert (Umsatz, Marge, Provision). Der Umsatzsteuerbetrag beträgt seit dem 1. April 1998 16 v.H. der jeweiligen Besteuerungsgrundlage. Daneben existiert ein begünstigter Steuersatz von 7 v.H. u.a. für Lebensmittel, Bücher, Theateraufführungen und inländische Beförderungsleistungen per Bahn, Schiff, sofern die Beförderungsstrecke nicht mehr als 50 km beträgt.

Umschreibung: Streckenänderungen bei Linienflügen bedürfen einer Änderung des Flugscheines, der sog. U. Hierbei wird der Originalflugschein gegen ein neues, den gewünschten Änderungen angepasstes Flugticket ausgetauscht. Vorab ist das umzuschreibende Dokument zu prüfen auf Gültigkeit, Vollständigkeit, Erforderlichkeit eines Endorsement sowie Tarifbestimmungen. Die Originalcoupons des umgeschriebenen Tickets werden über BSP abgerechnet. Der Passenger Coupon des ursprünglichen Dokuments wird mit dem neuen Flugschein zusammengeheftet. → Endorsement, → Umbuchung

Umschulung zum/zur Reiseverkehrskaufmann/-frau: Eine elfmonatige U. bietet die Deutsche Angestellten-Akademie (DAA) im Bildungswerk der DAG. (Bildungszentrum der DAA, Düsseldorf) seit Nov. 1989 an. Die vom Arbeitsamt geförderte Bildungsmaßnahme soll helfen, den zukünftigen Bedarf an entsprechenden Fachkräften zu decken. Neben dem fachtheoretischen Bereich beinhaltet die Ausbildung ein siebenmonatiges Betriebspraktikum.

Umsteigeflug: Im Gegensatz zum Direktflug oder Nonstop-Flug Flugstrecke, auf der man aus einem Flugzeug in ein anderes umsteigen muss, um den Zielort zu erreichen. → Stopover

UMTS: Abk. für Universal Mobile Telecommunications System. Mobilfunkstandard der dritten Generation, bietet eine wesentlich höhere Datenübertragungsgeschwindigkeit, bessere Sprachqualität bei Handys und ermöglicht mobilen Computern schnelleren Internet-Zugang sowie Viedeokonferenzsysteme. Die Lizenzen wurden ab 31. Juli 2000 für insgesamt 98,8 Mrd. DM versteigert.

Umwelt: Lebensraum; Landschaft, Luft, Klima, Wohnumfeld, Wohnverhältnisse, Arbeitsplatz, Siedlungsform und -struktur. Die immer größer werdende Zahl von Menschen und die Technisierung bedrohen die natürlichen Kreisläufe und Verflechtungen (Ökologie). Daher werden immer größere Anstrengungen notwendig, den Lebensraum zu erhalten. → Ökologie

Umweltgroschen: Projekt der Europäischen Reiseversicherung zur Unterstützung des Arten-, Klima-, Küsten- und Landschaftsschutzes seit 1990. Gefördert wurde 2000 der Papageienschutz St. Lucia.

Umweltpreis: Der Deutsche Reisebüro und Reiseveranstalter Verband (DRV) vergibt seit 1987 alljährlich die von ihm gestiftete internationale Auszeichnung „Tourismus und Umwelt" für vorbildliche Umweltschutzprojekte. Die Preisträger seit 1996 sind:

1996: Shamwari Game Reserves, Südafrika,

1997: Corpomedinafür die Förderung eines umweltbewussten Tourismus in Venezuela,

1998: President Gayoom´s Environmental Awareness and Conservation Initiative, Malediven, Green Magic Nature Resort, Kerala, Indien,

1999: Dana Projekt, Royal Society for the Conservation of Nature, Jordanien,

2000: PECC Ökotourismusprojekt Abaca auf der Insel Viti Levu, Fidschi,

2001: Berliner Verein La Gomera mit „Auswirkung der Walbeobachtung auf die Meerestiere".

Umweltschutz: Alle Maßnahmen zur Erhaltung und Verbesserung des Lebensraumes (Umwelt), insbes. der lebensnotwendigen Elemente Wasser, Luft, Pflanzen und Tiere. Rechtsbestimmungen zum Umweltschutz sind in Deutschland u.a. Abfallbeseitigungsgesetz, Bundesimmissionsschutzgesetz und Bundesnaturschutzgesetz. Da die Überwachung der Vorschriften außerordentlich schwer ist, lässt sich Umweltschutz im Freizeitbereich kaum wirkungsvoll durchführen. Wichtig ist deshalb, beim Einzelnen ein Umweltbewusstsein zu erzeugen. → Umwelt

Umweltverträglichkeitsprüfung (UVP): Im Bereich von Energie-, Rohstoff-, Forschungs-, Lebensmittel- und Naturschutzpolitik freiwillig oder z.T. bereits nach ges. Vorgaben (Bundesimmissionsschutzgesetz, Atomgesetz) durchzuführendes Prognosegutachten. Bereits in der Planungsphase von Projekten, besonders auch solchen der Touristik, werden hierbei die Auswirkungen der Verwirklichung auf Luft, Wasser, Landschafts- und Ortsbild usw. geprüft, meist durch den Bauträger selbst bzw. in seinem Auftrag. Auf EU-Ebene durch Richtlinie vom 27. Juni 1985 zur Verfahrensvereinheitlichung, zum Schutz vor Wettbewerbsverzerrungen und zur Sicherung eines Mindeststandards für die Mitgliedsstaaten zur Pflicht gemacht. Nach dem bundesdeutschen Gesetz zur Umsetzung dieser Richtlinie ist eine UVP vorgeschrieben u.a. für die Errichtung von Feriendörfern, Hotelkomplexen und sonstigen großen Einrichtungen für die Ferien- und Fremdenbeherbergung. → Immissionen

Unbiassed Display: Bei den Reservierungssystemen die neutrale Darstellung von Daten. → CRS

Unctad: United Nations Conference on Trade and Development, Konferenz der Vereinten Nationen für Handel und Entwicklung. Ihr Ziel ist die Förderung des Welthandels v.a. zwischen Ländern auf verschiedenen Entwicklungsstufen.

Underage Driver: Bei Anmietung eines Mietwagens in den USA wird für Fahrer von 21 bis 25 Jahren ein Aufschlag erhoben.

UNDP: United Nations Development Programme. Die UNO stellt neben den Mitteln für ECA-, ECE- und Ecla-Unterorganisationen auch noch im Rahmen der Entwicklungsprogramme Mittel zur Förderung des Tourismus zur Verfügung; diese gehen ausschließlich an die Mitgliedsstaaten, nicht an private Investoren. → ECA, → ECE, → Ecla

Unesco: United Nations Educational, Scientific and Cultural Organization, Organisation der Vereinten Nationen für Erziehung, Wissenschaften und Kultur, gegr. 1946, Sitz: Paris. → World Heritage Convention

Uniglobe Travel: gegründet 1980 in Kanada, eine der weltgrößten Reisebüro-Franchise-Organisationen mit grundsätzlich unabhängigen und selbstständig geführten Reisebüros; spezialisiert auf den Geschäftsreisebereich, seit 1995 auch in Deutschland.

Union Deutscher Bahnhofsbetriebe (UDB): Vereint die Fachabteilung Bahnhofsgaststätten im Dehoga (FAB) und den Verband des Deutschen Bahnhofshandels (VDB). Die Arbeit erstreckt sich somit nicht allein auf die gastgewerblichen Aspekte der Bahnhöfe, sondern berücksichtigt in Kooperation mit dem Verband Deutscher Bahnhofsbuchhändler. auch alle am Bahnhof vertretenen Handels- und Dienstleistungsformen, sodass die U. auf dem Gebiet Bahnhof Gesprächspartner für Politik, DB und Zulieferindustrie ist.

Unison: Hotelreservierungssystem (HRS) bei Utell. → Confirm

Universalmesse: → Fachmesse

Universitätsstudium mit Tourismusschwerpunkt: Eine Reihe von Universitäten bietet tourismusorientierte Studienschwerpunkte an (siehe Tabelle). Zum Teil steht die Tourismusforschung im Vordergrund. → Fernlehrangebote im Tourismus

Unlimited Mileage: Angebot der Mietwagenfirmen auf unbegrenzte Kilometerleistung. → Rent a Car

Unruly Passengers: Flugpassagiere, die grundsätzlich die Ordnung an Bord gefährden, z.B. durch Tätlichkeiten gegen Besatzungsmitglieder.

UN-Seerechtskonferenz: Die dritte Seerechtskonferenz der Vereinten Nationen (1973-1982) hatte den Auftrag, angesichts der in den letzten Jahrzehnten eingetretenen politischen, wirtschaftlichen und technologischen Entwicklungen eine umfassende Rechtsordnung für die Nutzung der Meere auszuarbeiten. Das 1982 von der Konferenz verabschiedete Seerechtsübereinkommen wurde bis zum Ablauf der Zeichnungsfrist am 9. Dezember 1984 von 159 Teilnehmern der Seerechtskonferenz gezeichnet. Es tritt ein Jahr nach Hinterlegung der 60. Ratifikationsurkunde zwischen den Vertragsparteien in Kraft. Das Seerechtsübereinkommen trifft im herkömmlichen Seevölkerrecht Regelungen bezüglich der Nutzungsformen maritimer Bereiche (z.B. Fischfang, Verkehr, Bodenschätze) und ihrer Zuordnung an Nutzungsberechtigte über die wissenschaftliche Meeresforschung und den Umweltschutz. Ferner sieht es ein System obligatorischer Streitregelung mit einem Internationalen Seegerichtshof (mit Sitz in Hamburg) vor. Die Regelungen umfassen 320 Artikel, neun Anhänge, fünf Resolutionen. Hier die wichtigsten Regelungen:

- Küstengewässer: Küstenstaaten können ihre Hoheitszone in den Küstengewässern auf zwölf Seemeilen ausdehnen. In dieser Zone muss allen ausländischen Schiffen das Recht der „friedlichen Durchfahrt“ gewährt werden.
- Binnenstaaten: Binnenstaaten haben das Recht auf freien Zugang zum Meer. Es wird ihnen ausdrücklich zugebilligt, Waren über das Gebiet der Nachbarstaaten an die Küsten zu befördern.
- Meeresengen: Die Konvention erlaubt Schiffen und Flugzeugen aller Länder den freien Transit durch die Meeresengen und den zugehörigen Luftraum. Der Transit muss ohne Verzögerung erfolgen und darf keine Bedrohung anderer Staaten darstellen.
- Freie Passage: Jenseits der Zwölf-Meilen-Zone können sich alle Schiffe und Flugzeuge, militärische und kommerzielle, auch Unterseeboote frei bewegen.
- Exklusive Wirtschaftszone: Küstenstaaten erhalten durch die Konvention Hoheitsrechte für eine 200 Seemeilen ins Meer reichende exklusive Wirtschaftszone.
- Freie Forschung: Wissenschaftliche Forschung innerhalb der 200-Meilen-Zone und auf dem Festlandsockel muss zu friedlichen Zwecken zugelassen werden.
- Festlandsockel: Die Konvention anerkennt die souveränen Rechte der Küstenstaaten über das Kontinentalschelf zur Förderung von Erdöl und Erdgas, und zwar in einem Gebiet, das von der Küste 350 sm ins Meer reicht.
- Meeresboden/Bergbau: Die auf dem Meeresboden liegenden Manganknollen enthalten Kupfer, Zink, Kobalt und Nickel. Sie werden als das „gemeinsame Erbe der Menschheit“ bezeichnet. Der Abbau dieser Knollen wird durch eine Meeresbodenbehörde geregelt und kontrolliert, die ihren Sitz in Jamaika hat.
- Schlichtung von Grenzfällen: Dazu wurde ein internationaler Seegerichtshof eingerichtet. Nach einem UN-Beschluss wurde Hamburg der Sitz dieser Institution.
- Umweltschutz: Alle Staaten sind gehalten, die besten jeweils verfügbaren Mittel zur Verhütung und Kontrolle einer weiteren Verunreinigung der Meere einzusetzen. Sie müssen auch Maßnahmen zum Schutz des Lebens im Meer treffen.

Unterausschuss Fremdenverkehr: Gremium des Deutschen Bundestages, ehemaliges, dem Wirtschaftsausschuss untergeordnetes Gremium aus Vertretern der Bundestagsparteien, in dem vor allem fremdenverkehrswirtschaftliche und umweltpolitische Fragen aus bundes- und europapolitischer Sicht behandelt wurden. Themen waren u.a.: EG-Entwurf einer Richtlinie zum Pauschalreiserecht, Schutz der Nordsee, Tieffluglärm und die Auswirkungen auf den Fremdenverkehr. Mit Beginn der Legislaturperiode 1990/91 abgelöst und zum Vollausschuss aufgewertet. → Vollausschuss FV

Unternehmensform: Ist die Rechtsform, in der ein Unternehmen nach außen in Erscheinung tritt. Unter dieser Rechtsform ist das Unternehmen auch im Handelsregister eingetragen. Zu unterscheiden sind: → Einzelunternehmen, → Genossenschaften, → Kapitalgesellschaft, → Personengesellschaft

Unternehmensfusion: Ist die rechtliche und wirtschaftliche Verschmelzung von zwei oder mehreren

Universitäten mit Tourismusschwerpunkt

Universität	Studiengänge (Abschlüsse)	Studienschwerpunkte	Regelstudienzeit
RWTH Aachen	Geographie (M.A.)	Tourismus	9 Semester
Universität Bielefeld	Erziehungswissenschaft (Dipl.-Päd.)	Freizeitpädagogik, Kulturarbeit, Tourismuswissenschaft	10 Semester inklusive 1 Praxissemester
Techn. Universität Dresden	Verkehrswirtschaft (Dipl.-Verkehrswirtschaftler)	Hauptstudium: Tourismus	8 Semester inkl. 1 Prüfungssem.
Katholische Universität Eichstätt	Geographie (Dipl.-Geogr.)	Freizeit, Fremdenverkehr, Umwelt	9 Semester
Georg-August-Universität Göttingen	Geographie (Dipl.-Geogr., M.A.)	Kultur- u. Sozialgeographie, Tourismusgeographie	9 Semester
Ernst-Moritz-Arndt-Universität Greifswald	Geographie (Dipl.-Geogr., M.A.)	Umweltmanagement, Tourismus und Raumplanung	9-10 Semester
Universität Lüneburg	Umweltwissenschaft (Dipl.-Umweltwiss.)	Wahlpflichtfach Tourismusmanagement	9 Semester inklusive 2 Praktika
	Angewandte Kulturwissenschaft (M.A.)	Nebenfach: Tourismus Wahlpflichtfach: Tourismusmanagement	9 Semester inklusive 2 Praktika
	Betriebswirtschaftslehre (Dipl.-Kfm./Kff.)	Wahlpflichtfach Tourismusmanagement	9 Semester inklusive Praktikum
European Business College Munich	Leisure & Tourism (intern. ausgerichteter Studiengang) (M.B.A.)		8 Semester
Universität Paderborn	Geographie "Ausrichtung Tourismus"(M.A. Geogr.)	Geographie, Wirtschaftswissenschaften und Sprachen	9 Semester inklusive 1 Prüfungssemester
Universität Rostock	Betriebswirtschaftslehre (Dipl.-Kfm./ Kff.)	Spezielle Betriebswirtschaftslehre Tourismuswirtschaft	8 Semester
Universität Trier	Geographie (Dipl.-Geogr.)	Hauptstudium: Fremdenverkehrsgeographie	9 Semester
	Volkswirtschaft (Dipl.-Volkswirt)	Tourismus, Regional- und Siedlungsentwicklung	8 Semester
	Betriebswirtschaftslehre (Dipl.-Kfm./ Kff.)	Hauptstudium: Tourismus, Regional- u. Siedlungsgeographie	8 Semester
	Soziologie (Dipl.-Soz.)	Hauptstudium: Tourismus, Regional- u. Siedlungsentwicklung	9 Semester

Unternehmen. Eine Vorstufe ist die Bildung von Kartellen. Vorteile einer Fusion liegen im Rationalisierungspotenzial, der Erleichterung der unternehmerischen Disposition und in einer fundierteren Investitionsfinanzierung. Der Endverbraucher erleidet Nachteile durch das Ausschalten des Wettbewerbs und daraus resultierenden höheren Preisen. Eine U. kann durch die Übernahme der Aktienmehrheit eines anderen Unternehmens oder durch Verschmelzung zu einem einzigen Unternehmen zu Stande kommen. → Kartellbehörden, → Rationalisierung, → Unternehmensform, → Unternehmer

Unternehmensidentität: → Corporate Identity (CI)

Unternehmensleitbild: Zum langfristigen Planungskonzept eines Unternehmens oder einer Organisation gehört neben der Festlegung der langfristigen Ziele, der Definition der Unternehmenspolitik, die Formulierung eines Unternehmensleitbildes. Dieses hält in wenigen konzentrierten Aussagen die unternehmenspolitischen Ziel- und Grundsatzentscheidungen fest. Es spiegelt den grundlegenden Willen der Unternehmensleitung wider und stellt eine verbindliche Führungsvorgabe für alle Mitarbeiter dar. Folgende Sachverhalte und Beziehungen sollen in einem Unternehmensleitbild festgelegt werden:

- Die Marktleistungen, die in bestimmten Zeiträumen bestimmten Abnehmern zur Verfügung stehen sollen,
- die angestrebte Marktposition des Unternehmens,
- die geografische, soziodemografische und psychografische Marktbestimmung,
- die generelle Verhaltensweise des Unternehmens gegenüber Kunden, Konkurrenten und Lieferanten,
- den zu erzielenden Gewinn und dessen Verwendung,
- das Verhalten des Unternehmens gegenüber Staat, Gesellschaft und Umwelt,
- den Wirtschaftlichkeitsgrad der angebotenen touristischen Dienstleistungen,
- das Verhalten gegenüber den eigenen Mitarbeitern.

Unternehmer: Ist eine Person, die ein Unternehmen plant, gründet oder leitet. Der U. im engeren Sinne ist selbst Eigentümer des von ihm geleiteten Unternehmens und besitzt die Verfügungsgewalt über den erzielten Gewinn. Dafür trägt er das volle Risiko und haftet für Verluste mit seinem Vermögen. Als U. im weiteren Sinn bezeichnet man heute auch leitende Angestellte (Manager). → Gewinn

Unterversicherung: Wenn die Versicherungssumme (d. h. die als versichertes Kapital vereinbarte Geldsumme) zum Zeitpunkt des Versicherungsfalls niedriger ist als der Versicherungswert, wird der betroffene Schaden im Verhältnis der Versicherungssumme zum Versicherungswert ersetzt.

Update: Als U. wird eine aktualisierte Form eines bestehenden Programms bezeichnet. Oftmals dient ein U. zur Korrektur von Fehlern bzw. zur Verbesserung von Programmstrukturen.

Upgrade: 1. Leistungsaufbesserung ohne Aufpreis oder Zuschlag, Verkaufsförderungsmaßnahme zur besseren Auslastung bei Leistungsträgern und Veranstaltern. Bei Last-Minute-Angeboten gebräuchlich im Zusammenhang mit Aufrücken in einen höheren Leistungsstandard. 2. In der EDV häufig im Sinne von Update verwendeter Begriff. Als U. wird i.d.R. ein Umstieg auf eine verbesserte Produktversion bezeichnet. Hierbei kennzeichnet eine höhere Versionsnummer immer eine aktuellere Version eines Programms. → Kreuzfahrtenbörse/-zentrale, → Last-Minute-Tickets und -Reisen

Upload: Datentransfer bei Online-Verbindungen, wobei Daten von dem eigenen PC auf einen anderen PC oder zu einem Datennetz-Server übertragen werden. → Download

Upper Deck: Engl. für das zweite Stockwerk, das in Großraumflugzeugen (z. B. die Boeing B-747) eingerichtet wird und im vorderen Teil einen Buckel bildet.

Uptown: Begriff aus den USA, bedeutet „aus der Stadt heraus, außerhalb, in den Wohnvierteln" im Gegensatz zu Downtown. → Downtown

UPU: Universal Postal Union, Weltpostverein, gegr. 1974, Sitz: Bern. Diesem Zusammenschluss gehören fast alle Staaten an. Der Weltpostvertrag regelt u.a. die Luftpostbeförderung.

URL: Uniform Resource Locator. Bezeichnet den Ort eines Dokuments im Internet. Der generelle Aufbau einer URL-Adresse ist Protokolltyp://Internet-Server/Verzeichnis.

Urlaub: Der Begriff ist im Mittelalter aufgekommen und bezeichnete für einen Ritter die Erlaubnis, sich vorübergehend aus dem Gefolge seines Fürsten zu entfernen. Zusammenhängende arbeitsfreie Tage innerhalb einer bestimmten Zeit mit der Möglichkeit der selbstbestimmten Verwendung. → Ferien, → Urlaubsanspruch, → Urlaubssplitting

Urlaub auf dem Bauernhof: → Ferien auf dem Bauernhof

Urlauberparlament: Vom Fremdenverkehrsverband Schleswig-Holstein ab 1988 einberufen zur Beratung über die Umweltsituation von Nord- und Ostsee. 74 Parlamentsmitglieder sollen ihre Wünsche und Forderungen zu Umweltpolitik und -verhalten formulieren. Als Parlamentarier sind Urlauber eingeladen, die in den letzten drei Jahren mind. einmal in Schleswig-Holstein Ferien gemacht haben.

Urlaubsanspruch: Der gesetzliche Mindesturlaub wird durch das Bundesurlaubsgesetz garantiert und beträgt 24 Werktage (vier Kalenderwochen). Tarifvertragliche Regelungen erweitern den gesetzlichen Urlaubsanspruch:

Tariflicher Urlaubsanspruch in ausgewählten Branchen

Angaben in Arbeitstagen

Tarifbereich	West	Ost
Deutsche Lufthansa	30	30
Deutsche Bahn Gestaffelt nach Lebensjahren	26 - 30	26 - 30
Reisebüros	30	30
Hotel- und Gaststättengewerbe Gestaffelt nach Beschäftigungszeit	23 - 30	23 - 30
Transport- und Verkehrsgewerbe Gestaffelt nach Lebensjahren	28 - 30	30
Fernfahrer	maximal 35 Arbeitstage	

Quelle: WSI – Tarifarchiv 2000

Bei gleichzeitig wachsendem Einkommen und sinkenden Preisen für Pauschalreisen können die Bundesbürger immer mehr und aufwendigere Urlaubsreisen unternehmen.
→ Reiseausgaben, → Reiseverkehrsbilanz

Urlaubsexpress: (UEx), Wiederaufnahme des DB-Turnussonderzuges ab 1998 mit der Strecke Rhein-Ruhr-Gebiet und der mecklenburgischen Ostseeküste. Der Liegewagenzug der DB ist für den Urlaubsverkehr konzipiert und fährt saisonabhängig. Betrieb heute durch DB-Autozug.

Urlaubsformen: Mit Reiseanalyse RA 2001 sind die Bundesbürger nach möglichen U. für die kommenden drei Jahre befragt worden, um Auskunft für ein mögliches Marktpotenzial der Interessenten zu erhalten. Die Antwortmöglichkeiten sind einer separaten Tabelle unter den Rubriken „mit Interesse, ziemlich sicher und wahrscheinlich" aufgeteilt.

Urlaubsfreude: Für den Fall von entgangener Urlaubsfreude durch schuldhaftes Verhalten des Reiseveranstalters, kann der Reisende Schadenersatz oder auch die Erstattung des gesamten Reisepreises fordern.

Urlaubsinteressen: → Urlaubsformen

Urlaubskauf auf Raten: Für den Reisebürokunden entwickelte Finanzierung seiner Urlaubsreisen. Nach Überprüfung seiner Bonität schließt der Kunde einen Darlehensvertrag mit einer Bank, mit dem er seinen Urlaub bei einer Laufzeit von mehreren Monaten abbezahlen kann. Die Bank überweist dann den Reisepreis an den Veranstalter, der dem Reisemittler die Provision auszahlt.

Urlaubsmotive: Anhand der Reiseanalyse RA 2001 ist die deutsche Bevölkerung ab dem 14. Lebensjahr – separat nach West und Ost – repräsentativ gefragt worden, welche besonders wichtigen U. entscheidend für ihre Urlaubsreisen sind. Ergebnisse aufgelistet in separater Tabelle

Urlaubsreiseabsichten: Werden z.B. von der Reiseanalyse RA zum Jahresbeginn erhoben. Für 72% der Deutschen war zu diesem Zeitpunkt schon klar, dass sie (wahrscheinlich) eine Urlaubsreise machen; 17% haben bereits fest gebucht; bei 28% ist das Ziel allerdings noch offen. Kleiner wird die Zahl der Nichtreisenden mit 14%.

Urlaubsreisen: Nach Reiseanalyse RA alle Reisen, die nicht beruflichen Zwecken dienen und mindestens fünf Tage dauern. Kuraufenthalte gelten danach ebenfalls nicht als U. Auf Grund dieser Einschränkungen sind die Zahlen nicht ohne weiteres mit den amtlichen Statistiken über Ankünfte und Übernachtungen vergleichbar. Nach RA 2001 für 2000 wurden 62,2 Mill. U. ermittelt, davon 48,4 Mill. Haupturlaubsreisen, 13,8 Mill. weitere Urlaubsreisen. → Haupturlaubsreise

Urlaubssplitting: Nach einer Befragung des Freizeitforschers Prof. Dr. Opaschowski sind immer mehr Deutsche daran interessiert, ihren Jahresurlaub in sechs einzelnen Wochen zu nehmen. Sowohl Unternehmen als auch Gewerkschaften lehnen diese Einteilung ab. Das Bundesurlaubsgesetz von 1963 schreibt zusammenhängenden Jahresurlaub vor.

Urlaub + Reisen (U + R): Ehemalige Untersuchung zur Erfassung und Beschreibung des Urlaubsreiseverhaltens der Deutschen und ihrer Urlaubsmotive und -interessen in den Jahren 1994 und 1995.
→ FUR, → Reiseanalyse (RA)

Usenet: Abk. für Users Network (Benutzernetzwerk). Eine Verbindung von mehreren Computern, die für das Versenden und Empfangen privater Nachrichten und privater E-Mails für bestimmte Empfängergruppen, sog. Newsgroups eingerichtet, wurde. Erstmals 1979 als Mailbox an der Duke University in North Carolina (USA) entwickelt.

US-Kreuzfahrten-Preiskategorien: Seereisenangebote im US-Markt werden unterschieden nach Super de Luxe, de Luxe, Standard und Budget.

USNTO: US National Tourism Organization. Nationale Tourismusorganisation der USA, zuständig für Marketing-Maßnahmen. Geplante Nachfolgeorganisation der USTTA, gescheitert. → USTTA

USP: Unique Selling Proposition; Begriff aus der Werbung/dem Marketing für die Einzigartigkeit oder Besonderheit eines Produktes, leitet sich als Verbraucherversprechen aus der angestrebten Positionierung ab. Vom Reiseveranstalter oder Leistungsträger muss dem Verbraucher ein wirklicher, nach Möglichkeit einzigartiger Nutzen versprochen werden. → Leistungsträger, → Marketing-Mix, → Reiseveranstalter

USPH: US Department of Health and Human Services/Public Health Service, US-Gesundheitsbehörde, die einmal jährlich unangekündigt die Kreuzfahrtschiffe durch ihre Inspektoren in Bezug auf Sauberkeit und Hygiene inspizieren lässt. Es handelt sich dabei um vier Hauptbereiche mit insgesamt 37 Positionen. Die Testergebnisse werden in der Presse wie Hitlisten veröffentlicht. Gute Ergebnisse werden von den Reedereien und Veranstaltern nicht selten als Verkaufsargument in der Werbung hervorgehoben. → Kreuzfahrten

Ustoa: US Tour Operators Association, größter US-Reiseveranstalterverband.

Urlaubsformen

Erfahrung mit und Interesse an ausgewählten Urlaubsformen in den nächsten drei Jahren 2001-2003 (in Prozent)

	Erfahrung 1997-99	Erfahrung 1998-2000	Interesse 2000-2002 insgesamt	Interesse 2001-2003 insgesamt	Interesse 2001-2003 ziemlich sicher	Interesse 2001-2003 wahrscheinlich
Ferienwohnung	22	21	35	34	15	19
Ferienhaus	13	11	26	25	10	15
All-inclusive Urlaub	9	10	18	22	9	13
Städtereisen	11	10	22	21	8	14
Gesundheitsurlaub	9	8	20	19	7	12
Busreise	11	10	18	19	7	12
Winterurlaub im Schnee	8	7	17	18	7	11
Winterurlaub in der Wärme	5	4	16	17	7	10
Kur im Urlaub	4	4	15	14	3	11
Bauernhof	5	4	13	13	3	10
Ferienzentrum	3	4	11	13	3	10
Cluburlaub	5	4	11	12	3	9
Kulturreise	3	4	10	11	3	8
Fitness-Urlaub	5	3	11	10	3	7
Wellness-Urlaub	4	2	10	10	2	8
Studienreise	4	4	8	9	3	6
Camping/Zelt	5	4	8	7	3	4
Kreuzfahrt auf See	1	1	7	7	1	6
Caravan/Wohnwagen	3	3	6	6	3	3
Caravan/Wohnmobil	2	2	5	6	2	4
Strand-/Badeurlaub*		52		56	37	
Last-Minute-Urlaub*		5		22	5	17
Schiffsreisen auf Flüssen*		1		7	1	6
Personen (in Mill.)	63,8	63,8	63,8	63,8	63,8	63,8

Quelle: Reiseanalyse 2000, 2001 (Mehrfachnennungen), Rangreihe: Interesse 2001-2003 insgesamt
Anm: mit * gekennzeichnete Urlaubsformen in der RA 2001 (wieder) aufgenommen

USTTA: United States Travel and Tourism Administration, ehemaliges staatliches Fremdenverkehrsamt der USA. → USNTO

Utazás – Travel – Reisen: Seit 1990 jährlich in Budapest stattfindende Tourismusmesse.

UTC: Universal Time Coordinated, im Luftverkehr auf dem Nullmeridian basierende Ortszeit (frühere Bezeichnung GMT, Greenwich Mean Time). UTC ist Grundlage für alle Zeitangaben im Luftverkehr mit Ausnahme aller der Öffentlichkeit zugänglichen Abflugs- und Ankunftszeiten, die in der jeweiligen Ortszeit ausgewiesen sind.

Uthe: Union des Associations des Etablissement-Thermaux de la Communauté Européenne, Union der Heilbäderverbände in der Europäischen Union. Ziel ist eine gemeinsame Interessenvertretung. → DBV

Allgemeine Urlaubsmotive 2001

Frage: Wie wichtig sind folgende Dinge im Urlaub?

»Besonders wichtige« allgemeine Urlaubsmotive (in Prozent)	Bevölkerung 2000	Bevölkerung 2001	West 2001	Ost 2001
Entspannen, keinen Stress haben, sich nicht unter Druck setzen	59	59	58	64
Abstand zum Alltag gewinnen	54	54	53	54
Frei sein, Zeit haben	52	53	53	52
Frische Kraft sammeln, auftanken	50	50	49	53
Sonne, Wärme, schönes Wetter haben	42	45	45	46
Gesundes Klima	41	43	42	45
Zeit für einander haben (Partner, Bekannte, Familie)	42	42	40	47
Natur erleben (schöne Landschaft, reine Luft, sauberes Wasser)	37	37	36	42
Spaß, Freude, Vergnügen haben	37	37	36	38
Ausruhen, faulenzen	33	31	32	25
Etwas für die Gesundheit tun	30	30	28	36
Sich verwöhnen lassen, sich was gönnen, genießen	29	29	29	30
Aus der verschmutzten Umwelt herauskommen	28	29	29	30
Neue Eindrücke gewinnen, etwas ganz anderes kennenlernen	29	29	28	36
Viel erleben, viel Abwechslung haben, viel unternehmen	27	27	26	30
Gemeinsam etwas erleben, mit netten Leuten etwas unternehmen	26	25	25	24
Andere Länder erleben, viel von der Welt sehen	25	25	24	30
Unterwegs sein, herumkommen	24	24	23	30
Neue Leute kennenlernen	24	23	24	22
MIt den Kinder zusammen sein, spielen	19	19	18	20
Sich unterhalten lassen	17	16	17	16
Etwas für die Gesundheit tun, braun werden	16	16	16	14
Kontakt zu Einheimischen	15	15	16	12
Wiedersehen (Erinnerung an eine Gegend, Ort auffrischen)	16	16	16	11
Etwas für Kultur und Bildung tun	13	14	13	16
Flirt/Erotik	9	9	9	8
Leichte sportliche, spielerische Aktivitäten/Fitness	9	8	9	8
Auf Entdeckung gehen, ein Risiko eingehen, Außergewöhnlichem begegnen	8	7	7	7
Aktiv Sport treiben	8	7	7	6
Personen (in Mill.)	63,8	63,8	50,1	13,1

Quelle: Reiseanalyse 2000, 2001 (Mehrfachnennungen), geordnet nach Bevölkerung 2001

Urlaubsreise-Kennziffern

	1997	1998	1999	2000
Bevölkerung ab 14 J. (Mill.)	63,3	63,5	63,8	63,8
Eine oder mehrere Urlaubsreisen gemacht = Urlaubsreiseintensität in Prozent	74,3	76,4	75,3	75,9
Urlaubsreisende (Mill.)	47,0	48,5	48,0	48,4
Urlaubsreisehäufigkeit (Reisen pro Person)	1,32	1,31	1,30	1,29
Urlaubsreisen (5 Tage und mehr) in Mill.	62,2	63,4	62,6	62,2

Urlaubsziele

	1998	1999	2000	
	%	%	%	Mill.
Deutschland gesamt	29,6	29,0	29,3	18,2
Bayern	7,3	7,1	6,8	4,2
Mecklenburg-Vorpommern	3,7	3,7	3,8	2,4
Schleswig-Holstein	4,5	3,8	3,7	2,3
Niedersachsen	2,8	3,5	3,1	1,9
Baden-Württemberg	3,1	3,4	3,1	1,9
Nordrhein-Westfalen	1,7	1,5	1,8	1,1
Sachsen	1,3	1,2	1,2	0,8
Thüringen	0,7	1,0	1,2	0,8
Rheinl.-Pfalz/Saarland	1,1	1,2	1,1	0,7
Ausland gesamt	70,4	71,0	70,7	44,0
Spanien	14,2	14,7	14,2	8,8
Italien	9,3	9,6	9,3	5,8
Österreich	6,9	7,4	6,6	4,1
Frankreich	4,2	3,8	3,8	2,4
Griechenland	3,4	4,0	3,3	2,1
Ungarn	2,5	2,0	2,6	1,6
Skandinavien inklusive Island	3,4	3,0	3,7	2,3
Kroatien, Slowenien und ehemal. Jugoslawien	1,5	1,3	2,2	1,4
Andere europäische Länder	11,6	12,1	10,6	6,6
Türkei	3,6	3,2	4,7	2,9
Nordamerika	3,2	2,6	2,3	1,4
Karibik, Süd- und Mittelamerika	1,8	2,0	2,0	1,3
andere auss ereuropäische Länder	4,8	5,3	5,4	3,4

	1998	1999	2000
Basis: alle Urlaubsreisen (Mill.)	63,4	62,6	62,2

Quelle: RA 2001 (FUR, Hamburg)

V

Vakantiebeurs: Touristik- und Freizeitmesse, alljährlich im Januar in Utrecht/Niederlande.

Vakanzliste: Liste freier Kapazitäten bei Leistungsträgern und Reiseveranstaltern.

Vakanz/Vakanzprüfung: Freie Kapazitäten, Prüfung von V. überwiegend über CRS durch Zugriff auf die Datenbanken der Veranstalter und Leistungsträger, zumeist vor einer Buchung.

Valet Parking Service: Drive-in Center, ermöglicht am Flughafen das Einchecken vom Auto aus mit Parkservice; für den Passagier bedeutet diese vereinfachte Abfertigung vor dem Start und nach der Landung eine große Zeitersparnis. → Abfertigung im Flugverkehr

Valet-Service: Bügel- und Reinigungsdienst in Hotels, auf Schiffen etc.

Validator: Stempeleindruck („Gültigmacher") der ausstellenden Agentur oder Luftfahrtgesellschaft auf Tickets; enthält Datum und Namen des Ausstellers. → Ticket

Validity: Gültigkeit eines Flugscheins.

Valuten: Sind ausländische Zahlungsmittel. → Devisen

VAT: Value Added Tax, Mehrwertsteuer.

VCD: 1. Verkehrsclub der Bundesrepublik Deutschland. Sein Ziel ist die Durchsetzung einer umwelt- und sozialverträglichen Verkehrspolitik durch attraktive öffentliche Verkehrsmittel und damit Befreiung vom Zwang zur Autobenutzung sowie die konsequente Anwendung der besten technischen Lösungen zur Schadstoff- und Lärmreduzierung.

2. Verband der Campingplatzhalter in Deutschland, Sitz: Wittenborn, Interessenvertretung. VCD ist Mitglied im Deutschen Tourismusverband (DTV). → DTV

VDB: → Voluntary Denied Boarding

VDF: 1. Verband Deutscher Flugleiter; 1951 gegründet, Sitz: Bremen. Zu seinen Aufgaben gehören die Erhaltung der Verkehrssicherheit im Luftraum und die Förderung der Entwicklung geeigneter Mittel und Verfahren zur rationellen, reibungslosen Lenkung des Luftverkehrs; die Förderung von Wissen und Können der Fachkräfte des Flugsicherungsbetriebsdienstes; Wahrung der fachlichen, beruflichen und sozialen Interessen.

2. Verband Deutscher Freilichtbühnen, Sitz: Hamm, veröffentlicht jährlich einen Spielplan mit den Veranstaltungen der im Verband organisierten Bühnen und Festspielveranstalter.

VDFA: Verband deutscher Ferienhausagenturen; 1997 gegründet, Sitz: Eislingen. Zusammenschluss kleiner und mittlerer Agenturen mit gemeinsamer Werbung für deren Objekte weltweit.

VDFU: Verband Deutscher Freizeitunternehmen, Sitz: Würzburg. In der Bundesrepublik ist Phantasialand bei Brühl im Rheinland Branchenführer. → Freizeitparks

VDHA: Vereinigung Deutscher Haushüter Agenturen. Die Haushüteragenturen vermitteln Interessenten für die Dauer des Urlaubs Vertrauenspersonen über eine individuelle Vereinbarung zur Kontrolle des Hauses. Auch die Betreuung von Kindern und älteren Familienangehörigen ist möglich. → House Sitting

VDKF: Verband Deutscher Kur- und Tourismus-Fachleute, Sitz: Berlin. Mitglieder sind vor allem die Leiter städtischer und regionaler Verkehrsbüros/Verkehrsämter/Verkehrsvereine. Diese Berufsorganisation hat sich zur Aufgabe gemacht, die Grundlage für eine erfolgreiche Arbeit auf diesem Tourismusgebiet zu schaffen, die beruflichen Interessen seiner Mitglieder zu vertreten und für gegenseitige Hilfeleistung und Erfahrungsaustausch unter seinen Mitgliedern wie auch europaweit zu sorgen. → Euto

VDMT: Verband der Museums- und Touristikbahnen in Deutschland.

VDR: 1. Verband Deutsches Reisemanagement, Sitz: Bad Homburg, 1974 in Hamburg gegründet. Der VDR vertritt die Interessen seiner Mitgliedsfirmen auf nationaler und internationaler Ebene gegenüber Anbietern von Leistungen im Geschäftsreiseverkehr, Behörden, der Regierung, anderen Verbänden wie dem Deutschen Reisebüro und Reiseveranstalter Verband (DRV), dem Bundesverband mittelständischer Reiseunternehmen (ASR) und der International Air Transport Association (Iata) sowie der Öffentlichkeit. Die Meinungsbildung in den Fachreferaten und Mitgliederversammlungen des Verbandes sind die Basis für eine Mitarbeit an Entscheidungen von Leistungsanbietern wie Fluggesellschaften, der DB sowie Hotel- und Mietwagengesellschaften. Beratung bei der Einrichtung und Durchführung von Reisemanagement in Unternehmen. Seit Anfang 1999 ist die Qualifikation zum Certified Travel Manager möglich. → Certified Travel Manager, → Ibta, → VKON

2. Verband Deutscher Reeder, Hamburg.

VDRJ: Vereinigung Deutscher Reisejournalisten, Sitz: München. Ihre Aufgaben sind die Förderung der beruflichen Interessen der Mitglieder, Wahrung des Berufsansehens und Erleichterung der praktischen Arbeit. Der Verein nimmt die Interessen der Verbraucher auf touristischem Gebiet durch Aufklärung und Betreuung wahr.

VDS: Verband Deutscher Seilbahnen, Zusammenschluss der in Deutschland ansässigen Seilbahn-, Schlepplift- und Zahnradbahnunternehmen, Sitz: München. Ziel ist die Interessenvertretung der Seilbahnwirtschaft, Zusammenarbeit mit nationalen und internationalen Organisationen des Sports wie des Natur- und Umweltschutzes. Mitarbeiterschulung, Beratung und Information in technischen Fragen des Seilbahnwesens (Sicherheit, Betriebsführung etc.). → Schlepplift, → Seilbahn, → Zahnradbahn

VDSM: Verband der Stadt-, Sport- und Mehrzweckhallen, Münster, Interessengemeinschaft der Hallenbetriebe. → Convention, → Kongresstourismus, → Tagungsstätten

VDV: Verband Deutscher Verkehrsunternehmen, Zusammenschluss des Verbandes öffentlicher Verkehrsbetriebe (VÖV), des VÖV der ehem. DDR und des Bundesverbandes Deutscher Eisenbahnen (BDE) seit 1991. Mitglieder sind u.a. ÖPNV-Unternehmen mit Kraftfahrzeugen, Bahn- und Busverkehr, Güterverkehrsunternehmen, Verwaltungs- und Verbundgesellschaften. → ÖPNV

VDWH: Verband Deutscher Wohnwagenhersteller e.V., Sitz: Frankfurt/M. Interessenvertretung.

VEB: Volkseigener Betrieb in der DDR zur Zeit der Zentralen Planwirtschaft. → Planwirtschaft

Vedute: Genre der Landschaftskunst, die sachlich streng und wirklichkeitsgetreu eine Landschaft oder Stadt in Stich, Zeichnung oder Gemälde wiedergibt. Die Vedutenkunst entstand im Zusammenhang mit dem sich in der Barockzeit entwickelnden Bildungstourismus, der meist nach Italien führte, z.B. bei Piranesi, Canaletto u. a.

Venice Simplon-Orient-Express: → Orient-Express

Veranstalterhaftung: V. ist im Reisevertragsgesetz geregelt (§ 651 a-f BGB). → Haftung bei Pauschalreisen, → Reisevertrag/Reisevertragsrecht

Veranstaltermarkt: FVW International legt seit 1972 alljährlich eine Dokumentation über den Markt der Veranstalterreisen vor. Die FVW-Dokumentation „Deutsche Veranstalter in Zahlen" zählt Veranstalterreisen ohne Einschränkung nach Reisedauer und Alter der Urlauber. Enthalten sind Veranstalter, die mit ihrem Hauptsitz oder einer Niederlassung im deutschen Markt präsent sind und hier Urlaubsreisen anbieten.

Veranstalterreisen: nach Reiseanalyse RA alle Urlaubsreisen, die mit Hilfe eines Reiseveranstalters und/oder eines Reisebüros vorbereitet und durchgeführt werden. Bei dieser Erhebung werden Pauschalreisen aus dem Katalog eines Veranstalters (Voll- und Teilpauschalreisen) und Urlaubsreisen mit sonstigen Buchungen im Reisebüro zusammengefasst. Für die Haupturlaubsreise 2000 betrug der Anteil der V. 48,5%.

Veranstaltungskaufmann/-frau: Der 2001 eingeführte Ausbildungsberuf schafft neue Qualifizierungsmöglichkeiten im international orientierten Veranstaltungsmarkt. Die Ausbildungsdauer beträgt drei Jahre. Vermittelt werden sowohl breite kaufmännische Fähigkeiten als auch spezielle Kenntnisse für die Planung, Organisation und Durchführung von Veranstaltungen jeder Art. Das Spektrum an Ausbildungsbetrieben ist sehr breit: von Dienstleistungsunternehmen im Veranstaltungswesen über ausstellende Unternehmen aller Wirtschaftszweige bis hin zu kommunalen Verwaltungen (Veranstaltungshallen, Kultur- und Jugendämter, Stadtmarketing).

Veranstaltungsmanager/-in (IHK): Weiterbildungslehrgang der IHK. Der V. arbeitet z.B. bei Veranstaltungsagenturen, Gastronomie-, Sport- und Reiseveranstaltern. → Fortbildungsangebote im Tourismus, → IHK

Verbände: Organisatorische Zusammenschlüsse von Unternehmen zum Zweck der gemeinsamen Verfolgung von Mitgliederinteressen. V. bringen den Sachverstand in die öffentliche Diskussion ein und sorgen für geeignete Informationen. Speziell den mittelständischen Unternehmen sind V. im Hinblick auf die wachsende Gesetzesflut und sonstige Belastungen sowie die Vermittlung von Spezialistenwissen durch verbandliche Beratung und Hilfe eine notwendige Stütze. → EU/EG/EWG, → Harmonisierung, → Liberalisierung, → Mittelstand

Verband der Home Agents und Internet-Reisemittler: → VHIR

Verband der Studienreiseleiter: Verband zur Interessenvertretung der Studienreiseleiter gegenüber ihren Arbeit- bzw. Auftraggebern und der Öffentlichkeit, Sitz: München. Hauptziele sind die arbeits- bzw. sozialrechtliche Verbesserung und die Anerkennung ihres Berufstandes; Herausgabe der Zeitschrift „Reiseleiter Live". → Studienreiseleiter

Verbindungskonferenzen (Iata): Ausdruck aus der Flugverkehrsgeografie. Innerhalb der Aufteilung in drei Konferenzgebiete (TC1; TC2 und TC3) besteht eine weitere Aufteilung, die sog. vier Verbindungskonferenzen, die die Tarifbildung zwischen den o.a.

Konferenzgebieten übernehmen: TC1 (Nord-, Mittel- und Südatlantikstrecken), TC2-3 (Strecken zwischen Europa, Afrika, dem Nahen Osten, Asien und Südwestpazifik), TC3-1 (Nord-, Zentral-, und Südpazifikstrecken) und TC1-2-3 (Flugrouten rund um die Welt). → Flugrouten, → Iata-Verkehrsgebiete, → Konferenzgebiet

Verbraucherpreisindex: Baut auf den Preisen eines Warenkorbes auf, der Güter und Dienstleistungen des täglichen Bedarfs (Wohnung, Nahrungsmittel, Kleidung, Auto, Reisen, etc.) beinhaltet. Die Preise des Basisjahres werden mit 100 festgelegt und die jeweiligen Veränderungen dieser Preise auf dieses Jahr bezogen. → Inflationsrate, → Preisindex Reisen

Verbundwerbung: Form der kooperativen Werbung, bei der Unternehmen der gleichen Wirtschaftsstufe, aber unterschiedlicher Branchen gemeinsame Werbung betreiben; speziell üblich bei Werbung mit Partnern bedarfsverwandter Produkte, bei der Marktziele oft nur durch Kooperation zu erreichen sind. → Anschließerwerbung, → Kooperation

Verdi: Vereinigte Dienstleistungsgewerkschaft; 2001 in Berlin gegründet durch vorherige Verschmelzung der fünf Gewerkschaften DAG, DPG, HBV, IG Medien und ÖTV. Tarifpartner des Arbeitgeberverbandes der Reisebüros und Reiseveranstalter. → DRV-Tarifgemeinschaft

Vereinigung Cockpit: 1969 gegründete Vereinigung des Cockpitpersonals in Deutschland mit Sitz in Frankfurt. Die Ziele sind Mitwirkung am Wohle der Zivilluftfahrt, Mitwirkung an der Verbesserung der Sicherheit im Luftverkehr, Einflussnahme auf die Qualifikation der Cockpitbesatzungen, Wahrung der Belange der Mitglieder, ihrer Angehörigen und ihrer Hinterbliebenen, Verfolgung berufspolitischer und tarifpolitischer Interessen der Mitglieder.

Verfallsoption: Reservierung einer touristischen Leistung ohne Verbindlichkeit. Das Angebot gilt ab dem Tage der Angebotsunterbreitung für eine bestimmte, vom Leistungsträger festgesetzte Frist und verfällt, wenn keine Buchung bis Fristende erfolgt. → Festoption

Vergleich: 1. Bis zur Schaffung der neuen Insolvenzordnung Vereinbarung zwischen Gläubiger und Schuldner bei Insolvenz zur Abwendung des Konkurses (urspr. Regelung in der Vergleichsordnung).
2. Beilegung einer Rechtsstreitigkeit durch gegenseitiges Nachgeben. → Insolvenz, → Konkurs

Verhaltenskodex CRS: → CRS

Verjährung: Bei Pauschalreisen sind zwei Verjährungsfristen zu beachten: 1. Alle Ansprüche müssen innerhalb eines Monats nach dem vertraglich festgelegten Reiseende beim Veranstalter oder dem Reisebüro, bei dem die Reise gebucht wurde, geltend gemacht werden (§ 651 g Abs.1 BGB).
2. Ansprüche verjähren nach zwei Jahren, gerechnet ab vertraglich festgelegtem Reiseende (§ 651 g Abs. 2 BGB).

Verk: Buchungsmaske für Start zur Verkaufsabwicklung. Bietet die Möglichkeit zur Erstellung von Kassenzetteln, Rechnungen, Gutschriften und Lieferscheinen.

Verkäufermarkt: Begriff aus der Volkswirtschaftslehre. Bei den Angebots-Nachfrage-Relationen spricht man von einem Verkäufermarkt, wenn die Nachfrage größer ist als das Angebot, also die Verkäufer die Wettbewerbsbedingungen weit gehend bestimmen können. → Käufermarkt

Verkaufsförderung: Eine Vielzahl von Maßnahmen, mit denen der Absatz kurzfristig stimuliert werden soll. Darunter fallen Messeauftritte. V. kann z.B. im Reisebüro durch Wettbewerbe oder eine ausgefallene Präsentation stattfinden.

Verkaufslizenzen: Grundlage für die Zusammenarbeit der Reisebüros mit Reiseveranstaltern und Leistungsträgern sind die Zulassungskriterien der einzelnen Vertragspartner. Die Vergabe von V. ist an bestimmte Voraussetzungen gebunden, wie z.B. die Beschäftigung von Fachpersonal, Mindestumsätze und Bankbürgschaften. → DB-Agenturen, → Iata-Agenturen

Verkehrsamt: Überwiegend Kommunalbehörde zur Förderung des örtlichen Fremdenverkehrs. Die kommunalen V. werden zunehmend in GmbH umgewandelt; nicht nur eine formale Sache. Durch den Charakter des privatwirtschaftlich geführten Dienstleistungsunternehmens werden dabei die wesentlichen Voraussetzungen erfüllt:

- Erweiterung des Handlungsspielraums
- Beteiligung der angeschlossenen, interessierten touristischen Betriebe
- Kommerzialisierung der Leistungen.

→ Verkehrsverein

Verkehrsbüro: Meist in zentraler Lage eingerichtetes Auskunftsbüro eines Fremdenverkehrsamtes, in dem auch touristische Leistungen angeboten werden können. Nach DIHK ist die Bezeichnung V. nicht ausschließlich den kommunalen Einrichtungen vorbehalten, sondern kann auch für ausländische Fremdenverkehrsämter (z.B. Schweiz) gelten. → Tourist Board/Tourist Office

Verkehrsfachwirt/in: Zumeist berufliche Fortbildung im Anschluss an einen Ausbildungsberuf, bei nichtbundeseigenen Eisenbahnen, öffentlichen Verkehrsbetrieben, im privaten Straßenpersonenverkehrsgewerbe, in Speditionen, Kurierdienstunternehmen und Autovermietungsgesellschaften.

Verkehrsflugzeugführer/in: Die Ausbildung kann an einer Verkehrsfliegerschule oder in Form eines Studiums an der Fachhochschule Bremen in Kooperation mit einer Verkehrsfliegerschule absolviert werden. Folgende Voraussetzungen müssen in der Regel erfüllt sein:

- Mindestalter 19 Jahre
- Körpergröße zwischen 1,65 m bis 1,95 m
- Fliegerische Tauglichkeit (durch ein ärztliches Zeugnis zu belegen)
- Ausreichende Kenntnisse in Englisch, Mathematik und Physik
- Erfolgreich bestandener Eignungstest an der Verkehrsfliegerschule (je nach Schule unterschiedlich)
- Allgemeine Hochschulreife, (Fachgebundene) Hochschulreife bzw. Mittlere Reife (unterschiedlich je nach Fliegerschule und Flugtyp).

Nach erfolgreich absolvierter Ausbildung sind die Teilnehmer im Besitz des Verkehrsflugzeugführerscheins Airline Transport Pilot Licence (ATPL), des Privatflugzeugführerscheins (PPL), des Berufsflugzeugführerscheins (CPL), der Instrumentenflugberechtigung (IFR), des allgemeinen Funksprechzeugnisses (AFZ) sowie der Theoretischen Langstreckenflugberechtigung (Long Range). Verkehrsflugzeugführer führen Flugzeuge der zivilen Verkehrsluftfahrt im Auftrag von Fluggesellschaften. Nach Abschluss der Ausbildung sind weitere Lehrgänge zum Erwerb der Musterberechtigung für die von den Fluggesellschaften eingesetzten Flugzeugmuster erforderlich. Neben dem Linienverkehr existieren Beschäftigungsmöglichkeiten z.B. als Firmenpilot bei Wirtschaftsunternehmen (Geschäftsflüge, Charterflüge, Luftbildflüge).

Verkehrsgebiet: Engl.: Route Area. In der Luftfahrt die Verbindung zweier Regionen. International gelten für die Regionen die geografischen Definitionen der Icao. → Iata-Verkehrsgebiete, → Icao, → Region

Verkehrsgemeinschaft: 1. kommunale Arbeitsgemeinschaft mehrerer Gemeinden mit dem gemeinsamen Ziel der Tourismusförderung.

2. Im ÖPNV gehen die kooperierenden Unternehmen über eine tarifliche Zusammenarbeit hinaus. Es kommt zu einer verkehrlichen Zusammenarbeit im Rahmen einer einheitlichen Netz- und Fahrplangestaltung, wobei jedoch keine Zuständigkeiten an eine besondere Organisation übertragen werden. → Verkehrsverbund

Verkehrsinstitutionen: Gewährleisten die organisatorische, ökonomische und rechtliche Abwicklung des Beförderungsvorganges und sind konstituiert in Eisenbahn-, Straßentransport-, Luftverkehrs- und Schifffahrtsunternehmungen.

Verkehrskonferenzgebiete: → Iata-Verkehrsgebiete

Verkehrsmedien: Für die Abwicklung des Verkehrs stehen die drei Medien Land, Wasser und Luft zur Verfügung. Das Verkehrsmedium Land verfügt über eine Vielzahl von Verkehrswegen wie Straßen, Schienen, Leitungen (Rohr-, Energie-, Nachrichtenleitungen usw.). Das Wasser (Wasserstraßen des

Organisation, Verkehrsmittel, Ausgaben, Dauer

Alle Urlaubsreisen = 100 Prozent	1997	1998	1999	2000
Verkehrsmittel PKW/Wohnmobil	49,4	49,6	50,1	49,2
Flugzeug	32,1	32,5	33,1	34,6
Bus	9,9	9,6	9,3	9,1
Bahn	6,9	6,6	5,9	5,8
Reiseausgaben gesamt pro Person pro Reise (Durchschnitt in DM)	1.425	1.441	1.423	1.549
Durchschnittliche Reisedauer in Tagen	13,9	13,9	14,0	13,8
Urlaubsreisen gesamt (Mill.)	62,2	63,2	62,6	62,2

Quelle: RA 2001 (FUR, Hamburg)

Meeres, Flüsse, Kanäle und Binnenseen) dient Schiffen, Booten, Fähren usw. als Verkehrsmedium. Die Luft (Luftstraßen) ist das Verkehrsmedium für Luftfahrzeuge aller Art sowie für Funkwellen.

Verkehrsmittel: Die nach erforderlicher Leistung und Verkehrsweg ausgestatteten Fahrzeuge zur Beförderung wie Flugzeuge, Bahnen, Kraftfahrzeuge (PKW, Busse) und Schiffe. Die touristische Verkehrsmittelnutzung RA 2001 für 2000 für die Urlaubsreisen der Bundesbürger gliedert sich in folgende Anteile:

- 49,2% PKW/Wohnmobil
- 34,6% Flugzeug
- 9,1% Bus
- 5,8% Bahn

→ Reiseanalyse (RA), → Urlaub + Reisen (U + R)

Verkehrsobjekte: Im System Verkehrswirtschaft bilden die V. eines der drei Subsysteme neben den Verkehrsträgern und den Verkehrsinstitutionen. V. sind Personen, Güter und Nachrichten im Raum und damit Gegenstand der Beförderungsfunktion. → Verkehrsinstitutionen, → Verkehrsträger

Verkehrsrechte: Die Gewährung von Verkehrsrechten durch die staatlichen Behörden ist Voraussetzung für die Durchführung von Luftverkehr. Im Allgemeinen werden diese Verkehrsrechte auf der Basis der Gegenseitigkeit im Rahmen zweiseitiger Abkommen zwischen staatlichen Luftfahrtbehörden vereinbart. → Bundesministerium für Verkehr, Bau- und Wohnungswesen (BMVBW), → Freiheiten der Luft, → Liberalisierung im Luftverkehr, → Lufthoheit, → Slots

Verkehrsstatistik: Zahlenmäßige Untersuchung des Gesamtverkehrs, herausgegeben vom Statistischen Bundesamt, Wiesbaden.

Verkehrsträger: Die den technischen Vorgang der Beförderung sicherstellenden Verkehrsmittelgruppen mit der Unterscheidung nach den Verkehrsmedien Land, Wasser und Luft, z.B. Luftverkehr. → Verkehrsmittel

Verkehrsverbund: Vertraglich geregelte Kooperation zwischen Trägern des öffentlichen Personennahverkehrs (ÖPNV) mit Fahrplanabstimmung, Verkehrs- und Tarifgemeinschaft sowie gemeinsamer Planung der verkehrsmäßigen Infrastruktur; vorwiegend in Ballungsgebieten wie z.B. Rhein-Ruhr-Verbund, München MVV u.a. → Grundpflichten, → ÖPNV

Verkehrsverbund Bodenseeschiffahrt: Großschifffahrt auf internationaler Ebene mit 37 Schiffseinheiten als vereinigte Schifffahrtsunternehmen der Gesellschaften DB, ÖBB = Österreichische Bundesbahnen, SBB = Schweizerische Bundesbahnen, URH = Schweizer Schiffahrtsgesellschaft Untersee und Rhein zwecks Abstimmung der Tarife und Fahrpläne. → Verkehrsverbund

Verkehrsverein: Lokaler privatrechtlich organisierter Verein zur Förderung des örtlichen Fremdenverkehrs. Zu seinen Mitgliedern zählen sowohl die am Fremdenverkehr interessierten gewerblichen Unternehmen als auch die Stadt oder Gemeinde. → Fremdenverkehrsstellen, → Verkehrsamt, → Verkehrsbüro

Verlust: Ist das negative Ergebnis der wirtschaftlichen Tätigkeit, wobei die aufgewendeten Kosten (Material, Löhne, Zinsen für Fremdkapital, Abschreibungen) die erzielten Beträge übersteigen.

Vermittlerklausel: → EU-Richtlinie über Pauschalreisen

Verordnung (VO): Im EU/EWR-Sprachgebrauch, verbindlich und unmittelbar anwendbarer Rechtsakt in den EU-Mitgliedstaaten. Die VO geht ihrem Rang nach dem nationalen Gesetz vor. → Richtlinie (RL)

Vers: Start-Buchungsmaske für separate Buchungen einer RRKV, soweit nicht im touristischen Produkt des Reiseveranstalters enthalten. Über Start kann jede Reiseversicherung vor Reiseantritt abgeschlossen werden. → Reiserücktrittskosten-Versicherung, → Reiseversicherungen

Versicherer (VR): Andere Bezeichnung für den Versicherungsunternehmer bzw. für den Versicherungsträger.

Versicherter (VT): Natürliche oder juristische Person, für die eine Versicherung genommen ist und die die Versicherungsleistung erhält. Der Versicherte ist oft auch der Versicherungsnehmer (Antragsteller), es sei denn, die Versicherung wurde für ihn von einer dritten Person genommen (z.B. bei der Versicherung für fremde Rechnung).

Versicherungen im Tourismus: Die verschiedenen Reiseversicherungen dienen dem Urlaubsreisenden zur Abdeckung von Risiken, die mit der Reise verbunden sind. Komplettschutz wird im Paket angeboten. Bereits nach alter Rechtslage waren Reisebüros auf Grund ihres Vermittlungsvertrages verpflichtet, den Reisekunden auf die Möglichkeit des Abschlusses einer Reiserücktrittskosten-Versicherung hinzuweisen. Mit § 4 der neuen Informationsordnung ist diese Pflicht auch auf den Reiseveranstalter ausgedehnt worden. → ABRV, → ABtBR, → Auslandsschutzbrief, → Block-Police, → CDW - Collision Damage Waiver, → Damage Report, → Deckungszusage, → Domizilschutz, → DRS, → Elementarereignisse, → EU-Richtlinie über Pauschalreisen, → Fährversicherung, → Garantiefonds, → Grüne Versicherungskarte, → Gruppenversicherung, → Informationspflicht, → Insolvenzschutzversicherung, → Kundengeldabsicherung, → Lost and Found, → Luftfahrt-Unfallversicherung, → Patronatserklärung, → PIR, → Reise-Haftpflichtversicherung, → Reise-Unfallversicherung, → Reisegepäckversicherung, → Reiserücktrittskosten-Versicherung, → Reiseversicherungen, → Risikoperson, → RRKV/RRV, → Rücktritt, → Rückversicherung, → Versicherer (VR), → Versicherter (VT), → Zeitwert

Versicherungsbündel: Auch Versicherungspaket genannt, bezeichnet die Zusamenfassung mehrerer Versicherungsarten in einem Versicherungsvertrag mit einer Gesamtprämie über alle versicherten Gefahren.

Versicherungsfall: Ereignis, das die Leistungspflicht des Versicherers im Rahmen des jeweiligen Versicherungsvertrages auslöst. → Reiseversicherungen

Versicherungsnehmer (VN): Natürliche oder juristische Person, die die Versicherung beantragt. Sie ist oft auch die versicherte Person selbst, diese kann jedoch eine Dritte sein (z.B. bei Abschluss einer Versicherung für fremde Rechnung).

Versicherungspaket: → Versicherungsbündel

Versicherungsschein: → Police

Versicherungssteuer: Zusätzlich zur Prämie muss der Versicherungsnehmer eine Versicherungssteuer an den Versicherer zahlen, der diese Steuer dann an das Finanzamt abführt. Je nach der Versicherungsart liegt der erhobene Steuersatz derzeit zwischen 10 und 16% (Versicherungsentgelte für die Rückversicherung sind jedoch steuerfrei).

Versicherungssumme (VS): Im Versicherungsvertrag festgelegter Geldbetrag, der im Versicherungsfall vom Versicherer an den Anspruchsberechtigten ausbezahlt werden soll. Die VS wird auch als versichertes Kapital bezeichnet.

Versicherungsträger: Vom Staat betriebene juristische Person bzw. Sozialeinrichtung, die Versicherungen anbietet (vorw. Kranken-, Unfall-, Renten-, und Arbeitslosenversicherungsträger). Man spricht von Versicherungsträgern im Rahmen der Sozialversicherung. Im Bereich der Individual- bzw. Privatversicherung werden die Anbieter Versicherungsunternehmen genannt.

Versicherungsunternehmen (VU): Juristische Person, die Versicherungen anbietet. Im Bereich der Individual- bzw. Privatversicherung spricht man von Versicherungsunternehmen (individuelle Gestaltung des Versicherungsschutzes), während die Anbieter der Sozialversicherung Versicherungsträger genannt werden.

Versicherungswert (VW): Wert der zu versichernden Sachen bzw. Risiken. Neben Schaden und Versicherungssumme legt der Versicherungswert die Grenze der Versicherungsleistung nach oben fest.

Vertikale Kooperation: → Kooperation

Vertrag von Nizza: Anlässlich der geplanten Osterweiterung der EU einigten sich die 15 Mitgliedstaaten auf dem Gipfel in Nizza im Dezember 2000 auf institutionelle Reformen wie die Fragen der Anzahl der Abgeordneten im Europäischen Parlament, die Mitglieder der Kommission und die Stimmgewichtung im Rat. Zurzeit befindet sich der Vertrag in der Phase der Ratifikation durch die Mitgliedstaaten. Da einige Staaten ihr Veto gegen die Ratifikation angekündigt haben, strebten im Dezember 2001 auf dem Gipfel von Laeken die Mitgliedstaaten bereits eine Reform des noch nicht ratifizierten Vertrages von Nizza an. Zu diesem Zweck soll ein Konvent mit der Ausarbeitung eines neuen transparenteren und demokratischeren EU-Vertrages beauftragt werden. → EU/EG/EWG

Vertrauensschadenversicherung: Versicherung als (preisgünstigere) Alternative zur Bankbürgschaft, die von Reisebüros und Agenturen zu Gunsten der Reiseveranstalter und Beförderungsunternehmen abgeschlossen wird zur Absicherung der Pflichten aus dem Handelsvertreter- oder Agenturvertrag. Versicherte Risiken sind v.a. Zahlungsunfähigkeit und Vertragsverletzungen des Reisebüros sowie Fehlverhalten seiner Mitarbeiter. → Agenturvertrag/Handelsvertretervertrag, → Bankbürgschaft

Vertreterausschuss (VA): Vom jeweiligen Handelsherrn eingerichtetes Gremium zur Verbesserung der Zusammenarbeit zwischen dem Unternehmen und seinen Vertriebsstellen (Agenturen). Seine Interessenvertreter werden i.d.R. von den Agenturen auf eine bestimmte Zeit gewählt. Die bekanntesten V.e sind: der ehemalige TUI-Partnerausschuss (PA), dessen Vorläufer der TUI-Vertreterausschuss (VA) war, mit den regionalen TUI-Vertriebsgemeinschaften (VG); der Arbeitsausschuss der Gesamtgemeinschaft deutscher DER-Vertretungen (seit 1. Oktober 1997 Umbenennung in RBB, Reisebüro-Bahn-Beirat der DER-Vertretungen) und der Start-Beirat. → AAGG/DB, → Counter-Beirat, → Partnerausschuss der TUI (PA), → RBB, → TUI-Sachverständigenbeirat

Vertretervertrag: → Agenturvertrag/Handelsvertretervertrag, → Handelsvertreter

Vertriebsbindung: → Ausschließlichkeitsbindung, → Gesetz gegen Wettbewerbsbeschränkungen (GWB)

Vertriebsgemeinschaft (VG): Ehemalige gewählte, regionale TUI-Vertretergemeinschaft zum Zweck der Optimierung der Zusammenarbeit zwischen dem Unternehmen und seinen Vertriebsstellen sowie Interessenvertretung der regionalen Vertriebsstellen. → Partnerausschuss der TUI (PA), → Vertreterausschuss (VA)

Vertriebsliberalisierung: Mit Wirkung vom 1.11.1994 löste eine V. im Reiseveranstaltermarkt die damalige Ausschließlichkeitsbindung der großen Veranstalter TUI und NUR ab und erlaubte allen Reisebüros die freie Vertriebsgestaltung ihrer Reiseprodukte.

Vertriebsweg: Weg eines Produkts vom Hersteller zum Endabnehmer. Man unterscheidet zwischen direktem und indirektem V., je nachdem, ob das Produkt vom Hersteller unmittelbar oder über Absatzmittler vertrieben wird. In der Tourismusindustrie übernehmen v.a. Reisebüros und Fremdenverkehrsstellen die Funktion von Absatzmittlern. Weitere V.e sind Internet, Telefon und Fernsehen.

VFF: Verband der Fährschiffahrt & Fährtouristik. Sitz in Hamburg. Zu seinen Aufgaben zählen die Förderung des Fährschifffahrt-Images, Forcierung des Verkaufs über Reisebüros und Reiseveranstalter, Vereinheitlichung der Buchungssysteme, gemeinsame Reisebüroschulungen.

VFR-Verkehr: Visiting Friends and Relatives, Begriff in der Luftfahrt für Besuchsreisen zu Verwandten und Bekannten. Nach LH-Angaben betrug ihr Anteil der Besuchsreisen am gesamtdeutschen Markt (Linie und Charter) 15%.

VFT: Very Fast Train, Hochgeschwindigkeitszug, ab 1994 auf der viel befahrenen Strecke Melbourne–Sydney eingesetzt, soll die Strecke bei einer Spitzengeschwindigkeit von bis zu 350 km/h in drei Stunden zurücklegen.

VHIR: Verband der Home Agents und Internet-Reisemittler. Im Jahr 2000 von 32 Mitgliedern gegründete Interessenvertretung mit dem Ziel, mehr Markttransparenz durch ein Gütesiegel und einheitliche Qualitätsmaßstäbe herzustellen. Sitz in Berlin.

Viabono: Umweltdachmarke im Deutschland-Tourismus. Wurde seit 1999 unter Beteiligung des Bundesumweltministeriums, des Bundesumweltamtes, des Bundeswirtschaftsministeriums und des DTV entwickelt. Die Dachmarke soll dem Reisenden eine Orientierungshilfe bei der Wahl umweltfreundlicher Reiseangebote geben. Ziel ist eine einheitliche Umweltkennzeichnung für den Deutschland-Tourismus mit jeweils unterschiedlichen Kriterienkatalogen für die einzelnen Dienstleistungsbereiche.

Viadukt: Talbrücke, Überführung; z.B. die Verbindung Asien–Europa bei Istanbul.

Video: Technisches Unterrichtsmittel für interne und externe Aus- und Weiterbildung. Zur Verkaufsschulung der Reisebüro-Mitarbeiter: DRV-Video-Trainingsprogramm „Verkaufen im Reisebüro“ mit sechs Kassetten (VHS), Leitfaden für Trainer, Arbeitsbogen und Aufgabenblätter. → DRV, → Kreuzfahrten

Videokonferenz: Besprechung, die per Kamera via ISDN am PC stattfindet. In Verbindung mit einem Videokonferenzsystem können sich die Teilnehmer an ihren PC-Bildschirmen sehen und gleichzeitig Daten bearbeiten.

Video on Demand: Filmempfang im Digitalfernsehen nach zeitlich freiem Wunsch. Jeder bei den Sendern gespeicherte Film kann zu jeder beliebigen Tageszeit bei Free TV oder Pay TV abgerufen werden. Nutzbar natürlich auch für den Empfang von touristischen Fernsehbeiträgen, die als verkaufsunterstützende Maßnahmen für die Reiseangebote verfügbar sind.

Videotext: Auch Teletext genannt, ist ein kostenloser Informationsservice der Fernsehanstalten. Zu empfangen ist der V. mit einem mit entsprechendem Decoder ausgestattetem Fernsehgerät. Immer häufiger werben auch touristische Anbieter über den Videotext, indem sie einzelne Seiten reservieren, um ihr Angebot darzustellen. Der V. ist jedoch ein reiner Informationsservice, d.h. es besteht keine Verbindung mit dem jeweiligen Anbieter. Im Digitalfernsehen wird V. auch interaktiv.

Vielflieger: → Frequent Flyers/Travellers

Vielflieger-Abonnements: → Corporate Rates

Vier Freiheiten: Im EU/EWR-Sprachgebrauch die Freiheit des Waren- und Dienstleistungsverkehrs und die Arbeitnehmerfreizügigkeit sowie die Niederlassungsfreiheit. Die fünfte ungenannte Freiheit ist die Kapitalverkehrsfreiheit (ist nicht mit den Luftfreiheiten zu verwechseln).

Viermonatsfrist: Bei Buchung von Flügen und Pauschalreisen sind Preiserhöhungen unzulässig, wenn zwischen Abschluss des Reisevertrags mit Buchungsbestätigung und Abflug weniger als vier Monate Zeit liegen. Kundenschutz besteht auch bei Buchung von Kreuzfahrten.

Vier-Säulen-Modell: Organisationsbasis des DRV, wobei sowohl konzernunabhängige als auch -abhängige Reiseveranstalter und Reisebüros in je einer Säule vertreten sind. Neben dem Präsidium gehören zum Gesamtvorstand die fach- und funktionsbezogenen Vorstandsressorts. → DRV

Viewpoint: Grafische Benutzeroberfläche von Galileo zur Buchung von Flügen, Hotels und Mietwagen mit Online-Zugriff auf Galileo E-Agent, integrierter E-Mail-Funktion, Low Fare Shoppingtool und Zugriff auf Private Fares II. → E-Agent, → Galileo, → Private Fares II

View Trip: Internet-Tool für Kunden von Galileo-Reisebüros zur Reisedatenauskunft bei bestehenden Buchungen. → Galileo

Vignette: Aufkleber, Abzeichen; Bestätigung für bezahlte Autobahngebühr. Die Schweizer Autobahnvignette ist seit 1985 für die Benutzung der Schweizer Autobahnen obligatorisch.

VIP: Very Important Person; bestimmte Personen aus dem gesellschaftlichen, kulturellen und geschäftlichen Bereich genießen in der Touristik besondere Vorrechte. → CIP

virtuelle Realität: Per Computer geschaffene, dreidimensionale künstliche Welt, in die man z.B. durch entsprechende Kontakt- oder Datenhandschuhe eintreten kann. Heutzutage wird die V. auch z.B. bei der Konstruktion oder Neugestaltung von Flughäfen eingesetzt. Hierbei lässt sich deren Funktionalität schon vorab in einem virtuellen Modell erproben.

Visitor Management: Begriff aus dem angelsächsischen Sprachraum, Steuerung der Besucherströme zum Schutz der Kulturgüter bei gleichzeitiger touristischer Nutzung. → sanfter Tourismus

Visum: Behördliche Erlaubnis zur Ein-, Aus- oder Durchreise, die von solchen Ländern gefordert wird, die sich nicht mit der Identitätsfeststellung des ausländischen Reisenden durch einen Pass begnügen. → Sichtvermerk

VKD: Verband der Köche Deutschlands, Sitz: Frankfurt/M., Interessenvertretung.

VKON: VDR-Konsolidierung von Flug-, Mietwagen- und Hotelumsätzen der angeschlossenen Reisestellen. → VDR

VLCT: Very Large Commercial-Transport, Riesenjumbo-Projekt der Boeing-Flugzeugwerke in Seattle (USA), Nachfolgemodell der B-747-Jumbo-Jets. → Jumbo-Jet

VM: Touristikfachschule Hallertau/Au, Studienschwerpunkt Iata-, Start-, Amadeus- und Reiseleiterausbildung.

Vogelfluglinie: Südlichster Abschnitt der kürzesten Eisenbahn- und Fährverbindung zwischen Dänemark und der Bundesrepublik Deutschland; benannt nach der Route des Vogelfluges, verläuft über Schleswig-Holstein, die Insel Fehmarn (Puttgarden) und den Fehrmarnbelt mittels Fährverbindung zur dänischen Insel Lolland (Rødbyhavn). Der Fährverkehr wird seit 1963 betrieben, seit 1998 durch die aus DFO (Deutsche Fährgesellschaft Ostsee) und Scandlines AS entstandene Scandlines. Fahrtzeit: 45 Minuten.

Void: Nichtig, ungültig; entwertet. Buchungstechnischer Ausdruck im Luft- und Schiffsverkehr. Ein Ticket wird durch zwei parallel laufende Linien mit der Aufschrift „Void“ entwertet. Das kann für einzelne Coupons oder auch für das gesamte Dokument gelten.

Volksfeste: Sie entstammen meist dem Brauchtum und sind i.d.R. mit einem Attraktionsangebot oder Jahrmarkt verbunden. Für die Unterhaltung der Besucher sorgen traditionell in erster Linie die Schausteller. Die ältesten V. in Deutschland sind die Kirchweih- und Heiligenfeste sowie in bestimmten Gebieten Fastnacht und Karneval. Das größte und bekannteste V. ist das Münchner Oktoberfest („Wies‘n“). Die wirtschaftliche Bedeutung der Volksfeste wird aus einer Marktstudie deutlich: Danach verzeichneten die ca. 14.000 Veranstaltungen im Jahr 2000 170 Mill. Besucher und einen Umsatz von 7,7 Mrd. DM. Fast die Hälfte der Besucher wohnen nicht am Veranstaltungsort: 39% sind Tages-, vier Prozent Übernachtungsgäste. Zusätzlich besuchten noch etwa 50 Mill. Menschen Weihnachts- und Jahrmärkte. → fünfte Jahreszeit

Volkswirtschaftslehre: Bei der VWL stehen die Zusammenhänge und Vorgänge in der gesamten Wirtschaft im Vordergrund, während sich die Betriebswirtschaftslehre mit den Zusammenhängen und Vorgängen in einem Betrieb beschäftigt.

Vollausschuss FV: → Ausschuss für Fremdenverkehr und Tourismus

Vollcharter: 1. bei Kreuzfahrten: Hier mietet der Veranstalter das ganze Schiff für eine oder mehrere Kreuzfahrten bzw. für eine ganze Saison. Er übernimmt damit das volle Risiko der Vermarktung in der vereinbarten Zeit.

2. bei Flugpassagen: Anmietung eines Flugzeugs für den Transport zwischen zwei oder mehreren Orten gegen Entgelt für einmaligen oder mehrfachen Transport (auch wöchentlich über die ganze Saison).

Vollinkasso: → Inkasso

Vollkaufmann: Unterscheidung in Vollkaufmann im Gegensatz zum Minderkaufmann, aufgehoben im Rahmen der Handelsrechtsreform 1998. Ziel war u.a. die Vereinfachung des Kaufmannsbegriffs. Nunmehr sind alle Gewerbetreibenden ohne Rücksicht auf die Branche Kaufleute, es sei denn, das Unternehmen erfordert nach Art und Umfang keinen in kaufmännischer Weise eingerichteten Geschäftsbetrieb. Kleinbetriebe, bisherige Minderkaufleute, können freiwillig durch Eintragung in das Handelsregister zu Kaufleuten werden, dann aber mit allen Rechten und Pflichten. → Handelsregister, → Handelsvertreter, → HGB

Vollpauschalreisen: Voll organisierte Pauschalreisen, die das gesamte Bündel an Leistungen wie Transport, Unterkunft, Mahlzeiten, Transfer, Reisebegleitung und Unterhaltung sowie u.U. die Reiserücktrittskosten-Versicherung (RRKV) enthalten. IT-Reisen gehören zu den V. → IT-Reisen, → Pauschalreisen, → Reiserücktrittskosten-Versicherung, → Teilpauschalreisen

Vollreisebüro: Reisebüro als Ladengeschäft für Privatkunden mit allen Verkaufslizenzen wie Iata und/oder DB sowie mindestens einer Hauptveranstaltermarke.

Vollsortiment: Breites umfangreiches Sortiment eines Handelsbetriebs, z.B. Warenhauskonzeption „Alles unter einem Dach". Im Reisebürogewerbe ein breites Angebot, das sowohl zielgebiets- als auch zielgruppenspezifische Produkte umfasst. → Fachsortiment, → Sortiment, → Sortimentsgestaltung/-politik

Vollstorno: Rücktritt von einem durch Buchung, Buchung auf Warteliste oder Festoption abgeschlossenen Vertrag oder Rücktritt von einer Verfallsoption. → Buchung, → Buchung auf Warteliste, → Verfallsoption

Vollterminals: Computer im Reisebüro, in denen zusätzlich zu den Reservierungsfunktionen weitergehende Funktionen des Start-Modus verfügbar sind.

Volontariat: Nach überliefertem Verständnis ein Ausbildungsplatz ohne Zahlung eines Entgelts zum Zweck der Ausbildung gem. HGB § 82a. Nach Inkrafttreten des BBiG, Berufsbildungsgesetzes, steht dem Volontär dann eine Vergütung zu, wenn eine Arbeitspflicht in arbeitsrechtlichem Sinne das Arbeitsverhältnis kennzeichnet. Bei Grundlage dieser Vereinbarung gilt BBiG § 19. Im Unterschied zum Praktikum als Vorstufe einer weiteren Ausbildung dient das V. mehr einer allgemeinen Orientierung im jeweiligen Betrieb. Diese Sonderform der Ausbildung ist traditionell bes. im Verlagswesen üblich. In der Reisebranche gibt es im Reisebüro Menzel, Hamburg, für Seiteneinsteiger mit abgeschlossener Ausbildung in einem kaufmännischen Beruf die Möglichkeit eines zweijährigen V. Die Ausbildung erfolgt in den Bereichen Touristik, Flug (Fimendienst) und Schienenverkehr.

Voluntary Denied Boarding: VDB, Travel Voucher oder Reisegutschein auf Kulanzbasis. Wird bei einigen Fällen von Flugunregelmäßigkeiten durch die Fluggesellschaft ausgestellt. → Denied Boarding Compensation (DBC)

Vorabend-Check-in: Auf ausgewählten deutschen Flughäfen ermöglicht die Lufthansa einen V. Das Gepäck kann am Vorabend des Abfluges aufgegeben und die Bordkarte bereits in Empfang genommen werden. Beliebt ebenso bei Ferienfliegern. → Check-in

Vorderer Orient: Auch Vorderasien; unter dieser Bezeichnung in Südwestasien sind zusammengefasst die Länder Türkei, Zypern, Libanon, Israel, Jordanien, Palästina, Syrien, Irak und Iran sowie die Länder auf der Arabischen Halbinsel. Im Tourismus als Zielländer bekannt. → Ferner Osten, → Mittelstreckenverkehr, → Mittlerer Osten, → Naher Osten

Vorerkrankung: Begriff aus der Versicherungsbranche, Leiden bzw. Krankheit, die schon vor dem Abschluss eines Versicherungsvertrages in Erscheinung getreten ist. Der Antragsteller einer Versicherung ist verpflichtet, dem Versicherer eventuelle Vorerkrankungen anzuzeigen. Die Nichtbeachtung dieser Anzeigepflicht kann zur Ungültigkeitserklärung des Vertrages führen.

Voreröffnungsmanagement: Begriff aus der Hotellerie; die betriebliche Arbeitsabwicklung der Eröffnungsvorbereitung einschließlich aller Analysen und Maßnahmen von der Entscheidungsaufbereitung bis zur Inbetriebnahme eines Hotelprojekts. V. wird sinnverwandt auch mit Projektmanagement umschrieben.

Vorfahrt-Check-in: Lufthansa-Service für Business- und First-Class-Kunden, bei dem man den PKW bis zum Check-in-Counter vorfahren kann. Auf Wunsch wird der Wagen dann gegen Gebühr geparkt.

Vorfeldbus: → Rampenfinger

Vorläufige Deckungszusage: → Deckungszusage

Vormerkung: Für touristische Leistungen, die zum Zeitpunkt der Kundenanfrage noch nicht buchbar sind, weil die Prospekte und evtl. auch die Preise noch nicht veröffentlicht worden sind, kann der Kunde im Reisebüro eine V. machen lassen. Nach Erscheinen der Prospekte und Bekanntgabe des Reisepreises bekommt der Kunde auf seine Vormerkung eine Option, die er entweder kostenlos stornieren oder zu einer Festbuchung umwandeln lassen kann.

Vor-/Nachsaison: → Off Season

Vorsorgliche Buchung: Bei Reiseveranstaltern gängige Praxis, nach der eine Option durch eine V.B. ersetzt wird, die sich nach Ablauf der Optionsfrist in eine Festbuchung umwandelt. Im Kreuzfahrtenbereich ist es bislang üblich, dass eine Optionsbuchung bei Nichtumwandlung in eine Festbuchung verfällt und somit den weiteren Verkauf zwischenzeitlich blockiert. → Option/Optionsvertrag

Voucher: Reisegutschein zur Vorlage und Einlösung von Leistungen z.B. bei Hotels, Fluglinien oder Reedereien. Mit dem V. hat der Inhaber einen Anspruch auf Leistungen, die er bereits vorab bezahlt hat. Die Verrechnung der Leistungsträger erfolgt entweder mit dem Aussteller des Gutscheins oder mit dessen Verband/Dachorganisation, z.B. DER-Schiffsfahrschein. Mit diesem Verfahren sind meistens Sondervereinbarungen zwischen Leistungsträger und Reisebüro bzw. Reiseveranstalter verbunden; spez. Voucher-Provision, Superprovision. → DER-Schiffsfahrscheine über Start, → Leistungsträger

Voucher 2000: Grafikprogramm unter Sabre, ermöglicht den Ausdruck von Autovermietungs-, Hotel- und Agenturbelegen. → Sabre

VPR International: Verband der Paketreisen-Veranstalter, Sitz: Karlsruhe. Die Mitgliedsfirmen bieten vorzugsweise den Busunternehmern fertige Arrangements an, Leistungspakete mit Unterbringung, Fähren, Spezialveranstaltungen o.ä.; sie fungieren als Großhändler. Der Verband dient der Förderung der Paketreisen-Veranstalter und vertritt seine Mitglieder gegenüber der Öffentlichkeit und den Behörden. → Paketreisen

VRML: Analog zu HTML wurde Virtual Reality Modeling Language entwickelt, eine plattformunabhängige Sprache für dreidimensionale Darstellungen. Führt auf Grund begrenzter Bandbreiten und unzureichende Prozessorleistungen im Internet derzeit noch nicht zu Interaktion und zur virtuellen Welt.

VSOE: Venice Simplon-Orient-Express, Sitz: London, Betreibergesellschaft des Luxuszuges Orient-Express zwischen Paris und Venedig/Rom sowie Istanbul und in Asien Luxuszug auf der Strecke Bangkok–Kuala Lumpur–Singapur über 2000 km als VSOE Asia. Betreibergesellschaft des Kreuzfahrtschiffes „Road to Mandalay" durch Myanmar (Birma) und ab 1998 Orient-Express Great South Pacific Express zwischen Sydney, Brisbane und Cairns. → Orient-Express

VSR: Verband der Serviermeister und Restaurantfachkräfte.

VTR: Verein der Türkei-Reiseveranstalter. Sitz in Frankfurt/Main. Zu seinen Aufgaben gehören: Förderung des Tourismus in der Türkei, Förderung des Zielgebiets, Ausbildungs- und Austauschprogramme, Informationsdienst an die Reisebüros.

v.v.: Abk. für vice versa; bedeutet auf Fahrplänen und bei Streckenangaben von Fluggesellschaften und Reedereien „auch in umgekehrter Richtung".

VVG: Versicherungsvertragsgesetz. → Reiseversicherungen

VVV: Vereiniging Vreemdelingen Verkeer, örtlicher Fremdenverkehrsverein in den Niederlanden. → Verkehrsverein

VWDH: Verband der Wohnwagen- und Wohnmobilhersteller. Sitz in Kriftel.

W

WA: 1. Washingtoner Artenschutz-Übereinkommen, seit 1976 auch für die Bundesrepublik Deutschland gültig, kontrolliert weltweit die Ein- und Ausfuhr lebender bedrohter Tier- und Pflanzenarten. Daneben gelten in der Bundesrepublik noch die Beschränkungen durch das Bundesnaturschutzgesetz. 2. Warschauer Abkommen. → Warschauer Abkommen (WA)

Wachstumsprognose 2010: → TTI

Währung: Bezeichnet die Währungseinheit eines Staates bzw. Staatengemeinschaft, die das gesetzliche Zahlungsmittel bildet. W. bezeichnet aber auch die rechtliche Ordnung des Geldwesens eines Staates. Dabei wird nach der Deckung und ihrer Konvertibilität unterschieden. Früher waren die staatlichen Notenbanken verpflichtet, ein bestimmtes Deckungsverhältnis des Geldumlaufes zu einem bestimmten Stoff (etwa Gold) zu beachten. Diese Verpflichtung besteht heute nicht mehr. Dennoch bemühen sich die Notenbanken, eine hohe Deckungsquote ihrer W. in Gold, Wertpapieren etc. zu halten. Die beste Deckung einer Währung bietet nach heutiger Ansicht die Wirtschaftskraft eines Landes. → Konvertibilität

Währungsangaben: Im Iata-Luftverkehr müssen alle W. immer im vorgeschriebenen Code erfolgen. Damit werden Irrtümer ausgeschlossen, z.B. EUR, CHF (Schweizer Franken), FRF (Französische Francs).

Währungsrisiko: Risiko der durch mögliche Wechselkursänderungen hervorgerufenen Währungsverluste im Außenhandel; auch bei Termingeschäften. Durch Kurssicherungsgeschäfte kann das W. neutralisiert werden (Hedging).

Wäldchestag: Frankfurter „Nationalfeiertag" mit Volksfest im Stadtwald am Dienstag nach Pfingsten. Geschäfte, Banken und Ämter sind ab Mittag geschlossen.

Wagengattung: Bezeichnung für Reisezugwagen und Güterwagen, die gleiche verkehrsdienstlich festgesetzte Parameter aufweisen, wie z. B. bei der Wagenklasse, der Ladelänge oder der Ladefähigkeit etc. Die Wagengattung erscheint an der Außenseite des Wagens durch ein sog. Gattungszeichen aus Buchstaben. → Zuggattung

Waiting List: → Warteliste

Waiver: Ausnahmelandeerlaubnis, Regelung in Ausnahme bei Verkehrsrechtsbeschränkungen; juristisch: Verzicht. → Verkehrsrechte

Wallfahrten: → religionsbedingter Tourismus

Walt Disney Attractions: → Disneyland

Wanderstudienreisen: Wandern gehört zur ursprünglichen Form des Reisens, es erschließt eine bestimmte Kulturlandschaft zu Fuß, ohne Gepäck; nur zu wandergerechten Jahreszeiten. → Studienreisen

Wandervogel: In Steglitz bei Berlin wurde 1901 mit dem W. eine Jugendbewegung gegründet, die der Industrialisierung und Verstädterung der Umwelt ihre Sehnsucht nach natürlichen Lebensformen im Einklang mit der Natur entgegensetzte. Mit dem Ausschuss für Schülerfahrten (AfS) liefen die Aktivitäten dieses Vorläufers der Pfadfinder bis zum Verbot durch die Nationalsozialisten 1933.

Wanderwege: Zum Wandern bes. ausgewiesene oder bes. ausgesuchte Wegstrecken. W. werden durch bestimmte Zeichen markiert. Diese Arbeit übernehmen die Wandervereine, Gemeinden und Fremdenverkehrsvereine. Das Wanderwegenetz umfasst siedlungsnahe Wege, Rundwege für die Kurzzeiterholung in landschaftlich schönen Gegenden, Naturparks, Wanderwege, die bestimmte Orte miteinander verbinden, und Fernwanderwege, die ein Land oder sogar mehrere Länder durchqueren. W. werden in bes. Wanderkarten festgehalten. Neben den Fuß- gibt es auch Reit- und Radwanderwege.

WAP: Wireless Application Protocol, offener Internet-Standard, um Inhalte aus dem Internet mit Mobiltelefonen und drahtlosen Computerterminals darstellen zu können.

Warmwassertourismus: Begriff für standardisierte Pauschalreisen in die Zielländer des Mittelmeerraumes; W. steht auch für den sog. Massentourismus. Im Unterschied dazu: die thematisch, geografisch oder zielgruppenorientierten Reiseprodukte der Spezialreiseveranstalter. → Massentourismus

Warschauer Abkommen (WA): Abkommen zur Vereinheitlichung von Regeln über die Beförderung im intern. Luftverkehr. Es regelt wichtige Rechtsfragen bei der Beförderung von Personen und Gütern, spez. den Inhalt der Beförderungsdokumente sowie Haftungsfragen seitens des Luftfrachtführers. Das WA ist weltweit anerkannt, es geht zurück auf die Konferenz in Warschau 1929. Dieses Abkommen ist in der Folgezeit durch das Haager Protokoll (1955), das Guadalajara-Zusatzabkommen (1961), das Montreal Interim Agreement (1966), das Guatemala-City-Protokoll (1971), durch die vier Montrealer Protokolle (1975) sowie das Malta Agreement (1976) fortgeschrieben worden. → Chicagoer Abkommen, → Icao

Warteliste: Bei ausgebuchten Flügen oder Kreuzfahrten werden Passagiere mit gültigem Ticket, aber ohne Platzreservierung auf Warteliste gesetzt. Bei Nichterscheinen fest gebuchter Passagiere rücken Personen von der Warteliste in der Reihenfolge der Eintragung auf die noch verfügbaren Plätze vor. Vielflieger werden bei den Fluggesellschaften mit Priorität behandelt. → Frequent Flyers/Travellers

Wasserflugzeuge: Auch Flugboote. Der erste Wasserflieger war Henri Fabre, ein Reedersohn aus Marseille mit seiner Hydravion auf drei kufenartigen Schwimmern. in den 20er Jahren startete Claude Dornier in Deutschland mit seiner Konstruktion Wal mit den typischen Merkmalen wie Halbschalenbauweise, Tandemordnung der Motoren, Flossenstummel am Rumpf zur Stabilisierung der Wasserfahrt, eingesetzt als Verkehrs-, Militär- und Expeditionsflugzeug. Auch von der ehemaligen Luft Hansa auf Nord- und Ostsee-Strecken eingesetzt unter dem Motto „Fliegt in die Bäder". Das Ende der großen Passagierflugboote kam nach dem Krieg. Heute noch eingesetzt in Südeuropa zur Waldbrandbekämpfung, im Such- und Rettungsdienst, für Greenpeace zur Umweltbeobachtung im Mittelmeer, in der Karibik zur Inselversorgung und im Tourismus sowie in Hamburg auf der Elbe als eine Form der Hafenrundfahrt verbunden mit einem Stadtrundflug.

Wasserkreuz: Kreuzung zweier Wasserstraßen. Bei Minden wird z.B. der Mittellandkanal in einer Betonrinne über die Weser geführt. Touristische Attraktion für Ausflugsschiffe.

Wata: World Association of Travel Agencies, Weltverband der Reisebüros mit Sitz in Genf, gegr. 1949. Mitglieder sind oder können sein: Reisebüros, -agenturen, deren Verbände und Reiseinstitutionen sowie Einzelpersonen.

Watt: → Tourismus, → Wilhelmshavener Aktionskreis Tourismus (Watt)

Wave: Online-Buchungstool der Firma Klee Data Service (KDS) aus Frankreich.

Wayflow: Vom Bundesbildungsministerium gefördertes Projekt zur Schaffung eines internationalen Tarif- und Routenplaners, federführend umgesetzt von der Deutschen Bahn.

Wayports: Konzept für Flughäfen „auf der grünen Wiese" in den USA. Damit soll dem weiteren Ansteigen der Flugpreise, das durch die Monopolisierung der Drehscheibenflughäfen (Hubs) entstanden ist, Einhalt geboten werden. Im Wesentlichen sollen diese vier bis sechs gigantischen neuen Flughäfen in dünn besiedelten Gebieten als reine Schaltstellen für Anschlussflüge dienen. Auch geeignet zum Einsatz der neuen Supersonic-Fluggeräte in Europa und Asien. → Concorde, → Drehkreuz im Luftverkehr, → Hubs and Spokes, → Mega-Carrier

WBO: Verband Baden-Württembergischer Omnibusunternehmer des privaten Busgewerbes in Baden-Württemberg, Sitz: Böblingen-Hulb. Bei wichtigen gewerbepolitischen Problemen hat der WBO in der Vergangenheit die Schrittmacherrolle übernommen. So war er 1974 Initiator zur Gründung der Gütegemeinschaft Buskomfort (GBK), die mit der Schaffung einheitlicher und verbindlicher Qualitätskriterien für Reisebus und Busreise deutschen Busreiseveranstaltern langfristig ihre Existenz sichern will. Für die Schülerabrechnung und die wirtschaftliche Betreuung seiner Mitglieder wurde 1964 die Genossenschaft IGP gegründet. Fort- und Weiterbildung hat das vom WBO getragene, 1979 aus dem AJO-Arbeitskreis Junger Omnibusunternehmer gegründete Bildungswerk der Omnibusunternehmer übernommen. Der WBO ist bestrebt, seine Mitgliedsunternehmen bei der Verbesserung ihrer Leistungsqualität zu unterstützen. Gemeinsam mit dem IGP-Versicherungsdienst bietet der WBO ein spezielles Versicherungspaket mit der gesetzlich vorgeschriebenen Insolvenzversicherung an, kombiniert mit einer obligatorischen Reiserücktrittskosten-Versicherung. Weiterhin ist der WBO federführend im Bereich der Einführung von Qualitätsmanagement bei seinen Mitgliedsunternehmen. → Bildungswerk der Omnibusunternehmer 1979, → GBK

WCHR: Wheel Chair for Ramp. Internationaler SSR-Code für einen Rollstuhl. → SSR, → WCHS

WCHS: Wheel Chair up and down Steps. Internationaler SSR-Code für einen Rollstuhl.

WCOB: Wheel Chair on Board, internationaler SSR-Code im Flugverkehr für Rollstuhl an Bord.

Weaa: Western European Airports Association, Gesellschaft der westeurop. Flughafenverwaltungen zum Erfahrungsaustausch und gegenseitiger Abstimmung in Grundsatzfragen. Sekretariat in Stuttgart.

Webhosting: Internet-Dienstleistung, bei der ein Provider einem Nutzer Webspace z.B. für die Aufnahme von Internet-Seiten überlässt. Grundsätzlich wird unterschieden zwischen der Zurverfügungstellung von Kapazität auf der Festplatte des Providers, eines Servers (Webhousing) oder der Möglichkeit zur Anbindung eines eigenen Servers (Serverhousing). Siehe Tabelle auf folgender Seite.

Web Seiten: Angebotsseiten im World Wide Web. → WWW

Webserver: Zentrale Recheneinheit, dient u.a. zur Einbindung einzelner Rechner oder Intranets in das Internet.

Webtrust: Prüfzertifikat im Internet gegen Missbrauch von Kundendaten. Die W.-Zertifizierung wird B2C-Web-Seiten erst nach der Überprüfung durch einen Wirtschaftsprüfer verliehen. U.a. wird geprüft, ob der Online-Anbieter seine Geschäftsbedingungen für den Online-Handel klarstellt und in Übereinstimmung mit diesen Bedingungen seine Geschäfte auch durchführt und abrechnet. → B2B

Wechselkurs: Der ausländische W. ist der Betrag der Währung einer anderen Nation, den man für eine Einheit nationalen Geldes erhalten kann. → Abwertung, → Aufwertung, → Euro

Wechselverkehr: Abkommen zur Zusammenarbeit verschiedener Verkehrsträger über die gegenseitige Anerkennung ihrer Fahrausweise, z.B. beim Übergang von DB auf die Schiffe der Köln-Düsseldorfer. Die für den Übergang erforderlichen Ergänzungsscheine werden von den Agenturen der Schifffahrtslinie ausgegeben, nicht an den Fahrkartenschaltern der DB. Bahnverkehr zwischen DB und Privatbahnen (NE), Nordseeinseln (SEE). → KD, → NE-Bahnen, → SEE, → Tarif

Wegsicherung: Sie beinhaltet für die Verkehrsträger die Zurverfügungstellung des Weges für Transportaufgaben. Die Verkehrswege der Verkehrsträger Straßen-, Schifffahrts- und Luftverkehr werden vom Staat oder besonderen öff.-rechtl. Gesellschaften zur Verfügung gestellt. Nur die DB musste bis zur Bahnreform für ihre Verkehrswege technisch und finanziell selbst Verantwortung tragen. → Bahnreform, → Bundesverkehrswegeplanung, → DB Reise & Touristik, → Funktionsbereiche der Transportleistungen

Wegstrecke: Auch Segment genannt, bezeichnet die Beförderungsstrecke eines Flugpassagiers auf einer Flugnummer. Teilstrecke dagegen ist die Bezeichnung der Strecke, die die Maschine zwischen Start und Landung zurücklegt. Bei einem Einsektorenflug sind Wegstrecke und Teilstrecke identisch. Bei einem Zweisektorenflug beträgt das Verhältnis drei Wegstrecken zu zwei Teilstrecken; z.B. HAM–FRA–NYC: die Maschine startet zweimal (in HAM und in FRA), es gibt aber drei Passagierwege (HAM–FRA, FRA–NYC, HAM–NYC), die so auch auf dem Flugcoupon vermerkt sind. → Flugsegmente

Weichwährungstickets: Von Korrespondenzreisebüros werden W. in Ländern mit schwacher Währung gekauft und von dort in die Bundesrepublik geschickt. Bevor der Flugreisende sein Ticket erhält, wird der erste Coupon des Flugscheines herausgerissen. Diese illegale Methode verstößt gegen die Iata-Resolution 021 D sowie gegen die §§ 21 und 58 des Luftverkehrsgesetzes der Bundesrepublik und wird als Graumarkt bezeichnet. → Flugpreisberechnung

Weight Concept: Der Gewichtstarif bei der Fluggepäckbeförderung findet Anwendung im internationalen Luftverkehr auf Routen, welche nicht in den USA oder Kanada beginnen oder enden. Das zuläs-

Leistungsmerkmale

	Puretec	Schlund + (1&1)	Strato Partner	T-Online	Worldcom (Uunet)
Produktname	Profi-Paket 3.0	Webstart	Strato Power Web M	Webshare Premium*	UU Host Shared
Domains	3	5	3	2	1
Speicherplatz	150 MB	200 MB	150 MB	200 MB	200 MB
E-Mailboxen (POP3)	150	200	150	25	100
Zugriffsstatistiken	ja	ja	ja	ja	ja
Transfervolumen	15.000 MB/Monat	10.000 MB/Monat	unbegrenzt	15 GB	5 GB
Support	E-Mail-Support	kostenlose Hotline	01 90-Hotline	kostenlose Hotline	Service-Hotline
Monatlicher Pauschalpreis	25,41 DM	49 DM	19,95 DM	79 DM	128,45 DM
Kontakt	www.puretec.de	www.schlund.de	www.strato.de	www.telekom.de	www.worldcom.com

* für Windows 2000

sige Gewicht des Freigepäcks richtet sich nach bezahltem Tarif bzw. gebuchter Flugklasse. Alle aufgegebenen Gepäckstücke dürfen zusammen folgende Gewichtshöchstgrenzen nicht überschreiten:

First/Premium Class:	40 kg
Business/Executive Class:	30 kg
Economy:	20 kg

Diese Freigepäckgrenzen gelten für die regulären Erwachsenentarife sowie für Kinder, welche 50% oder mehr dieses Tarifs zahlen. Für das Handgepäck, das zusätzlich befördert wird, gelten Gewichts- und Volumensgrenzen. → Piece Concept

Weißbuch: Als W. ist der Tourismusbericht des Deutschen Fremdenverkehrspräsidiums bezeichnet worden. Es enthielt eine Bestandsaufnahme des vielfältig gegliederten Wirtschaftszweigs und verstand sich als Förderungs- und Maßnahmenkatalog gegenüber Parlament und Regierung.

Weiße Flotte: Bezeichnung für die Ausflugsschiffe auf Flüssen, Kanälen und Seen. → Binnenschifffahrt, → Passagierschiffe

Weiße Industrie: Bezeichnung für die Fremdenverkehrsindustrie eines Landes.

WE-IT: Wochenendtarif (Hinflüge Mi/Do/Fr/Sa, Rückflüge So/Mo/Di/Mi; bei einigen Linienfluggesellschaften auch Abweichungen). → IT-Reisen

Welcome Dinner: Erstes großes Abendessen (in Gesellschaftskleidung) an Bord von Kreuzfahrtschiffen mit Willkommensbegrüßung des Kapitäns und der leitenden Damen und Herren des Schiffes. Das W. findet meist am ersten Seetag (zweiten Abend) statt. Im Anschluss Bordprogramm mit Tanz in den Gesellschaftsräumen. → Formal Dinner, → Kreuzfahrten

Wellness: → siehe gegenüberliegende Tabelle Wellness-ABC

Wellness-Hotels Deutschland: Derzeit tragen 31 Hotels das Qualitätssiegel, welches der 1990 gegründete Deutsche Wellness Verband vergibt. Voraussetzung für den Erhalt des Siegels sind mind. Drei-Sterne-Niveau, naturnahe Lage, umweltbewusster Betrieb, Wellness-Vital-Küche und das Vorhandensein eines Wellness-Centers.

Wellnessmanager/-in (IHK): Weiterbildungslehrgang der IHK. Der W. erhält ein Zertifikat, mit dem er sich in Hotels, Clubs und Parks, Instituten, Kliniken und Krankenhäusern als Spezialist für das Projekt- und Qualitätsmanagement im Fitness- und Gesundheitstourismus ausweisen kann. Er besitzt unternehmerische Grundkenntnisse, beherrscht Marketing- und PR-Strategien und führt Teams. → Fortbildungsangebote im Tourismus, → IHK

Wellness-Urlaub: Bestandteile sind z.B. ausgewogene Ernährung, soziale Kommunikation, Fitness und Entspannung. Wellness ist eine Synthese aus Fitness und Beauty. Seit Mitte der 90er Jahre wird dieses Konzept der Gesundheitspflege angeboten, mit dem ein Erlebniskonsum verbunden ist. In den meisten Fällen wird W. als Zweit- bzw. Kurzurlaub unternommen. Urlaubsmotiv ist die Erreichung des ganzheitlichen Wohlbefindens. Im Urlaubssegment Gesundheit und Wellness sind seit Jahren Zuwächse zu verzeichnen. Im Jahr 2000 wurden in Deutschland vier Millionen gesundheitsorientierte Urlaube unternommen. Ausdruck der Wellness-Bewegung sind u.a. die zahlreichen neu entstandenen Kur- und Badezentren in Deutschland (siehe Tabelle auf folgender Seite). → Kur

Weltausstellung: Internationale Ausstellung, auf der industrielle, kulturelle und wissenschaftliche Errungenschaften der beteiligten Länder vorgestellt werden; auch touristische Großveranstaltung, auf der sich die einzelnen Staaten mit einem Thema präsentieren. W. finden an wechselnden Orten und in unregelmäßiger Folge statt. Die erste W., bei der alle Nationen zur Mitwirkung aufgefordert waren, fand 1851 in London statt, danach folgten vor allem europäische Städte (Wien, Amsterdam, Turin, Paris). 1928 unterzeichneten Delegierte aus 31 Ländern die erste Konvention über die Veranstaltung von W.n.; als Aufsichtsbehörde wurde das Internationale Ausstellungsbüro in Paris bestimmt. Veranstaltungsorte waren zuletzt Sevilla (1992) und Taejon/Süd-Korea (1993). Im Jahr 2000 hat Hannover die W. zum Thema „Mensch-Natur-Technik" ausgerichtet. Die nächste Expo findet 2005 in Seto, Japan, statt.

Weltbank: Mit ihren Schwesterinstituten IDA (International Development Association) und IFC (International Finance Corporation) finanziert die W. heute vorwiegend Projekte in Entwicklungsländern. Ihr gehören 150 Mitgliedsstaaten an, die das Kapital der Bank gezeichnet haben. Die Bundesrepublik Deutschland ist seit 1952 Mitglied. Die W. ist wie der IWF/IMF aus der Währungskonferenz von Bretton Woods hervorgegangen. → IBfRD, → IWF

Welterbe/Weltkulturerbe: 1972 hat die Unesco die Internationale Konvention zum Schutz des Kultur- und Naturerbes (Welterbekonvention) verabschiedet. Die Liste des Welterbes umfasst 2001 insgesamt 690 Kultur- und Naturstätten in 122 Staaten, darunter 24 Welterbestätten in Deutschland. Daneben existiert eine sog. Rote Liste, in die Stätten des Welterbes aufgenommen werden, die als besonders gefährdet gelten und für deren Erhalt außergewöhnliche Maßnahmen notwendig sind. In Quedlinburg hat sich 2001 die Gemeinschaft Unesco-Wel-

WELLNESS-ABC

WELLNESS-ABC

Aromatherapie
Optimierung und Stimulierung der Selbstheilungskräfte durch ätherische Öle von Blüten, Blättern, Nadeln oder Wurzeln. Verabreicht werden die Heilmittel in Form von Bädern, Massagen, Wickeln und Inhalation.

Ayurveda
Alte indische Gesundheitslehre. Im Mittelpunkt stehen Wärmebehandlungen, Massagen, Yoga und Atemübungen.

Abhyanga
Ganzkörpermassage, die von zwei Therapeuten synchron ausgeführt wird.

Cellulite-Behandlung
Diäten, Massagen, aktivierende Cremes und Wickeln gegen Fettdepots und Gewebestauungen, vornehmlich in der Oberschenkelregion.

Chi Yang
Akupressurmethode gegen Verspannungen und Energieblockaden.

Chi Gung
siehe Qi Gong.

Cranio-Sakral-Therapie
Durch das Abtasten des Schädels wird versucht, das Pulsieren der Hirn- und Rückenmarksflüssigkeiten wahrzunehmen. Aus den Ergebnissen werden Rückschlüsse auf Verspannungen im Gewebe geschlossen.

Fünf Tibeter
Fünf aus Tibet überlieferte Bewegungen, deren Kombination Motorik, Atmung und Aufmerksamkeit verbessert.

Heubad
Natürliche Kräutermischung, deren wertvolle Wirkstoffe durch Einatmen in den Körper aufgenommen werden.

Hydro-Jet
Wasserbett mit eingebauter automatischer Wasserstrahlmassage.

Isometrik
Übungen zur Spannung und Lockerung der Muskeln, ohne dabei die Gelenke zu bewegen. Löst Verspannungen, fördert die Durchblutung und verbessert das Körperbewusstsein.

Qi Gong
Aus der chinesischen Medizin stammende Atem- und Meditationstherapie zur Harmonisierung der Energieströme im Körper.

Rasulbad oder Serailbad
Dampfbad mit Heilerde, Algen oder Kreide. Entspannt, entschlackt und regt den Stoffwechsel an.

Reiki
Japanische Handauflegung. Mit ihr soll der Energie-fluss in den jeweiligen Körperteilen angeregt und die Widerstandsfähigkeit erhöht werden.

Relaxarium
Meist mit ätherischen Ölen bedufteter Ruheraum zum totalen Abschalten.

Shiatsu-Massage
Japanische Fingerdruckmassage, die dieselben Körperpunkte anspricht wie die klassische Akupunktur. Sie hilft nicht nur gegen Verspannungen, sondern auch gegen Depressionen, Kopfschmerzen und Nervosität.

TCM
Traditionelle Chinesische Medizin, deren Philosophie aus dem Buddhismus und Taoismus stammt. Unter anderem spielt die Diagnose des Zungenbelags eine wichtige Rolle.

Tepidarium
Warmer Raum mit Marmorfliesen, die auf etwa 40 Grad erhitzt werden.

Tai Chi
Chinesisches Schattenboxen mit gymnastischen Übungen für Ausgeglichenheit und Vitalität.

Vapozon
Behandlung von Gesicht, Hals und Dekolleté mit Kräuterdampf, um die Poren zu öffnen und die Durchblutung anzuregen.

terbestätten Deutschland gegründet. Ziel ist es, ab 2002 gemeinsame Vermarktungsaktivitäten unter Einbindung der Denkmalpflege zu starten. → Unesco, → World Heritage Convention

Weltgartenschau: Internationale Veranstaltung alle zehn Jahre; 1992 Floriade in den Niederlanden, im Jahr 2002 in Amsterdam. → Gartenschau

Welthandelsorganisation - World Trade Organization (WTO): Nachfolgeorganisation des Gatt (Allgemeines Zoll- und Handelsabkommen) mit derzeit 142 Mitgliedsländern (2002) inkl. China, Sitz: Genf. Zu den wesentlichen Aufgaben gehört die Durchsetzung von weltweiten Freihandelsregeln. In der Handelspolitik fungiert sie neben der Weltbank und IWF Internationaler Währungsfond als dritte Säule. Einbezogen sind der Agrarbereich und frühere Abkommen wie im Textilbereich; ebenso zuständig für den Handel mit Dienstleistungen. → Gatt, → IWF

Weltraumtourismus: → Space Travel

Weltreisen mit dem Flugzeug: Gem. Iata-Tarifen über Atlantik und Pazifik führende Rundreisen mit identischem Ausgangs- und Endpunkt (RTW). Zu unterscheiden sind im Wesentlichen zwei Hauptrouten:

- die Nordroute mit Flug ausschließlich auf der nördl. Halbkugel, z.B. London–Minneapolis–San Francisco–Honolulu–Tokio–Hongkong–Singapur – Bangkok–London, und
- die Südroute mit Überschreitung des Äquators, z.B. London–Los–Angeles–Papeete/Tahiti–Nandi/Fidschi–Auckland/Neuseeland–Singapur–Bangkok – Hongkong–London.

Da kaum eine Gesellschaft über ein weltumspannendes Netz verfügt, bieten jeweils zwei oder drei Gesellschaften gemeinsam ein RTW-Ticket an. Damit kann der Kunde seine persönliche Flugweltreise zusammenstellen.
Folgende Regeln sind dabei zu beachten:

- Jeder Ort darf nur einmal berührt werden.
- Die einmal eingeschlagene Richtung – West oder Ost – muss beibehalten werden.
- Ausgangs- und Endpunkt müssen identisch sein.
- Die erste Teilstrecke muss meist 14 Tage vor Abflug gebucht werden, die restlichen Teilstrecken können offen bleiben.
- Änderungen der gewählten Streckenführung sind gegen Gebühr möglich, das Umsteigen auf andere Fluggesellschaften dagegen nicht.
- Mindestdauer beträgt meist 14 Tage, Höchstdauer 1/2 bis 1 Jahr.
- Die Zahl der Unterbrechungen ist vielfach beschränkt.

Größere Fluggesellschaften haben RTW-Flüge zu einem eigenständigen Programm entwickelt, z.T. mit Varianten. Da diese Angebote in der Regel preiswerter sind als normale Tarife werden sie vielfach auch für Geschäftsreisen genutzt, denen ein Urlaub angeschlossen wird. → Geschäftsreisen, → Global Airline, → Iata, → RTW

Weltreisen mit der Bahn: Aus geografischen Gegebenheiten sind W. nicht vollständig durchführbar. Bei Pauschalreisen (Beförderung, Übernachtung in Schlafwagen oder Hotels) kann man jedoch von Berlin über Moskau nach Schanghai sowie von San Francisco nach New York in 29 Tagen drei Kontinente bereisen.

Weltreisen mit Kreuzfahrtschiffen: Viele der großen Kreuzfahrtschiffe gehen im Winter auf Weltreise, sie sind die klassischen Verkehrsmittel für Weltreisen. Die Reisedauer liegt zwischen 80 und 130 Tagen, jedoch können auch Teilstrecken gebucht werden. → Kreuzfahrten

Weltwirtschaftsgipfel: Seit 1975 jährliche informelle Treffen der Staats- und/oder Regierungschefs der G7-Länder, die die Wirtschafts-, Finanz- und Außenminister hinzuziehen, vor allem zu Fragen der Wirtschafts- und Handelspolitik in globalem Maßstab. Wachsende Bedeutung kommt dem politischem Teil der Konferenz zu, an dem seit 1993 auch die Russische Republik voll beteiligt ist. → G7-Gruppe

Weltzeit: Die auf den Orten des Nullmeridians herrschende Uhrzeit, im internationalen Luftverkehr unter der Bezeichnung UTC als Bezugszeit verwendet. → GMT, → Meridian, → UTC, → Zeitzone

Werbefahrten: Auch Verkaufs- oder Kaffeefahrten, die meist im Rahmen des Ausflugsverkehrs stattfinden. Diese stark verbilligten Busfahrten dienen in erster Linie der Werbung und dem Verkauf von bestimmten Waren einer Werbefirma. Bewerbung vom Schnellkochtopf bis zur Rheumadecke in einem Ausflugslokal oder einer Halle, meist verbunden mit unentgeltlicher Bewirtung. Haftungsrisiko und Verantwortung liegen zumeist bei der Werbefirma. Das Busunternehmen tritt als Leistungsträger und Reisemittler auf. Nach einem BGH-Urteil aus 1985 muss ein eindeutiger, unmissverständlicher Hinweis auf den Charakter der Fahrt bei der Ausschreibung angezeigt sein. → Kaffeefahrten, → Kaffeeflüge, → Leistungsträger, → Reisemittler, → Tagesausflugsverkehr

Werbegemeinschaft: Befristeter Zusammenschluss rechtlich selbstständiger Unternehmen zum Zweck der Verbund-, Gemeinschafts- oder Sammelwerbung. → Anschließerwerbung, → Verbundwerbung

Deutschland jetzt mit 25 Stätten auf der Welterbeliste vertreten

Außer der Zeche Zollverein sind in der Welterbeliste der Unesco weitere 24 Stätten aus Deutschland verzeichnet: Aachener Dom (Datum der Aufnahme: 1978), Speyerer Dom (1981), Würzburger Residenz (1981), Wallfahrtskirche „Die Wies" (1983), Schlösser Augustusburg und Falkenlust in Brühl (1984), Dom und Michaeliskirche von Hildesheim (1985), römische Baudenkmäler, Dom und Liebfrauenkirche von Trier (1986), Hansestadt Lübeck (1987), Schlösser und Parks von Potsdam-Sanssouci und Berlin (Glienicke und Pfaueninsel) (1990), ehem. Benediktiner-Abtei Lorsch mit ehem. Kloster Altenmünster (1991), Bergwerk Rammelsberg und Altstadt von Goslar (1992), Altstadt von Bamberg (1993), Kloster Maulbronn (1993), Aldstadt von Quedlinburg (1994), Völklinger Eisenhütte (1994), Fossilienlagerstätte Grube Messel (1995), Kölner Dom (1996), Bauhausstätten in Weimar und Dessau (1996), Luthergedenkstätten in Eisleben und Wittenberg (1996), das klassische Weimar (1998), die Wartburg (1999), Berliner Museumsinsel (1999), Gartenreich Dessau-Wörlitz (2000), Klosterinsel Reichenau im Bodensee.

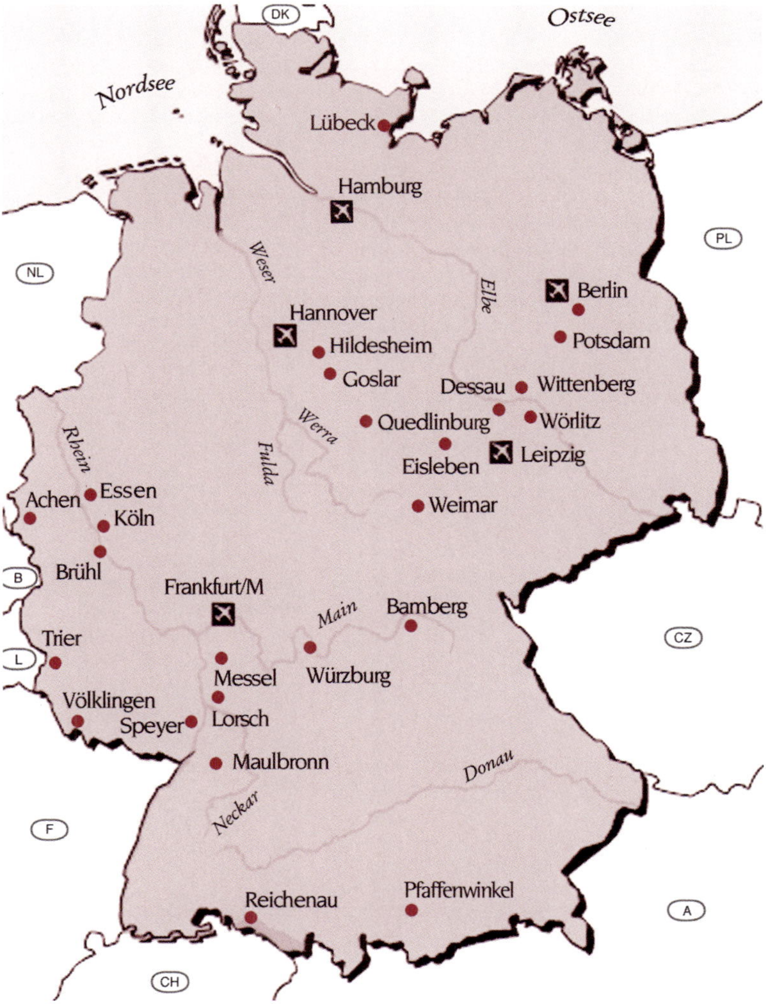

Werbegemeinschaft Deutsches Küstenland: → Deutsches Küstenland

Werbegemeinschaft „Die historischen Zehn": Ehemalige Werbegemeinschaft der zehn deutschen Städte Lübeck, Bremen, Münster, Bonn, Trier, Würzburg, Heidelberg, Regensburg, Freiburg und Augsburg zusammen mit DB, LH und DZT im europäischen Ausland, hauptsächlich auf internationalen Messen, Travel Marts und Workshops. 1993 umbenannt in Historic Highlights of Germany und um die ostdeutschen Städte Potsdam und Rostock erweitert. → DZT, → Historic Highlights of Germany, → Werbegemeinschaft

Werbegemeinschaft Wonderful Nine: → Wonderful Nine

Werbung: Die Information potenzieller Kunden zumeist über Medien mit der Zielsetzung, eine positive Reaktion auf das Angebot zu erwecken (Image oder Verkauf).

Werft: Schiffsbauplatz in der Nähe eines Hafens oder eines Flusses mit allen Anlagen und Einrichtungen zum Bau oder der Ausbesserung von Schiffen.

Werkvertrag: Durch den Werkvertrag, geregelt in §§631 ff BGB, verpflichtet sich der Unternehmer gegenüber dem Besteller gegen Entgelt zur Herstellung eines bestimmten Werkerfolges. Dieser kann z.B. in einer einzelnen Beförderungsleistung bestehen. Geschuldet wird im Gegensatz zu Arbeits- und sonstigen Dienstverträgen nicht die bloße Tätigkeit, sondern das durch sie herbeizuführende Arbeitsergebnis. Bis zum Inkrafttreten des Reisevertragsrechtes im BGB wurden Reiseveranstaltungen als Gesamtheit von Einzelleistungen nach Werkvertragsrecht behandelt. → Reisevertrag/Reisevertragsrecht

Wertewandel: Bezeichnung für die sich z.T. rasch verändernde Denkhaltung und Normenwelt der Gesellschaft oder einzelner Bevölkerungsgruppen. Die Tourismusforschung untersucht ständig die signifikanten Werte in der Gesellschaft, um dadurch das Reiseverhalten der Bevölkerung zu erklären oder auch vorherzusagen. U.a. befasst sich in Deutschland die Untersuchung RA Reiseanalyse mit diesem Thema. → RA - Reiseanalyse

Wertpapiere: Urkunden über private Vermögensrechte, bei denen die Geltendmachung und Ausübung des Rechtes, das durch diese Urkunde verbrieft ist, an den Besitz der Urkunde geknüpft ist. Vertretbare Wertpapiere (Aktien, Anleihen, Pfandbriefe) werden auch Effekten genannt. Der Kapitalmarkt umfasst den Aktienmarkt und den Renten- (Anleihen-) Markt. Die Aktien und Anleihen werden an einem eigenen Marktplatz, der Börse, gehandelt. → Aktien, → Anleihen, → Pfandbriefe

Wertschöpfung: Unter W. versteht man die in den einzelnen Wirtschaftsbereichen erbrachte wirtschaftliche Leistung. W. wird als Differenz zwischen den Bruttoproduktionswerten und den Vorleistungen der einzelnen Wirtschaftsbereiche bestimmt (Bruttowertschöpfung), und das Nettoergebnis der Produktionstätigkeit, d.h. das vom Betrieb erzielte Gütereinkommen, ergibt sich aus dem Erlös (die nach außen abgegebenen Güterwerte), von denen die Vorleistungskosten abgezogen werden.

Westbound: Flugreisen in westlicher Richtung. → Eastbound

Western Transcontinental: Kanadischer Transkontinentalzug, von VIA Rail betrieben, verkehrt in vier Tagen und vier Nächten dreimal wöchentlich zwischen Vancouver und Toronto auf der 6216 km langen Strecke in beiden Richtungen mit Anschluss ab Toronto nach Halifax (sechsmal pro Woche) und durchquert dabei fünf Zeitzonen. Deutsche Generalvertretung von VIA Rail ist der Canada Reisedienst in Hamburg.

West LB: Westdeutsche Landesbank, öffentlich rechtliches Geldinstitut des Landes Nordrhein-Westfalen mit Sitz in Düsseldorf. W. ist Landeszentralbank, Entwicklungs- und Geschäftsbank und hält Kapitalbeteiligungen u.a. an Preussag mit World of TUI, Europas größtem Reisekonzern. Als integrierter Touristikkonzern vereinigt die Preussag durch den vertikalen Aufbau Leistungsträger wie Ferienfluggesellschaften und Hotelbetriebe, Reiseveranstalter und eine Vertriebsorganisation mit eigenen und Fremdreisebüros unter einem Dach. Mit World of TUI ist so das innere und äußere Kennzeichen geschaffen. Auf Forderung der EU-Kommission und durch Beschluss des Verwaltungsrates der West LB ist in 2001 eine Trennung des Wettbewerbsgeschäfts der Bank vom öffentlich-rechtlichen Auftragsgeschäft beschlossen worden. → Corporate Identity (CI), → Preussag, → TQ3 Travel Solutions, → TUI, → TUI Leisure Travel, → World of TUI

Wet Lease/Wet Charter/Nasscharter: Vercharterung von Flugzeugen einschließlich Besatzung sowie, allerdings vertragsabhängig, Übernahme der direkten Kosten wie Treibstoff, Landegebühren, Versicherungsprämien usw. im Gegensatz zu Dry Lease/Dry Charter/Trockencharter.

Wettbewerb: als Auseinandersetzung zwischen Personen oder Gruppen, die bestimmte Leistungen erbringen. Der W. ist ein grundlegendes Kennzeichen der Marktwirtschaft. Langfristig kann nur der Leis-tungsfähigere bestehen, die Schwachen müssen aus dem Markt ausscheiden. Die Unternehmer sind gezwungen, diejenigen Güter anzubieten, die von den Konsumenten auch tatsächlich nachgefragt werden. Der Staat hat die Aufgabe, das Funktionieren des Wettbewerbs sicherzustellen (z.B.: Gesetz gegen unlauteren Wettbewerb). → Angebot, → Fusion, → Kartellbehörden, → Markt

Wettbewerbsfähigkeit: Fähigkeit, am Markt im Wettbewerb genügend Leistungen zu einem guten Preis absetzen zu können und damit eine ausreichende Wertschöpfung zu erzielen.

Wettbewerbsvorteile: Einmalige Stärken innerhalb der Konkurrenz, die im Konsumtrend liegen und dem Unternehmen/der Region/dem Produkt in Zukunft im Wettbewerb einen Vorteil bringen.

WEZ: Westeuropäische Zeit, Ortszeit mit Meridian von Greenwich als Bezugsmeridian; gilt als Zonenzeit in Großbritannien, Irland, Belgien, Frankreich, Spanien, Portugal, Luxemburg, Algerien und Marokko. → Meridian, → Weltzeit

ENTWICKLUNG EINES BEGRIFFS

WANN HERRSCHT **WETTBEWERB?**

Um die Rahmenbedingungen für Märkte zu setzen oder korrigierend in Märkte einzugreifen, benötigen Politiker und Wettbewerbshüter Ziele. Wettbewerbsdefinitionen sind solche Ziele, an denen sich ihr Handeln ausrichtet. Die Organisation für Wirtschaft und Entwicklung (OECD) nennt in bezug auf den Luftverkehr drei Definitionen.

1 IDEALER WETTBEWERB

»Idealer Wettbewerb« ist ein sehr allgemeiner und theoretischer Begriff aus der Betriebswirtschaftslehre. Er geht davon aus, dass der Markt völlig transparent ist, das heißt, die Verbraucher haben jederzeit alle Informationen über Produkte und Preise, sodass sich kein Anbieter höhere Preise leisten kann. Es gibt keine Hürden, wenn ein neuer Anbieter in den Markt eintreten will, und keine Probleme, wenn ein nicht wettbewerbsfähiger Anbieter ausscheidet. Es gibt keinen Mangel an Produktionsmitteln wie Rohstoffen, Arbeit und Kapital.

2 UMKÄMPFTE MÄRKTE

Da der ideale Wettbewerb in der Praxis nicht erreichbar und deshalb für konkrete Maßnahmen nicht geeignet ist, wurde für einen funktionierenden Wettbewerb ein Indikator gewählt. Liefern sich die Anbieter im Markt Preisschlachten, verbessern laufend ihre Produkte und Leistungen und versuchen durch Kostensenkungen Preisvorteile zu erzielen, dann funktioniert der Wettbewerb. Selbst wenn keine neuen Wettbewerber in den Markt eintreten, werden die Marktteilnehmer diszipliniert durch die Drohung, es könnten neue Wettbewerber auftreten. Dieser Definition folgten die Wettbewerbsbehörden einige Jahre lang.

3 FUNKTIONSFÄHIGER WETTBEWERB

Tatsächlich erweist sich der Markteintritt in den europäischen Luftverkehr als schwierig. Das gilt für neue und für etablierte Fluggesellschaften, die außerhalb ihrer angestammten Märkte Strecken neu aufnehmen wollen. Nach der Definition des funktionsfähigenden Wettbewerbs reicht die Zahl der etablierten Marktteilnehmer – selbst wenn sie klein ist –, um den Konkurrenzkampf sicherzustellen. Zudem muss der Markteintritt neuer Anbieter ohne protektionistisch hohe Kosten möglich sein. Um den Vorteil der etablierten Marktteilnehmer gegenüber Neueinsteigern hervorzuheben, nutzt die OECD den Begriff »Pfründeinhaber«.

WFT: Wirtschaftsfachschule für Fremdenverkehr und Tourismus in Kall/Eifel, schließt ab mit Staatl. gepr. Betriebswirt für Fremdenverkehr und Tourismus.

Wholesaler: Im herkömmlichen Sinne der Großhändler. Im Tourismus Bezeichnung für den Reiseveranstalter, der Pauschalarrangements (Pauschalreisen, Leistungspakete) an Agenturen auf eigene Rechnung verkauft. → Pauschalreisen, → Reiseveranstalter, → Retailer

Wide-Body Jet: Großraum-Flugzeug.

Wilhelm-Knapp-Schule: Bietet über eine zweijährige Vollzeitfortbildung u.a. Ausbildung zum Staatl. gepr. Betriebswirt Fachrichtung Touristik, Sitz: Weilburg. Patenschaft durch NUR Touristic.

Wilhelmshavener Aktionskreis Tourismus (Watt): Studentische Arbeitsgemeinschaft als Ergänzung zur theoretischen Ausbildung. Hauptziele sind u.a. die Bekanntmachung der Fachhochschule Wilhemshaven, die Förderung der Forschung und Bildung im Tourismus sowie die Kontaktpflege zwischen Studenten und der Praxis. Mitglied bei Futurista. → Futurista.

Wilhelm Tell Express: Touristische Alpenverbindung zwischen Zentralschweiz und Tessin. Nostalgischer Raddampfer auf dem Vierwaldstätter See, Salonwagen der Schweizerischen Bundesbahnen auf der Gotthard-Strecke. Verkehrt täglich von Mai bis Oktober in beiden Richtungen.

Willy Scharnow-Preis: Wird für vorbildlichen Einsatz in Aus- und Fortbildung von Mitarbeitern in der Touristik verliehen. Dabei geht es um Projekte oder Strategien, die direkt zum besseren Verständnis der touristischen Länder beitragen oder die zu praxisbezogenen Konzepten für eine Verbesserung der Ausbildung führen. Unterstützt wird dieser Preis auch durch die FVW.

Willy Scharnow-Stiftung: Geht zurück auf den Gründer des gleichnamigen Reiseunternehmens und Mitbegründer der TUI, als Stiftung für Tourismus und Jugendfragen 1953 gegründet; fördert heute vorwiegend Aus- und Fortbildung in Zusammenarbeit mit dem DRV, den Verkehrsträgern sowie Reiseveranstaltern durch Stipendien, subventionierte Seminare und Vortragsveranstaltungen sowie Studienreisen. → DRV

WIN: Worldwide Independent Network of Travel Agencies and Tour Operators, eingetragen als AG in Schaffhausen, Schweiz. Weltweite Vereinigung mittelständischer Reiseunternehmen/-gruppierungen. Wichtigste Ziele: Internationale Gewerbepolitik im Zuge der weiteren Liberalisierung der Touristikmärkte; Umsatzbündelung bei Ein- und Verkauf touristischer Leistungen; Abschluss internationaler Abkommen zu Gunsten der Mitglieder. Deutsches Mitglied ist die ASR-Vertriebs-GmbH Frankfurt/M. Zu den Gründungsmitgliedern ASR, TTS (Schweiz), ITP (Kanada), Naita (Großbritannien), ÖVT (Österreich) und Travelsavers (USA) sind bis 1994 noch Afat (Frankreich), Toerkoop (Niederlande), Selectair (Belgien), Over (Spanien) und Sure (Südafrika) hinzugekommen. U.a. WIN-Hotelführer, buchbar über Start Amadeus, Sicherung der Provisionszahlungen über HCC-Hotel Clearing Corporation. → ASR, → Consolidator, → Deregulation

Windjammer: Großsegler als Drei- oder Viermastbark, z.T. touristisch vermarktet.

Windows XP: Microsoft Nachfolgebetriebssystem von Windows98/SE/ME und WindowsNT/2000.

Wine and Dine: In USA geschäftliche oder private Bewirtungseinladung.

Wings: Ehemaliger Projektname für ursprünglich geplante Allianz zwischen Continental Airlines, Northwest Airlines, KLM, Alitalia, Cyprus Airways, Braathens, KLM UK, Kenya Airways und Eurowings. → Oneworld, → Qualiflyer Group, → Skyteam, → Star Alliance

Wintersaison: In der Touristik die zusammenhängende Zeit von November bis März des Folgejahres. → Touristikjahr

Wintersport: Der W. hat im Vergleich zu den Sportaktivitäten im Sommerurlaub nur untergeordnete Bedeutung (nach RA). Bei Ausflügen und Kurzreisen steigt sein Anteil saisonal bedingt. → Kurzreisen/Kurzurlaubsreisen, → Reiseanalyse (RA), → Tagesausflugsverkehr

Winterurlaub: Urlaub in der Wintersaison (1.11. bis 31.3.) hat sich im Wesentlichen als zusätzliche freie Zeit zu den Weihnachtsfeiertagen und zum Jahreswechsel eingebürgert. W.-Reisen stehen zahlenmäßig weit hinter den Sommerurlaubsreisen, jedoch gilt der Winterurlauber als der aktivere, da er den W. in der Regel für Wintersport nutzt. Im Winter werden weit mehr Zweit- und Drittreisen unternommen.

Wirbelsturm: Zu jedem W. gehört ein Tief, um dessen Zentrum der Sturm wirbelt, während das Zentrum weiterwandert. Die Wirbelstürme haben in den verschiedenen Gebieten verschiedenen Charakter und verschiedene Namen. Im Nordatlantik und Stillen Ozean = Orkan, im Chinesischen Meer = Taifun, in Karibik und Golf von Mexiko = Hurrikan, an den Küsten des Südatlantik = Tornado, im Indischen Ozean = Zyklon.

Wirtschaftlichkeit: Bedeutet die Erzielung eines bestimmten Ertrages mit einem Mindestausmaß an Aufwand. W. ist ein Grundprinzip des Wirtschaftens, das auf Maximalertrag ausgerichtet ist.

Wirtschaftsassistent(in) — Schwerpunkt Fremdsprachen/Touristik: Staatliches, ein- bzw. zweijähriges Ausbildungsangebot an der Berufsschule, jeweils für Abiturienten bzw. für Absolventen eines mittleren Bildungsabschlusses (z.B. Realschule). Die Teilnehmer werden auf verschiedene Tätigkeitsbereiche der Tourismusbranche vorbereitet bei Reiseveranstaltern, Reisebüros, Verkehrsämtern, Kurverwaltungen sowie bei Ferienzentren, Hotel- und Transportunternehmen.

Wirtschaftsassistent(in) — Fachrichtung Fremdenverkehrswirtschaft: Dreijähriges Ausbildungsangebot der Berufsakademie, das v.a. Abiturienten anspricht. Es beinhaltet sowohl eine theoretische als auch eine praxisorientierte bzw. betriebliche Ausbildung (Wechselausbildung nach dem Prinzip des dualen Systems). → BA-Diplom-Betriebswirt

Wirtschaftsfaktor Tourismus: Die internat. Tourismuswirtschaft (Travel & Tourism) ist einer der größten Industriezweige der Welt. Nach Schätzung des WTTC, Basis Januar 1995, beschäftigt die Branche weltweit rd. 212 Mill. Menschen, was einer Weltwirtschaftsleistung von 3,4 Bill. US-$ entspricht. Die Anzahl der Arbeitsplätze soll sich nach dieser Schätzung bis zum Jahr 2005 auf 338 Mill. erhöhen mit dann einem BSP-Anteil von 7,2 Bill. US-$. Der Anteil dieser Branche an der Gesamtweltwirtschaft beläuft sich dabei auf über 10 % und wird mit rd. 5,5 % jährl. wachsen. In Deutschland beträgt der Anteil des Tourismussektors nach Angaben des DRV auf Grund von Branchenuntersuchungen (Stand: 1997) 7 % des BSP. In diesem Wirtschaftszweig sind 2,0 Mill. Menschen beschäftigt, das entspricht 6,5 % aller Beschäftigten. Im Hinblick auf den hohen Anteil an Teilzeitbeschäftigten dürfte die Zahl der vom Tourismus abhängigen tatsächlich Beschäftigten in der Größenordnung von rd. 2,2 Mill. liegen. Der Wirtschaftsbereich Tourismus rangiert damit in seiner wirtschaftlichen Bedeutung vor der Land- und Forstwirtschaft und auch vor der chemischen Industrie. Er ist in seiner Bedeutung gleichzusetzen mit wichtigen Wirtschaftszweigen wie dem Maschinenbau und der Automobilindustrie. → Dachverband Tourismus, → DRV, → WTTC

Wirtschaftsunion: → Gemeinschaftsarten, Arten von Gemeinschaften im wirtschaftlichen Sinne

Wirtschaftswachstum: Besteht in der Zunahme des BIPs innerhalb eines bestimmten Zeitraumes. Das W. ist neben der Vollbeschäftigung und der Geldwertstabilität eines der wichtigsten Ziele der Wirtschaftspolitik. Zum Wirtschaftswachstum tragen der Einsatz neuer Maschinen und Produktionsanlagen, neue Verfahren sowie eine Erhöhung des Arbeitskräfteeinsatzes bei. Die Erhöhung der Werbeausgaben in der Tourismuswirtschaft oder Zunahmen der Urlaubsreisen tragen zum W. eines Landes bei, das sich im BIP widerspiegelt. → Bruttoinlandsprodukt (BIP)

WL: Codebezeichnung für Waiting List, Warteliste. → Warteliste

WMO: World Meteorological Organization, UN-Sonderorganisation mit Sitz in Genf. Zu den wesentlichen Aufgaben gehören die weltweite Zusammenarbeit auf meteorologischem Gebiet zum Wohl der Schifffahrt, Luftfahrt u.a. sowie die Verbesserung der wetterdienstlichen Tätigkeit.

Wochenkarte: Ermöglicht beliebige Fahrten auf DB-Strecken für eine Woche von einem beliebigen Tag an. Man unterscheidet die persönliche, die übertragbare und die Schülerwochenkarte. → Monatskarte

Wohlfahrtsökonomie: Beschreibt die Beschäftigung mit Armut und Reichtum von Gesellschaften. Dabei soll geklärt werden, wie die wirtschaftlichen und politischen Rahmenbedingungen beschaffen sein müssen, um ein hohes Wohlstandsniveau zu erreichen. Die Wohlstandsökonomen sind überzeugt, dass marktwirtschaftliche Systeme grundsätzlich am besten geeignet sind, den Wohlstand sowohl der einzelnen Menschen als auch ganzer Gesellschaften zu verbessern. Dabei ist unstrittig, dass auch der Staat bei Fehlentwicklungen korrigierend eingreifen muss. Bei der Entwicklung der W. wird der Tourismus künftig eine tragende Rolle übernehmen. Maßstab für den Wohlstand ist grundsätzlich das Einkommen wie das Sozialprodukt eines Landes, wobei sowohl die Höhe als auch die Verteilung von Bedeutung sind. → Wirtschaftsfaktor Tourismus

Wohnanhänger: Wird definiert als ein hinter einem KFZ mitgeführtes Fahrzeug, das für Wohnzwecke bestimmt ist. Der W. kann im Gegensatz zum Wohnmobil am Zielort abgehängt werden, um mit dem Zugfahrzeug (überwiegend PKW) z.B. Ausflüge zu unternehmen. Ein weiterer Vorteil des W. ist die Möglichkeit, diesen auf einem Dauerstellplatz abzustellen und dort als Ferienhaus zu nutzen. → Campingtourismus, → Caravan

Wohnmobil: Kraftfahrzeug, das nach Einrichtung und Ausstattung zum Wohnen geeignet und bestimmt ist. Nicht nur im Führerhaus, sondern auch im Wohnbereich dient es der Personenbeförderung, im Gegensatz zum Wohnanhänger, der fast ausschließlich dem Wohnzweck dient. Im KFZ-Schein ist das W. unter der Bezeichnung „So. KFZ Wohnwagen“, Sonstiges Kraftfahrzeug – Wohnwagen, eingetragen, d.h. dieses Fahrzeug gehört keiner der üblichen Fahrzeugkategorien wie PKW, Omnibus oder LKW an. Etwa jedes zweite W. ist nach der Statistik ein umgebauter Volkswagentransporter. Nach TIN muss mindestens folgende Ausstattung vorhanden sein: Tisch mit Sitzgelegenheit, Schlafgelegenheit, die u.U. tagsüber als Sitze dienen können, Kochgelegenheit sowie eine Einrichtung zur Unterbringung von Gepäckgegenständen. → Campingtourismus, → Caravan, → TIN

Wohnumfeld: Wohnungsnahbereich ist der die Wohnung umgebende, geografisch nicht klar abzugrenzende Bereich. Zum W. gehören sowohl die benachbarten Wohnungen/Wohnhäuser, Straßen und Zufahrten als auch die in Wohnungsnähe liegenden privaten und öffentlichen Einrichtungen wie Geschäfte, Dienstleistungsbetriebe, Spielplätze, Sport- und Badeanstalten, Gartenanlagen u.Ä. Im W. wird der größte Teil der Freizeit verbracht. Der Freizeitwert des W. ist u.a. abhängig von Verkehrsaufkommen, Straßenführung und -ausbau, Grünflächen wie auch von Bevölkerungsdichte und -struktur, Vereinsleben, Einkaufsmöglichkeiten und weiteren Faktoren. Je nach Bezugsgröße kann auch der Nahbereich, das Stadtumland, zum W. gehören. Das Stadtumland als Nahbereich der Städte ist u.a. Ziel des Naherholungsverkehrs. → Naherholung/Naherholungsverkehr

Wohnungstausch: Gegen eine Bearbeitungsgebühr vermitteln Spezialunternehmen diese preisgünstige Form der Urlaubsgestaltung. Dabei stellen sich Partnerfamilien wechselseitig ihre Wohnungen zur Verfügung. → Haus- und Wohnungstausch, → Mitwohnzentralen

Wohnwagen: KFZ-Wohnanhänger, als Unterkunft für mehrere Personen eingerichtet; bedarf der behördlichen Zulassung. → Caravan

Wolkenkratzer: Andere Bezeichnung für Hochhaus. Häufig sind W. auch Ziele touristischer Besuche. Beispiel hierfür sind der Petronas Towers in Kuala Lumpur und das Empire State Building in New York.

Wonderful Nine: Werbegemeinschaft der neun historischen Städte Niedersachsens: Braunschweig, Celle, Göttingen, Goslar, Hameln, Hannover, Hildesheim, Lüneburg, Wolfenbüttel. 1983 gegründet mit Geschäftsstelle in Hannover. → Städtekooperationen

Woodside Travel Trust Incorporation (WTT): Zusammenschluss aus Travel Trust International und Woodside Travel Management Corporation. Konsortium mit weltweit mehr als 3800 angeschlossenen Reisebüros bietet diesen und deren Kunden Preisvorteile beim Einkauf von Hotel- und Flugleistungen sowie Mietwagenbuchungen und weitere globale Betreuung. Deutsche Mitglieder sind FAO Travel in Frankfurt/M. und Panopa in Essen/Bochum. Über firmeninternes Informationssystem World Link Anschluss an eine Datenbank. → World Link

Workcamp: Weltweit reicht das Angebot von Umweltschutzmaßnahmen und archäologischen Ausgrabungen bis zu der Betreuung von Jugendlichen oder Behinderten. Das Konzept der Camps sieht die Mitarbeit von Teilnehmern aus verschiedenen Ländern vor, die sich während und nach der Arbeit besser kennen lernen können. Die Reisekosten müssen i.d.R. selbst gezahlt werden. Übersee-Camps sind den über 18-Jährigen vorbehalten, Europa- oder Deutschlandprojekte stehen hingegen oft schon 16-Jährigen offen. Zahlreiche Organisationen bzw. Gemeinschaftsdienste in Deutschland wollen mit W. vorwiegend jungen Leuten Einblicke in fremde Kulturen ermöglichen.

Workshop: Fachausstellung, auch parallel oder im Anschluss an Kongresse und Tagungen. Veranstaltung ohne großen Präsentationsaufwand zum Informationsaustausch; für Fachgespräche mit Einzelnen oder Gruppen, oft mit vorreservierten Gesprächsterminen. → Fachmesse, → Travel Mart

World Fare: Tarifsystemdatenbank unter Sabre, die eine Darstellung aller nationalen und internationalen Tarifsysteme ermöglicht. → Sabre

World Heritage Convention: → Welterbe/Weltkulturerbe

World Link: Projektname der WTT für firmeninternes computerisiertes Informationssystem mit Anschluss an eine Datenbank, mit dessen Hilfe in kurzer Zeit die günstigsten Preise, Konditionen und freie Kapazitäten für Hotel- und Flugbuchungen abgerufen werden können. → Woodside Travel Trust Incorporation (WTT)

World Medical Guide: Medizinischer Auslandsreiseführer, informiert über Anschriften deutsch sprechender Ärzte in aller Welt, Notruf- und Rettungswachen, Fernreisen-Impfprogramm der Apotheken u.a.

World Ocean and Cruise Line Society: Herausgeber eines Kreuzfahrtschiff-Jahrbuches „Cruise Ship Classification Guide“ mit Standards/Klassifizierungen.

World of TUI: Dachmarke der Reiseprodukte der Preussag, des weltweit größten Anbieters von Veranstalterreisen. Bekannt gemacht als Namensänderung im August 2001. Unter diesem Dach sind rund 200 touristische Marken vereint, die auf drei

Blöcken beruhen, die in unterschiedlicher Nähe zur Hauptmarke stehen: 1. Die volumenstarken Marken wie TUI Schöne Ferien und Thomson Holidays mit Erscheinungsbild der Dachmarke. 2. Spezialistenmarken wie Robinson und Airtours International mit Marktauftritt und Qualitätsversprechen der Dachmarke. 3. Bei der Niedrigpreismarke Eins-Zwei-Fly und Last-Minute-Anbieter L'Tur wird auf Dachmar-

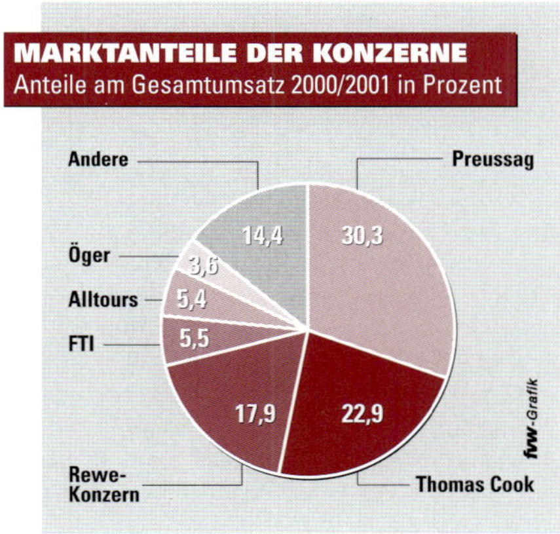

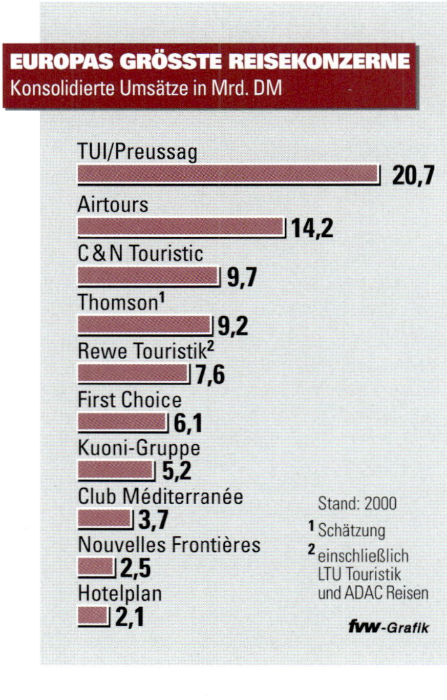

kenzugehörigkeit verzichtet. Die Dachmarke World of TUI steht nach Marktforschung und Analysen für Tradition und Werte wie Qualität und Verlässlichkeit (siehe Tabelle unter Preussag auf Seite 257). → Preussag, → TUI

Worldspan: 1990 durch die Fusion von den internen Reservierungssystemen Pars (Trans World Airlines) und Datas II (Delta Air Lines) entstandenes CRS. Hauptsitz ist Atlanta, Georgia. Die Anteile an W. sind wie folgt verteilt: Delta Air Lines 40 %, Northwest Airlines 34 %, TWA Airlines (American Airlines) 26 % (Stand: Dezember 2001). W. ist der Einzige der vier größten CRS-Betreiber, der bisher nicht in eine Aktiengesellschaft umgewandelt wurde. → Abacus CRS, → Datas II, → Pars

Worldtracer: → Gepäcksuchsystem

World Wide Web: Wörtlich: weltweites Netz. Das WWW ermöglicht den Zugriff auch auf grafisch gestaltete Dokumente, die weltweit auf Servern verteilt sind. Zum Auffinden von gesuchten Dokumenten wird ein Browser benötigt. Web ist ein Standard für die Informationsbereitstellung und Übertragung aller multimedialen Dokumente über das Internet. Grundlage des WWW ist HTTP (Hypertext Transport Protocol). WWW-Seiten sind über Internet-Adressen, die sog. URLs (Uniform Resource Locators), aufzufinden. → Browser, → Internet, → Server, → URL

World Zoom: → www.dienstreise.de

WOW: Who Owns Whom; Internet-Angebot der FVW. Die Datenbank zeigt auf, wer zu wem weltweit gehört. Service-Angebot für Abonnenten bei FVW-Online.

WTM: World Travel Mart in London, neben ITB weltgrößte Touristikmesse, alljährlich im November. → ITB

WTO: 1. World Tourism Organization, besteht seit 1976, Sitz: Madrid. Mitglieder sind 115 Staaten und eine Vielzahl privater Organisationen. Die Bundesrepublik Deutschland ist durch den Bundesminister für Wirtschaft vertreten. Hauptaufgaben sind: weitere Liberalisierung im Reiseverkehr für die Industrieländer, technische Beratung der Entwicklungsländer zur weiteren Entwicklung des Tourismus und die Führung der Welttourismusstatistik. Die Organisation wird sich verstärkt der touristischen Entwicklungshilfe widmen. Hat 1999 den Global Code of Ethics for Tourism verabschiedet.

2. World Trade Organization. → Beherbergungsbetriebe, → Bundesministerium für Wirtschaft und Technologie (BMWi), → Global Code of Ethics for Tourism, → Welthandelsorganisation - World Trade Organization (WTO)

WTTC: World Travel and Tourism Council, gegr. 1990 in London. Dieses Gremium setzt sich zusammen aus Repräsentanten von internationalen Fluggesellschaften, Touristikunternehmen und Hotelkonzernen. Zweck sind Koordination und Intensivierung der europäischen und weltweiten Tourismusinteressen.

Wuppertaler Schwebebahn: Attraktion und Wahrzeichen der Stadt an der Wupper seit Anfang des 20. Jhs. Als touristisches Angebot steht der historische „Kaiserwagen" aus den Gründerjahren für eine etwa einstündige Fahrt von 10,3 km entlang des Wupperlaufes mit Bewirtung an Bord zur Verfügung. Im April 1999 kam es zu einem Unglück, als die Schwebebahn durch eine von Bauarbeitern vergessene Metallkralle in die Wupper stürzte. Bei dem Unfall kamen fünf Menschen ums Leben, und 46 wurden teils lebensbedrohlich verletzt.

WWBC: World Wide Business Center, New York, gilt als Urvater der ausländischen Bürodienste.

WWF: World Wide Fund for Nature, auch als World Wildlife Fund bekannt, Sitz: Zürich (Symbol Großer Panda auf grünem Grund). Ziel dieser weltweit größten privaten Naturschutzorganisation ist die Erhaltung der natürlichen Umwelt auf Basis der Ziele der UN-Charta: Umweltschutz als wirtschaftliche, soziale, wissenschaftliche und kulturelle Aufgabe und Verantwortung aller Völker. Nationale Organisationen in über 20 Ländern weltweit. Zusammenarbeit mit Unesco und anderen Umweltorganisationen.

WWU Wirtschafts- und Währungsunion: Europäischer Wirtschafts- und Währungsraum, in dem die Grundfreiheiten des Binnenmarktes verwirklicht sind, eng aufeinander abgestimmte Wirtschaftspolitik zwischen den Mitgliedsstaaten erfolgt, die Wechselkurse der Teilnehmerländer unwiderruflich festgelegt sind und die Geld- und Wechelkurspolitik gegenüber Drittlandswährungen nur noch einheitlich betrieben wird. Die Währungsunion ist mit der Einführung einer gemeinsamen Notenbank, der EZB, und dem Euro als Zahlungsmittel verwirklicht. Auf dem Weg zu einer gemeinsamen Wirtschaftsunion sind noch viele Hürden zu nehmen.

WWW: → World Wide Web

www.dienstreise.de: Online-Produkt der Start Media Plus GmbH für eine prozessübergreifende Abwicklung von Geschäftsreisen. Das Programm löst seinen Vorgänger, den Travel Assistant, ab. Es bietet zwei Anwendungen, die unabhängig oder in einem integrierten System eingesetzt werden können, den Corporate Traveller und den World Zoom. Der Corporate Traveller wickelt die Buchungsschritte mit drei Funktionen ab. Im Administrationsmodul werden unter anderem die Reiserichtlinien und die Profile der Firmenmitarbeiter definiert, im Genehmigungsverfahren werden Abweichungen von den Reiserichtlinien optisch hervorgehoben. Im Buchungsmodul kann der Mitarbeiter im Arrange Trip seine Geschäftsreise individuell zusammenstellen. Im Quick Trip lassen sich Standardreisen vordefinieren. World Zoom hingegen ist ein Managementinformationssystem mit der Möglichkeit der Darstellung der mit den einzelnen Leistungsträgern erzielten Umsätze unter Betrachtung nach Reiseziel, Unterkunft, Abflugort, Kostenstelle, Reisenden oder Flug. → Corporate Traveller, → Start Media Plus

X

X-Bag: → Übergepäck

XML: Extended Markup Language, Norm für die Programmierung von Interfaces/Schnittstellen auf TCP/IP-Basis im Internet, ermöglicht die einfache Einbindung von Datenbanken z.B. von CRS mit Internet Booking Engines.

Y

Y: Auf Flugscheinen die Abkürzung für Economy-Class (Touristenklasse).

Yacht: Ursprünglich Lustfahrzeug der Seeleute für überwiegend sportliche Aktivitäten. Zu unterscheiden sind See- und Binnenyachten, Renn- und Fahrtenyachten. Kutteryachten sind bes. in Skandinavien beliebt, sie dienen auch zu Ausbildungszwecken bei der Bundesmarine.

Yachting: Urlaub mit Segel- und Motoryachten. Touristisch genutzt als

- Charter von Segel- und Motorbooten ohne Mannschaft, mit mind. zwei Personen
- Charter mit Mannschaft
- Einzelbuchungen über Mitseglerzentralen
- Flottillen-Segeln, mind. drei, meistens acht Yachten segeln auf einer bestimmten Route zeitgleich.

YAP-CFD: Youth Action for Peace/christlicher Friedensdienst. Sitz ist Frankfurt/Main. Anbieter und Organisation von Workcamps weltweit. → Workcamp

Yatra: Travel Management System. Diese Technologie wird u.a. vom Siemens-Konzern in Kanada für sein Travelnet eingesetzt.

Yield: Begriff für größtmöglichen Durchschnittsertrag, z.B. pro Sitz in einem Flugzeug oder Passageertrag je Passagierkilometer (PKM).

Yield Management: → Yield-Steuerung

Yield-Steuerung: Buchungssteuerung; betrifft alle Maßnahmen im Reservierungsbereich, die der ertragsorientierten Auslastung vorhandener Kapazitäten dienen. Die Feinsteuerung wird durch EDV erheblich erleichtert; auch Tarifsteuerung z.B. bei Last-Minute-Reisen.

Ykon: Hotelreservierungssystem für ca. 400 angeschlossene ital. Häuser über Start, Sitz: Padua. Ykon-Konzept beruht auf der Abrechnung mit Hotelschecksystem zwischen Reisebüro und Hotel.

YMCA/YWCA: Young Men's/Women's Christian Association, christliche Jugendherbergsorganisation, tritt als Anbieter von einfachen Unterkünften für junge Leute in Großstädten englischsprachiger Länder auf. → IYHF, → Jugendherbergen

YMHA/YWHA: Young Men's/Women's Hebrew Association, hebräische Jugendherbergsorganisation, bietet Übernachtungsmöglichkeiten, Mahlzeiten sowie Kurse u.Ä. an. → IYHF, → Jugendherbergen

Young passenger: → UM

Youth Hostel: → Jugendherbergen

Z

Zahlgast: Engl.: Revenue Passenger, 1. Fluggast, der 25% und mehr des anwendbaren Flugpreises bezahlt (Icao-Definition). 2. Allgemeine Bezeichnung für einen Vollzahler oder Normaltarifpassagier (zum Preis, der für eine Beförderung im Linienverkehr zu zahlen ist). → Freigast, → Icao, → Linienflugverkehr

Zahlmeister: Purser; auf kleinen und mittleren Kreuzfahrt- und Ausflugsschiffen sowie Fährschiffen ist er der Leiter des Hotel- und Gastronomiebereichs. Er ist zuständig für die Betreuung der Passagiere, das Bordprogramm und die Ausflüge sowie Abrechnungsaufgaben und den Geldwechsel. Das Info-Büro befindet sich meist in der zentralen Lobby. Der erste Zahlmeister gehört neben Kapitän und Chefingenieur zum Management eines Passagierschiffes. Für den Passagier ist er die wichtigste Anlaufstelle. Zu seinen Mitarbeitern gehören: Stewards/Stewardessen aus dem Hotel- und Gastronomiebetrieb, Gästebetreuer, weitere Zahlmeister, Schreibpersonal und die Konzessionäre wie Bordfotograf, Friseur, Masseur und Bademeister, Kasino- und Laden-/Boutiquenpersonal. Auf großen Kreuzfahrtschiffen untersteht der Purser/Zahlmeister dem Hotelmanager.

Zahlungsaufschub: → Moratorium

Zahlungsbilanz: Bei der Z. handelt es sich um eine systematische Aufzeichnung aller ökonomischen grenzüberschreitenden Transaktionen von Inländern. Unter Inländern werden natürliche Personen mit ständigem Wohnsitz im Inland und Unternehmen, die den Schwerpunkt ihrer wirtschaftlichen Aktivitäten im Inland haben, verstanden. Die Zahlungsbilanz umfasst insbesondere: → Dienstleistungsbilanz, → Handelsbilanz, → Kapitalbilanz

Zahlungsverkehr und -verfahren: Mit dem Z. werden alle inländischen und grenzüberschreitenden Zahlungsvorgänge zwischen Wirtschaftssubjekten (Personen) und -einheiten geregelt; per Bargeld und im Geschäftsverkehr vorzugsweise per Buchgeld bzw. im bargeldlosen Zahlungsverkehr. Cash im Internet erhält zunehmende Bedeutung. Als Zahlungssysteme sind bekannt:

• Lastschriftverfahren, kurz LSV. Bargeldloser Rechnungseinzug per Lastschrift durch Abbuchungsauftrag des Schuldners an eine Bank oder Einzugsermächtigung des Schuldners an den Gläubiger.

• Kreditkarteneinzug, Zahlungsvorgang durch Kreditkarte als Mitgliedsausweis bei einem System oder Unternehmen für bargeldlose Zahlungen.

• Digitalgeld, Digitales, elektronisches oder virtuelles Geld und E-Cash-Zahlungssystem bedeuten Geld durch Online-Zahlungen für Leistungen und auch spez. für Informationen.

• SET-Kreditkarten, Secure Electronic Transaction; Online-Einkauf und Zahlung per Geldkarte. Standard, der von der Visa und Mastercard für eine sichere Kreditkartenzahlung über das Internet auf Basis von kryptografischen Verfahren 1996 entwickelt wurde. Hauptmerkmal von SET ist die sichere Identifikation der Transaktionsbeteiligten, also z.B. Reisebüro und Kunde oder Reiseveranstalter und Kunde oder Leistungsträger und Kunde.

• SSL-Verfahren, Secure Socket Layer (sichere Übertragungsplattform); Entwicklung für eine sichere Internet-Kommunikation mit Datentransport zwischen Kommunikationspartnern auf Basis des Protokolltyps TCP/IP von Netscape Communications. SSL ist im Gegensatz zu SET nicht in der Lage, eine eindeutige Authentifizierung des Kunden zu gewährleisten.

• Digitale Signatur, Gegenstück zur üblichen Unterschrift. Mit der D.S. kann sowohl die Identität des Ausstellers als auch die Echtheit und Integrität seiner elektronischen Erklärung sichergestellt werden.

• Digitales Zertifikat, Gegenstück zum bekannten Personalausweis.

• Trust Center, Treuhandeinrichtung, die die Vertrauenswürdigkeit von digitalen Signaturen anhand von Zertifikaten garantiert, mit deren Ausgabe sie bestätigt, dass ein bestimmter Schlüssel und davon abgeleitet eine digitale Signatur einer bestimmten Person gehört. → IP-Adresse, → Signaturgesetz, → TCP/IP

Zahnradbahn: Eisenbahn, bei der die Lokomotivmotor über ein Zahnrad mit einer Zahnschiene verbunden ist. Z.n werden zur Überwindung großer Steigungen – zumeist als Bergbahnen für den Tourismus – eingesetzt wie die Zugspitzbahn (Garmisch) und die Pilatus-Bahn (Luzern/Schweiz).

Zamonien: Fantastisches Reiseland für alle, die gern in Gedanken verreisen und sich nicht fürchten vor Tratschwellen, Waldspinnenhexen, Rettungssauriern, Zwergpiraten und Klabautergeistern. W. Moers: „Die 13 1/2 Leben des Käptn Blaubär".

ZAV: Zentrale Auftragsverwaltung; Verfahren im Start-Reisebüromodus unterstützt insbes. die Abwicklung im Firmendienst. Es verwaltet Aufträge elektronisch, ermöglicht den einfachen Abruf von Firmen- und Personendaten und macht damit manuelle Arbeiten bei der Vorgangsverwaltung überflüssig. → Firmendienst

ZEB: Zentrum für Entwicklungsbezogene Bildung, Stuttgart, Kritiker der derzeitigen deutschen Tourismuspolitik. ZEB, Teil des kirchlichen Entwicklungsdienstes der Evangelischen Kirche in Deutschland; arbeitet seit 1975 zum Thema Dritte-Welt-Tourismus (Fachstelle Ferntourismus), insbes. an Bildungsprogrammen und Informationen für Ferntouristen und in der Tourismusbranche Beschäftigte. ZEB war Mitglied im Arbeitskreis Tourismus mit Einsicht. → Tourismus mit Einsicht (TME)

Zebra Time: Im Luftverkehr die mittlere Greenwich-Ortszeit. → GMT

Zeesenboot: Bezeichnung für die alten traditionellen Fischerboote der Boddenlandschaft Mecklenburg-Vorpommerns; heutzutage genutzt für Ausflugsfahrten in den Küstenregionen.

Zeitwert: Wert eines Gegenstandes zu einem bestimmten Zeitpunkt und nach Wahrnehmung seiner tatsächlichen Entwertung wegen Alter, Abnutzung und Gebrauch. → Reisegepäckversicherung

Zeitzone: Bereich aller Orte mit derselben Ortszeit (Local Time). Theoretisch sind jeweils 15 Längengrade zu einer Zeitzone zusammengefasst. Innerhalb dieser Zone gilt dieselbe Uhrzeit. → GMT, → Meridian, → Weltzeit

Zenitalregen: Jahreszeitlich täglicher Niederschlag in den Tropen.

Zentrale Planwirtschaft: → Planwirtschaft

Zentrales Kurmittelhaus: Eine Einrichtung, die alle Möglichkeiten zur Abgabe der für die Behandlung der nach den Indikationen des Kurortes in Frage kommenden Erkrankungen notwendigen Formen der Balneologie und Physiotherapie bietet; Verabreichung der Therapieformen mit den natürlichen ortsgebundenen Kurmitteln. Gelegentlich dem Kurhaus angeschlossen. → Kurhaus

Zeppelin: Von Ferdinand Graf von Zeppelin konstruiertes Starrluftschiff. Start des ersten Luftschiffes „LZ1“ war am 20. Juli 1900 in Manzell/Bodensee. Insgesamt kamen die Luftschiffe auf 590 Fahrten und 1,7 Millionen zurückgelegte Kilometer. 1997 stieg nach langer Zeit wieder ein Zeppelin NT in die Luft. Mit dem 75 m langen Luftschiff sollen zukünftig jeweils zwölf Passagiere über den Bodensee fliegen können. Die 1996 gegründete Cargolifter AG will mit dem Z. Schwerlasten von bis zu 160 Tonnen weltweit befördern. → Luftschiff

Zertifizierung: Überprüfung der nach Norm DIN ISO 9000 ff. festgeschriebenen Qualitätskriterien eines Unternehmens durch ein unabhängiges Institut, das zur Z. autorisiert ist. Die erfolgreiche Z. wird nach außen durch ein Qualitätssiegel kenntlich gemacht. Dieses Siegel hat eine Gültigkeit von drei Jahren und wird jährlich überprüft. → Qualitätsmanagement

Zielgebiete: Länder oder Regionen, die in einem bestimmten Zeitabschnitt von Touristen besucht werden. Man unterscheidet grob nach Inlands- und Auslandsreisen. Die WTO gliedert den Welttourismus statistisch nach folgenden Zielgebieten: 1. Europa inkl. Israel, 2. Nord- und Südamerika, 3. Asien und Pazifik, 4. Afrika, 5. Mittlerer Osten, 6. Südasien. → WTO

Zielgebietsbusse: Von Reiseveranstaltern, Reisebüros und Sporthäusern werden Z. in den Ferienmonaten im Sommer und zur Skisaison eingesetzt. Nach exaktem Fahrplan werden an mehreren Haltepunkten einer Stadtregion die Urlauber eingesammelt und in die Feriengebiete gebracht. Die Busse sind meist über Nacht unterwegs und treffen morgens am Ziel ein. Grundsätzlich muss bei diesen preisgünstigen Reisen mit Z. ein zusätzliches Mini-Arrangement gebucht werden wie ein Mehrbettzimmer abseits vom Zentrum am Zielort. → Ferienzielreisen, → Ferienzielverkehr

Zielgruppe: Gesamtheit aller effektiven und potenziellen Personen, die mit einer bestimmten Marketing-Aktivität angesprochen werden soll. Soziodemografische Zielgruppenmerkmale sind z.B. Alter, Einkommen, Beruf, Region und Ortsgrößenklasse. → soziodemografische Zielgruppenmerkmale

Zielmarkt: Marktsegment, das ein Unternehmen bevorzugt bearbeiten möchte und auf das es seinen Einsatz der Marketing-Instrumente ausrichtet.

Zielortagentur/Zielgebietsagentur: → Reiseleiter

Zielortreisearrangements: Produktangebot der Paketreisenveranstalter i.d.R. an Busunternehmer. → Paketreisen

Zielverkehr: → Outgoing-Tourismus

Zimmernachweis: 1. Von Fremdenverkehrsstellen getragene Büros zur Unterkunftsvermittlung.
2. Elektronischer Z. Meist an Bahnhöfen oder anderen zentralen Punkten eingerichtete Leuchttafeln mit Fernbedienung über Postleitung, die den Belegungsstand der angeschlossenen Beherbergungsbetriebe aufzeigen. In Verbindung mit beleuchteten Weganzeigern und Telefonverbindungen ermöglichen sie dem Reisenden sofortige Zimmerreservierung.

Zimmerreservierung: → Zimmernachweis

Zimmervermittlung: → Zimmernachweis

Zinssatz: Ist die prozentuale Rate, die von Schuldnern an die Gläubiger gezahlt werden muss.

Zivildienstreisen: DB-Fahrscheine für die Zweite Klasse für Zivildienstreisende mit Gutschein des Bundesamtes für den Zivildienst.

Zodiacs: Schnelle, wendige und universell einsetzbare Landungsboote, die spez. von Expeditionskreuzfahrtschiffen mitgeführt werden. Sie bieten bis zu 14 Personen Platz, ermöglichen das Anfahren einsamer Strände, der flachen Lagunen der Korallenatolle und können auf Urwaldflüssen eingesetzt werden.

Zölle: Sind Abgaben, die bei der Ein- oder Ausfuhr von Waren erhoben werden. Im Zuge der Liberalisierung der Wirtschaft versucht die WTO (früher Gatt) diese sog. Handelshemmnisse zu beseitigen. → Welthandelsorganisation - World Trade Organization (WTO)

Zollausschlussgebiet: Außerhalb eines Hoheitsgebiets ist jedes Schiff finanztechnisch Zollausschlussgebiet. Damit wird zollfreier Einkauf möglich. → Duty-free / Duty-free Shop, → Zollfreier Einkauf

Zollfreier Einkauf: → Duty-free / Duty-free Shop, → Zollausschlussgebiet

Zollgrenzbezirk: Ein bis zu 15 km tiefer Bereich entlang der Zollgrenze an der Küste von der Strandlinie aus gerechnet. Im Z. bestehen für die zollamtliche Überwachung besondere Maßnahmen und Eingriffsmöglichkeiten (z.B. Recht des ungehinderten Zugangs der Zollbediensteten zu den Grundstücken). Bewohner des Z. unterliegen Sonderregelungen bei der Ein- und Ausfuhr von Waren vom/ins benachbarte Ausland, um den Einkaufstourismus zu unterbinden und die heimische Wirtschaft zu stärken. → Zölle

Zollkreuzer: Zollwachtschiff, kontrolliert die Durchführung der Zollvorschriften auf See, in den Flussmündungen; „schwimmende Zollstation" auf dem Rhein bei Neuburgweier an der Grenze zwischen Deutschland und Frankreich.

Zollpassierschein: Auch Triptik oder Carnet de Passage; Bürgschaftserklärung gegenüber ausländischen Zollbehörden für nur vorübergehende Verbringung eines KFZ und/oder Bootes ins Ausland und Rückführung desselben ins Heimatland. → Bürgschaft, → Carnet de Passage, → Triptik

Zollunion: → Gemeinschaftsarten, Arten von Gemeinschaften im wirtschaftlichen Sinne

Zontur: Hotelverband, der die Interessen der spanischen Hoteliers entlang der spanischen Küsten sowie der Inselgruppe Balearen und Kanaren vertritt. 1999 Zusammenschluss mit dem spanischen Hotelverband Feht zum Dachverband Confederación Española de Hoteles y Apartamentos Turísticos. → Confederación Española de Hoteles y Apartamentos Turísticos, → Feht

ZS: Tarifbezeichnung im Flugticket für Jugendtarif mit erforderlicher Studentenbescheinigung.

Zubringerdienst: Bezeichnet die Verbindung durch regelmäßig verkehrende Zubringer (Busse, S-Bahn-Züge), oft zwischen einer Stadt und einem besonderen Ziel, wie z.B. einem Flughafen oder Messegelände. → Rail & Fly, → Shuttle

Zuggattung: Zugprodukt mit einheitlichem Standard: bei der DB erhalten die Züge eine nähere Bezeichnung mit Hilfe von Buchstaben. Im europäischen Personenverkehr unterscheidet man u.a. den Eurocity (EC), im Nachtreiseverkehr den Euro Night (EN) und City Nightline (CNL), im deutschen Binnenverkehr Intercity Express (ICE), Intercity (IC), Interregio (IR), Intercity Night (ICN), Stadtexpress (SE), Regional Express (RE) und Regionalbahn (RB). Daneben gibt es spezielle Bezeichnungen für Güter- und für Dienstzüge. Die DB erstellt ein Verzeichnis der Zuggattungen und ihrer Gruppen-, Haupt- und Unternummern. → Wagengattung

Zulu time: → Zebra Time

Zusatz-Haftpflichtversicherung für Mietwagen im Ausland: Versicherung über die gesetzliche Deckung von KFZ-Haftpflichtrisiken im Ausland hinaus, soweit sie Mietwagen betreffen. → Rent a Car

Zuschläge: 1. Allgemeine Bezeichnung für alle zusätzlich zum Normalpreis anfallenden Gebühren,
2. Aufpreis für die Benutzung von IC/EC-Zügen und zuschlagspflichtigen IR/D-Zügen.

Zwangsumtausch: Devisenpflichtumtausch für Touristen bei der Einreise in bestimmte Länder. → Devisen, → Sorten

Zweibettzimmer: Zimmer mit zwei nicht zusammenstehenden Betten für zwei Personen.

Zweikanal-Abfertigungsverfahren: Verfahren zur schnelleren und reibungsloseren Zollabfertigung auf deutschen Verkehrsflughäfen. Dabei werden die Passagiere durch Hinweistafeln über die zollrechtlichen Bestimmungen informiert und aufgefordert, zwischen zwei Durchgängen zu wählen, von denen einer als Durchgang für Reisende mit anmeldefreien Waren (grüner Kanal), der andere als Durchgang für Reisende mit anmeldungspflichtigen Waren (roter Kanal) gekennzeichnet ist.

Zweites Seerechtsänderungsgesetz: Nach dem Z.S. haftet seit Juli 1986 ein Reiseveranstalter, der Kunden auf dem Seeweg befördert, neben dem Betreiber des Schiffes bis 160.000 Euro pro Reiseteilnehmer bei Personenschäden. Das Z.S. geht mit seinen Haftungssummen weit über die ursprüngliche Reiserechtregelung hinaus, wonach die vertragliche

Haftung auf den dreifachen Reisepreis beschränkt war. Das Seerechtsänderungsgesetz ist zwingendes Recht. Es kann also nicht durch Allgemeine Reisebedingungen zum Nachteil des Reisenden abgeändert werden. Von dem Gesetz erfasst sind alle Reiseveranstalter, deren Programme See- und Fährpassagen oder auch nur Beförderungen auf in- und ausländischen Binnengewässern beinhalten.

Zweitregister: Auch als Zusatzregister oder internationales Register bezeichnet, richtig: Gesetz zur Einführung eines Zusatzregisters für die deutsche Handelsschifffahrt im internationalen Verkehr. Z. werden bevorzugt von traditionellen Schifffahrtsnationen eingerichtet, um den nationalen Reedereien zweierlei zu ermöglichen:

- Senkung der Betriebskosten, Steuern usw.
- bei gleichzeitiger Beibehaltung der nationalen Flagge als Arbeitsplätze und Mindeststandards sichernde Alternative zum Ausflaggen.

Kennzeichnend für ein Z. sind daneben die weit geringeren Gebühren für Registrierung und Lizenzerwerb gegenüber denen beim Nationalen und Offenen Register. Z. wurden u.a. auch von Großbritannien, Frankreich, den Niederlanden, Dänemark und Norwegen geschaffen. → Ausflaggen, → ISL, → ISR

Zweit- und Drittreisen: Nach RA Reisen von mindestens fünf Tagen Dauer, die von der subjektiven Bedeutung her die zweite bzw. dritte Stelle einnehmen. → Reiseanalyse (RA), → Urlaubsreisen

Zweitwohnsitz: Amtlich registrierter Aufenthaltsort mit einer Aufenthaltsdauer von mehr als sechs Wochen außerhalb des ursprünglich gemeldeten ersten Wohnsitzes. Neben der Nutzung aus dienstlichen Gründen wird der Z. oft auch als Aufenthaltsort zur Verbringung der Jahresfreizeit genutzt.

Zweitwohnungssteuer: Kommunale Steuer, die bereits in mehreren Bundesländern erhoben wird. Mit Änderung des Kommunalabgabengesetzes hat allerdings der bayerische Landtag derartige Wohnungssteuern untersagt. Fremdenverkehrsorte setzen das Instrument der Z. ein, um kaufkräftigen Auswärtigen den Zugang zu erschweren und den Wohnraum ständig am Ort lebenden Einheimischen vorzubehalten, die der örtlichen Geschäftswelt mehr Ertrag bringen. → Zweitwohnsitz

zwischen den Jahren: Der Zeitraum von Weihnachten über den Jahreswechsel bis zum Dreikönigstag des folgenden Jahres; gilt als Zeit der Besinnung und der Vorschau. Neujahrsbräuche spiegeln die Geschichte des Christentums wider. In neuerer Zeit für Zweit- oder Dritturlaubsreise genutzt.

ZZ: Tarifbezeichnung im Flugticket für Jugendtarif.

ZZV: Zentrale Zimmervermittlung, arbeitet i.d.R. mit einem computergestützten Reservierungssystem.